Esto lo cambia todo

Ciencias Humanas y Sociales

Biografía

Naomi Klein es una periodista cuya labor ha sido reconocida con diversos galardones. Es autora también del gran éxito de crítica y de ventas (número uno internacional) *La doctrina del shock: El auge del capitalismo del desastre*, y de *No logo: El poder de las marcas*, que *The New York Times* consideró «la biblia de todo un movimiento». Alcanzó el puesto undécimo, el más alto logrado por una mujer, en el Sondeo Global de Intelectuales, un listado de los intelectuales más relevantes del mundo que confecciona *Prospect* junto con otra revista, *Foreign Policy*. Tras *Esto lo cambia todo*, su último libro es *Decir no no basta: contra las nuevas políticas del shock por el mundo que queremos* (2017).

Naomi Klein
Esto lo cambia todo
El capitalismo contra el clima

Traducción de Albino Santos Mosquera

Obra editada en colaboración con Editorial Planeta – España

Título original: *This changes everything*
Publicado originalmente en inglés por Simon and Schuster

Diseño de la portada: Adaptación de la cubierta original de © Simon & Schuster. Booket / Área Editorial Grupo Planeta

Naomi Klein
© 2014, Klein Lewis Productions Ltd.
© 2015, Traducción: Albino Santos Mosquera

© 2015, Editorial Planeta S.A.- Barcelona, España

Derechos reservados

© 2020, Ediciones Culturales Paidós, S.A. de C.V.
Bajo el sello editorial PAIDÓS M.R.
Avenida Presidente Masarik núm. 111, Piso 2
Colonia Polanco V Sección, Miguel Hidalgo
C.P. 11560, Ciudad de México
www.planetadelibros.com.mx
www.paidos.com.mx

Primera edición impresa en España en Booket: febrero de 2019
ISBN: 978-84-08-20242-4

Primera edición impresa en México en Booket: febrero de 2020
ISBN: 978-607-747-841-6

No se permite la reproducción total o parcial de este libro ni su incorporación a un sistema informático, ni su transmisión en cualquier forma o por cualquier medio, sea este electrónico, mecánico, por fotocopia, por grabación u otros métodos, sin el permiso previo y por escrito de los titulares del *copyright*.

La infracción de los derechos mencionados puede ser constitutiva de delito contra la propiedad intelectual (Arts. 229 y siguientes de la Ley Federal de Derechos de Autor y Arts. 424 y siguientes del Código Penal).

Si necesita fotocopiar o escanear algún fragmento de esta obra diríjase al CeMPro (Centro Mexicano de Protección y Fomento de los Derechos de Autor, http://www.cempro.org.mx).

Impreso en los talleres de Litográfica Ingramex, S.A. de C.V.
Centeno núm. 162-1, colonia Granjas Esmeralda, Ciudad de México
Impreso en México –*Printed in Mexico*

Para Toma

Tenemos que recordar que la gran tarea de nuestro tiempo va más allá del cambio climático. Debemos mostrar una mayor altura y amplitud de miras. De lo que verdaderamente se trata, si somos sinceros con nosotros mismos, es de transformar todo lo relacionado con el modo en que vivimos en este planeta.

Rebecca Tarbotton,
directora ejecutiva de la Rainforest
Action Network, 1973-2012[1]

En mis libros, he llegado a imaginar que se sala la corriente del Golfo, que se construyen presas para contener los glaciares que se desprenden de la cubierta de hielo de Groenlandia, que se bombea agua de los océanos hacia las cuencas secas del Sahara y de Asia para crear mares salados, que se canaliza hielo derretido de la Antártida hacia el norte para suministrar agua dulce, que se modifican genéticamente bacterias para aprisionar más dióxido de carbono en las raíces de los árboles, que elevan Florida hasta en nueve metros sobre su altura actual para volver a situarla por encima del nivel del mar, e incluso (y esta es la hazaña más difícil de todas) que nos decidimos a efectuar una transformación integral del capitalismo.

Kim Stanley Robinson,
escritor de literatura de ciencia ficción, 2012[2]

SUMARIO

Introducción. De uno u otro modo, todo cambia 13

Primera parte
EN MAL MOMENTO

1. La derecha tiene razón. El poder revolucionario del cambio climático................................... 49
2. «Dinero caliente». De cómo el fundamentalismo del libre mercado contribuyó a sobrecalentar el planeta....... 89
3. Público y sufragado. Vencer las barreras ideológicas de la economía que viene 127
4. Planificar y prohibir. Palmetazo a la mano invisible: la formación de un movimiento 157
5. Más allá del extractivismo. Hacer frente al «negacionista» climático que llevamos dentro 205

Segunda parte
PENSAMIENTO MÁGICO

6. Frutos, pero no raíces. La desastrosa fusión entre la gran empresa y las grandes organizaciones ecologistas 239
7. No hay mesías que valga. Ningún multimillonario verde nos va a salvar 287
8. Tapar el sol. La solución a la contaminación es... ¿más contaminación?.................................. 317

Tercera parte
EMPEZAR DE TODOS MODOS

9. Blockadia. Los nuevos guerreros del clima 361
10. El amor salvará este lugar. Democracia, desinversión
    y victorias hasta el momento 415
11. ¿Ustedes? ¿Y con qué ejército? Los derechos indígenas
    y el poder derivado de no faltar a nuestra palabra. 451
12. Compartir el cielo. La atmósfera como bien comunal
    y el poder derivado de pagar nuestras deudas 477
13. El derecho a regenerar. De la extracción a la renovación 515

Conclusión. Los años del gran salto. Justo el tiempo suficiente
para lo imposible 551

Notas 573
Siglas 653
Agradecimientos 657
Índice analítico y de nombres 665

INTRODUCCIÓN

De uno u otro modo, todo cambia

La mayoría de las proyecciones sobre el cambio climático presuponen que los cambios futuros —las emisiones de gases de efecto invernadero, los incrementos de las temperaturas y otros efectos como el aumento del nivel del mar— se producirán de forma gradual. Una determinada cantidad de emisiones se traducirá en una cantidad dada de subida de la temperatura que conducirá a su vez a una cierta cantidad de suave aumento gradual del nivel del mar. Sin embargo, el registro geológico referido al clima muestra momentos en los que una modificación relativamente pequeña de un elemento climático provocó alteraciones bruscas en el sistema en su conjunto. Dicho de otro modo, impulsar las temperaturas mundiales hasta más allá de determinados umbrales podría desencadenar cambios abruptos, impredecibles y potencialmente irreversibles que tendrían consecuencias enormemente perturbadoras y a gran escala. Llegados a ese punto, incluso aunque no vertiéramos CO_2 adicional alguno a la atmósfera, se pondrían en marcha procesos imparables. Para hacernos una idea de ello, imaginemos una avería repentina de los frenos y de la dirección del vehículo climático a raíz de la cual ya no pudiéramos controlar el problema ni sus consecuencias.

Informe de la Asociación Estadounidense
para el Avance de la Ciencia, la mayor sociedad
científica general del mundo, 2014[1]

Me encanta el olor de esas emisiones.

Sarah Palin, 2011[2]

Sonó una voz por el intercomunicador: «¿Serían tan amables los pasajeros del vuelo 3935, que tenía previsto despegar de Washington (D.C.) con destino a Charleston (Carolina del Sur), de recoger su equipaje de mano y bajar del avión?».

Los ocupantes del aparato bajaron por la escalinata y se agruparon sobre el asfalto caliente de la pista. Entonces vieron algo ciertamente insólito: las ruedas de la aeronave de US Airways se habían hundido en el pavimento como si este fuera cemento húmedo. En realidad, las ruedas se habían incrustado tan profundamente que el camión que acudió al lugar para remolcar la nave no pudo despegarlas del suelo. La compañía esperaba que, sin el peso añadido de los treinta y cinco viajeros de aquel vuelo, el aparato fuera suficientemente ligero para dejarse arrastrar. No fue así. Alguien publicó una foto en internet: «¿Por qué cancelaron mi vuelo? Porque en el Distrito de Columbia hace tantísimo calor que nuestro avión se hundió diez centímetros en el asfalto».[3]

Finalmente, se trajo un vehículo más grande y potente que —esta vez sí— consiguió remolcar el aparato; el avión despegó por fin, aunque con tres horas de retraso sobre el horario previsto. Un portavoz de la aerolínea culpó del incidente a las «muy poco habituales temperaturas».[4]

Las temperaturas del verano de 2012 fueron inusualmente elevadas sin duda. (También lo habían sido el año anterior y lo continuaron siendo el siguiente.) Y la razón de que eso sucediera no es ningún misterio; se debe al derrochador consumo de combustibles fósiles, justamente aquello que US Airways se había propuesto que su avión hiciera a pesar del inconveniente planteado por el asfalto fundido. Semejante ironía —el hecho de que el consumo de combustibles fósiles esté cambiando de manera tan radical nuestro clima que incluso esté obstaculizando nuestra capacidad para consumir más combustibles fósiles— no impidió que los pasajeros del vuelo 3935 reembarcaran y prosiguieran sus respectivos viajes. Tampoco se mencionó el cambio climático en ninguna de las principales crónicas y referencias informativas sobre aquel incidente.

No soy yo quién para juzgar a aquellos pasajeros. Todos los que llevamos estilos de vida caracterizados por un consumo elevado, vivamos donde vivamos, somos —metafóricamente hablando— pasajeros de ese vuelo 3935. Enfrentada a una crisis que amenaza nuestra supervivencia como especie, toda nuestra cultura continúa haciendo justamente aquello que causó la crisis, incluso poniendo un poco más de empeño en ello, si cabe. Como la compañía aérea que trajo un camión con un motor más potente para remolcar aquel avión, la economía mundial está elevando su ya de por sí arriesgada apuesta y está pasando de las fuentes convencionales de combustibles fósiles a versiones aún más sucias y peligrosas de las mismas: betún de las arenas bituminosas de Alberta, petróleo extraído mediante la perforación de aguas oceánicas profundas, gas obtenido por fracturación hidráulica (o *fracking*), carbón arrancado a base de detonar montañas, etcétera.

Mientras tanto, cada nuevo desastre natural «sobrealimentado» por toda esta dinámica genera toda una serie de instantáneas que recalcan la ironía de un clima que es cada vez más inhóspito incluso para las mismas industrias que más responsables han sido de su calentamiento. Así se vio, por ejemplo, durante las históricas inundaciones de 2013 en Calgary, que provocaron un apagón en las oficinas centrales de las compañías petroleras que explotan las arenas bituminosas de Alberta y que las obligaron a enviar a sus empleados a sus casas, mientras un tren que transportaba derivados del petróleo inflamables estaba suspendido a duras penas sobre las vías de un puente ferroviario que se desmoronaba por momentos; o durante la sequía que afectó al río Misisipí un año antes, la cual hizo disminuir los niveles del agua hasta tal punto que las barcazas cargadas de petróleo y carbón que por él transitan habitualmente quedaran varadas durante días, a la espera de que el Cuerpo de Ingenieros del Ejército dragara un canal de paso (hubo incluso que destinar a ello fondos presupuestados para la reconstrucción de los destrozos causados por las históricas inundaciones del año anterior en la zona ribereña de aquella misma vía fluvial); o durante el cierre temporal de varias centrales eléctricas alimentadas con carbón en otras partes del país debido a que los ríos y canales de los que dependían para refrescar su maquinaria estaban demasiado calientes o demasiado secos (o, en algunos casos, ambas cosas).

Convivir con esta especie de disonancia cognitiva es simplemente una parte más del hecho de que nos haya tocado vivir este discordante momento de la historia, en el que una crisis que tanto nos hemos esforzado por ignorar nos está golpeando en plena cara y, aun así, optamos por doblar nuestra apuesta precisamente por aquellas cosas que son la causa misma de la crisis.

Yo misma negué el cambio climático durante más tiempo del que me gustaría admitir. Sabía que estaba pasando, claro. No iba por ahí defendiendo como Donald Trump y los miembros del Tea Party que la sola continuación de la existencia del invierno es prueba suficiente de que la teoría es una patraña. Pero no tenía más que una idea muy aproximada y poco detallada, y apenas leía en diagonal la mayoría de las noticias al respecto, sobre todo, las que más miedo daban. Me decía a mí misma que los argumentos científicos eran demasiado complejos y que los ecologistas ya se estaban encargando de todo. Y continuaba comportándome como si no hubiera nada malo en el hecho de que llevara en mi cartera una reluciente tarjeta que certificaba mi condición de miembro de la «élite» del club de los viajeros aéreos habituales.

Muchos de nosotros practicamos esta especie de negación del cambio climático. Nos fijamos por un instante y luego miramos para otro lado. O miramos, pero enseguida convertimos lo que vemos en un chiste («¡venga ya, más señales del Apocalipsis!»), lo que no deja de ser otro modo de mirar para otro lado.

O miramos, pero nos consolamos con argumentos reconfortantes sobre lo inteligentes que somos los seres humanos y sobre cómo se nos ocurrirá pronto algún milagro tecnológico que succionará sin peligro alguno todo el carbono de los cielos, o que atenuará el calor del sol como por arte de magia. Y eso, como bien descubrí en las investigaciones realizadas para este libro, es también otra forma de mirar para otro lado.

O miramos, pero intentamos aplicar entonces una lógica hiperracional: «Dólar por dólar, es más eficiente centrarse en el desarrollo económico que en el cambio climático, ya que la riqueza es la mejor protección frente a los fenómenos meteorológicos extremos». Como si el disponer de unos cuantos dólares adicionales fuera a servirnos de algo cuando nuestra ciudad esté sumergida bajo el agua. Y esa es otra manera de mirar para otro lado, sobre todo, si quien piensa así es un diseñador o la persona que toma las decisiones sobre las políticas medioambientales.

O miramos, pero nos decimos a nosotros mismos que bastante ajetreo tenemos ya como para preocuparnos por algo tan distante y abstracto, aun cuando veamos correr el agua por las vías subterráneas del metro de Nueva York o a gente atrapada en los tejados de sus casas en Nueva Orleans, y seamos conscientes de que nadie está seguro (y de que las personas socioeconómicamente más vulnerables son las que menos seguras están de todas). Y por muy comprensible que sea esta reacción, se trata igualmente de un modo de mirar para otro lado.

O miramos, pero nos justificamos diciéndonos que no podemos hacer nada más que centrarnos en nosotros mismos. Decidimos entonces meditar, comprar directamente de los agricultores o dejar de conducir, pero nos olvidamos de intentar cambiar realmente los sistemas que están haciendo que la crisis sea inevitable. Y no los intentamos cambiar porque nos decimos que eso sería acumular demasiada «energía negativa» y jamás funcionaría. Y aunque, en un primer momento, podría parecer que sí estamos mirando, porque muchos de esos cambios en nuestro estilo de vida forman parte de hecho de la solución, lo cierto es que seguimos teniendo uno de los dos ojos bien cerrado.

O quizá miramos —miramos de verdad—, pero luego es como si inevitablemente nos olvidáramos. Nos acordamos y nos volvemos a olvidar de nuevo. El cambio climático es así: es difícil pensar en él durante mucho tiempo. Practicamos esta forma de amnesia ecológica intermitente por motivos perfectamente racionales. Lo negamos porque tememos que, si dejamos que nos invada la plena y cruda realidad de esta crisis, todo cambiará. Y no andamos desencaminados.[5]

Sabemos que, si seguimos la tendencia actual de dejar que las emisiones crezcan año tras año, el cambio climático lo transformará todo en nuestro mundo. Grandes ciudades terminarán muy probablemente ahogadas bajo el agua, culturas antiguas serán tragadas por el mar y existe una probabilidad muy alta de que nuestros hijos e hijas pasen gran parte de sus vidas huyendo y tratando de recuperarse de violentos temporales y de sequías extremas. Y no tenemos que mover ni un dedo para que ese futuro se haga realidad. Basta con que no cambiemos nada y, simplemente, sigamos haciendo lo que ya hacemos ahora, confiados en que alguien dará con el remedio tecnológico que nos saque del atolladero, dedicados a cuidar de nuestros jardines, o lamentándonos de que estamos demasiado ocupados con nuestros propios asuntos como para abordar el problema.

Lo único que tenemos que hacer es *no* reaccionar como si esta fuera una crisis en toda la extensión de la palabra. Lo único que tenemos que hacer es seguir negando lo asustados que realmente estamos. Y de ese modo, pasito a pasito, habremos llegado al lugar que más tememos, aquel del que hemos tratado de apartar nuestra vista. Sin necesidad de esfuerzo adicional alguno.

Hay formas de evitar este desalentador futuro o, cuando menos, de hacerlo mucho menos aciago. El problema es que todas ellas implican también cambiarlo todo. Para nosotros, grandes consumidores, implican cambiar cómo vivimos y cómo funcionan nuestras economías, e incluso cambiar las historias que contamos para justificar nuestro lugar en la Tierra. La buena noticia es que muchos de esos cambios no tienen nada de catastróficos. Todo lo contrario: buena parte de ellos son simplemente emocionantes. Pero a mí me llevó mucho tiempo descubrirlo.

Recuerdo el momento exacto en el que dejé de mirar hacia otro lado en la realidad del cambio climático, o, al menos, la primera vez que permití que mi mirada se demorara en ella. Fue en Ginebra, en abril de 2009, en un encuentro con la embajadora de Bolivia ante la Organización Mundial del Comercio (OMC), que entonces era una mujer sorprendentemente joven llamada Angélica Navarro Llanos. Dado que Bolivia es un país pobre con un presupuesto reducido para sus relaciones internacionales, Navarro Llanos acababa de añadir las cuestiones relacionadas con el clima a las responsabilidades de las que ya se encargaba en materia de comercio. En un almuerzo en un restaurante de comida china vacío, me explicó (ayudándose de los palillos para trazar una gráfica de la trayectoria de las emisiones globales) que ella veía en el cambio climático una terrible amenaza para su pueblo, pero también una oportunidad.

Una amenaza, por las razones ya evidentes: Bolivia depende extraordinariamente de los glaciares para obtener el agua que usa para beber y regar, y las blancas cimas de los cerros que descuellan sobre el perfil de su capital están adquiriendo muy rápidamente una tonalidad predominantemente grisácea y marrón. La oportunidad, según la propia Navarro Llanos, pasa por que, dado que países como el suyo no habían contribuido prácticamente en nada a lo largo de la historia a que se disparasen los niveles de emisiones en el mundo, sean hoy considerados «acreedores climáticos» a los que, como tales, los grandes emisores deban dinero y apoyo tecnológico como pago por los elevados costes que les supone ahora afrontar nuevos desastres relacionados con el clima y como ayuda para que puedan desarrollar una vía energética verde de evolución económica.

Hacía poco que Navarro Llanos había pronunciado un discurso ante una conferencia de las Naciones Unidas sobre el clima en el que había expuesto argumentos a favor de esa clase de transferencias de riqueza y me dio una copia del mismo: «Millones de personas —en las islas pequeñas, los países menos adelantados, países sin litoral, así como en las comunidades vulnerables de Brasil, la India y China, y en todo el mundo— están sufriendo los efectos de un problema al que no contribuyeron. [...] Si queremos frenar las emisiones en la próxima década, necesitamos una movilización masiva más grande que cualquiera en la historia. Necesitamos un Plan Marshall para la Tierra. Este plan debe movilizar recursos financieros y transferencia de tecnología a escala nunca antes vista. Se debe obtener la tecnología en el suelo de cada país para asegurarnos de reducir las emisiones y, al mismo tiempo, mejorar la calidad de vida del pueblo. Solo tenemos una década».[6]

Un Plan Marshall para la Tierra sería algo muy costoso sin duda: centenares de miles de millones (si no billones) de dólares (Navarro Llanos se mostró reacia a aventurar una cifra). Y bien podría pensarse que semejante coste bastaría para descartarlo ya de inicio, sobre todo por aquel entonces, pues, a fin de cuentas, estamos hablando del año 2009, momento de pleno apogeo de la crisis financiera mundial. Pero la lógica implacable de la austeridad —consistente en hacer pagar a la ciudadanía la factura dejada por los bancos mediante despidos en el sector público, cierres de escuelas y otras medidas parecidas— no se había impuesto aún como norma general. Así que, en lugar de restar verosimilitud a las ideas de Navarro Llanos, en aquel momento la crisis las hacía más plausibles.

Todos acabábamos de ver cómo las autoridades habían sacado y reunido billones de dólares hasta de debajo de las piedras en el momento en que nuestras élites decidieron declarar una crisis. Si dejábamos que los bancos quebraran sin más, se nos decía, el resto de la economía se desmoronaría con ellos. Era una cuestión de supervivencia colectiva, así que había que encontrar todo ese dinero. Y se encontró. Durante ese proceso, sin embargo, se pusieron de manifiesto algunas de las ficciones (bastante sustanciales) que laten en el corazón mismo de nuestro sistema económico. Todos los reparos anteriores saltaron por la borda: ¿que se necesita más dinero?, ¡pues a imprimirlo! Unos años antes, los Gobiernos nacionales habían adoptado un enfoque parecido con sus finanzas públicas tras los atentados terroristas del 11 de septiembre. En muchos países occidentales, a la hora de construir un Estado de seguridad/vigilancia en suelo nacional y de librar guerras en el extranjero, los presupuestos no parecieron un obstáculo digno de consideración.

El cambio climático, sin embargo, no ha sido nunca tratado como una crisis por nuestros dirigentes, aun a pesar de que encierre el riesgo de destruir vidas a una escala inmensamente mayor que los derrumbes de bancos y rascacielos. Los recortes en nuestras emisiones de gases de efecto invernadero que los científicos consideran necesarios para reducir sensiblemente el riesgo de catástrofe son tratados como poco más que sutiles sugerencias, medidas que pueden aplazarse por tiempo más o menos indefinido. Es evidente que el hecho de que algo reciba la consideración oficial de crisis depende tanto del poder y de las prioridades de quienes detentan ese poder como de los hechos y los datos empíricos. Pero nosotros no tenemos por qué limitarnos a ser simples espectadores de todo esto: los políticos no son los únicos que tienen el poder de declarar una crisis. Los movimientos de masas de gente corriente también pueden hacerlo.

La esclavitud no fue una crisis para las élites británicas y norteamericanas hasta que el abolicionismo hizo que lo fuera. La discriminación racial no fue una crisis hasta que el movimiento de defensa de los derechos civiles hizo que lo fuera. La discriminación por sexo no fue una crisis hasta que el feminismo hizo que lo fuera. El *apartheid* no fue una crisis hasta que el movimiento anti-*apartheid* hizo que lo fuera.

De igual modo, si un número suficiente de todos nosotros dejamos de mirar para otro lado y decidimos que el cambio climático sea una crisis merecedora de niveles de respuesta equivalentes a los del Plan Marshall, entonces no hay duda de que lo será y de que la clase política tendrá que responder, tanto dedicando recursos a solucionarla como reinterpretando las reglas del libre mercado que tan flexiblemente sabe aplicar cuando son los intereses de las élites los que están en peligro. De vez en cuando, advertimos destellos de ese potencial cuando una crisis concreta sitúa el cambio climático en el primer plano de nuestra atención durante un tiempo. «El dinero carece de importancia alguna en esta operación de auxilio de emergencia. Sea cual sea la cantidad de dinero que se necesite, no se escatimarán gastos», declaró el primer ministro británico David Cameron (don Austeridad en persona) cuando amplias zonas de su país quedaron anegadas por las aguas en las históricas inundaciones de febrero de 2014 y la ciudadanía se quejaba indignada de que su Gobierno no estaba ayudando lo suficiente.[7]

Al escuchar de boca de Navarro Llanos la perspectiva de Bolivia, comencé a entender que el cambio climático (tratado como una emergencia planetaria real, análoga a la de ese súbito aumento del nivel de las aguas durante unas inundaciones) podía convertirse en una fuerza galvanizadora para la humanidad: algo que nos impulsaría no solo hacia una situación de mayor seguridad frente a los nuevos fenómenos meteorológicos extremos, sino también hacia unas sociedades más seguras y más justas en otros muchos sentidos. Los recursos que se necesitan para que abandonemos en breve el consumo de combustibles fósiles y nos preparemos para las duras condiciones meteorológicas que se nos vienen encima podrían sacar de la pobreza a amplios sectores de la población y proporcionar servicios que hoy se echan tristemente a faltar: desde agua potable hasta electricidad. Se trata de concebir un futuro que trascienda el objetivo de la mera supervivencia o de la mera resistencia frente al cambio climático; no basta con que lo «mitiguemos» o con que nos «adaptemos» a él, por emplear el adusto lenguaje de las Naciones Unidas. Es una concepción del futuro que nos invita a que utilicemos colectivamente la crisis para dar un salto hacia una situación que, con toda sinceridad debo decir, parece mejor que esta otra en la que nos encontramos en estos momentos.

Tras aquella conversación, me di cuenta de que ya no temía sumergirme en la realidad científica de la amenaza climática. Dejé de evitar la lectura de artículos y estudios científicos y empecé a leer todo lo que pude encontrar sobre el tema. También cesé de derivar el problema hacia los ecologistas, de decirme a mí misma que eso era cosa (o labor) de otras personas. Y a raíz de diversas conversaciones con otros participantes en el creciente movimiento por la justicia climática, comencé a apreciar múltiples vías por las que el cambio climático podía devenir en una fuerza catalizadora de una transformación positiva; de hecho, podía devenir en el mejor argumento que los progresistas jamás hayan tenido para reivindicar la reconstrucción y la reactivación de las economías locales, para recuperar nuestras democracias de las garras de la corrosiva influencia de las grandes empresas, para bloquear nuevos (y perjudiciales) acuerdos de libre comercio y reformular los ya existentes, para invertir en infraestructuras públicas como el transporte colectivo y la vivienda asequible (a las que se dedican recursos muy escasos en la actualidad), para recobrar la propiedad de servicios esenciales como la electricidad y el agua, para reformar nuestro enfermo sistema agrícola y hacer que sea mucho más sano, para abrir las fronteras a la migración de personas cuyo desplazamiento geográfico está vinculado a las repercusiones climáticas, para que se respeten por fin los derechos de los indígenas sobre sus tierras... Todo esto ayudaría a poner fin a los hoy grotescos niveles de desigualdad existentes dentro de nuestras naciones y entre ellas.

Y empecé a ver señales —nuevas coaliciones y nuevos argumentos— que daban a entender que, si se conseguía que todas estas diversas conexiones y nexos fueran mejor conocidas por un número más amplio de personas, la emergencia misma del cambio climático podría constituir la base de un poderoso movimiento de masas, un movimiento que entrelazaría todos estos problemas en apariencia dispares tejiendo con ellos un relato coherente sobre cómo proteger a la humanidad de los estragos de un sistema económico salvajemente injusto y de un sistema climático desestabilizado. He escrito este libro porque llegué a la conclusión de que la llamada «acción climática» podía proporcionar precisamente ese raro factor catalizador.

UN *SHOCK* DE ORIGEN POPULAR

Pero también lo he escrito porque el cambio climático puede ser el catalizador de toda una serie de muy distintas y mucho menos deseables formas de transformación social, política y económica.

He pasado los últimos quince años inmersa en el estudio de sociedades sometidas a *shocks* o conmociones extremas, provocadas por debacles económicas, desastres naturales, atentados terroristas y guerras. Y he analizado a fondo cómo cambian las sociedades en esos periodos de tremenda tensión, cómo esos sucesos modifican (a veces, para bien, pero, sobre todo, para mal) el sentido colectivo de lo que es posible. Tal como comenté en mi anterior libro, *La doctrina del shock*, durante las últimas cuatro décadas, los grupos de interés afines a la gran empresa privada han explotado sistemáticamente estas diversas formas de crisis para imponer políticas que enriquecen a una reducida élite: suprimiendo regulaciones, recortando el gasto social y forzando privatizaciones a gran escala del sector público. También han servido de excusa para campañas extremas de limitación de los derechos civiles y para escalofriantes violaciones de los derechos humanos.

Y no faltan indicios que nos induzcan a pensar que el cambio climático no sería una excepción en lo relativo a esa clase de dinámicas; es decir, que en vez de para incentivar soluciones motivadoras que tengan probabilidades reales de impedir un calentamiento catastrófico y de protegernos de desastres que, de otro modo, serán inevitables, la crisis será aprovechada una vez más para transferir más recursos si cabe a ese 1 % de privilegiados. Las fases iniciales de ese proceso son ya visibles. Bosques comunales de todo el mundo están siendo convertidos en reservas y viveros forestales privatizados para que sus propietarios puedan recaudar lo que se conoce como «créditos de carbono», un lucrativo tejemaneje al que me referiré más adelante. Hay también un mercado en auge de «futuros climáticos» que permite que empresas y bancos apuesten su dinero a los cambios en las condiciones meteorológicas como si los desastres letales fuesen un juego en una mesa de *crap* de Las Vegas (entre 2005 y 2006, el volumen del mercado de derivados climáticos se disparó multiplicándose por cinco: de un valor total de 9.700 millones a 45.200 millones de dólares). Las compañías de reaseguros internacionales están recaudando miles de millones de dólares en beneficios, procedentes en parte de la venta de nuevos tipos de planes de protección a países en vías de desarrollo que apenas han contribuido a crear la crisis climática actual, pero cuyas infraestructuras son sumamente vulnerables a los efectos de la misma.[8]

Y, en un arrebato de sinceridad, el gigante de la industria armamentística Raytheon explicó que «es probable que crezcan las oportunidades de negocio de resultas de la modificación del comportamiento y las necesidades de los consumidores en respuesta al cambio climático». Entre tales oportunidades se incluye no solo una mayor demanda de los servicios privatizados de respuesta a los desastres que ofrece la compañía, sino también «la demanda de sus productos y servicios militares ante la posibilidad de que aumente la preocupación por la seguridad a consecuencia de las sequías, las inundaciones y los temporales debidos al cambio climático».[9] Merece la pena que recordemos esto siempre que nos asalten las dudas en torno a la emergencia real de esta crisis: las milicias privadas ya se están movilizando.

Sequías e inundaciones dan pie a toda clase de oportunidades de negocio, además de a una demanda creciente de hombres armados. Entre 2008 y 2010, se registraron al menos 261 patentes relacionadas con el cultivo de variedades agrícolas «preparadas para el clima»: semillas supuestamente capaces de resistir condiciones meteorológicas extremas. De esas patentes, cerca del 80 % estaban controladas por tan solo seis gigantes de la agricultura industrial, Monsanto y Syngenta entre ellos. Mientras tanto, el huracán (o «supertormenta») Sandy ha dejado tras de sí una lluvia de millones de dólares para los promotores inmobiliarios de Nueva Jersey en concepto de subvenciones para la construcción de viviendas en zonas ligeramente dañadas por su paso, pero ha dejado tras de sí lo que continúa siendo una pesadilla para los residentes en viviendas públicas gravemente afectadas por ese episodio meteorológico, en una reedición bastante aproximada de lo sucedido en Nueva Orleans tras el paso del huracán Katrina.[10]

Nada de esto nos viene de nuevo. La búsqueda de vías ingeniosas y originales de privatización de bienes comunales y de rentabilización de los desastres es algo para lo que nuestro sistema actual está hecho mejor que para ninguna otra cosa; cuando se le deja actuar sin traba alguna, no es capaz de nada más. La doctrina del *shock*, sin embargo, no es la única forma que las sociedades tienen de reaccionar ante las crisis. Todos hemos sido testigos de ello recientemente, cuando el colapso financiero que se inició en Wall Street en 2008 dejó sentir sus efectos en todo el mundo. Un súbito aumento de los precios de los alimentos contribuyó a generar las condiciones que propiciaron la Primavera Árabe. Las políticas de austeridad han inspirado movimientos ciudadanos de masas en lugares como Grecia, España, Chile, Estados Unidos o Quebec. Muchos de nosotros estamos aprendiendo bastante bien a hacer frente a quienes desean sacar partido de las crisis para saquear el sector público. De todos modos, todas estas protestas y manifestaciones han mostrado asimismo que no basta simplemente con decir «no». Si los movimientos de oposición quieren ser algo más que estrellas fugaces que se consumen cual fogonazos en el cielo nocturno, tendrán que propugnar un proyecto bastante integral de lo que debería implantarse en lugar de nuestro deteriorado sistema, así como estrategias políticas serias para alcanzar esos objetivos.

Hubo un tiempo en que los progresistas sabían cómo hacerlo. Hay toda una rica historia de resonantes victorias populares para la justicia económica en momentos de crisis a gran escala. Entre tales conquistas se incluyen, de manera especialmente destacada, las políticas del New Deal impulsadas tras el crac bursátil de 1929 y el nacimiento de innumerables programas sociales tras la Segunda Guerra Mundial. Esas políticas tenían tal apoyo del electorado que, para convertirlas en ley, no fueron precisas las artimañas autoritarias que documenté en *La doctrina del shock*. Lo que sí resultó imprescindible fue construir movimientos de masas robustos, capaces de hacer frente a quienes defendían un statu quo caduco y capaces también de reivindicar un reparto del pastel económico significativamente más justo para todo el mundo. Pese al asedio del que son objeto actualmente, algunos de los legados que aún perduran de aquellos momentos históricos excepcionales son los seguros de sanidad pública vigentes en muchos países, las pensiones de jubilación, las viviendas de protección oficial subvencionadas y el patrocinio público de las artes.

Estoy convencida de que el cambio climático representa una oportunidad histórica de una escala todavía mayor. En el marco de un proyecto dirigido a reducir nuestras emisiones a los niveles recomendados por muchos científicos, tendríamos una vez más la posibilidad de promover políticas que mejoren espectacularmente la vida de las personas, que estrechen el hueco que separa a ricos de pobres, que generen un número extraordinario de buenos empleos y que den un nuevo ímpetu a la democracia desde la base hasta la cima. Lejos de consistir en la expresión máxima perfeccionada de la doctrina del *shock* (una fiebre de nuevas apropiaciones indebidas de recursos y de medidas represoras), la sacudida que provoque el cambio climático puede ser un «*shock* del pueblo», una conmoción desde abajo. Puede dispersar el poder entre los muchos, en vez de consolidarlo entre los pocos, y puede expandir radicalmente los activos comunales, en lugar de subastarlos a pedazos. Y si los expertos del *shock* derechista explotan las emergencias (ya sean estas reales o fabricadas) para imponer políticas que nos vuelvan más propensos aún a las crisis, las transformaciones a las que me referiré en estas páginas harían justamente lo contrario: abordarían la raíz misma de por qué nos estamos enfrentando a todas estas crisis en serie, para empezar, y nos dejarían un clima más habitable que aquel hacia el que nos encaminamos y una economía mucho más justa que aquella en la que nos movemos ahora mismo.

Pero ninguna de esas transformaciones será posible (pues nunca nos convenceremos de que el cambio climático puede, a su vez, cambiarnos) si antes no dejamos de mirar para otro lado.

«Llevan negociando desde que nací.» Eso dijo la estudiante universitaria Anjali Appadurai mirando desde el estrado a los negociadores de los Gobiernos nacionales reunidos en la conferencia de las Naciones Unidas sobre el clima de 2011, celebrada en Durban (Sudáfrica). Y no exageraba. Hace más de dos décadas que los Gobiernos del mundo hablan en torno a cómo evitar el cambio climático. Comenzaron a negociar precisamente el mismo año en que nació Anjali (que, en 2011, tenía 21 años). Y a pesar de ello, como ella bien señaló en su memorable discurso ante el pleno de la convención, pronunciado en representación de todas las organizaciones juveniles no gubernamentales allí presentes, «en todo este tiempo, [esos negociadores] han incumplido compromisos, se han quedado lejos de los sucesivos objetivos fijados y han quebrantado promesas».[11]

En realidad, el organismo intergubernamental que tiene encomendada la misión de prevenir que se alcancen en el mundo niveles «peligrosos» de cambio climático no solo no ha realizado progresos durante sus más de veinte años de trabajo (y más de noventa reuniones negociadoras oficiales desde que se adoptó el acuerdo para su creación), sino que ha presidido un proceso de recaída casi ininterrumpida. Nuestros Gobiernos malgastaron años maquillando cifras y peleándose por posibles fechas de inicio, pidiendo una y otra vez prórrogas o ampliación de plazos como los estudiantes que piden que les dejen entregar un poco más tarde el trabajo que aún no han terminado.

El catastrófico resultado de tanto ofuscamiento y procrastinación es hoy innegable. Los datos preliminares muestran que, en 2013, las emisiones globales de dióxido de carbono fueron un 61 % más altas que en 1990, cuando comenzaron de verdad las negociaciones para la firma de un tratado sobre el clima. John Reilly, economista del Instituto Tecnológico de Massachusetts (MIT), lo ha resumido a la perfección: «Cuanto más hablamos de la necesidad de controlar las emisiones, más crecen estas». En el fondo, lo único que aumenta más rápidamente que nuestras emisiones es la producción de palabras de quienes prometen reducirlas. Entretanto, la cumbre anual de las Naciones Unidas sobre el clima, que continúa siendo la mayor esperanza de conseguir un avance político en el terreno de la acción climática, ya no parece tanto un foro de negociación seria como una muy costosa (en dinero y en emisiones carbónicas) sesión de terapia de grupo: un lugar para que los representantes de los países más vulnerables del mundo aireen sus agravios y su indignación, mientras los representantes (de perfil más bien bajo) de las naciones principalmente responsables de la tragedia de aquellos apenas si se atreven a mirarlos a la cara.[12]

Ese ha sido el ambiente reinante desde el fracaso de la tan cacareada Cumbre de las Naciones Unidas sobre el Clima de 2009 en Copenhague. La última noche de aquel enorme encuentro, yo estaba con un grupo de activistas pro justicia climática, entre ellos, uno de los más destacados participantes y organizadores de ese movimiento en Gran Bretaña. Durante toda la cumbre, este joven había sido la viva imagen de la confianza y la compostura; había informado a docenas de periodistas cada día sobre lo que había sucedido en cada ronda de negociaciones y sobre lo que los diversos objetivos de emisiones que se estaban discutiendo significaban en el mundo real. Pese a las dificultades, su optimismo acerca de las posibilidades de aquel gran encuentro no había flaqueado ni por un instante. Pero en cuanto las sesiones terminaron con el penoso resultado ya conocido, su moral se derrumbó allí mismo, ante nosotros. Sentado a la mesa de un restaurante italiano adornado con una iluminación excesiva, empezó a sollozar sin control. «Había creído de verdad que Obama lo entendía», no cesaba de repetir.

Con el tiempo, he llegado a la conclusión de que, aquella noche, el movimiento climático alcanzó su verdadera mayoría de edad: fue el momento en que finalmente se convenció de que nadie iba a acudir a salvarnos. La psicoanalista (y especialista en el tema del clima) Sally Weintrobe ha caracterizado ese hecho como el «legado fundamental»; esto es, la constatación profunda y dolorosa de que nuestros «dirigentes no cuidan de nosotros [...], no se preocupan por nosotros ni siquiera en lo relativo a nuestra misma supervivencia».[13] Por muchas veces que nos hayan decepcionado los fallos y defectos de nuestros políticos, una constatación como esa no deja de ser un golpe muy duro. Es así, estamos solos, y cualquier fuente de esperanza creíble tendrá que venir desde abajo.

En Copenhague, los Gobiernos de los países más contaminantes —Estados Unidos y China entre ellos— firmaron un acuerdo no vinculante por el que se comprometían a impedir que las temperaturas aumentaran más de 2 °C (3,6 °F) por encima del nivel en el que se encontraban antes de que empezáramos a propulsar nuestras economías con la energía del carbón. Ese conocido objetivo, que supuestamente representa el límite «seguro» del cambio climático, ha sido siempre una elección netamente política que tiene más que ver con minimizar los trastornos económicos en el sistema actual que con proteger al mayor número posible de personas. Cuando el objetivo de los 2 °C se hizo oficial en Copenhague, muchos delegados plantearon vehementes objeciones al mismo diciendo que semejante nivel de calentamiento equivalía a una «sentencia de muerte» para algunos Estados isleños cuya orografía apenas se alza sobre el nivel del mar, además de para partes extensas del África subsahariana. De hecho, se trata de un objetivo muy arriesgado para todos nosotros. Hasta la fecha, las temperaturas se han incrementado solamente 0,8 °C y ya hemos empezado a experimentar numerosos y alarmantes efectos, entre los que se incluyen el derretimiento sin precedentes de la capa de hielo continental de Groenlandia en el verano de 2012 y una acidificación de los océanos mucho más rápida de lo previsto. Dejar que las temperaturas se calienten en más del doble de esa cifra tendrá incuestionablemente consecuencias peligrosas.[14]

En un informe de 2012, el Banco Mundial expuso la arriesgada apuesta que suponía ese objetivo. «A medida que el calentamiento global se aproxima y supera los 2 °C, se corre el riesgo de provocar puntos de inflexión no lineales. Los ejemplos incluyen la desintegración de la capa de hielo de la Antártida occidental, que conlleva una elevación más rápida del nivel de los océanos, o la muerte gradual a gran escala de los bosques en la Amazonia, que afecta drásticamente a ecosistemas, ríos, agricultura, producción de energía, y medios de subsistencia. Esto se sumaría además al calentamiento global del siglo XXI y afectaría a continentes enteros.»[15] O lo que es igual: desde el mismo momento en que las temperaturas suban más allá de un determinado punto, ya no tendremos control alguno sobre dónde se detenga finalmente el mercurio de los termómetros.

Pero el mayor problema —y la razón por la que Copenhague fue motivo de tanta desesperanza— estriba en que, puesto que los Gobiernos nacionales no acordaron ningún objetivo vinculante, tienen toda la libertad del mundo para, básicamente, hacer caso omiso de sus compromisos. Y eso precisamente es lo que está sucediendo. De hecho, las emisiones están aumentando a tal ritmo que, a menos que algo cambie radicalmente en nuestra estructura, incluso el objetivo de los 2 °C se nos antoja actualmente un sueño utópico. Y no son solo los ecologistas quienes están haciendo sonar la alarma. El Banco Mundial también advirtió en el informe antes mencionado de que «avanzamos hacia un incremento de 4 °C de la temperatura del planeta [antes de que termine el siglo], lo cual provocará olas de calor extremo, disminución de las existencias de alimentos a nivel mundial, pérdida de ecosistemas y biodiversidad, y una elevación potencialmente mortal del nivel de los océanos». Y alertaba de que «no hay, además, seguridad alguna de que sea posible la adaptación a un mundo 4 °C más cálido». Kevin Anderson, antiguo director (y actual subdirector) del Centro Tyndall para la Investigación del Cambio Climático, que se ha afianzado en poco tiempo como una de las principales instituciones británicas dedicadas al estudio del clima, es más contundente todavía; según él, un calentamiento de 4 °C (7,2 °F) es «incompatible con cualquier posible caracterización razonable de lo que actualmente entendemos por una comunidad mundial organizada, equitativa y civilizada».[16]

No sabemos a ciencia cierta cómo sería un mundo 4 °C más cálido, pero incluso en el mejor de los casos imaginables, se trataría muy probablemente de un escenario calamitoso. Un calentamiento de 4 °C podría significar una elevación del nivel global de la superficie oceánica de uno o, incluso, dos metros de aquí al año 2100 (y, de rebote, garantizaría unos cuantos metros adicionales como mínimo para los siglos siguientes). Eso sumergiría bajo las aguas unas cuantas naciones isleñas, como Maldivas y Tuvalu, e inundaría numerosas zonas costeras de no pocos países, desde Ecuador y Brasil hasta los Países Bajos, incluyendo buena parte de California y del Estados Unidos nororiental, así como enormes franjas de terreno del sur y el sureste de Asia. Algunas de las grandes ciudades que correrían un riesgo serio de inundación serían Boston, Nueva York, el área metropolitana de Los Ángeles, Vancouver, Londres, Bombay, Hong Kong o Shanghái.[17]

Al mismo tiempo, las brutales olas de calor que pueden matar a decenas de miles de personas (incluso en los países ricos) terminarían convirtiéndose en incidentes veraniegos comunes y corrientes en todos los continentes a excepción de la Antártida. El calor haría también que se produjeran pérdidas espectaculares en las cosechas de cultivos básicos para la alimentación mundial (existe la posibilidad de que la producción de trigo indio y maíz estadounidense se desplomara hasta en un 60%), justo en un momento en el que se dispararía su demanda debido al crecimiento de la población y al aumento de la demanda de carne. Y como los cultivos se enfrentarían no solo al estrés térmico, sino también a incidentes extremos como sequías, inundaciones o brotes de plagas de gran alcance, las pérdidas bien podrían terminar siendo más graves de lo predicho por los modelos. Si añadimos a tan funesta mezcla huracanes ruinosos, incendios descontrolados, pesquerías diezmadas, interrupciones generalizadas del suministro de agua, extinciones y enfermedades viajeras, cuesta ciertamente imaginar qué quedaría sobre lo que sustentar una sociedad pacífica y ordenada (suponiendo que tal cosa haya existido nunca).[18]

Tampoco hay que olvidar que estos son los escenarios de futuro optimistas: aquellos en los que el calentamiento se estabiliza más o menos en torno a una subida de 4 °C y no alcanza puntos de inflexión más allá de los cuales podría desencadenarse un ascenso térmico descontrolado. Basándonos en los modelos más recientes, cada vez es menos hipotético afirmar que esos 4 °C adicionales podrían provocar una serie de espirales de retroalimentación sumamente peligrosas: un Ártico que estaría normalmente deshelado en septiembre, por ejemplo, o, según un estudio reciente, una vegetación que habría alcanzado niveles de saturación excesivos para funcionar como un «sumidero» fiable, pues acabaría emitiendo más carbono que el que almacena por otro lado. A partir de ese momento, renunciaríamos a prácticamente cualquier esperanza de predecir los efectos. Y ese proceso puede dar comienzo antes de lo previsto. En mayo de 2014, un grupo de científicos de la NASA y la Universidad de California en Irvine revelaron que el derretimiento de los glaciares en un sector de la

Antártida occidental equivalente aproximadamente a la superficie de toda Francia «parece ya imparable». Esto probablemente significa una condena definitiva para la capa de hielo continental de esa región antártica, cuya desaparición, según el autor principal del estudio, Eric Rignot, «comportará un aumento del nivel del mar de entre tres y cinco metros. Semejante fenómeno provocará el desplazamiento de millones de personas en todo el mundo». De todos modos, dicha desintegración podría prolongarse a lo largo de varios siglos, por lo que estamos aún a tiempo de reducir las emisiones y, con ello, ralentizar el proceso y evitar la peor parte del mismo.[19]

Mucho más aterrador es el hecho de que un nutrido grupo de analistas situados dentro de la línea científica dominante hoy en día opinen que la trayectoria de emisiones que estamos siguiendo actualmente nos dirige hacia un ascenso de la temperatura media mundial superior a esos 4 °C. En 2011, la (por lo general) sobria Agencia Internacional de la Energía (AIE) publicó un informe con una serie de proyecciones que venían a indicar que nos encaminamos en realidad hacia un calentamiento global de unos 6 °C (10,8 °F). Y según las palabras del propio economista en jefe de la AIE, «cualquier persona, incluso un alumno de primaria, sabe que esto tendrá implicaciones catastróficas para todos nosotros». (Los indicios señalan que un calentamiento de 6 °C hará probablemente que superemos varios puntos de inflexión en diversos procesos: no solo en aquellos de mayor lentitud, como el ya mencionado derretimiento de la capa de hielo de la Antártida occidental, sino muy posiblemente también en otros más bruscos, como las emisiones masivas de metano a la atmósfera procedentes del permafrost ártico.) El gigante de la contabilidad PricewaterhouseCoopers ha publicado asimismo un informe en el que advierte a las empresas de que vamos directos hacia un calentamiento de «4 o incluso 6 °C».[20]

Estas diversas proyecciones representan para nosotros una muy urgente señal de alerta. Es como si todas las alarmas de nuestra casa estuvieran disparándose a la vez en este mismo instante, y que, seguidamente, lo hicieran todas las alarmas de nuestra calle (primero una, inmediatamente después otra, justo a continuación otra más, y así sucesivamente). Lo que vienen a significar, sencillamente, es que el cambio climático se ha convertido en una crisis existencial para la especie humana. El único precedente histórico de una situación tan amplia y profundamente crítica se vivió durante la Guerra Fría: me refiero al miedo (entonces muy extendido) a un holocausto nuclear que volviera inhabitable gran parte del planeta. Pero esa era (y continúa siendo, no lo olvidemos) una amenaza, una pequeña posibilidad en caso de una espiral descontrolada en la geopolítica internacional. No había entonces una inmensa mayoría de los científicos nucleares (como sí la hay desde hace años entre los climatólogos) que nos avisaran de que íbamos camino de poner en peligro nuestra civilización entera si seguíamos comportándonos en nuestra vida cotidiana del modo acostumbrado, haciendo exactamente lo que ya hacíamos.

En 2010, la climatóloga de la Universidad Estatal de Ohio, Lonnie G. Thompson, renombrada especialista mundial en el derretimiento de los glaciares, explicó que «los climatólogos, como otros científicos, tendemos a conformar un colectivo bastante imperturbable. No somos dados a sermones o peroratas sobreactuadas sobre el fin del mundo. La mayoría nos encontramos mucho más cómodos en nuestros laboratorios o recogiendo datos sobre el terreno que concediendo entrevistas a los periodistas o hablando ante comisiones del Congreso. ¿Por qué, entonces, nos estamos manifestando tan públicamente a propósito de los peligros del calentamiento global? La respuesta es que casi todos los científicos y científicas del clima estamos ya convencidos de que el calentamiento global representa un peligro inminente para la civilización».[21]

No se puede hablar con mayor claridad. Y, sin embargo, lejos de reaccionar alarmada y de hacer todo lo que esté en su mano por variar el rumbo, gran parte de la humanidad mantiene muy conscientemente la misma ruta que ya venía siguiendo. Aunque, eso sí, como los pasajeros del vuelo 3935, ayudada por un motor más potente y sucio.

¿Qué diablos nos pasa?

En muy mal momento

Son muchas las respuestas que se han dado a esa pregunta: que si resulta extremadamente difícil conseguir que todos los Estados del mundo se pongan de acuerdo en algo, que si no existen en realidad soluciones tecnológicas viables, que si hay algo muy arraigado en nuestra naturaleza humana que nos impide actuar para hacer frente a unas amenazas aparentemente remotas, o que si (como se ha aducido más recientemente) el mal ya está hecho y no tiene sentido siquiera intentar otra cosa que no sea contemplar el paisaje mientras nos hundimos.

Algunas de esas explicaciones son válidas, pero todas son inadecuadas en último término. Tomemos, por ejemplo, la tesis de que cuesta mucho que tantos países coincidan en una vía de actuación. Sí, cuesta. Pero, en el pasado, han sido muchas las ocasiones en que la ONU ha ayudado a que diversos Gobiernos nacionales se reunieran para abordar problemas que trascendían el ámbito de sus fronteras territoriales: desde la disminución del ozono en la atmósfera hasta la proliferación nuclear. Los acuerdos resultantes no fueron perfectos, pero representaron progresos reales. Además, durante esos mismos años en que nuestros Gobiernos no lograron implantar una arquitectura legal estricta y vinculante que obligara a todos a cumplir con unos objetivos de reducción de emisiones —supuestamente porque la cooperación era demasiado compleja en ese terreno—, bien fueron capaces de crear la Organización Mundial del Comercio, un intrincado sistema global que regula el flujo de bienes y servicios por todo el planeta, y que impone unas normas claras y unas penalizaciones severas para quienes las infrinjan.

No más convincente es el argumento de que lo que nos ha demorado en la búsqueda de una solución ha sido la falta de soluciones tecnológicas. El aprovechamiento de la energía procedente de fuentes renovables como el viento y el agua es muy anterior en la historia al uso de combustibles fósiles. Además, las «renovables» son cada vez más baratas, eficientes y fáciles de almacenar. En las últimas dos décadas se ha producido una verdadera explosión de ingenio en el diseño de mecanismos de residuo cero y en el urbanismo verde. No solo disponemos de las herramientas técnicas para desengancharnos de los combustibles fósiles, sino que tampoco faltan los pequeños enclaves o áreas geográficas donde esos estilos de vida bajos en carbono han sido probados con enorme éxito. Y, aun así, esa transición a gran escala que nos brindaría la oportunidad colectiva de evitar la catástrofe sigue siéndonos esquiva.

¿Es simplemente la naturaleza humana la que nos frena, entonces? Lo cierto es que los seres humanos nos hemos mostrado dispuestos muchas veces a sacrificarnos colectivamente para enfrentarnos a mil y una amenazas, como bien recordarán quienes vivieron entre cartillas de racionamiento, «huertos de la victoria» y «bonos de la victoria» durante la Primera Guerra Mundial y la Segunda Guerra Mundial. En realidad, para contribuir a la conservación de combustible durante la segunda de esas contiendas, la conducción de automóviles por placer quedó prácticamente abolida en el Reino Unido, y entre 1938 y 1944, el uso del transporte público aumentó en casi un 87 % en Estados Unidos y en un 95 % en Canadá. Veinte millones de hogares estadounidenses —que representaban tres quintas partes de la población nacional— cultivaban huertos de la victoria en 1943, cuya producción supuso un 42 % de las verduras y hortalizas frescas consumidas ese año en el país. Curiosamente, todas esas actividades sumadas ayudan sustancialmente a reducir las emisiones carbónicas.[22]

Es verdad que la amenaza de la guerra parecía entonces inmediata y concreta, pero igualmente lo es hoy la amenaza planteada por la crisis climática, que muy probablemente haya contribuido ya a producir diversos desastres de considerables proporciones en algunas de las grandes ciudades del mundo. ¿Tanto nos hemos ablandado desde aquellos tiempos de sacrificio bélico? Los humanos contemporáneos somos unos seres demasiado centrados en nosotros mismos, demasiado adictos a la gratificación como para renunciar a la más mínima libertad de satisfacer hasta nuestro último capricho... o eso es lo que nuestra cultura nos dice día sí y día también. Y, sin embargo, la verdad es que seguimos realizando sacrificios colectivos en nombre de un abstracto bien superior todo el tiempo. Sacrificamos nuestras pensiones, nuestros derechos laborales que tanto costó conquistar, nuestros programas de apoyo al arte o de actividades extracurriculares. Enviamos a nuestros hijos a que aprendan en aulas cada vez más atestadas, bajo la guía de unos docentes cada vez más exigidos y hostigados. Aceptamos que tengamos que pagar muchísimo más por las destructivas fuentes energéticas que alimentan nuestros transportes y nuestras vidas. Aceptamos que las tarifas de los autobuses y del metro suban y suban mientras el servicio que nos ofrecen no mejora o, incluso, se deteriora. Aceptamos que una educación universitaria pública se salde para el estudiante con una deuda que tardará media vida en pagar cuando eso era algo inaudito apenas una generación atrás. En Canadá, donde yo vivo, estamos incluso empezando a aceptar que nuestro correo postal no llegue ya a nuestros domicilios.

En los últimos treinta años hemos vivido un proceso de progresiva reducción de las prestaciones proporcionadas desde el sector público. Todo esto se ha defendido en nombre de la austeridad, la justificación estrella en la actualidad para todos esos requerimientos de sacrificio colectivo. Otras palabras y expresiones tomadas igualmente de la vida cotidiana han cumplido una finalidad similar en otros momentos de nuestra historia contemporánea: equilibrio presupuestario, aumento de la eficiencia, fomento del crecimiento económico.

Tengo la impresión de que si las personas somos capaces de sacrificar tantos servicios y ventajas colectivas en aras de la estabilización de un sistema económico que encarece y precariza hasta extremos insospechados la vida cotidiana, seguro que somos capaces también de realizar importantes cambios en nuestro estilo de vida a fin de estabilizar los sistemas físicos de los que depende la vida misma. Sobre todo, porque muchas de las modificaciones que es necesario introducir para reducir drásticamente las emisiones mejorarían materialmente también la calidad de vida de la mayoría de las personas del planeta: desde los niños de Pekín, que podrían jugar fuera de sus casas sin tener que llevar puestas las habituales mascarillas anticontaminación, hasta las muchas personas que podrían trabajar en los millones de empleos de buena calidad que se crearían en sectores de energías limpias. No parece que falten los incentivos a corto y medio plazo para que hagamos lo correcto para nuestro clima.

Andamos muy justos de tiempo, desde luego. Pero podríamos comprometernos, desde mañana mismo, a recortar radicalmente nuestras emisiones procedentes de la extracción y el consumo de combustibles fósiles, y a iniciar la transición hacia fuentes de energía de carbono cero, basadas en tecnologías de aprovechamiento renovable; una transición que, si así nos decidiéramos a ello, sería ya un hecho en un plazo no superior a una década. Disponemos de las herramientas para llevar a cabo algo así. Y si lo hiciéramos, se elevarían los mares y se desatarían temporales extremos, sí, pero tendríamos mayores probabilidades de evitar un calentamiento verdaderamente catastrófico. De hecho, naciones enteras podrían salvarse de la crecida de las olas. Como bien dice Pablo Solón, exembajador de Bolivia ante las Naciones Unidas, «si yo quemara tu casa, lo menos que podría hacer es acogerte en la mía [...], y si es ahora mismo cuando la estoy quemando, mi obligación es intentar parar el fuego en este momento».[23]

El problema es que no estamos deteniendo el incendio. En realidad, le estamos arrojando gasolina encima. Tras un atípico descenso en 2009, debido a la crisis financiera, las emisiones globales se dispararon de nuevo un 5,9 % en 2010: el mayor incremento en términos absolutos desde la Revolución Industrial.[24]

Así que no puedo dejar de preguntarme: ¿qué diablos nos pasa? ¿Qué es lo que realmente nos impide apagar el fuego que amenaza con arrasar nuestra casa colectiva?

En mi opinión, la respuesta a esa pregunta es mucho más simple de lo que nos han hecho creer. No hemos hecho las cosas necesarias para reducir las emisiones porque todas esas cosas entran en un conflicto de base con el capitalismo desregulado, la ideología imperante durante todo el periodo en el que hemos estado esforzándonos por hallar una salida a esta crisis. Estamos atascados porque las acciones que nos ofrecerían las mejores posibilidades de eludir la catástrofe —y que beneficiarían a la inmensa mayoría de la población humana— son sumamente amenazadoras para una élite minoritaria que mantiene un particular dominio sobre nuestra economía, nuestro proceso político y la mayoría de nuestros principales medios de comunicación. Ese podría no haber sido un problema insuperable de por sí si se nos hubiera planteado en algún otro momento de nuestra historia. Pero, para gran desgracia colectiva nuestra, la comunidad científica efectuó y presentó su diagnóstico decisivo de la amenaza climática en el momento preciso en que esa élite estaba disfrutando de un poder político, cultural e intelectual más ilimitado que nunca desde la década de 1920. De hecho, los Gobiernos nacionales y los científicos empezaron a hablar en serio de posibles recortes radicales de la emisiones de gases de efecto invernadero en 1988, justamente el año que marcó el albor de lo que se daría en llamar «globalización», a raíz de la firma del acuerdo que representaba la inauguración de la mayor relación comercial bilateral del mundo, entre Canadá y Estados Unidos, y que luego se ampliaría hasta convertirse en el Tratado de Libre Comercio de América del Norte (el TLCAN o NAFTA) con la incorporación de México.[25]

Cuando los historiadores echen la vista atrás al último cuarto de siglo de negociaciones internacionales, dos serán los procesos definitorios de esta época que destacarán muy especialmente. Por un lado, estará el proceso relacionado con el clima: procediendo dificultoso, a saltos, fracasando por completo en la consecución de sus objetivos. Y, por otro, estará el proceso de globalización de los intereses del gran capital privado, avanzando vertiginoso de victoria en victoria: a ese primer acuerdo comercial, seguirían la creación de la Organización Mundial del Comercio, la privatización masiva de las antiguas economías soviéticas, la transformación de amplias regiones de Asia en zonas de libre comercio en expansión y el «ajuste estructural» de África. Ha habido algún que otro contratiempo y revés en el proceso, ciertamente (por ejemplo, el provocado por la presión popular que hizo que se encallaran temporalmente las rondas negociadoras y los acuerdos de libre comercio). Pero los que nunca han dejado de triunfar en todo este tiempo han sido los fundamentos ideológicos del proyecto en su conjunto, que en ningún momento ha tenido como meta última el comercio transfronterizo de bienes (la venta de vino francés en Brasil, por ejemplo, o de *software* estadounidense en China), sino el aprovechamiento de esos acuerdos de alcance general (y de otra serie de instrumentos) para blindar un marco de políticas globales que otorgue la máxima libertad posible a las grandes empresas multinacionales para producir sus bienes al menor coste y para venderlos con las mínimas regulaciones, pagando así el mínimo de impuestos posibles. Cumplimentando esa lista de deseos de las grandes empresas, nos decían, impulsaríamos el crecimiento económico, el cual terminaría por redundar (como si de un goteo por filtro se tratase) en el resto de las personas. Lo cierto es que los acuerdos comerciales solo importaban para quienes los impulsaban en la medida en que representaban y articulaban sin rodeos esa otra serie de prioridades del gran capital transnacional.

Los tres pilares de las políticas de esta nueva era son bien conocidos por todos nosotros: la privatización del sector público, la desregulación del sector privado y la reducción de la presión fiscal a las empresas, sufragada con recortes en el gasto estatal. Mucho se ha escrito sobre los costes reales de tales políticas: la inestabilidad de los mercados financieros, los excesos de los superricos y la desesperación de los pobres, cada vez más prescindibles para el sistema, así como el deterioro de las infraestructuras y los servicios públicos. Muy poco se ha dicho, sin embargo, de cómo el fundamentalismo del mercado ha saboteado sistemáticamente desde el primer momento nuestra respuesta colectiva al cambio climático, una amenaza que empezó a llamar a nuestra puerta justo cuando esa otra ideología alcanzaba su cenit.

Y lo ha saboteado, fundamentalmente, porque el dominio sobre la vida pública en general que la lógica del mercado conquistó en ese periodo hizo que las respuestas más directas y obvias para abordar el problema del clima parecieran heréticas desde el punto de vista político imperante. Por ejemplo, ¿cómo iban nuestras sociedades a invertir en servicios e infraestructuras públicas de carbono cero precisamente cuando el ámbito de lo público estaba siendo sistemáticamente desmantelado y subastado al mejor postor? ¿Cómo podían los Gobiernos regular, gravar y penalizar con la mayor contundencia a las compañías de combustibles fósiles cuando toda esa clase de medidas estaban siendo descalificadas públicamente por ser consideradas unos meros vestigios de la «economía de planificación centralizada» del comunismo más rancio? ¿Y cómo podía recibir el sector de las energías renovables los apoyos y las protecciones que necesitaba para que estas reemplazaran a los combustibles fósiles cuando el «proteccionismo» se había convertido en poco menos que una grosería malsonante?

Un movimiento climático de otra clase habría tratado de cuestionar la ideología extrema que bloqueaba tantas acciones sensatas como se necesitaban en ese momento, y se habría sumado a otros sectores para mostrar la grave amenaza que el poder de las grandes empresas suponía para la habitabilidad del planeta. Pero, en vez de eso, buena parte de la movilización contra el cambio climático perdió unas décadas preciosas tratando de cuadrar el círculo de la crisis del clima para que encajara en el molde que le marcaba el capitalismo desregulado, buscando una y otra vez vías que permitieran que el mercado mismo resolviera el problema. (Yo misma tardé años desde que inicié el proyecto de escribir este libro en descubrir hasta qué punto eran profundas las raíces de la colusión entre los grandes contaminadores y las grandes organizaciones ecologistas —las que conforman el llamado Big Green— que abogan por esas vías.)

Pero el bloqueo de una acción contundente de respuesta al problema climático no fue el único modo en que el fundamentalismo del mercado contribuyó a ahondar la crisis durante ese periodo. De manera más directa aún, las políticas que tan eficazmente habían liberado a las grandes empresas multinacionales de prácticamente toda traba a su actuación también coadyuvaron a exacerbar la causa subyacente del calentamiento global, es decir, el aumento de las emisiones de gases de efecto invernadero. Las cifras impactan. En la década de 1990, cuando el proyecto de integración internacional de mercados estaba en pleno auge, las emisiones globales crecieron a un ritmo de un 1 % anual; entrados ya en el nuevo milenio, con «mercados emergentes» como el de China plenamente integrados en la economía mundial, el crecimiento de las emisiones se disparó hasta niveles catastróficos y el ritmo de aumento anual alcanzó el 3,4 % durante buena parte de la primera década del siglo XXI. Esas tasas de rápido incremento han continuado manteniéndose hasta nuestros días, interrumpidas solo brevemente en 2009 por la crisis financiera mundial.[26]

Así mirado, cuesta apreciar cómo la situación podría haber avanzado de otro modo. Las dos grandes señas de identidad de esta era han sido la exportación masiva de productos a larguísimas distancias (quemando carbono sin piedad para ello) y la importación en todos los rincones del mundo de un modelo de producción, consumo y agricultura singularmente despilfarrador, basado igualmente en el consumo manirroto de combustibles fósiles. Por decirlo de otro modo, la liberación de los mercados mundiales, un proceso alimentado mediante la liberación de cantidades sin precedentes de combustibles fósiles arrebatados a la Tierra, ha acelerado espectacularmente el mismo proceso que, por así decirlo, está liberando a su vez al hielo ártico de la «prisión» de su anterior estado sólido.

Como consecuencia de ello, nos hallamos actualmente en una posición muy difícil y sutilmente irónica. Por culpa de todas esas décadas de emisiones a ultranza en el preciso momento en que se suponía que más debíamos rebajarlas, las cosas que debemos hacer ahora para evitar un calentamiento catastrófico no solamente entran en conflicto con la particular vena de capitalismo desregulado que triunfó en la década de 1980, sino que se contradicen también con el imperativo fundamental que subyace a la base misma de nuestro modelo económico: crecer o morir.

Cuando ya se ha emitido carbono a la atmósfera, este se queda ahí durante centenares de años, puede que incluso más tiempo, impidiendo que se marche el calor. Los efectos son acumulativos y se van agravando con el tiempo. Y según especialistas en emisiones como Kevin Anderson (del Centro Tyndall) hemos dejado que se acumulara tanto carbono en la atmósfera a lo largo de las dos últimas décadas que la única esperanza que nos queda ahora de mantener el calentamiento por debajo de ese objetivo internacionalmente acordado de los 2 °C adicionales reside en que los países ricos recorten sus emisiones en torno a un 8-10 % anual.[27] Esa es una misión sencillamente imposible para el mercado «libre». De hecho, ese nivel de disminución de las emisiones solo se ha producido en el contexto de algún colapso económico o de depresiones muy profundas.

Ahondaré en esas cifras en el capítulo 2, pero lo importante aquí es el mensaje esencial que nos transmiten: nuestros sistemas económico y planetario están actualmente en guerra. O, para ser más precisos, nuestra economía está en guerra con múltiples formas de vida sobre la Tierra, incluida la humana. Lo que el clima necesita para evitar la debacle es una contracción en el consumo de recursos por parte de la humanidad; lo que nuestro modelo económico exige, sin embargo, es eludir esa debacle por medio de una expansión sin cortapisas. Solo uno de esos dos conjuntos opuestos de reglas puede cambiarse y, desde luego, no es el de las leyes de la naturaleza.

Por suerte, sí podemos transformar nuestra economía para que sea menos intensiva en recursos, y podemos hacerlo a través de vías equitativas, protegiendo a los más vulnerables y haciendo que los más responsables soporten el grueso del coste de la transformación. Podemos potenciar la expansión y la creación de empleo en los sectores «bajos en carbono» de nuestras economías, y podemos fomentar la contracción de aquellos otros sectores que son «altos en carbono». El problema que se nos presenta, no obstante, es que esta escala de planificación y gestión económica está completamente fuera de los límites de la ideología reinante hoy en día. La única contracción que nuestro sistema actual es capaz de asumir es la de un crac brutal, una situación en la que los más vulnerables serían quienes más sufrirían.

Así que la que tenemos ante nosotros es una dura elección: permitir que las alteraciones del clima lo cambien todo en nuestro mundo o modificar la práctica totalidad de nuestra economía para conjurar ese escenario. Pero hay que ser muy claros al respecto: por culpa de todas esas décadas de negación colectiva transcurridas, ya no nos queda ninguna opción gradual o gradualista viable. La de los suaves pellizcos al statu quo dejó de ser una opción válida para afrontar el problema del clima desde el momento en que multiplicamos el tamaño del Sueño Americano allá por la década de 1990 y, acto seguido, procedimos a convertirlo en una motivación a escala global. Y ya no son solamente los radicales los que ven la necesidad de un cambio radical. En 2012, veintiún antiguos ganadores del prestigioso Premio Blue Planet (entre los que se incluían personalidades como James Hansen, exdirector del Instituto Goddard de Estudios Espaciales de la NASA, y Gro Harlem Brundtland, ex primera ministra de Noruega) redactaron un informe trascendental. En él, se afirmaba que «ante una emergencia absolutamente sin precedentes, la sociedad no tiene más remedio que emprender medidas drásticas para evitar un desmoronamiento de la civilización. O cambiamos nuestros modos de hacer y construimos una sociedad global de cuño absolutamente nuevo, o vendrá algo peor que nos los hará cambiar por la fuerza».[28]

Admitir esta realidad ha sido misión ciertamente difícil para muchas personas situadas en puestos importantes, pues las ha obligado a cuestionar algo que tal vez sea más poderoso incluso que el capitalismo mismo, como es el atractivo fetichista del centrismo, o lo que es lo mismo, de la razonabilidad, de la seriedad, del encuentro a medio camino entre las posturas diferenciadas y, en general, del no entusiasmarse demasiado por nada. Ese es, en el fondo, el hábito de pensamiento que verdaderamente impera en nuestra era, mucho más aún entre los progresistas tibios de centro-izquierda que se interesan por los temas de la política climática que entre los conservadores, muchos de los cuales se limitan simplemente a negar la existencia de la crisis. El cambio climático plantea un reto muy profundo para ese centrismo cauteloso, porque las medias tintas no sirven para solucionarlo. Recurrir a «todas las opciones» energéticas, como el presidente estadounidense Barack Obama describe su enfoque de la cuestión, es una estrategia que tiene más o menos la misma probabilidad de éxito que recurrir a toda clase de dietas para adelgazar, y los estrictos plazos límite impuestos por la ciencia nos obligan ciertamente a que pongamos toda la carne en el asador.

Cuando planteo que la del cambio climático es una batalla entre el capitalismo y el planeta, no estoy diciendo nada que no sepamos ya. La batalla ya se está librando y, ahora mismo, el capitalismo la está ganando con holgura. La gana cada vez que se usa la necesidad de crecimiento económico como excusa para aplazar una vez más la muy necesaria acción contra el cambio climático, o para romper los compromisos de reducción de emisiones que ya se habían alcanzado. La gana cuando a los ciudadanos griegos se les dice que su única vía de salida a la crisis económica que sufren es abriendo sus hermosos mares a perforaciones petrolíferas y gasísticas de alto riesgo. La gana cuando se nos dice a los canadienses que la única esperanza que tenemos de no terminar como Grecia es permitiendo que desuellen nuestros bosques boreales para acceder al betún semisólido que se encierra en las arenas bituminosas de Alberta. La gana cuando se aprueba la demolición de un parque en Estambul para dejar sitio a la construcción de un nuevo centro comercial. La gana cuando se les dice a los padres y madres de Pekín que enviar a sus hijos e hijas al colegio con mascarillas anticontaminación decoradas para que los pequeños parezcan lindos personajes de cómic infantil es un precio aceptable que hay que pagar por el progreso económico. La gana cada vez que aceptamos que las únicas opciones entre las que podemos elegir son todas malas sin excepción: austeridad o extracción, envenenamiento o pobreza.

El desafío, pues, no pasa simplemente por reconocer que necesitamos gastar mucho dinero y cambiar numerosas políticas, sino por convencernos de que tenemos que pensar de manera distinta (radicalmente distinta) para que todos esos cambios sean posibles, siquiera remotamente. La competencia salvaje entre naciones ha provocado un estancamiento durante décadas en las negociaciones de las Naciones Unidas sobre el clima: los países ricos se cierran en banda y declaran que no reducirán emisiones para no arriesgar su privilegiada posición en la jerarquía global; los países pobres declaran que no renunciarán a su derecho a contaminar tanto como lo hicieron los países ricos en su ascensión hacia la riqueza, aunque eso signifique agravar un desastre que daña a los más pobres más que a nadie. Para que algo de todo esto cambie, es preciso que arraigue y adquiera protagonismo una visión del mundo que no vea en la naturaleza, en las otras naciones o en nuestros vecinos a unos adversarios, sino más bien a unos socios colaboradores en un formidable proyecto de reinvención mutua.

Esa es una gran tarea de por sí, pero continúa agrandándose por momentos. Por culpa de nuestros interminables retrasos, nos vemos ya en la necesidad de acometer esa descomunal transformación sin mayor demora. La Agencia Internacional de la Energía (AIE) advierte de que, si no logramos controlar nuestras emisiones antes del terriblemente cercano año 2017, nuestra economía basada en combustibles fósiles habrá convertido para entonces en «inevitable» un nivel de calentamiento sumamente peligroso. «La infraestructura energética instalada en ese momento generará el total de emisiones de CO_2 permitidas» en nuestro presupuesto de carbono para conseguir un objetivo de calentamiento de solo 2 °C, «lo que no dejará margen para la construcción de centrales eléctricas adicionales, ni de fábricas, ni de ninguna otra infraestructura que no sea de carbono cero, y eso resultará exorbitantemente costoso». Esa previsión da por supuesto (de forma probablemente certera) que los Gobiernos nacionales serán reacios a forzar el cierre de unas centrales eléctricas y unas fábricas que les parecen aún rentables. Según las rotundas palabras del economista en jefe de la AIE, Fatih Birol, «la puerta para limitar el calentamiento a solo 2 °C está a punto de cerrarse. En 2017, se habrá cerrado para siempre». En definitiva, hemos alcanzado lo que algunos activistas han comenzado a llamar la «década cero» de la crisis climática: o cambiamos ahora, o perderemos nuestra oportunidad.[29]

Todo esto significa que los habituales pronósticos con los que los defensores del liberalismo económico dominante intentan tranquilizarnos (¡hay un remedio tecnológico a la vuelta de la esquina!; el desarrollo sucio no es más que una fase en nuestra senda hacia un medio ambiente limpio: ¡fijémonos en el Londres decimonónico, si no!) no se sostienen de ningún modo. No disponemos de un siglo para esperar a que China y la India superen sus particulares fases dickensianas. Tras décadas perdidas, se nos acaba el tiempo para dar la vuelta a la situación. ¿Es posible? Desde luego. ¿Es posible sin poner en entredicho la lógica fundamental del capitalismo desregulado? Desde luego que no.

Una de las personas a las que conocí en el particular viaje que ha supuesto para mí la redacción de este libro y a quienes ustedes conocerán a lo largo de estas páginas es Henry Red Cloud («Nube Roja»), un educador y emprendedor lakota que forma a jóvenes nativos americanos para que se conviertan en ingenieros solares. Él dice a sus alumnos que hay ocasiones en las que debemos conformarnos con dar pequeños pasos hacia delante, pero que hay otras en las que «hay que trotar como un búfalo».[30] Ahora es uno de esos momentos en los que debemos correr.

Poder, no solo energía

Me sorprendió recientemente el mea culpa (si lo podemos llamar así) que entonó Gary Stix, un destacado miembro del personal editorial de la revista *Scientific American*. En 2006, fue responsable de la edición de un número especial sobre respuestas al cambio climático y, como en muchas iniciativas de ese estilo, los artículos se centraron exclusivamente en la exhibición de emocionantes tecnologías bajas en carbono. En 2012, sin embargo, Stix escribió que había pasado por alto entonces una parte mucho más amplia e importante de toda aquella historia: la necesidad de crear el contexto social y político en el que esas transformaciones tecnológicas pueden tener alguna probabilidad de reemplazar a un statu quo que continúa siendo demasiado rentable. «Si queremos afrontar el cambio climático mínimamente a fondo, las soluciones radicales en las que debemos centrarnos son las de la vertiente social. En comparación, la eficiencia relativa de la próxima generación de células fotoeléctricas es una cuestión bastante trivial.»[31]

Este libro trata de esos cambios radicales tanto en la faceta social, como en las facetas política, económica y cultural. No me interesa tanto la mecánica de la transición —la transición desde la energía marrón a la verde, o desde los automóviles de un solo pasajero al transporte público, o desde la expansión descontrolada de los «exurbios» a las ciudades densas y fáciles de transitar a pie— como el poder y los obstáculos ideológicos que han impedido hasta la fecha que ninguna de esas soluciones se afianzara en un grado mínimamente cercano al requerido.

Mi impresión es que nuestro problema tiene mucho menos que ver con la mecánica de la energía solar que con la política del poder humano y, más concretamente, con si puede haber variaciones en quién lo ejerce; variaciones que alejen ese poder de los intereses del gran capital y lo acerquen a las comunidades humanas, lo que, a su vez, depende de que el inmenso número de personas desfavorecidas por el sistema actual puedan construir una fuerza social suficientemente decidida y diversa como para cambiar el equilibrio de poder. Mientras investigaba para este libro, también me he terminado convenciendo de que esa variación nos obligará a replantearnos la naturaleza misma del poder de la humanidad: nuestro derecho a extraer más y más sin afrontar las consecuencias, nuestra capacidad para plegar sistemas naturales complejos a nuestra voluntad. Ese cambio implica un desafío no ya al capitalismo, sino también a los cimientos mismos del materialismo que precedió al capitalismo moderno; es decir, a una mentalidad que algunos denominan «extractivismo».

Y es que, bajo esa superficie, está la verdad real que hemos estado evitando todo este tiempo: el cambio climático no es un «problema» o una «cuestión» que añadir a la lista de cosas de las que nos hemos de preocupar, en el mismo plano que la sanidad o los impuestos. Es la alarma que nos despierta a la realidad de nuestro tiempo, es un poderoso mensaje —expresado en el lenguaje de los incendios, las inundaciones, las sequías y las extinciones de especies— que nos dice que necesitamos un modelo económico totalmente nuevo y una manera igualmente novedosa de compartir este planeta. Nos dice, en suma, que necesitamos evolucionar.

Hay quien afirma que ya no queda tiempo para esa transformación, que la crisis es demasiado apremiante y el reloj no deja de correr. Estoy de acuerdo en que sería una insensatez propugnar que la única solución a esta crisis es la consistente en revolucionar nuestra economía y reformar nuestra cosmovisión de arriba abajo, y que todo lo que se quede corto en la consecución de esos objetivos no es digno ni siquiera de ser intentado. Existen medidas de todo tipo que reducirían las emisiones sustancialmente y que podríamos (y deberíamos) poner en práctica ya mismo. Pero el caso es que tampoco estamos aplicándolas, ¿verdad? La razón es que, al no librar esas grandes batallas por el cambio de nuestro rumbo ideológico y del equilibrio del poder en nuestras sociedades, se ha ido formando lentamente un contexto en el que toda respuesta vigorosa al cambio climático se nos antoja políticamente imposible, sobre todo, durante tiempos de crisis económica (que, últimamente, parecen no tener fin).

Así que este libro propone una estrategia diferente: pensar a lo grande, apuntar lejos y distanciar nuestro eje ideológico del sofocante fundamentalismo del mercado que se ha convertido en el mayor enemigo de la salud planetaria. Si podemos modificar el contexto cultural, aunque solo sea un poco, habrá algo de margen para esas otras políticas reformistas sensatas que, cuando menos, contribuirán a que las cifras de carbono atmosférico comiencen a evolucionar en la dirección correcta. Y la victoria es contagiosa, por lo que, ¿quién sabe? Quizá dentro de unos pocos años, algunas de las ideas destacadas en estas páginas que suenan radicalmente imposibles hoy en día —como la de una renta básica para todos y todas, o la reelaboración del derecho comercial, o el reconocimiento real de los derechos de los pueblos indígenas a proteger inmensas partes del mundo de la extracción contaminante— comiencen a parecer razonables o, incluso, esenciales.

Llevamos un cuarto de siglo intentando aplicar el enfoque del cambio gradual cortés y educado, intentando cuadrar las necesidades físicas del planeta con la necesidad de crecimiento constante y de nuevas oportunidades de negocio rentable que se deriva de nuestro modelo económico. Los resultados han sido desastrosos y nos han dejado a todos en una situación mucho más peligrosa que la que había cuando empezó este experimento.

Por supuesto, no existe garantía alguna de que un enfoque más sistémico reporte mayores éxitos, pero sí hay, como estudiaremos más adelante, precedentes históricos que nos invitan a tener motivos para la esperanza. La verdad es que este es el libro más difícil que he escrito jamás, precisamente porque la investigación que he realizado para el mismo me ha llevado también a buscar esa clase de respuestas radicales. No albergo duda alguna sobre su necesidad, pero no hay un solo día en que deje de preguntarme a mí misma por su viabilidad política, sobre todo teniendo en cuenta el apretado e implacable plazo límite que el cambio climático nos impone.

También ha sido un libro más difícil de escribir para mí por razones personales.

Curiosamente, lo que más me ha afectado no han sido los aterradores estudios científicos sobre el derretimiento de los glaciares (aquellos que yo solía rehuir), sino los libros que leo a mi hijo de 2 años. *Looking for a Moose* («Buscamos un alce») es uno de mis favoritos. Trata de un grupo de pequeños que se mueren de ganas por ver un alce. Buscan por todas partes —en un bosque, en un pantano, en enzarzados matorrales y hasta en una montaña— «un alce de patas largas, nariz abultada y enramada cornamenta». La gracia está en que hay alces ocultos en cada página. Al final, todos los animales salen de sus escondites y los niños, extasiados, exclaman: «¡Nunca habíamos visto tantos alces!».

Una noche, al leérselo por 75ª vez, más o menos, una idea me asaltó: es posible que él nunca llegue a ver un alce. Traté de retener ese pensamiento. Volví a mi ordenador y comencé a escribir sobre el tiempo que pasé en el norte de Alberta, tierra de arenas bituminosas, donde miembros de la nación indígena cree del lago Beaver me contaron que el alce había cambiado. Una mujer me explicó que habían matado a uno en una expedición de caza y, al abrirlo, descubrieron que su carne se había vuelto verdosa. También me contaron la aparición en esos animales de extraños tumores que los lugareños atribuían a la costumbre de los alces de beber agua contaminada por las toxinas de las arenas bituminosas. Pero de lo que más oí hablar fue de que los alces parecían haber desaparecido.

Y no solo en Alberta. «Los rápidos cambios climáticos convierten los bosques septentrionales en cementerio de los alces», rezaba uno de los titulares del *Scientific American* de mayo de 2012. Y un año y medio después, el *New York Times* informó de que una de las dos poblaciones de alces de Minnesota existentes había descendido desde los cuatro mil individuos en la década de 1990 hasta apenas un centenar en la actualidad.[32]

¿Llegará mi hijo a ver un alce en su vida?

Unos días más tarde, el impacto emocional me vino de uno de esos libros pensados para niños pequeños, que traen unas pocas hojas de cartón grueso con llamativas ilustraciones. Me refiero a uno que se titula *Snuggle Wuggle*. En él aparecen representados diferentes animales repartiendo abrazos, y a cada una de sus maneras de abrazar se le da un nombre ridículamente bobo: «¿Cómo abraza un murciélago?», pregunta en una de sus gruesas páginas de cartón. «*Topsy turvy, topsy turvy.*» No sé por qué, pero mi hijo siempre se muere de risa cuando oye esta respuesta. Yo le explico que eso significa «cabeza abajo» en inglés coloquial, porque así es como duermen los murciélagos.

Sin embargo, en esa ocasión en concreto, yo no pude pensar en otra cosa que en la noticia de los cien mil murciélagos muertos y moribundos que se habían precipitado al suelo desde los cielos de Queensland en medio del calor récord que se estaba registrando en varias zonas de ese estado australiano. Colonias enteras de esos animales, devastadas.[33]

¿Llegará mi hijo a ver un murciélago algún día?

Supe que mi problema era ya bastante serio cuando, hace poco, me descubrí a mí misma suplicando por la vida de las estrellas de mar. Las especies de color rojo y morado de esta clase de animales son muy frecuentes en las rocosas costas de la Columbia Británica, donde viven mis padres, donde nació mi hijo y donde yo he pasado aproximadamente la mitad de mi vida. A los niños les encantan, porque, si se recogen con cuidado, se pueden observar detenidamente de cerca. «¡Este está siendo el mejor día de mi vida!», exclamó mi sobrina Miriam (que tiene 7 años y había venido de visita desde Chicago) tras una larga tarde entre las pozas y charcas que deja tras de sí la marea cuando baja.

Pero en otoño de 2013, empezaron a aparecer informaciones sobre una extraña enfermedad que estaba provocando la muerte por consunción de decenas de miles de estrellas de mar por toda la costa del Pacífico. Por culpa de ese peculiar mal, bautizado precisamente como el «síndrome de consunción de las estrellas de mar», múltiples especies de ese animal se estaban desintegrando vivas: los hasta entonces vigorosos cuerpos de las estrellas poco menos que se derretían hasta convertirse en pegotes informes; las extremidades terminaban separándose y los troncos cedían incapaces de sostenerse enteros. Los científicos estaban desconcertados.[34]

Mientras leía esas noticias, empecé a rezar por que aquellos invertebrados aguantaran vivos un año más: el tiempo suficiente para que mi hijo tuviera la edad mínima para asombrarse de aquellos seres. Pero luego dudé: ¡tal vez es mejor que nunca vea una estrella de mar si ha de verla en semejante estado!

Antes, cuando esa clase de miedo lograba penetrar mi blindaje de negación del cambio climático, yo solía esforzarme al máximo por encerrarlo en un cuarto oscuro de mi memoria, cambiar de canal, olvidarlo zapeando.

Pero ¿qué deberíamos hacer en realidad con un miedo como el que nos provoca el hecho de vivir en un planeta que se muere, que se va haciendo menos vivo a cada día que pasa? En primer lugar, aceptar que el temor no se va a ir sin más y que es una respuesta perfectamente racional a la insoportable realidad de vivir en un mundo agonizante, un mundo que muchos de nosotros estamos contribuyendo a matar al practicar actividades y costumbres tan nuestras como hacer el té, ir en coche a hacer la compra diaria y, sí, reconozcámoslo, tener hijos.

A continuación, aprovecharlo. El miedo es una respuesta de supervivencia. El miedo nos impulsa a correr, a saltar; el miedo puede hacernos actuar como si fuéramos sobrehumanos. Pero tiene que haber un sitio *hacia el que* correr. Si no, el miedo solamente es paralizante. Así que el truco de verdad, la única esperanza, es dejar que el horror que nos produce la imagen de un futuro inhabitable se equilibre y se alivie con la perspectiva de construir algo mucho mejor que cualquiera de los escenarios que muchos de nosotros nos habíamos atrevido a imaginar hasta ahora.

Sí, perderemos algunas cosas, y algunos de nosotros tendremos que renunciar a ciertos lujos. Industrias enteras desaparecerán. Y ya es demasiado tarde para intentar evitar la llegada del cambio climático: está aquí, junto a nosotros, y nos encaminamos hacia desastres crecientemente brutales, hagamos lo que hagamos. Pero no es demasiado tarde aún para conjurar lo peor y queda tiempo todavía para que cambiemos a fin de que seamos mucho menos brutales los unos para con los otros cuando esos desastres nos azoten. Y eso, me parece a mí, merece mucho la pena.

Porque si alguna ventaja tiene una crisis así de grande y generalizada es que lo cambia todo. Cambia lo que podemos hacer, lo que podemos esperar, lo que podemos exigirnos de nosotros mismos y de nuestros líderes. Significa que muchas de las cosas que nos han dicho que eran inevitables simplemente no lo son. Y significa que muchas de las cosas que nos han dicho que eran imposibles tienen que empezar a ser realidad desde ya.

¿Podemos conseguirlo? Lo único que sé es que no hay nada inevitable. Nada, eso sí, excepto que el cambio climático lo transforma todo. Y, aunque solo sea durante un brevísimo tiempo en el futuro más inmediato, la naturaleza de ese cambio depende todavía de nosotros.

PRIMERA PARTE

EN MAL MOMENTO

A decir verdad, el carbón no está a la par de los demás productos y mercancías, sino que destaca completamente sobre todos ellos. Es la energía material del país: la ayuda universal, el factor presente en todo lo que hacemos.

WILLIAM STANLEY JEVONS, economista, 1865[1]

Produce una inmensa tristeza pensar que la naturaleza habla mientras el género humano no escucha.

VICTOR HUGO, 1840[2]

Capítulo 1

LA DERECHA TIENE RAZÓN

El poder revolucionario del cambio climático

> Los científicos del clima coinciden: el cambio climático se está produciendo en este preciso instante y lugar. Basándose en datos sólidos y contrastados, un 97 % de los científicos especializados en el clima ha llegado a la conclusión de que el cambio climático de origen humano es ya una realidad. Ese acuerdo no está documentado únicamente por un estudio aislado, sino por una corriente convergente de muestras de ello extraídas de encuestas a científicos, análisis de contenido de estudios sometidos a revisión por pares y de declaraciones públicas de casi todas las organizaciones de expertos en este campo.
>
> Informe de la Asociación Estadounidense
> para el Avance de la Ciencia, 2014[1]

> No existe posibilidad alguna de conseguir algo así sin una modificación radical del estilo de vida americano, una modificación que comportaría un freno al desarrollo económico y el cierre de amplios sectores de nuestra economía.
>
> Thomas J. Donohue, presidente de la Cámara de
> Comercio de Estados Unidos, a propósito de las medidas
> propuestas para conseguir unos niveles ambiciosos
> de reducción de emisiones carbónicas[2]

El señor de la cuarta fila tiene una pregunta.

El señor en cuestión se presenta a sí mismo como Richard Rothschild. Cuenta al público allí presente que se presentó a las elecciones a comisionado del condado de Carroll (en Maryland) porque había llegado a la conclusión de que las políticas dirigidas a combatir el calentamiento global eran en realidad «un ataque contra el capitalismo estadounidense de clase media». Su pregunta para los panelistas, reunidos en un hotel de la cadena Marriott de Washington (D.C.), es: «¿Hasta qué punto no sería acertado decir que todo este movimiento no es más que un Caballo de Troya "verde", cuya panza está repleta de doctrina socioeconómica marxista "roja"?».³

En la Sexta Conferencia Internacional sobre el Cambio Climático organizada por el Instituto Heartland a finales de junio de 2011 —principal encuentro de quienes se dedican a negar las apabullantes pruebas sobre las que se basa el consenso científico en torno al dictamen de que la actividad humana está calentando el planeta—, esa puede considerarse una pregunta retórica. Es como preguntar en una reunión de consejeros del Banco Central alemán si no creen que los griegos son insolventes y poco fiables. Aun así, los panelistas no dejan pasar la oportunidad de alabar a quien ratifica lo certero de su apreciación.

El primero en hacerlo es Marc Morano, director del sitio de noticias de referencia para los «negacionistas», Climate Depot. «En los Estados Unidos de hoy en día, todo está regulado: desde los grifos de nuestras duchas hasta nuestras bombillas eléctricas, pasando por nuestras lavadoras —proclama—. Y estamos dejando morir algo tan americano como el todoterreno 4 × 4 ante nuestras narices.» Si los verdes se salen con la suya —advierte Morano—, terminaremos todos con «un presupuesto de CO_2 para cada hombre, mujer y niño del planeta, supervisado por un organismo internacional».[4]

El siguiente en hablar es Chris Horner, uno de los socios principales del Competitive Enterprise Institute, organización de presión especializada en acosar a los científicos del clima a base de farragosos pleitos judiciales y de tratar de estirar al máximo la Ley sobre Libertad de Información para sus propios intereses. Se acomoda el micrófono de la mesa orientándoselo hacia él. «Ustedes tal vez crean que esto es algo relacionado con el clima —dice misteriosamente— y muchas personas así lo piensan, pero esa no es una suposición razonable.» A Horner, cuyo cabello prematuramente encanecido le hace parecer una especie de compañero de fraternidad (a la vez que imitador) de Anderson Cooper, le gusta invocar a Saul Alinsky, icono de la contracultura de los años sesenta del siglo pasado: «Esa cuestión no es la cuestión». La cuestión, al parecer, es que «ninguna sociedad libre estaría dispuesta a hacerse a sí misma lo que ese programa político exige que se haga. [...] Y es que el primer paso para ello [para hacer lo que el programa pide] consiste en suprimir esas "fastidiosas" libertades que siempre obstaculizan el camino».[5]

Pero afirmar que el cambio climático es una conspiración dirigida a robarle la libertad a Estados Unidos es un ejercicio de tibieza y mesura comparado con el nivel general con el que se emplean el Instituto Heartland y sus colaboradores. En el transcurso de este congreso de dos días de duración, oigo comparar el ecologismo moderno con prácticamente todos los episodios de crímenes en masa recogidos a lo largo de la historia humana: desde la Inquisición católica hasta la Alemania nazi, pasando por la Rusia estalinista. Me entero también de que la promesa de campaña que hiciera Barack Obama para apoyar a las refinerías de biocombustibles de propietarios locales viene a ser algo muy parecido al plan autárquico con el que el Camarada Mao pretendía instalar «una caldera de hierro en el patio de todas las casas» (según Patrick Michaels, del Instituto Cato); de que el cambio climático es «un pretexto para instaurar el nacionalsocialismo» (según el exsenador republicano y exastronauta Harrison Schmitt, refiriéndose a los nazis); y de que los ecologistas son como los sacerdotes aztecas, dispuestos sacrificar a innumerables personas para aplacar a los dioses y cambiar el tiempo (según palabras de Marc Morano, de nuevo).[6]

Pero, por encima de todo, lo que oigo estos dos días son versiones de la misma opinión expresada por el comisionado de condado de la cuarta fila: que el cambio climático es un Caballo de Troya diseñado para abolir el capitalismo y reemplazarlo por cierto «comunalismo verde». Tal y como uno de los conferenciantes de ese congreso, Larry Bell, expone sucintamente en su libro *Climate of Corruption*, el cambio climático «tiene poco que ver con el medio ambiente y mucho con encadenar al capitalismo y con transformar el estilo de vida americano en aras de la redistribución de la riqueza mundial».[7]

Los delegados trabajan, desde luego, desde la pretensión ficticia de que la negación de las conclusiones de la ciencia del clima está fundada sobre una seria y legítima discrepancia con los datos en los que la comunidad científica internacional basa sus resultados. Y los organizadores se toman incluso la molestia de imitar la apariencia externa de un congreso científico creíble, titulando el encuentro «Restablecer el método científico» e incluso eligiendo un nombre para el congreso (la Conferencia Internacional sobre el Cambio Climático) cuyas siglas en inglés (ICCC) solo se desvían por una letra de las de la autoridad principal del mundo en materia de cambio climático, el Grupo Intergubernamental de Expertos sobre el Cambio Climático (IPCC) de las Naciones Unidas, una iniciativa colaborativa de miles de científicos y 195 Gobiernos nacionales. Pero las diversas tesis (contrarias a las mayoritarias en la comunidad científica) presentadas en esa conferencia del Instituto Heartland —fundamentadas en los anillos de los árboles, en las manchas solares o en la existencia de un periodo de calentamiento parecido durante el medievo— son ya muy viejas y quedaron sobradamente desacreditadas décadas atrás. Además, la mayoría de los ponentes no son ni siquiera científicos, sino «aficionados» al tema: ingenieros, economistas y abogados, entremezclados con un hombre del tiempo, un astronauta y un «arquitecto espacial», todos ellos convencidísimos de que, con sus cálculos de servilleta de bar, han sabido ser más listos que el 97 % de los científicos expertos en climatología de todo el mundo.[8]

El geólogo australiano Bob Carter se pregunta incluso si se está produciendo realmente un calentamiento, mientras que el astrofísico Willie Soon admite que sí se ha producido cierto incremento térmico, pero asegura que no tiene nada que ver con las emisiones de gases de efecto invernadero, sino que obedece en realidad a fluctuaciones naturales en la actividad del sol. Patrick Michaels (del Instituto Cato) les lleva la contraria al reconocer que es el CO_2 el que de hecho está impulsando las temperaturas al alza, pero insiste en que las repercusiones de ese aumento son tan nimias que no deberíamos «hacer nada» al respecto. El desacuerdo es el alma de todo encuentro intelectual, pero en la conferencia del Heartland, un material tan descaradamente contradictorio como ese no suscita debate alguno entre los negacionistas: ni uno solo de ellos intenta defender su posición frente a la de los otros participantes, ni se esfuerza por dirimir quién está verdaderamente en lo cierto. De hecho, mientras los ponentes presentan sus gráficos sobre las temperaturas, da la impresión de que varios miembros del público (en el que predominan los asistentes de edad avanzada) se están quedando dormidos.[9]

Pero toda la sala vuelve de nuevo a la vida cuando las verdaderas *starlettes* del movimiento salen a escena: no los científicos de tercera, sino los guerreros ideológicos de primera fila, como Morano y Horner. Ese es el verdadero fin del encuentro: servir de foro para que los negacionistas acérrimos se equipen de las lanzas retóricas con las que intentarán ensartar a los ecologistas y los científicos del clima en las semanas y meses siguientes. Los argumentos orales probados en ese entorno atiborrarán las secciones de comentarios que acompañan a todas las noticias en línea y a todos los vídeos de YouTube que contengan los sintagmas «cambio climático» o «calentamiento global». También saldrán de boca de los cientos de comentaristas y políticos de derechas: desde los aspirantes presidenciales republicanos hasta los comisionados de condado como Richard Rothschild. En una entrevista concedida tras las sesiones, Joseph Bast, presidente del Instituto Heartland, se atribuye el mérito de los «millares de noticias, artículos de opinión y discursos [...] escritos o motivados por asistentes a alguna de estas conferencias».[10]

Más impresionante, aunque no se hable de él, es el volumen de noticias legítimas que nunca se han llegado a publicar ni a emitir sobre el tema. Durante los años previos al encuentro, se produjo una caída en picado de la cobertura mediática del cambio climático a pesar del agravamiento de los fenómenos meteorológicos extremos. En 2007, las tres principales cadenas televisivas de Estados Unidos (la CBS, la NBC y la ABC) emitieron 147 noticias sobre el cambio climático; en 2011, esas mismas cadenas no emitieron más que catorce noticias sobre el tema. Esa es otra rama fundamental de la estrategia negacionista, dado que, a fin de cuentas, el objetivo fundamental para ellos no ha sido solamente difundir las dudas, sino también propagar el miedo: enviar un mensaje claro de que, imprimiendo o difundiendo cualquier cosa sobre el cambio climático, el medio de comunicación en cuestión se arriesga a que le colapsen los buzones de entrada de correos electrónicos y los hilos de comentarios con críticas y exabruptos rebosantes de una cepa muy tóxica de vitriolo.[11]

El Instituto Heartland, un laboratorio de ideas con sede en Chicago dedicado a «promover las soluciones de libre mercado», lleva organizando esas charlas desde 2008, a veces incluso dos veces en un mismo año. Y en el momento del encuentro del que aquí hablo, su estrategia parecía estar funcionando. En su discurso, Morano (cuyas puertas a la fama se abrieron cuando filtró la noticia de la organización de veteranos de guerra Swift Boat Veterans for Truth que contribuyó a hundir la campaña presidencial de John Kerry en 2004) encandiló al público relatando una serie de victorias sucesivas recientes. ¿Legislación sobre el clima en el Senado estadounidense? ¡Abortada! ¿Cumbre de la ONU sobre cambio climático en Copenhague? ¡Fracasada! ¿Movimiento climático? ¡A punto de suicidarse! Llegó incluso a proyectar en una pantalla un par de citas de activistas climáticos vituperándose mutuamente (como tan bien sabemos hacer los progresistas entre nosotros) e instó a los asistentes a «celebrarlo».[12]

Solo faltaban los globos y el confeti cayendo a raudales del techo del auditorio.

Cuando cambia la opinión pública sobre los grandes temas sociales y políticos, las tendencias suelen ser relativamente graduales. Las variaciones abruptas, si se producen, vienen normalmente provocadas por acontecimientos espectaculares. De ahí que los encuestadores se quedaran tan sorprendidos por lo que había pasado con las percepciones sobre el cambio climático en apenas cuatro años. Según un sondeo realizado por Harris en 2007, un 71 % de los estadounidenses creía que el consumo continuado de combustibles fósiles transformaría el clima. En 2009, ese porcentaje había caído hasta el 51 %. En junio de 2011, había bajado más hasta situarse en el 44 % (claramente menos de la mitad de la población). Similares tendencias se han registrado en el Reino Unido y Australia. Scott Keeter, director de estudios de opinión en el Pew Research Center for the People & the Press (Centro de Investigaciones Pew para la Ciudadanía y la Prensa), dijo a propósito de los datos estadísticos en Estados Unidos que revelaban «uno de los mayores cambios en un periodo de tiempo breve jamás registrados en la historia reciente de la opinión pública».[13]

La creencia general en la existencia del cambio climático ha repuntado un poco en Estados Unidos desde sus niveles mínimos de 2010-2011. (Hay quien maneja la hipótesis de que la experiencia de sucesos meteorológicos extremos podría estar contribuyendo a ello, aunque «las pruebas de ello son, en el mejor de los casos, muy vagas todavía», según Riley Dunlap, sociólogo de la Universidad Estatal de Oklahoma especializado en la sociología política del cambio climático.) Pero lo que no deja de ser sorprendente es que, a la derecha del espectro político, las cifras continúan estando en niveles muy bajos.[14]

Puede que hoy parezca difícil de creer, pero no hace tanto, apenas en 2008, la lucha contra el cambio climático conservaba aún cierta pátina de apoyo bipartidista en Estados Unidos. Ese año, todo un clásico del republicanismo más incondicional como Newt Gingrich participó en un anuncio de televisión junto a la congresista demócrata Nancy Pelosi (entonces presidenta de la Cámara de Representantes) en el que ambos políticos se comprometían a sumar fuerzas y combatir juntos el cambio climático. Y en 2007, Rupert Murdoch (cuya cadena televisiva de noticias Fox News sirve de implacable altavoz al movimiento de negación del cambio climático) lanzó un programa de incentivos en la propia Fox para animar a los empleados a comprar automóviles híbridos; el propio Murdoch anunció que había adquirido uno.

Esa época de bipartidismo climático ya es historia. Actualmente, más del 75 % de estadounidenses que se identifican como demócratas o «liberales» (de izquierda) cree que los seres humanos estamos cambiando el clima, un porcentaje que, pese a las lógicas fluctuaciones interanuales, solo se ha incrementado ligeramente desde 2001. En marcado contraste, los republicanos han optado en su inmensa mayoría por rechazar el consenso científico. En algunas regiones del país, solo un 20 % de quienes se declaran republicanos acepta las pruebas de la ciencia. Esta brecha política también existe en Canadá. Según un sondeo de octubre de 2013 realizado por Environics, solo un 41 % de los encuestados que se identificaron políticamente con el Partido Conservador (en el Gobierno en ese momento) cree que el cambio climático es real y tiene origen humano, mientras que un 76 % de partidarios del Nuevo Partido Democrático, de tendencia izquierdista, y un 69 % de los del centrista Partido Liberal opina que es una realidad. Y, de nuevo, el mismo fenómeno ha sido registrado en Australia y el Reino Unido, así como en la Europa occidental.[15]

Desde que se abrió esta división política en torno al cambio climático, un buen número de investigaciones de las ciencias sociales se han dedicado a estudiar con mayor precisión cómo y por qué las opiniones políticas están determinando las actitudes con respecto al calentamiento global. Según el Proyecto sobre Cognición Cultural de la Universidad de Yale, por ejemplo, la «cosmovisión cultural» de una persona (es decir, lo que el resto de nosotros entenderíamos como su inclinación política o su perspectiva ideológica) es un factor explicativo de «las opiniones del individuo acerca del calentamiento global más importante que ninguna otra característica individual».[16] Más importante, significa eso, más importante que la edad, la etnia, el nivel educativo o la afiliación a un partido.

Los investigadores de Yale explican que la inmensa mayoría de las personas con cosmovisiones «igualitaristas» y «comunalistas» intensas (es decir, caracterizadas por la inclinación hacia la acción colectiva y la justicia social, por la preocupación por la desigualdad, y por la suspicacia ante el poder de la gran empresa privada) aceptan el consenso científico sobre el cambio climático. Por el contrario, la gran mayoría de quienes tienen visiones del mundo intensamente «jerárquicas» e «individualistas» (marcadas por la oposición a la ayuda del Estado a las personas pobres y a las minorías, por un apoyo fuerte a la empresa privada y por el convencimiento de que todos tenemos más o menos lo que nos merecemos) rechazan ese mismo consenso científico.[17]

Las pruebas de la fractura ideológica son apabullantes. Entre el sector de la población estadounidense que evidencia la perspectiva más «jerárquica», solo un 11 % valora el cambio climático como un «riesgo elevado», cuando esa valoración la da un 69 % de los encuestados situados en el sector de quienes propugnan un punto de vista más intensamente «igualitario».[18]

El profesor de derecho de Yale, Dan Kahan, principal autor de este estudio, atribuye la estrecha correlación entre cosmovisión y aceptación del consenso científico sobre el clima a un factor que él llama «cognición cultural»: el proceso mediante el que todos nosotros —con independencia de nuestras inclinaciones políticas— filtramos la información nueva protegiendo nuestra «visión preferida de la sociedad buena». Si la información nueva que recibimos parece confirmar esa visión, la aceptamos y la integramos con facilidad. Si supone una amenaza a nuestro sistema de creencias, entonces nuestro cerebro se pone de inmediato a trabajar para producir anticuerpos intelectuales destinados a repeler esa invasión que tan poco grata nos resulta.[19]

Kahan explicó en *Nature* que «a las personas les desconcierta creer que conductas que les parecen nobles sean, sin embargo, perjudiciales para la sociedad, y otras que consideran viles sean beneficiosas para el conjunto. Como aceptar tal idea podría introducir un elemento de distancia entre ellas y sus iguales, sienten una fuerte predisposición emocional a rechazarla».[20] Es decir, que siempre es más fácil negar la realidad que permitir que se haga añicos nuestra visión del mundo, y ese diagnóstico es igual de aplicable a los más intransigentes estalinistas durante el momento de máximo apogeo de las purgas como a los actuales ultraliberales que niegan el cambio climático. También los izquierdistas son igualmente capaces de negar las pruebas científicas que no les convienen. Si los conservadores son intrínsecos justificadores del sistema (y, por lo tanto, tuercen el gesto —entre despectivos y molestos— ante cualquier dato que ponga en entredicho el sistema económico dominante), la mayoría de los izquierdistas, por el contrario, cuestionan siempre el sistema y, por ello, son proclives al escepticismo ante cualquier dato procedente de las grandes empresas o de los Gobiernos. Esa actitud puede derivar fácilmente también en una actitud de resistencia a los hechos contrastados, como la que manifiestan quienes están convencidos de que las empresas farmacéuticas multinacionales han encubierto una presunta conexión entre las vacunas infantiles y el autismo. Por muchas pruebas que se reúnan para desacreditar sus teorías, estos cruzados de su particular causa no se dejarán convencer; para ellos, no son más que trampas que utiliza el sistema para cubrirse sus propias espaldas.

Este tipo de razonamiento defensivo es el que explica el auge de la intensidad emocional que rodea a la cuestión climática en la actualidad. Hasta fechas tan próximas en el tiempo como el año 2007, el cambio climático era algo que la mayoría de las personas reconocían como real, aun cuando no pareciera importarles mucho. (Cuando se pedía a los estadounidenses que clasificasen sus preocupaciones políticas por orden de importancia para ellos, entonces —como ahora— el cambio climático aparecía en último lugar.)[21]

Pero hoy en día, existe en muchos países una significativa cohorte de votantes apasionadamente preocupados (obsesivamente incluso) por el cambio climático a los que lo que les interesa en realidad es destapar su presunto carácter de «engaño» pergeñado por gentes de izquierda para obligarlos a cambiar las bombillas de sus casas y sus negocios, para hacerlos vivir en lúgubres apartamentos de estilo soviético y para forzarlos a renunciar a sus todoterrenos. Para estos derechistas, la oposición al cambio climático se ha convertido en algo tan fundamental en su sistema de creencias como la lucha por una presión fiscal muy baja, por la libertad de poseer armas o contra el derecho al aborto. De ahí que algunos climatólogos estén denunciando que actualmente son objeto de la clase de acoso que solía reservarse a los médicos que practican abortos. En el Área de la Bahía de San Francisco (en California), activistas locales del Tea Party han irrumpido en plenos y sesiones municipales donde se hablaba de estrategias de sostenibilidad de escala bastante reducida atribuyéndolas a un supuesto complot patrocinado por la ONU para acelerar la formación de un Gobierno mundial. Heather Gass, del Tea Party de la zona este de la Bahía, escribió en una carta abierta a una de esas reuniones que «un día (en 2035), se despertarán ustedes en una vivienda pública subvencionada, comerán comida pública subvencionada, sus hijos serán transportados en autobuses públicos a centros formativos de adoctrinamiento mientras ustedes trabajan en sus empleos asignados por el Estado en una sombría planta baja al lado de un nudo de transportes públicos porque no tendrán ningún coche, y quién sabe dónde estarán sus padres ancianos, pero para entonces ¡será ya demasiado tarde! ¡¡¡DESPIERTEN!!!».[22]

Es evidente que algo tiene la cuestión del cambio climático que hace que ciertas personas se sientan muy amenazadas.

Verdades inconcebibles

Al pasar al lado de la hilera de mesas instaladas por los patrocinadores de la conferencia del Instituto Heartland, no es difícil darse cuenta de lo que allí sucede. La Fundación Heritage pregona allí sus informes, como también lo hacen el Instituto Cato y el Instituto Ayn Rand con los suyos respectivos. El movimiento de negación del cambio climático, lejos de ser una convergencia orgánica de científicos «escépticos», es exclusivamente hijo de la red ideológica que allí se exhibe y que es a la que cabe atribuir el grueso del mérito de haber reconfigurado el mapa ideológico durante las últimas cuatro décadas. En un estudio de 2013 a cargo de Riley Dunlap y el politólogo Peter Jacques, se halló que nada menos que el 72 % de los libros negacionistas climáticos, publicados en su mayoría a partir de la década de 1990, están vinculados a laboratorios de ideas de derecha, una cifra que sube hasta el 87 % si se excluyen del total los libros autopublicados (cada vez más habituales).[23]

Muchas de estas instituciones se crearon a finales de los años sesenta y principios de los setenta del siglo xx, cuando las élites empresariales estadounidenses temían que la opinión pública estuviese virando peligrosamente en contra del capitalismo y a favor, si no del socialismo, sí de un keynesianismo más agresivo. En respuesta a esa percepción, lanzaron una contrarrevolución, un movimiento intelectual generosamente financiado que defendía que la codicia y las ansias ilimitadas de lucro no eran nada de lo que cupiera disculparse, y que ofrecía al mismo tiempo la mayor esperanza para la emancipación humana que el mundo jamás hubiese conocido hasta entonces. Bajo esa bandera liberacionista, por así llamarla, los adalides y activistas de ese movimiento lucharon para que se implementaran políticas como los recortes fiscales, los acuerdos de libre comercio, la privatización de activos estratégicos de titularidad pública (desde las empresas de telefonía hasta las de energía y las de aguas), etcétera. Todo ello conformaba un paquete de medidas conocido en la mayor parte del mundo como «neoliberalismo».

Al final de la década de 1980, tras un decenio en el que Margaret Thatcher había llevado el timón político en el Reino Unido y Ronald Reagan en Estados Unidos, y en pleno proceso de caída del comunismo, esos guerreros ideológicos estaban ya listos para proclamarse vencedores: la Historia (con mayúsculas) había terminado oficialmente y, en palabras (a menudo repetidas) de la propia Thatcher, no había «ninguna alternativa» a su fundamentalismo del mercado. Henchidos de seguridad en sí mismos, su siguiente tarea consistiría en tratar de blindar sistemáticamente su proyecto liberacionista empresarial en todos aquellos países que todavía se resistieran a él. Y el mejor modo de conseguir ese objetivo, por lo general, era aprovechando las situaciones de agitación política y las crisis económicas a gran escala. Luego, se afianzaría y se consolidaría a través de acuerdos de liberalización comercial y del ingreso de los países en cuestión en la Organización Mundial del Comercio.

Todo eso les había ido muy bien. Su proyecto había logrado sobrevivir incluso —más o menos indemne— al colapso financiero de 2008, causado directamente por un sector bancario que, al liberalizarse, se había despojado de los «pesados» mecanismos de regulación y supervisión que tanto limitaban sus movimientos anteriormente. Aun así, para los congregados en aquella conferencia del Instituto Heartland, el cambio climático es una amenaza de distinta naturaleza. Saben que no es una mera cuestión de diferencias entre las preferencias políticas de los republicanos y los demócratas, sino que atañe muy directamente a los límites físicos de la atmósfera y de los océanos. Saben que, si las funestas proyecciones emitidas por el IPCC son ciertas y nuestra actividad habitual nos está llevando en volandas a traspasar unos puntos de inflexión cuya superación amenazaría a nuestra civilización misma, las implicaciones que se derivan de ello son obvias: la cruzada ideológica incubada en laboratorios de ideas como Heartland, Cato y Heritage tendrá que detenerse en seco. Esos creyentes verdaderos tampoco se han dejado engañar por los diversos intentos de suavizar la acción contra ese cambio climático tratando de compatibilizarla con la lógica del mercado (comercio de derechos de emisiones carbónicas, compensaciones de carbono, monetización de «servicios» de la naturaleza). Saben muy bien que la nuestra es una economía global creada por (y totalmente dependiente de) el consumo de combustibles fósiles y que una dependencia tan fundamental como esa no puede cambiarse con unos pocos y blandos mecanismos de mercado. Semejante transformación requiere de intervenciones reforzadas y contundentes: prohibiciones generales de las actividades contaminantes, fuertes subvenciones a las alternativas verdes, penalizaciones muy gravosas de las infracciones, nuevos impuestos, nuevos programas de obras públicas, «desprivatizaciones»... La lista de atentados a los fundamentos ideológicos de esas personas y organizaciones es interminable. Se trata, en definitiva, de todo aquello que esos laboratorios de ideas —que siempre han sido portavoces públicos de unos intereses empresariales mucho más poderosos— se han dedicado afanosamente a atacar durante décadas.

Y no hay que olvidar tampoco el tema de la «equidad global», que surge una y otra vez en las negociaciones sobre el clima. El debate sobre la equidad está basado en el sencillo hecho, científicamente contrastado, de que el calentamiento global ha sido causado por la acumulación de gases de efecto invernadero en la atmósfera a lo largo de dos siglos. Eso significa que los países que iniciaron la industrialización con mucho adelanto sobre los demás han producido considerablemente más emisiones de esa clase. Pero muchos de los países que han emitido menos hasta el momento están viéndose afectados antes (y más) que todos los demás por los efectos del cambio climático por culpa tanto de su mala suerte en cuanto a su situación geográfica como de las vulnerabilidades particulares que resultan de la pobreza. Para abordar esa inequidad estructural con la suficiente eficacia como para convencer a países que actualmente crecen muy rápido (caso de China o la India) para que no desestabilicen el sistema del clima global, emisores tempranos como han sido los países de América del Norte y Europa tendrán que asumir inicialmente una mayor parte de la carga de la lucha contra el cambio climático. Y eso implicará evidentemente unas transferencias sustanciales de recursos y de tecnología para la ayuda en la batalla contra la pobreza mediante el uso de instrumentos bajos en carbono. Eso es lo que quería decir la negociadora de Bolivia en los encuentros sobre el clima, Angélica Navarro Llanos, cuando pidió un Plan Marshall para la Tierra. Y es esa forma de redistribución de la riqueza la que se considera el más terrible de los crímenes intelectuales en un foro como el del Instituto Heartland.

Incluso la acción climática dentro del propio país se antoja sospechosamente parecida al socialismo para esos activistas; todos los llamamientos a potenciar las viviendas asequibles agrupadas en entramados urbanos de alta densidad y a fomentar unos aumentados y renovados transportes públicos son para ellos evidentes trampas con las que facilitar subsidios de tapadillo a una población pobre que no se ha hecho merecedora de los mismos. Y no digamos ya lo que esta guerra contra el carbono significa para la premisa misma del libre comercio global y para la insistencia de este en que la distancia geográfica es una mera ficción que desaparece por obra y gracia de los camiones diésel de Walmart y de los buques portacontenedores de Maersk.

En cualquier caso, más fundamental que todo lo anterior es el profundo temor de esos individuos y organizaciones a que, si el sistema del libre mercado verdaderamente ha puesto en marcha unos procesos físicos y químicos que, de proseguir su curso sin freno alguno, constituyen una amenaza para la existencia misma de buena parte de la humanidad, toda esa cruzada suya por la redención moral del capitalismo esté condenada a malograrse. Cuando algo tan serio está en juego, es evidente que la codicia no es tan maravillosa como les podría parecer. Y eso mismo es lo que subyace al brusco aumento del negacionismo climático entre los conservadores a ultranza. Han entendido que, si admitieran que el cambio climático es real, perderían la batalla ideológica central de nuestro tiempo, es decir, la que se libra en torno a si necesitamos planificar y administrar nuestras sociedades para que estas reflejen nuestros propios objetivos y valores, o si podemos dejar esa labor al albur de la «magia» del mercado.

Imaginemos por un momento qué le parece todo esto a alguien como el presidente de Heartland, Joseph Bast, un jovial señor con barba que estudió economía en la Universidad de Chicago y que me dijo en una entrevista que su vocación personal es «liberar a las personas de la tiranía de otras personas».[24] Para Bast, los que actúan contra el cambio climático lo hacen como si esto fuera ya el fin del mundo. No lo es (o, cuando menos, no tiene por qué serlo), pero lo que sí es cierto es que la reducción de emisiones conforme a los hallazgos contrastados de la ciencia sería, a todos los efectos, el fin de *su* mundo. El cambio climático hace saltar por los aires el andamiaje ideológico que sostiene al conservadurismo contemporáneo. Un sistema de creencias que vilipendia la acción colectiva y declara la guerra contra toda regulación de la actividad empresarial y contra todo lo público es irreconciliable con un problema que exige precisamente una decidida acción colectiva a una escala sin precedentes y una contención drástica de las fuerzas del mercado, que son las principales responsables de la creación y el ahondamiento de la crisis.

Y para muchos conservadores (especialmente, para los que lo son también en el apartado religioso), el desafío es más profundo, ya que amenaza no solo su fe en los mercados, sino relatos culturales básicos sobre el sentido de la actividad de los seres humanos en la Tierra. ¿Somos amos que estamos aquí para someter y dominar, o somos una especie de tantas, a merced de poderes tan complejos e impredecibles que ni nuestros más potentes ordenadores pueden recoger en modelo alguno? Robert Manne, profesor de política en la Universidad La Trobe de Melbourne, ha escrito al respecto que la ciencia del clima es para muchos conservadores «una afrenta a su fe básica más profunda y valorada: la capacidad y, más aún, el derecho de la "humanidad" a someter la Tierra y sus frutos y a fundar un "dominio" sobre la naturaleza». «Para estos conservadores —señala él—, una idea así no está solamente equivocada, sino que es intolerable y terriblemente ofensiva. Quienes predican semejante doctrina deben ser combatidos mediante la resistencia, cuando no mediante la denuncia.»[25]

Y eso hacen: denunciar. Cuanto más personalmente, mejor. Da igual que el denunciado sea el exvicepresidente Al Gore por sus mansiones, como que lo sea el famoso científico experto en climatología James Hansen por los honorarios que cobra por sus conferencias. También denuncian el llamado «Climagate», un escándalo inventado por los propios miembros del Instituto Heartland y sus aliados, que piratearon las cuentas y los mensajes de correo electrónico de numerosos climatólogos y distorsionaron el contenido de los mismos afirmando que habían hallado en ellos pruebas de manipulación de los datos (una manipulación de la que los científicos acusados fueron reiteradamente exculpados por las investigaciones realizadas al respecto). En 2012, el Instituto Heartland llegó incluso a armar un gran revuelo cuando lanzó una campaña con vallas publicitarias en las que se comparaba a las personas que creían en el cambio climático (los alarmistas del calentamiento global o *warmists*, según la jerga negacionista) con el fanático y asesino líder de secta Charles Manson y con el «Unabomber», Ted Kaczynski. Bajo una foto de Kaczynski, en una de esas vallas podía leerse en gruesas letras rojas: «Yo aún creo en el calentamiento global, ¿y tú?».[26]

Muchos negacionistas reconocen con toda franqueza que su desconfianza ante las tesis científicas sobre el tema creció a partir de un temor muy profundo a las catastróficas implicaciones políticas que tendría para ellos el hecho de que el cambio climático fuese real. Un bloguero británico y habitual conferenciante en los actos del Instituto Heartland, James Delingpole, ha señalado que «el ecologismo moderno consigue promover muchas de las causas que tan queridas son entre la izquierda en general: la redistribución de la riqueza, las subidas de impuestos, una mayor intervención del Estado, la regulación». El presidente de Heartland, Joseph Bast, es más contundente incluso al respecto. Para la izquierda, «el cambio climático es perfecto. [...] Es la razón por la que deberíamos hacer todo aquello que [la izquierda] quería hacer desde un principio».[27]

Bast, en quien no es apreciable ni un ápice de la fanfarronería que tan característica resulta en no pocos negacionistas, es también suficientemente honesto como para reconocer que ni él ni sus compañeros de causa se implicaron en las cuestiones relacionadas con el clima porque hallaran deficiencias en los datos presentados por la comunidad científica, sino más bien porque les alarmaban las implicaciones económicas y políticas de esos datos, y se propusieron refutarlos. «Cuando examinamos esta cuestión, nos decimos: "He aquí una fórmula que nos conduce sin remedio a un aumento espectacular del sector público —me comentó Bast—. Antes de emprender semejante camino, conviene que revisemos a fondo los argumentos científicos y sus datos. Así que yo diría que los grupos conservadores y ultraliberales se pararon un momento y pensaron: 'No aceptemos esto como un artículo de fe sin más; realicemos nuestras propias averiguaciones sobre la cuestión'".»[28]

Nigel Lawson, exministro de Economía y Hacienda de Margaret Thatcher, que se ha aficionado a declarar que «el verde es el nuevo rojo», ha seguido una trayectoria intelectual similar. Lawson se enorgullece especialmente de haber privatizado activos clave del sector público británico y de haber reducido los impuestos a los contribuyentes ricos y de haber quebrado el poder de los grandes sindicatos del país. Pero el cambio climático crea, según sus propias palabras, «una nueva licencia para inmiscuirse, para interferir y para regular»; lo cual le lleva a concluir que debe de tratarse de una conspiración. Este es un ejemplo clásico de inversión teleológica de los términos de la cadena entre causa y efecto.[29]

El movimiento de negación del cambio climático es pródigo en personajes de ese tipo que se enredan en parecidos embrollos intelectuales. En él militan físicos de la vieja escuela como S. Fred Singer, desarrollador de importantes aspectos de la tecnología de los cohetes para las fuerzas armadas estadounidenses y que dice apreciar en la regulación de las emisiones un eco distorsionado del comunismo contra el que combatió durante la Guerra Fría (una opinión que quedó muy bien reflejada en el libro *Merchants of Doubt* de Naomi Oreskes y Erik Conway). Parecida tónica es la de las declaraciones al respecto del expresidente checo Václav Klaus, quien habló en una conferencia sobre el clima del Instituto Heartland cuando aún era jefe de Estado. Para Klaus, cuya carrera política comenzó durante el régimen comunista, el cambio climático parece habernos traído de vuelta una imagen propia de la Guerra Fría. Él compara los intentos de impedir el calentamiento global con «las aspiraciones de los planificadores centrales comunistas de controlar toda la sociedad» y dice que, «para alguien cuya vida ha transcurrido durante su mayor parte en la "noble" era del comunismo, eso es algo imposible de aceptar».[30]

Y es comprensible que la realidad científica del cambio climático se antoje tremendamente injusta a los negacionistas. A fin de cuentas, los asistentes a la conferencia del Instituto Heartland estaban convencidos de haber ganado todas esas guerras ideológicas: puede que no de la forma más justa, pero sí con contundencia. Ahora, sin embargo, la ciencia del clima lo está cambiando todo: ¿cómo se puede ganar una discusión contra el intervencionismo estatal si la habitabilidad misma del planeta depende de la intervención gubernamental? Tal vez se pueda argumentar que, a corto plazo, los costes económicos de emprender esa clase de acción superan a los derivados de permitir que el cambio climático siga progresando durante unas cuantas décadas más (y algunos economistas neoliberales andan muy ocupados construyendo esos argumentos, usando para ello cálculos de coste-beneficio y tasas de «descuento» del futuro). Pero a la mayoría de las personas no les gusta ver «descontadas» las vidas de sus hijos e hijas en las hojas de cálculo Excel de ningún experto, y tienden a sentir una aversión moral a la idea de dejar que desaparezcan países enteros porque salvarlos pueda resultarnos demasiado caro en estos momentos.

Ese es el motivo por el que los guerreros ideológicos congregados en el Marriott han llegado a la conclusión de que solo existe en realidad un único modo de derrotar una amenaza tan formidable: afirmar que miles y miles de científicos están mintiendo y que el cambio climático es un engaño tan elaborado como rebuscado. Eso supone afirmar que los temporales no se están volviendo progresivamente más violentos, en realidad, y que esa impresión está solamente en nuestra imaginación. Y que, en el hipotético caso de que sí se estén volviendo más extremos, eso no se debe a nada que los seres humanos estén haciendo o pudiesen dejar de hacer. Es decir, que niegan la realidad porque las implicaciones de esta son, en resumidas cuentas, inconcebibles para ellos.

Y ahí reside precisamente la verdad incómoda a la que me quería referir. Creo que estos ideólogos de línea dura entienden mejor la significación real del cambio climático que la mayoría de los *warmists* ubicados en el centro político, esos que aún insisten en que la respuesta puede ser gradual e indolora y que no tenemos por qué declararle la guerra a nadie, ni siquiera a las compañías productoras y distribuidoras de combustibles fósiles. Antes de que me extienda más sobre el tema, déjenme ser absolutamente clara al respecto. Como atestigua el 97 % de los científicos dedicados al estudio del clima mundial, los miembros y correligionarios del Instituto Heartland están completamente equivocados en lo que respecta a la versión científica de los hechos, pero en lo referente a las *consecuencias* políticas y económicas de esos resultados científicos —y, en concreto, a la profundidad de los cambios requeridos no ya en nuestro patrón de consumo de energía, sino incluso en la lógica subyacente de nuestra economía liberalizada e impulsada por el lucro—, no podrían tener los ojos más abiertos. Los negacionistas malinterpretan la mayoría de los detalles (no, no estamos ante un complot comunista; el socialismo autoritario de Estado, como veremos, fue terrorífico para el medio ambiente y brutalmente extractivista), pero, en lo tocante al alcance y la hondura del cambio necesario para evitar la catástrofe, no podrían estar más en lo cierto.

En cuanto a ese dinero...

Cuando los hechos empíricos contrastados contradicen los postulados de una ideología poderosa, esta difícilmente se extingue por completo, sino que adquiere más bien un carácter más propio de un culto o una secta y tiende a volverse marginal. Siempre quedan algunos fieles para decirse unos a otros que el problema no era la ideología, sino la debilidad de los líderes, que no supieron aplicar las reglas con suficiente rigor. (Bien sabe Dios que hay todavía unos cuantos grupúsculos de ese tipo en la extrema izquierda neoestalinista.) En el momento que estamos de la historia —tras el colapso de Wall Street en 2008 y entre fases sucesivas de crisis ecológicas crecientes—, los fundamentalistas del mercado ya deberían haber quedado reducidos a un estatus parecidamente irrelevante al de esa marginalidad intelectual, en la que podrían acariciar todo lo que quisieran sus preciados ejemplares del *Libertad de elegir* de Milton Friedman o de *La rebelión de Atlas* de Ayn Rand. Si se salvan de tan ignominioso destino, es únicamente porque sus tesis sobre la liberalización empresarial, por muy demostrablemente contradictorias que sean con la realidad, continúan siendo tan rentables para los multimillonarios que siguen teniendo a su disposición laboratorios de ideas que las promueven patrocinados por individuos como Charles y David Koch, dueños del diversificado gigante de las energías sucias Koch Industries, y por compañías como ExxonMobil.

Por ejemplo, según un estudio reciente, los laboratorios de ideas que promueven el negacionismo climático y otras organizaciones que defienden esa misma causa y componen lo que el sociólogo Robert Brulle llama el «contramovimiento climático» recaudan en conjunto más de 900 millones de dólares anuales para su labor en diversos frentes del derechismo político, la mayoría en forma de «dinero oscuro», es decir, de fondos procedentes de fundaciones conservadoras cuyo origen no se puede rastrear del todo.[31]

Esto pone de manifiesto los límites de aquellas teorías que, como la de la cognición cultural, se centran exclusivamente en la psicología individual. Los negacionistas están haciendo algo más que proteger sus cosmovisiones personales: están protegiendo poderosos intereses políticos y económicos que se han beneficiado increíblemente del modo en que Heartland y otros foros parecidos han enturbiado el debate sobre el clima. Los lazos entre los negacionistas y los mencionados intereses son de sobra conocidos y están bien documentados. El Instituto Heartland ha recibido más de un millón de dólares de ExxonMobil y de fundaciones vinculadas a los hermanos Koch y al recientemente fallecido patrocinador conservador Richard Mellon Scaife. No está claro cuánto dinero recibe exactamente ese laboratorio de ideas de empresas, fundaciones e individuos relacionados con la industria de los combustibles fósiles, porque Heartland no publica los nombres de sus donantes, ya que alega que esa información no permitiría apreciar correctamente las «virtudes de nuestras posturas». Lo cierto es que, según filtraciones de documentos internos, uno de los mayores donantes del Instituto Heartland es anónimo: un individuo misterioso que ha dado más de 8,6 millones de dólares destinados específicamente a financiar los ataques del *think tank* contra la ciencia del clima.[32]

Al mismo tiempo, casi todos los científicos que presentan ponencias en las conferencias sobre el clima organizadas por el Instituto Heartland están tan empapados en dólares del sector de los combustibles fósiles que casi huelen al humo de sus patrocinadores. Por citar solo un par de ejemplos, Patrick Michaels, del Instituto Cato, que pronunció el discurso principal de la conferencia de 2011, declaró en una ocasión a la CNN que el 40 % de los ingresos de su consultoría procede de compañías petroleras (el propio Instituto Cato ha recibido financiación de ExxonMobil y de fundaciones de la familia Koch). Una investigación de Greenpeace sobre otro de los conferenciantes en aquel congreso, el astrofísico Willie Soon, descubrió que, entre 2002 y 2010, el total de las nuevas becas de investigación que recibió procedieron de organizaciones y grupos de interés del sector de los combustibles fósiles.[33]

Las personas a las que se paga para servir de altavoces de las tesis de esos científicos —en blogs, editoriales y artículos de opinión, y en apariciones televisivas— están en nómina de muchas de esas mismas fuentes. El dinero de las grandes petroleras financia el Committee for a Constructive Tomorrow (Comité para un Mañana Constructivo), que aloja el sitio de web de Marc Morano, de igual modo que financia el Competitive Enterprise Institute, uno de los hogares intelectuales de Chris Horner. Un reportaje de febrero de 2013 en el diario *The Guardian* revelaba que, entre 2002 y 2010, una red de multimillonarios estadounidenses anónimos había donado cerca de 120.000 millones a «organizaciones dedicadas a arrojar dudas sobre las bases científicas del cambio climático [...], un flujo de dinero fácilmente accesible para fuerzas conservadoras que pusieron en marcha una violenta reacción adversa contra el programa político de Barack Obama en materia de medio ambiente que dio al traste con toda posibilidad de que el Congreso tomara medidas contra el cambio climático».[34]

No hay modo alguno de saber con exactitud cómo influye ese dinero en las opiniones de quienes lo reciben ni si, de hecho, influye de algún modo. Lo que sí sabemos es que tener un interés económico importante invertido en la economía de los combustibles fósiles aumenta la proclividad a negar la realidad del cambio climático, con independencia de la afiliación política. Por ejemplo, las únicas zonas de Estados Unidos donde las opiniones sobre el cambio climático están ligeramente menos divididas por líneas políticas son aquellas regiones económicamente más dependientes de la extracción de combustibles fósiles, como la zona carbonífera de los Apalaches o la región petrolífera de la costa del golfo de México. En esos lugares, la gran mayoría de los republicanos niegan el cambio climático (como en otras zonas del país), pero muchos de sus vecinos demócratas también lo niegan (en algunas partes de los Apalaches, solo el 49 % de los demócratas cree que exista un cambio climático de origen humano, frente a porcentajes que oscilan entre el 72 y el 77 % en el resto del país). Canadá exhibe esa misma clase de diferencias regionales:

en Alberta, donde la renta media se está disparando gracias a las arenas bituminosas, solo un 41 % de los habitantes respondió a los encuestadores de un sondeo que los seres humanos estamos contribuyendo al cambio climático. En el Canadá atlántico, donde los beneficios derivados de la extracción de combustibles fósiles han sido mucho menos exorbitantes, el 68 % de los encuestados opinó que los seres humanos estamos calentando el planeta.[35]

Puede observarse un sesgo similar entre los científicos. Mientras que el 97 % de los científicos en activo dedicados al estudio del clima considera que los seres humanos somos una causa importante del cambio climático, entre los «geólogos económicos» (es decir, entre los científicos que estudian formaciones naturales para su potencial explotación comercial por las industrias extractivas), ese porcentaje es radicalmente diferente. Solo un 47 % de esos científicos cree que exista un cambio climático debido a causas humanas. La conclusión general que cabe deducir de lo anterior es que todos nos sentimos inclinados a la negación cuando la verdad nos resulta demasiado costosa (emocional, intelectual o económicamente). Vienen muy a cuento aquellas famosas palabras de Upton Sinclair: «¡Qué difícil es conseguir que un hombre comprenda algo cuando su sueldo depende de que no lo comprenda!».[36]

Plan B: enriquecerse con un mundo que se calienta

Uno de los hallazgos más interesantes de los múltiples estudios recientes de las percepciones sobre el clima es la conexión clara que existe entre la negativa a aceptar la base científica del cambio climático, por un lado, y el disfrute de privilegios sociales y económicos, por el otro. Los negadores del cambio climático no son solo conservadores, sino que, en su inmensa mayoría, son también blancos y varones, y ese es un grupo social con ingresos superiores a la media. Y sus miembros tienen también mayores probabilidades que otros adultos de sentirse muy seguros y convencidos de sus puntos de vista, por muy demostrablemente falsos que sean. En un muy comentado trabajo académico sobre este tema (que lleva el memorable título de «Cool Dudes», traducible como «Tipos impasibles», pero también como «Tipos estupendos»), los sociólogos Aaron McCright y Riley Dunlap descubrieron que, dentro del grupo de los varones blancos conservadores, los que decían estar muy seguros de su opinión sobre el calentamiento global tenían seis veces más probabilidades de creer que el cambio climático «nunca se producirá» que el resto de las personas adultas encuestadas. McCright y Dunlap ofrecen una explicación muy simple para esa diferencia: «Los varones blancos conservadores han ocupado puestos de poder dentro de nuestro sistema económico con desproporcionadamente mayor frecuencia que otras personas. Dado el expansivo desafío que el cambio climático supone para el sistema económico industrial capitalista, no debería sorprendernos que las fuertes actitudes justificadoras del sistema de los varones blancos conservadores se activen para negar el cambio climático».[37]

Pero la relativa situación de privilegio económico y social de los que niegan el cambio climático no solo hace que estos tengan más que perder con un cambio social y económico profundo, sino que les da motivos para tener una actitud más optimista ante los riesgos del cambio climático en el caso de que sus opiniones a contracorriente se demuestren finalmente falsas. Me di cuenta de ello escuchando a otro de los ponentes del congreso de Heartland y lo que no podría describirse de otro modo que como su absoluta falta de empatía por las víctimas del cambio climático. Larry Bell (el arquitecto espacial) arrancó abundantes risas del público allí presente cuando se le ocurrió decir que un poco de calor no está tan mal: «¡Yo mismo me mudé a Houston voluntariamente!». (Houston estaba en aquel momento a mitad de travesía de lo que terminaría siendo el peor año de sequía en Texas del que se tiene registro histórico.) El geólogo australiano Bob Carter sugirió que, «desde nuestra perspectiva humana, al mundo le va mejor en realidad en épocas más cálidas». Y Patrick Michaels afirmó que la gente a la que le preocupa el cambio climático debería hacer lo que los franceses hicieron tras la devastadora ola de calor que asoló Europa en el año 2003 (fenómeno que, solo en el país galo, acabó con la vida de casi quince mil personas): «Descubrir Walmart y el aire acondicionado».[38]

Mientras yo escuchaba tanta ocurrencia junta, unos 13 millones de personas (según las estimaciones) corren serio peligro de morir de hambre en el Cuerno de África por lo agostado que está el terreno en el que viven. Pero a todos esos negacionistas les resulta muy sencillo ser insensibles a semejante drama, porque están firmemente convencidos de que, si sus suposiciones acerca de la ciencia del clima se demuestran erróneas, unos cuantos grados de calentamiento no van a ser algo de lo que las personas adineradas en las economías industrializadas tengan que preocuparse en demasía.* («Cuando llueve, buscamos donde resguardarnos.

---

* Gran parte de esa confianza se basa en pura fantasía. Aunque los ultrarricos serán posiblemente capaces de comprar la protección que necesiten durante un tiempo, hasta la nación más próspera del planeta puede desmoronarse ante un fuerte impacto (como bien

Cuando hace calor, buscamos una sombra», comentó el congresista texano Joe Barton en una sesión de una subcomisión parlamentaria sobre energía y medio ambiente.)[39]

Y ¿qué opinan ellos sobre lo que deben hacer los demás países? Pues dejar de pretender que los subsidien y ponerse manos a la obra a ganar dinero. (Da igual que el Banco Mundial advirtiera en un informe de 2012 de que, para los países pobres, el aumento del coste de los temporales, las sequías y las inundaciones es ya tan elevado que «amenaza con hacerlos retroceder décadas de desarrollo sostenido».) Cuando pregunté a Patrick Michaels si los países ricos tienen alguna responsabilidad a la hora de ayudar a los pobres a pagar sus costosas adaptaciones a un clima más cálido, él respondió burlón que no valía la pena dar recursos a países «cuyo sistema político, por la razón que sea, es incapaz de adaptarse». La solución de verdad, proponía él, es más libre comercio.[40]

Michaels sabe seguramente de sobra que el libre comercio difícilmente puede ayudar a los isleños cuyos países están desapareciendo, como también es sin duda consciente de que la mayoría de la población del planeta más duramente afectada por el calor y la sequía no puede solucionar sus problemas cargando un aparato de aire acondicionado nuevo a sus tarjetas de crédito. Y ahí es donde el cruce entre ideología extrema y negación climática adquiere tintes de verdadera peligrosidad. No se trata simplemente de que esos «tipos impasibles» nieguen los resultados de la ciencia del clima porque estos supongan una amenaza para su cosmovisión basada en la idea de dominio. El problema de verdad es que esa visión del mundo suya (basada en la dominación, como digo) les proporciona las herramientas intelectuales necesarias para dar ya por perdidas a secciones enteras de la población humana e, incluso, para racionalizar la posibilidad de lucrarse con semejante debacle.

Reconocer la amenaza que supone este modo de pensar —que extermina la empatía y que los teóricos de la cultura califican de «jerárquico» e «individualista»— es una prioridad urgente porque el cambio climático pondrá a prueba nuestro carácter moral como pocos fenómenos lo han puesto a prueba antes en la historia. La Cámara de Comercio de Estados Unidos, en su empeño por impedir que la Agencia Federal de Protección Medioambiental (EPA) regule las emisiones carbónicas, sostuvo en un escrito de petición que, aun en el caso de que se produjera un calentamiento

---

se demostró con el paso del huracán Katrina). Y ninguna sociedad, por bien financiada o administrada que esté, puede adaptarse realmente a los desastres naturales masivos cuando estos se suceden con cada vez mayor rapidez y furia.

global, «las poblaciones pueden aclimatarse a entornos más cálidos por medio de diversas adaptaciones conductuales, fisiológicas y tecnológicas».[41]

Son esas adaptaciones las que más me preocupan. A menos que nuestra cultura experimente un viraje fundamental en cuanto a los valores por los que se rige, ¿cómo pensamos realmente que «adaptaremos» a las personas que se queden sin hogar ni trabajo por culpa de unos desastres naturales crecientemente intensos y frecuentes? ¿Cómo trataremos a los refugiados climáticos que arriben a nuestras costas en embarcaciones atravesadas por vías de agua? ¿Cómo afrontaremos el hecho de que el agua dulce y la comida se vayan haciendo cada vez más escasas?

Conocemos las respuestas, porque el proceso ya está en marcha. La búsqueda de recursos naturales por parte de los grandes intereses empresariales irá adquiriendo mayor voracidad y virulencia. Continuarán confiscándose tierras cultivables en África para cultivar en ellas alimentos y combustible para las naciones ricas, y se propiciará así una fase de saqueo neocolonial que vendrá a sumarse a los ya padecidos por los lugares más saqueados de la Tierra (como bien documenta el periodista Christian Parenti en *Tropic of Chaos*). Cuando el estrés térmico y los temporales salvajes arrasen las pequeñas explotaciones agrícolas y los pueblos de pescadores, sus asolados terrenos serán transferidos a manos de grandes promotores para la construcción de megapuertos, centros vacacionales de lujo y granjas industriales. Habitantes rurales que, en tiempos, eran autosuficientes terminarán perdiendo sus tierras y se les instará a trasladarse a barriadas urbanas insalubres (por su propia protección, les dirán) donde el hacinamiento se hará cada vez más insoportable. La sequía y las hambrunas seguirán siendo usadas como pretextos para impulsar la comercialización de semillas modificadas genéticamente, lo que hundirá a los agricultores en un endeudamiento cada vez más profundo.[42]

En las naciones ricas, protegeremos nuestras principales ciudades con costosos diques de contención y sistemas de barreras antitormentas, y abandonaremos extensas áreas de terreno costero —habitado por personas pobres e indígenas— a los estragos de las tempestades y el aumento del nivel del mar. Es muy posible que hagamos lo mismo a escala planetaria desplegando presuntos remedios tecnológicos que reduzcan las temperaturas globales, pero de las que se deriven riesgos mucho mayores para quienes vivan en los trópicos que para los habitantes del Norte Global (al que me referiré detenidamente más adelante). Y en vez de reconocer que tenemos una deuda contraída con la población migrada que se ve obligada a huir de sus tierras por culpa de nuestras acciones (e inacciones), nuestros Gobiernos erigirán un número creciente de fortalezas de alta tecnología y adoptarán leyes antiinmigratorias cada vez más draconianas. Y, en el nombre de la «seguridad nacional», intervendremos en conflictos foráneos por el agua, el petróleo y las tierras cultivables, o incluso los iniciaremos nosotros mismos. En definitiva, nuestra cultura hará aquello que ya está haciendo, solo que con mayores dosis de brutalidad y barbarie, porque para eso mismo está hecho nuestro sistema.

En los últimos años, un número considerable de grandes empresas multinacionales han empezado a hablar abiertamente de cómo podría incidir el cambio climático en sus negocios, y las compañías aseguradoras siguen y comentan muy de cerca la frecuencia creciente de grandes desastres. El consejero delegado de Swiss Re Americas ha admitido, por ejemplo, que «lo que nos quita el sueño es el cambio climático», mientras que empresas como Starbucks y Chipotle han hecho sonar la voz de alarma sobre cómo podría repercutir el agravamiento de las condiciones meteorológicas extremas en la disponibilidad de ingredientes clave para su actividad comercial. En junio de 2014, el Proyecto Risky Business —liderado por el multimillonario (y exalcalde de Nueva York) Michael Bloomberg, por el exsecretario del Tesoro estadounidense Henry Paulson y por el fundador de fondos de inversión de cobertura (*hedge funds*) y filántropo ecologista Tom Steyer— advirtió de que el cambio climático costaría miles de millones de dólares anuales a la economía estadounidense en daños debidos a la subida del nivel del mar y lanzaba igualmente un aviso para que el mundo empresarial se tomara esa y otras amenazas climáticas muy en serio.[43]

Es habitual que este tipo de declaraciones se confunda con un apoyo a la acción enérgica y decidida dirigida a prevenir el calentamiento. Pero no deberíamos engañarnos. El solo hecho de que las compañías estén dispuestas a reconocer los probables efectos del cambio climático no implica que estén a favor de las agresivas medidas que deberían emprenderse para reducir significativamente esos riesgos manteniendo el calentamiento por debajo de los 2 °C de incremento térmico. En Estados Unidos, por ejemplo, el de las aseguradoras ha sido el grupo empresarial de presión que más se ha manifestado públicamente (y con diferencia) acerca de las repercusiones crecientes del cambio climático, y sus principales compañías tienen contratados a equipos enteros de climatólogos para que las ayuden a estar preparadas para los desastres que están por venir. Y, sin embargo, el sector no ha presionado apenas para que se pongan en práctica políticas climáticas más agresivas. Todo lo contrario; muchas empresas y organizaciones del ramo han facilitado financiación sustancial a los laboratorios de ideas que crearon en su momento el movimiento de negación del cambio climático.[44]

Durante algún tiempo, diferentes divisiones del propio Instituto

Heartland fueron escenario de esa dinámica en apariencia contradictoria. Esta institución, la más destacada del mundo dedicada al negacionismo climático, alberga en su seno un Centro sobre Finanzas, Seguros y Propiedad Inmobiliaria. Hasta mayo de 2012, fue poco menos que un altavoz de los intereses del sector de las aseguradoras dirigido por un conservador muy integrado en los círculos de la política institucional de Washington, Eli Lehrer. Pero lo que distinguía (y distingue) a Lehrer de sus demás colegas del Instituto Heartland es que él no tiene reparos en afirmar con total naturalidad que «el cambio climático es algo evidentemente real y obviamente causado en buena medida por las personas. Sinceramente, no creo que quepa duda alguna en ninguna de esas dos cuestiones».[45]

Así que, mientras sus colegas de Heartland andaban ocupados organizando congresos mundiales dirigidos específicamente a fabricar la sensación ilusoria de un debate científico serio, la división de Lehrer trabajaba con el *lobby* de las aseguradoras para proteger los intereses económicos de estas en un futuro de caos climático. Según Lehrer, «en general, no hubo especial conflicto en el día a día» entre su labor y la de sus compañeros negacionistas del cambio climático en el Instituto,[46] lo cual fue posible porque lo que muchas de las compañías de seguros querían de Heartland no eran medidas para impedir el caos climático, sino políticas que salvaguardaran o, incluso, incrementaran sus beneficios con independencia de los condicionantes meteorológicos (por ejemplo, expulsar al Estado del negocio de los seguros subvencionados, y dar a las compañías mayor libertad para encarecer las primas y las franquicias de sus seguros y para dar de baja a clientes residentes en zonas de alto riesgo, entre otras medidas «liberalizadoras»).

Lehrer terminó escindiéndose del Instituto Heartland después de que este lanzara la ya mencionada campaña con vallas publicitarias en las que se comparaba a las personas que creen en el cambio climático con conocidos asesinos. Dado que entre esos creyentes en el cambio climático están las compañías aseguradoras que tan generosamente financiaban al Instituto Heartland, a estas el numerito propagandístico no les sentó del todo bien. Aun así, Eli Lehrer quiso dejar claro en la entrevista que le hice que las diferencias fueron por un tema de relaciones públicas, no de política. «Por lo general, las políticas públicas apoyadas por Heartland coinciden con las que yo continúo suscribiendo», declaró.[47] Lo cierto es que su trabajo era más o menos compatible con el del resto del Instituto. La división negacionista de Heartland se esforzó al máximo por arrojar todas las dudas posibles sobre el consenso científico y contribuyó así a paralizar todas las iniciativas serias dirigidas a regular las emisiones de gases de efecto invernadero, mientras que la rama de las aseguradoras presionaba para que se implementaran políticas que permitieran que las grandes empresas continuaran siendo rentables con independencia de los resultados de esas emisiones en el mundo real.

Y esto ilustra muy bien qué se oculta detrás de esa actitud despreocupada ante el cambio climático, tanto si esta se expresa en forma de negacionismo del desastre como si lo hace en forma de un capitalismo del desastre. Los implicados no tienen complejo alguno en participar en ese juego de elevadas apuestas porque creen que ellos y los suyos estarán protegidos de los estragos a los que se arriesgan de ese modo, por lo menos, durante una generación más.

A gran escala, muchos modelos climáticos regionales predicen actualmente que los países ricos —la mayoría de los cuales están situados en latitudes más alejadas del ecuador— podrían experimentar ciertos beneficios económicos derivados de un clima ligeramente más cálido: desde temporadas de cultivo más prolongadas hasta acceso a rutas comerciales más cortas a través del Ártico gracias al derretimiento del casquete polar. Al mismo tiempo, en esas mismas regiones, los sectores más acomodados de la población están ya buscando y encontrando modos cada vez más elaborados de protegerse de los fenómenos meteorológicos extremos que pueden producirse en el futuro. Inspiradas por sucesos como el paso del huracán Sandy, nuevas promociones inmobiliarias de viviendas de lujo ofrecen como atractivo comercial la inclusión de infraestructuras privadas de muy «alto *standing*» para sus residentes potenciales: desde iluminación de emergencia hasta bombas y generadores alimentados por gas natural, pasando por las compuertas de cuatro metros de altura y estancias estancas al agua que se ofertan en Manhattan en un nuevo edificio de apartamentos, sellados «como submarinos». La lógica de todo ello la explicó muy bien Stephen G. Kliegerman, director ejecutivo de *marketing* de promociones de la empresa Halstead Property, cuando comentó al *New York Times*: «Creo que los compradores pagarán convencidos por la posibilidad de estar relativamente seguros de que ningún desastre natural va a causarles molestias especialmente incómodas».[48]

Entretanto, muchas grandes empresas tienen sus propios generadores de refuerzo para mantener las luces y los aparatos eléctricos encendidos cuando se producen apagones masivos (como los que Goldman Sachs puso a funcionar durante el paso del Sandy, a pesar de que no llegó a padecer ningún corte de suministro eléctrico de la red general); tienen también la capacidad de fortificarse con sus propios sacos de arena (algo que también hizo Goldman poco antes de la llegada del Sandy); y hasta disponen de sus propios equipos especiales de meteorólogos (como es el caso de FedEx). En Estados Unidos, las compañías aseguradoras han comenzado incluso a desplazar brigadas de bomberos privados al servicio de los clientes de sus productos de gama alta cuando las mansiones de estos en California y Colorado se han visto amenazadas recientemente por incendios forestales. La empresa pionera en la introducción de ese servicio «de conserjería» fue la American International Group (AIG).[49]

Mientras, prosigue el proceso de acoso y derribo contra el sector público, alimentado en gran parte con el duro esfuerzo de los «guerreros» presentes en la conferencia del Instituto Heartland. A fin de cuentas, ellos son los fervientes desbastadores del Estado, las personas y organizaciones cuya ideología ha ido erosionando tantas y tantas partes de la esfera pública, incluidas las relacionadas con la preparación ante la eventualidad de los desastres. Suyas son las voces que tan alegremente han abogado por transferir funciones interrumpidas por la crisis presupuestaria federal a los ámbitos de competencia de los estados y los municipios sin el correspondiente aumento de la recaudación fiscal, por lo que estas administraciones han optado, ante la insuficiencia de fondos resultante, por no reparar los puentes destruidos o no reemplazar los camiones de bomberos viejos o estropeados. Ese espíritu de la «libertad» que tan afanosamente tratan de proteger de las pruebas científicas es una de las razones por las que las sociedades estarán claramente menos preparadas frente a las catástrofes cuando estas se produzcan.

Durante mucho tiempo, los ecologistas dijeron a propósito del cambio climático que este sería un gran factor igualador: un problema que afectaría a todos, ricos y pobres. Se suponía, pues, que nos uniría. Sin embargo, todas las señales indican que está haciendo justamente lo contrario: nos está estratificando más aún y nos está convirtiendo en una sociedad de poseedores y desposeídos, dividida entre aquellos cuya riqueza les aporta una medida no desdeñable de protección frente a la violencia meteorológica (al menos, por el momento) y aquellos abandonados a la merced de unos Estados cada vez más disfuncionales.

El lado más mezquino de la negación

A medida que los efectos del cambio climático se vayan haciendo imposibles de ignorar, será cada vez más explícita la vertiente más cruel del proyecto negacionista, una faceta del mismo que actualmente solo está latente a modo de subtexto. En realidad, ya ha empezado a explicitarse.

Hacia finales de agosto de 2011, cuando amplias zonas del mundo sufrían todavía récords de temperaturas elevadas, el bloguero conservador Jim Geraghty publicó un artículo en *The Philadelphia Inquirer* en el que sostenía que el cambio climático «ayudará a la economía estadounidense en varios sentidos y no disminuirá, sino que potenciará, el poder geopolítico de Estados Unidos». Geraghty explicaba que, puesto que el cambio climático será más impactante en los países en vías de desarrollo, «muchos Estados potencialmente amenazadores [para nosotros] se verán envueltos en circunstancias mucho más desfavorables para sí mismos». Y esto, recalcaba él, era bueno: «En vez de nuestra perdición, el cambio climático podría representar el factor central para garantizar un segundo "siglo estadounidense" inmediatamente después del primero». ¿Lo han entendido bien? Como la gente que asusta a los americanos tiene la mala fortuna de vivir en lugares pobres y cálidos, el cambio climático los asará y Estados Unidos podrá así alzarse cual ave fénix de las llamas del calentamiento global.*[50]

Esperen más monstruosidades de ese tipo. A medida que el mundo se vaya calentando, la ideología así amenazada por la ciencia del clima —que es la ideología que nos dice que cada uno debe valerse por sí mismo, que las víctimas se merecen la suerte que corren y que podemos dominar la naturaleza— nos irá conduciendo a un lugar muy, muy frío. Y más glacial se volverá, si cabe, cuando las teorías de la superioridad racial —fácilmente visibles ya bajo la superficie en ciertos sectores del movimiento negacionista— reaparezcan con renovada virulencia.**[51] En el mundo groseramente desigual que esa ideología tanto ha contribuido a fomentar y

---

* A comienzos de 2011, Joe Read, recién elegido representante en el Parlamento de Montana, hizo historia al presentar el primer proyecto de ley dirigido a declarar oficialmente que el cambio climático era bueno. «El calentamiento global es beneficioso para el bienestar y para el clima económico y comercial de Montana», se afirmaba en el texto de aquel proyecto. Read se explicó un poco más al respecto: «Si el clima se calentase, tendríamos una temporada de cultivo más larga durante el año. Eso podría resultar muy beneficioso para el estado de Montana. ¿Por qué íbamos a frenar semejante progreso?». El proyecto de ley no prosperó.

** Resulta revelador que la American Freedom Alliance (la Alianza por la Libertad Estadounidense) celebrara su propio congreso en Los Ángeles, en junio de 2011, dedicado a cuestionar la realidad del cambio climático. Parte de la «misión» declarada de la Alianza consiste en «detectar amenazas a la civilización occidental» y es conocido su alarmismo a propósito de «la penetración islámica en Europa» y de otros supuestos complots similares dentro del propio Estados Unidos. Por otra parte, uno de los libros que estaba a la venta en la conferencia del Instituto Heartland era *Going Green*, de Chris Skates, una novela de «suspense» en la que unos activistas climáticos conspiran con un grupo de terroristas islámicos para destruir la red eléctrica estadounidense.

blindar, esas teorías no son opcionales, sino que, muy al contrario, resultan necesarias para justificar el endurecimiento de nuestros corazones ante la visión de las eminentemente inocentes víctimas del cambio climático en el Sur Global y del sufrimiento de ciudades predominantemente afroamericanas como Nueva Orleans, que son asimismo las más vulnerables en el Norte Global.

En un informe de 2007 sobre las implicaciones del cambio climático en materia de seguridad, copublicado por el CSIS (el Centro de Estudios Estratégicos e Internacionales, con sede en Washington, D.C.), el exdirector de la CIA R. James Woolsey predijo que, en un planeta mucho más cálido, «el altruismo y la generosidad se verían probablemente muy erosionados».[52] Podemos apreciar ya muestras de ese embotamiento de nuestros sentidos emocionales en no pocos lugares, desde Arizona hasta Italia. El cambio climático nos está cambiando y embruteciendo en este mismo momento. Cada nuevo desastre masivo parece inspirar menos horror que el anterior, menos telemaratones. Los analistas hablan en los medios de «fatiga de la compasión», como si la empatía (y no los combustibles fósiles) fuera el recurso verdaderamente finito.

Por ejemplo, y casi como si con ello quisiera demostrar la validez de esa tesis, la organización Americans for Prosperity (Estadounidenses por la Prosperidad, AFP, respaldada por los Koch) lanzó una campaña inmediatamente después de que el huracán Sandy hubiese devastado amplias zonas de Nueva York y Nueva Jersey dirigida a bloquear el paquete de ayudas federales destinadas a esos estados. «Tenemos que aguantarnos y asumir la responsabilidad de cuidar de nosotros mismos», dijo entonces Steve Lonegan, a la sazón director de AFP en Nueva Jersey.[53]

Y no podemos olvidar en ese sentido la labor del periódico británico *Daily Mail*. En pleno azote de las extraordinarias inundaciones invernales de 2014, el mencionado tabloide publicó un titular de primera plana pidiendo a sus lectores que firmaran un escrito de petición dirigido al Gobierno para que este «dedique algunos de los 11.000 millones de libras que gasta anualmente en ayuda exterior a paliar el sufrimiento de las víctimas británicas de las inundaciones».[54] En cuestión de días, más de 200.000 personas habían firmado la solicitud de recorte de la ayuda exterior para traducirla en asistencia a los afectados por el desastre local. Ni que decir tiene que Gran Bretaña —la nación que inventó la máquina de vapor alimentada con carbón— lleva emitiendo niveles industriales de carbono durante más tiempo que ningún otro país de la Tierra y, por consiguiente, le corresponde una cuota de responsabilidad particularmente elevada en cuanto a incrementar (que no repatriar) la ayuda exterior que presta actualmente. Pero eso da igual. Que se fastidien los pobres. Que se aguanten. Que cada uno se valga por sí mismo.

Si no variamos radicalmente el rumbo, esos son los valores por los que se regirá nuestro tempestuoso futuro, más aún de lo que nuestro presente ya se guía por ellos.

Mimar a los conservadores

Algunos activistas climáticos han tratado de convencer a los negacionistas para apartarlos de sus endurecidas posturas tratando de hacerles entender que, retrasando la acción climática, solo se conseguirá que las intervenciones estatales necesarias sean más extremas. Así, por ejemplo, el popular bloguero sobre temas del clima, Joe Romm, ha escrito que, «si lo que ustedes detestan es la intromisión del Estado en la vida de las personas, lo mejor que pueden hacer es poner freno desde ya al calentamiento global catastrófico, pues nada empuja a un país más directamente hacia un Gobierno intervencionista que la escasez y la privación. [...] Solo el intervencionismo estatal (que los conservadores aseguran no querer para nada) puede reubicar a millones de ciudadanos, construir diques de enormes dimensiones, racionar recursos cruciales como el agua y los terrenos cultivables, u ordenar austeras y rápidas reducciones del consumo de ciertos tipos de energía, y todas esas medidas resultarán inevitables si no actuamos ahora».[55]

Es verdad que el cambio climático catastrófico inflaría el papel del Estado hasta niveles que probablemente molestarían a la mayoría de las personas sensatas, tanto de izquierdas como de derechas. Y cabe albergar ciertos temores legítimos a lo que algunos han llamado «fascismo verde»: la posibilidad de una crisis medioambiental tan severa que se convierta en un pretexto para que fuerzas autoritarias tomen el control de uno o más países en nombre del restablecimiento de cierto orden climático. Pero no es menos cierto que tampoco existe modo alguno de conseguir las reducciones de emisiones del nivel y la rapidez suficientes para evitar esos catastróficos escenarios de futuro *sin* aplicar unos niveles de intervención estatal que jamás resultarán aceptables para los ideólogos de derechas.

El dilema no siempre fue tal. Si los Gobiernos nacionales, incluido el estadounidense, hubieran comenzado a recortar los niveles de emisiones en el momento en que se estableció y se afianzó inicialmente el consenso científico al respecto, las medidas destinadas a evitar el calentamiento catastrófico no tendrían por qué haber desentonado tanto con el modelo económico reinante. Por ejemplo, el primer gran encuentro internacional para fijar objetivos específicos de reducción de emisiones fue la Conferencia Mundial sobre la Atmósfera Cambiante, celebrada en Toronto en 1988, que reunió a más de trescientos científicos y dirigentes políticos de 46 países allí representados. La conferencia, que sentó las bases para la posterior Cumbre de la Tierra en Río, constituyó un avance importante y, en sus conclusiones finales, recomendó que los Gobiernos nacionales recortaran sus emisiones un 20 % por debajo de los niveles de 1988 como máximo para 2005. «Todo parece indicar que, si decidimos enfrentarnos a este reto —comentó uno de los científicos asistentes—, podremos ralentizar sustancialmente el ritmo del cambio, lo cual nos proporcionará tiempo para desarrollar mecanismos que permitan minimizar el coste para la sociedad y el daño a los ecosistemas. También podríamos optar por cerrar los ojos ante esa realidad, esperar que no fuera tan mala y pagar luego la factura que termine llegándonos por ello.»[56]

Si hubiéramos hecho caso de ese consejo y nos hubiéramos puesto en serio a tratar de cumplir con ese objetivo inmediatamente después de la firma de la Convención del Clima de la ONU en Río, en 1992, el mundo habría tenido que reducir sus emisiones carbónicas aproximadamente un 2 % anual hasta 2005.[57] A ese ritmo, los países ricos podrían haber ido desplegando mucho más cómodamente las tecnologías destinadas a reemplazar a los combustibles fósiles, y habrían rebajado también el carbono en su propio territorio ayudando con ello a emprender una ambiciosa transición verde en todo el mundo. Puesto que estamos hablando de un momento previo a que el coloso de la globalización terminara imponiendo su ley en todo el planeta, esa acción a tiempo habría creado una oportunidad para que China y la India (y otras economías en rápido crecimiento) hubieran hallado su modo de combatir su propia pobreza histórica siguiendo sendas de desarrollo bajas en carbono. (Ese era el objetivo declarado del «desarrollo sostenible» defendido en Río.)

De hecho, todo ese proyecto podría haberse incorporado a la arquitectura del comercio global que se fue erigiendo entre principios y mediados de la década de 1990. Si hubiéramos seguido rebajando nuestras emisiones a ese paso, ahora iríamos por muy buen camino para conseguir una economía global completamente «descarbonizada» no más allá de mediados del presente siglo.

Pero no hicimos nada de eso. Y como el afamado científico del clima Michael Mann, director del Centro para la Ciencia de los Sistemas Terrestres de la Universidad Estatal de Pensilvania, ha dicho: «La pena por procrastinación en lo referente a la reducción de las emisiones de carbono a la atmósfera es muy severa». Cuanto más esperemos, más castigo se acumula y más drásticamente debemos cambiar para disminuir los riesgos de un calentamiento catastrófico. Kevin Anderson, subdirector del Centro Tyndall para la Investigación del Cambio Climático, explica además que, «tal vez en el momento de la Cumbre de la Tierra de 1992, o incluso para cuando se produjo el cambio de milenio, hubiera sido posible conseguir unos niveles de 2 °C de mitigación a través de significativos cambios de carácter evolutivo sin apartarnos de la hegemonía política y económica imperante. ¡Pero el cambio climático es un problema acumulativo! Ahora, en 2013, las naciones (pos)industriales de altas emisiones nos enfrentamos a una perspectiva muy distinta. Nuestro despilfarro carbónico colectivo continuado ha echado a perder cualquier oportunidad de "cambio evolutivo" que hubiera podido derivarse de nuestro anterior (y más abundante) presupuesto de carbono disponible para no superar el objetivo de los 2 °C. Actualmente, tras dos décadas de fiascos y mentiras, solo podremos ajustarnos al presupuesto que nos resta para que dicho objetivo entre aún dentro de lo posible si se producen transformaciones revolucionarias en la hegemonía política y económica».[58]

Por decirlo de un modo un poco más simple: llevamos más de dos décadas mareando la perdiz. Y la tenemos cada vez más mareada de tan continua y descontroladamente que hemos aumentado la emisión de gases carbónicos, un aumento que se debe en gran parte al radical y agresivo proyecto ideológico desde el que se ha propugnado la creación de una economía global unificada y basada en las reglas del fundamentalismo del libre mercado; unas reglas incubadas precisamente en los mismos laboratorios de ideas conservadoras que hoy actúan a la vanguardia del negacionismo del cambio climático. La situación no deja de encerrar cierta ironía: es el éxito de su propia revolución el que ha llevado a que, en la actualidad, nuestra mejor esperanza para evitar el caos climático radique en una transformación revolucionaria del sistema de mercado.

Hay quienes proponen una estrategia diferente para atraer a los conservadores al redil climático. En lugar de tratar de asustarlos con panoramas de futuro dominados por el intervencionismo estatal si seguimos retrasando lo inevitable, desde ese sector se sostiene que lo que necesitamos son métodos de reducción de emisiones que no resulten tan ofensivos a los valores conservadores que defienden.

Dan Kahan, el ya mencionado profesor de Yale, señala que, si bien las personas que en los sondeos se declaran «jerárquicas» e «individualistas» tuercen el gesto ante la sola mención de medidas reguladoras, no es menos cierto que también tienden a sentirse atraídas por las grandes tecnologías centralizadas que no cuestionan su creencia de que los seres humanos pueden dominar la naturaleza. En uno de sus estudios, Kahan y sus colegas encuestaron a un grupo de sujetos sobre sus opiniones acerca del cambio climático tras mostrar a algunos de ellos noticias falsas. Así, a algunos de los sujetos participantes en el experimento se les enseñó una noticia sobre la posibilidad de que el calentamiento global se solucionara mediante medidas «anticontaminación». A otros se les enseñó otra noticia en la que se argumentaba que la energía nuclear era la solución. Y, finalmente, a los sujetos restantes no se les mostró ninguna noticia. Los datos científicos sobre el calentamiento global eran idénticos en todas las noticias y en todos los grupos. Los investigadores descubrieron que los conservadores acérrimos que leyeron la noticia sobre la solución nuclear se mostraron más abiertos a aceptar los datos científicos que demostraban que los seres humanos estamos cambiando el clima. Sin embargo, quienes leyeron la noticia sobre la lucha contra la contaminación «aumentaron incluso su nivel de escepticismo ante esos datos con respecto a otros que también eran jerárquicos e individualistas y pertenecían al grupo de control al que no se enseñó ninguna noticia de prensa».[59]

No es difícil imaginarse por qué. La nuclear es una tecnología industrial pesada, basada en la extracción, administrada por grandes empresas y con largas conexiones con el complejo militar-industrial. Y como bien ha apuntado el renombrado psiquiatra y autor de libros Robert Jay Lifton, ninguna tecnología logra confirmar mejor la noción de que el hombre ha domeñado la naturaleza que la que le ha dado la capacidad de fisionar el átomo.[60]

Basándose en esas investigaciones, Kahan y otros estudiosos defienden que los ecologistas deberían promocionar la acción climática poniendo de relieve la preocupación por la seguridad nacional y haciendo hincapié en respuestas como la energía nuclear y la «geoingeniería» (término este último que abraza toda una serie de propuestas de intervenciones tecnológicas a escala global con las que se aspiraría a invertir el calentamiento rápido tapando parte de los rayos del sol que llegan a la Tierra, por ejemplo, o «fertilizando» los océanos para que atrapen más carbono, entre otros planes no probados y de elevadísimo riesgo). Kahan argumenta que, puesto que la actuación contra el cambio climático se percibe en muchos sectores de derechas como una puerta de entrada para una serie de políticas abominables contrarias a la libertad de empresa y el desarrollo industrial, la solución pasaría por «eliminar aquellos detalles que la hacen parecer amenazadora». Similar consejo dan Irina Feygina y John T. Jost, que han llevado a cabo estudios paralelos en la Universidad de Nueva York y que opinan que los decisores políticos deberían presentar la acción medioambiental como una vía idónea para proteger «nuestro estilo de vida» y como una forma de patriotismo, algo que ellos llaman (muy reveladoramente, por cierto) «cambio sancionado por el sistema».[61]

Esta línea de consejos ha tenido una enorme influencia. Por ejemplo, el Instituto Breakthrough —un laboratorio de ideas especializado en atacar al ecologismo de base por su supuesta falta de «modernidad»— no cesa nunca de seguir la trayectoria marcada por esa autodenominada vía intermedia, promoviendo opciones como la energía nuclear, el gas natural obtenido por fracturación hidráulica o los cultivos modificados genéticamente como soluciones para el clima, y atacando simultáneamente las políticas de fomento de las energías renovables. Y, como veremos más adelante, algunos verdes incluso simpatizan cada vez más con la idea de la geoingeniería.[62] Por otra parte, en nombre de ese «tender puentes» con sus oponentes, algunas organizaciones ecologistas se dedican constantemente a «replantear» la acción climática para que consista en prácticamente cualquier cosa menos en impedir un calentamiento catastrófico a fin de proteger la vida sobre la Tierra. Así, la acción climática termina consistiendo en una serie de acciones que a los conservadores les importan más que ese objetivo último: desde recortar los ingresos destinados a los Estados árabes hasta reafirmar el dominio económico estadounidense sobre China.

El primer problema de una estrategia así es que no funciona. Pensemos que ese ha sido el mensaje central que muchas grandes organizaciones ecologistas estadounidenses han propugnado durante los últimos cinco años. («Olvídense del cambio climático —aconseja Jonathan Foley, director del Instituto del Medio Ambiente de la Universidad de Minnesota—. ¿Aman a Estados Unidos?»)[63] Y, como hemos visto, la oposición conservadora a las medidas climáticas no ha hecho más que radicalizarse durante ese periodo.

Pero el problema verdaderamente preocupante que comporta ese enfoque es que, lejos de cuestionar los retorcidos valores que animan tanto al negacionismo del desastre como al capitalismo del desastre, los refuerza activamente. La energía nuclear y la geoingeniería no son soluciones a la crisis ecológica; significan redundar en esa misma forma de pensar —temeraria y cortoplacista— que nos ha conducido al atolladero actual. Igual que arrojamos a la atmósfera gases de efecto invernadero a borbotones como si el mañana nunca fuera a llegar, esas dos tecnologías de muy alto

81

riesgo generarían formas más peligrosas aún de residuos y ni una ni otra disponen de una estrategia de salida mínimamente discernible (tema que exploraré más a fondo en páginas posteriores). Asimismo, el hiperpatriotismo es una barrera muy activa para la consecución de cualquier tipo de acuerdo global sobre el clima, ya que no hace más que enconar las diferencias entre los países en lugar de animarlos a cooperar. Y en cuanto a lo de presentar la acción climática como un modo de proteger el «estilo de vida» fuertemente consumista de Estados Unidos, se trata de una estrategia deshonesta o de un autoengaño, porque cualquier estilo de vida basado en la promesa de un crecimiento infinito ni puede ser protegido ni (menos aún) puede ser tampoco exportado hasta el último confín del planeta.

La batalla de las cosmovisiones

Soy plenamente consciente de que todo lo anterior suscita la pregunta de si no estaré yo haciendo lo mismo que los negacionistas: rechazar soluciones posibles porque amenazan mi cosmovisión ideológica. Como ya he indicado anteriormente, hace tiempo que me interesan y me preocupan las bases científicas del calentamiento global, pero lo que en parte me impulsó a implicarme más a fondo en esa causa fue la constatación por mi parte de que esta podía servir de catalizador de ciertas formas de justicia social y económica en las que ya creía.

Sin embargo, hay unas cuantas diferencias importantes que merece la pena señalar. Para empezar, yo no estoy pidiendo a nadie que se fíe de mi palabra frente al consenso científico: creo que todos deberíamos fiarnos más bien de la palabra del 97 % de los científicos del clima y de sus incontables artículos publicados tras un proceso de revisión por pares, así como de la palabra de todas las academias nacionales de la ciencia del mundo, por no hablar de la de instituciones representativas del actual orden establecido como el Banco Mundial y la Agencia Internacional de la Energía, todas las cuales nos están alertando de que nos encaminamos directamente hacia unos niveles de calentamiento catastróficos. Tampoco pretendo insinuar que las respuestas al cambio climático basadas en la equidad por las que abogo aquí sean resultados que se deriven inevitablemente de todas esas conclusiones científicas.

Lo que sí digo es que la ciencia nos obliga a *elegir* cómo queremos responder. Si seguimos por el camino por el que vamos, nos encontraremos con las respuestas del gran capital, de los grandes complejos militares o de los grandes proyectos de ingeniería al cambio climático. Tendremos ese mundo escindido entre un minúsculo grupo de ganadores (afines a las grandes empresas) y hordas de perdedores excluidos que ya habíamos imaginado en prácticamente todos los relatos de ciencia ficción distópicos sobre nuestro futuro, desde *Mad Max* hasta *Elysium*, pasando por *Hijos de los hombres* y *Los juegos del hambre*. Pero podemos optar también por hacer caso de la señal de alarma planetaria que nos lanza el cambio climático y variar nuestro rumbo, virar para alejarnos no ya del precipicio de las emisiones, sino también de la lógica que nos dirigió a toda velocidad hacia él. Porque lo que los «moderados», que tratan constantemente de reformular la acción climática como algo más asumible por sus oponentes, se preguntan en realidad es lo siguiente: ¿cómo podemos crear un cambio para que las personas responsables de la crisis no se sientan amenazadas por las soluciones que demos a dicha crisis?; y también, ¿cómo podemos tranquilizar a los miembros de una élite megalómana y asustada, asegurándoles que son aún los amos del universo, a pesar de las demoledoras pruebas de que eso ya no es así?

Y la respuesta a tales preguntas es que no se puede. Asegurémonos de que contamos con las personas suficientes de nuestro lado para cambiar el equilibrio de poder y enfrentémonos a los responsables, sabedores de que los movimientos populares verdaderos siempre se alimentan de gentes tanto de la izquierda como de la derecha. Y en vez de encallarnos en vericuetos que no nos permitan avanzar, empeñándonos en ser contemporizadores ante una cosmovisión letal, propongámonos fortalecer conscientemente aquellos valores («igualitaristas» y «comunalistas», según los califican los estudios sobre cognición cultural antes citados) que, lejos de ser refutados por las leyes de la naturaleza, están siendo actualmente reivindicados por estas.

La cultura es fluida, después de todo. Ha cambiado muchas veces con anterioridad y puede cambiar de nuevo. Los delegados presentes en la conferencia del Instituto Heartland así lo entienden; por eso están tan decididos a barrer bajo la alfombra la multitud de pruebas que demuestran que su visión del mundo es una amenaza para la vida sobre la Tierra. La labor que nos corresponde al resto de nosotros es la de creer —basándonos en esas mismas pruebas— que una visión muy diferente del mundo puede ser nuestra salvación.

Los miembros y colaboradores del Instituto Heartland entienden que la cultura puede modificarse con rapidez porque forman parte de un movimiento que ha conseguido precisamente eso. «La economía es el método —dijo Margaret Thatcher en una ocasión—. El objetivo es cambiar el corazón y el alma.» Y esa ha sido una misión cumplida en gran parte. Por citar solamente un ejemplo, diré que, en 1966, según un estudio realizado entre estudiantes universitarios estadounidenses de primer curso de carrera, solo aproximadamente un 44 % de ellos declaraba que ganar mucho dinero era una meta «muy importante» o «esencial». En 2013, esa cifra se había disparado hasta el 82 %.[64]

Resulta harto revelador que ya en 1998, cuando la Unión Geofísica Estadounidense (AGU) organizó una serie de grupos de discusión destinados a medir las actitudes hacia el calentamiento global, esta descubriera que «muchos de los participantes en nuestros grupos estaban convencidos de que la causa subyacente de diversos problemas medioambientales (como la contaminación y los residuos tóxicos) es un clima generalizado de egoísmo y codicia galopantes, y como entienden que ese deterioro moral es irreversible, tienen la sensación de que los problemas ecológicos son irresolubles».[65]

Por otra parte, un creciente corpus de estudios psicológicos y sociológicos muestran que los participantes en los grupos de discusión de la AGU estaban justamente en lo cierto: existe una relación directa y clara entre el predominio de valores estrechamente ligados al capitalismo imperante y la presencia de opiniones y conductas antiecológicas. Si, de una parte, un buen número de investigaciones han demostrado que tener opiniones conservadoras o «jerárquicas» y una inclinación favorable hacia los intereses empresariales hace que la persona sea particularmente propensa a negar el cambio climático, de otra, un número mayor incluso de estudios han relacionado los valores materialistas (e incluso la ideología del libre mercado) con la despreocupación, no ya por el cambio climático, sino por otros muchos riesgos medioambientales. En el Knox College (en Illinois), el psicólogo Tim Kasser lleva años a la vanguardia de este trabajo académico. «Cuanto más priorizan las personas valores y objetivos como el éxito profesional, el dinero, el poder, el estatus y la imagen, más tienden a albergar actitudes negativas hacia la ecología, menos probable resulta que practiquen conductas positivas para el medio ambiente y mayor es la probabilidad de que consuman recursos naturales de un modo insostenible», comentan Kasser y el estratega ecologista británico Tom Crompton en un libro del que ambos son autores y que se publicó en 2009 con el título *Meeting Environmental Challenges: The Role of Human Identity* («Frente a los retos medioambientales. El papel de la identidad humana»).[66]

Dicho de otro modo, la cultura que se impuso finalmente en la era del gran capital y la libertad de empresa nos enfrenta con el mundo natural.

Sería fácil que esto no indujera en nosotros más que una honda desesperanza. Pero si hay un motivo para la existencia de los movimientos sociales, es precisamente la negativa a aceptar los valores dominantes como algo fijado e inamovible, la disposición a ofrecer otros estilos de vida, y la resolución de librar (y ganar) una batalla entre cosmovisiones culturales. Eso supone plantear una visión del mundo que compita directamente con la tan descaradamente exhibida en la conferencia del Instituto Heartland y otras muchas partes de nuestra cultura. Me refiero a una visión del mundo que encuentra un eco favorable entre la mayoría de la población humana mundial porque es cierta: la visión de que no estamos separados de la naturaleza, sino que formamos parte de ella; la visión de que actuar colectivamente en pos de un bien superior no es ningún comportamiento sospechoso, y de que tales proyectos comunes de ayuda mutua son los que históricamente han permitido materializar los mayores logros de nuestra especie; la visión de que la codicia debe ser controlada y atemperada mediante la norma y el ejemplo; la visión de que es intolerable que la pobreza de muchos conviva con la abundancia de unos pocos.

También significa defender aquellos sectores y partes de nuestras sociedades que ya expresan tales valores al margen del capitalismo. Tanto si hablamos de una biblioteca que continúa funcionando pese a la falta de recursos como de un parque público, o de un movimiento estudiantil que reclama la gratuidad de las tasas de matriculación universitarias, o de un movimiento de defensa de los derechos de las personas inmigrantes, significa trazar continuamente nexos de unión entre esas luchas aparentemente dispares, y afirmar, por ejemplo, que la lógica desde la que se propone recortar las pensiones, los cupones para alimentos de las personas sin recursos o los gastos en sanidad antes que incrementar los impuestos a los contribuyentes ricos, es la misma lógica de quienes no tienen reparos en hacer saltar en pedazos el lecho de roca de la corteza terrestre para extraer de ella hasta los últimos vapores de su gas o hasta la última gota de su petróleo antes que realizar la transición hacia las energías renovables.

Son muchos los que ya están intentando establecer esos nexos y expresar esos valores alternativos de múltiples formas distintas. Sin embargo, todavía esperamos que aparezca un movimiento fuerte y robusto de respuesta a la crisis climática, un movimiento que no se está consolidando con la suficiente premura. ¿Por qué? ¿Por qué no nos estamos portando como especie a la altura de lo que exige de nosotros este momento histórico que nos ha tocado vivir? ¿Por qué hemos dejado hasta el momento que esta «década cero» esté transcurriendo sin mayor novedad?

Es racional que los ideólogos de derechas nieguen el cambio climático, porque para ellos admitirlo sería un cataclismo intelectual. Pero ¿qué nos impide a los muchos que rechazamos esa ideología reclamar la aplicación de todas esas medidas contundentes que tanto temor despiertan entre quienes asisten a actos como los organizados por el Instituto Heartland? ¿Por qué no están exigiendo los partidos políticos de izquierda y de centro-izquierda de todo el mundo el fin de la utilización de formas extremas de obtención de energía y el inicio de unas transiciones completas hacia economías basadas en la renovación y la regeneración de recursos? ¿Por qué no ocupa el cambio climático el lugar central del programa político del progresismo, la base fundamental de este desde la que reclamar un robustecimiento y una reinvención de los bienes comunales, en lugar de figurar a menudo en él como una simple y olvidada nota al pie? ¿Por qué los medios de comunicación que los norteamericanos llaman «liberales» (entiéndase de centro-izquierda) continúan segregando las noticias sobre el derretimiento de las capas de hielos continentales y confinándolas en sus secciones de «ecología» o «medio ambiente», donde comparten espacio con vídeos virales de adorables animalitos que traban amistad con otros de especies diferentes e inesperadas? ¿Por qué somos tantos los que no hacemos lo que debe hacerse para mantener el calentamiento por debajo de unos niveles catastróficos?

La respuesta sencilla es que los negacionistas han ganado... el primer asalto, al menos. No me refiero a la batalla sobre la ciencia del clima; de hecho, su influencia en ese ámbito está ya muy de capa caída. Pero los negadores —y el movimiento político del que surgieron— han ganado la batalla sobre los valores que deben regir nuestras sociedades. Su ideal —que la codicia debe guiar nuestros pasos, o que, por citar al ya desaparecido economista Milton Friedman, «el gran error» fue «creer que es posible hacer el bien con el dinero de otras personas»— ha rehecho sustancialmente nuestro mundo durante las pasadas cuatro décadas y ha diezmado prácticamente todo poder que pudiera servirle de contrapeso.[67] La ideología extrema del libre mercado se ha blindado en nuestras sociedades gracias a las duras condiciones políticas que acompañaron a los préstamos que el Banco Mundial y el Fondo Monetario Internacional (FMI) concedieron en su momento y que tanto necesitaban los países receptores. Esa ideología dio forma al modelo de desarrollo orientado a la exportación que dejó repartidas por el mundo en vías de desarrollo múltiples zonas de libre comercio, y se incorporó también a incontables acuerdos comerciales. Esos argumentos no convencieron a todo el mundo, ni mucho menos, pero sí fueron muchos (demasiados) los que terminaron aceptando tácitamente el dictamen thatcheriano de que no había otra alternativa.

Mientras tanto, la denigración de la acción colectiva y la veneración del afán de lucro se han infiltrado en la práctica totalidad de los Gobiernos nacionales del planeta, de las principales organizaciones mediáticas, de todas las universidades y de nuestras propias almas. Como bien indicaba el ya mencionado estudio de la Unión Geofísica Estadounidense, en algún lugar de nuestro fuero interno está muy arraigada una idea que no deja de ser la gran mentira proclamada desde esa ideología: la de que no somos más que máquinas egoístas y codiciosas que, por encima de todo, buscan su propia gratificación. Y si eso es lo que somos, entonces ¿qué esperanza nos queda de afrontar la formidable y, en muchos aspectos, difícil tarea colectiva que se necesitará realizar para que nos salvemos a tiempo? Este es, sin lugar a dudas, el legado más perjudicial del neoliberalismo: la constatación por nuestra parte de que su sombrío y deprimente ideal nos ha aislado lo suficiente a los unos de los otros como para que haya sido posible convencernos, no solo de que somos incapaces de afrontar nuestra propia preservación como especie, sino también de que, en el fondo, *no merecemos salvarnos*.

Aun así, paralelamente, muchos de nosotros sabemos que el espejo en el que se nos ha pedido continuamente que nos miráramos está gravemente deformado y que somos, en realidad, un revoltijo de contradicciones. Nuestra ansia de autosatisfacción convive con la más profunda capacidad para la compasión, igual que nuestra codicia coexiste con la empatía y la solidaridad. Tal como Rebecca Solnit ha documentado gráficamente en su libro de 2009 *A Paradise Built in Hell*, es precisamente en aquellos momentos en los que nos azotan las crisis humanitarias en los que esos otros valores semiolvidados saltan a un primer plano, ya sea en forma de increíbles muestras de generosidad internacional tras un terremoto o un tsunami de gran alcance, ya sea en la manera en que los neoyorquinos salieron de sus casas para reunirse espontáneamente con sus conciudadanos y consolarse unos a otros tras los atentados del 11-S. Como bien temen precisamente los allegados a las posiciones del Instituto Heartland, la crisis existencial que el cambio climático representa tiene en sí misma el poder de liberar todos esos valores reprimidos, de hacerlo a una escala tan global como sostenida, de brindarnos una oportunidad para fugarnos en masa de la cárcel que ellos construyeron con su ideología (un edificio que, por cierto, presenta ya significativas grietas y fisuras).[68]

Pero para que eso ocurra, antes necesitamos examinar mucho más detenidamente de qué manera exacta y precisa el legado del fundamentalismo del mercado (y los mucho más profundos relatos culturales en los que ese fundamentalismo se asienta) continúa bloqueando en prácticamente todos los frentes posibles la acción climática, por muy crucial que esta sea para salvar vidas. El tan repetido lema del movimiento verde de que el clima no sabe de izquierdas ni de derechas, sino de «bien hecho y mal hecho», no nos ha llevado a ninguna parte. La izquierda política tradicional no posee todas las respuestas a esta crisis. Pero no cabe duda de que la derecha política contemporánea (y la ideología triunfal que representa) constituye una formidable barrera para progresar.

Como mostrarán los cuatro capítulos siguientes, la razón real por la que no estamos reaccionando a la altura de lo que exige el momento climático actual es que las acciones requeridas para ello ponen directamente en cuestión nuestro paradigma económico dominante (el que conforma el capitalismo desregulado combinado con la austeridad en el sector público), los relatos sobre los que se fundamentan las culturas occidentales (que vienen a decir que nosotros estamos separados de la naturaleza y somos capaces de burlar los límites que esta nos impone) y muchas de las actividades que dan forma a nuestras identidades y definen nuestras comunidades (ir de compras, vivir en el espacio virtual, seguir comprando). También auguran la extinción de la industria más rica y poderosa que jamás se haya conocido en el mundo: la del petróleo y el gas, que en modo alguno podrá pervivir en nada que se parezca a su forma actual si los seres humanos de verdad queremos evitar nuestra propia extinción. En definitiva, no hemos respondido al desafío que nos plantea el momento actual, porque estamos maniatados política, física y culturalmente. Solo cuando identifiquemos bien las cadenas que nos inmovilizan, tendremos alguna oportunidad de liberarnos de ellas.

Capítulo 2

«DINERO CALIENTE»

De cómo el fundamentalismo del libre mercado contribuyó a sobrecalentar el planeta

> Siempre teníamos la esperanza de que el año siguiente iba a ser mejor. E incluso de que el año en curso iba a ser mejor. Poco a poco, fuimos aprendiendo, y, si algo no funcionaba, nos esforzábamos más para la vez siguiente. No probábamos algo distinto. Nos limitábamos a esforzarnos más, pero haciendo lo mismo que no había funcionado la vez anterior.
>
> WAYNE LEWIS, superviviente del Dust Bowl,
> la terrible sequía que azotó las llanuras y praderas
> de Norteamérica en la década de 1930, 2012[1]

> Los dirigentes tenemos la responsabilidad de explicar detalladamente los riesgos a los que se enfrenta nuestra ciudadanía. Si la ideología política imperante no es propicia a que seamos fieles a la verdad, entonces es evidente que debemos dedicar más energías a cambiar esa ideología.
>
> MARLENE MOSES, embajadora de Nauru
> ante las Naciones Unidas, 2012[2]

Durante las guerras de la globalización de finales de la década de 1990 y principios de la de 2000, yo tenía la costumbre de seguir muy de cerca la evolución del derecho mercantil internacional. Pero debo admitir que, cuando me sumergí en el debate científico y político sobre el cambio climático, dejé de prestar atención al aspecto comercial. Me dije a mí misma que la capacidad de toda persona para absorber jerga burocrática abstracta tiene un límite y que todo aquel nuevo vocabulario de objetivos de mitigación de emisiones y tarifas de introducción —por no hablar de la sopa de letras de los diversos organismos e iniciativas de las Naciones Unidas, como la Convención Marco de las Naciones Unidas sobre el Cambio Climático (CMNUCC) y el IPCC— había sobrepasado ya la mía, que no estaba para ningún palabro más.

Fue un tiempo después, hace unos tres años, cuando comencé a darme cuenta de que muchos programas y políticas de promoción de las energías verdes —y, en concreto, las actuaciones realmente contundentes y necesarias para reducir las emisiones globales con rapidez— eran impugnados y denunciados con creciente frecuencia invocando los términos de los acuerdos comerciales internacionales y, en especial, las normas de la Organización Mundial del Comercio.

En 2010, por ejemplo, Estados Unidos denunció ante la OMC uno de los programas de subvenciones a la energía eólica aprobados y aplicados en China sobre la base de que incluía ayudas a su industria local que podían considerarse proteccionistas. China, a su vez, interpuso una queja oficial en 2012 contra varios programas de apoyo a las energías renovables en la Unión Europea, de los que destacó los vigentes en Italia y Grecia (y también ha amenazado con presentar demandas contra subvenciones a las renovables en cinco estados de EE.UU.). Entretanto, Washington ha lanzado una ofensiva en la OMC contra la ambiciosa Misión Solar Nacional Jawaharlal Nehru de la India, un amplio programa multifase de apoyo a la energía solar, porque entiende también en este caso que contiene disposiciones dirigidas a potenciar la industria local, lo que se considera un ejercicio de proteccionismo. De resultas de ello, varias fábricas de reciente construcción que deberían estar produciendo paneles solares se enfrentan ahora mismo a un probable cierre. Para no ser menos, la India ha dado a entender que podría tomar represalias haciendo lo mismo con varios programas de apoyo a las energías renovables promovidos por estados de EE.UU.[3]

Esta es una forma ciertamente peculiar de comportarse en medio de una emergencia climática como la que tenemos ante nosotros. Sobre todo, porque son esos mismos Gobiernos los que sin falta se critican airados unos a otros en las cumbres sobre el clima que organiza la ONU por no hacer lo suficiente por reducir las emisiones, y achacan sus propios fracasos en ese terreno a la falta de compromiso de los demás. Sin embargo, en lugar de competir por aplicar las mejores y más eficaces ayudas a la energía verde, esos mismos países, que son los mayores emisores del mundo, corren una y otra vez a llamar a las puertas de la OMC para cerrar y desmantelar los parques eólicos de sus competidores.

Ante semejante acumulación de litigios, pensé que había llegado el momento de volver a sumergirme en el mundo de las guerras comerciales. Y al explorar la cuestión un poco más a fondo, descubrí que uno de los casos clave (porque sentaría precedente jurídico) en los que se contraponían las prioridades del «libre comercio» con las de la acción climática se estaba dirimiendo en Ontario (Canadá), al lado de mi propia casa, como quien dice. De pronto, el derecho mercantil transnacional se me hizo mucho menos abstracto.

Sentado a la larga mesa de reuniones desde la que se tiene una vista privilegiada del interior de la nave industrial donde tiene instalada su fábrica, Paolo Maccario, un elegante hombre de negocios italiano que se mudó a Toronto para abrir allí una fábrica de paneles solares, tiene el aire orgulloso y resignado de un capitán decidido a hundirse con su barco. Se esfuerza por poner buena cara: sí, es verdad, «el mercado de Ontario prácticamente ha desaparecido», pero la compañía encontrará nuevos clientes para sus paneles solares —me dice—, tal vez en Europa o en Estados Unidos. Sus productos son buenos, los mejores en su clase, y «el coste es suficientemente competitivo».[4]

Como consejero delegado de Silfab Ontario, Maccario está obligado a decir esas cosas; todo lo que se desvíe de ahí, sería una infracción de su compromiso fiduciario según la ley canadiense. Pero también reconoce con absoluta franqueza que los últimos meses han sido muy negativos, casi inapelablemente malos. Los antiguos clientes están convencidos de que la fábrica tendrá que cerrar puertas y no podrá cumplir con la garantía de 25 años que tienen los paneles solares que han adquirido. Los nuevos clientes, por su parte, no hacen encargos por ese mismo motivo y optan por adquirir el producto de empresas chinas que venden módulos menos eficientes, aunque más baratos.* Los proveedores que habían previsto inicialmente instalar sus propias plantas de producción en las inmediaciones de la de Silfab para reducir costes de transporte prefieren ahora mantener las distancias.

Incluso la junta de administración de su propia empresa matriz italiana (Silfab es propiedad de Silfab SpA, cuyo fundador fue un pionero de la industria fotovoltaica en el país transalpino) parecía estar abandonando aquel barco a la deriva. La compañía se había comprometido a invertir en torno a 7 millones de dólares en un mecanismo de producción a medida que, según Maccario, habría permitido crear módulos solares «de una eficiencia no alcanzada por ningún fabricante en China ni en el mundo occi-

---

* Por supuesto, China se ha erigido en suministradora líder mundial de módulos baratos y, con ello, ha contribuido a impulsar espectacularmente a la baja los precios de la producción de energía solar. Pero, en estos últimos años, ha terminado inundando el mercado de paneles económicos, con lo que ha provocado un exceso mundial de oferta, claramente superior a la demanda.

dental». Pero en el último momento, y cuando todos los estudios y el diseño del mecanismo estaban ya terminados, «se decidió que no podíamos gastar el dinero necesario para traer la tecnología aquí», explica Maccario. Tras ponernos gorros para el pelo y batas de laboratorio, me enseña un rectángulo vacío en el centro de la nave de la fábrica: es el espacio reservado para un equipo que no va a llegar.

¿Qué probabilidades hay de que decida abrir esa fábrica aquí hoy en día, en vista de todo lo que ha ocurrido?, le pregunto. Entonces, todos sus intentos de mantener una apariencia de optimismo ceden ante el peso de la evidencia y responde: «Yo diría que bajo cero, si es que eso es posible».

Con su traje de lana de confección impecable y su perilla gris bien recortada y perfilada, Maccario tiene el aspecto de alguien a quien sería más lógico ver bebiéndose un café *espresso* en una plaza de Turín (un ejecutivo de la Fiat, tal vez) que pasando el tiempo atrapado en aquella jaula de hormigón, con un yogur sin abrir sobre su mesa y con la única compañía de un local llamado Imperial Chilled Juice (donde se sirven zumos y granizados) en la acera de enfrente de la misma calle adonde da la salida de atrás de un cine multisalas de la cadena AMC unos pocos metros más allá.

Y, sin embargo, en 2010, la decisión de instalar allí, en Ontario, la primera planta de producción de equipos de energía solar de toda Norteamérica parecía tener muchísimo sentido. Por entonces, el ánimo en el sector de las renovables de esa provincia canadiense era decididamente eufórico. Un año antes, en el momento más agudo de la crisis financiera de Wall Street, Ontario había hecho público su plan de acción climática: una Ley de la Energía Verde y la Economía Verde erigida sobre un audaz compromiso para desenganchar por completo la provincia más poblada de Canadá de su dependencia del carbón como máximo para el año 2014.[5]

El plan fue loado por expertos en energía de todo el mundo, especialmente de Estados Unidos, donde cualquiera que se propusiera hacer realidad una aspiración así, aún tenía mucho más terreno por delante que recorrer. En una visita a Toronto, Al Gore dio al proyecto su mayor aprobación posible diciendo de él que gozaba «ya del más generalizado reconocimiento como el mejor [programa de] energía verde de todo el continente norteamericano». Y Michael T. Eckhart, presidente por entonces del Consejo Estadounidense de Energías Renovables, lo describió como «la política de energías renovables más integral que se ha puesto en marcha en todo el mundo».[6]

La legislación creó lo que se conoce como una política de «tarifas de introducción» para potenciar la incorporación de las renovables a la red eléctrica general, que permite que los suministradores de energía renovable vendan a la red la electricidad que no utilizan para su autoconsumo, y que lo hagan en forma de contratos a largo plazo con unos precios bonificados garantizados. También incorporaba una serie de disposiciones para garantizar que los desarrolladores del sistema no fuesen simplemente las grandes compañías, sino también municipios, cooperativas y comunidades indígenas, a fin de que todos ellos pudieran introducirse en el mercado de las energías renovables y beneficiarse de esas tarifas bonificadas. Para ello se obligaba a todos los suministradores de energía que quisieran optar a participar en el sistema a demostrar que, como mínimo, un determinado porcentaje de su plantilla de trabajadores y de sus materiales era del propio Ontario. Y el Gobierno provincial fijó ese porcentaje en niveles bastante exigentes: los desarrolladores de energía solar tenían que demostrar que entre un 40 y un 60 % de sus factores de producción pertenecía a la propia provincia.[7]

Con esa condición se pretendía reactivar el moribundo sector fabril de Ontario, que llevaba mucho tiempo centrado en los tres grandes fabricantes automovilísticos estadounidenses (Chrysler, Ford y General Motors), y estaba por entonces tratando aún de recuperarse de la difícil situación por la que habían pasado General Motors y Chrysler, que habían estado al borde de la bancarrota. Para poner las cosas más difíciles aún, el *boom* de las arenas bituminosas de Alberta había disparado el valor del dólar canadiense, lo que había convertido a Ontario en un lugar mucho más caro para construir o fabricar casi cualquier cosa.[8]

En los años que siguieron al anuncio del nuevo programa, los esfuerzos de Ontario por abandonar el carbón se vieron obstaculizados por diversas meteduras de pata políticas. Impulsores de grandes proyectos en los sectores del gas natural y la energía eólica actuaron sin miramientos para con las comunidades locales, y el Gobierno despilfarró cientos de millones de dólares (si no más) en intentar arreglar los innecesarios desarreglos así creados. Pero incluso pese a esas pifias, lo básico del programa fue un éxito innegable. En 2012, Ontario era ya el mayor productor de energía solar de Canadá y, en 2013, solo quedaba en la provincia una única central térmica que funcionase con carbón. Los requisitos sobre la localidad de los factores de producción —las condiciones de compra y contratación locales preferentes contempladas en la legislación provincial— también estaban demostrando actuar como una significativa fuente de impulso para el maltrecho sector industrial de la zona. Hasta 2014, se habían creado más de 31.000 empleos en el sector y un buen número de fabricantes de elementos para la producción de energía solar y eólica se habían instalado en la provincia.[9]

Silfab es un muy buen ejemplo de cómo había funcionado ese plan. Los propietarios italianos tenían decidido ya con anterioridad abrir una planta de producción de paneles solares en América del Norte. La compañía había pensado inicialmente en México, pero, poco a poco, se había ido inclinando más bien por Estados Unidos. Las opciones más claras, según me comentó Maccario, parecían ser California, Hawái y Texas, ubicaciones todas ellas que ofrecían muchos días de sol al año y diversos incentivos a la instalación de empresas, así como mercados amplios y crecientes para sus productos. Ontario —territorio propenso a los días nublados y al frío durante gran parte del año— no estaba ni siquiera «en el radar» de la compañía, reconoció. Pero eso cambió cuando la provincia aprobó el plan de energía verde acompañado de sus condiciones de localidad de los factores de producción, una medida que Maccario calificó de «muy valiente y muy bien intencionada». Las condiciones suponían que empresas como la suya podían contar con que, en aquellas comunidades locales que se pasaran a las energías renovables, tendrían un mercado estable asegurado para sus productos, un mercado protegido de la competencia directa con los paneles solares más baratos procedentes de China. Así que Silfab eligió Toronto como sede de su primera fábrica de componentes solares en Norteamérica.

Los políticos de Ontario estaban encantados con Silfab. Desde luego, ayudó bastante a ello que la compañía adquiriese como edificio en el que instalar su planta de producción de paneles una antigua fábrica de recambios de automóviles que había quedado recientemente abandonada como tantas otras de ese sector. Y muchos de los trabajadores contratados por la empresa eran también antiguos empleados del sector automovilístico: hombres y mujeres de Chrysler y del gigante de los componentes del automóvil Magna, que habían acumulado ya años de experiencia trabajando con brazos robóticos como los que se utilizan para montar los paneles de alta tecnología de Silfab. Cuando se inauguró la nueva fábrica, Wayne Wright, un antiguo trabajador de una empresa automovilística que había conseguido un empleo como operario de producción en la cadena de montaje de Silfab, reconoció en un tono muy emotivo que su hijo de 17 años de edad le había dicho que «por fin» el nuevo trabajo de su padre serviría para «crear un futuro mejor para los más jóvenes».[10]

Y, entonces, todo empezó a torcerse. De la misma manera que Estados Unidos había presentado reclamaciones contra las ayudas a las renovables locales en China y la India, tanto Japón como, poco después, la Unión Europea hicieron saber que consideraban que las condiciones de localidad de los factores de producción impuestas por Ontario suponían una vulneración de las reglas de la Organización Mundial del Comercio. En concreto, denunciaron que el requisito de que un porcentaje mínimo del material generador de energía renovable se fabricara en Ontario establecía «una discriminación contra el equipo para instalaciones de generación de energía renovable fabricado fuera de Ontario».[11]

La OMC emitió un fallo contrario a Canadá en el que dictaminó que los requisitos de compra local preferente de los factores de producción impuestos por Ontario eran en realidad ilegales. Y a la provincia pareció faltarle tiempo para abolir esas reglas que tan fundamentales se antojaban para la estructura y el éxito de su programa.[12] Fue precisamente eso, según Maccario, lo que indujo a sus inversores extranjeros a retirar su apoyo a una ampliación de la fábrica. «Ver tantos mensajes contradictorios, por llamarlos de alguna manera, [...] fue la gota que colmó el vaso de su paciencia.»

Ese es también el motivo por el que muchas plantas productoras como la suya podrían cerrar en los próximos meses y por el que otras empresas del ramo han decidido no abrir nuevas instalaciones.

El comercio se impone al clima

Desde una perspectiva climática, el dictamen de la OMC es un escándalo. Si alguna esperanza tenemos de cumplir con el objetivo de calentamiento de 2 °C ya acordado, economías ricas como la canadiense deben convertir el abandono del consumo de combustibles fósiles en su prioridad principal. Constituye un deber moral; una obligación que el Gobierno federal asumió al firmar el Protocolo de Kioto en 1997. Ontario estaba implementando políticas reales para cumplir con ese compromiso (a diferencia del Gobierno federal canadiense, que ha permitido que las emisiones continúen aumentando, lo que le ha movido a retirarse ahora del Protocolo de Kioto para eludir la censura internacional de los demás firmantes). Pero lo más importante de todo era que el programa estaba surtiendo efecto. ¡Qué absurdo resulta, pues, que la OMC interfiera en ese éxito... y deje que los intereses del comercio se impongan a los del planeta mismo!

Y, sin embargo, desde un punto de vista estrictamente jurídico-legal, Japón y la Unión Europea presentaron argumentos intachablemente correctos. Una de las disposiciones clave en casi todos los acuerdos de libre comercio es la referida al llamado «trato nacional», que obliga a los Gobiernos a no hacer distinciones entre los bienes producidos por las empresas locales y los producidos por compañías extranjeras allende sus fronteras. De hecho, favorecer a la industria local es una conducta constitutiva de «discriminación» ilegal. Este fue un punto de especial enfrentamiento entre países durante las guerras del libre comercio que se libraron en los años noventa del siglo XX, precisamente porque ese tipo de restricciones impiden realmente a los Gobiernos hacer lo que Ontario intentaba hacer: crear empleos exigiendo la procedencia local de los factores de producción como condición para facilitar ayudas públicas. Esa fue solamente una más de las muchas fatídicas batallas que los progresistas perdieron en esos años.

Los defensores de esos acuerdos de liberalización comercial sostienen que protecciones como las que estableció Ontario con su condición de «compra local preferente» de los factores de producción distorsionan el funcionamiento del libre mercado y deben ser eliminadas. Algunos emprendedores de las energías verdes (por lo general, aquellos que compran suministros de fabricación china) han expresado argumentos parecidos, destacando que no importa dónde se hayan producido los paneles solares o las turbinas eólicas, porque el fin debería ser siempre ofrecer los productos más baratos posibles al consumidor para que la transición verde pueda tener lugar a la mayor brevedad.

El principal problema de esa clase de argumentos radica en su error de base: la creencia de que existe un libre mercado de la energía que hay que proteger de potenciales distorsiones. No solo las compañías de combustibles fósiles reciben del orden de 775.000 millones a 1 billón de dólares en concepto de subvenciones anuales a escala mundial, sino que no pagan nada por el privilegio de tratar nuestra atmósfera compartida como un vertedero gratuito de sus residuos; un detalle que el *Informe Stern* (sobre «la economía del cambio climático») caracterizó muy acertadamente como «el mayor "fallo del mercado" del que el mundo jamás haya tenido noticia». Ese regalo es la verdadera distorsión; ese cielo hurtado a todos nosotros es la verdadera subvención.[13]

Para afrontar esas distorsiones (que la OMC nunca ha tratado de corregir), los Gobiernos se ven forzados a adoptar toda una serie de medidas agresivas (desde políticas de precios garantizados hasta subvenciones directas) para que la energía verde tenga una posibilidad más o menos equitativa de competir. Sabemos —porque así lo dice la experiencia— que funcionan. Dinamarca cuenta con uno de los programas de energías renovables de más éxito en todo el mundo, hasta el punto de que el 40 % de su electricidad procede de las renovables (principalmente, de la eólica). Pero no deja de ser significativo que el mencionado programa se desplegara ya en la década de 1980, antes de que comenzara la era del libre comercio global, cuando no había nadie que le discutiera al Gobierno danés sus generosas subvenciones a los proyectos energéticos controlados por las comunidades locales que instalaron turbinas eólicas (en 1980, por ejemplo, las instalaciones nuevas estaban subvencionadas hasta en un 30 %).[14]

Scott Sinclair, del Canadian Centre for Policy Alternatives, ha señalado al respecto que «muchas de las políticas que Dinamarca empleó para lanzar su industria de las energías renovables habrían sido incompatibles con [...] los acuerdos internacionales sobre comercio e inversiones», pues favorecer a «las cooperativas de propietarios locales entraría en conflicto con las normas antidiscriminatorias que exigen que las empresas extranjeras reciban un trato no menos favorable que los suministradores nacionales».[15]

Y Aaron Cosbey, un economista del desarrollo y experto en comercio y clima que, por lo general, se ha mostrado muy partidario de la labor de la OMC, apunta acertadamente que la promesa de creación de empleos locales ha sido clave para el éxito político de los programas de fomento de las energías renovables. «En muchos casos, el argumento de los empleos verdes es el factor decisivo que convence a los Gobiernos para que presten su apoyo. Y tales requisitos, si acompañan a subvenciones o privilegios de inversión, infringen las obligaciones estipuladas por la OMC.»[16]

Ese es el motivo por el que los Gobiernos que adoptan esas políticas de probada eficacia —y que han sido demasiado pocos hasta el momento— son llevados de inmediato ante los tribunales comerciales internacionales, y da igual que sea el de China, el de la India, el de Ontario o el de la Unión Europea.

Peor aún: los que corren peligro de ser objeto de tales ataques no son solo los apoyos cruciales que necesitan las energías renovables para desarrollarse, sino también cualesquiera otros intentos de los Gobiernos dirigidos a regular la venta o extracción de combustibles fósiles especialmente sucios. La Unión Europea, por ejemplo, está considerando la posibilidad de implantar nuevos estándares de calidad de los combustibles que supondrían en la práctica la restricción efectiva de las ventas de petróleo obtenido de fuentes de tan alto contenido carbónico como las arenas bituminosas de Alberta. Esa es una excelente política climática, una de esas de las que necesitamos muchas más ahora mismo. Pero la iniciativa se ha visto frenada por las nada sutiles amenazas canadienses de represalias comerciales. Al mismo tiempo, la Unión Europea está aprovechando unas conversaciones comerciales bilaterales para tratar de eludir las restricciones que Estados Unidos impone desde hace tiempo a la exportación de petróleo y gas (entre ellas, una prohibición de exportaciones de crudo que lleva décadas en vigor). En julio de 2014, se filtró un documento de esas negociaciones que reveló que Europa está presionando para extraer de los estadounidenses un «compromiso legalmente vinculante» que le asegure la posibilidad de importar gas y petróleo obtenidos por fracturación hidráulica (*fracking*) de la formación rocosa de Bakken, en Dakota del Norte, y de otros emplazamientos de ese estilo.[17]

Hace casi una década, un alto funcionario de la OMC declaró que las normas por las que vela la organización permiten la presentación de reclamaciones contra «prácticamente cualquier medida dirigida a reducir las emisiones de gases de efecto invernadero». En aquel momento, apenas si hubo reacción pública alguna a aquel comentario, pero es evidente que deberían haber suscitado mucho mayor revuelo. Y la OMC no es ni mucho menos la única arma comercial que puede usarse en tales batallas, sino que los contendientes también tienen a su disposición innumerables acuerdos bilaterales y regionales de liberalización comercial e inversora.[18]

Como veremos más adelante, estos pactos comerciales pueden llegar incluso a otorgar a las multinacionales poder para anular victorias conquistadas en su momento por movimientos y grupos de base contra actividades extractivas especialmente controvertidas como las relacionadas con la extracción de gas mediante fracturación hidráulica. Así, en 2012, una empresa petrolera emprendió una serie de gestiones dirigidas a usar el Tratado de Libre Comercio de América del Norte (TLCAN) para impugnar la moratoria a las actividades de *fracking* impuesta por Quebec cuya aprobación tanto había costado conseguir a los quebequeses. ¿Su argumento para denunciarla? Que robaba a la compañía su derecho a perforar en busca de gas en esa provincia.[19] (El caso está aún sub iúdice.) Cuantas más victorias vayan obteniendo los activistas, más impugnaciones judiciales de las mismas cabrá esperar.

En algunos de esos casos, los Gobiernos saldrán airosos del envite y lograrán defender judicialmente su apoyo a las actividades que permiten reducciones de las emisiones, pero en otros muchos (demasiados), podemos estar seguros de que terminarán dando su brazo a torcer bastante pronto, porque no querrán transmitir la impresión de que son combativos con el libre comercio (que es la explicación más probable de por qué Ontario aceptó sin rechistar el dictamen de la OMC contra su plan de energías verdes). Es verdad que esas impugnaciones y reclamaciones no están matando la energía renovable; en Estados Unidos y China, por ejemplo, el mercado solar continúa creciendo a un ritmo impresionante. Pero también es cierto que no se está desarrollando con la rapidez suficiente. Y la incertidumbre legal que rodea actualmente a algunos de los programas de energías verdes más significativos del mundo está haciendo que nos encallemos justamente en el momento en que la ciencia nos dice que necesitamos dar un gran salto adelante. Permitir que un derecho mercantil internacional arcano (y negociado bajo un escrutinio público mínimo) goce de semejante poder sobre una cuestión tan crítica para el futuro de la humanidad no deja de ser una forma muy especial de locura colectiva. Como bien ha dicho el Nobel de Economía Joseph Stiglitz, «¿debemos dejar que un grupo de insensatos hombres de leyes, que redactaron unos textos legales antes de que entendieran mínimamente nada sobre estas cuestiones, interfieran en la salvación del planeta?».[20]

Es evidente que no. Steven Shrybman, un abogado especializado en comercio internacional e interés público que ha trabajado con una amplia serie de organizaciones de la sociedad civil para defenderse frente a estas reclamaciones comerciales, dice que el problema es estructural. «Si la normativa comercial no permite toda una clase de medidas importantes para abordar el cambio climático —y lo cierto es que no las permite—, entonces, obviamente, habrá que reescribir las normas del comercio. Porque no habrá modo alguno de que podamos tener una economía sostenible manteniendo las reglas de comercio internacional tal como están ahora. Será completamente imposible.»[21]

Esa es exactamente la clase de conclusión de puro sentido común que tiene a los incondicionales de la línea ideológica del Instituto Heartland tan asustados con respecto al cambio climático. Porque cuando la gente se despierta a la evidencia de que nuestros Gobiernos nos han blindado dentro de docenas de acuerdos que ilegalizan muchas e importantes partes de lo que sería una respuesta contundente y sólida al cambio climático, tendrá un argumento inmensamente poderoso para oponerse a cualquier nuevo pacto de ese tipo hasta que no se le encuentre solución satisfactoria a la «minucia» del problema de la habitabilidad de nuestro planeta.

Lo mismo puede decirse de toda la familia de ortodoxias del libre mercado que ponen en peligro nuestra capacidad para reaccionar con audacia a esta crisis: desde la asfixiante lógica de la austeridad que impide que los Gobiernos realicen las inversiones necesarias en infraestructuras bajas en carbono (y no digamos ya en servicios de extinción de incendios y de reacción a las inundaciones), hasta las subastas privatizadoras de los servicios de producción y suministro de electricidad, vendidos a grandes empresas privadas que, en muchos casos, se niegan luego a pasarse a las renovables, menos rentables en principio.

En realidad, cada uno de los tres pilares de las políticas de la era neoliberal —la privatización del sector público, la desregulación del sector empresarial privado y la reducción de los impuestos sobre la renta y de sociedades, compensada mediante recortes del gasto público— es incompatible con muchas de las medidas que debemos emprender para situar los niveles de nuestras emisiones dentro de unas cotas más o menos seguras. Juntos conforman un muro ideológico que ha vedado el paso durante décadas a una respuesta seria y decidida frente al cambio climático. Antes de entrar más a fondo en por qué la crisis climática exige de nosotros que derribemos ese muro, será de especial ayuda examinar un poco más de cerca el épico caso de inoportunidad temporal que ha terminado arrastrándonos hasta donde hoy estamos.

Cae un muro, suben las emisiones

Si se tuviera que buscar una fecha de nacimiento para el llamado movimiento climático, un momento en el que la cuestión del cambio climático perforó la coraza de la conciencia pública y ya no pudo seguir siendo ignorada, esa tendría que ser el 23 de junio de 1988. Pero el calentamiento global había estado presente en el radar político y científico desde mucho tiempo antes. Las ideas básicas centrales de nuestra concepción actual del problema se remontan al comienzo de la segunda mitad del siglo XIX y los primeros avances científicos que demostraron que la combustión de carbono podría estar calentando el planeta se produjeron ya a finales de los años cincuenta del siglo XX. En 1965, el concepto estaba tan ampliamente aceptado entre los especialistas que el presidente estadounidense Lyndon B. Johnson recibió de su Comité Asesor en Ciencia un informe en el que se advertía de que, «con su civilización industrial extendida ya a escala mundial, el hombre está llevando a cabo inadvertidamente un gigantesco experimento geofísico. [...] Los cambios climáticos que podrían producirse a raíz del incremento de la concentración de CO_2 podrían ser muy nocivos desde el punto de vista de los seres humanos».[22]

Pero solo a partir de que James Hansen —a la sazón director del Instituto Goddard de Estudios Espaciales (de la NASA)— compareciera ante una muy concurrida comisión de investigación del Congreso estadounidense el 23 de junio de 1988 para prestar testimonio, el calentamiento global comenzó a convertirse en tema de programas de debate y de discursos políticos. En medio de unas temperaturas récord en el Distrito de Columbia (los 36 °C de aquel día continúan siendo la máxima temperatura registrada nunca a esas alturas del año en la capital federal estadounidense) y con el sistema de aire acondicionado del edificio averiado, Hansen declaró ante una sala llena de sudorosos legisladores que estaba «seguro al 99 %» de la existencia de «una tendencia de calentamiento real» vinculada con la actividad humana. En un comentario posterior para el *New York Times*, añadió que había llegado la «hora de dejar de darle vueltas y más vueltas» a la base científica de la cuestión. Ese mismo mes, cientos de científicos y dirigentes políticos celebraron en Toronto la histórica Conferencia Mundial sobre la Atmósfera Cambiante, donde se debatieron los primeros objetivos de reducción de emisiones. El Grupo Intergubernamental de Expertos sobre el Cambio Climático (IPCC), primer organismo científico dedicado a asesorar a los Gobiernos sobre la amenaza climática, celebró su primera sesión ese mismo noviembre. Para el año siguiente, un 79 % de los estadounidenses había oído ya hablar del efecto invernadero, lo cual suponía un aumento considerable desde el 38 % registrado en 1981.[23]

El tema era tan destacado que cuando el equipo de redacción de la revista *Time* anunció su «Hombre del año» 1988, optó por un candidato nada convencional: «Planeta del año: la Tierra, en peligro de extinción», rezaba el titular de portada de ese número, superpuesto a una imagen de un globo terráqueo ligado con varias vueltas de cordel sobre el fondo de una inquietante puesta de sol. «Ninguna persona, suceso o movimiento ha captado la imaginación de la gente ni ha dominado tanto los titulares informativos —escribió el periodista Thomas Sancton— como este terrón redondo de roca, polvo, agua y aire que constituye nuestro hogar común.»[24]

Más impactante que la imagen, era el artículo de Sancton que la acompañaba. «Este año, la Tierra ha hablado como Dios cuando advirtió a Noé del diluvio que se avecinaba. Su mensaje fue alto y claro, y de pronto, la gente empezó a escuchar, a meditar sobre los augurios encerrados en él.» Ese mensaje era tan profundo, tan fundamental —escribió—, que ponía en entredicho los mitos fundacionales de la cultura occidental moderna. Vale la pena citar aquí con cierta extensión las palabras de Sancton en las que describía las raíces de la crisis:

> En muchas sociedades paganas, la Tierra era considerada una madre, una fértil dadora de vida. La naturaleza —el suelo, el bosque, el mar— estaba investida de divinidad y los mortales estaban subordinados a ella. La tradición judeocristiana introdujo una concepción radicalmente diferente. La Tierra se convirtió en la creación de un Dios monoteísta que, tras darle forma, transmitió el siguiente mandamiento a sus moradores, según el Génesis:

«Fructificad y multiplicaos; llenad la Tierra, y sojuzgadla, y señoread en los peces del mar, en las aves de los cielos, y en todas las bestias que se mueven sobre la tierra». La idea de dominio podría interpretarse como una invitación a usar la naturaleza a nuestro antojo.[25]

Aquel no era un diagnóstico original; en el fondo, venía a ser una síntesis de los principios fundacionales del pensamiento ecologista. Pero leer semejantes palabras en la revista más concienzudamente centrista de Estados Unidos fue algo ciertamente sorprendente. Por esa y otras razones, muchos miembros del movimiento ecologista pensaron que aquel comienzo de 1989 iba a representar una coyuntura trascendental, como si el deshielo de la Guerra Fría y el calentamiento del planeta estuviesen contribuyendo conjuntamente a alumbrar una nueva conciencia en la que la cooperación se impondría a la dominación, y la humildad ante la complejidad de la naturaleza plantaría cara a la arrogancia tecnológica.

Cuando los Gobiernos nacionales comenzaron a reunirse para debatir respuestas al cambio climático, fueron importantes y contundentes las voces que se alzaron desde los países en vías de desarrollo subrayando que lo fundamental del problema radicaba en el estilo de vida altamente consumista que predominaba en Occidente. En un discurso de 1989, por ejemplo, el entonces presidente de la India, R. Venkataraman, argumentó que la crisis medioambiental global era consecuencia del «consumo excesivo de toda clase de materiales» por parte de los países desarrollados y de la «industrialización a gran escala [de dichos países] destinada a sostener sus propios estilos de vida».[26] Si los países ricos consumiesen menos, todo el mundo estaría más seguro.

Pero si así empezó 1989, su final iba a ser muy distinto. En los meses que siguieron, los levantamientos populares se extendieron por todo el bloque del Este controlado hasta entonces por la Unión Soviética, desde Polonia hasta Hungría y, finalmente, Alemania Oriental, donde, en noviembre de 1989, cayó el Muro de Berlín. Bajo la bandera del «fin de la historia», diversos ideólogos de derechas afincados en Washington aprovecharon ese momento de flujo global para aplastar toda competencia política de cualquier otro signo (socialista, keynesiano o ecologista profundo) que no fuera el suyo. Lanzaron un ataque frontal contra la experimentación política basado en el principio de que no podía haber ninguna forma viable de organizar una sociedad que no fuera la señalada por el capitalismo desregulado.

Apenas una década después, lo único que seguía en pie era su propia ideología extrema y favorable a los intereses de la gran empresa privada.

Y no solo sobrevivía intacto el estilo de vida consumista occidental, sino que se había vuelto ostensiblemente más derrochador: la deuda por tarjeta de crédito acumulada por las familias en Estados Unidos se multiplicó por cuatro entre 1980 y 2010.[27] Al mismo tiempo, la voracidad de dicho estilo de vida traspasaba fronteras, exportado a las clases medias y altas de todos los rincones del planeta, incluida la propia India (pese a las quejas anteriores de sus gobernantes), donde ha terminado causando estragos medioambientales de tal magnitud que resultan difíciles de calcular. En la nueva era que así se anunciaba, las victorias serían más rápidas y grandiosas de lo que nadie había imaginado, y las legiones de perdedores tendrían que conformarse con buscarse la vida entre crecientes montañas de residuos altamente metanogénicos.

COMERCIO Y CLIMA: DOS SOLEDADES

Durante todo este periodo de rápido cambio, las negociaciones sobre el clima y sobre el comercio siguieron rumbos bastante análogos. En cada uno de esos dos terrenos se suscribieron acuerdos históricos con apenas un par de años de diferencia. En 1992, los Gobiernos del mundo se reunieron en la primera Cumbre de la Tierra organizada por la ONU en Río, donde firmaron la Convención Marco de las Naciones Unidas sobre el Cambio Climático (CMNUCC), el documento que constituiría la base para todas las futuras negociaciones sobre la cuestión del clima. Ese mismo año, por su parte, se selló el acuerdo para el Tratado de Libre Comercio de América del Norte, que entraría en vigor dos años después. Precisamente en 1994, concluyeron las negociaciones que llevaron a la fundación de la Organización Mundial del Comercio; este nuevo organismo regulador del comercio global debutaría en la escena internacional al año siguiente. En 1997, se adoptó el Protocolo de Kioto, que incluía los primeros objetivos vinculantes de reducción de emisiones. Y en 2001, China ingresó como miembro de pleno derecho en la OMC, con lo que culminaba un proceso de liberalización comercial y de inversiones iniciado décadas antes.

Lo más sorprendente de estos procesos paralelos —el relacionado con el comercio, por un lado, y el del clima, por el otro— es hasta qué punto funcionaron como si cada uno de ellos avanzara en solitario: como dos soledades. De hecho, cada uno parecía empeñado en fingir que el otro no existía y en ignorar cualquier cuestión a propósito de cómo repercutiría su evolución particular en la del otro. Me refiero a cuestiones como, por ejemplo, ¿en qué consecuencias se traducirían esas distancias descomunalmente mayores que los bienes básicos iban a recorrer a partir de ese momento, gracias a la liberalización, hasta llegar a sus destinos comerciales —transportados en buques portacontenedores y aviones jumbo que vomitan carbono a borbotones— para las emisiones carbónicas que las negociaciones sobre el clima estaban tratando de reducir? ¿Qué impacto tendrían las agresivas protecciones de las patentes tecnológicas (consagradas en el marco normativo de la OMC) sobre la transferencia libre y gratuita de tecnologías verdes, que era una de las principales demandas que las naciones en vías de desarrollo estaban planteando en las negociaciones sobre el clima, pues consideraban que eso las ayudaría a desarrollarse siguiendo una senda baja en carbono? Y la que quizás era la pregunta más crucial de todas: ¿hasta qué punto las disposiciones que autorizan a las compañías privadas a demandar a los Gobiernos nacionales por aquellas leyes que afectaran a la rentabilidad particular de las empresas disuadirían a esos Gobiernos de adoptar regulaciones anticontaminantes duras si con ello se arriesgan a ser demandados?

Los negociadores de los Gobiernos no se detenían en analizar estas preguntas; ni siquiera dedicaban el más mínimo esfuerzo a resolver las contradicciones obvias que entrañaban. Pero a nadie le cabía ninguna duda de cuál de las dos prioridades enfrentadas ganaría si uno de los compromisos alcanzados en el terreno de la reducción de emisiones entraba en contradicción con otro de los sellados en el apartado de la eliminación de barreras comerciales. Las metas a las que se comprometían las partes en las negociaciones sobre el clima no eran en la práctica más que pactos basados puramente en la «palabra de honor» dada, dotados de unos débiles y muy poco amenazadores mecanismos de penalización contra aquellos países que no mantuvieran sus promesas. Por el contrario, los compromisos alcanzados en los acuerdos comerciales se hacían cumplir por medio de un sistema de resolución de disputas con verdadera efectividad coercitiva, puesto que los incumplimientos terminaban con el Gobierno nacional responsable ante el Tribunal Comercial Internacional correspondiente, donde se arriesgaba a que se le impusiesen duras penalizaciones.

La jerarquía de prioridades era tan evidente que los propios negociadores climáticos declararon formalmente desde el principio que se supeditaban al sistema regulador del comercio internacional. En el acuerdo sobre el clima firmado en la Cumbre de la Tierra de la ONU celebrada en Río en 1992, se dejaba clara constancia de que «las medidas adoptadas para combatir el cambio climático, incluidas las unilaterales, no deberían constituir un medio de discriminación arbitraria o injustificable ni una restricción encubierta al comercio internacional». (Parecido lenguaje se emplea también en el Protocolo de Kioto.) Para la politóloga australiana Robyn Eckersley, ese fue «el momento clave que dio forma a la relación entre los regímenes climático y comercial», porque, «lejos de impulsarse entonces un recalibrado de las normas del comercio internacional para adaptarlas a las exigencias de la protección del clima, [...] las partes firmantes del régimen climático se aseguraron de que el comercio liberalizado y la economía global en expansión estuvieran protegidos frente a cualquier política climática restrictiva de lo comercial». Esto garantizó en la práctica que el proceso negociador nunca tuviera la capacidad necesaria para afrontar todas esas audaces políticas «restrictivas de lo comercial» que podrían haberse coordinado a nivel internacional, como podían haber sido desde los programas de energías renovables con condiciones de «compra local preferente» hasta las restricciones al comercio de bienes producidos con una huella de carbono particularmente elevada.[28]

Algunas voces aisladas se daban perfecta cuenta de que los modestos avances logrados en las negociaciones sobre el «desarrollo sostenible» quedaban desactivados en la práctica por la nueva arquitectura jurídica internacional sobre comercio e inversiones. Una de esas voces era la de Martin Khor, director por entonces de la ONG Third World Network (Red del Tercer Mundo), una de las instancias asesoras clave para muchos Gobiernos de países en vías de desarrollo tanto en las conversaciones sobre el comercio internacional como en las negociaciones sobre el clima. Al término de la Cumbre de la Tierra de 1992 en Río, Khor avisó que, «entre los delegados de los países del sur», reinaba el «sentimiento generalizado [...] de que el desarrollo de los acontecimientos externo al proceso seguido [en la propia cumbre] amenazaba con debilitar aún más al sur y hacía peligrar cualesquiera elementos positivos presentes» en la propia «agenda» de Río. Entre los ejemplos que citó entonces, estaban las políticas de austeridad que promovían el Banco Mundial y el Fondo Monetario Internacional en aquellos años, así como las negociaciones comerciales que pronto desembocarían en la creación de la OMC.[29]

Otra señal de alerta temprana fue lanzada por Steven Shrybman, quien advirtió hace década y media de que las exportaciones mundiales de la agricultura industrial habían asestado ya un golpe devastador a cualquier posible avance en el terreno de las emisiones. En un artículo publicado en 2000, Shrybman alertó de que «la globalización de los sistemas agrícolas acaecida en décadas recientes es probablemente una de las causas más importantes de los incrementos totales en emisiones de gases de efecto invernadero».[30]

Los efectos de los que hablaba Shrybman no tenían ni mucho menos tanto que ver con los que se denuncian en los actuales debates sobre las llamadas *food miles*, la distancia adicional que recorren los productos agrícolas importados respecto a los locales, como con los negociadores del sistema de regulaciones comerciales, que al ceder en todos los puntos de la lista de peticiones de grandes empresas como Monsanto y Cargill (desde el acceso sin restricciones a todos los mercados, hasta un régimen agresivo de protección de patentes, pasando por el mantenimiento de los generosos regímenes de subvenciones de los que se benefician en sus países de origen), han contribuido a que se afiance y se expanda el modelo de la agricultura industrial (intensivo en energía y de emisiones más elevadas) por todo el mundo. Esto, a su vez, es un factor explicativo muy importante de por qué el sistema alimentario global representa actualmente entre un 19 y un 29 % de las emisiones mundiales de gases de efecto invernadero. «La política y las reglas comerciales hacen que, en la práctica, el cambio climático sea una consecuencia bastante estructural de los sistemas alimentarios», recalcó Shrybman en una entrevista.[31]

Esa costumbre de borrar deliberadamente de los acuerdos comerciales cualquier referencia a la existencia de la crisis climática se ha mantenido intacta hasta nuestros días. Por ejemplo, a comienzos de 2014, se filtraron varios documentos de la negociación de la propuesta de Acuerdo Transpacífico (un nuevo y controvertido pacto comercial, muy en la línea del TLCAN, al que se incorporarían doce países) a través de WikiLeaks y de la Organización peruana de defensa de los derechos humanos (RedGE). En un borrador inicial del capítulo sobre medio ambiente, se incluían referencias a que los países «son conscientes de que el cambio climático es un tema de interés global que precisa de una acción colectiva y reconocen la importancia de implementar sus respectivos compromisos con arreglo a la Convención Marco de las Naciones Unidas sobre el Cambio Climático (CMNUCC)». Aquella no dejaba de ser una formulación jurídicamente vaga y no vinculante, pero, al menos, constituía una herramienta que los Gobiernos podrían usar para defenderse si sus políticas climáticas eran denunciadas ante algún tribunal comercial, como sucedió con el plan de Ontario. Sin embargo, en un documento posterior se podía comprobar que los negociadores estadounidenses habían propuesto una enmienda a ese texto; concretamente, suprimir toda mención del cambio climático y de los compromisos de la CMNUCC. O lo que es lo mismo: si hasta ahora se ha permitido una y otra vez que los argumentos del comercio se impongan a los del clima, bajo ninguna circunstancia se permitirá ahora que el clima se imponga en modo alguno al comercio.[32]

No eran solo los negociadores de acuerdos comerciales los que vetaban las discusiones sobre la crisis climática mientras cerraban pactos que contribuían a disparar los niveles de emisiones e ilegalizaban muchas de las soluciones posibles a ese problema. También las negociaciones sobre el clima evidenciaban su propia forma particular de negación. A comienzos y mediados de la pasada década de los noventa, cuando se estaba redactando el primer protocolo climático, esos negociadores y el mismísimo Grupo Intergubernamental de Expertos sobre el Cambio Climático discutieron los detalles de cómo los países debían medir y supervisar exactamente la cantidad de carbono que estaban emitiendo, lo cual era un proceso necesario, puesto que los Gobiernos nacionales estaban a punto de comprometerse a su primera ronda de reducción de emisiones, una reducción que habría que comunicar y comprobar.

El sistema de contabilización de las emisiones que finalmente acordaron terminó siendo una peculiar reliquia de la era previa a la del libre comercio internacional: un mecanismo que no tenía para nada en cuenta las revolucionarias transformaciones que se estaban desarrollando ante las mismísimas narices de los negociadores a propósito de cómo (y dónde) se fabrican los bienes producidos en el mundo. Un ejemplo: las emisiones del transporte transfronterizo de bienes (todos esos buques portacontenedores, cuyo tráfico se ha incrementado casi un 400 % durante los últimos veinte años) no se atribuyen formalmente a ningún Estado-nación y, por lo tanto, ningún país se responsabiliza de reducir su impacto contaminante. (Y apenas se aprecia en la ONU intención alguna de cambiar esa situación, pese a que la realidad nos dice que las emisiones por transporte de mercancías se duplicarán o, incluso, triplicarán de aquí al año 2050.)[33]

De ahí que, por desgracia para todos, los países sean ahora responsables únicamente de la contaminación que generan dentro de sus propias fronteras, y no de la que se produce con la fabricación de bienes que son transportados hasta su territorio; esa contaminación se atribuye a los países de producción de dichos bienes.[34] Lo que acabamos de exponer significa que las emisiones resultantes de fabricar, por poner un caso, el televisor que tengo en mi sala de estar no aparecen contabilizadas en los libros de contabilidad de emisiones de Canadá, sino que se atribuyen íntegramente a la cuenta de China, porque allí fue donde se produjo el aparato. Y que las emisiones internacionales generadas por el carguero que transportó mi televisor a través del océano (y que luego viajó de vuelta hasta costas chinas para ser cargado de nuevo) no se apuntan en la cuenta de emisiones de nadie.

Este sistema tan deficiente ha creado una imagen sumamente distorsionada de cuáles son los verdaderos generadores de las emisiones globales. Ha permitido, por un lado, que los Estados ricos y actualmente en vías de desindustrialización acelerada aleguen que sus emisiones se han estabilizado, o digan incluso que las han disminuido, cuando, en realidad, las emisiones integradas en su consumo y atribuibles a este se han disparado durante la era dorada del libre comercio internacional. Así, por ejemplo, en 2011, la revista *Proceedings of the National Academy of Sciences* publicó un estudio de las emisiones de los países industrializados que habían firmado el Protocolo de Kioto. En él se ponía de manifiesto que, si bien las emisiones de esos Estados habían dejado de crecer, ese estancamiento se debía en parte a que el comercio internacional había permitido a esos países trasladar su producción «sucia» a otros territorios. Los investigadores concluyeron que el aumento en el nivel de emisiones de los bienes producidos en países en vías de desarrollo pero consumidos en países industrializados sextuplicaba el ahorro de emisiones que esos mismos países industrializados habían conseguido con ello.[35]

Mano de obra barata, energía sucia: dos por el precio de uno

Con la implantación del sistema del libre comercio internacional y de la producción deslocalizada como norma, las emisiones no solo trasladaron su foco de unos países a otros, sino que se multiplicaron. Como ya he mencionado, con anterioridad al auge de la era neoliberal, el crecimiento de las emisiones globales se había ido ralentizando y había pasado de unas tasas de incremento del 4,5 % anual en la década de 1960 a aproximadamente un 1 % por año en los noventa. Pero la entrada en el nuevo milenio marcó un acusado cambio de tendencia: entre 2000 y 2008, la tasa de crecimiento alcanzó el 3,4 % anual, disparándose por encima de las proyecciones más pesimistas del IPCC en aquel entonces. En 2009, decrecieron un poco debido a los efectos de la crisis financiera, pero en 2010 compensaron el tiempo perdido con un histórico aumento del 5,9 % que conmocionó a los observadores de la evolución climática. (A mediados de 2014, dos décadas después de la creación de la OMC, el IPCC tuvo en cuenta por fin la realidad de la globalización y recogió en su Quinto Informe de Evaluación que «una proporción creciente de las emisiones atropogénicas totales de CO_2 se liberan en la fabricación de productos que compran y venden en el comercio transfronterizo internacional».)[36]

La razón de lo que Andreas Malm (experto sueco en la historia del carbón) llama «la explosión de las emisiones del principio del siglo XXI» es bastante evidente. Cuando China se convirtió en la «fábrica del mundo» también pasó a ser la «chimenea del mundo», que escupía a borbotones los humos del carbón. En 2007, China concentraba ya dos tercios del incremento anual de las emisiones globales. Parte de ese aumento se debía al propio desarrollo interno chino, puesto que era el resultado de llevar la red eléctrica hasta las áreas rurales y de la ampliación de su red viaria; pero mucho guardaba relación directa con el comercio exterior, ya que, según un estudio, entre 2002 y 2008, el 48 % del total de las emisiones chinas estaba vinculado a la producción de bienes para la exportación.[37]

«Uno de los motivos por los que estamos en esta crisis climática radica en este modelo de globalización nuestro», comenta Margrete Strand Rangnes, vicepresidenta ejecutiva de Public Citizen, un instituto de análisis de políticas públicas con sede en Washington que lleva ya algún tiempo en la primera línea del combate contra el libre comercio descontrolado. Y ese, según ella, es un problema cuya solución pasa por «una reconstrucción fundamental de nuestra economía, si queremos que se haga bien».[38]

Los acuerdos sobre comercio internacional fueron solo una de las razones por las que los Gobiernos nacionales adoptaron este modelo de desarrollo «rápido y sucio» en particular, orientado a las exportaciones; luego, intervinieron también las peculiaridades propias de cada país. En muchos casos (aunque no en el de China), las condiciones vinculadas a los préstamos del Fondo Monetario Internacional y del Banco Mundial fueron un factor de primerísima importancia, como también lo fue la ortodoxia económica impartida a los estudiantes de élite que de esos países acudían a aprender a facultades de economía y escuelas de negocios de universidades como Harvard o Chicago. Todos esos factores, entre otros, tuvieron su relevancia a la hora de dar forma a lo que se ha dado en llamar (sin atisbo alguno de ironía) el Consenso de Washington. Subyacente a toda esa corriente ha estado siempre el ansia constante de un crecimiento económico sin fin; un ansia que, como analizaremos más adelante, tiene raíces mucho más profundas que las de la historia comercial de las últimas décadas. Pero no hay duda de que la arquitectura del comercio internacional y la ideología económica que aquella encarna desempeñaron un papel fundamental en la aceleración descontrolada de emisiones.

Esto se explica por el hecho de que una de las principales fuerzas impulsoras del sistema comercial diseñado en las décadas de 1980 y 1990 fue siempre el interés por otorgar a las multinacionales la libertad para batir el planeta en busca de la mano de obra más barata y explotable posible.

En ese viaje de búsqueda, recalaron primero en las maquiladoras de México y América Central, auténticos talleres de trabajo semiesclavo, e hicieron luego una prolongada escala en Corea del Sur. Pero hacia finales de la década de 1990, prácticamente todos sus caminos los llevaban ya hasta China, un país de salarios extraordinariamente bajos y sindicatos brutalmente reprimidos, y con un Estado deseoso de gastar una cantidad aparentemente ilimitada de fondos en gigantescas obras de infraestructuras —puertos modernos, sistemas de autopistas cada vez más extendidos, un interminable número de centrales térmicas alimentadas con carbón, enormes embalses— con la intención básica de que la luz no se apagara nunca en las factorías y de que los bienes producidos en las cadenas de montaje pudieran llegar a los cargueros portacontenedores siempre a tiempo. Aquel país era, por así decirlo, el sueño de todo liberalizador comercial... y una pesadilla para el clima.

Una pesadilla, porque existe una estrecha correlación entre los salarios bajos y las emisiones elevadas, o, por decirlo en palabras de Malm, «un nexo causal entre la búsqueda de mano de obra barata y disciplinada y el crecimiento de las emisiones de CO_2». ¿Cómo no iba a haberla? La misma lógica por la que se supone que es «bueno» exprimir hasta la última gota de sudor de los operarios a cambio de un sueldo diario de calderilla es la que justifica quemar montañas enteras de carbón sucio sin gastarse prácticamente nada en controles anticontaminación, porque, a fin de cuentas, esa es la manera más barata de producir. Así que, cuando las fábricas se marcharon hacia China, también se volvieron acusadamente más sucias. Como bien señala Malm, el consumo de carbón en China había decrecido ligeramente entre 1995 y 2000, pero la explosión de la producción industrial en aquel país la volvió a disparar por las nubes. No es que las compañías que trasladaban su infraestructura productiva a China quisieran impulsar las emisiones al alza; lo que buscaban era la mano de obra barata, pero la explotación de los trabajadores y la del planeta forman, por lo que parece, un *pack* de oferta: dos por el precio de uno. El de la desestabilización del clima es el coste que se paga por el capitalismo desregulado global: la consecuencia no intencionada, pero inevitable, de este.[39]

Esta conexión entre la contaminación y la explotación laboral ha constituido una realidad desde los instantes iniciales de la Revolución Industrial. Pero en el pasado, cuando los trabajadores se organizaban para reivindicar mejores salarios y cuando los habitantes de las ciudades se organizaban para exigir un aire más limpio, las empresas terminaban viéndose más o menos obligadas a mejorar las condiciones laborales y las medioambientales. Todo eso cambió con la llegada del libre comercio.

Con la eliminación de prácticamente todas las barreras a los flujos de capital, las grandes empresas pasaron a ser libres de irse con sus bártulos a otra parte cada vez que los costes laborales locales comenzaban a aumentar. De ahí que muchos grandes fabricantes dejasen Corea del Sur para instalarse en China a finales de la pasada década de los noventa, y de ahí también que muchos estén abandonando actualmente China, donde los sueldos están aumentando, en dirección a Bangladesh, donde las remuneraciones salariales son significativamente más bajas. Así que, aunque nuestra ropa, nuestra electrónica de consumo y nuestros muebles estuvieran hechos en China, lo cierto es que el modelo económico estaba hecho principalmente en los Estados Unidos de América.

Y, sin embargo, cuando el tema del cambio climático surge en las conversaciones en los países ricos e industrializados, la reacción inmediata más habitual es echar la culpa a China (y a la India, y a Brasil, etcétera). ¿Para qué molestarnos en reducir nuestras propias emisiones cuando todo el mundo sabe que las economías en rápido desarrollo son el verdadero problema, pues inauguran más centrales térmicas de carbón cada mes de las que nosotros jamás seríamos capaces de cerrar en nuestro propio territorio?[40] Este es un argumento que se aduce como si aquí, en Occidente, fuéramos meros espectadores de tan temerario y sucio modelo de crecimiento económico: como si no fueran nuestros Gobiernos y nuestras multinacionales las que impulsaran un modelo de desarrollo orientado a las exportaciones, que es el que ha posibilitado todo lo anterior. Se alega como si no fueran nuestras propias empresas las que, con inquebrantable determinación (y la plena colaboración de los gobernantes autocráticos chinos), transformaron el delta del río de las Perlas en su particular zona económica especial vomitadora de carbono, desde la que sus productos siguen embarcándose directamente en buques portacontenedores con destino a nuestros hipermercados. Todo ello, en aras de aplacar las ansias del dios del crecimiento económico (ese que se asienta sobre el altar del hiperconsumo) en todos y cada uno de los países del mundo.

Las víctimas de todo ese proceso son las gentes de a pie: los trabajadores que perdieron sus empleos industriales en Juárez y en Windsor, pero también los obreros que obtuvieron los empleos en las fábricas de Shenzhen y Dacca (unos puestos laborales que, a estas alturas, están ya tan degradados que algunas empresas instalan redes de seguridad a lo largo del perímetro de las azoteas de los edificios de trabajo para parar la caída de los empleados que se lanzan desesperados desde ellas, o donde los códigos de seguridad son tan laxos que los trabajadores mueren a centenares cuando esos edificios se desmoronan). También son víctimas los pequeños que absorben el plomo con el que se pintan los juguetes que se llevan a la boca; o la empleada de Walmart que se supone que tiene que trabajar en plenas vacaciones de Acción de Gracias para que la pisotee la estampida de frenéticos consumidores que ese viernes asaltan los comercios, y todo a cambio de un salario que no le da para cubrir sus gastos básicos. O los aldeanos chinos cuya agua ha sido contaminada por una de esas centrales eléctricas alimentadas con carbón que nosotros utilizamos como excusa para no hacer nada; o la clase media de Pekín y de Shanghái, cuyos niños y niñas se ven obligados a jugar en el interior de las casas porque el aire del exterior es irrespirable.[41]

Un movimiento que cava su propia tumba

La mayor tragedia de todas es que mucho de todo lo anterior era básicamente evitable. En el momento en que se redactaron las normas del nuevo sistema comercial internacional, ya estábamos al tanto de la existencia de la crisis climática. Pensemos que el Tratado de Libre Comercio de América del Norte se firmó solo un año después de que los Gobiernos nacionales del mundo (incluido el de Estados Unidos) ratificaran la Convención Marco de las Naciones Unidas sobre el Cambio Climático en Río. Y, desde luego, nada de inevitable hubo en la aprobación de todos esos tratados. Una coalición fuerte de sindicatos norteamericanos y organizaciones ecologistas se oponía al TLCAN precisamente porque se sabía que este contribuiría a impulsar a la baja el nivel de exigencia tanto de la normativa laboral como de la medioambiental. Hubo incluso un momento en el que parecía que terminarían por imponer su criterio.

La opinión pública de los tres países que negociaban aquel acuerdo estaba profundamente dividida, hasta el punto de que, en su campaña para las presidenciales de 1992, Bill Clinton se comprometió a no firmar el TLCAN hasta que el texto de la propuesta de acuerdo reflejara sustancialmente (y calmara debidamente) todas aquellas inquietudes. Por su parte, en su campaña para las legislativas de 1993, en las que aspiraba a ser elegido primer ministro de Canadá, Jean Chrétien se posicionó en contra del tratado. Sin embargo, cuando uno y otro accedieron a esos cargos, dejaron el texto del tratado intacto y únicamente añadieron un par de acuerdos aledaños sin efectividad legal práctica: uno sobre condiciones laborales y otro sobre condiciones medioambientales. El movimiento sindical tenía experiencia y no se quiso dejar engañar por aquella artimaña, por lo que continuó oponiéndose enérgicamente al tratado, como muchos políticos y seguidores del Partido Demócrata en Estados Unidos. Pero, por un complejo conjunto de motivos que estudiaremos más adelante (y que tenían que ver con el centrismo político instintivo de los protagonistas y por la creciente ascendencia de los «socios» y donantes con los que contaban en el sector de la gran empresa privada), los líderes de muchas grandes organizaciones de defensa del medio ambiente decidieron jugar a aquel juego. «Una tras otra, personas que se oponían al TLCAN o que se habían mostrado escépticas en cuanto a los presuntos efectos beneficiosos del mismo fueron convirtiéndose en entusiastas partidarias del acuerdo y se manifestaron públicamente en ese sentido», según ha escrito el periodista Mark Dowie en su historia crítica del movimiento ecologista estadounidense, *Losing Ground*. Estas grandes organizaciones del movimiento verde convencional (integrantes del llamado Big Green) llegaron incluso a crear su propia alianza a favor del TLCAN: la Environmental Coalition for NAFTA (Coalición Ecologista pro TLCAN), que reunía a la National Wildlife Federation, el Fondo para la Defensa del Medio Ambiente (EDF), Conservación Internacional (CI), la National Audubon Society, el Natural Resources Defense Council (NRDC) y el Fondo Mundial para la Naturaleza (WWF), y con ello, según Dowie, «dieron su aval inequívoco al acuerdo». Jay Hair, máximo dirigente entonces de la National Wildlife Federation, llegó incluso a volar a México como miembro de una misión comercial oficial estadounidense que tenía como objeto presionar a sus homólogos mexicanos, y atacó a sus críticos por «poner sus polémicas proteccionistas por delante del interés por el medio ambiente».[42]

No todos los grandes del movimiento verde se subieron al carro de la liberalización comercial: Greenpeace, Amigos de la Tierra y el Sierra Club, además de múltiples organizaciones más pequeñas, siguieron oponiéndose al TLCAN. Pero eso no le importó a la administración Clinton, que ya tenía lo que quería: la posibilidad de presumir ante una ciudadanía bastante escéptica sobre la cuestión de que «el TLCAN cuenta ya con el apoyo de organizaciones que representan un total del 80 % de los afiliados a grupos [ecologistas] en todo el país». Y eso era importante, porque Clinton tenía ante sí una ardua batalla para conseguir que el Congreso aprobara el TLCAN, ya que muchos congresistas de su propio partido se habían comprometido a votar en contra del acuerdo. John Adams, director entonces del NRDC, describió así de sucintamente el papel extraordinariamente útil que para la aprobación final del tratado desempeñaron organizaciones como la suya: «Doblegamos la oposición ecologista al TLCAN. Una vez fijada nuestra postura, a Clinton ya solo le quedaba hacer frente a la oposición sindical. Le hicimos un gran favor».[43]

De hecho, cuando el presidente firmó definitivamente la ley del TLCAN en 1993, quiso dejar muy claro su agradecimiento a «las personas del ecologismo que se significaron y se esforzaron durante todo el proceso para que esto saliera adelante, muchas de ellas haciendo frente incluso a enconadas críticas, sobre todo desde el propio movimiento ecologista». Clinton también puso de manifiesto que aquella victoria representaba más que un simple acuerdo. «Hoy tenemos ya la oportunidad de hacer lo que nuestros padres hicieron también en su momento: tenemos la oportunidad de cambiar el mundo.» Explicó entonces lo siguiente: «Estamos a las puertas de una expansión económica global. [...] La confianza que hemos manifestado ratificando el TLCAN ha empezado ya a dar su fruto. Estamos ahora realizando verdaderos progresos hacia un acuerdo comercial a escala mundial tan importante que los beneficios del TLCAN para nuestro país podrían palidecer en comparación». Se refería a la Organización Mundial del Comercio. Y por si alguien estaba todavía preocupado por las consecuencias medioambientales, Clinton ofreció ese día su garantía personal: «Trataremos de encontrar nuevos sistemas institucionales que aseguren que el comercio deja un mundo más limpio tras de sí».[44]

Al lado del presidente, apoyándolo, estaba su vicepresidente, Al Gore, que había sido uno de los principales responsables de conseguir el respaldo de tantas organizaciones ecologistas del Big Green. A la vista de lo que fue la historia, no debe extrañarnos que el movimiento ecologista mayoritario se haya dado tan poca prisa en llamar la atención de la opinión pública sobre los desastrosos efectos climáticos de la era del libre comercio. Si lo hiciera, no haría más que ponerse en evidencia, pues pondría de relieve lo activo que fue su papel a la hora de ayudar al Gobierno estadounidense a «cambiar el mundo», por emplear las palabras de Clinton. Es mucho mejor para esas organizaciones, como veremos más adelante, hablar de bombillas eléctricas y de eficiencia de los combustibles.

La importancia de la firma del TLCAN fue ciertamente histórica, aunque en el sentido más trágico del término. Porque si el movimiento ecologista no hubiera sido tan acomodaticio, el tratado podría haber sido bloqueado o renegociado para que estableciera un tipo diferente de precedente. Podría haberse erigido una nueva arquitectura del comercio internacional que no hubiera saboteado activamente el frágil consenso global sobre el cambio climático. Esa nueva arquitectura podría haberse fundado sobre la necesidad de luchar contra la pobreza y reducir las emisiones al mismo tiempo, como había sido la promesa y la esperanza de la Cumbre de la Tierra de 1992 en Río. Por ejemplo, el acceso comercial a los países en vías de desarrollo podría haber sido condicionado a la transferencia simultánea de recursos y tecnologías verdes hacia esos países, de manera que las nuevas infraestructuras de electricidad y transportes cruciales para el desarrollo de esas naciones fuesen bajas en carbono desde un principio. Y los acuerdos podrían haberse redactado y firmado de tal modo que no se penalizara ninguna de las medidas que se tomaran en apoyo de las energías renovables, y que estas incluso se incentivaran. La economía global tal vez no hubiese crecido tan rápido como lo ha hecho, pero tampoco habría ido tan de cabeza hacia el precipicio climático como está yendo.

Hoy no podemos deshacer los errores de ese periodo, pero no es demasiado tarde todavía para que un nuevo tipo de movimiento climático haga suya la lucha contra el llamado libre comercio y construya ahora esa arquitectura que tanto necesitamos. Eso no significa (nunca significó) que se ponga fin al intercambio económico transfronterizo. Sí implica, sin embargo, una manera mucho más meditada y consciente de enfocar las razones por las que comerciamos y la cuestión de cuáles son los intereses a los que sirve ese comercio (¿a quién beneficia?). El objetivo central del sistema no puede seguir siendo el de fomentar el consumo frenético e indiscriminado de productos que son esencialmente desechables. Hay que volver a producir bienes pensados para durar. Y habrá que racionar el uso del transporte de larga distancia, intensivo en energía, y reservarlo para aquellos casos en los que los bienes en cuestión no puedan producirse localmente o en los que la producción local sea más intensiva aún en carbono. (Por ejemplo, el cultivo de ciertos productos agrícolas en invernaderos situados en zonas frías de Estados Unidos es por lo general más intensivo en energía que su cultivo en regiones más cálidas, desde donde podrían enviarse luego en ferrocarril ligero, por ejemplo.)[45]

Según Ilana Solomon, analista de comercio para el Sierra Club, esa no es una lucha que el movimiento climático pueda seguir rehuyendo:

> Para combatir el cambio climático, tenemos la necesidad real de iniciar una «relocalización» de nuestras economías, y de reflexionar sobre qué estamos comprando y cómo lo estamos haciendo, y sobre cómo se produce lo que compramos. Pero la regla más básica del actual derecho mercantil internacional es que no se puede favorecer lo local o nacional sobre lo global o foráneo. Y ¿cómo podemos siquiera abordar la idea de la necesidad de incentivar las economías locales vinculando las políticas de creación de empleos verdes locales con las de fomento de las energías limpias cuando eso está simplemente prohibido por la política comercial? [...] Si no tenemos en cuenta cómo está estructurada hoy la economía, nunca llegaremos realmente a la verdadera raíz del problema.[46]

Las reformas económicas de esa clase serían una muy buena noticia para mucha gente: para los desempleados, para los agricultores que no pueden competir con las importaciones baratas, para las comunidades locales que han visto cómo sus industrias se «deslocalizaban» y se trasladaban a otros países, y para sus tiendas y establecimientos de proximidad, sustituidos por hipermercados y grandes centros comerciales. Y lo que se necesitaría es que todos esos sectores sociales y económicos lucharan por esas otras políticas alternativas, pues estas representan la inversión de la tendencia —vigente durante los últimos treinta años— a la eliminación de todo posible límite al poder de la gran empresa privada.

De la expansión frenética a los estados estacionarios

Cuestionar la ortodoxia del libre comercio es un reto muy difícil de asumir en nuestra cultura política; cuando algo lleva vigente tanto tiempo, adopta cierto aire de inevitabilidad. Además, aun tratándose de condiciones necesarias, esos cambios no serán suficientes por sí mismos para reducir las emisiones a tiempo. Para conseguir este último objetivo, tendremos que hacer frente a una lógica más arraigada todavía que la del libre comercio: la lógica del crecimiento económico indiscriminado. Esta familia de transformaciones ha suscitado comprensiblemente no pocas reticencias entre los vigías del clima más liberales, que insisten en que la labor que hay que afrontar consiste meramente en aplicar una tonalidad «verde» a nuestro actual modelo económico, basado en el crecimiento. Merece la pena, pues, examinar las cifras en las que baso mi afirmación sobre la necesidad de todos esos cambios.

Kevin Anderson trabaja en el Centro Tyndall para la Investigación del Cambio Climático; es uno de los más destacados científicos del clima en Gran Bretaña y es también quien más convincentemente ha expuesto el argumento de que nuestra actual lógica económica basada en el crecimiento se contradice fundamentalmente con los límites atmosféricos. Anderson lleva más de una década tratando pacientemente de trasladar a toda clase de instancias públicas (desde el Ministerio británico de Desarrollo Internacional hasta el Ayuntamiento de Manchester) y a políticos, economistas y activistas, las implicaciones de los datos científicos más recientes sobre el clima. Con un lenguaje tan claro como comprensible, este antiguo ingeniero mecánico (trabajó en el sector petroquímico) de inconfundible cabello puntiagudo ha expuesto en repetidas ocasiones una rigurosa hoja de ruta para la reducción de nuestras emisiones a un nivel que nos permita albergar una esperanza aceptable sobre la posibilidad de mantener el aumento de la temperatura global por debajo de los 2 °C.

Sin embargo, en estos últimos años, los artículos y las diapositivas que Anderson presenta en sus conferencias han adquirido un tono más alarmante. Con títulos como «Cambio climático. Más allá de lo peligroso. Cifras crudas, débiles esperanzas», Anderson señala que las probabilidades de que nos mantengamos dentro de unos niveles de temperaturas mínimamente seguros están disminuyendo a un ritmo acelerado. Junto con su colega Alice Bows-Larkin, física atmosférica y experta del Centro Tyndall en mitigación del cambio climático, Anderson sostiene que hemos perdido tanto tiempo con parálisis políticas y con políticas climáticas timoratas —mientras las emisiones crecían sin remedio— que ahora tendremos que practicar unas reducciones tan drásticas que cuestionan de raíz la lógica expansionista en la que se fundamenta nuestro sistema económico.[47]

Argumentan que, si los Gobiernos de los países desarrollados quieren tener un 50 % de probabilidades de mantenerse dentro de los límites del objetivo máximo de calentamiento de 2 °C (que es el acordado internacionalmente), y para que las reducciones respeten un mínimo principio de equidad entre naciones ricas y pobres, los países más pudientes tienen que empezar ya a rebajar sus emisiones de gases de efecto invernadero entre un 8 y un 10 % anual. La necesidad de tan acusados recortes era una idea bastante controvertida en el seno de la corriente dominante en la comunidad climática, para la que los plazos límite para la materialización de unos niveles de reducción elevados siempre parecían situarse en un futuro más o menos lejano (una disminución de las emisiones de un 80 % como máximo para 2050, por ejemplo). Pero a medida que las emisiones han ido aumentando más de lo esperado y a medida que nos acercamos a momentos que serían verdaderos puntos de inflexión sin retorno, ese parecer está cambiando con mucha rapidez. Incluso Yvo de Boer, que ocupó hasta 2009 el máximo cargo de la ONU relacionado con la cuestión del clima, ha comentado recientemente que «la única manera» de que los negociadores «puedan cumplir con el objetivo de los 2 °C de calentamiento máximo es echando el cierre a la totalidad de la economía global».[48]

Esa es una exageración, sí, pero viene a hacer hincapié en el argumento central de Anderson y Bows-Larkin, que no es otro que el de que no podremos alcanzar esos niveles de reducción de emisiones de entre el 8 y el 10 % anual armados con las modestísimas soluciones (los créditos de carbono, las tecnologías verdes, etcétera) por las que suelen abogar las grandes organizaciones del ecologismo convencional. Esas medidas sin duda serán de ayuda, pero no serán suficientes. Y eso es así porque una caída de entre un 8 y un 10 % anual en las emisiones, año tras año, supondría un hito prácticamente sin precedentes desde que comenzamos a impulsar nuestras economías con la energía procedente del carbón. De hecho, las reducciones superiores al 1 % anual «solo se han relacionado históricamente con momentos de recesión o fuerte trastorno en la economía», tal como escribió el economista Nicholas Stern en su informe de 2006 para el Gobierno británico.[49]

Ni siquiera tras la caída de la Unión Soviética se registraron reducciones de semejante duración y magnitud: los países de la antigua órbita soviética experimentaron reducciones anuales medias de aproximadamente un 5 % a lo largo de un periodo total de unos diez años. Tampoco se observó un nivel de reducción tan acusado (solo un mínimo y efímero bache de un año) tras el crac de Wall Street de 2008. Únicamente a consecuencia del gran crac de los mercados de 1929 se apreció en Estados Unidos una bajada de las emisiones de más del 10 % anual durante varios años consecutivos, pero aquella fue la peor crisis económica de nuestra época moderna.[50]

Si queremos evitar esos estragos al tiempo que cumplimos con los objetivos de emisiones que se basan en los conocimientos científicos disponibles, la reducción del carbono debe gestionarse cuidadosamente por medio de lo que Anderson y Bows-Larkin llaman unas «estrategias de decrecimiento radical e inmediato en Estados Unidos, la Unión Europea y otras naciones ricas».*[51]

Sé que esto puede antojársenos apocalíptico; algo así como si se nos estuviera exigiendo que, para reducir las emisiones, fuera preciso padecer crisis económicas que provoquen un gran sufrimiento generalizado. Pero si nos lo parece es únicamente porque tenemos un sistema económico que trata el crecimiento del PIB como un fetiche al que adorar sobre todo lo demás, con independencia de las consecuencias humanas o ecológicas de tal culto, a la vez que no sabe asignar un valor real a aquellas cosas que la mayoría de nosotros apreciamos más: un nivel de vida aceptable, un mínimo de seguridad para el futuro, y nuestras relaciones mutuas. Así que lo que Anderson y Bows-Larkin están diciendo en realidad es que queda

---

* Tampoco se libran países en vías de desarrollo como China y la India de la imposición de limitaciones. Según las proyecciones de Anderson y Bows-Larkin, las naciones en desarrollo pueden disponer de una década más para seguir incrementando sus emisiones a fin de facilitar sus esfuerzos por sacarse a sí mismas de la pobreza mientras cambian sus fuentes energéticas por alternativas verdes. Pero, como muy tarde en el año 2025, también tendrían que estar ya reduciendo sus emisiones «a un nivel sin precedentes de un 7 %» anual.

tiempo todavía para evitar un calentamiento catastrófico, pero no si nos ceñimos a las reglas del capitalismo tal como están actualmente establecidas. Y ese argumento (el de la situación climática actual) es seguramente el más convincente jamás esgrimido para cambiar dichas reglas.[52]

En vez de fingir que podemos resolver la crisis climática sin hacer temblar antes los cimientos del edificio económico, Anderson y Bows-Larkin sostienen que ya es hora de decir la verdad, de «liberar la ciencia del yugo de la economía, las finanzas y la astrología, de ceñirnos a las conclusiones, por incómodas que estas puedan resultar. [...] [N]ecesitamos demostrar la audacia suficiente para pensar diferente y concebir futuros alternativos».[53]

Curiosamente, Anderson dice que, cuando expone sus radicales hallazgos en círculos de personas expertas o interesadas en el clima, rara vez se le discuten los datos básicos. Lo que escucha más a menudo en esos casos son confesiones de colegas suyos que admiten que sencillamente han renunciado ya a toda esperanza de que se cumpla con el objetivo de los 2 °C de incremento térmico precisamente porque, para cumplir con él, se necesitaría un profundo desafío a la idea misma de crecimiento económico. «Esa es una postura compartida por muchos científicos y economistas de prestigio que asesoran al Gobierno», comenta el propio Anderson.[54]

Dicho de otro modo, el hecho de que el clima de la Tierra cambie hasta extremos caóticos y desastrosos es más fácil de aceptar que la idea de transformar la lógica fundamental del capitalismo, fundado sobre el crecimiento y el ánimo de lucro. Probablemente no debería sorprendernos que algunos científicos del clima estén algo asustados por las implicaciones radicales que se derivan de sus propias investigaciones. La mayoría de ellos estaban tan tranquilos midiendo muestras de hielo, probando modelos del clima global y estudiando la acidificación de los océanos y, de pronto, descubrieron que, al darnos la noticia de lo profundo que era nuestro abismo climático colectivo, «sin querer estaban desestabilizando el orden político y social», por emplear las palabras del experto climatólogo (y autor de libros) australiano Clive Hamilton.[55]

Pero lo cierto es que ese orden ya se ha desestabilizado y eso significa que todos los demás vamos a tener que pensar rápidamente en cómo convertir el «decrecimiento controlado» en algo que sea lo menos parecido posible a la Gran Depresión y que se asemeje mucho más a lo que algunos pensadores económicos innovadores han dado en llamar «la Gran Transición».[56]

A lo largo de la pasada década, muchos promotores del capitalismo verde han intentado restar importancia a los conflictos entre la lógica del mercado y los límites ecológicos pregonando las maravillas de las tecnologías verdes o «desvinculando» los efectos medioambientales de la actividad económica. Han dibujado así la imagen de un mundo que puede continuar funcionando de manera bastante parecida a como lo ha hecho hasta ahora, pero impulsado por las energías renovables. Todos nuestros aparatos y vehículos terminarán siendo tan superiores en eficiencia energética a los actuales —nos dicen— que podremos consumir sin preocuparnos por la repercusión de nuestro consumo.

Ojalá la relación de la humanidad con los recursos naturales fuera tan simple. Si bien es cierto que las tecnologías renovables tienen un muy prometedor potencial de cara a la reducción de emisiones, las medidas que se necesitan para que esas emisiones se reduzcan a los niveles que son necesarios ya actualmente entrañan la construcción de nuevas e inmensas redes eléctricas y de transportes que, en muchos casos, tendrán que erigirse desde cero. Aunque nos pusiéramos manos a la obra mañana mismo, lo más realista es suponer que tardaríamos muchos años (y quizá bastantes décadas) en conseguir que los nuevos sistemas estuvieran ya instalados y en funcionamiento. Además, como no tenemos aún unas economías propulsadas por energías limpias, toda esa construcción verde consumiría elevadas dosis de combustibles fósiles en el proceso. Sería, por tanto, un paso necesario, pero que no ayudaría a que rebajáramos nuestras emisiones con la suficiente prontitud. Y es que, en las naciones ricas, el recorte drástico de emisiones tiene que comenzar ya, de inmediato. Eso significa que, si esperamos a la implantación definitiva de todas esas que Bows-Larkin denomina «tecnologías sensacionales», habremos avanzado «demasiado poco y demasiado tarde».[57]

Pues, bien, ¿qué hacemos mientras tanto? Lo que podamos. Y si algo podemos hacer —sin que requiera previamente de una revolución tecnológica ni de las infraestructuras— es consumir menos, desde ya. Para nuestra actual clase política, resulta mucho más difícil aceptar políticas basadas en animar a la población a consumir menos que políticas que animen a esa misma población a practicar un consumo verde. El consumo verde supone simplemente sustituir una fuente de energía por otra o un modelo de bienes de consumo por otro más eficiente. La razón por la que lo hemos apostado todo hasta el momento a la tecnología y la eficiencia verdes radica precisamente en que esos cambios entran perfectamente dentro de la lógica del mercado; de hecho, nos estimulan incluso a salir a comprar más lavadoras y coches nuevos (muy eficientes y ecológicos, eso sí).

Consumir menos, por el contrario, implica modificar la cantidad de energía que usamos actualmente: la frecuencia con la que conducimos, la frecuencia con la que volamos, la manera en que los alimentos que comemos han llegado hasta nosotros, el carácter perecedero o desechable de los bienes que compramos, el tamaño de nuestras viviendas, etcétera. Y esa es la clase de políticas que se han ignorado hasta la fecha. Por ejemplo, los investigadores Rebecca Willis y Nick Eyre sostenían en un informe elaborado para la Green Alliance del Reino Unido que, pese a que los comestibles representan aproximadamente un 12 % de las emisiones de gases de efecto invernadero en Gran Bretaña, «no existe prácticamente política alguna del Gobierno dirigida a cambiar nuestra forma de producirlos (incentivando una agricultura de bajo consumo energético entre los productores, por ejemplo) ni nuestra forma de consumirlos (incentivando el consumo de alimentos locales y de temporada, por ejemplo)». Sí que hay, sin embargo, «incentivos para que conduzcamos vehículos más eficientes, pero se ha hecho muy poco por desalentar las pautas de poblamiento urbano y suburbano dependientes del uso del automóvil».[58]

Son muchas las personas que intentan cambiar su vida diaria para introducir en ella hábitos que reduzcan su nivel de consumo. Pero para que esa clase de reducción de emisiones impulsadas desde el lado de la demanda tenga lugar a la escala requerida, no podemos dejarlas al simple criterio de ese aplicado grupo de urbanitas aficionados a ir a los mercados de productos agrícolas sin intermediarios de los sábados por la tarde o a vestir ropa «superciclada» (*up-cycled*). Necesitamos políticas y programas integrales que conviertan las opciones bajas en carbono en fácilmente accesibles y cómodas para todo el mundo. Pero, sobre todo, necesitamos que esas políticas sean equitativas, a fin de que no exijan a las personas que ya tienen actualmente dificultades para cubrir sus necesidades básicas un sacrificio adicional para compensar el exceso de consumo de las personas ricas. ¿Qué nos queda si aplicamos todas esas condiciones? Transportes públicos baratos y un ferrocarril ligero limpio accesibles para todos; viviendas asequibles y de elevada eficiencia energética ubicadas a lo largo de esas líneas de transporte; ciudades planificadas para una población densa; carriles para bicicletas en los que los ciclistas no tengan que arriesgar la vida para llegar al trabajo; una gestión del suelo que desincentive el uso extensivo del mismo y fomente las formas locales (y de bajo consumo energético) de agricultura; un urbanismo que agrupe espacialmente servicios esenciales como escuelas y centros sanitarios en las proximidades de las principales rutas de tráfico y transporte y en zonas fácilmente transitables para los peatones; programas que obliguen a que los fabricantes se responsabilicen de los residuos electrónicos que generan y que reduzcan drásticamente los elementos superfluos y las obsolescencias prematuras que incorporan actualmente sus productos.*[59]

Y a medida que cientos de millones de personas vayan accediendo a la energía moderna por vez primera, quienes consumen ya mucha más energía de la que necesitan tendrían que ir consumiendo menos. ¿Cuánto menos? A los negadores del cambio climático les encanta decir que los ecologistas quieren retrotraernos a la Edad de Piedra. Pero lo cierto es que, si queremos vivir dentro de los límites propiamente ecológicos, tendríamos que regresar a un estilo de vida similar al que llevábamos en la década de los años setenta del siglo XX, antes de que los niveles de consumo se desbocaran en el decenio siguiente. Nada comparable ni por asomo a las penurias y las privaciones que tan aficionados son a evocar en las conferencias del Instituto Heartland. Así lo explica Kevin Anderson:

> Necesitamos dar a los países que han entrado recientemente en vías de industrialización el espacio preciso para que se desarrollen y mejoren la atención social y el bienestar de su población. Esto significa más reducciones en el consumo de energía del mundo desarrollado. También supone cambios en el estilo de vida que tendrán un mayor impacto entre los más ricos. [...] Ya hemos vivido así anteriormente. En las décadas de 1960 y 1970, llevábamos un estilo de vida saludable y moderado, y necesitamos volver a él para mantener las emisiones bajo control. Se trata de que el 20 % de la población más acomodada asuma las mayores reducciones. El resultado podría ser una sociedad más equitativa y, desde luego, un modo de vida menos «carbónico» y más sostenible del que todos y todas nos beneficiaríamos con total seguridad.[60]

No cabe duda de que ese tipo de políticas tiene incontables beneficios, además del propio de la reducción de las emisiones. Fomentan el espacio cívico, la actividad física, el fortalecimiento de las comunidades locales y, claro está, un aire y un agua más limpios. También contribuyen notablemente a reducir la desigualdad, pues suelen ser las personas de ingresos bajos —a menudo, personas de color— las que más se benefician

---

* Un pequeño paso en la dirección correcta es el que ha dado el Parlamento Europeo al aprobar una ley que requerirá que todos los fabricantes de teléfonos móviles ofrezcan un mismo cargador de baterías. En ese mismo sentido, exigir que los fabricantes de productos de electrónica utilicen metales reciclados como el cobre podría aliviar a no pocas comunidades locales de todo el mundo expuestas actualmente a uno de los procesos mineros más tóxicos que se conocen.

de las mejoras en la vivienda y el transporte públicos. Y si los planes de transición correspondientes se acompañaran de normativas sobre salarios mínimos vitales y sobre preferencia local en la contratación de trabajadores, la población de renta más baja también podría ser la más beneficiada por la creación de empleo para la construcción y el funcionamiento de esos servicios ampliados, a la vez que disminuiría su dependencia del empleo en industrias «sucias» que, hasta el momento, se han concentrado desproporcionadamente en localidades y barrios donde las personas de color son mayoría.

Phaedra Ellis-Lamkins, de la organización de fomento de la justicia medioambiental Green for All, ha comentado al respecto que

> [...] las herramientas que utilizamos para combatir el cambio climático son las mismas que podemos emplear para cambiar la situación a la que se ven abocados actualmente los estadounidenses de rentas más bajas y las personas de color. [...] Necesitamos que el Congreso apruebe las inversiones necesarias para mejorar y reparar nuestras ajadas infraestructuras, inversiones que podrían dedicarse a trabajos como la construcción de diques que protejan las localidades costeras o la reparación de nuestros sistemas de colectores y canalización del agua de las tormentas. Todo eso creará empleos locales que mantendrán a familias enteras. Solo la mejora de nuestra infraestructura de recogida y canalización de las aguas pluviales daría trabajo a 2 millones de estadounidenses. Tenemos que asegurarnos de que las personas de color formen parte de la comunidad de empresas y trabajadores que construyan esos nuevos sistemas.[61]

Otra forma de entender todo esto es que lo que se necesita es una reordenación fundamental de las partes que componen nuestro PIB. El PIB se ha concebido tradicionalmente como una suma del *consumo*, la *inversión*, el *gasto público* y las *exportaciones netas*. El capitalismo de libre mercado de las últimas tres décadas ha puesto especialmente el énfasis en el consumo y el comercio. Pero a medida que vayamos reconfigurando nuestras economías para que se ajusten a nuestro presupuesto de carbono global, tendremos que ir viendo una disminución del peso del consumo (salvo entre la población pobre), del comercio (pues nuestras economías volverán a hacerse más locales) y de la inversión privada destinada a la producción para satisfacer un consumo excesivo. Esas reducciones se verán compensadas, sin embargo, por un aumento del gasto público y de las inversiones (públicas y privadas) en infraestructuras y en alternativas necesarias para reducir nuestras emisiones a cero. En toda esta reordenación está implícito un grado considerablemente más alto de redistribución que permitirá que un número mayor de habitantes humanos de este planeta podamos vivir confortablemente dentro de sus capacidades.

De ahí, precisamente, que diga que, cuando los negacionistas climáticos afirman que el calentamiento global es una conspiración dirigida a redistribuir la riqueza, no lo están haciendo (solamente) porque sean unos paranoicos, sino que lo dicen también porque están prestando atención.

Cultivar la economía humana, achicar la inhumana

Mucho se ha reflexionado últimamente sobre cómo administrar nuestra reducción del uso de recursos materiales para que sirva realmente para mejorar la calidad de vida general (lo que los franceses llaman «decrecimiento selectivo»).* Podrían aplicarse, por ejemplo, políticas como los impuestos sobre el lujo para desalentar el consumo derrochador. El dinero así recaudado se usaría para apoyar a aquellas partes de nuestras economías que sean ya bajas en carbono y que, por lo tanto, no haya que contraer. Obviamente, en los sectores que formen parte de la transición verde se generaría una inmensa cantidad de empleos: en los transportes públicos, las energías renovables, la protección contra las condiciones meteorológicas adversas y la restauración de los ecosistemas. Y los sectores que no se rijan por el impulso de obtener un incremento continuado de los beneficios año tras año (el sector público, las cooperativas, los negocios locales, las organizaciones sin ánimo de lucro) aumentarían su peso respecto al volumen total de la actividad económica, como también lo harían aquellos que tengan un impacto ecológico mínimo (como las profesiones dedicadas al cuidado y la atención personales, en las que tienden a trabajar mujeres y personas de color y que, por esa razón, han estado mal pagadas hasta ahora). «Expandir nuestras economías en esas direcciones tiene toda clase de ventajas —según ha escrito Tim Jackson, economista de la Universidad de Surrey y autor de *Prosperity Without Growth*—. Para empezar, el tiempo que quienes desempeñan esas profesiones dedican a su trabajo redunda directamente en una mejora de la calidad de nuestras vidas. De hecho, aumentar progresivamente su eficiencia en ese desempeño deja de ser un objetivo deseable a partir de cierto punto. ¿Qué sentido tiene pedir a nuestros docentes que enseñen en clases de cada vez más

---

* En francés, *décroissance* tiene el doble sentido de cuestionar tanto el crecimiento (*croissance*) como el *croire* (creer), con lo que evoca la idea de optar por no creer en la ficción del crecimiento perpetuo en un planeta finito.

alumnos? ¿O a nuestros médicos que traten a cada vez más pacientes por hora?»[62]

Esa expansión podría depararnos también otros beneficios, como, por ejemplo, jornadas laborales más cortas; en parte, porque así se crearían más empleos, pero, en parte también, porque las personas que trabajan demasiado disponen de menos tiempo para realizar actividades de bajo consumo como la horticultura, la jardinería o la cocina (están demasiado ocupadas para esas cosas). De hecho, varios estudiosos del tema han analizado los muy concretos beneficios climáticos que se derivan del hecho de trabajar menos. John Stutz, investigador titular del Instituto Tellus de Boston, prevé la posibilidad de que «las jornadas de trabajo remunerado y los ingresos converjan a escala mundial en niveles sustancialmente más bajos que los que se pueden constatar en los países desarrollados hoy en día». Stutz sostiene que si los países se fijaran como objetivo una semana laboral de tres o cuatro días y la fueran introduciendo progresivamente, aunque fuera a lo largo de décadas, podrían enjugar gran parte del crecimiento de emisiones previsto actualmente hasta 2030 y, al mismo tiempo, mejorarían la calidad de vida.[63]

Muchos pensadores del decrecimiento y la justicia económica reclaman también la introducción de una renta anual básica, una especie de salario que se abone a todas las personas, con independencia de su nivel de ingresos, como compensación por el hecho de que el sistema no puede facilitar puestos de trabajo para todos y porque resulta sencillamente contraproducente obligar a las personas a trabajar en empleos que no hacen otra cosa que alimentar el consumo. En ese sentido, Alyssa Battistoni, redactora de la revista *Jacobin*, ha escrito que, «si hacer que la gente trabaje en empleos de mierda para "ganarse" la vida siempre ha sido una canallada, hoy empieza a parecernos ya hasta suicida».[64]

Una renta básica que desincentive los trabajos de mierda (y el consumo despilfarrador) tendría también la ventaja de procurar una muy necesaria seguridad económica en aquellas comunidades locales situadas en la línea del frente de la lucha climática: las mismas a las que se les pide actualmente que sacrifiquen su salud para que las compañías petroleras puedan refinar petróleo obtenido de arenas bituminosas o para que las empresas de gas puedan perforar otro pozo más por la técnica de la fracturación hidráulica. Nadie quiere que le contaminen el agua o que sus hijos padezcan asma. Pero cuando la gente está desesperada, puede hacer cosas desesperadas. Por eso nos interesa a todos cuidarnos mutuamente para que cada vez sean menos las comunidades locales que se vean obligadas a decidir entre lo malo y lo peor. Eso significa rescatar la idea de una red de protecciones sociales que garanticen que todo el mundo tiene cubiertas sus necesidades básicas: sanidad, educación, alimento y agua limpia. De hecho, la lucha contra la desigualdad en todos los frentes y por múltiples medios debe entenderse como una estrategia central en la batalla contra el cambio climático.

En una economía cuidadosamente planificada son posibles estilos de vida mucho más humanos y plenos que los que la inmensa mayoría de nosotros llevamos en nuestro sistema actual, y eso es precisamente lo que convierte la idea de un movimiento social de masas unido en la reivindicación de esos cambios y mejoras en una posibilidad real. El problema es que esas políticas son también las más problemáticas para la clase dirigente actual.

A diferencia de aquellas que se ciñen al mero fomento de la eficiencia energética, las medidas que debemos tomar para garantizar una transición justa, equitativa y modélica que nos aleje de los combustibles fósiles chocan frontalmente a todos los niveles con la ortodoxia económica imperante. Como veremos, una transformación de esta naturaleza rompe con todas las reglas ideológicas: exige una planificación visionaria a largo plazo, una regulación estricta de la actividad empresarial y comercial, impuestos más elevados para los más ricos, un fuerte gasto en el sector público y, en muchos casos, dar marcha atrás en privatizaciones de empresas y servicios fundamentales para dotar a las comunidades locales del poder del que precisan para realizar los cambios que deseen. En definitiva, significa cambiar por completo nuestro modo de concebir la economía a fin de que nuestra contaminación no cambie por completo nuestro mundo físico.

Capítulo 3

PÚBLICO Y SUFRAGADO

Vencer las barreras ideológicas de la economía que viene

> No tenemos más remedio que reinventar la movilidad [...]. [G]ran parte de la India sigue desplazándose aún en autobús, a pie o a pedales (en algunas ciudades, hasta el 20 % de la población utiliza la bicicleta). Lo hacemos porque somos pobres. El reto que tenemos ahora por delante es el de reinventar la planificación urbana para que podamos seguir haciendo esto al tiempo que aumentamos nuestro nivel de riqueza.
>
> SUNITA NARAIN, directora general del Centro para la Ciencia y el Medio Ambiente (India), 2013[1]

> La dama del Rolls-Royce es más nociva para la moral que una flotilla de bombarderos de Göring.
>
> GEORGE ORWELL, *El león y el unicornio,* 1941[2]

Fue una votación muy ajustada, pero el 22 de septiembre de 2013, los habitantes de la segunda mayor ciudad de Alemania decidieron recuperar su energía. Ese día, un 50,9 % de los electores de Hamburgo que acudió a las urnas votó a favor de devolver al Gobierno municipal el control directo sobre sus redes de electricidad, gas y calefacción, e invirtieron así la tendencia de la oleada de ventas de esos servicios a compañías privadas que había tenido lugar una década antes.[3]

Se trata de un proceso que ha recibido unas cuantas denominaciones harto engorrosas, como «remunicipalización» o «recomunalización», pero las personas implicadas en el tema tienden a aludir simplemente a su deseo de «poder local».

La coalición Nuestro Hamburgo-Nuestra Red supo exponer una serie de argumentos persuasivos a favor de la recuperación de esos servicios. Un sistema energético bajo control local se guiaría por el interés público y no por el lucro privado. Además, los residentes tendrían más voz y voto en las decisiones sobre su propio sistema energético, en lugar de que estas se tomaran en distantes consejos de administración. Y el dinero obtenido con la venta de energía regresaría a las arcas municipales, en vez de perderse en las cuentas de los accionistas de las multinacionales que controlaban por entonces esas redes de suministro, algo que no dejaba de ser una gran ventaja en un momento de implacable austeridad en el sector público. «Para la gente, es evidente que los bienes de los que todos y todas dependemos deberían pertenecer al pueblo», comentó Wiebke Hansen (una de las organizadoras de la campaña) en una entrevista.[4]

La campaña fue impulsada por un factor adicional. Muchos de los habitantes de Hamburgo querían formar parte de la *Energiewende*: el programa de transición hacia las energías verdes renovables que se estaba extendiendo a gran velocidad por todo el país. En 2013, casi el 25 % del suministro eléctrico de Alemania procedió de las energías renovables (principalmente eólica y solar, pero también de biogás e hidroeléctrica), frente al 6 % aproximado que tenía ese origen en el año 2000. En comparación, la energía eólica y la solar representaron solamente un 4 % del total de producción de energía en Estados Unidos en 2013. Los ayuntamientos de las ciudades de Fráncfort y Múnich, que nunca habían privatizado sus servicios de distribución energética, ya se habían sumado a esa transición y se habían comprometido a llegar al cien por cien del uso de energías renovables como máximo en 2050 y 2025, respectivamente. Pero Hamburgo y Berlín, que sí habían optado en su momento por la vía de las privatizaciones, iban rezagadas en ese terreno. Y ese fue un argumento central para quienes propugnaban devolver la red de suministro energético de Hamburgo a la titularidad pública municipal: ese paso les permitiría abandonar el carbón y la energía nuclear y pasarse íntegramente a la energía verde.[5]

Mucho se ha escrito sobre la transición a las energías renovables en Alemania; sobre todo, sobre la velocidad a la que se está produciendo, así como sobre lo ambicioso de los objetivos futuros que se han marcado (el país aspira a conseguir que la cuota de las renovables sobre la energía total sea de entre el 50 y el 60 % en 2035).[6] También los puntos débiles del programa han sido objeto de acalorado debate, en especial la cuestión de si la decisión de abandonar progresivamente la energía nuclear ha provocado un repunte del consumo de carbón (algo sobre lo que me extenderé un poco más en el capítulo siguiente).

Ahora bien, en todos esos análisis, ha sido escasa la atención dedicada a un factor clave que ha hecho sin duda posible la que podría ser la transición más rápida del mundo hacia las energías eólica y solar: el hecho de que, en centenares de ciudades y localidades de todo el país, los ciudadanos hayan votado a favor de recuperar sus redes de suministro energético de las manos de las grandes empresas privadas que las compraron. Como bien comentó tras la votación en Hamburgo Anna Leidreiter, activista climática que colabora con el World Future Council, «esto marca una clara inversión de tendencia con respecto a las políticas neoliberales de los años noventa, cuando un gran número de ayuntamientos alemanes vendieron sus servicios públicos a grandes compañías privadas porque necesitaban el dinero para sostener los presupuestos municipales».[7]

Tampoco hablamos de una tendencia reducida. Según una información de Bloomberg, «más de setenta nuevas redes de titularidad municipal se han puesto en marcha desde 2007, y más de doscientas concesiones para operar redes de suministro energético han pasado de compañías privadas a operadoras públicas durante ese periodo». Y aunque no se dispone de estadísticas a escala nacional, la Asociación Alemana de Compañías Locales de Servicios Públicos (de electricidad, gas, agua, limpieza, etcétera) cree que son muchos más los municipios (urbanos o no) que han recobrado el control sobre sus redes de distribución de energía de manos de empresas externas.[8]

Lo más sorprendente de todo ha sido la fuerza con la que amplios sectores de la ciudadanía alemana han reaccionado en contra de la privatización energética. En 2013, en Berlín, nada menos que un 83 % de los electores que participaron en un plebiscito local votó a favor de cambiar la compañía eléctrica local por otra de titularidad pública que, con el tiempo, genere electricidad exclusivamente a partir de energías renovables. La tasa de participación no fue suficiente para que la decisión de los electores fuese vinculante (aunque la campaña del «sí» estuvo muy cerca de conseguirlo), pero el referéndum dejó tan claro cuál era la opinión pública al respecto que los impulsores de la campaña continúan presionando actualmente para que una cooperativa sin ánimo de lucro asuma la gestión de la red eléctrica local cuando el contrato de la actual operadora se extinga.[9]

Las desprivatizaciones energéticas —ligadas específicamente a un interés por las energías renovables— han comenzado a hacer fortuna allende las fronteras alemanas en los últimos años, incluso en Estados Unidos. Por ejemplo, a mediados de la década de 2000, varios residentes y autoridades locales de la ciudad de Boulder (Colorado), famosa por sus históricas inclinaciones progresistas, comenzaron a presionar a la compañía que se encarga del privatizado suministro eléctrico de la localidad para que fuera abandonando el carbón y sustituyéndolo por fuentes de energía renovables. La empresa, Xcel Energy, con sede en Minneapolis, no mostró especial interés, así que una coalición formada por ecologistas y una muy activa organización juvenil llamada New Era Colorado llegó a la misma conclusión que los votantes alemanes: había que recuperar la red eléctrica para la titularidad pública. Así lo explica Steve Fenberg, de New Era: «Tenemos uno de los sistemas de distribución energética más intensivos en carbono de todo el país y la gente [de Boulder] tiene mucha conciencia medioambiental, así que queríamos esa situación. Nos dimos cuenta de que no íbamos a tener control alguno sobre ella a menos que controláramos la red de distribución».[10]

En 2011, dos de las medidas promovidas por la coalición pro energías renovables para instar al Gobierno municipal de Boulder a considerar la recompra de su sistema de distribución eléctrica fueron aprobadas por estrecho margen en referéndum, pese a que la mencionada coalición solo pudo gastar en la campaña previa una décima parte del dinero que Xcel dedicó a la misma.[11] La votación no devolvió de inmediato la red eléctrica al control público directo, pero sí dotó al Ayuntamiento de la autoridad y los recursos financieros necesarios para valorar seriamente esa opción (que es lo que está haciendo actualmente). La coalición obtuvo otra victoria crucial en un nuevo referéndum en 2013 contra una iniciativa apoyada por Xcel que habría bloqueado la formación de una nueva compañía eléctrica de titularidad pública; esta vez el margen del triunfo fue mucho más abultado.

Estas han sido votaciones históricas. Otras ciudades habían dado marcha atrás a procesos de privatización anteriores porque estaban descontentas con la calidad del servicio o con los precios que imponía la empresa operadora privada, pero esta ha sido la primera vez que un municipio estadounidense da esos pasos «con el único fin de reducir su impacto sobre el planeta», tal como explica Tim Hillman, un ingeniero medioambiental que trabaja en Boulder. De hecho, las fuerzas que hicieron campaña a favor de la vuelta a la titularidad pública pusieron la lucha contra el cambio climático en el primer plano de sus argumentos y acusaron a Xcel de ser una más de las compañías consumidoras de combustibles fósiles que obstaculizan una acción tan necesaria como la climática. Y según Fenberg, su ideal trasciende con mucho los límites de Boulder: «Queremos mostrar al mundo que se puede suministrar electricidad y energía a una ciudad de forma responsable y sin pagar mucho por ello —comentaba recientemente—. Queremos que esto sea un modelo y no simplemente un capricho que nos vayamos a dar solamente aquí, en nuestra localidad».[12]

Lo más destacable de la experiencia de Boulder es que, a diferencia de algunas de las campañas de ese estilo en Alemania, esta no comenzó a partir de una oposición a las privatizaciones. El movimiento pro energía local en Boulder surgió del deseo de cambiar a fuentes energéticas limpias, con independencia de quién las proveyera. Pero durante el proceso para conseguir ese objetivo, esos residentes locales descubrieron que no tenían más alternativa que derribar uno de los pilares ideológicos centrales de la era del libre mercado: la idea de que la calidad de los servicios gestionados por la empresa privada es siempre superior a la de los que se proveen mediante gestión pública. Fue un descubrimiento accidental, muy parecido al que hicieron los habitantes de Ontario cuando se dieron cuenta de que su transición hacia la energía verde estaba siendo obstaculizada por compromisos con la liberalización comercial firmados tiempo atrás.

Aunque rara vez se menciona en los debates sobre la política climática, existe una relación clara y manifiesta entre la propiedad pública y la facilidad de las comunidades locales para abandonar la energía sucia. Muchos de los Estados más firmemente comprometidos con las energías renovables son también países que han conseguido mantener amplias franjas de sus sectores eléctricos en manos públicas (y, a menudo, locales); entre ellos, los Países Bajos, Austria y Noruega. En Estados Unidos, algunos de los municipios que han fijado los objetivos de energía verde más ambiciosos tienen compañías eléctricas de titularidad pública. Austin (Texas), por ejemplo, va adelantada respecto a su calendario previsto para cumplir con el objetivo de abastecerse con un 35 % de energía renovable como máximo en el año 2020, y la empresa municipal que abastece de electricidad a Sacramento (California) se está poniendo al día para superar un objetivo similar y se ha fijado la meta pionera de reducir sus emisiones en un 90 % para no más allá de mediados de siglo. Sin embargo, según John Farrell, investigador titular del Instituto de Autosuficiencia Local, con sede en Minneapolis, la actitud de la mayoría de los actores privados del sector durante todo este tiempo ha sido la de decirse a sí mismos: «Vamos a coger el dinero que ganamos vendiendo combustibles fósiles y vamos a usarlo para ejercer toda la presión política que podamos contra cualquier cambio en el modo en que hacemos nuestro negocio».[13]

Eso no quiere decir que los monopolios energéticos privados no ofrezcan a sus clientes la opción de adquirir electricidad proveniente de energías renovables como parte de una combinación que incluye también combustibles fósiles; de hecho, muchas lo ofrecen, generalmente con un recargo en el precio. Y algunas de esas empresas ofrecen incluso electricidad procedente exclusivamente de renovables, aunque esta siempre es de producción hidroeléctrica a gran escala. Tampoco puede afirmarse que las empresas públicas de electricidad muestren siempre la misma disposición a volverse «verdes»: muchas siguen todavía enganchadas al carbón y son bastante reacias al cambio.

No obstante, un buen número de comunidades locales están descubriendo que, aunque a las empresas públicas del sector hay que presionarlas a menudo como a las demás para que hagan de la reducción de emisiones una de sus máximas prioridades (un proceso para cuyo éxito final tal vez sea necesario en muchos casos realizar reformas fundamentales que democraticen el funcionamiento de esas compañías y las hagan más responsables ante sus clientes y contribuyentes), los monopolios energéticos privados ni siquiera les ofrecen esa opción. Rinden cuentas ante sus accionistas y están movidos por la necesidad de presentar beneficios trimestrales elevados, por lo que las empresas privadas de ese sector solo adoptarán voluntariamente la idea de la transición hacia las energías renovables si esta no repercute negativamente en sus ganancias o si se ven obligadas por ley. Y si las renovables son consideradas menos rentables que las procedentes de combustibles fósiles (a corto plazo, al menos), esas compañías guiadas por los números de sus cuentas de resultados nunca harán ese cambio por voluntad propia. De ahí que, como dice el activista antinuclear alemán Ralf Gauger, cada vez más personas estén llegando a la conclusión de que «ni el suministro energético ni las cuestiones medioambientales deben dejarse en manos de intereses empresariales privados con ánimo de lucro».[14]

Esto no significa que el sector privado deba ser excluido de una transición hacia las energías renovables. Hay compañías solares y eólicas que ya están llevando energía limpia a millones de consumidores de todo el mundo, en algunos casos, gracias a innovadores modelos de *leasing* que permiten que los clientes se ahorren los fuertes costes de entrada que supondría para ellos la adquisición de sus propios paneles solares de techo. Pero a pesar de algunos éxitos recientes, lo cierto es que el mercado ha demostrado una volatilidad extrema y, según las proyecciones de la Agencia Internacional de la Energía, los niveles de inversión en energías limpias tendrían que cuadruplicarse de aquí a 2030 si queremos cumplir con los objetivos de emisiones con los que se pretende mantener el calentamiento del clima por debajo de los 2 °C.[15]

Es fácil confundir un mercado privado pujante en energías verdes con lo que sería un plan de acción climática creíble, pero lo cierto es que, aun cuando una cosa y la otra estén estrechamente relacionadas, no son lo mismo ni mucho menos. Es perfectamente posible tener un mercado de energías renovables en auge, con toda una nueva generación de emprendedores en iniciativas solares y eólicas ganando dinero a espuertas, y que nuestros países sigan estando muy lejos de rebajar sus emisiones como los datos científicos indican que tendrían que reducirlas en el breve periodo de tiempo que nos queda para cumplir los difíciles objetivos que nos hemos marcado. Si queremos asegurarnos de que los cumpliremos, tenemos que procurarnos sistemas que sean más fiables que los mercados privados, con sus continuos vaivenes de expansión y recesión. Y tal y como se explica en un documento de trabajo redactado en 2013 por un grupo de investigación de la Universidad de Greenwich, «históricamente, el sector privado ha contribuido muy poco al estudio de la generación de energías renovables. Los Estados han sido quienes han efectuado la práctica totalidad de esas inversiones. La experiencia acumulada hasta el momento en todo el mundo, mercados europeos incluidos, muestra también que las compañías privadas y los mercados de electricidad no pueden suministrar las inversiones en renovables de la magnitud necesaria».[16]

Tras citar varios ejemplos de Gobiernos que han recurrido al sector público para impulsar sus transiciones (incluyendo la experiencia alemana), así como otros de proyectos de renovables impulsados por grandes empresas que terminaron siendo abandonados por sus inversores a medio camino, el equipo de investigadores de Greenwich concluye que «dar al Estado y a las redes públicas de distribución un papel activo constituye, pues, una condición mucho más importante para desarrollar las energías renovables que cualquier sistema de caras subvenciones públicas destinadas a los mercados o a los inversores privados».[17]

Determinar qué mecanismos tienen mejores probabilidades de facilitar una transición energética tan drástica como inmensamente trascendental se ha convertido en una tarea más apremiante aún si cabe en estos últimos tiempos, porque hoy sabemos que —desde el punto de vista técnico, al menos— es perfectamente posible transformar rápidamente nuestros sistemas energéticos para que funcionen exclusivamente con fuentes renovables. En 2009, Mark Z. Jacobson, profesor de ingeniería civil y medioambiental en la Universidad de Stanford, y Mark A. Delucchi, investigador científico en el Instituto de Estudios del Transporte de la Universidad de California en Davis, elaboraron una hoja de ruta pionera y detallada sobre «cómo conseguir que el cien por cien de la energía mundial, en el cien por cien de sus usos, sea suministrada por recursos eólicos, hídricos y solares, no más allá del año 2030». Su plan abarca no solo la generación de electricidad, sino también el transporte, la calefacción y la refrigeración. Publicada posteriormente en la revista *Energy Policy*, la mencionada hoja de ruta es uno de los diversos estudios creíbles que han aparecido en los últimos años y que muestran cómo los países y las regiones ricas pueden transformar y adaptar todas (o casi todas) sus infraestructuras energéticas a fuentes renovables en un plazo de entre veinte y cuarenta años.[18] Entre los estudios que demuestran el potencial existente para un avance rápido en ese sentido, se encuentran los siguientes:

- En Australia, el Instituto de Investigación Energética de la Universidad de Melbourne y la organización sin ánimo de lucro Beyond Zero Emissions han publicado un plan para conseguir un sistema de producción y distribución de electricidad que sea un 60 % solar y un 40 % eólica en el asombroso plazo de diez años.[19]
- En 2014, la Administración Nacional Oceánica y Atmosférica de Estados Unidos (NOAA) ha concluido a partir de sus extensas investigaciones sobre los patrones meteorológicos que las energías eólica y solar rentables podrían representar cerca del 60 % del sistema estadounidense de electricidad como máximo en el año 2030.[20]
- Entre otras proyecciones más conservadoras, destaca un importante estudio publicado en 2012 por el Laboratorio Nacional de Energías Renovables, del Departamento de Energía de Estados Unidos, en el que se sostiene que las tecnologías verdes actualmente disponibles (eólica, solar y otras) podrían llegar a satisfacer un 80 % de las necesidades de electricidad de los estadounidenses no más allá de 2050.[21]

Pero el más prometedor de todos es el nuevo trabajo de un equipo de investigadores de Stanford dirigido por Mark Jacobson (coautor del ya mencionado plan global publicado en 2009). En marzo de 2013, publicaron un estudio en *Energy Policy* en el que se mostraba que el estado de Nueva York podría satisfacer todas sus necesidades energéticas con renovables para 2030 como muy tarde. Jacobson y sus colegas están elaborando planes similares para todos los demás estados del país y han publicado ya cifras para el conjunto de Estados Unidos. «No es en absoluto cierto que necesitemos el gas natural, el carbón o el petróleo; nosotros creemos que eso es un mito», declaró al *New York Times*.[22]

«No hay duda de que esto supone una transformación a gran escala —ha declarado también—. Exigiría un esfuerzo comparable al proyecto lunar Apolo o al que supuso la construcción del sistema interestatal de autovías y autopistas en Estados Unidos. Pero es posible y ni siquiera hace falta que para ello busquemos nuevas tecnologías. Lo que sí tenemos que hacer es decidir colectivamente que esa es la dirección hacia la que queremos encaminarnos como sociedad». Y tiene muy claro qué es lo que se interpone en ese camino: «Los mayores obstáculos son sociales y políticos; lo que necesitamos es la voluntad para hacerlo».[23]

En realidad, se necesita algo más que voluntad; se necesita la profunda transformación ideológica antes comentada. Porque nuestros Gobiernos han cambiado sustancialmente desde los tiempos en que se concibieron y se implementaron aquellos ambiciosos proyectos nacionales a los que se refería Jacobson. Y los imperativos creados por la crisis del clima chocan frontalmente con la lógica dominante de nuestra época en otros muchos frentes.

De hecho, cada vez que un nuevo desastre natural supera todos los registros previos y llena nuestras pantallas de horror, nos recuerda hasta qué punto la crisis climática nos exige que invirtamos en los armazones de propiedad pública que sostienen nuestras sociedades, quebradizos y frágiles tras décadas de desatención y abandono.

Reconstruir (y reinventar) el sector público

La primera vez que vi a Nastaran Mohit, iba envuelta en un largo abrigo acolchado negro y llevaba un gorro blanco doblado justo por encima de los ojos, mientras voceaba órdenes a un grupo de voluntarios reunidos en un almacén sin calefacción. «Tomad un taco de notas autoadhesivas e id escribiendo en ellas cuáles son las necesidades —decía aquella treintañera de verbo fácil y rápido a un subgrupo recién bautizado como Equipo 1—. Muy bien, salid y no os entretengáis. ¿Quiénes son el Equipo 2?»[24]

Hacía diez días que el huracán Sandy había alcanzado la costa y estábamos en uno de los sectores más afectados, en los Rockaways, una larga y estrecha franja de vecindarios costeros de Queens, Nueva York. Las aguas de la tempestad se habían retirado ya, pero cientos de sótanos seguían inundados y el servicio eléctrico y el de telefonía móvil continuaban interrumpidos. La Guardia Nacional patrullaba las calles en camiones y Humvees para garantizar el cumplimiento del toque de queda, pero a la hora de ofrecer ayuda a quienes se habían quedado allí atrapados entre el frío y la oscuridad, tanto el Gobierno del Estado como las grandes agencias federales de ayuda habían estado prácticamente desaparecidos. (O, para ser más precisos, estaban en el otro extremo —más acomodado— de la península Rockaway, donde esos organismos sí tuvieron una intensa y útil presencia.)[25]

A la vista de aquel abandono, miles de voluntarios (mayormente jóvenes) se habían organizado bajo el lema «Occupy Sandy» (muchos habían participado antes en Occupy Wall Street) y habían empezado a repartir ropa, mantas y comida caliente entre los residentes de las zonas desatendidas. Instalaron también puntos de recuperación en centros cívicos e iglesias, y fueron puerta por puerta por los humildes polígonos de viviendas de la zona (con edificios de hasta 23 plantas de altura). «Limpiar la porquería» se había convertido en la expresión de moda: «¿Necesita usted que le limpiemos la porquería del sótano?». Si la respuesta era que sí, una brigada de afanosos veinteañeros se presentaba enseguida con fregonas, guantes, palas y lejía, listos para realizar la tarea.

Mohit había ido a los Rockaways a ayudar con la distribución de provisiones básicas, pero pronto notó que allí había una necesidad más urgente aún: en ciertas zonas, no había absolutamente nadie que estuviera dispensando atención médica. Y esta era tan necesaria en aquellos momentos que ella misma se asustó de la situación. Desde la década de 1950, los Rockaways —que en tiempos fueron un atractivo destino turístico— se habían convertido en una especie de vertedero de la población más pobre y menos deseada de Nueva York: perceptores de ayudas sociales, ancianos, pacientes mentales dados de alta de las instituciones en las que recibían tratamiento, etcétera. Allí se los hacinó en gigantescos bloques de pisos, muchos de ellos en una parte de la península conocida entre los lugareños como el «Bagdad de Queens».[26]

Como en tantos lugares del mismo estilo, en los Rockaways los servicios públicos se habían recortado hasta la mínima expresión, y luego habían vuelto a sufrir nuevos recortes. Solo seis meses antes del paso del huracán, el Peninsula Hospital Center (uno de los dos únicos hospitales de la zona, que atendía a una población de bajos ingresos y una media de edad avanzada) había tenido que cerrar sus puertas después de que el Departamento de Sanidad del estado de Nueva York se hubiera negado a intervenir para evitarlo. Se intentó llenar ese vacío con varias clínicas ambulatorias, pero estas habían quedado inundadas por el Sandy y ni ellas ni las farmacias habían vuelto a reabrir aún. «Esto es una zona muerta», suspiró Mohit.[27]

Así que ella y sus amigos de Occupy Sandy llamaron a todos los médicos y personal de enfermería que conocían y les pidieron que trajeran consigo cuantas provisiones pudieran. A continuación, convencieron al dueño de una antigua peletería, dañada durante el temporal, para que les dejara convertir la entrada de su comercio, que daba a la calle principal del vecindario, en una especie de hospital de campaña improvisado. Allí, entre cueros de animales que colgaban del techo, médicos, enfermeras y enfermeros voluntarios comenzaron a examinar a pacientes, a tratar heridas, a cursar recetas y a proporcionar ayuda psicológica a los afectados.

Y no les faltaron pacientes, desde luego; en sus primeras dos semanas de funcionamiento, Mohit calcula que la clínica ayudó a centenares de personas. Pero el día que la visité, preocupaba cada vez más la posible situación de las personas que seguían todavía atrapadas en las plantas superiores de los bloques de viviendas. En sus recorridos puerta por puerta, repartiendo provisiones por los polígonos de viviendas a oscuras, los voluntarios (que llevaban linternas acopladas a la frente para poder ver algo entre tanta tiniebla) estaban encontrando a un número alarmante de personas enfermas, a las que se les habían agotado las medicinas para tratar el cáncer y el VIH/sida, o habían vaciado ya sus bombonas de oxígeno, o (en el caso de los diabéticos) habían terminado sus existencias de insulina, o (en el caso de los adictos) estaban en pleno síndrome de abstinencia. Algunas personas estaban demasiado enfermas como para aventurarse a oscuras por los múltiples tramos de escaleras que las separaban de la calle para buscar o pedir ayuda; algunas no se habían ido de sus viviendas porque no tenían otro lugar adonde ir ni modo alguno de salir de la península (ni los metros ni los autobuses funcionaban); otras temían que si abandonaban sus apartamentos, los saqueadores les robarían todo lo que allí tuvieran de valor. Y sin servicio de telefonía móvil ni electricidad para encender sus televisores, muchos no tenían ni idea de qué estaba pasando fuera.

Lo más asombroso es que los residentes comentaban a los voluntarios de Occupy Sandy que hasta que ellos se presentaron allí en las puertas de sus casas, nadie había llamado a ellas desde el paso del temporal. Nadie del Departamento de Sanidad, nadie de la Autoridad de la Vivienda (responsable de la gestión de esos polígonos, de titularidad pública), ni nadie de las grandes agencias de ayuda humanitaria, como la Cruz Roja. «Yo pensé "¿¡pero qué cojones es esto!?" —me dijo Mohit—. Allí no había ni la más mínima atención médica elemental.»*[28] Y en alusión al legendario abandono que sufrieron los habitantes pobres de Nueva Orleans cuando la ciudad se inundó en 2005, añadió: «Esto es el Katrina 2.0».[29]

---

* Esa era la situación, no solo en los Rockaways, sino, al parecer, en todos aquellos barrios de viviendas de titularidad pública por donde había pasado la «supertormenta». En Red Hook (Brooklyn), muchos residentes se quedaron sin electricidad durante tres semanas, tiempo durante el cual la Autoridad de la Vivienda no hizo comprobación sistemática alguna de la situación de sus inquilinos puerta por puerta. Wally Bazemore, un vecino de 60 años, lo dejó así de claro en una reunión de habitantes del barrio muy enfadados con lo que estaba sucediendo: «Nos han dejado completamente a oscuras tanto en el sentido literal como en el figurado».

La parte más frustrante de todo aquello era que, pese a que se había detectado una necesidad sanitaria urgente y grave, y pese a que los propios médicos voluntarios habían extendido las recetas necesarias para que se suministraran todos aquellos medicamentos, quienes los tenían no se los dispensaban: «Nosotros llevamos las recetas a la farmacia, y la farmacia nos las devuelve diciéndonos que no pueden darnos los medicamentos, que les falta información sobre el seguro médico de los pacientes. Entonces reunimos todos los datos de los que disponemos, volvemos a llevar las recetas allí y nos dicen: "Pues ahora necesitamos el número de la Seguridad Social de estas personas"».[30]

Según un estudio de la Facultad de Medicina de la Universidad de Harvard de 2009, hasta 45.000 personas mueren al año en Estados Unidos por falta de seguro médico. Según señaló uno de los coautores de esa investigación, eso representa aproximadamente una muerte cada doce minutos. No está claro que la atrofiada ley de sanidad firmada por el presidente Obama en 2010 consiga cambiar en algo esas cifras, pero viendo cómo las compañías aseguradoras continúan dando más prioridad al dinero que a la salud humana en medio del peor temporal que haya azotado Nueva York en toda su historia, la búsqueda de una solución a esa injusticia preexistente se vuelve más urgente que nunca. «Necesitamos un sistema sanitario universal —afirmó Mohit—. No hay otra salida para este problema. No existe absolutamente ninguna salida más.» Cualquiera que esté en desacuerdo con esa idea debería acudir a la zona del desastre, dijo, porque esa «es la situación perfecta para que las personas examinen de verdad lo disparatado, inhumano y salvaje que es el sistema actual».[31]

La palabra *apocalipsis* se deriva del griego *apokalypsis*, que significa 'descubrimiento' o revelación. Además de la necesidad de un sistema sanitario inmensamente mejor que el actual, mucho más fue lo que se descubrió y se nos reveló cuando las aguas de las inundaciones se retiraron de Nueva York ese octubre. El desastre puso de relieve lo peligrosa que resulta la dependencia de unas formas de energía centralizadas que pueden venirse abajo de un solo golpe. Reveló también el altísimo coste (que se cobra en vidas humanas, incluso) del aislamiento social, pues fueron las personas que no conocían a sus vecinos (o que tenían miedo de ellos) las que más riesgo corrieron; en cambio, las comunidades locales más estrechamente interrelacionadas, aquellas en las que los vecinos asumieron la responsabilidad de protegerse mutuamente, fueron las que mejor capacidad demostraron para (casi literalmente) capear la tormenta.

El desastre reveló también los enormes riesgos que entraña la desigualdad profunda, pues las personas que ya eran más vulnerables de por sí (los trabajadores sin papeles, los exconvictos, los residentes en viviendas públicas) fueron las que sufrieron más y durante más tiempo. En los barrios de renta per cápita más baja, los domicilios se llenaron no solo de agua, sino también de productos químicos pesados y detergentes: un legado del racismo medioambiental sistémico que ha tolerado que las industrias tóxicas instalaran sus fábricas y almacenes en zonas habitadas principalmente por personas de color. Los polígonos de viviendas públicas que más se habían dejado deteriorar —mientras el Ayuntamiento aguardaba el momento propicio para venderlos a promotores privados— se convirtieron en trampas mortales para sus inquilinos; sus anticuadas canalizaciones de fontanería y sus obsoletos sistemas eléctricos no resistieron y se vinieron abajo por completo. Como dijo Aria Doe, directora ejecutiva del Action Center for Education and Community Development en los Rockaways, los habitantes más pobres de aquella península «estaban muertos y enterrados» antes incluso de que el temporal alcanzara la costa. «Ahora mismo, siguen estándolo, pero bajo un metro más de aluvión.»[32]

En todo el planeta, las duras realidades generadas por un mundo en pleno proceso de calentamiento están chocando frontal y violentamente contra la brutal lógica de la austeridad, y nos están mostrando lo insostenible que resulta privar de recursos al sector público precisamente en el momento en que más necesitamos de él. Las inundaciones que afectaron al Reino Unido en el invierno de 2013-2014, por ejemplo, habrían supuesto una muy difícil prueba para cualquier Gobierno. Miles de hogares y centros de trabajo quedaron anegados, cientos de miles de viviendas y otros edificios e instalaciones se quedaron sin electricidad, gran parte del terreno agrícola se sumergió bajo las aguas y el servicio ferroviario estuvo interrumpido en varias líneas férreas durante semanas. Todo ello sumado provocó lo que una alta autoridad llamó un «desastre natural casi sin parangón». Y todo ello en el momento justo en que el país se estaba recuperando todavía de una devastadora borrasca que lo había golpeado apenas dos meses antes.[33]

Pero aquellas inundaciones resultaron particularmente incómodas para el Gobierno de coalición encabezado por el primer ministro conservador David Cameron porque, en los tres años anteriores, había mermado considerablemente la capacidad de la Agencia Británica del Medio Ambiente (EA), que es el organismo responsable de actuar en caso de inundaciones en el país. Desde 2009, se habían recortado 1.150 empleos en la

EA y hasta 1.700 más se enfrentaban a una próxima reestructuración, lo que representaba, aproximadamente, una cuarta parte del conjunto de su plantilla inicial. En 2012, *The Guardian* había revelado que «cerca de trescientos sistemas de defensa contra inundaciones [habían] quedado pendientes de construcción debido a los recortes presupuestarios practicados por el Gobierno». El propio jefe de la Agencia del Medio Ambiente había declarado sin rodeos durante la última de esas rondas de recortes que «el control del riesgo de inundaciones se verá afectado».[34]

Cameron no es ningún negacionista del cambio climático, por lo que resulta más increíble aún que mutilara de ese modo la agencia responsable de proteger a la población del aumento del nivel de las aguas y de la ferocidad creciente de los fenómenos tormentosos, dos efectos bien conocidos de dicho cambio. Y poco consuelo ofrecieron sus alabanzas al buen trabajo del personal que había sobrevivido a sus tijeretazos presupuestarios. «Es una vergüenza que el Gobierno se quede tan contento anteponiendo los costes a la seguridad de la población y a la protección de los hogares —anunció el sindicato que representa a los trabajadores de la EA en un cáustico comunicado—. Tiene que decidirse de una vez: no puede loar el excelente trabajo de los miembros de la Agencia un día y anunciar más recortes perjudiciales al siguiente.»[35]

Cuando las cosas van bien, es fácil atacar el exceso de gasto público (el *big government*) y hablar de la inevitabilidad de los recortes. Pero cuando se producen desastres, la mayoría de las personas pierden su fe en la religión del libre mercado y quieren asegurarse de que su Gobierno vela por ellas. Y si de algo podemos estar seguros es de que los fenómenos meteorológicos extremos como el huracán Sandy, el tifón Haiyan que asoló las Filipinas y las inundaciones en Gran Bretaña (desastres que, sumados, azotaron las líneas costeras sin piedad hasta volverlas irreconocibles, causaron estragos en millones de hogares y mataron a muchos miles de personas) van a seguir produciéndose una y otra vez.

Durante el transcurso de los años setenta del siglo xx, hubo en todo el mundo 660 desastres registrados: sequías, inundaciones, episodios de temperaturas extremas, incendios forestales y temporales. En la década de los años 2000 a 2009, fueron 3.322: el quíntuple. Ese es un incremento asombroso para una diferencia de tiempo tan corta (apenas treinta años), y aunque es evidente que no se puede decir que el cambio climático haya sido su única «causa», no es menos obvia la huella climática en esa variación. «No cabe duda de que el cambio climático ha aumentado la frecuencia de ciertos tipos de sucesos meteorológicos extremos —me dijo el científico del clima Michael Mann en una entrevista—, como sequías, huracanes intensos y supertifones, además de la frecuencia, la intensidad y la duración de las olas de calor y, potencialmente, de otros meteoros virulentos, aunque los detalles todavía son objeto de debate en la comunidad científica.»[36]

Sin embargo, esas tres décadas de diferencia han sido precisamente las que casi todos los Gobiernos del mundo han empleado para ir quebrando la salud y la resistencia del sector público. Y es ese abandono el que, una vez tras otra, convierte desastres naturales en catástrofes antinaturales. Los temporales revientan diques deteriorados. Las lluvias torrenciales hacen que unos sistemas de alcantarillado decrépitos se atasquen y rebosen, en vez de desaguar. Los incendios forestales se descontrolan por falta de trabajadores y de material para combatirlos (en Grecia, los departamentos de bomberos no se pueden permitir ruedas de repuesto para sus camiones, con los que tienen que atravesar después zonas boscosas en llamas). Los equipos de respuesta a las emergencias no aparecen durante días tras el paso de un gran huracán. Puentes y túneles, faltos de mantenimiento y reparación, se hunden con la presión añadida que tienen que soportar en esas situaciones.

Los costes que se derivan de la necesidad de hacer frente a unos fenómenos meteorológicos extremos cada vez más frecuentes son astronómicos. En Estados Unidos, cada uno de esos grandes desastres cuesta al parecer más de 1.000 millones de dólares a los contribuyentes. El coste del paso del huracán Sandy se estima en 65.000 millones de dólares. Y este azotó las costas estadounidenses solo un año después de que el huracán Irene provocara en torno a los 10.000 millones de dólares en daños (ese año, los desastres se cobraron en Estados Unidos un coste total de 14.000 millones de dólares). A nivel mundial, 2011 tiene hasta el momento el dudoso honor de ser el año más costoso de la historia en cuanto a desastres, pues los daños ocasionados por estos ascendieron durante esos doce meses a, como mínimo, 380.000 millones de dólares. Y como los dirigentes políticos siguen atrapados por la férrea lógica de la austeridad, esos gastos en aumento por la atención en situaciones de emergencia se compensan con recortes en otros capítulos más cotidianos del gasto público, lo que hace que las sociedades sean más vulnerables aún durante el siguiente desastre: un ejemplo clásico de círculo vicioso.[37]

Nunca ha sido buena idea desatender los cimientos de nuestras sociedades hasta ese punto, pero en el contexto del cambio climático actual, esa decisión se antoja directamente suicida. Hay muchos e importantes debates pendientes sobre el mejor modo de responder al cambio climático. Por ejemplo, ¿diques antitormentas o restauración de los ecosistemas?

¿Renovables descentralizadas, energía eólica a escala industrial combinada con gas natural, o energía nuclear? ¿Granjas de agricultura orgánica a pequeña escala o sistemas de producción industrial de alimentos? Lo que no hay, sin embargo, es ningún escenario de futuro en el que podamos evitar unos niveles de gasto en el sector público equivalentes a los de una situación de gran guerra (suponiendo, claro está, que nos tomemos en serio el intento de prevenir unos niveles catastróficos de calentamiento y de minimizar el potencial destructivo de los temporales venideros).

Las prioridades para el desembolso de ese dinero público no son ningún misterio. Buena parte de este debería destinarse a ambiciosos proyectos de reducción de emisiones como las redes eléctricas inteligentes, los trenes ligeros, los sistemas de compostaje municipales, la readaptación de los edificios, los sistemas visionarios de transporte público, los rediseños urbanos que nos ahorren que pasemos media vida atrapados en atascos de tráfico, etc. El sector privado está mal equipado para afrontar la mayoría de estas grandes inversiones en infraestructuras, porque para que los servicios sean accesibles —como deben serlo para que resulten realmente eficaces—, hay que desembolsar recursos de los que jamás podrán obtenerse los márgenes de beneficio que atraen a los inversores privados.

El caso del transporte público y de la regulación del tráfico es un buen ejemplo de ello. En marzo de 2014, cuando la contaminación atmosférica en las ciudades francesas alcanzó niveles peligrosamente elevados, las autoridades de París tomaron de inmediato la decisión de desincentivar el uso del automóvil particular decretando la gratuidad de los transportes públicos de la ciudad durante tres días. Obviamente, los prestadores privados de esos servicios se opondrían enérgicamente a esa clase de medidas, pero lo normal sería que nuestros sistemas de transporte colectivo respondieran con esa misma premura y urgencia ante nuestros actuales niveles peligrosamente elevados de carbono atmosférico. En vez de tolerar que las tarifas de metro y autobús aumenten al tiempo que el servicio se deteriora, lo que de verdad necesitamos ahora son precios rebajados y servicios ampliados... con independencia de los costes.

También es necesario que el dinero público se destine a los igualmente importantes (aunque menos glamurosos) proyectos y servicios que nos ayuden a estar preparados para las duras condiciones meteorológicas que están por venir. Entre estas otras prioridades de gasto se incluyen la contratación de más bomberos y la mejora de las barreras antitormentas. Y se necesita también idear e implantar nuevos programas de seguros contra desastres que funcionen por criterios no lucrativos e impidan que personas que lo han perdido todo por culpa de un huracán o un incendio forestal se queden a merced de unas aseguradoras (las privadas) que están ya adaptándose al cambio climático escatimando pagos de compensaciones a sus asegurados y golpeando aún más a las víctimas con exagerados aumentos de las primas de sus pólizas. Según Amy Bach, cofundadora de la organización de usuarios United Policyholders (con sede en San Francisco), los seguros contra desastres se parecen cada vez más «a los seguros médicos. Vamos a tener que eliminar progresivamente el ánimo de lucro del sistema para que funcione con eficiencia y eficacia sin necesidad de generar sueldos y bonificaciones salariales obscenas para los ejecutivos y dividendos y beneficios para los accionistas. Porque el actual es un modelo que no va a ser sostenible. Una compañía aseguradora cuyas acciones cotizan públicamente en Bolsa no constituye un modelo de negocio sostenible para el usuario final (el consumidor) en un momento de cambio climático como este».[38] O seguros públicos o capitalismo del desastre sin control: esas son las opciones.

Esa clase de mejoras son, desde luego, mucho más perentorias en países en vías de desarrollo como Filipinas, Kenia y Bangladesh, que ya están teniendo que hacer frente a algunos de los más severos impactos del clima. Allí se necesitan urgentemente cientos de miles de millones de dólares para construir diques y muros de contención; redes de almacenaje y distribución de alimentos, agua y medicinas; sistemas de alerta temprana y refugios para huracanes, ciclones y tsunamis; y, por supuesto, sistemas de sanidad pública capaces de hacer frente al aumento de la incidencia de enfermedades relacionadas con el clima, como la malaria.[39] Aunque también son precisos mecanismos de protección frente a la corrupción de los Gobiernos y las autoridades públicas, esos países no deberían verse obligados a gastar el dinero de sus presupuestos para sanidad y educación en costosos planes de seguros contra desastres contratados con grandes empresas transnacionales, como sucede actualmente. Su población debería recibir compensación directa de los países (y empresas) más directamente responsables del calentamiento del planeta.

Quien contamina paga

A estas alturas, el lector sensato se estaría preguntando: ¿cómo se supone que vamos a pagar todo esto? Esa es la pregunta esencial. Un estudio del Departamento de Asuntos Económicos y Sociales de las Naciones Unidas del año 2011 examinó cuánto costaría a la humanidad «superar la pobreza, aumentar la producción de alimentos para erradicar el hambre sin degradar el terreno ni los recursos hídricos, y evitar la catástrofe del cambio climático». El precio calculado para tan ambicioso objetivo fue de 1,9 billones de dólares anuales durante los próximos cuarenta años, y «al menos la mitad de las inversiones requeridas tendrían que realizarse en países en vías de desarrollo».[40]

Como todos sabemos, la evolución del gasto público está siguiendo justamente el sentido contrario en casi todos los países del mundo menos en un puñado de las llamadas economías emergentes caracterizadas por un elevado ritmo de crecimiento. En América del Norte y Europa, la crisis económica que comenzó en 2008 sigue utilizándose como pretexto para rebajar la ayuda exterior y practicar recortes en los programas y las políticas relacionadas con el clima en el propio país. Por toda la Europa del sur se ha dado marcha atrás en políticas y regulaciones medioambientales diversas; el caso más trágico de todos ha sido el de España, que, ferozmente presionada para llevar a cabo la aplicación de políticas de austeridad, ha recortado drásticamente las subvenciones a los proyectos de renovables, lo que ha impulsado una vorágine de suspensiones de pagos y cierres de proyectos de producción de energía solar y de parques eólicos. También en el Reino Unido, durante el Gobierno de David Cameron, se han reducido las ayudas a las energías renovables.

Entonces, si damos por sentado que muchos Estados están sin blanca y que no es probable que recurran a la «flexibilización cuantitativa» (es decir, a la impresión de dinero) para el sistema de protección climática como sí lo han hecho para ayudar a los bancos, ¿de dónde se supone que va a salir el dinero? Puesto que tenemos muy pocos años de plazo efectivo para evitar la catástrofe planetaria reduciendo radicalmente nuestras emisiones, la única vía racional para avanzar es la consistente en adoptar con todas sus consecuencias un principio muy consolidado ya en el derecho occidental: quien contamina paga.

Las compañías de combustibles fósiles saben desde hace décadas que su producto básico calienta el planeta y, pese a ello, no solo no se han adaptado a esa realidad para solucionarla, sino que se han dedicado incluso a bloquear activamente cualquier progreso en ese sentido. Y mientras, las compañías de petróleo y de gas continúan estando entre las grandes empresas más lucrativas de la historia: las cinco principales empresas petroleras se embolsaron 900.000 millones de dólares en beneficios entre 2001 y 2010. ExxonMobil tiene aún el récord de los mayores beneficios jamás comunicados por una empresa en Estados Unidos: 41.000 millones de dólares en 2011 y 45.000 millones en 2012. Estas empresas son ricas, lisa y llanamente, porque han descargado el coste de limpiar lo que ensucian sobre los bolsillos y la salud de las personas normales y corrientes de todo el mundo. Esa es la situación que, más que ninguna otra, necesitamos cambiar.[41]

Y no la cambiaremos sin una acción fuerte. Varias de las grandes petroleras llevan más de una década afirmando que están utilizando voluntariamente sus ganancias para invertirlas en una transición hacia la energía renovable. En el año 2000, BP cambió su imagen comercial: jugando con sus iniciales, se autodenominó «Beyond Petroleum» («Más allá del petróleo») y adoptó como nuevo logo un sol radiante, bautizado como «la marca de Helios, en honor del dios del sol de la antigua Grecia». («No somos una compañía petrolera —declaró el entonces consejero delegado, sir John Browne—. Somos conscientes de que el mundo quiere combustibles menos intensivos en carbono. Lo que nosotros queremos es crear opciones.») Chevron, por su parte, lanzó una campaña publicitaria de elevada visibilidad pública con el mensaje: «Ya va siendo hora de que las compañías petroleras apoyen a las energías renovables. [...] Estamos de acuerdo». Pero, según un estudio del Center for American Progress, solo un 4 % de los 100.000 millones de dólares de beneficios totales que sumaron las Cinco Grandes en 2008 fue a parar a «iniciativas de energías renovables y alternativas». Donde sí continúan vertiendo sus ganancias es en los bolsillos de los accionistas, en remuneraciones indecentemente altas a sus ejecutivos (el consejero delegado de Exxon, Rex Tillerson, gana más de cien mil dólares al día) y en nuevas tecnologías diseñadas para extraer combustibles fósiles más sucios y más peligrosos aún si cabe.[42]

Y aunque la demanda de renovables aumenta, el porcentaje de lo que las compañías de combustibles fósiles gasta en aquellas no deja de disminuir: en 2011, la mayoría de las «grandes» dedicó a las energías alternativas menos del 1 % de sus gastos totales. Solo Chevron y Shell gastaron en ellas un (por otra parte discretísimo) 2,5 %. En 2014, Chevron redujo más aún su esfuerzo de gasto en ese sector. Según *Bloomberg Businessweek*, el personal de una división de renovables de esa compañía que casi había duplicado los beneficios que se le habían fijado como objetivo fue informado de que «la financiación de su iniciativa iba a agotarse», por lo que se le instaba «a buscar empleo en otra parte». Chevron también decidió vender negocios que habían desarrollado proyectos verdes para Gobiernos de diferentes niveles y para administraciones de distritos escolares. Antonia Juhasz, observadora de la industria petrolera, ha señalado en ese sentido que «uno no lo diría viendo su publicidad, pero lo cierto es que las grandes empresas petroleras del mundo o bien han desinvertido todo lo que tenían en energías alternativas, o bien han reducido significativamente esas inversiones para duplicarlas en la búsqueda y explotación de fuentes cada vez más peligrosas y destructivas de petróleo y gas natural».[43]

A la vista de semejantes antecedentes, es bastante seguro suponer que, si las compañías de combustibles fósiles terminan contribuyendo a sufragar la transición hacia las energías renovables, así como los costes más generales de un clima desestabilizado por la contaminación que ellas mismas han generado, será porque se las habrá conminado a ello por ley. Del mismo modo que las empresas tabaqueras han sido obligadas a pagar los costes de ayudar a que las personas dejen de fumar, y que BP ha tenido que costear buena parte de las labores de limpieza de su propio vertido de petróleo en el golfo de México, ya va siendo hora de que las empresas de ese sector paguen por lo menos una parte de la factura de la crisis climática. Y crecen los indicios de que el mundo financiero ha empezado a entender que esto terminará por producirse. En su informe anual de 2013 sobre «Riesgos globales», el Foro Económico Mundial (anfitrión del encuentro de la superélite mundial que organiza cada año en Davos) se expresaba con toda franqueza al respecto: «Aunque el pueblo de Kivalina (Alaska), que se enfrenta al riesgo de ser "erradicado" por la cambiante climatología, ha visto frustrados sus varios intentos de interponer una demanda judicial por daños y perjuicios por valor de 400 millones de dólares contra las empresas del petróleo y el carbón, es posible que otros demandantes futuros tengan más éxito en ese empeño. Cinco décadas atrás, la industria tabaquera estadounidense no habría sospechado siquiera que, en 1997, accedería a pagar 368.000 millones de dólares de indemnización por daños a la salud pública». Pero terminó pagándolos.[44]

La pregunta, entonces, es la siguiente: ¿cómo podemos impedir que los beneficios empresariales derivados de los combustibles fósiles continúen malográndose en una hemorragia imparable de salarios de altos ejecutivos y dividendos y ganancias de accionistas? Y ¿cómo podemos impedirlo a corto plazo, antes de que las compañías sean ya significativamente menos rentables o se hayan quedado sin negocio porque ya hayamos concluido nuestra transición a un nuevo sistema energético? Como se comentaba en el mencionado informe de «Riesgos globales», varias comunidades locales seriamente afectadas por el cambio climático han intentado recurrir a los tribunales para demandar a los culpables por daños y perjuicios, pero, hasta el momento, no han tenido éxito. Un elevado impuesto sobre el carbono sería una forma muy directa de que esas empresas compartieran una parte de sus beneficios, siempre, eso sí, que la normativa fiscal correspondiente contemplase igualmente un mecanismo redistributivo generoso —desgravaciones o deducciones— que compensase a los consumidores pobres y de clase media por el incremento de los precios del combustible y la calefacción. Como bien señala el economista canadiense Marc Lee, si se diseña adecuadamente, «es posible tener un sistema de gravamen progresivo del carbono que reduzca la desigualdad al tiempo que incremente el precio por emitir gases de efecto invernadero».[45] Una ruta más directa aún para aprovechar al menos un pedazo del pastel de esas ganancias derivadas de la contaminación sería la consistente en que los Gobiernos negociasen cánones mucho más elevados de los que cobran ahora por la extracción de petróleo, gas y carbón en sus territorios, y en que los ingresos así percibidos fuesen a parar a fondos fiduciarios de protección del patrimonio colectivo (*heritage trust funds*) dedicados a construir el futuro poscombustibles fósiles y a ayudar a las comunidades locales y a los trabajadores a adaptarse a esas nuevas realidades.

Podemos dar por seguro que las compañías de combustibles fósiles se opondrán a cualquier nueva normativa que rebaje sus beneficios, por lo que sería preciso contemplar también la posibilidad de introducir penalizaciones duras, entre las que podría preverse también su disolución como sociedades mercantiles en caso de incumplimientos reiterados o graves. Desde luego, estas empresas amenazarían con retirarse de ciertos proyectos o de ciertos países incluso, pero cuando una multinacional como Shell se ha gastado miles de millones de dólares en construir las minas y las plataformas extractoras necesarias para la obtención de combustibles fósiles, no es probable que abandone esas infraestructuras sin más solo porque le suban el precio del canon. (Aunque, eso sí, se quejará amargamente y muy posiblemente tratará de conseguir una indemnización acudiendo a un tribunal de inversiones.)

Pero las industrias extractivas no deberían ser las únicas señaladas por el principio de que «quien contamina paga». Las fuerzas armadas de Estados Unidos son, según algunos cálculos, la organización que más petróleo consume en el mundo. En 2011; el Departamento de Defensa emitió, como mínimo, 56,6 millones de toneladas métricas de CO_2 a la atmósfera; más que todas las instalaciones juntas que ExxonMobil y Shell tienen en Estados Unidos.[46] Así que, seguramente, las empresas de armamento también deberían pagar su parte del desaguisado. También tienen que dar cuenta de sus actividades las empresas automovilísticas, al igual que las de transporte marítimo y las líneas aéreas.

Existe, además, una correlación simple y directa entre riqueza y emisiones: tener más dinero significa por lo general volar, conducir o incluso salir a navegar más a menudo, y requerir de suministro de electricidad y energía para más de un domicilio particular. Un estudio sobre los consumidores alemanes indica que los hábitos de viaje de la clase más acomodada tienen un impacto sobre el clima un 250 % mayor que los de sus conciudadanos de ingresos más bajos.[47]

Eso significa que todo intento de gravar la extraordinaria concentración de riqueza que se produce en la cima de la pirámide económica de nuestras sociedades (como tan convincentemente ha documentado Thomas Piketty, entre otros muchos autores) serviría ciertamente para hacer que quienes más contaminan pagasen, aunque siempre, eso sí, que los ingresos así obtenidos se canalizaran hacia la financiación de la acción climática. Como dice el periodista y experto en políticas climáticas y energéticas Gar Lipow, «deberíamos gravar más a los ricos porque es lo equitativo y porque eso nos proporcionará una vida mejor a la mayoría de nosotros, además de conseguir una economía más próspera. Sin embargo, obtener de ese modo dinero para salvar la civilización y reducir el riesgo de la extinción humana es otro muy buen motivo para librar la correspondiente factura a los más ricos a fin de que abonen su cuota equitativa de los impuestos». De todos modos, debe recordarse también que el principio de que «quien contamina paga» tendría que extenderse más allá del ámbito de los superricos. Según Stephen Pacala, director del Instituto Medioambiental de Princeton y codirector de la Iniciativa de Mitigación del Carbono, de esa misma universidad, los 500 millones de personas más ricas del planeta somos responsables de, aproximadamente, la mitad de todas las emisiones globales. En ese sector de la población mundial se incluyen las personas más ricas de todos los países del mundo (sobre todo, las de países como China y la India), pero también una proporción considerable de la clase media de América del Norte y Europa.*[48]

Consideradas en su conjunto, bien puede decirse que no andamos escasos ni mucho menos de opciones entre las que elegir para reunir equitativamente el dinero necesario para prepararnos para los temporales venideros y, al mismo tiempo, reducir radicalmente nuestras emisiones a fin de impedir un calentamiento global catastrófico.

---

* Ese es el motivo por el que la persistente propugnación del control demográfico como solución para el cambio climático no es más que una distracción (amén de un callejón sin salida desde el punto de vista moral). Como ese estudio deja bien claro, la principal causa del aumento de las emisiones no es la conducta reproductiva de la población pobre, sino las prácticas de consumo de los ricos.

Consideremos, por ejemplo, la siguiente lista, que no es en absoluto exhaustiva:

- Un impuesto que grave «con un tipo bajo» las transacciones financieras —y que afectaría las compras y ventas de acciones, derivados y otros instrumentos financieros— podría recaudar cerca de 650.000 millones de dólares a escala mundial cada año, según una resolución de 2011 del Parlamento Europeo (y tendría el beneficio añadido de ralentizar la especulación financiera).[49]
- El cierre de los paraísos fiscales se traduciría igualmente en un aumento extraordinario de la recaudación por impuestos en todos los países. La organización británica Tax Justice Network estima que, en 2010, la riqueza privada de particulares guardada sin declarar en paraísos fiscales de todo el planeta se situó entre los 21 y los 32 billones de dólares. Si se hiciera aflorar todo ese dinero y se gravaran sus intereses y réditos a un tipo del 30 %, se obtendría con ello un mínimo de 190.000 millones de dólares anuales en concepto de recaudación de los impuestos sobre la renta en todo el mundo.[50]
- Un «impuesto a los milmillonarios» a un tipo del 1 %, como el propuesto hace unos meses por la ONU, podría recaudar hasta 46.000 millones de dólares al año.[51]
- Pasar la tijera por los presupuestos militares de cada uno de los diez países que más gastan en ese capítulo en el mundo reduciéndolos en un 25 % podría liberar 325.000 millones de dólares adicionales, según las cifras de 2012 publicadas por el Instituto Internacional de Estudios para la Paz de Estocolmo (SIPRI). (Bien es cierto que esta sería probablemente la medida más difícil de promover, sobre todo en Estados Unidos.)[52]
- Otros 450.000 millones de dólares anuales (según estimaciones) se podrían obtener cobrando un impuesto de cincuenta dólares por tonelada métrica de CO_2 emitido en los países desarrollados. Incluso un impuesto más modesto sobre el carbono (de 25 dólares por tonelada) seguiría permitiendo recaudar 250.000 millones de dólares al año, según un informe de 2011 del Banco Mundial, el Fondo Monetario Internacional y la Organización para la Cooperación y el Desarrollo Económico (OCDE), entre otros promotores.[53]
- El abandono progresivo de las subvenciones a los combustibles fósiles a nivel global ahorraría a los Gobiernos un total de 775.000 millones de dólares en un solo año, según una estimación (bastante

conservadora) de 2012 de Oil Change International y el Natural Resources Defense Council.[54]

Si se sumaran todas estas medidas, se recaudarían con ellas más de 2 billones de dólares cada año.[55] Desde luego, suficiente dinero para empezar a financiar sólidamente una Gran Transición (y para evitar simultáneamente una Gran Depresión). Y en esa suma no se cuenta ningún potencial aumento de los cánones por la extracción de combustibles fósiles. Obviamente, para que cualquiera de esas medidas de ofensiva fiscal funcionase de verdad, los Gobiernos clave implicados tendrían que coordinar sus respuestas a fin de que las grandes empresas no tuvieran ningún lugar en el que ocultarse, lo cual parece ciertamente difícil, pero ni mucho menos imposible, como lo demuestra el hecho de que sea una posibilidad a menudo comentada en las cumbres del G-20.

Además de la pura y simple realidad de que ese es un dinero muy necesario en estos momentos, existen razones políticas prácticas por las que el principio de que «quien contamina paga» debería guiar la financiación de la acción climática. Como ya hemos visto, responder a la crisis del clima puede aportar beneficios reales a la mayoría de las personas, pero las soluciones reales exigirán al mismo tiempo (y por definición) sacrificios e incomodidades a corto y medio plazo. Y por lo que sabemos de pasados sacrificios que se hicieron también en aras de la superación de una crisis (racionamiento, ahorro y controles de precios durante ambas guerras mundiales, por ejemplo), el éxito de los mismos siempre ha dependido por completo de que se perciban como justos o equitativos por quienes los tengan que soportar.

En Gran Bretaña y en Norteamérica durante la Segunda Guerra Mundial, por ejemplo, todos los estratos sociales fueron obligados a arreglárselas con menos que antes, incluso los más ricos. Y, de hecho, aunque el consumo total en el Reino Unido descendió en un 16 %, la ingesta de calorías entre la población pobre aumentó durante la guerra, porque las raciones aportaron a las personas de ingresos bajos más de lo que de otro modo se hubieran podido permitir.[56]

Hubo sobrados casos de trampas y de especulación en el mercado negro, por supuesto, pero esos programas gozaron de un apoyo amplio y generalizado entre la población porque eran equitativos (o así eran vistos en teoría, al menos). El tema de la igualdad estuvo muy presente en todas las campañas de los Gobiernos sobre aquellos programas y políticas desplegados durante la guerra. «Cuotas justas para todos» fue un eslogan clave en el Reino Unido, mientras que en Estados Unidos optaron por

«Reparte y comparte por igual» y «Produce, conserva, comparte y juega limpio».[57] En un panfleto de la Oficina de Administración de Precios, de 1942, se explicaba incluso que racionar formaba parte de la tradición americana. «¿Qué es racionar?», preguntaba.

> En primer lugar, vamos a dejar claro qué no es racionar. No es hambre, ni largas colas para el pan, ni productos de muy mala calidad. Es un plan de la comunidad para dividir equitativamente las provisiones que tenemos entre todos los que las necesitan. En segundo lugar, no es «antiamericano». Los primeros colonos de este país, enfrentados a la escasez de comida y ropa, pusieron en común sus preciosas provisiones y las repartieron entre todos por igual. Fue una idea muy americana entonces y sigue siendo muy americana ahora: repartir y compartir por igual, sacrificarse cuando sea necesario, pero sacrificarnos juntos cuando el bienestar del país así lo exija.[58]

Los Gobiernos también se aseguraron de que hubiera redadas muy publicitadas contra algunos individuos adinerados y con buenos contactos que infringían las reglas: unas actuaciones con las que enviaban el mensaje de que nadie estaba eximido de cumplir aquellas normas. En el Reino Unido, hubo estrellas de cine y grandes empresas (como Woolworth y Sainsbury) juzgadas por infringir la normativa sobre raciones. En Estados Unidos, también fueron llevadas a juicio algunas de las compañías privadas más importantes del país. No era ningún secreto que todo aquel sistema de racionamiento desagradaba a muchos grandes fabricantes estadounidenses, que ejercieron presión política para abolirlo porque creían que erosionaba el valor de sus marcas comerciales. Pero se les obligó a aceptarlo de todos modos.[59]

La percepción de equidad —la sensación de que un mismo conjunto de reglas rige igual para todos los actores, grandes y pequeños— es un factor que se ha echado en falta hasta ahora en nuestras respuestas colectivas al cambio climático. Hace décadas que se pide al ciudadano de a pie que apague las luces de su casa cuando no las use, que se ponga jerséis para ahorrar en calefacción o que pague precios más altos comprando productos de limpieza no tóxicos y consumiendo energía renovable, y todo eso para que, luego, ese mismo ciudadano vea cómo se permite a los principales contaminadores que amplíen su cuota de emisiones sin penalización alguna. Esa ha sido más o menos la pauta desde que el presidente Jimmy Carter dirigiera en julio de 1979 un discurso a la ciudadanía estadounidense criticando el hecho de que «demasiados de nosotros tendemos actualmente a rendir culto a la autoindulgencia y al consumo. La identidad humana ha dejado de estar definida por lo que uno hace y ahora la define lo que uno posee». Carter instó entonces a los americanos a que, «por vuestro bien y por la seguridad de vuestra nación, no realicéis viajes innecesarios, compartáis vehículo o utilicéis el transporte público siempre que se pueda, dejéis vuestro coche aparcado un día más por semana, no superéis nunca los límites de velocidad establecidos y fijéis los termostatos dentro de unos límites que permitan ahorrar combustible. Cualquier acto de ahorro de energía de ese estilo es algo más que de sentido común: yo os digo que es un acto de patriotismo».[60]

Aquellas palabras del presidente fueron bien recibidas al principio, pero pronto pasarían a ser objeto de burla; el discurso del «malestar» se le llamó a partir de entonces y muchos lo han citado como una de las razones por las que Carter perdió en su intento de salir reelegido frente a Ronald Reagan. Y aunque no se refería al cambio climático, sino a una «crisis de confianza» generalizada provocada por un trasfondo de escasez energética, aquel discurso sigue siendo invocado aún hoy como prueba de que cualquier político que pida al electorado que se sacrifique para resolver una crisis medioambiental se estará embarcando en una misión suicida. De hecho, esa valoración ha influido profundamente en lo mucho que han insistido los mensajes ecologistas desde entonces en proponer fórmulas en las que todas las partes salgan ganando.

En este sentido, es interesante destacar que el ya desaparecido intelectual Christopher Lasch, que fue uno de los asesores clave de Carter para aquel tristemente famoso discurso, fue también uno de sus más acerados críticos. El autor de *La cultura del narcisismo* había rogado con insistencia al presidente que suavizara su mensaje de austeridad personal dando al mismo tiempo garantías tranquilizadoras de que se respetarían la equidad fundamental y la justicia social. Lasch reveló años después en una entrevista que había pedido a Carter que «diera un tono más populista a su condena del consumismo estadounidense. [...] Lo que se necesitaba en aquel momento era un programa que pidiera sacrificios, por supuesto, pero que dejara también muy claro que los sacrificios se repartirían de modo equitativo». Y eso, dijo Lasch, «significaría que quienes más capacidad tuvieran para realizar sacrificios fuesen aquellos en quienes recayeran tales esfuerzos. Eso es lo que quiero decir cuando hablo de populismo».[61]

No podemos saber si la reacción hubiera sido distinta si Carter hubiera hecho caso de ese consejo y hubiera presentado un plan para el ahorro y la conservación que empezara por quienes más impulsaban (y más provecho sacaban de) un consumo derrochador. Lo que sí sabemos es que las respuestas al cambio climático que continúen haciendo recaer toda la carga de la acción en los consumidores individuales están condenadas al fracaso. Por ejemplo, la encuesta anual sobre «actitudes sociales británicas» que lleva a cabo el instituto independiente NatCen Social Research incluyó una serie de preguntas sobre políticas climáticas en el año 2000 y volvió a formularlas en la encuesta de 2010. Al contrastar los resultados de ambos años, los autores comprobaron que, «mientras que un 43 % de los encuestados declaraba hace una década que estaría dispuesto a pagar más por proteger el medio ambiente, eso mismo lo dice actualmente solamente un 26 %. Se ha registrado una caída similar en el porcentaje de quienes están dispuestos a pagar más impuestos (del 31 al 22 %), aunque el descenso ha sido menos pronunciado en lo referente a la disposición a aceptar recortes en el nivel de vida (del 26 al 20 %)».[62]

Estos resultados (y otros parecidos) han sido citados muchas veces como muestra de que, en tiempos de dificultades económicas, se desactivan las preocupaciones medioambientales de la población. Pero no es eso lo que estos sondeos demuestran en realidad. Sí, se ha producido un descenso en la disposición de los individuos a soportar la carga económica de la respuesta al cambio climático, pero no solo porque sean tiempos de vacas flacas en lo económico. Los Gobiernos occidentales han reaccionado a estos momentos difíciles —provocados en realidad por la codicia y la corrupción galopantes de los ciudadanos más adinerados de sus países— pidiendo a quienes menos responsables son de las condiciones actuales que aguanten todo el peso. Tras pagar por la crisis de los banqueros con recortes en educación, sanidad y prestaciones sociales, ¿se sorprende alguien de que la población, atribulada, no esté ya de humor para rescatar también a las compañías de combustibles fósiles de la crisis que estas no solo crearon, sino que continúan agravando de manera activa?

La mayoría de esas encuestas, curiosamente, no preguntan a los encuestados qué piensan de la posibilidad de que se suban impuestos a los ricos y se eliminen subvenciones a los combustibles fósiles y, sin embargo, he ahí dos de las políticas más infaliblemente populares posibles. Y merece la pena señalar que en un sondeo realizado en 2010 entre votantes en Estados Unidos (cuando el país trataba aún de recuperarse de la crisis económica) se les preguntó si apoyarían un plan que «hiciera que las empresas del petróleo y el carbón pagaran por la contaminación que generan, y que fomentara la creación de nuevos puestos de trabajo y nuevas tecnologías en energías más limpias, como la eólica, la solar y la nuclear. La propuesta también trataría de proteger a las familias trabajadoras, de manera que haría revertir directamente en el pueblo estadounidense (mediante un reembolso fiscal, por ejemplo) casi todo el dinero que recaudase y la mayoría de las familias mejorarían así su situación». Pues, bien, tres cuartas partes de los votantes encuestados (incluida la inmensa mayoría de los que se declararon republicanos) dieron su apoyo a esas ideas tal como se expresaban en la propuesta y solo un 11 % se opuso frontalmente a ellas. El plan se parecía a otra propuesta, conocida como de «topes y dividendos», que un par de senadores había comentado públicamente por aquel entonces, pero que nunca llegó a ser considerada en serio por el Senado estadounidense.[63]

Y cuando, en junio de 2014, Obama presentó finalmente planes para que la Agencia Federal de Protección Medioambiental estadounidense limitara las emisiones de gases de efecto invernadero de las centrales eléctricas existentes, el *lobby* del carbón puso indignado el grito en el cielo, pero la opinión pública apoyó claramente la iniciativa. Según un sondeo, el 64 % de los estadounidenses (muchos republicanos entre ellos) respaldaba esa política, aun cuando probablemente terminara traduciéndose en que tuvieran que pagar una factura energética más elevada todos los meses.[64]

La lección que cabe extraer de todo esto no es que la gente no quiera aceptar sacrificios ante la crisis climática, sino que se ha hartado de esta cultura del sacrificio *asimétrico* que pide a los individuos que paguen precios más elevados por opciones supuestamente verdes, mientras que las grandes empresas eluden tales regulaciones y, no solo se niegan a modificar su conducta, sino que continúan yendo a la carga con más actividades contaminantes. A la vista de este panorama, es perfectamente lógico que muchas personas pierdan buena parte de aquel entusiasmo que caracterizó los primeros tiempos del movimiento climático y que manifiesten que no harán más sacrificios hasta que las soluciones políticas que se pongan sobre la mesa sean percibidas como justas. Esto no significa que a la clase media vaya a salirle de balde todo esto. Para financiar los programas sociales imprescindibles para una transición que, además, sea justa, habrá que subir los impuestos de toda la población, salvo la más pobre. Pero si los fondos así recaudados se destinan a programas y servicios que reduzcan la desigualdad y consigan que las vidas de todos sean menos inseguras y precarias, las actitudes ciudadanas hacia los impuestos muy probablemente también variarán.

Por reiterar lo evidente: en casi todos los países del mundo, sería increíblemente difícil convencer a los Gobiernos para que implementen mecanismos climáticos redistributivos como los que aquí he esbozado. Pero debemos tener muy presente la naturaleza del reto que se nos plantea: el problema no es que «nosotros» estemos en bancarrota ni que carezcamos de opciones y posibilidades; el problema es que nuestra clase política no tiene voluntad alguna de buscar el dinero donde este está de verdad (salvo que sea para pedir financiación para sus campañas) y la clase empresarial está totalmente en contra de pagar lo que por justicia le corresponde.

Ante esta situación, no es de extrañar que nuestros dirigentes no hayan actuado hasta ahora para conjurar el caos climático que se avecina. De hecho, ni con la introducción de medidas agresivas dirigidas a asegurarse de que «quien contamina paga», estaría del todo claro que la clase política actual sabría qué hacer con el dinero así recaudado. A fin de cuentas, para cambiar los fundamentos mismos de nuestras sociedades —la energía que impulsa nuestras economías, nuestra forma de desplazarnos de un lugar a otro, los diseños y planes de nuestras grandes ciudades— no basta con extender unos cuantos cheques. Se necesita una planificación audaz a largo plazo y en todos los niveles de gobierno, y una firme disposición a enfrentarse a los contaminadores que nos ponen en peligro con su forma de actuar. Y eso no sucederá hasta que el proyecto de «liberación» del poder empresarial que moldea nuestra cultura política desde hace tres décadas y media sea enterrado de una vez por todas.

Como los negacionistas climáticos que conocí en el Instituto Heartland temen, existe una relación directa entre romper con las fosilizadas normas del libre mercado y realizar rápidos progresos en el terreno del cambio climático. Por eso, si queremos afrontar colectivamente los enormes desafíos que nos plantea esta crisis, habrá que contar con un movimiento social fuerte que reclame (y cree) líderes políticos que no estén solamente comprometidos con el objetivo de hacer que los que contaminan sufraguen un ámbito público preparado para el cambio climático, sino que se muestren también dispuestos a revivir dos artes perdidas: la de la planificación pública a largo plazo y la de decir que no a la poderosa gran empresa privada.

Capítulo 4

PLANIFICAR Y PROHIBIR

Palmetazo a la mano invisible: la formación de un movimiento

> El posmodernismo ha aislado al presente de todos los futuros. Los medios de comunicación diarios lo desconectan también del pasado. Y eso deja a menudo a la opinión crítica huérfana en el presente.»
>
> JOHN BERGER, *Keeping a Rendezvous*, 1991[1]

> Una compañía fiablemente verde es aquella a la que se obliga por ley a ser verde.
>
> GUS SPETH, exdecano de la Facultad de Estudios Forestales y Medioambientales de Yale, 2008[2]

Para entender cómo la ideología del libre mercado sigue asfixiando el potencial para la acción climática, resulta útil mirar atrás y analizar el último momento en el que tuvimos verdaderamente la impresión de que el cambio transformador del alcance necesario era una posibilidad real, incluso en Estados Unidos. Me refiero a 2009, punto álgido de la crisis financiera mundial y primer año de la presidencia de Obama.

Ver las cosas a toro pasado es fácil, de acuerdo, pero tengan paciencia. Imaginar lo que podría haber sucedido puede ayudarnos a aclarar lo que el futuro puede ser aún capaz de crear.

Aquel era un momento en el que la historia se estaba desarrollando a gran velocidad, en el que casi cualquier cosa (buena o mala) parecía posible. Gran parte de esa sensación de mayor viabilidad de unos escenarios de futuro mejores se sustentaba sobre la noticia del decisivo mandato democrático que Obama acababa de obtener en las urnas. Había sido elegido con un programa en el que prometía reconstruir la economía del «ciudadano de a pie» y tratar el cambio climático como «una oportunidad, porque si creamos una economía de las nuevas energías, podemos generar 5 millones de nuevos empleos. [...] Puede ser un motor que nos impulse hacia el futuro como el ordenador fue el motor del crecimiento económico de las últimas dos décadas».³ Tanto las compañías de combustibles fósiles como el movimiento ecologista interpretaron aquellas palabras dando por sentado que el nuevo presidente introduciría una audaz legislación sobre el clima ya en las primeras fases de su presidencia.

Mientras tanto, la crisis financiera acababa de hacer añicos la fe popular en el liberalismo económico en todo el mundo, hasta el punto de que incluso en Estados Unidos existía un enorme apoyo a la idea de romper con los viejos tabúes ideológicos que prohibían la ejecución (o la proposición incluso) de cualquier intervención directa en el mercado dirigida a crear puestos de trabajo de buena calidad. Eso dio a Obama la fuerza y la capacidad de influencia necesarias para conseguir la aprobación de un programa de estímulo de unos 800.000 millones de dólares (aunque, probablemente, podría haber pedido más dinero aún) para poner la economía en movimiento de nuevo.

El otro factor extraordinario en aquel momento era la precaria situación de los bancos. En 2009, todavía no se habían recuperado del golpe y dependían de la aprobación de billones de dólares en fondos de rescate y garantías de préstamos. Y se debatía abiertamente cómo debían reestructurarse esas entidades a cambio de toda aquella generosidad de los contribuyentes (se hablaba seriamente incluso de la posibilidad de nacionalizarlas). El tercer factor que merece la pena recordar es que, a partir de 2008, dos de los tres gigantes automovilísticos estadounidenses (hablamos, pues, de dos piezas nucleares de la economía de los combustibles fósiles) tuvieron que encomendar su futuro a los buenos oficios del Estado, que recibió el encargo de garantizar la viabilidad de ambas tras la pésima gestión previa de sus respectivas direcciones.

En definitiva, tres inmensos motores económicos (los bancos, las empresas automovilísticas y la legislación sobre estímulo económico) estaban listos para actuar y para depositar más poder económico en manos de Obama y su partido del que nunca había poseído ningún Gobierno federal estadounidense desde los tiempos de la presidencia de Franklin Delano Roosevelt. Imaginemos, por un momento, lo que habría pasado si su administración hubiera estado dispuesta a invocar su recién conquistado mandato democrático para construir la nueva economía prometida en la campaña electoral; es decir, si hubiese empleado la ley del estímulo económico, los bancos en quiebra y las destrozadas empresas automovilísticas como componentes básicos de ese futuro verde. Imaginemos qué habría ocurrido si hubiera existido un movimiento social poderoso —una coalición fuerte de sindicatos, inmigrantes, estudiantes, ecologistas y todos aquellos cuyos sueños se estaban haciendo añicos por culpa del derrumbe del modelo económico hasta entonces reinante— que hubiese presionado a Obama exigiéndole que no se desdijera ni un ápice de lo prometido.

El paquete de medidas de estímulo podría haberse aprovechado para construir los mejores sistemas de transporte público y redes eléctricas inteligentes del mundo. La industria del automóvil podría haber sido reconvertida radicalmente para que sus fábricas produjeran la maquinaria necesaria para impulsar esa transición; no unos pocos coches eléctricos testimoniales (que también), sino todo un amplio sistema de tranvías eléctricos y trenes de alta velocidad para interconectar una nación muy mal servida en ese terreno. Del mismo modo que una fábrica de recambios y componentes del automóvil de Ontario que había cerrado sus puertas por culpa de la crisis las reabrió poco después para ser la planta de producción de equipos para la energía solar Silfab, otras transiciones similares podrían haber tenido lugar en muchas fábricas ya cerradas o en proceso de cierre por todo el continente. Esta transformación fue propuesta, de hecho, por uno de los más importantes intelectuales del movimiento sindical norteamericano, que había ejercido durante muchos años como director de estudios del Sindicato de Trabajadores del Automóvil de Canadá:

> Si de verdad nos tomamos en serio la incorporación de las necesidades medioambientales en la economía, eso nos obliga a cambiarlo todo en nuestra forma de producir y consumir, y en nuestra forma de trabajar y vivir. El trabajo potencial que puede realizarse en ese terreno —tanto en las fábricas de herramientas, que ahora se ven obligadas a cerrar, y en las plantas productoras de componentes que tienen capacidad para fabricar más de un tipo de ellos, como por parte de un personal laboral que se muere de ganas de hacer un trabajo útil— es ilimitado.
>
> Ese equipo y esas habilidades pueden usarse no solo para fabricar coches diferentes y distintos componentes para esos coches, sino también para desarrollar nuevos sistemas de transporte, expandiendo el de carácter público. Pueden participar en la modificación en todos los lugares de trabajo de la maquinaria y los motores que la hacen funcionar (poniéndolos en sintonía con las exigencias medioambientales). Pueden ser aplicados a nuevos sistemas de producción que reciclen materiales usados y productos finales (coches, por ejemplo). Habrá que adaptar las viviendas y los aparatos eléctricos domésticos. Se extenderá el uso de paneles solares y turbinas eólicas; habrá que desarrollar nuevas redes eléctricas, y las infraestructuras urbanas tendrán que ser reinventadas para que se adapten mejor a los cambios en el transporte y en el uso de la energía.

¿Qué mejor momento que este para lanzar un proyecto así, ahora que tenemos que superar tanto la crisis económica inmediata como la crisis medioambiental que acecha en el horizonte? ¿Y qué mayor oportunidad para recalcar que no podemos perder instalaciones y equipamientos valiosos, ni malgastar la creatividad, los conocimientos y las habilidades de ingenieros, profesionales cualificados y obreros industriales?[4]

Readaptar fábricas a semejante escala sale caro, desde luego, pero ahí es donde podría haber entrado en juego la banca rescatada. Un Gobierno que no temiera utilizar un poder recién adquirido como ese podría haber aprovechado la capacidad de influencia que tenía sobre los bancos (tras haberlos alejado del precipicio) para enrolarlos (aunque fuera a rastras) en esta gran transformación. Como todo banquero sabe, cuando se le presta dinero a alguien se adquiere un poder nada desdeñable sobre él. ¿Que una fábrica necesita algo de capital para reconvertirse de «sucia» en «limpia»? Pues si hubiera contado con un plan de negocio creíble (en especial, uno que se adscribiera a ese proyecto general de estímulo de la transformación), los bancos rescatados podrían haberle concedido el préstamo necesario actuando por orden del Estado (que incluiría tal tipo de actuaciones como una de las condiciones del rescate). Y si el banco requerido se hubiese negado a ello, podría haber sido nacionalizado, como sucedió con varias entidades importantes de todo el mundo durante ese periodo.

A muchos de los antiguos dueños de fábricas no les habría interesado seguir con su negocio para emprender una transición de esa naturaleza, porque los márgenes de beneficio (al principio, por lo menos) habrían sido pequeños. Pero ese no es motivo para dejar que unas máquinas que todavía son perfectamente útiles sean vendidas como chatarra. A los trabajadores de esas fábricas, como sugería Gindin, se les podría haber dado la oportunidad de dirigir sus centros de producción como cooperativas, tal como ocurrió en varios centenares de factorías abandonadas en Argentina tras la crisis económica de 2001 en aquel país. Yo viví dos años en Buenos Aires mientras rodábamos allí un documental sobre esas fábricas titulado *The Take* («La toma»). Una de las historias que en él contábamos tenía como protagonistas a un grupo de trabajadores que se hicieron cargo de la fábrica de componentes del automóvil en la que trabajaban después de que esta hubiera cerrado sus puertas, y la convirtieron en una próspera cooperativa. Aquel fue un proyecto muy emotivo para ellos, pues asumieron riesgos elevados pero, al mismo tiempo, descubrieron en sí mismos nuevas habilidades que no sabían que poseían. Y más de una década después, seguimos recibiendo noticias de lo bien que les están yendo las cosas. La mayor parte de las «empresas recuperadas» de Argentina (nombre por el que se conocen los cientos de cooperativas gestionadas por los propios trabajadores) continúan aún produciendo; de sus máquinas y talleres sale de todo, desde azulejos de cocina hasta trajes de vestir para hombre.* Este modelo de propiedad descentralizada tiene la ventaja añadida de que contrarresta la tendencia hacia una desigualdad de la riqueza insostenible entre ricos y pobres; lejos de limitarse a apuntalar un poco más el actual sistema global en el que 85 personas controlan tanta riqueza como la mitad más pobre de la población mundial, dispersa paulatinamente la capacidad para crear riqueza entre los propios trabajadores y las comunidades locales, sustentadas gracias a la presencia de los empleos dignamente pagados que esas empresas generan.[5]

Si en Estados Unidos hubiese surgido un proyecto general así de coherente y amplio en un momento tan fluido como el del inicio de la presidencia de Obama, los intentos desde la derecha por presentar la acción climática como algo mortífero para la actividad económica habrían fracasado. Habría resultado evidente para todos que la acción climática es, en realidad, un inmenso generador de empleo, así como un factor reconstructor de las comunidades locales y una fuente de esperanza en momentos en que esta es un bien ciertamente escaso. Pero para que todo eso hubiera funcionado así, se habría necesitado un Gobierno que no tuviera miedo a la planificación económica a largo plazo, y movimientos sociales capaces de movilizar a las masas para reivindicar la puesta en marcha de esa clase de proyecto. (Las organizaciones mayoritarias de la lucha climática en Estados Unidos anduvieron centradas durante aquel crucial periodo en el fallido intento de conseguir la aprobación en el Congreso de una legislación energética especial sobre el comercio de emisiones carbónicas, pero se olvidaron de ayudar a construir un movimiento verdaderamente amplio.)

La ausencia de ambas cosas hizo que un momento histórico tan excepcional como aquel —tan preñado de potencial— pasase sin pena ni gloria. Obama dejó que los bancos quebrados hicieran lo que quisiesen, a

---

* Varios trabajadores en Estados Unidos y Europa han tratado de emular ese modelo en los últimos años, a raíz del cierre de diversas plantas de producción. Especial repercusión pública tuvo el caso de la fábrica de Republic Windows and Doors, en Chicago, cerrada durante la crisis económica y ocupada justo después por sus antiguos empleados. Actualmente, la mayoría de ellos son trabajadores-propietarios de la renacida New Era Windows Cooperative.

pesar de que su insultantemente mala gestión había puesto en peligro al conjunto de la economía. También se mantuvieron intactos los elementos fundamentales de la industria del automóvil: poco más se indujo en ella que una nueva oleada de reestructuraciones (despidos) como efecto de la crisis. El sector perdió casi 115.000 empleos industriales entre 2008 y 2014.[6]

Para ser justos, cabe mencionar que sí hubo un apoyo significativo a la producción de energía eólica y solar, así como a otras iniciativas verdes como la readaptación de edificios para mejorar su eficiencia energética, pues ese fue un aspecto incluido en la legislación sobre las medidas de estímulo; no cabe duda —como ha mostrado el periodista Michael Grunwald en *The New New Deal*— de que la financiación de la que se dispuso para ello la convirtió en «la mayor y más transformadora ley energética de la historia de Estados Unidos». Sin embargo, el transporte público siguió estando inexplicablemente infradotado y el mayor beneficiario del gasto en infraestructuras fue el sistema nacional de autovías y autopistas, lo que, desde una perspectiva climática, iba justamente en la dirección equivocada. El fallo en ese sentido no fue solo de Obama; la economista ecológica de la Universidad de Leeds, Julia Steinberger, señala que fue global. La crisis financiera que comenzó en 2008 «debería haber supuesto una oportunidad para invertir en infraestructuras bajas en carbono para el siglo XXI. En vez de eso, propiciamos una situación en la que todos hemos salido perdiendo: las emisiones carbónicas se han disparado hasta niveles sin precedentes y, al mismo tiempo, han aumentado el desempleo, los costes energéticos y las diferencias entre las rentas».[7]

Lo que impidió a Obama aprovechar su propio momento histórico para estabilizar la economía y el clima al mismo tiempo no fue la falta de recursos ni de poder. Tenía suficiente de ambas cosas. Lo que lo frenó fue la reclusión invisible a la que estaba sometido por parte de una poderosa ideología que lo había convencido —como había convencido a la práctica totalidad de sus homólogos políticos— de que no está bien decirles a las grandes empresas cómo deben llevar sus negocios, incluso cuando los llevan de forma ruinosa, y que hay algo siniestro (vagamente comunista incluso) en tener y (no digamos ya) aplicar un plan para construir una economía como la que ahora necesitamos, por muy existencial que sea la crisis que tenemos planteada.

Este es, claro está, otro de los legados que nos dejó la contrarrevolución neoliberal. Todavía a principios de la década de 1970, el presidente republicano que gobernaba entonces en Estados Unidos —Richard Nixon— no tuvo reparo alguno en imponer controles salariales y de precios para rescatar a la economía estadounidense de la crisis, y en popularizar la idea de que, «en estos momentos, todos somos keynesianos».[8] Sin embargo, apenas una década después, en los años ochenta, la batalla ideológica propulsada por los mismos laboratorios de ideas de Washington, que ahora niegan el cambio climático, había conseguido equiparar en el imaginario colectivo el concepto de planificación económica con los planes quinquenales de Stalin. Los verdaderos capitalistas no planifican, insistían una y otra vez esos guerreros ideológicos; los verdaderos capitalistas liberan el afán de lucro de todas sus ataduras y dejan que el mercado, en su infinita sabiduría, cree la mejor sociedad posible para todos.

Obama, desde luego, no comparte ese ideal extremo. Como bien dan a entender sus políticas en sanidad y otros temas sociales, él cree en la necesidad de que el Estado dé un «empujoncito» a la iniciativa privada en la dirección correcta. Pero, aun así, las tendencias antiplanificadoras le han influido lo suficiente a lo largo de su vida como para que, cuando tuvo los bancos, las empresas automovilísticas y las medidas públicas de estímulo en sus manos, las viera como lastres de los que debía librarse cuanto antes mejor, en vez de como una rara oportunidad para construir un futuro nuevo y emocionante.

Si alguna lección cabe extraer de tan tremenda oportunidad perdida, es la siguiente: si queremos una acción climática de la escala y el ritmo requeridos por las circunstancias externas, la izquierda va a tener que aprender rápidamente de la derecha. Los conservadores han conseguido que la acción climática se estanque e, incluso, retroceda en medio de la crisis económica porque han reducido la cuestión del clima a una cuestión de economía; es decir, han antepuesto la necesidad urgente de proteger el crecimiento y el empleo en tiempos difíciles (¿¡cuándo no lo son!?) a todo lo demás. Los progresistas lo tendrían muy fácil para hacer lo mismo. Bastaría con que mostrasen que las soluciones reales a la crisis del clima son también nuestra mayor esperanza para construir un sistema económico más estable y equitativo, que refuerce y transforme el ámbito público, que genere abundante empleo digno y que ponga freno a la codicia de la gran empresa privada.

Pero antes de que algo así pueda ocurrir, debe producirse una batalla fundamental de ideas en torno al derecho de los ciudadanos a determinar democráticamente qué clase de economía necesitan. Las políticas que se limiten simplemente a intentar aprovechar el poder del mercado —gravando ligeramente o poniendo topes livianos al carbono, pero nada más... por no molestar— no serán suficientes. Si queremos estar a la altura de un desafío que nos obliga a modificar los cimientos mismos de nuestra economía, necesitaremos echar mano de todas las herramientas políticas que se guardan en los talleres de la democracia.

Planificar para crear empleo

Hay dirigentes políticos que ya han entendido esa idea. De ahí que muchas de las reclamaciones contra las políticas climáticas que se presentan ante los tribunales de la OMC tengan en su punto de mira las iniciativas con las que Gobiernos diversos (desde Ontario hasta la India) pretenden reintroducir un mínimo de planificación industrial en sus economías. Y es que lo que estos Gobiernos vienen a decir a las industrias con tales iniciativas es que las apoyarán, sí, pero solo si las industrias apoyan a su vez a las comunidades en las que instalan y de las que están obteniendo su rentabilidad. ¿Cómo? Por ejemplo, proporcionando empleos bien pagados a los trabajadores de esas localidades y adquiriendo sus factores de producción a partir de fuentes locales.

La razón por la que esos Gobiernos impulsan programas de compra (o contratación) local preferente de ese estilo es que tales medidas tienen mucho sentido desde el punto de vista político. Toda respuesta al cambio climático que tenga alguna probabilidad de éxito generará no solo ganadores, sino también un número significativo de perdedores: sectores productivos que ya no podrán existir en la forma en que existían hasta entonces y trabajadores que perderán sus empleos. Son muy pocas las esperanzas de incorporar a las empresas de combustibles fósiles a una transición verde; los beneficios que perderán con el cambio son demasiado grandes como para que lo acepten sin más. Pero eso no tiene por qué ser así en el caso de los trabajadores cuyos salarios están actualmente ligados a la extracción y consumo de combustibles fósiles.

Sabemos que podemos dar por sentado que los sindicatos tratarán de proteger con uñas y dientes los empleos existentes (por «sucios» que estos sean) si son los únicos disponibles para sus afiliados. Sin embargo, cuando a quienes trabajan en sectores sucios se les ofrecen puestos en sectores limpios (como ocurrió con los antiguos trabajadores del sector de la automoción «reaprovechados» en la fábrica de Silfab en Toronto) y se los «recluta» como participantes activos en una transición verde, los progresos pueden sucederse a la velocidad del rayo.

La potencial creación de empleo es enorme. Por ejemplo, según un plan elaborado y presentado por la BlueGreen Alliance de Estados Unidos, una organización que reúne a sindicatos y ecologistas, se calcula que una inversión anual de 40.000 millones de dólares en transportes públicos y trenes de alta velocidad durante seis años produciría más de 3,7 millones de puestos de trabajo a lo largo de ese periodo. Y sabemos que las inversiones en transporte público valen la pena. Según una investigación realizada en 2011 por el grupo de estudios y asesoría política Smart Growth America, ese capítulo del gasto público genera un 31 % más de empleos por dólar invertido que la inversión en la construcción de nuevas carreteras y puentes. Además, invertir en el mantenimiento y la reparación de carreteras y puentes crea un 16 % más de puestos de trabajo por dólar que invertir en la construcción de otras nuevas.[9] Todo esto significa que desembolsar fondos para que las infraestructuras de transportes existentes funcionen mejor para más personas es una inversión más inteligente —tanto desde el punto de vista climático como desde el económico— que seguir cubriendo de asfalto más franjas de territorio.

El terreno de la energía renovable es igualmente prometedor, sobre todo, porque genera más empleos por unidad de energía producida que los combustibles fósiles. En 2012, la Organización Internacional del Trabajo calculaba que unos 5 millones de puestos de trabajo se habían creado ya en el sector en todo el mundo, y eso solamente con los dispersos e inadecuados niveles actuales de compromiso de los Estados con la reducción de emisiones.[10] Si se adecuara la política industrial a las recomendaciones derivadas de las proyecciones actuales de la ciencia del clima, el suministro energético procedente de la energía eólica, la solar y otras renovables (la geotérmica y la mareomotriz, por ejemplo) generaría un número elevadísimo de empleos en todos los países; concretamente, en todo lo relacionado con la fabricación, la construcción, la instalación, el mantenimiento y el funcionamiento de esos equipos y redes.

Estudios parecidos en Canadá han concluido que, con una inversión de 1.300 millones de dólares (la cantidad que el Gobierno canadiense se gasta en subvenciones a las compañías del petróleo y el gas), podrían crearse entre 17.000 y 20.000 puestos de trabajo en energías renovables, transportes públicos o eficiencia energética; esto es, entre seis y ocho veces más empleos de los que ese mismo dinero genera en los sectores petrolero y gasístico. Y según un informe de 2011 encargado por la Federación Europea de los Trabajadores del Transporte, unas políticas integrales dirigidas a lograr una reducción de un 80 % en las emisiones en este sector repercutirían en la creación de 7 millones de nuevos empleos en todo el continente, y con otros 5 millones de puestos de trabajo en energías limpias en Europa podrían recortarse drásticamente las emisiones por electricidad de todo el continente en un 90 %. Mientras tanto, en Sudáfrica, una activa coalición movilizada bajo la denominación de Un Millón de Empleos Climáticos (One Million Climate Jobs) está reivindicando la puesta en marcha de programas de creación masiva de empleos en ámbitos que van desde las energías renovables hasta la agricultura sostenible a pequeña escala, pasando por los transportes públicos y la restauración de ecosistemas. «Si ponemos los intereses de los trabajadores y las personas pobres en el primer plano de las estrategias para el combate del cambio climático, podemos detenerlo y, al mismo tiempo, podemos solucionar nuestra actual sangría de empleos», afirman en esa campaña.[11]

Estos no son, no obstante, los clásicos puestos de trabajo que el mercado es capaz de crear por sí solo. Para generarlos a semejante escala, es imprescindible una política y una planificación meditadas y conscientes. Y en algunos casos, para disponer de las herramientas necesarias para elaborar tales planes, será imprescindible que la ciudadanía haga lo que los residentes de tantas ciudades y localidades alemanas han hecho ya: recuperar el control sobre la generación de electricidad para que el cambio a las renovables pueda efectuarse sin demora, al tiempo que cualquier lucro o rentabilidad así generados no vayan a parar a los bolsillos de los accionistas, sino que reviertan en el apoyo a los famélicos servicios públicos actuales.

Y la generación de electricidad no es el único ámbito en el que debería aplicarse esta clase de tratamiento. Si las compañías privadas que se hicieron con los ferrocarriles nacionales se empeñan en recortar servicios y bajar la calidad de estos justo ahora, cuando la crisis climática exige que dispongamos de más y mejores alternativas de transporte bajas en carbono para que no usemos tanto el avión, esos servicios también tendrán que volver a ser de titularidad pública. Y tras más de dos décadas de experiencias poco afortunadas con las privatizaciones —que se han traducido demasiado a menudo en una disminución de los servicios acompañada de una subida de los precios—, un buen número de personas están preparadas para considerar esa opción. Por ejemplo, un sondeo británico publicado en noviembre de 2013 reveló que «los votantes de todas las tendencias políticas están unidos en el apoyo a la nacionalización de la energía y el ferrocarril. Un 68 % de los encuestados declara que las empresas energéticas deberían encuadrarse en el sector público y solo un 21 % opina que deberían permanecer en manos privadas. Un 66 % apoya la nacionalización de las compañías de ferrocarriles, mientras que un 23 % piensa que deberían seguir siendo de gestión privada». Uno de los aspectos más sorprendentes del mencionado sondeo fue la magnitud del apoyo a la nacionalización entre votantes que se identifican a sí mismos como conservadores: un 52 % estaba a favor de recuperar para el Estado tanto las compañías energéticas como los ferrocarriles.[12]

Planificación energética

El argumento climático a favor de que nos replanteemos el carácter privado de las empresas de esos sectores es especialmente relevante en lo que se refiere al papel del gas natural, que muchos Gobiernos tratan de promocionar actualmente como «combustible puente» alegando que, durante el tiempo que nos lleve realizar una transición completa hacia fuentes de energía de carbono cero, el gas podría usarse como alternativa a combustibles fósiles más sucios como el carbón y el petróleo. No está ni mucho menos claro que ese puente sea necesario, a la vista de la velocidad del cambio a las renovables en países como Alemania. Y la idea misma de que el gas natural sea «limpio» presenta no pocos problemas, como veremos. Pero desde la perspectiva de la planificación, el problema más inmediato de esa estrategia es que, para que ese concepto de puente funcionase de verdad, habría que hallar el modo de garantizar que el gas natural se utilizase *solamente* como sustituto del carbón y del petróleo, y no en detrimento de las energías renovables. Y esa es una preocupación real. En Estados Unidos, por ejemplo, la avalancha de gas natural barato procedente del *fracking* ha supuesto ya un perjuicio para el mercado eólico en ese país, hasta el punto de que la cuota de la nueva electricidad procedente de la energía eólica se desplomó allí desde el 42 % que representó como mínimo en 2009 hasta el 25 % en 2010 y el 32 % en 2011, años clave en los que se produjo la eclosión del fenómeno del *fracking*.[13] Además, habría que hallar también el modo de acabar con la extracción de gas en cuanto hubiésemos completado el «puente» hacia un futuro renovable, pues el gas no deja de ser un importante emisor de gases de efecto invernadero.

Existen diversas vías para diseñar un sistema que cumpla con esos objetivos específicos. Los Gobiernos podrían ordenar la construcción o adaptación de plantas «de ciclo combinado», mejor preparadas para acelerar o ralentizar la generación de energía en función de la necesidad de apoyo a las energías eólica y solar, por ejemplo, que exista en cada momento. Los Gobiernos podrían también vincular muy estrictamente los permisos para la construcción y apertura de nuevas centrales térmoeléctricas de gas al cierre o desconexión de otras de carbón. Igualmente crucial resultaría, según Ben Parfitt (experto del Canadian Centre for Policy Alternatives en el estudio de los efectos de la fracturación hidráulica), que estuvieran en vigor «tanto a nivel regional como estatal regulaciones que obligaran a la existencia de un vínculo entre el lugar en el que se produce el gas, la manera en que se produce y la generación final de la electricidad derivada de aquel», lo que significa que las centrales eléctricas solo podrían emplear gas del que estuviera demostrado que tiene unas emisiones más bajas durante su ciclo de vida que las del carbón.[14] Y eso posiblemente descartaría del todo el gas obtenido por fracturación hidráulica. También habría que implantar barreras a la capacidad de las compañías para exportar su gas con el fin de impedir que este se consuma en países que no imponen tales restricciones. Estas medidas limitarían muchos de los riesgos relacionados con el gas natural, pero desde luego no todos, aunque sí neutralizarían en buena medida la rentabilidad lucrativa del sector.

Pero, claro, surge entonces una pregunta lógica: ¿por qué iban a aceptar unas empresas, cuya sed insaciable de lucro es bien conocida, un modelo de negocio que depende de que no compitan con una parte muy amplia del sector energético (la de las energías eólica y solar) y que les exige que se sometan a una elevada dosis de costosas regulaciones, y todo con el objetivo final de que abandonen su línea de actividad? La respuesta es que no lo aceptarían. La idea de que el gas natural funcione como un combustible de transición puramente temporal es poco menos que un anatema desde el punto de vista del ánimo de lucro que mueve a esas grandes empresas. A fin de cuentas, ¿quiénes están realizando y explotando actualmente el *fracking*? Pues compañías como BP y Chevron, con sus dilatados historiales de incumplimiento de los imperativos de seguridad y de elusión de las regulaciones estrictas. Son las mismas compañías cuyo modelo de negocio exige que repongan el petróleo y el gas que ya están produciendo con nuevas reservas de combustibles fósiles si no quieren enfrentarse a una revuelta de sus accionistas. Ese mismo modelo basado en «el crecimiento por encima de todas las cosas» las exhorta a ocupar el máximo territorio posible del mercado de la energía, lo cual significa competir no solo con el carbón, sino con cualquier otra alternativa en el mercado energético, incluidas las vulnerables energías renovables. Por citar a John Browne cuando era consejero delegado de BP (ahora preside el gigante gasístico Cuadrilla), «las empresas tenemos que ser reactivas a las señales de los precios; no somos un servicio público».[15] Tiene razón, pero antes eso no pasaba con nuestras compañías energéticas y eléctricas, y no debería seguir pasando.

La conclusión que cabe extraer de todo ello es simple. Ninguna empresa privada en el mundo quiere quedarse sin negocio y cerrar; su objetivo es expandir su mercado. De ahí que, si hubiera que utilizar el gas natural como combustible de transición a corto plazo, tendría que ser una transición dirigida muy de cerca por la ciudadanía y orientada al interés de esta: los beneficios obtenidos con las ventas actuales deberían reinvertirse en tecnologías renovables para el futuro, y el sector debería tener restringida la libertad para permitirse el crecimiento exponencial que está experimentando actualmente gracias al *boom* del gas de esquisto (el que se extrae mediante fracturación hidráulica).[16]

La solución no pasaría en ningún caso por la nacionalización energética sobre la base de los modelos existentes. Las grandes compañías petroleras de propiedad estatal (como la brasileña Petrobras, la noruega Statoil o Petrochina) son tan voraces en su búsqueda de depósitos de carbono de alto riesgo como sus competidoras directas privadas.[17] Y en ausencia de un plan de transición creíble para aprovechar los beneficios de tales empresas poniéndolos al servicio del cambio hacia la energía renovable, el hecho de que el Estado sea un accionista principal de esas compañías tiene profundos efectos corruptores, pues genera una adicción a los petrodólares fáciles que dificulta aún más si cabe la introducción por parte de los dirigentes políticos de medidas que perjudiquen la rentabilidad de los combustibles fósiles. Estos monstruos centralizados son, en definitiva, unos fósiles en todos los sentidos de la palabra y deben ser disgregados y progresivamente desactivados con independencia de si están en manos públicas o privadas.

Mejor modelo sería el de un nuevo tipo de empresa de suministro energético gestionada democráticamente por las comunidades que usen sus servicios, ya fuese en forma de cooperativa, ya fuese en régimen de «bien comunal», conforme a lo esbozado, por ejemplo, por el activista y autor de diversos libros David Bollier, entre otros.[18] Esta forma de estructura organizativa permitiría que los ciudadanos exigieran mucho más a sus empresas energéticas de lo que pueden exigirles hoy: por ejemplo, que orientaran la inversión de sus beneficios a otros fines que no tuvieran nada que ver con la prospección de combustibles fósiles, que no gastaran esas ganancias en remuneraciones obscenas a sus ejecutivos ni en dividendos y rentabilidad para los accionistas, y que dedicaran esos fondos a construir esa red de renovables complementarias cuyo potencial para llegar a ser la fuente motriz de todas nuestras economías en no más de treinta o cuarenta años ya conocemos bien.

El rápido ascenso de las renovables en Alemania constituye un argumento de peso a favor de ese modelo. La transición ha tenido lugar allí, en primer lugar, dentro del contexto de un programa nacional generalizado de suministro de energía eléctrica con tarifas de introducción para las renovables, que incluye una combinación de incentivos dirigidos a garantizar que todo aquel particular o empresa que quiera introducirse en la generación de energía renovable pueda hacerlo de un modo simple, estable y rentable. A esos proveedores se les facilita acceso prioritario a la red eléctrica general y se les ofrece un precio garantizado para que el riesgo de perder dinero sea bajo.

Esto ha alentado a toda una serie de pequeños actores no empresariales a convertirse en proveedores de energía renovable: granjas, municipios y centenares de cooperativas recién constituidas. Y ha descentralizado no solo la energía eléctrica, sino también el poder político y la riqueza: aproximadamente la mitad de las instalaciones de producción de energía renovable en Alemania están en manos de agricultores, organizaciones ciudadanas y cerca de novecientas cooperativas energéticas. No solo están generando electricidad, sino que también tienen la oportunidad de generar ingresos para sus comunidades locales vendiendo el excedente a la red general. En total, existen actualmente 1,4 millones de instalaciones fotovoltaicas y unos 25.000 aerogeneradores (molinos eólicos). Con ello se han creado cerca de 400.000 empleos.[19]

Cada una de esas medidas representa una desviación respecto a la ortodoxia neoliberal: la implicación del Estado en un proceso de planificación nacional a largo plazo; la elección deliberada de unas opciones ganadoras en el mercado (las renovables por encima de la energía nuclear, cuya producción el Estado decide además cerrar); el hecho de fijar los precios (una clara interferencia en el mercado), y la creación de un terreno de juego equitativo para cualquier productor de energía renovable (grande o pequeño) que quiera entrar en el mercado. Y, aun así, pese (o mejor dicho, gracias) a tamañas herejías ideológicas, la transición de Alemania es una de las más veloces del mundo. Según Hans Thie, asesor en política económica del grupo parlamentario de Die Linke (el Partido de la Izquierda alemán) que se ha implicado activamente en la transición, «se han sobrepasado prácticamente todas las estimaciones iniciales de la expansión. La velocidad de esta ha sido considerablemente superior a la prevista».[20]

Y no puede restarse importancia a ese éxito tachándolo de caso aislado. El programa alemán tomó como ejemplo otro ya implementado en Dinamarca en las décadas de 1970 y 1980 que ayudó a que más del 40 % del consumo eléctrico del país fuese electricidad producida a partir de energías renovables, principalmente la eólica. Hasta más o menos el año 2000, aproximadamente un 85 % de las turbinas eólicas danesas era propiedad de pequeños operadores (básicamente granjeros y cooperativas). Y aunque en los últimos años se han introducido varios grandes parques de energía eólica marina, hay una característica común tanto en Dinamarca como en Alemania que continúa llamando poderosamente la atención, y es que ni los grandes monopolios de propiedad estatal ni las grandes empresas privadas operadoras de energía eólica y solar son las que presentan un mejor historial de fomento de la conversión a la energía renovable. Sí lo son, sin embargo, las comunidades locales, las cooperativas y los agricultores, trabajando dentro del contexto de un ambicioso y bien diseñado marco nacional.[21] Aunque ridiculizada a menudo (quienes la critican la consideran la fantasía inviable de un puñado de soñadores que creen ingenuamente que lo pequeño es bello), lo cierto es que la descentralización funciona y no solo a pequeña escala, sino también a la escala más amplia a la que haya funcionado cualquier modelo probado hasta ahora... y en naciones posindustriales muy desarrolladas.

Seguramente, tampoco es casual que Dinamarca (un país de hondas raíces socialdemócratas) introdujera esas políticas bastante antes de que iniciara su posterior (y poco entusiasta hasta el momento) adopción de principios neoliberales, ni que Alemania, al tiempo que prescribía unas dosis de austeridad brutales para países deudores como Grecia y España, no se haya aplicado nunca esa misma receta a sí misma con el mismo rigor. Si algo ilustran estos ejemplos, es que cuando los Gobiernos tienen voluntad suficiente para introducir programas audaces y para poner en primera línea de su política metas que no sean la de la mera búsqueda de rentabilidad económica, el cambio puede acaecer con asombrosa rapidez.

El control descentralizado sobre la energía es también importante por algunos motivos muy prácticos. Existen incontables ejemplos de grandes proyectos privados de producción de energías renovables que se malograron porque fueron impuestos desde fuera sin contar con las aportaciones locales ni prever un reparto de beneficios con las localidades en las que se instalaron. De hecho, cuando las comunidades locales son excluidas, es muy probable que se rebelen contra el ruido o el carácter «antiestético» de las turbinas eólicas, o contra las amenazas (reales algunas, imaginarias otras) que las hileras de paneles solares pueden suponer para la vida salvaje y los ecosistemas. Estas objeciones son a menudo tachadas de insolidarias (*NIMBY-ism* lo llaman en inglés, de «NIMBY», «*Not in My Backyard*», o sea «no al lado de mi casa») y usadas como munición adicional para demostrar la tendencia del ser humano al egoísmo y la cortedad de miras.

Pero en varias regiones, se ha conseguido neutralizar por completo esa clase de objeciones aplicando una planificación consciente y bien meditada. Como Preben Maegaard, expresidente de la Asociación Mundial de la Energía Eólica dijo en una ocasión, «cuando la población local es dueña de los parques eólicos y participa de los beneficios, les dan todo su apoyo. No dicen "NIMBY" ("*Not in My Back Yard*"), sino lo contrario, "POOL" ("*Please on Our Land*": "por favor, en nuestras tierras")».[22]

Esto es más cierto aún en tiempos de una austeridad pública sin fin. «El futuro es algo que no es relevante en este momento para algunas personas porque solo tratan de sobrevivir al presente —me contó Dimitra Spatharidou, una activista griega contra el cambio climático comprometida también con el amplio movimiento antiausteridad de su país—. Cuesta entender el concepto de sostenibilidad cuando la gente está luchando por tener comida para alimentarse y energía para calentar sus hogares.» Con una población tan acuciada por preocupaciones así de urgentes, la labor de alguien como Spatharidou «no consiste en predicar lo que ocurrirá cuando el cambio climático golpee Grecia, sino en centrarse en lo que está sucediendo ahora y en cómo podemos cambiar nuestras economías y sociedades a mejor, cómo podemos luchar por algo más equitativo y justo».[23] Para ella, eso ha significado demostrar que la energía renovable controlada por las comunidades locales puede ser más barata que otras alternativas sucias y puede funcionar incluso como fuente de ingresos cuando el excedente de electricidad se devuelve a la red general. También ha significado resistir frente a la ofensiva gubernamental para privatizar las redes municipales de abastecimiento de agua, proponiendo en cambio la propiedad comunitaria local, una idea que goza de muy amplio apoyo en Grecia. La clave, dice ella, es ofrecer a las personas algo que el sistema actual no ofrece: las herramientas y el poder para construirse una vida mejor por sí mismas.

La relación entre descentralización energética y efectividad de la acción climática indica lo mucho que la planificación requerida para el momento actual difiere de las versiones más centralizadas que la caracterizaron en el pasado. Después de todo, hay un motivo para que le haya resultado tan fácil a la derecha vilipendiar las empresas públicas y la planificación nacional: muchas compañías de titularidad estatal estaban burocratizadas, tenían un funcionamiento torpe y engorroso, y parecían indiferentes a los estímulos externos, y en los Estados socialistas se elaboraban y se dictaban desde el remoto vértice superior de la pirámide organizativa unos planes quinquenales totalmente desconectados de las necesidades y las experiencias locales, como los que el Comité Central del Partido Comunista de China dicta hoy en día.

La planificación climática que necesitamos es de una naturaleza radicalmente distinta. Es innegable que los planes y las políticas estatales nacionales han de desempeñar un papel relevante: por ejemplo, fijar objetivos de emisiones totales que permitan que cada país se mantenga holgadamente dentro del presupuesto de carbono que le corresponde, y aplicar políticas como las tarifas de introducción utilizadas en Alemania, Ontario y otros lugares, que hagan que la energía renovable sea asequible. Algunos programas, como las redes energéticas nacionales y los servicios ferroviarios eficaces, deben estar planificados a nivel estatal (al menos, una parte de ellos). Pero para que estas transiciones tengan lugar con la rapidez precisa, el mejor modo de conseguir una aceptación amplia y extendida de las mismas es que la implementación en la práctica de muchos de los planes sea lo más descentralizada posible. Habría que dar nuevas herramientas y poderes a las comunidades locales para que diseñen los métodos que funcionen mejor en cada caso particular (de manera muy parecida a como las cooperativas gestionadas por los trabajadores disponen de la capacidad para desempeñar un enorme papel en una transformación industrial). Y lo que vale para la energía y la industria es igualmente válido para otros muchos sectores: sistemas de transporte que rindan cuenta ante sus viajeros, sistemas de distribución y abastecimiento de agua que sean supervisados por sus usuarios, barrios planificados democráticamente por sus residentes, etcétera.

Un ámbito especialmente crucial es el de la agricultura —una importantísima fuente de emisiones de gases de efecto invernadero—, que también puede convertirse en un sector que se expanda y que contribuya a la autosuficiencia descentralizada y a la disminución de la pobreza, así como en una herramienta para la reducción de emisiones. Actualmente, gran parte del debate en torno a la interacción entre agricultura y cambio climático está centrado en la comparación de los pros y los contras de la agricultura industrial respecto a la local y a la orgánica. Uno de esos dos bandos enfrentados pone el énfasis en la mayor productividad de la primera y el otro, en los menores aportes de productos químicos y las (a menudo, pero no siempre) más cortas líneas de suministro de la segunda. Como tercera vía intermedia se abre camino la «agroecología», una práctica menos conocida en la que los agricultores a pequeña escala usan métodos sostenibles basados en una combinación de ciencia moderna y conocimientos locales.

Al basarse en el principio de que la agricultura debería maximizar la diversidad de especies y potenciar los sistemas naturales de protección del suelo y control de plagas, la agroecología se materializa en unas prácticas distintas según el lugar en el que se aplican sus técnicas holísticas. Pero

National Geographic publicó recientemente un reportaje que nos proporciona un resumen muy útil de los principios generales que la agroecología aplica en contextos diferentes; en concreto, la integración de «árboles y matorrales en los campos de cultivos y pastoreo; la irrigación por goteo alimentada con energía solar que hace que el agua caiga directamente sobre las raíces de las plantas; la intercalación de cultivos, que consiste en sembrar dos o más especies juntas para maximizar el aprovechamiento de la luz, el agua y los nutrientes; y la utilización de fertilizantes verdes, que son plantas de crecimiento rápido que ayudan a prevenir la erosión y sustituyen los nutrientes en el terreno».[24]

Estos métodos y otros muchos mantienen en perfectas condiciones el suelo cultivable al tiempo que producen alimentos nutritivos (más incluso que la agricultura industrial por unidad de superficie) y limitan la necesidad de adquirir productos caros como pesticidas químicos, fertilizantes y semillas patentadas. Pero muchos agricultores que utilizan esos métodos desde hace tiempo se han dado cuenta de que también tienen un triple beneficio climático: capturan el carbono en el suelo, evitan el uso de fertilizantes basados en combustibles fósiles y, con frecuencia, requieren de menos carbono para su transporte hasta el mercado, además de que resisten mejor las condiciones meteorológicas extremas y otros impactos climáticos. Y las comunidades locales que pueden alimentarse a sí mismas son mucho menos vulnerables al vaivén de los precios del sistema alimentario globalizado general. De ahí que La Vía Campesina, una red global de pequeños agricultores con 200 millones de miembros, declare a menudo que «la agroecología es la solución a la crisis climática», o que «los pequeños agricultores refrescan el planeta».[25]

En los últimos años, una falange de expertos alimentarios de alto nivel ha llegado a conclusiones parecidas. «Un amplio sector de la comunidad científica reconoce actualmente los efectos positivos de la agroecología en la producción de alimentos, la atenuación de la pobreza y la mitigación del cambio climático, y eso es justo lo que se necesita en un mundo de recursos limitados», afirma Olivier De Schutter, que ejerció de relator especial de la ONU sobre el Derecho a la Alimentación entre 2008 y 2014.[26]

Igual que desestiman las posibilidades de la producción descentralizada de energía por considerarla demasiado pequeña, los defensores de la agricultura industrial a gran escala sostienen que la agricultura orgánica local no puede alimentar a un mundo de 7.000 millones de personas (que serán cada vez más), pero dicha tesis está fundada por lo general sobre comparaciones entre la productividad de los monocultivos industriales (muchas veces modificados genéticamente) y los monocultivos orgánicos, en las que no suele incluirse la agroecología. Pero lo cierto es que debería incluirse, porque, como bien señala De Schutter, «las pruebas científicas de las que disponemos en la actualidad demuestran que los métodos agroecológicos superan en rendimiento al uso de fertilizantes químicos a la hora de potenciar la producción de alimentos allí donde vive la población hambrienta, sobre todo, en entornos desfavorables». Él cita el ejemplo de Malawi, donde un reciente giro hacia la agroecología ha hecho que se dupliquen o se tripliquen los rendimientos de los cultivos de maíz en ciertas áreas, y añade que, «hasta la fecha, los proyectos agroecológicos han evidenciado un incremento del rendimiento medio de los cultivos de un 80 % en 57 países en vías de desarrollo, con un aumento medio de un 116 % para el conjunto de proyectos en África. Otros proyectos recientes realizados en veinte países africanos han arrojado como resultado una duplicación de la productividad de las cosechas a lo largo de un periodo de entre 3 y 10 años».[27]

Todo esto representa un argumento de tremendo peso en contra de la tesis —frecuentemente propugnada por poderosos filántropos como Bill Gates— de que el mundo en vías de desarrollo y, en particular, África necesitan una «Nueva Revolución Verde», en alusión a las iniciativas de filántropos y Gobiernos nacionales de mediados del siglo xx dirigidas a introducir la agricultura industrial en Asia y América Latina. El sociólogo Raj Patel, autor del libro *Obesos y famélicos*, me comentó:

> Se suele afirmar, sobre todo por parte de quienes querrían ver una reedición de la misma, que la Revolución Verde salvó al mundo del hambre. El problema es que, incluso allí donde se llevó a cabo la Revolución Verde, el hambre ha continuado, particularmente en la India, donde esa revolución fue más intensa. El hambre no depende exclusivamente de la cantidad de comida producida; también es muy importante la capacidad que tengan las personas de permitirse esa comida y de controlar su producción y consumo. A fin de cuentas, Estados Unidos tiene más comida de la que puede procesar y 50 millones de personas siguen padeciendo inseguridad alimentaria en ese país.[28]

Y añade: «Lo trágico del caso es que hay miles de experimentos con éxito, por todo el mundo, que nos muestran cómo puede funcionar la agricultura climáticamente inteligente. Y no se caracterizan por usar fertilizantes caros de Yara ni semillas patentadas de Monsanto, sino por aprovechar los conocimientos desarrollados y compartidos libre y equitativamente por los campesinos locales». Y Patel insiste: «El mejor partido que se le puede extraer a la agroecología es cuando se combina con la "soberanía alimentaria", con el control democrático del sistema de alimentos; es decir, cuando no se trata simplemente de un método que produce más comida, sino de aquel que también la distribuye para que *todo el mundo* pueda comer».[29]

A PROPÓSITO DEL «MILAGRO» ALEMÁN...

Hoy disponemos de varios modelos para mostrar cómo sacar adelante (y a buen ritmo) soluciones climáticas descentralizadas de gran alcance que, al mismo tiempo, luchen contra la pobreza, el hambre y la falta de empleo. Pero resulta igualmente evidente que, por sólidos y eficientes que sean, esos incentivos y herramientas no serán suficientes para rebajar los niveles de emisiones a tiempo. Y eso nos lleva a lo que más claramente *no* ha funcionado en la transición energética germana antes mencionada.

En 2012, con su sector de las renovables marcando nuevos máximos de expansión con respecto a años previos, las emisiones de Alemania subieron con respecto a las del año anterior. Los datos preliminares sugieren que lo mismo sucedió en 2013. Las emisiones del país siguen estando un 24 % por debajo de su nivel en 1990, por lo que es posible que estos dos años pasados no hayan significado más que un leve repunte a corto plazo, pero el hecho de que el espectacular aumento de la implantación de las renovables no se esté correspondiendo con una caída igualmente extraordinaria en las emisiones de gases de efecto invernadero es muy preocupante.[30] Es harto indicativo, también, de los límites de los planes económicos basados exclusivamente en incentivos y en mecanismos de mercado.

Muchos han atribuido el ascenso de las emisiones a la decisión de Alemania de abandonar progresivamente la energía nuclear, pero la realidad dista mucho de ser tan simple. Es cierto que, en 2011, ante la conmoción causada por el desastre de Fukushima, el Gobierno de la canciller Angela Merkel —bajo intensas presiones del poderoso movimiento antinuclear alemán— anunció que el país abandonaría por completo la producción de energía nuclear como máximo en 2022 y emprendió medidas para iniciar ese proceso. Pero, al mismo tiempo, el Gobierno no tomó decisiones similares para abandonar el carbón como combustible para la producción de energía e incluso permitió que las empresas productoras de ese tipo de electricidad la pudieran exportar a otros países. Así que, si bien los alemanes se han estado pasando en número cada vez mayor a la energía renovable, la electricidad producida por las centrales térmicas que funcionan con carbón ha continuado creciendo y parte de esta ha sustituido a la generada a partir de la energía nuclear, otra parte a la producida con gas y otra parte más se ha destinado a la exportación. Y mucho del carbón que se usa en Alemania es lignito, conocido a menudo como «carbón marrón», una variedad de baja calidad cuya combustión desprende un nivel particularmente elevado de emisiones.[31]

Como ya hemos visto, los estudios más recientes sobre energías renovables, y especialmente los del equipo de Mark Jacobson en Stanford, muestran que la transición global hacia una energía cien por cien renovable («eólica, hídrica y solar») sería factible tanto desde el punto de vista técnico como desde el económico «incluso para antes del año 2030». Eso significa que rebajar las emisiones de gases de efecto invernadero para cumplir con las cifras objetivo recomendadas por los científicos no precisa de la construcción de una red global de centrales nucleares nuevas. De hecho, esto último podría más bien ralentizar la transición, ya que las energías renovables se pueden desplegar con mayor rapidez y menor coste, un factor crucial en vista de lo limitado que es el marco temporal del que disponemos. Además, según Jacobson, en el corto plazo, la energía nuclear «no es una energía que no deje huella de carbono, por mucho que digan sus defensores. En la minería, el transporte y el enriquecimiento del uranio consumen enormes cantidades de combustibles fósiles, y también lo hace la construcción de las centrales nucleares. Y toda esa energía sucia se emite durante los entre diez y diecinueve años que dura el diseño y la construcción de una central nuclear. (En el diseño y la construcción de un parque eólico se tardan de dos a cinco años.)». Su conclusión es que, «si invertimos en nuclear a costa de las renovables, podemos estar seguros de que los glaciares y los casquetes polares seguirán derritiéndose mientras esperamos y esperamos a que llegue por fin la era nuclear. También nos habremos asegurado un futuro con más y mayores riesgos para todos nosotros». Lo cierto es que las instalaciones productoras de las renovables presentan riesgos extraordinariamente más reducidos que las de los combustibles fósiles o las de la energía nuclear para quienes viven y trabajan cerca de ellas. Ya lo dijo el cómico Bill Maher: «¿Saben qué provoca un molino eólico cuando lo vierten al mar? Un salpicón».*[32]

---

* Buena parte del apoyo actual a la energía nuclear como solución al calentamiento global se basa en las esperanzas suscitadas por unas futuras tecnologías nucleares de «nueva generación», que incluirían desde reactores más eficientes enfriados con gas en vez de agua, hasta diseños de «reactores rápidos» que podrían funcionar con combustible usado o «generar» más combustible al tiempo que lo consumen, por no hablar de la fusión nuclear, consistente en provocar la unión de núcleos de átomos separados (como ocurre en el sol), en vez de fisionarlos. Sus impulsores nos aseguran que estas innovadoras

Aproximadamente un 12 % de la energía que se produce hoy en día en el mundo es de origen nuclear y buena parte de esta procede de reactores viejos y obsoletos.[33] Desde una perspectiva climática, sería ciertamente preferible que los Gobiernos impulsaran transiciones escalonadas alejándose de fuentes energéticas de alto riesgo como la nuclear y priorizando los recortes en el consumo de combustibles fósiles, porque la próxima década es crucial si queremos variar el rumbo y apartarnos de la trayectoria que nos conduce actualmente hacia un calentamiento global de entre 4 y 6 °C. Esto podría compatibilizarse con una moratoria sobre nuevas instalaciones nucleares, un desmantelamiento de las centrales más antiguas y, posteriormente, un abandono gradual de esa energía que llegue a ser completo en cuanto las renovables hayan sustituido definitivamente a los combustibles fósiles.

Pero también debemos admitir que fue el poder del movimiento antinuclear alemán el que generó las condiciones favorables iniciales para que se produjera la revolución de las renovables (como ya sucediera en Dinamarca en la década de 1980), así que es posible que no hubiera habido transición energética que debatir sin ese otro deseo generalizado previo de abandonar la energía nuclear debido a los múltiples riesgos que lleva asociados. Además, muchos expertos alemanes en energía están convencidos de que el ritmo de la transición hasta la fecha demuestra a las claras que se puede abandonar escalonadamente el uso de combustibles nucleares y fósiles al mismo tiempo. Por ejemplo, según un informe de 2012 del Centro Nacional Alemán de Investigación Aeroespacial, Energética y del Transporte (DLR), el 67 % de la electricidad de toda la UE podría provenir de energías renovables hacia el año 2030, y ese porcentaje aumentaría hasta el 96 % para 2050;[34] pero, como es lógico, esto solo se hará realidad si se aprueban y se aplican las políticas correctas.

Y para que eso ocurra, el Gobierno de Alemania tendría que estar dispuesto a hacer con la industria del carbón lo que no ha tenido reparos en

---

tecnologías eliminarán muchos de los riesgos actualmente asociados a la energía nuclear: desde las fusiones accidentales de los núcleos de los reactores hasta el almacenamiento a largo plazo de los residuos, pasando por el uso armamentístico del uranio enriquecido. Y quizá tengan verdaderamente el potencial de suprimir algunos de esos riesgos, pero como se trata de técnicas no probadas todavía y como algunas pueden conllevar riesgos que sean aún mayores, la carga de la prueba recae sobre sus impulsores y promotores, que son quienes tienen que demostrar la seguridad de esas innovaciones, y no sobre nosotros. Tanto más cuanto que nosotros sí hemos demostrado que existen tecnologías limpias y renovables disponibles, y modelos democráticos y participativos para su implementación, que no comportan tales riesgos.

hacer con la industria de la energía nuclear: introducir regulaciones específicas «desde arriba» para desmantelarla gradualmente. En vez de eso, sin embargo, y debido al considerable poder político del *lobby* alemán del carbón, el Gobierno Merkel recurrió al débil mecanismo de mercado que consiste en el comercio de los derechos de emisiones carbónicas para tratar de introducir una presión negativa sobre el carbón.[35] Cuando el mercado europeo de derechos de emisiones se vino abajo y el precio del carbono se desplomó, esa estrategia reportó unos resultados desastrosos para lo que habían sido sus intenciones iniciales. El carbón era barato, la penalización por consumirlo era prácticamente cero, no había bloqueos a la exportación de electricidad producida con carbón y, como quien no quiere la cosa, toda una serie de años clave que deberían haber sido de triunfos en materia de emisiones se convirtieron en época de reveses y contratiempos.

Tadzio Mueller, investigador y experto en clima que vive y trabaja en Berlín, me planteó el problema del modo siguiente: «Las emisiones alemanas no han subido porque se esté desincentivando la energía nuclear. Han subido porque nadie ordenó a las compañías eléctricas alemanas que dejasen de quemar carbón y porque, mientras les permitan la venta rentable de esa electricidad en otros países, seguirán quemando carbón para ello, aun cuando la mayor parte de la electricidad consumida en Alemania proceda de renovables. Lo que se necesita es un conjunto de reglas estrictas contra la extracción y la combustión de carbón. Punto».[36]

Parece imprescindible, pues, que los Gobiernos implanten incentivos creativos para que las comunidades locales de todo el mundo cuenten con herramientas que les faciliten decir sí a la energía renovable. Pero lo que muestra la experiencia alemana es que todo ese progreso peligrará a menos que los dirigentes políticos estén simultáneamente dispuestos a decir «no» a la siempre depredadora industria de los combustibles fósiles.

Recordar cómo se dice «no»

No había visto aún las minas gigantes —el paisaje que se divisaba por la ventanilla era todavía de pantanales verdes y exuberante bosque boreal—, pero ya podía sentirlas en forma de nudo en la garganta. No iba a tardar mucho en avistarlas. Al poco, ladera arriba y sobre una pequeña elevación del terreno, allí estaban: las tristemente famosas arenas bituminosas de Alberta, un desierto reseco y gris tan extenso que se pierde en el horizonte. Montañas de residuos tan grandes que los trabajadores bromean diciendo que necesitan una agencia meteorológica para ellas solas. Lagunas de relaves tan extensas que pueden verse incluso desde el espacio. Allí está el segundo mayor embalse del mundo, construido para contener las aguas tóxicas. La tierra, despellejada viva.

La ciencia ficción ha fantaseado mucho con la «terraformación» (es decir, con la formación de nuevas tierras en otros mundos): seres humanos que viajan a planetas sin vida y los colonizan hasta transformarlos en hábitats parecidos al terrestre. Las arenas bituminosas canadienses son justamente lo contrario: son «terra*des*formación». Suponen tomar un ecosistema habitable, lleno de vida, y transformarlo en un paisaje lunar donde prácticamente nada puede vivir. Y si esto sigue así, podría afectar a un área del tamaño aproximado de Inglaterra. Todo ello para acceder a una forma semisólida de petróleo «no convencional» conocido como bitumen (betún) cuya extracción es tan complicada y tan intensiva en energía que el proceso produce aproximadamente entre tres y cuatro veces más gases de efecto invernadero que la extracción de petróleo convencional.[37]

En junio de 2011, fui una de las personas firmantes de una carta redactada por el escritor y activista climático Bill McKibben que llamaba a los ciudadanos a acudir a Washington (D.C.) «en las semanas más calurosas y húmedas del verano» para exponerse a un arresto seguro por protestar contra la propuesta de construcción del oleoducto Keystone XL. Sorprendentemente, más de 1.200 personas hicieron exactamente eso, lo que convirtió aquel acto en el incidente de desobediencia civil más concurrido de la historia del movimiento climático norteamericano.[38]

Una coalición de ganaderos y pueblos indígenas que viven en las tierras atravesadas por el trazado previsto del oleoducto llevaba más de un año de dura campaña contra el proyecto. Pero aquel acto en Washington dio a la campaña un alcance nacional y la convirtió en un momento catalizador para el resurgente movimiento climático estadounidense.

Los motivos científicos para centrar los esfuerzos de ese movimiento en el proyecto del Keystone XL eran bastante evidentes. El oleoducto pretende transportar petróleo de las arenas bituminosas de Alberta, y James Hansen, que por entonces trabajaba aún en la NASA, acababa de declarar poco antes que, si se extraía y se quemaba el betún atrapado en esas arenas, «el clima habría perdido la partida».[39] Pero también había en juego razones de estrategia política: a diferencia de otras muchas políticas climáticas clave, que, o bien requieren de la aprobación del Congreso, o bien se aprueban en los diversos estados, la decisión sobre seguir adelante o no con el oleoducto Keystone XL está enteramente en manos del Departamento de Estado y, en último término, del presidente, dependiendo de si él considera que el proyecto es «de interés nacional». En ese caso, es Obama quien tiene que darle su sí o su no personal, y nosotros entendíamos que iba a ser muy valioso que se definiera por una respuesta u otra.

Si dijera que no, estaríamos ante una victoria muy importante para nosotros y para la recuperación del movimiento climático estadounidense que, magullado tras no haber logrado la aprobación de una importante legislación energética en el Congreso, necesitaba desesperadamente buenas noticias. Si dijera que sí, estaríamos ante una respuesta muy clarificadora. Los activistas climáticos, que, en su práctica totalidad, habían ayudado a que Obama fuera elegido presidente, tendrían que abandonar finalmente todas las esperanzas que habían depositado en aquel joven senador que dijo que su elección sería recordada como «el momento en que el ascenso del nivel de los océanos comenzó a detenerse y nuestro planeta comenzó a sanar».[40] Tener que desprenderse de esa fe sería una desilusión para muchos, pero, al menos, podríamos ajustar nuestras tácticas sabiendo mejor cuál es el terreno que pisamos. Y parecía que no tendríamos que aguardar mucho tiempo para disponer de un veredicto, porque el presidente estaba en disposición de tomar su decisión como máximo a principios de septiembre. De ahí que el acto de desobediencia civil fuese convocado para finales de agosto.

Lo que ni se nos había pasado por la cabeza cuando empezamos a diseñar una estrategia al respecto desde 350.org, organización climática cofundada por McKibben de cuya junta directiva soy miembro, era que, tres años después, todavía estaríamos esperando una respuesta del presidente. Tres años durante los que Obama ha hablado sin decir nada y ha acumulado una dilación tras otra, mientras su administración no deja de encargar más estudios medioambientales, y más estudios de esos estudios, e incluso estudios de estos últimos también.

Muchas han sido las energías intelectuales gastadas tratando de interpretar las señales contradictorias del presidente a propósito del proyecto del Keystone XL. A veces, parecía enviar el mensaje claro de que iba a darle su aprobación (como, por ejemplo, cuando dispuso una escena para los fotógrafos ante un tramo de oleoducto metálico que estaba a punto de ser instalado); otras veces, parecía insinuar más bien que se iba a inclinar por rechazarlo, como cuando declaró (en uno de sus discursos más apasionados sobre el cambio climático) que el proyecto del Keystone solo sería aprobado «si no agrava significativamente el problema de la contaminación por carbono».[41]

Pero sea cual sea el sentido hacia el que se decante su decisión (y cabe esperar que, para cuando ustedes lean esto, ya sepamos la respuesta), tan interminable saga ha dejado al menos una cosa absolutamente clara. A Obama, como a Angela Merkel, le cuesta Dios y ayuda decir que no a la industria de los combustibles fósiles. Y ese es un problema muy grande, porque para reducir las emisiones con la rapidez y la magnitud requeridas, necesitamos mantener grandes y sumamente lucrativos depósitos de carbono en el subsuelo: unos depósitos que las compañías de combustibles fósiles se mueren por extraer.

Eso significa que nuestros Gobiernos van a tener que empezar a fijar límites estrictos a la actividad de ese sector; límites que van desde decir no a la construcción de oleoductos que vayan ligados a un aumento de las extracciones hasta la fijación de topes a la cantidad de carbono que las grandes empresas pueden emitir, pasando por la prohibición de la inauguración de nuevas centrales térmicas alimentadas con carbón, el cierre gradual de proyectos de extracción de energía sucia como los de las arenas bituminosas de Alberta, o la resistencia frente a las presiones para abrir nuevos horizontes en la extracción y emisión de carbono (como los que se abrirían con la explotación del petróleo que yace en el subsuelo del Ártico, bajo una capa de hielo cada vez más derretida).

En los años sesenta y setenta del siglo xx, en Estados Unidos y otros importantes países industrializados se aprobó un auténtico aluvión de leyes y normas medioambientales. Nunca ha sido fácil decir no a las industrias sucias, pero en aquellos momentos, al menos, esa negativa era una parte aceptada de la labor equilibradora de los Gobiernos. Hoy eso ha cambiado, como bien lo demuestra el grito en el cielo que ponen los republicanos (y muchos demócratas) ante la mera insinuación de que Obama podría rechazar el Keystone XL, una obra de infraestructuras de tamaño moderado que, según ha admitido el propio presidente, crearía tan pocos empleos duraderos que estos no serían más que «una gota para saciar un mar de necesidad».[42] En vista de lo terriblemente difícil que está demostrando ser esa decisión regulatoria (consistente, básicamente, en decir sí o no), no debería sorprendernos en absoluto que, hasta el momento, no se hayan aplicado controles más generales y contundentes sobre las cantidades de carbono que debe extraerse y emitirse.

La tan publicitada orden de reducción de las emisiones de las centrales eléctricas que Obama dictó en junio de 2014 iba ciertamente por el buen camino, pero las medidas asociadas a dicha orden seguían siendo demasiado tímidas como para acercar la trayectoria de emisiones de Estados Unidos a la requerida para cumplir con los objetivos de calentamiento máximo del planeta dentro de unos límites seguros. Como el periodista (y observador desde hace tiempo de la actualidad relacionada con el clima) Mark Hertsgaard señaló en aquel momento:

> es evidente que el presidente Obama comprende la urgencia de la crisis climática y ha dado importantes pasos para abordarla. Pero, por desgracia, la historia ha querido que ocupe la presidencia en un momento en el que las buenas intenciones y los pasos importantes ya no basten por sí solos. [...] Tal vez todo esto ponga una carga injusta sobre los hombros del presidente Obama, pero la ciencia es indiferente a lo que es justo y lo que no, y los dirigentes heredan la historia que les toca heredar.

Y el problema, como bien reconoce Hertsgaard, es que la clase de políticas que la ciencia consideraría suficientes, «parecen absurdamente exageradas a quienes controlan el actual statu quo político y económico».[43]

Este estado de cosas es, desde luego, otro legado más de la contrarrevolución neoliberal. No hay prácticamente ningún país cuya clase política no asuma la premisa de que no es tarea del Gobierno decir a las grandes empresas lo que pueden hacer y lo que no, aun cuando la salud y el bienestar públicos —e incluso la habitabilidad misma de nuestro hogar común— estén claramente en juego. La regulación descafeinada o, con mayor frecuencia aún, la desregulación militante se han erigido en el gran principio orientador de la acción del Estado, un principio que se ha cobrado un exorbitado precio en todos los sectores, pero sobre todo en el financiero. Es el mismo principio que ha bloqueado sistemáticamente otras respuestas de puro sentido común a la crisis climática: en ocasiones, rechazando de manera explícita regulaciones con las que se pretende que el carbono que aún está en el subsuelo no salga de él, pero, en la mayoría de los casos, impidiendo más implícitamente que se propongan tales regulaciones y dando prioridad a las llamadas soluciones «de mercado», aplicadas así a unos propósitos para los que no están en absoluto pensadas.

Es verdad que el mercado es un motor fantástico de innovación tecnológica y que, si nada ni nadie coarta su capacidad, los departamentos de I+D seguirán ideando nuevos e impresionantes métodos para conseguir que los módulos solares y los aparatos eléctricos sean más eficientes, pero, al mismo tiempo, las fuerzas del mercado también impulsarán nuevas e innovadoras formas de sacar combustibles fósiles de fuentes de muy difícil acceso, como el subsuelo de los fondos oceánicos o los lechos duros de esquistos bituminosos, y esas innovaciones sucias harán que las verdes resulten esencialmente irrelevantes desde la perspectiva del cambio climático.

En la ya mencionada conferencia del Instituto Heartland, Patrick Michaels (del Instituto Cato) vino a argumentar eso mismo sin querer cuando dijo que, aunque cree que el cambio climático es una realidad que está teniendo lugar, la solución real consiste en no hacer nada y aguardar a que ocurra un milagro tecnológico que nos caiga como llovido del cielo. «En realidad, no hacer nada *es* hacer algo», proclamó, al tiempo que garantizaba a los allí presentes que «las tecnologías del futuro» nos salvarán. ¿Su prueba de que eso será así? «Tres palabras: gas de esquisto. [...] Eso es lo que pasa cuando dejamos que las personas usen su intelecto y su inventiva y su empuje para dar con nuevas fuentes de energía.» Y, claro está, los asistentes al congreso vitorearon el avance intelectual que representa la fracturación hidráulica (también conocida como *fracking*) combinada con la perforación horizontal dirigida; esto es, la tecnología que ha permitido finalmente a la industria de los combustibles fósiles atornillarnos por todos lados.[44]

Pero son precisamente estos métodos «no convencionales» de extracción de combustibles fósiles los que más justifican la necesidad de una regulación contundente. Y es que uno de los mayores errores de concepto en el debate sobre el clima es ese que nos induce a creer que nuestra sociedad se niega a cambiar, empeñada en proteger un statu quo al que llamamos «la manera habitual de hacer las cosas». Lo cierto es que no existe ninguna manera «habitual» de hacer las cosas en ese terreno, porque el sector energético cambia espectacularmente cada muy poco tiempo. El problema es que la inmensa mayoría de esos cambios nos van empujando más y más en la dirección equivocada, es decir, hacia fuentes de energía con emisiones que calientan el planeta aún más que sus anteriores versiones convencionales.

Tomemos el ejemplo del *fracking*. La reputación del gas natural como una presunta alternativa limpia al carbón y al petróleo se basa en las mediciones de emisiones de gas extraído mediante prácticas perforadoras convencionales. Pero en abril de 2011, un nuevo estudio a cargo de varios científicos destacados de la Universidad de Cornell mostró que, cuando el gas se extrae mediante fracturación hidráulica, el gráfico de las emisiones varía ostensiblemente.[45]

El estudio descubrió que las emisiones de metano ligadas al gas natural obtenido por *fracking* son, como mínimo, un 30 % más elevadas que las emisiones ligadas al gas convencional. Ello se debe a que el proceso de la fracturación conlleva numerosos escapes: el metano se filtra al exterior en todas las fases de producción (procesado, almacenaje y distribución). Y el metano es un gas de efecto invernadero sumamente peligroso, 34 veces más eficaz a la hora de retener el calor que el dióxido de carbono, según las estimaciones más recientes del Grupo Intergubernamental de Expertos sobre el Cambio Climático. Según el estudio de Cornell, esto significa que el gas obtenido por *fracking* tiene mayor impacto en términos de liberación de gases de efecto invernadero que el petróleo y un impacto en términos de calentamiento del planeta muy parecido al del carbón cuando se examinan ambas fuentes energéticas a lo largo de un ciclo de vida prolongado.[46]

Por otra parte, el bioquímico de Cornell Robert Howarth, autor principal del estudio, señala que el metano es aún más eficiente como captor de calor durante los diez o quince primeros años después de ser liberado en la atmósfera; de hecho, durante ese tiempo tiene un potencial calentador que es 86 veces (!) superior al del dióxido de carbono. Y en un momento como el actual, en el que ya hemos alcanzado la «década cero», eso importa muchísimo. «Es en este marco temporal más corto en el que corremos el riesgo de quedar bloqueados en un calentamiento muy rápido del que ya no podríamos salir», explica Howarth, sobre todo porque las enormes terminales portuarias para la exportación de gas natural líquido que se están diseñando o construyendo actualmente en Australia, Canadá y Estados Unidos no están pensadas para que funcionen únicamente durante la próxima década, sino más bien durante prácticamente todo el medio siglo siguiente. Así que, por decirlo crudamente, en este periodo clave actual en el que lo que más necesitamos es buscar vías para reducir nuestras emisiones lo más rápidamente posible, el *boom* global del gas está conduciéndonos hacia un futuro sobrecalentado por una atmósfera convertida en un gigantesco horno ultrapotente.[47]

El estudio de Cornell fue la primera investigación sobre la huella en forma de generación de gases de efecto invernadero dejada por la producción de gas de esquisto (incluyendo las emisiones de metano) publicada en una revista académica de referencia, tras un proceso de revisión por pares. Su autor principal aclaró de inmediato que los datos con los que había trabajado eran inadecuados debido, en gran parte, a la falta de transparencia de las empresas de ese sector. Aun así, el estudio cayó como una bomba y, aunque sigue siendo objeto de fuerte controversia, una corriente continua de nuevos trabajos sobre el tema ha venido a respaldar el argumento allí expuesto sobre la elevada tasa de filtraciones y fugas de metano que se producen durante el proceso de fracturación hidráulica.*[48]

---

* Reina una gran confusión en torno a los beneficios climáticos del gas natural porque, a menudo, se cita este combustible como el factor que está detrás del descenso

La industria del gas no es la única que se decanta por métodos más sucios y arriesgados. Al igual que Alemania, la República Checa y Polonia están recurriendo cada vez más a la producción del extrasucio carbón de lignito.[49] Y las principales compañías petroleras se están precipitando con avidez sobre diversos depósitos de arenas bituminosas (entre los que destacan los de Alberta), generadores todos ellos de huellas de carbono significativamente más profundas que las del petróleo convencional. También están explorando aguas cada vez más profundas y heladas para ubicar en ellas sus plataformas petrolíferas, con el riesgo que ello comporta no solo de más vertidos catastróficos —como el que ya tuvimos con el desastroso accidente de la plataforma Deepwater Horizon de BP—, sino de fugas y escapes que resulten simplemente imposibles de limpiar. Es cada vez más frecuente, además, que esos métodos extremos de extracción (reventar la roca para extraer de ella el petróleo y el gas que encierra, o extraer petróleo a base de hervir una masa terrosa con textura de alquitrán) se usen simultáneamente, como cuando se aprovecha el gas natural obtenido por *fracking* para supercalentar con él el agua que derrite el betún en las arenas bituminosas (por citar solamente un ejemplo de la mortal espiral energética actual). Por así decirlo, lo que esa industria llama innovación se parece más bien a los estertores suicidas finales de la adicción. Estamos reventando el lecho de roca de nuestros continentes, introduciendo toxinas en el agua que luego bombeamos para nuestro consumo, rebanando las cimas de montañas, pelando bosques boreales, poniendo en peligro la profundidad de los océanos y compitiendo ferozmente por explotar el deshielo del Ártico, y todo ello únicamente para llegar hasta las últimas gotas y las piedras finales. Cierto es que detrás de todo esto hay una tecnología muy avanzada que lo hace posible, pero no se puede hablar de innovación: es pura locura.

---

del 12 % en las emisiones de dióxido de carbono registrado en Estados Unidos desde 2007. Pero esta buena noticia pasa por alto el hecho de que las emisiones de metano en EE.UU. están probablemente subestimadas, ya que las fugas y los escapes apenas han sido tenidos en cuenta en esos cálculos. Además, muchos expertos que trabajan con modelos y proyecciones advierten de que cualquier ventaja para el clima que se derive del *boom* del aprovechamiento de los esquistos quedará contrarrestada, no ya por las potentes emisiones de metano que comportará, sino también por la tendencia a que el gas natural barato desplace a la energía eólica y la solar. Por otra parte, aunque la producción de carbón está siendo sustituida en Estados Unidos por la de gas natural, lo cierto es que las empresas del carbón se dedican ahora simplemente a exportar su producto a otros países, lo que, según un análisis de la organización CO_2 Scorecard Group «ha más que enjugado» el ahorro en emisiones propiciado por el gas natural desde 2007.

El hecho de que a las compañías de combustibles fósiles se les haya permitido acometer durante la última década la explotación de depósitos fósiles no convencionales no tenía nada de inevitable, sino que fue más bien el resultado de decisiones regulatorias deliberadas, como la decisión de conceder licencias a esas empresas para extraer petróleo de los depósitos de arenas bituminosas y carbón de nuevas minas a cielo abierto; la decisión de abrir amplias zonas de Estados Unidos a la obtención de gas mediante fracturación hidráulica, prácticamente exenta de regulación y supervisión; la decisión de abrir amplios tramos de las aguas territoriales a la instalación de plataformas petrolíferas, levantando las moratorias existentes a las mismas. Estas decisiones son un componente muy importante de todo lo que nos está conduciendo actualmente a unos niveles desastrosos e insalvables de calentamiento planetario. Son, además, el producto de intensas presiones políticas de la industria de los combustibles fósiles; presiones que están motivadas por el factor impulsor más poderoso de todos: la voluntad de supervivencia.

Por norma, extraer y refinar energía no convencional es un proceso industrial mucho más caro y complicado que hacer eso mismo con combustibles convencionales. De ahí que, por ejemplo, Imperial Oil (de la que Exxon es accionista mayoritaria) invirtiera unos 13.000 millones de dólares para abrir la cada vez más extensa mina a cielo abierto de Kearl en las arenas bituminosas de Alberta. Con sus doscientos kilómetros cuadrados, será finalmente una de las minas a cielo abierto más grandes de Canadá (el triple de extensa que la isla de Manhattan), y solo representa una fracción de las nuevas construcciones previstas para toda el área de las arenas bituminosas (el *think tank* de estudios económicos Conference Board of Canada prevé que se inviertan un total de 364.000 millones de dólares hasta 2035).[50]

Mientras tanto, en Brasil, está previsto que la compañía británica BG Group realice una inversión de 30.000 millones de dólares durante la próxima década, buena parte de la cual irá a parar a proyectos «subsalinos» en aguas ultraprofundas en los que el petróleo se extrae de profundidades de aproximadamente tres mil metros. Pero el premio para quien ha empeñado más recursos en un proyecto de esa clase se lo lleva sin duda Chevron, que va a gastar un total de 54.000 millones de dólares (según las previsiones) en una instalación gasística en Barrow, una isla que es «Reserva Natural de Clase A» y que está situada frente a la costa noroccidental de Australia. El proyecto liberará tanto gas natural de las entrañas de la corteza terrestre que ha recibido el muy apropiado nombre de Gorgon, en honor de las gorgonas, aterradores monstruos femeninos de la mitología griega que tenían una mata de serpientes por cabello. Uno de los socios de Chevron en esa iniciativa es Shell, que, al parecer, va a gastarse entre 10.000 y 12.000 millones de dólares más para construir la más extensa instalación flotante sobre el mar jamás construida (de una superficie superior a la de cuatro campos de fútbol) para extraer gas natural en otro emplazamiento situado también frente a la costa del noroeste australiano.[51]

Estas son inversiones que las compañías jamás recuperarían si no pudieran seguir extrayendo el combustible fósil durante décadas, ya que semejantes costes iniciales solo pueden amortizarse a lo largo de toda la vida esperada de los proyectos. En concreto, del proyecto de Chevron en Australia se espera que continúe produciendo gas natural durante un mínimo de treinta años, mientras que la monstruosidad gasística flotante de Shell está siendo construida para funcionar en ese emplazamiento durante 25 años. Según las previsiones actuales, la mina de Exxon en Alberta funcionará durante cuarenta años, tiempo que también se espera que dure el enorme proyecto Sunrise de BP/Husky Energy, también ubicado en una zona de arenas bituminosas. Esta es solo una pequeña muestra de las megainversiones que se están realizando ahora mismo en diversos lugares del mundo dentro de la frenética competición por llegar sin demora a las bolsas de petróleo, de gas y de carbón de difícil extracción. Los largos marcos temporales asignados a todos estos proyectos nos indican algo crucial a propósito de los supuestos con los que trabaja la industria de los combustibles fósiles: estas empresas han apostado a que los Gobiernos no van a ir en serio con sus políticas de recortes de emisiones durante los próximos veinticinco o cuarenta años. Pero los expertos climatólogos nos dicen que, si queremos tener alguna posibilidad de mantener el calentamiento del planeta por debajo de la marca de los 2 °C, las economías de los países desarrollados deberán haber iniciado su giro copernicano en cuanto a la composición de las fuentes de su consumo energético no más allá del final de la presente década, y deberán haberse desenganchado casi por completo de los combustibles fósiles para el año 2050.[52]

Ahora bien, si esos cálculos de las compañías terminan siendo erróneos porque nosotros nos ponemos serios de verdad a la hora de obligarlas a que dejen el carbono en el subsuelo, tal como está, esos enormes proyectos se convertirán en lo que se conoce como «activos inmovilizados»; esto es, inversiones que pierden su valor previsto a consecuencia de cambios radicales en la política medioambiental, por ejemplo. Cuando una empresa tiene una gran proporción de activos inmovilizados caros en sus libros contables, el mercado bursátil toma nota y reacciona cotizando a la baja el precio de las acciones de la compañía que realizó esas malas apuestas.

Este es un problema que trasciende con mucho el ámbito de unos proyectos concretos y es intrínseco al modo en que el mercado asigna valor a empresas que se dedican al negocio de extraer recursos finitos de la Tierra. Para que el valor de esas compañías permanezca estable o crezca, las empresas petroleras o gasísticas deben estar siempre en disposición de demostrar a sus accionistas que cuentan con reservas de carbono frescas para explotar cuando se agoten las que están extrayendo actualmente. Ese proceso es tan crucial para las compañías extractivas como para una empresa automovilística o textil lo es el mostrar a sus accionistas que tienen ya encargos anticipados para sus futuros productos. De una empresa energética se espera, como mínimo, que amplíe la cantidad de petróleo o de gas que descubre en forma de reservas probadas al mismo ritmo con que extrae petróleo o gas en el momento presente, pues, de ese modo, arroja una «tasa de sustitución de reservas» del cien por cien. Según se explica en el conocido sitio web Investopedia, «la tasa de sustitución de reservas de una compañía debe ser de al menos el cien por cien para que esta se mantenga en el negocio a largo plazo; si no, terminará quedándose sin petróleo».[53]

Por eso tienden a alarmarse tanto los inversores cuando la mencionada tasa cae por debajo de ese nivel. En 2009, por ejemplo, el mismo día que Shell anunció que su tasa de sustitución de reservas para el año anterior se había desinflado un poco hasta un nada prometedor 95 %, la compañía se las vio y se las deseó para convencer a los mercados de que no estaba en apuros. Lo consiguió, precisamente, anunciando que cesaría toda nueva inversión en energía eólica y solar. Al mismo tiempo, redobló la apuesta por la estrategia de añadir nuevas reservas procedentes del gas de esquisto (accesibles únicamente mediante la fracturación hidráulica), del petróleo en aguas profundas y de las arenas bituminosas. En total, Shell logró añadir ese año nuevas reservas probadas equivalentes a la cantidad récord de 3.400 millones de barriles de petróleo, es decir, casi el triple de su producción en 2009 o, lo que es lo mismo, el equivalente a una tasa de sustitución de reservas del 288 %. El precio de sus acciones subió en consonancia.[54]

Para un gigante de los combustibles fósiles, mantener su tasa de sustitución de reservas es un imperativo económico; si no lo consigue, la compañía deja de tener futuro. Tiene que seguir moviéndose para no caerse del sitio en el que está. Y ese imperativo estructural es el que está empujando al sector hacia las formas más extremas de energía sucia; sencillamente, no quedan suficientes depósitos convencionales que permitan mantener las tasas de sustitución adecuadas. Según el informe anual World Energy Outlook de la Agencia Internacional de la Energía, la producción global de petróleo convencional obtenida de los «yacimientos existentes» caerá desde los 68 millones de barriles diarios de 2012 hasta unos 27 millones al día en 2035, según las previsiones.[55]

Eso significa que una compañía petrolera que quiera tranquilizar a sus accionistas asegurándoles que tiene un plan para cuando, por ejemplo, se agote el petróleo de la bahía de Prudhoe en Alaska, estará obligada a adentrarse en territorios más sucios y arriesgados. Es revelador, sin ir más lejos, que *más de la mitad* de las reservas añadidas por Exxon en 2011 provinieran de un único proyecto petrolífero: la inmensa mina Kearl que está instalando en las arenas bituminosas de Alberta.[56] Este imperativo implica también que, mientras se imponga este modelo de negocio, ningún litoral ni ningún acuífero estarán a salvo. Toda victoria contra las empresas de combustibles fósiles, por difícil que haya resultado de conseguir, será temporal, porque, tarde o temprano, será acallada por los gritos de quienes claman por que se siga perforando («*Drill, baby, drill!*», o «¡Perfora, muchacho, perfora!», rezaba un lema de la campaña electoral republicana de 2008 en EE.UU.). No se detendrán siquiera cuando podamos atravesar andando el golfo de México de un extremo a otro pasando sobre plataformas petrolíferas, ni cuando la Gran Barrera de Coral de Australia se haya convertido en un aparcamiento para petroleros, ni cuando la cada vez más derretida capa de hielo de Groenlandia se haya manchado de negro por culpa de un vertido que no tengamos ni idea de cómo limpiar. Porque estas compañías siempre van a necesitar más reservas para colmar sus tasas de sustitución un año tras otro y tras otro, etcétera.

Desde la perspectiva de una compañía productora de combustibles fósiles, la búsqueda de esos depósitos de carbono de alto riesgo no es opcional, sino que forma parte de su responsabilidad fiduciaria para con sus accionistas, que insisten en obtener las mismas megarrentabilidades que ya ganaron el año anterior y el que vino antes de ese. Pero lo que de verdad consiguen cumpliendo con esa responsabilidad es prácticamente garantizar que el planeta se freirá de calor.

No hay ninguna hipérbole en el argumento anterior. En 2011, un laboratorio de ideas de Londres, la Carbon Tracker Initiative («Iniciativa para el Seguimiento del Carbono»), llevó a cabo un estudio pionero que sumó todas las reservas de las que las compañías de combustibles fósiles (privadas y estatales) habían dado noticia. Pues, bien, tras los oportunos cálculos, los autores de ese trabajo de investigación descubrieron que el petróleo, el gas y el carbón de los que esos actores del sector dicen haber tomado ya posesión —hablamos, pues, de depósitos que ellos han contabilizado en sus libros y que ya estaban reportando dinero a sus accionistas— representaban 2.795 gigatoneladas de carbono (una gigatonelada son 1.000 millones de toneladas métricas). Eso es un problema muy grande, porque sabemos aproximadamente cuánto carbono podemos quemar entre ahora y 2050 para que nos quede aún una probabilidad consistente (un 80 %, más o menos) de mantener el calentamiento global por debajo de los 2 °C. Según un estudio muy creíble sobre el tema, ésa cantidad de carbono es de 565 gigatoneladas entre 2011 y 2049. Y, tal como Bill McKibben señala, «lo verdaderamente destacable es que 2.795 es el quíntuplo de 565. No son cifras mínimamente comparables siquiera». Y añade: «Lo que significan esos números es muy simple. Esta industria ha anunciado en informes a la SEC [la Comisión Estadounidense de Valores y Bolsa] y en promesas a sus accionistas que está decidida a que se queme cinco veces más combustible fósil del que la atmósfera del planeta podría absorber en principio».[57]

Esas cifras nos indican también que aquello que precisamente debemos hacer para evitar la catástrofe —dejar de perforar— es lo que esas compañías no pueden ni tan solo considerar sin poner en marcha con ello su propia desaparición. Nos indican que el hecho de que nos pongamos serios a la hora de abordar el problema del cambio climático (es decir, la necesidad de que recortemos nuestras emisiones radicalmente) no es compatible con la continuidad de una de las más lucrativas industrias del mundo.

Y las sumas de dinero que están en juego son sencillamente inmensas. La cantidad total de carbono en reserva representa aproximadamente unos 27 billones de dólares: más de diez veces el PIB anual del Reino Unido. Si nos tomáramos verdaderamente en serio el objetivo de mantener el calentamiento por debajo de los 2 °C, un 80 % más o menos de todas esas reservas serían activos inutilizados. En vista de lo que se juegan, no es ningún secreto el por qué las compañías de combustibles fósiles pelean tan ferozmente por bloquear hasta la última norma o ley que nos encamine por la dirección correcta en el tema de las emisiones, ni por qué las hay que financian directamente el movimiento negacionista del cambio climático.[58]

Asimismo, el hecho de que sean tan rentables contribuye a que estas empresas tengan dinero no solo para quemar, sino también para sobornar, especialmente allí donde el soborno es una práctica legal. En 2013, solo en Estados Unidos, la industria del petróleo y el gas se gastó casi 400.000 dólares *al día* en presionar políticamente al Congreso y a las autoridades gubernamentales, y dedicó nada menos que 73 millones de dólares (todo un récord) a campañas federales y a donaciones políticas durante el ciclo de elecciones de 2012, un espectacular aumento del 87 % con respecto a la cita electoral de 2008.[59]

En Canadá, las grandes empresas no están obligadas a revelar cuánto dinero gastan en presión política, pero sí queda constancia manifiesta del número de veces que se comunican con autoridades públicas. Según un informe de 2012, una sola organización del sector —la Asociación Canadiense de Productores de Petróleo— se puso en contacto con autoridades gubernamentales en 536 ocasiones entre 2008 y 2012, mientras que TransCanada, la empresa promotora del oleoducto Keystone XL, tuvo 279 comunicaciones de ese tipo en ese periodo. Por su parte, la Climate Action Network («Red de Acción Climática»), la más amplia alianza del país dedicada a la reducción de las emisiones, solo registró seis comunicaciones durante ese mismo periodo. En el Reino Unido, la industria energética se reunió con el Ministerio de Energía y Cambio Climático con una frecuencia unas once veces superior a la de las organizaciones ecologistas durante el primer año de David Cameron en el cargo de primer ministro. De hecho, cada vez resulta más difícil discernir dónde termina la industria del petróleo y el gas y dónde comienzan la administración pública y el Gobierno británicos. Según una noticia publicada por el diario *The Guardian* en 2011, «al menos cincuenta empleados de compañías como EDF Energy, npower y Centrica han sido colocados en puestos importantes de la administración nacional para colaborar en temas de energía durante los últimos cuatro años. [...] Ese personal tiene acceso a todo el material y la asistencia que precisa sin que se cobre a sus empresas por ello y trabaja en los departamentos y los ministerios en "comisiones de servicios" que pueden durar hasta dos años».[60]

Todo ese dinero y toda esa facilidad de acceso hacen que, cada vez que la crisis climática despierta nuestro lógico instinto de conservación colectiva, el increíble poder monetario de la industria de los combustibles fósiles —guiada por su propio instinto de supervivencia, mucho más inmediato— se interponga en el camino de las soluciones. Los ecologistas utilizan a menudo la metáfora de la rana sumergida en la olla de agua hirviendo como imagen para describir la situación actual de la humanidad: demasiado acostumbrada a los incrementos graduales de calor como para dar un salto y ponerse a salvo. Pero lo cierto es que la humanidad ha tratado ya de saltar no pocas veces. En Río en 1992; en Kioto en 1997; en 2006 y 2007, cuando la preocupación mundial aumentó de nuevo a raíz del lanzamiento internacional de *Una verdad incómoda* y de la concesión del premio Nobel de la Paz a Al Gore y al Grupo Intergubernamental de Expertos sobre el Cambio

Climático; en 2009, a medida que se aproximaba la cumbre de las Naciones Unidas sobre el clima en Copenhague. El problema es que el dinero que pervierte el proceso político actúa como una especie de tapa que bloquea ese instinto de supervivencia y nos mantiene a todos dentro del caldero.

La influencia ejercida por el *lobby* de los combustibles fósiles explica en muy buena medida por qué causan tan poca inquietud en ese sector los compromisos no vinculantes para mantener el incremento de las temperaturas globales por debajo de los 2 °C que contraen los políticos en las cumbres de la ONU sobre el clima. De hecho, el día en que concluyó la cumbre de Copenhague (que fue cuando se hizo oficial ese objetivo de calentamiento máximo) los precios de las acciones de algunas de las mayores compañías productoras de combustibles fósiles apenas reaccionaron.[61]

Es evidente que los inversores inteligentes habían decidido ya que las promesas hechas por los Gobiernos nacionales en aquel foro no eran nada de lo que preocuparse; no eran ni de lejos tan importantes como las medidas que de verdad estaban aplicando sus poderosos ministerios de energía en sus propios países de origen, donde siguen concediendo licencias mineras y de perforación. De hecho, eso mismo vino a confirmar ExxonMobil en marzo de 2014, cuando, presionada por grupos de accionistas para que respondiera ante las informaciones que anunciaban que buena parte de sus reservas se convertirían en activos inutilizados si los Gobiernos mantenían sus promesas de actuar aprobando una legislación climática agresiva para evitar que el calentamiento superara los 2 °C, explicó que había juzgado «muy improbable» la puesta en marcha de políticas climáticas restrictivas y que, «basándonos en ese análisis, estamos seguros de que ninguna de nuestras reservas de hidrocarburos ha quedado ni quedará "inutilizada"».[62]

Quienes trabajan dentro de la administración pública conocen de sobra esas dinámicas. John Ashton, que ejerció de representante especial para el cambio climático en tres Gobiernos británicos sucesivos entre 2006 y 2012, me contó que él advertía a menudo a sus colegas encargados de diseñar la política energética del país de que el enfoque potenciador de los combustibles fósiles que estaban aplicando se contradecía con la pretensión del Gobierno de «instaurar una política climática compatible con el objetivo de los 2 °C». Pero ellos entonces «se limitaban a ignorar mis esfuerzos en ese terreno y a seguir como siempre: era como si les hablase en griego ático». La conclusión que Ashton saca de todo ello es que, «en la administración pública, normalmente es fácil rectificar una ligera falta de sintonía entre dos políticas distintas, pero resulta casi imposible resolver una contradicción total. Y cuando existe tal contradicción, las fuerzas de la inercia administrativa parten con una grandísima ventaja».[63]

Esa dinámica no cambiará hasta que el poder y la riqueza de la industria de los combustibles fósiles se vean seriamente erosionados. Y eso es muy difícil de conseguir, porque a esas empresas les resulta muy cómodo vender recursos naturales sobre cuyo aprovechamiento se han construido economías nacionales enteras y bloquear políticas que ofrezcan alternativas reales a sus productos, ya que la mayoría de las personas continúan estando obligadas a comprar dichos productos, les guste o no. Por lo tanto, como estas compañías van a seguir siendo ricas durante el futuro más o menos próximo, nuestra mejor esperanza de romper ese bloqueo político pasa por restringir drásticamente su capacidad para gastarse sus beneficios económicos comprando (e intimidando) a políticos.

La buena noticia para el movimiento climático es que hay otros muchos sectores que también están muy activamente interesados en restringir la influencia del dinero en la política, especialmente en Estados Unidos, el país que ha constituido hasta el momento la barrera más significativa al progreso global en el terreno del clima. Después de todo, la acción climática ha sido derrotada en el Congreso por las mismas razones por las que no se aprobó una reforma seria del sector financiero tras la debacle de 2008 y por idénticos motivos también a los que impidieron que prosperara la reforma legislativa del control de armas tras el terrible tiroteo de 2012 en una escuela de Newtown (Connecticut). Y son también las mismas razones por las que la reforma de la sanidad promovida por Obama sucumbió ante la perversa influencia de las compañías farmacéuticas y de seguros médicos. Todos esos intentos de corrección de defectos notorios y fundamentales en el sistema han fracasado porque las grandes empresas ejercen demasiado poder político gracias a las contribuciones (secretas muchas de ellas) que realizan a las campañas electorales, gracias a un acceso casi ilimitado a los reguladores a través de sus grupos de presión, gracias a la tristemente famosa puerta giratoria que comunica los consejos de administración de las grandes empresas con los altos cargos del Gobierno y la administración, y gracias también a los derechos a la «libertad de expresión» que el Tribunal Supremo estadounidense ha reconocido a esas compañías. Y aunque la política estadounidense está particularmente sesgada en ese sentido, ninguna democracia occidental cuenta con un terreno de juego verdaderamente equilibrado en lo tocante a la accesibilidad y el poder políticos.

Como estas distorsiones existen desde hace tiempo (y perjudican a sectores sociales y económicos muy diversos), son muchas las personas inteligentes que han dedicado tiempo y esfuerzo a reflexionar sobre qué haría falta para limpiar el sistema. Como ocurre con las respuestas al cambio climático, el problema en este sentido tampoco es de ausencia de «soluciones». Las soluciones están claras: hay que prohibir a los políticos recibir donaciones de las industrias y sectores económicos que tienen el encargo de regular, o aceptar puestos de trabajo a cambio de sobornos de estas; hay que hacer plenamente públicas todas las donaciones políticas y limitarlas con topes estrictos; hay que garantizar el derecho de todos los candidatos y campañas a acceder al espectro radiotelevisivo público; y lo ideal sería que las elecciones estuvieran financiadas con fondos públicos, pues ese es uno de los costes básicos que hay que sumir por tener una democracia.

Sin embargo, entre amplios sectores de la población pervive una muy extendida sensación de fatalismo: ¿cómo se puede convencer a los políticos de que voten a favor de unas reformas dirigidas a liberarlos de las ataduras de la influencia empresarial cuando esas ataduras siguen ahí, inmovilizándolos? Es difícil, es verdad, pero lo único que los políticos temen más que perder donaciones de campaña es perder las elecciones. Y ahí es donde entra en juego el potencial del cambio climático para construir el paraguas político más extenso posible. Como ya hemos visto en estas páginas, las advertencias científicas de que se nos acaba el tiempo para evitar el desastre climático provienen de toda una constelación de organizaciones científicas de contrastada credibilidad y de organismos y agencias del *establishment* internacional (la Asociación Estadounidense para el Avance de la Ciencia [AAAS], la NASA, la Royal Society de Londres, el Grupo Intergubernamental de Expertos sobre el Cambio Climático, la Academia Nacional de las Ciencias de Estados Unidos, el Banco Mundial o la Agencia Internacional de la Energía). Un movimiento climático resurgente podría usar esas advertencias para prender la mecha de una movilización bajo la reivindicación general de desterrar de la política el dinero de las empresas privadas; y no solo el dinero procedente de quienes producen combustibles fósiles, sino también el de todos esos *lobbies* empresariales que, bien surtidos de dinero, actúan como barreras al progreso y que van desde la Asociación Nacional del Rifle hasta la industria de la comida rápida, pasando por el entramado de las prisiones de gestión privada. Un llamamiento a la movilización como ese podría sumar a todos esos diversos sectores sociales que saldrían ganando si se redujera el poder de la gran empresa sobre la política: desde los trabajadores de la sanidad hasta los padres preocupados por la seguridad de sus hijos en las escuelas. No hay garantía ninguna de que una coalición así pudiera salirse con la suya allí donde otras iniciativas de reforma similar han fracasado, pero, desde luego, parece un intento merecedor de dedicarle, cuando menos, tanta energía y dinero como el movimiento climático estadounidense dedicó (infructuosamente) a tratar de impulsar una legislación relacionada con el clima aun a sabiendas de que era del todo inadecuada, precisamente porque fue elaborada con la intención de no suscitar la oposición de las compañías de combustibles fósiles (más sobre esta historia, un poco más adelante).

Más que un «problema», un marco

El nexo entre atacar la corrupción y disminuir las emisiones es solo un ejemplo más de cómo la emergencia climática actual (justamente por su urgencia y por el hecho de que afecta a todos los habitantes de la tierra) podría insuflar nueva vida a un objetivo político que cuenta ya con un elevado apoyo público. Lo mismo sucede con muchas de las otras cuestiones comentadas hasta ahora, desde subir los impuestos a los ricos hasta reinvertir en el sector público, pasando por bloquear la firma de nuevos tratados comerciales perjudiciales. Pero antes de que podamos construir esa clase de alianzas, tendremos que abandonar algunos malos hábitos adquiridos.

Los ecologistas tienen tras de sí una larga historia de comportarse como si ningún tema fuese más importante que «el Gran Problema». Algunos de ellos se han hecho con demasiada frecuencia (en voz alta incluso) la fatídica pregunta: ¿por qué desperdicia la gente su tiempo preocupándose por los derechos de las mujeres y por la pobreza y las guerras cuando salta a la vista que nada de eso importará si el planeta empieza a librarse de nosotros por no habernos portado bien con él? Cuando se declaró el primer Día de la Tierra en 1970, uno de los líderes del movimiento, el senador demócrata Gaylord Nelson, afirmó que la crisis medioambiental hacía que «Vietnam, la guerra nuclear, el hambre, el deterioro urbano y todos los demás grandes problemas que se le pudieran ocurrir a uno [fueran] relativamente insignificantes en comparación». Entendemos así por qué el gran periodista radical I. F. Stone se refirió al Día de la Tierra describiéndolo como «una gigantesca pantomima» que se aprovechaba del «*rock and roll*, el idealismo y ciertos temas sociales poco incendiarios para apartar la atención de la juventud de otros problemas más urgentes que, estos sí, podrían representar verdaderamente una amenaza para nuestra estructura de poder».[64]

Lo cierto es que tanto unos como otros se equivocaban. La crisis medioambiental, si se concibe con la suficiente amplitud, no anula (ni nos distrae de) las causas políticas y económicas que más nos apremian a actuar; al contrario, las refuerza con una carga adicional de urgencia existencial. Como bien escribió en julio de 2013 Yotam Marom, uno de los organizadores de Occupy Wall Street en Nueva York, «la lucha por el clima no es un movimiento separado, sino un reto y una oportunidad para *todos* nuestros movimientos. No tenemos que convertirnos en activistas del clima, pues *somos* activistas del clima. No necesitamos un movimiento climático separado, necesitamos aprovechar el *momento* climático actual».[65]

La naturaleza de ese momento es bien conocida, pero merece la pena repetirla: que los países industrializados comencemos a reducir drásticamente nuestras emisiones en esta década o no lo hagamos determinará el que podamos esperar (o no) que naciones en vías de desarrollo como China y la India hagan lo propio en la década siguiente; lo cual, a su vez, determinará si la humanidad puede mantenerse (o no) dentro de un presupuesto colectivo de carbono que nos dé unas probabilidades más o menos aceptables de mantener el calentamiento global por debajo de unos niveles que nuestros propios Gobiernos han acordado que serían inaceptablemente peligrosos. Dicho de otro modo, no disponemos de otro par de décadas más para seguir hablando de los cambios que queremos introducir mientras nos congratulamos de alguna que otra victoria gradualista. Pues, bien, este conjunto de verdades del barquero exigen de nosotros una estrategia, unos plazos límite claros y una insistencia obstinada en no perder de vista lo verdaderamente importante: todos estos son elementos que se echan tristemente en falta en la mayoría de los movimientos progresistas actuales.

Más importante aún es el hecho de que el momento climático actual ofrece un relato de conjunto que permite que toda clase de propósitos progresistas —desde la lucha por la mejora de la calidad del empleo hasta la justicia para los inmigrantes, pasando por las compensaciones por agravios históricos como la esclavitud y el colonialismo— puedan incorporarse al gran proyecto de construcción de una economía no tóxica a prueba de *shocks* antes de que sea demasiado tarde.

Y vale también la pena recordar algo que es muy fácil de olvidar: la alternativa a un proyecto así no es la prolongación indefinida de nuestro statu quo. La alternativa es un capitalismo del desastre impulsado por el cambio climático; la alternativa es un régimen de especulación a gran escala disfrazada de reducción de emisiones, de fronteras privatizadas e hipermilitarizadas, y muy posiblemente, de proyectos de geoingeniería de alto riesgo en cuanto la situación degenere en una espiral de descontrol.

En vista de todos estos condicionantes, ¿es realista, entonces, imaginar que la crisis climática podría funcionar como un factor transformador del juego político y unificador de todas esas causas y movimientos dispares? La verdad es que por algo los conservadores de la derecha dura están dedicando tanto esfuerzo a negar su existencia. A fin de cuentas, el proyecto político de estos otros radicales no es hoy tan robusto e inquebrantable como lo era allá por 1988, cuando el cambio climático penetró por vez primera en la conciencia pública. La ideología del libre mercado tal vez tenga cautiva aún la imaginación de nuestras élites, pero en el caso de la mayor parte de la población, ha quedado muy despojada de su antiguo poder de persuasión. El desastroso historial de las pasadas tres décadas de política neoliberal es ya demasiado evidente. Cada nueva andanada de estadísticas en las que consta que una minúscula pandilla de oligarcas controla la mitad de la riqueza del mundo deja al descubierto que las políticas de privatización y desregulación siempre fueron una mal disimulada licencia para robar. Cada nueva noticia de incendios de fábricas y talleres en Bangladesh, de contaminación disparada en China, y de restricciones de agua en Detroit, nos recuerda que el libre comercio ha sido exactamente la carrera hacia el abismo que tantos alertaban que sería. Y cada información sobre un pensionista italiano o griego que ha preferido renunciar a seguir viviendo antes que intentar malvivir entre otra nueva ronda de políticas de austeridad es un recordatorio de las muchas vidas que continúan sacrificándose por el bienestar de unos pocos.

El fracaso del capitalismo desregulado a la hora de cumplir sus promesas es el motivo por el que, desde 2009, plazas públicas de todo el mundo se han convertido en acampadas rotatorias semipermanentes de indignados y desposeídos. Es también la razón por la que actualmente hay más llamamientos a realizar un cambio fundamental que en ningún otro momento desde la década de 1960. También explica por qué un libro que cuestiona tantas ideas preestablecidas como *El capital en el siglo XXI*, de Thomas Piketty, en el que su autor pone al descubierto las estructuras intrínsecas de la concentración de riqueza permanente, puede liderar las listas de obras más vendidas durante meses y por qué cuando el cómico y comentarista de temas sociales Russell Brand acude a un programa de la BBC y hace un llamamiento a la «revolución», su aparición atrae acto seguido más de 10 millones de visitas en YouTube.[66]

El cambio climático confronta lo que el planeta necesita para mantener la estabilidad con lo que nuestro modelo económico necesita para sostenerse a sí mismo. Pero como ese modelo económico está fallando a la inmensa mayoría de las personas del planeta en múltiples frentes, esa confrontación tal vez no sea nada negativa. Dicho de otro modo, si alguna vez ha habido un momento para promover un plan que sane el planeta y, al mismo tiempo, sane nuestras maltrechas economías y nuestras resquebrajadas comunidades, es este.

Al Gore calificó el cambio climático de «verdad incómoda» o «inoportuna», lo que, según él, significaba que era una realidad ineludible que, aun así, preferíamos ignorar. Pero la verdad del cambio climático solo resulta incómoda si nos conformamos con el statu quo y lo único que nos importuna es el pequeño detalle del incremento térmico general. Si, por el contrario, vemos la necesidad de la transformación más allá del drama del aumento de las temperaturas, entonces el hecho de que el camino por el que transitamos actualmente nos esté llevando de cabeza a un precipicio es, aunque parezca extraño, algo muy oportuno, porque nos da a entender a las claras que va siendo hora de que comencemos a dar el debido viraje en seco... ¡y rápido!

No es de extrañar que las personas que mejor comprenden esto sean aquellas a quienes nuestro modelo económico haya estado siempre dispuesto a sacrificar. El movimiento por la justicia medioambiental —esa red flexible de grupos y organizaciones que trabajan con las comunidades locales en los diversos frentes tóxicos de las industrias extractivas (en la proximidad de refinerías, por ejemplo, o en los cauces y cuencas de ríos que atraviesan zonas de explotaciones mineras)— siempre ha defendido que una respuesta enérgica para la reducción de emisiones podría constituir la base de un proyecto económico transformador a mayor escala. De hecho, el eslogan que este movimiento ha adoptado desde hace tiempo es el de «cambio sistémico en vez de cambio climático», lo cual supone todo un reconocimiento al hecho de que esas son las dos opciones entre las que debemos elegir.[67]

Según explica Miya Yoshitani, directora ejecutiva de la APEN (Red Medioambiental de Asia y el Pacífico, con sede en Oakland):

> La lucha por la justicia climática aquí, en Estados Unidos, y en todo el mundo no es solamente una lucha contra la [mayor] crisis ecológica de todos los tiempos, sino que es la lucha por una nueva economía, un nuevo sistema energético, una nueva democracia, una nueva relación con el planeta y entre nosotros, una lucha por la tierra, el agua y la soberanía alimentaria, por los derechos indígenas, por los derechos humanos y por la dignidad de todas las personas. Cuando la justicia climática gana, nosotros ganamos el mundo que queremos. No podemos quedarnos al margen, y no podemos, no porque tengamos demasiado que perder, sino porque tenemos demasiado que ganar. [...] Estamos todos unidos en esta batalla, que no es una batalla solamente por conseguir una reducción en las partes por millón de CO_2 en la atmósfera, sino también por transformar nuestras economías y reconstruir un mundo que queremos hoy.[68]

Esto es lo que muchos comentaristas y analistas «liberales» (de centro-izquierda) entienden mal cuando dan por supuesto que la acción climática es un esfuerzo inútil porque pide que nos sacrifiquemos por unos beneficios distantes en el tiempo. «¿Cómo se puede convencer a la raza humana de que anteponga el futuro al presente?», se preguntaba descorazonado el columnista del *Observer* Nick Cohen.[69] La respuesta es que no hace falta convencerla de nada. Basta con señalar —como hace Yoshitani— que, para un grandísimo número de personas, la acción climática es la mejor esperanza de un presente mejor y de un futuro que genera mucha más ilusión que ninguno de los que se les ofrecen actualmente.

Yoshitani forma parte del vibrante panorama activista presente en el Área de la Bahía de San Francisco, que es también la zona cero del movimiento en defensa de la generación de empleos verdes del que ha sido adalid más destacado Van Jones, exasesor de Obama. Cuando conocí a Yoshitani, su red APEN estaba colaborando estrechamente con inmigrantes asiáticos residentes en Oakland para reclamar viviendas asequibles próximas a una estación de transporte público de su zona para garantizar que la «gentrificación» no termine desplazando a las personas que realmente usan los metros y los autobuses. Y la APEN también ha participado en una iniciativa para ayudar a crear cooperativas de trabajadores en el sector de la energía solar en la cercana localidad de Richmond, a fin de que la oferta de puestos de trabajo en esa ciudad no se limite únicamente a los de la refinería de petróleo local de Chevron.

Son continuas las conexiones de ese tipo que se establecen entre la acción climática y la justicia económica. Como veremos, en diversas comunidades locales donde se intenta frenar la construcción de oleoductos peligrosos o la obtención de gas natural por fracturación hidráulica, se están formando poderosas nuevas alianzas con las poblaciones indígenas, cuyos territorios también peligran por culpa de ese tipo de actividades económicas. Y varias grandes organizaciones ecologistas de Estados Unidos —como Greenpeace, Sierra Club, BlueGreen Alliance y 350.org— se han alineado con quienes reivindican una reforma integral del sistema inmigratorio estadounidense, en parte, porque las migraciones humanas están cada vez más vinculadas al clima, pero también porque los miembros de las comunidades de inmigrantes tienen muy a menudo vedada la posibilidad de defenderse cuando aumentan los riesgos medioambientales en sus lugares de residencia o de trabajo por miedo a ser encarcelados o deportados.[70]

Estos son signos muy alentadores y no son ni mucho menos los únicos. Sin embargo, sigue echándose en falta la presencia de un contrapoder suficientemente amplio y fuerte que nos permita tener alguna oportunidad de cambiar la sociedad en la medida que se precisa. No deja de ser tristemente irónico que, mientras que la derecha no cesa de caracterizar el cambio climático como un complot de izquierdas, la mayoría de las personas de izquierdas y progresistas moderados siguen apartando la vista del problema y no han entendido todavía que la ciencia del clima pone en sus manos el argumento más poderoso contra el capitalismo descontrolado desde que los «oscuros molinos satánicos» de la primera Revolución Industrial a los que se refería William Blake ennegrecían los cielos de Inglaterra (un fenómeno, por cierto, que supuso el inicio del cambio climático). Lo normal sería que esta realidad inflara las velas de la nave progresista con los vientos de la convicción y que inyectara confianza y seguridad renovadas en sus demandas de un modelo económico más justo. Sin embargo, cuando los manifestantes salen a las calles de Atenas, Madrid, Estambul o Nueva York para protestar por los diversos fallos del sistema, en la mayoría de los casos el cambio climático no pasa de ser una mera nota al pie, cuando podría representar el verdadero golpe de gracia para esas estructuras que denuncian.[71]

Mientras tanto, el movimiento ecologista convencional por lo general se mantiene al margen de esas expresiones de frustración de las masas y opta por definir el activismo climático de un modo más restringido: reivindicando la aprobación de un impuesto sobre el carbono, por ejemplo, o a lo sumo intentando frenar la construcción de algún oleoducto. Y no es que estas campañas no sean importantes, pero para formar un movimiento de masas que tenga alguna oportunidad de enfrentarse a las fuerzas del gran capital empresarial alineadas contra la reducción de emisiones recomendada por la ciencia, será preciso contar con el abanico de aliados más amplio posible. Entre tales aliados tienen que estar los trabajadores del sector público (bomberos, enfermeros, maestros, basureros) que luchan por proteger los servicios y las infraestructuras que constituirán nuestro mejor baluarte defensivo contra el cambio climático. También deben estar incluidos los activistas antipobreza que tratan de proteger la disponibilidad de viviendas asequibles en los centros de las ciudades, en vez de conformarse con que los habitantes de rentas bajas sean expulsados por la gentrificación hacia periferias cada vez más alejadas que los obligarán a conducir más kilómetros. Como me dijo Colin Miller, de Bay Localize (una organización de Oakland), «la vivienda es una cuestión climática». Y también habría que incluir a los usuarios del transporte público que luchan contra los incrementos tarifarios en un momento como el actual, en el que deberíamos esforzarnos al máximo por hacer que los metros y los autobuses sean más cómodos y asequibles para todos. De hecho, deberíamos entender que, cuando grandes multitudes de personas salen a la calle para parar esas subidas de precios y para reclamar un transporte público gratuito —como hicieron en Brasil en junio y julio de 2013—, esas acciones forman parte de una ofensiva global contra el caos climático, incluso aunque esos movimientos populares jamás empleen las palabras «cambio climático» en sus consignas.[72]

Tal vez no debería sorprendernos que no haya surgido todavía un movimiento climático ampliamente popular y sostenido en el tiempo, pues también se echan en falta movimientos parecidos contra los otros fallos y fracasos del modelo económico actual. Sí, ha habido periodos en que la indignación masiva contra la austeridad, la corrupción y la desigualdad se ha extendido por las calles y las plazas de algunas ciudades durante semanas e incluso meses. Pero si algo han demostrado estos últimos años de rebeliones de fuego graneado, ha sido que tales movimientos acaban siendo sofocados con demasiada rapidez —ya sea mediante la represión, ya sea mediante la cooptación política—, mientras que las estructuras a las que se oponen se reconstituyen bajo formas aún más aterradoras y peligrosas. Ahí está el caso de Egipto. O el de las desigualdades que se han ido volviendo más obscenas, si cabe, desde la crisis económica de 2008, a pesar de los muchos movimientos que se alzaron para resistirse a los rescates y a las medidas de austeridad.

En el pasado, he defendido con fuerza el derecho de los movimientos juveniles a tener las estructuras amorfas que los caracterizan, tanto si eso significa su rechazo a la existencia de líderes identificables y definidos, como si supone su renuncia a formular reivindicaciones programáticas. Y no hay duda de que debemos proceder a la reinvención de hábitos y estructuras ya viejos en política a fin de que esta dé cuenta tanto de las nuevas realidades como de los fallos pasados. Pero confieso que estos últimos cinco años de inmersión en la ciencia del clima han agudizado mi impaciencia. Y no me pasa solo a mí; mucha gente se está dando cuenta de que el culto fetichista a la ausencia de estructuras, la rebelión contra la institucionalización de cualquier clase, no es un lujo que los movimientos transformadores actuales puedan permitirse.

El fondo del problema nos devuelve una y otra vez al mismo hecho ineludible que ha bloqueado la acción climática y ha acelerado las emisiones: todos nosotros vivimos en el mundo que el neoliberalismo ha construido, incluso aunque seamos críticos con ese neoliberalismo.

En la práctica, eso significa que, a pesar de tantas protestas, *tuits*, *flash mobs* y ocupaciones sin fin, seguimos careciendo colectivamente de muchas de las herramientas que construyeron y sostuvieron a los movimientos transformadores del pasado. Nuestras instituciones públicas se desintegran y, mientras, las instituciones de la izquierda tradicional (los partidos políticos progresistas, los sindicatos fuertes, las organizaciones de servicio comunitario formadas por afiliados voluntarios) apenas si pueden seguir luchando por sobrevivir.

Y el problema plantea un desafío más profundo que el derivado de una mera falta de herramientas institucionales: alcanza a nuestra esencia misma como personas. El capitalismo contemporáneo no solo ha acelerado las conductas que están cambiando el clima. Este modelo económico nos ha cambiado también a muchos de nosotros como individuos, nos ha acelerado, desarraigado y desmaterializado con la misma eficacia con la que ha acelerado, desarraigado y desmaterializado el capital financiero, y nos ha dejado en cualquier parte y en ninguna al mismo tiempo. Estas son inquietudes tópicas de nuestro tiempo (¿cómo estará afectando Twitter a mi capacidad de concentración?, ¿cómo afectan a nuestras relaciones todas esas pantallas que atraen nuestra atención?), pero lo cierto es que hablamos de preocupaciones que tienen una relevancia particular para nuestro modo de relacionarnos con el cambio climático.

Y es que esta es una crisis que, por su propia naturaleza, se mueve con lentitud y está basada sobre todo en lo que se aprecia en los espacios físicos concretos. En sus fases iniciales (y en los periodos intermedios entre los desastres que van sobrecogiendo con frecuencia creciente el ánimo colectivo), las variaciones del clima se aprecian en las pequeñas cosas, como la floración temprana de una determinada especie arbórea, una capa de hielo inusualmente fina sobre la superficie de un lago, o la llegada tardía de un ave migratoria... Y para darnos cuenta de estas mínimas alteraciones necesitamos de la clase de comunión con un lugar que resulta de conocerlo a fondo, no solo como un paisaje, sino como una fuente de nuestro sustento vital, y del hecho de que el conocimiento local se transmita como una especie de legado sagrado de una generación a la siguiente. ¿Cuántos de nosotros seguimos viviendo así? El cambio climático también está relacionado con las ineludibles consecuencias de las acciones de generaciones pasadas no ya para el presente, sino incluso para generaciones futuras. Estos marcos temporales constituyen un lenguaje que resulta ininteligible para muchísimos de nosotros. La cultura occidental se ha esforzado a conciencia por borrar cosmologías indígenas que invocan el pasado y el futuro a la hora de interrogarse por las acciones actuales, y en las que antepasados muertos hace mucho tiempo están siempre presentes, junto con las generaciones que aún están por venir.

En definitiva, un caso más de mala coincidencia temporal. Justo cuando necesitábamos aminorar la marcha y apreciar los cambios sutiles en el mundo natural que nos están indicando que algo falla gravemente, hemos pisado el acelerador; justo cuando más nos convenía trabajar con horizontes temporales a largo plazo para ver cómo las acciones de nuestro pasado impactan en nuestras perspectivas para el futuro, hemos entrado en la interminable cadena del «ahora» perpetuo que secciona y fragmenta nuestros momentos de atención y concentración como nunca antes.

Para entender cómo hemos llegado a este nivel de desconexión profunda de nuestro entorno y de nuestros semejantes, y para reflexionar sobre cómo podríamos construir una política basada en la reconexión, necesitamos remontarnos a mucho más atrás de 1988. Porque la verdad es que, aunque el capitalismo contemporáneo hiperglobalizado ha exacerbado la crisis climática, no la creó. Empezamos a tratar la atmósfera como si fuera un vertedero desde el momento en que comenzamos a emplear carbón a escala comercial, a finales del siglo XVIII, e incluso desde mucho antes, con una serie de prácticas ecológicas no menos imprudentes.

Además, los seres humanos nos hemos comportado con esta cortedad de miras no solo bajo sistemas capitalistas, sino también bajo otros autodenominados socialistas (que lo fueran realmente sigue siendo un tema para el debate). En realidad, las raíces de la crisis climática están enterradas en mitos básicos de nuestra civilización en los que se ha fundado la cultura occidental a partir de la Ilustración; mitos sobre el presunto deber que tiene la humanidad de dominar un mundo natural que se supone que es, a un tiempo, ilimitado y perfectamente controlable. Ese no es un problema que podamos achacar a la derecha política ni a Estados Unidos; esos son poderosos relatos culturales que trascienden la geografía y las divisiones ideológicas.

Hasta el momento, he recalcado lo familiarizados que ya estamos con muchas de las soluciones profundas a la crisis del clima, lo cual debería suponer un auténtico consuelo para nosotros, pues significa que, para dar muchas de las respuestas clave que demanda dicha crisis, no tendremos que partir de cero, sino que podremos aprovechar más de un siglo de esfuerzos e iniciativas progresistas. Pero estar realmente a la altura del desafío climático (y, sobre todo, de lo que nos pide en cuanto a cuestionamiento del principio mismo del crecimiento económico) exigirá de nosotros que ahondemos más aún en nuestro pasado y que nos internemos en un territorio político inexplorado.

Capítulo 5

MÁS ALLÁ DEL EXTRACTIVISMO

Hacer frente al «negacionista» climático que llevamos dentro

> Lo mejor que tiene la Tierra es que le haces agujeros y sale petróleo y gas.
>
> STEVE STOCKMAN, congresista republicano,
> Estados Unidos, 2013[1]

> Las venas abiertas de América Latina siguen desangrándose.
>
> NILDA ROJAS HUANCA,
> líder indígena boliviana, 2014[2]

> Nuestro problema es que vivimos en un mundo finito, pero nos comportamos como si fuera infinito. El crecimiento material exponencial constante, sin límites al consumo de recursos ni al aumento de población, es el modelo conceptual dominante que manejan quienes toman actualmente las decisiones. Pero esa es una aproximación a la realidad que ya no es correcta y que [ha] empezado a fallar.
>
> RODRIGO CASTRO, analista de sistemas globales, y otros colegas en una ponencia presentada en un congreso sobre construcción de modelos científicos, 2014[3]

Estos últimos años, en la isla de Nauru han andado bastante obsesionados con la salud. Los muros de hormigón de los edificios públicos están cubiertos de murales que exhortan a la población a hacer ejercicio de manera regular y a comer sano, y que la advierten también del riesgo de diabetes. Los jóvenes piden a sus abuelos que les enseñen a pescar, pues ellos ya no saben. Pero hay un problema. Tal como explica Nerida-Ann Steshia Hubert, que trabaja en un centro de esa isla especializado en el tratamiento de pacientes diabéticos, la esperanza de vida en Nauru es relativamente corta por culpa (en parte) de que esa enfermedad se ha convertido allí en una epidemia. «La gente mayor fallece temprano y sin ella perdemos muchos conocimientos. Es como una carrera contrarreloj: tratamos de que esas personas nos transmitan su saber antes de que nos dejen para siempre.»[4]

Durante décadas, esta minúscula y aislada isla del Pacífico Sur, de apenas 21 kilómetros cuadrados de superficie y con una población de unos diez mil habitantes, fue considerada un modelo para el resto del mundo: un país en vías de desarrollo que lo estaba haciendo bien todo. A principios de la década de 1960, el Gobierno australiano, cuyas tropas tomaron Nauru de manos de los alemanes en 1914, estaba tan orgulloso de su protectorado que realizó unos vídeos promocionales que mostraban a los micronesios nativos (vestidos con bermudas blancas bien almidonadas) atendiendo obedientemente en las clases que se les impartían en escuelas de habla inglesa, zanjando sus litigios en tribunales de estilo británico y comprando modernos artículos de consumo en ultramarinos bien aprovisionados.[5]

Poco después, durante los años setenta y ochenta del siglo pasado, cuando Nauru ya había obtenido su independencia, la isla salía de vez en cuando en la prensa internacional como lugar de acogida y exhibición de fortunas casi obscenas, de una manera muy parecida a como Dubái sale actualmente en muchos medios de comunicación. En una nota de agencia de Associated Press de 1985 se informaba de que los nauruanos tenían «el producto nacional bruto per cápita más alto del mundo [...], superior incluso al de los emiratos del golfo Pérsico». Allí todo el mundo disfrutaba de sanidad, vivienda y educación gratuitas; los hogares se mantenían frescos gracias al aire acondicionado, y sus habitantes llegaban en un santiamén a cualquier punto de su pequeña isla (se tarda veinte minutos en darle la vuelta entera) en novísimos automóviles y motocicletas. Un jefe de policía local se compró incluso un Lamborghini amarillo. «Cuando era joven —recuerda Steshia Hubert—, íbamos a fiestas donde la gente daba miles de dólares a los bebés. Fiestas extravagantes (para celebrar el primer año de vida de las criaturas, pero también para cuando cumplían 16 años, 18, 21 y 50). [...] Y podían presentarse en las casas con regalos como coches o almohadas rellenas de billetes de cien dólares... ¡para bebés de un año!»[6]

Toda aquella riqueza monetaria de Nauru procedía de un peculiar hecho geológico. Durante cientos de miles de años, cuando la isla no era más que una aglomeración de arrecifes de coral que sobresalía entre las olas del océano, Nauru constituyó una parada técnica muy popular para las aves migratorias, que se dejaban caer por allí para darse un banquete con los crustáceos y los moluscos que allí proliferaban. Poco a poco, los excrementos aviares fueron acumulándose entre las torres y los chapiteles de coral, y terminaron endureciéndose hasta formar una masa de tierra rocosa. La roca quedó cubierta posteriormente de una capa adicional de suelo y de una densa selva, lo que creó un oasis tropical de cocoteros, playas tranquilas y chozas con techumbres de rama, tan beatífico que los primeros visitantes europeos llamaron a aquella isla Pleasant Isle (Isla Agradable).[7]

Los nauruanos habían vivido miles de años sobre la superficie de su isla alimentándose de la pesca y de unas aves, los charranes bobos negros. Eso empezó a cambiar cuando un funcionario colonial recogió una piedra; al analizarla, se descubrió que estaba compuesta de fosfato de calcio casi puro, un valioso fertilizante agrícola. Una empresa germanobritánica inició la explotación minera de aquel material, labor en la que la reemplazaría una sociedad británico-australiano-neozelandesa.[8] Nauru comenzó entonces a desarrollarse a una velocidad récord; el problema era que se estaba suicidando a un ritmo equiparable.

En la década de los sesenta del siglo XX, Nauru presentaba aún un aspecto bastante agradable para el visitante que llegaba a ella por vía marítima, pero aquella primera impresión solo era un espejismo. Tras la estrecha fachada de cocoteros que flanquea la costa, se ocultaba un interior asolado. Desde el cielo podía verse que la selva y la capa superior de suelo de aquella isla ovalada estaban siendo vorazmente desolladas, y su fosfato, extraído hasta dejar al descubierto los marcados y afilados huesos de la isla. Aquella actividad minera estaba dejando tras de sí un bosque de fantasmagóricos tótems de coral. Como el centro era ya inhabitable y básicamente estéril, salvo por alguna que otra maleza esporádica, toda la vida de Nauru había pasado a desarrollarse en la estrecha franja costera, donde estaban ubicadas las residencias de sus habitantes y los edificios públicos.[9]

Las sucesivas oleadas de colonizadores de Nauru —cuyos emisarios económicos se dedicaron a pulverizar la roca fosfática y a enviar el polvo resultante en grandes buques transoceánicos para fertilizar con él terrenos de cultivo en Australia y Nueva Zelanda— tenían un plan muy simple para aquella isla: seguirían explotando sus minas de fosfato hasta que el lugar no fuera más que un cascarón vacío. «Cuando las reservas de fosfato se agoten en treinta o cuarenta años, los expertos prevén que la población estimada para entonces no podrá seguir viviendo en esta pequeña y agradable isla», decía un miembro del consejo nacional nauruano, con gesto bastante rígido y frío, en un vídeo en blanco y negro de los años sesenta producido por el Gobierno australiano. Pero no había nada de lo que preocuparse, explicaba el narrador de aquella grabación: «Se están realizando preparativos ya en estos momentos para el futuro de los habitantes de Nauru. Australia les ha ofrecido un hogar permanente dentro de su propio territorio. [...] Sus perspectivas son inmejorables; su porvenir está asegurado».[10]

Nauru, para que nos entendamos, se había desarrollado hasta la extinción. Según los planes que el Gobierno australiano y las empresas extractivas que controlaban el destino de la isla habían hecho para ella, se trataba de un país puramente desechable. Y no es que tuvieran nada en contra del lugar en sí. No los movía intención genocida alguna; se trataba, simplemente, de que una isla muerta cuya existencia pocas personas en el mundo conocían siquiera parecía un sacrificio más que aceptable en nombre del progreso, representado en este caso por la agricultura industrial.

Cuando los propios nauruanos asumieron el control de su país en 1968, lo hicieron con la esperanza de que podrían dar marcha atrás a semejantes planes. Con ese fin, depositaron una parte considerable de los ingresos procedentes de la minería en un fondo fiduciario que invirtieron en sociedades inmobiliarias aparentemente estables en Australia y Hawái. El objetivo era vivir de la rentabilidad obtenida con el fondo mientras se cerraba escalonadamente la minería del fosfato en el país y se procedía a rehabilitar la ecología de la isla: una labor costosa, pero quizá no imposible.[11]

El plan fracasó. El Gobierno de Nauru recibió un catastrófico asesoramiento inversor y dilapidó involuntariamente la riqueza obtenida con la minería del país. Mientras tanto, la isla no dejaba de desaparecer un poco más cada día, pues sus entrañas de polvo blanco continuaban siendo cargadas a bordo de buques con destino a otras costas. La minería proseguía su actividad al mismo ritmo de siempre. Además, como cabía prever, todas aquellas décadas de dinero fácil se habían cobrado un precio muy alto en la vida y la cultura de los nauruanos. La política estaba muy afectada por la corrupción, la conducción bajo los efectos del alcohol era una de las primeras causas de muerte, la esperanza de vida era pésimamente baja y Nauru se ganó el dudoso honor de ser retratada en un programa informativo de una televisión estadounidense como «el lugar más obeso de la Tierra» (la mitad de la población adulta padece diabetes de tipo 2 por culpa de una dieta compuesta casi exclusivamente de alimentos procesados importados). «Durante la edad de oro en la que el dinero que se cobraba por el canon de extracción llegaba aquí a espuertas, no cocinábamos, comíamos en restaurantes», recuerda Steshia Hubert, la trabajadora sanitaria. Pero aunque los nauruanos hubiesen querido comer otra cosa, les habría costado horrores, porque como gran parte de la isla se había convertido en un enrejado de hondos agujeros oscuros, cultivar suficientes productos alimentarios frescos para dar de comer a toda la población era básicamente imposible. Era tristemente irónica la infertilidad de una isla cuyo principal producto de exportación era un fertilizante agrícola.[12]

Llegada ya la década de 1990, Nauru estaba tan desesperada por ingresar divisas que optó por poner en marcha algunos sistemas típicamente turbios para enriquecerse con rapidez. Ayudada enormemente en ese sentido por la oleada de desregulación financiera desatada en ese periodo, la isla se convirtió en un paraíso de primer orden para el blanqueo de dinero. A finales de aquel decenio, llegó a ser «domicilio» oficial de unos cuatrocientos bancos fantasmas sobre los que no pesaba vigilancia, supervisión, presión fiscal ni regulación alguna. Los bancos tapadera registrados en Nauru eran especialmente populares entre los gánsteres rusos, que, al parecer, blanquearon nada menos que 70.000 millones de dólares de dinero sucio a través de la pequeña nación insular (para que nos hagamos una idea, el PIB de Nauru es de 72 millones de dólares anuales, según las cifras más recientes). Atribuyendo a aquel país parte del «mérito» de la debacle de la economía rusa, un reportaje del *New York Times Magazine* publicado en el año 2000 sentenciaba que, «en la reciente proliferación de centros de blanqueo de dinero que, según estimaciones de los expertos, ha hecho que esa economía en la sombra se dispare y maneje actualmente en torno a los 5 billones de dólares, Nauru es el "enemigo público n° 1"».[13]

Esta opción también ha terminado siendo una carga demasiado pesada para Nauru y ahora el país se enfrenta a la bancarrota por partida doble: la ecológica, porque un 90 % de la isla está diezmado por culpa de la minería, y la financiera, por culpa de los 800 millones de dólares de deuda que acumula. Y esos no son los únicos problemas a los que se enfrenta Nauru. Ahora sabemos que esa nación insular es sumamente vulnerable a una crisis que apenas contribuyó a crear: la del cambio climático y las sequías, la acidificación de los océanos y el aumento del nivel de sus aguas por culpa del calentamiento global. El nivel de la superficie del mar alrededor de Nauru ha experimentado un crecimiento constante de unos cinco milímetros anuales desde 1995 y la subida podría ser mucho mayor si continúan las tendencias actuales. La intensificación de las sequías también está ocasionando ya graves episodios de escasez de agua dulce.[14]

Hace una década, el filósofo y profesor de sostenibilidad australiano Glenn Albrecht se propuso acuñar un término que captara la particular forma de angustia psicológica que se instala en nuestro ánimo cuando la tierra natal o de acogida que amamos y nos reconforta se ve radicalmente modificada por la extracción y la industrialización hasta el punto de volverse alienante y desconocida para nosotros. Finalmente, dio con la palabra *solastalgia* (evocadora de conceptos como solaz, destrucción y dolor), que definió como «la añoranza del hogar que se siente cuando todavía se está en él». Y explicó que, aunque esta forma particular de desasosiego había sido originalmente familiar entre quienes vivían en zonas de sacrificio (es decir, en comarcas y regiones diezmadas por la minería a cielo abierto, por ejemplo, o por la tala de bosques indiscriminada), se estaba convirtiendo ya en una experiencia humana universal, pues el cambio climático estaba creando una «anormalidad novedosa» en todos los lugares de residencia de los seres humanos. «Por mala que sea la transformación negativa que se produce a nivel local y regional, es la imagen de conjunto, la totalidad de la Tierra, la que se ha convertido ahora en un hogar atacado. Se afianza así un sentimiento de miedo global, a medida que el planeta se calienta y nuestro clima se va volviendo más hostil e impredecible», ha escrito Albrecht.[15]

Algunos lugares tienen además la mala suerte de padecer la *solastalgia* local y la global de forma simultánea. Dirigiéndose a los asistentes a la conferencia de la ONU sobre el clima en 1997 —en la que se adoptó el Protocolo de Kioto—, el entonces presidente de Nauru, Kinza Clodumar, describió así la claustrofobia colectiva que se había apoderado de su país: «Estamos atrapados entre un erial en nuestro patio trasero y una aterradora subida de las aguas de proporciones bíblicas en nuestra fachada delantera».[16] Pocos lugares de la Tierra encarnan más gráficamente que Nauru los resultados suicidas de haber basado nuestras economías en la extracción contaminante. Por culpa de la minería del fosfato, Nauru lleva medio siglo desapareciendo de dentro hacia fuera; y ahora, por culpa de nuestra minería colectiva de combustibles fósiles, está desapareciendo de fuera hacia dentro.

En un telegrama de 2007 sobre Nauru que hizo público WikiLeaks, un funcionario estadounidense del que no se facilita el nombre resumía así el análisis que el Gobierno de Washington hace de por qué han ido tan mal las cosas en aquella isla: «Sencillamente, Nauru gastó a lo grande, sin preocuparse en ningún momento por el mañana».[17] Sí, de acuerdo, pero ese diagnóstico no es ni mucho menos privativo de Nauru; toda nuestra cultura está consumiendo recursos finitos exageradamente, como si no hubiera un mañana. Llevamos un par de siglos diciéndonos que podemos extraer los negros restos de otras formas de vida pretéritas de las entrañas de la Tierra y quemarlos en cantidades colosales, y que las partículas en suspensión y los gases así liberados en la atmósfera no tendrán ningún efecto (porque no podemos verlos). Y si tienen alguno, nosotros, los seres humanos, con nuestra brillante inventiva terminaremos dando con el modo de salir del caos que hayamos creado.

Y nos contamos a nosotros mismos sin parar toda clase de historias inverosímiles sobre las nulas consecuencias de nuestros actos: sobre cómo podemos asolar el mundo y no sufrir efectos adversos por ello. De hecho, siempre nos sorprende que termine sucediendo lo contrario. Extraemos sin reponer y nos preguntamos por qué han desaparecido los peces; y el suelo requiere cada vez de más «aportes» (como los fosfatos) para ser fértil. Ocupamos países y armamos a sus milicias y luego nos preguntamos por qué nos odian tanto en esos sitios. Impulsamos los salarios a la baja, deslocalizamos empleos hacia otros países, destruimos sistemas de protección social de los trabajadores, vaciamos de contenido las economías locales, y luego nos preguntamos por qué las personas no pueden permitirse comprar tanto en los comercios como antes. Ofrecemos a esos compradores fallidos hipotecas basura en vez de empleos fijos y luego nos preguntamos por qué nadie previó que un sistema erigido sobre deudas incobrables terminaría desmoronándose tarde o temprano.

Nuestras acciones se caracterizan por una clara falta de respeto por los poderes que vamos desatando, con el convencimiento (o, cuando menos, con la esperanza) de que la naturaleza que hemos convertido en basura y las personas a las que hemos tratado como basura no terminarán por volverse en contra nuestra. Y Nauru sabe mucho de todo esto porque, durante la pasada década, se ha convertido en un vertedero de otra clase. Y es que, para recaudar unos ingresos que necesita como agua de mayo, accedió a acoger en su territorio un centro de detención extraterritorial de refugiados para el Gobierno de Australia. En aplicación de lo que se ha dado en llamar como «la Solución Pacífica», la armada y los buques aduaneros australianos interceptan embarcaciones de emigrantes y envían de inmediato a sus ocupantes por vía aérea a tres mil kilómetros de distancia, hasta Nauru y otras islas del Pacífico. Una vez entregados en Nauru, los emigrantes (procedentes en su mayoría de Afganistán, Sri Lanka, Irak, Irán y Pakistán) son hacinados en un campo vigilado e infestado de ratas, que está formado por hileras de tiendas atestadas de personas que soportan en ellas un calor asfixiante. La reclusión en la isla puede durar hasta cinco años, periodo durante el cual los emigrantes allí confinados viven en un limbo constante en cuanto a su estatus, algo que el Gobierno australiano espera que sirva de factor disuasorio para futuros refugiados.[18]

Los Gobiernos australiano y nauruano se han tomado muchas molestias en limitar la información sobre las condiciones de ese campo y han impedido a los periodistas que han realizado el largo viaje hasta la isla ver el lugar en el que se aloja a los emigrantes. Pero la verdad se está filtrando de todos modos: un vídeo de no muy buena calidad en el que se ve a los internos gritando «no somos animales»; informaciones sobre huelgas de hambre que tienen un seguimiento masivo y numerosos intentos de suicidio; horribles fotografías de refugiados que se cierran la boca cosiéndose ambos labios entre sí usando clips a modo de agujas; una imagen de un hombre que se ha mutilado gravemente el cuello en un conato fallido de autoahorcamiento. Hay también imágenes de niños pequeños jugando en la tierra y acurrucándose junto a sus padres bajo el alerón de una tienda en busca de sombra (al principio, el campo solo acogía a varones adultos, pero ahora también se envía allí a centenares de mujeres y niños). En junio de 2013, el Gobierno australiano permitió por fin a un equipo de la BBC entrar en el campo para hacer alarde ante las cámaras de los barracones nuevos recién instalados, pero aquel intento de golpe de efecto publicitario quedó totalmente neutralizado un mes más tarde por la noticia de que un motín de internos había destruido casi por completo las nuevas instalaciones y se había saldado con varios heridos entre los propios amotinados.[19]

Amnistía Internacional ha calificado de «cruel» y «degradante» ese campo en Nauru, y un informe de 2013 del Alto Comisionado de las Naciones Unidas para los Refugiados concluyó que esas condiciones, «sumadas al prolongado periodo que han pasado allí algunos de los solicitantes de asilo, ponen seriamente en entredicho la compatibilidad de esas instalaciones con la legislación internacional sobre derechos humanos, incluida la prohibición de la tortura y de todo trato cruel, inhumano o degradante». Posteriormente, en marzo de 2014, un antiguo empleado del Ejército de Salvación llamado Mark Isaacs, que había estado destinado en aquel campo, publicó un revelador relato en primera persona de su vida allí titulado *The Undesirables*. En él escribió sobre unos hombres que habían sobrevivido a guerras y a viajes y travesías peligrosas y traicioneras, y que, sin embargo, habían perdido las ganas de vivir tras un tiempo en Nauru. Uno de ellos se tragaba los productos de limpieza; otro había perdido el juicio y ladraba como un perro. Para Isaacs, el campo era como un conjunto de «factorías de la muerte» y él mismo llegó a decir en una entrevista que en aquel lugar «entraban hombres fuertes y tenaces y los trituraban hasta hacerlos polvo». Precisamente la del «polvo» es una imagen particularmente angustiosa en una isla como Nauru, acostumbrada a que la hagan sistemáticamente fosfatina. Una imagen tan angustiosa como reclutar a las mismas personas que bien podrían ser los refugiados climáticos del mañana para hacer de carceleros de los refugiados políticos y económicos de hoy.[20]

Al repasar la dolorosa historia de esa isla, llama la atención que buena parte de lo que ha ido mal (y sigue yendo mal) en Nauru tenga que ver con su ubicación geográfica, frecuentemente descrita como «en medio de la nada» o, por usar las palabras de una crónica de *National Geographic* de 1921, «quizás el territorio más remoto del mundo», un minúsculo punto «entre mares solitarios». La lejanía de dicha nación hizo de ella un muy práctico cubo de la basura para muchos: un lugar en el que convertir la tierra en escombro, en el que blanquear dinero negro, en el que ocultar a personas no queridas, y ahora, un lugar que se podría dejar desaparecer por completo.[21]

Esa es nuestra relación con gran parte de lo que no podemos ver fácilmente y esa es una razón muy importante por la que la contaminación por carbono es un problema tan pertinaz: como no podemos verlo, no acabamos de creer que exista. La nuestra es una cultura del desmentido, de saber y no saber al mismo tiempo: el de la ilusión de la proximidad mezclada con la realidad de la distancia es un truco que el mercado global propulsado a base de combustibles fósiles ha logrado perfeccionar muy bien. De ahí que sepamos y no sepamos quién fabrica nuestros productos, quién limpia lo que ensuciamos, dónde desaparecen nuestros desperdicios (los residuos que enviamos al alcantarillado, los que genera nuestra electrónica de consumo, o los que liberamos en forma de emisiones carbónicas).

Pero lo que la historia de Nauru nos indica a las claras es que no existe nada que esté en medio de la nada; no hay nada que no «importe» ni nada que de verdad no desaparezca nunca. Todos sabemos esto a cierto nivel; todos somos conscientes en cierta medida de que formamos parte de una embrollada red de conexiones. Y, sin embargo, estamos atrapados en unos relatos lineales que nos cuentan lo contrario: que podemos crecer hasta el infinito, que siempre habrá más espacio para absorber nuestros desperdicios, y más recursos con los que alimentar nuestros deseos y más personas de las que abusar.

En la actualidad, Nauru está en un estado de crisis política casi constante; cada poco tiempo se desvelan nuevos escándalos de corrupción que amenazan continuamente con derribar al Gobierno de turno y que, de vez en cuando, lo derriban. Dado el mal que se ha hecho a esa nación, los dirigentes de la isla estarían en todo su derecho de apuntar su dedo acusador hacia fuera: a sus antiguos amos coloniales que los despellejaron, a los inversores que los esquilmaron, y a los países ricos cuyas emisiones amenazan ahora con ahogarlos bajo las aguas del océano. Y algunos así lo hacen. Pero varios de los líderes de Nauru han optado también por hacer otra cosa: por poner a su país como una especie de ejemplo con el que aleccionar a un mundo en progresivo calentamiento.

Por ejemplo, en 2011, en el *New York Times*, el entonces presidente nauruano Marcus Stephen escribió que su país constituye «una advertencia para todos sobre la vida en un lugar con unos límites ecológicos estrictos». Nauru evidencia, según él, «lo que puede suceder cuando un país se queda sin opciones. El mundo va por una senda parecida con su implacable consumo de carbón y petróleo, con el que está alterando el clima del planeta, derritiendo hielos continentales, acidificando los océanos y acercándonos cada vez más a ese día en que nadie pueda ya dar por sentada la existencia de agua limpia, terreno fértil o alimento abundante». Es decir, que Nauru no es la única que está cavando su propia tumba: todos lo estamos haciendo.[22]

Pero la lección que Nauru tiene que enseñarnos no se ciñe únicamente a los peligros de las emisiones procedentes de los combustibles fósiles. Tiene que ver también con la mentalidad que permitió que muchos de nosotros (y de nuestros antepasados) creyéramos que podíamos relacionarnos con la Tierra con semejante violencia, perforando y extrayendo de ella las sustancias que nos interesaban sin pensar apenas en la basura que dejábamos a nuestro paso, ya fuera en el terreno o en el agua donde tiene lugar esa extracción, o en la atmósfera, tras quemar el material extraído previamente. Esa total falta de cuidado es un elemento central de un modelo económico que algunos politólogos denominan «extractivismo», un término utilizado originalmente para referirse a aquellas economías basadas en obtener de la tierra cuanta más cantidad de materias primas, mejor, normalmente para su exportación a las potencias coloniales tradicionales, donde se daba un valor «añadido» a esos materiales. Y es también un hábito de nuestro modo de pensar que explica en buena medida por qué un modelo económico basado en un crecimiento sin fin pudo parecernos viable desde el principio. Aunque desarrollado bajo la égida del capitalismo, hoy en día Gobiernos de todas las ideologías se adhieren a ese modelo de agotamiento de recursos como ruta hacia el desarrollo, y esa es la lógica que el cambio climático pone profundamente en cuestión.

El extractivismo es una relación no recíproca con la Tierra que está basada en la dominación: se trata simplemente de tomar sin dar nada a cambio. Es lo contrario de la administración o tutela responsable (*stewardship*), que consiste también en tomar, sí, pero preocupándonos al mismo tiempo de que la regeneración y la vida futura continúen. El extractivismo es la mentalidad de quienes, para sacar de la Tierra lo que buscan de ella, no tienen reparos en descabezar las cimas de montañas o en deforestar bosques primarios. Es reducir la vida a objetos para su uso por otras personas, sin darle integridad ni valor propio, convirtiendo ecosistemas vivos complejos en «recursos naturales», o montañas en «sobrecapa» (como llama la industria minera a los bosques, las rocas y los arroyos que se interponen en el camino de sus máquinas excavadoras y apisonadoras). Es reducir los seres humanos a mera mano de obra de la que también hay que extraer todo cuanto se pueda, más allá de cualquier límite razonable, o, cuando no son útiles en ese sentido, hay que degradarlos a la categoría de pura carga social, de problemas a los que hay que impedir la entrada por las fronteras encerrándolos en prisiones o reservas apartadas. En una economía extractivista, se ignoran las interconexiones entre estos diversos componentes cosificados de la vida, sin que importen las consecuencias de seccionar esos elementos de unión mutua.

El extractivismo está directamente conectado también con la noción de «zonas de sacrificio»; esto es, lugares que, más allá de su utilidad lucrativa, no importan a sus extractores y, por consiguiente, pueden ser envenenados, apurados hasta el límite o simplemente destruidos en aras del presunto «bien mayor» representado por el progreso económico. Esta idea tóxica ha ido siempre muy estrechamente ligada al imperialismo y a su obsesión por explotar unas periferias desechables a fin de alimentar la fastuosidad de la metrópolis, y está muy vinculada también a las nociones de superioridad racial, porque no puede haber zonas de sacrificio si no hay también unos pueblos y unas culturas que cuenten tan poco para los explotadores que estos las consideren merecedoras de ser sacrificadas. El extractivismo proliferó de forma desenfrenada durante la época colonial porque la manera característica de relacionarse con el mundo como si este fuera una frontera que hay que conquistar (y no como un hogar) favorece esa forma de irresponsabilidad en particular. La mentalidad colonial alimenta la creencia de que siempre hay algún sitio más por ahí que explotar cuando el escenario de la extracción actual no da ya más de sí.

Estas ideas tienen un origen temporal previo al de la extracción de combustibles fósiles a escala industrial. Pero la capacidad de aprovechar la energía del carbón para hacer funcionar las fábricas y los grandes navíos es lo que, más que ningún otro factor por separado, hizo posible que esas peligrosas ideas conquistasen el mundo. Es una historia que vale la pena explorar más a fondo, porque explica en muy buena medida de qué modo la actual crisis climática pone en entredicho no solo el capitalismo, sino también los relatos de crecimiento y progreso sin fin que tan fundamentales son para nuestra civilización y en los que todos —de uno u otro modo— seguimos estando atrapados.

La relación extractivista perfecta

Si la economía extractiva contemporánea tiene un santo patrón, probablemente sea Francis Bacon. A este filósofo, científico y estadista británico se le atribuye el mérito de haber convencido a los miembros de la élite de su país para que abandonaran de una vez por todas las nociones paganas de la tierra como figura materna dadora de vida por quien debemos sentir respeto y veneración (y no poco temor), y aceptaran en su lugar el papel de amos del calabozo en el que él la había recluido conceptualmente. «Porque no tenéis más que perseverar y, por así decirlo, perseguir y acosar a la naturaleza adonde vaya —escribió Bacon en *Del adelanto y progreso de la ciencia divina y humana* en 1623— y seréis capaces, cuando os plazca, de conducirla y llevarla después al mismo sitio otra vez. [...] Tampoco debe un hombre tener miramientos a la hora de entrar y penetrar en esos agujeros y rincones, cuando la inquisición de la verdad es el solo objeto que lo guía.»[23] (No es de extrañar que las pensadoras feministas hayan llenado libros enteros analizando tan particular elección de metáforas del ex lord canciller.)

Estas ideas acerca de una Tierra completamente cognoscible y controlable inspiraron no solo la Revolución Científica, sino también (y de forma crucial) el proyecto colonial que envió navíos a lo largo y ancho del globo a fisgonear, palpar y traer de vuelta los secretos (y las riquezas) a sus respectivas coronas. El espíritu de invencibilidad humana que rigió en esa época quedó perfectamente condensado en las palabras del clérigo y filósofo William Derham en su libro (de 1713) *Physico-Theology*: «Podemos registrar el globo entero, si es preciso, y penetrar en las entrañas de la tierra, descender hasta lo más hondo de las profundidades, viajar hasta las más remotas regiones de este mundo, para adquirir riqueza».[24]

Pero, pese a esas bravatas, durante el siglo XVIII, los proyectos paralelos del colonialismo y la industrialización siguieron estando restringidos por la naturaleza en varios aspectos clave. Los barcos que transportaban tanto los esclavos como las materias primas que estos cosechaban solo podían navegar cuando los vientos les eran favorables, y eso podía provocar largos retrasos en la cadena de suministros. Las factorías que transformaban esas materias primas en productos terminados funcionaban impulsadas por enormes norias de agua. Necesitaban ubicarse junto a cataratas o a rápidos, lo que las hacía dependientes de la corriente y los niveles de los ríos. Como sucedía con la alternancia de vientos fuertes y encalmados en el mar, los periodos de tiempo más lluvioso o más seco obligaban a ajustar en consonancia las horas de trabajo en los talleres textiles y los molinos harineros y azucareros, lo cual suponía una molestia creciente a medida que los mercados se iban expandiendo y globalizando.

Muchas factorías impulsadas por la energía del agua estaban (necesariamente) repartidas por la geografía rural, próximas a corrientes de aguas rápidas. A medida que la Revolución Industrial fue madurando y que los trabajadores de esos molinos y talleres comenzaron a organizar huelgas e, incluso, altercados para reivindicar mejores salarios y condiciones laborales, la descentralización existente supuso un factor de elevada vulnerabilidad para los dueños de las fábricas, pues no resultaba nada fácil para ellos hallar trabajadores de reemplazo en aquellas zonas rurales.

A partir de 1776, un ingeniero escocés llamado James Watt, se dedicó a perfeccionar y fabricar una fuente de energía que ofrecía soluciones a todas esas vulnerabilidades. La abogada e historiadora Barbara Freese califica la máquina de vapor de Watt como «posiblemente el invento más importante de cara a la creación del mundo moderno», y no le falta razón.[25] Añadiendo a un modelo más antiguo un condensador separado, una bomba de aire y, más tarde, un mecanismo rotatorio, Watt logró que la máquina de vapor alimentada con carbón fuese inmensamente más potente y adaptable que sus predecesoras. Las nuevas máquinas podían impulsar una amplísima gama de operaciones industriales, entre las que terminarían incluyéndose, un tiempo después, la propulsión motriz de los barcos.

Durante sus dos primeras décadas de existencia, la nueva máquina no fue fácil de vender. A fin de cuentas, la energía del agua presentaba no pocas ventajas comparada con la del carbón. Para empezar, era gratuita, mientras que el carbón, además de costoso, exigía un reabastecimiento permanente. Y contra la extendida creencia de que la máquina de vapor proporcionaba más energía que las norias de agua, una y otra eran fuentes energéticas comparables en realidad, y las norias más grandes proporcionaban varias veces más caballos de potencia que sus rivales alimentadas con carbón. Las norias de agua también funcionaban con mayor fiabilidad, sin tantas averías técnicas, siempre que fluyera el agua. «La transición del agua al vapor en la industria algodonera británica no sucedió porque el agua fuese escasa, menos potente o más cara que el vapor —ha escrito el experto sueco en carbón Andreas Malm—. Todo lo contrario: el vapor obtuvo finalmente la supremacía *a pesar de que el agua era abundante, igual de potente (si no más) y decididamente más barata.*»[26]

En medio de la explosión demográfica experimentada por la población urbana de Gran Bretaña en aquellos años, dos factores inclinaron la balanza del lado de la máquina de vapor. El primero fue lo aislada que estaba la nueva máquina de las fluctuaciones de la naturaleza. A diferencia de las norias de agua, las máquinas de vapor funcionaban a un ritmo constante siempre que hubiera carbón para alimentarlas y no se les averiara ninguna pieza. Los vaivenes de los caudales fluviales tampoco importaban. Y, además, las máquinas de vapor desempeñaban su labor en cualquier parte, con independencia de la geografía, lo que significaba que los dueños de las fábricas podían trasladar la producción desde áreas más remotas a ciudades como Londres, Manchester y Lancaster, donde había superabundancia de obreros industriales deseosos de trabajar. Eso les facilitaba mucho las cosas a la hora de despedir a los alborotadores y sofocar las huelgas. Así de claramente exponía la situación un artículo escrito por un economista británico en 1832: «La invención de la máquina de vapor nos ha liberado de la necesidad de construir factorías en emplazamientos poco prácticos por culpa de la necesidad de aguas rápidas». O, como escribió uno de los primeros biógrafos de Watt, la generación de energía «ya no dependerá, como hasta entonces, de la más inconstante de las causas naturales: las influencias atmosféricas».[27]

También las tripulaciones de los navíos quedaron liberadas de adaptar sus viajes a los vientos desde el momento en que se instaló la máquina de Watt en sus barcos: una novedad que aceleró rápidamente el proyecto colonial y la capacidad de las potencias europeas para anexionarse con facilidad países de tierras lejanas. Como dijo el conde de Liverpool, Robert Jenkinson, en un encuentro convocado para decidir la construcción de un monumento en memoria de James Watt en 1824, «sean los vientos favorables o sean contrarios, la energía de la máquina de vapor supera todas las dificultades. [...] Sople de donde sople el viento, sea cual sea el lugar del mundo destino de nuestra fuerza, tenéis el poder y los medios, gracias al vapor, de aplicar esa fuerza en el momento y el modo apropiados».[28] Nunca más hasta la llegada de las compras y las ventas electrónicas volvería a sentirse tan liberado el comercio de las restricciones de vivir en un planeta limitado por la geografía y gobernado por los elementos.

Pero, a diferencia de la energía que reemplazó, la procedente de los combustibles fósiles siempre requirió de la existencia de unas zonas de sacrificio, ya fueran los pulmones ennegrecidos de los mineros del carbón o las vías fluviales y los canales envenenados en torno a las minas. Pero esos eran precios que se consideraba que valía la pena pagar a cambio de la embriagadora promesa que el carbón parecía traernos consigo: liberarnos del mundo físico. En realidad, esa fue una libertad que desató del todo la fuerza del capitalismo industrial para dominar tanto a los trabajadores como a otras culturas. Con su recién estrenado generador portátil de energía, los industriales y los colonos decimonónicos podían por fin ir allí donde la mano de obra fuese más barata y explotable, y allí donde los recursos fuesen más abundantes y valiosos. Tal como escribió el autor del manual de una máquina de vapor a mediados de la década de 1830, «sus poderosas prestaciones están siempre bajo nuestro mando, en invierno o en verano, de día o de noche: no conoce otra interrupción que la que nuestros deseos le dicten».[29] El carbón representaba, en resumidas cuentas, el dominio total tanto sobre la naturaleza como sobre otras personas, la materialización plena por fin del sueño de Bacon. «La naturaleza puede conquistarse —dijo al parecer Watt en una ocasión—. Basta con que encontremos su flanco débil.»[30]

No puede sorprendernos, pues, que la introducción de la máquina de vapor de Watt coincidiera con unos explosivos niveles de crecimiento en la industria manufacturera británica de tal magnitud que, en los ochenta años que transcurrieron entre 1760 y 1840, el país pasó de importar 2,5 millones de libras (más de 1.100 toneladas métricas) de algodón en rama a importar 366 millones de libras (unas 166.000 toneladas) de esa misma materia prima, una auténtica revolución que fue posible por la potente y brutal combinación formada por el carbón en el propio país y la mano de obra esclava en ultramar.[31]

Esa misma fórmula produjo algo más que nuevos productos de consumo. En el libro *Ecological Economics*, Herman Daly y Joshua Farley recuerdan que Adam Smith publicó *La riqueza de las naciones* en 1776, el mismo año en que Watt produjo su primera máquina de vapor comercial:

> No es casualidad que la economía de mercado y la economía de los combustibles fósiles surgieran de forma prácticamente simultánea. [...] Las nuevas tecnologías y las enormes cantidades de energía fósil extraída permitieron una producción sin precedentes de bienes de consumo. La necesidad tanto de nuevos mercados para esos bienes producidos en masa como de nuevas fuentes de materias primas desempeñó un papel fundamental en el colonialismo y en las ansias imperiales. La economía de mercado evolucionó así hasta convertirse en una eficiente vía de asignación de dichos bienes y aún más de la de estimulación de la producción.[32]

Igual que el colonialismo necesitó del carbón para cumplir su sueño de dominación total, la avalancha de productos propiciada por el efecto conjunto del carbón y el colonialismo necesitó del capitalismo moderno.

La promesa de liberación de las ataduras de la naturaleza que Watt vendía en aquellos primeros tiempos continúa siendo el gran poder que encierran actualmente los combustibles fósiles. Ese poder es lo que permite a las multinacionales de hoy en día rastrear todo el globo a la caza de la mano de obra más barata y explotable, y lo que hace posible que elementos y sucesos naturales que antaño representaban obstáculos —la inmensidad de los océanos, la adversidad de ciertos paisajes, las fluctuaciones estacionales— ya no supongan siquiera molestias menores. O eso nos pareció durante un tiempo.

Suele decirse que la Madre Naturaleza siempre juega en casa y, por tanto, siempre lleva las de ganar, y bien pudieron comprobarlo para su pesar algunos de los hombres con más ambición de conquistarla. Se cuenta una historia posiblemente apócrifa sobre la muerte del propio Francis Bacon, por ejemplo, según la cual el filósofo, en un intento por probar su hipótesis de que podía evitarse la putrefacción de la carne congelándola, anduvo por el exterior de su casa en un día muy frío buscando nieve para rellenar un pollo con ella. Como consecuencia de ello, cuenta la mencionada historia, contrajo una neumonía que provocaría finalmente su fallecimiento.[33] Pese a ciertas controversias sobre la autenticidad de esta historia, lo cierto es que la anécdota ha pervivido hasta nuestros días por la aparente justicia poética que encierra: un hombre que pensaba que la naturaleza podía plegarse a su voluntad murió simplemente por una ligera exposición a las bajas temperaturas.

Un relato parecido de protagonistas que desafían a su suerte y acaban llevándose su merecido es el que parece estar protagonizando la raza humana en su conjunto. Ralph Waldo Emerson asemejó el carbón a tener «un clima portátil» y, desde luego, el éxito de ese material ha sido arrasador; ha traído infinitas ventajas consigo, desde un considerable alargamiento de la esperanza de vida hasta la liberación de millones de personas de las cadenas del trabajo inhumano.[34] Pero, precisamente porque ahora nuestros cuerpos han quedado tan eficazmente separados de nuestros entornos geográficos, somos nosotros, los que tenemos acceso a semejante privilegio, los que más capaces hemos demostrado ser de ignorar que no solo estamos cambiando nuestra climatización personal, sino la de todo el planeta, y que no solo estamos calentando los interiores de nuestras estancias domésticas y de trabajo, sino también el exterior. Y, sin embargo, el calentamiento no es menos real por el hecho de que no le prestemos atención.

El aprovechamiento de la energía proporcionada por los combustibles fósiles pareció haber liberado (durante un par de siglos, al menos) a amplísimos sectores de la humanidad de la necesidad de mantenerse en diálogo constante con la naturaleza, de ajustar sus planes, sus ambiciones y sus horarios y calendarios a las fluctuaciones y las topografías naturales. El carbón y el petróleo, precisamente por su estado fosilizado, parecían formas de energía perfectamente susceptibles de convertirse en unas posesiones más. No se comportaban de manera independiente, a diferencia del viento, el agua o, por qué no decirlo, los trabajadores. Tal como prometían quienes vendían la máquina de Watt, una vez adquirida, esta producía energía donde y cuando sus propietarios quisieran: la relación no recíproca perfecta.

Pero si algo nos ha enseñado la ciencia atmosférica, es que el toma y el daca, la acción y la reacción, que son la esencia de todas las relaciones en la naturaleza, no desaparecieron sin más por obra y gracia de los combustibles fósiles, sino que quedaron meramente diferidos, al tiempo que adquirían mayor fuerza y velocidad futuras. Ahora, ese efecto acumulado de siglos de carbono consumido y liberado está en vías de descargar sobre nosotros las más implacables furias de la naturaleza.

La falsa sensación de poder y control absoluto que Watt y sus coetáneos trataron de vender en su momento ha dado paso a la realidad de la impotencia y la pérdida de control casi totales ante fuerzas tan desatadas como las del huracán Sandy y el tifón Haiyan. Y esa no es más que otra razón por la que el cambio climático es tan profundamente aterrador. Porque para hacer frente de verdad a esta crisis, tenemos que hacernos frente a nosotros mismos: vérnoslas (como hacían nuestros ancestros) con nuestra vulnerabilidad ante los elementos que componen el planeta y que componen nuestros propios cuerpos. Tenemos que aceptar (entusiastamente incluso) el hecho de no ser más que una parte porosa del mundo, en vez de sus amos o sus maquinistas, como Bacon prometió tanto tiempo atrás que seríamos. La constatación de esa interconexión puede ser fuente de gran bienestar para nosotros y, por qué no, de placer. Pero no deberíamos subestimar el calado del reto a nuestra civilización que esa relación representa. Como ha escrito el politólogo australiano Clive Hamiton, enfrentarse a todas esas verdades sobre el cambio climático, «significa reconocer que la relación de poder entre los seres humanos y la Tierra es la inversa de esa otra que hemos dado por supuesta durante tres siglos».[35]

Durante una de esas centurias, una enorme estatua de mármol blanco de James Watt dominó la capilla de San Pablo en la Abadía de Westminster, en conmemoración de un hombre que «acrecentó los recursos de su país» y «aumentó el poder del hombre». Y desde luego que lo hizo: su máquina dio un acelerón extraordinario a la Revolución Industrial y los buques de vapor que su invento hizo posibles abrieron posteriormente el África subsahariana y la India al pillaje colonial. Así que, al tiempo que hacía más rica a Europa, también contribuyó a empobrecer otras muchas partes del mundo: unas desigualdades propulsadas mediante el carbono que persisten aún hoy en día. Bien puede decirse que el carbón fue la tinta negra con la que se escribió la historia del capitalismo moderno.

Pero cuando la figura de Watt quedó inmortalizada en mármol en 1825, aún no se tenían todos los datos. Y es que el impacto acumulativo de las emisiones de carbono que comenzaron en aquellos talleres, molinos mecanizados y minas es el que hoy ha quedado ya grabado en el registro geológico del planeta: en los niveles actuales de las aguas de los océanos, en su composición química, en la lenta erradicación de islas como Nauru, en el repliegue de los glaciares, en la desintegración de las plataformas de hielo antártico a la deriva, en el deshielo del permafrost, en la perturbación de los ciclos del suelo y en los bosques calcinados.

Al final, se ha demostrado que las más tempranas víctimas del carbón —los mineros que fallecieron por culpa de neumoconiosis y los obreros de los «molinos satánicos»— no fueron simplemente un precio que se tuvo que pagar a cambio del progreso, sino que fueron también una temprana señal de alerta de que estábamos liberando una sustancia venenosa en el medio ambiente del planeta. «A lo largo del último siglo, se ha hecho evidente —según ha escrito la ecologista ecuatoriana Esperanza Martínez— que los combustibles fósiles, las fuentes de energía del capitalismo, destruyen la vida en todas partes: desde los territorios de los que se extraen hasta los océanos y la atmósfera que absorben su residuo.»[36]

Jean-Paul Sartre llamó a los combustibles fósiles «capital legado a la humanidad por otros seres vivos»; son literalmente los restos descompuestos de formas de vida muertas hace muchísimo tiempo. No digo que esas sustancias sean malignas de por sí, sino simplemente que su lugar está en las simas y rocas de las que se extraen: en el terreno y el subsuelo, donde desempeñan valiosas funciones ecológicas. Cuando se deja en su sitio, el carbón es muy útil porque mantiene capturado no solo el carbono que las plantas sustrajeron del aire millones de años atrás, sino también toda clase de toxinas adicionales. Actúa, por emplear las palabras del renombrado climatólogo australiano Tim Flannery, como «una esponja natural que absorbe múltiples sustancias disueltas en las aguas subterráneas, desde el uranio hasta el cadmio, pasando por el mercurio».[37]

Pero cuando el carbón se excava, se extrae y se quema, esas toxinas se liberan en el ecosistema y terminan llegando a los océanos, donde son absorbidas por el kril y el plancton, luego por los peces y, finalmente, por nosotros. El carbono liberado, mientras tanto, se introduce en la atmósfera y provoca un calentamiento global (por no hablar de la contribución del carbón al *smog* y a la contaminación de partículas que han azotado a la sociedad urbana desde la Revolución Industrial, provocando en innumerables personas toda clase de enfermedades respiratorias, cardiacas y de otros tipos).

En vista de ese legado, la labor que tenemos por delante no es pequeña, pero sí simple: tenemos que dejar de ser una sociedad de ladrones de tumbas para convertirnos en una sociedad de amplificadores de vida que derivan su energía directamente de los elementos que sostienen tal vida. Ya va siendo hora de que dejemos que los muertos descansen en paz.

La izquierda extractivista

Los enrevesados hilos históricos del colonialismo, el carbón y el capitalismo arrojan una muy significativa luz sobre por qué tantos de los que estamos dispuestos a cuestionar las injusticias del sistema de mercado seguimos paralizados ante la amenaza climática. Los combustibles fósiles y la mentalidad extractivista profunda que aquellos representan construyeron el mundo moderno. El hecho mismo de que formemos parte de sociedades industriales o posindustriales significa que vivimos aún dentro de una historia cuyos renglones se han escrito con carbón.

Muchas son las batallas ideológicas que, desde la Revolución francesa, han mantenido a diversos bandos enfrentados dentro de los confines de esa historia: los comunistas, los socialistas y los sindicatos obreros han luchado por un reparto más igualitario de los despojos de la extracción y han conquistado importantes victorias para las clases pobres y trabajadoras. Y los movimientos por la emancipación y los derechos humanos se han batido también con valentía durante ese periodo en contra del tratamiento que el capitalismo industrial hace de categorías enteras de seres de nuestra propia especie como particulares zonas de sacrificio no merecedoras de derecho mayor que el de una materia prima cualquiera. Estas luchas han conseguido también grandes victorias contra el paradigma basado en la dominación: contra la esclavitud, a favor del sufragio universal, a favor de la igualdad ante la ley. Y ha habido voces en todos esos movimientos que han percibido, además, los paralelismos entre el abuso del mundo natural propugnado por el modelo económico y el abuso de los seres humanos a quienes tal modelo considera merecedores de ser sacrificados o, cuando menos, de no ser tenidos en cuenta como los demás. Karl

Marx, por ejemplo, reconoció la «fractura irreparable» entre el capitalismo y «las leyes naturales de la vida», y hace tiempo que las pensadoras feministas han apuntado la existencia de una conexión entre la guerra dual del patriarcado contra los cuerpos de las mujeres y contra el cuerpo de la Tierra, por un lado, y esa otra separación esencial y corrosiva entre el cuerpo y la mente —y entre el cuerpo y la Tierra— de la que surgieron tanto la Revolución Científica como la Revolución Industrial.[38]

Ahora bien, estos ejercicios de cuestionamiento apenas trascendieron el terreno intelectual; el marco de referencia original de Bacon, de inspiración bíblica, siguió manteniéndose prácticamente intacto. Me refiero al presunto derecho de los seres humanos a situarnos por encima de los ecosistemas que nos sustentan y a abusar de la Tierra como si fuera otra máquina inanimada más. Los retos más fuertes a los que ha tenido que enfrentarse esa cosmovisión han procedido siempre del exterior de la lógica propia de esta, planteados, en concreto, por aquellas coyunturas históricas en las que el proyecto extractivo choca frontalmente con un modo diferente de relacionarse con la Tierra, y en las que este otro modo diferente (y más antiguo) se rebela contra la mencionada visión dominante. Estos retos se han venido repitiendo desde los primeros tiempos de la industrialización —desde que los campesinos ingleses e irlandeses, por ejemplo, se alzaron en revueltas diversas contra los primeros intentos de cercamiento de los terrenos comunales— y ha continuado produciéndose en los reiterados enfrentamientos entre colonizadores y pueblos indígenas a lo largo de los siglos y, en nuestros días, en la cada vez más vigorosa resistencia liderada por los propios indígenas (a la que me referiré un poco más adelante) contra las formas extremas de extracción de combustibles fósiles.

Pero para quienes nacimos y hemos sido criados dentro de este sistema, por mucho que veamos el callejón sin salida al que nos conduce su lógica central, puede resultarnos sumamente difícil percibir una salida. ¿Y qué otra cosa podíamos esperar? La cultura occidental posilustrada no ofrece una hoja de ruta que nos señale los pasos que debemos seguir para llevar un modo de vida que no esté basado en una relación extractivista (sin reciprocidad) con la naturaleza.

Es en ese terreno, el de las hojas de rutas alternativas, en el que los negacionistas climáticos de derechas más han cargado las tintas sacándose de la manga exageradas teorías de la conspiración sobre el aprovechamiento que la izquierda hace de la teoría del calentamiento global. Y es verdad, como ya he señalado, que muchas de las respuestas necesarias a esa realidad del clima apuntan en el mismo sentido que el apoyo progresista a la intervención estatal en el mercado, al aumento de la igualdad y al fortalecimiento del sector público. Pero el mensaje más profundo que esta crisis ecológica nos transmite en realidad —el de que la humanidad tiene que ser mucho más inocua con los sistemas vivos que nos sustentan, actuando en un sentido regenerativo en vez de extractivo— constituye un desafío tan profundo para amplios sectores de la izquierda como lo es para los de la derecha. Es un desafío para algunos sindicatos; por ejemplo, para aquellos que tratan de preservar a toda costa los puestos de trabajo más sucios, en vez de luchar por los empleos limpios y de buena calidad que sus afiliados se merecen. Y es un desafío para la inmensa mayoría de los keynesianos de centro-izquierda que continúan definiendo el éxito económico en términos de indicadores tradicionales del crecimiento del PIB, con independencia de si ese crecimiento procede de una extracción de recursos desbocada (una actitud más desconcertante, si cabe, por cuanto el propio Keynes, como John Stuart Mill antes que él, abogó por una transición hacia una economía del poscrecimiento).

También representa un desafío para aquellos sectores de la izquierda que identificaron el socialismo con el régimen autoritario de la Unión Soviética y sus satélites (aun cuando también perdurase, particularmente en la órbita del anarquismo, una rica tradición izquierdista radical para la que el proyecto de Stalin constituía una abominación de los principios elementales de la justicia social). Porque lo cierto es que esos Estados autodenominados socialistas devoraron recursos con tanto entusiasmo como sus homólogos capitalistas y escupieron residuos con igual temeridad. Antes de la caída del Muro de Berlín, por ejemplo, los checos y los rusos tenían una huella de carbono per cápita superior incluso a la de los canadienses y los australianos. De ahí que uno de los únicos momentos históricos en que el mundo desarrollado ha experimentado una caída acusada en su nivel total de emisiones fuese justo después del derrumbe económico de la antigua Unión Soviética a principios de la década de 1990. Mao Zedong, por su parte, llegó a declarar abiertamente que «el hombre debe conquistar la naturaleza» y desató una devastadora ofensiva contra el mundo natural que ha proseguido sin solución de continuidad aparente durante la transición recorrida desde la tala de bosques indiscriminada del comunismo chino hasta los megaembalses del capitalismo en ese mismo país. Las compañías rusas productoras de petróleo y de gas, por su parte, fueron tan imprudentes y propensas a los accidentes cuando estaban sometidas al control del Estado socialista como lo son hoy en día en manos de los oligarcas y del Estado corporativista de Rusia.[39]

¿Y cómo no iban a serlo? El socialismo autoritario y el capitalismo comparten una acusada tendencia a la centralización (en manos del Estado, el primero, y en manos de las grandes empresas, el segundo). Ambos también mantienen sus respectivos sistemas en funcionamiento mediante una expansión implacable, ya sea a base de producir por el hecho de producir (como sucedía en el socialismo de la era soviética), ya sea a base de consumir por el hecho de consumir, como es el caso del actual capitalismo de consumo.

Una posible isla de luz en medio de este mar de tiniebla tal vez haya sido la socialdemocracia de corte escandinavo, que ha producido sin duda algunos de los avances verdes más significativos del mundo: desde el visionario diseño urbano de Estocolmo, donde un 74 % de los residentes van a sus trabajos a pie, en bicicleta o en transporte público, hasta la revolución de la energía eólica controlada por las comunidades locales en Dinamarca. Sin embargo, la posterior emergencia de Noruega como uno de los grandes productores mundiales de petróleo (la empresa Statoil, cuyo accionista mayoritario es el propio Estado noruego, es una de las que está desgarrando el área de las arenas bituminosas de Alberta, al tiempo que se prepara para explotar los ingentes recursos de la zona del Ártico) pone en entredicho la idea de que esos países estén trazando y siguiendo un trayecto que verdaderamente los aleje del extractivismo.[40]

En América Latina y África, superar la dependencia excesiva de la extracción y exportación de recursos primarios con el propósito de diversificar las economías nacionales ha sido siempre un componente central del proyecto poscolonial. Y, sin embargo, algunos de esos países, en los que, a lo largo de la última década, han ascendido al poder Gobiernos de izquierda y centro-izquierda, se están moviendo en la dirección contraria. No debería extrañarnos lo poco que se habla de esa tendencia fuera de los continentes mencionados. Muchos progresistas de todo el mundo se han congratulado (y con razón) del giro hacia la izquierda registrado en América Latina, donde han asumido el poder una serie de nuevos Gobiernos nacionales con la promesa de reducir la desigualdad, abordar el problema de la pobreza extrema y recuperar para sus respectivos países el control sobre las industrias extractivas que operan en su suelo. Y considerados exclusivamente desde la perspectiva de la reducción de la pobreza, los resultados de sus actuaciones han sido sensacionales en no pocos casos.

Desde la elección de Luiz Inácio Lula da Silva, y bajo el liderazgo actual de su antigua jefa de Gabinete, Dilma Rousseff, Brasil ha reducido su índice de pobreza extrema en un 65 % en solo una década (según cifras del Gobierno brasileño). Más de 30 millones de personas han dejado de ser pobres gracias a ello. Tras la elección de Hugo Chávez, Venezuela recortó en más de la mitad el porcentaje de población que vivía en extrema pobreza: desde el 16,6 % de 1999 hasta el 7 % de 2011, según estadísticas oficiales de ese país; y el número de estudiantes universitarios se ha duplicado desde 2004. El Ecuador de Rafael Correa ha reducido su índice de pobreza en un 32 %, según el Banco Mundial. En Argentina, la pobreza urbana se desplomó desde el 54,7 % de 2003 hasta el 6,5 % de 2011, según datos de su Gobierno recopilados por la ONU.[41]

El historial de Bolivia bajo la presidencia de Evo Morales no es menos impresionante en ese sentido. La proporción de población boliviana que vive en una situación de pobreza extrema se ha reducido desde el 38 % de 2005 hasta el 21,6 % en 2012, según cifras oficiales del Estado boliviano.[42] Y los índices de subdesarrollo también se han reducido a la mitad. Pero lo más importante del caso de esta nación andina es que, mientras otros países en vías de desarrollo han usado el crecimiento para crear sociedades de grandes vencedores y grandes perdedores, Bolivia está consiguiendo realmente construir una sociedad más igualitaria. Alicia Bárcena Ibarra, secretaria ejecutiva de la Comisión Económica (de las Naciones Unidas) para América Latina y el Caribe, señala que, en Bolivia, «la brecha entre ricos y pobres se ha estrechado considerablemente».[43]

Todo esto representa una marcada mejoría con respecto a lo que sucedía previamente, cuando la riqueza extraída de cada uno de esos países estaba abrumadoramente concentrada en una élite muy reducida, y una parte más que excesiva de la misma huía sin remedio del continente. De todos modos, estos Gobiernos de izquierda y centro-izquierda han sido incapaces hasta el momento de aportar modelos económicos que no precisen de los extremadamente elevados niveles de extracción de recursos finitos en los que se basan sus economías actualmente, a menudo con un terrible coste ecológico y humano. Ese es el caso, por ejemplo, de Ecuador, que es cada vez más dependiente del petróleo, entre el que se incluyen las nuevas reservas amazónicas; es el caso de Bolivia, con su extraordinaria dependencia actual del gas natural; también es el modelo económico de Argentina, que continúa prestando apoyo a su minería a cielo abierto y a sus «desiertos verdes» de soja y otros cultivos modificados genéticamente; es asimismo el caso de Brasil, con sus muy polémicos megaembalses y sus incursiones en el negocio de las arriesgadísimas plataformas petrolíferas en aguas oceánicas, y, por supuesto, siempre ha sido el modelo de la «petrodependiente» Venezuela. Además, la mayoría de esos Gobiernos nacionales han realizado progresos muy escasos en el consabido objetivo de diversificar sus economías más allá de la exportación de recursos primarios; de hecho, entre 2004 y 2011, el porcentaje de materias primas sobre el conjunto de exportaciones creció en todos esos países salvo en Argentina, aunque parte de ese incremento es atribuible sin duda al aumento de los precios de dichos productos. Tampoco ha ayudado en ese sentido que China se haya dedicado últimamente a inundar de dinero fácil todo el continente a base de créditos, exigiendo a cambio en algunos casos una devolución en especie en forma de petróleo.[44]

Esta dependencia de unas formas muy arriesgadas y ecológicamente dañinas de extracción resulta especialmente decepcionante en el caso de los gobiernos de Evo Morales en Bolivia y Rafael Correa en Ecuador. Durante sus respectivos primeros mandatos, ambos habían dado a entender que sus países estaban empezando a escribir un nuevo capítulo, no extractivo, en sus historias nacionales. Parte de ese cambio pasaba por tratar con verdadero respeto a las culturas indígenas que habían sobrevivido a siglos de marginación y opresión y que representan poderosos grupos del electorado de ambos países. Bajo Morales y Correa, los conceptos indígenas del *sumak kawsay* y el «buen vivir», entendidos como la aspiración de construir unas sociedades en armonía con la naturaleza (en las que todos tengan «suficiente», en vez de «cada vez más»), se convirtieron en el discurso oficial del Estado, plasmado incluso en la ley. Pero en ambos casos, tan prometedora retórica se ha visto superada en la realidad por la escalada del desarrollo y la extracción a escala industrial. Según la ecuatoriana Esperanza Martínez, «desde 2007, el de Correa ha sido el Gobierno más extractivista de toda la historia del país, tanto por lo que respecta a petróleo como, ahora, también a la minería». Los intelectuales latinoamericanos se han inventado incluso un nuevo término para referirse a lo que están experimentando allí: «extractivismo progresista».[45]

Los mencionados Gobiernos aseguran que no tienen otra opción, que necesitan seguir con las políticas extractivas para sufragar las políticas que atenúan la pobreza. Y, en muchos sentidos, esa explicación nos trae de vuelta la cuestión de la deuda climática: Bolivia y Ecuador han estado en primera línea de la coalición de Gobiernos nacionales que piden que los países responsables del grueso de las emisiones históricas de gases de efecto invernadero contribuyan a subvencionar la transición del Sur Global hacia un desarrollo bajo en carbono que lo aleje de la energía sucia. Esos llamamientos han sido ignorados en ocasiones y desestimados en otras. Obligados a elegir entre la pobreza y la contaminación, los mencionados Gobiernos están optando por la polución, pero esas no deberían ser sus únicas opciones.

El recurso excesivo a la extracción sucia que muchos Estados practican por defecto no es un problema solamente para los progresistas del mundo en vías de desarrollo. En mayo de 2013, por ejemplo, me causó una gran sorpresa saber que, en Grecia, el izquierdista partido SYRIZA —que ya entonces era el principal partido de la oposición oficial en aquel país y estaba considerado por muchos europeos progresistas como la gran esperanza para construir una verdadera alternativa política en el continente— no se oponía al apoyo anunciado por la coalición gubernamental a la exploración de nuevos yacimientos de petróleo y de gas. Todo lo contrario: su argumento era que los fondos recaudados con esa iniciativa debían dedicarse a las pensiones, y no a pagar las deudas con los acreedores. Por así decirlo, la izquierda griega no estaba proponiendo alternativa alguna al extractivismo, sino simplemente un plan sobre cómo distribuir mejor los despojos así obtenidos.

Lejos de percibir el cambio climático como una oportunidad para defender su utopía socialista (eso que tanto temen los negacionistas del cambio climático), SYRIZA prefirió no hacer mención alguna al mismo.

El propio líder del partido, Alexis Tsipras, así me lo reconoció abiertamente en una entrevista: «Somos un partido que siempre ha tenido el medio ambiente y el cambio climático entre nuestros temas de interés central, pero tras estos años de depresión en Grecia, nos hemos olvidado del cambio climático».[46] Por lo menos, franqueza no le falta.

La buena (y significativa) noticia es que en todos esos países están creciendo grandes movimientos sociales que reaccionan en contra de la idea de que la combinación extracción-redistribución sea la única ruta para salir de la pobreza y la crisis económica. Hay, por ejemplo, movilizaciones numerosas contra la minería del oro en Grecia; tan populares que la propia SYRIZA ha tenido que convertirse en una voz más que se opone a esas minas. Al mismo tiempo, en América Latina, los Gobiernos progresistas están entrando en conflicto con muchas de las personas que los eligieron. Estas los acusan, por ejemplo, de que su «nuevo» modelo de aquello que Hugo Chávez llamó el «socialismo del siglo XXI» no tiene nada de novedoso. Gigantescas presas hidroeléctricas en Brasil, autopistas que cruzan zonas muy sensibles en Bolivia, y perforaciones petrolíferas en el Amazonas ecuatoriano: todos estos proyectos han concitado movilizaciones populares contrarias dentro de esos mismos países. Sí, la riqueza está mejor repartida, sobre todo entre la clase pobre urbana, pero fuera de las ciudades, siguen poniéndose en peligro los estilos de vida de los pueblos indígenas y de los campesinos sin el consentimiento de estos, que siguen quedándose sin sus tierras por culpa de la destrucción del ecosistema. Lo que se necesita, según ha escrito la ecologista boliviana Patricia Molina, es una nueva definición del concepto mismo de desarrollo, «para que el objetivo sea eliminar la pobreza, no a los pobres».[47]

Esta crítica representa algo más que el habitual tira y afloja del debate político; estamos ante un giro fundamental en la concepción que una parte cada vez mayor del electorado —una parte que trata al mismo tiempo de hacerse oír cada vez más en el terreno político— tiene de cuál debe ser el objetivo de la actividad económica y el sentido del desarrollo. La influencia creciente del pensamiento indígena se está abriendo paso entre las nuevas generaciones de activistas, algo que comenzó muy significativamente con el levantamiento zapatista en México en 1994 y que ha continuado, como veremos, con el importante papel de liderazgo que los movimientos de defensa de los derechos de los grupos indígenas sobre sus tierras están teniendo en toda una serie de batallas fundamentales contra la extracción en América del Norte, América Latina, Australia y Nueva Zelanda. Gracias en parte a esas luchas, muchos movimientos progresistas no indígenas están hoy mucho más familiarizados con cosmovisiones basadas en relaciones de reciprocidad e interconexión con el mundo natural que representan la antítesis misma del extractivismo. Estos movimientos han sabido atender de verdad a la llamada del mensaje del cambio climático y están ganando varias batallas libradas con el objetivo de mantener importantes cantidades de carbono en el subsuelo, sin que nadie lo extraiga.

Advertencias no atendidas

Hay otro sector social y organizativo que podría haber controvertido eficazmente la desastrosa concepción de la naturaleza como máquina expendedora sin fondo que se maneja en la cultura occidental. Me refiero, claro está, al movimiento ecologista, esa red de organizaciones que se declara defensora de la protección del mundo natural frente a las ansias devoradoras de la actividad humana. Pero ese movimiento no ha sabido desempeñar su papel, al menos no de un modo sostenido y coherente.

Parte de los motivos han de buscarse en la inusualmente elitista historia de dicho movimiento, sobre todo en Norteamérica. Cuando el conservacionismo surgió como fuerza potente a finales del siglo XIX y principios del XX, era principalmente un asunto de hombres de clase privilegiada que disfrutaban de la pesca, la caza, las acampadas y las excursiones campestres, y que se habían dado cuenta de que muchos de sus parajes salvajes preferidos estaban amenazados por la rápida expansión de la industrialización. La mayoría de aquellos hombres no ponían en cuestión el proyecto económico frenético que estaba devorando paisajes naturales de todo el continente; lo único que querían era asegurarse de que algunos enclaves de particular espectacularidad se reservarían para su propio esparcimiento y admiración estética. Como los misioneros cristianos que acompañaban a los comerciantes y a los soldados, los conservacionistas más tempranos veían su propia labor como una especie de aditamento civilizador a los proyectos colonial e industrial, pero no como algo contradictorio con estos. En 1914, William Temple Hornaday, director del zoo del Bronx, sintetizó ese espíritu cuando instó por escrito a los educadores estadounidenses a «tomar su parte de la carga del hombre blanco» ayudando a «conservar la vida salvaje de nuestro país».[48]

Esta tarea se llevó a cabo, no mediante protestas y alteraciones del orden, que no habrían sido consideradas apropiadas para un movimiento tan afianzado en el estrato superior de la sociedad, sino mediante una presión política callada: la que cabría esperar de unos caballeros de familias distinguidas que apelaban al honor («nobleza obliga») de otros hombres de su clase para que salvaran un área especialmente apreciada convirtiéndola en un parque nacional o estatal, o en una reserva familiar privada, frecuentemente a costa de los derechos de pueblos indígenas que perdían así su anterior acceso a esas tierras que les servían de terrenos ancestrales de caza y pesca.

Hubo, sin embargo, quienes dentro de ese movimiento apreciaron en las amenazas a los más hermosos parajes de su país las señales de una crisis cultural más profunda. Por ejemplo, John Muir, gran autor de escritos naturalistas que fue también uno de los fundadores del Sierra Club en 1892, vilipendió a los industriales que embalsaban ríos salvajes y ahogaban así bellísimos valles. Para él, eran todos unos paganos «devotos del comercialismo saqueador» que, «en vez de alzar su mirada al Dios de las montañas, no tenían ojos más que para el Dólar Todopoderoso».[49]

No era él el único hereje. Toda una corriente de radicalismo impulsó a algunos de los primeros pensadores ecologistas occidentales a defender que se hiciera algo más que proteger paisajes aislados. Aunque es un detalle que a menudo se pasa por alto, estos pensadores se inspiraron muchas veces en ciertas creencias orientales sobre el carácter interconectado de toda la vida sobre la Tierra, así como en determinadas cosmologías nativo-americanas para las que todas las criaturas vivas son «parientes» nuestros.

A mediados del siglo XIX, Henry David Thoreau escribió que «la tierra que piso no es una masa muerta e inerte. Es un cuerpo, tiene un espíritu, es orgánica y es fluida a la influencia de su espíritu y cualquier partícula de ese espíritu que esté en mí».* Había en esas palabras un rechazo frontal de la caracterización que hiciera Francis Bacon de la Tierra como una máquina inerte cuyos misterios podían ser dominados por la mente humana. Y casi un siglo después de Thoreau, Aldo Leopold, cuyo libro *Un almanaque del condado arenoso* fue la piedra de toque para una segunda oleada de ecologistas, hizo un llamamiento parecido a la adopción de una ética que «extiende las fronteras de la comunidad para incluir los suelos, las aguas, las plantas y los animales», y que reconoce «que el individuo es miembro de una comunidad de partes interdependientes». Una «ética de la Tierra», como él la llamó, «cambia el papel del *Homo sapiens*: de conquistador de la comunidad terrestre al de simple miembro y ciudadano de ella. Esto implica respeto por sus miembros, y respeto también por la comunidad como tal».[50]

Estas ideas ejercieron una enorme influencia sobre la evolución del pensamiento ecológico, pero desligadas de movimientos populares de masas, poca amenaza podían suponer para la industrialización galopante. La cosmovisión dominante seguía teniendo a los seres humanos por un ejército de conquista que no entendía otra lógica que la de someter y mecanizar el mundo natural. Además, hacia la década de 1930, en pleno auge mundial del socialismo, los elementos más conservadores del creciente movimiento ecologista trataron de distanciarse de la «radical» idea insinuada por Leopold de que la naturaleza tuviera un valor inherente más allá de su utilidad para el hombre. Y es que si las cuencas fluviales y los bosques primarios tenían «derecho a continuar existiendo», como argumentaba el propio Leopold (en un anticipo de los debates sobre los «derechos de la naturaleza» que surgirían varias décadas más tarde), entonces podía cuestionarse el derecho de un propietario a hacer lo que quisiera con su terreno. En 1935, Jay Norwood «Ding» Darling, quien posteriormente sería uno de los fundadores de la National Wildlife Federation, escribió a Leopold advirtiéndole de que «no puedo apartar de mí la idea de que nos estás metiendo en honduras insondables con tu nueva filosofía del entorno de la vida salvaje. Ese es un camino cuyo destino nos lleva a la socialización de la propiedad».[51]

---

* «Por las mañanas baño mi intelecto en la estupenda y cosmogónica filosofía de Bagharad Ghita», escribió Thoreau en *Walden* a propósito de los famosos escritos sagrados indios. Y añadió: «Dejo mi libro y voy a mi manantial a por agua, y ¡oh, sorpresa!, me encuentro ahí con el siervo del Brahmán, sacerdote de Brahma, de Vishnu y de Indra, quien todavía sigue sentado en su templo a orillas del Ganges, leyendo los Vedas, y mora al pie de un árbol con su frugal alimento y su jarro de agua. [...] El agua pura de Walden se mezcla con el agua sagrada del Ganges».

Cuando Rachel Carson publicó *Primavera silenciosa* en 1962, los intentos de convertir la naturaleza en un mero engranaje de la maquinaria industrial norteamericana habían adquirido tales niveles de agresividad y de indisimulado militarismo, que ya nadie podía fingir que capitalismo y conservacionismo pudiesen compatibilizarse a base de proteger simplemente unos pocos focos verdes diseminados. El libro de Carson exudaba indignación y en él se vertía una condena más que justificada contra una industria (la química) que recurría al bombardeo aéreo para erradicar insectos y que, con ello, estaba poniendo en peligro irreflexivamente la vida humana y animal. Aquella bióloga marina metida a crítica social supo dibujar una imagen muy gráfica de los arrogantes «que tienen el control» y que, embelesados con su «reluciente juguete nuevo», arrojan venenos «contra el tejido mismo de la vida».[52]

Carson se centró en el DDT, pero, para ella, el problema no radicaba en un producto químico en particular, sino en la lógica de base. «El "control de la naturaleza" —escribió Carson— es una expresión concebida desde la arrogancia, nacida de la edad de Neandertal de la biología y la filosofía, cuando se suponía que la naturaleza no tiene otro sentido que estar al servicio del hombre. [...] Para muy alarmante infortunio nuestro, mucha de esa ciencia primitiva ha terminado equipándose de las armas más modernas y terribles y, volviéndolas contra los insectos, las ha vuelto también contra la Tierra en su conjunto.»[53]

El escrito de Carson inspiró a una nueva generación más radical de ecologistas a concebirse a sí mismos como una parte de un frágil ecosistema planetario y no como sus ingenieros ni sus mecánicos, y, de paso, dio origen a una nueva disciplina: la economía ecológica. Fue en ese contexto en el que la lógica subyacente al extractivismo (la de que siempre nos quedaría tierra para consumir) comenzó a ser puesta firmemente en entredicho dentro del propio ecologismo mayoritario. La cima de ese debate llegó en 1972, cuando el Club de Roma publicó *Los límites del crecimiento*, un clamoroso éxito de ventas que utilizó algunos de los primeros modelos obtenidos por ordenador para predecir que, si se continuaban diezmando los sistemas naturales al mismo ritmo de entonces, la humanidad excedería la capacidad del planeta para soportarla hacia mediados del siglo XXI. Salvar unas cuantas sierras y cordilleras de gran belleza no iba a bastar para sacarnos de aquel aprieto; había que afrontar la lógica misma del crecimiento.

A propósito de la duradera influencia de aquel libro, Christian Parenti ha señalado recientemente que «*Los límites* supo combinar el *glamour* de la gran ciencia —el uso de los potentes ordenadores del MIT, el apoyo recibido desde el Instituto Smithsoniano— con una atención especial a las interconexiones entre cosas aparentemente distintas, lo que encajaba a la perfección con el nuevo espíritu contracultural de los tiempos». Y aunque algunas de las proyecciones expuestas en el libro no se han confirmado con los años —los autores subestimaron, por ejemplo, la capacidad del incentivo lucrativo y de la innovación tecnológica para desbloquear nuevas reservas de recursos finitos—, *Los límites* estaba en lo cierto en cuanto al límite más importante de todos: el de «los límites de los "sumideros" naturales, o de la capacidad de la Tierra para absorber la contaminación». Escribe Parenti:

> El panorama catastróficamente funesto dibujado en *Los límites* sí se está demostrando que era totalmente correcto. Tal vez encontremos nuevos insumos (más petróleo o cromo) o inventemos sustitutos, pero no hemos producido ni descubierto más sumideros naturales. La Tierra está a punto de rebasar su capacidad para absorber la inmundicia que el voraz metabolismo del capitalismo global genera como subproducto. Y esa advertencia es la que ha sido siempre la parte más fundamental y convincente de *Los límites del crecimiento*.[54]

Sin embargo, en los círculos más poderosos del movimiento ecologista, durante las décadas clave en las que nos hemos enfrentado a la amenaza del clima, esas voces de advertencia han pasado desapercibidas. El movimiento se desentendió de los límites del crecimiento de un sistema económico basado en la maximización de beneficios y prefirió centrar sus esfuerzos en tratar de demostrar que salvar el planeta podía ser una inmejorable nueva oportunidad de negocio.

Las razones de ese apocamiento político están estrechamente relacionadas con algunos de los temas ya comentados en estas páginas y, en concreto, con el poder y el atractivo de la lógica del libre mercado que usurpó buena parte de la vida intelectual de finales de los años ochenta y toda la década de los noventa del siglo XX, incluida la de amplios sectores del movimiento conservacionista. Pero esta persistente falta de disposición para interpretar los datos científicos y para aceptar su conclusión lógica también es muy indicativa del poder de ese relato cultural que nos hace creer que los seres humanos somos quienes tenemos en última instancia el control sobre la Tierra, y no al revés. Hablo del mismo relato que nos asegura que, por muy mal que se pongan las cosas, algo habrá que nos salve en el último momento (el mercado, los filántropos multimillonarios, los genios de la tecnología, o cualquier otro milagro de ese estilo... cuando no todos ellos a la vez). Y mientras esperamos, seguimos cavando más y más hondo nuestra propia tumba.

Solo cuando nos despojemos de todas esas formas de pensamiento mágico que nos aprisionan, estaremos listos para dejar atrás el extractivismo y construir las sociedades que necesitamos dentro de los verdaderos límites que tenemos: un mundo sin zonas de sacrificio, sin nuevos Naurus.

Segunda parte

PENSAMIENTO MÁGICO

Existen inmensos incentivos económicos para inventar pastillas que curen el alcoholismo o la drogadicción, y son muchos los remedios mágicos que se venden y se compran para que procuren tales efectos beneficiosos. Y aun así, el abuso de estupefacientes no ha desaparecido de la sociedad. Dada la adicción de la civilización moderna a la energía barata, el paralelismo con el ejemplo anterior debe de resultar muy incómodo a cualquiera que crea que la tecnología por sí sola nos permitirá sacar el conejo climático de la chistera de los combustibles fósiles. [...] Las esperanzas que muchos «verdes» tienen depositadas en un remedio tecnológico milagroso son una expresión más de una muy asentada fe modernista en el poder ilimitado de la ciencia y la tecnología, una fe tan profunda (y «racional») como la de san Agustín en Jesucristo.

WILLIAM BARNES (politólogo)
y NILS GILMAN (historiador de las ideas), 2011[1]

Los directivos de las principales organizaciones ecologistas del país se han malacostumbrado a un muy cómodo compadreo de altos vuelos con sus cuidadosamente seleccionados amigotes de los consejos de administración de grandes empresas, y a un estilo de vida que deben a esos mismos magnates de la empresa privada. Así que no debe extrañarnos que, en vez de azuzar a sus benefactores para que lo hagan mejor, esos líderes —siempre ávidos de donaciones— colmen de elogios todas las tímidas medias tintas de dichas compañías a la más mínima oportunidad que tienen de hacerlo.

CHRISTINE MACDONALD, exempleada de
Conservación Internacional, 2008[2]

Capítulo 6

FRUTOS, PERO NO RAÍCES

La desastrosa fusión entre la gran empresa y las grandes organizaciones ecologistas

> Nuestros argumentos deben traducirse en rentabilidad, ganancias, productividad e incentivos económicos para la industria.
>
> JAY HAIR, expresidente de la National
> Wildlife Federation, 1987[1]

> Sé que esto puede parecer antitético, pero lo verdaderamente importante no es si se construyen nuevas centrales térmicas de carbón. [...] Si las centrales de carbón entran en funcionamiento con un tope que sirva para reducir el total de las emisiones, no serían la peor noticia posible. El enemigo no es el carbón, sino las emisiones carbónicas.
>
> FRED KRUPP, presidente del EDF (Fondo para la Defensa
> del Medio Ambiente), 2009[2]

Antes del siglo xx, hasta un millón de pollos de las praderas de Attwater anidaban entre la alta hierba de las costas de Texas y Luisiana.[3] Durante la temporada de apareamiento, eran todo un espectáculo. Para atraer a las hembras, los machos daban fuertes pisadas entrecortadas, proferían unos pavorosos y ensordecedores ruidos de arrullo (conocidos como «estruendos»), e inflaban unas bolsas de aire de un color amarillo muy vivo en los costados del cuello, lo que les daba la apariencia de haberse tragado dos huevos dorados.

Pero a medida que la pradera nativa fue quedando compartimentada y seccionada por la acción de las explotaciones de petróleo y gas, la población de pollos de las praderas de Attwater comenzó a desplomarse. Los avistadores de aves locales denunciaron semejante pérdida y, en 1965, la Nature Conservancy —organización famosa por comprar extensiones de terreno con algún tipo de importancia ecológica para convertirlas en reservas— abrió una delegación en Texas. Desde el primer momento, una de sus principales prioridades fue salvar de la extinción al pollo de las praderas de Attwater.[4]

No iba a ser tarea fácil, ni siquiera para la que, con el tiempo, se convertiría en la organización ecologista más rica del mundo. Uno de los últimos lugares de cría de la especie estaba situado en un terreno de 932 hectáreas en el sureste de Texas, a orillas de la bahía de Galveston, que resultaba ser propiedad de la empresa Mobil (la actual ExxonMobil). Aquel gigante de los combustibles fósiles no había cubierto aún la zona de infraestructuras de producción de petróleo y de gas, pero ya había pozos activos en el extremo sur y se estaba acercando cada vez más a las zonas de cría de aquella ave en peligro de extinción. En 1995, sin embargo, se hizo pública una sorprendente buena noticia. Mobil iba a donar su propiedad de la bahía de Galveston a la Nature Conservancy, porque era «la última esperanza de verdad de salvarse de la extinción que le queda a una de las especies que más peligro corren de desaparecer de todo el planeta», según explicó entonces la compañía.

La Conservancy, que bautizó aquel terreno con el nombre de Reserva de la Pradera de Texas City, pretendía hacer de «la recuperación del pollo de las praderas de Attwater» su «máxima prioridad». Todo apuntaba a que aquella iba a ser una bella historia conservacionista con final feliz; la prueba de que, enfocando el ecologismo desde un modo de actuar que buscase la colaboración y no el enfrentamiento, podían obtenerse resultados tangibles.[5]

Pero, tres años después, ocurrió algo muy extraño. La Nature Conservancy comenzó a hacer lo mismo que quienes la apoyaban pensaban que trataba justamente de impedir: empezó a extraer combustibles fósiles de la reserva. En 1999, la Conservancy franquició a una empresa de petróleo y gas para que perforara un nuevo pozo gasístico dentro de la reserva, algo que reportaría millones de dólares en ingresos directos para las arcas de la organización ecologista. Y mientras que los pozos de petróleo y gas más antiguos —los perforados con anterioridad a que el terreno fuese declarado una reserva para las aves— estaban principalmente concentrados en una parte alejada del hábitat de los pollos de las praderas de Attwater, no se podía decir lo mismo ni mucho menos del pozo nuevo. Según Aaron Tjelmeland, actual gerente de la reserva, el emplazamiento en el que la Conservancy había autorizado la perforación era relativamente próximo a la zona donde aquellas aves en vías de extinción anidaban y realizaban sus característicos rituales de apareamiento. De todos los pozos, aquella plataforma de perforación era «la más cercana al lugar por donde los pollos de las praderas normalmente estaban o practicaban sus "estruendos"», declaró en una entrevista.[6]

Durante unos tres años, aquella incursión de la Nature Conservancy en el negocio de los combustibles fósiles atrajo una relativamente escasa controversia pública. Pero la cosa cambió en 2002, cuando un reportaje de *Los Angeles Times* sacó a la luz las perforaciones. Para los conservacionistas tradicionales, la noticia causó una impresión parecida a la que tendríamos todos si nos enteráramos de pronto de que Amnistía Internacional ha instalado un pabellón propio en la prisión de Guantánamo. «Están explotando el pollo de las praderas de Attwater para ganar dinero», echaba humo Clait E. Braun, el entonces presidente de la Wildlife Society y destacado experto en pollos de las praderas. Luego, en mayo de 2003, el *Washington Post* amplió aquella historia con una cáustica investigación sobre los cuestionables tratos inmobiliarios de la organización y ahondó más aún en el sorprendente hecho de que, en la Reserva de la Pradera de Texas City, una de las organizaciones ecologistas más respetadas de Estados Unidos estuviera ahora haciendo sus pinitos también como productora de gas.[7]

La Nature Conservancy se descolgó con un argumento muy parecido al de todos los demás participantes en el negocio del petróleo y el gas; concretamente, recalcó que «podemos realizar esta perforación sin dañar los pollos de las praderas ni su hábitat».[8] Pero el historial de lo acaecido en la reserva hasta el momento arroja serias dudas sobre el hecho de que eso sea así. Además del aumento de tráfico y de contaminación lumínica y sonora que conlleva cualquier operación de extracción de ese tipo, hay varios momentos en los que esa actividad parece entrar directamente en conflicto con el fin (presuntamente prioritario) de la conservación de la fauna salvaje.

Valga de muestra el siguiente ejemplo. Por el elevado peligro de extinción que corren los pollos de las praderas de Attwater, se ha puesto en marcha un programa público-privado que los cría en cautividad y luego los libera en su hábitat natural, una iniciativa en la que colaboraba también la Nature Conservancy en la Reserva de la Pradera de Texas City. Pero en los primeros tiempos de su incursión en el terreno de la explotación extractiva, la Conservancy pospuso tres meses la liberación de los pollos criados en cautividad por culpa de un retraso en la construcción de un gasoducto. Demasiado riesgo para aquellas crías; cuando las pusieron en libertad, allí estaban las aves rapaces migratorias y otros depredadores, que se lanzaron sobre ellas como si las hubieran estado esperando.[9]

La liberación de aves de ese año fue un desastre. Según un informe interno de la Nature Conservancy, los 17 polluelos «murieron al poco de su liberación retardada». El director científico de la delegación de Texas escribió entonces que los meses de espera habían terminado por exponer las aves «a una mayor probabilidad de muerte por la depredación de las rapaces». Según el reportaje del *Washington Post*, en 2003, en la reserva solo quedaban dieciséis pollos de las praderas de Attwater de los que la Nature Conservancy tuviera constancia, cuando antes del inicio de las perforaciones, había treinta y seis. Aunque los directivos de la organización insistían en que las aves no se habían visto afectadas negativamente por sus actividades industriales, aquellas cifras daban a entender que el historial conservacionista de la reserva estaba siendo ciertamente funesto.[10]

La primera vez que leí aquella noticia fue una década después de que hubiera salido a la luz por primera vez y supuse que las actividades extractivas de la Nature Conservancy se habían detenido en cuanto fueron denunciadas, pues la revelación de las mismas había suscitado un vendaval de polémica y controversia, y había obligado a la organización a comprometerse a no insistir nunca más en aquella peculiar técnica de recaudación de fondos. Después de que saltara la noticia, el entonces presidente de la organización afirmó muy claramente que «no volveremos a poner en marcha ninguna nueva perforación petrolera o gasística, ni ninguna mina de minerales sólidos, en reservas de nuestra propiedad. Solo hemos hecho algo así dos veces en cincuenta y dos años, pero, en cualquier caso, creemos que, aunque simplemente sea por una cuestión de imagen, no debemos hacerlo de nuevo».[11]

Pero yo me equivocaba. De hecho, en el momento de escribir este libro, la Conservancy seguía *todavía* extrayendo hidrocarburos de la reserva de Texas que rescató de Mobil allá por 1995. En comunicaciones diversas que he podido mantener con una portavoz de la Conservancy, esta me ha insistido en que la organización está obligada a continuar con la extracción de combustibles fósiles conforme a los términos del contrato de arrendamiento original con la empresa extractora. Y, de todos modos, su presidente había formulado aquel compromiso de 2003 del modo más estudiado posible, pues prometió no iniciar «ninguna nueva» actividad de perforación. Y añadió igualmente que cumpliría con todos los «contratos existentes».[12]

Pero la Nature Conservancy no se ha limitado a proseguir con la extracción de gas en ese pozo sin más. Según una ponencia escrita por dos directivos de la Conservancy y presentada en un congreso de la Sociedad de Ingenieros del Petróleo (SPE), el pozo original «dejó de manar en marzo de 2003 y no pudo seguir fluyendo debido a un exceso de generación de agua», lo que llevó a perforar otro de reemplazo en la misma área a finales de 2007. Pero resulta también que, mientras que el pozo original era de gas, el nuevo produce actualmente solo petróleo.[13]

Dado que, entre el agotamiento del primer pozo de la Nature Conservancy y la perforación de su sustituto, habían transcurrido casi cinco años, es posible que la organización contara ya con la base legal suficiente para liberarse del contrato de arrendamiento original si hubiera tenido la motivación suficiente para hacerlo. De hecho, el contrato que yo misma he leído estipula claramente que, en caso de que la producción de petróleo o gas se detenga en una determinada «parcela de pozo», el operador tiene un plazo de 180 días para comenzar a «revisar» el pozo o para iniciar la perforación de uno nuevo. Si no lo hace, el arrendamiento de esa zona queda automáticamente rescindido. Si es la Nature Conservancy la que ocasiona un retraso en los trabajos del operador —algo que la organización asegura que ha sucedido de forma regular, pues restringe la actividad extractiva a unos cuantos meses cada año—, entonces el plazo de los 180 días se amplía en la cantidad de tiempo equivalente. De ahí que la organización subraye que, si bien le «inquietaron» los planes iniciales de construcción del nuevo pozo en 2007 debido a la proximidad del pozo proyectado al hábitat de los Attwater, estaba convencida de que no tenía «más remedio, en virtud del contrato de arrendamiento existente, que aceptar la perforación del pozo de reemplazo», aunque fuera en un emplazamiento distinto. James Petterson, director de estrategias de *marketing* de la Conservancy, me comentó que la organización había consultado «la opinión jurídica externa de un experto en temas de petróleo y gas», y que este les había confirmado que sí, que tal obligación existía. Sin embargo, en un documento explicativo interno sobre las perforaciones titulado «Antecedentes del caso del pollo de las praderas de Attwater», la organización subraya que se reserva el poder de controlar qué es lo que puede ocurrir y lo que no en la reserva. «Dado el elevado peligro de extinción que corren las aves —se afirma en ese documento—, allí no puede tener lugar ninguna actividad que se estime probablemente perjudicial para la especie.» Petterson asegura que «se buscó la opinión de expertos en aves» y subraya que «nadie [de esta organización] querría hacer nada que pudiera perjudicar a una especie en peligro de extinción, sobre todo a una en una situación tan crítica como el pollo de las praderas de Attwater. [...] Nadie va a elegir la explotación del petróleo y el gas antes que los últimos y escasos ejemplares de aves de esa especie en el planeta».[14]

Tanto si la Conservancy reanudó las perforaciones petrolíferas en Texas porque no le quedaba otra opción como si lo hizo porque quiso volver a ingresar petrodólares en cuanto la controversia inicial amainó, lo cierto es que el tema ha cobrado de nuevo protagonismo en fecha reciente. En noviembre de 2012, y sin apenas llamar la atención, desapareció de la reserva el último de los pollos de las praderas de Attwater que anidaban allí. Aaron Tjelmeland, gerente de la reserva, dijo a propósito de las aves que no quedaba «ninguna que sepamos». Vale la pena destacar este detalle: bajo la tutela de la que la revista *The New Yorker* llama «la mayor organización no gubernamental ecologista del mundo», que opera en más de 35 países, cuenta con más de un millón de afiliados y tiene unos activos valorados en unos 6.000 millones de dólares, una especie en vías de extinción ha sido erradicada por completo de uno de sus últimos terrenos de apareamiento y cría, en el que, por cierto, la mencionada organización ha ganado millones de dólares perforando y extrayendo depósitos de petróleo y gas. Y, para asombro de todos, el sitio web de la Reserva de la Pradera de Texas City continúa presumiendo de que las «técnicas de gestión de terreno empleadas por la Conservancy en la reserva son buenas prácticas que exportamos a otras reservas». Y si bien menciona de pasada que ya no quedan más pollos de las praderas de Attwater en ese terreno, no dice nada acerca del negocio paralelo de petróleo y gas que allí mantiene la organización.[15]

La desaparición de los pollos de las praderas obedece sin duda a una conjunción de factores: especies invasoras, número bajo de aves criadas en cautividad, sequía (posiblemente vinculada al cambio climático) y una extensión relativamente reducida para una reserva de ese tipo (esta última es la explicación favorita de la Conservancy). Es posible incluso que las extracciones de petróleo y gas no tuvieran incidencia alguna.

Así que dejemos a un lado la cuestión de las aves por un momento. Aun en el caso de que hubieran sobrevivido unas pocas, e incluso aunque unas cuantas regresen allí en el futuro, lo que es evidente es que la Nature Conservancy lleva década y media dedicada al negocio de la extracción de petróleo y gas. Que esto pueda pasar en plena era del cambio climático es todo un indicador de una dolorosa realidad: la de la catastrófica incomparecencia del movimiento ecologista en la batalla contra los intereses económicos que impulsan el espectacular aumento de nuestras emisiones. De hecho, amplios sectores de ese movimiento, lejos de luchar contra esos intereses, se han fusionado con ellos.

Que quede claro que la Nature Conservancy es la única organización ecologista (de la que yo tenga noticia, al menos) que ha perforado sus propios pozos de petróleo y gas. Pero no es ni mucho menos el único de esos grupos que mantiene lazos estrechos con el sector de los combustibles fósiles y con otros grandes contaminadores. Por ejemplo, Conservación Internacional, la Nature Conservancy y el Conservation Fund han recibido dinero de Shell y BP, mientras que American Electric Power (una empresa eléctrica tradicional que utiliza carbón sucio para generar electricidad) ha donado fondos al Conservation Fund y a la Nature Conservancy. También WWF (el antiguo World Wildlife Fund, o Fondo Mundial para la Naturaleza) mantiene una relación ya dilatada en el tiempo con Shell, y el World Resources Institute ha establecido la que considera «una relación estratégica a largo plazo con la Fundación Shell». Conservación Internacional tiene acuerdos de colaboración con Walmart, Monsanto, la gigante australiana de la minería y el petróleo BHP Billiton (una gran extractora de carbón), así como con Shell, Chevron, ExxonMobil, Toyota, McDonald's y BP (según el *Washington Post*, BP ha canalizado a lo largo de los años un total de 2 millones de dólares hacia Conservación Internacional).* Y esto es solo una pequeña muestra.[16]

Las relaciones entre estas organizaciones y algunas empresas, además, son más estructurales de lo que una mera aceptación de donaciones o unos acuerdos de colaboración podrían dar a entender. En el Consejo de Colaboración Empresarial de la Nature Conservancy, figuran BP America, Chevron y Shell, y Jim Rogers, presidente del consejo de administración y antiguo consejero delegado de Duke Energy, una de las empresas eléctricas que más carbón queman en Estados Unidos, es uno de los miembros de la junta directiva de la organización (en la que también han estado sentados en el pasado antiguos consejeros delegados de General Motors y de American Electric Power).[17]

Existe otra vía más mediante la que algunas organizaciones verdes han ligado su suerte a la de las grandes empresas que están en la base misma de la crisis climática: invirtiendo su dinero en ellas. Así, por ejemplo, mientras investigaba la incursión de la Nature Conservancy en el terreno de la producción de petróleo y gas, me sorprendí al leer una de las entradas de su estado financiero de 2012: 22,8 millones de dólares de su dota-

---

* En 2011, la situación era tan surrealista que Conservación Internacional (CI) fue objeto de una embarazosa broma. Un par de activistas/periodistas se hicieron pasar por ejecutivos del gigante armamentístico Lockheed Martin y comentaron al director de relaciones empresariales de CI que estaban buscando ayuda para dar un tono más «verde» a la imagen de su compañía. En vez de una iniciativa para reducir sus emisiones, dijeron que se les había ocurrido apadrinar a una especie en vías de extinción. Sin inmutarse, el representante de CI les sugirió amablemente (y así consta en las grabaciones correspondientes) que apadrinaran un ave de presa, para que se viera la «conexión con la aviación». («No ayudamos a las empresas para que mejoren su imagen», sostuvo posteriormente CI cuando se destapó lo ocurrido. Los portavoces de la organización también destacaron que, en cualquier caso, las credenciales y las intenciones de Lockheed habrían sido objeto de una investigación previa.)

ción financiera (una de las mayores de Estados Unidos en una institución de ese tipo) se invirtieron en empresas «energéticas» (una cifra que ha aumentado desde entonces y se sitúa ya en los 26,5 millones de dólares). Evidentemente, la energía a la que se refieren esos números es la del petróleo, el gas, el carbón y otras fuentes parecidas.* Intrigada por aquello, pronto descubrí que la mayoría de las grandes organizaciones conservacionistas carecen de políticas que les prohíban invertir sus dotaciones financieras en compañías de combustibles fósiles. La hipocresía de semejante práctica es sensacional. Estas organizaciones recaudan montañas de dinero cada año prometiendo dedicar esos fondos a labores que ayuden a conservar la fauna y la flora salvajes, y a impedir el calentamiento global catastrófico; y, sin embargo, algunas de ellas han dado la vuelta a la situación hasta tal punto que invierten ese dinero en empresas que han dado sobradas muestras —en las reservas que van incrementando año tras año— de que pretenden extraer varias veces más carbono del que la atmósfera puede absorber dentro de unos límites máximos de seguridad. Conviene aclarar antes de nada que esas decisiones, tomadas unilateralmente por la cúpula directiva de esos grandes grupos del movimiento verde, no representan los deseos ni los valores de los millones de afiliados y seguidores que los apoyan con donaciones o que se suman a campañas genuinamente de base para limpiar ríos contaminados, proteger espacios naturales queridos y valiosos, o apoyar la legislación que favorece el desarrollo de las energías renovables. De hecho, muchas de esas personas están hoy terriblemente alarmadas al ver que unas organizaciones que ellas creían que estaban enfrentándose a los grandes contaminadores andan en realidad en tratos comerciales con ellos.[18]

Son muchos, además, los sectores del movimiento verde que jamás se han embarcado en semejantes prácticas y que no disponen de dotaciones financieras para invertir y que sí tienen, en cambio, unas políticas claras que les prohíben tener propiedad alguna en empresas y sociedades que se lucren con los combustibles fósiles. Algunas de esas organizaciones cuentan con políticas igualmente estrictas contra la aceptación de donaciones procedentes de contaminadores. No es casualidad que estos colectivos tiendan a ser también los más destacados en cuanto a su historial de confrontación con las grandes empresas del petróleo y el carbón: Amigos de

---

* Después de que mi artículo sobre el tema apareciera en *The Nation*, la Nature Conservancy adoptó una política dirigida a «desinvertir en aquellas empresas que obtienen un porcentaje significativo de sus ingresos de los combustibles fósiles con el más alto contenido carbónico y apoyar una transición hacia una energía sin carbono a más largo plazo».

la Tierra y Greenpeace luchan desde principios de la pasada década de los noventa contra la presunta complicidad de Shell y Chevron en los horrendos abusos de los derechos humanos que se cometen en el delta del Níger (y si bien Shell ha accedido a pagar 15,5 millones de dólares para zanjar una demanda judicial presentada contra la empresa por ese motivo, sigue negando haber incurrido en mala conducta alguna, al igual que Chevron); la Rainforest Action Network ha estado en primera línea de la campaña internacional contra Chevron por el desastre que esta compañía ha dejado tras de sí en la Amazonía ecuatoriana; Food & Water Watch ha ayudado a sellar grandes victorias contra el *fracking*; 350.org contribuyó a lanzar el movimiento de desinversión en combustibles fósiles y ha estado en primera línea de la movilización nacional contra el oleoducto Keystone XL. El del Sierra Club es un caso más complejo, porque, si bien también ha participado en las campañas mencionadas y es la pesadilla de la industria estadounidense del carbón, entre 2007 y 2010 aceptó millones de dólares de una empresa de gas natural. Pero con el cambio de su cúpula directiva —y a raíz de las presiones que esta ha recibido de sus propias bases—, ha cortado sus lazos con el sector de los combustibles fósiles.[19]

Pese a todo, casi nadie tiene las manos limpias, lo cual se debe a que muchas de las principales fundaciones que avalan a gran parte del movimiento ecologista (incluidos grupos y proyectos en los que yo misma me he implicado) provienen de fortunas que, como la de la familia Rockefeller, están directamente vinculadas a los combustibles fósiles. Y aunque es cierto que esas fundaciones financian campañas de enfrentamiento con los grandes contaminadores, la mayoría no tienen previstas en las condiciones de sus dotaciones financieras prohibición alguna que impida que esos fondos se inviertan en carbón y petróleo. Así, por ejemplo, la Fundación Ford, que ha apoyado a organizaciones como el EDF (Fondo para la Defensa del Medio Ambiente) y el NRDC (Natural Resources Defense Council) —y ha contribuido también con su ayuda a la producción de una película realizada al mismo tiempo que este libro—, informó en 2013 que, solo en acciones de Shell y BP, tenía invertidos cerca de 14 millones de dólares (otra compañía de la que posee acciones por valor de varios millones de dólares es la noruega Statoil).[20] En América del Norte y Europa, es prácticamente imposible llevar a cabo labores de interés público a cualquier escala —académicas, periodísticas o de activismo— sin aceptar dinero de orígenes cuestionables, tanto si quien facilita la subvención es el Estado, una gran empresa privada o un filántropo particular. Y aunque se necesitan urgentemente modelos de financiación de movimientos sociales de base que permitan rendir cuentas con mucha mayor transparencia (y, en ese sentido, el *crowdfunding* es un prometedor comienzo), esos vínculos financieros en sí mismos no son lo más destacable, ni constituyen prueba alguna de la existencia de nefandas corruptelas.

Cuando el seguimiento de los lazos financieros entre las labores de interés público y sus financiadores adquiere verdadera relevancia es cuando se constata un motivo de peso para creer que esa financiación está ejerciendo una influencia indebida, condicionando el tipo de estudios que se realizan, el tipo de políticas que se recomiendan e, incluso, el tipo de preguntas que se formulan ya de entrada. Y como es un hecho generalmente aceptado que el dinero de los combustibles fósiles y las fundaciones conservadoras han engendrado y moldeado el movimiento negacionista del cambio climático, parece lógico que nos preguntemos también si el dinero de los combustibles fósiles y los valores de toda una serie de fundaciones «centristas» no habrán condicionado también a un sector importante del movimiento al que le correspondía proponer soluciones. Y existen sobrados indicios de que esos vínculos han tenido una influencia ciertamente decisiva.

Las grandes organizaciones del movimiento verde convencional que mantienen fuertes filiaciones empresariales no niegan la realidad del cambio climático, por supuesto (muchas dedican grandes esfuerzos a acrecentar nuestro nivel de alarma sobre ese tema). Pero, aun así, muchos de esos grupos han impulsado sistemática y agresivamente aquellas respuestas al cambio climático que suponen una carga menos pesada (cuando no un beneficio directo) para los mayores emisores de gases de efecto invernadero del planeta, aun cuando algunas de esas políticas representen un detrimento directo para las comunidades que tratan de combatir sobre el terreno la expansión de los combustibles fósiles. En vez de proponer políticas que traten los gases de efecto invernadero como peligrosos contaminantes que requieren de regulaciones claras y efectivas que restrinjan las emisiones y favorezcan las condiciones propicias para una transición completa hacia las energías renovables, esas organizaciones han promovido intrincados sistemas basados en mecanismos de mercado que han tratado los mencionados gases como si fueran poco menos que abstracciones tardocapitalistas que se pueden comprar y vender (agrupadas en paquetes, incluso), con las que se puede especular y que se pueden mover de un lado a otro del globo con la misma facilidad que las divisas o los títulos de deuda basura.

Y muchos de esos mismos grupos ecologistas han abogado por el gas natural (uno de los principales combustibles fósiles) como supuesta solución al cambio climático, pese a que existen pruebas de que el metano que se libera con su extracción (sobre todo, a través del proceso de fracturación hidráulica) es un factor que puede influir en el incremento de los niveles de calentamiento del planeta en las próximas décadas hasta cotas catastróficas irrecuperables (como ya se ha explicado en el capítulo 4). En determinados casos, algunas grandes fundaciones han colaborado a que el movimiento verde estadounidense tuviese una disposición favorable hacia esas políticas. El ejemplo más tristemente famoso de ello fue una hoja de ruta de 2007 titulada «Plan ganador: papel de la filantropía en la lucha contra el calentamiento global» (patrocinada por seis grandes fundaciones), en la que se defendía el comercio de emisiones de carbono como respuesta al cambio climático y se abogaba asimismo por el gas natural y por la expansión de la energía nuclear. Estas recomendaciones se tradujeron posteriormente en una serie de campañas políticas. El mensaje transmitido entonces a las organizaciones ecologistas fue bastante claro: «No os desmarquéis, o si no, no vais a ver la parte del dinero que os toca». O, al menos, así lo recordaba Jigar Shah, un conocido emprendedor en el sector de la energía solar, antiguo miembro de la junta directiva de Greenpeace USA y director también en su momento de Carbon War Room, una ONG centrada especialmente en la eliminación de barreras a la libre circulación de capital hacia las iniciativas energéticamente sostenibles.[21]

Las soluciones climáticas basadas en «mecanismos de mercado» que tantas de esas grandes fundaciones patrocinan y que muchos colectivos e individuos del movimiento verde también han hecho suyas han proporcionado un inestimable servicio al sector de los combustibles fósiles en su conjunto. Para empezar, han conseguido alterar lo que empezó como un debate franco y directo sobre la necesidad de abandonar progresivamente el consumo de esos combustibles y convertirlo, a base de inyectarle toda una nueva jerga especializada, en un asunto tan enrevesado que la cuestión del clima ha terminado resultando demasiado compleja y arcana para que los legos en la materia puedan comprenderla y seguirla. Este hecho ha debilitado seriamente el potencial para construir un movimiento de masas capaz de hacer frente a contaminadores muy poderosos. Como bien ha señalado el sociólogo Robert Brulle, de la Universidad Drexel, «el desplazamiento hacia los análisis técnicos y basados en mecanismos de mercado como núcleo central del ecologismo reformista vació ese movimiento de cualquier ideal o proyecto progresista» que hubiera tenido anteriormente. «En vez de implicar a la población en general, el ecologismo reformista restringe el debate sobre el tema a los expertos de las comunidades científica, jurídica y económica. Tal vez proporcione soluciones técnicas a problemas específicos, pero pasa por alto la dinámica social más amplia que subyace a la degradación medioambiental.»[22]

Esas políticas han alimentado también entre el público en general la falsa impresión de que hoy en día es técnicamente imposible realizar una transición integral hacia la energía renovable, pues, si fuera posible, ¿por qué iban a estar todas esas bienintencionadas organizaciones ecologistas dedicando tanto tiempo a impulsar planes de comercio de emisiones y cantando las alabanzas del gas natural, incluso del que se extrae por medio de un método tan ecológicamente destructivo como la fracturación hidráulica?

A menudo, esos compromisos se razonan apelando a la teoría de lo que está «más al alcance de la mano». Lo que esa estrategia significa, en esencia, es que, dado lo difícil y costoso que resulta tratar de convencer a los políticos para que impongan una regulación y una disciplina a las más poderosas sociedades anónimas del mundo, siempre será más prudente y eficaz comenzar por una «lucha» más fácil de ganar. Por ejemplo, pidiendo a los consumidores que compren un detergente para lavadora más caro y menos tóxico. O fabricando automóviles más eficientes en su consumo de combustible. O cambiando a un combustible fósil supuestamente más limpio. O pagando dinero a una tribu indígena para que impida la tala de un bosque en Papúa Nueva Guinea a fin de compensar las emisiones de una central térmica de carbón que consigue así mantenerse en funcionamiento en Ohio.

En vista de que las emisiones han aumentado en un 57 % desde que se firmó la convención de las Naciones Unidas sobre el clima en 1992, el fracaso de esa estrategia amable es incuestionable. Y aun así, en la cúpula del movimiento climático, nadie echa nunca la culpa de esos desbocados niveles de emisiones a algo tan concreto como las grandes empresas de combustibles fósiles, que trabajan con denuedo por bloquear cualquier intento serio de regulación de dichas emisiones, ni, desde luego, al modelo económico que exige a esas compañías anteponer la rentabilidad financiera a la salud de los sistemas naturales de los que toda vida depende. Los malos de la película para los directivos de las organizaciones del Big Green son siempre unos personajes poco definidos y de aspecto apenas amenazador: la falta de «voluntad política», el déficit de «ambición»... Mientras, los ejecutivos del sector de los combustibles fósiles son invitados a las cumbres del clima de la ONU en calidad de «socios» clave en la búsqueda de «soluciones para el clima».[23]

Este «mundo al revés» alcanzó nuevos niveles de absurdidad en noviembre de 2013, en la cumbre anual de las Naciones Unidas sobre el clima celebrada en Varsovia (Polonia). El encuentro fue patrocinado por una panoplia de compañías productoras de combustibles fósiles, incluida una importante empresa minera del carbón de lignito; a su vez, el Gobierno polaco organizó una «Cumbre del carbón y el clima» paralela, en la que se promocionó el más sucio de todos los combustibles fósiles como arma principal en la batalla contra el calentamiento global. El proceso de negociación oficial sobre el clima en el correspondiente foro de la ONU vino a dar un respaldo tácito a la cumbre paralela del carbón cuando su más alta autoridad —Christiana Figueres, secretaria ejecutiva de la Convención Marco de las Naciones Unidas sobre el Cambio Climático— aceptó pronunciar un discurso en ese otro encuentro, desafiando con ello los llamamientos de los activistas a boicotearlo. «El interés de esa cumbre para que continuemos dependiendo del carbón como combustible es directamente contrario al objetivo de estas negociaciones sobre el clima —declaró Alden Meyer, de la Union of Concerned Scientists—, que no es otro que el de reducir drásticamente las emisiones de gases captadores del calor a fin de evitar las peores consecuencias del cambio climático.»[24]

Muchos han sido, en definitiva, los progresistas que se han desentendido del debate sobre el cambio climático, en parte, porque pensaban que las grandes organizaciones ecologistas, bien surtidas de dólares de los filántropos, cubrirían sobradamente ese frente. Con el tiempo, se ha demostrado que ese fue un grave error. Para entender por qué, será necesario que retomemos, una vez más, el consabido tema de la inoportuna coincidencia temporal de los diversos factores que han rodeado a esta crisis desde finales de la década de 1980.

La edad de oro de la legislación medioambiental

Puede que I. F. Stone creyera que el ecologismo estaba distrayendo a los jóvenes de los años sesenta y principios de los setenta del siglo XX de otras batallas más urgentes, pero no se puede negar que, si los trasladáramos a nuestros parámetros actuales, los ecologistas de aquella época parecerían poco menos que unos radicales desatados. Espoleados por la publicación, en 1962, de *Primavera silenciosa* y por el vertido descontrolado de petróleo que afectó a la costa de Santa Bárbara en 1969 (el Deepwater Horizon de aquel momento), pusieron en marcha un nuevo tipo de ecologismo norteamericano, mucho más proclive a la confrontación que el anterior conservacionismo de *gentlemen*.

Además de nuevas organizaciones como Amigos de la Tierra (creada en 1969) y Greenpeace (fundada en 1971), el movimiento también englobaba a colectivos como el EDF (el Fondo para la Defensa del Medio Ambiente), que por entonces era un grupo de científicos y abogados, luchadores e idealistas, decididos a tomarse muy en serio las advertencias de Racher Carson. El lema oficioso de la organización era «demandemos a esos bastardos» y así lo hicieron. El EDF peleó y peleó hasta conseguir que se admitiera a trámite la demanda judicial original que desembocaría finalmente en la prohibición en Estados Unidos del uso del DDT como insecticida, lo que repercutió posteriormente en la recuperación de numerosas especies de aves, empezando por la mismísima águila calva (símbolo nacional estadounidense por antonomasia).[25]

Aquellos eran tiempos en los que intervenir directamente en el mercado para impedir un daño todavía se consideraba como una opción política sensata. Cuando se enfrentaban a un conjunto de pruebas irrebatibles de la existencia de un grave problema colectivo, los políticos de cualquier signo todavía se preguntaban: «¿Qué podemos hacer para impedirlo?» (y no «¿qué complejos mecanismos financieros podemos desarrollar para que sea el mercado quien lo solucione por nosotros?»).

Lo que siguió a aquel ímpetu del primer momento fue una oleada de victorias para la causa ambientalista inimaginables desde el antiestatismo predominante en la actualidad. En Estados Unidos, el legado legislativo de ese periodo es particularmente impactante: la Ley de Limpieza del Aire (1963), la Ley de Parques Naturales (1964), la Ley de Calidad del Agua (1965), la Ley de Calidad del Aire (1967), la Ley de Ríos Salvajes y Paisajísticos (1968), la Ley de Política Medioambiental Nacional (1970), la revisada Ley de Limpieza del Aire (1972), la Ley de Protección de los Mamíferos Marinos (1972), la Ley de Especies en Vías de Extinción (1973), la Ley del Agua Segura para Beber (1974), la Ley de Control de Sustancias Tóxicas (1976) y la Ley de Conservación y Recuperación de Recursos (1976), entre otras. En total, 23 leyes medioambientales federales fueron aprobadas en el transcurso de la década de 1970, un proceso que culminó con la Ley del Superfondo, de 1980, que obligaba a la industria, a través de un pequeño gravamen, a sufragar el coste de la limpieza de áreas geográficas que eran peligrosas por su toxicidad.

Estas victorias en Estados Unidos trascendieron también a Canadá, que experimentó su propio aluvión de activismo ecológico. El Gobierno federal canadiense aprobó su propia Ley del Agua (1970) y su Ley de Limpieza del Aire (1971), y, unos años más tarde, dotó de efectividad a la Ley de Pesca heredada del siglo XIX, que convirtió en un poderoso elemento de fuerza para combatir la contaminación marina y proteger los hábitats. Mientras tanto, la Comunidad Económica Europea declaró ya en 1972 la protección del medio ambiente como una de sus prioridades máximas, sentando así las bases de lo que sería su liderazgo mundial en legislación medioambiental en las décadas siguientes. Y tras la Conferencia de las Naciones Unidas sobre el Medio Humano celebrada en Estocolmo ese mismo año, la de los setenta se convertiría en una década fundacional para el derecho medioambiental internacional que dio pie a hitos tales como el Convenio sobre la Prevención de la Contaminación del Mar por Vertimiento de Desechos y otras Materias (1972), la Convención sobre el Comercio Internacional de Especies Amenazadas de Fauna y Flora Silvestres (1973) y el Convenio sobre la Contaminación Atmosférica Transfronteriza a Gran Distancia (1979).

Aunque aún habría de pasar otra década más o menos antes de que el derecho medioambiental se consolidase también en buena parte del mundo en vías de desarrollo, la defensa ecologista directa también se intensificó durante los años setenta en diversas comunidades campesinas, pesqueras e indígenas de todo el Sur Global. Aquellos fueron los orígenes de lo que el economista Joan Martínez Alier, entre otros, ha llamado el «ecologismo de los pobres». Esa movilización abarcaba desde creativas campañas lideradas por mujeres en contra de la deforestación en la India y en Kenia hasta movimientos amplios de resistencia contra centrales nucleares, embalses y otras formas de desarrollo industrial en Brasil, Colombia y México.[26]

Esa edad de oro de la legislación medioambiental se rigió por unos principios muy simples; su objetivo básico era prohibir o limitar drásticamente la actividad o las sustancias delictivas, y, siempre que fuera posible, hacer que el contaminador cargase con el coste de la limpieza de lo que ha ensuciado. Como apunta el periodista Mark Dowie en su historia del movimiento ecologista estadounidense, *Losing Ground*, los resultados de ese enfoque para el mundo real fueron concretos y medibles:

> Decenas de millones de hectáreas han terminado añadiéndose al sistema federal de parques naturales; actualmente se requieren informes de impacto ambiental para todas las grandes obras de construcción; algunos lagos declarados muertos en su momento vuelven a estar vivos. [...] Se ha reducido espectacularmente la presencia de partículas de plomo en la atmósfera; ya no se detecta la presencia de DDT en la grasa corporal de los estadounidenses, en la que también se detectan cantidades considerablemente menores de bifenilos policlorados (PCB) que antes. El mercurio ha desaparecido prácticamente de los sedimentos de los Grandes Lagos, y ya no se encuentra estroncio 90 en la leche de vaca ni en la leche materna humana.

Dowie recalcaba a continuación que «lo que tienen en común todos esos datos es que son el resultado de prohibiciones directas del uso o la producción de las sustancias en cuestión».*[27]

Esas son las herramientas contundentes con las que el movimiento de defensa del medio ambiente obtuvo su mayor sucesión de victorias. Pero con ese éxito llegaron también ciertos cambios bastantes significativos. Para un buen número de colectivos de ese movimiento, la labor del ecologismo dejó entonces de consistir en la organización de manifestaciones y seminarios, y prefirieron centrarse en promover leyes y en llevar a juicio a las empresas que las incumplían, así como en criticar a los Gobiernos por no hacerlas cumplir debidamente. De ese modo, y de la noche a la mañana, lo que hasta poco antes parecía una «chusma» de *hippies* se convirtió en un movimiento de abogados, cabilderos y asiduos a cumbres de la ONU. Como consecuencia de ello, muchos de aquellos ecologistas recién profesionalizados como tales terminaron por sentirse orgullosos de su conocimiento del mundo del poder desde dentro, de su capacidad para andar en tejemanejes con sus muchos contactos de cualquiera de las posiciones del espectro político. Y mientras las victorias siguieran cayendo de su lado, no tenían ningún motivo para cuestionarse su estrategia de transformación del poder desde dentro.

Pero entonces llegaron los años ochenta. «Un árbol es un árbol —cuentan que dijo Ronald Reagan en medio de una enconada batalla por la regulación de los derechos de tala forestal—. ¿Cuántos más necesitan ver?» Con la llegada de Reagan a la Casa Blanca y el ascenso de numerosos ideólogos de los laboratorios de ideas neoliberales a puestos de poder en la nueva administración, las reglas del juego viraron sensiblemente hacia la derecha. Reagan se rodeó de científicos favorables a la posición de las empresas industriales, empeñados en desmentir todos los males ambientales denunciados por los ecologistas: desde la lluvia ácida hasta, cómo no, el cambio climático. Y como quien no quiere la cosa, la prohibición y la regulación estricta de las prácticas industriales dañinas dejaron de ser objetivos de los dos partidos mayoritarios para convertirse en una seña distintiva de un ecologismo presuntamente caduco: el «ecologismo del control central». Utilizando mensajes que habrían encajado a la per-

---

* Conviene que tengamos presente esta historia cuando los ideólogos neoliberales quieran convencernos de que el medio ambiente más limpio del que disfrutamos actualmente es una fase natural del propio desarrollo capitalista. La verdad es que es el resultado de una serie concreta de regulaciones, algunas de las cuales se contradicen frontalmente con la ideología derechista que ellos propugnan.

fección en cualquier conferencia del Instituto Heartland tres décadas después, James Watt (el detestadísimo secretario del Interior de Reagan) acusó a los verdes de usar los temores medioambientales «como una herramienta para conseguir un objetivo mayor», que —según él— era «la planificación y el control centralizados de la sociedad». Watt también advirtió veladamente de las consecuencias que aquello podría tener: «Fíjense en lo que le ocurrió a Alemania en los años treinta. La dignidad del hombre quedó sometida a los poderes del nazismo. La dignidad del hombre quedó sometida en Rusia también. Esas son las fuerzas hacia las que puede evolucionar todo eso».[28]

Para las grandes organizaciones del movimiento verde, aquello supuso una sorpresa muy desagradable. De pronto, se habían quedado fuera de todo, convertidas en meros espectadores, acusadas de «rojas» por aquellas mismas personas con las que antes compartían copas y cenas. Peor aún: las ideas fundamentales del movimiento a propósito de la necesidad de responder a las amenazas ambientales regulando estrictamente las grandes empresas estaban siendo arrojadas alegremente al cubo de la basura de la historia. ¿Qué podían hacer los ecologistas acostumbrados a ser *insiders* del poder ante una situación nueva como aquella?

CAMBIO DE IMAGEN RADICAL EN LOS AÑOS OCHENTA

Había opciones; siempre las hay. Los verdes podían haberse sumado a algunas coaliciones de sindicatos, organizaciones de defensa de los derechos civiles y de pensionistas que por aquel entonces también veían atacadas conquistas sociales que había costado mucho conseguir, y podían haber formado juntos un frente unido contra los recortes del sector público y contra la desregulación que los estaba perjudicando. Y podrían haber seguido usando agresivamente los tribunales para demandar a aquellos desgraciados. De hecho, a lo largo de toda la década de los ochenta se detectó una creciente preocupación pública —incluso entre los votantes republicanos— por el retroceso en política medioambiental que supuso la política de Reagan (lo que explica por qué el «Planeta Tierra» acabó protagonizando la portada de la revista *Time* a comienzos de 1989).*[29]

* Ya antes de que terminara la década de 1980, una mayoría de los autodenominados republicanos declaraban en las encuestas que creían que se gastaba «demasiado poco» para proteger el medio ambiente. En 1990, el porcentaje de republicanos que coincidían con esa opinión alcanzó su nivel máximo, situado en torno al 70 %.

Y hubo quienes sí se unieron a esa lucha. Cuando Reagan emprendió una serie de ataques contra diversas regulaciones medioambientales, se apreciaron algunos focos de resistencia, sobre todo a nivel local, donde varias comunidades afroamericanas en particular se enfrentaban a una agresiva nueva oleada de vertidos tóxicos. Aquellas luchas basadas en una defensa de la salud pública se fusionaron finalmente en un frente unificado, el del movimiento por la justicia medioambiental, que celebró la Primera Cumbre Nacional de Liderazgo Medioambiental de las Personas de Color en octubre de 1991, un encuentro histórico en el que se adoptaron una serie de principios que han continuado siendo una piedra de toque del movimiento hasta nuestros días.[30] Además, a nivel tanto nacional como internacional, grupos como Greenpeace siguieron empleando la acción directa durante toda la década de los ochenta, si bien buena parte de sus energías se centraron lógicamente en los peligros de la energía y el armamento nucleares.

Al mismo tiempo, sin embargo, otras muchas organizaciones ecologistas eligieron una estrategia muy diferente. En la década de 1980, la ideología neoliberal extrema se convirtió en el discurso del poder, el lenguaje que los miembros de la élite utilizaban para entenderse entre sí, aun cuando sectores muy amplios de la población no se sintieran en absoluto persuadidos por él. Para el movimiento verde más convencional, enfrentarse frontalmente a la lógica antiestatista del triunfalismo del mercado habría supuesto su destierro hacia la marginalidad. Y muchos de los grupos verdes que manejaban grandes presupuestos —y que se sentían muy cómodos con su facilidad de acceso al poder y con las generosas ayudas que recibían de grandes fundaciones de la élite— no estaban dispuestos a semejante ostracismo. Gus Speth, cofundador del NRDC y alto asesor medioambiental de Jimmy Carter durante la presidencia de este, describió así el problema: «No nos pusimos de acuerdo con Reagan. Seguimos trabajando dentro del sistema, pero deberíamos haber intentado cambiar el sistema y las causas de fondo».[31] (Tras años en puestos de alto nivel dentro de las Naciones Unidas y convertido ya en decano de la Facultad de Estudios Forestales y Medioambientales de la Universidad de Yale, Speth se ha unido actualmente a los radicales, hasta el punto de que fue una de las personas arrestadas en la protesta contra el oleoducto Keystone XL y es uno de los fundadores de una organización que cuestiona la lógica del crecimiento económico.)

A esa creciente presión para adaptarse ideológicamente contribuyó la entrada en escena durante los años ochenta de varias organizaciones ecologistas nuevas que competían por el limitado dinero que ofrecían las diversas fundaciones e instituciones filantrópicas. Se trataba de grupos que se presentaban a sí mismos como ecologistas modernos, perfectos para la era Reagan: proempresa, enemigos de toda confrontación, y dispuestos a ayudar a pulir y limpiar hasta la más mancillada de las imágenes corporativas. «Nuestro enfoque es de colaboración, no de confrontación. Somos creativos; nos guía el espíritu emprendedor y la búsqueda de acuerdos de colaboración. No buscamos litigios», explica por ejemplo el Conservation Fund, fundado en 1985. Dos años después nació Conservación Internacional, que asegura haber «redefinido en solitario el conservacionismo», gracias principalmente a una filosofía de colaboración «con empresas grandes y pequeñas para que integren la conservación en sus modelos de negocio».[32]

Esta manera de ofrecerse amistosamente a la industria privada (esa filosofía del «estamos abiertos a su negocio») tuvo tanto éxito a la hora de atraer a grandes donantes y de tener acceso a la élite que muchas otras organizaciones verdes más antiguas y consolidadas se apresuraron a adoptar esa línea de actuación más «simpática» y a renunciar a su vez a otros posicionamientos más osados («si no puedes con los poderosos, únete a ellos», venían a decir con su actitud). Fue durante ese periodo cuando la Nature Conservancy comenzó a relajar su definición de «conservación» para que los terrenos que supuestamente dedicaban a tal menester pudieran acoger (como finalmente acogieron) actividades tan disonantes como la construcción de mansiones o la perforación petrolífera, lo que pondría a su vez las bases para que más adelante la propia organización se iniciara en el negocio de la extracción de combustibles fósiles. «Yo decía hace años que lo único que no se permitía en las reservas de la Nature Conservancy era la minería y la esclavitud, y de la segunda no estaba del todo seguro —declaró en una ocasión Kierán Suckling, del Center for Biological Diversity—. Ahora puede que tenga que desdecirme de la primera de ellas también.»[33]

De hecho, la conversión proempresarial que experimentaron amplios sectores del movimiento verde en la década de 1980 produjo hondos cismas dentro del movimiento ecologista. Algunos activistas se desilusionaron tanto con la disposición de las grandes organizaciones a colaborar con los contaminadores que se separaron por completo de ese sector mayoritario del movimiento. Algunos formaron grupos más militantes y más proclives a la confrontación, como Earth First!, cuyos miembros trataban de detener la tala de árboles mediante el sabotaje y la acción directa.

Aquellos debates se desarrollaron entre bastidores en su mayoría. Sin embargo, el 23 de abril de 1990, saltaron a los titulares informativos. Era el día después del Día de la Tierra —en aquel entonces, un ritual anual de «verde» lavado de imagen masivo de algunas grandes empresas— y en torno a un millar de manifestantes irrumpieron en la Bolsa de Nueva York y en la del Pacífico (en San Francisco) para llamar la atención sobre las «instituciones responsables de buena parte de la devastación ecológica que está destruyendo el planeta». Miembros de organizaciones de base como la Love Canal Homeowners Association («Asociación de Propietarios de Viviendas de Love Canal»), el Bhopal Action Resource Group («Grupo Bhopal de Recursos para la Acción») y la National Toxics Campaign («Campaña Nacional contra los Tóxicos») entregaron panfletos que incluían frases como las siguientes: «¿Quiénes están destruyendo la Tierra? ¿Somos todos igual de culpables? ¡No! Nosotros proponemos ir a la fuente. Proponemos llevar el tema hasta el mismísimo Wall Street». En los panfletos también podía leerse: «Los contaminadores quieren hacernos creer que todos somos pasajeros comunes de la Nave Espacial Tierra, cuando, en realidad, unos pocos están al mando y el resto nos asfixiamos con los humos de su tubo de escape».[34]

Esta retórica de confrontación (un presagio de la de Occupy Wall Street dos décadas más tarde, y también de la del actual movimiento de desinversión en combustibles fósiles) constituía una crítica explícita contra la infiltración de las sociedades anónimas empresariales en el movimiento verde. Daniel Finkenthal, portavoz de aquellas protestas contra la gran empresa, declaró: «Los grupos ecologistas auténticos contemplan con asco hasta qué punto las grandes compañías privadas han comprado el Día de la Tierra». Y dijo a un periodista que los patrocinadores «gastan más dinero en promocionar el Día de la Tierra que en reformar realmente las actividades de sus empresas y en el medio ambiente».[35]

Política climática y el precio de la rendición

De todas las grandes organizaciones del movimiento verde que experimentaron un proceso de reorientación proempresarial en la década de 1980, ninguna suscitó mayor acritud o decepción que el EDF (el Fondo para la Defensa del Medio Ambiente): la antaño combativa institución que había dedicado sus primeros años de existencia a trasladar las ideas de Rachel Carson a la acción. A mediados de la década, Fred Krupp, un joven abogado, se hizo con las riendas de la organización convencido de que el lema «demandemos a esos desgraciados» estaba tan fuera de onda con los tiempos que corrían que el lugar que verdaderamente le correspondía era el baúl de los recuerdos, junto a los ejemplares sobados y subrayados y anotados de *Los límites del crecimiento*. Bajo la dirección de Krupp (que continúa al frente de la organización hoy en día), el nuevo objetivo del EDF pasó a ser el de «crear mercados para esos desgraciados», según lo caracterizaría años después su colega Eric Pooley.[36] Y fue esa transformación, más que ninguna otra, la que contribuyó a crear un movimiento convencional y mayoritario sobre la cuestión del clima que terminaría incluso por no ver inconveniente alguno en que empresas productoras de carbón o de petróleo patrocinaran sus más importantes cumbres, o en invertir la riqueza de los propios ecologistas en algunas de esas compañías.

La nueva era quedó inaugurada oficialmente el 20 de noviembre de 1986, cuando Krupp publicó un artículo de opinión en el *Wall Street Journal*, escrito con cierto tono de arrogancia. En él anunciaba que había llegado una nueva generación de ecologistas proempresa y, con ella, «una nueva estrategia en el movimiento». Krupp explicaba que su generación rechazaba la anticuada idea de que, «entre la economía industrial y el medio ambiente, solo uno puede vencer, y solo a costa de la derrota del otro. El nuevo ecologismo no acepta la inevitabilidad de esa dicotomía excluyente y ha demostrado que, en muchos casos cruciales, es una falacia». En vez de tratar de prohibir las actividades dañinas, como la propia organización de Krupp había ayudado a conseguir con el DDT, el EDF se dedicaría a partir de entonces a firmar acuerdos de colaboración con empresas contaminadoras —«coaliciones de antiguos enemigos», las llamó él— para convencerlas de los ahorros de costes y los nuevos mercados que podrían descubrir si optaban por la senda de lo verde. Con el tiempo, Walmart, McDonald's, FedEx y AT&T suscribieron colaboraciones destacadas con este «pionero» legendario del ecologismo.[37]

El EDF decía sentirse orgulloso de anteponer los «resultados» a la ideología, pero lo cierto es que, bajo el liderazgo de Krupp, la organización adoptó un posicionamiento muy ideológico; eso sí, su ideología era el «pensamiento de grupo» (*groupthink* en inglés) dominante en aquel entonces, que priorizaba las soluciones privadas basadas en mecanismos de mercado por considerarlas inherentemente superiores a las meramente regulatorias. Un importante punto de inflexión en ese sentido se produjo en 1988, cuando George H. W. Bush accedió a la presidencia de Estados Unidos prometiendo actuar contra la lluvia ácida. La vieja manera de abordar el problema habría sido muy directa: puesto que las emisiones de dióxido de azufre son la causa principal de la lluvia ácida, la solución habría consistido en exigir su reducción general hasta unos determinados niveles máximos para todos. En vez de eso, el EDF abogó por la aprobación del primer sistema plenamente desarrollado de topes y comercio de derechos de emisión. En vez de obligar a los contaminadores a reducir sus emisiones sulfúreas, las reglas así promulgadas fijaban un límite nacional máximo al total de dióxido de azufre emitido, dentro del cual los grandes emisores —como las centrales térmicas de carbón, por ejemplo— podían, o bien pagar a otras empresas para que hicieran ellas las reducciones que les correspondían a ellos (que por eso les pagaban), o bien adquirir derechos que les autorizaban a contaminar tanto como antes, o bien vender a otras empresas aquella parte de su cuota original de emisiones permitidas de la que no hubieran hecho uso.[38]

El nuevo método funcionó y se hizo muy popular entre fundaciones y donantes privados, especialmente en Wall Street, donde los financieros se sintieron comprensiblemente atraídos por la idea de recurrir al ánimo de lucro para resolver los males medioambientales. Con Krupp como líder, el presupuesto anual del EDF creció desde los 3 millones de dólares hasta aproximadamente los 120 millones. Julian Robertson, fundador del fondo de inversión de cobertura Tiger Management, financió la labor del EDF con unos 40 millones de dólares, una cifra mareante tratándose de un solo benefactor.*[39]

El EDF no ha dejado nunca de recordar que no acepta donaciones de las compañías con las que suscribe acuerdos de colaboración (eso, según escribe el vicepresidente de estrategia y comunicaciones del propio Fondo, Eric Pooley, «debilitaría nuestra independencia e integridad»). Pero esa es una política que no está sometida a un examen muy riguroso. Por ejemplo, una de las colaboraciones insignia del EDF es con Walmart, a la que ayuda «para que la empresa sea más sostenible». Y es verdad que Walmart no dona dinero directamente al EDF; sin embargo, la Fundación de la Familia Walton, que está controlada al cien por cien por miembros de la dinastía que fundó Walmart, dio al EDF 65 millones de dólares

---

* De hecho, los mundos de las finanzas y las grandes organizaciones ecologistas llegarían a entrelazarse hasta tal punto en los años siguientes —entre donaciones, intercambios de miembros de sus juntas directivas respectivas y acuerdos de colaboración— que, cuando la Nature Conservancy necesitó nombrar a un nuevo director ejecutivo en 2008, no lo buscó dentro del mundo de las organizaciones sin ánimo de lucro, sino que lo reclutó de Goldman Sachs. Su director actual, Mark Tercek, había trabajado en el controvertido banco de inversiones durante unos veinticinco años antes de pasar a dirigir la ONG, donde se ha dedicado sistemáticamente a promover un modelo de conservacionismo basado en trasladar un número creciente de aspectos del mundo de la naturaleza a la órbita del mercado.

entre 2009 y 2013. En 2011, la fundación dotó a la organización de casi el 15 % del total de su financiación para ese año. Entretanto, Sam Rawlings Walton, nieto del fundador de Walmart, Sam Walton, ocupa un asiento en el consejo de administración del EDF (en el sitio web de la organización se le identifica simplemente como «marino, filántropo, empresario»).[40]

El EDF afirma que «exige a Walmart los mismos criterios de actuación que a cualquier otra compañía». Unos criterios de actuación que, a juzgar por el bastante deprimente historial medioambiental de Walmart desde el inicio de esa colaboración con el EDF (tanto en lo tocante a su importancia como impulsora de la expansión descontrolada del crecimiento suburbano como en lo referente al constante crecimiento de su nivel de emisiones), no parece que sean demasiado exigentes.[41]

El EDF no es tampoco la única organización ecologista que se ha beneficiado de la prodigalidad de la familia Walton. La fundación familiar es una de las principales financiadoras de las grandes organizaciones del movimiento verde, a las que entregó más de 71 millones de dólares en subvenciones para causas medioambientales en 2011; aproximadamente la mitad de ese dinero fue a parar al EDF, a Conservación Internacional y al Marine Stewardship Council. Todas ellas tienen acuerdos de colaboración con Walmart, y han firmado convenios para reducir el nivel de emisiones de la empresa, sí, pero también para que las ONG estampen un particular sello de «alimento ecológico» en algunos de los productos de pescado y marisco que comercializa la compañía o para que esta lance una línea de joyas «directas de la mina al mercado», por ejemplo. Stacy Mitchell, investigadora del Institute for Local Self-Reliance («Instituto para la Independencia Local»), señala que el hecho de que un sector tan amplio del movimiento verde dependa hasta tal punto de los vástagos de la compañía que contribuyó (casi en solitario) a aumentar el volumen de las empresas del comercio minorista y exportó ese modelo al resto del mundo tiene profundas implicaciones políticas. «El dinero de Walmart está ejerciendo una influencia significativa a la hora de fijar los calendarios y las prioridades, de definir los problemas y de favorecer cierto tipo de enfoques, en concreto, los que refuerzan el poder de las grandes empresas en nuestra economía y en nuestra sociedad en vez de cuestionarlo», ha escrito ella.[42]

Y ese es el fondo de la cuestión. No se trata simplemente de que una organización que cubre una parte importante de su presupuesto anual con fondos procedentes de la fortuna de la familia Walton lo tenga mucho más difícil para criticar nada de lo que haga Walmart. La de los noventa fue la década clave en la que se dibujaron las líneas generales de la batalla climática; fue el momento en que se desarrolló una estrategia colectiva para afrontar el desafío planetario y en el que se presentó públicamente la primera hornada de supuestas soluciones al problema. Pero fue también el periodo en que las grandes organizaciones verdes se volvieron más fervorosamente proempresariales y se comprometieron más a fondo con un modelo de cambio social de baja fricción en el que todo tenía que hacerse de modo que todas las partes implicadas salieran ganando. Y durante ese mismo periodo, muchos de los colaboradores empresariales de organizaciones como el EDF y la Nature Conservancy (caso de Walmart, FedEx o General Motors) se dedicaron a presionar a fondo para conseguir un marco de desregulación general a escala mundial que ha contribuido enormemente a disparar los niveles de emisiones desde entonces.

Esta conjunción cósmica de intereses económicos aparentemente dispares —combinada con el siempre poderoso deseo de ser considerados como «gente seria» en círculos en los que la seriedad se mide en función de lo más o menos favorable al mercado que se es— condicionó desde un principio la esencia misma de la concepción del desafío climático manejada por esas organizaciones del Big Green. El calentamiento global no se definió como una crisis alimentada por el exceso de consumo, ni por las elevadas emisiones de la agricultura industrial, ni por la cultura del automóvil, ni por un sistema comercial que insiste en que las distancias geográficas no tienen importancia, pese a que todas estas eran las verdaderas causas de fondo y combatirlas habría exigido de nosotros cambios en nuestro modo de vivir, trabajar, comer y comprar. En vez de eso, el cambio climático se presentó como un problema técnico para el que no faltarían nunca soluciones rentables dentro del propio sistema de mercado, muchas de ellas a la venta en los propios establecimientos de Walmart.*

El efecto de esta «delimitación del debate», como el escritor y ecologista escocés Alastair McIntosh la ha llamado, va mucho más allá de unas

---

* Esta es una de las múltiples ironías del hecho de que los miembros y seguidores de instituciones como Heartland acusen a los verdes de ser socialistas encubiertos. Si lo son, desde luego lo disimulan muy bien. En realidad, a muchos ecologistas del movimiento verde convencional se les ponen los pelos de punta ante la mera insinuación de que son gente de izquierdas, pues temen (y con razón) que semejante etiqueta perjudique sus posibilidades con quienes los financian en fundaciones y empresas. Lejos de usar el cambio climático como una herramienta para modificar el estilo de vida americano, muchas de las grandes organizaciones de defensa del medio ambiente dedican su tiempo a hacer todo lo que está en su mano por proteger ferozmente ese estilo de vida, aun a costa de no exigir los niveles de cambio recomendados por los resultados científicos que ya conocemos.

pocas organizaciones estadounidenses. «Por mi experiencia —ha escrito McIntosh—, la mayoría del personal de las agencias internacionales contra el cambio climático ha adoptado la postura de que "ese es un terreno que no podemos pisar" cuando se les habla de cualquier iniciativa política dirigida a rebajar el consumismo.» Su actitud suele disimularse bajo la apariencia de una fe optimista en los mercados que, en el fondo, «oculta un hondo pesimismo, pues nos mantiene ocupados en tareas absolutamente desencaminadas. Es un modo de evadirse de la realidad y, al mismo tiempo, de la necesidad de valorar a fondo la condición humana para buscar allí también las raíces de la esperanza».[43] O, lo que es lo mismo, la negativa de tantos y tantos ecologistas a tener en cuenta respuestas a la crisis climática que puedan alterar el statu quo económico los obligan a depositar sus esperanzas en soluciones —productos milagrosos, mercados de emisiones o «combustibles puente»— que son, o bien tan débiles, o bien tan arriesgadas, que confiar a ellas nuestra seguridad colectiva es un ejemplo de lo que solo podemos calificar como pensamiento mágico.

No cuestiono las buenas intenciones de estos autodenominados pragmáticos en su deseo de proteger la Tierra de un calentamiento catastrófico. Pero entre los radicales del Instituto Heartland, que reconocen que el cambio climático representa una profunda amenaza para nuestros sistemas económico y social, y que por ello niegan su realidad científica, y quienes aseguran que el cambio climático precisa solamente de retoques menores en nuestro modo habitual de hacer las cosas y que, por lo tanto, se pueden permitir creer que sí es un fenómeno real, no está muy claro quiénes viven más engañados.

¿SOLUCIONES A LA VENTA?

Durante un tiempo, a raíz del estreno/publicación en 2006 de *Una verdad incómoda* de Al Gore, dio la impresión de que el cambio climático iba a inspirar por fin la formación del movimiento transformador de nuestra era. La creencia general en la existencia y la gravedad del problema era elevada y el tema parecía omnipresente. Pero cuando se echa la vista atrás hacia esos años, lo que resulta realmente extraño es que toda aquella energía parecía proceder del nivel más alto de la sociedad. Durante la primera década del nuevo milenio, el diálogo sobre el clima fue algo sorprendentemente privativo de la élite, un tema típico de los grupos de debate de Davos y de las efectistas Conferencias TED, o de números «verdes» especiales de *Vanity Fair*, o de famosos y famosas llegando a la gala de los

Oscar en vehículos híbridos. Pero tras toda esa fanfarria y espectáculo, no había prácticamente un movimiento mínimamente discernible como tal o, cuando menos, no como lo conocen quienes hayan estado implicados en los movimientos de defensa de los derechos civiles, los derechos de las mujeres o el antibelicismo. Se organizaron algunas marchas multitudinarias, sí, pero no hubo apenas acción directa más allá de algún que otro numerito ocasional organizado para aparecer en los medios, y tampoco se dio a conocer, desde luego, ningún líder airado e indignado por la defensa de la causa (lo más parecido fue la figura de aquel exvicepresidente de los Estados Unidos).

En cierto sentido, ese periodo representó el cierre de un círculo: un retorno al punto de origen, al mundo de los clubes de caballeros en los que comenzó el movimiento conservacionista muchas décadas antes (a aquellos tiempos en los que el cofundador del Sierra Club, John Muir, convenció al entonces presidente Theodore Roosevelt para que salvara extensas partes de Yosemite del avance de la industrialización, mientras ambos conversaban a la lumbre de una hoguera en una excursión campestre). Y aunque el director de Conservación Internacional no fue de acampada con George W. Bush a ningún glaciar en deshielo para convencerlo de la realidad del cambio climático, hubo sobrados ejemplos posmodernos equivalentes, como por ejemplo los cruceros ecológicos repletos de celebridades que permitían que muchos de los consejeros delegados de las empresas del Fortune 500 contemplaran más de cerca la situación de los arrecifes de coral amenazados.

No es que el resto de la ciudadanía no tuviera un papel en esa historia. Se nos llamaba periódicamente a escribir cartas, firmar peticiones, apagar las luces de nuestro hogar o nuestro trabajo durante una hora, formar un reloj de arena humano gigante que pudiera fotografiarse desde el cielo. Y, por supuesto, siempre se nos pedía que enviáramos dinero a las grandes organizaciones ecologistas que supuestamente estaban a punto de cerrar la negociación de una solución para el cambio climático en interés de todos nosotros. Pero en la mayoría de las ocasiones, lo que se pedía de las personas normales y corrientes era que ejercieran su poder como consumidores, pero no comprando menos, sino descubriendo nuevas y estimulantes formas de consumir más.* Y si nos invadía el sentimiento de culpa,

---

* La Nature Conservancy, siempre presta a dar una vuelta de tuerca adicional, ha mostrado un particular entusiasmo en ese sentido. Su principal directivo del área de *marketing* trabajaba anteriormente en la empresa de espectáculos de lucha libre World Wrestling Entertainment, de donde fue reclutado para la organización ecologista. Tamen ese caso siempre podíamos hacer clic sobre cualquiera de las cómodas calculadoras de carbono de las docenas de sitios web verdes y, en función de los resultados obtenidos, pagar la compensación correspondiente y nuestros pecados quedaban borrados al instante.[44]

Además de no ser muy útiles a la hora de reducir realmente las emisiones, tales enfoques y métodos sirvieron para fortalecer esos mismos valores «extrínsecos» que hoy sabemos que conforman las principales barreras psicológicas a la acción climática: desde el culto a la riqueza y la fama por la riqueza y la fama mismas, hasta la idea de que el cambio es algo que nos viene dado desde arriba por nuestros superiores, en vez de algo que nos corresponde a nosotros mismos reivindicar. Puede que incluso socavasen la creencia de la población en general en la realidad del cambio climático como fenómeno antropogénico. De hecho, un número creciente de especialistas en comunicación sostienen actualmente que, por culpa de la frivolidad de muchas de las «soluciones» al cambio climático propuestas por numerosas organizaciones ecologistas durante ese periodo, muchas personas llegaron a la conclusión de que todas esas ONG debían de estar exagerando la escala del problema. A fin de cuentas, si el cambio climático era tan terrible como Al Gore sostuvo que era en *Una verdad incómoda*, ¿no debería el movimiento ecologista estar pidiendo ya a la población que hiciera algo más que cambiar la marca de su líquido limpiador, o ir de vez en cuando a pie hasta el trabajo, o enviar algo de dinero? ¿No deberían estar tratando de cerrar de una vez por todas el negocio de las compañías de combustibles fósiles?

El activista climático británico George Marshall escribió:

> Imagínense que alguien acudiera a ustedes con una rutilante nueva campaña contra el tabaco. Imagínense que, en ella, se mostrasen unas imágenes muy gráficas de personas muriéndose de cáncer de pulmón rematadas por la

---

bién ha participado activamente en la exaltación publicitaria y comercial que acompañó al estreno de la versión cinematográfica de *El Lorax* (en la que Universal Pictures utilizó el clásico anticonsumista de Dr. Seuss para promocionar entre el público desde panqueques de la cadena IHOP hasta todoterrenos de la casa Mazda). Y, en 2012, la Conservancy consiguió indignar a muchas de las mujeres de su personal al suscribir un acuerdo de colaboración con el sitio de venta minorista en línea de bienes de lujo Gilt para promocionar el número anual de las modelos en bikini y bañador («Swimsuit Edition») de la revista *Sports Illustrated* (la revista incluyó ese año el mensaje de que, «tanto si decide usted comprar un bikini, una tabla de *surf* o entradas para celebrarlo con nosotros en nuestras fiestas, el dinero que usted gaste [...] ayudará a que la Nature Conservancy procure que sigamos teniendo playas en las que realizar las sesiones fotográficas de este número anual durante otro medio siglo»).

recomendación siguiente: «Estar sano es fácil: fume un cigarrillo menos al mes». Sabríamos al momento que esa campaña sería un fracaso. El objetivo perseguido es tan ridículamente nimio y la desproporción entre las imágenes y el mensaje es tal que la mayoría de los fumadores se lo tomarían a broma.[45]

Habría sido distinto si, al tiempo que pedían a los individuos que introdujeran una actitud más «verde» en todos los detalles de su vida cotidiana, las grandes ONG ecologistas hubieran intentado perseguir a los grandes contaminadores exigiéndoles que acompañaran esos pequeños recortes en las emisiones carbónicas correspondientes a los individuos con reducciones a gran escala para el conjunto de sus industrias y sectores. Y algunas de esas organizaciones así lo hicieron, pero muchas de las asociaciones ecologistas más influyentes empujaron justamente en la dirección contraria. No solo ayudaron a desarrollar complejos mecanismos financieros que permitían que esas grandes empresas continuaran emitiendo, sino que también hicieron campaña a favor de ampliar el mercado para uno de los tres principales combustibles fósiles.

EL *FRACKING* Y EL PUENTE QUE SE QUEMA

A comienzos de la década de 1980, la industria del gas empezó a presentarse a sí misma (y su producto) como un potencial «puente» hacia un futuro energético limpio. Posteriormente, en 1988, en pleno momento de concienciación pública generalizada inicial sobre el cambio climático, la Asociación Estadounidense del Gas (la patronal de los productores de gas en ese país) comenzó a posicionar su producto como una respuesta al «efecto invernadero».[46]

En 1992, una coalición de organizaciones progresistas —entre ellas, el Natural Resources Defense Council (NRDC), Amigos de la Tierra, Environmental Action y Public Citizen— adoptó oficialmente esa misma idea y presentó un «Programa para la sostenibilidad energética» a la entonces entrante administración de Bill Clinton en el que se reservaba un papel significativo al gas natural. El NRDC fue un impulsor especialmente convencido de la idea, hasta el punto de considerar el gas natural como «el puente hacia una mayor utilización de formas de energía más limpias y renovables».[47]

Y, en aquel momento, parecía un plan bastante lógico, porque la tecnología de las renovables estaba mucho menos madura que hoy en día y el gas del que se hablaba entonces se extraía mediante técnicas de perforación convencionales. En la actualidad, sin embargo, el panorama ha cambiado espectacularmente en ambos sentidos. Las tecnologías de las renovables son ahora mucho más eficientes y asequibles, lo que hace que una transición integral hacia la electricidad y la energía que proporcionan sea posible tanto desde el punto de vista tecnológico como desde el económico en el plazo de unas pocas décadas. El otro cambio clave acaecido es que la inmensa mayoría de los nuevos proyectos de extracción de gas en América del Norte recurren a la fracturación hidráulica —un método de perforación no convencional—, y las prospecciones y la producción de gas mediante dicho método (conocido también como *fracking*) están en auge en todo el mundo.[48]

Estas novedades han debilitado sensiblemente la validez de la defensa del gas natural desde la perspectiva de la protección del clima, sobre todo, del gas obtenido por *fracking*. Hoy sabemos que en la extracción de este hidrocarburo se producen suficientes escapes de metano como para que su impacto en el calentamiento del planeta sea comparable con el del carbón (sobre todo, a corto plazo). Anthony Ingraffea, coautor del rompedor estudio de investigadores de Cornell sobre la filtración del metano y persona que se describe a sí mismo como «un ingeniero especializado durante muchos años en la extracción de petróleo y gas que ayudó a desarrollar técnicas de fracturación hidráulica de los esquistos para el Departamento de Energía», escribió en el *New York Times* que «el gas extraído de los depósitos de esquisto no es un "puente" hacia un futuro de energía renovable, sino un trampolín que nos impulsa hacia un futuro de mayor calentamiento y que nos aleja de las inversiones necesarias en energías limpias».[49]

También sabemos, por la experiencia en Estados Unidos, que, cuando abunda el gas natural barato, este no reemplaza solamente al carbón, sino también a otras fuentes potenciales de producción renovable de electricidad. De ahí que Kevin Anderson, del Centro Tyndall, haya concluido que, «si nos tomamos en serio lo de evitar un cambio climático peligroso, el único lugar seguro para el gas de esquisto es el subsuelo en el que ya está». La bióloga Sandra Steingraber, de la organización New Yorkers Against Fracking («Neoyorquinos en contra del *Fracking*»), plantea así el dilema al que nos enfrentamos: «Nos encontramos en una encrucijada energética. Uno de los indicadores nos señala la dirección hacia un futuro alimentado con la energía obtenida de la extracción de fósiles del subsuelo y de su combustión. El otro apunta hacia la energía renovable. No podemos seguir ambas direcciones a la vez. Subvencionar las infraestructuras para uno de esos dos futuros genera desincentivos para las del otro».[50]

Más crucial aún es el hecho de que muchos expertos están convencidos de que no necesitamos combustibles no convencionales como el gas de *fracking* para realizar una transición integral hacia las renovables. Mark Z. Jacobson, profesor de ingeniería de Stanford y coautor de la anteriormente mencionada hoja de ruta para alcanzar un escenario futuro con un cien por cien de energías renovables para no más allá de 2030, asegura que los combustibles fósiles convencionales pueden ayudar a impulsar esa transición y a mantener las luces encendidas entretanto. «No necesitamos los combustibles no convencionales para producir la infraestructura necesaria para una conversión a la energía eólica, hídrica y solar totalmente limpia y renovable para todos los usos. Podemos aprovechar la infraestructura ya existente e irle sumando la nueva [la de la generación energética renovable] para que juntas proporcionen la energía necesaria para producir el resto de la infraestructura limpia que necesitaremos», declaró en una entrevista. Y añadió: «Con el petróleo y el gas convencionales habrá mucho más que suficiente».[51]

¿Cómo han reaccionado las grandes organizaciones ecologistas (el Big Green) ante esta información? Algunas, como el NRDC, han enfriado su entusiasmo inicial y han empezado a reconocer los riesgos del *fracking*, lo que las ha llevado a promover regulaciones más estrictas, aun cuando, al mismo tiempo, continúan abogando por el gas natural como sustituto del carbón y otros combustibles sucios. Otras, en cambio, han preferido huir hacia delante. Así, el Fondo para la Defensa del Medio Ambiente (EDF) y la Nature Conservancy, por ejemplo, han respondido a las revelaciones sobre los enormes riesgos asociados al gas natural emprendiendo una serie de iniciativas con las que pretenden transmitir la impresión de que la fracturación hidráulica está muy cerca de convertirse en una técnica limpia y segura. Y, como ya es habitual, buena parte de la financiación de esa reacción está estrechamente vinculada con el sector de los combustibles fósiles.

La Nature Conservancy, en concreto, ha recibido cientos de miles de dólares de JP Morgan para que elabore un protocolo regulador (aunque voluntario) del procedimiento del *fracking*. JP Morgan, como ya podíamos suponer, es uno de los principales financiadores del sector y cuenta con, al menos, un centenar de grandes clientes que emplean la fracturación hidráulica, según reconoce el máximo directivo en materia medioambiental del banco, Matthew Arnold. («Dependiendo del año, somos el número uno o el número dos en la industria del petróleo y el gas a nivel mundial», reconoció Arnold a *The Guardian* en febrero de 2013.) La Conservancy mantiene también un muy publicitado acuerdo de colaboración con BP en el yacimiento Jonah, de Wyoming, una enorme instalación de extracción de gas mediante fracturación hidráulica en una zona rica en fauna silvestre vulnerable. El papel que ha correspondido a la Nature Conservancy en esa colaboración ha sido el de elaborar proyectos de preservación y conservación del hábitat para «contrarrestar los efectos de las plataformas y las infraestructuras extractoras de petróleo y gas». Desde la perspectiva del cambio climático, esa es una propuesta absurda, pues ninguno de esos posibles proyectos tendrá oportunidad alguna de contrarrestar el efecto más dañino de todos: la emanación a la atmósfera de gases que atrapan el calor una vez están en ella. De ahí que la labor de conservación más importante que cualquier organización ecologista pueda realizar sea la de mantener el carbono en el subsuelo donde está. (En cualquier caso, recordemos que estamos hablando de la Nature Conservancy, que tiene su propio pozo petrolífero en medio de una reserva natural en Texas.)[52]

El EDF también ha alcanzado un acuerdo similar con varias grandes compañías extractoras para inaugurar el llamado Centro para el Aprovechamiento Sostenible de los Esquistos (CSSD, según sus siglas en inglés) y, como muchos han apuntado, el nombre mismo de ese centro pone de manifiesto que no se va a dedicar a cuestionar la posibilidad misma de una extracción «sostenible» de combustibles fósiles del subsuelo de esquisto en plena era del cambio climático. El centro ha propuesto ya una serie de normas (de voluntario cumplimiento) para el sector que los miembros del mismo aseguran que ayudarán a hacer del *fracking* una técnica gradualmente más segura. Pero como bien ha señalado al respecto J. Mijin Cha, analista de políticas de desarrollo sostenible que trabajaba por aquel entonces para la organización Demos, «nadie puede garantizar el cumplimiento efectivo de las nuevas normas recomendadas por ese Centro. Su única utilidad, como mucho, es la de proporcionar una tapadera que disimula los verdaderos intereses de la industria del petróleo y el gas, que no son otros que desbaratar la transición hacia una economía limpia impulsada por energías renovables».[53]

Una de las instituciones financiadoras clave de ese Centro es la fundación Heinz Endowments, que, curiosamente, es parte interesada en el asunto. Según una investigación llevada a cabo en 2013 por la ONG Public Accountability Initiative, «Heinz Endowments mantiene importantes vínculos con la industria del gas natural que no son de dominio público. [...] El presidente de Heinz Endowments, Robert F. Vagt, es actualmente miembro de la junta directiva de Kinder Morgan, una empresa de gasoductos, y posee más de 1,2 millones de dólares en acciones de la empresa. Ese es un dato que no se revela en el sitio web de Heinz Endowments ni en el del CSSD, en cuya junta directiva también se sienta Vagt.

Kinder Morgan ha aludido en algunos documentos recientes de la propia empresa a la creciente regulación del *fracking* como uno de los riesgos más importantes para su negocio». (Tras el estallido de esta polémica, parece que Heinz Endowments ha tratado de alejarse de algunas de sus anteriores posturas favorables al gas natural y ha acometido una significativa reestructuración de su personal, que ha incluido la dimisión de Vagt como presidente de la fundación a comienzos de 2014.)[54]

El EDF también ha recibido una subvención de 6 millones de dólares de la fundación del multimillonario neoyorquino —y exalcalde de esa ciudad— Michael Bloomberg (firme partidario del *fracking*) destinada específicamente a elaborar y garantizar regulaciones que permitan hacer de la fracturación hidráulica una técnica segura, que no a valorar con ecuanimidad si semejante cosa es siquiera posible. Y Bloomberg no tiene nada de observador imparcial en este terreno. La fortuna personal y filantrópica del exalcalde (valorada en más de 30.000 millones de dólares) está administrada por la firma de inversiones Willett Advisors, que fue fundada por el propio Bloomberg y sus socios. Según *Bloomberg Businessweek*, y según confirma también Bloomberg Philanthropies (que comparte edificio con la mencionada firma), Willett «invierte en activos reales centrados en los ámbitos del petróleo y el gas natural». Michael Bloomberg no respondió a ninguna de las reiteradas solicitudes que le hicimos llegar para que ofreciera sus comentarios al respecto.[55]

El EDF ha hecho más cosas aún para que parezca que la industria de la fracturación hidráulica se toma muy en serio los asuntos medioambientales. Por ejemplo, también ha liderado estudios que se han usado para contraponerlos a las tesis de quienes afirman que el elevado volumen de los escapes de metano invalida el gas natural extraído mediante *fracking* como solución climática. El EDF ha colaborado con Shell, Chevron y otras importantes compañías energéticas en la realización de una serie de investigaciones sobre las filtraciones de metano con el objetivo manifiesto —reconocido por un directivo del EDF— de ayudar a que «el gas natural sea un elemento aceptado más de una estrategia dirigida a mejorar la seguridad energética y a impulsarnos hacia un futuro de energías limpias». Cuando el primero de esos estudios llegó en septiembre de 2013 (publicado en la revista *Proceedings of the National Academy of Sciences*), llamó la atención de los medios informativos porque en él se aseguraba que los índices de fuga de metano detectados durante la extracción de gas eran entre diez y veinte veces inferiores a los registrados en la mayoría de las demás investigaciones publicadas hasta la fecha.[56]

Sin embargo, el diseño de ese estudio presentaba serias limitaciones, de las que la más flagrante había sido que se había permitido a las empresas gasísticas elegir qué pozos querían que se inspeccionaran. Robert Howarth, principal autor de la importantísima investigación realizada desde Cornell en 2011 sobre ese mismo tema, señaló que los hallazgos del EDF estaban «basados únicamente en la evaluación de unos momentos y unos lugares escogidos por la propia industria» y que el artículo «debía ser entendido como una indicación de la situación "en el mejor de los casos"», y no como una reflexión realista sobre cómo funciona esa industria en su conjunto. Y añadió: «La industria gasística puede producir gas con unas emisiones relativamente bajas, pero a menudo no lo hace. Sí lo hace (y mucho mejor), sin embargo, cuando sabe que la están vigilando de cerca». Esos reparos y reservas quedaron totalmente eclipsados, sin embargo, por los delirantes titulares de prensa inspirados por el mencionado estudio del EDF: «Según estudio, escapes en pozos de gas natural, menores de lo que se pensaba» (*Time*); «Según un estudio, las fugas de metano por perforaciones gasísticas no son considerables» (Associated Press); «Los temores por el metano procedente del *fracking* eran exagerados» (*The Australian*), etcétera.[57]

El resultado de todo esto ha sido una muy elevada dosis de incertidumbre pública. ¿La fracturación hidráulica es un método seguro después de todo? ¿Está a punto de serlo? ¿Es limpia o sucia? Al igual que la ya conocida estrategia de sembrar la duda en torno a los resultados contrastados de la ciencia del cambio climático, esta confusión ha contribuido en realidad a frenar el impulso para sustituir los combustibles fósiles por las energías renovables. Josh Fox, director de *Gasland*, un documental sobre el *fracking* ganador de un premio Oscar, ha resumido así lo ocurrido: «En mi opinión, estamos asistiendo a la dilapidación de la mayor voluntad política que jamás habíamos reunido a favor del abandono de los combustibles fósiles».[58]

Y es que, mientras las organizaciones ecologistas andan enfrascadas en sus estudios y sus códigos de cumplimiento voluntario, las compañías gasísticas continúan perforando, generando fugas e invirtiendo miles de millones de dólares en nuevas infraestructuras pensadas para ser amortizadas a lo largo de muchas décadas.

COMERCIAR CON LA POLUCIÓN

Cuando los Gobiernos de los Estados comenzaron a negociar el tratado internacional sobre el clima que terminaría convirtiéndose en el Protocolo de Kioto, existía un amplio consenso en torno a qué debía conseguirse con aquel acuerdo. Los países ricos industrializados, responsables del grueso de las emisiones históricas, tendrían que llevar la delantera poniendo un determinado tope fijo a sus emisiones y reduciéndolas sistemáticamente a partir de ahí. La Unión Europea y los países en vías de desarrollo asumieron que los Estados pondrían tal idea en práctica implantando una serie de medidas internas contundentes para reducir las emisiones en sus propios territorios, por ejemplo, gravando el carbono e iniciando una transición hacia las energías renovables.

Pero cuando la administración Clinton acudió a las negociaciones, propuso una ruta alternativa: crear un sistema de comercio internacional de los derechos de emisiones basado en el ya usado para abordar el problema de la lluvia ácida (en el periodo inmediatamente previo al encuentro final de Kioto, el EDF colaboró estrechamente en el diseño de ese plan junto con Al Gore y su personal en la vicepresidencia).[59] En vez de obligar directamente a todos los países industrializados a disminuir sus emisiones de gases de efecto invernadero en una determinada cantidad prefijada, ese otro sistema emitiría una especie de créditos o licencias para contaminar que cada Gobierno podría agotar, vender si no los necesitaba o comprar para poder contaminar un poco más. A su vez, dentro de cada Estado podrían establecerse unos programas nacionales para que las empresas locales pudieran comprar y vender de modo parecido esas licencias contaminantes, siempre que el país se mantuviera dentro de un tope máximo de emisiones totales. Al mismo tiempo, ciertos proyectos que empleaban prácticas que se argüía que impedían que el carbono saliera a la atmósfera —ya fuera porque se plantaban árboles que lo capturan, ya fuera porque servían para producir energía baja en carbono, ya fuera porque ayudaban a poner al día una fábrica sucia para que redujera sus emisiones— podían generar créditos de carbono adicionales, créditos que los contaminadores podían adquirir a su vez y usar para compensar su propio exceso de emisiones.

El Gobierno estadounidense apoyó con tal entusiasmo este método que convirtió la inclusión del comercio de derechos de emisiones de carbono en una condición sine qua non para estampar su firma en el acuerdo final de las negociaciones de Kioto. Ese hecho provocó una serie de discrepancias que la antigua ministra francesa de Medio Ambiente, Dominique Voynet, calificó de «radicalmente antagónicas» entre Estados Unidos y Europa, pues para la UE, la creación de un mercado global del carbono equivalía a poco menos que abandonar la crisis climática a «la ley de la selva». Angela Merkel, a la sazón ministra alemana de Medio Ambiente, insistió: «El objetivo no puede consistir en que los países industrializados satisfagan sus obligaciones meramente a base de la compra y venta de emisiones y del lucro».[60]

No deja de ser una de las grandes ironías de la historia de la política medioambiental que Estados Unidos no ratificara finalmente el Protocolo de Kioto (tumbado en el Congreso federal) tras vencer aquella enconada batalla en la mesa de negociaciones, y que el mercado de emisiones más importante terminara fructificando en Europa, donde mayor oposición había suscitado la idea en un principio. El Régimen de Comercio de Derechos de Emisión de la Unión Europea (o EU ETS, según se conoce por sus siglas en inglés) se puso en marcha en 2005 y se ha integrado posteriormente de forma bastante estrecha con el Mecanismo para un Desarrollo Limpio (MDL) de las Naciones Unidas, inscrito en el propio Protocolo de Kioto. En un primer momento, al menos, dio la sensación de que esos mercados comenzaban con buen pie. De 2005 a 2010, según estimaciones del Banco Mundial, los diversos mercados de carbono de todo el mundo efectuaron operaciones de compra y venta de emisiones por un valor total de más de 500.000 millones de dólares (si bien algunos expertos consideran inflados esos cálculos). Al mismo tiempo, un enorme número de proyectos a lo largo y ancho del planeta han venido generando créditos de carbono durante todos estos años: se calcula que solo el MDL tenía registrados más de setenta mil a comienzos de 2014.[61]

Pero pronto fueron evidentes los defectos de aquel plan. Con el sistema de la ONU, toda clase de proyectos industriales arriesgados y dudosos pueden generar lucrativos créditos de emisiones. Por ejemplo, las compañías petroleras instaladas en el delta del Níger que practican allí el *flaring* —o quema en antorcha del gas natural que se libera con el proceso de perforación de los depósitos petrolíferos (porque quemar ese gas resulta más barato que atraparlo y aprovecharlo)— han argumentado que deberían ser compensadas económicamente si dejan de realizar esa práctica tan destructiva. Y, de hecho, algunas de ellas ya se han registrado en el sistema de la ONU para recibir créditos de carbono por el hecho de haber dejado de inflamar el gas sobrante (a pesar de que la quema en antorcha del gas es ilegal en Nigeria desde 1984, por mucho que la ley pertinente esté llena de vacíos y agujeros que las compañías ignoran en su mayor parte).[62] Incluso una factoría altamente contaminante que instale un componente mecánico que mantenga algún gas de efecto invernadero fuera de la atmósfera puede considerarse un «avance verde» con arreglo a la normativa de las Naciones Unidas. Y esto, a su vez, se utiliza luego para justificar un aumento de emisiones sucias en alguna otra parte del mundo.

La controversia más embarazosa para los defensores de este modelo es la relacionada con las fábricas de líquido refrigerante en la India y en China, que emiten un muy potente gas de efecto invernadero (el HFC-23) como subproducto del proceso de fabricación. Esas factorías —que, en su mayor parte, producen gases que se usan en aparatos de aire acondicionado y refrigeración— han generado decenas de millones de dólares al año en créditos de emisiones simplemente instalando un equipo relativamente económico que destruye el gas (con un soplete de plasma, por ejemplo) en lugar de dejarlo salir al aire exterior. El sistema resulta tan lucrativo, de hecho, que ha dado pie a una serie de incentivos perversos: en algunos casos, las empresas pueden ganar el doble destruyendo un producto secundario no intencionado de la fabricación de su producto primario; fabricación que es en sí misma intensiva en emisiones. El ejemplo más clamoroso e indignante de ello es el de una empresa india, para la que la venta de créditos de carbono mediante ese sistema supuso nada más y nada menos que el 93,4 % de sus ingresos totales en 2012.[63]

Según una organización que presentó una solicitud a la ONU para que cambiara su política con respecto a los proyectos relacionados con el HFC-23, existen «pruebas abrumadoras de que los fabricantes están trampeando» el sistema «produciendo gases de efecto invernadero más potentes para cobrar luego por reducirlos».[64] Pero la cosa no se queda ahí: no olvidemos que el producto primario de esas fábricas es un tipo de refrigerante tan perjudicial para el ozono que el Protocolo de Montreal contra la disminución de la capa de ozono ordena su retirada gradual del mercado mundial.

Tampoco estamos hablando de un sector marginal del mercado mundial de emisiones. Por ejemplo, en 2012, el sistema de la ONU concedió a esos fabricantes de refrigerante la mayor proporción de créditos de emisiones, más que a ningún proyecto de producción de energías auténticamente limpias.[65] Desde entonces, las Naciones Unidas han aprobado algunas reformas parciales y la Unión Europea ha prohibido la aceptación de créditos de esas factorías en su mercado interno de carbono.

No debería extrañarnos que el mercado de derechos haya terminado dominado por proyectos de compensación de emisiones tan abundantes como cuestionables. La posibilidad de percibir dinero real basándose en proyecciones de cuánta cantidad de una sustancia invisible se impide que salga a la atmósfera tiende a ser una especie de imán para los chanchullos. Y el mercado de los derechos de emisiones de dióxido carbónico ha atraído a una tropa ciertamente asombrosa de timadores y estafadores que recorren naciones biológicamente ricas, pero económicamente pobres (como Papúa-Nueva Guinea, Ecuador y Congo), aprovechándose a menudo del aislamiento de pueblos indígenas cuyos bosques pueden ser clasificados como «compensaciones». Estos *cowboys* del carbono, como se los llama, llegan con draconianos contratos (muchas veces, redactados en inglés y sin traducción) que, acompañados de una promesa de dinero a cambio de nada, validan la entrega de grandes extensiones de terreno a grupos conservacionistas por parte de sus titulares legítimos. En las selvas de Papúa-Nueva Guinea, esos acuerdos relacionados con el comercio de los derechos de emisiones son conocidos como «dinero del cielo»; en Madagascar, donde la riqueza prometida ha demostrado ser tan efímera como el producto comerciado, el pueblo betsimisaraka habla de unos extraños que se dedican a «vender el viento».[66]

Uno de los más destacados *cowboys* del carbono es el australiano David Nilsson, que dirige un negocio particularmente furtivo de esa clase (en una de sus metamorfosis más recientes, su empresa de créditos de emisiones carbónicas consistía al parecer en nada más que un servicio de contestador automático y un dominio web). Después de que Nilsson tratase de convencer a una comunidad indígena de los matsé de Perú para que firmara un contrato de renuncia a los derechos sobre sus tierras a cambio de la promesa de miles de millones de dólares en ingresos procedentes de créditos de derechos de emisiones, una alianza de pueblos nativos de la cuenca amazónica pidió que Nilsson fuese expulsado del país. Los portavoces de esa coalición alegaron además que lo ofrecido por Nilsson era un fraude, «similar a cien proyectos de estafas en el mundo» que están «dividiendo a los pueblos con ilusiones millonarias inexistentes».*Algunos líderes indígenas aducen incluso que es más fácil tratar con las grandes compañías petroleras y mineras, porque, al menos, saben qué son y qué quieren; no pueden comprender tan bien lo que sucede cuando la organización que pretende sus tierras es una ONG presuntamente benévola y cuando el producto que esta intenta adquirir es algo que no puede verse ni tocarse.[67]

En todo esto puede apreciarse un problema más global que caracteriza a los mecanismos de compensación en general, un problema que trasciende los sistemas oficiales de comercio de derechos de emisiones y alcanza también a toda una red de acuerdos voluntarios administrados por grandes organizaciones conservacionistas que pretenden así «compen-

---

* Curiosamente, antes de que Nilsson entrase en el negocio del carbono, fue investigado por un parlamentario de Queensland por vender propiedades inmobiliarias australianas aparentemente ficticias a inocentes víctimas en —qué otro sitio si no— Nauru.

sar» oficiosamente las emisiones de los grandes contaminadores. En los primeros tiempos de la implantación de estos sistemas de compensación, sobre todo a partir del momento en que empezaron a aparecer proyectos de conservación forestal allá por finales de los años ochenta y principios de los noventa del siglo XX, la controversia que más persistentemente suscitaban era que, para poder cuantificar y controlar mejor cuánto se estaba preservando (y asignar así un valor monetario más preciso a los árboles no talados), se confinaba a veces a las personas que vivían en esos bosques o junto a ellos en parcelas de terreno muy parecidas a reservas, donde quedaban aisladas de sus antiguos modos de vida.[68] Ese confinamiento podía llegar a ser literal, con vallas y guardias armados que impedían el paso de esas personas a sus antiguos hábitats. Las ONG se justificaban diciendo que solo intentaban proteger los recursos forestales y el carbono no emitido que tales recursos representaban, pero todo aquello se veía (y de forma bastante comprensible, por cierto) como una forma más de arrebatamiento ilegítimo de tierras.

Por ejemplo, en Paraná (Brasil), en un proyecto que reportaba créditos compensatorios para Chevron, GM y American Electric Power, y que estaba administrado por la Nature Conservancy y por una ONG brasileña, los guaraníes indígenas tenían prohibido buscar leña o cazar en lugares que siempre habían ocupado; ni siquiera podían pescar en vías fluviales próximas. En palabras de un lugareño, «quieren quitarnos nuestro hogar». Cressant Rakotomanga, presidente de una organización comunitaria local en Madagascar, donde la Wildlife Conservation Society gestiona un programa de compensación de emisiones, expresó un sentimiento similar. «La gente está frustrada porque, antes de que se instalara el proyecto, era completamente libre de cazar, pescar y talar en los bosques.»[69]

En realidad, el mercado de compensaciones de emisiones ha generado una nueva clase de abusos «verdes» de los derechos humanos por los que campesinos e indígenas que se aventuran en sus propios territorios tradicionales (reclasificados ahora como sumideros de carbono) con el fin de recolectar plantas, leña o pescado, son objeto de acoso cuando no de males mayores. No hay datos exhaustivos disponibles sobre estos abusos, pero los incidentes de los que vamos teniendo noticia son cada vez más abundantes. Cerca de Guaraqueçaba (en Brasil), varios lugareños han denunciado haber sido blanco de disparos de arma de fuego de los guardias del parque mientras buscaban alimentos y plantas en el bosque que forma parte del proyecto de compensación de emisiones de Paraná custodiado por la Nature Conservancy. «No quieren a seres humanos en el bosque», comentó un agricultor local al periodista de investigación Mark Schapiro.

Y en el proyecto de plantación de árboles como compensación de emisiones de carbono que una organización holandesa gestiona en los parques nacionales del monte Elgon y de Kibale en Uganda, los habitantes de los pueblos locales han denunciado un patrón de respuesta similar de los vigilantes del lugar, que también han disparado contra ellos y han arrancado sus sembrados.[70]

Tras estas informaciones, algunas de las organizaciones verdes implicadas en proyectos de compensación de emisiones resaltan ahora su participación en la protección de los derechos indígenas. Aun así, la insatisfacción de los lugareños no se desvanece y continúan acumulándose las controversias. Por ejemplo, en la región hondureña del Bajo Aguán, algunos dueños de plantaciones de palmas aceiteras han conseguido registrar un proyecto de compensación de emisiones, pues ellos aseguran que sus cultivos capturan metano. Espoleados por la promesa de dinero a cambio de gas capturado, estos huertos de palmeras se han extendido hasta el punto de que están desplazando la agricultura local, lo que ha desembocado en una violenta espiral de ocupaciones de tierras y de expulsiones que ha costado ya la vida a más de cien agricultores locales y activistas hasta 2013. «Tal como lo vemos, ser agricultor aquí se ha convertido en un crimen —dice Heriberto Rodríguez, del Movimiento Unificado Campesino del Aguán, que atribuye parte de la culpa de esos fallecimientos al propio mercado del carbono—. Quienquiera que facilite financiación a esas compañías se convierte también en cómplice de todas estas muertes. Si cortan ese flujo de fondos, los terratenientes se sentirán algo más presionados a cambiar sus métodos.»[71]

Aunque promocionada como la solución climática clásica con la que todos salen ganando, muy pocos son los que realmente ganan allí donde se instalan estas explotaciones agrícolas y estos bosques vigilados. Para que las grandes empresas multinacionales puedan proteger su derecho a ensuciar la atmósfera, campesinos, granjeros y pueblos indígenas están perdiendo su libertad para vivir y ganarse su sustento en paz. Cuando las grandes organizaciones ecologistas hablan de las compensaciones de emisiones como la forma de acción climática que está «más al alcance de la mano», lo que están aplicando, en realidad, es un crudo análisis de coste-beneficio con el que llegan a la conclusión de que es más fácil acotar y acordonar un bosque habitado por personas políticamente débiles en un país pobre que frenar a las empresas de países ricos que producen emisiones y que son políticamente poderosas; en definitiva, que es más fácil recoger el fruto que el frutal pone al alcance de nuestra mano que desenterrar las raíces del árbol.

Y para más inri, muchas de las personas sacrificadas en aras del mercado de carbono son precisamente las que llevan algunos de los estilos de vida más sostenibles y bajos en carbono de todo el planeta. Mantienen relaciones intensas y recíprocas con la naturaleza, aprovechan a pequeña escala los ecosistemas locales y al hacerlo cuidan el terreno y lo regeneran para que continúe proveyendo para esas personas y para sus descendientes todo lo que necesitan. Un movimiento ecologista verdaderamente comprometido con la búsqueda de soluciones climáticas reales se preocuparía por encontrar la manera de apoyar esos modos de vida, y no se dedicaría a amputar las hondas tradiciones de administración responsable de la tierra que esas personas venían manteniendo, ni a empujar así a un número aún mayor de estas a convertirse en consumidores urbanos desarraigados.

Chris Lang, un ecologista británico que vive y trabaja en Yakarta, desde donde dirige un sitio web (llamado REDD-Monitor) dedicado a controlar la situación del sistema de compensaciones por emisiones, me confesó que nunca se le habría ocurrido que su trabajo terminaría consistiendo en destapar los fallos del movimiento verde. «Detesto la idea de que el movimiento ecologista se enzarce en luchas intestinas en vez de luchar contra las compañías petroleras —comentó—. Estas organizaciones no parecen tener ningunas ganas de hacer frente a las petroleras y, en el caso de algunas de ellas, tengo dudas de que de verdad sean ecologistas.»[72]

Eso no significa que todo proyecto por el que se conceden créditos de carbono tenga que ser fraudulento o activamente destructivo para las formas de vida locales. Dentro de este sistema, se están construyendo parques eólicos y solares y se están conservando bosques importantes. El problema es que, al adoptar ese modelo de financiación, hasta los mejores de los mejores proyectos verdes terminan siendo ineficaces como respuestas climáticas por el hecho mismo de que, por cada tonelada de dióxido de carbono que sus promotores evitan que se emita a la atmósfera, una gran empresa del mundo industrializado queda automáticamente facultada para generar su propia tonelada particular y aprovecha esas compensaciones para justificar que su contaminación ya ha sido neutralizada. Un paso para adelante y otro para atrás. A lo sumo, pues, corremos sin movernos del sitio. Y, como ya veremos, existen otras formas mucho más eficaces de financiar el desarrollo verde que el mercado internacional de carbono.

El geógrafo Bram Büscher acuñó el término «naturaleza líquida» para referirse a lo que estos mecanismos de mercado están haciendo con el mundo natural. Según esa idea, los árboles, las praderas y las montañas pierden su sentido intrínseco, ligado a un sitio físico, y pasan a convertirse en mercancías virtuales y sin raíces en un sistema comercial global. El potencial de captura del carbono que posee la vida biótica acaba siendo vertido en sentido figurado en industrias contaminantes como quien vierte gasolina en el depósito de combustible de un coche, y permite que aquellas continúen emitiendo. Una vez absorbido dentro de este sistema, un bosque impoluto puede parecer tan lozano y vivo como siempre, pero, en el fondo, se ha transformado en una prolongación de una central térmica sucia de la otra punta del planeta, al estar conectado a ella mediante transacciones financieras invisibles. Puede que el humo contaminante no salga directamente de las copas de esos árboles, pero es como si así lo hiciera, porque ese bosque que ha sido aceptado oficialmente como compensación de emisiones de carbono está permitiendo ahora que se genere polución en otra parte.[73]

La divisa de los primeros ecologistas era que «todo está conectado»: cualquier árbol es una parte de la intrincada red de la vida. En marcado contraste, la divisa de los conservacionistas que andan en tratos con las grandes empresas bien podría ser que «todo está desconectado», ya que han conseguido construir una nueva economía en la que el árbol no es tal, sino un sumidero de carbono usado por personas que vivimos a miles de kilómetros de distancia para calmar nuestras conciencias y mantener nuestros niveles de crecimiento económico.

Pero el mayor problema de ese enfoque es que los mercados de carbono han fracaso incluso según su propia lógica de base, es decir, como mercados propiamente dichos. En Europa, los problemas comenzaron cuando se decidió incentivar a las empresas y los países para que entraran en ese mercado repartiendo entre ellos un elevado número de licencias baratas de emisiones carbónicas. Cuando la crisis económica golpeó el continente algunos años después, hizo que tanto la producción como el consumo se contrajeran y que los niveles de emisiones cayeran de forma concomitante. Eso motivó que el nuevo mercado de emisiones terminara ahogándose en un exceso de licencias, lo que, a su vez, provocó que el precio del carbono se desplomara espectacularmente (en 2013, una tonelada de carbono se compraba en ese mercado por menos de cuatro euros, frente al precio objetivo de veinte que se había fijado en un primer momento). Difícilmente podía incentivarse el abandono de la energía sucia en una situación así, cuando resulta tan barato comprar créditos de emisiones. Eso explica por qué, en 2012, la cuota del carbón respecto a la producción total de electricidad en el Reino Unido aumentó en más de un 30 %, mientras que, en Alemania, como ya hemos visto, las emisiones procedentes del carbón crecieron aun a pesar de la rápida adopción en ese país de la electricidad procedente de renovables. Peor aún le ha ido mientras tanto al Mecanismo para un Desarrollo Limpio (de las Naciones Unidas); de hecho, este mecanismo ha sufrido «un colapso», según un informe encargado por la propia ONU. «Lo poco exigentes que han sido los objetivos de emisiones, sumado a la recesión económica en las naciones ricas, se ha traducido en un descenso de un 99 % de los precios de los créditos de emisiones de carbono entre 2008 y 2013», según explica Óscar Reyes, un experto en finanzas del clima del Institute for Policy Studies.[74]

Este es un ejemplo particularmente extremo de los ciclos de expansión y contracción característicos de los mercados, que son volátiles y de alto riesgo por naturaleza. Y ese es el defecto central de esta supuesta solución. Sencillamente, resulta demasiado arriesgado y no disponemos de tiempo para poner nuestra suerte colectiva en manos de tan inconstante y poco fiable fuerza. John Kerry ha comparado la amenaza del cambio climático con un «arma de destrucción masiva» y esa es una buena analogía.[75] Pero si el cambio climático plantea riesgos que están a la par de los de la guerra nuclear, ¿por qué no estamos respondiendo entonces con la seriedad que semejante comparación implica? ¿Por qué no estamos ordenando a las empresas que cesen inmediatamente de poner en riesgo nuestro futuro, en vez de sobornarlas y engatusarlas? ¿Por qué nos la estamos jugando de ese modo?

Cansados de comprobar cómo se está perdiendo el tiempo, en febrero de 2013 más de 130 organizaciones dedicadas a la lucha medioambiental y por la justicia económica hicieron un llamamiento a abolir el mayor sistema de comercio de derechos de emisiones de carbono del mundo, el Régimen de Comercio de Derechos de Emisión de la Unión Europea (o EU ETS), para «dejar espacio a medidas climáticas que funcionen». En su declaración, afirmaban que, tras siete años de experimento, «el EU ETS no ha reducido las emisiones de gases de efecto invernadero […] y los peores contaminadores han tenido escasa o nula obligación de reducir esas emisiones en origen. De hecho, los proyectos de compensación de emisiones han propiciado un *incremento* de estas a escala mundial: hasta las fuentes más conservadoras al respecto calculan que entre uno y dos tercios de los créditos de carbono comprados en el EU ETS "no representan reducciones reales de las emisiones carbónicas"».[76]

El sistema ha permitido también que las empresas energéticas y de otros sectores trasladasen a sus consumidores el coste de cumplir con los criterios de ese régimen comercial —sobre todo, durante los primeros años de existencia de ese mercado—, lo cual ha supuesto, según una estimación de Point Carbon para 2008, que las compañías eléctricas del Reino Unido, Alemania, España, Italia y Polonia obtuvieran beneficios extraordinarios de entre 32.000 y 99.000 millones de dólares a lo largo de un plazo de solo cinco años. Otro informe reveló también que las aerolíneas habían recaudado unas ganancias imprevistas de hasta 1.800 millones de dólares durante su primer año en el mercado en 2012. En resumidas cuentas, más que hacer que los contaminadores paguen por la suciedad que han generado —un principio básico de justicia medioambiental—, lo que se ha conseguido es que sean los contribuyentes (con sus impuestos) y los clientes (con sus facturas) quienes colmen de dinero a las empresas que polucionan, y que lo hagan en virtud de un régimen que ni siquiera ha funcionado.[77]

Teniendo en cuenta el contexto de la debacle europea, que el Senado estadounidense no aprobara en 2009 los proyectos de legislación climática presentados ese año ante dicha cámara no debería considerarse como la mayor derrota hasta el momento del movimiento de defensa del clima (como muchos ecologistas convencionales así la consideran), sino más bien como una bala mortal que no nos alcanzó por muy poco. Los dos proyectos de implantación de un sistema de topes de emisiones y de comercio de derechos que se debatieron en la Cámara de Representantes y el Senado de los Estados Unidos al principio del primer mandato de Obama habrían reproducido en suelo norteamericano todos los errores de los regímenes de comercio de emisiones de Europa y de las Naciones Unidas, y les habrían añadido otros de cosecha propia.

Ambos proyectos de ley se basaban en propuestas elaboradas por una coalición reunida por el presidente del EDF, Fred Krupp, a la que había sumado grandes contaminadores (General Electric, Dow Chemical, Alcoa, ConocoPhillips, BP, Shell, el gigante del carbón Duke Energy, DuPont, y otros muchos) y un puñado de las principales organizaciones ecologistas (la Nature Conservancy, la National Wildlife Federation, el NRDC, el World Resources Institute y lo que entonces se llamaba el Centro Pew sobre el Cambio Climático Global). Conocida como la Sociedad Estadounidense de Acción Climática (USCAP, según sus siglas en inglés), la coalición se había guiado en su actuación por la ya conocida lógica derrotista de que no sirve de nada intentar enfrentarse a los grandes emisores directamente, por lo que es mejor tratar de subirlos al carro ecologista con un plan rebosante de dádivas y de agujeros legales para esas empresas.[78]

El pacto finalmente surgido de la USCAP (y presentado como un compromiso histórico entre el Big Green y la gran empresa privada) otorgaba suficientes derechos gratuitos como para cubrir el 90 % de las emisiones de las empresas suministradoras de electricidad, incluidas las de las centrales térmicas de carbón, lo que significaba que podrían seguir emitiendo ese nivel de CO_2 sin pagar por ello. «No vamos a cerrar un trato mejor —presumió el entonces consejero delegado de Duke Energy, Jim Rogers—. Un 90 % es fantástico.» El congresista Rick Boucher, un representante demócrata del carbonífero suroeste de Virginia, no tuvo reparo en reconocer que el proyecto legislativo contenía tantos regalos que «significaba el preludio de una nueva edad de oro del carbón».[79]

Estos «derechos gratuitos» para consumir carbono o comerciar con él eran, en el fondo, sobornos. El emprendedor de la energía solar Jigar Shah describió así la situación de entonces: «Si nos fijamos en todas estas empresas que formaban parte de la USCAP, es fácil ver que no estaban interesadas en regular las emisiones de carbono. Lo que les interesaba era la enorme cantidad de riqueza que se transferiría de ese modo hacia sus arcas a cambio de su voto a favor de la nueva legislación sobre el cambio climático».[80] Ni que decir tiene que cualquier acuerdo o trato que alegraba de ese modo a quienes se lucran con el negocio de los combustibles fósiles no nos habría acercado en lo más mínimo a los profundos recortes que, según nos indican los científicos, necesitamos practicar en nuestras emisiones de gases de efecto invernadero si queremos tener aún alguna probabilidad de mantener el calentamiento global por debajo de los 2 °C. Y, sin embargo, las organizaciones ecologistas de la USCAP no solo se hicieron a un lado mientras dejaban que esas grandes compañías —que tenían un muy directo conflicto de intereses en este terreno— dictaran cuál iba a ser la política climática estadounidense a partir de entonces, sino que fueron directamente a llamar a su puerta para que lo hicieran.

Y lo más tristemente irónico de toda esta complacencia es que ni así tuvieron suficiente. Colaborar con la USCAP para contribuir a redactar una legislación climática favorable fue, para muchas de las grandes empresas que se integraron en aquella alianza, una forma de cubrir riesgos. En 2007, cuando se formó la coalición, la aprobación de una legislación relacionada con la protección del clima parecía una opción más que probable, así que esas compañías quisieron asegurarse de que, fuera cual fuere la ley aprobada en el Congreso, estuviera tan llena de agujeros legales como para que resultara ineficaz en la práctica: la clásica estrategia consistente en «sortear» la normativa. Sabían también que escudarse en los topes de emisión y en el comercio de derechos era la mejor manera de conjurar la (para ellas) preocupante posibilidad de que un presidente recién elegido recurriera a la Agencia Federal de Protección Medioambiental (EPA) para que esta impusiera límites a la cantidad de carbono que las empresas podían emitir. De hecho, el proyecto de ley Waxman-Markey, principal elemento de la nueva legislación climática inspirada en los planes de la coalición, habría prohibido expresamente a la EPA toda regulación sobre carbono procedente de las mayores fuentes de contaminación, incluidas las centrales térmicas de carbón. Michael Parr, máximo directivo de relaciones gubernamentales de DuPont, resumió la estrategia de las empresas con una muy sucinta fórmula: «O estamos sentados a la mesa o estamos en el menú».[81]

El problema para Fred Krupp y sus colegas fue que esas compañías estaban sentadas a un buen número de otras mesas al mismo tiempo. Muchas seguían siendo miembros del Instituto Estadounidense del Petróleo (organización patronal nacional de las empresas petroleras), de la Asociación Nacional de Fabricantes y de la Cámara de Comercio de Estados Unidos, instituciones todas ellas que se oponían activamente a que se legislara sobre el clima. Cuando Barack Obama asumió la presidencia en enero de 2009, se pensaba que los partidarios de la línea dura proempresa iban a perder. Sin embargo, en el verano de 2009, cuando la USCAP trataba aún de impulsar en el Senado estadounidense un sistema de comercio de derechos de emisiones, el clima político viró bruscamente. La economía continuaba inmersa en serios problemas, la popularidad de Obama se venía abajo y una nueva fuerza política pasó a primer plano. Rebosante de dinero del petróleo (concretamente, de los hermanos Koch) y promocionado hasta la saciedad por Fox News, el Tea Party comenzó a irrumpir en plenos municipales de todo el país voceando consignas contra la reforma sanitaria propuesta por Obama, que, según denunciaban aquellos activistas, formaba parte de un siniestro plan encaminado a convertir Estados Unidos en una utopía islámico-nazi-socialista. Sin mayor dilación, el presidente comenzó a deslizar insinuaciones de que no estaba dispuesto a desgastarse en ninguna otra gran batalla legislativa.[82]

Fue entonces cuando muchos de los miembros empresariales clave de la USCAP se percataron de que tenían una oportunidad muy buena de sabotear la legislación climática. Caterpillar y BP abandonaron la coalición, al igual que ConocoPhillips, entre quejas de que aquello podía comportarles «costes irrecuperables [...] en lo que ya de por sí ha sido históricamente un sector de actividad con muy bajos márgenes de negocio». (Los ingresos de ConocoPhillips al año siguiente de salir de la USCAP ascendieron a un total de 66.000 millones de dólares, que dejaron a la compañía unos envidiables ingresos netos de 12.400 millones.) Y algunas de esas empresas no se limitaron simplemente a abandonar la coalición de «antiguos enemigos» liderada por Krupp y apuntaron directamente con su formidable potencia de fuego contra las propuestas legislativas que habían ayudado a elaborar, con lo que dejaron sobradamente claro que nunca habían dejado de ser contrarias a la idea misma de una nueva legislación en ese campo. ConocoPhillips, por ejemplo, creó una página web específica que animaba a quienes la visitaban (así como a sus aproximadamente treinta mil empleados) a hacer saber a los legisladores lo mucho que se oponían al proyecto de ley climática. «La legislación sobre el cambio climático repercutirá en una subida de los costes directos de la energía para la familia estadounidense media», se advertía en aquel sitio, donde también se aducía el (delirante) argumento de que «podía provocar incluso una pérdida neta de más de 2 millones de empleos al año en Estados Unidos». En cuanto a su «codesertora», BP, su portavoz, Ronnie Chappell, alegó entonces que «la opción menos costosa para reducir emisiones pasa por aumentar el consumo de gas natural».[83]

Es decir, que, pese a estar convencidas de que estaban jugando con inteligencia la carta del compadraje con los círculos del poder económico, las principales organizaciones del movimiento verde convencional se vieron superadas a lo grande por las maniobras de esos mismos círculos. Los ecologistas que participaron en la USCAP hicieron una lectura desastrosamente equivocada del paisaje político del momento. Optaron por un enfoque tremendamente enrevesado para afrontar el problema del cambio climático —un enfoque que bloqueaba el paso a otras estrategias mucho más eficaces— simplemente porque resultaba más atractivo para los grandes emisores, pero, al final, descubrieron que la política climática que más atraía en realidad a los contaminadores seguía siendo la ausencia de política alguna sobre ese tema. Peor aún: en cuanto huyeron de la coalición, sus socios empresariales desplegaron su espectacular artillería para descargar su nada desdeñable munición contra sus antiguos amigos. El proyecto de ley climática era un despilfarro, denunciaron (y lo era), lleno de regalos y subvenciones (desde luego), y trasladaría (probablemente) unos costes energéticos más elevados a los bolsillos de unos consumidores que andaban ya muy cortos de dinero.* Y para colmo, según el congresis-

---

* Un asiduo de los actos del Instituto Heartland, Chris Horner, dijo de aquel proyecto de ley que era un ejemplo de «capitalismo amiguista» que recordaba al modelo Enron. Nadie mejor que él para saberlo, tratándose de alguien que trabajó en la mencionada compañía.

ta republicano Joe Barton, favorable a los intereses de las petroleras, «el beneficio medioambiental no se ve por ninguna parte» (algo en lo que el flanco izquierdo del movimiento verde ya venía insistiendo desde un principio).[84]

Fue una traición en toda regla... y funcionó. En enero de 2010, el proyecto de legislación climática basada en las propuestas de la USCAP agonizó en el Senado, como no podía ser de otro modo; el problema es que su agonía contribuyó a desacreditar la idea misma del activismo climático en la mente de muchas personas.[85]

Muchos son los dictámenes post mórtem que se han emitido a propósito de cuáles fueron los errores cometidos por los verdes en la batalla por la aprobación de un sistema de comercio de derechos de emisión, pero el más contundente fue el implacable informe de lo acaecido que elaboró la socióloga de la Universidad de Harvard Theda Skocpol. Su conclusión fue que una barrera fundamental que impidió el éxito de la iniciativa radicó en la ausencia de un movimiento de masas que ejerciera presión desde las bases:

> Para contrarrestar la feroz oposición política a sus iniciativas, los reformadores tendrán que formar redes organizativas a escala nacional y tendrán que sostener esfuerzos políticos prolongados que abarquen muchas más instancias (y más incómodas) que los acogedores despachos de los congresistas, las confortables salas de juntas de los consejos directivos empresariales y los elegantes centros vacacionales en los que la élite celebra sus jornadas de reflexión particulares.[86]

Como veremos más adelante, ese movimiento climático de base ya está ahí, renacido de ese pasado inmediato, y está haciendo precisamente eso: apuntarse una serie de sorprendentes victorias contra el sector de los combustibles fósiles gracias a su propio carácter social de base.

Pero las viejas costumbres no se pierden fácilmente. Concluida la batalla por el sistema de comercio de derechos de emisiones en el Congreso de los Estados Unidos, y tras haber gastado en torno a 500 millones de dólares en el esfuerzo por impulsar la nueva legislación (dinero tirado finalmente a la basura), el hombre que dirigió la revolución proempresarial en el movimiento verde ofreció su versión sobre lo que se había hecho mal. Fred Krupp —enfundado en un estiloso traje gris y con su bien peinado pelo ya blanco tras dos décadas y medio al frente del EDF— explicó que la legislación climática propuesta no se había aprobado porque los verdes habían tratado de seguir una línea demasiado radical, demasiado «estridente», y tenían que ser más «humildes» y más dados al acuerdo con los dos grandes partidos.[87] Es decir, que debían ceder más aún al compromiso, rebajar sus demandas un poco más si cabe, aseverar sus ideas con menos contundencia e intentar agradar más todavía a sus adversarios. Da igual que eso mismo haya sido precisamente lo que organizaciones como el EDF llevan haciendo desde los tiempos de Reagan.

Krupp eligió compartir esas perlas de buen juicio y perspicacia en un foro de lo más adecuado: la sesión anual Brainstorm Green (lluvia de ideas ecológicas) organizada por *Fortune* —una revista dedicada a la exaltación de la riqueza— y patrocinada, entre otros, por Shell Oil.[88]

Capítulo 7

NO HAY MESÍAS QUE VALGA

Ningún multimillonario verde nos va a salvar

> Siempre me había salido con la mía infringiendo las reglas y pensé que aquello no iba a ser distinto. Y me habría vuelto a salir con la mía si no me hubiera podido la avaricia.
>
> RICHARD BRANSON, sobre el hecho de que lo detuvieran
> por evadir impuestos a principios de la década de 1970[1]

> Hay que liderar desde arriba. Nadie va a empezar nada desde la base.
>
> MICHAEL BLOOMBERG, exalcalde de Nueva York, 2013[2]

En su libro *Hagámoslo* (titulado originalmente *Screw It, Let's Do It*), una mezcla de autobiografía y manifiesto programático del negocio empresarial New Age, Richard Branson, el extravagante fundador de Virgin Group, compartió con los lectores el relato interno de lo que él llama su «conversión damascena» (en alusión a la de san Pablo, camino de Damasco) en la lucha contra el cambio climático. Corría el año 2006 y Al Gore, de gira con su *Una verdad incómoda*, acudió al domicilio del multimillonario para recalcarle los peligros del calentamiento global y para intentar convencer a Branson de que usara sus propias líneas aéreas, Virgin Airlines, como factor catalizador del cambio.[3]

«Fue toda una experiencia tener a un comunicador brillante como Al Gore ofreciéndome una exposición de PowerPoint en persona —escribe Branson sobre aquel encuentro—. No solo fue aquella una de las mejores exposiciones que jamás haya visto en la vida, sino que el tomar conciencia de que nos enfrentamos potencialmente al fin del mundo según lo conocemos resultó una experiencia profundamente perturbadora para mí. [...] Allí sentado, escuchando a Gore, vi que se nos venía encima el mismísimo Armagedón.»[4]

Según su propio relato, la primera medida que tomó Branson tras aquella aterradora epifanía fue convocar a Will Whitehorn, el entonces director de desarrollo corporativo y de marca de Virgin Group. Juntos «hablamos a fondo de esas cuestiones y tomamos la decisión de cambiar el modo de funcionamiento de Virgin a nivel tanto corporativo como global. Bautizamos ese nuevo enfoque del negocio de Virgin con el nombre de Capitalismo Gaia, en honor de James Lovelock y su revolucionaria visión científica» (es decir, en referencia a la teoría de Lovelock según la cual la tierra conforma «un único y enorme organismo vivo, y cada una de las partes individuales del ecosistema reaccionan con todas las demás»). El Capitalismo Gaia no solo «ayudar[ía] a que Virgin t[uviese] una influencia positiva real en la próxima década sin avergonzarse de ganar dinero al mismo tiempo», sino que Branson estaba convencido de que aquella fórmula encerraba suficiente potencial como para convertirse en «una nueva forma de hacer negocios a escala mundial».[5]

Antes de que acabara el año, el patrón de Virgin ya estaba listo para hacer su gran acto de entrada en la escena verde (y Branson sabe bien cómo escenificar entradas a lo grande: en paracaídas, en globo, en moto acuática o haciendo *kite surfing* con una modelo desnuda abrazada a su espalda...). En el encuentro que más figuras con poder reúne de todo el calendario filantrópico anual, el de la Iniciativa Global Clinton de 2006, celebrado en Nueva York, Branson anunció su compromiso para gastar unos 3.000 millones de dólares durante la década siguiente en el desarrollo de biocombustibles alternativos al petróleo y al gas, y en otras tecnologías que sirvan para combatir el cambio climático. Ya solo la cifra en sí era mareante, pero la parte más elegante de su plan radicaba en cuál sería el origen de ese dinero: Branson desviaría a esa iniciativa fondos de los beneficios generados por las divisiones de transporte de Virgin, cuyo negocio se alimentaba de la energía de los combustibles fósiles. Branson lo explicó así en una entrevista: «Todos los dividendos, ventas de acciones o dinero que ganemos con nuestras líneas aéreas o de ferrocarril se aprovecharán para hacer frente al calentamiento global, para inversiones en la búsqueda de nuevos combustibles limpios y para inversiones en la búsqueda de carburantes para los motores de reacción para que, con un poco de suerte, evitemos lo inevitable, ya sabe, la destrucción del mundo si dejamos que siga tal como va ahora».[6]

En suma, Branson se ofrecía voluntario para hacer precisamente aquello que nuestros Gobiernos no habían querido legislar; es decir, para obligarse a sí mismo a canalizar las ganancias obtenidas mediante actividades que calientan el planeta hacia la costosa transición que nos aparte de esas peligrosas fuentes de energía. El director de la campaña Move America Beyond Oil («Llevemos a Estados Unidos más allá del petróleo»), del NRDC, dijo a propósito de las iniciativas de energías renovables de Virgin que aquello era «justamente el ejemplo en el que toda la industria debería fijarse». Al mismo tiempo, Branson se comprometió a que, si sus divisiones de transporte no fuesen suficientemente rentables como para cubrir los 3.000 millones de dólares prometidos, «el dinero saldr[ía] de nuestros otros negocios». Haría, pues, «lo que hiciese falta» para cumplir con el compromiso, porque «¿de qué servirá echarse atrás si, de no actuar, tampoco quedarán negocios a los que dedicarse?».[7]

El anuncio encandiló a Bill Clinton, que calificó el compromiso de los 3.000 millones de dólares de «pionero, no ya por la cifra en sí, que es fenomenal, sino también por lo que expresa con él». La revista *The New Yorker* lo describió como, «con diferencia, el mayor compromiso de ese tipo que se haya hecho hasta el momento para luchar contra el calentamiento global».[8]

Pero Branson no había terminado aún. Un año después, volvía a ser noticia con el anuncio del Virgin Earth Challenge: un premio de 25 millones de dólares que iría a parar al primer inventor que idease el modo de capturar de la atmósfera 1.000 millones de toneladas de carbono al año «sin efectos secundarios perjudiciales». Lo describió como «el mayor premio jamás ofrecido en la historia por un logro científico o tecnológico». Esa, a juicio del propio Branson, era «la mejor manera de hallar una solución para el problema del cambio climático». En un comunicado oficial ahondó un poco más en la idea: «Si las mejores mentes del mundo actual compiten, como estoy seguro que harán, por el Virgin Earth Challenge, creo que, a lo mejor, encontraremos una solución para el problema del CO_2, una solución que podría salvar nuestro planeta no solo para nuestros hijos, sino para todos los hijos de generaciones futuras».[9]

Y lo mejor de todo aquello, añadió, era que, si esos genios en competencia descifran el código del dilema carbónico, el «escenario de pesimismo y perdición que tenemos ahora mismo por delante desaparece por completo. Podemos seguir viviendo de un modo más o menos normal: podemos conducir coches, podemos volar en avión, podemos seguir con nuestra vida de siempre».[10] En realidad, la idea de que podemos resolver la crisis del clima sin necesidad de modificar nuestros estilos de vida en ningún sentido (y, desde luego, sin dejar de volar con Virgin) parecía ser la idea subyacente a todas las iniciativas climáticas de Branson.

Con el compromiso de inversión de 3.000 millones de dólares, intentaría lograr la invención de un combustible bajo en carbono que pudiera mantener a sus aerolíneas funcionando a pleno rendimiento. Si eso fallaba, y había que seguir consumiendo carbono para mantener esas aeronaves en vuelo, entonces el premio ayudaría seguramente a inventar el modo de succionar de la atmósfera ése gas «atrapacalor» antes de que sea demasiado tarde. Y, finalmente, para asegurarse un poco más, Branson lanzó en 2009 la llamada Carbon War Room, una organización con numerosos socios entre las grandes empresas multinacionales, dedicada a buscar vías para que diversos sectores puedan reducir sus emisiones voluntariamente y ahorrar dinero en el proceso. «El carbono es el enemigo —declaró Branson—. Ataquémoslo de todas las formas posibles, porque, si no, morirán muchas personas, como en cualquier otra guerra.»[11]

MULTIMILLONARIOS Y SUEÑOS ROTOS

Para muchos ecologistas del movimiento verde convencional, Branson parecía un sueño hecho realidad: un multimillonario llamativo, adorado por los medios de comunicación, que saltaba a la palestra para mostrar al mundo que las compañías que mantenían líneas de negocio intensivas en el consumo de combustibles fósiles podían liderar el camino hacia un futuro verde usando el lucro mismo como la herramienta de transformación más potente. Alguien que, además, para demostrar que iba en serio, estaba poniendo impactantes cantidades de su propio dinero sobre la mesa. Como Branson explicó a la revista *Time*, «si el Estado no puede, tendrán que ser las propias empresas privadas [las que lo hagan]. Tenemos que convertir esto en una situación en la que todas las partes implicadas salgan ganando».[12] En el fondo, eso era lo que organizaciones como el EDF llevaban diciendo desde la década de los ochenta: así justificaban su colaboración con los grandes contaminadores y sus intentos de implantación de los mercados de carbono. Pero nunca antes había habido una figura individual como aquella dispuesta a usar su propio imperio multimillonario como campo de pruebas. El propio relato personal de Branson sobre el impacto de aquella exposición de PowerPoint que le hizo personalmente Gore también parecía confirmar la idea —muy querida en numerosos círculos del movimiento verde— de que, para transformar la economía y alejarla de los combustibles fósiles, no hacía falta enfrentarse a los ricos y los poderosos, sino simplemente aproximarse a ellos con suficientes argumentos y datos persuasivos que apelaran a su conciencia humana.

Branson no era el primer gran filántropo verde. Ahí estaban ya hombres como el financiero Jeremy Grantham, que apoya económicamente a gran parte del movimiento ecologista estadounidense y británico —y que ha becado numerosas investigaciones académicas relacionadas con el tema— con recursos procedentes de Grantham, Mayo, Van Otterloo & Co., la gestora de inversiones de la que él es cofundador.* Pero estos financiadores tendían a mantenerse entre bastidores, lejos del foco público. A diferencia de Branson, Grantham no ha tratado en ningún momento de convertir su propia firma financiera en demostración viva de que la búsqueda de ganancias económicas a corto plazo es perfectamente compatible con el aquietamiento de sus inquietudes personales individuales ante un colapso ecológico. De hecho, son famosas sus pesimistas cartas trimestrales, en las que reflexiona sobre el rumbo de colisión que mantiene nuestro modelo económico actual con la capacidad del planeta. «Ignorando la naturaleza finita de los recursos y desatendiendo el bienestar a largo plazo del planeta y su biodiversidad (potencialmente crucial), el capitalismo amenaza nuestra existencia misma», escribió Grantham en 2012. Pero eso no significa que, mientras naufragamos, no pueda haber inversores avispados que se hagan muy ricos, ya sea con la carrera final por hallar nuevos depósitos de combustibles fósiles, ya sea situándose ellos mismos como capitalistas del desastre.[13]

Tomemos el caso de Warren Buffett, por ejemplo. Durante un tiempo, también él parecía estar presentándose como candidato para el papel de «Gran Esperanza Verde», como, por ejemplo, cuando en 2007 declaró que «existe una probabilidad muy elevada de que el calentamiento global sea grave» y que, aunque haya una probabilidad también de que no lo sea, «hay que construir el arca antes de que empiece a llover. Si hay que equivocarse, que sea por defecto, a favor del planeta. Creemos un margen de seguridad para cuidar del único planeta que tenemos».[14] Pero pronto quedó claro que Buffett no estaba interesado en aplicar esa lógica a sus propios activos empresariales. Todo lo contrario: Berkshire Hathaway se ha esforzado cuanto ha podido para garantizar que el diluvio llegue y descargue con la máxima virulencia.

Buffet es propietario de varias compañías suministradoras de electricidad y energía producida mediante la combustión de carbón y posee importantes cuotas accionariales en ExxonMobil y en el gigante de las arenas bituminosas Suncor. En 2009, Buffett hizo además su anuncio más significativo en ese sentido: su firma compraría por 26.000 millones de dólares la parte que aún no poseía de la compañía ferroviaria Burlington Northern Santa Fe (BNSF). Buffet calificó aquel acuerdo de adquisición

---

* La Fundación Grantham para la Protección del Medio Ambiente ha financiado a diversas grandes organizaciones ecologistas, desde la Nature Conservancy hasta Greenpeace, pasando por el EDF y 350.org.

(la mayor compra en la historia de Berkshire Hathaway) de «apuesta por el país».[15] Pero era también una apuesta por el carbón: BNSF es una de las principales transportistas de ese mineral en Estados Unidos y uno de los más potentes motores impulsores de la tendencia a ampliar las exportaciones de carbón a China.

Inversiones como esa nos empujan más aún por la cuesta hacia el calentamiento catastrófico, por supuesto, y Buffett está muy bien posicionado para seguir siendo uno de los grandes triunfadores en esa trayectoria descendente general. Y lo está porque es uno de los grandes factores del negocio de las reaseguradoras, que es la parte del sector de los seguros que más espera beneficiarse con las grandes alteraciones del clima. Como bien explica Eli Lehrer, el ya mencionado defensor de los intereses de las aseguradoras en Washington que desertó de las filas del Instituto Heartland a raíz de la controvertida campaña de las vallas publicitarias impulsada por dicha institución, «una gran reaseguradora como la Berkshire Hathaway de Warren Buffett podría cubrir al mismo tiempo el riesgo de un accidente industrial en Japón, una inundación en el Reino Unido, un huracán en Florida y un ciclón en Australia. Dado que la probabilidad de que todos esos sucesos ocurran al mismo tiempo es prácticamente nula, la reaseguradora puede obtener un beneficio con las primas que cobra por un tipo de cobertura aun cuando esté pagando colosales indemnizaciones por otro lado». Tal vez valga la pena recordar que el Arca de Noé no fue construida para meter en ella a todo el mundo, sino solamente a unos pocos afortunados.[16]

El más reciente de los multimillonarios que está despertando grandes ilusiones en la escena del activismo climático es Tom Steyer, un destacado donante en varias campañas de protección del clima y contra la explotación de las arenas bituminosas, así como contribuidor a la financiación electoral del Partido Demócrata. Steyer, que construyó su fortuna con el fondo de inversión de cobertura Farallon Capital Management (que apuesta fuerte por empresas con un modelo de negocio basado en los combustibles fósiles), ha realizado diversos intentos serios para conseguir mayor coherencia entre sus tratos comerciales y sus inquietudes climáticas. Pero, a diferencia de Branson, Steyer lo ha hecho abandonando la compañía que fundó, precisamente porque, tal como declaró al *Globe and Mail*, «en ella se valoraban las cuentas de resultados de las empresas, no sus huellas de carbono». Y añadió: «Ahora mismo me apasiona presionar para conseguir que se haga lo que creo que es correcto. Y mi conciencia no me permitiría hacer algo así y mantener al mismo tiempo un empleo —y ser muy generosamente remunerado por él— en el que no estuviese haciendo directamente lo correcto».* Esta postura es muy diferente de la de Branson, que trata activamente de demostrar que, para una empresa que basa su negocio en los combustibles fósiles, no solo es posible hacer lo correcto sin cambiar de actividad, sino que incluso puede liderar la transición hacia una economía limpia.[17]

Branson tampoco pertenece exactamente a la misma categoría que Michael Bloomberg y Bill Gates. Estos dos han usado su filantropía para influir intensamente en las soluciones climáticas ofrecidas. Bloomberg, por ejemplo, está considerado por muchos como una especie de héroe por sus cuantiosas donaciones a organizaciones ecologistas como el Sierra Club y el EDF, y por las políticas climáticas presuntamente inteligentes que introdujo durante sus mandatos al frente de la alcaldía de la ciudad de Nueva York.**[18]

Pero aunque ha hablado mucho de burbujas del carbono y de activos inmovilizados (su compañía tiene previsto introducir la llamada «Herramienta Bloomberg de valoración del riesgo del carbono» para proporcionar datos y elementos de análisis a sus clientes a propósito de qué impacto tendrían una serie de acciones climáticas en el precio de las participaciones accionariales de las empresas de combustibles fósiles), Bloomberg no ha realizado ningún intento serio de gestionar su propia (e inmensa) fortuna de un modo que refleje esas supuestas preocupaciones, sino todo lo contrario. Como ya he mencionado previamente, impulsó la creación de Willett Advisors, una firma especializada en la gestión de inversiones en activos del sector del petróleo y el gas, tanto para su cartera personal como para las de sus iniciativas filantrópicas. Brad Briner, director de activos tangibles de Willett, se expresó sin rodeos en junio de 2014 cuando afirmó que, «ahora mismo, nosotros estamos tomando posiciones en gas

* Conviene señalar que, aunque Steyer ha separado sus fondos personales de los de Farallon, sigue siendo un socio de la firma y también ha promovido el consumo de gas natural tanto contribuyendo a financiar las investigaciones del EDF que desembocaron en el ya mencionado estudio favorable a la fracturación hidráulica, como dándole su refrendo entusiasta en el *Wall Street Journal*.

** Esas políticas de Bloomberg han sido criticadas por favorecer a los grandes promotores en detrimento de comunidades locales vulnerables y por aplicar una pátina de ecologismo verde para tapar lo que, en realidad, era un apoyo de la alcaldía a megaproyectos de promoción inmobiliaria con muy dudosos beneficios medioambientales, tal como Tom Angotti (profesor de asuntos urbanos del Hunter College) y otros han escrito. Mientras tanto, desde los barrios fuertemente afectados por el huracán Sandy se ha acusado a Bloomberg de haber elaborado unos planes de reconstrucción tras el desastre que apenas han tenido en cuenta las aportaciones (más allá de las meramente testimoniales) de esas comunidades.

natural. Y creemos que el petróleo está bien de precio», y apoyó su argumento en las inversiones en nuevas perforaciones que actualmente hay en perspectiva.[19]

No se trata simplemente de que Bloomberg esté dedicándose activamente a la compra a buen precio de activos en el sector de los combustibles fósiles mientras sufraga informes que advierten de que el cambio climático es un «negocio arriesgado», si no que es muy posible que esos activos en gas hayan incrementado su valor a raíz del apoyo prestado por Bloomberg a las causas medioambientales, ya sea con la defensa del gas natural como sustituto del carbón liderada por el EDF, ya sea con las decenas de millones de dólares de las fundaciones del magnate que el Sierra Club se ha gastado cerrando centrales térmicas de carbón. ¿Acaso ese interés por sufragar la guerra contra el carbón venía motivado (al menos en parte) por el deseo de hacer subir el precio de las acciones de las empresas gasísticas? ¿O esa no fue más que una bonificación sobrevenida? Tal vez no exista relación directa alguna entre sus prioridades filantrópicas y su decisión de confiar gran parte de su fortuna al sector del petróleo y el gas, pero las inversiones de Bloomberg suscitan inevitablemente ciertas preguntas incómodas sobre su estatus como héroe del activismo climático y sobre su nombramiento en 2014 por las Naciones Unidas como Enviado Especial sobre las Ciudades y el Cambio Climático. (Unas preguntas, por cierto, que Bloomberg ha declinado contestar pese a que le han sido formuladas en reiteradas ocasiones.) Cuando menos, demuestran que saber apreciar los riesgos que el cambio climático plantea para los mercados financieros a largo plazo puede no ser suficiente para reducir la tentación de sacar provecho a corto plazo de la desestabilización del planeta.[20]

Bill Gates mantiene un parecido cortafuegos entre sus palabras y su dinero. Aunque él ha declarado públicamente la gran preocupación que le produce el cambio climático, la Fundación Gates tenía en diciembre de 2013 al menos 1.200 millones de dólares invertidos en dos gigantes del petróleo, BP y ExxonMobil, y esa no es más que la punta del iceberg de su cartera en activos del sector de los combustibles fósiles.[21]

El enfoque adoptado por Gates con respecto a la crisis climática tiene muchos elementos en común con el de Branson. Cuando Gates tuvo su particular epifanía sobre el cambio climático, él también se apresuró a aventurarse por la senda de la búsqueda de un invento tecnológico futuro capaz de solucionar el problema de manera directa y eficaz, en vez de detenerse a valorar las respuestas viables que, por mucho que cuestionen el orden económico dominante, ya existen y son una realidad aquí y ahora. En las Conferencias TED, en artículos de opinión, en entrevistas y en sus muy comentadas cartas anuales, Gates repite su llamamiento a los Gobiernos para que incrementen sensiblemente el gasto en investigación y desarrollo con el fin de acelerar el descubrimiento de «milagros energéticos». Por milagros, Gates entiende reactores nucleares aún no inventados (él es uno de los inversores principales y presidente de la *start-up* nuclear TerraPower); entiende también máquinas que succionen el carbono de la atmósfera (es el inversor principal en al menos uno de esos prototipos); y entiende asimismo la manipulación directa del clima (Gates ha gastado millones de dólares de su propio dinero financiando estudios de diversos sistemas de bloqueo o atenuación de los rayos solares, y su nombre también figura en varias patentes de mecanismos de inhibición de huracanes). Al mismo tiempo, ha minimizado el potencial de las tecnologías existentes en el campo de las energías renovables. «Centramos demasiados esfuerzos en desplegar tecnologías que ya tenemos», ha afirmado Gates, que ha restado importancia a soluciones energéticas como las instalaciones solares en los tejados de los edificios diciendo que son tan «bonitas» como «poco viables desde el punto de vista económico» (y eso a pesar de que estas «bonitas» tecnologías proporcionan ya el 25 % de la electricidad de toda Alemania).[22]

La verdadera diferencia entre Gates y Branson es que este último todavía mantiene una función de liderazgo directo en Virgin, mientras que Gates dejó la dirección ejecutiva de Microsoft hace años. De ahí que cuando Branson entró en la batalla por el clima, el suyo constituyese en realidad un caso único: el de alguien que prometía transformar una gran multinacional —una para la que los combustibles fósiles suponían un factor productivo esencial— en un motor para la construcción de la economía que viene. La única figura de esa clase que despertó esperanzas similares por aquella época fue la del presuntuoso magnate texano del petróleo T. Boone Pickens, que, en 2008, lanzó el «Plan Pickens». Este plan, apoyado en un considerable presupuesto para publicidad en prensa escrita y televisión, prometía terminar con la dependencia estadounidense del petróleo extranjero potenciando enormemente las energías eólica y solar, y adaptando los motores de los vehículos al gas natural como combustible. «He sido un empresario del petróleo toda mi vida —decía Pickens en sus anuncios con su marcado acento de Texas—. Pero perforando no hallaremos el túnel que nos saque de la emergencia a la que nos enfrentamos.»[23]

Las políticas y subvenciones que Pickens defendía eran aquellas en las que su propio fondo de inversión de cobertura, BP Capital, estaba muy bien posicionado para rentabilizar en su propio provecho, pero eso a los verdes que lo jalearon en aquel momento no les importaba. Carl Pope, que entonces dirigía el Sierra Club, llegó incluso a subirse con el multimillonario a bordo de su *jet* privado Gulfstream para ayudarle a promocionar su plan ante la prensa. «Por decirlo lisa y llanamente, T. Boone Pickens se ha propuesto salvar a Estados Unidos», sentenció.[24]

O tal vez no. Poco después del anuncio de Pickens, se disparó la fiebre del *fracking* y, de pronto, abastecer la red con electricidad producida a partir de gas natural no convencional pareció mucho más atractivo para BP Capital que recurrir a la energía eólica. En un par de años, el Plan Pickens había cambiado radicalmente hasta el punto de que ya casi no tenía nada que ver con las energías renovables y ponía casi todo el acento en el incremento de la extracción de gas a toda costa. «A ver, seamos serios, vamos a tener que aguantarnos con los hidrocarburos», dijo Pickens a un grupo de periodistas en abril de 2011. Por si fuera poco, también comenzó a cuestionar la gravedad del calentamiento global de origen humano. Y en 2012, cantaba ya sin reparos las virtudes de las arenas bituminosas y del oleoducto Keystone XL. David Friedman, el entonces director de investigaciones del Programa de Vehículos Limpios de la Union of Concerned Scientists, supo explicarlo muy bien: Pickens «no dejaba de decir que a él no le importaban los intereses privados, que lo que le preocupaba era el país y el mundo. Pero que descartara la parte de su plan que tenía realmente el mayor potencial para reducir el calentamiento y la contaminación globales y para contribuir a crear nuevos empleos en Estados Unidos, y potenciara esa otra parte que, en el fondo, más beneficia a la cuenta de resultados de su propio negocio fue toda una decepción».[25]

Así pues, nos quedaba Branson. Su compromiso, su premio y su proyecto general consistente en cambiar voluntariamente el capitalismo para que este funcione en consonancia con las leyes de «Gaia». Transcurrida casi una década desde la epifanía en PowerPoint del magnate británico, parece ya buen momento para hacer balance de su cruzada por la búsqueda de una solución en la «que todos salgamos ganando». Sería demasiado esperar de Branson que, en menos de diez años, hubiera conseguido que se cambiara el modo general de hacer negocios, desde luego. Pero, en vista del bombo y la expectativa iniciales que creó, sí sería justo examinar cómo han progresado sus intentos de demostrar que la industria puede liderar el camino y sacarnos de la catástrofe climática sin necesidad de una intervención fuerte por parte de los Estados. Y es que, a la vista del deprimente historial de sus colegas multimillonarios verdes en ese frente, bien podría decirse que, si Branson no puede conseguirlo, nadie más podrá.

El compromiso que se convirtió en un «gesto»

Comencemos por el «firme compromiso» de Branson para gastar 3.000 millones de dólares durante una década en el desarrollo de un combustible milagroso. Pese a que algunas informaciones en la prensa caracterizaron aquel compromiso como una especie de donación directa, su concepción original lo asemejaba más bien a una simple integración vertical. Y la integración es el sello distintivo de Branson: el primer negocio Virgin fue el de la venta de discos, pero Branson construyó su marca global asegurándose de que él fuese el propietario no solo de las tiendas donde se vendían dichos discos, sino también del estudio donde los grupos los grababan y de la discográfica que los representaba. Ahora está aplicando esa misma lógica a sus aerolíneas. ¿Por qué pagar a Shell y a Exxon para que abastezcan de combustible a los aviones y los trenes Virgin cuando la propia Virgin podría inventar su propio combustible para el transporte? Esa era la idea y, si semejante táctica funcionase, no solo convertiría a Branson en un héroe del ecologismo, sino que también haría de él un hombre inmensamente más rico.

Así que el primer tramo del dinero que Branson desvió de sus divisiones de transporte se destinó a lanzar un nuevo negocio Virgin, denominado inicialmente Virgin Fuels y que posteriormente ha sido sustituido por una entidad de capital riesgo llamada Virgin Green Fund. Cumpliendo con su compromiso, Branson comenzó invirtiendo en diversas iniciativas de desarrollo de agrocombustibles, incluida una muy cuantiosa apuesta (de aproximadamente 130 millones de dólares) por el etanol de maíz.* Y Virgin ha asociado su nombre a varios proyectos piloto de biocombustibles (uno de ellos trata de obtener combustible para motores de reacción a partir de los eucaliptos y otro a partir de los residuos del gas), aunque no ha entrado en ellos como empresa inversora. (En vez de ello, les ofrece apoyo publicitario y el compromiso de adquirir el carburante así desarrollado si este termina resultando viable.) Pero el propio Branson ha admitido que el combustible milagroso que andaba buscando «no se ha inventado todavía» y que el sector de los biocombustibles se ha estancado, debido en parte al influjo del petróleo y el gas obtenidos mediante fracturación hidráulica. Respondiendo a las preguntas que se le presentaron por escrito para una entrevista, Branson reconoció que «cada vez es

---

* Ayudado por inversiones como esa, el *boom* del etanol fue responsable de entre un 20 y un 40 % del repunte del precio de las materias primas alimentarias en 2007-2009, según un estudio de la Academia Nacional de las Ciencias de Estados Unidos.

más evidente que de lo que se trata es de crear las condiciones de mercado que permitan que haya una cartera diversa de productores, suministradores y clientes de diferentes combustibles renovables que funcionen del mismo modo en que funcionan las cadenas de suministro del combustible convencional en la actualidad. Ese es uno de los temas que la iniciativa de combustibles renovables para motores de reacción de la Carbon War Room está intentando resolver».[26]

Quizás esa sea la razón por la que la iniciativa de inversiones verdes de Branson parece haber perdido gran parte de su interés inicial por los combustibles alternativos. En la actualidad, el Virgin Green Fund continúa invirtiendo en una compañía de biocombustibles, pero el resto de sus inversiones forman un batiburrillo de proyectos vagamente verdes, que van desde los de desalinización de agua de mar hasta los de búsqueda de formas de iluminación más eficientes desde el punto de vista energético, pasando por un sistema de control para coches que ayude a los conductores a ahorrar gasolina. Evan Lovell, socio del Virgin Green Fund, reconoció en una entrevista que la búsqueda de un combustible rompedor ha pasado a enfocarse desde una perspectiva «mucho más gradualista», con menores riesgos y mayores rentabilidades a corto plazo.[27]

Branson está en todo su derecho de diversificar su cartera para hacerse con un pedazo del mercado verde, por supuesto. Pero cientos de emprendedores capitalistas han seguido la misma estrategia de cobertura de riesgos, al igual que todos los grandes bancos de inversiones. Los movimientos de Branson en este sentido difícilmente parecerían merecedores de la fanfarria inspirada por su anuncio original. Sobre todo, porque las inversiones en sí han sido poco destacables. Jigar Shah, un admirador de Branson que dirigió la Carbon War Room, se expresa con franqueza al respecto: «No creo que haya hecho muchas grandes inversiones en el terreno del cambio climático. Pero es bueno que sea un apasionado del tema».[28]

Tampoco hay que olvidar la nada despreciable cuestión de la cantidad de dólares realmente gastados. Cuando Branson formuló su compromiso, dijo que invertiría «el cien por cien de las ganancias futuras que Virgin Group obtenga con nuestros negocios de transportes en la búsqueda de soluciones al calentamiento global por un valor estimado de 3.000 millones de dólares a lo largo de los próximos diez años».[29] Hablamos de 2006. Si Branson quisiera alcanzar los 3.000 millones prometidos antes del año 2016, en este momento, debería haber gastado ya, al menos, 2.000 millones. Pero la cifra real ni se le acerca.

En 2010 (a los cuatro años del anuncio de su compromiso), Branson declaró a *The Economist* que, hasta entonces, solo había invertido «200 o 300 millones de dólares en energías limpias», y achacaba tan baja cifra a las escasas ganancias obtenidas en el sector de las aerolíneas. En febrero de 2014, dijo al *Observer* que «hemos invertido centenares de millones en proyectos de tecnologías limpias». Es decir, que no podemos considerar que haya hecho grandes progresos. Y puede que sean incluso menos de los que parecen. Según Lovell (el ya mencionado socio del Virgen Green Fund), Virgin no ha aportado todavía más que unos 100 millones de dólares (otros inversores externos han aportado más o menos lo mismo por su parte) adicionales a su inversión inicial en el proyecto del etanol, lo que, a fecha de 2013, eleva la inversión total de Branson a una suma situada en torno a los 230 millones de dólares. (Y Lovell confirmó que «nosotros somos el vehículo primario» de la promesa de Branson.) Añadamos a esa cifra una inversión de una cantidad no revelada (pero, en cualquier caso, de carácter personal y modesto) en una compañía especializada en algas llamada Solazyme, y ni así nos estaremos acercando siquiera a los 300 millones de dólares de inversión total a los siete años del anuncio del compromiso de 3.000 millones de dólares en una década. Y, hasta el momento de escribir estas líneas, no se había anunciado ninguna nueva inversión reseñable.[30]

Branson se negó a responder preguntas directas sobre cuánto había gastado y comentó al respecto que «es muy difícil cuantificar el total que llevamos invertido en todo el Grupo en relación con el cambio climático». Y lo cierto es que su laberíntico conglomerado empresarial y de inversiones dificulta muchísimo el cálculo de estimaciones independientes. «No soy muy bueno con los números —dijo en una ocasión el multimillonario refiriéndose a otro rincón turbio del imperio Virgin—: suspendí las matemáticas de primaria.» Parte de la confusión proviene del hecho de que no está claro qué debería incluirse como parte cumplida del compromiso original de los 3.000 millones de dólares y qué no. La campaña comenzó siendo una búsqueda con un objetivo muy definido: el hallazgo de un milagroso combustible verde. Luego se fue ampliando hasta convertirse en la búsqueda de tecnologías limpias en general y, por último, de cualquier «eco-cosa», a juzgar por la evolución seguida. Branson dice ahora que, entre el paquete de gastos dedicados a cumplir con su compromiso, él cuenta las «inversiones efectuadas por compañías individuales del grupo Virgin en medidas de sostenibilidad, como, por ejemplo, flotas de aviones más eficientes». En fecha más reciente, la lucha de Branson contra el calentamiento global se ha centrado en torno a varios intentos de hacer más «verdes» sus dos islas privadas en el Caribe, una de las cuales le sirve de complejo residencial familiar de lujo y la otra, como hotel que oferta estancias a precios de hasta 60.000 dólares por noche. Branson lo justifica diciendo que el modelo que está implantando allí ayudará a naciones caribeñas vecinas a realizar el cambio a las energías renovables. Pero por mucho que ayude en ese sentido, sigue estando muy lejos de la transformación del capitalismo prometida en 2006.[31]

El patrón de Virgin resta importancia ahora a su «compromiso» inicial, al que ya no se refiere como tal, sino que prefiere llamarlo «gesto». En 2009, declaró a la revista *Wired* que, «en cierto sentido, que sean 2.000, 3.000 o 4.000 millones de dólares no tiene especial relevancia». Branson calcula que, cuando se cumpla el plazo límite de los diez años fijados por él mismo, «al ritmo actual, se habrán invertido menos de 1.000 millones de dólares». Pero es posible que incluso esa cifra sea una exageración: si la información públicamente disponible es correcta, él tendría que triplicar (o más incluso) las inversiones en energías verdes que ha realizado hasta el momento. Preguntado al respecto, Branson achaca la cortedad de las cifras desembolsadas a toda clase de factores, que van desde los elevados precios del petróleo hasta la crisis financiera global: «El mundo era muy diferente en 2006. [...] En los últimos ocho años, nuestras líneas aéreas han perdido cientos de millones de dólares».[32]

A la vista de tan variopintas explicaciones para haberse quedado tan corto en el cumplimiento de su compromiso, merecerá la pena que echemos un vistazo a algunas de las cosas para las que Richard Branson y Virgin sí tuvieron dinero en este periodo clave. Entre ellas, por ejemplo, una formidable iniciativa empresarial internacional que supone la liberación de toneladas y toneladas adicionales de carbono en la atmósfera; en concreto, las emitidas por un colosal despliegue de flamantes nuevos aviones identificados, eso sí, por una estilizada «V» en sus colas.

Cuando Branson se reunió con Al Gore, advirtió al exvicepresidente de Estados Unidos de que, pese a lo alarmado que se sentía tras haber aprendido todo aquello sobre el cambio climático, estaba a punto de lanzar una nueva ruta aérea a Dubái y no tenía intención de dar marcha atrás. Pero la cosa no acaba aquí, ni mucho menos. En 2007, justo un año después de haber «visto la luz» en el tema del clima junto a Gore y de haber decidido, según él mismo dijo, que «mi nueva meta en la vida es trabajar por reducir las emisiones carbónicas», Branson lanzó su más ambiciosa empresa en años: Virgin America, una nueva aerolínea que compite en el mercado interior estadounidense. Incluso con respecto a los niveles normales de una compañía que comienza, los índices de crecimiento de Virgin America durante sus primeros cinco años de vida han sido asombrosos: de cuarenta vuelos diarios a cinco destinos en su primer año, ha pasado a 177 vuelos al día a 23 destinos diferentes en 2013. Y la aerolínea tiene previsto añadir cuarenta aviones más a su flota hasta mediados de la próxima década. En 2010, el *Globe and Mail* informó que Virgin America se encaminaba hacia «la expansión más agresiva de todas las compañías aéreas norteamericanas en un momento en el que la mayoría de las aerolíneas que operan rutas nacionales están tratando de economizar gastos».[33]

La capacidad de Branson para expandirse con tanta rapidez se ha visto facilitada por la venta de plazas a precios casi regalados, incluidos billetes a solo sesenta dólares.[34] Con tarifas así, Branson no solamente le ha quitado pasajeros a United y a American, sino que también ha hecho que más gente que no volaba ahora lo haga. De todos modos, esta nueva línea aérea ha supuesto un enorme esfuerzo en costes para el grupo, al que le ha generado cientos de millones de dólares en pérdidas. Malas noticias, pues, para el Green Fund, que dependía de los negocios de transporte de Virgin para recargarse de financiación.

Branson no se ha dedicado únicamente a expandir sus negocios de transporte de pasajeros en América. El número de personas que vuelan en las diversas aerolíneas australianas de la marca Virgin se incrementó en un 27 % durante los cinco años que siguieron al anuncio de su compromiso con el clima: de 15 millones de pasajeros en 2007 a 19 millones en 2012. Y en 2009, lanzó una nueva aerolínea de vuelos de larga distancia, V Australia. Posteriormente, en abril de 2013, Branson reveló la creación de otra nueva y ambiciosa empresa: Little Red, unas líneas aéreas para rutas nacionales británicas que empezarían con 26 vuelos diarios. Al más puro estilo Branson, cuando él mismo presentó la nueva aerolínea en Edimburgo, lo hizo vestido con una falda escocesa que se levantó ante los periodistas allí congregados para dejar ver por un instante sus calzoncillos que llevaban estampadas las palabras «la competencia está dura».* Pero, como ya sucediera con Virgin America, el nuevo lanzamiento empresarial no pretendía simplemente competir con sus rivales por los viajeros ya existentes, sino que Virgin puso tal empeño en aumentar el número de

---

* Esta clase de humor pueril es una costumbre recurrente en la maquinaria publicitaria de Branson (la compañía pintó una vez la frase «la mía es más grande que la tuya» en el lateral de una nueva aeronave Airbus A340-600; alardeó de sus asientos en clase *business* diciendo que «el tamaño importa»; e incluso hizo que un dirigible recorriera el cielo de Londres mostrando el lema «¡a BA [British Airways] no se le levanta así de bien!»).

personas dispuestas a usar la forma de transporte colectivo más intensiva en carbono que se conoce que, a modo de celebración, ofreció una oferta especial de plazas para algunos vuelos por las que no cobraba nada más que las tasas aeroportuarias correspondientes (es decir, algo así como la mitad del precio de un trayecto de taxi desde el centro de Londres hasta el aeropuerto de Heathrow en hora punta).[35]

Así que esto es lo que ha estado haciendo Branson a raíz de su «conversión damascena» a la causa de la lucha contra el cambio climático: adquirir aviones como un poseso. Si sumamos sus diversas expansiones, unas 160 aeronaves a pleno rendimiento se han añadido a su flota global desde que Branson tuviera su particular epifanía contemplando la exposición que le hizo Al Gore, y es posible que sean muchas más. Y las consecuencias atmosféricas de semejante ampliación son perfectamente predecibles. En los años transcurridos desde el anuncio del compromiso climático de Branson, las emisiones de gases de efecto invernadero de las aerolíneas Virgin se han elevado en aproximadamente un 40 %. Las emisiones de Virgin Australia se dispararon en un 81 % entre 2006-2007 y 2012-2013, mientras que las de Virgin America lo han hecho a un ritmo más galopante todavía: un 177 % entre 2008 y 2012. (La única luz en tan oscuro historial de emisiones recientes de las compañías aéreas de Branson lo presentó la ligera caída registrada por Virgin Atlantic entre 2007 y 2010, pero es probable que esta no sea producto de ninguna política climática visionaria, sino de la recesión económica global y de la gran erupción volcánica acaecida en Islandia, factores ambos que golpearon a las líneas aéreas indiscriminadamente.)[36]

Mucho de ese acusado ascenso en el nivel de emisiones de Virgin es fruto de la rápida tasa de crecimiento de sus aerolíneas; pero ese no fue el único factor. Según un estudio sobre la eficiencia relativa del uso de combustible de quince líneas aéreas estadounidenses en 2010 llevado a cabo por el Consejo Internacional para el Transporte Limpio (ICCT), Virgin America ocupa el noveno puesto en ese capítulo.[37] Todo un logro si tenemos en cuenta que, a diferencia de sus competidoras (que llevan mucho más tiempo en el negocio), una compañía aérea tan nueva podría haber incorporado ya de inicio en sus operaciones todas las buenas prácticas conocidas sobre eficiencia de combustible. Es obvio que Virgin prefirió no hacerlo.

Y la cosa no se limita únicamente a los aviones. Mientras libraba públicamente su particular guerra contra el carbono, Branson desveló que patrocinaría una escudería de Fórmula Uno, Virgin Racing. Él asegura que se introdujo en ese deporte solamente porque vio la oportunidad de convertirlo en un deporte «más verde»; pronto perdió el interés. También invirtió mucho dinero en Virgin Galactic para hacer realidad su propio sueño particular de lanzar los primeros vuelos comerciales al espacio por apenas 250.000 dólares por pasajero. Los viajes espaciales de ocio no solo son un derroche inútil de energía (que calienta el planeta, por cierto), sino que también han terminado siendo un pozo sin fondo para el dinero de Branson; según la revista *Fortune*, a principios de 2013, el magnate de Virgin había gastado «más de 200 millones de dólares» en ese proyecto personal suyo y todavía quedaba muchísimo por hacer. Solo con eso parece haber gastado ya más de lo que ha dedicado a la búsqueda de un combustible verde con el que propulsar sus aviones.*[38]

Cuando se le ha preguntado por la situación actual de su compromiso de 3.000 millones de dólares con el clima, Branson tiende a esgrimir el argumento de la falta de dinero y apunta, en concreto, a las pérdidas publicadas en sus negocios del sector del transporte.[39] Pero a la vista del desbocado nivel de crecimiento que sus empresas han evidenciado en esos ámbitos de actividad, sus palabras suenan a excusa hueca. Por un lado, su negocio ferroviario parece ir viento en popa, pero, además, del aluvión de nuevas rutas y nuevas aerolíneas creadas durante estos años, cabe deducir que no han faltado excedentes de dinero para gastar. Lo que pasa es que Virgin Group decidió obedecer al más básico de los imperativos del capital: crecer o morir.

También vale la pena recordar que Branson dejó muy claro cuando anunció el compromiso que, si sus divisiones de transporte no eran suficientemente rentables como para cumplir con su objetivo inicial, desviaría fondos de otras áreas del imperio Virgin para cumplirlo. Y aquí chocamos contra un problema distinto, y es que el modus operandi de Branson no se ajusta precisamente al de los empresarios tradicionales. Él tiende a obtener ganancias relativamente modestas (cuando no pérdidas) de sus empresas y a gastar mucho dinero (de su bolsillo, del de sus socios y del de los contribuyentes) en la construcción de llamativas ampliaciones y ramificaciones de la marca Virgin. Cuando, de resultas de ello, termina conso-

---

* Por citar una mordaz apreciación sobre ese proyecto que ha hecho el sociólogo Salvatore Babones, «si dos palabras pueden captar a la perfección el extraordinario trasvase de riqueza de la clase trabajadora hacia la clase pudiente a lo largo de los últimos cuarenta años, la descarada desvergüenza del consumo ostentoso, la privatización de lo que antes eran privilegios públicos y la destrucción sin sentido de nuestra atmósfera, que está llevándonos rápidamente hacia la extinción de casi la totalidad de la vida no humana sobre la Tierra, todo ello recubierto de un hipócrita aire de piadosa virtud medioambiental, [...] esas dos palabras, repito, son Virgin Galactic».

lidándose por fin una nueva compañía, él vende todas sus acciones en la misma (o una buena parte de ellas) por una jugosa suma y por un lucrativo acuerdo de licencia para el uso de su marca. Ese dinero no figura en ningún lugar como ganancias de sus empresas, pero ayuda a entender cómo el patrimonio neto de Branson aumentó desde un total estimado de 2.800 millones de dólares en 2006 (el año de su encuentro con Gore) hasta los 5.100 millones que se le atribuyen en 2014. Reflexionando sobre su pasión por el ecologismo, en una entrevista con John Vidal para el *Observer*, Branson declaró: «Creo que me interesa bastante más que ganar unos cuantos dólares más; lo encuentro mucho más satisfactorio». Sí, pero lo cierto es que ha ganado unos cuantos dólares más, vaya si los ha ganado.[40]

Mientras tanto, el plazo límite de los diez años se aproxima muy rápidamente y no parece que estemos más cerca de encontrar ese combustible milagroso con el que propulsar los aviones de Branson, que queman hoy en día sustancialmente más carbono que cuando comenzó el periodo de su compromiso. Pero no hay nada que temer, porque Branson tiene lo que él llama una «póliza de seguro contra contingencias»: un premio para quien halle el modo de capturar el dióxido de carbono atmosférico, ¿recuerdan? Pues, bien, ¿qué tal van las cosas en ese otro terreno?[41]

El increíble Earth Challenge menguante

Tras el bombo original que rodeó al anuncio de los 25 millones de dólares de premio del Virgin Earth Challenge (o Earth Prize, como se lo conoce más habitualmente), la iniciativa pareció entrar durante un tiempo en una especie de letargo. Si los periodistas se acordaban de preguntar al patrón de Virgin por aquella búsqueda de una tecnología milagrosa que succionara grandes cantidades de carbono del aire, él parecía tratar de rebajar sutilmente las expectativas, haciendo más o menos lo mismo, pues, que con la cuestión de los combustibles verdes. Y nunca dejaba de advertir de que existía la posibilidad de que nadie ganase el premio. En noviembre de 2010, Branson reveló que Virgin había recibido en torno a unos 2.500 proyectos para participar en el mencionado concurso. Nick Fox, portavoz de Branson, explicó que muchas de aquellas ideas habían tenido que descartarse porque eran demasiado arriesgadas y, al parecer, otras que eran más seguras no estaban aún «suficientemente desarrolladas como para ser comercializadas de inmediato». Por emplear las palabras del propio Branson, no había «todavía un vencedor indiscutible».[42]

Fox también mencionó que iban a necesitarse muchos más de 25 millones de dólares para determinar la viabilidad a gran escala de algunas de aquellas ideas. Él habló de una cifra situada más bien en torno a los 2.500 millones de dólares.[43]

Branson asegura que no ha renunciado aún a la idea de conceder ese premio en algún momento futuro: «Esperemos que solo sea cuestión de tiempo que haya un ganador». Sí ha cambiado, sin embargo, el rol que se reserva para sí mismo con respecto al concurso y a sus vencedores: ahora no se concibe tanto como un patrocinador directo de los proyectos, sino más bien como una especie de miembro famoso del jurado de un programa de telerrealidad. Él dará su bendición a las ideas más prometedoras y les ayudará a conseguir asesoramiento al más alto nivel, además de inversiones y otras oportunidades que se deriven del hecho de que estén asociadas con la marca Virgin.[44]

Esta nueva encarnación del Earth Challenge se hizo pública (rodeada de un bombo significativamente menor que el de la primera vez) en noviembre de 2011, en un congreso sobre energía en Calgary (Alberta). Hablando a los asistentes por videoconferencia, Branson anunció cuáles eran los once proyectos participantes más prometedores. Cuatro eran para desarrollar máquinas que succionarían directamente el carbono del aire (aunque ninguna de ellas se aproximaba siquiera a la escala mínima necesaria); tres eran de compañías que usarían una técnica basada en un proceso de obtención de carbonilla a partir de materia vegetal y estiércol (captadores naturales del carbono), que luego se enterraría en el terreno, aunque esa es una práctica cuyo uso a gran escala resultaría muy controvertido; y entre otras ideas variadas había una de un contenido tecnológico sorprendentemente bajo, consistente en modificar las costumbres de pastoreo del ganado para facilitar el potencial del terreno para capturar carbono.[45]

Según Branson, ninguno de esos finalistas estaba listo todavía para ganar el premio de 25 millones de dólares, pero él había optado por presentarlos (exhibidos cual *misses* en un concurso de belleza) en aquel congreso sobre energía para que «los mejores ingenieros, inversores, formadores de opinión y decisores políticos trabajen juntos en este desafío. Solo entonces se hará realidad el potencial aquí mostrado. Y me parece que Calgary es una fenomenal ciudad para empezar».[46]

Esa fue una elección muy reveladora, ciertamente. Calgary es el corazón económico del *boom* de las arenas bituminosas en Canadá. El petróleo procedente de esos depósitos sucios ha convertido la ciudad en una de las metrópolis más ricas del mundo, pero la continuidad de su prosperidad está supeditada por completo a que se sigan encontrando clientes para su producto. Y eso depende en muy buena medida de que se consigan construir oleoductos polémicos como el Keystone XL a través de un territorio que es cada vez más hostil a la idea, y de que se logre disuadir a Gobiernos extranjeros de cualquier propósito de aprobar leyes que penalicen un combustible que tiene una producción tan sumamente alta en carbono como el de Alberta.

Y es aquí donde entra en escena Alan Knight, asesor de Richard Branson en materia de sostenibilidad y hombre que el magnate británico puso al frente del Earth Challenge. Knight siempre se ha enorgullecido de ser el hombre de referencia de Branson en cuestiones ecológicas, pero la relación entre ambos no ha sido ni mucho menos exclusiva. Shell y Statoil (dos de los principales actores en el drama de las arenas bituminosas) eran también clientes de la consultoría de Knight. Como lo eran (según reconoce él mismo) «el Ayuntamiento de Calgary y la industria de las arenas petrolíferas de Alberta», en concreto, la Oil Sands Leadership Initiative (OSLI), una organización sectorial formada por ConocoPhillips, Nexen, Shell, Statoil, Suncor Energy y Total. Knight presumía de tener «acceso privado a las reuniones» de sus clientes de la industria petrolera de Alberta, a quienes asesoraba sobre cómo calmar la preocupación creciente que despertaban los enormes costes ecológicos de un proceso de extracción que es entre tres y cuatro veces más intensivo en emisión de gases de efecto invernadero que el del crudo convencional.[47]

¿Qué les sugería a ese respecto? Que adoptaran un modo diferente de «relatar» su actividad: que se dedicaran a recalcar cómo su «asombrosa» tecnología podía usarse no solo para extraer petróleo sucio, sino también para solucionar los problemas medioambientales del mañana. Y, según confesión del propio Knight, la elección de Calgary como escenario de la siguiente fase del Earth Challenge de Branson «no fue casualidad»; de hecho, aquel parecía ser el modo idóneo (para Knight) de atender simultáneamente a los intereses de varios de sus principales clientes: tanto los de los gigantes de las arenas bituminosas como los de Richard Branson. En una entrevista, Knight explicó que «juntamos a un montón de ingenieros muy buenos y a un montón de compañías que cuentan con muy buena financiación y que deberían fijarse en esa tecnología».[48]

Pero ¿cuál era exactamente el aspecto de aquella tecnología en el que tenían que fijarse? Pues no solo en su capacidad para succionar el carbono que esas mismas empresas estaban arrojando al aire, sino también, en su capacidad paralela para añadir más carbono por otro lado. Porque en Calgary, el Virgin Earth Challenge fue sometido a un proceso de «reingeniería», por emplear el término usado por Knight. Si hasta entonces el objetivo había consistido en hallar una tecnología capaz de retirar grandes cantidades de carbono y almacenarlas mediante un método seguro, Knight pasó a partir de ese momento a referirse al premio llamándolo «una iniciativa para desarrollar tecnología que recicle CO_2 directamente del aire para convertirlo en productos que tengan viabilidad comercial».[49]

Tenía cierta lógica: hace ya tiempo que es técnicamente posible eliminar carbono de la atmósfera. Los problemas siempre han surgido en el momento de dar con un método de eliminación que no resulte prohibitivamente costoso, y también en lo relacionado con el almacenaje y la escala. En una economía de mercado, eso significa encontrar clientes interesados en comprar una cantidad enorme de carbono capturado. Y ahí fue donde la decisión de dejar caer los once proyectos más prometedores en Calgary comenzó a cobrar forma. Desde mediados de la década de 2000, la industria petrolera viene recurriendo cada vez más a la utilización de un método conocido como «recuperación mejorada del petróleo» (EOR), que consiste en un conjunto de técnicas que básicamente utilizan inyecciones de gas o de vapor a alta presión para exprimir más petróleo de los yacimientos ya existentes. Lo más habitual es que se inyecte CO_2 en los pozos y las investigaciones muestran que ese uso del dióxido de carbono podría hacer que las reservas petrolíferas de Estados Unidos se duplicasen o, incluso (con tecnologías de la llamada «próxima generación»), se cuadruplicasen. Pero hay un problema (otro además del ya consabido calentamiento planetario adicional que se generaría a partir de la explotación de esas reservas): según Tracy Evans, antigua presidenta de la compañía texana de petróleo y gas Denbury Resources, «actualmente, el factor que más nos disuade de ampliar la producción de crudo mediante la EOR es la falta de grandes volúmenes de CO_2 fiable y asequible».[50]

Teniendo esto en cuenta, varios de los finalistas del grupo de once mencionado por Branson se han presentado a sí mismos como las *startups* mejor posicionadas para suministrar a la industria del petróleo el flujo constante de dióxido de carbono que esta precisa para que no deje de manar el crudo del que se lucra. Ned David, presidente de Kilimanjaro Energy, uno de los finalistas de Branson, afirmó que máquinas como la suya tienen el potencial de desbloquear la extracción de enormes volúmenes de petróleo considerado hasta ahora como imposible de explotar (algo similar a lo que la fracturación hidráulica hizo con el gas natural). Según él, podría representar incluso «una mina de dinero». «El premio de conseguir capturar de forma económica el CO_2 del aire se aproxima a los 100.000 millones de barriles de petróleo estadounidense. Eso equivale a unos 10 billones de dólares de crudo», declaró a la revista *Fortune*.[51]

David Keith, que se dedica a la realización de estudios de geoingeniería desde hace 25 años y es el inventor de otra de las máquinas «atrapacarbono» incluidas en la lista de Branson, se mostró ligeramente más circunspecto. Él explicó únicamente que, succionando carbono del aire y usándolo para extraer petróleo, «se produce combustible de hidrocarburo con un ciclo de vida de las emisiones carbónicas muy bajo». Aunque puede que no tan bajo, pues, según un estudio del Laboratorio Nacional de Tecnologías Energéticas del Departamento de Energía de los Estados Unidos, se calcula que las técnicas EOR son casi el triple de intensivas en gases de efecto invernadero que las de extracción convencional. Y no olvidemos que el petróleo así obtenido terminará consumiéndose también, con lo que contribuirá por su parte al cambio climático. Aunque se necesitan más estudios para valorar la huella de carbono total de la EOR, ya existe un impactante estudio en el que se emplearon modelos que examinaron las consecuencias potenciales de una propuesta similar para aprovechar, no el CO_2 captado del aire, sino el obtenido directamente de las centrales térmicas de carbón. Según sus resultados, el beneficio en términos de reducción de emisiones de la captura del CO_2 se vería más que contrarrestado por todo ese petróleo adicional así extraído, con lo cual, en el conjunto del sistema, el proceso podría terminar liberando por un lado en torno al cuádruple de dióxido de carbono del que ahorraría por el otro.[52]

Además, gran parte de ese petróleo es crudo que actualmente se considera irrecuperable, es decir, que ni siquiera se contabiliza como parte de las reservas probadas presentes, que, como ya sabemos, representan una cantidad cinco veces superior a la que podríamos consumir sin rebasar unos niveles mínimamente seguros. Cualquier tecnología que sirva para cuadruplicar las reservas probadas, ni que sean solamente las estadounidenses, constituye una amenaza para el clima, no una solución. Como bien comenta David Hawkins, del NRDC, la captura atmosférica ha «mudado muy rápidamente de una tecnología cuya finalidad es eliminar CO_2 en otra cuyo propósito es producir CO_2».[53] Y Richard Branson ha pasado de prometer que nos ayudaría a desengancharnos de nuestra dependencia del petróleo a abogar por tecnologías destinadas a extraerlo y consumirlo en un volumen mucho mayor. Menudo premio.

¿UNA ESTRATEGIA PARA ELUDIR LAS REGULACIONES?

Había otro elemento más que vale la pena destacar de la decisión de Branson de compartir la marca de su Earth Challenge con el sector petrolero de Alberta. El acto de Calgary tuvo lugar en un momento en que la organización de San Francisco Forest Ethics estaba aumentando la presión sobre las grandes empresas para que boicotearan el petróleo extraído de las arenas bituminosas de Alberta por su elevada huella de carbono. También estaba muy vivo por aquel entonces el debate en torno a si la nueva normativa sobre combustibles en Europa prohibiría en la práctica la venta en ese continente de petróleo procedente de arenas bituminosas. Y ya en 2008, el NRDC había remitido cartas abiertas a quince compañías aéreas estadounidenses y canadienses solicitándoles «que adopt[as]en una "norma de combustible bajo en carbono" interna propia y que se op[usier]an públicamente a la expansión» del uso de combustible proveniente de las arenas bituminosas y de otras fuentes no convencionales, además de evitar la utilización del mismo en sus propias flotas. La organización ecologista hizo un especial llamamiento en ese sentido a Branson, de quien citó su liderazgo en «el combate contra el calentamiento global y el desarrollo de combustibles alternativos».[54]

Parecía una petición bastante justa, puesto que el patrón de Virgin había gozado de una enorme publicidad gracias a sus muy públicas promesas en referencia al cambio climático. Ninguna de ellas se había traducido en gran cosa, pero cabía suponer que, mientras esperaba a que se materializase un combustible para los reactores de sus aviones o a que alguien se alzase con el Earth Prize, Branson se dignaría a hacer la (relativamente pequeña) concesión de negarse a alimentar los motores de esa flota de aeronaves suya que tan rápidamente crecía con uno de los combustibles más intensivos en carbono de todo el mercado.

Branson no asumió ese compromiso. Alan Knight declaró públicamente: «No creo que apoyar un boicot sea justo». Y afirmó que era «imposible para una aerolínea boicotear el combustible producido a partir de las arenas bituminosas»; una postura en la que se contradice con la opinión de numerosos expertos.*[55] Pero Branson hizo algo más que negarse a participar en el boicot. Llevando su Earth Challenge a Calgary, dio al negocio de las arenas bituminosas lo que sus grandilocuentes (aunque en su mayoría efímeros) gestos climáticos habían estado dando a Virgin todos esos años: una excusa (en forma de posibilidad más o menos remota de un remedio tecnológico milagroso para la contaminación por carbono)

---

* Entre ellos, el asesor en sostenibilidad Brendan May, fundador del Robertsbridge Group. «Desde luego que se pueden segregar los combustibles en función de su procedencia —ha escrito May—. Si se quiere, se puede. [...] El problema es que, en la actualidad, no se quiere.»

para comprar más tiempo con el que continuar intensificando las emisiones sin la intromisión de molestas regulaciones. En el fondo, bien podría argüirse —y hay quien así lo hace— que el personaje de «salvador del planeta» que Branson se ha labrado en los últimos tiempos es una sofisticada maniobra dirigida a desbaratar las duras medidas regulatorias que se intuían ya en el horizonte en el Reino Unido y en Europa precisamente cuando él tuvo su muy pública conversión verde inicial.

Después de todo, 2006 fue un año clave para el debate sobre el cambio climático. La preocupación de la opinión pública aumentaba a pasos agigantados, sobre todo en el Reino Unido, donde el flanco radical y más de base del movimiento verde estaba dominado por activistas jóvenes decididos a frenar en seco la expansión de la economía de los combustibles fósiles. El mismo ahínco con el que se oponen al *fracking* en la actualidad lo ponían entonces en las audaces acciones directas que organizaban para oponerse a la construcción de nuevas instalaciones aeroportuarias, entre ellas, una muy controvertida propuesta de una nueva pista en Heathrow, que los gestores de este aeropuerto aseguraban que incrementaría el número de aterrizajes y despegues allí soportados en más de un 50 %.[56]

Al mismo tiempo, el Gobierno británico estaba considerando la posibilidad de aprobar una amplia ley sobre cambio climático que habría tenido un impacto directo en el sector de las aerolíneas, y Gordon Brown, ministro de Economía y Hacienda del Reino Unido en aquel momento, había intentado desincentivar los viajes aéreos imponiendo un incremento marginal de la tasa por pasajero que se cobra a las compañías del sector. Además, la UE estaba estudiando una propuesta para anular la exención del pago del Impuesto sobre el Valor Añadido de que gozaba el sector aéreo y para introducir un gravamen adicional sobre el combustible para aviación. Todas estas medidas juntas suponían una importante amenaza para los márgenes de beneficio de la industria preferida de Branson.[57]

Él suele hablar muy bien de la necesidad de apoyar las regulaciones estatales (ha dicho que está a favor de una tasa global sobre el carbono, por ejemplo), pero se opone sistemáticamente a las regulaciones climáticas serias cuando estas están de verdad sobre la mesa. Ha sido, por ejemplo, un defensor hiperbólico (intimidatorio incluso) de la expansión aeroportuaria británica y de la nueva pista en Heathrow. Tanto empeño ha puesto en esa expansión, de hecho, que ha afirmado en diversos momentos que no llevarla adelante «nos convertirá en un país tercermundista», que «las grandes empresas globales volverán la espalda a Londres en beneficio de otras ciudades mejor conectadas» y que «Heathrow se erigirá en todo un símbolo del declive británico».*[58]

Y esa no fue la única ocasión en la que las expresiones verbales de compromiso con la guerra contra el carbono vertidas por Branson se contradijeron directamente con sus contundentes instintos de negocio. También se declaró en contra de una propuesta de tasa climática en Australia y arremetió contra un plan para imponer una tasa global sobre las aerolíneas diciendo que aquello «acabaría con todo el sector por la vía impositiva».**[59]

Fue ese patrón de conducta el que convenció a Mike Childs (de la rama británica de Amigos de la Tierra) de que la reinvención de Branson —su figura de arruinador del planeta presuntamente reconcomido por la culpa que se presentaba voluntario para poner las ganancias obtenidas gracias a las emisiones de carbono al servicio de una solución a la crisis climática— era poco menos que una cínica estratagema. «El suyo puede parecer un acto benéfico —advirtió Childs en su momento acerca del compromiso de los 3.000 millones de dólares—, pero creo que lo que está intentando también es aligerar un poco la presión sobre la aviación como tema de actualidad política. Si diriges una compañía dedicada al transporte, a estas alturas debes de estar ya más que enterado de que el cambio climático va a ser un problema de primer orden para tu negocio.»[60]

¿Tenía razón? La verdad es que una consecuencia inmediata del compromiso anunciado en aquel momento por Branson fue la recuperación repentina de la sensación de que no teníamos que sentirnos culpables por el hecho de volar; a fin de cuentas, las ganancias generadas por ese billete a Barbados iban a destinarse al grandioso plan de Branson para descubrir un combustible verde milagroso. Aquello funcionaba como un limpiador de conciencias más eficaz que las compensaciones por emisiones carbóni-

---

* En 2012, llegó incluso a ofrecerse para invertir casi 8.000 millones de dólares en una ampliación de las operaciones de Virgin Atlantic en Heathrow si el Gobierno aprobaba la nueva pista, una posibilidad que pone nuevamente en entredicho la presunta falta de fondos que alega Branson para no llegar ni de lejos a los 3.000 millones de dólares prometidos en su compromiso con el clima.

** Branson no es muy aficionado, al parecer, a pagar impuestos en general, como su bizantina red de conglomerados empresariales en paraísos fiscales como las Islas Anglonormandas o en las Islas Vírgenes Británicas atestigua. De hecho, pasó una noche en prisión y tuvo que pagar una cuantiosa sanción tras ser detenido por un chanchullo para evadir impuestos aprovechándose del sistema de aranceles británico cuando dirigía su primera empresa en 1971. «Yo era un delincuente», fue la revelación que Branson tuvo en aquel calabozo, según escribió posteriormente en su autobiografía.

cas (aunque Virgin se dedicaba a vender de eso también). Y en lo que respecta a las regulaciones punitivas y los gravámenes, ¿quién iba a querer interponerse en el camino de una aerolínea cuyos beneficios netos iban a destinarse a tan buena causa? Después de todo, ese fue siempre el argumento de Branson: dejémosle crecer, sin cortapisas regulatorias, y usará ese crecimiento para financiar nuestra transición verde colectiva. «Si reprimís la industria, no dispondremos como nación de los recursos necesarios para generar las nuevas soluciones energéticamente limpias que precisamos —sostenía Branson—. El negocio es la clave para solucionar la crisis financiera y medioambiental.»[61]

Así pues, los descreídos tal vez estén en lo cierto: las diversas aventuras climáticas de Branson puede que no hayan sido más que un espectáculo, una producción Virgin, en la que el multimillonario barbudo favorito interpretó el papel de salvador planetario para fortalecer su marca, asegurarse un espacio en los programas del *late night* televisivo, esquivar a los reguladores y no sentir culpabilidad alguna por cometer maldades. Cabe destacar que el exhibicionismo de Branson ha disminuido significativamente desde que David Cameron tomó posesión como primer ministro conservador del actual Gobierno de coalición y dejó claro que ni Branson ni los de su clase tenían nada que temer en el frente de las regulaciones climáticas impuestas «desde arriba».

Pero aunque el constante cambio de objetivos y varas de medir en las iniciativas climáticas de Branson lo ha hecho acreedor de una interpretación de su actuación a la luz del cinismo, también existe una interpretación alternativa, más caritativa, de lo que ha ido mal. Esa manera de ver lo sucedido no negaría el evidente amor por la naturaleza que tan públicamente profesa Branson (y que se deja ver en detalles que van desde la observación de aves tropicales a la que se dedica en su isla privada hasta los viajes en globo que realiza sobrevolando el Himalaya). Y le reconocería incluso sinceridad en su intento de hallar formas de reconciliar los negocios intensivos en carbono con un profundo deseo personal de ayudar a ralentizar el ritmo de las extinciones de especies y a evitar el caos climático. También admitiría que, entre el compromiso, el premio y la Carbon War Room, hay muestras suficientes de que Branson ha ideado mecanismos bastante ingeniosos con los que intentar canalizar las ganancias generadas calentando el planeta hacia proyectos que podrían contribuir a refrescarlo.

Pero si le suponemos a Branson todas esas buenas intenciones, más relevante resulta aún que todos esos proyectos no hayan producido resultados. Branson se propuso poner el ánimo de lucro a trabajar para resolver la crisis del clima, pero la tentación de sacar provecho económico de prácticas que empeoran la crisis ha demostrado ser irresistible. Una y otra vez, las exigencias derivadas de la construcción de un imperio empresarial de éxito se impusieron al imperativo climático: dio igual si eso significaba ejercer presión política contra una muy necesaria regulación, o desplegar más aviones en el aire, o subir a las compañías petroleras al carro de usar sus tecnologías milagro favoritas para extraer más petróleo.

Pensar que el capitalismo, y solo el capitalismo, puede salvar al mundo de una crisis creada por el propio capitalismo ha dejado de ser ya una teoría abstracta y ha pasado a convertirse en una hipótesis puesta a prueba una y mil veces en el mundo real. Así que podemos por fin dejar a un lado la teoría y examinar a fondo los resultados. Y a la vista están: los famosos y los conglomerados mediáticos que supuestamente se habían apuntado a promover los estilos de vida verdes porque eran lo más *chic* del momento y que los abandonaron hace tiempo por la siguiente moda pasajera; los productos verdes relegados al fondo de las estanterías de los supermercados en cuanto se presentaron los primeros signos de recesión; los emprendedores capitalistas que se suponía que iban a patrocinar un interminable desfile de innovaciones, pero que se han quedado muy lejos de eso; el mercado de emisiones carbónicas, lacrado por el fraude y por los ciclos de expansión y contracción, y que ha fracasado miserablemente en el empeño de reducir dichas emisiones; el sector del gas natural que supuestamente iba a servirnos de puente hacia las renovables y que, sin embargo, ha terminado devorando gran parte del mercado que habría correspondido a esas otras energías alternativas; y, sobre todo, el desfile de multimillonarios que iban a inventar una nueva forma de capitalismo ilustrado, pero que decidieron que, pensándolo mejor, el viejo capitalismo de siempre era demasiado rentable como para renunciar a él sin más.

Lo hemos intentado al estilo de Branson (y de Buffett, Bloomberg, Gates y Pickens), pero los desbocados niveles de emisiones hablan por sí solos. Surgirán, no lo dudemos, más multimillonarios salvadores que harán ostentosas apariciones en escena y que traerán bajo el brazo más ideas y planes para transformar la imagen del capitalismo. El problema es que ya no disponemos de una década más que perder el tiempo cifrando nuestras esperanzas a esos espectáculos de feria. Hay sobrado margen para obtener buenas rentabilidades en una economía de carbono cero, pero el ánimo de lucro no va a ser el factor que ayude a alumbrar esa gran transformación.

Esto es importante, porque Branson dio en el clavo en un aspecto. Y es que es perfectamente lógico que las ganancias y la rentabilidad obtenidas con aquellos negocios que más responsables son del agravamiento de la crisis climática sean las que ayuden a sufragar la transición hacia un futuro más seguro y más verde. La idea original de Branson (gastar el cien por cien de los beneficios netos de sus trenes y sus aerolíneas en la búsqueda de una salida a nuestra actual dependencia de los combustibles fósiles) era —en teoría, al menos— exactamente lo que tiene que producirse a gran escala. El problema reside en que, conforme a los modelos de negocio actuales, en cuanto los accionistas se apropian de su parte del pastel, en cuanto los ejecutivos se asignan otra nueva subida de sueldo, en cuanto Richard Branson lanza otro nuevo proyecto de dominación mundial y se compra una isla privada más, no parece quedar ya mucho con lo que cumplir esa promesa inicial.

Tampoco Alan Knight iba muy desencaminado cuando dijo a sus clientes que se dedican a la explotación de las arenas bituminosas que deberían usar su destreza tecnológica para inventar las fuentes energéticas renovables y bajas en carbono del futuro. Como él mismo comentó, «el relato potencial» de una idea así «es perfecto».[62] La pega en su caso, claro está, es que mientras ese proyecto se deje en manos de la presunta clarividencia del interés propio de los ejecutivos de las compañías petroleras y aéreas, continuará siendo solamente eso: un relato, o mejor dicho, un cuento de hadas. Entretanto, la industria usará su tecnología y sus recursos para desarrollar nuevas formas, más ingeniosas y rentables a cada paso, de extraer combustibles fósiles de los recovecos más escondidos de la tierra, aun cuando al mismo tiempo defienda las subvenciones públicas que reciba y oponga resistencia a los pequeños incrementos de sus tasas y sus cánones de explotación que permitan que los Gobiernos financien las transiciones verdes aun sin la ayuda de esas empresas.

En ese sentido, destaca el descaro de Virgin. El Sindicato Nacional Británico de Trabajadores del Transporte Ferroviario, Marítimo y Terrestre estima que Virgin Trains ha percibido más de 3.000 millones de libras en subvenciones desde que los ferrocarriles británicos se privatizaron a finales de la década de 1990. Teniendo en cuenta que esa cifra equivale a unos 5.000 millones de dólares, eso es mucho más de lo que Branson se comprometió a dedicar a su fondo verde. No hace mucho, en 2010, Branson y el Virgin Group cobraron 18 millones de libras en dividendos de Virgin Trains. Branson insiste en que la acusación de aprovechado o gorrón que se ha vertido contra él por ese cobro es una «patraña», ya que el aumento del valor de las acciones se debe a unos marcados incrementos en el número de pasajeros que usan los trenes Virgin y, según ha escrito, «lejos de percibir subvenciones, nosotros pagamos ahora más de 100 millones de libras al año a las arcas de los contribuyentes». Pero el pago de impuestos está ya descontado en el negocio que se obtiene. Así que, cuando Branson pone dinero en el Green Fund, ¿de quién son esas libras realmente, suyas o de los contribuyentes? Y si una porción sustancial de las mismas pertenecía ya originalmente a los contribuyentes, ¿no habría sido mejor solución de entrada no haber vendido nunca los ferrocarriles?[63]

Porque si no se hubieran vendido, el pueblo británico —teniendo la crisis climática en mente— podría haber decidido hace ya tiempo reinvertir las ganancias netas de los servicios ferroviarios en la mejora de su propio sistema de transporte público, en vez de dejar que los trenes se fueran volviendo obsoletos y las tarifas se disparasen, mientras los accionistas de las compañías ferroviarias privadas (Branson, el primero de ellos) se embolsaban cientos de millones con las rentabilidades obtenidas gracias a las subvenciones con las que los contribuyentes subsidiaban el funcionamiento de las líneas férreas. Y en lugar de jugársela a la invención de un combustible milagro, podrían haber optado por convertir en una prioridad política de primer orden el paso de todo el sistema ferroviario a uno de trenes exclusivamente eléctricos en el que esa electricidad proviniera de energías renovables, en vez de que el sistema siga funcionando parcialmente con locomotoras diésel como ocurre en la actualidad. No es de extrañar, pues, que el 66 % de los habitantes de Gran Bretaña respondan en los sondeos que están a favor de renacionalizar las compañías ferroviarias.[64]

Richard Branson acertó al menos en una cosa: nos mostró la clase de modelo audaz que tiene alguna oportunidad de funcionar en el apretado marco temporal que tenemos por delante y que es el consistente en desviar las ganancias obtenidas por nuestras industrias más sucias hacia el esperanzador y colosal proyecto de limpiar lo que ellas han ensuciado. Pero si algo ha demostrado Branson es que nada de eso sucederá de forma voluntaria o apelando al honor de nadie. Tendrá que ser legislado aplicando la dureza regulatoria, las subidas de impuestos y el encarecimiento de los cánones de explotación a los que esos sectores se han opuesto sin tregua.

Por supuesto, existe aún la posibilidad de que alguno de los «tecnoplanes» de Branson finalmente tenga éxito. Todavía podría dar casualmente con un combustible para reactores que sea de carbono cero, o con una máquina mágica que elimine de forma segura y barata el carbono de nuestros cielos. Pero el tiempo no está de nuestra parte. David Keith, inventor de una de esas máquinas succionadoras de carbono en las que Bill Gates es un inversor clave, calcula que a su tecnología le faltan aún décadas para que se pueda desplegar a la escala requerida. «Es imposible que podamos proceder a suprimir cantidades útiles de dióxido carbono antes de que pase un tercio o, tal vez, la mitad de un siglo», ha afirmado.[65] Como siempre sucede con las cuestiones relacionadas con el cambio climático, no podemos perder de vista que el reloj sigue avanzando y que ese reloj nos indica que, si queremos tener una probabilidad real de evitar un calentamiento catastrófico, estamos obligados a consumir las cantidades mínimas estrictamente imprescindibles de combustibles fósiles en el próximo medio siglo. Si malgastamos los preciosos años que transcurran entre ahora y entonces aumentando espectacularmente nuestras emisiones (como hace Branson con sus líneas aéreas o como hacen los clientes de Knight en las arenas bituminosas), entonces estaremos literalmente jugándonos la habitabilidad del planeta a la vana esperanza de encontrar un remedio milagroso.

Pero Branson (conocido por su adicción al riesgo y su afición a estrellar globos aerostáticos contra el suelo) no es ni mucho menos el único dispuesto a envidar nuestro futuro colectivo en ese juego con tan astronómicas apuestas. En realidad, el motivo por el que sus diversos y rocambolescos planes se han tomado tan en serio a lo largo de los años es que él —al igual que Bill Gates, con su búsqueda casi mística de «milagros» energéticos— no está haciendo más que explotar el que tal vez sea el más embriagador «relato» de nuestra cultura: la creencia de que la tecnología va a salvarnos de los efectos de nuestras acciones. Tras el crac de los mercados y ante los niveles cada vez más siniestros de desigualdad que se registran en nuestras sociedades, la mayoría de nosotros nos hemos dado ya sobrada cuenta de que los oligarcas forjados por la era de la desregulación y las privatizaciones en masa no van a usar su inmensa riqueza para salvar el mundo por el bien colectivo. Y, aun así, nuestra fe en las maravillas de la técnica perdura, anclada en esa especie de cuento de superhéroes que anida en nuestra conciencia y que nos hace tener fe en que, en el último instante, los mejores y más brillantes de nuestros cerebros vendrán a salvarnos del desastre.

He aquí el porqué de las esperanzas que muchos depositan en la geoingeniería y he aquí también lo que no deja de ser la más poderosa forma de pensamiento mágico que persiste en nuestra cultura.

Capítulo 8

TAPAR EL SOL

La solución a la contaminación es... ¿más contaminación?

> La geoingeniería nos ofrece la posibilidad de solucionar los aspectos más preocupantes del calentamiento global por apenas unos pocos miles de millones de dólares al año.
>
> NEWT GINGRICH, antiguo presidente de la Cámara de Representantes de los Estados Unidos, 2008[1]

> Nuestra ciencia es una gota; nuestra ignorancia, un mar.
>
> WILLIAM JAMES, 1895[2]

Marzo de 2011. Acabo de llegar a unas jornadas sobre geoingeniería de tres días de duración en la campiña de Buckinghamshire, a hora y media en coche desde Londres en dirección noroeste. El encuentro ha sido convocado por la Royal Society de Londres, la legendaria academia británica de las ciencias que a lo largo de la historia ha contado entre sus miembros con figuras tan ilustres como Isaac Newton, Charles Darwin y Stephen Hawking.

En los últimos años, la sociedad se ha convertido en la organización científica más destacada que ha defendido la idea de que, en vista de la ausencia de progresos en el terreno de la reducción de emisiones, ha llegado la hora de que los Gobiernos preparen una especie de Plan B tecnológico. En un informe publicado en 2009, llamaba al Gobierno británico a dedicar un volumen significativo de recursos a investigar qué métodos de geoingeniería podrían ser más eficaces. Dos años después, declaró que las intervenciones de ingeniería a escala planetaria capaces de tapar una parte (al menos) de los rayos del sol «podrían ser la única opción de la que dispongamos para reducir rápidamente las temperaturas globales en caso de una emergencia climática».[3]

Pues, bien, las jornadas de Buckinghamshire giran en torno a un tema relativamente específico y bien delimitado: ¿cómo deberían regirse tanto las investigaciones en geoingeniería como su potencial aplicación posterior? ¿Qué reglas deberían seguir los investigadores? ¿Qué organismos regularán esos experimentos, si es que alguien debe regularlos? ¿Los Gobiernos nacionales? ¿Las Naciones Unidas? ¿Qué se entiende por un «buen gobierno» de la geoingeniería? Para responder a estas y otras preguntas, la Royal Society se ha asociado con dos copatrocinadores más de esas jornadas: la Academia Mundial de las Ciencias (TWAS), que tiene su sede en Italia y se centra en promover oportunidades para la ciencia en el mundo en vías de desarrollo, y el EDF (el Fondo para la Defensa del Medio Ambiente), para el que la geoingeniería es una «herramienta puente», que es más o menos lo mismo que esta ONG ha dicho también del gas natural.[4] Eso convierte a esta conferencia en el encuentro más internacional sobre geoingeniería celebrado hasta la fecha y, al mismo tiempo, en la primera ocasión en la que una de las grandes organizaciones ecologistas ha dado públicamente su bendición a la exploración de intervenciones radicales en el sistema climático de la Tierra como respuesta al calentamiento global.

El lugar que acoge este debate futurista es Chicheley Hall, una mansión georgiana impecablemente restaurada, con fachada de ladrillo rojo y 62 habitaciones, que en tiempos sirvió de localización para una producción de *Orgullo y prejuicio* de la BBC y que la Royal Society acaba de adquirir como centro en el que celebrar este tipo de jornadas. El contrapunto es absolutamente anacrónico: las inmensas extensiones de césped de un verde muy vivo, enmarcadas entre setos primorosamente esculpidos, parecen pedir a gritos la aparición de damas con sombrillas y elegantes vestidos encorsetados de seda hablando de sus pretendientes, y no a un grupo de científicos despeinados hablando de la posibilidad de ponerle una sombrilla al planeta. Pero lo cierto es que la geoingeniería siempre ha tenido un cierto regusto «retro» característico, no tanto en el sentido de la literatura y las tendencias retrofuturistas del *steampunk*, como en su manera de evocar otros tiempos en los que la humanidad estaba más segura de sí misma y de sus posibilidades: cuando controlar el clima parecía que podía ser la siguiente y emocionante frontera de la innovación científica, y no un intento desesperado por salvarnos de la incineración.

Tras la cena, de la que damos cuenta rodeados de imponentes retratos al óleo de hombres de rostros sonrosados y regordetes con pelucas grises, invitan a los delegados a pasar a la biblioteca, revestida de paneles de madera. Allí, unos treinta científicos, abogados, ecologistas y expertos en políticas sobre el tema se reúnen para dar comienzo a una «sesión informativa técnica» sobre los diferentes planes de geoingeniería de los que se hablará. Un científico de la Royal Society nos presenta una exposición de diapositivas que incluye proyectos como la «fertilización» de los océanos con hierro para retirar carbono de la atmósfera, el recubrimiento de desiertos con inmensas sábanas blancas que reflejen la luz del sol de vuelta al espacio, y la construcción de flotas enteras de máquinas como las que compiten por el premio del Earth Challenge de Richard Branson, pensadas para succionar el carbono del aire.

El científico explica que hay demasiados proyectos de esas clase como para evaluarlos todos a fondo y que cada uno de ellos presenta su propia dificultad particular en el plano de la gobernanza. Así que, durante los tres días siguientes, nos concentraremos en los métodos de geoingeniería que los científicos allí presentes consideran más plausibles y prometedores. Se incluyen así varios sistemas de inyección de partículas en la atmósfera para que esta refleje más luz del sol hacia el espacio, reduciendo así la cantidad de calor que llega a la Tierra. En jerga de geoingenieros, es lo que se conoce como Gestión de la Radiación Solar (GRS, o SRM según sus siglas en inglés), ya que esos métodos tratarían literalmente de «gestionar» la cantidad de luz solar que alcanza la superficie terrestre.

Existen varios métodos posibles de reducción de la intensidad lumínica del sol en la Tierra. El más disparatadamente evocador de la más pura ciencia ficción es el de los espejos espaciales, que se descarta inmediatamente. Otro es el consistente en «abrillantar las nubes»; esto es, rociar el cielo con agua de mar (ya sea desde flotas de barcos, ya sea desde torres ubicadas en la costa) para crear una cobertura de nubes mayor o para hacer que las nubes sean más reflectantes y duraderas. La opción comentada más a menudo es la que consiste en rociar la atmósfera con aerosoles de sulfato, ya sea desde aviones especialmente adaptados para ello, ya sea desde una manguera de gran longitud suspendida en el aire mediante unos globos de helio (hay quien ha sugerido incluso el uso de cañones).

La decisión de centrarnos exclusivamente en la GRS es un tanto arbitraria, pues son ya varios los experimentos con fertilización de los océanos que se han llevado a cabo en emplazamientos distintos, incluido un ensayo realizado «por libre» frente a la costa de la Columbia Británica en 2012 que atrajo bastante atención mediática. Pero el GRS está concitando la mayor parte del interés científico serio en este campo. La posibilidad de «tapar el sol» ha sido el tema de más de un centenar de artículos de revistas académicas de referencia y de varios equipos de investigación de alto nivel que están ya listos para llevar a cabo pruebas al aire libre sobre el terreno, con las que comprobarían la mecánica de esos diseños usando barcos, aviones y mangueras de gran longitud. Si no se elaboran pronto unas reglas y unas directrices de actuación (entre las que hay quien sugiere la prohibición automática de tales ensayos sobre el terreno), esto podría acabar en una especie de Salvaje Oeste de la investigación científica.[5]

La posibilidad de rociar la estratosfera con sulfato recibe a menudo el nombre de «Opción Pinatubo», en recuerdo de la erupción en Filipinas del volcán Pinatubo en 1991. La mayoría de las erupciones volcánicas envían cenizas y gases a las capas bajas de la atmósfera, donde se forman gotitas de ácido sulfúrico que terminan cayendo a la superficie de la Tierra. (Ese fue el caso, por ejemplo, del volcán islandés que en 2010 impidió durante días el despegue de multitud de vuelos en Europa.) Pero ciertas erupciones, mucho más excepcionales —la del monte Pinatubo entre ellas—, lanzan elevados volúmenes de dióxido de azufre a muy gran altura y llegan incluso a la estratosfera.

Cuando eso ocurre, las gotas de ácido sulfúrico no caen al suelo, sino que se mantienen en la estratosfera y, en cuestión de semanas, pueden extenderse por ella hasta rodear el conjunto del planeta. Las gotitas en suspensión actúan como diminutos espejos dispersores de la luz, con lo que impiden que llegue a la superficie de la Tierra la totalidad del calor procedente del sol. Si esas erupciones volcánicas más potentes se producen en los trópicos, los aerosoles permanecen suspendidos en la estratosfera durante uno o dos años aproximadamente y los efectos de enfriamiento global pueden durar más tiempo todavía.

Eso fue lo que sucedió tras el episodio del Pinatubo. Durante el año posterior a la erupción, las temperaturas globales disminuyeron medio grado centígrado y, según señaló Oliver Norton en la revista *Nature*, «de no haberse producido simultáneamente el fenómeno de El Niño, 1992 habría sido 0,7 grados más frío a nivel mundial que 1991».[6] Esas son cifras notables, porque equivalen a lo que hemos calentado la Tierra hasta la fecha con nuestras emisiones de gases de efecto invernadero. De ahí que algunos científicos estén convencidos de que, si lograran hallar el modo de provocar artificialmente lo que esas grandes erupciones ocasionan de forma natural, podrían forzar una bajada de la temperatura de la Tierra con la que contrarrestar el proceso de calentamiento global.

El científico que dirige la mencionada sesión informativa comienza exponiendo los pros de su método. Señala que la tecnología para conseguir algo así ya existe, pero que todavía no se ha probado sobre el terreno; es relativamente barata y, si funcionase, los efectos de enfriamiento se dejarían sentir de forma bastante inmediata. Los contras son que, dependiendo del método de bloqueo de la luz solar empleado y de lo intensivo de su uso, podría formarse una neblina permanente sobre la Tierra, lo que potencialmente convertiría los cielos azules y despejados en cosa del pasado.[7] Esa calima impediría a los astrónomos observar las estrellas y los planetas con claridad, y no olvidemos que una luz del sol más tenue repercutiría en una reducción de la capacidad productora de electricidad de los generadores que funcionan con energía solar (el colmo de la ironía).

Pero el mayor de los problemas que representa la Opción Pinatubo es que no contribuye en lo más mínimo a cambiar la causa subyacente del cambio climático, que es la acumulación de gases «atrapacalor», y se limita a tratar su síntoma más obvio (la subida de las temperaturas). Eso podría ayudar a controlar algo como el deshielo de los glaciares, pero no haría nada por frenar el creciente carbono atmosférico que los océanos continúan absorbiendo y que causa una rápida acidificación que ya se está cobrando un elevado precio en la fauna marina de animales con concha o exoesqueleto, desde los corales hasta las ostras, y podría tener efectos en cascada en toda la cadena trófica acuática. Por otro lado, nos cuentan que permitir que los niveles atmosféricos de dióxido de carbono aumentaran al tiempo que se mantienen las temperaturas artificialmente bajas podría tener ciertas ventajas, ya que a las plantas les gusta el CO_2 (siempre que no se acompañe de sequías y calores abrasadores) y es posible que prosperaran mejor en lo que, en esencia, terminaría siendo un inmenso invernadero global artificial.

Ah, pero existe otro «contra». Si se empieza a rociar la estratosfera con el material de turno para bloquear los rayos del sol, será básicamente imposible dejar de hacerlo nunca más, porque si nos detuviéramos, todo ese calentamiento que habríamos reprimido colocando semejante persiana virtual alcanzaría de pronto la superficie del planeta en una sola oleada de calor sin dejarnos tiempo para una adaptación gradual. Pensemos, por ejemplo, en las brujas malvadas de los cuentos que se mantienen eternamente jóvenes porque beben elixires mágicos de turbio origen y que, en cuanto se les acaban por el motivo que sea, se deterioran y marchitan hasta adquirir el aspecto de su edad real en cuestión de segundos.

Una solución para este «problema de interrupción», como nuestro guía británico lo denomina suavemente, consistiría en succionar una gran cantidad de carbono de la atmósfera mientras la pantalla esté ahí arriba para que, cuando las partículas se disipen y los rayos solares caigan de nuevo con toda su intensidad, haya en el aire menos gas «atrapacalor» que aumente el calentamiento. Algo que estaría bien, si no fuera por el hecho de que no sabemos realmente cómo hacer algo así a una escala que se acerque mínimamente a la necesaria (como bien ha podido comprobar Richard Branson).

Escuchando todo lo que aquí se dice, un panorama desalentador va dibujándose en mi cabeza. Nada de lo que hay en la Tierra estaría fuera del alcance de las falibles máquinas de la humanidad; de hecho, nada estará totalmente «fuera» en el sentido literal del término. Lo que tendríamos por encima de nuestras cabezas sería un tejado, no un firmamento: un techo lechoso de geoingeniería reflejado sobre un mar acidificado y agonizante.

Y la cosa se pone peor aún, porque nuestro guía se ha guardado el peor de los contras para el final. En pantalla aparece entonces una diapositiva con un mapa del mundo en el que figuran representadas con diferentes colores las regiones de la superficie del planeta en función de lo que se estima que esa inyección de dióxido de azufre en la estratosfera afectará a su pluviometría. No parece que las precipitaciones en Europa y América del Norte vayan a variar especialmente. Sin embargo, la región ecuatorial africana está coloreada de rojo, lo que indica una sequía grave. Y aunque los bordes de esa zona más seriamente afectada son borrosos, varias partes de Asia parecen estar dentro de las áreas que más problemas padecerían, porque la disminución de la temperatura del terreno causada por una luz solar más débil podría debilitar a su vez la intensidad de los monzones de verano, que son la principal fuente de agua de lluvia en esas regiones.

Hasta ese momento, los asistentes han escuchado al ponente en silencio, pero esta última noticia parece despertar la inquietud en la sala. Un participante interrumpe la exposición: «Dejemos a un lado la ciencia y hablemos de ética —dice visiblemente disgustado—. Yo vengo de África y no me gusta lo que estoy viendo en cuanto a los niveles de precipitaciones».* De hecho, uno de los informes de la propia Royal Society sobre geoingeniería admite que «cabe la posibilidad» de que la Gestión de la Radiación Solar «propicie cambios climáticos que sean peores que los esperados de la opción "sin GRS"».[8]

El delegado africano niega con la cabeza: «No sé cuántos de nosotros vamos a dormir bien esta noche».

Del creciente entusiasmo por lo «aterrador»

Hace al menos medio siglo que circulan por el mundo de la ciencia y la tecnología planes diseñados para intervenir deliberadamente en el sis-

* Las jornadas se rigieron por las llamadas Reglas de Chatham House, que permiten a quienes asisten a ellas hablar de lo que se dijo en las sesiones, pero no informar de quién dijo cada cosa. (Todas las entrevistas realizadas al margen de las sesiones oficiales quedan exentas de esas reglas.)

tema climático a fin de contrarrestar los efectos del calentamiento global. De hecho, cuando el Comité Asesor en Ciencia del presidente de Estados Unidos publicó en 1965 el ya mencionado informe en el que advertía a Lyndon B. Johnson de la existencia del cambio climático, los autores del texto no aludieron a la posibilidad de rebajar las emisiones. Las únicas soluciones potenciales consideradas fueron métodos tecnológicos como la modificación de las nubes y el vertido de partículas reflectantes en los océanos.[9]

Y mucho antes de que fuera considerada un arma potencial contra el calentamiento global, la modificación de las condiciones meteorológicas fue estudiada como posible arma a secas. Durante la Guerra Fría, algunos físicos estadounidenses imaginaron la posibilidad de debilitar a los enemigos de su país manipulando furtivamente los patrones de precipitaciones mediante la provocación de sequías o generando tormentas focalizadas que transformaran una ruta de suministros crucial en un caos inundado. De hecho, así se intentó durante la guerra de Vietnam.[10]

Por lo tanto, no debería extrañarnos que muchos climatólogos más convencionales hayan rehuido hasta fecha muy reciente hablar siquiera de geoingeniería. Además del bagaje de la disciplina, propio del más descabellado doctor Strangelove, su existencia misma evocaba un generalizado temor a crear un riesgo moral climático, ya que se temía que, de igual modo que los banqueros asumen mayores riesgos cuando saben que los Estados acudirán a rescatarlos si las cosas van mal, la mera insinuación de la posibilidad de un remedio tecnológico de emergencia —por dudoso y remoto que pareciera— propagaría la peligrosa (y ya bastante extendida) creencia de que podemos seguir aumentando tranquilamente nuestras emisiones durante otro par de décadas.

El tabú que rodeaba a la geoingeniería ha ido perdiendo progresivamente intensidad —más por desesperación que por convicción— durante esta última década. Un importante punto de inflexión en ese sentido se produjo en 2006, cuando Paul Crutzen, ganador del premio Nobel de Química por sus investigaciones pioneras sobre el deterioro de la capa de ozono, escribió un artículo en el que defendía que había llegado el momento de considerar la posibilidad de inyectar azufre en la estratosfera como salida de emergencia ante la posibilidad de un calentamiento global severo. «Si no se producen reducciones sustanciales de las emisiones de gases de efecto invernadero y las temperaturas ascienden con rapidez, entonces la ingeniería climática [...] es la única opción disponible para reducir con celeridad los aumentos térmicos y contrarrestar otros efectos climáticos», escribió.[11]

Crutzen creó así un espacio para que se llevaran a cabo algunas investigaciones preliminares, pero el verdadero salto adelante para la geoingeniería vino después del fiasco de la cumbre de Copenhague de 2009, año en el que también naufragó en el Senado estadounidense el proyecto de legislación climática que se intentaba impulsar a nivel federal. Muchas habían sido las esperanzas depositadas en ambos procesos. Cuando ninguno de ellos fructificó, fueron varios los «geo*hackers*» que salieron de sus laboratorios tratando de promocionar las ideas aparentemente más extravagantes como si estas fueran las únicas opciones que nos quedaban (sobre todo, pensaban ellos, en un contexto de crisis económica mundial que invitaba a pensar que cualquier costosa transformación energética resultaría políticamente insostenible).

La Opción Pinatubo se ha convertido en una de las favoritas de los medios de comunicación gracias, en gran parte, al trabajo de Nathan Myhrvold, el inquieto ex director de tecnología de Microsoft que ahora dirige Intellectual Ventures, una compañía que se especializa en eclécticos inventos de alta tecnología y que ha sido acusada a menudo de actuar como un «trol de patentes», es decir, de dedicarse básicamente a presentar patentes para, a partir de ahí, poder demandar agresivamente a cualquier incauto que, inadvertidamente o no, pueda infringirlas en el futuro.[12] Myhrvold es un personaje nacido para la televisión: un niño prodigio convertido en físico metido a estrella de la tecnología, que es, al mismo tiempo, un ávido buscador de dinosaurios y fotógrafo de la vida salvaje; por no hablar de que es también un cocinero *amateur* que ha recibido instrucción formal en ese campo y que gastó millones de dólares investigando para (y coescribiendo) una «biblia» de seis tomos sobre gastronomía molecular.

En 2009, Myhrvold y su equipo desvelaron algunos detalles de una invención que denominaron el «StratoShield» (o «EstratoEscudo»), que utilizaría globos de helio para suspender en el cielo un tubo rociador de dióxido de azufre de treinta kilómetros de longitud. Y no perdió ni un instante en promocionarlo como un sustituto de la acción política y gubernamental. Apenas dos días después de la conclusión de la cumbre de Copenhague, Myhrvold apareció en la CNN presumiendo de que su dispositivo —que, según sus palabras, podría provocar una «erupción del Pinatubo a voluntad»— tenía el poder de «anular el calentamiento global que tenemos en la actualidad».[13]

Dos meses antes, se había publicado *SuperFreakonomics*, el *best seller* internacional de Steven D. Levitt y Stephen J. Dubner, en el que estos habían dedicado un capítulo entero a la manguera celeste de Myhrvold, absolutamente admirados del invento. Y aunque la mayoría de los científicos implicados en esta investigación tienen siempre la prudencia de presentar el bloqueo de la luz solar como una solución para el peor de los escenarios posibles —un Plan B que se emplearía únicamente si el Plan A (la reducción de las emisiones) resulta insuficiente— Levitt y Dubner proclamaron que la Opción Pinatubo era directamente preferible a la del abandono de los combustibles fósiles. «Para los amantes de las soluciones simples y baratas, difícilmente puede encontrarse nada mejor.»[14]

La mayoría de quienes reclaman más investigación en geoingeniería lo hacen con mucho menos entusiasmo. En septiembre de 2010, la Fundación New America y la revista *Slate* organizaron un foro de un día en Washington (D.C.) titulado «Geoingeniería. ¿Esa idea aterradora cuya hora ya ha llegado?».[15] Esa frase resume bastante bien el tono de sombría resignación que ha caracterizado el goteo constante de congresos e informes gubernamentales que han ido introduciendo poco a poco la geoingeniería dentro del radio de alcance de la atención política.

El encuentro de Chicheley Hall es otro hito más en ese proceso gradual de normalización. En vez de debatir sobre invertir nuestros esfuerzos o no en la investigación de la geoingeniería —como han hecho la mayoría de los encuentros previos sobre el tema—, esta conferencia parece dar ya por supuesta cierta forma y cierto nivel de actividad de geoingeniería (¿para qué iba a hacer falta «gobernarla», si no?). Incidiendo más aún en esa sensación, no ya de inevitabilidad, sino de banalidad general, los organizadores han bautizado incluso este proceso con unas siglas bastante toscas: SRMGI, iniciales en inglés de Iniciativa para el Buen Gobierno de la Gestión de la Radiación Solar.

El debate en torno a la geoingeniería suele tener lugar por lo general dentro de un mundillo asombrosamente pequeño e incestuoso, en el que el mismo grupo de científicos, inventores y financiadores se dedican a promover entre sí sus méritos y trabajos, y acuden a prácticamente todas las mesas redondas y actos relevantes en los que se discute el tema. (El periodista científico Eli Kintisch, que escribió uno de los primeros libros que se publicaron sobre la geoingeniería, llama a ese grupo de personas la «Geocamarilla».) Y muchos de los miembros de esa camarilla están presentes aquí. Está David Keith, el enjuto y frenético físico de la Universidad de Calgary (actualmente, en Harvard) cuyo trabajo académico ha tenido la GRS como uno de sus focos de atención principales y cuya máquina «succionacarbono» —bendecida tanto por Richard Branson como por Bill Gates— promete hacerle muy rico en el caso de que algún día se imponga la idea de la aplicación de un milagro tecnológico como solución al calentamiento global. La existencia de esa clase de intereses creados es un tema recurrente en este mundillo: muchos de los más enérgicos defensores de la investigación en geoingeniería tienen algún tipo de asociación con *start-ups* de estos geo*hackers*, o poseen las patentes de varios de los métodos propuestos. Eso, según dice el historiador de la ciencia del Colby College, James Fleming, hace que «se jueguen algo más que su prestigio personal en ello», ya que estos científicos podrían ganar «una increíble cantidad de dinero si su técnica sale adelante».[16]

Aquí también está Ken Caldeira, un prominente científico de la atmósfera del Instituto Carnegie para la Ciencia y uno de los primeros climatólogos serios que ha trabajado con modelos informáticos para examinar el impacto de una reducción deliberada de la intensidad de los rayos solares sobre la Tierra. Además de su labor académica, Caldeira mantiene una relación como «inventor senior» con la compañía Intellectual Ventures de Nathan Myhrvold.[17] Otro de los protagonistas de este campo aquí presente es Phil Rasch, un climatólogo del Laboratorio Nacional del Pacífico Noroeste, en el estado de Washington, que lleva un tiempo preparándose para realizar el que tal vez sea el primer experimento de campo relacionado con el «abrillantado de nubes».

Bill Gates no está, pero ha aportado buena parte del dinero con el que se ha organizado el encuentro a través de un fondo administrado por Keith y Caldeira. Gates ha aportado 4,6 millones de dólares para financiar investigaciones relacionadas específicamente con el clima que no estuvieran recibiendo financiación de ninguna otra fuente. La mayor parte de esos fondos han ido a parar a estudios de geoingeniería, y Keith, Caldeira y Rasch han recibido generosas participaciones de los mismos. Gates es también un inversor en la compañía que tiene Keith dedicada a la captura de carbono y en Intellectual Ventures; de hecho, su nombre aparece (junto al de Caldeira) en varias patentes de geoingeniería registradas por esa empresa. Y Nathan Myhrvold ejerce de vicepresidente en TerraPower, la *start-up* de Gates en el terreno de la energía nuclear. La Carbon War Room de Branson ha enviado también a un delegado y está apoyando estos trabajos.[18] Si todo esto suena un poco confuso y molestamente endogámico, sobre todo tratándose de unos proyectos tan globales y potencialmente trascendentales, en fin, qué puedo decirles: ya ven de dónde viene el concepto de Geocamarilla.

Dado que el tema central de estas jornadas es la gobernanza de la geoingeniería, y no la demostración empírica de sus hipótesis, el club de los habituales se ha abierto temporalmente para incluir también a varios climatólogos de África y Asia, así como a expertos en ética legal y en tratados y convenciones internacionales, y a directivos de varias ONG verdes como Greenpeace y WWF-UK (Greenpeace no está a favor de la geoingeniería, pero WWF de Gran Bretaña ha manifestado un cauto apoyo a la «investigación de métodos de geoingeniería que nos permita averiguar qué es posible y qué no»).[19]

Los organizadores también han invitado a un par de conocidos críticos de sus métodos. Alan Robock, un climatólogo de barba blanca y proverbial aspereza de carácter de la Universidad Rutgers, está aquí. La última vez que lo vi en acción fue en una exposición de diapositivas titulada «Veinte razones por las que la geoingeniería podría ser una mala idea», entre las que citó desde el «blanqueamiento del cielo» (la n° 7) hasta el «calentamiento rápido si se interrumpe su aplicación» (la n° 10). Pero el más provocador de todos es el politólogo australiano Clive Hamilton, que se ha preguntado en voz alta si «los geoingenieros [no serán] unos Faetontes de nuestro tiempo que se atreven a regular el sol y deben ser derribados por ello por Zeus con un rayo divino antes de que terminen destruyendo la Tierra».[20]

Al final, en la conferencia no se llega a ningún acuerdo sobre nada sustancial, ni siquiera sobre la necesidad de que se lleven a cabo pruebas a pequeña escala sobre el terreno. Pero juntar a tan variopinto grupo de personas en una mansión de la campiña inglesa durante tres días sirve sin duda para producir algunos fuegos artificiales intelectuales muy interesantes.

¿QUÉ PODRÍA SALIR MAL?

Tras el sueño reparador de nuestra primera noche allí, en la mañana del segundo día, los huéspedes de Chicheley Hall estamos ya descansados y listos para zambullirnos en los debates. En una pulcra y elegante sala de conferencias de pizarra y vidrio ubicada en la antigua cochera de la casa, los organizadores reparten a los asistentes en grupos que celebran sesiones separadas. Todo el mundo recibe una hoja de papel con un triángulo que tiene escrita en cada uno de sus vértices una palabra diferente: «promover», «prohibir», «regular». Las instrucciones dicen así: «Marque dentro de este triángulo el punto que usted crea que se corresponde mejor con su perspectiva actual sobre el tema en cuestión». ¿Quiere que se prohíba toda investigación adicional sobre la creación de escudos protectores de los rayos del sol? ¿Prefiere que se fomente sin reservas? ¿Prefiere que se fomente, pero con cierta dosis de regulación?

Dedico la mañana a escuchar disimuladamente lo que se dice en las demás sesiones y no tardo en detectar una pauta. Los científicos que ya se dedican a la investigación en geoingeniería tienden a categorizar sus posiciones al respecto en algún punto situado entre la «regulación» y la «promoción», mientras que la mayoría de todos los demás se inclina más bien hacia la «prohibición» y la «regulación». Varios de los participantes manifiestan su deseo de fomentar una mayor investigación sobre el tema, pero solo con el propósito de confirmar que la geoingeniería *no es* una opción viable con la que podamos contar para que arregle las cosas por nosotros. «Necesitamos saber que no va a funcionar —argumenta un ecologista ante los científicos presentes en la sesión—. Ahora mismo, caminamos a oscuras en este terreno.»

Pero uno de los grupos que se ha formado se ha apartado de la dinámica de funcionamiento prevista. Uno de los participantes se niega en redondo a plasmar su opinión marcando una posición en el triángulo y opta en vez de ello por tomar una hoja grande de un bloc de papel para pizarra de caballete y, con rotulador azul, escribe en ella tres preguntas:

- ¿La misma humanidad que ha provocado la crisis climática va a ser capaz de regular de forma apropiada/segura la GRS?
- Si consideramos la posibilidad de regular la GRS, ¿no corremos el peligro de perpetuar la impresión de que la Tierra puede ser manipulada según nuestros intereses?
- ¿No tendríamos que abordar estas preguntas antes de situarnos a nosotros mismos en algún punto de este triángulo?

Cuando los grupos vuelven a juntarse de nuevo para comentar sus mapas mentales triangulares, nadie menciona esas preguntas ni, menos aún, las contesta. Se quedan ahí, colgadas de la pared de la sala de conferencias a modo de reprimenda silenciosa a todos los allí presentes. Es una lástima, porque la Royal Society, con su larga e interesante historia como institución impulsora tanto de la Revolución Científica como de la era de los combustibles fósiles, ofrece un marco privilegiado desde el que meditar sobre esas cuestiones.

La Royal Society se fundó en 1660 en homenaje a Francis Bacon. No solo el lema de la organización —*Nullius in verba* («en la palabra de nadie», que es donde supuestamente no debemos fundamentar ningún resultado ni conclusión científica)— está inspirado por Bacon, sino que, de un modo un tanto peculiar, buena parte de la estructura básica de la sociedad se estableció siguiendo el modelo de la sociedad científica ficticia descrita en la novela utópica y de proto ciencia ficción *La nueva Atlántida*, publicada en 1627. La institución estuvo en primerísima línea del proyecto colonial de Gran Bretaña, y patrocinó, por ejemplo, varios viajes del capitán James Cook, incluido aquel en el que reclamó Nueva Zelanda para la Corona británica. Y durante más de cuarenta años, la Royal Society estuvo dirigida por uno de los compañeros exploradores de Cook, el acaudalado botánico Joseph Banks, de quien una autoridad colonial británica dijo que era «el más acérrimo imperialista de su tiempo».[21] Durante su mandato, la sociedad contó entre sus miembros con James Watt, el pionero de la máquina de vapor, y con su socio comercial, Matthew Boulton: los dos hombres a quienes cabe mayor responsabilidad por haber inaugurado la edad del carbón.

Lo que aquellas preguntas colgadas de la pared dan a entender es que las descritas en el párrafo anterior son las herramientas y la lógica que crearon la crisis que la geoingeniería pretende resolver; no la crearon solamente las factorías que quemaban carbón y los barcos de vapor coloniales, sino también aquella retorcida concepción que Bacon tenía de la Tierra como una mujer tendida boca abajo, y el triunfalismo de Watt cuando se vanagloriaba de haber encontrado el «flanco débil» de esta. A la luz de todo ello, ¿tiene realmente sentido que nos comportemos como si, con cerebros suficientemente brillantes y ordenadores lo bastante potentes, los seres humanos fuésemos a dominar y a controlar esta crisis climática del mismo modo que, desde los albores mismos de la industrialización, los seres humanos hemos imaginado que podíamos dominar el mundo natural: excavando, embalsando, perforando, conteniendo con diques? ¿De verdad bastará sencillamente con añadir una nueva herramienta (la que usemos para atenuar la luz del sol) al arsenal que ya dedicamos a domesticar la naturaleza?

He ahí la extraña paradoja de la geoingeniería. Sí, es exponencialmente más ambiciosa y más peligrosa que cualquier otro proyecto de ingeniería que los seres humanos hayamos intentado nunca antes. Pero tiene también un aire muy familiar; suena poco menos que a tópico: como si los pasados quinientos años de historia humana nos hubieran estado conduciendo ineluctablemente a este preciso lugar. A diferencia del hecho de reducir nuestras emisiones para ajustarlas a los niveles recomendados por el consenso científico, el sucumbir a la lógica de la geoingeniería no requiere de nosotros cambio alguno, ya que únicamente nos obliga a que sigamos haciendo lo que ya hacemos desde hace siglos, solo que a una escala mucho mayor.

Deambulando por los cuidados jardines de Chicheley Hall —entre los árboles de copas esféricas impecablemente escamondadas y los setos cincelados en forma de dagas—, me doy cuenta de que lo que más me asusta no es la perspectiva de vivir en un «planeta de diseño», por usar la expresión que escuché una vez en un congreso anterior sobre geoingeniería. Mi temor es que los resultados en el mundo real no se parecerán ni de lejos a este jardín o, siquiera, a nada de lo que vimos en la sesión informativa técnica, sino más bien a algo mucho (muchísimo) peor. Si reaccionamos a una crisis global causada por nuestra contaminación añadiendo más polución —es decir, si tratamos de solucionar el problema de la porquería que hay en nuestra atmósfera bombeando hacia la estratosfera otra clase distinta de suciedad—, la geoingeniería podría estar contribuyendo a algo bastante más peligroso que la domesticación de los últimos vestigios de naturaleza «salvaje». Podría hacer que la Tierra se descontrolase de un modo que ni tan solo podemos imaginar, con lo que la geoingeniería, lejos de ser la frontera final de la técnica humana (otro triunfo que conmemorar en las paredes de la Royal Society), habría sido el último acto trágico de este cuento de hadas del control de la naturaleza que representamos desde hace siglos.

Muchos de nuestros más brillantes científicos se han tomado muy en serio las lecciones de los fracasos pasados de la ingeniería, incluida la imprevisión que condujo al cambio climático, que es una de las razones primordiales por las que existe aún tanta resistencia a la geoingeniería entre biólogos y climatólogos. Sallie Chisholm, una experta de renombre mundial en microbios marinos que trabaja en el MIT, tiene la siguiente opinión al respecto:

> Los partidarios de la investigación en geoingeniería no hacen más que seguir ignorando el hecho de que la biosfera no se limita a reaccionar ante lo que hacemos, sino que actúa también por su cuenta y traza así una trayectoria que nos resulta imposible de predecir. Es un cúmulo vivo de organismos (microorganismos sobre todo) que evolucionan a cada segundo: un «sistema autoorganizado, complejo y adaptativo» (sería la denominación rigurosa del mismo). Los sistemas de esta clase tienen unas propiedades emergentes que son sencillamente impredecibles. ¡Todo esto ya lo sabemos! Y aun así, los defensores de la investigación en geoingeniería excluyen dichas cuestiones del debate.[22]

Lo cierto es que, durante el tiempo que he pasado entre aspirantes a geoingenieros, me ha llamado la atención que las lecciones de humildad ante la naturaleza que tanto le ha costado aprender a la ciencia moderna y que tanto han contribuido a reconfigurarla (en concreto, en los campos de las teorías del caos y la complejidad) parecen haber penetrado muy poco en esa particular burbuja en la que viven los geoingenieros. Al contrario: la Geocamarilla está llena de hombres demasiado seguros de sí mismos, proclives a felicitarse mutuamente por su temible potencia cerebral. En uno de los extremos de esta burbuja, tenemos a Bill Gates, mecenas del movimiento, quien comentó en una ocasión que le resultaba difícil decidir qué había sido más importante para el mundo, si su legado en el campo de los programas informáticos o las vacunas, porque ambos logros estaban «más o menos a la altura junto con la imprenta y el fuego» como inventos fundamentales de la historia humana. En el otro extremo, está Russ George, el emprendedor estadounidense que se hizo merecedor del calificativo de «geoingeniero que va por libre» tras verter unas cien toneladas de sulfato de hierro frente a las costas de la Columbia Británica en 2012. «Soy el gran paladín mundial de esta opción», declaró después de que la prensa sacara a la luz su experimento. Y añadió que él era también el único con las agallas necesarias para «dar un paso al frente para salvar los océanos». En medio de esos dos extremos, están científicos como David Keith, quien ha declarado varias veces su preocupación por «abrir la caja de Pandora», pero que también dijo en una ocasión —a propósito del riesgo de que la Gestión de la Radiación Solar debilitase la intensidad de los monzones— que los «episodios de estrés hídrico» pueden arreglarse «un poco con sistemas de regadío».[23]

Los antiguos llamaban a esto *hibris*; el gran filósofo, granjero y poeta estadounidense Wendell Berry lo llama «ignorancia arrogante», un tipo de ignorancia que, según él, «se identifica fácilmente por su disposición a funcionar a una escala demasiado grande y, por lo tanto, por su voluntad de poner demasiado en riesgo».*[24]

Tampoco resulta muy tranquilizador que solo dos semanas antes de que todos estos personajes nos encontráramos en Chicheley Hall, se fundiera el núcleo de tres reactores nucleares de la central de Fukushima a raíz de un fortísimo tsunami que azotó la zona. El tema siguió siendo noticia destacada durante los días en que estuvimos reunidos. Y, sin embar-

* Causa especial perturbación que el reducido grupo de científicos, ingenieros e inventores que dominan el debate de la geoingeniería concentren un volumen desproporcionado de grandes errores públicos en el pasado. Es el caso, por ejemplo, de Lowell Wood, cocreador del StratoShield de Myhrvold. Antes de convertirse en destacado proponente de la «Opción Pinatubo», Wood era conocido por haber sido la mente que estaba detrás de algunos de los elementos más fantasiosos del programa de defensa antimisiles de la administración de Ronald Reagan conocido como «Guerra de las Galaxias», que terminó desechándose por su desorbitado coste y su temeridad.

go, el único sentido en el que los aspirantes a geoingeniero reconocieron la importancia de aquel desastre fue como motivo de preocupación ante la posibilidad de que los contrarios a la energía nuclear aprovecharan aquella crisis para bloquear la inauguración de nuevos reactores. Jamás sopesaron la idea de que Fukushima pudiese servir de advertencia contra sus propias ambiciones ingenieriles de alto riesgo.

Todo esto nos lleva de vuelta a aquella imagen en la que se mostraban partes de África coloreadas de rojo y que tanto revuelo causó la primera noche: ¿podría la geoingeniería, lejos de ser una solución rápida de emergencia, empeorar más aún las repercusiones del cambio climático para un gran número de personas? Y si es así, ¿quiénes corren un mayor riesgo y quiénes deciden si hay que asumir o no tales riesgos?

Los volcanes también discriminan
(como el cambio climático)

Los apóstoles de la Gestión de la Radiación Solar tienden a hablar muy de soslayo de las «consecuencias distributivas» de inyectar dióxido de azufre en la estratosfera, y de la «heterogeneidad espacial» de los efectos. Petra Tschakert, geógrafa de la Universidad Estatal de Pensilvania, ha declarado, refiriéndose a esa jerga, que es «una forma muy elegante de decir que algunos países van a salir bien fastidiados».[25] Pero ¿qué países? ¿Y «fastidiados» en qué sentido exactamente?

Sería lógico pensar que, para considerar siquiera la posibilidad de desplegar una tecnología de semejante impacto transformador a escala mundial, hay que contar previamente con respuestas fiables a esas preguntas clave. Lo peor del caso es que ni siquiera está claro que sea posible obtener tales respuestas. Keith y Myhrvold pueden comprobar empíricamente si la mejor manera de introducir dióxido de azufre en la estratosfera es mediante una manguera o mediante un avión. Otros pueden rociar agua salada desde barcos o desde torres y ver si con ello producen nubes. Pero habría que desplegar esos métodos a una escala suficientemente grande como para impactar en el sistema climático *global* para saber con certeza qué repercusión tendría, por ejemplo, en la pluviometría del Sahara o del sur de la India el hecho de rociar azufre en el Ártico o en los trópicos. Pero, claro, eso no sería un ensayo preliminar de los efectos de la geoingeniería; eso sería un despliegue real de la geoingeniería a todos los efectos.[26]

Tampoco hallaríamos las respuestas necesarias aplicando la geoingeniería durante un periodo de tiempo limitado (bombeando azufre durante un año, por ejemplo). Las enormes variaciones de las pautas meteorológicas mundiales que se producen de un año para el siguiente (algunas estaciones monzónicas son menos intensas que otras por dinámicas perfectamente naturales, por ejemplo) y los estragos ya causados por el calentamiento global nos impedirían vincular una sequía o un temporal concretos con un acto específico de geoingeniería. Habría que proseguir con las inyecciones de azufre durante el tiempo suficiente como para que se pudiera aislar un patrón claro separado tanto de las fluctuaciones naturales como de la repercusión creciente de los gases de efecto invernadero. Eso supondría probablemente mantener el proyecto en funcionamiento durante toda una década (o más).*[27]

Como bien ha señalado Martin Bunzl, filósofo de Rutgers y experto en cambio climático, solo ese hecho en sí ya representa un problema ético inmenso (tal vez insuperable) para la geoingeniería. En medicina, según él mismo ha escrito, «se puede probar una vacuna en una persona y someterla así a un riesgo sin poner en riesgo a todas las demás». Pero, con la geoingeniería, «uno no puede construirse un modelo a escala de la atmósfera ni aislar una parte de esta. No existen escalas intermedias entre el modelo teórico y la implementación plena a nivel planetario». En suma, no se podrían realizar ensayos empíricos significativos de esas tecnologías sin incluir en ellos a miles de millones de personas como conejillos de Indias... ¡durante años! De ahí que el historiador de la ciencia James Fleming haya escrito a propósito de los planes de los geoingenieros que «ni están probados ni se pueden probar, y son increíblemente peligrosos».[28]

Los modelos desarrollados por ordenador pueden servir de ayuda, desde luego. Es así como obtenemos nuestras mejores estimaciones del impacto que la emisión de gases de efecto invernadero tendrá sobre los diversos sistemas de la Tierra. Y parece lógico añadir simplemente otro tipo más de emisión —azufre en la estratosfera— a esos modelos para ver qué variación introduce en los resultados obtenidos hasta ahora. Eso justamente es lo que han hecho varios equipos de investigación y los resultados obtenidos son ciertamente inquietantes. Alan Robock, por ejemplo, ha probado diferentes escenarios de GRS en superordenadores. Los re-

---

* Dicho esto, también deberíamos ser conscientes de antemano de que hasta las más pequeñas dosis de geoingeniería suscitarían una nueva era de recriminaciones geopolíticas, paranoias y, posiblemente, represalias relacionadas con el clima, pues todo desastre natural que ocurriese a partir de entonces sería atribuido —con razón o sin ella— a los sabios locos que, aislados del mundo en sus laboratorios, juegan a ser Dios.

sultados que expuso en un artículo del que fue coautor en 2008 (publicado en el *Journal of Geophysical Research*) fueron contundentes: las inyecciones de dióxido de azufre «perturbarían los monzones de verano de Asia y África reduciendo las precipitaciones necesarias para el suministro alimentario de miles de millones de personas». Esos monzones proporcionan un agua dulce preciosa para una muy sustancial parte de la población mundial. La India, por ejemplo, recibe entre un 70 y un 90 % de sus precipitaciones anuales de lluvia durante la estación monzónica que va de junio a septiembre.[29]

Robock y sus colegas no son los únicos que han obtenido estas proyecciones alarmantes. Diversos equipos de investigadores han creado modelos que muestran pérdidas significativas de pluviosidad a consecuencia de la GRS y otros métodos de geoingeniería consistentes en la reflexión de la luz del sol. Los autores de un estudio de 2012 calcularon una reducción de un 20 % en el nivel de precipitaciones en ciertas zonas de la cuenca amazónica si se hacía un uso particularmente extremo de la GRS. Otro equipo de investigadores aplicó un modelo de rociamiento de azufre desde diversos puntos del hemisferio norte en un estudio de 2013: las proyecciones que obtuvieron arrojaban nada menos que una caída de entre el 60 y el 100 % en un indicador clave de productividad vegetal en los países africanos del Sahel (Burkina Faso, Chad, Mali, Níger, Senegal y Sudán), lo que potencialmente significa un desplome total de las cosechas en ciertas zonas.[30]

No estamos hablando de ningún efecto secundario o «consecuencia no intencionada» de importancia menor. Si alguna de esas proyecciones llegara algún día a hacerse realidad, lo que hoy se intenta vender como una puerta de salida de emergencia del cambio climático catastrófico se habría convertido en un asesinato en masa en toda regla.

Habrá quien piense que investigaciones tan alarmantes como estas habrán servido por sí solas para enfriar considerablemente la cháchara optimista sobre la Opción Pinatubo, pero el problema es que, aun cuando los modelos informáticos han demostrado ser asombrosamente precisos a la hora de predecir las pautas generales del cambio climático, no son infalibles. Como ya hemos visto, no previeron hasta qué punto sería grave la pérdida de hielo marino en el Ártico en verano ni el ritmo del aumento del nivel global de la superficie del mar en décadas recientes; los modelos ejecutados por ordenador han tendido a subestimar ciertos riesgos y a sobrestimar otros.[31] Y si en algún aspecto los modelos climáticos evidencian una mayor debilidad es en el referido a predecir efectos específicos de ámbito regional; es decir, si el el sur de Somalia se calentará más que el centro de Estados Unidos y cuánto, por poner un caso, o hasta qué punto incidirá la sequía en la producción agrícola en la India o Australia. Esta falta de precisión ha permitido a algunos aspirantes a geoingenieros desdeñar los resultados que dan a la GRS la apariencia de un desastre humano potencial alegando precisamente que los modelos climáticos regionales son intrínsecamente poco fiables y apuntando a su vez a otros modelos de los que se deducen conclusiones más tranquilizadoras. Y si la controversia se redujera simplemente a un duelo entre modelos ejecutados por ordenador, tal vez podríamos incluso considerar que la cosa está en empate. Pero ese no es el caso.

La historia como enseñanza... y advertencia

Sin la posibilidad de fiarnos por completo de los modelos o de los ensayos empíricos, solo nos queda un instrumento fiable de verdad —y que dista mucho de ser de alta tecnología— que nos ayude a predecir los riesgos de bloquear la luz del sol. Ese instrumento es la historia y, en concreto, los antecedentes históricos de los patrones meteorológicos tras las grandes erupciones volcánicas. La relevancia de la historia sí es algo en lo que todas las partes enfrentadas en este debate parecen estar de acuerdo. Ken Caldeira ha escrito a propósito de la erupción del monte Pinatubo en 1991 que fue «un ensayo empírico natural que puso a prueba algunos de los conceptos subyacentes a la gestión de la radiación solar» por la ingente cantidad de dióxido de azufre que envió a la estratosfera. Y David Keith me aseguró que «está claro que el simple hecho de colocar un montón de azufre en la estratosfera no es algo terrible de por sí. A fin de cuentas, es lo que hacen los volcanes». También Lowell Wood, socio de Myhrvold en la invención del StratoShield, ha argumentado que lo del Pinatubo es «una demostración de la inocuidad» de su manguera «celeste», pues esta se limitaría sencillamente a imitar lo que ya hace un volcán de forma natural.[32]

Pero son Levitt y Dubner quienes con más contundencia han puesto el acento en la relevancia de los precedentes históricos. Así, en *SuperFreakonomics* escribieron que, no solo se enfrió la superficie terrestre tras la erupción del Pinatubo, sino que «los bosques del mundo crecieron con mayor vigor porque los árboles prefieren luz solar un poco difusa. Y todo aquel dióxido de azufre en la estratosfera dio lugar a algunas de las puestas de sol más hermosas que los seres humanos hayamos visto jamás». No parecen creer, sin embargo, que de la historia quepa extraer ninguna recomendación de cautela o prudencia en este terreno. Aparte de una alusión a la cifra «relativamente reducida» de muertes producidas inmediatamente después de la erupción por culpa de las tormentas y los deslizamientos de tierra y lava resultantes, en su libro no indican que el Pinatubo tuviera impacto negativo alguno.[33]

También quienes critican los escudos solares se inspiran en la historia para anclar sus argumentos, pero, cuando echan la vista atrás, ven mucho más que unas bonitas puestas de sol y una «demostración de inocuidad». De hecho, buena parte de los estudios más convincentes muestran la existencia de una conexión entre las grandes erupciones volcánicas y la incidencia de sequías como las que algunos modelos por ordenador están proyectando como efecto potencial de la GRS. Tomemos el caso de la erupción del monte Pinatubo. Cuando erupcionó, amplias zonas de África padecían ya una sequía atribuible a las fluctuaciones naturales, pero tras la erupción la situación se agravó sensiblemente. Durante el año siguiente, se registró un descenso de un 20 % en el nivel de las precipitaciones en el África meridional y una caída de entre el 10 y el 15 % en la pluviosidad del sur de Asia. El Programa de las Naciones Unidas para el Medio Ambiente (PNUMA) describió la sequía como «la más fuerte del último siglo». Se estima que 120 millones de personas se vieron afectadas; *Los Angeles Times* informó de pérdidas de entre un 50 y un 90 % en las cosechas, y la mitad de la población de Zimbabue precisó ayuda alimentaria.[34]

En aquel momento, pocos vincularon esos desastrosos sucesos con la erupción del Pinatubo, porque aislar esas señales climáticas lleva su tiempo. Pero investigaciones más recientes centradas en los patrones de pluviosidad y los flujos de las corrientes marinas observados entre 1950 y 2004 han concluido que, posiblemente, el dióxido de azufre enviado por el Pinatubo a la estratosfera explica ya por sí solo la gravedad adicional de la caída de las precipitaciones que siguió a la erupción. Aiguo Dai, un experto en sequía global de la Universidad Estatal de Nueva York en Albany, recalca que, aunque aquella ausencia de lluvias tuvo causas adicionales, «el Pinatubo contribuyó significativamente al incremento de la sequedad meteorológica». En un artículo de 2007, Dai y Kevin Trenberth (director este último de la Sección de Análisis Climático del Centro Nacional de Investigación Atmosférica, NCAR, con sede en Colorado) llegaban a la conclusión de «que la erupción del Pinatubo tuvo un importante papel en el descenso récord de las precipitaciones y los caudales en tierra, y en las condiciones de sequía registradas en 1992».[35]

Si el Pinatubo hubiera sido la única gran erupción que vino seguida de una sequía intensa y potencialmente letal, seguramente no dispondríamos de suficientes datos aún para establecer unas conclusiones claras. Pero resulta que encaja a la perfección dentro de un patrón mucho más prolongado en el tiempo. Alan Robock, destacado experto en el efecto de los volcanes sobre el clima, señala en particular dos erupciones más en ese mismo sentido: las del Laki en Islandia (en 1783) y el monte Katmai en Alaska (en 1912). Ambas fueron suficientemente potentes como para enviar un elevado volumen de dióxido de azufre a la estratosfera; pero, además, resulta que, al igual que el Pinatubo, ambas fueron seguidas de sendas series de terribles (o muy agravadas) sequías regionales.

Solo contamos con registros fiables de los niveles de precipitaciones para los últimos cien años, aproximadamente. Pero, según me informó Robock, «hay algo que llevamos midiendo desde hace 1.500 años, y es el flujo del río Nilo. Y si compruebas los datos del caudal del Nilo en 1784 o 1785», los dos años posteriores a la erupción del Laki en Islandia, «verás que fue mucho más escaso de lo normal». Las habituales inundaciones con las que los agricultores egipcios cuentan normalmente para que sus campos se llenen de agua y de muy necesarios nutrientes fertilizantes apenas si se registraron en esos años, lo que trajo consigo unas devastadoras consecuencias narradas en un libro de viajes del historiador francés del siglo XVIII Constantin-François Volney: «Poco después del final de noviembre, la hambruna barrió, en El Cairo, con casi tanta gente como la peste; las calles, que habían estado llenas de mendigos hasta entonces, ya no podían mostrarnos a uno solo de ellos, puesto que todos habían perecido o habían abandonado la ciudad». Volney calculó que, en dos años, una sexta parte de la población de Egipto murió o huyó del país.[36]

Algunos estudiosos han señalado que, en los años inmediatamente posteriores a aquella erupción, la sequía y el hambre se apoderaron de Japón y la India, donde se cobraron millones de vidas, aunque existe mucha controversia e incertidumbre en torno a cuál fue la verdadera contribución del Laki a todo ello. En la Europa occidental y central, mientras tanto, un invierno brutalmente frío se tradujo en abundantes inundaciones y elevadas tasas de mortalidad. Las estimaciones de los expertos sobre el total mundial de víctimas atribuibles a la erupción y a los fenómenos meteorológicos extremos resultantes oscilan con gran amplitud entre algo más de 1,5 millones de muertos y los 6 millones. Teniendo en cuenta que, en aquella época, la población mundial no llegaba a los 1.000 millones de personas, estamos hablando de una cifra increíblemente elevada que convertiría al Laki muy posiblemente en el volcán más mortal del que se tenga registro escrito en la historia.[37]

Robock descubrió algo similar cuando ahondó en lo sucedido tras la erupción del Katmai en Alaska en 1912. Nuevamente, su equipo analizó el registro histórico del caudal del Nilo y descubrió que, en el año siguiente, el río marcó «el caudal más bajo de todo el siglo xx». Robock y sus colegas también habían «detectado un significativo debilitamiento de la intensidad del monzón indio en respuesta a la erupción volcánica del Katmai de 1912 en Alaska, que se tradujo en un disminuido gradiente térmico entre Asia y el océano Índico». Pero fue en África donde el impacto de la gran erupción se cobró su mayor precio en vidas humanas. En Nigeria, los cultivos de sorgo, mijo y arroz mermaban en los campos mientras los especuladores hacían acopio del poco grano superviviente. El resultado fue una hambruna masiva en 1913-1914 que se llevó consigo la vida de al menos 125.000 personas solo en el África occidental.[38]

No son estos los únicos ejemplos de sequías letales desencadenadas al parecer por grandes erupciones volcánicas. Robock ha estudiado cómo estas han repercutido también en «el suministro hídrico del Sahel y el norte de África» durante los últimos dos mil años. «Cada [erupción] te cuenta la misma historia», dijo. Y añadió: «No ha habido tantas grandes erupciones, pero todas ellas arrastran la misma serie de consecuencias tras de sí. [...] En todas, descendió la media mundial de precipitaciones. De hecho, si nos fijamos en la pluviosidad media global que se ha venido registrando durante el último medio siglo, los tres años con las precipitaciones globales más bajas fueron los que siguieron a las tres mayores erupciones volcánicas: Agung en 1963, El Chichón en 1982 y Pinatubo en 1991». Las relaciones son tan evidentes, según argumentaron Robock y dos de sus colegas en un artículo científico sobre el tema, que la próxima vez que se produzca una gran «erupción volcánica en latitudes altas», las autoridades deberían comenzar a preparar de inmediato ayuda alimentaria «a fin de dar un mayor margen de tiempo para prever y remediar las consecuencias».[39]

Así pues, ¿cómo puede ser que, dadas todas estas pruebas —a las que se puede acceder con facilidad—, los impulsores de la geoingeniería invoquen los antecedentes históricos como «demostración de su inocuidad»? Sobre todo, cuando la verdad es justamente la contraria. De hecho, de todos los sucesos extremos con los que el planeta nos sobrecoge periódicamente —desde terremotos y tsunamis hasta huracanes e inundaciones—, las erupciones volcánicas de gran potencia tal vez sean las que más ponen en peligro la vida humana, porque las personas que se encuentran en la trayectoria directa de una erupción no son las únicas que corren un grave riesgo: las vidas de miles de millones de seres humanos repartidos por todo el mundo pueden peligrar debido a la escasez de alimentos y de agua resultante de los años más secos que siguen a esos episodios. Ningún otro desastre de origen natural (salvo el impacto de un asteroide de gran tamaño) tiene semejante alcance global.

Hablar tan alegremente de una Opción Pinatubo cuando el historial de las erupciones volcánicas del pasado es así de desalentador puede parecernos extraño, cuando no sencillamente siniestro, sobre todo porque lo que se valora es la posibilidad de imitar los efectos refrigerantes de una erupción como la del Pinatubo no en una ocasión determinada, sino *año tras año durante décadas*, lo que obviamente podría multiplicar los riesgos ya de por sí significativos que se constatan como estela que acompaña a las erupciones puntuales.

Esos riesgos pueden debatirse y hasta desmentirse, y de hecho así es. La respuesta más habitual es que sí, que podrían producirse efectos negativos, pero que no lo serían tanto como los efectos del cambio climático en sí. David Keith va más lejos, pues sostiene que disponemos del poder para minimizar los riesgos con un diseño apropiado. Keith propone un programa de GRS que vaya subiendo lentamente de intensidad y luego la reduzca, «combinado con una reducción de emisiones y con el objetivo de rebajar —que no de eliminar— el ritmo del ascenso térmico». En su libro de 2013, *A Case for Climate Engineering*, lo explica así:

> La pérdida de las cosechas, el estrés térmico y las inundaciones son las consecuencias que probablemente afectarán con mayor dureza a las personas más pobres del mundo. Las moderadas cantidades de geoingeniería contempladas en este escenario de aumento paulatino reducirán probablemente el alcance de cada una de esas consecuencias durante el próximo medio siglo y, por lo tanto, beneficiarán a la población pobre y más desfavorecida desde el punto de vista político, que es también la más vulnerable a los cambios medioambientales rápidos. Ese potencial para reducir el riesgo climático es la razón por la que me tomo muy en serio la geoingeniería.[40]

Pero cuando los modelos climáticos y el registro histórico nos cuentan historias muy parecidas sobre lo que podría salir mal (y, por supuesto, teniendo en cuenta que no serían científicos, sino políticos quienes decidieran cómo usar esas tecnologías), existen motivos de sobra para que nos centremos más bien en los riesgos, muy reales por cierto. Trenberth y Dai, autores del estudio sobre el terrorífico legado del Pinatubo, son tajantes: «La preocupación principal que nos producen las soluciones geoingenieriles al calentamiento global es que el remedio podría ser peor que la enfermedad». Y recalcan que «generar un riesgo real de sequía extendida y de reducción de las reservas mundiales de agua dulce para reducir un poco el calentamiento global no parece la clase de solución apropiada para ese problema».[41]

Es difícil resistirse a la conclusión de que la indiferencia con la que muchos impulsores de la geoingeniería contemplan el alcance de esos riesgos tiene algo que ver con quiénes serían a priori los más vulnerables a los mismos. Después de todo, si los antecedentes históricos, respaldados a su vez por múltiples modelos informáticos, indicasen que inyectar azufre en la estratosfera iba a causar sequías y hambrunas extendidas en América del Norte y Alemania, en vez de en el Sahel y la India, ¿estaría este Plan B recibiendo tanta y tan seria consideración?

Es verdad que podría ser técnicamente posible implementar proyectos de geoingeniería que repartieran los riesgos de un modo más equitativo. Por ejemplo, en el mismo estudio de 2013 donde se llegó a la conclusión de que el Sahel africano podría resultar devastado por las iniciativas de GRS que se llevasen a cabo en el hemisferio norte (que es el hemisferio terrestre donde tiende a asumirse que tendrían lugar las inyecciones de azufre), se halló también que el Sahel podría experimentar en realidad un incremento de su pluviosidad si las mencionadas inyecciones se efectuaran en el hemisferio sur. Ahora bien, en ese caso, Estados Unidos y el Caribe podrían registrar un aumento de un 20 % en la frecuencia de huracanes y el noreste de Brasil sufriría un desplome de su nivel de precipitaciones. Dicho de otro modo, sería posible en principio diseñar «a medida» algunas de esas tecnologías para que ofrecieran ayuda a las personas más vulnerables del planeta y a aquellas que menos contribuyeron a crear la actual crisis climática, pero no se podría hacer sin generar riesgos y peligros para otras regiones de entre las más ricas y poderosas del planeta. Esto abre un interrogante que no es tan tecnológico como político: ¿de verdad alguien cree que se usará la geoingeniería para ayudar a África si esa ayuda solo puede ofrecerse a costa de someter a Norteamérica a un mayor riesgo de sufrir episodios meteorológicos extremos?[42]

Desgraciadamente, cuesta mucho menos imaginarse situaciones potenciales en las que pudiera echarse mano de la geoingeniería como recurso desesperado para, por ejemplo, salvar cosechas de maíz en Dakota del Sur aunque eso significara un más que probable sacrificio de buena parte de la pluviosidad de Sudán del Sur. Y podemos imaginarnos algo así porque los Gobiernos de los países ricos ya están haciendo una cosa muy parecida, aunque más por pasiva que por activa, cuando permiten que las temperaturas continúen aumentando hasta niveles que representan un peligro real para centenares de millones de personas, la mayoría de ellas en las zonas más pobres del mundo, en vez de introducir políticas que se interpongan en el camino de la búsqueda de ganancias y rentabilidades a corto plazo. De ahí que algunos delegados africanos presentes en las cumbres climáticas de la ONU hayan empezado ya a usar términos como «genocidio» para describir nuestra inacción colectiva en el terreno de la reducción de las emisiones. Y de ahí también que Mary Ann Lucille Sering, secretaria de Medio Ambiente y Desarrollo Sostenible de Filipinas, dijera ante la cumbre de 2013 en Varsovia (Polonia): «Estoy empezando a sentirme como si estuviéramos negociando a quién le toca vivir y a quién morir». Rob Nixon, escritor y profesor del Departamento de lengua y literatura inglesa de la Universidad de Wisconsin, ha utilizado una expresión muy evocadora para caracterizar la brutalidad del cambio climático al describirla como una forma de «violencia lenta»; pues, bien, la geoingeniería podría terminar siendo un instrumento idóneo para acelerarla.[43]

La geoingeniería entendida como doctrina del *shock*

Puede que todo lo anterior continúe pareciéndonos un tanto abstracto, pero es de crucial importancia que tengamos en cuenta esos terribles riesgos ya, desde este momento. Y lo es porque si alguna vez llegara a desplegarse alguno de esos proyectos de geoingeniería, casi con total seguridad sería en medio de un ambiente de pánico colectivo que dejaría muy escaso margen de tiempo para una deliberación pausada. Sus partidarios así lo reconocen. Bill Gates ha dicho sobre la geoingeniería que no es «más que un seguro de vida», algo para llevar «en el bolsillo de atrás por si las cosas empiezan a sucederse a mayor velocidad». Nathan Myhrvold equipara la GRS a «tener rociadores antiincendios en un edificio»: uno espera que no vaya a necesitarlos nunca, «pero también tiene que contar con algo a lo que recurrir en caso de que un día se declare un fuego de verdad».[44]

En el caso de que realmente se produjera una emergencia, ¿quién sería inmune a esa manera de pensar? Yo no, desde luego. Sí, claro que la idea de rociar ácido sulfúrico en la estratosfera a modo de parasol cósmico me parece una locura ahora mismo, pero si en mi ciudad hiciera tanto calor que sus habitantes murieran a millares por las calles y alguien ofreciera una vía rápida y sucia de enfriarla, ¿no rogaría que nos facilitaran ese alivio del mismo modo que busco el botón del aire acondicionado en un día sofocante, sabiendo de sobra que, al encenderlo, estoy agravando un poco más el mismo problema del que estoy tratando de huir?

Así es como funciona la doctrina del *shock*: en el clima de desesperación que se vive en las crisis de verdad, toda oposición prudente y sensata a las que hasta entonces nos parecían conductas de alto riesgo se viene abajo y estas pasan temporalmente a resultarnos aceptables. Solo cuando no estamos inmersos en esos ambientes de crisis urgente, podemos evaluar racionalmente los aspectos éticos y los riesgos futuros vinculados al despliegue de las tecnologías de la geoingeniería en el contexto de una posible situación rápidamente cambiante. Y lo que esos riesgos nos indican ahora mismo es que instalar un sistema destinado a atenuar la intensidad de los rayos solares no se parece en nada a instalar un sistema de rociadores antiincendios (salvo que estemos dispuestos a aceptar que algunos de esos rociadores puedan arrojar gasolina en vez de agua). Y que, una vez encendido, es más que posible que no podamos apagarlo sin desencadenar un infierno que podría quemar el edificio que el sistema en cuestión pretendía proteger. Si alguien nos hubiera vendido una instalación antiincendios así, sin duda le exigiríamos que nos devolviera el dinero.

Puede que necesitemos averiguar todo lo que humanamente podamos acerca de esas tecnologías, pero sabiendo que siempre estaremos lejos de saber lo suficiente como para desplegarlas de manera responsable y con todas las garantías. Pero si aceptamos esa lógica, también tenemos que admitir que los pequeños ensayos sobre el terreno a menudo terminan por convertirse en otros a mayor escala. La cosa podría empezar simplemente con una comprobación de los equipos físicos que se tendrían que desplegar, pero ¿cuánto tardarían los *geohackers* en querer averiguar si pueden modificar la temperatura solo en un emplazamiento remoto y poco poblado (un lugar del que sin duda dirían que está situado «en medio de la nada»), y luego en otro no tan apartado?

El pasado nos enseña que, en cuanto se empieza en serio con las pruebas sobre el terreno, el despliegue real no va a ir muy a la zaga. Hiroshima y Nagasaki fueron bombardeadas menos de un mes después de Trinity, el primer ensayo nuclear con éxito, y eso a pesar de que muchos de los científicos participantes en el Proyecto Manhattan creían que estaban desarrollando una bomba atómica que sería usada únicamente como elemento de disuasión. Y aunque siempre es doloroso cerrar la puerta a cualquier clase de conocimiento, vale la pena recordar que ya hemos renunciado colectivamente a ciertos tipos de investigaciones y estudios con anterioridad, precisamente porque entendimos que los riesgos eran demasiado elevados. Ciento sesenta y ocho naciones son signatarias de un tratado que prohíbe el desarrollo de armas biológicas. Parecido telón se ha corrido sobre la investigación en eugenesia, hoy considerada tabú precisamente porque puede convertirse muy fácilmente en instrumento para marginar e incluso eliminar a grupos enteros de personas. Además, el Convenio de Modificación Ambiental (ENMOD) de la ONU, adoptado por muchos de sus Estados miembros a finales de la década de 1970, ya prohíbe el uso de la manipulación meteorológica como arma; una prohibición que los aspirantes a geoingenieros de nuestros días orillan insistiendo en que sus objetivos son pacíficos (aun cuando lo que pretenden podría muy bien percibirse como un acto de guerra contra miles de millones de personas).

El monstruo Tierra

No todos los defensores de la geoingeniería desestiman los graves peligros que los trabajos en ese campo podrían propiciar. Pero muchos se encogen de hombros y se limitan a recordarnos que la vida es riesgo, y que, del mismo modo que la geoingeniería está intentando arreglar un problema creado por la industrialización, seguro que habrá también alguna solución futura que resuelva los problemas que termine generando la geoingeniería.

Una versión de ese argumento del «ya lo arreglaremos más adelante» que ha cobrado cierto impulso y favor últimamente es la formulada por el sociólogo francés Bruno Latour. Él arguye que la humanidad no ha aprendido bien las lecciones del cuento moral prototípico sobre los peligros de jugar a ser Dios: el *Frankenstein* de Mary Shelley. Según Latour, la verdadera lección de la obra de Shelley no es, como se entiende habitualmente, que «no debemos importunar a la madre naturaleza», sino, más bien, que no debemos huir de los embrollos tecnológicos que vamos dejando a nuestro paso como hizo el joven doctor Frankenstein cuando abandonó al monstruo al que había dado vida. Latour dice que debemos seguir ocupándonos de nuestros «monstruos», como corresponde a las deidades en las que nos hemos convertido. «El verdadero objetivo debe consistir en tener la misma paciencia y compromiso con nuestras creaciones como el mismísimo Dios, el Creador», ha escrito. ¿Su conclusión? «A partir de ahora, deberíamos dejar de flagelarnos y asumir explícita y seriamente lo que hemos estado haciendo todo este tiempo a escala creciente.» (El ecologista británico Mark Lynas propone un argumento también rebosante de retadora *hibris*, llamándonos a ser «La especie de Dios» desde su libro del mismo título.)[45]

La invitación de Latour a que «amemos a nuestros monstruos» se ha convertido en una especie de grito de guerra en ciertos círculos verdes, sobre todo en aquellos más decididos a hallar soluciones climáticas que sigan la lógica del mercado. Y la idea de que nuestra labor consiste en ser unos doctores Frankenstein más responsables, que no huyan de sus creaciones cual padres vagos e irresponsables, tiene un atractivo incuestionable. Pero funciona muy mal como metáfora de la geoingeniería. Para empezar, «el monstruo» al que se nos pide amar no es una criatura mutante de laboratorio, sino la Tierra misma. Y no la creamos nosotros: ella nos creó (y nos sustenta). La Tierra no es nuestra prisionera, ni nuestra paciente, ni nuestra máquina, ni tan solo nuestro monstruo. Es todo nuestro mundo. Y la solución al calentamiento global no está en arreglar el mundo, sino en arreglarnos a nosotros mismos.

Y es que la geoingeniería contribuirá sin duda a aumentar la monstruosidad del planeta como nada que se haya vivido antes en la historia humana. Pensemos que, muy probablemente, no nos enfrentaríamos a los efectos de una sola iniciativa de geoingeniería, sino a un mejunje nocivo de consecuencias derivadas de una variopinta combinación de «tecnorremedios»: azufre en el espacio para enfriar la temperatura, siembra de nubes para arreglar las sequías que ese azufre cause, fertilización de los océanos como táctica desesperada para abordar la acidificación, y máquinas succionadoras de carbono que nos ayuden a librarnos de la «geobasura» de una vez por todas.

Todo esto hace que la geoingeniería sea la antítesis de la buena medicina: la que intenta que alcancemos un estado de salud y equilibrio que no requiera de intervenciones adicionales. Esas tecnologías, sin embargo, responden al desequilibrio generado por nuestra polución alejando nuestros ecosistemas aún más de su anterior autorregulación. Precisaríamos de máquinas que bombearan constantemente nueva contaminación a la estratosfera y que no podrían parar de hacerlo hasta que no inventáramos otras máquinas capaces a su vez de succionar la polución de la troposfera para luego almacenarla y mantener el residuo así creado bajo vigilancia, indefinidamente. Si suscribimos ese plan y lo llamamos «administración responsable», estamos renunciando en realidad a la posibilidad de volver a estar sanos nunca más. Sería nuestro sistema de soporte vital, la Tierra, la que tendría que quedar permanentemente conectada a aparatos de respiración asistida durante las 24 horas del día y los 365 días del año para que no se convirtiera en un monstruo bestial para nosotros mismos.

Y los riesgos son mayores aún si cabe porque serían posiblemente varios países los que lanzarían más o menos al mismo tiempo sus diversas iniciativas de geoingeniería, lo que daría pie a toda clase de interacciones desconocidas (e incognoscibles de antemano). Sería, por así llamarlo, un mundo frankensteiniano, en el que intentaríamos resolver un problema a base de crear otros nuevos, sobre los que apilaríamos nuevas remesas de «tecnorremedios». Y casi nadie parece querer hablar de lo que sucedería si el flujo de nuestras actividades de geoingeniería se interrumpiera por culpa de algún imprevisto: una guerra, un atentado terrorista, un fallo mecánico o un episodio meteorológico extremo. Ni de qué sucedería si, en medio de un experimento de simulación de los efectos de una erupción como la del monte Pinatubo, erupcionara un Pinatubo de verdad. ¿Nos arriesgaríamos a poner en marcha lo que David Keith ha llamado «una Edad de Hielo a escala mundial, una Tierra de bola de nieve», solo porque nos olvidamos una vez más (y ya van...) de que nosotros no somos quienes pilotamos esta nave en realidad?[46]

Nuestra obstinada fe en la capacidad de la tecnología para brindarnos la herramienta milagrosa que nos permita saltar hacia delante y dejar atrás esta crisis tiene su origen en la impresión causada en nosotros por otros avances tecnológicos previos: la fisión nuclear o la llegada del hombre a la luna, por ejemplo. Y algunas de las figuras que más enérgicamente presionan para que desarrollemos y apliquemos un tecnorremedio al cambio climático fueron participantes directos en esos triunfos pasados de la tecnología (es el caso de Lowell Wood, que ayudó a desarrollar armas nucleares avanzadas, o de Gates y Myhrvold, que revolucionaron el campo de la informática). Pero como bien escribió Ed Ayres, experto en sostenibilidad a largo plazo, en su libro *God's Last Offer*, el argumento de que «si hemos sido capaces de enviar un hombre a la luna», somos capaces de todo, «obvia la realidad de que fabricar cohetes y construir comunidades humanas habitables son dos empresas fundamentalmente distintas: la primera exigió la dedicación de una atención excepcionalmente minuciosa y limitada; la segunda precisa de una perspectiva holística. Construir un mundo habitable *no es* un trabajo de genios: es algo mucho más complejo aún».[47]

¿Hemos probado de verdad con el Plan A?

En el segundo día de las jornadas sobre geoingeniería en Chicheley Hall, se inicia un animado debate sobre si la ONU tiene derecho (o no) a gobernar los experimentos en ese campo. Los científicos más impacientes por poner a prueba sobre el terreno sus modelos son los primeros en negar cualquier atribución a la institución internacional en su ámbito de investigación, pues temen que eso propiciaría un proceso rígido y poco flexible que los ataría de pies y manos. Pero quienes participan en las jornadas en nombre de las ONG no están tan dispuestos a dejar a un lado a la organización que ha constituido hasta el momento el principal foro para la gobernanza climática, por muy deficiente que haya sido.

Justo cuando el tono de las intervenciones se está volviendo especialmente acalorado, se oye un gran alboroto procedente del exterior de las puertas de vidrio de la sala de conferencias.

Una flota de coches de lujo nuevecitos acaba de aparcar y una nutrida comitiva de personas (manifiestamente mejor vestidas que las que estamos en la sesión sobre geoingeniería) se baja de ellos y comienza a desfilar por el sendero de grava, sobre el que resuena el crujido de las pisadas de sus elegantes zapatos (*brogues*, los caballeros, y tacones altos, las damas). Uno de nuestros anfitriones de la Royal Society nos explica que, durante el resto del día, se celebrarán simultáneamente a las nuestras (concretamente, en la antigua cochera actualmente renovada) las sesiones de otras jornadas organizadas por la empresa automovilística Audi. Miro hacia fuera y veo que alguien ha plantado varios carteles con el logotipo de los aros de Audi a lo largo del sendero.

Durante el resto de la tarde, nuestras tensas discusiones sobre lo ético (o no ético) de bloquear la luz solar son interrumpidas periódicamente por fuertes ovaciones procedentes de la sala contigua. El motivo de aquellos vítores es, según se nos dice en ese momento, un secreto de empresa, pero es obvio que el equipo de Audi está muy contento por algo: tal vez los modelos de la próxima temporada, o quizá las cifras de ventas.

La Royal Society alquila habitualmente Chicheley Hall para la celebración de jornadas o actos de empresa o de bodas al más puro estilo Downton Abbey, por lo que el hecho de que esos dos encuentros estén teniendo lugar pared con pared en una mansión campestre es, por supuesto, pura casualidad. Aun así, separados los unos de los otros por poco más que una fina pared corredera, no es difícil tener la sensación de que los ansiosos aspirantes a geoingenieros y los despreocupados vendedores de coches alemanes mantienen una conversación entre sí: algo así como si, por encima de todo, los experimentos que las personas presentes en nuestra sala tratan de justificar buscándoles una racionalización lógica no tuvieran mayor propósito que permitir que los empresarios del automóvil reunidos en la estancia de al lado puedan seguir con la fiesta todo el tiempo que quieran.

La mente acostumbra a establecer conexiones a partir de acontecimientos azarosos más o menos próximos entre sí, pero, en este caso, la coincidencia no es tan aleatoria. No cabe duda de que algunas de las personas que impulsan la geoingeniería ven tales tecnologías no como unos puentes de emergencia que nos permitan abandonar los combustibles fósiles a largo plazo, sino como un medio para mantener el frenesí consumidor de dichos combustibles durante el máximo tiempo posible. Nathan Myhrvold, por ejemplo, ha llegado incluso a proponer que se utilicen las montañas de azufre amarillo que se producen como residuo en los yacimientos de las arenas bituminosas de Alberta como material con el que escudarnos del sol, algo que muy oportunamente permitiría a las grandes multinacionales del petróleo continuar excavando y perforando por tiempo indefinido. «Se podría ubicar una pequeña instalación de bombeo allí arriba y, con solo una esquinita de una de esas montañas de azufre, se podría resolver íntegramente el problema del calentamiento global para todo el hemisferio norte.» Y Bill Gates no es el único inversor de la empresa *start-up* de David Keith, Carbon Engineering, pues también ha invertido en ella Murray Edwards, cuya empresa Canadian Natural Resources es una de las mayores participantes en el negocio de las arenas bituminosas.[48]

Ninguno de los anteriores es un caso aislado. Muchas empresas que se dedican a extraer combustibles fósiles del subsuelo o que, como las compañías automovilísticas, son responsables de una parte desproporcionada de su combustión final tienen un largo historial de promoción de la geoingeniería como respuesta al cambio climático: una respuesta que para ellas es claramente preferible a la de detener la polución que ellas mismas provocan. Esos antecedentes se remontan al año 1992, cuando la Academia Nacional de las Ciencias de Estados Unidos publicó un controvertido informe titulado *Policy Implications of Greenhouse Warming* («Políticas públicas que se infieren del calentamiento por gases de efecto invernadero»). Para consternación de muchos climatólogos, ese documento incluía una serie de opciones de geoingeniería, algunas de ellas harto descabelladas, que iban desde poner cincuenta mil espejos en órbita alrededor de la Tierra hasta situar «miles de millones de globos aluminizados y llenos de hidrógeno en la estratosfera para que actúen como pantalla reflectante».[49]

La controversia no hizo más que aumentar por el hecho de que ese capítulo del informe se redactó bajo la dirección de Robert A. Frosch, que era por entonces uno de los vicepresidentes de General Motors. Él mismo se justificó así en aquel momento: «No sé por qué nadie debería sentirse obligado a reducir el dióxido de carbono si hay mejores formas de hacerlo. Cuando se empieza con los recortes a fondo, hablamos de gastar importantes sumas de dinero y de cambiar la economía de arriba abajo. No entiendo por qué nos preocupa tan poco modificar por completo el modo de vida de las personas sobre la Tierra, ni por qué tendría que causarnos inquietud alguna hacer unos ajustes más a nuestra ya habitual influencia en el medio ambiente».[50]

Y es de destacar que fue el científico jefe de BP, Steven Koonin, quien convocó uno de los primeros encuentros científicos formales sobre geoingeniería allá por el año 2008. De aquella reunión surgió un informe en el que se esbozaba un proyecto de investigación de una década de duración sobre modificación del clima que ponía un acento especial en la Gestión de la Radiación Solar. (Koonin dejó BP para trabajar en la administración Obama como subsecretario de Ciencia del Departamento de Energía.)[51]

Más o menos la misma historia se puede decir de varios *think tanks* generosamente financiados con dólares procedentes de la industria de los combustibles fósiles. Por ejemplo, durante varios años, en los que se dedicó a avivar las llamas del negacionismo del cambio climático, el American Enterprise Institute (AEI) recibió millones de dólares en donaciones procedentes de ExxonMobil. Y continúa siendo el principal perceptor de dinero de fundaciones conservadoras deseosas de bloquear cualquier acción climática: desde 2003 ha recaudado por lo menos 86,7 millones de dólares de ese tipo de fuentes. Sin embargo, en 2008, ese mismo laboratorio de ideas inauguró un departamento llamado Proyecto de Geoingeniería. Pues, bien, el proyecto ha organizado ya varias conferencias, ha publicado múltiples informes y ha enviado incluso a expertos propios a testificar en comparecencias ante comisiones del Congreso, y todo ello con un mismo mensaje sistemático: que la geoingeniería no es un Plan B por si las reducciones de emisiones no llegan a tiempo, sino un Plan A en toda regla. Lee Lane, quien durante años fue el principal portavoz del AEI sobre el tema, explicó en 2010 que, «para aquellos que creemos que el cambio climático podría representar una grave amenaza en algún momento —y que la política de contención en las emisiones es costosa y difícilmente aplicable—, la ingeniería climática está empezando a suponer la última y mejor esperanza posible».[52]

Esta postura es realmente asombrosa a la vista del dilatadísimo historial de ataques de ese *think tank* contra la ciencia del clima y a la vista también de sus campañas para destruir prácticamente todas las iniciativas serias de regulación de las emisiones, incluidas las suaves medidas legislativas destinadas a favorecer las bombillas eléctricas de bajo consumo (una grave interferencia del Estado en «el terreno de hacer lo que nos plazca para iluminar nuestras vidas», según las calificó un investigador del AEI).[53] Algunos analistas del mencionado laboratorio de ideas han insinuado recientemente una disposición favorable a la aprobación de un impuesto o tasa sobre el carbono de cuantía muy modesta que no aumente la recaudación fiscal total del Estado: un tipo de gravamen que, junto con la geoingeniería, se ha convertido en una destacada propuesta fetiche entre aquellos republicanos que no niegan la realidad del cambio climático. Y, sin embargo, cabría suponer que rebajar la intensidad de la luz del sol para todas las personas del planeta es una forma mucho más intrusiva de intervención gubernamental que pedir a los ciudadanos que cambien sus bombillas por otras de mayor eficiencia energética. De hecho, diría incluso que prácticamente cualquier opción de actuación política que se nos ocurra resultaría menos intrusiva. Pero eso nos apartaría de lo importante en este caso, y es que para las compañías productoras de combustibles fósiles y para sus paladines a sueldo, cualquier cosa es preferible a regular a ExxonMobil; *incluso* intentar regular el sol.

El resto de nosotros tendemos a ver las cosas de otra manera. De ahí que el hecho de que la geoingeniería esté siendo tratada tan en serio ponga muy especialmente de relieve la necesidad de aplicar un verdadero Plan A: uno que se base en la reducción de emisiones, por muy económicamente radical que tenga que ser. Después de todo, si el peligro del cambio climático es suficientemente grave e inminente como para que los Gobiernos consideren soluciones de ciencia ficción, ¿no es también lo bastante grave e inminente como para que valoren también soluciones basadas en la ciencia propiamente dicha?

La ciencia nos dice que tenemos que mantener bajo tierra (donde están ahora) la inmensa mayoría de las reservas probadas de combustibles fósiles. Parece razonable exigir, pues, a cualquier Gobierno que esté dispuesto a financiar experimentos para alterar el clima que muestre antes su voluntad para, cuando menos, imponer una moratoria al despliegue de cualquier novedad extrema en el terreno de la producción energética, y al mismo tiempo para proporcionar financiación suficiente para una rápida transición hacia las energías renovables. Como bien señala Kevin Anderson, del Centro Tyndall, «en estos momentos, estamos extrayendo gas de esquisto, petróleo de arenas bituminosas y montones de carbón. Vamos a perforar también el fondo del Ártico. No necesitamos preocuparnos demasiado ahora mismo por la geoingeniería del futuro; lo que sí tenemos que hacer es frenar ya la extracción de combustibles fósiles del subsuelo».[54]

¿Y las otras soluciones que también se han comentado en estas páginas, como gravar un porcentaje muy superior al actual de los beneficios netos que obtienen las grandes empresas (que, con su picardía para los negocios, son las más responsables de nuestra actual guerra contra el clima) y usar los recursos así recaudados para limpiar lo que ellas mismas han ensuciado? ¿O dar marcha atrás a las privatizaciones en el ámbito de la energía para recuperar nuestro control sobre las redes eléctricas? Solo tenemos un espacio de tiempo muy reducido durante el que esta estrategia será viable antes de que tengamos que abandonar los combustibles fósiles por completo, así que seguramente merece la pena que la valoremos ya.

La escritora y activista india Vandana Shiva ha señalado también que el paso hacia un modelo agrícola basado en métodos agroecológicos no solo permitiría capturar grandes cantidades de carbono, sino que también reduciría las emisiones y potenciaría la seguridad alimentaria. Y, a diferencia de los defensores de la geoingeniería, ella no está hablando de «un experimento de cincuenta años. Es un camino seguro y garantizado, cuyo funcionamiento está contrastado en la práctica».[35] Lo reconozco: todas esas respuestas vulneran las reglas del libre mercado. Pero, insisto, también las infringieron los rescates a los bancos y a la industria automovilística. Y su radicalidad no se acerca ni por asomo a lo que supondría romper la conexión primordial entre la temperatura y el carbono atmosférico con el único propósito de darnos el capricho de contar con un sistema de aire acondicionado planetario.

Si estuviéramos en una emergencia climática inminente e inaplazable que nos tuviera metafóricamente situados frente a un pelotón de fusilamiento colectivo a punto de abrir fuego sobre nosotros, los ciertamente monstruosos cálculos implícitos en la geoingeniería (el sacrificio de parte de América Latina para salvar el conjunto de China, o la salvación de los glaciares y los hielos continentales restantes a fin de impedir un aumento catastrófico del nivel global del mar, pero a costa de poner en peligro el suministro alimentario en la India) tal vez resultarían inevitables. Pero aun en el caso de que lográramos averiguar la información suficiente para efectuar esa clase de cálculos (y cuesta imaginar cómo podríamos obtenerla), es evidente que no hemos llegado todavía a ese punto. Disponemos de opciones, y opciones que disminuirían sensiblemente las probabilidades de tener que enfrentarnos nunca a tan desgarradores dilemas (dilemas de los que solo podrían salir elecciones merecedoras del calificativo de genocidas). No ejercer tales opciones —que es exactamente lo que estamos haciendo colectivamente en la actualidad—, aun sabiendo muy bien que, con el tiempo, el no ejercerlas podría forzar a los Estados a justificar racionalmente el «arriesgarse» a convertir naciones enteras (subcontinentes incluso) en zonas de sacrificio, es una decisión que nuestros hijos podrían terminar juzgando como el acto más inmoral jamás cometido por la humanidad.

Vista a ojo de astronauta

Hay una fotografía del día en que Richard Branson lanzó su Virgin Earth Challenge de 25 millones de dólares que no deja de venirme a la mente durante estas jornadas sobre geoingeniería. Branson, vestido de negro, aparece con una gran sonrisa en su rostro y arroja al aire, jubiloso, un modelo de plástico del planeta Tierra como si fuera un balón de playa. De pie a su lado, está Al Gore, con cara de no estar muy seguro de si esa es una buena idea.[56]

Ese momento allí congelado me parece una instantánea que retrata a la perfección lo que fue el movimiento climático temprano: un hombre rico y poderoso con el mundo entero literalmente en sus manos que promete salvar el frágil planeta azul por nosotros. Tan histórica hazaña se conseguiría, según él mismo acababa de anunciar, poniendo a trabajar el poder de la genialidad humana y el deseo de hacerse muy, muy rico.

En esa imagen, prácticamente todo está mal: el gran contaminador del clima que se reinventa a sí mismo convertido en un salvador del clima gracias a poco más que a una efectiva pirueta publicitaria; el supuesto de que, poniendo el dinero suficiente como cebo, podemos resolver cualquier problema que creemos; y el convencimiento de que las soluciones al cambio climático deben venir «de arriba» y no «de abajo».

Pero ahora empiezo a pensar que en ella había otro problema importante también, y tiene que ver con esa esfera de color azul claro que Branson lanzaba al cielo. Durante más de cuarenta años, la vista de la Tierra desde el espacio ha sido el logotipo oficioso del movimiento ecologista y, como tal, ha sido reproducida en incontables camisetas, chapas y pegatinas. Es lo que se supone que debemos proteger en las conferencias de la ONU sobre el clima y lo que se nos llama a «salvar» cada año en el Día de la Tierra, como si se tratara de una especie en peligro de extinción, o de un niño hambriento en un país lejano, o de un animalito doméstico que requiere de nuestros cuidados. Pero esa idea puede ser igual de peligrosa que la fantasía baconiana de la Tierra como máquina que debemos dominar y controlar, pues continúa situándonos (literalmente) por encima de ella.

Cuando nos maravillamos al ver esa «canica» azul en toda su delicadeza y precariedad, y decidimos entonces salvar el planeta, nos estamos atribuyendo un papel muy concreto, que es el de padres: padres de la Tierra. Pero la realidad es justamente la contraria. Somos nosotros, los seres humanos, quienes somos frágiles y vulnerables, y es la Tierra la que es abundante y poderosa, y nos sostiene en sus manos. En términos pragmáticos, el desafío que se nos presenta no es tanto el de salvar a la Tierra de nosotros como el de salvarnos a nosotros mismos de una Tierra que, presionada hasta según qué punto, cuenta con sobrado poder para sacudirnos, abrasarnos y quitarnos de en medio por completo. Ese es un hecho que deberíamos tener muy presente y que debería inspirar todos nuestros actos en este terreno: sobre todo, la decisión de jugárnosla o no con la geoingeniería.

Obviamente, no era así como se suponía que debíamos interpretar aquella novedosa vista. A finales de la década de 1960, cuando la NASA compartió las primeras fotos tomadas de la globalidad del planeta Tierra desde el espacio, se escribió mucho (y con gran entusiasmo) sobre cómo aquella imagen induciría un salto en la conciencia humana. Cuando fuéramos por fin capaces de ver nuestro mundo como una entidad interconectada y holística, comprenderíamos después de tanto tiempo que este planeta solitario es nuestro único hogar y que de nosotros depende ser sus cuidadores responsables.* Allí estaba la «Nave Espacial Tierra» y la gran esperanza estaba depositada en el hecho de que nuestra recién estrenada capacidad para verla desde fuera sirviera para que todo el mundo entendiera lo que la economista y escritora británica Barbara Ward quiso decir cuando en 1966 escribió que «este viaje espacial es absolutamente precario. La vida misma depende de una fina cubierta de suelo y de un envoltorio (bastante más ancho) de atmósfera. Y tanto la una como el otro pueden ser contaminados y destruidos».[57]

Entonces, ¿cómo hemos pasado de esa humildad ante la visión de la precariedad de la vida a esa bola del mundo como balón de playa con el que jugaba Branson? Una de las personas que anticipó lo que sucedería fue el novelista (y eterno cascarrabias) estadounidense Kurt Vonnegut: «Qué hermosa perla azul, rosa y blanca es la Tierra en las fotos que la NASA me envió —escribió en *The New York Times Magazine* en 1969—.

---

* Lo irónico del caso es que la más reproducida de las fotos de la Tierra vista desde el espacio fue probablemente tomada por Harrison Schmitt, un militante del negacionismo climático, exsenador de los EE.UU. y conferenciante habitual en los actos del Instituto Heartland. No pareció afectarle mucho la experiencia. «Vista una Tierra, vistas todas», se cuenta que dijo.

Tiene un aspecto tan *limpio*. No deja ver todos los terrícolas hambrientos e indignados que viven allí abajo, ni el humo, ni las alcantarillas, ni la basura, ni el armamento sofisticado».[58]

Antes de la aparición de esas imágenes, el ecologismo había sido netamente local en su mayor parte: una cosa más de «la tierra» con minúscula que de «la Tierra» con mayúscula. Era Henry David Thoreau cavilando sobre las hileras de judías que había sembrado junto al estanque de Walden. Era Edward Abbey vagando por las «rocas rojas» del sur de Utah. Era Rachel Carson ensuciándose pies y manos para recoger lombrices contaminadas por DDT. Eran la prosa de gran viveza descriptiva, los esbozos naturalistas y, con el tiempo, la fotografía y el cine documental que buscaban inspirar el amor por criaturas y lugares concretos y, por extensión, por otras criaturas y lugares semejantes en el resto del mundo.

Cuando el ecologismo salió al espacio y adoptó la perspectiva del observador externo omnisciente, las cosas comenzaron a volverse terriblemente borrosas, tal como Vonnegut advirtió. Porque si uno contempla permanentemente la Tierra desde arriba, y no lo hace nunca desde sus raíces y su suelo, comienza a tener cierto sentido mover de un lado a otro las fuentes de polución y los sumideros de esta como si fueran piezas en un tablero de ajedrez de tamaño planetario: reservar un bosque tropical que absorba las emisiones de una fábrica europea; reemplazar el carbón con gas cuya combustión produce menos carbono, pero que se extrae mediante fracturación hidráulica; plantar grandes maizales para sustituir al petróleo; y tal vez en un futuro no demasiado lejano, introducir hierro en los océanos y dióxido de azufre en la estratosfera para contrarrestar los efectos del dióxido de carbono en las capas bajas de la atmósfera.

Y durante todo ese tiempo, como ya advirtiera Vonnegut, dejan de percibirse las personas que viven por debajo de las tenues nubes, personas apegadas a tierras concretas y con ideas muy diferentes de lo que se entiende por una «solución». Este olvido crónico es el hilo conductor de muchas y fatídicas políticas erróneas de los últimos años, desde la decisión de adoptar el gas natural procedente del *fracking* como combustible puente (sin advertir que había personas en esas tierras que estaban dispuestas a luchar contra el deterioro de su territorio y el envenenamiento de su agua) hasta los sistemas de comercio de derechos y las compensaciones de emisiones carbónicas (olvidándose una vez más de las personas, en concreto, de aquellas obligadas a respirar el aire tóxico de las inmediaciones de las refinerías que se han mantenido abiertas gracias a esos tratos en las trastiendas del poder, y de aquellas otras apartadas de sus bosques tradicionales, convertidos de pronto en «compensaciones»).

Vimos cómo esa misma perspectiva del todo «desde arriba» se cobraba un trágico precio cuando muchos de los que tomaban las decisiones se convencieron a sí mismos de que los biocombustibles eran la alternativa baja en carbono perfecta al petróleo y al gas. Luego descubrieron lo que habría resultado meridianamente evidente si las personas hubieran contado tanto en sus cálculos como el carbono: concretamente que, utilizar terreno fértil de la mejor clase para sembrar cultivos para combustibles expulsa la producción de cultivos para la alimentación y de ello solo cabe prever una extensión de las hambrunas. Y vimos los mismos problemas cuando los dirigentes públicos impusieron la instalación de parques eólicos a escala industrial y grandes superficies de paneles solares en el desierto sin contar con la participación ni el consentimiento locales; luego descubrieron que las personas que viven en esas tierras tienen sus propias opiniones «incómodas» sobre cómo deberían utilizarse estas y sobre quiénes deberían beneficiarse de su explotación y desarrollo.

Esta amnesia letal vuelve de nuevo a asomar su cabeza en los debates sobre la geoingeniería como este de Chicheley Hall. Resulta tremendamente tranquilizador imaginar que una intervención tecnológica podría salvar el hielo ártico, pero nuevamente se está prestando muy poca atención a los miles de millones de personas que viven en zonas de Asia y África «alimentadas» por los monzones y que muy posiblemente podrían terminar pagando el precio de esa intervención con su sufrimiento, cuando no con sus vidas.

En algunos casos, el efecto de la vista «a ojo de astronauta» resulta particularmente exagerado. Con la mente situada ya en órbita, hay quienes comienzan a imaginarse a sí mismos abandonando definitivamente el planeta, diciendo «¡adiós, Tierra!», por citar al físico de Princeton Gerard O'Neill, quien, a mediados de la década de 1970, empezó a proponer la creación de colonias espaciales para superar el problema planteado por la limitación de los recursos disponibles en nuestro planeta. Curiosamente, uno de los discípulos más entregados de O'Neill fue Stewart Brand, fundador del contracultural *Whole Earth Catalog*, que dedicó buena parte de esa misma década a defender la idea de que el Gobierno estadounidense debería construir colonias espaciales; actualmente, es uno de los proponentes más destacados de las grandes soluciones tecnológicas al cambio climático, desde la energía nuclear hasta la geoingeniería.[59]

Y no es el único impulsor de la geoingeniería que trata de alimentar la fantasía de la huida final. Lowell Wood, coinventor de la manguera celeste, es un proselitista defensor de la posibilidad de «terraformar» Marte. Según él, existe «un 50 % de posibilidades de que los niños pequeños de hoy paseen un día por prados marcianos [...] y se bañen en lagos de ese planeta», dijo al público que lo escuchaba en un acto en Aspen en 2007, a quien aseguró que los conocimientos tecnológicos necesarios para hacer posible algo así eran «cosa de niños».[60]

Y luego está Richard Branson. Nadie como él personifica el ánimo de comercialización lucrativa del espacio. En septiembre de 2012, Branson explicó en el programa *CBS This Morning* que «no quiero morirme sin antes formar parte de la puesta en marcha de una colonia humana en Marte. Creo que es una posibilidad totalmente realista. Ocurrirá». El plan previsto, dijo él, consiste en que «Marte sea habitado por personas [...] que vivirán en el interior de una especie de cúpulas gigantescas». En otra entrevista, reveló que ha reflexionado mucho sobre quién debería ser invitado a ese cóctel festivo en el espacio exterior: «Querremos que haya médicos, querremos que haya cómicos, querremos que haya personas divertidas, personas guapas, personas feas... una buena muestra transversal en Marte de lo que ya hay en la Tierra. Esas personas tendrán que ser capaces de llevarse bien juntas, porque van a estar bastante confinadas». Ah, y añadan una persona más a esa lista: «Puede que sea un viaje solo de ida. [...] Así que igual espero a mis diez últimos años de vida y entonces puede que vaya yo también, si mi mujer me deja», declaró Branson. Para justificar la lógica de ese plan, el patrón de Virgin ha invocado la autoridad de nada menos que el físico Stephen Hawking, quien, según Branson, «opina que es del todo imprescindible que los seres humanos colonicemos otros planetas porque, un día, algo terrible podría ocurrirle a la Tierra. Y sería una lástima que todos esos años de evolución se echaran a perder».[61]

Eso dijo el hombre cuyas aerolíneas tienen una huella de carbono de la magnitud de la de Honduras y que cifra sus esperanzas de salvación planetaria, no en los recortes en emisiones, sino en una máquina succionadora de carbono que todavía no se ha inventado.[62] Puede que sea solo casualidad, pero creo que es ciertamente reseñable el hecho de que muchas de las figuras clave en la escena de la geoingeniería compartan un interés común por el éxodo planetario. Y es que seguramente resulta mucho más fácil aceptar la perspectiva de un temerario y sumamente arriesgado Plan B cuando se tiene la posibilidad incluso de un Plan C en el otro bolsillo de atrás.

El peligro de estos proyectos no estriba tanto en que lleguen a realizarse algún día; a fin de cuentas, modificar la Tierra por geoingeniería sigue siendo una posibilidad remota y no digamos ya la posibilidad de «terraformar» Marte. Pero como tan elegantemente ilustra el nivel de emisiones del propio Branson, esas fantasías están causando ya un perjuicio real aquí y ahora. Como bien ha resumido el escritor ecologista Kenneth Brower, «la noción de que la ciencia nos salvará es la quimera que permite que la generación presente consuma todos los recursos que quiera como si ninguna generación fuera a venir tras ella. Es el sedante que posibilita que la civilización avance tan decidida hacia la catástrofe medioambiental. Impide la aplicación de la solución real, que reside en el reto difícil y nada tecnológico de cambiar la conducta humana». Y lo peor de todo es que nos viene a decir también que, «si el remedio falla, algún otro lugar habrá al que ir».[63]

Estos relatos de huida o evasión son de sobras conocidos por todos nosotros: desde el Arca de Noé hasta el arrebatamiento del milenarismo cristiano. Lo que necesitamos, sin embargo, son relatos e historias que nos digan algo muy distinto: que nuestro planeta es nuestro único hogar y que nuestros actos tienen consecuencias (y que lo que sube se queda arriba durante mucho tiempo, así que mejor será que tengamos mucho cuidado con lo que colocamos allí).

De hecho, si alguna ventaja tiene la geoingeniería, es que encaja perfectamente en nuestro más trillado relato cultural, ese en el que tantos de nosotros hemos sido adoctrinados por las religiones organizadas y que el resto hemos absorbido a partir de prácticamente todas las películas de acción realizadas en Hollywood. Me refiero a aquel que nos hace creer que, en el último momento, siempre habrá unos cuantos (los que de verdad importan) que nos salvaremos. Y puesto que nuestra religión laica es la tecnología, no será ningún dios quien nos salve, sino Bill Gates y su banda de supergenios de Intellectual Ventures. Escuchamos versiones particulares de ese relato cada vez que un anuncio publicitario nos cuenta que el carbón está a punto de convertirse en una fuente de energía «limpia», o que el carbono generado a partir de la explotación de las arenas bituminosas pronto será absorbido del aire y enterrado en las profundidades de la tierra, o que podremos atenuar la luz del poderoso sol como si no fuera otra cosa que una lámpara de araña con un dispositivo regulador de la intensidad luminosa. Y si alguno de los planes de la hornada actual no funciona, ese mismo relato nos invita a no preocuparnos y a pensar que alguna solución llegará justo a tiempo, aunque sea en el último instante posible. A fin de cuentas, somos la superespecie, la de los elegidos: la «Especie de Dios». Al final, triunfaremos porque lo nuestro es triunfar.

Pero después de que tantos de nuestros más complejos sistemas hayan fracasado (desde las plataformas de perforación en aguas profundas de BP hasta los mercados de derivados financieros) y de que algunos de nuestros cerebros más privilegiados no acertaran a predecir ninguno de esos fallos, tenemos ya pruebas contundentes de que el poder de ese discurso cultural en particular está empezando a resentirse. La Brookings Institution publicó un estudio en 2012 en el que se informaba de que aproximadamente siete de cada diez estadounidenses piensan que intentar reducir el brillo del sol hará más mal que bien. Solo tres de cada diez creen que «los científicos serían capaces de encontrar vías de modificación del clima que limiten los problemas» causados por el calentamiento. Y en un artículo publicado en *Nature Climate Change* a principios de 2014, se recogen los resultados de un análisis de datos procedentes de entrevistas y de una encuesta en línea a gran escala llevada a cabo en Australia y Nueva Zelanda con el mayor tamaño muestral de todos los estudios de opinión pública sobre geoingeniería realizados hasta la fecha. Malcolm Wright, principal autor de la investigación, explica al respecto que «los resultados muestran que la ciudadanía tiene una fuerte opinión negativa sobre la ingeniería climática. [...] El resultado es sorprendente y el patrón, muy claro. Intervenciones como las consistentes en situar espejos en órbita o partículas finas en la estratosfera no son bien acogidas». El dato quizá más interesante de todos, dado el carácter altamente tecnológico de la cuestión, es que los encuestados y encuestadas de más edad se mostraron más conformes con la geoingeniería que los más jóvenes.[64]

Y la mejor noticia es que la hora de ese ecologismo a ojo de astronauta parece haber pasado ya; un nuevo movimiento dispuesto a asumir su lugar está en auge: un movimiento profundamente arraigado en geografías concretas, pero que también ha sabido conectarse globalmente en red como nunca antes. Los activistas de esta nueva generación —que han sido testigos de la avalancha reciente de enormes fracasos que ha tenido lugar— no están dispuestos a jugarse aquellas cosas que son preciosas e irreemplazables, y menos aún basándose en las palabras pretendidamente tranquilizadoras de unos ingenieros demasiado seguros de sí mismos.

Se trata de un movimiento de muchos movimientos y, aunque no resulte en absoluto detectable desde el espacio, está empezando a sacudir los cimientos de la industria de los combustibles fósiles.

Tercera parte

EMPEZAR DE TODOS MODOS

El día en que el capitalismo se vea obligado a tolerar la presencia de sociedades no capitalistas en su seno y a reconocer límites a su ansia de dominación, el día en que se vea forzado a admitir que su suministro de materias primas no será interminable, ese día llegará el cambio. Si alguna esperanza le queda al mundo, desde luego no habita entre las paredes de las salas de actos donde se celebran las conferencias sobre el cambio climático, ni en las ciudades de altos rascacielos. Habita en un lugar más bajo, situada sobre el terreno mismo, y rodea con sus brazos a las personas que salen todos los días a luchar por proteger sus bosques, sus montañas y sus ríos porque saben que los bosques, las montañas y los ríos las protegen.

El primer paso para imaginar de nuevo un mundo que ha tomado un derrotero terriblemente equivocado pasa por detener la aniquilación de aquellos que tienen una imaginación distinta: una imaginación situada fuera tanto del capitalismo como del comunismo. Una imaginación que maneja una concepción de la felicidad y la realización personal completamente diferente. Para conquistar ese espacio filosófico, es necesario conceder espacio físico a la supervivencia de aquellos que pueden parecernos custodios de nuestro pasado, pero que bien podrían ser en realidad los guías de nuestro futuro.

Arundhati Roy, 2010[1]

Cuando impulsé la demanda judicial contra Chevron en 1993, pensé «lo que necesitamos para luchar contra esta empresa y para que se haga justicia es unir al Amazonas». Y ese era un desafío muy complicado. Teníamos una muy difícil tarea por delante. Y hoy, ahora, me atrevo a decir que debemos unir al mundo entero. Tenemos que unir al mundo entero para combatir a esas compañías, para afrontar esos desafíos.

Luis Yanza, cofundador del Frente de Defensa
de la Amazonía, 2010[2]

Capítulo 9

BLOCKADIA

Los nuevos guerreros del clima

> Cuando haya peligro de daño grave o irreversible, la falta de certeza científica absoluta no deberá utilizarse como razón para postergar la adopción de medidas eficaces en función de los costos para impedir la degradación del medio ambiente.
>
> Declaración de Río (de las Naciones Unidas) sobre el Medio Ambiente y el Desarrollo, 1992[1]

> Es tan raro hallar un hombre honrado y escrupuloso en el negocio del petróleo que bien podríamos considerarlo una pieza de museo.
>
> HAROLD ICKES, secretario estadounidense del Interior, 1936[2]

«Pasaporte», dice el policía, de cuyo chaleco antibalas cuelgan botes y granadas de gas lacrimógeno cual condecoraciones. Entregamos los pasaportes junto con los pases de prensa y otros documentos que atestiguan que pocas emociones fuertes pueden esperar de nosotros, un humilde equipo de documentalistas canadienses.

El agente antidisturbios recoge los documentos sin mediar palabra, mientras hace señas a nuestro intérprete para que salga del vehículo. Luego cuchichea durante un buen rato con un colega cuya vista permanece fija en los enormes bíceps que sobresalen de sus propios brazos cruzados. Otro policía se suma al corrillo y luego otro más. El último saca un teléfono y lee detenidamente los nombres y los números que aparecen en cada documento a quienquiera que lo esté escuchando al otro lado de la línea, intercalando de vez en cuando alguna pregunta a nuestro traductor. Hay más hombres uniformados pululando por alrededor. Cuento hasta once en total.

Está oscureciendo, el camino de tierra en el que nos han retenido está en muy mal estado y tiene un desnivel muy acentuado en uno de sus costados. No hay ninguna iluminación artificial.

Tengo la impresión de que nos están fastidiando adrede, de que toda esta prolongada comprobación de documentos no tiene más objeto que obligarnos a transitar por ese difícil camino a oscuras. Pero todos conocemos las reglas: hacernos los simpáticos; no mirar directamente a los ojos de nadie; no hablar a menos que nos lo pidan; resistir el impulso de tomar fotos de la hilera de policías armados apostados ante las alambradas (aunque, por suerte, al final resulta que nuestro cámara estaba filmándolo todo a través de su gorra de malla); y la regla n° 1 en estos encuentros con el poder arbitrario: *no* mostrar lo indignadísimos que estamos.

Esperamos. Media hora. Cuarenta minutos. Más tiempo aún. El sol se pone. Nuestra furgoneta se llena de mosquitos voraces. Seguimos sonriendo con toda la simpatía de que podemos hacer acopio dadas las circunstancias.

He visto peores puestos de control que ese. En el Irak posterior a la invasión, todo el mundo tenía que someterse a cacheos completos si quería entrar o salir de cualquier edificio que tuviera algún carácter remotamente oficial. Una vez, a la entrada y a la salida de Gaza, nos pasaron por ocho escáneres distintos y fuimos interrogados a conciencia tanto por las Fuerzas de Defensa israelíes como por Hamas. Lo extraño de todo esto que nos está pasando en este camino de tierra es que no estamos en ninguna zona de guerra (o al menos, ninguna que esté considerada oficialmente como tal). Tampoco es el territorio de ningún régimen militar, ni un territorio ocupado, ni ningún otro lugar en el que cupiera esperar que fuéramos retenidos e interrogados durante tanto tiempo sin causa aparente. Es una vía pública en Grecia, un Estado democrático de la Unión Europea. Más aún: este camino en particular se halla en Calcídica, un destino turístico de fama mundial que atrae a miles de visitantes cada año, atraídos por la impactante combinación de playas de arena, aguas de color turquesa, huertos de olivos y bosques primarios (donde abundan hayas y robles de cuatrocientos años de edad, y cascadas de agua) que se dan en esa península.

Entonces, ¿qué hace aquí toda esa policía antidisturbios? ¿Y las alambradas? ¿Y las cámaras de vigilancia amarradas a las ramas de los árboles?

Bienvenidos a Blockadia

Lo que ocurre es que esta zona ha dejado de ser un área vacacional griega, por mucho que los turistas sigan llenando las calles de casas encaladas y las terrazas de las tabernas junto al mar, con sus mesas de manteles a cuadros azules y sus suelos pegajosos del ouzo derramado. Se trata más bien de una avanzada de un territorio que algunos han dado en llamar «Blockadia». Blockadia no es un lugar específico en el mapa, sino más bien una zona transnacional e itinerante de conflicto que está aflorando con frecuencia e intensidad crecientes allí donde se instalan proyectos extractivos con la intención de excavar y perforar, ya sea para abrir minas a cielo abierto, ya sea para extraer gas por el método de la fracturación hidráulica, ya sea para construir oleoductos que transporten el petróleo obtenido de las arenas bituminosas.

Lo que une a estos focos de resistencia cada vez más conectados entre sí es la cruda ambición de las compañías mineras y de combustibles fósiles que, por una parte, en su búsqueda de nuevos productos de precio elevado y de combustibles «no convencionales» de alto riesgo, están tratando de adentrarse en innumerables territorios hasta ahora inexplorados para ellas sin que les importe la repercusión que esas incursiones tengan en la ecología local (especialmente, en los sistemas hídricos locales), y que, por otra parte también, están llevando a cabo allí unas actividades industriales que no han sido contrastadas ni reguladas de forma adecuada, y que han dado sobradas muestras de su extraordinaria proclividad a los accidentes.

Otro factor que también une a Blockadia es que las personas que están en la primera línea de su frente de combate —abarrotando plenos municipales, desfilando en manifestación por las capitales, siendo detenidas e introducidas en furgones policiales, o incluso interponiéndose con sus propios cuerpos entre la tierra y las máquinas excavadoras— no se parecen a los activistas a los que muchos están acostumbrados; tampoco las personas de uno cualquiera de los escenarios de Blockadia se asemejan mucho a las de los otros. Diríamos más bien que las de cada sitio se parecen a los lugares en los que viven y tienen el aspecto de la gente corriente de esos lugares: los tenderos locales, los profesores universitarios, los estudiantes de secundaria, las abuelas. (En el pintoresco pueblo marinero de Erisso, con sus tejados rojos y su animado paseo marítimo, cuando se convoca una concentración antiminera, los dueños de las tabernas tienen que servir las mesas ellos mismos porque todo su personal acude a los actos en cuestión.)

La resistencia a la actividad extractiva extrema de alto riesgo está generando una red global, de militancia de base y de muy amplio espectro social, como casi nunca se había conocido alguna en el entorno del movimiento ecologista. Y puede que este fenómeno no deba ser considerado siquiera como un movimiento ecologista, pues está movido principalmente por el deseo de una forma más profunda de democracia que dote a las comunidades locales de una capacidad de control real sobre los recursos más cruciales para la supervivencia colectiva y, en concreto, sobre la salud del agua, el aire y el suelo. En el proceso, los actos de resistencia basados en reivindicaciones locales están consiguiendo frenar la comisión de verdaderos crímenes climáticos que estaban ya en marcha.

Al contemplar tales éxitos —que contrastan con los fracasos del ecologismo dirigido desde las cúpulas organizativas—, muchos jóvenes preocupados por el cambio climático están «pasando» de las elegantes organizaciones del movimiento verde convencional y de las grandes cumbres de la ONU, y, en su lugar, están acudiendo en gran número a las barricadas de Blockadia. Esto es algo más que un cambio de estrategia: es un cambio fundamental de perspectiva. La respuesta colectiva al cambio climático se está transformando de algo que tenía lugar principalmente en discusiones a puerta cerrada sobre política medioambiental y en encuentros de alto nivel dirigidos a presionar a las autoridades, en otra cosa mucho más viva e impredecible que tiene lugar básicamente en las calles (y las montañas, y los campos de los agricultores, y los bosques).

A diferencia de muchos de sus predecesores, que pasaron años imaginándose la crisis climática a partir de la ya mencionada vista a ojo de astronauta, estos activistas han dejado a un lado las bolas del mundo de plástico y están volviendo a ensuciarse las uñas de tierra (con minúscula inicial). Así lo ve Scott Parkin, un organizador de acciones climáticas para la Rainforest Action Network:

> La gente está ávida de una acción climática que pida algo más de ella que enviar mensajes de correo electrónico a ese congresista suyo que niega el cambio climático o actualizar su estado en Facebook poniendo algún mensaje ingenioso contra los combustibles fósiles. Ahora ha surgido un nuevo movimiento contrario al orden establecido que ha roto con esa élite verde que se ha vuelto indistinguible del resto de la élite de Washington; un movimiento que ha infundido vigor a toda una nueva generación para que plante cara in situ a las excavadoras y a los volquetes que transportan carbón.[3]

Y esto ha cogido a las industrias extractivas —tan acostumbradas a llevar la voz cantante— totalmente por sorpresa; de repente, ningún nuevo gran proyecto de los suyos, por rutinario que pueda parecer, puede darse ya por hecho de antemano.

En el bosque de Skouries, próximo a Erisso, donde detuvieron nuestra furgoneta, la chispa que catalizó la movilización fue un plan de la compañía minera canadiense Eldorado Gold para talar una amplia extensión de bosque primario y reorganizar el sistema hídrico local con el fin de construir una inmensa mina a cielo abierto de oro y cobre, además de una planta procesadora y otra gran mina subterránea.[4] A nosotros nos dieron el alto en una parte del bosque que será apisonada para dejar espacio para un gran embalse y una balsa de relaves, que es donde se acumulan los desechos líquidos resultantes de la actividad en las minas. Estar allí era como visitar a alguien a quien acababan de dar seis meses más de vida, solamente.

Muchas de las personas que viven en los pueblos cercanos y que dependen del agua dulce que baja de esa montaña se oponen rotundamente a la instalación de las minas. Temen por la salud de sus hijos y de sus animales, y están convencidas de que una instalación industrial tóxica a semejante escala no tiene cabida en una región que depende en gran medida del turismo, la pesca y la agricultura. Los lugareños han expresado ya su oposición al proyecto mediante todos los medios que se les han podido ocurrir. En una comunidad turística como esta, tales movilizaciones pueden dar pie a extrañas coincidencias: como marchas de protesta que pasan junto a parques de atracciones en miniatura, o como animadas reuniones políticas a altas horas de la noche en bares con tejados de paja especializados en servir bebidas combinadas. O como un fabricante de quesos local, orgullo de su pueblo por ostentar el récord Guinness por el queso de leche de cabra más grande jamás fabricado, que, tras ser arrestado y recluido en un calabozo, permaneció allí semanas a la espera de juicio. La policía tenía solamente pruebas circunstanciales, pero consideraba al quesero y a otros vecinos del pueblo sospechosos de haber participado en un incidente en el que unos intrusos enmascarados prendieron fuego a varios camiones y excavadoras de la empresa minera.*[5]

A pesar de su remota localización, la suerte del bosque de Skouries es un asunto de especial preocupación para el conjunto del país. Es objeto de debate en el Parlamento y en los programas de entrevistas nocturnos. Para el enorme movimiento progresista griego, constituye una especie de causa emblemática: activistas urbanos de Tesalónica y Atenas organizan manifestaciones multitudinarias y se desplazan hasta el bosque para celebrar jornadas de acción y conciertos destinados a recaudar fondos para esa lucha. Por todo el país hay pintadas con la consigna «Salvemos Skouries» y el principal partido de la oposición oficial, el izquierdista SYRIZA,

---

* Los lugareños insisten en que su lucha se rige por la más estricta «no violencia» y culpan del incendio a gentes ajenas al pueblo: forasteros o, tal vez incluso, meros provocadores.

ha prometido que la anulación de la concesión de la mina será uno de sus primeros actos en el poder si resulta elegido.

Por su parte, la coalición proausteridad que ocupa actualmente el Gobierno también ha adoptado Skouries como símbolo, pero de signo contrario. El primer ministro griego Antonis Samaras ha anunciado que la mina de Eldorado seguirá adelante «cueste lo que cueste», pues tal es la importancia que atribuye a la protección de «la inversión extranjera en el país». Invocando los problemas económicos que está atravesando Grecia, su coalición ha argumentado que la construcción de esa mina, pese a la oposición local, es un gesto fundamental con el que se envía a los mercados mundiales la señal de que el país está abierto a las inversiones. Eso permitirá que la nación avance rápidamente hacia la aprobación de una sucesión de proyectos extractivos sumamente controvertidos que están ya planificados: perforaciones en los mares Egeo y Jonio en busca de petróleo y gas; nuevas centrales térmicas de carbón en el norte; apertura de playas protegidas a la promoción inmobiliaria a gran escala; y otra multitud de proyectos mineros. Y todo ello porque, en palabras de un destacado comentarista, «esa es la clase de proyectos que el país necesita para superar la crisis económica».[6]

Debido a la importancia de los intereses nacionales en juego, el Estado ha desatado un nivel de represión contra el movimiento antiminero sin precedentes en Grecia desde los aciagos días de la dictadura. El bosque ha sido transformado en una zona de guerra en la que, según informaciones diversas, se disparan frecuentemente balas de goma y se arrojan gases lacrimógenos tan espesos que han provocado desvanecimientos entre algunos lugareños de más edad.[7] Y no podían faltar, por supuesto, los puestos de control, que se suceden escalonadamente a lo largo de los caminos y carreteras a los que se ha trasladado equipo pesado para la construcción de las instalaciones.

Pero en este puesto de avanzada de Blockadia, la policía no es la única que ha montado controles. En Erisso, los residentes locales también han instalado los suyos en cada una de las puertas de acceso a su pueblo después de que, en una ocasión, doscientos agentes antidisturbios armados hasta los dientes recorrieran las callejuelas de la localidad disparando botes de gas lacrimógeno en todas las direcciones; uno de ellos explotó en el patio de la escuela y provocó episodios de asfixia en muchos de los niños que estaban en clase en ese momento.[8] Para que los vecinos del pueblo no vuelvan a verse sorprendidos de ese modo nunca más, los puestos de control están atendidos por voluntarios durante las veinticuatro horas del día y, cuando se divisa algún vehículo policial, uno de esos vigilantes se da toda la prisa del mundo para ir a la iglesia a hacer sonar la campana. Al momento, las calles se llenan de vecinos manifestándose a voz en grito.

Escenas parecidas, que recuerdan más a situaciones de guerra civil que de protesta política, se están reproduciendo en un sinfín de escenarios de tierra en disputa por todo el mundo; esos escenarios componen las líneas del frente de Blockadia, que continúan multiplicándose a cada paso. A unos ochocientos kilómetros al norte del mencionado pulso griego, el pueblo agrícola de Pungesti, en Rumanía, se preparaba más o menos al mismo tiempo para un enfrentamiento contra Chevron y los planes de esta empresa de perforar allí el primer pozo de prospección de gas de esquisto de todo el país.[9] En el otoño de 2013, los agricultores instalaron un campamento de protesta en un campo del lugar, trajeron carros enteros de suministros y pertrechos para mantenerse allí durante semanas, cavaron una letrina y juraron impedir que Chevron perforase nada en aquellas tierras.

Como en Grecia, la reacción del Estado fue increíblemente militarizada, sobre todo, teniendo en cuenta el bucolismo del entorno. Un ejército de policías antidisturbios con escudos y porras cargaron a través de los labrantíos contra manifestantes pacíficos, varios de los cuales fueron golpeados salvajemente y tuvieron que ser retirados de allí en ambulancias. Hubo un momento en que los vecinos del pueblo, airados, desmantelaron la valla que protegía las instalaciones de Chevron, lo que desató nuevas represalias. En el pueblo, la policía antidisturbios flanqueó las calles «como si fuera un ejército de ocupación», según un testigo presencial de los hechos. Mientras tanto, las carreteras de acceso a la localidad quedaron controladas por puestos de policía y se impuso una prohibición de desplazamientos hasta la zona o desde ella, con lo que las autoridades consiguieron impedir (muy oportunamente para ellas) que los medios de comunicación entraran en el escenario del conflicto e incluso bloquearon a algunos vecinos el acceso a los campos donde pastaba su ganado. Los lugareños justificaban aquella forma de lucha porque, según decían, no tenían más remedio que detener una actividad extractiva que representaba una grave amenaza para su medio de vida. «Aquí vivimos de la agricultura —razonaba uno de ellos—. Necesitamos agua limpia. ¿Qué beberá nuestro ganado si estropean el agua?»[10]

Blockadia se extiende también por múltiples puntos calientes de Canadá, mi país de origen. Por ejemplo, en octubre de 2013 —al mismo tiempo que Pungesti era noticia— se produjo un enfrentamiento muy similar en la provincia de Nuevo Brunswick, en tierras reclamadas por

Elsipogtog, una nación indígena originaria (o «primera nación», como se conoce a esas entidades políticas nativas autónomas en Canadá) de la comunidad micmac cuyas raíces en lo que hoy es el Canadá oriental se remontan a unos diez mil años de antigüedad. Las gentes de Elsipogtog encabezaban un bloqueo contra SWN Resources, filial canadiense de una compañía con sede central en Texas que intentaba llevar a cabo prospecciones sísmicas en previsión de una posible explotación extractiva mediante la técnica del *fracking*. Las tierras en cuestión nunca habían sido entregadas al Gobierno de Canadá, ni como resultado de una guerra ni en virtud de tratado alguno, y el Tribunal Supremo del país había confirmado el derecho de los micmac a continuar accediendo a los recursos naturales de esas tierras y aguas, un derecho que los manifestantes aducían que sería despojado de todo su sentido si el territorio se envenena por culpa de las toxinas procedentes de la fracturación hidráulica.[11]

Previamente en el mes de junio, miembros de los micmac anunciaron que habían encendido un «fuego sagrado», una hoguera ceremonial que ardería de forma continuada durante días, y habían invitado a otros canadienses «no nativos» a unirse a ellos en el bloqueo del paso de los camiones de la compañía gasística. Así lo hicieron muchos de ellos y, durante meses, los manifestantes estuvieron acampados junto a la zona de las prospecciones sísmicas, bloqueando caminos y material mientras entonaban canciones tradicionales acompañados del sonido de sus tambores de mano. Lograron impedir en varias ocasiones el trabajo de los camiones y, en una ocasión, una mujer micmac llegó incluso a atarse a una pila de material para prospecciones sísmicas con el propósito de impedir que lo llevasen a ninguna parte para ser usado.

El conflicto se había llevado por cauces eminentemente pacíficos hasta que, el 17 de octubre, ejecutando un mandamiento judicial solicitado por la empresa, la Real Policía Montada del Canadá intervino para despejar la carretera de acceso. Una vez más, un paisaje rural fue transformado en una zona de guerra: más de un centenar de agentes de policía —algunos de ellos armados con rifles de precisión y acompañados por perros de ataque— dispararon pelotas de goma contra las personas allí concentradas, además de ráfagas de espray de pimienta y chorros de agua a alta presión. Muchos ancianos y niños fueron atacados; docenas de personas fueron arrestadas, incluido el jefe electo de la «primera nación» de Elsipogtog. Algunos manifestantes respondieron atacando a los vehículos policiales y, al término de aquella jornada, cinco coches de policía y una furgoneta sin distintivo de ningún tipo habían sido consumidos por las llamas. «Estallido de violencia en una protesta nativa contra el gas de esquisto», rezaba un titular de prensa representativo del tono con el que se recogió la noticia.[12]

Blockadia ha hecho también acto de presencia en múltiples emplazamientos de la campiña británica, donde los oponentes a la «carrera por el gas» emprendida por el Gobierno del Reino Unido han recurrido a una serie de tácticas creativas para interferir en las actividades de la industria del sector: desde pícnics de protesta para bloquear la carretera de acceso a un yacimiento explotado mediante *fracking* en la pequeña aldea de Balcombe (West Sussex) hasta el cierre de una central eléctrica de gas cuya figura domina el paisaje del histórico pueblo abandonado de West Burton y su hermoso río (el «plateado» Trent, según lo describe Shakespeare en *Enrique IV*), una acción llevada a cabo por veintiún activistas. Tras una audaz escalada, el grupo acampó durante más de una semana en la cima de dos torres de refrigeración de agua de noventa metros de altura, con lo que imposibilitaron la producción en aquella planta. La compañía, además, se vio obligada a desistir en su intención de demandar judicialmente a los activistas por 5 millones de libras ante la presión pública de la que fue objeto. En fecha más reciente, otros activistas bloquearon también la entrada a un terreno de pruebas de *fracking* próximo a la ciudad de Manchester con una gigantesca turbina de producción de energía eólica tumbada de lado.[13]

Blockadia también estaba a bordo del *Arctic Sunrise* cuando treinta activistas de Greenpeace organizaron una acción de protesta en el Ártico ruso para llamar la atención sobre los peligros de la fiebre de las perforaciones del subsuelo situado por debajo de la cada vez más fina capa de hielo de la región. Agentes armados de la Guardia Costera se descolgaron sobre la cubierta del navío desde un helicóptero y asaltaron el buque al más puro estilo de un comando de combate. Los activistas estuvieron en prisión durante dos meses.[14] Tras ser acusados inicialmente de piratería —un delito que acarrea condenas de entre diez y quince años de cárcel—, los activistas internacionales terminaron siendo liberados y, finalmente, amnistiados después de que el Gobierno ruso viera afeada su conducta gracias a una enorme campaña internacional que incluyó, no solo manifestaciones en, al menos, 49 países distintos, sino también presiones de numerosos jefes de Estado y once ganadores del premio Nobel (por no hablar de Paul McCartney).

El espíritu de Blockadia está presente y es visible incluso en las partes donde más duramente se deja sentir la represión del régimen chino; concretamente, en la zona donde los pastores de la Región Autónoma de Mongolia Interior se han rebelado contra los planes de las autoridades para convertir su región (rica en reservas de combustibles fósiles) en la «base energética» del país. «Cuando hace viento, terminamos cubiertos de polvo de carbón porque la mina es a cielo abierto. Y el nivel del acuífero no deja de descender año tras año —explicó el pastor Wang Wenlin a *Los Angeles Times*—. Ya no tiene sentido seguir viviendo aquí.» Los lugareños no han dejado de organizar numerosas protestas por toda la región, acciones valientes a las que el Estado ha respondido con una feroz represión que se ha saldado con la muerte de varios participantes en manifestaciones en el exterior de las minas y en bloqueos a los camiones de transporte del carbón.[15]

Es en parte por culpa de esta oposición interna a la minería del carbón por lo que China importa cantidades crecientes de ese mineral del extranjero. Pero muchos de los lugares en los que se extrae el carbón de los que se aprovisionan los chinos están inmersos hoy en día en sus propios y particulares levantamientos locales conforme al estilo característico de Blockadia. Por ejemplo, en Nueva Gales del Sur (Australia), la oposición a la instalación de nuevas minas de carbón se está volviendo más seria y sostenida a cada mes que pasa. En agosto de 2012, una coalición de organizaciones diversas puso en marcha lo que llamó el «primer campamento de bloqueo de una mina de carbón de la historia de Australia», y, durante año y medio (y lo que siga durando), los activistas se han ido encadenando a las diversas entradas de acceso a las obras de Maules Creek, la mayor mina en construcción de todo el país, que, junto con otras en la zona, tiene previsto diezmar la mitad del Bosque Estatal de Leard (de 7.500 hectáreas de extensión) y generar una huella de gases de efecto invernadero equivalente a más del 5 % de las emisiones anuales de Australia, según una estimación.[16]

No obstante, gran parte de ese carbón está destinado a ser exportado a Asia, por lo que hay también activistas preparándose para combatir las ampliaciones portuarias proyectadas en Queensland que incrementarían considerablemente el número de buques carboneros que zarpan de Australia cada año, muchos de ellos a través del vulnerable ecosistema de la Gran Barrera de Coral, que es Patrimonio de la Humanidad y la mayor estructura natural de la Tierra formada por criaturas vivas. La Sociedad Australiana de Conservación Marina ha calificado el drenado del fondo oceánico practicado para ampliar la vía de paso para el creciente tráfico marítimo de carbón de amenaza «sin precedentes» para los frágiles arrecifes de coral, que ya están sometidos a un muy severo estrés por culpa de la acidificación de los océanos y de varias formas de residuos líquidos contaminantes.[17]

Este no es más que un muy escueto esbozo de los contornos de Blockadia, pero no estaría completo sin incorporar también el asombroso auge de la resistencia, tanto en Canadá como en Estados Unidos, contra la práctica totalidad de infraestructuras conectadas con la extracción de petróleo de las arenas bituminosas de Alberta.

Y no hay ningún ejemplo más pertinente en ese sentido que el de la movilización contra el proyecto del oleoducto Keystone XL de TransCanada. Concebido como una ampliación del sistema de oleoductos Keystone que atravesará todo el continente, la primera fase del proyecto, conocida como Keystone 1, tuvo unos inicios poco halagüeños. Durante su primer año de funcionamiento, las estaciones de bombeo repartidas a lo largo del oleoducto originaron catorce vertidos accidentales de petróleo de arenas bituminosas en Estados Unidos. La mayoría fue de pequeña magnitud, pero dos de los de mayor alcance obligaron a cerrar todo el oleoducto dos veces en un mismo mes. En uno de esos casos, un ganadero de Dakota del Norte divisó al despertarse un surtidor improvisado de petróleo que escupía el líquido a una altura visible por encima de los algodonales próximos a su granja. Sorprendido, comentó a la prensa que fue «como cuando en las películas encuentras petróleo y este sale disparado hacia arriba». Si se construye la totalidad prevista del Keystone XL (el tramo sur, desde Oklahoma hasta las terminales de exportación en la costa de Texas, ya está instalado y en funcionamiento), las obras correspondientes —que tienen un coste presupuestado de 7.000 millones de dólares— añadirán un total de 2.677 kilómetros de nuevas canalizaciones de oleoducto que recorrerán siete estados y provincias de ambos países transportando hasta 830.000 barriles diarios de petróleo de (principalmente) arenas bituminosas hasta las refinerías y las terminales exportadoras de la costa del golfo de México.[18]

Fue el Keystone el que provocó el histórico estallido de desobediencia civil que se vivió en Washington (D.C.) en 2011 (véase la pág. 180), al que siguieron las protestas que más participantes habían reunido en la historia del movimiento climático estadounidense hasta esa fecha (más de 40.000 personas frente a la Casa Blanca en febrero de 2013). Y es el Keystone el que ha reunido en (otrora) inesperada alianza a tribus indígenas y a ganaderos de las tierras que recorre el trazado del oleoducto —una coalición conocida como la «alianza de indios y vaqueros»—, o a activistas veganos que creen que comer carne es un crimen y a granjeros de ganado que adornan las paredes de sus casas con cabezas de ciervo a modo de trofeos. De hecho, el grupo de acción directa Tar Sands Blockade fue el primero en acuñar el término «Blockadia» en agosto de 2012 mientras planificaba lo que terminaría siendo un bloqueo de 86 días de duración a una tala de árboles con el fin de obstaculizar la construcción del Keystone en el este de Texas. Esta coalición ha empleado todos los métodos imaginables para detener el avance del tramo sur del oleoducto: desde encerrarse dentro de un trozo largo de tubería que no se había instalado todavía hasta crear una compleja red de casas en árboles (para evitar su tala) y otras estructuras por el estilo a lo largo del trazado.[19]

En Canadá, fue el oleoducto Northern Gateway, impulsado por la empresa del sector energético Enbridge, el que despertó de manera parecida el gigante dormido de la indignación ecológica latente. De construirse, esa conducción de 1.177 kilómetros tendría su inicio cerca de Edmonton (en Alberta) y transportaría 525.000 barriles diarios de petróleo procedente principalmente de arenas bituminosas diluidas, cruzando en su recorrido unas mil vías fluviales y canales diferentes y algunos de los bosques pluviales templados más prístinos del mundo (entre montañas sumamente propensas a las avalanchas), para terminar en una nueva terminal de exportaciones en la localidad de Kitimat, en el norte de la Columbia Británica. Allí el petróleo se cargaría a bordo de superpetroleros que surcarían el Pacífico y algunos de sus estrechos pasos de navegación, azotados a menudo por un feroz oleaje (las localidades costeras turísticas de esa zona de la Columbia Británica promocionan el invierno en sus alojamientos como temporada de «observación de temporales»). La burda temeridad de semejante propuesta —que pondría en riesgo una grandísima parte de los espacios naturales, las zonas de pesca, las playas y la vida marina más queridos de Canadá— contribuyó a alumbrar una coalición sin precedentes de canadienses que se oponen al proyecto y que incluye también a una alianza histórica de grupos indígenas en la Columbia Británica que han jurado actuar como «un muro de oposición sin fisuras desde la frontera estadounidense hasta el océano Ártico» para detener cualquier nuevo oleoducto que transporte petróleo de las arenas bituminosas a través de su territorio colectivo.[20]

Las compañías que han sido y son el centro de la controversia de todas esas batallas no han abandonado aún su estado inicial de perplejidad ante el nuevo curso de los acontecimientos. TransCanada, por ejemplo, estaba tan convencida de que podría seguir adelante con el oleoducto Keystone XL sin mayor complicación que compró por adelantado las tuberías necesarias por un importe de más de 1.000 millones de dólares. ¿Y por qué no, si el mismísimo presidente Obama apoya que se impulsen «todas las opciones» como estrategia energética y el primer ministro canadiense Stephen Harper declaró que aprobar el proyecto era una decisión «obvia»? Sin embargo, en vez de la autorización general que TransCanada esperaba, su proyecto concitó un movimiento contrario tan amplio que reactivó (y reinventó) el ecologismo en Estados Unidos.[21]

Si uno pasa el tiempo suficiente en Blockadia, comenzará a identificar ciertas pautas: en los eslóganes en las pancartas («el agua es vida», «el dinero no se come», «decimos basta»), en la determinación compartida para mantenerse en la lucha a largo plazo y para hacer lo que haga falta para ganar... Otro elemento que se repite es el prominente papel desempeñado por las mujeres, que suelen ser una presencia destacada en los frentes de batalla, donde aportan no solo un poderoso liderazgo moral, sino también algunos de los elementos iconográficos más perdurables de estos movimientos. En Nuevo Brunswick, por ejemplo, la imagen de una madre micmac solitaria, arrodillada en medio de la carretera ante una hilera de policías antidisturbios mientras sostenía en alto una pluma de águila, se convirtió en viral. En Grecia, el gesto que sensibilizó definitivamente a la opinión pública fue el de una mujer de 74 años que se enfrentó a una columna de agentes antidisturbios entonando a viva voz una canción revolucionaria que cantaban los miembros de la resistencia griega contra la ocupación alemana. Desde Rumanía, la imagen de una anciana cubierta con un pañuelo que sujetaba un bastón nudoso para ayudarse a caminar dio la vuelta al mundo acompañada de la siguiente leyenda: «Te das cuenta de que tu Gobierno ha fracasado cuando tu abuela empieza a amotinarse».[22]

Las diversas amenazas tóxicas contra las que estas comunidades se han levantado parecen estar despertando impulsos que son universales, primarios incluso: ya sea el potente instinto de proteger a los niños frente a cualquier daño, ya sea un vínculo profundo con la tierra que había permanecido reprimido hasta entonces. Y aunque la prensa convencional se hizo eco de esas acciones caracterizándolas como protestas aisladas contra proyectos concretos, todos esos escenarios de resistencia se conciben cada vez más a sí mismos como parte de un movimiento global, un movimiento de oposición a la más reciente y arriesgada acometida de los extractivistas dondequiera que estos traten de saciar sus ansias. Los medios sociales en particular han permitido que comunidades geográficamente aisladas cuenten sus historias al mundo y que esas historias hayan pasado a formar parte, a su vez, de un relato transnacional de resistencia a una crisis ecológica común.

De ahí que autobuses llenos de activistas contrarios al *fracking* y a la llamada minería de remoción de cimas (un tipo especialmente agresivo de explotación minera a cielo abierto) se desplazaran en gran número hasta

Washington (D.C.) para protestar contra el oleoducto Keystone XL, sabedores de que unos y otros se enfrentan a un enemigo común: el impulso por explotar formas cada vez más extremas y arriesgadas de obtener combustibles fósiles. Del mismo modo, varias comunidades locales francesas, al descubrir que sus tierras habían sido arrendadas a una compañía gasística para que esta practicara en ellas algo llamado «fracturación hidráulica» —un método desconocido por entonces en Europa— se pusieron en contacto con activistas francófonos de Quebec que habían conseguido la aprobación en su territorio de una moratoria contra esa práctica (y que habían aprendido mucho a su vez de sus correligionarios estadounidenses, en particular gracias al documental *Gasland*, que ha resultado ser una potente herramienta de organización global).*[23] Y, al final, el conjunto de movimiento global se unió en torno a la iniciativa «Global Frackdown» contra la fracturación hidráulica en septiembre de 2012, con acciones en doscientas comunidades locales de más de veinte países, y repetida un año más tarde con un mayor número de participantes.

Hay algo más que une a esta red de resistencia local: una concienciación generalizada sobre la importancia de la crisis climática y el convencimiento de que estos nuevos proyectos extractivos —que generan mucho más dióxido de carbono, en el caso de las arenas bituminosas, y más metano, en el caso del *fracking*, que sus precedentes convencionales— están haciendo que el planeta marche en el sentido diametralmente contrario al que debería tomar ahora mismo. Estos activistas comprenden que mantener el carbono en el subsuelo, sin extraerlo, y proteger bosques antiguos (y grandes captadores de carbono) de la tala masiva para la actividad minera es un prerrequisito para impedir un calentamiento catastrófico del clima planetario. Así que, si bien estos conflictos son provocados sin excepción por la inquietud de que peligren los medios de vida o la seguridad locales, la preocupación por los intereses globales en juego siempre está ahí y no tarda en aflorar.

La bióloga ecuatoriana Esperanza Martínez, una de las personas que lideran el movimiento por una «Amazonía libre de petróleo», plantea así la pregunta que late en el centro mismo de todas estas campañas: «¿Por qué debemos sacrificar nuevas zonas del mundo si ni siquiera deberíamos

---

* Maxime Combes, economista francés y activista antifracturación hidráulica, ha señalado al respecto que «la escena en ese documental en la que el granjero Mike Markham prende con un encendedor el gas que sale de un grifo de agua de su casa por culpa de las filtraciones producidas por las prospecciones de gas en la zona ha tenido una influencia mucho mayor en contra del *fracking* que ningún reportaje de prensa o discurso».

estar extrayendo más combustibles fósiles del subsuelo?». En realidad, si por alguna idea central se rige este movimiento, es por que este es el momento de cerrar las puertas a la expansión de los combustibles fósiles y de impedir que conquisten nuevos territorios. KC Golden, un experto de Seattle en política medioambiental, ha bautizado esa idea con el nombre de «Principio Keystone». Según su explicación, «para el creciente movimiento climático nacional, Keystone no representa simplemente un oleoducto en la arena». Es también la expresión de un principio central que viene a decir que, si queremos resolver de manera efectiva esta crisis, antes tenemos que «dejar de empeorarla. En concreto y de forma especialmente categórica, debemos dejar de realizar grandes inversiones de capital a largo plazo en nuevas infraestructuras para la producción y transporte de combustibles fósiles que solo sirven para "blindar" unos niveles peligrosos de emisiones durante muchas décadas. [...] El primer paso para salir de un hoyo es dejar de cavar».[24]

Así pues, si la política energética de Obama consiste en apoyar «todas las opciones» (algo que, en la práctica, significa avanzar a toda máquina con la extracción de combustibles fósiles, complementada marginalmente por aportaciones de las energías renovables), Blockadia está respondiendo con una filosofía con la que no está dispuesta a transigir y que consiste en «no dar opción al extractivismo». Es una filosofía basada en el simple principio de que ya es hora de dejar de extraer venenos de las profundidades y de pasar (a toda velocidad) a propulsar nuestras vidas con las abundantes energías presentes en la superficie de nuestro planeta.

OPERACIÓN CAMBIO CLIMÁTICO

Si bien la escala y la interconexión de este tipo de activismo antiextractivo son ciertamente nuevas, el movimiento en sí comenzó mucho antes de que se iniciara la lucha contra el Keystone XL. Si tuviéramos que buscar los orígenes de esta oleada en un momento y un lugar, estos serían probablemente los años noventa del siglo xx en el que seguramente es el territorio más arrasado por el petróleo en todo el planeta: el delta del Níger.

Desde que se abrieron de par en par las puertas a los inversores extranjeros en las postrimerías del periodo del dominio colonial británico, las compañías petroleras han bombeado petróleo por valor de centenares de miles de millones de dólares del subsuelo de Nigeria (la mayor parte desde el delta del Níger) mostrando un indisimulado desdén por la tierra, el agua y la población de ese país. Han vertido aguas residuales directamente a los ríos, los arroyos y el mar; han excavado canales de paso desde el océano sin el más mínimo cuidado, con lo que han provocado la salinización de importantísimas fuentes de agua dulce; y han dejado los oleoductos sin protección ni mantenimiento algunos, lo que se ha traducido en miles de vertidos y fugas. Hay una estadística al respecto que se cita muy a menudo y que dice que en el delta lleva vertiéndose cada año el equivalente de una marea negra como la del *Exxon Valdez* desde hace aproximadamente medio siglo, y el petróleo así vertido ha envenenado peces, animales terrestres y personas.[25]

Pero nada de ello puede compararse siquiera con la tragedia que representa el *flaring*, es decir, la quema en antorcha del gas natural que se libera al perforar los depósitos petrolíferos para extraer crudo. Si en Nigeria se construyera la infraestructura necesaria para capturar, transportar y utilizar ese gas, este podría satisfacer las necesidades de electricidad de todo el país. Pero en el delta, las multinacionales han optado principalmente por ahorrar dinero dejando que arda en antorcha, lo que envía ese gas hacia la atmósfera en forma de grandes columnas de fuego contaminante. Dicha práctica es responsable de, aproximadamente, un 40 % de las emisiones totales de CO_2 de Nigeria (lo que ha dado pie, como ya se ha comentado anteriormente, a que algunas compañías lleguen al absurdo de tratar de cobrar créditos de carbono a cambio de poner fin a esa práctica). Mientras tanto, más de la mitad de las comunidades locales que habitan el delta carecen de electricidad y agua corriente, padecen un desempleo galopante y (cruel ironía la suya) sufren además frecuentes episodios de escasez de combustible.[26]

Desde la década de 1970, muchos nigerianos del delta han reclamado compensaciones por el daño que les han causado los gigantes multinacionales del petróleo. Esa lucha entró en una nueva fase a comienzos de los años noventa cuando los ogoni —un grupo indígena relativamente pequeño de esa región— organizaron el Movimiento para la Supervivencia del Pueblo Ogoni (MOSOP), encabezado por el afamado activista de los derechos humanos y dramaturgo Ken Saro-Wiwa. El movimiento puso especialmente en su punto de mira a Shell, que había extraído de territorio ogoni producto por valor de 5.200 millones de dólares entre 1958 y 1993.[27]

La nueva organización no se conformó con pedirle al Gobierno una mejora de sus condiciones, sino que proclamó los derechos del pueblo ogoni a controlar los recursos depositados bajo sus tierras y se puso manos a la obra para hacerlos efectivos. Sus acciones no se limitaron a conseguir el cierre de las instalaciones petroleras. El activista medioambiental y ecologista político nigeriano Godwin Uyi Ojo recuerda que, el 4 de enero de 1993, «un total estimado de unos 300.000 ogoni, incluidas mujeres y niños, llevaron a cabo una histórica marcha de protesta no violenta contra las "guerras ecológicas" de Shell». Ese mismo año, Shell fue obligada a retirarse del territorio ogoni y a renunciar así a importantes ingresos (aun cuando la empresa continúa siendo el principal actor del sector del petróleo en otras partes del delta). Saro-Wiwa declaró entonces que el Estado nigeriano «tendr[ía] que matar a tiros a todos los hombres, mujeres y niños ogoni para llevarse una sola gota más de su petróleo».[28]

A fecha de hoy, en Ogoniland continúa sin haber la más mínima producción petrolera: un hecho que es todavía uno de los logros más significativos del activismo medioambiental de base en cualquier lugar del mundo. Gracias a la resistencia ogoni, el carbono ha continuado enterrado en el subsuelo, lejos de la atmósfera. En las dos décadas transcurridas desde que Shell se marchó de esas tierras, estas han comenzado a sanar lentamente de sus heridas y se han publicado informes provisionales que indican que ha mejorado la producción agraria. Esto representa, según Ojo, «el más formidable ejemplo a nivel mundial de resistencia de toda una comunidad contra las actividades de las empresas petroleras».[29]

Pero el destierro de Shell no supuso el final de esa historia. Desde el inicio de las protestas, el Gobierno nigeriano —el 80 % de cuyos ingresos (el 95 % en el caso de los procedentes de las exportaciones) depende del petróleo— vio en la capacidad organizativa demostrada por los ogoni una grave amenaza para sus intereses. Cuando la región se movilizó para recuperar el control de sus tierras de manos de Shell, miles de habitantes del delta fueron torturados y asesinados, y docenas de pueblos de los ogoni, arrasados. En 1995, el régimen militar del general Sani Abacha juzgó a Ken Saro-Wiwa y a ocho de sus compatriotas con acusaciones falsas. Y los nueve hombres fueron condenados a muerte y colgados en la horca, cumpliendo así la predicción que hiciera el propio Saro-Wiwa cuando dijo que «van a arrestarnos a todos y ejecutarnos. Y todo por Shell».[30]

Aquel fue un golpe muy doloroso para el movimiento, pero los habitantes del delta del Níger siguieron luchando. Recurriendo a tácticas cada vez más combativas, como la ocupación de plataformas petrolíferas, barcazas petroleras y estaciones de flujo. Esta resistencia organizada por las propias comunidades locales logró el cierre de una veintena de instalaciones petroleras, lo que redujo significativamente la producción en la zona.[31]

Un capítulo clave y apenas examinado de la lucha de resistencia contra la industria de los combustibles fósiles del delta del Níger tuvo lugar en el tramo final de 1998. Cinco mil jóvenes de la nación ijaw, uno de los grupos étnicos más numerosos de Nigeria, celebraron un encuentro histórico en Kaiama, una localidad de una provincia meridional del delta. El Consejo de la Juventud Ijaw allí reunido redactó la Declaración de Kaiama, en la que se recordaba que el 70 % de los ingresos por petróleo percibidos por el Estado procedían de las tierras de los ijaw y que, «pese a tan inmensas contribuciones, la recompensa que recibimos del Estado nigeriano continúa siendo una cosecha de muertes evitables que resultan de la devastación ecológica y la represión militar». La declaración —que contó con un amplio apoyo transversal de la sociedad del delta— proclamó que «toda la tierra y los recursos naturales (incluidos los minerales) que están dentro del territorio ijaw pertenecen a las comunidades ijaw y son la base de nuestra supervivencia», y reclamaba «autogobierno y control sobre los recursos».[32]

Pero fue su artículo 4° el que concitó una mayor atención:

> Nosotros, por la presente, exigimos que todas las compañías petroleras detengan todas las actividades de prospección y explotación en el área de los ijaw. [...] Y, en consecuencia, aconsejamos a todo el personal de las empresas petroleras y de sus contratistas que abandone los territorios ijaw en fecha no posterior al 30 de diciembre de 1998, en espera de que se resuelva la cuestión de la propiedad y el control de los recursos en el área de los ijaw del delta del Níger.[33]

El Consejo de la Juventud Ijaw votó unánimemente a favor de llamar a esa nueva ofensiva «Operación Cambio Climático». «La idea era: vamos a cambiar nuestro mundo —me comentó Isaac Osuoka, uno de los organizadores del movimiento—. Éramos conscientes del hecho de que el mismo crudo que nos empobrece a nosotros empobrece también a la Tierra. Y que un movimiento por el cambio del mundo en general puede empezar cambiando nuestro propio mundo particular.» Aquel era, por así decirlo, un intento de emprender un tipo distinto de lucha contra el cambio climático; se trataba de la iniciativa de un grupo de personas (cuyas tierras habían sido envenenadas y cuyo futuro estaba en peligro) que aspiraba a cambiar su clima político, su clima de seguridad, su clima económico e incluso su clima espiritual.[34]

Como habían prometido, el 30 de diciembre, los jóvenes salieron por millares a la calle. Los líderes de la protesta dieron instrucciones muy estrictas a los participantes para que no portaran armas y no bebieran alcohol. Las manifestaciones —llamadas *ogeles*, que son las procesiones tradicionales de los ijaw— fueron no violentas y muy espectaculares. Muchos participantes iban vestidos de negro, llevaban velas, cantaban, bailaban y hacían sonar tambores. Varias plataformas petrolíferas fueron ocupadas, no por las armas, sino por la multitud misma de cuerpos de las personas que irrumpieron en ellas y que los guardias de seguridad no pudieron contener. «Algunos de los manifestantes —recordaba Osuoka en una entrevista telefónica— habían trabajado en alguna ocasión para una empresa petrolera y sabían cuál era la válvula que se tenía que cerrar.»

La respuesta del Gobierno nigeriano fue aplastante. Movilizó a un total estimado de unos quince mil soldados, buques de guerra y hasta brigadas de tanques. En algunas regiones, el Gobierno declaró el estado de emergencia e impuso el toque de queda. Según Osuoka, «en un pueblo tras otro, soldados desplegados por el Estado abrieron fuego contra ciudadanos desarmados». En las localidades de «Kaiama, Mbiama y Yenagoa, se mató a personas por las calles y se violó a mujeres y niñas en sus hogares en medio de la orgía de violencia desatada por el Estado con el pretexto de defender la instalaciones petroleras».[35]

Los enfrentamientos se prolongaron durante una semana, más o menos. Al final, las informaciones mencionaron un mínimo de doscientas vidas perdidas (posiblemente fueran más incluso); docenas de casas habían ardido hasta los cimientos. Hubo un caso, al menos, en el que los soldados que llevaron a cabo asaltos letales volaron hasta la zona en un helicóptero tomado de unas instalaciones de Chevron. (La gigante petrolera se justificó diciendo que no tuvo otra opción más que permitir que su equipo y su material fueran utilizados por el ejército, pues procedían de una *joint venture* compartida con el Estado nigeriano, si bien, tal como señaló Human Rights Watch, «la empresa no hizo pública queja o protesta alguna por los asesinatos; tampoco ha anunciado que vaya a tomar medida alguna para evitar incidentes similares en el futuro».)[36]

Esa clase de actuaciones brutales explican en muy buena medida por qué tantos jóvenes del delta del Níger han perdido actualmente la fe en la no violencia. Y por qué, hacia 2006, la zona estaba ya sumida en una insurgencia armada en toda regla, con atentados con explosivos contra infraestructuras petroleras y objetivos gubernamentales, un vandalismo galopante contra los oleoductos, secuestros de trabajadores del petróleo (declarados «combatientes enemigos» por los insurgentes) con peticiones de rescate, y, en fecha más reciente, pactos de amnistía en los que se ofrece dinero a cambio de armas. Godwin Uyi Ojo ha escrito que, a medida que el conflicto armado se fue enquistando, «los agravios terminaron pronto confundidos con la codicia y los crímenes violentos».[37] En el proceso, se fue volviendo cada vez más difícil distinguir los objetivos originales del movimiento —detener el saqueo ecológico y recuperar el control sobre el gran recurso de la región— en las acciones de los combatientes.

Pero, aun así, merece la pena que nos fijemos en lo sucedido en la década de los noventa, cuando las metas sí estaban claras. Porque lo que resulta evidente en las batallas iniciales de los ogoni y los ijaw es que la lucha *contra* la extracción violenta de recursos y la lucha *por* el control comunitario sobre los mismos y por una democracia y una soberanía mayores son dos caras de una misma moneda. La experiencia nigeriana también tuvo una enorme (y apenas reconocida) influencia en otras regiones ricas en recursos del Sur Global que terminaron enfrentándose a grandes multinacionales del petróleo.

El más importante de esos intercambios de ideas y energías se produjo en 1995, inmediatamente después del asesinato de Ken Saro-Wiwa, cuando activistas de la nigeriana Environmental Rights Action formaron una alianza con una organización similar de Ecuador llamada Acción Ecológica. En aquel momento, Acción Ecológica estaba implicada a fondo en la búsqueda de soluciones a un desastre medioambiental y de salud pública que Texaco había dejado tras de sí en una región nororiental del país, un incidente que sería conocido como el «Chernóbil de la Selva». (Tras adquirir Texaco, Chevron fue condenada a pagar 9.500 millones de dólares de indemnización por el Tribunal Supremo ecuatoriano; las batallas judiciales no han concluido aún.)[38] Estos activistas de primera línea del frente en dos de las regiones más negativamente afectadas por el petróleo en todo el planeta formaron una organización llamada Oilwatch Internacional, que se ha mantenido en primera línea del movimiento global que lucha para que «el petróleo se quede en el subsuelo» y cuya influencia puede apreciarse en toda Blockadia.

Como bien evidencian las experiencias en Nigeria y Ecuador, el activismo antiextracción no es un fenómeno nuevo. Siempre ha habido y siempre habrá comunidades locales con fuertes lazos con la tierra dispuestas a defenderse frente a empresas y negocios que amenacen sus modos de vida. Y la resistencia a los combustibles fósiles tiene una larga historia tras de sí también en Estados Unidos, sobre todo en el terreno de la lucha contra la minería del carbón a cielo abierto (por el método de la remoción de cimas) en la región de los Apalaches. Además, la acción directa contra la extracción temeraria de recursos es un elemento integrante del movimiento ecologista desde hace mucho tiempo y con él se han conseguido proteger algunas de las tierras y las aguas de mayor diversidad biológica del planeta. Muchas de las tácticas concretas empleadas por los activistas de Blockadia hoy en día —como el *tree-sitting* y el precintado de maquinaria, por ejemplo— fueron desarrolladas por Earth First! en la década de 1980, cuando dicha organización libró sus particulares «guerras en el bosque» contra la tala indiscriminada de árboles.

Lo que ha cambiado en los últimos años ha sido principalmente la escala, lo que no deja de ser en sí mismo un reflejo de las vertiginosas ambiciones del proyecto extractivo en este particular momento de la historia. En muchos sentidos, el auge de Blockadia no es más que el reverso del *boom* del carbono. La industria está tratando de ir más allá en todos los frentes valiéndose de una combinación de factores como son el elevado precio de las materias primas, las nuevas tecnologías y el agotamiento de las reservas convencionales. Está extrayendo más, intentando anexionarse nuevos territorios y utilizando métodos más arriesgados. Cada uno de estos factores está exacerbando la reacción adversa, así que vale la pena que los examinemos por separado.

La zona de sacrificio somos todos

Aunque cada vez hay más riesgos relacionados con nuestra era de formas extremas de obtención de energía (arenas bituminosas, fracturación hidráulica para la extracción de petróleo y gas, plataformas de perforación en aguas profundas, minería del carbón por el método de la remoción de cimas), es importante recordar que las actividades de las industrias extractivas nunca han sido seguras o de bajo riesgo. Para impulsar una economía mediante fuentes energéticas que no pueden extraerse y refinarse sin que se liberen múltiples venenos en el proceso, siempre ha sido preciso que existan zonas de sacrificio; esto es, subconjuntos de la humanidad a los que no se reconoce un carácter plenamente humano, lo que hace que su envenenamiento en nombre del progreso nos resulte más o menos aceptable.

Y durante mucho tiempo, todas las zonas de sacrificio compartieron unos cuantos elementos en común. Todas estaban en ubicaciones pobres y «apartadas» cuyos habitantes carecían de poder político por uno u otro motivo (generalmente, por una combinación de factores raciales, lingüísticos y de clase). Y quienes vivían en esos lugares condenados de antemano sabían que habían sido dados por perdidos. En palabras de Paula Swearengin, una activista procedente de una familia de mineros del carbón de las proximidades de Beckley, Virginia Occidental, un paraje asolado por la minería de remoción de cimas: «Vivimos en la tierra de los perdidos».[39]

La población privilegiada de América del Norte y Europa podía, mediante prodigios de negacionismo y racismo diversos, aislar mentalmente esos emplazamientos desafortunados situándolos dentro de la categoría de patios traseros, eriales, no lugares o, en el supuesto más desgraciado de todos —como en el caso de Nauru—, sitios perdidos en medio de ninguna parte. Los afortunados por hallarnos en el exterior de las fronteras delimitadoras de esos solares que amenazaban ruina teníamos la sensación de que nuestros propios lugares (aquellos en los que vivimos y aquellos a los que nos escapamos por placer; es decir, los que suponemos que sí están en alguna parte, los que son centro de algo o, mejor aún, los que son centros de todo) se librarían del sacrificio porque alguien tendría que mantener la maquinaria del negocio de los combustibles fósiles en funcionamiento.

Y hasta fecha bastante reciente, ese ha sido el gran pacto de la era del carbono: las personas que se aprovechan de las ventajas del extractivismo fingen no ver los costes de ese confort siempre y cuando las zonas de sacrificio sean eficazmente mantenidas fuera de su campo de visión.

Pero durante esta última fiebre de las formas extremas de obtención de energía y del *boom* de los precios y la producción de materias primas energéticas que comenzó no hace ni siquiera una década, las industrias extractivas han roto ese pacto no declarado. En un espacio de tiempo muy breve, las zonas de sacrificio son cada vez más extensas y han engullido una cantidad cada vez mayor de territorio, lo que ha puesto en riesgo a muchas personas que creían estar a salvo. Y no solo eso: varias de las zonas más extensas destinadas a ser sacrificadas están ubicadas en algunos de los países más ricos y poderosos del mundo. De hecho, Daniel Yergin, asesor de la industria energética (y autor del libro *The Prize* [traducido al español con el título *Historia del petróleo*]), no disimuló su euforia cuando equiparó la recién descubierta capacidad de extraer petróleo de formaciones «de roca densa» —generalmente de esquisto— a una varita mágica con la que crear nuevos «petro-Estados»: «Esto es como hacer crecer otra Venezuela u otro Kuwait de la nada para antes de 2020, solo que estos yacimientos de petróleo de subsuelo denso están en Estados Unidos».[40]

Y desde luego no es solamente a las comunidades situadas más cerca de estos nuevos yacimientos petrolíferos a las que se les pide que se sacrifiquen. Es tanto el petróleo que se está extrayendo ahora en Estados Unidos (o «América Saudí», como algunos observadores de los mercados la llaman) que el número de vagones de ferrocarril de transporte de crudo se ha incrementado en un 4.111 % en tan solo cinco años: desde los 9.500 vagones de 2008 hasta los 400.000 que se estima que se utilizaron en 2013. (Difícilmente puede sorprendernos, pues, que la cantidad de petróleo vertida accidentalmente en incidentes ferroviarios en EE.UU. en 2013 fuese significativamente superior a la derramada en los cuarenta años anteriores juntos, o que las imágenes de trenes engullidos por bolas de fuego y humo hayan pasado a ser escenas cada vez más frecuentes en los informativos vespertinos.) En la práctica, eso significa que cientos (si no miles) de pueblos y ciudades han pasado de pronto a estar en el paso de unas líneas ferroviarias mal mantenidas y poco reguladas por las que circulan esos trenes petroleros «bomba»; localidades como Lac-Mégantic, en Quebec, donde, en julio de 2013, un tren con 72 vagones cisterna de petróleo procedente de la formación de Bakken, obtenido por fracturación hidráulica (y más inflamable que el convencional), explotó y mató a 47 personas, además de asolar la mitad del pintoresco centro histórico de la población. (George Sinner, exgobernador de Dakota del Norte, declaró que aquellos trenes petroleros suponían una «amenaza absurda», después de que uno de ellos hiciera explosión en las proximidades de su localidad natal de Casselton.)[41]

Entretanto, la explotación extractiva de las arenas bituminosas de Alberta está experimentando un crecimiento tan rápido que la industria pronto producirá más de su particular tipo de petróleo alto en carbono de lo que la capacidad actual de los oleoductos puede absorber; de ahí que esté tan decidida a impulsar proyectos como el Keystone XL a través de Estados Unidos, y el Northern Gateway a través de la Columbia Británica. «Si algo puede quitarme el sueño —declaró en junio de 2011 el entonces ministro de Energía de Alberta Ron Liepert—, es el miedo a que, dentro de no mucho, no podamos dar salida a nuestro bitumen. Nunca seremos una superpotencia energética si no podemos sacar el petróleo de Alberta.»[42] Pero la construcción de esos oleoductos, como ya hemos visto, tiene un impacto en un elevado número de comunidades locales: tanto las que viven en cualquiera de los miles de kilómetros por los que pasa el trayecto proyectado, como las que habitan en las extensas franjas costeras cuyas aguas pasarían a soportar el consiguiente (y notable) aumento del tráfico de petroleros, con el incremento de riesgo de desastres que ello supondría.

No hay ningún lugar, según parece, que esté fuera del límite de la codicia de la industria extractiva, y ninguna de las actividades de esta ha puesto su punto de mira en un número mayor de nuevas tierras que la extracción de gas natural mediante la técnica de la fracturación hidráulica.

Sirvan de ilustración las palabras que pronunció en 2010 el entonces consejero delegado de Chesapeake Energy, Aubrey McClendon: «En los últimos años, hemos descubierto el equivalente de dos Arabias Saudíes de petróleo en forma de gas natural en Estados Unidos. No una, sino dos».[43] Ese es el motivo por el que la industria de ese sector está luchando por abrir pozos de fracturación hidráulica en todos los lugares posibles. Uno de esos «lugares posibles» es, por ejemplo, la formación de esquistos de Marcellus, que abarca partes de Pensilvania, Ohio, Nueva York, Virginia Occidental, Virginia y Maryland. Y ese solamente es uno de los muchos mantos gigantescos de roca rica en metano.

El fin, como bien ha explicado el político republicano Rick Santorum, es «perforar en todas partes», y se nota. Según informó Suzanne Goldenberg para el diario *The Guardian*, «las empresas energéticas han abierto pozos de fracturación hidráulica en terrenos de iglesias, instalaciones escolares y hasta en urbanizaciones privadas. El pasado mes de noviembre, una compañía petrolera instaló un pozo en el campus de la Universidad del Norte de Texas, en Denton, en un solar contiguo a las pistas de tenis y al otro lado de la calle del principal pabellón deportivo y de un parque de turbinas eólicas gigantes». El *fracking* abarca actualmente tanto territorio que, según una investigación llevada a cabo por el *Wall Street Journal* en 2013, «más de 15 millones de estadounidenses viven a no más de una milla de algún pozo que se ha perforado y "fracturado" desde el año 2000».[44]

En Canadá, las ambiciones de esas empresas son igual de agresivas. «A mediados de 2012, la totalidad del subsuelo de Montreal, Laval y Longueuil (tres de las principales ciudades de Quebec) ha sido reclamado por compañías de gas o de petróleo para sus actividades extractivas», ha escrito Kim Cornelissen, una expolítica convertida en activista antifracturación hidráulica en esa provincia. (De momento, los quebequeses han conseguido frenar a las compañías gasísticas con la aprobación de una moratoria.) En Gran Bretaña, el área que se está analizando para iniciar en ella proyectos de fracturación hidráulica equivale a la mitad de toda la isla. Y en julio de 2013, los habitantes del noreste de Inglaterra reaccionaron con indignación al enterarse de que su región era descrita como «deshabitada y desolada» en la Cámara de los Lores (y, por lo tanto, como candidata perfecta para el sacrificio). «No hay duda de que en parte del noreste hay espacio de sobra para el *fracking*; un espacio lo suficientemente alejado del domicilio de nadie para que se pueda proceder [a ello] sin que represente ninguna amenaza para el entorno rural», dijo Lord Howell, que había sido asesor en temas energéticos del Gobierno de David Cameron.[45]

Todo esto está siendo una desagradable sorpresa para muchas personas favorecidas hasta hace poco por la historia y que, de pronto, han empezado a sentir algo parecido a lo que muchas comunidades de la primera línea del frente del combate energético han venido sintiendo desde hace mucho tiempo: ¿cómo es posible que una gran empresa de una ciudad remota venga a *mi* tierra y nos ponga en peligro a mí y a mis pequeños sin que ni siquiera haya llegado nunca a pedirme permiso? ¿Cómo puede ser legal emitir sustancias químicas nocivas al aire justo donde saben que juegan niños? ¿Cómo es posible que el Estado, en vez de protegerme de este ataque, esté enviando a la policía para que se emplee con contundencia contra personas cuyo único crimen es intentar proteger a sus familias?

Tan poco grato despertar ha transformado a muchos que antaño eran amigos del sector de los combustibles fósiles en nuevos enemigos del mismo. Personas como el ganadero de Dakota del Sur John Harter, que llevó a TransCanada a juicio para impedir que esta compañía soterrara un tramo del oleoducto Keystone XL en su terreno. «Jamás me he considerado un fanático del ecologismo —comentó a un reportero—, pero supongo que si eso es lo que la gente va a creer a partir de ahora que soy, pues adelante.» La industria también ha perdido el apoyo de personas como Christina Mills, que trabajó como auditora de cuentas de empresas petroleras en Oklahoma durante la mayor parte de su carrera profesional. Pero cuando una compañía gasística comenzó a emplear la fracturación hidráulica para extraer gas de su vecindario de clase media del norte de Texas, su opinión sobre el sector cambió radicalmente: «Lo convirtieron en algo personal y ahí sí que empecé a tener un problema con ellos. [...] Se instalaron aquí, en la parte de atrás del vecindario, a noventa metros de la verja trasera. Y eso es una intrusión en toda regla».[46]

Y los oponentes del *fracking* no pudieron menos que reírse para sus adentros cuando, en febrero de 2014, se supo que el mismísimo consejero delegado de Exxon, Rex Tillerson, se había sumado sin hacer ruido a una demanda colectiva junto a varios vecinos de la urbanización donde se encuentra su casa texana de 5 millones de dólares contra el inicio de actividades relacionadas con el *fracking* cerca de ese lugar por entender que estas provocarían una injusta disminución del valor de sus propiedades. «Me gustaría dar oficialmente la bienvenida a Rex a SCREWED ("fastidiados"), iniciales en inglés del "Colectivo de Ciudadanos que Estamos Hartos de que nos Acosen con las Perforaciones" —escribió Jared Polis, congresista demócrata por Colorado, en un sarcástico comunicado—. Este grupo selecto de ciudadanos de a pie lleva años luchando por proteger tanto los valores de sus propiedades inmobiliarias, como la salud de sus comunidades locales y del medio ambiente. Estamos encantados de contar en nuestras filas (que se multiplican con gran rapidez) con el consejero delegado de una gran corporación empresarial internacional del petróleo y el gas.»[47]

En 1776, Tom Paine escribió en *El sentido común*, famoso panfleto que tenía por objeto enardecer los ánimos de la muchedumbre, que «muchos tienen la fortuna de vivir lejos del escenario de la aflicción».[48] Pues, bien, esa distancia se está acortando y pronto nadie estará a salvo de la aflicción del ecocidio. En cierto sentido, el nombre de la compañía que ha sido foco de las iras del movimiento antiminero en Grecia lo dice todo, Eldorado, una referencia a la «ciudad de oro perdida» que empujó a los conquistadores españoles a cometer algunas de sus más sangrientas matanzas en América. Los escenarios de esa clase de pillaje solían estar en países no europeos, desde los que el botín regresaba luego a la madre patria en Europa. Pero, como las actividades de Eldorado en el norte de Grecia dejan bien patente, los conquistadores de hoy en día están cometiendo también saqueos en sus propias tierras de origen.

Puede, sin embargo, que ese haya sido un grave error estratégico y que así se demuestre con el paso del tiempo. Eso es lo que cree el escritor y activista de Montana Nick Engelfried: «Cada pozo explotado por fracturación hidráulica que se sitúa en las inmediaciones del sistema de abastecimiento de agua de una ciudad y cada tren de transporte de carbón que cruza una pequeña localidad está proporcionando un motivo a una comunidad concreta para detestar las industrias de los combustibles fósiles. Y al no darse cuenta de esto, es muy posible que las compañías productoras de petróleo, gas y carbón estén cavando su propia tumba política».[49]

De lo anterior, sin embargo, no cabe suponer que las repercusiones medioambientales de esas actividades hayan pasado de pronto a estar repartidas equitativamente. La población históricamente marginada en el Sur Global y las comunidades de gente de color en el Norte Global siguen siendo las que corren mayor riesgo de vivir en el trayecto del desagüe de una mina, o puerta con puerta con una refinería, o junto a un oleoducto, del mismo modo que también son más vulnerables a los efectos del cambio climático. Pero en esta era de formas extremas de obtención de energía, ya no vivimos con la falsa impresión de que las zonas de sacrificio son unas muy concretas y de que están aisladas del resto del mundo. Como bien dice Deeohn Ferris, antigua colaboradora de la asociación estadounidense Lawyers' Committee for Civil Rights Under Law (Comité de Abogados para la Defensa Jurídico-Legal de los Derechos Civiles), «estamos todos en el mismo barco que se hunde, pero las personas de color están más cerca del abismo».[50]

Otro factor que traspasa barreras es, por supuesto, el cambio climático; porque, si bien sigue habiendo bastantes personas que tienen la fortuna de vivir en lugares que no están (todavía) bajo la amenaza directa de la fiebre de las formas extremas de obtención de energía, nadie está a salvo de las consecuencias reales de unas condiciones meteorológicas cada vez más extremas ni del estrés psicológico de fondo que supone el saber que es muy posible que, cuando seamos viejos —y nuestros hijos pequeños hayan crecido—, el clima será significativamente más adverso y peligroso que el que disfrutamos en la actualidad. Como un vertido de petróleo que se extiende desde el mar hacia los pantanales costeros, las playas, los lechos fluviales y el propio fondo marino, y cuyas toxinas van repercutiendo en los ciclos vitales de incontables especies, las zonas de sacrificio creadas por nuestra dependencia colectiva de los combustibles fósiles están cerniéndose y expandiéndose sobre la Tierra como si de grandes sombras se trataran. Tras dos siglos fingiendo que podríamos poner en cuarentena los daños colaterales de este sucio hábito nuestro, endilgando los riesgos a otros, hoy ese juego se ha acabado: ahora todos estamos en la zona de sacrificio.

Asfixiados en territorio enemigo

La disposición de la industria de los combustibles fósiles a romper el pacto tácito del sacrificio con tal de llegar a reservas de carbono que anteriormente estaban más allá de sus límites ha espoleado el nuevo movimiento climático en varios e importantes sentidos. Para empezar, el alcance de muchos de los nuevos proyectos de extracción y transporte de fuentes de energía sucias ha permitido que personas cuyas voces estaban tradicionalmente excluidas de las conversaciones dominantes en la escena internacional dispongan ahora de oportunidades para formar alianzas con otras que tienen (y ya tenían) un poder social significativamente mayor. Los oleoductos pensados para el transporte de la materia prima extraída de las arenas bituminosas han demostrado ser idóneos para concentrar y canalizar también las energías diversas de esas coaliciones y podría decirse incluso que es un verdadero regalo para los organizadores políticos.

Desde el norte de Alberta —una región donde quienes están sufriendo los peores efectos son los pueblos indígenas— y hasta sus destinos finales, que suelen estar en lugares donde las peores consecuencias en términos de salud las sufren vecindarios urbanos habitados mayoritariamente por personas de color, estos oleoductos atraviesan una gran diversidad de ubicaciones. A fin de cuentas, es una misma infraestructura la que cruza así múltiples estados y/o provincias, cuencas fluviales de grandes ciudades y de pequeñas localidades, terrenos de cultivo y ríos pesqueros, tierras reclamadas por pueblos indígenas y terrenos ocupados por habitantes de clase media alta, etcétera. Y a pesar de las enormes diferencias que hay entre ellos, todos los afectados por esa ruta se enfrentan a una amenaza común y, por consiguiente, son potenciales aliados. En la década de 1990, fueron los acuerdos comerciales transnacionales los que unieron en su contra a grandes coaliciones de socios considerados inverosímiles hasta entonces; hoy son las infraestructuras relacionadas con la producción y el transporte de combustibles fósiles.

Antes de esta ofensiva más reciente por las «formas extremas de obtención de energía», las grandes petroleras y las grandes empresas del carbón se habían acostumbrado a operar en regiones donde su omnipotencia económica era tal que les permitía ser quienes marcaban el paso y las directrices de actuación locales. De hecho, en lugares como Luisiana, Alberta y Kentucky —y no digamos ya en Nigeria y, hasta la era Chávez, en Venezuela—, las compañías productoras de combustibles fósiles trataban a los políticos y sus instituciones como si fueran sus departamentos oficiosos de relaciones públicas, y a los jueces y magistrados de los tribunales, como sus servicios jurídicos particulares. Cuando una proporción tan considerable del empleo y de la base impositiva locales depende de la rentabilidad de las empresas de esos sectores, es lógico que los habitantes de esas regiones y países también estén dispuestos a soportar de todo. De ahí que, por ejemplo, incluso después del desastre de la plataforma Deepwater Horizon, cuando muchos ciudadanos de Luisiana parecían partidarios de hacer más estrictas las normas y los niveles de seguridad, y de incrementar el porcentaje que les corresponde de los ingresos fiscales por el petróleo extraído en las plataformas petrolíferas situadas frente a su costa, la mayoría de ellos no fuesen partidarios de sumarse a las peticiones de una moratoria sobre las perforaciones petrolíferas en aguas profundas, pese a todo lo que habían sufrido.[51]

Ese es el círculo vicioso de la economía de los combustibles fósiles: precisamente por lo sucias y perjudiciales que son, las actividades extractivas tienden a debilitar (cuando no directamente a destruir) otros factores de impulso económico. Así, los recursos pesqueros se ven dañados por la polución; el paisaje, marcado por las cicatrices de la catástrofe de turno, pierde atractivo para los turistas; y las tierras de cultivo se vuelven insalubres. Pero, en vez de que todo ello sea el desencadenante de una reacción popular adversa, ese lento envenenamiento puede acabar por fortalecer el poder de las grandes empresas de combustibles fósiles porque, de resultas de toda esa destrucción paralela, se convierten en prácticamente los únicos activos económicos locales disponibles.

Pero ahora que, con su más reciente ofensiva, las industrias extractivas están extendiendo sus tentáculos a territorios previamente considerados fuera de sus límites «normales», se están encontrando a un número cada vez mayor de personas que están mucho menos dispuestas a ceder. En muchas de esas nuevas fronteras que la economía del carbono está intentando franquear, así como en los nuevos territorios a través de los que las compañías de combustibles fósiles pretenden transportar su mercancía, el agua aún es relativamente limpia, la relación local con la tierra continúa siendo bastante fuerte y hay muchísimas personas dispuestas a pelear muy duro por proteger modos de vida que consideran intrínsecamente incompatibles con la extracción tóxica.

Uno de los mayores errores estratégicos de la industria del gas natural, por ejemplo, fue su decisión de apostar por la instalación de pozos de extracción mediante fracturación hidráulica en la zona de Ithaca (Nueva York) y sus alrededores: una ciudad de tradición universitaria progresista con un pujante movimiento pro «localización» de las actividades económicas, en una región bendecida con impresionantes desfiladeros y cascadas de agua. Ante una amenaza directa a su idílica comunidad, Ithaca se erigió no solo en uno de los principales núcleos del activismo antifracturación hidráulica, sino en un centro de referencia para la investigación académica rigurosa de los riesgos hasta entonces inexplorados de esa actividad minera; probablemente, no es casual que fueran investigadores de la propia Universidad de Cornell (cuyo campus está en Ithaca) quienes elaboraron el ya mencionado estudio sobre las emisiones de metano vinculadas a la fracturación hidráulica que cambió las reglas del juego y cuyos hallazgos se convirtieron en una herramienta indispensable de la lucha del movimiento global de resistencia al *fracking*. Además, y para mayor desgracia de esas empresas, la afamada bióloga y escritora Sandra Steingraber, una experta de renombre mundial en el estudio del nexo existente entre las toxinas industriales y el cáncer, había aceptado muy poco tiempo antes una plaza de profesora en el Ithaca College. Steingraber se implicó en la lucha contra la fracturación hidráulica aportando su testimonio como experta ante muy diversos (y numerosos) públicos y ayudó a movilizar a decenas de miles de habitantes del estado de Nueva York. Su labor contribuyó no solo a impedir que quienes pretendían hacer negocio extrayendo gas por fracturación hidráulica obtuvieran permiso para instalarse en Ithaca, sino a que esa medida se extendiera a un total de 180 prohibiciones o moratorias anti-*fracking* adoptadas por ciudades y pueblos de todo el estado.[52]

Esa industria volvió a cometer un grave error de cálculo cuando inició la construcción de una estación de compresión de 12.260 caballos de potencia para transportar el gas obtenido por fracturación hidráulica en Pensilvania a través del centro mismo de la localidad de Minisink, en Nueva York. Muchos domicilios quedaban situados a menos de media milla de las instalaciones (incluso a solo 180 metros en el caso de uno de ellos). Y los habitantes de la localidad no eran las únicas personas cuya salud se veía amenazada por aquella estación. El área circundante es suelo agrícola muy valorado como tal, con pequeñas granjas familiares, huertos de frutales y viñas donde se cultivan y se producen alimentos orgánicos y artesanales para los mercados y los restaurantes de productos de proximidad de Nueva York. Así que la Millennium Pipeline (la compañía impulsora de aquella estación de compresión) terminó enfrentada no ya a un puñado de indignados granjeros locales, sino a una multitud enfadada de neoyorquinos *modernos*, *chefs* de cocina famosos y estrellas de cine como Mark Ruffalo, que exigían no solo que se pusiera fin a toda actividad de *fracking*, sino que el Estado efectuara ya la transición energética definitiva y se abasteciera al cien por cien de energías renovables.[53]

Y luego alguien tuvo la casi incomprensiblemente estúpida idea de tratar de poner en marcha una de las primeras grandes iniciativas de *fracking* de Europa nada menos que en el sur de Francia. Cuando los habitantes del departamento de Var —famoso por sus aceitunas, sus higos, sus ovejas y las célebres playas de Saint-Tropez— descubrieron que varios de sus municipios estaban siendo considerados como candidatos para iniciar perforaciones en busca de gas natural por la técnica de la fracturación hidráulica, se organizaron de inmediato para mostrar su más enérgica oposición a tales proyectos. El economista y activista Maxime Combes comenta que, ya desde los inicios del movimiento, fueron habituales en diversos puntos del sur de Francia las escenas de «abarrotados salones municipales de plenos de las localidades afectadas en los que, en muchos casos, había más participantes presentes que habitantes empadronados en el pueblo en cuestión». Var, según escribió Combes, terminó presenciando «la mayor movilización ciudadana vista en la historia de un departamento que suele votar mayoritariamente por opciones situadas a la derecha del espectro político». Como resultado de aquel particular «capricho francés» de las empresas del sector, estas no solo acabaron perdiendo el derecho a realizar actividades de *fracking* en las proximidades de la Riviera (al menos, por el momento), sino que, en 2011, Francia se convirtió en el primer Estado en adoptar una moratoria nacional contra la fracturación hidráulica.[54]

Incluso algo tan rutinario como desplazar maquinaria pesada hasta el norte de Alberta para mantener las minas y las operaciones de prerrefinado en funcionamiento ha encendido la chispa de nuevos movimientos de resistencia. En proporción con la descomunal escala de todo lo relacionado con el que ya es el mayor proyecto de construcción industrial de la Tierra, las máquinas (de fabricación surcoreana) transportadas hasta allí pueden ser tan largas y pesadas como un Boeing 747, y algunos de esos «transportes pesados», como se los llama, alcanzan alturas equivalentes a tres pisos. De hecho, los envíos son tan voluminosos que estos colosos no pueden ser transportados en camiones normales. Compañías petroleras como Exxon-Mobil tienen que cargarlos en tráileres especiales que ocupan más de dos carriles de carretera o autopista y que son demasiado altos para pasar por debajo de la mayoría de los puentes y pasos elevados normales.[55]

Las únicas carreteras por las que podrían transitar cruzan territorio claramente hostil a los intereses de las petroleras. Varias comunidades locales de Idaho y Montana, por ejemplo, llevan años encabezando una fuerte campaña para impedir que esos camiones circulen por la pintoresca, pero estrecha, carretera nacional estadounidense número 12 (o Ruta U.S. 12). Se oponen a los costes humanos que les representa que la principal calzada para el tráfico rodado de la zona pueda estar horas bloqueada mientras las enormes máquinas pasan por ella, y se oponen también a los riesgos medioambientales de que uno de esos cargamentos se vuelque en alguna de las muchas curvas cerradas del trayecto y vaya a parar a algún arroyo o río (hablamos de un territorio donde es típica la pesca con mosca y donde los lugareños se oponen con vehemencia a cualquier adulteración de sus corrientes fluviales).

En octubre de 2010, un pequeño grupo de activistas locales me llevó con ellos en un recorrido a lo largo de parte de la Ruta U.S. 12 que los llamados «camiones gigantes» tendrían que seguir en su camino hacia el norte. Pasamos entre bosques de cedros, abetos de Douglas, y alerces de puntas intensamente doradas, junto a señales que avisaban de puntos de travesía habitual de alces, y bajo elevados afloramientos rocosos. Mientras recorríamos la carretera, acompañados de las hojas otoñales arrastradas corriente abajo por el arroyo Lolo, que discurría paralelo a la calzada por aquel tramo, mis guías estudiaban posibles localizaciones para una «acampada de acción» que tenían pensado organizar y que reuniría a activistas de Alberta contrarios a la explotación de las arenas bituminosas, a ganaderos y a tribus indígenas de todo el recorrido propuesto del oleoducto Keystone XL, así como a vecinos locales interesados en detener el paso de camiones gigantes por la U.S. 12. Hablaban de un amigo que se había ofrecido a instalar una cocina móvil y de la logística necesaria para acampar a principios del invierno. Marty Cobenais, que por entonces era un activista antioleoducto de la Indigenous Environmental Network (Red Medioambiental Indígena), explicaba que todas aquellas campañas estaban interconectadas: «Si pueden frenar los camiones aquí, afectarán a la capacidad [de producción] en la zona de las arenas bituminosas, que es donde se obtiene el petróleo que se transporta por los oleoductos». Y sonriendo, añadía: «Por eso estamos construyendo aquí una alianza entre indios y vaqueros».[56]

Tras una larga lucha, y gracias a una demanda judicial interpuesta conjuntamente por la tribu de los nez percé y el grupo conservacionista Idaho Rivers United, finalmente, se negó a los camiones gigantes la autorización para circular por ese tramo de la U.S. 12. «Cometieron un tremendo error al tratar de atravesar el oeste de Idaho y Montana —me comentó Alexis Bonogofsky, una ganadera caprina y activista de Billings (Montana)—. Me he divertido viéndolo.»[57]

Más tarde, las petroleras hallaron una ruta alternativa de paso para los camiones gigantes, esta vez, a través del este de Oregón. Pero fue otra mala idea para ellas. Cuando el primer cargamento atravesó el estado en diciembre de 2013, fue detenido en diversos puntos por sentadas y bloqueos de activistas. Miembros de las Tribus Confederadas de la Reserva India Umatilla, que se oponen a que esos cargamentos crucen sus tierras ancestrales, dirigieron una ceremonia de oración en un lugar próximo al del paso del segundo envío en Pendleton (Oregón). Y aunque las preocupaciones locales sobre la seguridad de los grandes camiones eran muy reales, muchos participantes dejaron claro que el motivo principal para protestar era el temor al daño que esas máquinas iban a contribuir a hacer a nuestro clima en cuanto llegaran a su destino. «Esto ha ido demasiado lejos —dijo una activista umatilla antes de ser detenida por participar en el bloqueo—. Nuestros hijos van a morir por culpa de esto.»[58]

Lo cierto es que las empresas de la industria del petróleo y el carbón maldicen sin duda la hora en que la región del Noroeste-Pacífico (Oregón, el estado de Washington y la Columbia Británica) se cruzó en sus planes. Allí el sector ha tenido que enfrentarse a una potente combinación de naciones indígenas resurgentes, granjeros y pescadores cuyo sustento vital depende de la limpieza del agua y el suelo, así como a un gran número de personas relativamente recién llegadas a la zona y que eligieron vivir en esa parte del mundo por su belleza natural. Es también (y esto es muy importante) una región donde el movimiento ecologista local nunca cedió del todo a las tentaciones del modelo de colaboración con la gran empresa privada, y donde existe una larga y radical historia de acción directa local contra la tala indiscriminada de bosques y la minería sucia.

Esto se ha traducido en una feroz oposición a los oleoductos de transporte del petróleo de las arenas bituminosas, como ya hemos visto. Pero los arraigados valores ecológicos del Noroeste-Pacífico también han sido una pesadilla para la industria estadounidense del carbón en los últimos años. Entre la resistencia de base a la construcción de nuevas centrales térmicas alimentadas con carbón y la presión para cerrar las ya existentes, unidas al rápido auge del gas natural, el mercado del carbón en Estados Unidos se ha desplomado. En un intervalo de solo cuatro años, entre 2008 y 2012, la electricidad producida a partir del carbón ha descendido desde una cuota del 50 % aproximadamente sobre el total en Estados Unidos hasta solo el 37 %. Eso significa que si esta industria quiere tener un futuro, no le queda más remedio que embarcar carbón estadounidense hacia zonas del mundo que aún lo demandan en grandes cantidades; esto es, Asia. (Se trata de una estrategia que el experto y autor de libros sobre energía global Michael T. Klare ha comparado con la que las compañías tabaqueras comenzaron a emplear hace unas décadas: «Igual que las autoridades sanitarias condenan ahora el ahínco con el que las grandes tabaqueras tratan de vender cigarrillos a consumidores pobres de países con sistemas sanitarios inadecuados —ha escrito—, también ese otro hábito "humeante" que las grandes empresas energéticas tratan de fomentar terminará siendo considerado como una amenaza a gran escala a la supervivencia humana».) El problema para las empresas productoras de carbón es que los puertos estadounidenses de la costa del Pacífico no están bien equipados para los grandes cargamentos de ese mineral, lo que implica que el sector necesita construir nuevas terminales. También necesita incrementar extraordinariamente el número de trenes que transportan el carbón desde las inmensas minas de la cuenca del río Powder, en Wyoming y Montana, hacia el Noroeste.[59]

Como en los casos de los oleoductos de las arenas bituminosas y los transportes pesados, el mayor obstáculo en los planes de la industria del carbón para ampliar su acceso al mar ha residido en la desafiante negativa de los habitantes del Noroeste-Pacífico. Todas y cada una de las comunidades locales de los estados de Washington y Oregón que sonaban como nueva ubicación de una terminal de exportación de carbón terminaron protestando contra tales planes, preocupadas por los posibles problemas de salud que podía crear el polvo del carbón durante la manipulación del mineral en los puertos, pero también (una vez más) por la cuestión más general del impacto global de la combustión posterior de todo ese carbón.

KC Golden, que ha contribuido a la aprobación de muchas de las políticas climáticas más visionarias implementadas hasta la fecha en el estado de Washington, expresó esa idea con su habitual contundencia y capacidad de convicción:

> La gran región del Noroeste-Pacífico no es un almacén mundial de carbón, un camello instigador de la adicción a los combustibles fósiles, un centro logístico de la devastación climática. Somos el último lugar de la Tierra que debería conformarse con la muy manida reedición de la vieja y falsa alternativa entre empleos y medio ambiente, pues esos dos términos no son mutuamente excluyentes. La exportación de carbón es fundamentalmente contradictoria con nuestros ideales y valores. No solo constituye un bofetón en la cara de las organizaciones «verdes», es también un desastre moral y una afrenta a nuestra identidad como comunidad.[60]

Después de todo, ¿de qué sirve instalar paneles solares y barriles colectores de agua de lluvia si luego terminan llenándose de polvo de carbón?

Lo que se está descubriendo con estas campañas es que, si bien es prácticamente imposible vencer en una confrontación directa con las compañías productoras de combustibles fósiles cuando la lucha es en su terreno, las posibilidades de victoria aumentan considerablemente cuando el campo de batalla se hace extensivo a un territorio en el que esa industria es significativamente más débil; es decir, a lugares donde todavía prosperan los modos de vida no basados en las actividades extractivas y donde los habitantes locales (y los políticos) no son tan adictos a los dólares del petróleo o del carbón. Y lo cierto es que, ahora que los corroídos tentáculos de las formas extremas de obtención de energía tratan de extenderse en todas direcciones como si de un gigantesco pulpo metálico se tratara, la industria productora de tales combustibles se está aventurando en muchos sitios de esa clase.

Pero también está ocurriendo algo más. Mientras la resistencia a las industrias extractivas gana terreno allí hacia donde esas prolongadas «extremidades» intentan llegar, los efectos de esa oposición también están repercutiendo en el «tronco» de la bestia, en los bastiones territoriales de la economía extractiva del carbono, muchos de cuyos habitantes están hallando en el ejemplo de otras luchas una fuente de renovado coraje para resistir incluso en lugares que la industria de los combustibles fósiles creía tener sobradamente conquistados.

La ciudad californiana de Richmond, situada en la orilla este de la bahía de San Francisco, es solo una pequeña muestra de lo rápido que puede cambiar el paisaje político. De composición demográfica predominantemente afroamericana y latina, la localidad representa un rudo enclave de clase obrera en medio de la imparable gentrificación del Área de la Bahía impulsada por la prosperidad del sector de la alta tecnología. En Richmond, el empleador principal no es Google, sino Chevron, a cuya inmensa refinería culpan muchos residentes locales de un sinfín de problemas de salud y seguridad: desde la elevada incidencia del asma en la zona hasta los frecuentes accidentes registrados en las gigantescas instalaciones (incluido un gran incendio en 1999 que se saldó con centenares de personas ingresadas en hospitales cercanos). Y, sin embargo, como principal empresa y la que más empleo genera en la localidad, Chevron ha gozado durante mucho tiempo del poder necesario para llevar la voz cantante en el terreno económico y político local.[61]

Digo «ha gozado», porque ya no es así. En 2009, representantes de la comunidad lograron impedir la aprobación de un plan de Chevron para expandir significativamente su refinería de petróleo, una ampliación que habría hecho posible que esa planta procesara crudos más pesados y sucios, como el betún procedente de las arenas bituminosas. Una coalición de organizaciones pro justicia medioambiental denunció los planes de expansión en la calle y en los tribunales argumentando que contaminarían aún más el aire de Richmond. Al final, una instancia judicial superior falló en contra de Chevron aduciendo deficiencias en el informe de impacto ambiental presentado por la empresa (que no cumplía «los requisitos mínimos para ser considerado un documento informativo», según la dura valoración que el juez hizo del mismo). Chevron recurrió, pero volvió a perder en 2010. «Esta es una victoria de los movimientos de base y de la gente que ha sufrido los efectos nocivos de la refinería para su salud durante los últimos cien años», declaró Torm Nompraseurt, uno de los organizadores principales de APEN (Red Medioambiental de Asia y el Pacífico).[62]

Richmond no es el único lugar dominado por alguna de las grandes petroleras donde se está echando mano de renovadas reservas de valor para contraatacar. A raíz de la expansión por toda América del Norte y Europa del movimiento contrario a la explotación de las arenas bituminosas, diversas comunidades indígenas que viven en el vientre mismo de la bestia —y que fueron las que alzaron la voz de alarma sobre los peligros de dichas arenas mucho antes de que las grandes organizaciones ecologistas mostraran algún interés por el tema— se han visto con ánimos para llegar más lejos que nunca. Para empezar, han interpuesto nuevas demandas judiciales por violaciones de sus derechos sobre sus tierras (que, de ganarlas, tendrían ramificaciones potencialmente trascendentales en lo que respecta al acceso de esa industria a las reservas de carbono en el subsuelo). Además, varias delegaciones de comunidades de pueblos de «primeras naciones» profundamente afectadas viajan actualmente de forma más o menos constante por todo el planeta para alertar a otras personas de la devastación que padecen sus territorios con la esperanza de seccionar más arterias del monstruo del extractivismo. Una de esas activistas es Melina Laboucan-Massimo, una oradora particularmente cautivadora y dotada de un coraje tan sobrio como sencillo que ha pasado buena parte de los últimos años (actualmente tiene treinta y pocos) yendo de un lugar a otro para mostrar diapositivas con desagradables imágenes de los efectos de los vertidos de petróleo y de los estragados paisajes que dejan esas industrias tras de sí, y describiendo la silenciosa guerra que la industria del petróleo y el gas viene librando contra su pueblo, la «primera nación» del lago Lubicon. «La gente ahora presta atención —me comentó con los ojos llorosos en el verano de 2013—, pero ha tenido que pasar tiempo para que esto sucediera.» Y eso, según ella, significa que «hay esperanza, pero las cosas pueden ser bastante difíciles a veces en Alberta».[63]

Lo que está claro es que luchar en solitario contra una industria extractiva gigante puede ser una misión demasiado intimidatoria; hasta el punto incluso de parecer imposible (sobre todo cuando quienes emprenden esa lucha lo hacen desde algún lugar remoto y poco poblado). Pero cuando se forma parte de un movimiento de alcance continental (o global incluso) que tiene literalmente rodeada a la industria en cuestión, la cosa cambia por completo.

Esta interconexión en red, esta polinización cruzada, es normalmente invisible; consiste más bien en un estado de ánimo, una energía que se propaga de un lugar a otro. Durante un breve periodo de tiempo, sin embargo, en septiembre de 2013, esa red de fuentes de inspiración de Blockadia se hizo visible. Cinco talladores de la nación lummi del estado de Washington —la tribu costeña que está liderando la lucha contra el proyecto de una terminal exportadora de carbón que es la más grande de todas las propuestas hasta el momento, y cuya construcción tendría lugar en un tramo en disputa de la costa del Pacífico— se presentaron en las orillas del arroyo Otter, en Montana. Habían viajado unos 1.300 kilómetros desde su territorio de origen —montañoso, cubierto de bosque pluvial templado y limitado al oeste por las escarpadas playas del Pacífico— hasta las praderas agostadas y las suaves colinas del sureste de Montana llevando consigo un tótem de madera de cedro de seis metros y medio de altura ligado a un camión de plataforma. Junto al arroyo Otter está prevista la construcción de una enorme mina de carbón, y aquellos visitantes del pueblo lummi se plantaron allí —en aquel mismo lugar que algún ejecutivo de una gran empresa había decidido dar por perdido unos meses antes— junto a más de un centenar de personas de la cercana reserva de los cheyenes del norte y a un grupo de ganaderos locales. Juntos, estudiaron qué era lo que en cada uno de sus casos los había llevado a unir su causa a la de esos otros grupos afectados también por las ambiciones de los extractivistas del carbono.

Si se construyera esa mina del arroyo Otter, una vía fluvial que forma parte de la cuenca del río Powder, su explotación pondría en peligro el agua y el aire de los ganaderos y de los cheyenes del norte; el ferrocarril que transportaría el carbón extraído hacia la costa oeste podría dañar los ancestrales terrenos de enterramiento de los cheyenes. Además, el puerto para las exportaciones se construiría precisamente en otro de esos terrenos de enterramiento ancestrales, pero de los lummi en este caso, y el carbón sería transportado en barcazas que afectarían negativamente a sus áreas de pesca y supondrían una amenaza potencial para el sustento vital de muchas personas.

De pie sobre el suelo del valle, a orillas del arroyo Otter, bajo un cielo soleado surcado por los halcones que sobrevolaban sus cabezas, los allí reunidos bendijeron el tótem con humo de una pipa y juraron luchar juntos para que el carbón que yacía bajo sus pies, en el subsuelo, siguiera allí, y para impedir la construcción tanto del ferrocarril como del puerto. Los talladores lummi volvieron entonces a cargar el tótem (que habían bautizado con el nombre de «Kwel hoy'» o «Decimos basta») en el camión de plataforma y a sujetarlo al remolque para llevarlo en un viaje de 16 días a otras ocho comunidades locales, todas ellas situadas en el trayecto de trenes de transporte de carbón, camiones gigantes, oleoductos de arenas bituminosas o petroleros. Se celebraron ceremonias en cada una de esas paradas, en las que los visitantes y sus anfitriones —tanto nativos como no nativos— comentaron juntos los puntos de conexión entre sus diversas batallas locales contra las industrias extractivas. El viaje terminó en tierra de los tsleil-waututh, en North Vancouver, una localidad crucial en la lucha contra el aumento del tráfico de petroleros. Allí el tótem quedó plantado, de forma permanente, encarado hacia el Pacífico.

En Montana, el maestro tallador lummi Jewell Praying Wolf («Lobo que Reza») James explicó el propósito de aquel largo viaje: «Nos interesa proteger el medio ambiente y la salud de las personas desde el río Powder hasta la costa oeste. [...] Estamos viajando por el país con la finalidad de unificar las voces de la gente. No importa quiénes seáis, donde estéis ni cuál sea vuestra raza (rojos, negros, blancos o amarillos), porque todos estamos juntos en esto».[64]

Esta facilidad para construir alianzas entre los diversos puestos de avanzada de Blockadia ha desmentido una y otra vez las críticas de quienes desconfiaban de la solidez del movimiento. Cuando la campaña contra el oleoducto Keystone XL comenzó a cobrar impulso, varios prominentes gurús del ecologismo convencional insistieron en que todo aquello era una pérdida de tiempo y de energías muy valiosas. El petróleo terminaría por encontrar una salida por alguna nueva ruta y, teniendo en cuenta cuál era ya la situación de conjunto, el carbono adicional así liberado apenas representaría «un error de redondeo» sobre el total mundial, o eso escribió Jonathan Chait en la revista *New York*. Según él, sería mejor concentrar los esfuerzos en la lucha por la implantación de un impuesto sobre el carbono, o por un endurecimiento de las regulaciones de la EPA estadounidense, o por reactivar algún tipo de sistema de comercio de derechos de emisión. El columnista del *New York Times* Joe Nocera llegó incluso a calificar la estrategia de este nuevo movimiento de «absolutamente estúpida», y acusó a James Hansen, cuya comparecencia ante el Congreso había puesto en marcha el movimiento climático moderno, de estar «perjudicando esa misma causa que él dice que tanto le importa».[65]

Ahora sabemos que la movilización contra el Keystone siempre fue contra mucho más que un simple oleoducto (o conjunto de ellos). Fue un nuevo espíritu de lucha caracterizado por la «contagiosidad» del mismo. Cada batalla, lejos de restar fuerzas a otras, hace que se multipliquen las demás; cada acto de valentía y cada victoria sirven de inspiración para que otros fortalezcan su determinación.

El factor BP: confianza cero

Además del ritmo de expansión de la industria de los combustibles fósiles y de las incursiones de esta en territorio hostil, algo más ha dado ímpetu a este movimiento en los últimos años. Me refiero al convencimiento generalizado de que las actividades extractivas de hoy en día entrañan riesgos sustancialmente más elevados que los de sus predecesoras: el petróleo de las arenas bituminosas es incuestionablemente más perjudicial y negativo para los ecosistemas locales que el crudo convencional.

Muchos consideran que este crudo es más peligroso de transportar y que, si se vierte accidentalmente, también es más difícil de limpiar. Similar escalada del riesgo se produce también en el actual viraje hacia el petróleo y el gas obtenidos por fracturación hidráulica; o en la creciente preferencia por las plataformas petrolíferas en aguas profundas en detrimento de las que perforan sus pozos en aguas de poca profundidad (y el desastre de BP en el golfo de México es buena muestra de ello); o, sobre todo, en el desplazamiento de las ansias perforadoras desde las aguas templadas a otras mucho más frías (o heladas) en el Ártico. Las comunidades locales que esos proyectos de extracción no convencional de fuentes de energía atraviesan a su paso están convencidas de que se les está pidiendo que arriesguen una barbaridad y, en muchos casos, se les está ofreciendo muy poco a cambio por su sacrificio (pocos empleos duraderos, pocos ingresos por cánones de extracción, etcétera).

Por su parte, tanto las empresas como los Gobiernos han sido exageradamente reacios a reconocer (y no digamos ya a actuar en consonancia con) el incremento de riesgos que estas formas extremas de obtención de energía representan. Durante años, por ejemplo, las compañías ferroviarias y las autoridades han tratado el petróleo procedente de las operaciones de *fracking* en la formación rocosa de Bakken como si fuera igual que el crudo convencional, pese a las crecientes pruebas de que es significativamente más volátil. (Tras anunciar algunas nuevas medidas de seguridad —mayormente de aplicación voluntaria— que entraron en vigor a principios de 2014 y que han recibido por lo general la consideración de ser inadecuadas, los reguladores federales estadounidenses aseguran que están elaborando ahora una normativa más estricta para el transporte ferroviario del petróleo.)[66]

Son esos Gobiernos y empresas los que, conjuntamente, están tratando de impulsar el enorme crecimiento de la infraestructura de oleoductos que transportan el petróleo extraído de las arenas bituminosas de Alberta, pese a la escasez de investigaciones fiables (publicadas en revistas académicas de referencia tras una estricta revisión por pares) que existen sobre el tema y, en concreto, sobre la sospecha de que el *dilbit* (nombre con el que se conoce el bitumen diluido) es sensiblemente más propenso a los vertidos accidentales que el petróleo convencional. Pero hay motivos de sobras para preocuparse. Un informe conjunto del NRDC, el Sierra Club y otras organizaciones, publicado en 2011, señala que «existen múltiples indicios de que el *dilbit* es significativamente más corrosivo para los sistemas de los oleoductos que el crudo convencional. Por ejemplo, el sistema de oleoductos de Alberta ha sufrido aproximadamente dieciséis veces más vertidos accidentales debidos a la corrosión interna que el sistema estadounidense. Sin embargo, las normas de seguridad y reacción a los vertidos que se aplican en Estados Unidos para regular el transporte del bitumen por sus oleoductos son las mismas que fueron pensadas en su momento para el petróleo convencional».[67]

Y mientras tanto, seguimos teniendo grandes vacíos en cuanto a nuestros conocimientos sobre cómo se comporta ese petróleo de arenas bituminosas si se derrama en el agua. Durante la última década, se han publicado pocos estudios sobre el tema y casi todos ellos encargados por la propia industria petrolera. Sin embargo, una investigación reciente del Ministerio de Medio Ambiente canadiense ha revelado una serie de hallazgos preocupantes, como, por ejemplo, que el petróleo de las arenas bituminosas diluidas se hunde en el agua salada «cuando es batido por las olas y mezclado con sedimentos» (en vez de flotar sobre la superficie del océano, donde, al menos, puede ser recuperado parcialmente) y que los dispersantes como los usados durante el desastre de la plataforma Deepwater Horizon de BP tienen únicamente «un efecto limitado», según una información publicada en el *Globe and Mail*. Y no ha habido prácticamente ningún estudio formal sobre los riesgos específicos de transportar petróleo de arenas bituminosas por camión o por ferrocarril.[68]

Parecidos vacíos de conocimiento existen en lo que respecta a la valoración del impacto ecológico y para la salud humana de las arenas bituminosas de Alberta en sí, con sus inmensas minas a cielo abierto, sus inmensos volquetes de hasta cinco pisos de altura, y sus estruendosas estaciones de prerrefinado o procesamiento. En enormes extensiones de campo en torno a Fort McMurray, zona cero del *boom* del bitumen en Canadá, la vida ha sido succionada del bosque boreal —otrora un tremedal verdeante y mullido— hasta secarlo por completo. Cada pocos minutos, el sonido de unos cañonazos (disparados con la intención de evitar que las aves migratorias se posen sobre la extraña superficie líquida plateada de las inmensas balsas donde se vierten los relaves) surca el aire rancio del lugar.*[69] En Alberta, la guerra de siglos por el control de la naturaleza es algo más que una metáfora: es una contienda bélica muy real, con artillería y todo.

* En 2008, 1.600 patos murieron tras posarse en esas peligrosas aguas durante una tormenta; otro incidente se saldó con la muerte de más de quinientas de esas aves dos años después. (Un biólogo que investigaba este segundo incidente por encargo del Gobierno de Alberta explicó que la industria no tenía la culpa de que los patos fuesen obligados a aterrizar por una violenta tormenta, aunque luego señaló, sin aparente intención de ironía, que esa clase de fenómenos tormentosos serían cada vez más frecuentes como consecuencia del cambio climático.)

Las compañías petroleras aseguran —qué si no— que están empleando los métodos de protección medioambiental más fiables; que las inmensas balsas de relaves son seguras; que el agua continúa siendo apta para beber (aunque los trabajadores no consumen ninguna que no sea embotellada); que las tierras serán pronto «recuperadas» y devueltas a los alces y los osos negros (como si todavía quedase alguno por la zona). Y a pesar de los años de quejas de comunidades de «primeras naciones» como los chipewyan del Athabasca, que viven corriente abajo de las minas instaladas en torno al río del mismo nombre, tanto la industria responsable como el Gobierno han seguido insistiendo en que todos los contaminantes orgánicos que se detectan en esas aguas fluviales son «de origen natural», pues, a fin de cuentas, esa es una región rica en petróleo.

Ninguno de esos intentos de tranquilizar a la población resulta creíble para nadie que haya presenciado in situ la escala de la actividad minera en la zona de las arenas bituminosas. El Gobierno no ha implantado aún un sistema genuinamente independiente y exhaustivo de monitorización de los efectos de esa actividad sobre las cuencas fluviales del entorno (y hablamos de un proyecto industrial valorado en conjunto en cerca de 500.000 millones de dólares). En 2012, sin embargo, anunció un llamativo nuevo programa federal-provincial de seguimiento (pensado sobre todo como un gesto de cara a la galería) que pronto escapó por completo a su control. Así, aludiendo a nuevos datos procedentes de estudios tanto gubernamentales como independientes, Bill Donahue, científico ambiental que ha actuado como asesor en ese programa, dijo en febrero de 2014 que, «no solo hay escapes de esas balsas de relaves, sino que parece que se filtra mucho de esas balsas hacia el terreno y hacia el río Athabasca». Y añadió: «Así que menudo fundamento tenía [...] ese mensaje que nos han venido contando todo este tiempo de que "estas balsas son seguras, no tienen filtraciones", etcétera». En una investigación independiente, un equipo de los científicos de la propia Administración Federal canadiense (concretamente, del Ministerio de Medio Ambiente) corroboraron resultados que ya se habían observado en estudios externos a propósito de la extendida contaminación de la nieve en torno a las instalaciones de extracción de petróleo de las arenas bituminosas, si bien la administración del primer ministro Harper se esforzó al máximo por impedir que los investigadores hicieran declaraciones a la prensa.[70]

Y sigue sin haber estudios exhaustivos sobre los efectos de esta polución en la salud humana. Al contrario: quienes han optado por pronunciarse públicamente al respecto han sufrido duras represalias. La experiencia más notable en ese sentido ha sido la de John O'Connor, un afable médico de familia, de barba cana, que aún habla con acento de su Irlanda natal. En 2003, O'Connor comenzó a denunciar que, en su consulta de Fort Chipewyan, se estaba encontrando con un número alarmante de diagnósticos de cáncer, incluidos algunos que, normalmente, son muy raros e infrecuentes, como algunos muy agresivos localizados en la vía biliar. Pronto fue objeto de una ofensiva de los propios reguladores sanitarios federales, que presentaron varias acusaciones de mala conducta profesional contra él ante el Colegio de Médicos y Cirujanos de Alberta (incluida una por provocación de una «alarma indebida»). «Personalmente, no conozco ninguna situación en la que un médico haya tenido que pasar por lo que yo he pasado», ha dicho O'Connor refiriéndose a las calumnias lanzadas acerca de su reputación y a los años que ha pasado combatiendo las alegaciones en su contra. Al final, fue absuelto de todos los cargos y una investigación posterior sobre los índices de casos de cáncer confirmó varias de sus advertencias iniciales.[71]

Pero, pese a la exoneración, las autoridades habían conseguido enviar un mensaje muy claro a la comunidad médica. Un informe encargado por el Regulador Energético de Alberta reveló recientemente que se había detectado entre los médicos una «marcada reticencia a pronunciarse públicamente» sobre las repercusiones de las arenas bituminosas para la salud; varios de los facultativos entrevistados señalaron expresamente la experiencia del doctor O'Connor como uno de los motivos para su propio silencio al respecto. («Hay que reconocer que los médicos tienen miedo cuando se trata de diagnosticar afecciones relacionadas con la industria del petróleo y el gas», concluyó el toxicólogo autor del mencionado informe.) El Gobierno federal ha tomado por costumbre, además, impedir a los científicos destacados en las áreas del medio ambiente y el clima hacer declaraciones a periodistas relacionadas con cualquier tema medioambientalmente sensible. («Estoy disponible cuando el equipo de relaciones con los medios dice que lo estoy», dijo un científico a Postmedia.)[72]

Y esta es solo una faceta de lo que se ha dado en conocer como la «guerra» del primer ministro Stephen Harper «contra la ciencia», en la que también cabe incluir los recortes implacables en el presupuesto dedicado al seguimiento de los efectos medioambientales atribuibles a toda clase de causas: desde los vertidos de petróleo y la contaminación atmosférica de origen industrial hasta las repercusiones más amplias del cambio climático. Desde 2008, más de dos mil científicos han perdido sus puestos de trabajo por culpa de esos recortes.[73]

Esa no es más que una estrategia, claro está. Solo si se dificultan sistemáticamente las actividades relacionadas con la investigación básica y se silencia a los expertos que realizan el más que legítimo encargo de investigar cuestiones sanitarias y medioambientales potencialmente preocupantes, la industria y el Gobierno pueden seguir con sus pretensiones absurdamente positivas y optimistas de tener todo lo referente al petróleo bajo control.*[74]

Parecida ceguera voluntaria es una constante también en la rápida expansión de la fracturación hidráulica. Durante años, la industria gasística estadounidense respondió a las noticias e informes sobre pozos de agua contaminados insistiendo en que no había estudios científicos que corroborasen la conexión entre el *fracking* y el hecho de que los habitantes de zonas próximas a esos pozos de gas descubrieran de pronto que podían prender fuego a lo que salía de los grifos de sus casas. Pero la razón de que no existieran tales pruebas radicaba en que esa industria había obtenido una exención sin precedentes del cumplimiento de ciertas normas de vigilancia y regulación federales: la llamada Escapatoria Halliburton, emitida en tiempos de la administración de George W. Bush. Esa fisura legal eximía a la mayor parte del *fracking* de las regulaciones contempladas en la Ley de Agua Segura para Beber y permitía que las compañías no tuvieran que informar a la Agencia Federal de Protección Medioambiental estadounidense (la EPA) de ninguno de los productos químicos que estaban inyectando en el subsuelo, y que, al mismo tiempo, pudieran ocultar el uso de hasta las más arriesgadas sustancias químicas a cualquier supervisión de la EPA.[75] Y si nadie sabe lo que se inyecta bajo tierra, es difícil que nadie pueda determinar conexión definitiva alguna con esas actividades cuando esas mismas toxinas empiezan a manar de los grifos de las viviendas.

Aun así, cuantos más indicios salen a la luz, más parecen demostrar la razón de unos y la falsedad de las afirmaciones de los otros. Un número

---

* Y he aquí una muestra de hasta qué punto son absurdas esas pretensiones. Según un estudio independiente publicado en 2014 en la revista *Proceedings of the National Academy of Sciences*, las emisiones de agentes contaminantes potencialmente tóxicos procedentes de las arenas bituminosas «son dos o tres órdenes de magnitud mayores que las informadas» por las empresas a sus correspondientes organismos reguladores. La discrepancia es evidente en las mediciones reales de esos contaminantes en el aire de las inmediaciones de donde se realizan esas actividades industriales con las arenas bituminosas. Frank Wania, coautor del estudio y científico ambientalista de la Universidad de Toronto, calificó las estimaciones oficiales de «inadecuadas e incompletas» y añadió el siguiente (y muy lógico) comentario: «Sólo con una contabilización completa y precisa de las emisiones es realmente posible realizar una valoración significativa de su impacto medioambiental y de su riesgo para la salud humana».

creciente de estudios independientes publicados en revistas académicas de referencia están abundando en el argumento de que el *fracking* pone en riesgo el agua y también los acuíferos. En julio de 2013, por ejemplo, se publicó un estudio dirigido por un equipo de la Universidad de Duke que había analizado docenas de pozos de agua para beber en la región de los esquistos de Marcellus, en el noreste de Pensilvania. Los investigadores descubrieron que el nivel de contaminación por metano, etano y propano guardaba una correlación estrecha y directa con la proximidad a los pozos de gas de esquisto. La repuesta de la industria gasística es que se trata simplemente de filtraciones naturales en regiones que son ricas en gas de forma natural (la misma clase de argumento empleado por las empresas que explotan las arenas bituminosas en Alberta cuando en esa provincia canadiense se detectan contaminantes orgánicos en el agua destinada al consumo humano). El problema es que, en el estudio publicado, se informaba de que, si bien todas las muestras de pozos de agua analizadas presentaban restos de metano, la presencia de este era *seis veces* más concentrada en agua tomada de fuentes situadas dentro de un radio de un kilómetro a la redonda de algún pozo de extracción de gas. En un estudio aún no publicado, el mismo equipo de Duke analizó también pozos de agua de Texas que habían sido declarados seguros con anterioridad. En ellos, descubrieron que, contrariamente a lo afirmado por el Gobierno y la industria de los sectores extractivos, los niveles de metano de muchos pozos sobrepasaban los niveles de concentraciones máximas consideradas seguras por el Servicio Geológico de Estados Unidos.[76]

La relación entre la fracturación hidráulica y el aumento de la frecuencia de pequeños seísmos también es cada vez más nítida. En 2012, un científico investigador de la Universidad de Texas analizó la actividad sísmica registrada entre noviembre de 2009 y septiembre de 2011 en parte de la vasta región rica en esquistos de Barnett, en Texas, que se extiende por el subsuelo de Fort Worth y sectores diversos de Dallas, y halló en ese lugar y periodo los epicentros de 67 pequeños temblores de tierra.[77] Los terremotos localizados con mayor fiabilidad fueron aquellos situados dentro de un radio de tres kilómetros a partir de alguno de los pozos de inyección de la zona. Un estudio publicado en julio de 2013 en el *Journal of Geophysical Research* vinculaba por su parte la inyección de residuos relacionada con el *fracking* con 109 pequeños seísmos acaecidos en solo un año en torno a Youngstown (Ohio), donde no se había registrado temblor alguno anteriormente desde que en el siglo XVIII se iniciara la vigilancia de actividad sísmica para esa zona. El investigador principal de un estudio similar, publicado en la revista *Science*, explicó que «los fluidos [en los pozos de inyección de aguas residuales] están presionando sobre las fallas hasta un punto crítico para estas».[78]

Todo lo anterior ilustra algunos de los aspectos más inquietantes de los métodos de extracción no convencionales. La perforación convencional de los yacimientos de petróleo y gas, como la minería subterránea del carbón, son destructivas, sin duda. Pero, en términos comparativos, son el equivalente en las técnicas de extracción de combustibles fósiles de lo que el escalpelo del cirujano sería en un quirófano: el carbono se extrae mediante incisiones relativamente pequeñas. Sin embargo, la extracción no convencional actúa como un mazo en todo el entorno de la explotación en cuestión. Y cuando el mazo golpea la superficie del terreno —como sucede con técnicas como la minería del carbón por remoción de cimas o como la extracción petrolera de arenas bituminosas a cielo abierto—, la violencia del impacto es apreciable a simple vista. Pero con otras técnicas, como el *fracking* (o fracturación hidráulica), la perforación en aguas profundas o la extracción subterránea (llamada «in situ») de arenas bituminosas, el mazo golpea mucho más hondo. En un primer momento, eso puede parecernos más benigno, ya que los impactos son menos visibles, pero son cada vez más los indicios y los testimonios de hasta qué punto estamos afectando con ello a partes críticas de nuestros ecosistemas, hasta límites que ni nuestros mejores expertos tienen idea de cómo arreglar.

Concienciados por el desastre

En las avanzadillas que Blockadia tiene desplegadas por todo el mundo, las iniciales «BP» funcionan como una especie de mantra o invocación: son un sinónimo de la idea de que, hagas lo que hagas, nunca creas en la palabra de una empresa de las industrias extractivas. Las iniciales significan hoy que, si aceptamos pasivamente las garantías dadas (tanto sobre la inocuidad de unas tecnologías superavanzadas como sobre la solidez de las medidas de seguridad aplicadas), estaremos condenados a ver grifos de los que sale agua inflamable, manchas de petróleo cubriendo los patios de atrás de nuestras casas, o explosiones de trenes de mercancías en el paso a nivel que tenemos a un par de manzanas de donde vivimos.

De hecho, muchos activistas de Blockadia citan el desastre de BP de 2010 en el golfo de México como el incidente que los despertó a la acción política, o como el momento en el que se dieron cuenta de lo inaplazable que era vencer en sus batallas contra las formas extremas de obtención de energía. Los detalles de ese caso son ya conocidos y apenas es necesario repetirlos. Recordemos que una plataforma petrolífera de última generación explotó matando a once de sus trabajadores y provocando el mayor vertido marino accidental de petróleo de la historia, que manó a borbotones del reventado pozo Macondo, situado a kilómetro y medio de profundidad. Lo que causó más honda impresión en la horrorizada opinión pública no fueron las playas turísticas de Florida bañadas de alquitrán, ni los pelícanos de Luisiana empapados de petróleo, sino la aterradora constatación, por una parte, de la falta de preparación para una explosión a semejante profundidad evidenciada por la propia empresa operadora del pozo (empeñada en probar diferentes soluciones cada día que se saldaban con sus correspondientes fracasos), y, por la otra, del despiste total de los reguladores gubernamentales y de las agencias encargadas de dar respuesta ante semejante desastre. Y es que no solo los reguladores habían creído sin mayores comprobaciones la palabra de BP sobre la presunta seguridad de aquella plataforma antes del accidente, sino que las agencias federales estaban tan poco preparadas para hacer frente a un desastre de semejante escala que permitieron que fuera la propia BP —la perpetradora del mismo— la que estuviera al mando de las operaciones de limpieza. Y, con el mundo entero pendiente de ellos, los expertos daban muestras ostensibles de irse inventando protocolos y actuaciones sobre la marcha.

Las investigaciones y las demandas judiciales que siguieron revelaron que el ansia de ahorrar dinero había tenido mucha importancia a la hora de facilitar las condiciones que desembocaron en el accidente. Por ejemplo, en plena campaña de las autoridades de Washington por recuperar la credibilidad perdida, una investigación realizada por un organismo del Departamento del Interior de Estados Unidos determinó que «las decisiones de BP para ahorrar costes o tiempo sin considerar posibles contingencias ni factores de mitigación fueron causas que contribuyeron al reventón del Macondo». Y un informe de una comisión presidencial formada para investigar el vertido de petróleo descubrió también que, «intencionadamente o no, lo que sí es evidente es que muchas de las decisiones de BP, [y de sus contratistas] Halliburton y Transocean que contribuyeron a incrementar el riesgo de reventón en el pozo Macondo ahorraron claramente a esas compañías una cantidad significativa de tiempo (y dinero)». Jackie Savitz, oceanógrafa y vicepresidenta de la organización conservacionista Oceana, fue más directa aún: BP «antepuso rentabilidad a precauciones. Dejó que los dólares impulsaran una cultura de asunción de riesgos que derivó finalmente en este inaceptable resultado».[79]

Y cualquier sospecha de que este era un problema exclusivo de BP quedó rápidamente disipada cuando —apenas diez días después de que las brigadas hubieran conseguido detener por fin la efusión de petróleo que manaba a chorro hacia el golfo de México— un oleoducto de Enbridge reventó en Michigan y causó el mayor vertido de petróleo en tierra jamás registrado en la historia de Estados Unidos. La tubería se rompió sobre un afluente del río Kalamazoo y el vertido resultante contaminó más de 55 kilómetros de vías fluviales y pantanos con unos 4 millones de litros de petróleo. Un sinfín de cisnes, ratas almizcladas, tortugas y otros animales de la fauna local terminaron sepultados bajo porquería negra. Fue necesario evacuar domicilios particulares, varios habitantes locales enfermaron y hubo testimonios visuales de la presencia de «una alarmante bruma marrón que se alzaba como resultado de la espuma formada por el agua de color chocolate oscuro que arrastraba el río» al saltar sobre una presa local, según una noticia de aquellos días.[80]

Al parecer, Enbridge, como BP, también había dado preferencia a las ganancias económicas sobre la seguridad básica, mientras los reguladores dormían el sueño de los justos. Por ejemplo, Enbridge sabía desde 2005 que la sección de oleoducto que falló se estaba corroyendo y la propia compañía había detectado hasta 2009 otras 329 deficiencias en la línea que se extendía por todo el sur de Michigan: deficiencias suficientemente graves como para requerir una reparación inmediata con arreglo a la normativa federal. A esta compañía de 40.000 millones de dólares se le concedió una prórroga y, de hecho, había solicitado una segunda justo diez días antes del reventón. Un vicepresidente ejecutivo de Enbridge declaró entonces ante el Congreso que la compañía estaba preparada para organizar una respuesta «casi instantánea» a cualquier escape. Lo cierto es que les llevó diecisiete horas cerrar la válvula para interrumpir el paso de petróleo por la tubería reventada. Tres años después del desastre inicial, unos 680.000 litros de petróleo seguían depositados sobre el lecho del Kalamazoo.[81]

Como el del golfo de México, donde BP se había dedicado a perforar a profundidades inauditas apenas unos años antes, el desastre del Kalamazoo se vinculó también a la nueva era de extracción extrema de nuevas fuentes más arriesgadas de combustibles fósiles. Hubo que esperar un poco, sin embargo, a que esa conexión estuviera clara, pues Enbridge tardó más de una semana en hacer público el muy importante dato de que la sustancia que se había escapado no era crudo convencional, sino bitumen diluido transportado por oleoducto desde las arenas bituminosas de Alberta a través de Michigan. De hecho, en los días inmediatamente posteriores al suceso, el entonces consejero delegado de Enbridge, Patrick

Daniel, negó rotundamente que el petróleo proviniera de las arenas bituminosas y tuvo que desdecirse posteriormente. «Lo que quise decir es que no se trataba de aquello a lo que nos hemos referido tradicionalmente como petróleo de arenas bituminosas —declaró luego Daniel a propósito de un bitumen que venía sin duda alguna de las arenas petrolíferas de Alberta—. Ahora bien, si forma parte de esa misma formación geológica, no seré yo quien contradiga la opinión de los expertos.»[82]

En el otoño de 2010, momento en el que todavía coleaban los efectos inmediatos de muchos de esos desastres, Marty Cobenais, de la Indigenous Environmental Network, me comentó que ese verano de tan graves vertidos estaba teniendo una tremenda repercusión en las comunidades situadas en el recorrido de nuevos proyectos de infraestructuras de transporte relacionadas con ese sector de actividad, ya fueran camiones gigantes, oleoductos o petroleros. «La industria del petróleo siempre dice que existe un 0 % de probabilidades de que su petróleo alcance las costas, pero, con BP, ya hemos visto lo que ha hecho. Sus proyecciones siempre están equivocadas», dijo. Y añadió: «Siempre hablan de tenerlo todo "a prueba de fallos", pero, en el Kalamazoo, tardaron horas en cortar el flujo».[83]

En otras palabras, son muchísimas las personas que ya no se creen lo que los expertos de las compañías les cuentan; prefieren creer lo que les dicen sus propios ojos. Y a lo largo de estos últimos años, es mucho lo que han visto. Imágenes inolvidables de la peculiar cámara submarina («*spillcam*») que nos mostró cómo el petróleo de BP manó a borbotones durante tres largos meses al golfo se fusionan en nuestra mente, casi sin solución de continuidad, con impactantes reportajes del agua del grifo gasificada con metano que se incendiaba en cocinas situadas en territorio del *fracking*, y que a su vez se funden con el dolor vivido en Lac-Mégantic, en Quebec, tras la terrible explosión del tren de mercancías, mientras los familiares buscaban entre los escombros alguna señal de vida de sus seres queridos. Todo ello se entremezcla con el recuerdo de las 300.000 personas a las que en Virginia Occidental se les prohibió beber o bañarse con su propia agua del grifo durante diez días después de que se descubriera que se había contaminado con productos químicos utilizados en la minería del carbón. Y luego hay que sumar el espectáculo de la primera incursión de Shell, en 2012, en la más arriesgada de todas esas nuevas tácticas extractivas: las perforaciones en el Ártico. Entre las imágenes destacadas de ese momento, está la de la plataforma de perforación gigante que encalló en la costa de la isla de Sitkalidak cuando se soltó del remolcador con el que la propia Shell la transportaba hacia la zona; está también la de otra plataforma que se soltó de su anclaje; y está asimismo la del colapso que sufrió una cúpula de contención antivertidos instalada en el fondo marino para cubrir uno de esos pozos perforados, que, según un funcionario de la Oficina Federal de Seguridad y Vigilancia del Cumplimiento de la Normativa Medioambiental (de Estados Unidos), «quedó aplastada como una lata de cerveza vacía».[84]

Si hoy parece que hay más vertidos y accidentes de ese tipo que antes, es porque los hay. Según una investigación de meses de duración llevada a cabo por EnergyWire, en 2012 se produjeron más de seis mil fugas accidentales y «otros incidentes» en instalaciones petroleras y gasísticas en tierra firme en Estados Unidos. «Eso arroja un promedio de más de dieciséis escapes diarios. Y supone un incremento significativo con respecto a 2010. En los doce estados para los que existen datos comparables, los vertidos crecieron en torno a un 17 %.» Existen indicios también de que las compañías están teniendo más problemas para limpiar lo que ensucian. En una investigación sobre fugas de líquidos peligrosos (mayormente relacionados con el petróleo) de los oleoductos en servicio, el *New York Times* halló que, en 2005 y en 2006, las operadoras de esas canalizaciones informaron que habían «recuperado más del 60 % de los líquidos vertidos»; sin embargo, entre 2007 y 2010, esas mismas «operadoras recuperaron menos de un tercio».[85]

No son solo los fallos de ingeniería los que están alimentando una desconfianza generalizada. Como los propios casos de BP y Enbridge demuestran, es el flujo constante de revelaciones sobre el papel que la codicia —plenamente desatada gracias a la laxitud de la regulación y la vigilancia— parece haber desempeñado a la hora de propiciar las desgracias. Por ejemplo, la plataforma que Shell pretendía instalar en el Ártico se encalló porque quienes la trasladaban hasta allí desafiaron las condiciones meteorológicas claramente adversas de aquel momento porque la compañía estaba interesada en salir lo antes posible de Alaska para no tener que pagar tasas adicionales de estancia del convoy en ese estado.[86]

Y Montreal, Maine & Atlantic (MM&A), la compañía ferroviaria que estaba detrás del desastre de Lac-Mégantic, había recibido un año antes del accidente permiso del Gobierno para reducir la cantidad de personal a bordo de sus trenes a un único maquinista por transporte. Hasta la década de 1980, trenes como el que descarriló llevaban generalmente a cinco empleados de la compañía que compartían las obligaciones de conducción segura de la locomotora y sus vagones. Recientemente, ese número se había bajado hasta los dos tripulantes, pero para MM&A, todavía eran demasiados. Según un exferroviario de la compañía, «lo único que importaba era recortar, recortar y recortar». Los riesgos así asumidos se agravaban además porque, según una investigación de cuatro meses llevada a cabo por periodistas del *Globe and Mail*, «las compañías no suelen hacer pruebas sobre lo explosivos que son sus cargamentos de petróleo antes de enviar los trenes a transportarlos». No es de extrañar, pues, que, durante el año siguiente al accidente de Lac-Mégantic, varios trenes más cargados de petróleo se incendiaran, entre ellos, uno en Casselton (Dakota del Norte), otro en las afueras de un pueblo del noroeste de Nuevo Brunswick, y otro más en el centro de Lynchburg (en Virginia).[87]

En un mundo donde imperara la cordura, esta concentración de desastres, sumada a la crisis climática general, habría propiciado ya cambios políticos significativos. Se habrían decretado topes y moratorias, y se habría iniciado un abandono gradual de estas formas extremas de obtención de energía. Que nada de eso haya ocurrido, y que sigan concediéndose licencias y arrendamientos para la realización de actividades extractivas cada vez más peligrosas, puede atribuirse en parte a la presencia de una inveterada corrupción, tanto legal como ilegal.

Un episodio particularmente escabroso en ese sentido se conoció año y medio antes del desastre de BP. Un informe interno del Gobierno estadounidense dictaminó que lo que entonces se llamaba el Servicio de Gestión de Minerales —la división del Departamento del Interior estadounidense encargada de recaudar los cánones debidos por las empresas de la industria del petróleo y el gas a la Administración Federal— estaba inmerso en «una cultura de quiebra ética». Funcionarios de ese organismo no solo habían aceptado reiteradamente regalos de empleados de la industria del petróleo, sino que, según un informe del inspector general del departamento, varios de ellos «bebían habitualmente alcohol en actos de las empresas del sector, habían consumido cocaína y marihuana, y habían mantenido relaciones sexuales con representantes de esa industria». Para una ciudadanía que sospechaba desde hacía tiempo que sus servidores públicos eran gustosos compañeros de cama del *lobby* del petróleo y el gas, aquella no fue más que una confirmación gráfica de sus desvelos.[88]

No debe sorprendernos, pues, que, en un sondeo de opinión realizado por Harris en 2013, un escasísimo 4 % de los encuestados estadounidenses consideraran que las compañías petroleras son «honradas y de confianza» (solo la industria del tabaco obtuvo un peor porcentaje de respuestas positivas en ese apartado). Ese mismo año, Gallup pidió a los estadounidenses su opinión sobre 25 sectores económicos distintos, incluidas la banca y la administración pública. Ninguno despertaba mayor desagrado que la industria del petróleo y el gas. Mientras tanto, un sondeo de 2012 en Canadá pidió a encuestados de ese país que ordenaran once grupos de instituciones o personas distintos por el grado de confianza que les inspiraban en «cuestiones relacionadas con la energía». Las empresas del petróleo y el gas y los ejecutivos del sector energético ocuparon los dos últimos puestos de esa lista, muy por debajo de los académicos (el grupo en el que más dijeron confiar los encuestados) y las organizaciones ecologistas y comunitarias (que también obtuvieron puntuaciones positivas). Y en un sondeo realizado en el conjunto de la Unión Europea ese mismo año, se preguntó a los participantes por sus impresiones acerca de once sectores diferentes y, en concreto, por si «se esfuerzan por comportarse responsablemente con la sociedad»; las compañías del petróleo, el gas y la minería volvieron a quedar en último lugar, junto con las finanzas y la banca.[89]

La dureza de esta realidad está poniendo las cosas muy difíciles para los bien pagados publicistas contratados por las industrias extractivas: esos profesionales que se habían acostumbrado ya a minimizar prácticamente cualquier clase de controversia con alguna elegante campaña publicitaria llena de niñas y niños rubios corriendo por los campos, y de actores multirraciales enfundados en batas de laboratorio que no dejaban pasar la oportunidad para manifestar la preocupación que sus empresas decían sentir por la protección del medio ambiente. Pero eso ya no basta hoy en día. Por muchos millones de dólares que se gasten en campañas de publicidad cantando las alabanzas de las arenas bituminosas y de su modernidad, o de la limpieza del gas natural, es evidente que son muchas las personas a las que ya no convencen. Y las que más reacias se están mostrando a esos cantos de sirena son precisamente aquellas cuyas opiniones más importan: las personas que viven en las tierras a las que las compañías extractivas necesitan acceder si quieren que las ganancias astronómicas por su negocio sigan fluyendo hacia sus arcas.

El retorno de la precaución

Durante décadas, el movimiento ecologista habló el lenguaje prestado de la evaluación de riesgos, y colaboró diligentemente con socios de la empresa privada y de la administración pública para tratar de hallar un equilibrio entre la reducción de los peligrosos niveles de contaminación y la necesidad de rentabilidad y crecimiento económicos. Esos supuestos sobre la existencia de unos niveles aceptables de riesgo se asumieron hasta tal punto que terminaron formando la base del debate oficial sobre el cambio climático. En aquella época se analizaba fríamente la acción necesaria para salvar a la humanidad del riesgo (muy real) de un caos climático frente al riesgo que dicha acción plantearía para el crecimiento del PIB, como si el crecimiento económico fuese a tener alguna importancia cuando el planeta estuviera convulsionado por una cadena de desastres meteorológicos en serie.

Pero la evaluación de riesgos ya no tiene cabida en Blockadia: se ha quedado al otro lado de las protecciones policiales y las barricadas. Y ha sido sustituida por un resurgimiento del principio de la precaución, que viene a decir que, cuando la salud humana y el medio ambiente corren un riesgo significativo, no hace falta contar con una certeza científica absoluta antes de actuar. Además, la carga de la prueba de que una determinada práctica es segura no debería recaer nunca sobre las personas o los colectivos que podrían ser dañados por la misma.

Blockadia está volviendo las tornas e insiste en que le corresponde a la industria demostrar que sus técnicas son seguras, algo que, en esta nueva era de formas extremas de obtención de energía, resulta sencillamente indemostrable para esas empresas. Por citar las palabras de la bióloga Sandra Streingraber: «¿Pueden ustedes aportar algún ejemplo de un ecosistema sobre el que se haya descargado un aluvión de venenos sin que de ello hayan resultado consecuencias terribles e inesperadas para los seres humanos?».[90]

Las compañías productoras de combustibles fósiles, en definitiva, ya no tratan con esas grandes organizaciones del ecologismo convencional a las que podían callar con una donación generosa o con un programa de compensaciones de emisiones de carbono con el que tranquilizar sus conciencias. Las comunidades locales a las que se enfrentan ahora no tienen como objetivo principal de su lucha el sacar una mejor tajada de esas empresas, ya sea en forma de puestos de trabajo locales, mayores ingresos por cánones de extracción o mejores niveles de seguridad. Lo que cada vez más pretenden esas comunidades es simplemente decir que no. No al oleoducto. No a las perforaciones en el Ártico. No a los trenes cargados de carbón o petróleo. No a los transportes pesados. No a las terminales portuarias para la exportación. No a la fracturación hidráulica. Y no porque no quieran ninguna de esas cosas «al lado de sus casas», sino, como bien dicen los activistas franceses anti-*fracking*, porque no las quieren *ni ici, ni ailleurs*, «ni aquí ni en ninguna parte». En suma: nada de nuevas fronteras que conquistar para la economía del carbono.

De hecho, ese «no al lado de mi casa» había dado origen en inglés a una especie de palabra despectiva para referirse a quienes querían que se instalara un determinado servicio público, pero sin sufrir sus potenciales repercusiones locales negativas: «*NIMBY*» (iniciales de «*not in my backyard*»). Hoy esa palabra ha perdido por completo su mordacidad ofensiva. Como dice Wendell Barry, quien toma prestadas unas palabras de E. M. Forster, la conservación «depende del afecto», y si cada uno de nosotros amara el lugar en el que vive lo suficiente como para defenderlo, no habría crisis ecológica alguna y no se daría por perdido ningún sitio consignándolo a la categoría de zona de sacrificio.[91] Simplemente, no nos quedará más alternativa que adoptar métodos no venenosos para satisfacer nuestras necesidades.

Esta nitidez moral, después de tantas décadas de compadreo ecologista-empresarial, está suponiendo un auténtico *shock* para las industrias extractivas. El movimiento climático ha establecido por fin cuáles son sus puntos no negociables. Y esta fortaleza no solo está generando y consolidando una amplia y combativa resistencia frente a las compañías más responsables de la actual crisis del clima, sino que, como veremos en el capítulo siguiente, también está consiguiendo para el movimiento ecologista algunas de las victorias más significativas que haya conseguido en décadas.

Capítulo 10

EL AMOR SALVARÁ ESTE LUGAR

Democracia, desinversión y victorias hasta el momento

> Creo que, cuanto más claramente podamos centrar nuestra atención en las maravillas y las realidades del universo que nos envuelve, menos aficionados seremos a la destrucción.
>
> RACHEL CARSON, 1954[1]

> ¿De qué sirve una montaña solo por tener una montaña?
>
> JASON BOSTIC, vicepresidente de la Asociación del Carbón de Virginia Occidental, 2011[2]

Era un día de abril de 2012 y lloviznaba en la Columbia Británica. Un avión bimotor turbohélice con capacidad para 27 pasajeros aterrizó en el aeropuerto de Bella Bella, cuya única pista termina en un edificio de tablas de madera. Entre el pasaje que descendió del aparato azul y blanco de la compañía Pacific Coastal, estaban los tres miembros de una comisión de estudio nombrada por el Gobierno canadiense. Habían realizado un viaje de 480 kilómetros desde Vancouver hasta esa remota comunidad isleña, un lugar de profundos fiordos y exuberantes bosques de hoja perenne que llegan hasta el mismo mar, para celebrar audiencias públicas sobre una de las nuevas infraestructuras relacionadas con los combustibles fósiles en América del Norte que más polémica han despertado hasta hoy: el proyecto de oleoducto Northern Gateway de la empresa Enbridge.

Bella Bella no está situada directamente en el trayecto propuesto para el oleoducto (que tiene previsto pasar 200 kilómetros más al norte). Sin embargo, las aguas del océano Pacífico que bordean el litoral de la localidad sí están en la peligrosa ruta que recorrerían los superpetroleros cargados con el petróleo obtenido por dilución de las arenas bituminosas que el oleoducto propuesto trasladaría hasta terminales portuarias en la costa: unos superpetroleros que transportarían un 75 % más de petróleo que el que llevaba el *Exxon Valdez* en 1989 cuando derramó su contenido en aguas del estrecho del Príncipe Guillermo, frente a Alaska, y provocó la devastación de la vida marina y de los recursos pesqueros de gran parte de la región.[3] Una marea negra en estas otras aguas podría ser más dañina aún, ya que su carácter remoto dificultaría probablemente más todavía el acceso en caso de accidente, sobre todo en época de temporales invernales.

Los miembros de esa Comisión Conjunta de Estudio (una mujer y dos hombres, acompañados de personal de apoyo) llevaban ya meses celebrando audiencias públicas sobre los efectos del oleoducto propuesto con la intención de presentar finalmente al Gobierno federal sus recomendaciones sobre si el proyecto debía seguir adelante o no. Y Bella Bella, el 90 % (aproximadamente) de cuya población pertenece a la «primera nación» heiltsuk, estaba más que preparada para recibirlos.

A pie de pista, aguardaba a los visitantes toda una legación de jefes hereditarios de los heiltsuk, ataviados con sus atuendos ceremoniales: con figuras de águilas, salmones, orcas y otras criaturas de esos mares y cielos bordadas en sus ropas; con peinados adornados con máscaras de animales y largas colas de piel de armiño blanco, y con sombreros hechos con cestería de filamentos de cedro. Saludaron a sus huéspedes con una danza de bienvenida, agitando los sonajeros que llevaban en las manos y los que tenían colgados de los mandiles de sus vestimentas, mientras tambores y cantantes los acompañaban. Del otro lado de la cadena que delimitaba el área de la recepción oficial, se agolpaba una multitud de manifestantes que alzaban tanto pancartas con mensajes contrarios al oleoducto como remos de canoa.

Situada a un respetuoso medio paso por detrás de los jefes, estaba Jess Housty, una menuda mujer de 25 años de edad que había ayudado a despertar la implicación de la comunidad en aquella visita de la comisión (y que no tardaría en ser elegida como la miembro más joven del consejo tribal heiltsuk). Poeta consumada y creadora de la primera y única biblioteca de Bella Bella cuando aún era adolescente, Housty describió aquella escena del aeropuerto diciendo que era «la culminación de un enorme esfuerzo planificador impulsado por el conjunto de nuestra comunidad».[4]

Los jóvenes habían encabezado ese impulso transformando la escuela local en un verdadero centro organizativo. Los estudiantes llevaban meses trabajando en la preparación de las audiencias. Investigaron la historia de los vertidos provocados por fugas en oleoductos y petroleros, incluido el desastre de 2010 en el río Kalamazoo, la compañía responsable del cual —como bien se encargaron de señalar en sus trabajos sobre el tema— era la misma que trataba ahora de impulsar el oleoducto Northern Gateway. Aquellos adolescentes mostraron también un especial interés por el desastre del *Exxon Valdez*, ya que tuvo lugar en un paisaje norteño similar. Siendo la suya una comunidad organizada en torno a la pesca y la recolección de otras riquezas del mar, no pudieron disimular su alarma al descubrir que el salmón del estrecho del Príncipe Guillermo había enfermado durante los años que siguieron al vertido y que las poblaciones de arenque se habían hundido por completo (y todavía no se han recuperado del todo, transcurridas ya dos décadas desde entonces).

Los estudiantes tomaron conciencia de lo que un vertido de ese tipo podría significar para su costa. Si el salmón rojo, una especie clave, se viera amenazado, se provocaría un efecto en cascada, ya que de él se alimentan también las ballenas asesinas y los delfines de costados blancos, que dejan ver a menudo sus aletas dorsales cuando suben a la superficie en las bahías cercanas, además de las focas y los leones marinos que ladran y aúllan sobre las formaciones rocosas costeras. Y no olvidemos que cuando esos peces regresan a los ríos y corrientes de agua dulce a desovar, dan de comer a las águilas, los osos negros y pardos, y los lobos, y sus restos proporcionan luego nutrientes para los líquenes que forran los flancos de los arroyos y las riberas de los ríos, así como para los grandes cedros y los abetos de Douglas que se alzan sobre el bosque pluvial templado. Es el salmón, pues, el que conecta los arroyos con los ríos, el río con el mar, y el mar de nuevo con los bosques. Si se pone en peligro el salmón, se pone en peligro todo el ecosistema que depende de esa especie, incluido el pueblo heiltsuk, cuya antigua cultura y cuyo medio de vida actual son inseparables de esa intrincada red de vida.

Los estudiantes de Bella Bella escribieron trabajos sobre esos temas, se prepararon para comparecer en las audiencias dando testimonio, y pintaron pancartas para saludar a los miembros de la comisión. Algunos participaron incluso en una huelga de hambre de 48 horas para escenificar lo mucho que se jugaban si perdían su principal fuente de alimento. El profesorado comentó que ningún tema había implicado tanto a la juventud de la comunidad como aquel: algunos docentes notaron incluso un descenso en la incidencia de las depresiones y en el consumo de drogas. Eso es ciertamente importante en un lugar que, no mucho tiempo atrás, había sufrido una verdadera epidemia de suicidios de personas jóvenes, una especie de legado de las desgarradoras políticas coloniales que incluyeron en su momento medidas como el hecho de arrebatar generaciones enteras de niños y niñas —los bisabuelos, abuelos y, en algunos casos, incluso padres de los adolescentes y los jóvenes adultos de hoy en día— de sus familias para ser ingresados en internados de la Iglesia, donde los abusos estaban a la orden del día.

Housty recuerda que, «mientras estaba ahí detrás de nuestros jefes [sobre la pista], pensé en lo mucho que había crecido la comunidad en torno al tema desde el primer momento en que oímos rumores sobre el proyecto del Northern Gateway de Enbridge. Había cobrado impulso y su empuje era muy fuerte. Como comunidad, estábamos preparados para dar un paso al frente con dignidad e integridad y actuar como testigos de la defensa en aquel juicio a las tierras y a las aguas que sustentaron a nuestros antepasados, que nos sustentan a nosotros y que creemos que deberían sustentar a nuestras generaciones futuras».

Tras la danza de bienvenida, los miembros de la comisión entraron en un monovolumen blanco que los trasladó hasta el pueblo en un breve trayecto de cinco minutos. La carretera de acceso estaba flanqueada de centenares de habitantes locales, muchos niños entre ellos, que sostenían en alto pequeñas pancartas hechas a mano. «El petróleo es muerte.» «Tenemos el derecho moral a decir no.» «Protejamos el azul de nuestros océanos.» «¡Nuestro modo de vida NO se compra!» «El petróleo no se bebe.» Algunos sostenían dibujos de orcas, salmones e incluso de algas laminariales (o *kelp*, características de las aguas marinas árticas y antárticas). Muchas de aquellas pequeñas pancartas decían simplemente: «No a los petroleros». Un hombre creyó que los miembros de la comisión no se estaban dignando mirar por la ventanilla del vehículo, así que aporreó el costado del monovolumen cuando pasó a su lado y sostuvo su pancarta contra el cristal para que se fijaran en ella.

Según algunos recuentos, un tercio de los 1.095 habitantes de Bella Bella estaban en la calle ese día en una de las más concurridas manifestaciones de la historia de la localidad.[5] Otros residentes participaron de formas distintas, por ejemplo, recolectando y preparando comida para el banquete de esa noche, donde los miembros de la comisión serían invitados de honor. Aquello formaba parte de la tradición de la hospitalidad heiltsuk, pero también representaba un modo de mostrar a los visitantes los alimentos que correrían un grave riesgo si uno de esos superpetroleros tenía un problema algún día. Salmón, huevas de arenque, halibut, eulachon, cangrejo y langostinos estaban en el menú.

Parecidas escenas se habían repetido en otras localidades a las que la comisión había viajado en la Columbia Británica: ciudades y pueblos que salieron a la calle en masa expresando su oposición unánime (o casi) al proyecto. Normalmente, las «primeras naciones» se situaron al frente y en el centro de esa oposición, lo que no deja de ser un reflejo de que esa provincia es la que alberga el que posiblemente es el movimiento de defensa de los derechos indígenas sobre sus tierras más potente de toda la América del Norte, como evidencia el hecho de que aproximadamente el 80 % de los territorios de esas comunidades se mantengan como «no cedidos», lo que significa que esas primeras naciones no han renunciado jamás a ellos en virtud de tratado alguno y que el Estado canadiense tampoco los ha reclamado como suyos mediante ningún acto de guerra.[6]

Pero es evidente que hubo algo en aquella pasión con la que Bella Bella se entregó a recibirlos que puso nerviosos a los miembros de la comisión. Los visitantes declinaron la invitación al banquete de aquella noche y pusieron a la consejera jefe Marilyn Slett en la nada envidiable tesitura de tener que tomar el micrófono para leer una carta que acababa de recibir de la Comisión Conjunta de Estudio. En ella se decía que las audiencias sobre el oleoducto que la multitud allí reunida llevaba preparando desde hacía meses se habían cancelado. Al parecer, la manifestación popular con la que habían sido recibidos desde el aeropuerto hasta la localidad había hecho que los visitantes no se sintieran seguros y, según rezaba la propia carta, «la comisión no puede ponerse a sí misma en una situación en la que no esté convencida de que el público presente mantendrá una actitud pacífica». Más tarde se supo que el sonido de aquel hombre al aporrear el costado del monovolumen había sido confundido —no se sabe bien cómo— con disparos de arma de fuego. (La propia policía presente aquel día atestiguó que las manifestaciones no habían sido violentas y que en ningún momento había existido amenaza alguna para la seguridad de nadie.)[7]

Housty explicó que la noticia de la cancelación produjo un «efecto físico. Habíamos estado haciéndolo todo conforme a nuestras enseñanzas y esa bofetada no pudo ser más insultante». Al final, las audiencias se celebraron, pero se perdió un día y medio del tiempo prometido para escuchar a la ciudadanía, con lo que muchos miembros de la comunidad se quedaron con las ganas de prestar su testimonio en persona.*[8]

Lo que escandalizó a muchos de los habitantes de Bella Bella no fue tanto la extraña y falsa acusación de comportamiento violento, sino hasta qué punto el espíritu de sus acciones parecía haberse malinterpretado. Es evidente que, cuando los miembros de la comisión miraron por la ventanilla del monovolumen, no supieron ver mucho más que una estereotípica turba de indios enfadados que querían descargar sus iras sobre cualquiera que pudiera estar relacionado con el oleoducto. Pero para las personas

---

* Cuando la propia Comisión Conjunta de Estudio organizó meses después una nueva audiencia para compensar ese tiempo perdido, esta se celebró en otro lugar de la provincia, en una localidad de población predominantemente blanca.

que estaban al otro lado del cristal, sosteniendo sus remos y sus redes de pesca en alto, la manifestación no había sido una expresión principalmente de ira ni de odio. Había sido más bien una muestra de amor: una expresión colectiva y hondamente sentida de amor por esa impresionante parte del mundo en la que viven.

Como explicaron los jóvenes de esta comunidad cuando por fin tuvieron la oportunidad de hacerlo, su salud y su identidad están inextricablemente entrelazadas con su capacidad para seguir los pasos de sus antepasados: pescando y remando en las mismas aguas, recolectando *kelp* en las mismas zonas que la bajamar deja al descubierto en las islas costeras exteriores, cazando en los mismos bosques y recogiendo plantas y hierbas medicinales en los mismos prados. De ahí que el Northern Gateway no fuese visto simplemente como una amenaza para la pesca local, sino como una posible vía de entrada de la perdición de toda esa labor sanadora intergeneracional. Y, por lo tanto, como una nueva acometida de la violencia colonial.

Cuando Jess Housty testificó ante la Comisión de Estudio del proyecto Gateway de Enbridge (algo para lo que tuvo que viajar un día entero hasta Terrace, en la Columbia Británica), dijo eso mismo en los siguientes e inequívocos términos:

> Cuando nazcan mis hijos, quiero que lo hagan en un mundo donde la esperanza y la transformación sean posibles. Quiero que nazcan en un mundo donde los relatos y las historias continúen teniendo poder. Quiero que crezcan siendo capaces de ser unos heiltsuk en todo el sentido de la palabra, de practicar las costumbres y de entender la identidad que ha hecho fuerte a nuestro pueblo durante cientos de generaciones.
>
> Eso no podrá pasar si no mantenemos la integridad de nuestro territorio, las tierras y las aguas, y las prácticas de administración responsable que conectan a nuestro pueblo con el paisaje. En nombre de los jóvenes de mi comunidad, siento discrepar de quienes piensan que la pérdida de nuestra identidad, la pérdida de nuestro derecho a ser unos heiltsuk, podría ser compensada de algún modo.[9]

El poder de este intenso amor es lo que las compañías extractoras de recursos y sus partidarios en la administración pública inevitablemente infravaloran, ya que ni todo el dinero del mundo podría neutralizarlo. Cuando aquello por lo que se lucha es una identidad, una cultura, un lugar querido que esas personas están decididas a legar a sus nietos, y por cuya conservación sus antepasados pagaron seguramente con grandes dosis de sacrificio, nada pueden ofrecer las empresas como contrapartida negociadora. Ningún compromiso relacionado con la seguridad calmará o saciará a esas gentes; ningún soborno sería suficientemente cuantioso. Y aunque esa clase de nexo con un lugar es seguramente más fuerte entre las comunidades indígenas, donde los vínculos con la tierra se remontan a miles de años atrás, lo cierto es que es un gran rasgo definitorio de Blockadia en su conjunto.

Yo misma lo vi brillar con todo su esplendor en Calcídica (Grecia) en aquella lucha colectiva contra la mina de oro. Allí, una joven madre llamada Melachrini Liakou —que es también una de las líderes más incansables del movimiento— me dijo con una confianza inquebrantable en la bondad de su causa que la diferencia entre su modo de ver la tierra, como agricultora de cuarta generación que es, y el modo que la compañía minera tenía de ver ese mismo trozo de terreno era la siguiente: «Yo formo parte de esta tierra. La respeto, la amo y no la trato como si fuera un objeto inútil, como si quisiera aprovechar solo un poco de ella y tirar el resto en forma de desperdicio. Porque yo quiero vivir aquí este año y los que vengan detrás, y pasarla a las generaciones venideras. Sin embargo, Eldorado y todas las demás empresas mineras quieren devorar la tierra, saquearla, vaciarla de su contenido más preciado y quedárselo en exclusiva», y dejar luego tras de sí lo que ella llamó «una gigantesca bomba química para el conjunto de la humanidad y para la naturaleza».[10]

Alexis Bonogofsky (la activista de Blockadia que me había hablado del «tremendo error» que habían cometido las petroleras al tratar de hacer pasar sus camiones gigantes por la Ruta U.S. 12) emplea términos similares para describir la lucha que libran por proteger el sureste de Montana de compañías mineras como Arch Coal. Pero a Bonogofsky, una ganadera caprina y ecologista de 33 años que practica yoga en sus ratos libres, lo que la motiva a actuar así no es tanto la preservación de la actividad granjera como la de la caza de ciervos. «Puede parecer ridículo, pero conozco un sitio en el que puedo sentarme sobre una roca de arenisca y ver los ciervos mulos, porque sé que pasan por allí en su migración. Ves aquellas enormes manadas pasar por allí y te das cuenta de que llevan miles y miles de años haciéndolo. Y allí sentada te sientes conectada con todo eso. Y a veces, parece incluso que puedes sentir cómo respira la Tierra.» Y añade: «Esa conexión con este lugar y el amor que la gente de aquí siente por él, eso es lo que Arch Coal no entiende. Lo infravaloran. No lo comprenden, así que lo desprecian. Pero eso es lo que, al final, salvará a ese sitio. No será el odio hacia las compañías del carbón ni la ira, sino el amor lo que salvará a ese lugar».[11]

Asimismo, eso es lo que hace que los conflictos de Blockadia estén tan intensamente polarizados. Porque la cultura de la extracción de combustibles fósiles es —tanto por necesidad como por designio— de un desarraigo extremo. El personal laboral que componen los conductores de los camiones gigantes, los operarios y los montadores de los oleoductos, los mineros y hasta los ingenieros y mecánicos se caracteriza, en líneas generales, por una movilidad muy elevada, puesto que están obligados a trasladarse de un lugar de trabajo al siguiente cada poco tiempo. Allí se alojan en los hoy ya famosos «campamentos para hombres»: comunidades móviles separadas que obedecen a un funcionamiento parecido al de una base militar y que incluyen toda clase de servicios para los allí alojados, que van desde gimnasios hasta cines (y en los que suele proliferar una economía sumergida en el ámbito de la prostitución).

Incluso en lugares como Gillette (en Wyoming) o Fort McMurray (en Alberta), donde los trabajadores de la industria extractiva pueden permanecer durante décadas y hasta ver crecer a sus hijos pequeños hasta la edad adulta, la cultura dominante sigue estando dominada por la provisionalidad y la fugacidad. Raro es el trabajador que no tiene previsto dejar esos asolados parajes en cuanto haya ahorrado el dinero suficiente: suficiente (se entiende) para devolver sus préstamos de estudios, para comprarse una casa para su familia en su lugar de origen, o —en el caso de quienes sueñan realmente a lo grande— para retirarse y jubilarse anticipadamente. Y con los pocos empleos manuales bien pagados que quedan, estos puestos de trabajo en el sector extractivo suelen ser la única ruta de salida del endeudamiento y la pobreza para muchas de esas personas. Es revelador que los operarios de las instalaciones dedicadas al aprovechamiento mineral de las arenas bituminosas se refieran a menudo al tiempo que pasan (o han pasado) en el norte de Alberta no tanto como una temporada de trabajo, sino más bien como una lucrativa estancia en una prisión: pueden elegir entre «un plan a tres años vista» (ahorrar 200.000 dólares y luego irse), «un plan a cinco años vista» (con un total de medio millón al término de ese periodo) o «un plan a diez años vista» (ganar un millón de dólares y retirarse a los 35 años de edad). Con independencia de los detalles concretos (y pese al dudoso realismo de los mismos, en vista del mucho dinero que desaparece en el boyante sector del entretenimiento en aquella ciudad), el plan viene a ser siempre más o menos el mismo: aguantar un tiempo en Fort Mac (o Fort McMoney, como se llama a menudo a esa localidad) y luego salir pitando de allí para empezar una vida de verdad. En una encuesta entre el personal alojado en la zona de las arenas bituminosas, un 98 % respondió que tenía previsto jubilarse en otra parte.[12]

Una tristeza real subyace a muchas de esas decisiones personales: tras la fachada de las bravuconadas y las bromas típicas de quienes frecuentan los bares de la zona, se ocultan unos índices de divorcios altísimos debidos a las prolongadas separaciones y al intenso estrés laboral. También son muy elevados los niveles de adicciones y el deseo de muchos de esos trabajadores de estar en un sitio distinto de aquel en el que están. Esa disociación es en parte lo que hace posible que personas (en principio) buenas y amables inflijan un daño al terreno tan grande como el que ocasionan con semejante extracción extrema de fuentes de energía. Un trabajador del carbón de Gillete (Wyoming) me dijo, por ejemplo, que para soportar sus jornadas laborales había entrenado su propia mente imaginando que la cuenca del río Powder era «otro planeta».[13] (El paisaje lunar que la minería de franjas —un tipo de minería a cielo abierto— deja tras de sí sin duda facilita que ese truco mental funcione.)

Estas son estrategias de supervivencia perfectamente comprensibles, pero cuando la cultura de fugacidad estructural característica de las industrias extractivas choca contra un grupo de personas hondamente arraigadas en el lugar en el que viven y que tienen la determinación de protegerlo en virtud del intenso amor que sienten por él, el encontronazo puede ser explosivo.

AMOR Y AGUA

Cuando esos dos mundos tan diferentes entran en colisión, algo que parece suceder (véase, por ejemplo, el caso de Bella Bella) es que las comunidades locales afectadas empiezan a apreciar lo que tienen más aún (y lo que se arriesgan a perder) que antes de la llegada de la amenaza extractiva. Esto es algo que no deja de sorprendernos si tenemos en cuenta que muchas de las personas que están librando las más feroces batallas antiextracción son pobres (al menos, según los indicadores tradicionales). Pero, aun así, están decididas a defender una riqueza que nuestra economía no ha averiguado todavía cómo contabilizar. «Nuestras cocinas están bien abastecidas de mermeladas y conservas caseras, sacos de frutos secos, cajones de miel y queso, todo producido por nosotros —decía Doina Dediu, vecina de un pueblo rumano alzado en protesta contra el *fracking*, a un periodista allí desplazado—. Ni siquiera somos tan pobres como dicen. Puede que no tengamos dinero, pero disponemos de agua limpia y tenemos salud, y simplemente queremos que se nos deje en paz.»[14]

Es bastante habitual que estas batallas terminen planteadas como una alternativa mutuamente excluyente entre agua y gas. O entre agua y petróleo. O entre agua y carbón. En el fondo, lo que ha terminado surgiendo en el movimiento contra la extracción extrema no es tanto un movimiento anticombustibles fósiles como un movimiento proagua.

Ese es un detalle que me llamó fuertemente la atención por vez primera en diciembre de 2011, cuando acudí a la ceremonia de una firma de la histórica Declaración «Salvemos el Fraser», promovida por varios pueblos indígenas para impedir que el oleoducto Northern Gateway o cualquier otro proyecto de infraestructura favorecedor de la explotación de las arenas bituminosas entrase en territorio de la Columbia Británica. Más de 130 «primeras naciones» han suscrito ya ese documento, que ha obtenido también el refrendo de innumerables individuos y colectivos no indígenas. La ceremonia a la que me refiero tuvo lugar en la Biblioteca Pública de Vancouver, donde estaban presentes varios jefes para estampar sus firmas. Entre quienes se dirigieron a la batería de cámaras que seguían el acontecimiento, estuvo Marilyn Baptiste, entonces jefa electa de los xeni gwet'in, una de las comunidades integradas en la «primera nación» de los tsilhqot'in. En su alocución, se presentó a sí misma, presentó a su pueblo y presentó lo que este se jugaba en aquella lucha enumerando las diversas vías fluviales y masas de agua interconectadas en sus tierras: «Nosotros vivimos en la cabecera del Chilko, que está en uno de los recorridos más largos que sigue el salmón salvaje y que continúa río arriba por el Taseko, que es un afluente del Chilko, como el Chilko lo es del Chilcotin, y el Chilcotin del Fraser. Es lógico que toda nuestra gente una fuerzas».[15]

El sentido de dibujar aquel mapa hidrológico estaba muy claro para todos los allí presentes: era evidente que todas esas diferentes naciones y grupos se unirían para luchar contra la amenaza de un vertido de petróleo porque ya estaban unidos por el agua, es decir, por los lagos, los ríos, los arroyos y los océanos, que van desembocando los unos en los otros. Y en la Columbia Británica, la conexión viva entre todas esas vías fluviales y marinas es el salmón, un viajero asombrosamente versátil, que va alternando periodos de ida y vuelta entre aguas dulces y aguas saladas a lo largo de su ciclo vital. De ahí que la declaración que se firmaba ese día no se titulase «Declaración "Pongamos freno a los petroleros y los oleoductos"», sino «Declaración "Salvemos el Fraser"», que, con sus casi 1.400 kilómetros de longitud, es el río más largo de la Columbia Británica y alberga su más productiva pesquería de salmón. Como reza la mencionada declaración, una «amenaza al Fraser y a las cabeceras de su cuenca es una amenaza a todos los que dependen de su salud como río. No toleraremos que se pongan en riesgo nuestros peces, animales, plantas, personas, ni modos de vida. [...] No permitiremos que los oleoductos del sistema Northern Gateway de Enbridge actualmente propuestos ni otros proyectos similares relacionados con la explotación de las arenas bituminosas atraviesen nuestras tierras, territorios y cuencas, ni las rutas migratorias oceánicas del salmón del río Fraser».[16]

Allí donde el oleoducto de las arenas bituminosas amenaza con convertirse en una arteria de muerte que transporte veneno a un millar de vías fluviales distintas (según las estimaciones calculadas para un potencial vertido accidental), las masas de agua que la jefa Baptiste enumeró en su intervención son arterias de vida que confluyen vinculando a todas esas comunidades dispares en un objetivo común.[17]

El deber de proteger el agua no solo ha unido a la oposición a este oleoducto en concreto, sino que es también la fuerza inspiradora que impulsa todos y cada uno de los movimientos que luchan hoy contra las formas extremas de extracción mineral. Perforaciones petrolíferas en aguas profundas, fracturación hidráulica, minería a cielo abierto, oleoductos, camiones gigantes, terminales para la exportación... muchas comunidades locales están aterrorizadas con lo que esas actividades podrían ocasionar en sus sistemas hídricos. Ese miedo es el que une a los ganaderos del sureste de Montana, a los cheyenes del norte y a las comunidades del estado de Washington que luchan juntos contra el tráfico de los trenes de transporte de carbón y contra las terminales exportadoras de ese mineral. El miedo a la contaminación del agua para beber es lo que puso en marcha el movimiento anti-*fracking* (y cuando salió a la luz una propuesta para permitir la perforación de aproximadamente veinte mil pozos por fracturación hidráulica en la cuenca del río Delaware —que es la fuente del agua que beben unos 15 millones de estadounidenses—, fue también lo que catapultó ese movimiento al primer plano de la atención de los medios informativos convencionales en Estados Unidos).[18]

Tampoco el movimiento contra el Keystone XL habría tenido el potente eco que ha tenido si TransCanada no hubiese tomado la incendiaria decisión de hacer pasar el recorrido del oleoducto por el acuífero de Ogallala, una inmensa fuente subterránea de agua dulce que se extiende por debajo de las Grandes Llanuras norteamericanas y que proporciona agua para beber a aproximadamente unos 2 millones de personas, además de suministrar en torno al 30 % del agua subterránea destinada a regadío del país.[19]

Además de las amenazas en forma de contaminación, casi todos estos proyectos extractivos destacan sencillamente por la cantidad de agua que precisan para su funcionamiento. Por ejemplo, hacen falta 2,3 barriles de agua para producir un solo barril de petróleo con la minería de las arenas bituminosas (infinitamente más que los entre 0,1 y 0,3 barriles de agua que se necesitan por cada barril de crudo convencional producido). Ese es el motivo por el que las minas de arenas bituminosas y sus estaciones de prerrefinado están rodeadas de esas gigantescas «balsas» de relaves, que se pueden ver incluso desde el espacio. La actual fracturación hidráulica para la obtención de gas y/o petróleo de esquisto requiere igualmente de mucha más agua que la perforación y la extracción convencionales, pero también que las técnicas de *fracking* que se empleaban en la pasada década de los noventa. Según un estudio de 2012, los «eventos» (así se los llama) de *fracking* moderno consumen una media de casi 20 millones de litros de agua, lo que representa «entre 70 y 300 veces más que la cantidad de fluido usada en el *fracking* tradicional». Una vez utilizada, gran parte de esa agua pasa a ser radiactiva y tóxica. En 2012, el sector generó del orden de un billón de litros de esas aguas residuales solo en Estados Unidos, «suficientes para inundar Washington (D.C.) por completo bajo una laguna tóxica de seis metros y medio de profundidad», según destacó *The Guardian*.[20]

En resumen, la extracción extrema de fuentes de energía exige que destruyamos un enorme volumen de la sustancia más esencial que necesitamos para sobrevivir (el agua) con el solo propósito de seguir extrayendo más cantidad de las sustancias mismas que amenazan nuestra supervivencia y sin las cuales seríamos perfectamente capaces de contar con la energía suficiente para seguir propulsando nuestras vidas.

Todo esto sucede, además, en un momento en que las fuentes de agua dulce peligran cada vez más en todo el mundo. De hecho, el agua que se utiliza en esas operaciones de extracción mineral suele proceder de acuíferos que están ya muy diezmados tras años de sequías sucesivas, como sucede en el sur de California, donde los encargados de las prospecciones han echado ya el ojo a la enorme formación esquistosa de Monterey, y en Texas, donde el *fracking* se ha disparado en los últimos años. También en el Karoo, una región árida y espectacular de Sudáfrica cuyo nombre es directamente traducible como «tierra de la gran sed», Shell tiene previsto iniciar actividades de perforación y extracción mediante fracturación hidráulica. Su aridez explica por qué Oom Johannes Willemse, un líder espiritual local, dice que «el agua es tan sagrada que, si no se tiene agua, no se tiene nada por lo que valga la pena vivir». Una reflexión a la que añade a continuación la siguiente advertencia: «Lucharé hasta la muerte. No permitiré que destruyan esta agua».[21]

La lucha contra la polución y el cambio climático puede parecer abstracta en ocasiones, pero dondequiera que viva, la gente luchará por su agua. Incluso morirá por ella.

—¿Podemos vivir sin agua? —gritan al unísono los agricultores movilizados contra el *fracking* en Pugesti (Rumanía).
—¡No!
—¿Podemos vivir sin Chevron?
—¡Sí![22]

Estas verdades surgen, no de una teoría abstracta sobre «los bienes comunales», sino de la experiencia vivida. Al tiempo que se hacen más fuertes y que conectan entre sí a comunidades de todas partes del mundo, apelan a algo profundo que se agita en el interior de muchos de nosotros. Sabemos que estamos atrapados en un sistema económico que parece haber entendido la realidad al revés: se comporta como si lo que es ciertamente finito (el agua limpia, los combustibles fósiles y el espacio atmosférico que absorbe las emisiones procedentes de estos) no tuviera fin, mientras que insiste en la existencia de límites estrictos e inamovibles a lo que, en el fondo, es totalmente flexible (concretamente, los recursos financieros fabricados por las propias instituciones humanas y que, de ser imaginados de otra forma, podrían servir para construir el tipo de sociedad humanitaria y generosa que verdaderamente necesitamos). Anni Vassiliou, una joven trabajadora que participa en la lucha contra la mina de oro de Eldorado en Grecia, dice de esa situación que es como vivir «en un mundo al revés. Corremos el peligro de sufrir cada vez más inundaciones. Corremos el peligro de que aquí, en Grecia, no volvamos a experimentar la primavera ni el otoño. Y nos dicen que el peligro que de verdad corremos es que salgamos del euro. ¿Habrase oído locura mayor?».[23] Dicho de otro modo: un banco arruinado es una crisis que podemos arreglar; un Ártico arruinado es una que no.

Victorias iniciales

Todavía no está claro cuál de los bandos contendientes ganará muchas de las batallas esbozadas en estas páginas; lo único que sí se puede afirmar con total seguridad es que las compañías que están en el punto de mira se enfrentan a mucho más de lo que pensaban en un principio. Ha habido ya, además, algunas victorias rotundas; demasiadas, de hecho, como para referirlas todas aquí.

Por ejemplo, los activistas han conseguido prohibiciones o moratorias sobre el *fracking* en docenas de ciudades y pueblos, y en territorios más amplios también. Además de Francia, otros países en los que se han implantado tales moratorias son Bulgaria, los Países Bajos, la República Checa y Sudáfrica (aunque el Gobierno de Pretoria ha levantado la suya recientemente). Otras moratorias o prohibiciones están en vigor en provincias y estados federados como Vermont, Quebec, Terranova y Labrador (y a comienzos de 2014, la controvertida moratoria de Nueva York seguía vigente, aunque no parecía tener asegurada su continuidad). Este historial de conquistas en el terreno legal y normativo es más admirable aún si se tiene en cuenta que gran parte del activismo anti-*fracking* local no ha recibido financiación de ninguna fundación y se ha sufragado, en realidad, a la vieja usanza: pasando la bandeja o el cepillo entre los asistentes a los actos comunitarios y contando con la aportación de incontables horas de colaboración por parte de los voluntarios.

Y algunas de esas victorias contra la extracción de combustibles fósiles no reciben casi atención mediática alguna aun siendo ciertamente significativas, como, por ejemplo, que, en 2010, Costa Rica aprobase una ley pionera que prohibía la instalación de proyectos de minería a cielo abierto en ningún lugar del país; o que, en 2012, los habitantes del archipiélago colombiano de San Andrés, Providencia y Santa Catalina lograran desbaratar un plan del Gobierno para abrir las aguas que rodean sus bellas islas a la instalación de plataformas petrolíferas. La región alberga uno de los arrecifes de coral más extensos del hemisferio occidental y, según uno de los relatos de esa victoria, se decidió que el coral «importa más que el petróleo».*[24]

Y no hay que olvidar la oleada de victorias globales contra el carbón. Ante la presión creciente que recibían sobre ese tema, el Banco Mundial y otros grandes financiadores internacionales han anunciado que ya no ofrecerán fondos para sufragar proyectos de prospección o extracción de carbón salvo en circunstancias excepcionales. Esta medida podría suponer un golpe muy duro para esa industria si otras fuentes de financiación siguen el ejemplo del Banco Mundial. En Gerze (Turquía), el proyecto de construcción de una gran planta extractora de carbón en el mar Negro se fue a pique por presión de la comunidad local. El enorme éxito de la cam-

---

* Desgraciadamente, esta Reserva de la Biosfera (según declaración de la Unesco) ha sido puesta nuevamente en riesgo después de que un tribunal internacional dictaminase que las aguas que rodean esas islas caribeñas pertenecen legalmente al Estado de Nicaragua, aun cuando las islas propiamente dichas continúen formando parte de Colombia. Y el Gobierno nicaragüense ha hecho pública su intención de perforar en ese mar.

paña «Beyond Coal» del Sierra Club en colaboración con docenas de organizaciones locales asociadas (invitando a ir «más allá del carbón» y dejarlo atrás) ha servido para desconectar de la red eléctrica 170 centrales térmicas de carbón en Estados Unidos desde 2002 y para impedir la instalación de otras 180 que estaban proyectadas.[25]

La campaña para bloquear la construcción de terminales portuarias para la exportación de carbón en la región del Noroeste-Pacífico también ha ido anotándose un éxito tras otro. Tres de las terminales previstas —una en las proximidades de Clatskanie (Oregón), otra en Coos Bay (Oregón) y otra en Hoquiam (Washington)— han sido ya descartadas a consecuencia del insistente activismo de las respectivas comunidades locales, coordinadas en gran parte por la coalición Power Past Coal (que invita a desbancar el carbón con otras fuentes de energía). Varias propuestas de construcción de ese tipo de puertos están aún pendientes de aprobación final, pero la oposición a las mismas es feroz, sobre todo, a la mayor de todas ellas, que, de llevarse a cabo, significaría la instalación de una terminal en las afueras de Bellingham (Washington). «Este no es un momento divertido, que digamos, para trabajar en la industria del carbón —confesaba hace unos meses Nick Carter, presidente y director gerente de la empresa estadounidense del carbón Natural Resource Partners—. No es muy divertido tener que levantarse todos los días para ir a trabajar y pasar todo el tiempo luchando contra tu propio Gobierno.»[26]

En contraste, las acciones contra los diversos oleoductos proyectados para transportar el petróleo de las arenas bituminosas no se han saldado todavía con ninguna victoria clara, sino únicamente con una serie de retrasos muy prolongados. Pero esas demoras importan muchísimo porque han servido para plantear interrogantes en torno a la capacidad de los terrenos petrolíferos de Alberta para cumplir realmente las previsiones de crecimiento que se habían proyectado sobre ellos. Y si hay algo que de verdad detesta alguien que invierte 1.000 millones de dólares, es la incertidumbre política. Si esos terrenos petrolíferos de Alberta, situados tierra adentro, no pueden garantizar a quienes invierten en su explotación una ruta fiable de salida al mar, donde el bitumen pueda cargarse en petroleros que lo transporten al resto del mundo, entonces, como bien dijo el anterior ministro de Energía de la provincia, Ron Liepert, «la inversión terminará evaporándose». El patrón de una de las principales compañías petroleras que ha invertido en las arenas bituminosas confirmó esa idea en enero de 2014. «Si no hubiera más ampliaciones de los oleoductos, tendría que reducir el ritmo», declaró el consejero delegado de Cenovus, Brian Ferguson. Es obvio que él pretendía presentar sus palabras como una especie de amenaza, pero desde la perspectiva del activismo climático, sonaron como si fueran la mejor noticia en años.[27]

Incluso aunque las tácticas mencionadas consiguieran solamente ralentizar los planes de expansión de esa industria, los retrasos servirían sin duda para que vayamos ganando tiempo mientras se incrementa el mercado de las fuentes limpias de energía y estas van adquiriendo credibilidad como alternativas viables, lo que debilitará el poder del *lobby* de los combustibles fósiles. Y lo que es más importante aún: las demoras darán mayor margen para que los habitantes de los mercados más grandes, los asiáticos, vayan fortaleciendo su propia demanda de una revolución energética hacia fuentes limpias.

De hecho, esa demanda se está propagando con tal rapidez que no está del todo claro cuánto tiempo más va a seguir creciendo en Asia el mercado consumidor de la electricidad de las centrales térmicas de carbón y de las gasolinas extrasucias. En la India, han sido notorios y manifiestos los levantamientos de protesta (al más puro estilo de Blockadia) en los últimos años, y los movimientos populares contrarios a la instalación o el funcionamiento de centrales térmicas de carbón han reducido sensiblemente el ímpetu del crecimiento de las energías sucias en algunas regiones. El estado suroriental de Andhra Pradesh ha sido escenario de varias de esas icónicas luchas. Por ejemplo, la librada por el pueblo de Kakarapalli, situado en un paraje de arrozales y arboledas de cocoteros. Sus habitantes llevan ya tiempo manteniendo un puesto semipermanente de control de acceso a la localidad a la sombra de un baobab porque esa es también la única carretera que conduce a una central térmica a medio construir cuyas obras consiguieron detener con sus protestas en 2011. En la cercana Sompeta, otro proyecto de construcción de una central térmica fue frenado gracias a una alianza pionera entre profesionales urbanos de clase media y agricultores y pescadores de subsistencia, que se unieron para proteger los pantanales del entorno. Cuando la policía cargó contra un grupo de manifestantes en 2010 y mató con sus disparos a, al menos, dos personas, el clamor de indignación que se extendió por el país obligó a la Autoridad Nacional de Apelación sobre Medio Ambiente a revocar la licencia del proyecto.[28] La comunidad local se mantiene vigilante y mantiene una huelga de hambre rotatoria (sus habitantes se van turnando para seguir periodos de ayuno diarios) que, a comienzos de 2014, entró en su día número 1.500.

China, mientras tanto, se halla sumida en un debate público y emocional sobre sus niveles críticos de contaminación atmosférica urbana, debidos en gran parte a la increíble dependencia que el país tiene del carbón como fuente de energía. Ha habido protestas y manifestaciones sorprendentemente numerosas y combativas contra la construcción de nuevas centrales térmicas de carbón; las más espectaculares, en Haimen, una pequeña ciudad de la provincia de Guangdong. En diciembre de 2011, unos 30.000 residentes locales (nada menos) rodearon un edificio gubernamental y bloquearon una carretera principal en protesta contra los planes de ampliación de una central térmica de carbón. Expresándose públicamente preocupados por la incidencia del cáncer y de otros problemas de salud que atribuían a la central ya existente, los manifestantes resistieron días de cargas policiales, que los atacaron con gases lacrimógenos y, según denuncias de los propios atacados, con reiterados golpes de porra. Estaban allí para enviar el mensaje —según uno de los manifestantes— de que «esto va a afectar a las generaciones futuras. Necesitarán vivir y ¿cómo van a hacerlo?». La ampliación de la central fue finalmente suspendida.[29]

También entre los campesinos chinos que viven de actividades de subsistencia tradicionales, como la agricultura y la pesca, empiezan a acumularse las revueltas combativas contra proyectos industriales que ocasionan desplazamientos de población y enfermedades, ya sean fábricas tóxicas, grandes autopistas o megaembalses. Con frecuencia, esas acciones reciben como respuesta una dura represión estatal, que incluye la muerte de algunos líderes de las protestas, detenidos por las autoridades. Los proyectos suelen seguir adelante a pesar de la oposición popular, pero ha habido también algunos éxitos notables.

Lo que ha cambiado en China en estos últimos años —y que es motivo de preocupación para el partido gobernante— es que la élite del país, el acomodado sector de triunfadores que se generó con la adopción del capitalismo acelerado en ese país, está cada vez más alarmada por los costes de la industrialización. Tanto es así que Li Bo, que dirige Amigos de la Naturaleza, la más antigua organización ecologista de China, considera que la contaminación atmosférica urbana es una especie de «superhéroe amigo para las causas medioambientales en China», aunque también es consciente de lo irónico que resulta que un ecologista tenga que «dar las gracias al esmog». Según él mismo explica, los miembros de la élite habían podido aislarse bastante bien de las amenazas ambientales previas, como los problemas con la leche para bebés o la contaminación del agua, porque «los ricos, los poderosos, cuentan con canales de suministro específicos y productos más seguros [entregados] a domicilio». Pero por muy rico que uno sea, no tiene dónde esconderse del «manto» de aire tóxico que nos cubre a todos. «Nadie puede pedir una entrega especial [de aire] a domicilio —dice Li Bo—. Y esa es la ventaja de lo que ocurre actualmente.»[30]

Solo por poner esa crisis de salud pública en perspectiva, recordemos que la Organización Mundial de la Salud fija el límite máximo de concentración segura de partículas finas de contaminantes peligrosos en suspensión (las conocidas como $PM_{2,5}$) en los 25 microgramos por metro cúbico; por su parte, el Gobierno federal estadounidense considera que cualquier nivel igual o superior a los 250 microgramos supone un riesgo sanitario importante. Pues, bien, en enero de 2014, en Pekín, los niveles de esos carcinógenos alcanzaron los 671 microgramos por metro cúbico de aire. Las omnipresentes mascarillas protectoras no han bastado para impedir brotes de enfermedades respiratorias ni para proteger a niños como los que, con tan solo ocho años de edad incluso, han sido diagnosticados con cáncer de pulmón. Shanghái, entretanto, ha introducido un protocolo de emergencia por el que las guarderías y las escuelas de primaria se desalojan y se cierran automáticamente, y los grandes actos al aire libre (como conciertos musicales o partidos de fútbol) se cancelan al momento, en cuanto los niveles de partículas en suspensión en el aire superan los 450 microgramos por metro cúbico. No es de extrañar que Chen Jiping, un ex alto cargo del Partido Comunista hoy jubilado, admitiera en marzo de 2013 que la polución es actualmente la principal causa de agitación social en el país, superando incluso a las disputas por tierras.[31]

La cúpula dirigente china ha tratado de acallar durante mucho tiempo las demandas de democratización y de respeto a los derechos humanos señalando la capacidad del partido único para llevar al país por la senda de un crecimiento económico desbocado. Como dice Li Bo, en su retórica siempre han puesto el acento en que «lo primero es crear riqueza, que ya nos encargaremos luego de los problemas medioambientales». Eso les funcionó muchos años, pero ahora, según él, «su argumento se ha asfixiado de pronto entre el esmog».

La presión popular para que el país siga una senda de desarrollo más sostenible ha forzado al Gobierno a rebajar su objetivo de crecimiento hasta situarlo por debajo de los porcentajes que China venía manteniendo desde hacía más de una década y a lanzar programas a gran escala de energías alternativas. También se han cancelado o se han aplazado muchos proyectos de energías sucias. En 2011, un tercio de las obras de las centrales térmicas de carbón cuya construcción había sido aprobada ya por el Gobierno «estaban estancadas y las inversiones en nuevas centrales no eran ni la mitad de las que fueron en 2005 —escribió Justin Guay, director adjunto del Programa Internacional sobre el Clima impulsado por el Sierra Club—. Más aún, China cerró centrales térmicas por una potencia total de 80 gigavatios entre 2001 y 2010, y tiene previsto desconectar progresivamente otros 20 GW más. Para que nos hagamos una idea, eso equivale aproximadamente al volumen de *todas* las fuentes de electricidad en España, país poseedor del 11° mayor sector eléctrico del mundo». (Dentro de ese conjunto de iniciativas para reducir el esmog, el Gobierno chino también está estudiando el potencial del gas obtenido mediante fracturación hidráulica, pero en un país proclive a los terremotos como es China, donde además se sufren frecuentes episodios de escasez de agua, no parece que ese vaya a ser un plan que consiga calmar los ánimos, precisamente.)[32]

Todo este freno desde dentro de la propia China tiene una enorme relevancia para la resistencia global contra los combustibles fósiles, desde Australia hasta Norteamérica. Significa que, si fuera posible demorar unos pocos años más la instalación o la puesta en marcha de los oleoductos de las arenas bituminosas y de las terminales portuarias para la exportación del carbón, el mercado consumidor de esos productos sucios que las compañías productoras de carbón e hidrocarburos pretenden embarcar hacia Asia podría terminar por disminuir hasta agotarse por sí solo. En julio de 2013 se produjo algo parecido a un punto de inflexión cuando el banco multinacional de inversiones Goldman Sachs publicó un trabajo de investigación titulado «La ventana de oportunidades para la inversión en carbón térmico se está cerrando». Menos de seis meses después, Goldman Sachs vendía su 49 % de participación en la compañía que está promoviendo la mayor de las terminales de exportación de carbón propuestas, la situada cerca de Bellingham (Washington), tras haberse convencido ya definitivamente, al parecer, de que la mencionada ventana se había cerrado del todo.[33]

Todas estas victorias suman, puesto que han mantenido incontables millones de toneladas de dióxido de carbono y otros gases de efecto invernadero alejadas de la atmósfera. Tanto si el cambio climático ha sido el principal factor de motivación como si no, lo cierto es que los movimientos locales que las han logrado merecen que se les reconozca también su labor como preservadores de las reservas naturales de carbono, pues protegiendo sus amados bosques, montañas, ríos y litorales están ayudando a protegernos a todos nosotros.

Sin combustibles fósiles: el movimiento por la desinversión

Los activistas climáticos no se hacen ilusiones de que, cerrando centrales térmicas, bloqueando la construcción de oleoductos que transporten el petróleo de las arenas bituminosas o logrando la aprobación de moratorias sobre el *fracking*, vayan a conseguir reducir las emisiones con la rapidez y la radicalidad suficientes que la ciencia exige actualmente. Siguen siendo demasiadas las instalaciones extractivas en funcionamiento y demasiadas también las que están siendo construidas al mismo tiempo. Y las multinacionales del petróleo son hipermóviles: siempre van allí donde pueden excavar y extraer.

Teniendo esto en mente, hoy se habla más bien de convertir en norma del derecho internacional la «negativa a que la industria de los combustibles fósiles franquee nuevas fronteras», que es el principio que guía todas esas campañas. Entre las propuestas debatidas se incluye una prohibición del *fracking* en toda Europa (de hecho, en 2012, más de un tercio de los 766 diputados del Parlamento Europeo se posicionaron a favor de una moratoria inmediata).[34] También existe una campaña creciente a favor de una prohibición a nivel mundial de la perforación de pozos petrolíferos en las aguas de la sensible región del Ártico, así como en la selva amazónica. Y los activistas están comenzando a presionar también para que se imponga una moratoria global a la extracción de petróleo de las arenas bituminosas en cualquier lugar del mundo alegando para ello que se trata de una actividad suficientemente intensiva en carbono como para que requiera de una acción internacional.

Otra táctica que se está extendiendo con asombrosa velocidad es el llamamiento a que las instituciones de interés público como las universidades, las organizaciones religiosas y los Gobiernos municipales, por ejemplo, vendan cualesquiera participaciones financieras que tengan en compañías relacionadas con la producción de combustibles fósiles. Este movimiento prodesinversión surgió casi naturalmente del entorno del activismo que, al más puro estilo de Blockadia, intentaba bloquear la extracción de carbono en su fuente misma; me refiero, en concreto, al movimiento contrario a la minería de remoción de cimas en la región de los Apalaches. Sus componentes buscaban una táctica que les permitiera ejercer presión sobre aquellas compañías del carbón que habían expresado su indiferencia ante la opinión local. A esos activistas locales se sumó poco después una campaña nacional e (a continuación) internacional encabezada por la organización 350.org, que hizo extensivo el llamamiento a la desinversión a todas las compañías del sector de los combustibles fósiles en general, y no solo del carbón. Se pretendía así que la táctica afectara no solo a proyectos impopulares concretos, sino a la lógica de conjunto que impulsa toda esta oleada actual de frenéticas iniciativas de extracción de alto riesgo.

La campaña por la desinversión se basa en una conclusión —que tan convincentemente ha sabido esbozar Bill McKibben— a la que cualquiera que tenga unas nociones mínimas de aritmética puede llegar por su cuenta: basta con fijarse en cuánto carbono tienen las compañías de combustibles fósiles en sus reservas y restarle el carbono que los científicos nos dicen que podemos emitir sin sobrepasar el límite de los 2 °C de calentamiento global para comprender que esas compañías están decididas a llevar al planeta más allá de su punto de ebullición.

Esta sencilla constatación ha permitido que el movimiento por la desinversión, encabezado principalmente por estudiantes universitarios, esté poniendo públicamente en tela de juicio la base del modelo de negocio de las compañías de combustibles fósiles arguyendo para ello que estas se han convertido en unas entidades deshonestas cuya viabilidad económica depende de la desestabilización radical del clima, y que, por consiguiente, cualquier institución que diga estar al servicio del interés público tiene la responsabilidad moral de liberarse de tan odiosas ganancias. «Lo que el movimiento por la desinversión en combustibles fósiles viene a decirles a esas empresas es que su modelo de negocio fundamental, consistente en extraer y quemar carbono, va a crearnos un planeta inhabitable. Así que tienen que parar. Necesitan aplicar un modelo de negocio nuevo», según explica Chloe Maxmin, coordinadora de Divest Harvard.[35] Y los jóvenes tienen una autoridad moral especial en esta materia y a la hora de exponer esa clase de argumentos ante los administradores de sus centros y sus facultades, pues esas son las instituciones a quienes se ha confiado su preparación para el futuro; así que no deja de ser el colmo de la hipocresía que algunas de ellas obtengan rentabilidad de una industria que ha declarado la guerra al futuro en el más elemental de los niveles.

Ninguna de las tácticas empleadas hasta el momento en las «guerras climáticas» ha tenido un eco más atronador. A los seis meses del lanzamiento oficial de la campaña en noviembre de 2012, había campañas activas de desinversión en más de trescientos campus universitarios y más de un centenar de administraciones municipales y estatales, e instituciones religiosas de Estados Unidos. La reivindicación se extendió pronto a Canadá, Australia, los Países Bajos y Gran Bretaña. En el momento de la publicación del presente libro, trece universidades estadounidenses han anunciado ya su intención de desinvertir hasta el último centavo de sus dotaciones financieras que tengan invertido en acciones y títulos de deuda de cualquier clase de empresa del sector de los combustibles fósiles, y los alcaldes de 25 ciudades estadounidenses han hecho públicos compromisos similares, entre ellos, los de San Francisco y Seattle. Lo mismo han hecho alrededor de cuarenta instituciones religiosas. La mayor victoria hasta la fecha se produjo en mayo de 2014, cuando la Universidad de Stanford —cuya enorme dotación financiera está valorada en 18.700 millones de dólares— anunció que vendería las acciones que tenía hasta entonces de empresas del sector del carbón.[36]

No han faltado las voces críticas que han apuntado casi desde el primer día que la desinversión no provocará la quiebra de Exxon; si Harvard, con sus casi 33.000 millones de dólares de dotación financiera, vende sus acciones, seguro que habrá alguien dispuesto a comprárselas. Pero esa crítica pasa por alto dónde reside el verdadero poder de esta estrategia: cada vez que los estudiantes, los profesores y los líderes religiosos defienden el argumento de la desinversión, están erosionando un poco más la permisividad social con la que operan esas compañías. Por decirlo en palabras de Sara Blazevic, una organizadora de la campaña por la desinversión en el Swarthmore College, el movimiento está «debilitando el control que la industria de los combustibles fósiles ejerce sobre nuestro sistema político porque acentúa lo social y moralmente inaceptable que resulta financiar la extracción de esas fuentes de energía». Y Cameron Fenton, uno de los líderes de esa iniciativa en Canadá, añade al respecto que «nadie piensa que vayamos a arruinar a las compañías de combustibles fósiles. Pero lo que sí podemos hacer es arruinar sus reputaciones y restarles poder político».[37]

La meta final que se busca con esta campaña es situar el estatus de las compañías petroleras en el mismo nivel que el de las empresas tabacaleras, lo que facilitaría mucho la formulación de otras importantes demandas, como, por ejemplo, la de que se prohíban las donaciones políticas procedentes de esas compañías o la publicidad televisiva de sus marcas (por las mismas razones de salud pública que prohibimos la emisión de anuncios de cigarrillos). Podría incluso generar el espacio necesario (y esto sería de crucial importancia) para que hubiera un debate serio sobre la naturaleza de las ganancias obtenidas con esa actividad económica que permitiera valorar hasta qué punto merecen ser confiscadas —por ilegítimas— y reinvertidas en soluciones a la crisis climática. La desinversión solo es la primera etapa de ese proceso de deslegitimación, pero este está ya plenamente en marcha.

Nada de esto puede servir de excusa para no acometer los grandes cambios en el terreno de las políticas que se necesitan para regular una reducción generalizada de las emisiones carbónicas. Pero el surgimiento de este movimiento de grupos de base interconectados en red significa que, la próxima vez que los activistas climáticos se sienten a una misma mesa de negociaciones con políticos y contaminadores, habrá muchos miles de personas fuera de esa sala dotadas del poder necesario para intensificar sustancialmente la presión política: con boicots más severos, demandas judiciales y mayor acción directa militante si no se materializan progresos reales. Y ese es un cambio muy significativo, sin duda.

El auge de Blockadia y del movimiento por la desinversión en combustibles fósiles ha generado ya reacciones en la comunidad ecologista convencional, sobre todo en las grandes organizaciones del movimiento verde tradicional que suscribieron en su momento acuerdos de colaboración con empresas de ese sector energético (e incluso en la Nature Conservancy, que, como ya vimos, perforó su propio pozo petrolífero). Como era de esperar, algunas de esas grandes organizaciones ecologistas que tanta comprensión han mostrado con las empresas del sector han entendido este nuevo activismo más combativo como una intromisión no bienvenida en un territorio que consideran suyo. En lo tocante al *fracking* en particular, organizaciones como el EDF (el Fondo para la Defensa del Medio Ambiente) han eludido deliberadamente sumarse a los llamamientos de los movimientos de base para reclamar prohibiciones de apertura de nuevos pozos y minas y una rápida transición hacia una economía impulsada al cien por cien por energías renovables; han preferido posicionarse más bien como intermediarias y ofrecer «buenas prácticas» (desarrolladas en colaboración con organizaciones patronales y sectoriales) que supuestamente solucionan los problemas que preocupan a las comunidades locales. (Y ello a pesar de que los habitantes de los lugares que se han movilizado contra las industrias extractivas han dejado sobradamente claro que la única buena práctica en la que están interesados es una prohibición inequívoca de la fracturación hidráulica.) «Mucho nos tememos que quienes se oponen a la producción de gas en cualquier lugar están dificultando, en realidad, que la economía estadounidense se desenganche de su dependencia del carbón sucio», acusaba el director de los servicios jurídicos del EDF, Mark Brownstein.[38]

Como era de prever, estas acciones han provocado fuertes tensiones: los activistas de los movimientos de base acusan al EDF de proporcionar coartadas a los contaminadores y de restar fuerza a sus propios esfuerzos e iniciativas.*[39]

---

* Por ejemplo, en mayo de 2013, 68 colectivos e individuos —Amigos de la Tierra, Greenpeace y Robert Kennedy Jr., entre ellos— firmaron una carta que criticaba al EDF y a su presidente, Fred Krupp, por haber contribuido a crear el Centro para el Aprovecha-

Pero no todas las grandes organizaciones del ecologismo convencional están reaccionando de ese modo. Algunas —como Food & Water Watch, 350.org, Greenpeace, Rainforest Action Network y Amigos de la Tierra— han sido desde un principio un componente central de esta nueva oleada de activismo contra los combustibles fósiles. Y en el caso de otras que se mostraron más ambivalentes, la rápida difusión de un nuevo movimiento de lucha climática sin cuartel parece haber funcionado como una llamada de aviso: un recordatorio de que se habían apartado demasiado de los principios fundamentales de esa lucha. Esa reubicación ha tenido su ejemplo posiblemente más claro en el Sierra Club, que, bajo el liderazgo de su anterior director ejecutivo, Carl Pope, había despertado una considerable controversia con acciones tan amistosas con las grandes empresas como la de prestar el logotipo de la organización para una línea comercial de productos «verdes» de limpieza de la casa Clorox. Más perjudicial aún había sido el entusiasmo con el que Pope había apoyado el gas natural y había realizado diversas apariciones públicas (y labores de presión política en los pasillos del Congreso estadounidense, incluso) para cantar las alabanzas de ese combustible fósil de la mano de Aubrey McClendon, entonces consejero delegado de Chesapeake Energy, empresa que estaba en la primera línea del *boom* de la fracturación hidráulica. Aquello causó indignación en muchas delegaciones locales del Sierra Club, que andaban enfrascadas en sus propias batallas contra el *fracking*. Posteriormente se supo que, durante ese mismo periodo, el Sierra Club había recibido en secreto muchos millones de dólares en donaciones de la propia Chesapeake en lo que constituye uno de los mayores escándalos que ha afectado al movimiento verde en décadas.*[40]

---

miento Sostenible de los Esquistos (CSSD) en asociación con las propias empresas de las industrias extractivas. «El CSSD se promociona como una iniciativa de colaboración entre "intereses diversos con un objetivo común", pero nuestros objetivos como nación ni son ni pueden ser los mismos que los de Chevron, Consol Energy, EQT Corporation y Shell, todos ellos socios colaboradores del CSSD —se lee en esa carta—. Estas empresas están interesadas en extraer tanto gas y petróleo de esquisto como sea posible y al menor coste. Nosotros estamos interesados en minimizar la extracción y el consumo de combustibles fósiles, y en facilitar una transición rápida hacia las fuentes de energía realmente sostenibles: el sol, el viento y la hidroelectricidad.»

* Contactado por correo electrónico, Carl Pope, que no había hecho anteriormente comentario alguno sobre aquella controversia, explicó así su actuación: «Los defensores de la causa climática estaban en guerra con la industria del carbón y, en aquel momento, Chesapeake se mostró dispuesta a aliarse con nosotros. Comprendo la inquietud de quienes creían que aquella alianza era una mala idea, pero es probable que, de no haberla formado, unas 75 de las 150 nuevas centrales térmicas de carbón proyectadas y cuya

Muchas cosas han cambiado en esa organización en los años transcurridos desde entonces. El nuevo director ejecutivo del Sierra Club, Michael Brune, puso fin al compromiso secreto con Chesapeake y canceló el trato comercial con Clorox. (Aunque el dinero perdido por esa vía fue sustituido con una enorme donación de la fundación de Michael Bloomberg, que —aunque esto no se sabía por entonces— tiene importantes inversiones en petróleo y gas natural.) Brune fue también arrestado frente a la Casa Blanca en una de las protestas organizadas contra la construcción del oleoducto Keystone XL. Ese día, rompió con la tradicional prohibición de participación en actos de desobediencia civil que su organización imponía a sus afiliados desde siempre. Además, en el que quizá sea el gesto más significativo de todos, el Sierra Club se ha sumado también al movimiento por la desinversión. Actualmente, aplica una política muy clara de no invertir en (ni aceptar dinero de) compañías productoras de combustibles fósiles ni de otras organizaciones afiliadas a ellas.[41]

Por su parte, en abril de 2014, el NRDC anunció que había ayudado a crear «el primer índice global de valores del que quedarán excluidas aquellas compañías ligadas a la exploración, la propiedad o la extracción de reservas de combustibles fósiles basados en carbono. Esta nueva herramienta facultará a los inversores que quieran ser socialmente conscientes (fundaciones, universidades, determinadas gestoras de fondos de pensiones, etcétera) para que sus inversiones sean acordes con sus respectivas misiones como organización». El rigor de esta nueva herramienta está aún por confirmar (y yo tengo mis dudas al respecto), pero representa en cualquier caso un cambio considerable con respecto a un año antes, cuando el NRDC admitió que su propia cartera de inversiones tenía participaciones de fondos y otros activos mixtos que no excluían las acciones de compañías del sector de los combustibles fósiles.[42]

Al movimiento por la desinversión se están adhiriendo incluso (aunque lentamente) algunas de las fundaciones que financian el activismo ecologista. En enero de 2014, diecisiete de ellas se comprometieron a desinvertir en combustibles fósiles y a invertir en energías limpias. Aunque ninguna de las grandes donantes del ecologismo convencional —las fun-

---

construcción impedimos se hubieran construido». Y añadió: «Lo que lamento es que, en aquel entonces, no acertara a comprender la escala y la forma que la revolución del gas y el petróleo de esquisto terminarían por adoptar, una incomprensión que nos llevó a realizar inversiones inadecuadas en preparación para la ofensiva que pronto habría que contrarrestar en estados como Pensilvania, Virginia Occidental y Colorado. Esa fue una significativa y costosa falta de visión por mi parte».

daciones Hewlett y Packard, o la de la Familia Walton, por ejemplo, por no hablar ya de la Ford o la Bloomberg— se sumaron a la iniciativa, sí lo hicieron otras más pequeñas, entre las que se incluyeron las fundaciones Wallace Global y Park, ambas importantes financiadoras del activismo contra los combustibles fósiles.[43]

Hasta fecha muy reciente, existía la creencia —muy extendida— de que las grandes petroleras tenían una fórmula de generación de ganancias tan a prueba de bomba que ninguna de esas acciones —las campañas por la desinversión, la resistencia sobre el terreno, etcétera— podían infligir merma alguna a su poder y su riqueza. En enero de 2014, sin embargo, muchos tuvieron que replantearse esa idea cuando Shell —que recaudó más ingresos que ninguna otra empresa en el mundo en 2013— anunció unos beneficios para el cuarto trimestre del año previo que cogieron a los inversores por sorpresa. El nuevo consejero delegado de Shell, Ben van Beurden, informó que, en vez de los 5.600 millones de dólares de beneficios del cuarto trimestre del año anterior (2012), la compañía estimaba unas ganancias para el mismo trimestre del año siguiente (2013) de solo 2.900 millones: un llamativo 48 % menos.[44]

El descenso no puede atribuirse a un solo factor, desde luego, pero era evidente que la empresa se estaba encontrando con un cúmulo creciente de dificultades: sus aventuras fallidas en el Ártico, la incertidumbre en torno al codiciado negocio de las arenas bituminosas, la inestabilidad política persistente en Nigeria y los rumores cada vez mayores sobre la existencia de una «burbuja del carbono» que mantenía artificialmente inflados los precios de las acciones de las empresas de hidrocarburos. En respuesta a la noticia, la firma de estudios financieros Sanford C. Bernstein & Co. señaló que aquel desplome era «muy poco acostumbrado para una compañía petrolera integrada», y admitía que seguramente estaba aquejada de un cierto «estrés postraumático».[45]

Crisis de la democracia

A medida que las fuerzas contrarias a los combustibles fósiles han ido cobrando impulso y consistencia, las compañías extractivas han comenzado a contraatacar recurriendo para ello a una herramienta ya conocida: las cláusulas de protección de los inversores incorporadas a los acuerdos de libre comercio. Como he mencionado en un capítulo anterior, cuando la provincia de Quebec logró por fin prohibir la fracturación hidráulica en su territorio, la empresa estadounidense de petróleo y gas Lone Pine Resources hizo pública su intención de interponer una demanda contra Canadá reclamándole al menos 230 millones de dólares en aplicación de las normas del Tratado de Libre Comercio de América del Norte sobre expropiaciones y del principio del «trato justo y equitativo». En los documentos de arbitraje, Lone Pine se quejaba de que la moratoria impuesta por un Gobierno elegido democráticamente equivalía a una «revocación arbitraria, caprichosa e ilegal del valioso derecho de la empresa a ejercer la minería del petróleo y el gas por debajo del río San Lorenzo». También reclamó (de forma harto inverosímil) que eso había ocurrido «sin una finalidad pública suficientemente motivada» y, por supuesto, «sin ni un solo centavo en concepto de compensación».[46]

Es fácil imaginar que seguirá habiendo impugnaciones similares de parte de cualquier empresa cuyos sueños extractivos se vean bruscamente interrumpidos por un alzamiento democrático en su contra. Y, de hecho, cuando el inicio de la construcción de los tramos restantes del oleoducto Keystone XL fue aplazado de nuevo en abril de 2014, directivos de Canadian y de TransCanada comenzaron a insinuar que podrían presentar una denuncia contra el Gobierno de Estados Unidos en aplicación de las provisiones del TLCAN.

Lo cierto es que la normativa actual sobre comercio internacional e inversiones proporciona una base legal para que las empresas extranjeras impugnen judicialmente prácticamente cualquier intento de los Gobiernos nacionales, regionales o locales de restringir la explotación de combustibles fósiles, sobre todo cuando ya han invertido en alguno de esos nuevos depósitos de carbono y, más aún, cuando ya han dado comienzo las extracciones. Y si el objetivo de la inversión es explícitamente el de *exportar* el petróleo, el gas y el carbón, y venderlos en el mercado mundial (como cada vez más es el caso), cualquier campaña que logre bloquear esas exportaciones podría enfrentarse a denuncias y demandas judiciales similares, ya que la imposición de «restricciones cuantitativas» al libre flujo transfronterizo de bienes vulnera un postulado fundamental del derecho comercial.[47]

Ilana Solomon, experta del Sierra Club en ese terreno, comenta lo siguiente:

> Sinceramente creo que, para combatir la crisis climática, es esencial que despojemos de poder a la industria de los combustibles fósiles, que no se cansa de plantear gigantescas demandas judiciales en el contexto de la juris-

dicción comercial. Cuando comencemos a regular el sector extractivo, por ejemplo, en Estados Unidos, es muy posible que sus empresas y asociaciones reaccionen tratando de exportar materias primas (carbón o gas natural) y, conforme al derecho comercial vigente, es literalmente ilegal frenar las exportaciones de esos recursos cuando ya se han extraído de sus pozos y minas. Así que es algo realmente difícil de parar.[48]

No debería sorprendernos, pues, que a medida que se acrecientan las victorias de Blockadia, también lo hagan las impugnaciones y denuncias de las empresas acogiéndose al derecho mercantil internacional. Hoy se interponen más demandas por vulneración de inversiones que nunca antes y muchas de ellas las inician las compañías del sector de los combustibles fósiles. En 2013, 60 de los 169 casos pendientes en el CIADI (el tribunal del Banco Mundial para arreglo de diferencias sobre inversiones) tenían que ver con los sectores del petróleo, el gas o la minería, cuando a lo largo de las décadas de 1980 y 1990 no hubo más que siete casos relacionados con las industrias extractivas. Según Lori Wallach, directora de Global Trade Watch, una división del *think tank* Public Citizen, de los más de 3.000 millones de dólares en compensaciones ya dictaminados en virtud de los acuerdos de libre comercio y los tratados bilaterales de inversiones suscritos por Estados Unidos, más del 85 % «corresponden a denuncias contra políticas sobre recursos naturales, energía y medio ambiente».[49]

Nada de esto debería extrañarnos. Desde luego, las compañías más ricas y poderosas del mundo tratarán de sacar el máximo partido a la ley para tratar de erradicar cualquier amenaza real (o presunta) a su negocio y para garantizarse así la posibilidad de excavar y extraer de cualquier lugar del mundo del que les plazca hacerlo. Y, desde luego, no ayuda especialmente en ese sentido que muchos de nuestros Gobiernos parezcan decididos a entregarles más armas legales letales en forma de nuevos y más amplios acuerdos de comercio, que las empresas, a su vez, utilizarán contra las propias leyes nacionales, regionales o locales de esos Gobiernos.

Podría haber, de todos modos, un aspecto positivo imprevisto en todo este uso agresivo del derecho comercial para anular las victorias de los ecologistas: tras una tregua de una década durante la que pocos parecían prestar atención al arcano mundo de las negociaciones sobre libre comercio, una nueva generación de activistas está conectándose de nuevo con el problema de la amenaza a la democracia que esos tratados representan. De hecho, esos acuerdos comerciales están sometidos hoy a mayor escrutinio y debate público de lo que lo habían estado en años.

Ahora bien, ese examen y ese análisis más concienzudos no deben llevarnos a darnos por vencidos ante la dificultad de ese nuevo obstáculo en el camino hacia la sensatez climática. Porque, si bien es cierto que la arquitectura legal internacional de los derechos empresariales es desalentadora e insidiosa, el secreto mejor guardado de esos acuerdos es que solo serán lo poderosos que nuestros Gobiernos permitan que sean. Están repletos de lagunas y rodeos que permiten que cualquier Gobierno que se tome en serio la adopción de políticas climáticas que reduzcan las emisiones conforme a las recomendaciones científicas al respecto pueda sin duda hallar el modo de hacerlo, ya sea impugnando o denunciando decididamente las sentencias y los fallos en la jurisdicción comercial que da inicialmente la razón a los contaminadores, ya sea hallando aditamentos creativos a sus propias políticas que sirvan para soslayar tales decisiones, ya sea negándose directamente a obedecer los dictámenes y desafiando cualquier represalia (pues, esas instituciones internacionales no pueden forzar en realidad a los Gobiernos a cambiar sus propias leyes), ya sea tratando de renegociar las normas mismas. Por decirlo de otro modo, el problema real no es que los acuerdos comerciales estén permitiendo que las compañías productoras de combustibles fósiles desafíen y denuncien a los Gobiernos, sino que los Gobiernos no están contraatacando para contrarrestar esas impugnaciones de parte de las empresas. Y eso guarda mucha menos relación con un acuerdo comercial concreto que con el estado profundamente corrompido de nuestros sistemas políticos.

Dejar atrás las democracias fosilizadas

El proceso de enfrentarse al nexo de poder entre las grandes empresas y el Estado sobre el que se sostiene la economía extractiva está llevando a muchas personas a reconocer y a afrontar la realidad de esa otra crisis subyacente —la de la democracia— que ha hecho posible que las mismas multinacionales sean las autoras de las leyes conforme a la que operan, tanto en el nivel municipal, como en el provincial/estatal subnacional, o en el nacional, o en el internacional. Esta corrosión visible de nuestros sistemas políticos —tan fosilizados como el combustible que es el objeto central de discordia de estas batallas— es la que está haciendo que Blockadia evolucione con rapidez hacia un movimiento prodemocrático de base.

A muchas personas, disponer de la capacidad para defender la fuente de agua de su propia comunidad frente a posibles peligros les parece la esencia misma de la autodeterminación. ¿Qué democracia puede haber si esta no comprende la capacidad de decidir (colectivamente) que se proteja algo sin lo que nadie puede vivir?

La insistencia en ese derecho a tener voz y voto en las decisiones cruciales sobre el agua, la tierra y el aire es el hilo conductor de las múltiples y diversas acciones de Blockadia. Es un sentimiento que ha sabido resumir muy bien Helen Slottje, una antigua abogada de empresa que ha ayudado a adoptar ordenanzas municipales antifracturación hidráulica en 170 localidades del estado de Nueva York: «¿Estáis de broma? ¿Creéis que podéis venir a mi pueblo sin más y decirme que vais a hacer lo que os dé la guana, donde os dé la gana y cuando os dé la gana, y que yo no voy a poder decir nada al respecto? ¿Quiénes os habéis creído que sois?». Algo parecido oí de boca de Marilyn Papanikolaou, una guía griega de recorridos en bicicleta de montaña que era feliz criando a sus hijos pequeños y llevando a turistas por caminos y senderos forestales, pero que ahora dedica su tiempo libre a participar en manifestaciones y concentraciones de protesta contra las minas que pretenden instalar en su región. «Yo no puedo permitir que nadie venga a mi pueblo a intentar hacer algo así y no me pida permiso para ello. ¡Yo vivo aquí!» Y no muy distinto es lo que dicen algunos propietarios agrícolas de Texas, furiosos por que una compañía canadiense constructora de oleoductos invocase la ley de expropiación por «dominio eminente» (o interés público) para tener acceso a las tierras de sus familias. «No me puedo creer que una organización canadiense que, al parecer, está construyendo un oleoducto para su lucro financiero privado tenga mayores derechos sobre mi tierra que yo», decía al respecto Julia Trigg Crawford, que ha llevado a TransCanada a los tribunales por intentar utilizar su rancho de 260 hectáreas próximo a Paris (Texas), que su abuelo adquirió en 1948.[50]

No obstante, lo más duro de soportar para el levantamiento popular de base contra las industrias extractivas ha sido la cruel constatación de que la mayoría de las comunidades locales parecen carecer de ese poder: que fuerzas externas (un Gobierno central lejano en comandita con grandes empresas transnacionales) pueden imponer sin más enormes riesgos sanitarios y de seguridad a los vecinos del lugar, incluso aunque para ello tengan que anular las leyes locales. Son muchas las partes del mundo donde están en marcha proyectos de *fracking*, oleoductos de petróleo de arenas bituminosas, trenes de transporte de carbón y terminales portuarias para la exportación que cuentan con la oposición de una clara e inequívoca mayoría de la población local, expresada tanto en las urnas (a través de procesos oficiales de consulta) como en las calles.

Y, sin embargo, el consentimiento popular parece no importar en estos casos. Cuando se dan cuenta de que no pueden convencer a las comunidades locales de que los proyectos que se proponen son presuntamente por el propio interés de estas, los Gobiernos se alían con las empresas o sus asociaciones sectoriales para aplastar cualquier oposición por medio del uso de una combinación de violencia física y herramientas legales draconianas con la que consiguen reclasificar como terroristas a quienes, en realidad, son activistas pacíficos.*[51]

Hoy hay organizaciones no gubernamentales de todo tipo sometidas a una creciente vigilancia, tanto por parte de las fuerzas de seguridad del Estado como por parte de las empresas (y a menudo por unas y otras, actuando en tándem). La Oficina de Seguridad Interior del estado de Pensilvania contrató a una empresa privada para recopilar datos de inteligencia sobre los colectivos del movimiento anti-*fracking*, información que luego compartió con las principales compañías interesadas en la extracción y venta del gas de esquisto. El mismo fenómeno se está produciendo en Francia, donde EDF (la compañía eléctrica, no la organización ecologista norteamericana) fue condenada judicialmente en 2011 por espiar ilegalmente a Greenpeace. En Canadá, entretanto, se ha sabido que Chuck Strahl, a la sazón presidente de la comisión encargada de supervisar el funcionamiento de la agencia nacional de espionaje (el Servicio Canadiense de Inteligencia para la Seguridad, CSIS), estaba registrado como cabildero de Enbridge, empresa impulsora del muy controvertido oleoducto Northern Gateway, destinado a transportar petróleo de las arenas bituminosas. Y eso era un problema porque la Junta Energética Nacional había dado instrucciones al CSIS para que evaluara las amenazas a la seguridad de los proyectos de construcción de oleoductos (un modo mal

---

* Esta táctica alcanzó niveles verdaderamente ridículos cuando, en diciembre de 2013, dos activistas antifracturación hidráulica de veintitantos años fueron acusados de organizar un «simulacro de terrorismo» por haber desplegado unas pancartas de tela en la sede central de Devon Energy en Oklahoma City. En una de aquellas pancartas podía leerse una variación sobre el lema de *Los juegos del hambre*: «LA SUERTE NUNCA ESTÁ DE NUESTRA PARTE». Activismo normal, benévolo incluso, salvo por un detalle. Según un capitán de la policía de Oklahoma City, Dexter Nelson, al retirar la pancarta, esta arrojó una «sustancia en forma de polvo negro» que pretendía imitar un «ataque bioquímico», según figuraba en la denuncia policial. Posteriormente, se determinó que aquel nefando polvo —siempre según la declaración del susodicho capitán— «era purpurina». Dio igual que el vídeo del acto mostrara que los espectadores allí reunidos no prestaron la más mínima atención a la purpurina que caía del trozo de tela descolgado. «Podría haberla barrido toda en dos minutos si me hubieran dado una escoba», dijo Stefan Warner, uno de los acusados, que se enfrenta a la posibilidad de una pena de hasta diez años de cárcel.

disimulado de pedir a la agencia que espiara a los ecologistas y a los activistas de las «primeras naciones»).⁵²

La duplicidad de funciones de Strahl hizo que surgiera enseguida la duda de si Enbridge podía estar teniendo acceso también a la información así recabada. Luego trascendió que Strahl no era la única persona que parecía trabajar para el Estado y para las compañías de combustibles fósiles al mismo tiempo. Según una información de la CBC, «la mitad de los otros cargos de designación política del Gobierno de Harper encargados de vigilar a los espías también tienen vínculos con el negocio petrolero», incluido un miembro de la mencionada comisión que ocupa también un asiento en el consejo de administración de Enbridge Gas NB (una filial regional de la que la empresa constructora de oleoductos es propietaria al cien por cien) y otro que había formado parte también del consejo de administración de TransCanada. Strahl presentó su dimisión tras la controversia suscitada; los otros dos miembros no lo han hecho.⁵³

La colusión entre las grandes empresas y el Estado ha sido tan groseramente descarada que es como si las comunidades que se interponen en el camino de la construcción de esos proyectos fueran vistas como poco más que como montera o «sobrecarga», feísima palabra que emplean las industrias extractivas para describir la «tierra sobrante» que debe eliminarse para acceder a un depósito de arenas bituminosas o de mineral. Como los árboles, el terreno, las rocas y la arcilla que las máquinas de esa industria raspan, mastican y apilan en grandes escombreras, la democracia también está siendo trizada en escombros, machacada y arrojada a un lado para abrir paso a las excavadoras.

Ese fue claramente el mensaje que se envió cuando los tres miembros de la Comisión Conjunta de Estudio a los que tanto había asustado la bienvenida de la comunidad de los heiltsuk en su visita a Bella Bella entregaron finalmente su recomendación al Gobierno federal canadiense. La comisión anunció que el oleoducto Northern Gateway debía seguir adelante. Y aunque su informe enumeraba 209 condiciones que deberían satisfacerse antes de iniciar la construcción —desde presentar planes de protección del hábitat de los caribúes hasta elaborar un inventario actualizado de las vías hídricas atravesadas por el trayecto del oleoducto «en formato tanto de PDF de Adobe como de hoja de cálculo de Microsoft Excel»—, aquel dictamen fue interpretado por casi todo el mundo como una luz verde política para que dieran comienzo las obras.⁵⁴

Solo dos de las más de mil personas que hablaron en las audiencias comunitarias locales de la comisión en la Columbia Británica lo hicieron para pronunciarse a favor del proyecto. Un sondeo de opinión reveló que el 80 % de los habitantes de la provincia se oponían a que aumentara el número de buques petroleros en sus costas de gran riqueza marina. Que un órgano de estudio supuestamente imparcial pudiera fallar a favor del oleoducto ante tan aplastante oposición fue un síntoma que muchos canadienses interpretaron como una prueba clara de la existencia de una grave crisis subyacente, más relacionada con el dinero y el poder que con el medio ambiente. «Por desgracia, los resultados de hoy son exactamente los que esperábamos —dijo ese día Torrance Coste, activista que había hecho campaña en contra del oleoducto—, y son una muestra de la quiebra de nuestro sistema democrático.»[55].

En cierto sentido, estas no son más que manifestaciones locales de una crisis democrática global representada por el cambio climático mismo. El politólogo venezolano Edgardo Lander ha sabido plantearlo muy acertadamente: «El fracaso total de las negociaciones sobre el clima sirve para poner de relieve hasta qué punto vivimos actualmente en una sociedad posdemocrática. Los intereses del capital financiero y la industria petrolera son mucho más importantes que la voluntad democrática de las personas de cualquier lugar del mundo. En la sociedad neoliberal global, la rentabilidad económica importa más que la vida». O, como escribió Goerge Monbiot —el indispensable columnista del diario *The Guardian* sobre temas de medio ambiente—, con motivo del vigésimo aniversario de la Cumbre de la Tierra en Río, «¿habría sido mucho pedir de los Gobiernos de todo el mundo, capaces como han sido de milagros tales como desarrollar bombarderos invisibles y *drones* de guerra, mercados globales y hasta rescates bancarios de billones de dólares, que gastaran una décima parte de esa energía y de esos recursos en defender nuestro planeta vivo? Pues por triste que resulte, sí, parece que habría sido pedirles demasiado». De hecho, el fracaso de nuestros líderes políticos a la hora de intentar siquiera garantizarnos a todos un futuro seguro representa una crisis de legitimidad de una hondura casi insondable.[56]

Y, pese a todo, muchísimas personas han reaccionado ante esa crisis, no renunciando a la esperanza de un autogobierno genuino, sino más bien intentando que esa promesa se haga realidad en aquellos ámbitos en los que aún tienen una influencia real. Impacta ver, por ejemplo, cómo, en un momento en que muchos Gobiernos nacionales y organismos internacionales nos están fallando, son los consistorios y los ayuntamientos de ciudades de todo el mundo —de Bogotá a Vancouver— los que están liderando y llevando la voz cantante de la acción climática. También en otras localidades más pequeñas se está tomando la iniciativa de la preparación democrática colectiva para un futuro de clima cambiado. Donde más claramente se aprecia este fenómeno es en el movimiento de las llamadas «comunidades de transición», que crece con gran rapidez. Iniciado en 2006 en Totnes —una población de Devon (Inglaterra) famosa por su mercado (muy importante ya en tiempos medievales) y por su reputación bohemia—, el movimiento se ha extendido desde entonces a más de 460 localidades de, al menos, 43 países distintos en todo el mundo. Cada «comunidad de transición» (que puede ser tanto un municipio como un barrio, en el caso de ciudades más grandes) se compromete a diseñar lo que el movimiento llama un «plan de acción para un descenso energético»; es decir, un programa para reducir sus emisiones y dejar de consumir combustibles fósiles que redacta y elabora colectivamente la propia comunidad. El proceso genera espacios poco frecuentes para la democracia participativa; los vecinos abarrotan las reuniones de consulta que se celebran en los ayuntamientos para poner en común ideas sobre toda clase de temas: desde cómo incrementar su seguridad alimentaria potenciando la agricultura local hasta cómo construir más viviendas eficientes asequibles.[57]

No todo son áridas reuniones de planificación. En Totnes, el grupo del «movimiento de transición» local organiza frecuentes veladas de cine, conferencias públicas y debates, además de festivales al aire libre para celebrar cada nuevo hito hacia una mayor sostenibilidad. Esto también forma parte de la respuesta a la crisis climática, una parte tan crucial como contar con existencias alimentarias garantizadas o como construir diques marinos de contención sólidos y resistentes. Porque un factor determinante clave para la supervivencia de cualquier comunidad ante el azote de un fenómeno meteorológico extremo reside en su tejido conjuntivo, en lo que la interconecta por dentro; es decir, en la presencia de pequeños negocios locales y espacios comunes donde los vecinos pueden conocerse mutuamente y asegurarse de que las personas mayores no vayan a ser olvidadas durante las olas de calor sofocantes o durante los grandes temporales. Como el escritor y analista sobre temas medioambientales David Roberts bien ha señalado, «los ingredientes de la resiliencia humana [son] unos círculos sociales y cívicos comunes o parcialmente coincidentes, llenos de personas que, por el hecho de vivir en estrecha proximidad y de compartir espacios comunes, se conocen y se preocupan mutuamente las unas por las otras. El mayor peligro en momentos de estrés o de amenaza es el *aislamiento*. El hallar modos de expandir los espacios públicos y de fomentar la implicación ciudadana es algo más que una idea de "progres" atolondrados: es una estrategia de supervivencia».[58]

El hecho de que la política local permita mayor intimidad es otro de los elementos que ha favorecido que este nivel de Gobierno se haya convertido en un importante espacio de resistencia a la fiebre de la extracción de nuevas fuentes de carbono, como demuestran tanto las ciudades (muchas de ellas en Alemania) que votan a favor de recuperar el control municipal de una compañía eléctrica que continúa recurriendo a la energía térmica del carbón y no quiere hacer la transición a las renovables, como los municipios que adoptan políticas de desinversión de su patrimonio financiero en combustibles fósiles, o los ayuntamientos que aprueban ordenanzas antifracturación hidráulica. Y no se trata de meras expresiones simbólicas de disconformidad. A propósito de lo que se jugaba su cliente recurriendo ante los tribunales una serie de ordenanzas locales contra la fracturación hidráulica, Thomas West, abogado de la Norse Energy Corporation USA, comentó al *New York Times* que en aquel caso se iba «a decidir el futuro de la industria del petróleo y el gas en el estado de Nueva York».[59]

Las ordenanzas locales no son las únicas (ni las más poderosas) herramientas legales no convencionales que podrían ayudar a que Blockadia ampliara sus victorias iniciales. Esto se hizo evidente cuando la comisión encargada del estudio del oleoducto Northern Gateway de Enbridge anunció sus recomendaciones. En general, la noticia de que dicha comisión había dado luz verde al Gobierno federal para aprobar el tan detestado proyecto de conducción del petróleo de las arenas bituminosas no fue recibida con desesperanza. Muchos canadienses siguieron estando convencidos de que el oleoducto nunca saldría adelante y que la costa de la Columbia Británica se salvaría, dijera lo que dijera esa comisión o hiciera lo que hiciera el Gobierno federal con ese informe.

«El gabinete federal necesita la aprobación de las "primeras naciones" y la autorización social de los habitantes de la Columbia Británica, y no tiene ninguna de las dos», dijo Caitlyn Vernon, directora de campañas del Sierra Club de la Columbia Británica. Y aludiendo a la Declaración «Salvemos el Fraser» firmada en su momento por la jefa Baptiste y por otros muchos signatarios, añadió: «Las "primeras naciones" han prohibido ya formalmente el paso de oleoductos y petroleros por sus territorios en aplicación de la ley indígena».[60] Esa era una sensación de la que se hicieron repetido eco las noticias esos días: en concreto, que la precedencia del derecho legal de las «primeras naciones» de la provincia era tal que, aunque el Gobierno federal aprobara el oleoducto (cosa que finalmente hizo en junio de 2014), el proyecto sería bloqueado en los tribunales por las impugnaciones judiciales que presentaran contra él los representantes indígenas, además de en los bosques por la acción directa de los activistas.

¿Es eso cierto? Como se explorará en el capítulo siguiente, las reivindicaciones históricas de los pueblos indígenas de todo el mundo y de los países en vías de desarrollo para que se les resarza por las deudas históricas acumuladas que les son debidas aún hoy en día tienen potencial para actuar como contrapesos frente a unos Gobiernos cada vez más antidemocráticos e intransigentes. Pero el resultado de esta lucha de poder dista mucho de estar claro. Como siempre, dependerá de qué clase de movimiento se una en apoyo de esos derechos humanos y esas reivindicaciones morales.

Capítulo 11

¿USTEDES? ¿Y CON QUÉ EJÉRCITO?

Los derechos indígenas y el poder derivado de no faltar a nuestra palabra

> Jamás pensé que vería el día en que nos uniríamos. Las relaciones están cambiando, los estereotipos están desapareciendo, hay más respeto mutuo. Si algo ha conseguido este Northern Gateway de Enbridge, es unificar a la Columbia Británica.
>
> GERALDINE THOMAS-FLURER, coordinadora de la Alianza Yinka Dene, una coalición de «primeras naciones» que se oponen al oleoducto Northern Gateway de Enbridge, 2013[1]

> Nunca hay paz en Virginia Occidental, porque nunca hay justicia.
>
> MARY HARRIS «MAMÁ» JONES, organizadora sindical, 1925[2]

El empleado de Standard & Poor's hojeaba una gruesa carpeta colocada sobre la mesa redonda de la sala de reuniones. Con el ceño fruncido, iba leyendo las hojas por encima al tiempo que hacía gestos de aprobación con la cabeza.

Era 2004 y allí estaba yo, sentada en un encuentro privado entre dos importantes líderes de «primeras naciones» y un representante de una de las tres agencias de calificación crediticia más importantes del mundo. La reunión había sido solicitada por Arthur Manuel, un antiguo jefe neskonlith del interior de la Columbia Británica que actúa ahora como portavoz de la Red Indígena sobre Economías y Comercio.

Arthur Manuel, que proviene de una larga estirpe de respetados líderes nativos, es un pensador internacionalmente reconocido sobre la cuestión de cómo obligar a Gobiernos hostiles a respetar los derechos de los indígenas a sus tierras, aunque nadie lo adivinaría viendo su sencillez y franqueza al hablar, o su tendencia a reírse a media frase. Su teoría al respecto es que nada cambiará hasta que se pueda esgrimir una amenaza creíble de que continuar violando los derechos nativos tendrá costes financieros graves para los Gobiernos o para los inversores de las empresas que pisoteen tales derechos. Así que se ha dedicado a buscar diferentes formas de infligir esos costes.

Por eso, había iniciado un intercambio por correspondencia con Standard & Poor's, porque esta agencia bendice sistemáticamente a Canadá con una nota crediticia de AAA, que es muy codiciada por cualquier emisor de deuda porque es un indicador para los inversores de que el país es un lugar seguro en el que poner su dinero. En las cartas enviadas a la agencia, Manuel había argumentado que Canadá no merecía una calificación tan elevada porque no estaba informando de un muy importante elemento en su pasivo: una enorme deuda impagada por la enorme riqueza que se había extraído sin consentimiento desde 1846 de tierras indígenas no cedidas.[3] Refería además las diversas sentencias del Tribunal Supremo del propio país que habían confirmado que los llamados «derechos aborígenes y los reconocidos por tratado» estaban en pleno vigor.

Tras numerosas comunicaciones intercambiadas, Manuel había conseguido apalabrar una reunión con Joydeep Mukherji, director del Sovereign Ratings Group (la División de Calificaciones del Crédito Soberano de dicha agencia), y, por lo tanto, hombre responsable de la emisión de esa calificación crediticia para Canadá. El encuentro tuvo lugar en la sede central de S&P, un edificio imponente situado en una travesía de Wall Street. Manuel había invitado a Guujaaw, el carismático presidente de la nación haida, para que acudiera a esa reunión con él y le ayudara a defender el argumento de las deudas impagadas, y, en el último momento, también me pidió que los acompañara en calidad de testigo de lo que allí se hablara. Desconocedor de que, tras el 11-S, es necesario un documento de identidad oficial para entrar en cualquiera de los principales edificios de oficinas de Manhattan, el líder de los haida se había dejado el pasaporte en su habitación del hotel; vestido con una camisa de manga corta a cuadros y peinado con una larga trenza que le caía por la espalda, Guujaaw estuvo a punto de no poder pasar el control de seguridad. Pero tras algo de negociación con los encargados de seguridad (y gracias a la intervención del contacto de Manuel desde su despacho en una planta superior de ese mismo edificio), pudimos entrar.

Iniciada ya la reunión, Manuel presentó la citación de comparecencia que habían presentado los okanogan en los juzgados y explicó que otras muchas «primeras naciones» habían interpuesto escritos similares. Esos sencillos documentos, en los que se afirmaba y reivindicaba la titularidad nativa sobre las tierras de amplias extensiones de territorio, notificaban al Gobierno canadiense que estos grupos estaban totalmente dispuestos a emprender acciones judiciales para reclamar los beneficios económicos obtenidos con el uso no consentido de sus tierras por parte de las compañías extractoras de recursos. Esos emplazamientos judiciales, según explicó Manuel, representaban la reclamación al Estado canadiense de una deuda de billones de dólares no reconocida por este.

A continuación, Guujaaw hizo entrega solemne a Mukherji del escrito de demanda presentado oficialmente por la nación haida, un documento judicial de siete páginas que había sido interpuesto ante el Tribunal Supremo de la Columbia Británica y en el que se pedía al Gobierno provincial la compensación por daños y perjuicios por la explotación ilegal y la degradación de las tierras y de las aguas que, por derecho, tenían que haber estado bajo el control de los haida. De hecho, en el momento de nuestro encuentro, el caso estaba siendo defendido ante el Tribunal Supremo de Canadá, ante el que se había denunciado tanto al gigante maderista Weyerhaeuser como al Gobierno provincial de la Columbia Británica por no haber consultado previamente con las autoridades indígenas la tala masiva de bosques en las islas Haida Gwaii, en la costa del Pacífico. «Ahora mismo, los Gobiernos canadiense y de la Columbia Británica están usando nuestra tierra y nuestros recursos (que lo son en virtud de los llamados "derechos aborígenes" y los "reconocidos por tratado") como aval para todos los préstamos que obtienen de Wall Street —dijo Manuel—, con lo que nosotros estamos subvencionando, en realidad, la riqueza de Canadá y de la Columbia Británica a costa de nuestro propio empobrecimiento.»[4]

Mukherji y uno de sus compañeros de S&P escucharon lo que Manuel les decía mientras leían calladamente por encima los documentos que este les había entregado. Hicieron una pregunta de cortesía sobre las recientes elecciones federales en Canadá a propósito de si había alguna previsión de que el nuevo Gobierno fuese a hacer cumplir con más rigor los derechos de los indígenas sobre esas tierras. Era evidente que nada de aquello les venía de nuevo: ni las demandas, ni las sentencias judiciales, ni el lenguaje constitucional. No cuestionaron ninguno de los hechos. Pero Mukherji explicó tan amablemente como pudo que la agencia había llegado a la conclusión de que las «primeras naciones» de Canadá no tenían poder para hacer valer sus derechos ni, por consiguiente, para cobrar las enormes deudas que otros habían contraído con ellas. Lo que significaba que, desde la perspectiva de S&P, tales deudas no debían afectar a la brillante calificación crediticia del Estado canadiense. De todos modos, la agencia seguiría vigilando de cerca la situación para ver si se producían cambios en esa dinámica.

Y, como quien no quiere la cosa, al poco estábamos de nuevo en la calle, rodeados de neoyorquinos que no soltaban sus cafés con leche con hielo mientras hablaban a gritos por sus teléfonos móviles. Manuel tomó unas cuantas fotos de Guujaaw situado bajo el letrero de Standard & Poor's, flanqueado por vigilantes de seguridad con chalecos antibala. Aquellos dos hombres parecían impertérritos ante lo que acababa de pasar en aquel despacho; yo, sin embargo, todavía no me había recuperado del impacto. Y es que lo que los hombres de S&P acababan de decirles a esos dos representantes de los habitantes originales de mi país era: «Sabemos que ustedes nunca vendieron su tierra. Pero ¿cómo van a conseguir que el Gobierno canadiense cumpla la palabra que dio en su momento? ¿Ustedes? ¿Y con qué ejército?».

En aquel momento, no parecía que hubiera una buena respuesta para esa pregunta. Los derechos indígenas en Norteamérica no contaban con una fuerza poderosa unida en torno a su causa y sí tenían, sin embargo, un sobrado conjunto de fuerzas en contra. No ya las del Gobierno, la industria y la policía, sino también las de los medios de los grandes conglomerados empresariales del sector de la comunicación, que proyectaban de esas comunidades la imagen de unos colectivos anclados en el pasado a los que se reconocían unos derechos especiales inmerecidos; paralelamente, esos mismos medios de comunicación obviaban realizar la más mínima labor de información y concienciación públicas sobre la naturaleza de los tratados que nuestros Gobiernos (o, mejor dicho, sus predecesores británicos) habían firmado en su momento. Ni siquiera los pensadores más inteligentes y progresistas prestaban apenas atención al tema. Sí, apoyaban los derechos indígenas en la teoría, pero normalmente solo como una parte más de un mosaico multicultural más genérico, y no como algo que hubiera que defender activa y específicamente.

Sin embargo, en el que tal vez sea el fenómeno políticamente más significativo del auge de la nueva resistencia típica de Blockadia, esa dinámica está cambiando a una velocidad vertiginosa, y la lucha para convertir los derechos de los indígenas sobre la tierra de sus antepasados en realidades económicas tangibles está empezando a aunar en torno suyo a un ejército de fuerzas (llamémoslo así) que ni el Estado ni la industria pueden ya ignorar.

La última línea de defensa

Como hemos visto, el ejercicio de los derechos indígenas ha tenido un papel central en el auge de la reciente oleada de resistencia contra los combustibles fósiles. Los nez percé fueron quienes, en último término, lograron frenar el paso de camiones gigantes por la U.S. 12 en Idaho y Montana; los cheyenes del norte continúan constituyendo la principal barrera para la expansión de la industria del carbón en el sureste de Montana; los lummi representan a su vez el principal obstáculo legal para la construcción de la mayor terminal portuaria prevista en todo el Noroeste-Pacífico para la exportación de carbón; la «primera nación» de Elsipogtog consiguió desbaratar sustancialmente las prospecciones sísmicas para el estudio de la viabilidad de nuevas perforaciones por fracturación hidráulica en Nuevo Brunswick, etcétera. Y si nos remontamos más atrás en el tiempo, cabe recordar que las luchas de los ogoni y los ijaw en Nigeria incluían una amplia reclamación de autodeterminación y control de los recursos en aquellas tierras que ambos grupos denunciaban que les habían sido ilegítimamente arrebatadas durante la formación colonial de la actual Nigeria. En suma, los derechos sobre la tierra y los reconocidos por tratado cuyo cumplimiento reclaman los indígenas han resultado ser una barrera muy importante para las industrias extractivas en muchas de las batallas clave del amplio frente de Blockadia.

Y gracias a esas victorias, un gran número de personas no nativas están comenzando a entender que esos derechos representan una de las herramientas más sólidas y potentes disponibles para evitar la crisis ecológica. Muchos no nativos —y este es un hecho más crucial aún— también están empezando a ver que los modos de vida que los grupos indígenas protegen tienen mucho que enseñarnos en cuanto a cómo relacionarnos con la Tierra de una manera que no sea puramente extractiva. Todo esto ha representado un cambio radical en un periodo de tiempo muy breve. Basta echar un ligero vistazo a la situación en mi propio país para ver la velocidad a la que todo esto está cambiando.

La Constitución Canadiense y la Carta Canadiense de Derechos y Libertades reconocen y brindan protección a los «derechos aborígenes», incluidos los que les hubieren sido reconocidos por tratado, el derecho al autogobierno y el derecho a practicar la cultura y las costumbres tradicionales. Entre los canadienses en general, sin embargo, existía (y existe) la impresión generalizada de que los tratados representaron en su momento unos acuerdos por los que los colectivos indígenas cedían grandes extensiones de terreno a cambio de la provisión de servicios públicos y de otros derechos designados que esos grupos podrían ejercer dentro del marco de unas reservas territoriales mucho más reducidas. Muchos canadienses también dieron por supuesto que, en aquellas tierras no cubiertas expresamente por ningún tratado (y que representan una enorme extensión del país: un 80 % en el caso de la Columbia Británica, por ejemplo), los no nativos podían hacer básicamente lo que quisieran con los recursos naturales. Las «primeras naciones» tenían derechos sobre sus reservas, pero, si en algún momento tuvieron derechos sobre otras tierras también, seguramente los habían perdido por mero desgaste con el paso de los años; «el que lo encuentra se lo queda», vendría a decir el dicho (o, al menos, esa era la impresión general).[5]

Toda esta lógica quedó radicalmente alterada a finales de la década de 1990 cuando el Tribunal Supremo de Canadá zanjó con una serie de sentencias históricas diversos casos que pretendían sondear los límites de los derechos aborígenes por titularidad original y por tratado. Primero vino la del caso «Delgamuukw contra la Columbia Británica», en 1997, en la que el alto tribunal dictaminó que en esas extensas zonas de la Columbia Británica no cubiertas por ningún tratado, la titularidad aborigen sobre la tierra nunca había llegado a agotarse y estaba todavía pendiente de ser fijada con mayor precisión. Aquello fue interpretado por muchas «primeras naciones» como una afirmación de que todavía conservaban plenos derechos sobre esas tierras, incluido el derecho a pescar, cazar y recolectar en ellas. Chelsea Vowel, una educadora métis de Montreal y jurista indígena, explica así la conmoción causada por aquella decisión judicial: «Una mañana, los canadienses se despertaron y su realidad legal había cambiado, porque se había reconocido oficialmente que millones de hectáreas de terreno del país jamás habían sido adquiridas como tal por la Corona [y eso tendría] implicaciones inmediatas para otras zonas del país donde tampoco se habían firmado nunca tratados de cesión de propiedad sobre la tierra».[6]

Dos años después, en 1999, el fallo conocido como sentencia «Marshall» afirmó que, cuando las «primeras naciones» de los micmac, los maliseet y los passamaquoddy, asentadas principalmente en Nuevo Brunswick y Nueva Escocia, firmaron tratados de «paz y amistad» con la Corona británica en 1760 y 1761, no accedieron (como tantos canadienses suponían hasta ese momento) a renunciar a derecho alguno sobre sus tierras ancestrales. Solo acordaron *compartirlas* con los colonos a condición de que las primeras naciones pudieran seguir usando esas mismas tierras para actividades tradicionales como la pesca, el comercio y las ceremonias. El caso había sido suscitado por la actividad de un solo pescador, Donald Marshall Jr. quien había capturado anguilas fuera de temporada y sin licencia. El tribunal dictaminó que los micmac y los maliseet tenían derecho a pescar todo el año lo suficiente para ganarse «moderadamente su sustento» allí donde sus antepasados ya pescaban, y los eximió del cumplimiento de muchas de las normas fijadas por el Gobierno federal para la flota pesquera no nativa.[7]

Otros muchos tratados norteamericanos habían incorporado parecidas disposiciones normativas instando a compartir recursos. El Tratado 6, por ejemplo, que abarca gran parte de la región de las arenas bituminosas de Alberta, estipula de un modo muy claro que «los indios tendrán derecho a proseguir con sus actividades de caza y pesca a lo largo y ancho de la extensión cedida»; es decir, que lo único que cedían era la *exclusividad* de sus derechos sobre el territorio, pues accedían a que la tierra fuera usada por ambas partes de tal modo que colonos y pueblos indígenas pudieran atender a sus respectivos intereses en paralelo.[8]

Pero no hay coexistencia paralela y pacífica posible si una de las partes se dedica a alterar irrevocablemente y a envenenar esa tierra compartida. Y, de hecho, aunque no está explícitamente escrito en el texto del tratado, los jefes y notables de las «primeras naciones» que viven en esa región arguyen que los negociadores indígenas dieron permiso para que la tierra fuera usada por colonos únicamente «hasta la profundidad de un arado», es decir, hasta una profundidad considerablemente menor que la de los grandes y tenebrosos agujeros que se excavan en la actualidad. Esas cláusulas y disposiciones de «uso compartido de la tierra» forman la base de la mayoría de los tratados y acuerdos que dieron origen a la América del Norte moderna.

En Canadá, el periodo inmediatamente posterior a esas sentencias del Supremo puede calificarse de tumultuoso. Ni el Gobierno federal ni los provinciales hicieron gran cosa (por no decir que no hicieron nada) para proteger los derechos que los jueces habían confirmado, así que tuvieron que ser los propios pueblos indígenas los que salieran a esas tierras y a esas aguas a hacerlos valer; es decir, a pescar, cazar, talar y serrar madera, y edificar estructuras ceremoniales, a menudo sin permiso estatal. Pronto hubo reacciones airadas en contra de esas acciones. Por todo el país, pescadores y cazadores no nativos se quejaron de que los «indios» estaban por encima de la ley, que iban a vaciar los océanos y los ríos de peces si seguían así, que iban a acaparar todas las piezas buenas de caza, que iban a destruir los bosques, etcétera, etcétera. (Ni una sola mención por su parte del historial ininterrumpido de mala y descuidada gestión de los recursos por parte de todas las administraciones públicas canadienses.)

Las tensiones alcanzaron su punto álgido en la comunidad micmac de Burnt Church, en Nuevo Brunswick. Indignados por que la sentencia del caso «Marshall» hubiese facultado al pueblo micmac para ejercer los derechos que se le reconocían por tratado a pescar fuera de las temporadas oficiales decretadas por el Gobierno, grupos descontrolados de pescadores no nativos emprendieron una serie de ataques violentos contra sus vecinos nativos. En la que pronto se conocería como la «crisis de Burnt Church», miles de trampas micmac para langostas fueron destruidas, tres plantas procesadoras de pescado saqueadas, un cenador ceremonial calcinado y varios indígenas hospitalizados después de que su camión fuese atacado. Y no se trató solamente de violencia de grupos que pretendían tomarse la justicia por su mano. La crisis se prolongó varios meses y, en uno de los incidentes, buques del Estado con agentes antidisturbios a bordo cargaron contra los barcos de pesca nativos y hundieron dos de ellos, cuyas respectivas tripulaciones tuvieron que lanzarse al agua para salvarse. Los pescadores micmac hicieron lo que pudieron para defenderse, ayudados por la Sociedad Guerrera Micmac, pero eran claramente inferiores en número. A partir de ese momento, y durante años, vivieron en un clima de miedo continuo. El racismo era tan palpable que un pescador no nativo incluso se atrevió un día a colocarse una peluca de cabello largo e improvisar una ridiculización de una «danza de la guerra» sobre la cubierta de su barca para regocijo de las cámaras y del personal de las unidades móviles de televisión allí desplazadas, que no perdieron detalle de la bufonada.

Corría el año 2000. En 2013, a poco más de una hora en coche siguiendo la costa hacia el sur desde Burnt Church, la misma Sociedad Guerrera Micmac volvió a ser noticia, pero esta vez porque había unido fuerzas con la «primera nación» de Elsipogtog para hacer frente a la empresa texana protagonista de la polémica por el *fracking* en Nuevo Brunswick. Sin embargo, el estado de ánimo general y la dinámica de fondo no podían ser más diferentes de los que imperaban años atrás. Esta vez, durante los meses que duró la protesta, los guerreros ayudaron a encender una serie de fuegos sagrados ceremoniales e invitaron explícitamente a la comunidad no nativa a unirse a ellos en las barricadas «para asegurarnos de que la compañía no pueda reanudar sus trabajos para extraer gas de esquisto por medio de la fracturación hidráulica». En un comunicado, explicaron que «esto forma parte de una campaña más general que pretende reunir a los pueblos indígena, acadiano y anglo». (Nuevo Brunswick cuenta con una numerosa población acadiana, francófona, con su propia historia de tensiones pasadas con la mayoría anglófona.)[9]

Muchos hicieron caso de aquel llamamiento y, como se hizo notar frecuentemente en esos días, las protestas encabezadas por la «primera nación» de Elsipogtog fueron extraordinariamente diversas y atrajeron a participantes de todos los grupos étnicos de la provincia, así como de «primeras naciones» de todo el país. Como contó Debbi Hauper —una participante no nativa— a un equipo que grababa en vídeo uno de aquellos actos, «tenemos una sensación real de unión. Estamos unidos en lo que es más importante. Y creo que vamos a ver cada vez más intentos del Gobierno y las industrias afectadas para separarnos. Y seamos sinceros, sus métodos han conseguido dividirnos durante décadas, pero esta vez creo que, por fin, nos estamos despertando de verdad».[10]

Hubo intentos de reavivar los viejos odios, desde luego. En las tensiones de esos días se oyó a un agente de policía diciéndoles a los manifestantes cosas como que «la tierra de la Corona pertenece al Gobierno, no a los putos nativos», para provocarlos. Y cuando el conflicto con la policía se volvió violento, el primer ministro de Nuevo Brunswick, David Alward, comentó: «Es evidente que hay quienes no comparten los mismos valores que el resto de los neobrunswiqueses sí compartimos». Pero, en general, la comunidad se mantuvo unida y se produjeron manifestaciones solidarias de protesta en docenas de ciudades y localidades de todo el país: «Esta no es una campaña de las "primeras naciones" solamente. Es, más bien, un momento histórico en el que los principales pueblos de esta provincia (ingleses, franceses y aborígenes) se unen por una causa común —dijo David Coon, máximo dirigente del Partido Verde en Nuevo Brunswick—. Es, en realidad, una cuestión de justicia. Quieren proteger de la destrucción sus tierras, sus aguas y su aire comunes».[11]

Para entonces, muchos habitantes de la provincia habían comprendido ya que los derechos de los micmac a usar sus tierras y aguas tradicionales para cazar y pescar (los mismos derechos que habían hecho estallar los disturbios de trece años antes) representaban la mejor esperanza de victoria para la mayoría de la población de Nuevo Brunswick, que se oponía al *fracking*.[12] Y era evidente que se necesitaban nuevas herramientas en ese sentido. El primer ministro Alward había sido escéptico sobre las bondades del *fracking* antes de su elección en 2010, pero una vez en el cargo, no tardó en cambiar de opinión y de argumento, y empezó a justificar su implantación como fuente de ingresos necesarios para financiar programas sociales y para crear empleo: el típico giro de 180 grados que tanto cinismo genera en las actitudes hacia la democracia representativa en todo el mundo.

Los derechos indígenas, sin embargo, no dependen de las veleidades de los políticos. La postura de la «primera nación» de Elsipogtog era que ningún tratado dio al Gobierno canadiense la autoridad para alterar radicalmente sus tierras ancestrales. El derecho a cazar y a pescar, confirmado por la sentencia del caso «Marshall», estaba siendo violado por la actividad industrial que pone en peligro la salubridad fundamental de las tierras y las aguas (pues ¿de qué sirve tener el derecho a pescar, por ejemplo, si el agua está contaminada?). Así lo explica Gary Simon, de la «primera nación» de Elsipogtog: «Estoy convencido de que nuestros tratados son nuestra última línea de defensa para salvar el agua limpia para las generaciones futuras».[13]

Esa es la misma postura que han adoptado los lummi que se oponen a la construcción de la terminal portuaria para la exportación de carbón en las proximidades de Bellingham, en el estado de Washington, pues argumentan que el enorme incremento en el tráfico de petroleros por el estrecho de Georgia resultante de tal medida, además de los efectos contaminantes del polvo del carbón, vulnera su derecho (protegido por tratado) a pescar en esas aguas. (La tribu de los klallam del Bajo Elwha, también en el estado de Washington, planteó argumentos similares cuando sus líderes litigaron en los tribunales pidiendo la eliminación de dos presas en el río Elwha. Sostenían que, al interferir en el recorrido vital del salmón, aquellas represas violaban sus derechos a pescar, reconocidos por los tratados vigentes, y los tribunales les dieron la razón.) Y cuando el Departamento de Estado de EE.UU. insinuó, en febrero de 2014, que pronto daría su visto bueno a la continuación del oleoducto Keystone XL, varios miembros de la nación lakota anunciaron de inmediato que, a su juicio, la construcción de aquella conducción era ilegal. Paula Antoine, empleada de la oficina de tierras comunales de la tribu de los lakota de Rosebud, explicó que, puesto que el trayecto del oleoducto atraviesa territorio tradicional lakota protegido por tratado y muy próximo a tierras de la reserva, «quienes lo impulsan no están reconociendo nuestros tratados, y están vulnerando nuestros derechos plasmados en ellos y nuestras fronteras al hacerlo pasar por allí. Cualquier alteración del terreno a lo largo de la conducción propuesta y en torno a ella nos afectará».[14]

Estos derechos son, pues, reales y son poderosos, más aún porque muchas de las «bombas» de carbono más grandes y peligrosas del planeta que aún no han estallado yacen bajo tierras y aguas sobre las que los pueblos indígenas tienen derechos legales legítimos. Nadie tiene mayor poder legal para detener la expansión desbordada de la explotación de las arenas bituminosas que las «primeras naciones» que habitan tierras situadas corriente abajo de tales explotaciones, y que han visto ya cómo sus terrenos de caza y pesca protegidos por tratado se contaminaban, del mismo modo que nadie tiene mayor poder legal para frenar la fiebre perforadora bajo el hielo cada vez más derretido del Ártico que los inuit, los sami y otras tribus indígenas boreales cuyos medios de vida se verían gravemente comprometidos en caso de vertido accidental desde cualquiera de esas plataformas petrolíferas marinas. Que dispongan del poder necesario para ejercer esos derechos ya es harina de otro costal.

En cualquier caso, algo de ese poder pudimos ver en enero de 2014, cuando una coalición de tribus nativas de Alaska, que habían unido fuerzas con varias importantes organizaciones ecologistas, obtuvieron una gran victoria judicial contra las aventuras perforadoras de Shell en el Ártico, envueltas desde el principio en el escándalo. Liderada por la localidad nativa de Point Hope («Punta Esperanza»), la coalición sostenía que, cuando el Departamento del Interior estadounidense concedió permisos a Shell y a otras empresas para prospeccionar en el mar de Chukotka, no tuvo en cuenta todos los riesgos que ello implicaba (entre los que debían haberse incluido los riesgos para los medios y los modos de vida de los indígenas inupiat, que están inextricablemente unidos a la salud del océano). Tal como explicó el alcalde de Port Hope, Steve Oomittuk, cuando presentó la demanda judicial, su pueblo «ha cazado y ha dependido de los animales que migran a través del mar de Chukotka durante miles de años. Este es nuestro huerto particular, nuestra identidad, nuestro medio de vida. Sin él, no seríamos quienes somos hoy. [...] Nos oponemos a cualquier actividad que ponga en peligro nuestro modo de vida y los animales de los que tanto dependemos». Faith Gemmill, directora ejecutiva de Resisting Environmental Destruction on Indigenous Lands («Resistencia a la Destrucción Medioambiental de las Tierras Indígenas»), uno de los colectivos impulsores de la demanda, señala que, para los inupiat que dependen del mar de Chukotka, «es imposible separar los impactos ambientales de los impactos sobre su subsistencia, puesto que son una misma cosa».[15]

Un tribunal federal de apelación falló a favor de la coalición, pues entendió que las evaluaciones de riesgos del Departamento del Interior se basaron en estimaciones «arbitrarias y caprichosas», o expusieron «únicamente el *mejor* escenario posible en caso de daño medioambiental».[16] Se trataba, pues, de unos informes evaluadores muy parecidos en cuanto a su baja calidad a los que crearon el marco propicio para el desastre de la plataforma Deepwater Horizon de BP.

John Sauven, director ejecutivo de Greenpeace para el Reino Unido, calificó la sentencia de «revés durísimo para las ambiciones árticas de Shell». De hecho, apenas unos días más tarde, la compañía anunció que ponía sus planes para el Ártico en suspenso indefinido. «Supone una gran desilusión para nosotros, pero el hecho de que no haya una vía clara hace que no esté dispuesto a comprometer más recursos para posibles perforaciones petrolíferas en Alaska en 2014 —declaró el consejero delegado de Shell, Ben van Beurden—. Acudiremos a los organismos pertinentes y a los tribunales para resolver los problemas legales pendientes con la mayor celeridad posible.» Si los grupos indígenas no hubieran puesto de manifiesto los elevados costes en el apartado de los derechos humanos que se dirimían también en esta batalla, es muy posible que esa victoria jamás se hubiese producido.[17]

En todo el mundo, las compañías impulsoras de la apertura de grandes minas nuevas de carbón y de terminales para la exportación de dicho mineral cada vez más se están viendo forzadas a enfrentarse con los poderes legales singulares con que cuentan los pueblos indígenas en muchos países. Por ejemplo, en Australia Occidental, la perspectiva de duras batallas judiciales por la titularidad nativa fue un importante factor para dar al traste en 2013 con un proyecto de construcción de una planta de procesamiento de gas natural licuado (GNL) y su correspondiente puerto (presupuestados ambos por un total de 45.000 millones de dólares), y aunque el Gobierno de ese estado australiano sigue decidido a forzar la instalación de infraestructuras gasísticas y de explotaciones de *fracking* en la zona, los colectivos indígenas amenazan con hacer valer sus derechos de propiedad y procedimientos tradicionales en los tribunales. Lo mismo sucede con otras comunidades que se oponen al desarrollo de infraestructuras para la extracción del metano de mantos carboníferos en Nueva Gales del Sur.[18]

Mientras tanto, varios grupos indígenas de la Amazonía han estado oponiendo una resistencia tenaz a los intereses petroleros que pretenden sacrificar nuevas y enormes extensiones de las grandes selvas. Con ello, protegen tanto el carbono que se encierra en el subsuelo como los árboles y la tierra que, por encima de esos yacimientos de petróleo y gas, capturan también el carbono de la atmósfera. Y, de hecho, han conseguido hacer valer cada vez más sus derechos sobre esas tierras ante la Corte Interamericana de Derechos Humanos, que ha dado la razón a los demandantes indígenas contra los Gobiernos en casos relacionados con recursos naturales y derechos territoriales.[19] Y los tunebos (o *u'wa*, en su propia lengua), una tribu aislada en las selvas nubosas andinas de Colombia (donde el dosel arbóreo está permanentemente envuelto en la niebla) han hecho historia resistiendo los reiterados intentos de los gigantes del petróleo de perforar pozos en su territorio e insistiendo en todos los casos que robarles el petróleo del subsuelo provocaría la destrucción de la tribu. (Eso no ha impedido, de todos modos, que haya habido alguna que otra perforación petrolífera en la zona.)

A medida que el movimiento de defensa de los derechos indígenas cobra fuerza a escala global, se producen también enormes avances en el reconocimiento de la legitimidad de esas reivindicaciones. El más significativo de esos avances fue la Declaración de las Naciones Unidas sobre los Derechos de los Pueblos Indígenas, adoptada por la Asamblea General de la ONU en septiembre de 2007 con los votos a favor de 143 Estados miembros. (Tras fuertes presiones internas, los países que en aquel momento emitieron los cuatro únicos votos contrarios —Estados Unidos, Canadá, Australia y Nueva Zelanda— terminaron también por suscribirla.) La declaración proclama que los «pueblos indígenas tienen derecho a la conservación y protección del medio ambiente y de la capacidad productiva de sus tierras o territorios y recursos». Y tienen, además, «derecho a la reparación» por aquellas tierras o territorios que les «hayan sido confiscados, tomados, ocupados, utilizados o dañados sin su consentimiento libre, previo e informado». Algunos países han dado incluso el paso de reconocer esos derechos en algunas reformas constitucionales recientes. La de Bolivia, por ejemplo, aprobada por el electorado en 2009, estipula que a los pueblos indígenas se les «respetará y garantizará el derecho a la consulta previa obligatoria, realizada por el Estado, de buena fe y concertada, respecto a la explotación de los recursos naturales no renovables en el territorio que habitan». Una inmensa victoria legal que ha costado muchísimo conquistar.[20]

La fuerza del poder contra la fuerza de los derechos

Aun así, pese al creciente reconocimiento de estos derechos, continúa existiendo una distancia tremenda entre lo que los Gobiernos dicen (y firman) y lo que hacen, y tampoco está garantizada la victoria cuando esos derechos se ponen a prueba ante los tribunales. Incluso en países con leyes avanzadas en este terreno como Bolivia y Ecuador, el Estado continúa impulsando proyectos extractivos sin el consentimiento de los pueblos indígenas que dependen de las tierras afectadas.[21] Y en Canadá, Estados Unidos y Australia, no solo se ignoran los mencionados derechos, sino que los pueblos indígenas saben que si tratan de poner físicamente freno a proyectos extractivos que son manifiestamente ilegales, terminarán muy probablemente convertidos en blanco del espray de pimienta o, incluso, de las armas de fuego de las «fuerzas del orden». Y mientras los abogados argumentan y debaten en los tribunales sobre las complejidades de la titularidad de la propiedad de la tierra, las sierras mecánicas siguen talando árboles que son cuatro veces más viejos que nuestros países, y los fluidos tóxicos de la fracturación hidráulica continúan filtrándose hacia las aguas subterráneas.

La razón por la que la industria puede hacer algo así y salirse con la suya poco tiene que ver con lo que es legal o no, y es exclusivamente una cuestión de poder político puro y duro. Muchos pueblos indígenas, aislados y, a menudo, pobres, carecen de los recursos monetarios y la influencia social que se necesitan para que se respeten sus derechos. Además, la policía está bajo el control del Estado. Y no olvidemos que el coste de llevar a las multinacionales de la industria extractiva ante los tribunales es sencillamente enorme. Por ejemplo, cuando la Corte Nacional de Justicia de Ecuador dictó sentencia por el histórico caso del «Chernóbil de la Selva», en la que ordenaba a Chevron a pagar 9.500 millones de dólares de indemnización, un portavoz de la compañía declaró: «Vamos a seguir peleando hasta que el infierno se congele... y luego seguiremos peleando sobre el hielo». (Y lo cierto es que el litigio continúa en los tribunales.)[22]

Si en algún momento me ha impactado especialmente ese acusado desequilibrio, fue una vez que estaba de viaje por el territorio de la nación cree del lago Beaver, en el norte de Alberta. Esta comunidad (o *banda* indígena, según la terminología legal canadiense) está sumida en una de las batallas judiciales en la que más está en juego a propósito de la explotación de las arenas bituminosas. En 2008, la mencionada banda interpuso una demanda en la que acusaba a los Gobiernos provincial y federal, así como a la Corona británica, de infringir en no menos de quince mil ocasiones los derechos reconocidos por tratado a dicha «primera nación» para continuar cazando y pescando en su territorios tradicionales por haber permitido que estos fuesen convertidos en poco menos que un enrejado de infraestructuras de petróleo y gas, y por permitir asimismo el envenenamiento de su entorno y la consiguiente expulsión de la fauna y la flora salvajes locales.[23] El objeto contra el que se dirigía aquella demanda —y lo que la distinguía de las demás— no era una infracción en particular, sino todo un modelo de desarrollo extractivo venenoso; lo que los demandantes argumentaban, en esencia, era que ese modelo en sí constituía una grave violación de los tratados vigentes.

«Los Gobiernos de Canadá y Alberta han hecho muchas promesas a nuestro pueblo y tenemos intención de que esas promesas se cumplan», declaró Al Lameman, el imponente jefe de la nación cree del lago Beaver en el momento en que se presentó la demanda (Lameman ya había hecho historia anteriormente, pues había interpuesto algunas de las primeras denuncias contra el Gobierno canadiense por vulneración de los derechos humanos indígenas). Contra todo pronóstico, el caso ha seguido avanzando por las diversas instancias del sistema judicial canadiense y, en marzo de 2012, un tribunal de Alberta rechazó la solicitud de sobreseimiento presentada por el Gobierno que pretendía que se desestimara el caso en su totalidad por entender que era «frívolo», un «abuso del derecho» e «imposible de gestionar».[24]

Un año después de ese fallo del tribunal, pude conversar con Al Lameman, ya retirado de sus funciones al frente de aquella banda cree, y su prima, Germaine Anderson, consejera electa de la misma, así como con la sobrina del exjefe, Crystal Lameman, que se ha erigido en una de las voces más convincentes a escala internacional en contra de la explotación de las arenas bituminosas. Para mí era importante hablar con ellos, pues son tres de las personas a quienes cabe atribuir mayor responsabilidad en el hecho de que la demanda judicial haya prosperado y siga prosperando aún hoy en día. Además, Germaine Anderson me había invitado a una barbacoa familiar para comentar el caso.

Estábamos a principios de julio y era como si el velo que cubrió el cielo durante un largo invierno de oscuridad se hubiera disuelto para siempre: el sol seguía brillando con fuerza a las diez de la noche y el aire boreal parecía enrarecido, como horneado. Al Lameman había envejecido mucho en estos últimos años e iba entrando y saliendo de la conversación. Anderson, enormemente tímida, también había tenido problemas de salud. La familia estaba celebrando aquel encuentro en el lugar donde ella pasaba los meses de verano: una pequeña caravana en un claro del bosque, sin agua corriente ni electricidad, totalmente desconectada de redes y canalizaciones.

Yo sabía que los cree del lago Beaver estaban inmersos en una especie de duelo entre David y Goliat. Pero en aquel interminable atardecer de verano, comprendí por fin lo que eso significaba realmente: un grupo de las personas más marginadas de mi país —muchas de ellas, como era el caso de todos los miembros de más edad del clan Lameman, supervivientes del trauma intergeneracional que supusieron los internados escolares forzosos— se está enfrentando a un grupo de las fuerzas más ricas y poderosas del planeta. Sus heroicas batallas no son solo la mejor oportunidad que su pueblo tiene de disfrutar de un futuro saludable, sino que si las ofensivas judiciales como la del lago Beaver consiguen detener la expansión de la industria extractiva de las arenas bituminosas, su lucha podría ser también la mejor oportunidad que el resto de nosotros tenemos de seguir disfrutando de un clima acogedor para la vida humana.

Es una carga considerable, y que esas comunidades la estén soportando con un apoyo asombrosamente escaso de parte del resto de nosotros es una inefable injusticia social.

A unas pocas horas al norte, una comunidad indígena distinta, la «primera nación» de los chipewyan del Athabasca (ACFN), ha interpuesto recientemente otra histórica demanda judicial, esta vez contra Shell y el Gobierno canadiense, por la aprobación reciente de una enorme ampliación de una explotación minera de arenas bituminosas en la zona. Esa banda indígena también ha denunciado otro proyecto de Shell: la propuesta de abrir una mina en la zona del río Pierre, que, según los demandantes, «tendría repercusiones significativas sobre las tierras, las aguas, la vida salvaje y la capacidad de esta "primera nación" para utilizar su territorio tradicional». Una vez más, la confrontación es claramente desigual. La ACFN, que cuenta con poco más de mil miembros y un presupuesto operativo de unos 5 millones de dólares, está enfrentándose al Gobierno de Canadá y a Shell al alimón (pensemos que solo esta última cuenta con 92.000 empleados repartidos entre más de setenta países, y sus ingresos globales para 2013 ascendieron a 451.200 millones de dólares). Muchas comunidades locales, a la vista de semejantes condiciones adversas, optan comprensiblemente por no lanzarse al ruedo contra semejantes oponentes.[25]

Es esa brecha diferencial entre derechos y recursos —entre lo que la ley dice y la limitada capacidad de un grupo de personas pobres para doblegar a unas entidades enormemente más poderosas que ellas y obligarlas a actuar de un modo determinado—, la que Gobiernos y empresas han aprovechado durante años.

«Respetad los tratados»

Lo que está cambiando en la actualidad es que muchas personas no nativas están empezando a darse cuenta de que los derechos indígenas —respaldados decididamente mediante demandas judiciales, acciones directas y movimientos de masas exigiendo que sean respetados— podrían representar en este momento las barreras de protección más poderosas que tenemos frente a un futuro de caos climático.

De ahí que, en muchos casos, los movimientos contrarios a los métodos de extracción extrema de energía estén convirtiéndose en algo más que simples batallas contra empresas concretas del petróleo, el gas o el carbón, y sean hoy más bien movimientos prodemocracia. Se están abriendo importantes espacios para una reconciliación histórica entre pueblos indígenas y no nativos. Estos últimos están comprendiendo por fin ahora, ante el manifiesto desdén de las autoridades electas por los principios democráticos más básicos, que los derechos indígenas no son una amenaza, sino un gran don para todos. Gracias a que los negociadores de los tratados indígenas originales firmados en gran parte de América del Norte tuvieron la previsión de incluir cláusulas que protegían su derecho a seguir viviendo de sus tierras tradicionales, los habitantes de esos países (y de otros muchos, en realidad) disponemos hoy de las herramientas legales necesarias para exigir que nuestros Gobiernos se abstengan de terminar de hacer trizas el planeta.

De ese modo, en comunidades locales donde en tiempos solo había iras, envidias y racismo mal disimulado, ahora hay algo nuevo y desconocido hasta hace poco. «Estamos muy agradecidos a nuestros compañeros de lucha de las primeras naciones —dijo Lionel Conant, un administrador de fincas desde cuyo hogar en Fort St. James (Columbia Británica) serían perfectamente visibles las tuberías del oleoducto Northern Gateway de llevarse a cabo su construcción conforme al proyecto actualmente previsto—. [Tienen] el derecho legal de encargarse [del oleoducto] [...] porque toda esta es tierra no cedida por ellos.» En el estado de Washington, los activistas anticarbón dicen de los derechos reconocidos por tratado a los lummi que es su «as en la manga» en el caso de que fracasen todos los demás métodos para bloquear la construcción de las terminales para la exportación. En Montana, Mike Scott (del Sierra Club) me lo reconoció sin rodeos: «Creo que la gente no se da cuenta del poder político que los nativos tienen como naciones soberanas que son simplemente porque, a menudo, carecen de los recursos que les permitirían ejercer ese poder. Pero lo cierto es que pueden frenar los proyectos de las empresas energéticas que nosotros no podemos».[26]

En Nuevo Brunswick, Suzanne Patles, una micmac implicada en el movimiento contra la fracturación hidráulica, comenta al respecto que los no nativos «han puesto su mirada en el pueblo indígena para decirle "necesitamos ayuda"».[27] Y eso no deja de ser un giro de 180 grados con respecto al redentorismo y la lástima compasiva característicos que llevan demasiado tiempo envenenando las relaciones entre los pueblos indígenas y los bienintencionados progresistas moderados.

Fue en el contexto de esta transformación gradual donde el movimiento Idle No More («Nunca Más Inactivos») saltó al primer plano de la escena política canadiense hacia finales del año 2012 y, a continuación, se extendió rápidamente al sur de la frontera con EE.UU. Centros comerciales de toda Norteamérica —desde el gigantesco West Edmonton Mall hasta el archiconocido Mall of America de Minnesota— se llenaron de pronto de los sonidos de los tambores de marco y los trajes de cascabeles de *flash mobs* organizados por grupos indígenas por todo el subcontinente en pleno apogeo de la campaña comercial de Navidad. En Canadá, varios líderes nativos iniciaron huelgas de hambre y grupos de jóvenes emprendieron caminatas espirituales de meses de duración y bloqueos de carreteras y líneas férreas.

La chispa que encendió el movimiento fue una serie de ataques del Gobierno canadiense contra la soberanía indígena, sumados a una ofensiva en toda regla contra las protecciones medioambientales vigentes, sobre todo las referidas al agua, con el propósito de allanar el camino a una rápida expansión de la explotación de las arenas bituminosas, de la apertura de megaminas y de proyectos como el oleoducto Northern Gateway de Enbridge. Los ataques vinieron concretamente en forma de dos leyes ómnibus aprobadas en 2012 que desmontaban en la práctica partes muy amplias del marco de la regulación ambiental en el país. En virtud del nuevo contexto legal resultante, muchas actividades industriales se vieron de pronto exentas de someterse a los hasta entonces preceptivos informes federales de estudio ambiental, lo que, sumado a otros cambios, reducía considerablemente las oportunidades de participación ciudadana local previa y otorgaban al intransigente Gobierno de derechas de Stephen Harper una carta blanca virtual para acometer toda clase de proyectos impopulares en el ámbito de la energía y el desarrollo de infraestructuras. Las leyes ómnibus también ponían al día ciertas disposiciones clave de la Ley de Protección de las Aguas Navegables que protegían las especies y los ecosistemas de posibles daños. De hecho, hasta ese momento, prácticamente la totalidad de las vías fluviales y marítimas del país habían estado «cubiertas» por las mencionadas protecciones; pero el nuevo ordenamiento aprobado en 2012 reducía drásticamente ese porcentaje hasta menos del 1 %, y los oleoductos quedaban directamente eximidos de cumplir ninguna de esas condiciones ambientales. (Los documentos salidos a la luz posteriormente han revelado que este último cambio había sido una petición explícita de los constructores de oleoductos.)[28]

Los canadienses no daban crédito al alcance y la rapidez de aquella reforma regulatoria. La mayoría se sintió impotente y con razón. Pese a haber accedido al Gobierno con solo el 39,6 % de los votos en las últimas elecciones generales, el gabinete Harper contaba con el apoyo de una mayoría absoluta en el Parlamento y, al parecer, podía obrar según le viniera en gana con ese «rodillo» parlamentario.[29] Pero la respuesta de las «primeras naciones» no fue desesperarse: respondieron lanzando el movimiento Idle No More de costa a costa del país. Esas leyes, según proclamaban los líderes del movimiento, eran un ataque contra los derechos indígenas a un agua limpia y al mantenimiento de sus modos de vida tradicionales. Así que, de pronto, los argumentos que se habían estado defendiendo en las batallas locales fueron llevados al nivel nacional, y utilizados para contrarrestar unas leyes federales arrolladoras. Y, durante un tiempo, Idle No More pareció cambiar la situación granjeándose el apoyo de sectores de toda la sociedad canadiense, desde los sindicatos hasta los estudiantes universitarios, pasando por las páginas de opinión de los principales periódicos del país.

Estas coaliciones entre unas personas «ricas en derechos pero pobres en dinero» y otras «(relativamente) ricas en dinero pero pobres en derechos» contienen siempre un inmenso potencial político. Si un número suficiente de ciudadanos exigen a sus Gobiernos que respeten los compromisos legales adquiridos en su momento con personas sobre cuyas tierras se fundaron naciones coloniales, y lo exigen con suficiente fuerza y contundencia, los políticos —interesados en la reelección— no serán capaces de ignorar esas demandas permanentemente. Ni tampoco los tribunales, que, por mucho que digan sus magistrados que ellos están por encima de semejantes influencias, se ven inevitablemente condicionados por los valores de las sociedades en las que juzgan y sentencian. Y es que si un derecho territorial o recogido en algún tratado es prácticamente desconocido y parece ser ignorado sistemáticamente por la cultura nacional en su conjunto (salvo alguna que otra valiente sentencia judicial), lo normal será que los tribunales también lo ignoren o sean muy cautelosos a la hora de aplicarlo. Pero si, por el contrario, el conjunto de la sociedad se toma en serio esos compromisos, será también mucho más probable que los tribunales sigan esa estela y los tengan muy en cuenta.*

---

* De hecho, no puede ser casualidad que, en junio de 2014, el Tribunal Supremo de Canadá emitiera la que tal vez sea su sentencia más significativa hasta la fecha en el ámbito de los derechos indígenas cuando reconoció a la nación tsilhquot'in la vigencia de una declaración de titularidad aborigen sobre 1.750 kilómetros cuadrados de tierras en la Columbia Británica. El tribunal votó por unanimidad que esos derechos de propiedad incluían el derecho a usar la tierra, a decidir cómo debía ser usada por terceros y a obtener un beneficio económico por ella. El Gobierno, se decía también en el texto de la sentencia, debe cumplir ciertas condiciones antes de intervenir en ese territorio: no solo debe consultar antes con las «primeras naciones», sino que debe obtener expreso consentimiento de estas. Muchos comentaron a raíz de ese dictamen judicial que iba a dificultar considerablemente la construcción de infraestructuras controvertidas como los oleoductos conectados con las arenas bituminosas, puesto que estas son rechazados por las «primeras naciones» de las zonas afectadas.

A medida que Idle No More fue adquiriendo fuerza, muchos inversores tomaron nota. «Por primera vez en seis años, las provincias canadienses no han ocupado los primeros puestos de la lista de las mejores jurisdicciones del mundo para las iniciativas mineras según un estudio de 2012-2013 —informaba Reuters en marzo de 2013—. Las empresas participantes en dicho estudio adujeron que estaban preocupadas por las reivindicaciones de derechos territoriales de las minorías en esas zonas.» La nota de agencia citaba a Ewan Downie, principal ejecutivo de Premier Gold Mines, compañía propietaria de varios proyectos en Ontario: «Diría que uno de los factores importantes que está pesando actualmente sobre la viabilidad de las inversiones mineras en Canadá es el de los litigios con las "primeras naciones"».[30]

En un artículo en *The Guardian*, el periodista y activista Martin Lukacs señalaba que los canadienses parecían estar comprendiendo por fin que

> [...] poner en práctica los derechos indígenas sobre el terreno, comenzando con la Declaración de las Naciones Unidas sobre los Derechos de los Pueblos Indígenas, podría inclinar la balanza del ejercicio de la tutela sobre una extensísima zona geográfica. ¿Cómo? Dando a los pueblos indígenas mucho más control sobre esas tierras y restándoselo a las grandes empresas. Lo que significa que, en último término, respetar los derechos indígenas no es solamente un gesto para que Canadá pague la enorme deuda legal que tiene contraída con las «primeras naciones», sino que constituye también nuestra mejor oportunidad para salvar territorios enteros de la extracción y la destrucción sin límites. Las acciones de los pueblos indígenas (y la decisión de los canadienses de ponerse de su parte) determinarán en no poca medida el destino del planeta.
>
> Más canadienses se están concienciando ahora de la importancia de esta nueva manera de entender la situación. Miles de ellos se inscriben en campañas educativas para convertirse en aliados de las «primeras naciones». [...] Una acción sostenida que dote de capacidad de influencia real a las reivindicaciones indígenas es lo que forzará una reflexión general sobre la verdadera naturaleza de la economía de Canadá... y la posibilidad de que el país se transforme. Esa es la esperanza que se agita bajo el creciente movimiento masivo de protesta actual: un ejército de un poder y una superioridad numérica incalculables.[31]

En resumidas cuentas, es muy posible que el poder efectivo capaz de convertir los derechos en fuerza real (eso que Standard & Poor's pedía a Arthur Manuel y a Guujaaw en 2004 para tener en cuenta sus solicitudes) haya surgido por fin.

El poder de esa colaboración entre grupos culturales recibió un nuevo impulso en enero de 2014, cuando la leyenda del *rock* Neil Young puso en marcha una gira por todo Canadá llamada «Honour the Treaties» («Respetad los tratados»). El músico había visitado la zona de las arenas bituminosas unos meses antes y lo que vio le dejó totalmente descorazonado. Fue entonces cuando hizo unas polémicas declaraciones diciendo que la región «parece Hiroshima». Mientras estaba por allí, se reunió con el jefe Allan Adam, de los chipewyan del Athabasca, y este y sus colaboradores le informaron de las demandas judiciales presentadas contra la ampliación de las instalaciones y actividades de Shell en la zona de las arenas bituminosas, y de las repercusiones que para la salud de la población local estaban teniendo los niveles actuales de producción petrolera. «Allí estaba yo, sentado con el jefe en el tipi, en la reserva. Escuché lo que contaban. Vi que la incidencia del cáncer había subido en todas las tribus. No se trata de ningún mito. Es verdad», declaró Young posteriormente.[32]

Y llegó a la conclusión de que la mejor manera en que podía contribuir a la lucha contra la explotación de las arenas bituminosas era ayudando a que la «primera nación» chipewyan del Athabasca pudiera ejercer sus derechos en los tribunales. Así que hizo una gira de conciertos y donó toda la recaudación para sufragar las costas judiciales de esas demandas. Además de recaudar 600.000 dólares para aquellos litigios legales en apenas dos meses, la gira atrajo una atención nacional sin precedentes sobre los impactos locales y globales del desarrollo descontrolado de la minería de las arenas bituminosas. La oficina del primer ministro contraatacó criticando a Young, uno de los iconos más queridos de Canadá, pero el Gobierno de Ottawa tenía la batalla perdida. Destacados canadienses se pronunciaron públicamente a favor de la campaña y los sondeos de opinión mostraron que, incluso en Alberta, la mayoría de los encuestados estaba del lado de Young en esa disputa.[33]

Lo más importante de todo es que la gira «Honour the Treaties» suscitó un debate nacional en torno al deber de respetar los derechos legales de las «primeras naciones». «Son los canadienses de todo Canadá quienes tienen que decidir si su integridad está amenazada por un Gobierno que no hará honor a los tratados sobre los que está fundado este país», declaró Young. Y el país pudo oír así directamente de labios del jefe Allan Adam que los tratados que firmaron sus antepasados no son «unos papeles sin más, sino una última línea de defensa frente al desarrollo invasor y temerario de las iniciativas de extracción de arenas bituminosas que mi pueblo no quiere y que ya estamos sufriendo».[34]

El imperativo moral de las alternativas económicas

Aprovechar al máximo esta última línea defensiva es un reto complejo en el que está en juego mucho más que conciertos de *rock* y dinero en mano para pagar a abogados. La verdadera razón de fondo por la que no son más las «primeras naciones» que se enfrentan directamente a compañías como Shell está relacionada con la sistemática privación de derechos económicos y sociales que convierte la opción de hacer negocios con empresas petroleras o mineras altamente contaminantes en la única aparentemente viable para cubrir las necesidades humanas básicas. Sí, el deseo de proteger los ríos, los arroyos y los océanos para la pesca tradicional está ahí, pero, en Canadá —según un informe del Gobierno de 2011—, los sistemas hídricos de un 25 % de las comunidades de las «primeras naciones» están tan desatendidos y su cuidado está tan insuficientemente financiado que suponen un «elevado riesgo general» para la salud, y miles de habitantes de las reservas nativas viven sin sistemas de alcantarillado ni de agua corriente. Por eso es más que probable que cualquier líder de una comunidad en esa situación anteponga la posibilidad de que esos servicios básicos sean finalmente atendidos, a cualquier coste, a cualquier otra prioridad.[35]

Y lo irónico de esta situación es que, en muchos casos, el cambio climático no hace más que incrementar la presión económica a la que están sometidas las comunidades indígenas para cerrar acuerdos rápidos y contaminantes con las industrias extractivas. Ello se debe a que los cambios meteorológicos negativos —sobre todo en las regiones más boreales— están dificultando mucho la caza y la pesca; por ejemplo, ahora que el hielo difícilmente se solidifica en muchas zonas donde antes sí permanecía sólido, las comunidades locales de más al norte se quedan virtualmente aisladas y no pueden recolectar alimentos durante meses. Todo esto hace que sea sumamente difícil decir que no a empresas como Shell cuando se presentan en una localidad así ofreciendo formación profesional especializada a sus residentes y propuestas de aprovechamiento compartido de recursos. Los habitantes de esas comunidades saben que las perforaciones y la extracción no harán más que dificultar su dedicación a sus anteriores actividades de subsistencia (existen motivos de preocupación muy reales sobre los efectos del desarrollo de la actividad petrolera en la migración de ballenas, morsas y caribúes), y eso sin contar con los inevitables vertidos y derrames. Pero debido precisamente a lo perjudicada que ya está la ecología por culpa del cambio climático, a menudo parece que no haya otra opción.

Donde quizá se pone más de manifiesto la escasez de buenas alternativas es en Groenlandia, donde el retroceso de los glaciares está dejando al descubierto un potencial inmenso para la apertura de nuevas minas y de nuevas prospecciones petrolíferas en sus aguas territoriales. La excolonia danesa obtuvo la autonomía política en 1979, pero esta nación inuit continúa dependiendo de una inversión anual de más de 600 millones de dólares (equivalentes a un tercio de su economía) procedentes de Dinamarca. En 2008, un referéndum sobre su autogobierno dio a Groenlandia mayor control sobre sus propios asuntos, pero también la encarriló por la vía de las minas y los pozos extractivos para adquirir su independencia total. «Somos muy conscientes de que causaremos más cambio climático al fomentar las perforaciones petrolíferas —dijo una autoridad groenlandesa que estaba entonces al frente de la Oficina de Autogobierno en 2008—. Pero ¿acaso no deberíamos? ¿Acaso no deberíamos cuando podremos así comprar nuestro acceso a la independencia?» En la actualidad, la pesca es el segundo mayor sector de actividad económica de Groenlandia, pero es evidente que quedaría devastado de producirse un gran vertido de petróleo. Y no hace presagiar nada bueno el hecho de que una de las compañías seleccionadas para comenzar a extraer las reservas groenlandesas estimadas de 50.000 millones de barriles de petróleo y gas submarino sea nada menos que BP.[36]

De hecho, esta triste dinámica presenta claras reminiscencias del programa de «oportunidades» para los pescadores («*vessels of opportunity*») lanzado por BP cuando aún trataba desesperada e infructuosamente de controlar el desastre de la plataforma Deepwater Horizon. Durante meses, la práctica totalidad de la flota pesquera de Luisiana estuvo amarrada a puerto, sin poder salir a faenar por temor a que el pescado y el marisco capturados no fueran seguros para el consumo humano. En aquellos momentos, BP se ofreció a convertir todos los buques pesqueros en barcos de limpieza proveyéndolos de barreras flotantes para recoger (sin mucho éxito, la verdad) algo del petróleo acumulado en la superficie del agua del mar. Era muy duro para los pescadores locales de langostinos y de ostras tener que aceptar trabajo de la compañía que acababa de desposeerlos de su medio de vida, pero ¿qué otra elección les quedaba? Nadie más se estaba ofreciendo a pagar sus gastos y los de sus familias. Así es como la industria del petróleo y del gas conserva su poder: lanzando botes salvavidas temporales a las personas que se están ahogando después de que ella misma las arrojara al agua.

Que muchos indígenas vieran (y vean aún) en las industrias extractivas la mejor de una serie de malas opciones no debería extrañarnos. En la mayoría de las comunidades nativas no ha habido prácticamente ninguna otra intervención económica mínimamente comparable, ni nadie que ofrezca puestos de trabajo o formación laboral en cantidades dignas de mención. Así que es normal que en casi todas las comunidades situadas en la línea del frente de las batallas contra el extractivismo haya alguna facción que defienda la idea de que no debe ser la población indígena la que se sacrifique para salvar al resto del mundo del cambio climático, y que los pueblos nativos deberían concentrarse más bien en cerrar tratos con las compañías mineras y petroleras que les permitan sacar mejor tajada para sufragar servicios básicos y formar a sus jóvenes en profesiones y habilidades que tengan salida en el mercado laboral. Jim Boucher, jefe de la «primera nación» de Fort McKay, cuyas tierras han sido prácticamente diezmadas por la explotación de las arenas bituminosas de Alberta, declaró ante un congreso patrocinado por la industria petrolera en 2014 que «nuestra gente no tiene otra oportunidad de encontrar un empleo o de financiarse unas prestaciones sociales que no sea la que le proporcionan las arenas petrolíferas». Llegó incluso a equiparar aquellas minas con una «nueva hilera de trampas», en referencia a la técnica que proporcionaba la mercancía con la que se activó en su momento el comercio de pieles, que otrora impulsara la economía de la región.[37]

Por desgracia, ese argumento ha creado enconadas divisiones y ha indispuesto incluso a unos familiares con otros a propósito de la cuestión sobre si deben aceptar los tratos que ofrece la industria extractiva o bien deben conservar y hacer valer las enseñanzas tradicionales. Y a medida que las ofertas realizadas desde la industria están siendo cada vez un poco más generosas (lo que, en sí mismo, es un síntoma del poder en aumento de Blockadia), quienes intentan no ceder y resistir en la línea del frente se encuentran muy a menudo ante el problema de que no tienen nada que ofrecer a su pueblo salvo más de la misma pobreza en la que este ya está. Como me dijo Phillip Whiteman Jr. (un narrador de cuentos tradicionales de los cheyenes del norte que se opone desde hace tiempo al desarrollo de la minería del carbón en las tierras de su comunidad), «no puedo seguir pidiendo a mi gente que sufra conmigo».[38]

Estas circunstancias plantean una serie de preocupantes dilemas morales a los que el ascendente movimiento de Blockadia, que confía cada vez más en los pueblos indígenas para que actúen como barrera legal a nuevos proyectos extractivistas altos en carbono, debe saber dar respuesta. Está muy bien loar los derechos originales y los reconocidos por tratado como «última línea de defensa» ante la extracción de combustibles fósiles. Pero si los no nativos vamos a pedir a algunas de las personas más pobres y más sistemáticamente privadas de derechos de todo el planeta que sean los salvadores del clima para la humanidad, entonces, por decirlo sin ambages, ¿qué vamos a hacer nosotros por ellas? ¿Cómo puede esta relación no convertirse también en extractiva: una en la que los no nativos nos aprovechemos de los derechos que a los indígenas tanto les ha costado ver reconocidos y confirmados, pero sin dar nada (o dando demasiado poco) a cambio? Como bien muestra la experiencia de las compensaciones por emisiones de carbono, hay sobrados ejemplos de nuevas relaciones «verdes» que no hacen más que reproducir viejos patrones. Muchas grandes ONG usan a menudo a los grupos indígenas por su estatus legal y pagan algunos de los costes que les suponen a esas comunidades las caras batallas judiciales en las que se embarcan por ello, pero no hacen gran cosa a propósito de los problemas de fondo que fuerzan a tantos colectivos nativos a aceptar los tratos que les ofrecen las empresas extractivas. El desempleo continúa disparado. Las opciones, en la mayoría de los casos, siguen siendo bastante deprimentes.

Para que esta situación cambie, el llamamiento a «respetar los tratados» tiene que ir mucho más allá de una simple campaña para recaudar dinero destinado a financiar litigios en los tribunales. Los no nativos tendremos que ser aquellos buenos socios dispuestos a compartir tierras que nuestros antepasados se comprometieron a ser (por tratado) y no fueron; tendremos, pues, que cumplir las promesas que ellos hicieron, y que van desde proporcionar atención sanitaria y educación hasta generar oportunidades económicas que no hagan peligrar el derecho a vivir conforme a los modos de vida tradicionales. Porque las únicas personas que tendrán verdaderamente el poder de decir no al desarrollismo sucio a largo plazo serán aquellas que vean alternativas reales y esperanzadoras a su alcance. Y esto vale no solo para las cuestiones de política interna de los países ricos, sino también para las relaciones entre los países del norte posindustrial adinerado y el sur, que actualmente está en vías de rápida industrialización.

Capítulo 12

COMPARTIR EL CIELO

La atmósfera como bien comunal y el poder derivado de pagar nuestras deudas

> La selva ya está «desarrollada», la selva es vida.
>
> Franco Viteri, dirigente de Sarayuku, Ecuador[1]

> ¿Cómo llegará jamás a ser posible algo así en el norte? ¿Cómo, en vista de esa locura que se ha apoderado de los países ricos, donde ideólogos y élites envuelven los sacrificios que exigen al pueblo en una mitología apocalíptica de conceptos como «crisis de la deuda», «medicina amarga» y «austeridad», llegará el norte jamás a aceptar la necesidad de que se realicen inversiones financieras y tecnológicas a gran escala dentro de una movilización climática general, que incluiría también un considerable apoyo a los países del sur? [...] ¿Cómo, en vista del temor del norte a un Asia en ascenso, y en vista también de su insistencia en decir que el sur no quiere ni puede restringir sus propias emisiones, llegará jamás el norte a percibir la implacabilidad de la lógica que, en el fondo, inspira a los negociadores del sur (y que no es otra que el miedo a que se les cierren las puertas del futuro de antemano)? ¿Y cómo, en vista de que la ceguera del norte a propósito de todas esas cuestiones es una excusa fácil, casi perfecta, para seguir actuando como un parásito, podrá haber jamás una vía hacia una aspiración global rápidamente creciente que no empiece en el norte?
>
> Sivan Kartha, Tom Athanasiou y Paul Baer, investigadores del clima, 2012[2]

Pude ver esta nueva forma de colaboración en acción mientras informaba de los acontecimientos en uno de los frentes de las guerras por los combustibles fósiles donde más hay en juego: el del sureste de Montana. Allí, por debajo de las onduladas colinas con sus vacas, sus caballos y sus formaciones rocosas de arenisca que parecen sacadas de otro planeta, yace una cantidad inmensa de carbón. Hay tanto que sus vetas son visibles incluso a un lado y a otro de algunas carreteras. La región alberga carbón suficiente como para cubrir los actuales niveles de consumo de ese mineral en Estados Unidos durante casi doscientos años.[3] De hecho, buena parte del carbón que la industria tiene intención de exportar a China procedería de minas que actualmente prevé abrir en esa zona de Norteamérica, todas las cuales afectarían muy directamente (de uno u otro modo) a los cheyenes del norte. La industria extractiva quiere el carbón que hay en el subsuelo de la reserva cheyene y en las inmediaciones de esta y, como ya se ha comentado unos capítulos más atrás, desea también construir un ferrocarril que bordee dicha reserva para sacar ese carbón de allí; una línea férrea que, unida a las minas en sí, supondría un riesgo para el río Tongue, una fuente clave de agua para la zona.

Los cheyenes del norte mantienen una particular lucha contra las compañías mineras desde principios de la década de 1970, inspirada en parte por una importante profecía del héroe Dulce Medicina, que, según la interpretación más habitual, vendría a significar que excavar y extraer la «roca negra» provocaría una especie de locura colectiva que supondría el fin de la cultura cheyene. De todos modos, la primera vez que visité la reserva, en 2010, la región era uno de los escenarios centrales de la más reciente fiebre por los combustibles fósiles, ya que estaba siendo atacada desde todas las direcciones y no estaba claro hasta cuándo las fuerzas anticarbón de aquella comunidad iban a ser capaces de resistir.

Tras una nada edificante batalla administrativa con muy malos modos, los contrarios al carbón acababan de perder una votación crucial en la Junta Estatal de Tierras sobre una propuesta de apertura de una nueva mina de carbón junto al arroyo Otter, justo al otro lado de la línea fronteriza de la reserva de los cheyenes del norte (en el lugar visitado por los talladores lummi durante el viaje que realizaron por diversos puntos de la geografía norteamericana con su tótem ceremonial). La del arroyo Otter era la mayor mina de carbón de las que estaban en fase de estudio en Estados Unidos y, en aquel momento, dio la impresión de que nada iba a poder impedir que se abriera. La atención general se estaba desplazando más bien hacia la oposición a la construcción de la arteria ferroviaria necesaria para transportar el carbón fuera de la mina: el proyecto de Ferrocarril del Río Tongue, que probablemente afectaría a los terrenos de enterramiento de los cheyenes. Como ya sucediera con los oleoductos de las arenas bituminosas, ese otro proyecto se había convertido en una batalla a cara de perro porque lo que estaba en disputa era un verdadero «cuello de botella»: sin el ferrocarril, los extractores del carbón no tendrían posibilidad alguna de llevarlo a ninguna parte y, por consiguiente, perderían el interés por construir la mina nueva.

Pero en 2010, la lucha por la cuestión del ferrocarril no había despertado aún esa resistencia entre los cheyenes del norte y parecía bastante probable que la línea ferroviaria saldría adelante igual que la mina. Mientras tanto, en la vecina reserva de los crow, estaba prevista la construcción de una planta de licuefacción de carbón, un procedimiento tóxico que convierte las piedras de carbón en una forma altamente contaminante de combustible líquido que emite el doble de carbono que la gasolina convencional cuando se consume. La empresa australiana impulsora de esa planta, que bautizó el proyecto con el nombre de «Multitud de Estrellas», había encargado a un famoso artista crow la creación de su logotipo: dos tipis sobre el fondo de un cielo estrellado.[4]

Cuando hablé por aquel entonces con Mike Scott, del Sierra Club, me comentó que su labor de aquellos momentos en tan extensa región se parecía al «triaje» que se practica en la atención médica de urgencias: tenía que ir corriendo de un lugar a otro tratando de detener o de ralentizar el avance de de los planes y proyectos nefastos que iban anunciándose, uno tras otro. Algo parecido me dijo su socia, Alexis Bonogofsky, en la misma época: «Pasan tantas cosas que la gente no sabe ya contra qué toca luchar».[5] Desde su granja caprina en las afueras de Billings, ambos partían en direcciones distintas cada día intentando rechazar las nuevas ofensivas que surgían en relación con aquella fiebre por la explotación de nuevos yacimientos de combustibles fósiles.

El nombre oficial del puesto de Bonogofsky en la National Wildlife Federation es el de «gestora de programas en tierras tribales», lo que, en la práctica, significa ayudar a las tribus indígenas a ejercer sus derechos legales para proteger las tierras, el aire y las aguas. La tribu con la que estaba colaborando más estrechamente entonces era la de los cheyenes del norte, tanto porque estaban en el ojo del huracán de las nuevas iniciativas de desarrollo de la minería del carbón como porque era un colectivo con una larga historia de aprovechamiento de la ley al servicio de la administración responsable de la tierra. Por ejemplo, fueron los cheyenes del norte quienes abrieron nuevos caminos legales en su momento al argumentar que su derecho a disfrutar de un modo de vida tradicional incluía también el derecho a respirar aire limpio. En 1977, la EPA estadounidense así lo reconoció y, por ello, concedió a la reserva de los cheyenes del norte la mayor calificación posible por la calidad de su aire (la llamada Clase I, según los baremos estipulados en la Ley de Limpieza del Aire). Esto que no parecería más que un tecnicismo burocrático permitió que la tribu defendiera ante un tribunal que los proyectos de instalación de actividades contaminantes (incluso los previstos en lugares tan alejados de su reserva como Wyoming) podían constituir una vulneración de los derechos que tenía reconocidos por tratado, ya que los agentes de polución así emitidos podrían viajar en suspensión hasta la reserva cheyene y, potencialmente, comprometer la calidad de su aire y de su agua.

Bonogofsky, con sus camisas de franela a cuadros y sus botas vaqueras, se pasaba muchas horas a la semana al volante de su camioneta blanca, conduciendo desde su granja hasta Lame Deer, pequeña localidad de casas diseminadas sin orden ni concierto situada en el centro de la reserva de los cheyenes del norte. Allí solía entrar en la iglesia mormón reconvertida que alberga las oficinas de protección ambiental de la tribu, donde se reunía y tramaba planes diversos con la dura e incansable directora del departamento, Charlene Alden.

Alden ha sido un ancla en la larga batalla de los cheyenes del norte contra el carbón y ha conquistado algunas grandes victorias, como, por ejemplo, cuando se frenó el vertido directo al río Tongue de aguas residuales contaminadas con metano de mantos carboníferos que no habían sido tratadas previamente. Pero, cuando nos reunimos, no parecía estar ya segura de cuánto más podría resistir frente a las fuerzas promineras.

Los problemas eran tanto de índole interna como externa. La tribu había elegido a un antiguo minero del carbón como presidente tribal y este estaba decidido a abrir las tierras a las industrias extractivas. El día que yo llegué, habían aparecido unos folletos de color rosa en el tablón de anuncios de la comunidad que informaban de que, en las elecciones que tendrían lugar diez días después, los miembros de la tribu serían consultados también a propósito de su opinión sobre el posible «desarrollo» de los recursos mineros (carbón y metano) de la reserva.

Charlene Alden estaba indignada por aquellos folletos. Los términos empleados en ellos eran totalmente tendenciosos. Además, en su opinión, ese proceso vulneraba varias normas electorales. El desempleo en la tribu era muy elevado (de un 62 %, aunque, según algunas estimaciones, mucho más alto aún). El consumo de drogas estaba causando estragos en la reserva (un mural instalado en el centro de la localidad representaba a las metanfetaminas como una serpiente verde de ojos malignos a la que se combatía con flechas sagradas). Y la comunidad llevaba ya mucho tiempo acuciada por esos problemas. En 1995, Alden realizó un vídeo que se emitió en el programa de reportajes de actualidad de la ABC, *Day One*, copresentado por Diane Sawyer, que, en su momento, supuso un muy rompedor avance en la forma de representar la vida indígena en una de las grandes cadenas norteamericanas de televisión en abierto. Grabado en formato de videodiario, el reportaje reflexionaba sobre un trauma histórico y mostraba imágenes impactantes de la propia hermana de Alden bebiendo Lysol (un producto tóxico para la limpieza del hogar) de una taza de plástico; «champán de cheyene» lo llamaban.[6]

Esa clase de desesperación es la que facilitaba que compañías mineras como Arch y Peabody tuviesen un público local bastante bien dispuesto a sus promesas de empleo y dinero con el que financiar nuevos programas sociales. «La gente dice que nuestro nivel de desempleo es muy alto y, por lo tanto, carecemos de una base impositiva de la que obtener recursos públicos. Y que si hacemos lo que esas empresas nos proponen, podremos tener buenas escuelas, un buen sistema de tratamiento y eliminación de residuos, etcétera», me comentó Alden. Y, desde luego, no cabe duda de que «el Gobierno tribal no tiene un centavo». Pero a ella le preocupaba que, sacrificando la salud de la tierra a cambio de los dólares del carbón, solo se consiguiera alienar más aún al pueblo cheyene de su cultura y de sus tradiciones, lo que provocaría mayores índices de depresión y de consumo abusivo de sustancias, en vez de reducirlos. «En lengua cheyene, usamos la misma palabra para designar los conceptos "agua" y "vida" —dijo ella—. Así que sabemos muy bien que si empezamos a tontear demasiado con el carbón, este termina destruyendo la vida.»[7]

Alden había llegado a la conclusión de que el único modo de romper ese círculo vicioso era demostrando a la siguiente generación de líderes cheyenes que hay otro camino de salida de la pobreza y la desesperanza: un camino que no implica entregar la tierra por la que sus ancestros tan alto precio pagaron.

De hecho, desde su punto de vista, las posibilidades eran infinitas. Mientras hablábamos, uno de sus colegas entró en el despacho de Alden y le comunicó que alguien se había introducido en el edificio la noche anterior y se había llevado la estufa eléctrica. Alden no mostró sorpresa alguna. Era otoño, las temperaturas nocturnas estaban cayendo cada vez más y las casas de las reservas son conocidas por sus corrientes de aire; muchas de ellas fueron construidas con kits prefabricados de la infantería estadounidense en las décadas de 1940 y 1950 (se pueden ver incluso las bisagras que sujetan las paredes entre sí). Los residentes ponen al máximo la calefacción (algunos hasta encienden los hornos para tener más potencia calorífica en funcionamiento), pero buena parte de ese calor se escapa por los huecos y grietas de las paredes, las ventanas y las puertas. Como consecuencia de ello, las facturas por calefacción son astronómicas: la media está en torno a los 400 dólares mensuales, pero he conocido allí a personas que han pagado más de mil dólares al mes por ese concepto en invierno. Y como el calor provenía del carbón y del propano, contribuía a la misma crisis climática que tan duramente estaba golpeando ya a aquella región, con sequías persistentes e incendios forestales de gran extensión.

Para Alden, el panorama era desolador: las elevadas facturas, las viviendas de mala calidad, la fuente de energía sucia utilizada... Y todo le hacía ver con mayor claridad las tremendas oportunidades no aprovechadas todavía que se encerraban en otros modelos de desarrollo que respetan los valores cheyenes, en vez de pisotearlos. Por ejemplo, la iglesia reconvertida donde estábamos sentadas aquel día acababa de ser remodelada con unas ventanas nuevas que formaban parte de un programa de conservación de energía, y Alden estaba entusiasmada con los resultados, porque las nuevas ventanas ahorraban costes de calefacción y dejaban pasar más luz natural; además, instalarlas había generado empleo para miembros de la propia comunidad. Pero la escala de aquella actuación era demasiado pequeña todavía. ¿Por qué no podía desarrollarse y aplicarse un programa para instalar ventanas como aquellas en todas las casas de la reserva?

Una ONG había ido allí unos años antes a construir un puñado de viviendas modelo edificadas con pacas de paja: una forma antigua de arquitectura que mantiene el interior de los edificios fresco en verano y caliente en invierno. Transcurrido el tiempo, Alden me comentó con cierta admiración que aquellas familias pagaban unas facturas de la luz minúsculas: «¡De 19 dólares al mes en vez de 400!». Pero no entendía por qué la tribu necesitaba que nadie de fuera viniera allí a construir casas que estaban basadas originalmente en conocimientos técnicos de los propios indígenas. ¿Por qué no dar formación a miembros de la tribu para que las diseñen y las construyan, y por qué no obtener financiación para que lo hagan por toda la reserva? Eso generaría un *boom* de la edificación verde en menos que canta un gallo y los operarios así formados podrían luego aplicar las habilidades adquiridas en otros lugares y mercados inmobiliarios también. Y no hay que olvidar que Montana presenta excelentes condiciones meteorológicas tanto para la energía eólica como para la que se obtiene de los paneles solares instalados en los tejados de los edificios.

El problema era que, para todo eso, hace falta dinero, y dinero es algo de lo que precisamente los cheyenes del norte carecen. Se tenían ciertas esperanzas en que el presidente Obama incrementara significativamente la financiación destinada a empleos verdes en comunidades locales desfavorecidas, pero esos planes terminaron archivándose en su mayor parte a consecuencia de la crisis económica. De todos modos, Bonogofsky estaba convencida de que descubrir el modo adecuado de ayudar a los cheyenes del norte a hacer realidad sus aspiraciones de hallar alternativas económicas reales al carbón era igual de importante que ayudarles a sufragar sus demandas judiciales anticarbón. Así que ella y Alden se pusieron manos a la obra.

Aproximadamente un año después de mi visita a aquella iglesia, Bonogofsky me llamó para decirme que habían conseguido reunir algo de dinero —de la Agencia Federal de Protección Medioambiental estadounidense y de su propia ONG— para un nuevo proyecto en el que estaban muy ilusionadas. Henry Red Cloud («Nube Roja»), un emprendedor social de la tribu de los lakota que había sido galardonado por su labor como impulsor de la llegada de las energías eólica y solar a la reserva de Pine Ridge (en Dakota del Sur) iba a enseñar a un grupo de una docena aproximada de cheyenes del norte a instalar calefactores solares en los hogares de su reserva. Los calefactores cuestan unos dos mil dólares cada uno, pero se instalarían en las casas de forma gratuita y permitirían además reducir el importe de las facturas hasta en un 50 %. ¿Por casualidad, no me apetecería darme una vuelta de nuevo por Montana?

Sale el sol

Mi segundo viaje a aquella reserva no pudo haber sido más distinto del primero. Era la primavera de 2011 y las suaves colinas que rodean el lugar estaban entonces cubiertas de diminutas florecillas amarillas silvestres que contrastaban con el verde de la hierba hasta el punto de hacer que pareciera como de videojuego. Los cursos de formación estaban ya en marcha y unas quince personas se habían congregado sobre el césped del jardín de una casa para aprender cómo una sencilla caja hecha básicamente de vidrio oscuro podía capturar suficiente calor como para calentar toda una vivienda.

Nube Roja, un líder por naturaleza dotado de una capacidad especial para hacer que sus cursillos parezcan una reunión de amigos, iba alternando con total soltura las lecciones técnicas sobre sistemas solares pasivos con reflexiones en torno a cómo «la energía solar siempre formó parte del modo de vida de los nativos. Todo seguía la *anpetuwi tawonawaka*, la fuerza dadora de vida del sol. Enlaza bien con nuestra cultura, nuestras ceremonias, nuestra lengua, nuestras canciones».[8]

Cada instalación comenzaba con un mismo ritual: Nube Roja daba una vuelta a pie alrededor de la casa en cuestión sosteniendo un Solar Pathfinder, un instrumento que le indica dónde incidirán los rayos del sol cada día del año. Las cajas solares se colocan en los laterales de los edificios y necesitan un mínimo de seis horas diarias de luz solar radiante para funcionar de forma eficaz. Un par de las casas estudiadas estaban situadas demasiado cerca de grandes árboles o de montañas como para que fueran buenas candidatas para esta tecnología. En esos dos casos, podían usarse mejor paneles de techo u otra fuente de energía distinta.

Era evidente que Nube Roja, un antiguo obrero metalúrgico que solía ganarse la vida trabajando en grandes instalaciones industriales, disfrutaba con ese carácter más flexible de la energía renovable; él llama «indianizar» a su manera de toquetear, arreglar y adaptar cosas. Recordaba también que se fabricó su primera turbina eólica con piezas de un coche abandonado: un Chevy Blazer de 1978 que encontró en la reserva desperdiciado por el óxido. Al verle dando vueltas en torno a cada casa con aquel brillo especial en la mirada, me di cuenta de que esa necesidad de adaptación a los dictados de la naturaleza es lo que hace que las renovables sean tan apasionantes para algunas personas; porque, incluso cuando se aplican a gran escala, exigen una humildad que es la antítesis del impulso que nos ha llevado históricamente a embalsar ríos, a reventar el lecho de roca del subsuelo en busca de gas o a aprovechar la energía del átomo. Exigen que nos adaptemos a los ritmos de los sistemas naturales, en vez de doblegar esos sistemas a nuestra voluntad por simple ingeniería de la fuerza bruta. Dicho de otro modo, si las fuentes de energía «extractivas» son como jugadores profesionales de fútbol americano, que machacan la tierra sin piedad, las renovables son como surfistas, estetas que se suben a las olas tal como les vienen, pero que son capaces de hacer trucos auténticamente elaborados con ellas.

Fue precisamente de esa necesidad (la de adaptarnos a la naturaleza) de lo que la máquina de vapor de James Watt supuestamente nos liberó a finales de la década de 1770, cuando ahorró a los dueños de las factorías el esfuerzo de buscar las mejores cascadas y caídas de agua, y a los capitanes de navío la preocupación de maniobrar entre los vientos preponderantes. Como bien ha escrito Andreas Malm, el primer motor de vapor para uso comercial «fue apreciado por no estar ligado a unas costumbres o unos lugares que le fueran propios, por no estar sometido a unas leyes externas, por no tener una existencia residual más allá de la que le dieran sus propietarios; estaba absolutamente (*ontológicamente*, incluso) supeditado a quienesquiera que fueran sus dueños».[9]

Es a esa ilusión poderosamente seductora del control total a la que muchos partidarios e impulsores de las energías extractivas son tan reacios a renunciar. De hecho, en la ya mencionada conferencia sobre negación del cambio climático organizada por el Instituto Heartland, alguien aludió en tono desdeñoso a las renovables llamándolas «esos rayitos de sol y esas agradables brisas», una expresión con un mensaje de fondo bastante evidente: los hombres de verdad queman carbón.[10] Y no hay duda de que pasarse a las renovables representa más que un mero cambio de fuentes de energía; es también una transformación fundamental de las *relaciones* de poder entre los seres humanos y el mundo natural del que dependemos. Podemos aprovechar la energía del sol, del viento y de las olas, desde luego, pero estas son fuerzas que jamás podemos poseer del todo (a diferencia de los combustibles fósiles). Tampoco nos permiten que unas mismas reglas funcionen en todas partes por igual.

Así que, en la actualidad, nos encontramos de vuelta en el punto de partida, en diálogo con la naturaleza. Los partidarios de la energía fósil y de la nuclear insisten una y otra vez en decirnos que las renovables no son «fiables», lo que en realidad significa que nos obligan a pensar más detenidamente dónde vamos a vivir y a prestar atención a factores como cuándo brilla el sol y cuándo sopla el viento, o dónde y cuándo bajan los ríos con más fuerza y dónde están más calmadas sus aguas.* Y es verdad: las renovables —al menos en el sentido en que las concibe alguien como Henry «Nube Roja»— exigen de nosotros que desaprendamos el mito de que somos los amos de la naturaleza (la «Especie de Dios») y asumamos el hecho de que estamos en relación con el resto del mundo natural. Ahora bien, la nuestra es una relación situada a un nuevo nivel, un nivel basado en una concepción de la naturaleza que sobrepasa con creces cualquiera de las concepciones que nuestros antepasados de las épocas previas a los combustibles fósiles pudieran imaginar jamás. Hoy conocemos lo suficiente como para saber cuánto no llegaremos a conocer nunca, pero lo bastante como para hallar maneras ingeniosas de amplificar los sistemas que la naturaleza nos proporciona dentro de lo que la historiadora feminista Carolyn Merchant ha descrito como una «ética de la colaboración».[11]

Es esta cualidad colaborativa la que más poderosamente apela a la sensibilidad de los alumnos de Nube Roja. Landon Means, que acababa de graduarse en la universidad y había vuelto a la reserva para instalarse en ella, me dijo que él veía en la energía solar una cosmovisión diferente que invitaba a «trabajar en sinergia» con la Tierra, «en vez de usarla sin

---

* Las renovables son, en realidad, mucho más fiables que la energía basada en la extracción, ya que los modelos energéticos de esta última lo fían todo a la entrada continua de nuevos insumos para evitar un crac, mientras que, en el caso de la obtención de energía renovable, una vez hecha la inversión inicial en infraestructuras, la naturaleza ya se encarga de proveer gratis la materia prima.

más». Esa sensación parecía ser más fuerte entre los hombres cheyenes jóvenes que habían pasado un tiempo trabajando en la industria del carbón y estaban cansados de reprimir partes fundamentales de su identidad a cambio de un salario. Durante el parón del almuerzo del primer día de la formación, Jeff King, uno de los alumnos cheyenes, confesó que aún trabajaba en Gillette (Wyoming), zona cero del *boom* del carbón de la cuenca del río Powder. Se refirió siniestramente a aquel lugar llamándolo «capital mundial del carbono» y dio a entender muy claramente que quería dejar de trabajar allí. Nunca había tenido la intención de dedicarse a conducir camiones de la minería de carbón como forma de ganarse la vida; una década atrás, era uno de los estudiantes cheyenes más prometedores de su generación y había ido a estudiar arte (su «vocación», según él la llama) a Dartmouth con una beca. Pero el *boom* del carbón terminó absorbiéndolo a él también. Ahora —decía él ese día— ya no estaba seguro de si sería capaz de volver a Gillette. Estaba valorando con un par de amigos la posibilidad de poner en marcha su propia compañía de equipos de energía solar para prestar servicio a la reserva.[12]

Una de las últimas casas en las que había que instalar un sistema de calefacción solar por aire estaba situada en una calle muy transitada del centro de Lame Deer. Mientras tomaban medidas, taladraban agujeros y golpeaban con sus martillos, los alumnos de Nube Roja fueron atrayendo a una nube de curiosos. Varios niños se juntaron allí delante para observar lo que hacían los instaladores. Unas señoras mayores preguntaban qué pasaba. «¿La mitad del coste de la electricidad? ¿De verdad? ¿Y cómo consigo uno de esos?»

Nube Roja sonrió. Esa es precisamente su estrategia comercializadora para generar una revolución solar en territorio indio. El primer paso, según él mismo asegura, consiste en poner «unos cuantos paneles solares en casa de la abuela. Todo el mundo ve entonces a la abuela y dice "¿qué es eso?, ¡yo también lo quiero!"». Alexis Bonogofsky, mientras tanto, se mantenía al margen, pero estaba exultante. «Esta ha sido probablemente la mejor semana que he tenido desde que me dedico a esto. Ha sido una sensación diferente —me dijo mientras maestro y alumnos daban por finalizada la formación de aquel día—. Es como si algo hubiera cambiado de verdad.»[13]

A lo largo de los meses siguientes, varios miembros del grupo inicial continuaron formándose con Nube Roja. Varios más se les unieron en peregrinaje periódico a su escuela, el Centro de Energías Renovables Nube

Roja, en la reserva de Pine Ridge. Jeff King dejó su empleo en la industria del carbón en Gillette y se dedicó a poner en marcha un negocio de instalación de componentes para la energía solar. No ganaba tanto dinero, pero, según su propia confesión, «ahora tengo un rumbo en la vida».

Uno de los alumnos estrella de Nube Roja resultó ser una mujer de 29 años llamada Vanessa Braided Hair («Pelo Trenzado»), que demostró ser muy competente con el instrumental de las instalaciones energéticas/eléctricas en una clase de alumnos mayoritariamente varones. Trabajaba por temporadas como bombero de la Oficina de Asuntos Indios y, en el verano de 2012, tuvo que luchar contra un incendio forestal sin precedentes que calcinó 230 kilómetros cuadrados de terreno (23.000 hectáreas) y, solo en la reserva de los cheyenes del norte, destruyó diecinueve viviendas. (Según el comunicado de la agencia remitido por Associated Press en aquel entonces, el incendio «se desató por la zona como si alguien hubiese rociado la tierra de gasolina».) Pelo Trenzado no necesitó que nadie le dijera que el cambio climático representaba una crisis existencial para todos y estuvo encantada de que alguien le ofreciera la oportunidad de contribuir a buscarle una solución. Su fuente de inspiración en ese sentido era más profunda aún. La energía solar, según su propio testimonio, encarnaba la visión del mundo en la que ella se había criado, en la que «uno no se limita a tomar, tomar, tomar y ya está, ni a consumir, consumir y consumir, sino que uno toma lo que necesita y luego repone en la tierra lo que corresponde».[14]

Nube Roja dice a sus alumnos que obtener energía de un modo que sirve al mismo tiempo para curar y proteger el mundo natural no es importante solamente desde el punto de vista del empleo, sino que es la continuación de «aquello por lo que los antepasados vertieron su sangre y lucharon: la tierra». Y asegura que los está formando no para ser simplemente unos técnicos, sino para ser auténticos «guerreros solares».[15]

Confieso que la primera vez que le oí decir eso pensé que era una demostración más de las aptitudes de Nube Roja para el *marketing*. Pero en los meses y años siguientes, pude ver que su predicción se convertía en realidad en las vidas de los jóvenes a los que había enseñado. En 2012, cuando aquel curso de formación estaba todavía en marcha, la lucha contra las minas y el tren del carbón (aquella que parecía perdida del todo en 2010) volvió a cobrar vida en la reserva de los cheyenes del norte. De pronto, ya no faltaban cheyenes dispuestos a participar en manifestaciones de protesta, a exigir reuniones con los reguladores, o a pronunciar apasionados discursos en las audiencias correspondientes. Y los guerreros solares de Nube Roja estaban allí, en los puestos centrales de la primera línea del combate, con sus camisetas rojas de «Beyond Coal» enfundadas y declarándose «Idle No More», en referencia al movimiento que había comenzado en Canadá y había hecho furor en comunidades indígenas de toda América del Norte.

En una audiencia técnica sobre la gigantesca mina de carbón que se proyectaba instalar junto al arroyo Otter, Vanessa «Pelo Trenzado» no se guardó nada para sí. «Quiero que sepan que muchas personas no ven diferencia alguna entre esta agencia suya y Arch Coal», dijo ante una comisión de avergonzadas autoridades, entre las que se incluía el director general del Departamento de Calidad Medioambiental de Montana. Otro alumno de Nube Roja, Lucas King, de 28 años, declaró en otra audiencia sobre la misma mina del arroyo Otter que «esto es territorio cheyene. Lo es desde hace mucho tiempo, más del que ningún dólar haya durado jamás. No espero que ustedes nos entiendan. De hecho, no nos entienden. Y tampoco digo que yo les entienda a ustedes. Pero sé que ustedes entienden bien lo que significa "no"». Y concluyó su comentario diciendo: «Por favor, vuelvan a donde tengan que volver y díganle a quien tengan que decírselo que no la queremos. No es para nosotros. Gracias». La sala prorrumpió en un aplauso unánime. Una nueva generación de guerreros había nacido.[16]

Actualmente, el estado de ánimo entre los oponentes a las energías sucias en el sureste de Montana es ciertamente exultante. Hablan de «cuándo» pararán el proyecto del ferrocarril, no de «si» lo harán o no. Y si tienen razón y consiguen pararlo, la mina del arroyo Otter no tendrá viabilidad como tal. Además, se habla ya mucho menos de abrir minas dentro de la propia reserva cheyene. Se ha abandonado asimismo el plan de instalación de una planta de licuefacción del carbón en la reserva crow. Mike Scott, del Sierra Club, lleva un tiempo trabajando con miembros de la tribu crow en la construcción de un parque eólico.

Lo que esta pequeña parte del mundo nos ha demostrado a todos es que no hay arma más potente en la batalla contra los combustibles fósiles que la creación de alternativas reales. Puede bastar con una mínima muestra de lo que podría ser otro tipo distinto de economía para revitalizar la lucha contra el modelo antiguo. Hay, además, convincentes precedentes de esa dinámica. En dos de los países donde el compromiso con la energía renovable descentralizada y controlada por la comunidad es mayor (Dinamarca y Alemania), esas victorias en el campo de batalla energético tienen sus raíces históricas previas en el movimiento antinuclear. En ambos países, las comunidades locales afectadas se oponían frontalmente a los riesgos asociados a las centrales nucleares, pero sabían que, para ganar en esa causa, necesitaban una alternativa. Así que, en vez de limitarse a decir no, exigieron de sus Gobiernos la implantación de políticas que permitieran que las comunidades en cuestión generaran su propia energía limpia y crearan de paso una fuente de ingresos para la población local. De todos modos, victorias a gran escala como esas no son fáciles cuando las comunidades afectadas carecen de poder político. De los ejemplos europeos mencionados se deduce claramente que la energía renovable puede ser una alternativa viable a la extractiva para pueblos indígenas de todo el mundo; puede proporcionar formación técnica, empleo y un flujo constante de ingresos para comunidades que actualmente son pobres. El problema es que, año tras año, se pierden sistemáticamente oportunidades para ello.

Por ejemplo, la Coalición por el Agua de Black Mesa, fundada en Arizona en 2001 por un grupo de jóvenes navajos y hopis, ganó una batalla capital en 2005 cuando contribuyó a que se cerrara la Estación Generadora Mojave (famosa por sus efectos contaminantes) y la Mina de Black Mesa. Pero tanto la minería del carbón como la generación de electricidad a partir de ese mineral continúan hoy en día en territorio navajo y se utilizan para iluminar y para bombear agua a amplios sectores de Arizona (Phoenix entre ellos) y a partes de Nevada y California. La minería pone en riesgo el suministro de agua potable, pero los activistas de Black Mesa saben que no tendrán esperanza alguna de clausurar las actividades mineras hasta que sean capaces de proporcionar alternativas tangibles a su propio pueblo. En 2010, por ejemplo, presentaron una propuesta muy detallada para convertir tierras que la industria minera había abandonado (tierras probablemente contaminadas y agotadas para entonces) en terrenos en los que instalar grandes superficies de paneles solares con los que suministrar la electricidad suficiente no ya para su reserva, sino también para centros urbanos más poblados. Dado que la infraestructura y el tendido eléctrico ya están instalados (para dar salida a la producción energética de la industria del carbón), se trataba simplemente de cambiar la fuente de energía realizando la correspondiente conversión. Como dice Jihan Gearon, directora ejecutiva de la coalición, «¿por qué no convertir esas tierras en algo positivo que pueda reportar ingresos monetarios a las personas que viven en la región iniciando esa transición desde el carbón?». Conforme a dicho plan, los navajos (y no una compañía energética multinacional) serían los dueños de la energía que produjeran y vendieran a la red. Y el dinero así generado podría servir para apoyar y sostener economías tradicionales, como la de los tejidos navajos. Eso era lo que diferenciaba a ese plan de los anteriores: esta vez, la solución sería no extractiva en todos los sentidos, pues los venenos no saldrían del subsuelo y el dinero y las habilidades se quedarían en la comunidad.[17]

Pero, transcurrida ya media década, ese elegante plan continúa teniendo problemas para despegar. Como siempre, una de las grandes dificultades ha sido encontrar financiación. Y ese es un problema no solo para Black Mesa, sino para todos aquellos a quienes nos preocupa el cambio climático, porque si los navajos no pueden demostrar que la energía limpia proporciona una ruta de salida de la pobreza y hacia la autodeterminación real, la minería del carbón continuará (en perjuicio de todos). Parte del trabajo que el movimiento climático ha de realizar, pues, consiste en defender el argumento moral de que las comunidades que más han sufrido por culpa de unas relaciones injustas en el aprovechamiento de los recursos naturales deberían ser las *primeras* en recibir ayuda en sus iniciativas encaminadas a construir ya, ahora, la economía que viene, basada en la vida.

Y eso implica una relación fundamentalmente nueva, en la que dichas comunidades dispongan de pleno control sobre los proyectos de aprovechamiento de recursos, de manera que estos se conviertan en oportunidades para la formación en habilidades y conocimientos técnicos, para la creación de empleo y para la generación de ingresos continuados que vayan más allá de simples pagos puntuales. Es muy importante puntualizar este aspecto, porque son muchos (demasiados) los proyectos de energías renovables a gran escala que se imponen a los pueblos nativos en sus propias tierras sin que se les haya consultado al respecto y sin que estos hayan dado su consentimiento previo, con lo que vienen a reproducir viejas pautas coloniales en las que las ganancias económicas (y las habilidades técnicas y los empleos) van a parar a personas externas a esas comunidades. La transición de un sistema de producción y distribución energética a otro debe consistir en algo más que activar un interruptor para que la generación de energía pase del subsuelo a la superficie. Debe venir acompañada de una corrección energética que sirva para que las viejas injusticias que azotan a nuestras sociedades sean enmendadas de una vez por todas. Así es como se construye un ejército de guerreros solares.

La necesidad de ofrecer alternativas económicas tangibles a la extracción no solo es acuciante en comunidades nativas, por supuesto. Las decisiones sin alternativa visible que se ven empujados a tomar los miembros de la nación navajo y los cheyenes del norte no son más que versiones agravadas de las mismas falsas «elecciones» que se ofrecen a los miembros de numerosas comunidades locales de baja renta per cápita donde el presente es tan difícil (y las presiones para alcanzar a cubrir las necesidades básicas de la vida tan acuciantes) que tratar de centrar la atención en el futuro puede parecer un lujo inalcanzable. Aferrarse a las granjas familiares cuando estas sufren la feroz competencia de la agricultura industrial a gran escala (la agroindustria), por ejemplo, cuesta tanto esfuerzo que nunca faltan los pequeños agricultores y ganaderos dispuestos a ganar algo de dinero adicional arrendando tierras a las compañías que extraen combustibles fósiles mediante el *fracking* o que instalan oleoductos, aunque eso les suponga enfrentarse a vecinos suyos que se oponen a esas prácticas y aunque eso signifique poner en peligro el suministro de agua para sí mismos y para su ganado. La desesperación lleva a tomar medidas desesperadas.

Lo mismo puede decirse de los trabajadores que quieren construir esos oleoductos, extraer ese gas por fracturación hidráulica o trabajar en refinerías contaminantes. El sector industrial en Norteamérica está tan maltratado como la agricultura familiar, y eso significa que los empleos bien pagados en empresas con una adecuada implantación sindical son tan escasos que muchas personas están dispuestas a aceptar cualquier puesto de trabajo que se les ofrezca, da igual lo peligroso, precario o contaminante (para el propio trabajador, para su familia o para su comunidad) que pueda parecer. La solución, como bien han entendido los sectores más visionarios del movimiento sindical, es reivindicar políticas que no obliguen a los trabajadores a tener que optar por esa clase de «elecciones» imposibles.

Por ejemplo, un estudio del Canadian Centre for Policy Alternatives comparó el valor público de un oleoducto de 5.000 millones de dólares —el coste total aproximado de la construcción del Northern Gateway de Enbridge— y el valor que podría obtenerse invirtiendo esa misma cantidad de dinero en alternativas económicas verdes. Su conclusión era que, si se gastan 5.000 millones de dólares en un oleoducto, se generan principalmente empleos a corto plazo en el sector de la construcción, cuantiosas ganancias para el sector privado y onerosos costes públicos en forma de perjuicios medioambientales futuros. Pero si se gastan esos mismos 5.000 millones en transporte público, en readaptación de edificios y en energías renovables, las economías pueden ganar, como mínimo, el triple de empleos a corto plazo al tiempo que se contribuye a reducir las probabilidades de un calentamiento global catastrófico a largo plazo. El número de puestos de trabajo generados podría ser incluso muchas veces superior a esa cifra, según los modelos aplicados por el mencionado instituto. De hecho, la estimación más optimista atribuye a las inversiones verdes la capacidad de crear *34 veces* más empleos que dedicando esa misma cantidad de dinero a la construcción de otro oleoducto.[18]

El problema, claro está, es que mientras empresas como Enbridge están poniendo ya los dólares requeridos para construir oleoductos, los Gobiernos se muestran reacios a poner sumas comparables a disposición de esas otras alternativas. Pero lo cierto es que, en Canadá, un impuesto nacional sobre el carbono de solo diez dólares por tonelada permitiría recaudar 5.000 millones de dólares anuales, que es la suma en cuestión antes mencionada, y que, a diferencia de una inversión puntual en un oleoducto, permitiría obtener ese efecto año tras año.[19] Si hubiera políticas como esa disponibles en el menú de las opciones reales, la dicotomía «empleo frente a medio ambiente» desaparecería prácticamente por completo.

Ese es otro motivo por el que el movimiento climático actual no se puede permitir el lujo de decir simplemente que no sin luchar simultáneamente por una serie de «síes» transformadores; es decir, por proponer y potenciar tanto los componentes básicos de la economía que viene, capaces de proporcionar empleos limpios y de buena calidad, como una red de protecciones sociales que amortigüen la dureza del trayecto que hay que recorrer para quienes inevitablemente salgan perdiendo en primera instancia con el cambio.

No solo desinvertir: reinvertir

Como ya se ha comentado, los recursos necesarios para esta transición justa deben proceder en último término del Estado, obtenidos por este a partir de las ganancias que se vayan embolsando las compañías de combustibles fósiles durante el breve intervalo del que disfrutarán mientras sigan siendo rentables. Pero en tanto los vientos políticos no cambien hasta el punto de que permitan hacer realidad esa necesidad, disponemos de otras vías para canalizar recursos —desde ya mismo— hacia la economía que viene; recursos que esta precisa urgentemente. De hecho, este aspecto en concreto se está perfilando como el más fascinante del creciente movimiento por la desinversión en combustibles fósiles: quienes participan en él se limitan cada vez menos a reclamar a instituciones de interés público (como universidades y ayuntamientos) que vendan las participaciones o acciones que tengan invertidas en empresas que se dedican a destrozar el planeta, y les piden también que reinviertan ese dinero en entidades que tengan una idea y un proyecto claros para el proceso de curación de esas heridas.

Dan Apfel, antiguo líder de la Responsible Endowments Coalition («Coalición por unas Dotaciones Financieras Responsables») y asesor clave del movimiento, sostiene que «nuestras universidades, organizaciones benéficas, gestoras de fondos de pensiones y fundaciones deben ser quienes marquen la pauta». Y señala que:

> [...] si hablamos de un 5 % del dinero de estas instituciones de utilidad pública y relacionadas con el interés colectivo, hablamos de unos 400.000 millones de dólares. Dedicada a nuevas inversiones, esa suma podría estimular la implantación de soluciones climáticas reales, ayudar a crear el mercado necesario para inversiones adicionales, fomentar cambios en las políticas sobre el tema y asegurar una rentabilidad financiera futura durante muchos años.[20]

El grupo de fundaciones y benefactores individuales adinerados que se ha sumado al movimiento por la desinversión en combustibles fósiles (véase la página 439) ha dado ya el paso adicional de trasladar los fondos que les estaban reportando una rentabilidad en empresas de combustibles fósiles hacia el sector de las tecnologías limpias para reinvertirlos en él (una iniciativa conocida como «Desinvertir-Invertir»). Algunas universidades están siguiendo un método similar. Según comentan los analistas Jeremy Brecher, Brendan Smith y Kristen Sheeran, «la Universidad de Duke, en Carolina del Norte, ha invertido 8 millones de dólares en la Self-Help Credit Union [una "Cooperativa de Crédito para la Autofinanciación"] destinados en parte a sufragar la promoción de viviendas ecológicas asequibles. El Carleton College (en Minnesota) y la Universidad de Miami (en Florida) están canalizando sus inversiones hacia fondos de financiación de energías renovables».[21]

Estos grandes inversores están dando así un contundente primer paso; sería aún mejor, de todos modos, si dedicaran un porcentaje de sus inversiones a proyectos que profundicen más todavía en ese terreno: proyectos que vayan más allá de un simple cambio de energías marrones a energías verdes, y que estén diseñados también para fortalecer las economías locales, mejorar los sistemas de transporte colectivo y, en general, reforzar el hoy famélico sector público. Sería crucial en ese sentido, también, que se aplicaran estrategias inteligentes de reinversión capaces incluso de proporcionar a las comunidades situadas en los frentes de batalla contra la extracción de combustibles fósiles las herramientas económicas que precisan para plantear una resistencia fuerte contra la contaminación carbónica en origen; por ejemplo, apoyando el plan de la Coalición por el Agua de Black Mesa para formar una compañía de suministro eléctrico de alcance municipal a partir de la energía solar, o a las cooperativas solares que emplean a cada vez más trabajadores afroamericanos y latinos en Richmond (California) que, de otro modo, no tendrían más alternativa que buscar empleo en la refinería de Chevron. Brecher, Smith y Sheeran dan más detalles sobre el tipo de posibilidades creativas para que el movimiento por la desinversión «aproveche su poder para construir una nueva economía sostenible tanto para el conjunto del planeta como para las comunidades locales»:

> Las instituciones deberían pensar en términos mucho más positivos: ¿Cómo pueden maximizar la capacidad de su dinero para favorecer la transición hacia una nueva economía sostenible? He aquí un punto de partida: Existen centenares de fondos de inversión comunitarios, bancos y cooperativas de crédito con orientación social, gestoras de fondos de pensiones sindicales, y otros vehículos financieros que tienen ya una dilatada experiencia invirtiendo con fines sociales. Existen miles de cooperativas, de empresas que son propiedad de sus trabajadores o de la comunidad local, de organizaciones sin ánimo de lucro, de iniciativas municipales y de otras empresas que se dedican a pequeña escala a crear una nueva economía.
>
> Estos son los elementos que componen un sector creciente de empresas dedicadas a fines públicos y sometidas a un mayor control de sus trabajadores y empleados. Aíslan térmicamente y «solarizan» edificios; expanden el transporte público; desarrollan equipos y técnicas bajos en carbono para escuelas y hospitales; desarrollan nuevos sistemas de reciclaje para procesar residuos. Y, con ello, están creando también economías basadas en las comunidades locales que proporcionan a estas seguridad económica, que empoderan la democracia local y en el lugar de trabajo, y que protegen esos entornos frente a la fuga de empleos. Pero estamos hablando de un sector que, generalmente, está muy necesitado de capital. Aumentar los recursos para hacer crecer este sector lo más rápidamente posible debería ser una prioridad para los desinversores.[22]

El poder principal de la desinversión no estribará en que perjudique financieramente a Shell y a Chevron a corto plazo, sino en que debilite la legitimidad social de las compañías productoras de combustibles fósiles e intensifique la presión sobre los políticos para que estos introduzcan medidas generales de reducción de emisiones. Esa presión acrecentará a su vez entre la comunidad inversora las sospechas de que las acciones del sector de los combustibles fósiles están sobrevaloradas. La ventaja de contar con una estrategia simultánea de reinversiones (o con una estrategia de inversiones visionarias desde el principio) es que esta tiene el potencial de apretar mucho más las clavijas al sector extractivo fortaleciendo el sector de las energías renovables para que pueda competir directamente con los combustibles fósiles y, al mismo tiempo, reforzando a los defensores de la tierra que están en primera línea del combate contra el extractivismo y que necesitan poder ofrecer alternativas económicas reales a sus comunidades.

Todo esto pone de relieve otra de las cosas que distingue a Blockadia de otros muchos movimientos sociales anteriores de su clase. En el pasado, las personas comprometidas con el cambio social tendían a creer que estaban obligadas a elegir entre luchar contra el sistema y construir alternativas al mismo. De ahí que, por ejemplo, en la década de 1960, la contracultura se fragmentase entre aquellos que se quedaron en las ciudades para intentar detener las guerras y combatir las desigualdades, y aquellos que optaron por automarginarse y alejarse de la sociedad para irse a vivir conforme a sus propios valores ecológicos junto a otras personas que pensaban como ellos en granjas de agricultura orgánica o en ciudades de un tamaño manejable, como la ya mencionada Bellingham (en el estado de Washington). Se trataba de optar entre el activismo o el éxodo.

Los activistas de hoy en día no podrían permitirse el lujo de elegir entre esas dos opciones ni aunque quisieran. Tras tanto tiempo de tensión y exclusión económica continuas, las comunidades locales ubicadas en los frentes de batalla del «no» a la energía sucia son ya perfectamente conscientes de que nunca podrían construir la base que necesitan a menos que sean capaces al mismo tiempo de ofrecer alternativas económicas a los proyectos a los que se oponen. De ahí que, tras tres años de limitarse simplemente a decir no al oleoducto Keystone XL, un grupo de granjeros de Nebraska terminara ideando una estrategia de ese tipo: construyeron un granero autoalimentado con energía eólica y solar en un punto del trayecto por el que tenía que pasar el oleoducto. Y pusieron de relieve que la electricidad generada a partir de un solo granero como aquel aportaría más energía a la región que todo el petróleo que circulase por el oleoducto con destino a la terminal exportadora en Texas.[23] Aquel granero del proyecto Build Our Energy («Construyamos Nuestra Energía») no era más que un ejercicio publicitario; con él, los granjeros estaban retando al presidente Obama a derribar una instalación generadora de energías renovables para abrir paso al petróleo más sucio de todos. Pero también servía para que los constructores del invento mostraran a sus vecinos que, si se aplicaran las políticas correctas, habría otra manera de ganar unos ingresos adicionales —que tanta falta hacían— sin poner sus tierras en peligro.

Algo parecido sucedió en el pueblo inglés de Balcombe, en West

Sussex (escenario de protestas masivas antifracturación hidráulica y de duros enfrentamientos en 2013), donde se formó una nueva compañía eléctrica llamada REPOWERBalcombe. Su objetivo es «abastecer el equivalente del total de la demanda de electricidad de Balcombe mediante energías renovables de propiedad local y generadas asimismo localmente», gracias a financiación procedente de las participaciones de dicha cooperativa energética adquiridas por los propios residentes del lugar. La batalla por el *fracking* continúa viva en los tribunales, pero los paneles solares están ya en marcha, y muchos vecinos que estaban al principio a favor de la extracción de petróleo y gas en la zona se han incorporado desde entonces a la cooperativa, atraídos por la promesa de la autosuficiencia y del ahorro de costes.[24] También está activo un proceso comparable en Pungesti, la localidad agraria rumana enfrentada al *fracking*. Los argumentos de los partidarios de Chevron, que aseguran que la extracción de gas es la única opción para crear empleo en esa región pobre del país, obligaron a quienes se oponen a la fracturación hidráulica a plantear propuestas propias, como, por ejemplo, un parque eólico de la propia comunidad, una planta procesadora de verduras y hortalizas cultivadas localmente, y un matadero para producir su propia carne (iniciativas que añadirían valor a los modos de vida que constituyen el patrimonio cultural de la región).

En resumidas cuentas, algunas de las respuestas más tangibles a la crisis ecológica que se están dando hoy en día no han de buscarse entre los proyectos aislados típicos de ciertos inconformistas utópicos de otros tiempos, sino entre las llamas mismas de la resistencia, forjadas en las propias comunidades que se hallan en los frentes de las diversas batallas contra el extractivismo extremo. Además, muchos de quienes, décadas atrás, optaron por construirse sus propios retiros locales alternativos se están viendo forzados a regresar a las barricadas, ya que muchos de los parajes idílicos a los que «huyeron» los *hippies* de los años sesenta están hoy sometidos poco menos que a un estado de sitio: petroleros y barcazas de transporte de carbón amenazan sus costas; trenes de transporte de petróleo y carbón amenazan sus núcleos urbanos y sus pueblos; y la industria del *fracking* quiere sus tierras.

Incluso en lugares que (hasta el momento) han tenido la suerte de librarse de todas esas amenazas directas, el cambio climático está demoliendo la idea de que un refugio contracultural local vaya a servirnos de parapeto frente al desastre general. En agosto de 2011, pudieron percatarse de ello los propietarios de granjas orgánicas que habían iniciado en Vermont uno de los sistemas más avanzados y sostenibles de agricultura local en América del Norte. La iniciativa más famosa en ese sentido probablemente sea Intervale, una red de granjas urbanas en Burlington que suministra aproximadamente el 10 % de los alimentos frescos que se consumen en la ciudad y que, al mismo tiempo, composta sus residuos y genera de forma sostenible un porcentaje muy significativo de la electricidad local. Pero cuando el huracán Irene se cernió sobre ese estado, las inundaciones que dejó a su paso no solo destruyeron los pintorescos puentes cubiertos de la zona (de gran valor histórico), sino que, como me comentó poco después Bill McKibben, vecino de Vermont y ferviente defensor de la localización alimentaria, «arrasó con una enorme cantidad de esa hermosa agricultura local. Intervale, en Burlington, quedó sumergida de pronto bajo metro y medio de agua. Allí ya no hay manera de cosechar nada. Hay montones de granjas donde la maravillosa capa superior del suelo que había antes, riquísima en nutrientes, está ahora sepultada bajo varios palmos de arena procedente del río». Lo que él sacó en claro de aquella experiencia es que, «si no resolvemos el problema del clima, todo lo demás que hagamos aquí será en balde».[25]

Fui testigo de algo parecido, aunque a menor escala, en la ciudad de Nueva York un año más tarde, justo después del paso del huracán Sandy. Mientras visitaba el barrio de Red Hook en Brooklyn, uno de los vecindarios más duramente golpeados por los vientos y las lluvias, paré un momento en la Red Hook Community Farm, una asombrosa granja comunitaria local donde se enseña a niños de los castigados polígonos de viviendas cercanos cómo cultivar alimentos saludables, donde se facilitan servicios de compostaje para un elevado número de vecinos, donde se celebra un mercado semanal de productos del campo, y donde funciona un programa de «agricultura sostenida por la comunidad» (o CSA, según sus siglas en inglés), que hace llegar además toda clase de productos frescos a personas que los necesitan. Aquella granja no solo estaba mejorando la vida de los residentes en el barrio, sino que también lo estaba haciendo todo muy bien desde una perspectiva propiamente climática: ayudaba a reducir las *food miles*, es decir, la distancia a la que son transportados los alimentos desde el lugar en que se cosechan hasta el lugar en que se consumen; se abstenía de emplear derivados del petróleo en el proceso de producción; capturaba el carbono en el terreno; y reducía el volumen del vertido final de residuos gracias al compostaje. Pero cuando el temporal llegó y desató su furia, nada de aquello importó: se perdió la totalidad de la cosecha del otoño. Y los agricultores urbanos con los que allí me encontré —conmocionados aún ante la idea de que tanto trabajo colectivo se hubiera echado a perder— estaban preocupados porque temían que el agua que había inundado los terrenos de cultivo fuese tan tóxica que les obligara a traer tierra nueva.

En resumen, abandonarlo todo para irse a plantar hortalizas ya no es una opción para la generación actual. No nos queda margen para más museos verdes, porque el descontrolado tren que los combustibles fósiles han acelerado durante tantos y tantos años vendrá a por nosotros de un modo u otro. Puede que, en tiempos, la participación en la resistencia contra un sistema que amenaza la vida del planeta pudiera entenderse separadamente de la construcción de alternativas a ese sistema, pero actualmente la una no es concebible sin la otra. Tenemos que construir y sostener alternativas inspiradoras como la de la granja comunitaria local de Red Hook, y asegurarnos de que en esa comunidad tienen también una buena posibilidad de prosperar intentando cambiar un modelo económico tan traicionero que ningún lugar del planeta está seguro con él. John Jordan, un veterano del activismo ecológico en Gran Bretaña y Francia, se refiere a la resistencia y a la construcción de alternativas como «las hebras gemelas del ADN del cambio social. Ninguna de ellas sirve para nada sin la otra».[26]

Los «nacionales» de Blockadia viven y conocen bien todo esto. Por eso su movimiento no es de negación (no dicen «no» a los mineros/operadores de pozos/tendedores de tuberías para oleoductos/conductores de transportes pesados), ni tampoco es solamente de protección (no se limitan a defender unos modos de vida queridos y valorados, pero estáticos). Cada vez más es también un movimiento constructivo, dedicado activamente a erigir una economía alternativa basada en principios y valores muy diferentes.

También están aprendiendo —siguiendo una especie de proceso de inversión popular de los términos de la doctrina del *shock*— que uno de los momentos más oportunos para construir esa economía que viene tal vez sea el inmediatamente posterior al azote de un desastre natural, en especial, de uno relacionado con el clima. Eso es así porque la recurrencia de megatragedias como las causadas por el huracán Sandy y el tifón Haiyan, que causan la muerte de miles de personas y provocan daños valorados en miles de millones de dólares, sirven para concienciar del modo más dramático posible a la población en general sobre los terribles costes de nuestro sistema actual y para dar más peso a los argumentos favorables a un cambio radical que ataque la raíz (y no solo los síntomas) de la crisis climática. Además, estos desastres (como bien demuestra el aluvión de voluntarios y de donaciones que provocan, así como la indignación que se despierta ante el más mínimo asomo de actividad especuladora en esos momentos) también activan esa generosidad latente y ampliamente compartida que el capitalismo tanto se esfuerza por reprimir. Por no hablar de que, como bien saben los capitalistas del desastre, estos sucesos llevan a que se ponga una gran cantidad de dinero público sobre la mesa, lo cual es un acontecimiento cada vez más infrecuente en estos tiempos de implacable austeridad económica.

Con la presión pública apropiada, ese dinero puede dedicarse no solo a reconstruir ciudades y comunidades locales, sino también a transformarlas en modelos de existencia no extractiva. Con esto se puede ir mucho más lejos de lo que van los habituales llamamientos a reforzar los diques costeros de contención. Los activistas pueden reclamar desde sistemas de transporte público gratuito sometidos a un más estricto control democrático, hasta un aumento del parque de viviendas públicas situadas a lo largo de esas líneas de transporte y alimentadas con energía renovable y controlada por la comunidad, de manera que los empleos generados por esa inversión sean para trabajadores locales y les paguen un salario suficiente para vivir. Y, a diferencia de los capitalistas del desastre, que utilizan las crisis para sortear las reglas y restricciones de la democracia, una verdadera «recuperación popular» (como la que muchos de los participantes en el movimiento Occupy llamaron a hacer tras el paso del Sandy) obligaría a introducir nuevos procesos democráticos, asambleas de barrio incluidas, para decidir cómo debería procederse a la reconstrucción de comunidades locales duramente afectadas. En cualquier caso, el principio fundamental que debe guiar todas estas iniciativas es el de abordar simultáneamente las crisis paralelas de la desigualdad y el cambio climático.

Un ejemplo de esta clase de doctrina del *shock* a la inversa se produjo en la localidad rural de Greensburg, en Kansas. En 2007, un supertornado arrasó la zona y redujo a escombros un 95 % del pueblo. Tras un extraordinario proceso liderado por la propia comunidad local que dio comienzo a los pocos días del desastre, con los vecinos celebrando sus reuniones en tiendas de campaña en medio de los restos del naufragio de sus vidas anteriores, Greensburg destaca hoy como modelo de «localidad verde»; de hecho, se la califica a menudo como la más verde de Estados Unidos. El hospital, el ayuntamiento y la escuela se han construido para cumplir con el máximo nivel de certificación otorgado por el programa de «Liderazgo en Energía y Diseño Ecológico» (o LEED, según sus siglas en inglés). Y el pueblo se ha convertido en escala obligada de cientos de decisores políticos, deseosos de aprender más sobre su sistema de iluminación de baja energía, su sistema de reducción de residuos, su arquitectura verde de última generación, y las turbinas eólicas que proporcionan ingresos a las arcas municipales gracias a producir más electricidad de la que los residentes locales necesitan.[27]

Lo más sorprendente de todo es que este «laboratorio viviente» está instalado en el corazón mismo de un condado donde los republicanos han tenido tradicionalmente una aplastante hegemonía electoral y donde una gran mayoría de sus habitantes no están para nada convencidos de que el cambio climático sea algo real. Pero esos debates no parecen importar mucho a los residentes del pueblo: la experiencia compartida de una terrible pérdida, unida al aluvión de generosidad que siguió al desastre, han reverdecido en Greensburg los valores de la administración responsable de la tierra y de la responsabilidad intergeneracional que tan profundas raíces han tenido desde siempre en la vida rural. «El tema número uno en aquellos encuentros en las tiendas era hablar de quiénes somos: ¿cuáles son nuestros valores?», recordaba el alcalde de Greensburg, Bob Dixson, un antiguo jefe de la oficina de correos local y descendiente de una larga tradición familiar de agricultores. Y añadió: «A veces, estamos de acuerdo en que no estamos de acuerdo, pero siempre mantenemos la más absoluta cortesía entre nosotros. Y no olvidemos que nuestros antepasados eran unos administradores responsables de estas tierras. Mis ancestros vivían en los verdaderos hogares verdes originales: casas de tepe. [...] Aprendimos que lo único verde y sostenible de verdad en la vida es el cómo nos tratemos unos a otros».[28]

Reaccionar al desastre con esta especie de examen de conciencia difiere (y mucho) del modelo dirigido «desde arriba» en el que se basa la doctrina del *shock* «tradicional». Las iniciativas aquí descritas no intentan aprovecharse de la crisis, sino aprovecharla para solucionar en realidad los problemas de base que subyacen a ella. Y tratan de solucionarlos mediante métodos que amplíen la participación democrática, en vez de coartarla. Tras el paso del huracán Katrina, Nueva Orleans se convirtió en un laboratorio para los intereses de las grandes empresas, deseosas de encoger el alcance del sector público anexionándose parcelas de este, atacando la sanidad y la educación públicas, y dejando así la ciudad más vulnerable al siguiente desastre que venga. Pero ninguna razón impide que hagamos de esos desastres futuros laboratorios para quienes creen en resucitar y reinventar los espacios y los bienes comunales mediante métodos que, al mismo tiempo, reduzcan activamente las probabilidades de que en el futuro vengan muchos más golpes devastadores de ese tipo que nos azoten y destrocen a todos hasta el punto en que lo han hecho hasta ahora.

DE LAS DEUDAS LOCALES A LAS GLOBALES

Durante mi primera visita a la reserva de los cheyenes del norte, se planteó con frecuencia la cuestión de cómo financiar la economía saludable por la que los activistas anticarbón estaban luchando. Lynette Two Bulls («Dos Toros»), que dirige una organización que enseña a los jóvenes cheyenes la historia de su tribu, me comentó que había oído hablar de algo realmente interesante que estaban haciendo en Ecuador. Se refería al llamamiento que habían hecho desde allí a la comunidad internacional pidiéndole que pagara una compensación al país a cambio de no extraer el petróleo del subsuelo de la selva de Yasuní para que el dinero así obtenido financiase programas sociales y una transición hacia energías limpias. Aquello parecía ser justamente lo que se necesitaba en su reserva y ella quería conocer más sobre aquella iniciativa. Si Ecuador podía recibir una compensación por mantener su petróleo en el subsuelo, entonces ¿por qué no podían ser compensados los cheyenes del norte por actuar igualmente como conservadores del carbono impidiendo la explotación de sus reservas de carbón?

Aquella era una muy buena pregunta y el paralelismo entre ambas situaciones era ciertamente llamativo. El parque nacional de Yasuní es una extraordinaria extensión de selva ecuatoriana en la que viven varias tribus indígenas y un número incalculable de animales raros y exóticos (basta con pensar que alberga casi tantas especies distintas de árboles en una hectárea como el total de especies arbóreas nativas del conjunto de América del Norte). Y bajo esa profusión de vida, yacen un total estimado de 850 millones de barriles de crudo, valorados en unos 7.000 millones de dólares. Consumir todo ese petróleo —y talar la parte correspondiente de selva para extraerlo— añadiría unos 547 millones de toneladas adicionales de dióxido de carbono a la atmósfera. Pero, claro está, las grandes petroleras quieren su parte de ese pastel.[29]

Por eso, en 2006, la organización Acción Ecológica (la misma que había formado anteriormente una alianza con el movimiento contrario a la extracción petrolera en Nigeria) presentó una contrapropuesta: el Gobierno ecuatoriano debía acceder a no vender el petróleo, pero debía contar también para ello con el apoyo de la comunidad internacional, pues todos nos beneficiaríamos colectivamente de una medida que permitiría conservar la biodiversidad y evitar que se liberasen a la atmósfera que todos compartimos gases que calientan el planeta. En definitiva, Ecuador debía ser compensado parcialmente por los ingresos perdidos por no extraer ese petróleo. Tal como explicó entonces Esperanza Martínez, presi-

501

denta de Acción Ecológica, la «propuesta establece un precedente al basarse en el argumento de que los países deberían ser recompensados por no explotar su petróleo. [...] Los fondos así reunidos serían usados para fomentar la transición energética [hacia las renovables] y podrían ser concebidos también como pagos por la deuda ecológica que el norte tiene contraída con el sur, y distribuidos democráticamente en los niveles local y global». Además, según ella misma escribió, seguramente «la manera más directa de reducir emisiones de dióxido de carbono es dejando los combustibles fósiles en el subsuelo, donde ya están».[30]

El plan para Yasuní se fundamentaba en la premisa de que Ecuador, como todos los países en vías de desarrollo, no ha cobrado aún la deuda que le corresponde por la gran injusticia inherente al cambio climático; es decir, por el hecho de que los países ricos hayan usado ya para sí la mayor parte de la capacidad de la atmósfera para absorber CO_2 dentro de unos niveles mínimamente seguros antes de que los países en desarrollo tuvieran la oportunidad de industrializarse. Y puesto que el mundo entero se beneficiaría de mantener ese carbono en el subsuelo (ya que esa medida contribuiría a estabilizar el clima global), no es justo esperar que Ecuador, un país pobre cuya población ha contribuido muy poco a crear la crisis climática actual, soporte la carga económica que le supone renunciar a esos petrodólares potenciales. Esa carga debería ser compartida con Ecuador por los países más industrializados, que son también los que más responsabilidad tienen por la escalada histórica en las concentraciones de carbono atmosférico. Por lo tanto, no se trata de un acto de beneficencia. Si los países ricos no quieren que otros, más pobres, salgan de la pobreza siguiendo el mismo camino «sucio» que siguieron ellos, corresponde a los Gobiernos del norte correr con buena parte de los gastos que eso supone.

Esta, desde luego, es la lógica fundamental en la que se basan quienes defienden la existencia de una «deuda climática», que es el mismo argumento que la negociadora boliviana Angélica Navarro Llanos me había expuesto en Ginebra en 2009, y con el que me había ayudado a ver que el cambio climático podía ser un factor catalizador para atacar la desigualdad en su raíz misma: la base para un «Plan Marshall para la Tierra».[31] El cálculo matemático que justifica ese argumento es bastante simple. Como ya se ha comentado aquí, el cambio climático es el resultado de unas emisiones acumuladas: el dióxido de carbono que emitimos se queda en la atmósfera durante un tiempo aproximado de entre uno y dos siglos, y una parte del mismo permanece en el aire durante un milenio o incluso más tiempo.[32] Y dado que el clima está cambiando como consecuencia de doscientos y pico años de emisiones acumuladas de ese tipo, los países que han estado propulsando sus economías a base de combustibles fósiles desde la Revolución Industrial han contribuido mucho más a que las temperaturas aumenten que aquellas otras naciones que se han incorporado al juego de la globalización desde hace apenas un par de décadas.[33] Los países desarrollados, que representan menos del 20 % de la población mundial, han emitido casi el 70 % de toda la contaminación por gases de efecto invernadero que está desestabilizando actualmente el clima. (Estados Unidos, con menos del 5 % de la población global, contribuye actualmente en torno al 14 % del total mundial de emisiones carbónicas.)[34]

Y aunque algunos países en vías de desarrollo como China y la India arrojan grandes cantidades de dióxido de carbono a la atmósfera (cantidades que van rápidamente en aumento, además), no se los puede responsabilizar por igual del coste de la operación de limpieza pendiente, según el argumento de la deuda climática, porque han aportado solo una pequeña parte de la polución que, acumulada a lo largo de doscientos años, ha causado la crisis. Además, no todo el mundo necesita quemar carbono para la misma clase de fines. En la India, por ejemplo, unos 300 millones de habitantes no tienen aún acceso a la red eléctrica. ¿Le corresponde a ese país, entonces, el mismo grado de responsabilidad a la hora de recortar sus emisiones que, por ejemplo, a Gran Bretaña, que lleva acumulando riqueza y emitiendo niveles industriales de dióxido de carbono desde que James Watt presentó su exitosa máquina de vapor en 1776?[35]

Desde luego que no. Por eso 195 países (incluido Estados Unidos) han ratificado desde 1992 la Convención Marco de las Naciones Unidas sobre el Cambio Climático, un documento en el que se consagra el principio de la existencia de unas «responsabilidades comunes pero diferenciadas». Eso significa básicamente que todo el mundo tiene la responsabilidad de participar en la solución al problema del clima, pero que los países que hayan emitido más a lo largo del pasado siglo deben ser los primeros en reducir sus emisiones y deben ayudar también a financiar el cambio hacia modelos de desarrollo limpio en otros países más pobres.[36]

Pocos discuten que el de la deuda climática es un argumento que tiene la justicia y el derecho internacional de su parte. Aun así, la iniciativa lanzada desde Ecuador para poner ese principio en práctica en su selva ha topado con tremendas dificultades que muy posiblemente la condenarán al fracaso. Una vez más, tener la razón y tener el derecho no bastarán para cambiar la actitud de los ricos y los poderosos.

En 2007, el Gobierno de centro-izquierda de Rafael Correa hizo suya la propuesta sobre Yasuní y la defendió (aunque brevemente) en la escena internacional. Dentro de Ecuador, la iniciativa Yasuní-ITT, como se conoce allí ese plan (por las iniciales de los codiciados yacimientos de Ishpingo, Tambococha y Tiputini, situados dentro del parque), se convirtió en una llamada a la movilización popular en torno a una idea de desarrollo económico real que no obligaría a sacrificar una de las partes más queridas y valoradas del país. Según un sondeo de opinión de 2011, un 83 % de los ecuatorianos estaba a favor de que no se extrajera el petróleo del subsuelo de Yasuní, cuando en 2008 quienes opinaban así representaban solo un 41 % de la población, lo cual indica con qué rapidez un proyecto transformador puede cautivar la imaginación popular. Pero las contribuciones procedentes de los países desarrollados para ese fin se hicieron esperar demasiado (solo 13 millones de dólares recaudados de un objetivo total estipulado en torno a los 3.600 millones) y, en 2013, Correa anunció que iba a autorizar el inicio de las perforaciones petrolíferas en la zona.[37]

De todos modos, los partidarios locales del plan no se han rendido todavía y la marcha atrás dada por Correa ha abierto un nuevo frente para Blockadia. Los manifestantes y activistas que se oponen a las perforaciones han sufrido ya arrestos y los impactos de los proyectiles de goma, y es probable que, si no se llega a una solución política, los miembros de los grupos indígenas terminen resistiéndose con sus propios cuerpos a la extracción en sus tierras. Mientras tanto, en abril de 2014, una coalición de diversas ONG y asociaciones de ciudadanos recogió más de 750.000 firmas solicitando que la cuestión se sometiera a un referéndum nacional (en el momento de la publicación del presente libro, parecía que Correa estaba decidido a bloquear esa votación y a que prosiguieran las perforaciones). Tal como Kevin Koenig, director del programa de Amazon Watch para Ecuador, escribió en el *New York Times*, «aunque al Gobierno habrá que pedirle también responsabilidades», la culpa de todo esto no es únicamente de Correa. «Que la iniciativa Yasuní-ITT naciera ya muerta es un fracaso compartido.»[38]

Este revés es, además, una especie de microcosmos del fracaso en general de las negociaciones internacionales sobre el clima, que se han estancado una y otra vez en torno a la cuestión central de si la acción climática debería reflejar de algún modo la historia del qué y quiénes han creado la crisis. ¿La consecuencia de todo ello? Las emisiones continúan disparándose muy por encima de niveles mínimamente seguros y todo el mundo sale perdiendo, pero los más pobres son quienes primero (y más) pierden.

Ya no podemos, pues, darnos más por vencidos a la hora de buscar y aplicar soluciones reales como la primera (y ciertamente imaginativa) que se propuso para salvar Yasuní. Como con el caso de los derechos indígenas sobre sus tierras, si los Gobiernos no están dispuestos a estar a la altura de sus responsabilidades nacionales e internacionales, entonces tendrán que ser los movimientos populares quienes intervengan para llenar ese vacío de liderazgo y para dar con métodos e ideas que cambien la actual ecuación de poder.

Como de costumbre, la derecha entiende mejor esto que la izquierda y, por ello, la tropa del negacionismo climático se dedica sistemáticamente a denunciar que lo del calentamiento global es una conspiración socialista para redistribuir riqueza (a Chris Horner, socio principal del Competitive Enterprise Institute, le gusta decir que los países ricos están siendo «extorsionados» por los pobres).[39] La deuda climática no es ninguna extorsión, pero el cambio climático, si se afronta de lleno y verdaderamente en serio, suscita temas ciertamente espinosos en referencia a lo que los habitantes del mundo rico debemos a los países situados actualmente en los frentes de batalla de una crisis que ellos bien poco contribuyeron a crear. Al mismo tiempo, a medida que las élites de países como China y la India se van volviendo cada vez más derrochadoras, tanto en su consumo como en sus emisiones, las categorías tradicionales de diferenciación entre norte y sur van perdiendo su anterior estanquidad y empiezan a plantearse interrogantes igualmente peliagudos a propósito de las responsabilidades de los ricos y de los derechos de los pobres sea cual sea el país o el lugar del mundo en el que vivan esos ricos y esos pobres. Y es que si no afrontamos todas estas cuestiones, no podremos albergar ninguna esperanza de poner esas emisiones bajo control allí donde más trascendental será que lo estén.

Como ya hemos visto, las emisiones en América del Norte y Europa tienen todavía que reducirse considerablemente, pero, gracias en gran medida a la externalización y la deslocalización de la producción industrial que la actual era de liberalización comercial ha hecho posible, han dejado básicamente de aumentar. Ahora son las economías en vías de desarrollo del Sur Global —con China, la India, Brasil y Sudáfrica a la cabeza— las principalaes responsables del fuerte ascenso de las emisiones en los últimos años y de que estemos acercándonos velozmente a puntos de inflexión decisivos mucho antes de lo esperado.

La razón de este desplazamiento de la fuente principal de las emisiones tiene mucho que ver con la espectacular eficacia con la que las grandes empresas multinacionales han conseguido globalizar el modelo económico basado en el consumo elevado del que fueran precursores los países occidentales ricos. El problema es que la atmósfera ya no puede soportar más. Tal como explicaba en una reciente entrevista la física atmosférica y experta en mitigación Alice Bows-Larkin, «el número de personas que vivieron directamente la industrialización la primera vez es como una gota en medio del océano comparado con el número de personas que están viviendo directamente la industrialización en estos momentos». Y si el consumo energético de China y la India termina imitando el modelo estadounidense, «acabaremos todos sumergidos bajo más de un metro de agua», por citar las palabras que el propio presidente Obama pronunció al respecto a finales de 2013.[40]

La cierto es que no seremos nosotros quienes perderemos o venceremos la verdadera batalla en este terreno. Esta es una lección de humildad que las culturas acostumbradas a asumir que nuestras acciones determinan el destino del mundo tenemos que aprender. Quienes de verdad la vencerán o la perderán son aquellos movimientos del Sur Global que están librando sus propias luchas desde la órbita de Blockadia y que reclaman sus propias revoluciones en pos de la energía limpia, sus propios empleos verdes, y el mantenimiento de sus propias reservas de carbono en el subsuelo, donde están ahora. Y que se enfrentan a fuerzas poderosas dentro de sus propios países, unas fuerzas que insisten en que ahora «les toca» a esos Estados contaminar para alcanzar su propia prosperidad y en que no hay nada que importe más que el crecimiento económico. De hecho, muchos gobiernos del Sur Global, escudándose en que sería flagrantemente injusto esperar que fuesen los países en vías de desarrollo quienes soportasen el grueso del esfuerzo que corresponde al conjunto de la humanidad para evitar la catástrofe climática, han eludido hasta el momento sus propias responsabilidades.

Por ese motivo, si aceptamos las pruebas científicas que nos indican que necesitamos actuar rápido para impedir un cambio climático de proporciones catastróficas, es lógico que centremos nuestra acción allí donde pueda tener una mayor repercusión. Y ese «allí» es claramente el Sur Global. Por citar solamente un ejemplo: aproximadamente un tercio de todas las emisiones de gases de efecto invernadero proceden de los edificios (concretamente, de calentarlos, enfriarlos e iluminarlos). Está previsto que el parque de viviendas en la región del Pacífico asiático crezca en un espectacular 47 % desde ahora hasta 2021, y que, al mismo tiempo, se mantenga relativamente estable en el mundo desarrollado. Eso significa que, si bien aumentar la eficiencia energética de los edificios existentes es importante con independencia del lugar donde vivamos, nada importa más en ese terreno que ayudar a garantizar que las nuevas edificaciones en Asia se construyan cumpliendo con los criterios más exigentes de eficiencia, porque, si no, estamos condenados todos (el norte, el sur, el este y el oeste) a sufrir las consecuencias de un crecimiento catastrófico de las emisiones.[41]

INCLINAR LA BALANZA

De todos modos, es mucho lo que se puede hacer también en el norte industrializado para ayudar a inclinar la balanza de fuerzas hacia un modelo de desarrollo que no descanse sobre el crecimiento sin fin ni sobre los combustibles sucios. Luchar contra la instalación de oleoductos y de terminales para la exportación desde donde se enviarían grandes cantidades de combustibles fósiles hacia Asia es uno de los ingredientes del cóctel mundial del activismo climático. También lo es la lucha contra la aprobación de nuevos acuerdos de liberalización comercial internacional, o poner freno a nuestro exceso de consumo unido a una «relocalización» sensata de nuestras economías, ya que gran parte del carbono que se quema en la industria china es para fabricar muchas de esas cosas inútiles que nosotros compramos.

Pero la más potente palanca que nos permitirá activar el cambio en el Sur Global es la misma que también se necesita en el Norte Global. Me refiero al surgimiento de alternativas positivas, prácticas y concretas al desarrollo sucio que no obliguen a los habitantes locales a escoger entre mejores niveles de vida y extracción tóxica. Porque, si el carbón sucio va a ser la única solución que los habitantes de la India tengan a su alcance para hacer llegar la luz eléctrica a sus casas, será así como generarán su electricidad. Y si el transporte público es un desastre en Delhi, cada vez más personas seguirán optando por desplazarse en sus automóviles privados en esa ciudad (como en otras).

Y existen alternativas. Existen modelos de desarrollo que no requieren de una estratificación acusada de la riqueza, ni de trágicas pérdidas culturales, ni de procesos de devastación ecológica. Como en el caso de Yasuní, hay movimientos en el Sur Global que están luchando con denuedo por impulsar esos modelos alternativos de desarrollo: políticas que harían llegar la electricidad a un gran número de personas mediante energías renovables descentralizadas y que revolucionarían el tráfico urbano para que el transporte público fuese mucho más deseable que los coches particulares (de hecho, como ya se ha comentado, en Brasil ha habido incluso disturbios reclamando la gratuidad del transporte público).

Una propuesta que recibe una atención cada vez mayor es la de la implantación de una «tarifa global de introducción» mediante la creación de un fondo (administrado internacionalmente) de apoyo a las transiciones hacia las energías limpias en cualquier lugar del mundo en vías de desarrollo. Los arquitectos de este plan —el economista Tariq Banuri y el experto en clima Niclas Hällström— calculan que, con una inversión anual de unos 100.000 millones de dólares durante entre 10 y 14 años «podría conseguirse que 1.500 millones de personas accedieran por fin a la energía eléctrica, al tiempo que se darían una serie de pasos decisivos hacia un futuro de energías renovables a tiempo de impedir que todas nuestras sociedades sufran una catástrofe climática».[42]

Sunita Narain, directora general de una de las organizaciones ecologistas más influyentes de la India, el Centre for Science and Environment (con sede en Nueva Delhi), recalca que la solución no pasa por que el mundo rico contraiga sus economías permitiendo al mismo tiempo que el mundo en desarrollo contamine desaforadamente para alcanzar su propia prosperidad (suponiendo que eso fuera posible), sino por que los países en vías de desarrollo se «desarrollen de un modo diferente. No queremos contaminar primero y limpiar después. Así que necesitamos dinero y necesitamos tecnología para poder hacer las cosas de manera distinta».[43] Y eso significa que el mundo rico debe saldar sus deudas climáticas.

Aun así, financiar una transición justa en esas economías que hoy se desarrollan a gran velocidad no ha sido nunca una prioridad de los activistas del norte. De hecho, muchas de las grandes organizaciones del ecologismo convencional en Estados Unidos consideran que el concepto mismo de «deuda climática» es una idea tóxica desde el punto de vista político, ya que, a diferencia de otros argumentos más típicos (como el de la «seguridad energética» o los «empleos verdes») —que presentan la acción climática como una carrera contrarreloj que los propios países ricos pueden ganar por su cuenta—, obliga a poner el énfasis en la importancia de la cooperación y la solidaridad internacionales.

Sunita Narain oye a menudo esa clase de objeciones. «Siempre me dicen (mis amigos estadounidenses, sobre todo) que [...] el de las responsabilidades históricas es un tema del que no deberíamos hablar. Que "lo que mis antepasados hicieron no es responsabilidad mía", se justifican.» Pero, como me comentó en una entrevista, esa tesis pasa por alto el hecho de que aquellas acciones pasadas influyen directamente hoy en por qué unos países son ricos y otros, pobres. «Vuestra riqueza actual guarda relación con cómo la sociedad ha explotado la naturaleza y la ha sobreexplotado. Esa es una deuda que hay que pagar. Esas son las cuestiones de responsabilidad histórica que tenemos que afrontar.»[44]

Estos debates guardan una gran similitud, claro está, con otras batallas en torno a la exigencia de reparaciones por daños pasados. En América Latina, por ejemplo, los economistas progresistas llevan mucho tiempo argumentando que las potencias occidentales tienen una «deuda ecológica» de siglos por la confiscación colonial de tierras y la extracción de recursos, y diversos Gobiernos nacionales de África y el Caribe han apelado en ocasiones concretas (entre las que destaca la Conferencia Mundial contra el Racismo celebrada en Durban, Sudáfrica, en 2001) a las reparaciones que se les debe por el tráfico transatlántico de esclavos. Tras haberse desvanecido un tanto tras la mencionada conferencia de Durban, esas reivindicaciones volvieron a ser noticia en 2013, cuando catorce naciones caribeñas se unieron para presentar una reclamación formal de reparaciones contra Gran Bretaña, Francia, los Países Bajos y otros países europeos que participaron en el comercio de esclavos. «Nuestro esfuerzo y nuestra búsqueda constantes de recursos para nuestro desarrollo están conectados directamente con la incapacidad histórica de nuestras naciones para acumular riqueza por culpa de los esfuerzos exigidos a nuestros pueblos durante los periodos de la esclavitud y el colonialismo», declaró Baldwin Spencer, primer ministro de Antigua y Barbuda en julio de 2013. Aquellas reparaciones tenían por objetivo, según dijo, romper las cadenas de la dependencia de una vez por todas.[45]

El mundo rico hace caso omiso de esas reivindicaciones, que le parecen sacadas poco menos que de la prehistoria, y las trata con un desdén parecido al que el Gobierno estadounidense aplica a las peticiones de reparaciones que periódicamente lanza la comunidad afroamericana por haber sufrido la lacra de la esclavitud (peticiones y llamamientos que, en la primavera de 2014, se hicieron claramente más audibles gracias a la rompedora labor periodística de Ta-Nehisi Coates para la revista *The Atlantic*, con la que nuevamente se ha reavivado ese debate).[46] Pero el argumento que justifica la existencia de una deuda climática es un poco diferente. Podemos debatir sobre el legado del colonialismo y podemos discutir largo y tendido sobre cuánto ha influido la esclavitud en el subdesarrollo contemporáneo. Pero los datos científicos sobre el cambio climático y sus conclusiones no dejan mucho margen para el desacuerdo. El carbono deja un rastro inconfundible tras de sí, que vemos hoy grabado en los corales y en las muestras de hielo. Podemos medir con precisión cuánto carbono podemos emitir colectivamente a la atmósfera y quién ha consumido qué parte de ese presupuesto disponible total durante los últimos doscientos años.

Ahora bien, no es menos cierto que todas esas deudas ocultadas e ignoradas no están separadas las unas de las otras, sino que se comprenden mejor cuando las vemos como capítulos distintos de un mismo relato sin solución de continuidad. Fue el mismo carbón que contribuye a calentar el planeta el que suministró energía a las fábricas textiles y a las refinerías de azúcar de Manchester y Londres que necesitaban abastecerse de cantidades crecientes de algodón en rama y de caña de azúcar de las colonias, cultivados y cosechados en su mayor parte por mano de obra esclava. Eric Williams, historiador fallecido hace años y primer político que ejerció el cargo de primer ministro en la Trinidad recién independizada, formuló el conocido argumento de que la esclavitud subvencionó directamente el crecimiento de la industrialización en Inglaterra, un proceso que ahora sabemos que condujo inextricablemente al cambio climático. Los detalles de esas tesis de Williams han sido objeto de un acalorado debate durante décadas, pero su obra recibió un espaldarazo adicional en 2013, cuando un grupo de investigadores del University College de Londres publicó una base de datos con información sobre las identidades y las finanzas de los dueños británicos de esclavos a mediados del siglo XIX.[47]

El proyecto de investigación que originó la mencionada base de datos estaba dedicado a explorar las circunstancias y las consecuencias relacionadas con el hecho de que, cuando el Parlamento británico votó a favor de la abolición de la esclavitud en las colonias de la Corona en 1833, se comprometió también a compensar a los dueños británicos de esclavos por las pérdidas en propiedades humanas que aquella medida les acarrearía: una especie de reparación «al revés» para los perpetradores de la esclavitud en vez de para sus víctimas. La compensación prometida se tradujo finalmente en pagos que ascendieron a un total de 20 millones de libras, una cifra que, según *The Independent*, «representaba la friolera del 40 % del presupuesto de gastos anuales de la Hacienda pública británica, lo que, en términos actuales, calculado en función del valor de los salarios, equivaldría a unos 16.500 millones de libras». Gran parte de ese dinero fue a parar directamente a la inversión en infraestructuras (desde fábricas hasta redes de ferrocarril y barcos de vapor, alimentados todos ellos con carbón) de la Revolución Industrial, que para entonces iba viento en popa. Esas fueron, a su vez, las herramientas que auparon al colonialismo a un estadio sensiblemente más voraz, cuyas cicatrices son visibles aún hoy en día.[48]

El carbón no creó una desigualdad estructural. De hecho, los buques que hicieron posible el comercio transatlántico de esclavos (y las primeras confiscaciones coloniales de tierras) se movían propulsados por el viento, y las primeras fábricas funcionaban gracias a la energía que les proporcionaban las norias de agua. Pero el carácter incesante y fácilmente previsible del carbón como fuente de energía sobrealimentó ese proceso y permitió que se extrajera fuerza de trabajo humana y recursos naturales a ritmos hasta entonces inimaginables, lo que puso los cimientos de la moderna economía global.

Y ahora sabemos que el robo no terminó en el momento en que se abolió la esclavitud, ni cuando se derrumbó por fin el proyecto colonial. De hecho, continúa aún, porque las emisiones de aquellos primeros buques de vapor y aquellas activas y estruendosas fábricas fueron el principio de la larga acumulación de carbono en la atmósfera. Así que otra forma de ver esta misma historia es considerar que, hace dos siglos, el carbón ayudó a las naciones occidentales a apropiarse deliberadamente de las vidas y las tierras de otras personas, y que, mediante sus emisiones (que no dejaban de acumularse en la atmósfera), ese mismo carbón (y, posteriormente, el petróleo y el gas) brindó a esas mismas naciones el medio con el que apropiarse inadvertidamente del cielo de sus descendientes también, al engullir la mayor parte de la capacidad de nuestra atmósfera común para absorber carbono dentro de unos niveles mínimamente seguros.

Como consecuencia directa de estos siglos de robos en serie —de tierras, de fuerza de trabajo y de capacidad atmosférica—, los países en vías de desarrollo están hoy atrapados entre los efectos del calentamiento global, que son más graves aún por la persistente pobreza que aquellos padecen, y su necesidad de paliar esa pobreza. Y no hay vía más barata ni fácil para conseguir esto último en el sistema económico actual que consumiendo mucho más carbono, lo que empeora sensiblemente la crisis climática. No pueden romper ese círculo vicioso sin ayuda, y esa ayuda solo puede venir de los países y las grandes empresas que se enriquecieron —en buena medida— como resultado de todas esas apropiaciones ilegítimas.

La diferencia entre esta reclamación de reparaciones y otras anteriores de parecida índole no es que esta esté más justificada, sino que no descansa exclusivamente sobre razones éticas y morales. Los países ricos no solo tienen que ayudar al Sur Global a encaminarse por una senda económica de bajas emisiones porque eso sea lo correcto, sino que necesitamos hacerlo así porque de ello depende nuestra supervivencia colectiva.

Al mismo tiempo, es preciso que consensuemos que el hecho de haber sufrido agravios en el pasado no otorga automáticamente a ningún país el derecho a repetir ese mismo crimen a una escala mayor todavía. Igual que haber padecido una violación no concede a nadie el derecho a violar, ni haber sufrido un atraco el derecho a atracar, el hecho de que alguien se viera privado en su momento de la oportunidad de saturar la atmósfera de polución no lo legitima para saturarla en la actualidad. Sobre todo, porque los contaminadores de hoy en día ya no desconocen las implicaciones catastróficas de esa contaminación como las desconocían los promotores de la primera Revolución Industrial.

Así que debemos encontrar una vía intermedia. Por suerte, un grupo de investigadores del laboratorio de ideas EcoEquity y del Instituto de Medio Ambiente de Estocolmo han intentado hallar una, y han elaborado un detallado e innovador modelo de cuál podría ser un método rigurosamente equitativo de reducción de emisiones a escala global. Bautizado como el marco de los «Derechos de Desarrollo Invernadero», se trata de un intento de reflejar mejor esta nueva realidad en la que la riqueza y las fuentes de contaminación carbónica se desplazan progresivamente hacia el mundo en vías de desarrollo, y de proteger con firmeza al mismo tiempo el derecho al desarrollo sostenible y de reconocer la mayor responsabilidad de Occidente por las emisiones ya acumuladas. Un enfoque así, creen sus autores, es justamente lo que se necesita para romper el círculo vicioso climático, ya que permite abordar «las inmensas desigualdades existentes no solo entre países, sino también en el interior de cada uno de ellos». Los países del norte tendrían así garantías de que los países ricos del Sur Global contribuyen a la parte que les corresponde (ahora y en el futuro) al tiempo que se salvaguarda adecuadamente para los pobres lo que queda de la capacidad atmosférica comunal.[49]

Teniendo esto en cuenta, la cuota de la carga de la reducción de emisiones carbónicas globales que corresponde equitativamente a cada país viene determinada por dos factores clave: la responsabilidad que esa nación haya tenido en las emisiones que ya se han producido a lo largo de la historia y su capacidad para contribuir al esfuerzo colectivo, basada en el nivel de desarrollo nacional. Por poner un ejemplo, la cuota de la reducción de las emisiones globales que se necesitaría de un país como Estados Unidos para no más allá del fin de la presente década podría estar en torno al 30 % (la mayor de todos los Estados). Pero no toda esa reducción tendría que efectuarse dentro del propio país, una parte podría cumplirse financiando y apoyando la transición hacia vías de desarrollo bajas en carbono en el sur. Y según los investigadores que proponen este método, una vez estuviera claramente definida y cuantificada la cuota de la carga global que corresponde a cada nación, ya no habría necesidad alguna de recurrir a mecanismos de mercado (ineficaces y fáciles de adulterar) como el comercio de derechos de emisiones de carbono.[50]

En un momento como el actual, en el que los Estados ricos juegan la carta de la austeridad y recortan drásticamente los servicios sociales para su propia población, puede parecer que pedir a esos Gobiernos que suscriban esa clase de compromisos internacionales es una causa perdida. Si apenas dedicamos ya recursos a la ayuda exterior más tradicional, menos aún los dedicaremos a un nuevo y ambicioso método basado en la justicia global, pensarán muchos. Pero los países del norte tienen ya a su disposición abundantes maneras asequibles de comenzar a saldar sus deudas climáticas sin necesidad de arruinarse en el intento: desde condonar a los países en vías de desarrollo la deuda externa a cambio de una decidida acción climática de su parte, hasta una relajación de las patentes sobre las energías verdes y unas mayores facilidades para la transferencia de los conocimientos técnicos asociados.

Además, el contribuyente corriente no tiene por qué ser quien cubra la mayor parte del coste de esas acciones, pues estas pueden (y deben) ser costeadas por las empresas que mayor responsabilidad han tenido a la hora de llevarnos a esta crisis climática. Para ello, se podría poner en práctica un cóctel de políticas que incluyera cualquiera de las medidas ya comentadas en el apartado «Quien contamina paga»: desde un impuesto sobre las transacciones financieras hasta la eliminación de las subvenciones a las compañías productoras de combustibles fósiles.

Lo que no podemos esperar es que las personas a quienes menor responsabilidad cabe atribuir por la crisis actual vayan a pagar toda la factura (o siquiera la mayor parte de la misma), porque con eso solo garantizaríamos que terminen yendo a parar a nuestra atmósfera común cantidades catastróficas de carbono. Al igual que el llamamiento a respetar los tratados y otros acuerdos para compartir la tierra con los pueblos indígenas que suscribimos en su momento, el cambio climático nos obliga también a comprobar cómo unas injusticias que muchos creían enterradas para siempre en el pasado están incidiendo en nuestra vulnerabilidad compartida al colapso climático global.

Ahora que muchas de las mayores reservas inaprovechadas de carbono yacen en el subsuelo de territorios controlados por algunos de los pueblos más pobres del planeta, y que las emisiones aumentan más rápidamente en las que, hasta fecha reciente, eran algunas de las zonas más desfavorecidas del mundo, no queda ya ninguna salida creíble hacia delante que no pase por enmendar las verdaderas raíces de la pobreza.

Capítulo 13

EL DERECHO A REGENERAR

De la extracción a la renovación

> Dejen de decir que soy muy resistente. No, no lo soy. Porque cada vez que ustedes dicen, «oh, cómo resiste esta gente», creen que pueden venir a hacerme alguna ruindad más.
>
> TRACIE WASHINGTON, abogada de Nueva Orleans
> especializada en derechos civiles, 2010[1]

> Que la mujer es el primer medio ambiente es uno de los principios originales. Durante el embarazo, nuestros cuerpos sustentan una nueva vida. [...] Las nuevas generaciones se alimentan en el pecho de las mujeres. De los cuerpos de las mujeres, fluye la relación de esas generaciones con la sociedad y con el mundo natural. Pues de ese modo es también la Tierra nuestra madre, nos dicen los ancianos. Y de ese modo es como las mujeres somos Tierra.
>
> KATSI COOK, partera mohawk, 2007[2]

Al comienzo de este libro, mencioné cómo el hecho de ser madre primeriza en una era de extinción como la actual introdujo la crisis climática en mi conciencia como nunca antes. Yo ya había sentido la crisis en ocasiones anteriores, desde luego; todos nosotros la hemos experimentado a un nivel u otro. Pero la mayoría de mis temores con respecto al clima se habían expresado hasta entonces en forma de una melancolía de bajo nivel, salpicada de momentos ocasionales de pánico, pero no con el profundo pesar que me producen actualmente.

Hace unos siete años, me di cuenta de que me había convencido hasta tal punto de que íbamos cuesta abajo y sin frenos hacia un desastroso colapso ecológico que estaba perdiendo incluso mi capacidad para disfrutar en la naturaleza. Cuanto más hermosa e impactante era la experiencia, más pena me producía la inevitabilidad de la pérdida de todo aquello. Era como esa persona que es incapaz de enamorarse porque no puede evitar imaginarse cómo será el «inevitable» desengaño final en la relación.

Cuando contemplaba una bahía del océano en la Sunshine Coast (la

«Costa Soleada») de la Columbia Británica, un lugar rebosante de vida, me la imaginaba de pronto yerma y estéril: las águilas, las garzas, las focas, las nutrias... todas desaparecidas. La sensación empeoró marcadamente a raíz de mi labor como periodista en la costa del golfo de México durante el vertido de BP; durante dos años, no pude mirar ningún río, mar o lago sin imaginármelos cubiertos de petróleo. Las puestas de sol se me hacían especialmente difíciles; el reflejo rosado sobre las olas me recordaba mucho al lustre de las manchas flotantes de petróleo. Y, en una ocasión, mientras asábamos un hermoso salmón rojo fresco, me imaginé a mí misma de anciana, tratando de describir tan extraordinario pescado —su eléctrico color, la textura de su piel, como de joya— a un niño que viviera ya en un mundo donde esas criaturas salvajes hubieran desaparecido.

Decidí llamar a ese malsano hábito mío «prepérdida», una especie de variación sobre el concepto de «precrimen» de la película *Minority Report*. Y sé que no soy la única aquejada de esa sensación. Hace unos años, la revista *The Nation*, donde colaboro como columnista, organizó un crucero de una semana por Alaska. El anuncio a toda página del acontecimiento publicado en la propia revista estaba rematado con el mensaje: «Venga a ver los glaciares antes de que se derritan». Llamé al director enfurecida: ¿cómo podíamos bromear con el derretimiento de los glaciares promocionando al mismo tiempo unas vacaciones propulsadas a base de emisiones de carbono? ¿Acaso estábamos dando a entender que el calentamiento global tiene gracia? ¿Que lo de tratar de pararlo no va con nosotros? El anuncio fue retirado, pero aquello hizo que me diera cuenta de que, ejercicios de mal gusto aparte, es así como muchos de nosotros estamos consumiendo naturaleza en nuestros días: como una especie de nihilista fiesta de despedida. Engulle todo lo que puedas, que se acaba.

Esa desesperanza ecológica es una de las razones principales de por qué me resistí a tener hijos hasta estar ya próxima a la cuarentena. Durante años bromeé con qué pasaría si diera a luz a una futura guerrera climática, una Mad Max enzarzada en una batalla perpetua por la comida y el combustible. Y, además, era muy consciente de que, para evitar ese futuro, todos tendríamos que esforzarnos por reducir el número de «superconsumidores» que estábamos produciendo. Fue más o menos por la misma época en que empecé a trabajar en este libro cuando mi actitud hacia la maternidad comenzó a cambiar. Parte de ello se debió, sin duda, a que me dejé llevar por la simple negación (¿qué importancia puede tener un crío o una cría más o menos...?), pero también influyó mucho el hecho de empezar a sumergirme en el movimiento internacional por la justicia climática y comenzar a imaginar otros futuros diversos que eran ciertamente menos sombríos que el pastiche de «clima-ficción» posapocalíptico que tanto me había aficionado a elucubrar hasta entonces. Tal vez (solo tal vez) hubiera un futuro en el que la renovación de nuestra presencia sobre la Tierra pudiera volver a formar parte de un ciclo de creación, y no de destrucción.

Tuve suerte: me quedé embarazada al primer mes de empezar a intentarlo. Pero mi buena fortuna desapareció casi con la misma rapidez con que había llegado: un aborto espontáneo; un tumor ovárico; una posibilidad seria de cáncer; cirugía; meses de decepcionantes resultados negativos en los tests de embarazo; y otro aborto espontáneo.

Luego entré en la dinámica de la «fábrica de fertilidad», como yo misma bauticé a aquella vorágine de clínica y sus doctores («¿De verdad tienes que llamarla así?», me preguntaba a modo de súplica mi paciente marido). En su laberinto de salas de un edificio de oficinas del centro de la ciudad, se dispensaban fármacos, hormonas y sesiones de cirugía ambulatoria con la misma liberalidad con que se dan cepillos de dientes en el consultorio de un dentista. El supuesto de fondo era que cualquier mujer que cruza esa puerta está dispuesta a hacer lo que haga falta para conseguir dar a luz a un recién nacido que sostener en sus brazos, aunque eso signifique traer al mundo a tres (o cinco) bebés en vez de uno. Y aunque eso signifique arriesgar seriamente la salud de la potencial madre con fármacos arriesgados y procedimientos médicos escasamente regulados durante el proceso.

Yo intenté ser una buena paciente durante un tiempo, pero no funcionó. La gota que colmó el vaso fue cuando un médico dijo tras mi primera (y única) ronda de fecundaciones in vitro (FIV) que probablemente había algún «problema con la calidad de [mis] óvulos» y que debería considerar la posibilidad de pedir los de una donante. Aquello me hizo sentir como un pollo de supermercado que había sobrepasado ya su fecha de consumo preferente y, tras hacerme muchas preguntas sobre lo mucho que esos doctores actuaban guiados por el ansia de mejorar sus propios índices de éxito en partos con «nacimientos vivos», dejé de ir a aquella clínica. Arrojé las pastillas a la basura, me deshice correctamente de las jeringas y continué con mi vida.

Informar a amistades y familiares de que había renunciado a buscar una solución tecnológica a mi aparente incapacidad para concebir se me hizo sorprendentemente difícil. Mis interlocutores sentían a menudo la necesidad de contarme historias de amigas y conocidas suyas que habían sido madres a pesar de tener todas las probabilidades del mundo en su contra. A menudo, eran anécdotas de personas que se habían embarazado con alguna de las tecnologías que yo había decidido no probar (con la consiguiente implicación de que, poniendo mi límite donde lo había puesto, estaba dando claramente a entender que no estaba suficientemente comprometida con la idea de procrear). No pocas eran también las mujeres que habían recurrido a todas las tecnologías habidas y por haber (nueve rondas de FIV, donantes de ovarios, alquiler de úteros), y luego se habían quedado en estado en cuanto habían dejado de probarlo por esas vías. Lo que todas esas historias tenían en común era el supuesto no cuestionado de que, cuando el cuerpo dice «no», nunca hay que entenderlo como una negativa de verdad: siempre hay una vía alternativa para forzarlo a aceptar. Y, además, que no está bien optar por no forzar las barreras biológicas cuando hay alguna tecnología disponible para forzarlas.

A cierto nivel, esa fe es perfectamente comprensible. El sistema reproductor femenino es asombrosamente capaz y resistente: dos ovarios y dos trompas de Falopio cuando uno de cada bastaría; cientos de miles de óvulos cuando no se necesitarían más que unas pocas docenas de huevos de buena calidad; y una generosa ventana de oportunidad para concebir que abarca desde los doce años hasta los cincuenta (más o menos). Pero lo que yo sentía que mi cuerpo me estaba diciendo en aquel momento era que, aun con toda esa ingeniosa «resiliencia» de serie, sigue existiendo un muro contra el que podemos golpear, sí, pero más allá del cual no podemos ir. Sentía que ese muro era una estructura real en el interior de mi cuerpo y que de tanto darme contra él me había quedado amoratada y maltrecha. No quería machacarme más.

Mi reticencia a nuevas intervenciones no respondía a una determinada idea fija sobre si los bebés deben concebirse de forma «natural» o no. Sé que, para hombres y mujeres con diagnósticos claros de infertilidad, estas tecnologías son un feliz milagro y que, para parejas gais, lesbianas y transexuales, la reproducción asistida es la única ruta posible hacia la paternidad biológica. Y creo que toda persona que quiera ser padre o madre debería tener la opción de serlo, con independencia de su estado civil, su orientación sexual o su nivel de renta (pues, a mi juicio, estos procedimientos deberían estar cubiertos por los seguros de salud públicos, en vez de estar restringidos a quienes pueden permitirse las astronómicas tarifas de esos servicios).

Lo que me hizo sentir incómoda en la clínica fue, por extraño que parezca, lo mismo que me hizo recelar de los geoingenieros: la sensación de que optamos por esas alternativas por no abordar preguntas fundamentales sobre las causas subyacentes, o de que estemos recurriendo a tecnologías de alto riesgo, no cuando ya no hay más opciones disponibles, sino a la primera señal de problemas o, incluso, porque representan un atajo sencillo (una forma de atender a esas «urgencias» que impone el reloj biológico, según se les dice a las mujeres cuando llegan ya a cierta edad). Donde yo vivo, por ejemplo, el sistema facilita mucho más las cosas para quien quiera encontrar a una donante de óvulos o un vientre de alquiler, que para quien quiera adoptar a un bebé.

Y no hay que olvidar la cuestión de los riesgos no admitidos. A pesar de la actitud tranquila y despreocupada de muchos profesionales de esta «industria» que mueve más de 10.000 millones de dólares a nivel mundial, los riesgos existen y son reales. Según un estudio holandés, por ejemplo, las mujeres que se sometían a procesos de fecundación in vitro tenían el doble de probabilidades de desarrollar «tumores ováricos malignos»; en otro estudio (israelí en este caso), se apreció que las mujeres que habían consumido citrato de clomifeno (un fármaco que se receta habitualmente para los tratamientos de fertilidad y que yo misma tomé) tenían un riesgo «significativamente más elevado» de padecer cáncer de mama; y unos investigadores suecos mostraron que las receptoras de FIV tienen siete veces más probabilidades de desarrollar un coágulo sanguíneo grave en sus pulmones durante las primeras fases de embarazo. Otros estudios detectaron por su parte diversos tipos de riesgo asociados con los niños nacidos a raíz de esos métodos.[3]

Yo desconocía esas investigaciones cuando estaba yendo a la clínica, así que mis inquietudes obedecían más bien a un temor generalizado a que, ingiriendo fármacos que aumentaban espectacularmente el número de óvulos disponibles para ser fecundados cada mes, estuviera tratando de anular uno de los mecanismos de protección de mi propio cuerpo, y forzando algo que era mejor no forzar. Pero en la clínica no había mucho margen que digamos para expresar esa clase de dudas. Las conversaciones con el personal médico eran tan breves como las de las citas rápidas y las preguntas tendían a ser interpretadas más bien como señales de debilidad. Solo había que mirar todos aquellos felices anuncios de nacimientos de parejas agradecidas que empapelaban hasta el último rincón de los consultorios y los pasillos: ¿qué podía ser más importante que aquello?

¿Por qué comparto ahora todas estas experiencias y reflexiones en un libro sobre el cambio climático? En parte, por una cuestión de transparencia. Los cinco años que tardé en investigar el material de este libro y en escribirlo fueron precisamente el tiempo durante el que mi vida personal estuvo ocupada entre intervenciones farmacológicas y tecnológicas fallidas y, posteriormente, con el embarazo y la recién estrenada maternidad. Al principio, intenté mantener separados esos dos viajes paralelos, pero no siempre lo conseguí. Era inevitable que uno se saliera de su respectivo carril para interferir en el del otro. Lo que aprendía acerca de la crisis ecológica influía en las respuestas a mi propia crisis de fertilidad; y lo que aprendía en el terreno de la fertilidad comenzó a dejar también su impronta en mi forma de apreciar la crisis ecológica.

Algunos de los momentos en que esas dos corrientes de mi vida se entrecruzaron fueron sencillamente dolorosos para mí. Por ejemplo, si estaba pasando por un episodio particularmente difícil en mi problema de infertilidad, presentarme en una reunión de ecologistas podía ser un verdadero campo de minas emocional para mi ánimo. Lo peor eran las constantes invocaciones a nuestras responsabilidades para con «nuestros hijos» y «nuestros nietos». Yo sabía que aquellas expresiones de deber intergeneracional eran sentidas de corazón y que en ningún caso pretendían ser excluyentes, pero, aun así, no podía evitar sentirme excluida. Si preocuparse por el futuro era primordialmente algo directamente proporcional al amor que sentimos por nuestros descendientes, ¿en qué lugar nos dejaba eso a quienes no teníamos (o no podíamos tener) hijos? ¿Acaso no era posible ser ecologista de verdad si no se tenía descendencia?

Y luego estaba toda aquella temática de la Tierra Madre y las «madres Tierra»: la idea de que las mujeres, en virtud de nuestra capacidad biológica para traer niños al mundo, gozamos de una conexión especial con esa fértil y generosa matriarca que es la Tierra misma. No tengo ninguna duda de que algunas mujeres sienten ese vínculo con la naturaleza como una poderosa fuerza creativa. Pero es igualmente cierto que algunas de las mujeres (y hombres) más salvajemente creadoras y vivificadoras que conozco han optado voluntariamente por no tener hijos. Y, además, ¿en qué lugar nos deja esa equivalencia entre la maternidad y la Tierra a mujeres como yo, que en aquel momento quería concebir pero no era capaz? ¿Éramos unas exiliadas de la naturaleza? En mis momentos más depresivos, tenía que luchar contra el convencimiento de que el nexo entre mi cuerpo y el ciclo de la creación había sido cercenado de forma antinatural, como una línea telefónica a la que cortan el servicio.

Con el paso del tiempo, sin embargo, esa sensación cambió. No es que entrase en contacto con mi Tierra Madre interior, fue más bien que comencé a darme cuenta de que, si la Tierra es realmente nuestra madre, entonces, lejos de ser la diosa dadivosa de la mitología, tiene que ser una madre con múltiples problemas de fertilidad propios. De hecho, una de las repercusiones más angustiosas del modo en que nuestras actividades industriales afectan al mundo natural radica en cómo interfieren también en los sistemas que son la base misma de los ciclos de fertilidad de la Tierra, desde el suelo hasta las precipitaciones. También empecé a caer en la cuenta de que muchas más especies además de la nuestra están dándose de bruces actualmente contra sus propios muros de infertilidad, pues les cuesta cada vez más reproducirse y (más aún) proteger a sus vástagos de los nuevos (y duros) factores de tensión creados por el clima cambiante.

Pero, en un plano mucho más optimista, también comencé a aprender que proteger y valorar los ingeniosos sistemas que tiene la Tierra de reproducir la vida y la fertilidad de todos sus habitantes pueden ser actitudes básicas para el cambio de cosmovisión que debe producirse si queremos superar el extractivismo. Una nueva cosmovisión basada en la regeneración y la renovación, más que en la dominación y el saqueo.

Un aborto acuático

Como ya hacía un tiempo que había dejado de ir a la clínica, no tenía ni idea de que estaba embarazada cuando fui a Luisiana a cubrir la información del vertido de BP. Pero unos días después de regresar a casa, noté algo raro e hice un test de embarazo. Dos rayitas esta vez (no una, por fin), aunque la segunda era extrañamente tenue. «Una no se puede embarazar a medias», reza el dicho. Y, sin embargo, así parecía estar yo. Tras pasar unas cuantas pruebas más, mi médico de familia me llamó para decirme (con el tono desalentador que empleaba en esas ocasiones y al que ya me tenía acostumbrada) que, aunque estaba en estado, mis niveles de hormonas eran demasiado bajos y que, probablemente, tendría un nuevo aborto espontáneo (el tercero ya).

La mente se me fue al instante de vuelta al golfo de México. Mientras cubría la información del vertido, había respirado gases tóxicos muchos días y, en una ocasión en concreto, incluso me introduje hasta la cintura en agua contaminada para llegar andando hasta una playa aislada que estaba cubierta de petróleo. Investigué cuáles eran los productos químicos que BP estaba usando profusamente aquellos días y hallé páginas y más páginas de cháchara en línea que los vinculaba con los abortos involuntarios. Fuera lo que fuere lo que estaba pasando, yo no tenía duda alguna en aquel momento de que yo misma me lo había provocado.

Tras una semana más o menos de seguimiento, me diagnosticaron un embarazo ectópico, lo que significa que el embrión se había implantado fuera del útero, muy probablemente en una de las trompas de Falopio. Me llevaron a toda prisa entonces desde el consultorio de mi médico hasta las urgencias del hospital. Los embarazos ectópicos son una de las causas principales de morbilidad materna, sobre todo en el mundo desarrollado, ya que, si no se diagnostican a tiempo, el embrión sigue creciendo en esa ubicación inviable y termina provocando una ruptura y una hemorragia interna masiva. Si se detectan suficientemente pronto, el tratamiento (un tanto escalofriante) consiste en aplicar una o más inyecciones de metotrexato, un potente fármaco utilizado en quimioterapia para detener el desarrollo celular (y que viene acompañado de muchos de los efectos secundarios de esta). Una vez frenado el desarrollo fetal de ese modo, el aborto se produce por sí solo, pero puede ser necesario esperar semanas.

Aquella fue una dura e interminable pérdida para mi marido y para mí. Pero fue también un alivio saber que el aborto no tuvo nada que ver con lo sucedido en el golfo de México. De todos modos, conocer ese dato sí hizo que cambiara un poco mi manera de entender el tiempo que había dedicado a cubrir informativamente el vertido. Mientras esperaba a que el embarazo tuviera una «terminación» espontánea, pensé mucho en particular en una larga jornada que pasé a bordo del *Flounder Pounder*, un barco de pesca deportiva que un grupo de periodistas habíamos fletado mientras buscábamos pruebas de que el petróleo se había introducido en las marismas.

Nuestro guía era Jonathan Henderson, uno de los organizadores de actividades de la Gulf Restoration Network (Red para la Restauración del Golfo), una heroica organización local dedicada a reparar el daño que la industria del petróleo y el gas había hecho a los pantanos. Mientras navegábamos por los estrechos brazos de agua del delta del río Misisipí, Henderson no dejaba de inclinarse por el costado del barco estirándose al máximo para poder examinar más de cerca el estado de la verde y reluciente hierba de los márgenes. Lo que más le preocupaba no era lo que todos veíamos —los peces agitándose en el agua contaminada o el carrizo barnizado con una cobertura de petróleo marrón rojizo—, sino algo mucho más difícil de detectar (al menos, sin un microscopio y unos botes de muestras). La primavera marca el inicio de la temporada de desove en la costa del Golfo y Henderson sabía que aquellos pantanos estaban rebosantes de zooplancton prácticamente invisible y de diminutas formas juveniles que pronto se desarrollarían hasta convertirse en langostinos, ostras, cangrejos y peces adultos. En esas frágiles semanas y meses, la hierba de las marismas actúa como una especie de incubadora acuática que proporciona nutrientes y protege frente a los depredadores. «Todo nace en estas ciénagas», dijo.[4] Eso, claro está, siempre que no haya nada que interfiera en el proceso.

Cuando los peces y crustáceos están en sus fases de huevo y larva, no tienen ninguna de las herramientas defensivas de las que disponen los animales al madurar. Esas minúsculas criaturas viajan allí donde las llevan las mareas y las corrientes, incapaces de evitar cualquier veneno con el que se crucen en su transitar. Y a esa temprana etapa de desarrollo, las membranas que los recubren son tan sumamente frágiles que no ofrecen protección alguna frente a las toxinas (hasta dosis inapreciables de estas pueden causarles la muerte o una mutación).

A juicio de Henderson, las perspectivas de futuro de aquellas criaturas microscópicas no eran buenas. Cada ola traía más petróleo y dispersantes, con lo que disparaba aún más los niveles de hidrocarburos aromáticos policíclicos (HAP), que son carcinógenos. Y esto estaba ocurriendo en el peor momento posible del calendario biológico, ya que no solo los crustáceos y los moluscos, sino también el atún azul, el mero, el pargo, la caballa, el pez espada y la aguja (o marlín) estaban desovando durante esos mismos meses clave. Más allá, en las aguas abiertas, nubes flotantes de protovida translúcida aguardaban su turno a que una de las incontables manchas de petróleo y dispersantes las atravesase como un ángel de la muerte. John Lamkin, biólogo pesquero de la Administración Nacional Oceánica y Atmosférica de Estados Unidos, lo resumió así: «Cualquier larva que entre en contacto con el petróleo no tiene la más mínima oportunidad».[5]

A diferencia de los pelícanos y las tortugas marinas bañados en petróleo que protagonizaban las portadas de la prensa mundial de esa semana, estas otras muertes no iban a atraer atención mediática alguna, como tampoco serían contabilizadas en las evaluaciones oficiales de daños provocados por el vertido. De hecho, si una determinada especie de larva estaba siendo erradicada en aquel momento, probablemente no lo averiguaríamos hasta años después; es decir, hasta cuando a esas formas de vida embrionarias les correspondiera haber alcanzado la madurez. Y para entonces, en vez de una extinción en masa que impactara la cámara, tendríamos simplemente... nada, una ausencia, un agujero en el ciclo de la vida.

Eso fue lo que sucedió con el arenque después del desastre del *Exxon Valdez*. Durante los tres años siguientes al vertido, las poblaciones de arenque se mantuvieron a buen nivel. Pero al cuarto año, el número de peces adultos de la especie se desplomó bruscamente hasta quedarse en apenas el 25 % de lo normal en temporadas anteriores. Y al año siguiente, quedaban tan pocos y estaban tan enfermos que hubo que clausurar la pesca del arenque en el estrecho del Príncipe Guillermo. El cálculo numérico tenía sentido: los arenques que estaban aún en la fase de huevo o de larva en el momento álgido del desastre habrían alcanzado la fase de madurez más o menos para entonces.[6]

Esa era la clase de desastre que tenía preocupado a Henderson mientras examinaba la hierba de la marisma. Cuando llegamos a la bahía de Redfish, que normalmente es un paraíso de la pesca deportiva, detuvimos el motor del *Flounder Pounder* y navegamos un rato llevados por la corriente, en silencio, grabando en vídeo la capa oleosa que cubría la superficie del agua.

Mientras nuestro barco se dejaba mecer por el vaivén del leve oleaje en aquel terrible lugar —donde el cielo era un hervidero de helicópteros Black Hawk y de garcetas de plumaje blanco níveo—, tuve claramente la impresión de hallarnos suspendidos, no sobre aquella entrada de mar, sino en líquido amniótico, inmersos en una especie de masivo aborto espontáneo de multitud de especies. Cuando después supe que también yo estaba en las fases iniciales de gestación de un embrión inviable, comencé a imaginarme aquel momento en las marismas como mi particular aborto dentro de un aborto.

Fue entonces cuando me libré de la idea de que la infertilidad me convertía en una especie de exiliada de la naturaleza y empecé a sentir lo que solo puedo describir como un nexo de unión familiar con los infértiles. Me di cuenta de pronto de que yo formaba parte en realidad de una inmensa comunidad biótica y de que ese era un lugar en el que muchísimos de nosotros —humanos y no humanos— pugnábamos contra corriente por crear nuevos seres vivos.

UN PAÍS PARA VIEJOS

Pese a lo mucho que se habla del derecho a la vida y de los derechos de los no nacidos, nuestra cultura presta poquísima atención a las vulnerabilidades particulares de los niños, y menos aún de la vida en desarrollo. Cuando se da aprobación oficial a fármacos y sustancias químicas porque se consideran seguros para el consumo o para la vida humana en general, las evaluaciones de sus riesgos se centran en la mayoría de los casos en sus efectos sobre las personas adultas. La bióloga Sandra Steingraber ha señalado al respecto que «sistemas regulatorios enteros están construidos sobre la premisa de que todos los miembros de la población básicamente se comportan (biológicamente hablando) como varones de mediana edad. [...] Hasta 1990, por ejemplo, la dosis de referencia para la exposición a las radiaciones se basaba en un hipotético hombre blanco de 1,75 metros de estatura y 71 kilogramos de peso». Más de las tres cuartas partes de los productos químicos producidos en masa en Estados Unidos no han pasado jamás pruebas para comprobar sus efectos en fetos o en niños. Eso significa que se liberan en el ambiente sin que se tenga en cuenta cómo afectarán a criaturas de 9 kilos, por ejemplo, que es lo que pesa como promedio una niña pequeña de un año, y menos aún a seres de 250 gramos, que es lo que vendría a pesar un feto tras 19 semanas de gestación.[7]

Y, sin embargo, cuando se registran índices anormales de infertilidad o incidencias inusuales de ciertas enfermedades entre la población infantil, estas suelen ser las primeras señales de alerta de una crisis sanitaria más general. Por ejemplo, durante años parecía que, aun cuando se tenía la certeza de que el *fracking* acarreaba problemas en el agua y en el aire de las zonas donde se realiza ese tipo de extracciones, no había pruebas concluyentes de que esa práctica estuviera teniendo un impacto grave en la salud humana. Pero, en abril de 2014, investigadores de la Escuela de Salud Pública de Colorado y de la Universidad de Brown publicaron un estudio en una revista científica de referencia sobre resultados de nacimientos en el Colorado rural, donde tiene lugar gran parte de la extracción minera por fracturación hidráulica que se practica actualmente en Estados Unidos. En él hallaron que las madres que viven en las zonas con mayor actividad extractiva de gas natural tenían un 30 % más de probabilidades de dar a luz a bebés con defectos cardiacos congénitos que aquellas otras que vivían en zonas sin pozos de extracción de gas próximos a sus domicilios. También encontraron indicios de que niveles elevados de exposición materna a la extracción de gas incrementaban los riesgos de defectos neurológicos de los recién nacidos.[8]

Más o menos por entonces, también, varios académicos de Princeton, Columbia y el MIT dieron una charla en el encuentro anual de la Asociación Económica Estadounidense, donde expusieron las conclusiones provisionales de un estudio todavía no publicado basado en los registros de nacimientos de Pensilvania entre los años 2004 y 2011. Según informó Mark Whitehouse para *Bloomberg View* (él fue uno de los pocos periodistas que acudió a la mencionada charla), «estos expertos han detectado que la proximidad a zonas de *fracking* incrementó la probabilidad de peso bajo del bebé al nacer en más de la mitad, pues esta pasa del 5,6 % de la media general a más del 9 % en esos lugares. Y más o menos duplicaba la probabilidad de que nacieran con una baja puntuación Apgar (una medida de compendio de la salud de los niños recién nacidos)».[9]

Esta clase de efectos en la salud infantil —y otros mucho peores— son bien conocidos, por desgracia, en las comunidades locales que viven más próximas a las cloacas de nuestra economía de los combustibles fósiles. Por ejemplo, la «primera nación» de los aamjiwnaang, situada justo al sur de la ciudad industrial de Sarnia, en el Ontario meridional, ha sido objeto de intenso seguimiento científico después de que saliera a la luz el llamado asunto de sus «niños perdidos». Hasta 1993, la proporción de niños y niñas que nacían en esa pequeña comunidad indígena se mantenía más o menos dentro de la media nacional, siendo ligeramente más los recién nacidos que las recién nacidas. Pero, como los habitantes de esa «primera nación» vivían en una zona próxima a las mismas plantas petroquímicas que han dado a la región su nombre popular de «Valle Químico», esa normalidad dejó de ser tal. En 2003, las guarderías estaban llenas de niñas pequeñas y apenas unos pocos niños, y había años en los que en la comunidad apenas podía reunirse un número de pequeños suficiente para formar un equipo masculino de baloncesto o de *hockey*. Como era de prever, un estudio de los registros de nacimientos confirmó que, al terminar el periodo comprendido entre 1993 y 2003, habían nacido el doble de niñas que de niños en la reserva. Entre 1999 y 2003, solo el 35 % de los nacimientos de bebés aamjiwnaang fueron niños, «uno de los descensos más acusados jamás registrado en la ratio entre niños y niñas recién nacidos», según revelaba la revista *Men's Health* en un reportaje de 2009. Los estudios realizados en la zona también detectaron que un 39 % de las mujeres aamjiwnaang habían tenido abortos involuntarios, frente al 20 % (aproximadamente) que es normal en la población femenina general. Una investigación publicada en 2013 mostró que el factor posiblemente responsable de esa alta incidencia eran productos químicos que alteraban las hormonas, ya que tanto las mujeres como los niños de la zona presentaban en su organismo niveles de PCB superiores a la media.[10]

Parecidos relatos de terror sobre la fertilidad me contaron en Mossville (Luisiana), una histórica localidad de la comunidad afroamericana próxima al lago Charles. Más de la mitad de sus dos mil familias se habían ido de allí en los últimos años huyendo de la polución sin tregua de sus nuevos vecinos de al lado: una red de enormes plantas de producción industrial que transforma el petróleo y el gas extraídos del golfo de México en derivados, plásticos y productos químicos diversos. Mossville es un caso paradigmático de racismo medioambiental. Fundada por esclavos libertados, la localidad fue en tiempos un refugio seguro para sus habitantes, que disfrutaban allí de una vida relativamente cómoda gracias, en parte, a la riqueza en caza y pesca de las lagunas de los contornos. Pero a partir de las décadas de 1930 y 1940, los políticos del estado iniciaron una agresiva campaña para cortejar a las industrias petroquímicas (entre otras) con generosos incentivos fiscales, y una factoría gigante tras otra fueron instalándose a las puertas de Mossville, algunas incluso a apenas unos pocos centenares de metros de aquellas casas de madera. En la actualidad, catorce instalaciones de la industria química y refinerías rodean a la localidad, y entre ellas se incluye la mayor concentración de plantas productoras de vinilo de todo Estados Unidos. Muchas de esas descomunales estructuras parecen estar hechas completamente de tuberías de metal, cual chapiteles de unas amenazadoras catedrales químicas. La estruendosa maquinaria de esas fábricas no para de escupir emisiones las 24 horas del día, y los reflectores y las llamas de antorcha de las chimeneas iluminan el cielo nocturno.[11]

Los vertidos accidentales son comunes y las explosiones, frecuentes. Pero incluso cuando las factorías funcionan más o menos bien, expulsan aproximadamente unos 2 millones de kilos de productos químicos tóxicos anuales hacia el terreno, el aire y las aguas subterráneas del entorno.[12] Antes de llegar a Mossville, había oído hablar de la incidencia en la zona de casos de cáncer y de enfermedades respiratorias, y sabía que algunos residentes registran en su organismo niveles de dioxinas tres veces superiores a la media nacional. Lo que no me esperaba fueron las historias de abortos espontáneos, histerectomías y defectos de nacimiento que me contaron.

Debra Ramirez, quien, tras años de lucha, se vio finalmente obligada a abandonar su hogar y mudarse a la ciudad de Lake Charles, me dijo que Mossville era ya como «el útero de una madre que han llenado de productos químicos. Y nosotros nos estamos muriendo allí, dentro de ese útero». En aquel momento, cuando acababa de abandonar el escenario del aborto espontáneo acuático de BP, la idea de un útero tóxico me resultó especialmente escalofriante. Pero más aún lo fue cuando Ramirez me contó parte del historial médico de su propia familia. Ella misma había sido sometida a una histerectomía tres décadas antes. Sus tres hermanas y su hija también tuvieron que ser operadas de lo mismo. «Se estaba repitiendo de generación en generación», dijo. Cinco histerectomías en una familia. Alguien podría decir que aquello podía ser una cuestión de simple mala suerte genética. Pero Ramirez me enseñó entonces una grabación de un programa especial que el doctor Sanjay Gupta había presentado para la CNN sobre aquel «pueblo tóxico» y en el que había contado con la participación de varios vecinos de la localidad. Ante la cámara, Ramirez comentó al presentador que le habían practicado una histerectomía completa, «como les sucede a la mayoría de las mujeres jóvenes de esta zona». Desconcertado ante lo que acababa de oír, Gupta preguntó al resto de las mujeres que se encontraban en la sala donde estaban grabando el programa si habían sido sometidas también a histerectomías; muchas de ellas respondieron asintiendo con la cabeza. Pero, curiosamente, pese a los múltiples estudios que han tratado de documentar el impacto de las toxinas sobre la salud humana en Mossville, ni uno solo de ellos ha tratado de examinar a fondo los efectos de dichas sustancias sobre la fertilidad.[13]

Puede que nada de esto debiera sorprendernos. En nuestra cultura, protegemos, valoramos o, incluso, nos fijamos muy poco en la fertilidad, y no solo en la humana, sino en la de todas las formas de vida en general. De hecho dedicamos enormes sumas de dinero y tecnologías de última generación a prácticas que interfieren activamente en el ciclo de la vida. Tenemos un modelo agrícola global que ha ilegalizado que los agricultores practiquen la secular costumbre de guardar semillas (los componentes básicos de la vida) de un año para otro, para que así tengan que volver a comprarlas antes de cada nueva siembra. Y tenemos un modelo energético global que valora más los combustibles fósiles que el agua, que es de donde toda vida nace y sin la que ninguna vida puede sobrevivir.

Y nuestro sistema económico no valora la labor reproductora de las mujeres, paga a los cuidadores sueldos miserables y no remunera mucho mejor a los maestros; y si alguna vez oímos hablar de la capacidad reproductora femenina, suele ser únicamente en aquellas ocasiones en que los hombres tratan de regularla.

El legado de BP y un «puñado de nada»

Si ya de por sí tenemos tendencia a obviar la repercusión que nuestras actividades industriales están teniendo en la reproducción humana, nuestra desatención es sensiblemente más grave en el caso de los seres vivos no humanos más vulnerables. Un ejemplo de ello es el informe de evaluación de riesgos que BP elaboró con anterioridad al desastre en la costa del golfo de México. Para conseguir la pertinente aprobación para iniciar la perforación en aquellas aguas profundas, la compañía tenía que diseñar un plan creíble que evaluara lo que sucedería con el ecosistema de la región si algún día llegaba a producirse un vertido incontrolado y que estipulara qué haría la propia empresa para responder a esa eventualidad. Con la clásica actitud minimizadora de riesgos por la que se caracterizan las empresas de ese sector, la compañía predijo confiada que muchos peces, crustáceos y moluscos serían capaces de sobrevivir a un vertido huyendo de la zona (a nado o por cualquier otro mecanismo locomotriz) o «metaboliza[ndo] hidrocarburos», mientras que lo más que sufrirían algunos mamíferos marinos, como los delfines, sería un poco de «estrés».[14]

Sintomáticamente ausentes de ese informe estaban palabras como «huevas», «huevos», «larvas», «fetos» y las formas «juveniles» en general. Dicho de otro modo, el supuesto de partida, una vez más, es que vivimos en un mundo en el que todos los seres vivos son ya plenamente adultos.

Pero ese, como era de esperar, resultó ser un supuesto ciertamente funesto. Tal como se temió ya desde los primeros días del vertido, es muy posible que uno de los legados más duraderos del desastre de BP sea una crisis de infertilidad acuática que, en algunas zonas del golfo de México, podría dejar sentir sus efectos durante décadas o durante más tiempo incluso. Dos años después del vertido, Donny Waters, un pescador a gran escala de Pensacola (Florida) que se dedica principalmente a la captura del pargo rojo y del mero, informaba así de la situación: «No estamos viendo un número significativo de peces pequeños»; es decir, de los peces jóvenes que estaban en fase larvaria en el momento álgido del desastre. En aquel momento, la pesca comercial no se había visto afectada aún, porque los peces pequeños se devuelven al mar en cualquier caso. Pero a Waters, que posee una de las mayores cuotas pesqueras individuales del área de Pensacola, le preocupaba que, cuando lleguen los años 2016 o 2017 —que es para cuando, en condiciones normales, esos ejemplares más diminutos deberían haber alcanzado ya la madurez—, él y sus colegas pasen día tras día recogiendo sus redes sin llevarse en ellas más que «un puñado de nada».[15]

Un año después del vertido, quienes se dedican al marisqueo del langostino, del cangrejo y de la ostra en algunas de las partes más afectadas de Luisiana y Misisipí también comenzaron a registrar una acusada reducción en sus capturas y a informar de que, en algunas áreas, las hembras de cangrejo eran relativamente escasas y muchas de las capturadas durante la temporada de desove no tenían huevas. (Algunas capturas de crustáceos y moluscos en esas zonas han mostrado cierta mejoría desde entonces, pero los mariscadores siguen quejándose de la desaparición de muchas hembras de cangrejo o de las huevas que estas deberían llevar en su abdomen en época de desove; síntomas parecidos de dificultad reproductiva se han observado en los lugares de pesca del langostino y la ostra.)[16]

El grado en que el vertido ha contribuido a estos problemas relacionados con la fertilidad continúa sin estar claro, pues buena parte de la investigación sobre la cuestión está aún incompleta, pero crece el conjunto de datos científicos al respecto y estos parecen sustentar las observaciones de las tripulaciones pesqueras. En un estudio, por ejemplo, los investigadores tomaron muestras de ostras tras el vertido y hallaron en ellas concentraciones alarmantemente elevadas de tres metales pesados típicos de la composición del petróleo en crudo; un 89 % de las ostras evidenciaba además una forma particular de metaplasia, es decir, una anomalía de los tejidos relacionada con el estrés y que es un factor conocido que se sabe que altera la reproducción. Otro estudio (este a cargo de investigadores del Instituto Tecnológico de Georgia) comprobó qué impacto había tenido la mezcla de petróleo de BP con Corexit sobre los rotíferos, unos animales microscópicos situados en la base de la cadena trófica que «proporcionan alimento para los alevines de peces, los langostinos y los cangrejos en los estuarios». Descubrió que incluso cantidades minúsculas de dicha mezcla eran capaces de «inhibir el desove de los rotíferos en un 50 %».[17]

Posiblemente, los hallazgos más preocupantes son los realizados por Andrew Whitehead, un profesor de biología de la Universidad de California en Davis, que ha llevado a cabo junto a varios colegas una serie de estudios sobre el impacto del petróleo de BP en una de las especies de pez más abundantes en los pantanos de las costas del golfo de México: el diminuto killi. Whitehead descubrió que la exposición de embriones de killi a sedimentos contaminados con el petróleo de BP (incluso en muestras recogidas más de un año después del vertido) «los deja machacados por completo. [...] No crecen, ni se desarrollan adecuadamente, ni incuban como deben incubar. Tienen problemas de desarrollo del sistema cardiovascular, sus corazones no se forman bien».[18]

Los peces desaparecidos no suelen ser noticia; para empezar, no hay fotos de ellos, solo un «puñado de nada», por usar la expresión de Waters. Pero la cosa cambia (y mucho) cuando son los bebés de delfín los que empiezan a morirse en masa, como ocurrió a principios de 2011. Solo en el mes de febrero de ese año, el Servicio Nacional de Pesca Marina de la NOAA estadounidense informó que se habían recogido 35 bebés de delfín muertos en playas de la costa del golfo de México y en las marismas aledañas: 18 veces más de lo que es habitual (lo normal en un mes de febrero típico es encontrar una media de dos bebés de delfín muertos en la zona). Al término de abril de 2014, el número de bebés de delfín mular hallados hasta entonces a lo largo de la costa del Golfo ascendía ya a 235, una cifra escalofriante si se tiene en cuenta que los científicos estiman que la cantidad de cadáveres de cetáceos que se descubren en las costas o cerca de ellas representa solamente un 2 % de la «mortalidad total»; el resto jamás llegan a encontrarse.[19]

Tras examinar los delfines, los científicos de la NOAA descubrieron que algunas de las crías habían nacido ya muertas y que otras habían fallecido a los pocos días de nacer. «Algo ha sucedido para que estos animales estén ahora abortando o para que sus crías no sean suficientemente aptas para sobrevivir», reconoció Moby Solangi, director ejecutivo del Instituto para el Estudio de los Mamíferos Marinos (IMMS) de Gulfport (Misisipí), y uno de los científicos que investigó los incidentes.*[20]

Las muertes coincidieron con la primera temporada de alumbramientos para los delfines mulares desde el desastre de BP. Eso significa que, durante buena parte de los doce meses que duró su gestación, esas crías se desarrollaron dentro de sus madres que, en esos momentos, muy probablemente nadaron por aguas contaminadas con petróleo y dispersantes químicos y que, muy posiblemente, inhalaron humos tóxicos al subir a la superficie a respirar. Metabolizar hidrocarburos exige mucho de los organismos de esos animales y bien podría haber provocado que los delfines fueran significativamente más vulnerables a las bacterias y las enfermedades. Eso explicaría por qué los científicos dirigidos por la NOAA que examinaron a 29 delfines de la costa de Luisiana hallaron en ellos numerosas enfermedades pulmonares, así como niveles sorprendentemente bajos de cortisol, lo que es un indicio de insuficiencia adrenal y de una grave reducción de la capacidad para reaccionar a factores de estrés. También descubrieron una hembra de delfín preñada de un feto de cinco meses «no viable»; algo que es sumamente raro entre los delfines y que, de hecho, no estaba documentado en la literatura científica especializada hasta que se registró ese incidente. «Nunca he visto semejante preponderancia de animales muy enfermos y con afecciones tan inusuales como las anomalías de la hormona adrenal», escribió Lori Schwacke, autora principal de un artículo publicado a finales de 2013 y en el que se recogían los resultados de esos exámenes. A propósito del mencionado estudio, la NOAA advirtió por esas mismas fechas que los delfines se enfrentarían «probablemente» a una «reducción de su supervivencia y de su capacidad reproductora».[21]

El vertido no fue el único factor de estrés añadido que esos animales tuvieron que soportar durante ese fatídico periodo. El invierno de 2010-2011 registró un nivel anormalmente elevado de precipitaciones de nieve en la región, un fenómeno que algunos científicos han vinculado al cambio climático. Cuando esa enorme acumulación de nieve se derritió, envió torrentes de agua dulce hacia el golfo de México, donde no solo redujo peligrosamente los niveles de salinidad y de temperatura para los mamíferos marinos, acostumbrados allí a agua más salada y templada, sino que,

---

* La desaparición de delfines no se limitaba únicamente a los ejemplares más jóvenes. Hasta el final de abril de 2014, en las costas estadounidenses del golfo de México se habían descubierto ya más de mil delfines muertos (de todas las edades), algo que la NOAA describió como un «episodio de inusual mortalidad». Y esas cifras son solo la punta del iceberg del número total de muertes.

mezclada con el petróleo y los dispersantes vertidos, formó un cóctel probablemente más peligroso aún para los delfines y otros cetáceos. Ruth Carmichael, científica marina titular del Laboratorio Marino de Dauphin Island, explica al respecto que «esos "trenes de mercancías" cargados de agua dulce fría posiblemente fueron [para los delfines] una agresión que los atacó cuando más debilitados estaban ya».[22]

Esa es la doble combinación de irresistible letalidad con la que nos agrede la economía basada en los combustibles fósiles: letal cuando la actividad extractiva sale mal y el carbono sepultado se escapa incontroladamente desde su fuente misma; letal cuando la extracción va como la seda y son los destinatarios del producto extraído quienes emiten el carbono a la atmósfera. Y catastrófica, podríamos añadir, cuando esas dos fuerzas se combinan en un mismo ecosistema, como lo hicieron aquel invierno en la costa del golfo de México.

Bebés que desaparecen en un mundo que se calienta

En una especie tras otra, el cambio climático está dando origen a presiones que privan a muchas formas de vida de su herramienta de supervivencia más esencial: su capacidad para generar nueva vida y para dar continuidad a sus líneas genéticas. La chispa de la vida queda así apagada, sofocada desde sus momentos iniciales y más frágiles: en el huevo, en el embrión, en el nido, en la guarida.

Para las tortugas marinas (una especie muy antigua que sobrevivió incluso a la colisión del asteroide que mató a los dinosaurios), el problema es que la arena en la que las hembras entierran sus huevos se está calentando demasiado. En algunos casos, los huevos alcanzan temperaturas letales para sus huéspedes y muchos no llegan a incubarse y, cuando lo hacen, las que nacen son mayormente hembras. Al menos una especie de coral va también camino de sufrir una crisis reproductiva que guarda parecida relación con el clima, pues, en su caso, cuando la temperatura del agua se sitúa por encima de los 34 °C, la fecundación de los huevos se detiene. Al mismo tiempo, las temperaturas elevadas pueden aumentar el hambre del coral de los arrecifes hasta tal punto que termina reabsorbiendo sus propios huevos y esperma.[23]

Para las ostras de la costa del Pacífico a la altura de los estados de Oregón y Washington, el problema en estos últimos años ha sido que el agua se está acidificando con tan alarmante rapidez que las larvas ya no son capaces de formar sus minúsculos caparazones en sus primeros días de vida, lo que se traduce en una muerte en masa de ejemplares inmaduros. Richard Feely, oceanógrafo de la Administración Nacional Oceánica y Atmosférica de Estados Unidos, explica en ese sentido que, antes de que comenzaran esas muertes masivas, «sabíamos que muchos organismos adultos son sensibles a la acidificación. Lo que desconocíamos era que, en sus fases larvarias, esos organismos son mucho más sensibles aún». En 2014, ese mismo problema estaba provocando la desaparición de las vieiras frente a las costas de la Columbia Británica. Muestra de ello fueron los 10 millones de ejemplares que murieron en una de las mayores «granjas» marinas de cría de dicho bivalvo instaladas en aquel litoral.[24]

En tierra firme, el cambio climático está atacando también (y con mayor virulencia) a los antes más jóvenes . En el oeste de Groenlandia, por ejemplo, se ha registrado un espectacular descenso de las tasas de nacimientos y de supervivencia de las crías de caribú. Al parecer, el ascenso de las temperaturas ha cambiado las pautas de crecimiento de las plantas que son una fuente crucial de energía para esas crías, como también lo son para sus madres durante la reproducción y la lactancia. En algunas zonas de Europa están desapareciendo las poblaciones de aves canoras como el papamoscas cerrojillo porque las orugas a las que recurren los padres para alimentar a sus polluelos salen ahora de sus huevos demasiado pronto. En Maine, los polluelos de charrán ártico terminan muriéndose de hambre por motivos similares: dependen de unos peces pequeños que han abandonado aquellas latitudes en busca de aguas más frías. Paralelamente, se ha observado que, en la zona que rodea a la bahía de Hudson, en Canadá, las guaridas donde las osas polares dan a luz a sus oseznos se deshacen antes de tiempo por culpa del deshielo temprano del permafrost, lo que deja a sus crías, demasiado pequeñas todavía, peligrosamente expuestas a la intemperie.[25]

Cuanto más profundizaba en las repercusiones del cambio climático para la reproducción y las fases juveniles de los seres vivos, más ejemplos iba encontrando de esos riesgos que amenazan «desde arriba» a los miembros más jóvenes de especies de todo tipo: cachorros de glotón (cuyos padres tienen ahora problemas para almacenar el alimento en el hielo); polluelos de halcón peregrino (que, por culpa de la creciente virulencia de los aguaceros en su hábitat natural padecen más casos de hipotermia y de ahogamiento); cachorros de foca ocelada ártica (cuyos refugios de cría, excavados en la nieve, también corren peligro, como las guaridas de los osos polares).[26] En cuanto percibimos esa pauta, nos parece obvia. Claro que los más jóvenes son mucho más vulnerables que los adultos; claro que hasta la más sutil modificación medioambiental los afectará más a ellos; y claro que la fertilidad es una de las primeras funciones que se resiente cuando los animales son sometidos a estrés. Y, sin embargo, lo que más me llamó la atención durante esa búsqueda de hechos y datos fue la frecuencia con la que todo esto sorprendía a quienes lo descubrían por primera vez, incluso entre expertos en ese campo.

De todos modos, no deja de tener cierta lógica que hayamos pasado por alto esa pauta. Estamos acostumbrados a pensar que la extinción es un proceso que afecta a especies o a grupos de especies sin distinción de edad: el asteroide que erradicó a los dinosaurios de la Tierra, o las variedades animales desaparecidas por haber estado sometidas a una caza indiscriminada por parte de nuestros antepasados. Y todavía llevamos a muchas especies a la extinción por esa vía, desde luego. Pero en la era de los combustibles fósiles, podemos seguir restando vida a la Tierra de formas mucho menos visibles: interfiriendo en la capacidad de los individuos adultos para reproducirse, por ejemplo, o haciendo que los primeros días de vida de los individuos jóvenes sean demasiado difíciles para su supervivencia. Nada de cadáveres, solo una ausencia: más puñados de nada.

Tiempo de barbecho

Pocos meses después de que yo dejase de ir a la clínica de fertilidad, una amiga me recomendó que me visitara con una médico naturópata que había ayudado a varias conocidas suyas para que se quedaran embarazadas. Esta profesional de la medicina tenía sus propias teorías sobre por qué tantas mujeres estaban teniendo problemas para concebir sin que existiera una razón médica obvia para ello y, desde luego, eran radicalmente distintas de las que me habían contado hasta entonces.

Estar encinta es una de las labores físicas más duras que podemos exigirnos a nosotras mismas, me comentó, y cuando nuestros cuerpos se niegan a realizarla, suele ser señal de que se les obliga a afrontar demasiadas exigencias simultáneas: trabajos estresantes que nos mantienen en un estado constante de «lucha o huida», quizás, o tal vez el estrés físico de tener que metabolizar toxinas o alérgenos, o simplemente las tensiones de la vida moderna (o una determinada conjunción de todos esos factores). Cuando el cuerpo está tan acelerado combatiendo todas esas amenazas (reales o percibidas como tales), puede comenzar a enviar señales de que no dispone del excedente de energía necesario para crear y nutrir a una vida nueva en su seno.

La mayoría de las clínicas de fertilidad recurren a los fármacos y a la tecnología para vencer esa resistencia corporal y sus métodos funcionan para muchas personas. Pero si no dan resultado (y no son pocos los casos en que no lo dan), las mujeres que se han sometido a esos tratamientos suelen quedarse más estresadas, y sus hormonas suelen estar más debilitadas, que cuando iniciaron ese proceso. La naturópata me propuso un enfoque diametralmente opuesto al que se aplica en esas clínicas: primero, tratar de averiguar qué puede estar sobrecargando mi organismo y, luego, eliminar todos esos factores y esperar que, cuando mi sistema endocrinológico esté más equilibrado como resultado de ello, comience a enviar señales más receptivas a la concepción de potenciales bebés.

Tras una serie de análisis, me diagnosticaron un montón de alergias que no sabía que tenía, así como insuficiencia adrenal y bajos niveles de cortisol (curiosamente, el mismo diagnóstico que los científicos de la NOAA habían hecho del estado de salud de las hembras de delfín de la costa del golfo de México). La médico me hizo muchas preguntas sobre mi estilo de vida, entre ellas, cuántas horas había pasado volando en avión el año anterior. «¿Por qué?», repuse con cierta aprensión, consciente de que la respuesta a esa pregunta no me iba a gustar. «Por la radiación —dijo ella—. Se han publicado estudios con asistentes de vuelo que dan a entender que volar puede no ser bueno para la fertilidad.» Genial. Ahora resultaba que volar no solo estaba envenenando la atmósfera, sino que puede que también me estuviera envenenando a mí.[27]

Reconozco que no estaba ni mucho menos convencida de que ese nuevo enfoque terminara en un embarazo, ni tampoco me parecía que sus bases científicas fueran muy sólidas. Y era muy consciente también de que atribuir la infertilidad al propio estrés femenino es una tesis que tiene una extensa e ignominiosa historia tras de sí. «Solo es cuestión de relajarse», les dicen desde hace mucho tiempo a las mujeres que no logran concebir un hijo (que es lo mismo que decirles que el problema está en su cabeza o es culpa suya). Pero, claro, los médicos de la fábrica de fertilidad también habían estado empleándose a fondo con su propia versión de muy lucrativas conjeturas y suposiciones, y tras aquella experiencia, esta doctora representaba todo un revulsivo para mí.*[28] Por fin estaba visitándome con alguien que estaba intentando averiguar el *porqué* de mi infertilidad, en

---

* Un nuevo estudio publicado en mayo de 2014 en la revista *Human Reproduction* evidencia una fuerte conexión entre el estrés y la infertilidad. Los investigadores hicieron un seguimiento de unas quinientas mujeres en Estados Unidos que estaban intentando quedarse embarazadas y de las que, a priori, no se conocía problema de infertilidad alguno. Descubrieron que las mujeres cuya saliva daba índices elevados de alfa-amilasa —un biomarcador del estrés— tenían el doble de probabilidades de ser diagnosticadas posteriormente de infertilidad que las que registraban índices bajos de esa enzima.

vez de empeñarse en forzar a mi cuerpo a hacer algo que era evidente que se negaba a hacer. En cuanto a los posibles inconvenientes de ese nuevo tratamiento, me recordaban en cierto modo a una popular caricatura sobre el calentamiento global en la que se ve a un hombre que se pone de pie en una cumbre sobre el clima y pregunta en voz alta: «¿Y si todo esto es una gran mentira y terminamos creando un mundo mejor para nada?». Si todo aquel «rollo» adrenal resultaba ser una patraña, lo peor que podía pasarme es que terminara estando más sana y menos estresada que cuando empecé.

Así que hice todo lo que me recomendó: el yoga, la meditación, los cambios en la dieta (con las consabidas guerras contra el trigo, el gluten, los lácteos y el azúcar, aderezadas con otras rarezas más esotéricas). Fui a acupuntura y bebí una infusión de hierbas chinas amargas, y la encimera de mi cocina se convirtió en una pequeña galería de polvos y suplementos diversos. También me mudé de mi domicilio urbano en Toronto a otro más tranquilo en la Columbia Británica rural, a un trayecto de *ferry* de la ciudad más cercana y a veinte minutos en coche de la ferretería más próxima. Este es el rincón del mundo en el que viven mis padres, donde están enterrados mis abuelos y donde yo he venido siempre que he podido a escribir y descansar. Ahora iba a ver lo que era vivir allí a tiempo completo.

Con el tiempo, aprendí a distinguir a media docena de pájaros por su canto y los mamíferos marinos por las ondas que dejaban en la superficie del agua. Llegué incluso a disfrutar de momentos hermosos sin que me apenara la idea de que fueran a perderse para siempre. La tarjeta oro que me identifica como pasajera habitual de una línea aérea determinada caducó por primera vez en una década y yo no podía estar más encantada.

Seguí viajando por mis investigaciones para el libro, pero ahora, en mis desplazamientos a otros lugares, notaba a menudo paralelismos entre las teorías de mi nueva doctora sobre la infertilidad y algunas de las ideas que iba descubriendo sobre los cambios que los seres humanos debemos emprender si queremos evitar nuestra desaparición. El consejo de mi naturópata había terminado resumiéndose básicamente en una máxima muy sencilla: antes de cuidar de otro ser humano, tienes que cuidarte a ti misma. En cierto sentido, me estaba diciendo que tenía que darme un tiempo de barbecho y huir por una temporada del mecanicista enfoque de «sobreexigencia» que predomina en la medicina occidental.

En ese consejo pensé, por ejemplo, durante una visita a Kansas, concretamente a la localidad de Salina. Allí está el Land Institute («Instituto de la Tierra»), uno de los más apasionantes laboratorios vivos de las más avanzadas técnicas de cultivo agroecológico. Wes Jackson, fundador y presidente del centro, dice que está intentando resolver lo que él llama «el problema de la agricultura desde hace diez mil años».[29] Ese problema, en esencia, es que desde que los seres humanos empezamos a plantar semillas y arar campos, no hemos dejado de despojar al suelo de su fertilidad natural.

Sin intervención humana, las diferentes variedades de plantas crecen las unas junto a las otras, permanentemente situadas allí donde se instalan desde un principio, dando nuevas semillas año tras año y con unas raíces que, fijadas en el terreno, no dejan de crecer y profundizar. Esta combinación de diversidad y carácter perenne permite que el suelo se mantenga sano, estable y fértil. Las raíces mantienen el terreno bien fijado, las plantas hacen posible que el agua de lluvia se absorba de manera más lenta y segura, y los diversos vegetales aportan su función diferenciada a la fertilidad del suelo (a algunos, como las leguminosas y el trébol, se les da mejor fijar el nitrógeno, que es un elemento crítico para la formación de los componentes básicos de la vida de las plantas). La diversidad ayuda, además, a controlar la incidencia de las plagas y de las malas hierbas invasoras.

Es un ciclo autosostenido. Los vegetales en descomposición sirven de fertilizante natural para las nuevas plantas y el ciclo de la vida se renueva constantemente. Mantenerlo, según el granjero y filósofo Wendell Berry, debe constituir el eje central de la relación de la humanidad con la naturaleza. «El problema de la sostenibilidad es muy simple —dice él—. Obliga a que el ciclo de la fertilidad formado por el nacimiento, el crecimiento, la madurez, la muerte y la descomposición [...] no deje de reproducirse constantemente allí donde hay vida, a fin de que se cumpla la ley del retorno y nada se desperdicie.»[30] Como él afirma, es muy simple: se trata de respetar la fertilidad, dejar que siga su curso.

Pero cuando los seres humanos empezamos a plantar cultivos de una sola variedad que necesitaban sembrarse de nuevo año tras año, comenzó también el problema de la pérdida de fertilidad. Es bien sabido cuál es la solución que la agricultura industrial propone para ese problema: regar profusamente para compensar lo poco que los cultivos anualizados retienen la humedad del terreno (y que no deja de ser un problema creciente, pues el agua dulce es un bien cada vez más escaso) y aplicar dosis exageradas de productos químicos, tanto para fertilizar el suelo como para ahuyentar plagas y malas hierbas invasoras.

Esto da pie, a su vez, a toda una serie de nuevos problemas medioambientales y de salud, que incluyen las inmensas zonas acuáticas muertas por culpa del residuo líquido que genera la actividad agrícola. Dicho de otro modo, en lugar de resolver el problema de la (falta de) fertilidad del suelo, lo único que hemos hecho ha sido desplazarlo un poco más allá, transformando una crisis que tenía su escenario en tierra firme en otra que tiene ahora por escenario los mares y los océanos del planeta. Y la cadena de la infertilidad se va haciendo más larga porque algunas de las sustancias químicas utilizadas en la agricultura industrial son alteradores endocrinos; es el caso del herbicida atrazina, del que algunos estudios han demostrado que causa esterilidad en anfibios, peces, reptiles y ratas, además de desencadenar extraños cambios de sexo espontáneos en ranas macho. Y esos mismos productos químicos han sido relacionados con una mayor incidencia de defectos congénitos y abortos espontáneos en humanos, si bien el fabricante de atrazina niega tales relaciones. Mientras tanto, las abejas de miel, nuestros más importantes polinizadores naturales, están amenazadas en todo el mundo; una víctima más, según la opinión de muchos expertos, de la dependencia que la agricultura actual tiene de las ayudas químicas.[31]

Muchas sociedades agrarias tradicionales han desarrollado métodos para mantener la fertilidad del terreno aun sembrando cosechas anuales. Las culturas maiceras de Mesoamérica, por ejemplo, dejaban los campos en barbecho para que pudieran regenerarse, e incorporaban leguminosas fijadoras de nitrógeno, como las plantas de frijol, en mezclas de especies cultivadas unas al lado de las otras. Estos métodos, que imitan la manera en que otras plantas similares crecen en los campos silvestres, han servido para conservar la fertilidad de la tierra durante miles de años. Un suelo sano tiene la ventaja añadida de ser buen captador del carbono (lo que ayuda a controlar las emisiones) y, además, los policultivos son menos vulnerables a los episodios meteorológicos extremos.[32]

Wes Jackson y sus colegas del Land Institute están llevando este enfoque un paso más allá. Ellos intentan reconfigurar la manera en que las sociedades industriales producen cereales y grano y, para ello, están desarrollando variedades perennes de trigo, hierba de trigo, sorgo y girasoles que no necesitan replantarse cada año: exactamente lo que ocurría con las hierbas altas originales que dominaban el paisaje de las praderas antes de que se iniciara en ellas la agricultura a gran escala. «Nuestro objetivo es crear una agricultura tan sostenible como los ecosistemas nativos a los que sustituyó —se aclara en los folletos explicativos del instituto—, encontrar un modo de sembrar y cosechar cultivos que compense más al agricultor y al paisaje que a los fabricantes de insumos externos. Nuestro ideal es una agricultura que no solo proteja un suelo irreemplazable, sino que disminuya nuestra dependencia de los combustibles fósiles y de los productos químicos sintéticos dañinos.»[33]

Y está empezando a funcionar. La primera vez que visité el instituto en 2010, su tienda de regalos había iniciado la venta del primer lote de harina fabricada con una hierba de trigo perenne que Jackson y su equipo había domesticado y había bautizado con el nombre de Kernza. Regresé un año después, en un momento en que las llanuras meridionales de Estados Unidos estaban siendo asoladas por una devastadora sequía que estaba acabando con las cosechas de muchos cultivos. En Texas, por ejemplo, se estaba registrando el año más seco del que se tenía constancia, y la producción de trigo, maíz y sorgo en ese estado era entre un 50 y un 60 % más baja de lo normal; las pérdidas en la agricultura superaban los 7.000 millones de dólares.[34] Y, sin embargo, el campo de sorgo de prueba que habían sembrado tiempo atrás en el Land Institute se veía robusto y sano: las largas raíces de aquellas plantas habían podido alcanzar hasta las más pequeñas cantidades de agua que conservaba aún el subsuelo. Aquella era la única parcela verde en kilómetros a la redonda.

Fue justo por entonces cuando concebimos a mi hijo. Durante los primeros meses, la peor parte del embarazo fue convencerme realmente de que todo iba normal y de que el feto y yo estábamos sanos. Por muchas pruebas y análisis que me hiciera con resultados presuntamente tranquilizadores, yo seguía preparándome para la tragedia. Lo que más me ayudó en ese momento fue mi afición a las excursiones; durante las últimas y preocupadas semanas previas al parto, yo me tranquilizaba caminando todo lo que mis caderas doloridas me permitían en aquel momento por una ruta para senderistas muy bien acondicionada que sigue el curso de un prístino arroyo. La corriente comienza cerca de la cumbre de una montaña con la cima cubierta de nieve y el agua clara se precipita desde lo alto formando una cascada, se recoge más abajo en docenas de pozas y charcas, y fluye en forma de rápidos siguiendo la pendiente descendiente del terreno hasta desembocar finalmente en el Pacífico.

En aquellas caminatas, mantenía los ojos bien abiertos por si avistaba en el agua alevines plateados de salmón en tránsito hacia el mar tras meses de incubación en estuarios poco profundos. Y me imaginaba los salmones coho, los rosados y los keta nadando con todas sus fuerzas por entre los rápidos y las cascadas, decididos a llegar a las aguas de desove donde nacieron. Esa era también la determinación que estaba demostrando mi hijo, me decía a mí misma. Era evidente que ahí dentro tenía a un luchador, pues ya había conseguido llegar hasta mí pese a las probabilidades en contra; así que seguro que hallaría también el modo seguro de nacer.

No se puede pedir un mejor símbolo de la tenacidad de la vida que el salmón del Pacífico. Para llegar a sus zonas de desove, los coho remontan a saltos grandes caídas de agua, como piragüistas trastornados que tratasen de avanzar en sentido inverso, eludiendo las acometidas de las águilas y de los osos grises. Al término de sus vidas, los salmones gastan las últimas fuerzas que les quedan en completar su misión. Los alevines de salmón experimentan una transformación física espectacular (llamada esmoltificación) que prepara sus cuerpos para la transición del agua dulce a la de los mares y océanos, donde viven casi todo el resto de su vida hasta que les llega el momento de realizar ese último viaje remontando su río de nacimiento corriente arriba.

Pero estas proezas triunfales de la biología son solo una parte del relato completo de la regeneración. Porque, como cualquier persona que viva en la tierra del salmón bien sabe, a veces las corrientes otoñales bajan extrañamente vacías, llenas solamente de hojas muertas y, tal vez, de algún que otro pez moteado. Los salmones son, en realidad, nuestros atletas olímpicos particulares: su determinación es una de las más potentes expresiones que hay en este planeta del impulso innato para continuar el ciclo de la vida. Pero no son invencibles. Su fuerza puede ser doblegada por factores como la pesca excesiva, las piscifactorías y las granjas de marisco que propagan la llamada pulga del salmón (que causa gran mortandad entre los ejemplares jóvenes de este pez), el calentamiento de las aguas (que los científicos creen que podría amenazar sus fuentes de alimento), la tala de bosques poco cuidadosa (que atora los arroyos de desove con desechos de esas operaciones madereras) o las presas de hormigón (que suponen un desafío insalvable hasta para el más acrobático de los salmones coho). Y, por supuesto, puede ser anulada con la letalidad de los vertidos de petróleo u otros accidentes industriales.

Todos estos obstáculos explican por qué los salmones han desaparecido de aproximadamente el 40 % de lo que era su hábitat histórico en el Noroeste-Pacífico y por qué varias poblaciones de coho, salmón real y salmón rojo viven bajo una amenaza constante y corren un peligro permanente de extinción.[35] Para saber adónde nos llevan cifras como esas, solo tenemos que fijarnos en la evolución de la situación en Nueva Inglaterra y la Europa continental, donde las variedades comerciales de salmón atlántico han desaparecido de ríos donde en tiempos eran habituales y abundantes. Como los humanos, los salmones pueden vencer incontables adversidades, pero no todas.

Por eso, me resulta un tanto incómodo poner este colofón, este final feliz, a mi propio relato personal, porque transmite una impresión incompleta de lo que es la realidad más general. Sé que habrá quienes piensen que mi particular saga de la fertilidad parece reforzar la idea de que la resistencia y la flexibilidad humanas siempre terminan por imponerse al final, pero esa no es la sensación que yo tengo ni la que pretendo insinuar. Ni sé por qué este embarazo llegó a buen puerto ni sé por qué los anteriores no lo hicieron, y tampoco lo saben mis médicos, ni los de la medicina de alta tecnología ni los de la menos tecnológica. La infertilidad es una más de las muchas áreas en las que los seres humanos nos damos de bruces con nuestro inmenso mar de ignorancia. Así que lo que siento básicamente es que he tenido suerte, pues bien podría haber fracasado en mi empeño, por muy serena que se hubiese vuelto mi vida, por mucho que hubiese presionado a mi propio sistema. Y también habría podido darse la posibilidad de que mi bebé hubiese sido de los muchos cuyas fotos están colgadas de las paredes de aquella frenética fábrica de fertilidad si yo hubiese estado dispuesta a seguir subiendo la apuesta tecnológica.

Supongo que una parte de mí está aún en aquellas marismas oleosas de Luisiana, flotando sobre un mar de larvas y embriones envenenados y con mi propio embrión inviable en mi interior. No es la autocompasión lo que me devuelve en repetidas ocasiones a aquel triste lugar. Es la convicción de que hay algo valioso en ese recuerdo de la sensación física de haber topado con un límite biológico —tras haber perdido una segunda, una tercera y hasta una cuarta oportunidad—, de que es algo que todos necesitamos aprender. Chocar contra ese muro no disipó mi fe en la curación y la recuperación. Simplemente me enseñó que estos dones que tenemos requieren de un cuidado y una atención especiales, y de una vigilancia constante de los límites que la vida no puede traspasar.

Porque lo cierto es que los seres humanos *somos* maravillosamente resistentes y flexibles, capaces de adaptarnos a toda clase de contratiempos. Estamos hechos para sobrevivir, con toda esa adrenalina y esa multiplicidad de componentes biológicos (superfluos muchos de ellos para lo que sería el fin estricto de la supervivencia) que nos facultan para gozar del lujo de segundas, terceras y cuartas oportunidades. También lo son nuestros mares y océanos. También lo es la atmósfera. Pero sobrevivir no es lo mismo que prosperar, no es lo mismo que vivir bien. Y, como hemos visto, para un grandísimo número de especies, no es lo mismo que tener la capacidad de nutrir y producir nueva vida. Que la biología rebose generosidad por los cuatro costados no significa que su capacidad de perdón sea ilimitada. Con el cuidado adecuado, nos estiramos y nos doblamos asombrosamente bien. Pero también nos rompemos. Se rompen tanto nuestros cuerpos individuales como las comunidades y los ecosistemas que nos sostienen.

Volver a la vida

A principios de 2013, encontré en internet un discurso pronunciado por la escritora y educadora de la subtribu anishinaabe mississauga Leanne Simpson, en el que describía así las enseñanzas y las estructuras de gobierno de su pueblo: «Nuestros sistemas están diseñados para fomentar más vida».[36] Aquella afirmación me dejó de piedra. Me llamó mucho la atención hasta qué punto aquel principio-guía era la antítesis del extractivismo, que se basa en la premisa de que la vida puede ser consumida y apurada indefinidamente, y que, lejos de fomentar la vida futura, se especializa en convertir los sistemas vivos en desechos; ya sea en forma de pilas de montera o «sobrecarga» como las que flanquean los caminos y carreteras de las explotaciones de las arenas bituminosas en Alberta, ya sea en forma de las legiones de personas «desechadas» que recorren el mundo en busca de un trabajo temporal, ya sea en forma de partículas y gases que asfixian la atmósfera y que con anterioridad formaban una parte saludable más de sus ecosistemas de origen. O ya sea en forma, por qué no decirlo, de ciudades y pueblos convertidos en escombros tras ser azotados por tormentas fortalecidas por el calor que esos gases están atrapando.

Tras escuchar el discurso, me puse en contacto por escrito con Simpson y le pregunté si tendría la amabilidad de explicarme más sobre la tesis que subyacía a aquella afirmación. Cuando nos encontramos en un café de Toronto, me di cuenta de que Simpson —vestida con camiseta roquera negra y botas moteras— recelaba de mis motivos: ¿no estaría yo, una investigadora blanca más, interesada tal vez en usarla como quien usa una mina, escarbando en su mente para extraer unas cuantas opiniones de alguien como ella, que ha dedicado gran parte de su vida a recopilar, traducir e interpretar artísticamente las historias y los relatos orales de su pueblo?

Al final, sin embargo, mantuvimos una larga y extensa conversación sobre la diferencia entre la mentalidad extractivista (que, para Simpson, consiste sencillamente en «robar» y en «aprovecharse de una relación») y la regenerativa. Para ella, los sistemas anishinaabe son «una manera de vivir pensada para generar vida, y no solo vida humana, sino de cualquier ser vivo». Se trata de un concepto de equilibrio (o armonía) común a muchas culturas indígenas y que suele traducirse como «la vida buena». Pero Simpson me comentó que ella prefería traducirlo como «el renacer continuo», expresión que ella oyó antes de la también escritora y activista anishinaabe Winona LaDuke.[37]

Es comprensible que hoy relacionemos tales ideas con una visión indígena del mundo, ya que son sobre todo esas culturas las que mejor han sabido mantener esa manera alternativa de ver el mundo como un ser vivo frente a las apisonadoras del colonialismo y la globalización liderada por las grandes empresas multinacionales. Como los agricultores que reservan simiente y que tratan así de salvaguardar la biodiversidad del repertorio global de semillas, las culturas indígenas han salvaguardado otras formas de relación de las personas con el mundo natural y entre ellas mismas, formas basadas en parte en la creencia de que llegará un día en que esas semillas intelectuales serán necesarias y el terreno donde sembrarlas volverá a ser fértil y propicio de nuevo.

Una de las novedades más importantes en el surgimiento y auge de ese fenómeno que aquí he llamado Blockadia es que, a medida que este movimiento ha ido tomando forma y que los pueblos indígenas han ido asumiendo papeles de liderazgo en su seno, esas formas de ver el mundo (largo tiempo protegidas por esas culturas) se han ido difundiendo y continúan extendiéndose como no ocurría desde hacía siglos. Lo que está surgiendo, en realidad, es un nuevo tipo de movimiento de defensa de los derechos reproductivos: un movimiento que lucha no solo por los derechos reproductivos de las mujeres, sino por los del planeta en su conjunto (contra las montañas decapitadas, los valles anegados, los bosques talados, los acuíferos fracturados, las laderas arrasadas por la minería a cielo abierto, los ríos envenenados, los «pueblos del cáncer»). Toda la vida tiene derecho a renovarse, regenerarse y sanarse.

Sobre la base de ese principio, países como Bolivia y Ecuador —que cuentan con contingentes numerosos de población indígena— han consagrado los «derechos de la Madre Tierra» dotándolos de fuerza de ley, creando nuevas y potentes herramientas legales que afirman el derecho de los ecosistemas, no ya a existir, sino a «regenerarse».*[38] El esencialismo en

---

* Cuando Ecuador adoptó una nueva constitución en 2008, se convirtió en el primer país en consagrar por ley los derechos de la naturaleza. El artículo 71 de la carta magna ecuatoriana establece que: «La naturaleza o Pachamama, donde se reproduce y realiza la vida, tiene derecho a que se respete integralmente su existencia y el mantenimiento y regeneración de sus ciclos vitales, estructura, funciones y procesos evolutivos. Toda persona, comunidad, pueblo o nacionalidad podrá exigir a la autoridad pública el cumplimiento de los derechos de la naturaleza». Parecidos principios se recogieron en el «Acuerdo de los Pueblos» de la Conferencia Mundial de los Pueblos sobre el Cambio Climático y los Derechos de la Madre Tierra, suscrito por 30.000 miembros de la sociedad civil internacional reunidos en Cochabamba (Bolivia) en abril de 2010. Tras señalar que «ya se ha excedido la capacidad del planeta para regenerarse», el acuerdo establece que la tierra tiene «derecho a la regeneración de su biocapacidad y continuación de sus ciclos y procesos vitales libres de alteraciones humanas».

términos de género que ese término delata sigue resultando incómodo para algunas personas. Pero yo creo que el carácter específicamente femenino que se da a la naturaleza no tiene una importancia central. Da igual que optemos por ver a la Tierra como una madre, un padre, un ser progenitor nuestro o una fuerza creadora no engendrada por nadie. Lo que importa es que reconozcamos que no somos nosotros los que estamos al mando, que formamos parte de un ingente sistema vivo del que dependemos. La Tierra, escribió el gran ecologista Stan Rowe, es algo más que «recurso»: es «fuente».

Todos estos conceptos jurídico-legales se están proponiendo (y adoptando) actualmente también en contextos no indígenas —de América del Norte y de Europa, incluso—, donde, cada vez más, las comunidades locales que tratan de protegerse frente a los riesgos de los métodos extremos de extracción están aprobando sus propias ordenanzas donde recogen los «derechos de la naturaleza». En 2010, el ayuntamiento de Pittsburgh aprobó una normativa que prohibía explícitamente la extracción de gas natural en el término municipal y que reconocía a la naturaleza «derechos inalienables y fundamentales a existir y florecer» en la ciudad. Una iniciativa similar en Europa está intentando convertir el ecocidio en un delito para la legislación internacional. Esa campaña define el ecocidio como «ocasionar daños, destrucción o pérdidas considerables en el ecosistema (o los ecosistemas) de un territorio dado, ya sea por la acción humana o por otras causas, hasta tal punto que el disfrute pacífico por parte de los habitantes de ese territorio se haya visto (o se vaya a ver) gravemente disminuido».[39]

Al tiempo que las mencionadas ideas de inspiración indígena se extienden por contextos que no eran muy propicios a las mismas hasta no hace mucho, también está sucediendo algo muy importante: muchas personas están empezando a recordar las tradiciones de administración responsable de la tierra presentes (enterradas en algunos casos) en sus propias culturas y a reconocer a la humanidad una función como promotora de la vida. La idea de que podíamos separarnos de la naturaleza, de que no necesitábamos vivir en sociedad con la tierra que nos rodea, es, después de todo, un concepto relativamente nuevo, incluso en la historia de Occidente. De hecho, no fue hasta que los seres humanos idearon el concepto letal de que la Tierra es una máquina inerte y el hombre es su maquinista e ingeniero, cuando muchos comenzaron a olvidarse de ese deber de protección y fomento de los ciclos naturales de regeneración de los que todos dependemos.

La buena noticia es que no todos se resignaron a olvidarlo. Así, otro de los más interesantes e inesperados efectos secundarios de la fiebre de la extracción extrema de fuentes de energía es que, ante las cada vez mayores amenazas actuales a la seguridad colectiva, esas otras ideas más antiguas están volviendo a reafirmarse, dando lugar a una polinización cruzada de iniciativas y reflexiones, que se hibridan y hallan aplicaciones en nuevos contextos.

En Calcídica (Grecia), por ejemplo, donde los lugareños defienden sus tierras frente a quienes pretenden explotar en ellas la minería del oro a cielo abierto, el arma secreta ha sido el carácter intergeneracional de la lucha: chicas adolescentes con pantalones vaqueros de pitillo y grandes gafas de sol hombro a hombro con sus abuelas, vestidas de negro y con zapatos ortopédicos. Eso es una novedad. Antes de que las empresas mineras amenazaran la montaña y las corrientes fluviales, muchas personas ancianas vivían olvidadas, «aparcadas» en sus casas frente a sus televisores, guardadas en sus salas de estar como quien guarda en un cajón un teléfono móvil que ya no usa. Pero cuando los pueblos de la zona se organizaron, la juventud local descubrió que, aunque tenía conocimientos y experiencia en ciertas cosas (como organizar *flash mobs* y difundir el mensaje a través de los medios sociales), no estaba tan ducha como sus abuelos (que habían sobrevivido a guerras y ocupaciones) en lo de vivir y trabajar en grandes grupos. Sus mayores no solo sabían cocinar para cincuenta personas a la vez (una habilidad muy importante cuando se está en las barricadas), sino que recordaban la época en que la agricultura era una labor colectiva y supieron ayudar a inculcar en sus hijos y nietos el convencimiento de que se puede vivir bien sin destrozar el terreno.

En países «jóvenes», como Canadá, Estados Unidos, Australia y Nueva Zelanda, que tienden a tener mitos, más que recuerdos, ese proceso de rememoración del pasado resulta mucho más complejo. Para los descendientes de los colonos y de otros inmigrantes llegados más tarde, el recuerdo empieza por aprender las verdaderas historias del lugar en que vivimos, leyendo los tratados que se firmaron en su momento, por ejemplo, y entendiendo cómo hemos llegado a nuestra situación actual, por doloroso que nos resulte. Pero, en cualquier caso, la manera alternativa de concebir el mundo que nos rodea está ahí. Mike Scott, el granjero caprino y ecologista que está al frente de la lucha contra la minería del carbón en Montana, me comentó hace unos meses que ese proceso de colaboración estrecha entre personas indígenas y no indígenas «ha reavivado en muchas personas una cosmovisión que estaba dormida».[40]

El profundo sentido de interdependencia con el mundo natural que inspira las luchas de Blockadia, desde Grecia hasta el litoral de la Columbia Británica, es por supuesto mucho menos obvio en las ciudades densamente pobladas donde tantos de nosotros vivimos y trabajamos, y donde nuestra dependencia de la naturaleza está enterrada y oculta bajo capas de autopistas, tuberías, tendido eléctrico y supermercados abastecidos de demasiadas cosas. Solo cuando se abre una grieta en alguna parte del aislamiento de este intrincado sistema, o cuando se ve sometido a alguna amenaza, tenemos ocasión de entrever lo dependientes y vulnerables que realmente somos.

Pero lo cierto es que esas fisuras se presentan con una regularidad cada vez más frecuente. En una época como la nuestra, en la que incendios forestales sin precedentes engullen domicilios particulares suburbanos en Melbourne, o en la que las aguas de la crecida del Támesis inundan viviendas particulares en ciudades dormitorio de Londres, o en la que el huracán Sandy transforma el metro de Nueva York en poco menos que una red de canales, hasta las barreras que los más urbanos y privilegiados de todos los seres humanos hemos erigido para contener la fuerza del mundo natural están empezando a venirse abajo.

A veces, es la extracción extrema la que resquebraja esas barreras, a medida que sus tentáculos se van introduciendo por más y más rincones de nuestras más modernas ciudades (véanse, si no, casos como la extracción por *fracking* que se realiza ya en solares situados en la parte trasera de viviendas de Los Ángeles, o como el proyecto de oleoducto para el transporte de petróleo procedente de las arenas bituminosas cuyo trayecto prevé atravesar ciudades como Toronto). Los habitantes de Sydney tenían pocos motivos para pensar de dónde venía el agua para beber que llegaba hasta sus casas por la red pública de abastecimiento, pero en cuanto les llegó la noticia de la posibilidad de que la fuente de donde procedía el agua de esa ciudad australiana se viese afectada por una operación de *fracking*, muchísimos de ellos se concienciaron rápidamente sobre el tema. En el fondo, jamás llegamos a perder del todo nuestros vínculos con la naturaleza; siempre estuvieron ahí, en nuestros cuerpos y bajo nuestras pavimentadas vidas. Lo que pasa es que muchísimos de nosotros nos olvidamos de ellos durante un tiempo.

A medida que las comunidades locales movilizadas van evolucionando más allá de la mera resistencia al extractivismo y pasan también a construir el mundo que debe erigirse sobre los escombros de ese sistema caduco, la protección del ciclo de la fertilidad se está convirtiendo en un elemento central de los modelos cuya aplicación más rápidamente se multiplica por doquier: desde la permacultura hasta los «edificios vivos», pasando por los sistemas de captación de agua de lluvias. Cada vez en más lugares, las relaciones puramente extractivas, lineales y unidireccionales, se sustituyen por sistemas que son circulares y recíprocos. Las semillas no se compran, sino que se guardan de un año para otro. El agua se recicla. Los suelos se fertilizan con estiércol animal, no con fertilizantes químicos. Etcétera. No existen fórmulas directas y garantizadas, pues el principio rector consiste en que cada geografía es diferente y nuestro trabajo, como dice Wes Jackson (citando a Alexander Pope), es «escuchar al genio del lugar».[41] Sí se observa, sin embargo, una pauta recurrente: se están creando sistemas que requieren mínimos aportes externos y que no producen apenas residuos. Se busca así la homeostasis, que es, por principio, lo opuesto a ese Monstruo Tierra que, según los aspirantes a geoingeniero, deberíamos aprender a amar.

Y a diferencia también de la deriva hacia el monopolio o el duopolio característica del capitalismo en prácticamente todos los ámbitos, estos sistemas imitan el talento de la naturaleza para incorporar la redundancia y amplificar la diversidad siempre que es posible, ya sea aumentando las variedades de semillas, ya sea incrementando las fuentes de energía y de agua. El objetivo consiste, no en construir unas pocas soluciones verdes gigantescas, sino en multiplicar hasta el infinito otras más pequeñas, y usar al mismo tiempo unas políticas —como las tarifas de introducción de las energías renovables que se aplican en Alemania, por ejemplo— que fomenten la multiplicación, en vez de las fusiones. Lo bueno de estos modelos, además, es que cuando fallan, lo hacen a mucha menor (y más manejable) escala y existen sistemas de refuerzo o de sustitución con que suplir su ausencia. Porque si alguna cosa sabemos ya, es que el futuro va a estar lleno de *shocks*.

Vivir ajenos al extractivismo no significa que no vaya a haber extracción; todos los seres vivos deben tomar algo de la naturaleza para sobrevivir. Pero sí significa poner fin a la mentalidad extractivista; es decir, al tomar sin cuidar, al tratar la Tierra y las personas como recursos que se pueden utilizar hasta que se agoten en vez de como entes complejos que tienen derecho a una existencia digna basada en la renovación y la regeneración. Incluso prácticas tradicionalmente destructivas como la tala de bosques pueden llevarse a cabo de manera responsable, como también puede ser responsable la minería a pequeña escala, sobre todo cuando las actividades en cuestión están bajo el control de las personas que viven allí donde la extracción tiene lugar y que son parte interesada en que la tierra afectada siga siendo sana y productiva. Pero, por encima de todo, vivir de un modo no extractivo significa depender en la mayor medida posible de recursos que puedan regenerarse continuamente: obteniendo nuestros alimentos de métodos de cultivo y cría que protejan la fertilidad del suelo; obteniendo nuestra energía de métodos que aprovechen la potencia en permanente renovación del sol, el viento y las olas; obteniendo nuestros metales a partir del reciclaje y la reutilización.

Estos procesos son calificados a veces de *resilientes* (es decir, de ejemplos de resistencia y flexibilidad al mismo tiempo), pero sería más apropiado llamarlos «regenerativos». Porque la «resiliencia» —aun siendo sin duda uno de los mayores dones de la naturaleza— es un proceso pasivo que implica una capacidad para encajar los golpes y rehacerse tras ello. La regeneración, sin embargo, es activa, porque hace que nos convirtamos en participantes plenos en el proceso de maximización de la creatividad de la vida.

Esta es una visión mucho más expansiva que la de la consabida «ecocrítica», que pone el acento en la importancia de lo pequeño y en reducir el impacto o «huella» de la humanidad y que ha dejado de ser una opción viable en la actualidad, pues acarrearía consecuencias genocidas. Hoy estamos aquí los que estamos, somos muchos y debemos usar nuestras habilidades para actuar. Sí podemos, sin embargo, cambiar la naturaleza de nuestras acciones para que estas sirvan para hacer crecer constantemente la vida, en vez de extraerla. «Podemos generar suelo, polinizar, *compostar* y descomponer —me comentó un día Gopal Dayaneni, ecologista y activista, miembro de la asociación de base Movement Generation, con sede en Oakland (California)—. Podemos acelerar, simplemente con nuestro trabajo, la restauración y la regeneración de los sistemas vivos si nos implicamos en una acción bien pensada y concertada. Somos, en realidad, la especie clave en este momento, así que tenemos que alinear nuestras estrategias con los poderes sanadores de la Madre Tierra, ya no podemos permitirnos el lujo de saltarnos las normas de esta "casa". Pero no se trata de parar nada ni de retirarnos o replegarnos. Se trata más bien de poner enérgicamente nuestra capacidad de trabajo al servicio de la restauración.»[42]

Ese mismo espíritu y esa actitud andan ya muy ocupados fomentando y protegiendo la vida frente a las muchas amenazas que tratan de reprimirla o que se olvidan de ella. Ha llegado incluso al arroyo por donde yo solía hacer mis caminatas durante el embarazo. La primera vez que descubrí aquel sendero, pensé que los salmones que aún nadaban por la corriente estaban allí exclusivamente gracias a la indomable voluntad de esa especie. Pero en posteriores encuentros y conversaciones con los habitantes de la zona, me enteré de que, desde 1992, los peces habían contado con la ayuda de un criadero situado a unos kilómetros más arriba y de varias brigadas de voluntarios que habían trabajado para limpiar el agua de los restos dejados por las talas de árboles que se realizan en la zona y que se habían asegurado también de que hubiera suficiente sombra para proteger a los jóvenes alevines. Cientos de miles de alevines de salmón rosado, coho, keta y real son liberados en corrientes cercanas cada año. Es una especie de colaboración entre los peces, el bosque y las personas que comparten ese especial pedazo del mundo.

Así que, aproximadamente dos meses después de que naciera mi hijo, nuestra pequeña familia se fue de excursión a ese criadero, que ahora se alimenta de energía geotérmica y de microturbinas. Aunque era aún tan pequeño que apenas si podía ver nada más allá del canguro en el que lo llevaba, quería que mi bebé conociera a algunos de los bebés salmón que tan importantes habían sido para mí antes de que él naciera. Fue divertido. Contemplamos todos juntos el interior de los grandes tanques verdes donde se mantienen protegidos los ejemplares jóvenes hasta que crecen lo suficiente como para valerse por sí mismos. Y regresamos a casa con un póster del «alfabeto del salmón» que todavía cuelga de una pared de su habitación (la «a» es de «alevín»).

Aquello no era ninguna piscifactoría ni una fábrica de fertilidad; allí no había nada creado de la nada o forzado a hacerse. Era simplemente una pequeña ayuda, un empujoncito para mantener en funcionamiento el ciclo de la fertilidad. Y es una expresión de esa manera de entender las cosas que nos dice que, a partir de ahora, cuando tomemos algo, no solo debemos devolver algo, sino que también debemos cuidar todo lo que podamos.

CONCLUSIÓN

Los años del gran salto.
Justo el tiempo suficiente para lo imposible

> Nosotros, como nación, debemos llevar a cabo una revolución radical de los valores. Debemos iniciar rápidamente un cambio para dejar de ser una «sociedad orientada a las cosas» y convertirnos en una «sociedad orientada a las personas». Mientras las máquinas y las computadoras, el ánimo de lucro y los derechos de propiedad sean para nosotros más importantes que las personas, nos resultará imposible vencer al formidable trío que forman el racismo, el materialismo extremo y el militarismo.
>
> MARTIN LUTHER KING JR., «Beyond Vietnam», 1967[1]

> Los países desarrollados han creado una crisis global basada en un sistema defectuoso de valores. No existe razón alguna por la que debamos ser obligados a aceptar una solución inspirada por ese mismo sistema.
>
> MARLENE MOSES, embajadora de Nauru ante las Naciones Unidas, 2009[2]

En diciembre de 2012, Brad Werner —un investigador de expresión seria y pelo de color rosa que se especializa en el estudio de sistemas complejos— se abrió paso entre la multitud de 24.000 científicos congregados en el encuentro de otoño de la Unión Geofísica Estadounidense en San Francisco. La conferencia de ese año contaba con algunos participantes de renombre: desde Ed Stone (científico jefe del proyecto Voyager de la NASA), que iba a explicar un nuevo hito en nuestro acceso al espacio interestelar, hasta el cineasta James Cameron, que hablaría de sus aventuras en batiscafo en fosas oceánicas de gran profundidad. Pero era la sesión del propio Werner la que había atraído de antemano buena parte de la expectación general. Su título: «¿La Tierra está j**ida?» (título completo: «¿La Tierra está j**ida? Futilidad dinámica de la gestión medioambiental global y posibilidades de sostenibilidad por medio del activismo de la acción directa»).³

Situado ya en el estrado de la sala de conferencias, aquel profesor de la Universidad de California en San Diego fue presentando al público allí presente las diversas partes del modelo informático avanzado que estaba usando para responder a tan directa pregunta. Habló de límites, perturbaciones, disipación, atractores, bifurcaciones y otros muchos términos prácticamente incomprensibles para quienes no estamos iniciados en la teoría de los sistemas complejos. Pero el argumento esencial estaba suficientemente claro: el capitalismo global ha hecho que la consunción de recursos sea tan rápida, tan fácil y tan libre de obstáculos que, como consecuencia, los «sistemas tierra-humanos» se están volviendo peligrosamente inestables. Cuando un periodista presionó a Werner para que diera una respuesta más clara a la pregunta de si la Tierra está verdaderamente «j**ida», él dejó el argot especializado a un lado y contestó: «Más o menos».⁴

Sin embargo, en su modelo se incluía una dinámica que ofrecía cierto resquicio a la esperanza. Werner la llamó «resistencia» y es la que es propia de aquellos movimientos de «personas o grupos de personas» que «adoptan un conjunto de dinámicas que no encajan dentro de la cultura capitalista». Según la síntesis de su exposición, se trata de «la acción ecologista directa, la resistencia emprendida desde fuera de la cultura dominante, como la que se traduce en manifestaciones, bloqueos y actos de sabotaje organizados por pueblos indígenas, obreros, anarquistas y otros grupos de activistas». Esos levantamientos populares masivos —que siguen líneas parecidas a las que marcaron en su momento el movimiento abolicionista y el movimiento de defensa de los derechos civiles— representan la fuente de «fricción» que más probabilidades tiene de frenar un poco una maquinaria económica que, con su acusada aceleración actual, amenaza con descontrolarse por completo.⁵

Esto, argumentó él, se puede apreciar muy claramente en la historia, que nos enseña que otros movimientos sociales pasados han «tenido una tremenda influencia en [...] la evolución de la cultura dominante». Es lógico, pues, que, «si pensamos en el futuro de la Tierra y en el futuro de nuestro acoplamiento al medio ambiente, tengamos que incluir la resistencia como parte de esa dinámica». Y eso, según dijo el propio Werner, no es una cuestión de opinión, sino «un problema ciertamente geofísico en realidad».⁶

Dicho de otro modo, a estas alturas, solo los movimientos sociales de masas pueden salvarnos. Porque sabemos hacia dónde se encamina el sistema actual si no se le pone coto ni control. También sabemos, añadiría yo, cómo abordará ese sistema la realidad de los desastres relacionados con el clima: especulando con ellos e intensificando la barbarie para segregar a los perdedores de los ganadores. Para llegar a esa distopía, bastará con que sigamos embalados por el camino que ya llevamos. La única variable que falta por dilucidar es si emergerá algún poder que actúe como contrapeso que bloquee esa senda y que despeje al mismo tiempo el paso a otras sendas alternativas hacia destinos más seguros para todos nosotros. Si eso llega suceder, en fin, eso lo cambiará todo.

Los movimientos examinados en estas páginas —las avanzadillas locales de Blockadia que no cesan de multiplicarse, el movimiento por la desinversión en combustibles fósiles y por la reinversión en alternativas, las normativas locales que cierran el paso a la extracción de alto riesgo, las audaces denuncias e impugnaciones judiciales impulsadas por grupos indígenas y otras organizaciones— son manifestaciones iniciales de esa resistencia. Y no solo han localizado varios cuellos de botella sobre los que actuar para ralentizar los planes de expansión de las compañías productoras de combustibles fósiles, sino que, con las alternativas económicas que estos movimientos proponen y construyen, están trazando hojas de ruta que se pueden seguir para vivir dentro de los límites planetarios, hojas de ruta basadas en intrincadas relaciones recíprocas y no en la extracción pura y dura. Esa es la «fricción» a la que se refería Werner, la resistencia que —al ejercerse— pone algún tipo de freno a las fuerzas de la destrucción y la desestabilización.

Cuando flaquea mi fe en las perspectivas de cambio, vuelvo la vista atrás hacia algunas de las cosas de las que he sido testigo durante los cinco años que he tardado en escribir este libro. Sí, de acuerdo, muchos de esos recuerdos son ciertamente dolorosos: desde el joven cuya moral se vino abajo y terminó sollozando sobre mi hombro tras conocer el resultado de la cumbre de Copenhague, hasta los negacionistas climáticos del Instituto Heartland riéndose literalmente del peligro de la extinción colectiva. O desde la mansión campestre inglesa donde un grupo de científicos locos tramaban el modo de tapar el sol, hasta la quietud de las marismas ennegrecidas durante el desastre del vertido de petróleo de BP. O desde el rugir de la tierra en Alberta, hecha pedazos por quienes rascan de ella las arenas bituminosas, hasta la desagradable sorpresa de descubrir que la organización ecologista más grande del mundo se dedicaba también a la extracción petrolera por su cuenta.

Pero esos pensamientos no monopolizan mis recuerdos y reflexiones de todos estos años, ni mucho menos. Cuando inicié esta singladura, la mayoría de los movimientos de resistencia que hacen frente a la renovada fiebre de los combustibles fósiles, o bien no existían aún, o bien representaban meramente una fracción de la magnitud que han alcanzado en la actualidad. Todos ellos estaban sustancialmente más aislados los unos de los otros de lo que están hoy en día. La inmensa mayoría de los norteamericanos no sabían lo que eran las arenas bituminosas. La mayoría de nosotros jamás habíamos oído hablar del *fracking*. En ningún lugar de América del Norte se había producido todavía una marcha verdaderamente masiva contra el cambio climático, ni, menos aún, una movilización de miles de personas dispuestas a ejercer la desobediencia civil para presionar sobre ese tema. Tampoco existía todavía un movimiento de masas a favor de la desinversión en el sector de los combustibles fósiles. Cientos de ciudades y pueblos de Alemania no habían votado aún a favor de recuperar el control público local sobre sus redes eléctricas para formar parte de una revolución de las energías renovables. Ni siquiera mi propia provincia contaba todavía con un programa de energía verde suficientemente ambicioso como para que acabase impugnado ante un tribunal comercial internacional. Las noticias sobre la situación medioambiental que nos llegaban de China eran pésimas casi sin excepción. Había muchos menos estudios del más alto nivel que demostrasen que la meta de economías impulsadas al cien por cien por energías renovables está perfectamente a nuestro alcance. Solo unas pocas voces aisladas osaban poner en tela de juicio la lógica del crecimiento económico. Y pocos climatólogos estaban dispuestos a expresarse sin ambages sobre las implicaciones políticas de sus hallazgos y conclusiones para nuestra enfebrecida cultura de consumo. Todo esto ha cambiado con tal rapidez mientras escribía este libro que yo misma me he visto obligada a darme prisa para mantenerme al ritmo de la evolución de los acontecimientos. Sí, las capas de hielo continentales se están derritiendo a mayor velocidad de lo proyectado en los modelos de hace unos años, pero, al mismo tiempo, la resistencia está empezando a bullir. Y en estos movimientos (los que ya existen y los que ahora nacen) tenemos ya en estos momentos imágenes y ejemplos claros de la dedicación y la imaginación que hará falta que demostremos durante esta «década cero» del cambio climático.

Y es que el registro histórico del carbono no miente. Y lo que ese historial nos dice es que las emisiones continúan creciendo. Cada año que pasa, liberamos más gases de efecto invernadero que el año anterior, y la tasa de crecimiento de las emisiones de tales gases aumenta de una década para otra (gases, por cierto, que continuarán atrapando calor para las generaciones venideras y crearán así un mundo que estará más caliente, más frío, más anegado, más sediento, más hambriento, más disgustado... todo al mismo tiempo). Así que, si alguna esperanza nos queda de invertir semejantes tendencias, esta no se materializará simplemente a base de «imágenes» o «ejemplos». Necesitaremos que esta revolución climática se desenvuelva de forma constante y sin descanso, las veinticuatro horas del día y los siete días de la semana, en todas partes.

Werner tenía razón cuando dijo que los movimientos de resistencia masiva ya han tomado ese timón con anterioridad y muy bien podrían hacerlo de nuevo. Pero, al mismo tiempo, debemos ser conscientes de que, para reducir las emisiones globales al ritmo exigido por las urgentes advertencias de los científicos del clima, estamos obligados a introducir cambios de una velocidad y de una escala ciertamente sobrecogedoras. Cumplir esos objetivos basados en los datos científicos disponibles supondrá forzar a algunas de las empresas más lucrativas y rentables del planeta a sacrificar billones de dólares de ganancias futuras dejando en el subsuelo (tal y como están ahora) la inmensa mayoría de las reservas probadas de combustibles fósiles.[7] También implicará reunir los billones necesarios para sufragar las transformaciones que permitan que nuestras sociedades sean de «carbono cero» y estén mejor preparadas ante los desastres. Y, por supuesto, querremos que estos cambios radicales se hagan de forma democrática, sin baños de sangre; así pues, las vanguardias revolucionarias violentas no nos ofrecerán las hojas de ruta que ahora necesitamos.

Llegados a este punto de la argumentación, queda una gran pregunta crucial por responder: ¿existe algún precedente histórico de una transformación económica de semejante calado? Sabemos que puede tener lugar en tiempo de guerra, cuando los presidentes y los primeros ministros dirigen los cambios necesarios desde arriba. Pero ¿es algo que se haya exigido nunca desde abajo, por parte de la gente corriente, porque sus dirigentes habían abdicado por completo de sus verdaderas responsabilidades? Tras haber repasado bastante concienzudamente la historia de los movimientos sociales en busca de precedentes, debo informar que la respuesta a esa pregunta es harto compleja —como no podía ser de otro modo— y repleta de «más o menos» y «casis», pero también de un «sí» rotundo (como mínimo).

En Occidente, los precedentes más habituales que se invocan para mostrar la capacidad real de los movimientos sociales para actuar como fuerza histórica transformadora son las célebres movilizaciones por los derechos humanos que tuvieron lugar a lo largo de todo el siglo pasado, y entre las que destacan las de los derechos civiles, de las mujeres y de las personas homosexuales. Y todos esos movimientos lograron incuestionablemente cambiar el rostro y la textura de la cultura dominante. Pero el desafío que tiene ante sí el movimiento climático solo podrá superarse por medio de una transformación *económica* profunda y radical, y no hay que olvidar que todos esos movimientos del siglo XX se impusieron más claramente en las batallas legales y culturales que libraron que en las económicas.

El movimiento estadounidense de defensa de los derechos civiles, por ejemplo, no luchó únicamente contra la segregación y la discriminación legalizadas, sino también *a favor de* un aumento considerable de las inversiones en educación y en políticas de empleo para cerrar la brecha económica entre negros y blancos de una vez por todas. En su libro de 1967, *¿Adónde vamos: caos o comunidad?*, Martin Luther King Jr. señalaba que

> el coste práctico del cambio para la nación hasta este punto ha sido bajo. Las reformas limitadas se han obtenido a precios de saldo. Que los negros compartan los comedores, las bibliotecas, los parques, los hoteles y otras dependencias con los blancos no es algo que suponga mayores gastos ni exija un aumento de los impuestos. [...] El coste de verdad tendrá que llegar más adelante. [...] La educación a precios de liquidación que se da hoy a los negros tendrá que ser otra en el futuro, adquirida a su precio íntegro, sin rebajas, si se pretende que sea de verdad una educación de calidad. Cuesta más crear empleos que padrones electorales. La erradicación de barrios y suburbios marginales donde viven millones de personas tiene una complejidad que supera con mucho a la de integrar servicios de autobuses y de comedor.[8]

Y aunque tendemos a olvidarlo, el ala más radical de la segunda oleada del movimiento feminista también propugnaba reformas fundamentales del orden económico del libre mercado. Defendía que las mujeres no solo recibieran igual salario a igual desempeño laboral en los empleos tradicionales, sino que vieran también reconocido y compensado su trabajo en el hogar como cuidadoras de niños y personas mayores, ya que esta no dejaba de ser una inmensa subvención (no reconocida) que ellas aportaban al mercado en general. Lo que estas feministas reivindicaban era, en esencia, una redistribución de la riqueza a una escala más considerable aún que la impulsada durante el New Deal.

Pero, como bien sabemos, aun cuando estos movimientos ganaron enormes batallas contra la discriminación de carácter institucional, se les resistieron aquellas otras victorias que, por emplear las palabras del propio King, no se pueden conseguir «a precios de saldo». Ni hubo inversiones masivas en empleos, escuelas y viviendas dignas para los afroamericanos, ni el movimiento feminista de los años setenta consiguió que fuera atendida su demanda de un «salario para el trabajo doméstico» (de hecho, los permisos por maternidad remunerados siguen siendo un contencioso abierto en muchos lugares del mundo). Compartir un mismo estatus legal es una cosa; compartir unos mismos recursos es otra bien distinta.

Si alguna excepción hay a esa regla general, es la de las enormes conquistas obtenidas por el movimiento obrero en los años posteriores al comienzo de la Gran Depresión. La oleada de sindicación masiva que se produjo entonces obligó a los propietarios a compartir muchísima más riqueza con sus trabajadores de la que compartían hasta entonces, lo que, a su vez, contribuyó a generar un contexto propicio a la reivindicación de políticas sociales ambiciosas como la instauración de una Seguridad Social y de un seguro por desempleo (programas de los que la mayoría de los afroamericanos y muchas mujeres trabajadoras quedaron flagrantemente excluidos). Además, en respuesta al crac de los mercados de 1929, se introdujeron nuevas normas más duras de regulación del sector financiero, sin importar que estas impusieran un coste real a quienes buscaban ganancias sin barreras ni trabas. En ese mismo periodo, la presión de los movimientos sociales generó las condiciones propicias para el New Deal y para otros programas parecidos en el resto del mundo industrializado. Amparados en ellos, los Gobiernos realizaron inversiones masivas en infraestructuras públicas —de servicios, sistemas de transporte, vivienda, etcétera— a una escala comparable a la requerida por la crisis climática en la actualidad.

Si extendemos la búsqueda de precedentes históricos a un ámbito más global (tarea imposiblemente inmensa en este contexto, pero que merece la pena intentar, al menos), las lecciones que extraemos son igualmente desiguales. A partir de la década de 1950, varios Gobiernos socialistas elegidos democráticamente optaron por nacionalizar buena parte de sus sectores extractivos y empezaron a redistribuir hacia sus clases pobre y media la riqueza que anteriormente huía de sus países en dirección a cuentas bancarias en el extranjero. Destacaron en ese sentido los casos de Mohamed Mosadeq en Irán y de Salvador Allende en Chile. Pero fueron experimentos interrumpidos por golpes de Estado auspiciados desde el extranjero y que, por lo tanto, no pudieron alcanzar ni demostrar todo su potencial. De hecho, los movimientos de independencia poscoloniales —que, en no pocos casos, tenían entre sus propósitos centrales poner fin a la concentración injusta de los recursos del país (tierras, minerales, etcétera) en unas pocas manos— fueron sistemáticamente saboteados, no ya por la corrupción de las propias élites locales de esos países, sino también con asesinatos políticos, con interferencias de potencias extranjeras y, en fecha más reciente, con la servidumbre impuesta por los programas de ajuste estructural con los que se ha obligado a tragar a esos países para que afronten su deuda externa.

Incluso la increíblemente triunfal batalla contra el *apartheid* en Sudáfrica sufrió sus derrotas más significativas en el frente de la igualdad económica. Conviene recordar que los combatientes por la libertad en ese país no solamente reivindicaban el derecho al voto y a la libertad de movimientos. También luchaban por la nacionalización de sectores clave de la economía (la minería y la banca, entre ellos), como bien se ponía de manifiesto en la Carta de Libertades, programa oficial del Congreso Nacional Africano, pues con sus ingresos se pretendía sufragar las políticas sociales que sacarían de la pobreza a millones de habitantes de los marginados *townships* (guetos) del país. Los sudafricanos negros terminaron venciendo sus batallas fundamentales en el terreno legal y electoral, pero la riqueza acumulada durante el régimen del *apartheid* se mantuvo intacta en manos de quienes ya la tenían y la pobreza no ha dejado de hacerse significativamente más profunda durante la era post-*apartheid*.[9]

Sí ha habido movimientos sociales, no obstante, que han combatido con éxito el enquistamiento de las desigualdades de riqueza y renta con métodos y resultados comparables con los que los movimientos actuales deben desplegar y propiciar si queremos evitar la catástrofe climática. Me refiero a los movimientos por la abolición de la esclavitud y por la independencia del Tercer Mundo de sus anteriores potencias coloniales. Ambos movimientos transformadores obligaron a las élites gobernantes a renunciar a prácticas que les resultaban extraordinariamente lucrativas (tanto, más o menos, como la extracción de combustibles fósiles les resulta a las élites de hoy en día).

En concreto, el movimiento abolicionista nos enseña que una transición tan amplia y profunda como esta otra que tenemos hoy pendiente ya ha sucedido con anterioridad y, de hecho, es recordada como uno de los grandes momentos de la historia de la humanidad. Las repercusiones económicas de la abolición de la esclavitud a mediados del siglo XIX muestran algunos paralelismos sorprendentes con las que tendría la reducción radical de las emisiones, tal como han comentado diversos historiadores y analistas. El periodista y presentador Chris Hayes, en un galardonado ensayo de 2014 titulado «El nuevo abolicionismo», apuntaba que «el movimiento por la justicia climática está reivindicando actualmente que se obligue a renunciar a una fuente de ingresos y de patrimonio de billones de dólares a todo un conjunto de sectores políticos y económicos interesados en mantenerla». Su conclusión era que «es imposible señalar ningún precedente histórico de algo así salvo el de la abolición» de la esclavitud.[10]

No cabe duda de que, para un amplio sector de la clase dirigente de aquel entonces, perder el derecho legal a explotar la mano de obra esclava de otros hombres y mujeres representó un tremendo revés económico, tan considerable como el que ciertas compañías y empresarios, desde Exxon hasta Richard Branson, se expondrían a encajar hoy en día. Como bien ha escrito el historiador Greg Grandin, «en el terreno de la economía, la importancia de los esclavos trascendía con mucho la riqueza generada por su trabajo no remunerado. La esclavitud fue el eje sobre el que giró la revolución mercantil americana, no solo en Estados Unidos, sino en el resto del continente también». En el siglo XVIII, las plantaciones de azúcar del Caribe, que dependían por completo de la mano de obra esclava, eran con diferencia los establecimientos más lucrativos del Imperio británico y generaban ingresos que superaban con mucho a los de las otras colonias. En *Enterrad las cadenas*, Adam Hochschild cita las palabras de los entusiastas comerciantes de esclavos de entonces, para quienes la compra y la venta de seres humanos era «el gozne en el que se articula todo el comercio de este mundo nuestro» y «los cimientos de nuestro comercio [...] y la causa fundamental de nuestra industria y de nuestra riqueza nacionales».[11]

Aun sin ser equivalente, la dependencia que la economía estadounidense tenía de la mano de obra esclava —especialmente en los estados sureños— sí es comparable con la dependencia de los combustibles fósiles que evidencia la economía global moderna.* Según el historiador Eric Foner, al comienzo de la guerra de Secesión estadounidense, «los esclavos como propiedad valían más que todos los bancos, fábricas y ferrocarriles

---

* La dependencia no se limitaba, ni mucho menos, a los estados del sur. Varias investigaciones históricas avanzadas se han dedicado recientemente a acabar con la impresión —muy arraigada desde hace tiempo— de que el norte y el sur de Estados Unidos tenían economías diferenciadas y muy difíciles de conciliar durante ese periodo. Lo cierto es que tanto los industriales del norte como Wall Street eran mucho más dependientes de la esclavitud (y estaban mucho más vinculados con ella) de lo que se ha supuesto con frecuencia. Hay incluso trascendentales innovaciones en campos como la organización científica del trabajo y la contabilidad cuyos orígenes se remontan a la economía americana de las plantaciones.

del país juntos». En una apreciación que refuerza aún más el paralelismo con los combustibles fósiles, Hayes señala que, «en 1860, los esclavos representaban aproximadamente el 16 % del patrimonio familiar total —es decir, de toda la riqueza— del conjunto [de Estados Unidos], lo que en valores actuales representaría la friolera de 10 billones de dólares». Esa cifra puede considerarse muy similar a la valoración que se da a las reservas de carbono que en todo el mundo deberían mantenerse en el subsuelo, sin extraerse, para tener unas probabilidades muy razonables de mantener el calentamiento por debajo de los 2 °C.[12]

Pero la analogía, como todos estos autores y analistas reconocen, dista mucho de ser perfecta. Consumir combustibles fósiles no es una práctica que pueda considerarse moralmente equivalente en modo alguno a poseer esclavos u ocupar países. (Aun cuando dirigir una compañía petrolera que sabotea activamente la labor de la ciencia del clima, que ejerce una agresiva presión política contra la aplicación de controles de emisiones y que, al mismo tiempo, reclama su presunto derecho a explotar reservas de carbono sepultado cuya extracción podría sumergir bajo las aguas del mar a una nación tan populosa como Bangladesh o poner en ebullición las temperaturas del África subsahariana, es sin duda un crimen moral abominable.) Tampoco puede decirse que la acción de los movimientos que pusieron fin a la esclavitud y derrotaron a los dominadores coloniales fuese ni mucho menos incruenta: algunas tácticas no violentas, como los boicots y las manifestaciones, desempeñaron un importante papel en esas luchas, pero la esclavitud no se ilegalizó en el Caribe hasta que no se hubieron sucedido numerosas rebeliones de esclavos con el correspondiente sinfín de brutales represiones a las que dieron lugar. Y, claro está, la abolición no llegó en Estados Unidos hasta después de la matanza que la guerra de Secesión supuso en ese país.

Otro problema que resta fuerza a la analogía es que, si bien la liberación de millones de esclavos durante ese periodo —unos 800.000 en las colonias británicas y unos 4 millones en Estados Unidos— representa la mayor victoria de su época (y, posiblemente, de cualquier otra) en el terreno de los derechos humanos, aquella lucha por la emancipación tuvo mucho menos éxito en su faceta económica. Las élites locales e internacionales consiguieron arrancar en muchos casos abultadas compensaciones por sus «pérdidas» en propiedades humanas y ofrecieron muy poco (o nada) a los antiguos esclavos para iniciar su nueva vida como personas libres. El Gobierno de Washington, por ejemplo, incumplió su promesa (realizada cerca del final de la guerra de Secesión) de conceder a los esclavos manumisos amplias parcelas de terreno en el sur estadounidense (un compromiso conocido coloquialmente como la promesa de «cuarenta acres y una mula»). En vez de ello, las tierras fueron devueltas finalmente a los antiguos dueños de esclavos, que procedieron entonces a explotarlas con «trabajadores no abonados» que las labraban como aparceros, aunque vinculados mediante un contrato de servidumbre. Gran Bretaña, como ya se ha comentado, otorgó fabulosos pagos compensatorios a los dueños de esclavos en el momento de la abolición. Y Francia llegó incluso a despachar una flota de guerra hasta Haití para exigir a aquella nación recientemente liberada el pago de una ingente suma de dinero a la Corona francesa en concepto de indemnización por la pérdida de su mano de obra esclava.[13] Reparaciones, sí, pero al revés.

Los costes de estas (y otras muchas) extorsiones pavorosamente injustas continúan pagándose aún con vidas humanas en muchos sitios, desde Haití hasta Mozambique. Estas reparaciones al revés cargaron a muchas naciones recién liberadas (y a sus pueblos) con deudas abominables que las privaban de disfrutar de una verdadera independencia, al tiempo que aceleraban la Revolución Industrial de Europa, cuya extrema rentabilidad sin duda suavizó el golpe económico de la abolición. El final real de la era de los combustibles fósiles sería muy diferente en ese sentido, pues no ofrecería a las grandes empresas e inversores de las industrias del petróleo, el gas y el carbón ningún premio de consolación equivalente a los que recibieron los esclavistas. Con las energías solar y eólica se puede ganar dinero, desde luego. Pero por su propio carácter descentralizado, jamás podrán proporcionar los superbeneficios concentrados que los titanes de los combustibles fósiles tanto se han acostumbrado a declarar año tras año. Dicho de otro modo, si la justicia climática se impone, los costes económicos para nuestras élites serán reales, no solo por el carbono que se deje en el subsuelo sin extraer, sino también por las regulaciones, los impuestos y las políticas sociales que habrá que aplicar para emprender la transformación general necesaria. En realidad, estas nuevas contribuciones exigidas a los ultrarricos podrían suponer, en la práctica, el fin de la era de los oligarcas de Davos, libres y sin compromiso.

La liberación, ese proceso inacabado

Hasta cierto punto, esa incapacidad de muchos grandes movimientos sociales para materializar aquellas partes de sus proyectos que tenían precios más abultados puede ser vista como una invitación a dejarnos llevar por la inercia o, incluso, por la desesperanza. Si fracasaron en sus planes de instaurar un sistema económico más equitativo, ¿qué probabilidades de éxito puede tener el movimiento climático en ese mismo terreno?

Sin embargo, existe otro modo de ver ese historial. Todas las reivindicaciones económicas aquí expuestas (unos servicios públicos que funcionen, una vivienda digna, una adecuada redistribución de las tierras) no representan otra cosa que temas que dejaron pendientes los movimientos de liberación más potentes de los dos siglos pasados: desde el de los derechos civiles hasta el feminista, pasando por el de la soberanía indígena. Las ingentes inversiones globales que se requieren para responder a la amenaza climática —para que nos adaptemos humana y equitativamente a la fuerte variabilidad meteorológica en la que estamos y de la que no podremos librarnos, pero también para que conjuremos la posibilidad de un calentamiento verdaderamente catastrófico, que aún estamos a tiempo de evitar— constituyen una oportunidad para cambiar todo eso y para que, esta vez, lo hagamos bien. Podrían producir la redistribución equitativa de tierras agrícolas que tendría que haber seguido a la independencia de los regímenes coloniales y dictatoriales; podrían traer el empleo y las viviendas que soñó Martin Luther King; podrían hacer llegar puestos de trabajo y agua limpia hasta las comunidades nativas; y podrían servir para encender por fin las luces y abrir los grifos del agua corriente en todos los *townships* sudafricanos. Esa es la esperanza que encierra en sí misma la promesa de un «Plan Marshall» para la Tierra.

Que nuestros más heroicos movimientos por la justicia social vencieran en el frente legal pero sufrieran grandes derrotas en el económico supone precisamente el motivo por el que nuestro mundo sigue siendo tan fundamentalmente desigual e injusto. Esas derrotas han dejado tras de sí un legado de discriminación continuada, dobles raseros y pobreza arraigada, una pobreza que se profundiza, además, con cada nueva crisis. Pero, al mismo tiempo, las batallas que esos movimientos sí ganaron son la razón por la que tenemos aún una serie de instituciones —desde bibliotecas hasta sistemas públicos de transporte y de hospitales— basadas en la «descabellada» idea de que la igualdad real implica un acceso igualitario a aquellos servicios básicos que permiten que una persona tenga una vida digna. Y lo más crucial del caso es que todos estos movimientos anteriores siguen librando (de un modo u otro) sus particulares luchas hoy en día; luchas por el reconocimiento pleno de los derechos humanos y la igualdad de las personas con independencia de su origen étnico, su género o su orientación sexual; por una descolonización y una reparación reales; por la seguridad alimentaria y los derechos de los agricultores; contra el dominio de las oligarquías; y por la defensa y la expansión del sector público.

Así pues, el cambio climático no pide a gritos un movimiento nuevo y reluciente que triunfe por arte de magia allí donde otros fracasaron. Todo lo contrario. Por el mero hecho de ser la crisis de más amplias implicaciones generada por la cosmovisión extractivista, una crisis que sitúa a la humanidad ante un plazo límite firme e inflexible, el cambio climático puede constituir la fuerza —el gran empujón, por así decirlo— que reúna a todos esos movimientos que se mantienen actualmente con vida. Un río de aguas vigorosas alimentado por incontables afluentes de los que recoge la fuerza colectiva necesaria para alcanzar finalmente el mar. «La confrontación fundamental, que parecía ser la del colonialismo y el anticolonialismo, es decir, el capitalismo y el socialismo, pierde importancia —escribió Frantz Fanon en su clásico de 1961 *Los condenados de la Tierra*—. Lo que cuenta ahora, el problema que cierra el horizonte, es la necesidad de una redistribución de las riquezas. La humanidad, so pena de verse sacudida, debe responder a este problema.»[14] El cambio climático es nuestra oportunidad de corregir por fin esos enconados males, de terminar el proceso inacabado de la liberación.

Para ganar se necesitará sin duda la convergencia de diversos sectores de interés a una escala desconocida hasta ahora. Porque, aunque no exista ninguna analogía histórica perfecta con la que comparar el desafío que representa el cambio climático, sí hay lecciones que se pueden aprender de los movimientos transformadores del pasado. Una de ellas es que, cuando se producen grandes variaciones en el equilibrio de poder económico, son siempre el resultado de unos niveles extraordinarios de movilización social. En tales coyunturas, el activismo pasa a ser algo más que la acción de una pequeña tribu dentro de una cultura (como podría ser una vanguardia de radicales, una subcategoría de hábiles y estilosos profesionales, etcétera, aun cuando todos esos sectores tengan reservado un papel) para convertirse en una actividad perfectamente normal a lo largo y ancho de la sociedad, ejercida desde todo tipo de colectivos: asociaciones de arrendatarios, cuerpos de voluntarias, clubes de jardinería y horticultura, asociaciones de vecinos, sindicatos, colegios profesionales, equipos deportivos, ligas juveniles, etcétera, etcétera. Durante momentos históricos extraordinarios (como fueron los de las dos guerras mundiales, los años posteriores a la Gran Depresión o el momento álgido de la lucha del movimiento de los derechos civiles), las categorías que habitualmente separan a los «activistas» de la «gente corriente» dejaron de tener sentido porque el proyecto de cambio de la sociedad arraigó en el proyecto mismo de la vida cotidiana. Los activistas eran, por así decirlo, todos y cada uno de los ciudadanos.

Esto nos lleva de vuelta a la idea con la que empezamos este libro: el cambio climático y la inoportunidad del momento actual. Siempre debemos recordar que la mayor barrera para que la humanidad esté a la altura del reto que plantea la crisis climática actual no estriba en que sea ya demasiado tarde para ello ni en que no sepamos qué hacer para afrontarlo. Queda el tiempo justamente suficiente y andamos sobrados de planes y tecnologías verdes. Sin embargo, la razón por la que muchos de nosotros nos inclinamos a creer que la respuesta a la provocadora pregunta formulada por Brad Werner es afirmativa es que tememos (y no nos faltan motivos para ello) que nuestra clase política sea absolutamente incapaz de aprovechar esas herramientas e implantar esos planes, porque para ello tendría que desaprender los postulados básicos de la asfixiante ideología del libre mercado que ha presidido todos y cada uno de los pasos de su ascenso al poder.

Y no se trata solamente de las personas a quienes votamos para que fueran nuestras autoridades políticas y de las que luego tanto nos quejamos; se trata también de nosotros mismos. Al ver las crepitantes filmaciones en blanco y negro de las huelgas generales de los años treinta, o de los huertos de la victoria en los años cuarenta, o de los «pasajeros de la libertad» que desafiaron las normas segregacionistas en los autobuses del sur estadounidense en la década de 1960, a la mayoría de quienes vivimos en las sociedades posindustriales nos cuesta mucho imaginarnos siendo parte de ninguna movilización de esa hondura y escala. Eso estaba bien para aquella gente —nos decimos—, pero no para nosotros, que vivimos con la vista pegada a nuestros teléfonos inteligentes, que no somos ya capaces de centrar nuestra atención en nada durante mucho tiempo (acostumbrados como estamos a dejarnos llevar por el atractivo de los enlaces-cebo en internet), que mantenemos lealtades divididas por culpa de las cargas de nuestro endeudamiento y de las inseguridades del trabajo asalariado. ¿Dónde nos organizaríamos? ¿En quiénes confiaríamos lo suficiente para que nos lideraran? Y, por cierto, ¿quiénes somos esos «nosotros»?

Somos, por así decirlo, productos de nuestro tiempo y de un proyecto ideológico dominante que nos ha enseñado muchas veces a vernos a nosotros mismos como poco más que individuos que buscan gratificación y que tratan de maximizar su propia ventaja particular, y que, al mismo tiempo, ha amputado los lazos que tantos de nosotros manteníamos con comunidades más amplias, esas comunidades que, gracias a la suma de habilidades de sus componentes, sí tienen la capacidad necesaria para resolver toda clase de problemas, grandes y pequeños. Ese proyecto ideológico también ha inducido a nuestros Gobiernos a mantenerse inútilmente a la espera más de dos decenios, durante los que la crisis del clima fue mudando de un problema «para nuestros nietos» en otro que llama ya a aldabonazos a nuestra puerta.

Todo esto explica por qué no habrá ningún intento de hacer frente al desafío climático que fructifique si no se entiende como parte de una batalla mucho más amplia entre cosmovisiones enfrentadas, como algo enmarcado en un proceso de reconstrucción y reinvención de la idea misma de lo colectivo, lo comunitario, lo comunal, lo civil y lo cívico tras tantas décadas de ataques y abandono. Porque lo que verdaderamente nos sobrecoge del reto climático son las muchas reglas que exige que rompamos a la vez, reglas inscritas en las legislaciones nacionales y los acuerdos comerciales, pero también poderosas normas no escritas que vienen a decirnos que ningún Gobierno puede decidirse a aumentar impuestos sin que ello le cueste el poder, ni puede negarse a una gran inversión (por perjudicial que esta pueda ser), ni puede hacer planes para ir contrayendo gradualmente aquellas partes de nuestras economías que nos ponen a todos en peligro.

Pero todas y cada una de esas reglas surgieron de la misma y coherente cosmovisión. Si deslegitimamos esa visión del mundo, todas las reglas en ella contenidas se debilitarán y serán más vulnerables. Esta es otra lección que cabe extraer de la historia de los movimientos sociales de todos los colores políticos: cuando llega un cambio fundamental, generalmente no es en forma de un goteo legislativo distribuido regularmente a lo largo de décadas, sino en brotes espasmódicos de febril actividad legislativa, en los que los avances en ese terreno se suceden rápidamente unos a otros. La derecha llama a esto «terapia de choque» (o de *shock*); la izquierda de algunos países lo ha llamado en diversos momentos de la historia «populismo» (entendido como alternativa a la oligarquía y a la aristocracia) porque requiere de una movilización y un apoyo populares muy elevados para que tenga lugar. (Pensemos, por ejemplo, en la arquitectura regulatoria que surgió durante el periodo del New Deal, o, ya que estamos en ello, en la legislación medioambiental de las décadas de 1960 y 1970.)

Pues, bien, ¿cómo se cambia una cosmovisión, una ideología que no se cuestiona? En parte, eligiendo correctamente las batallas políticas iniciales: luchando en aquellas que no aspiran simplemente a cambiar leyes, sino también a modificar pautas de pensamiento. Eso significa que embarcarse en una campaña a favor de un impuesto mínimo sobre el carbono puede ser mucho menos útil que, por ejemplo, formar una gran coalición dedicada a reivindicar la instauración de una renta mínima garantizada, y no solo porque una renta mínima posibilite que los trabajadores tengan una tabla de salvación a la que acogerse que les permita renunciar a empleos en sectores energéticos sucios, sino también porque el proceso mismo de defender una red de protección social universal abre un espacio para un debate público sobre los valores, sobre lo que nos debemos unos a otros sobre la base de nuestra condición humana compartida, y sobre qué valoramos colectivamente más que el crecimiento económico y la rentabilidad de las grandes empresas.

De hecho, gran parte del trabajo que se necesita invertir para obrar cualquier cambio social profundo consiste en mantener debates durante los que puedan explicarse y hacerse públicos nuevos relatos que reemplacen a los que nos han fallado hasta ese momento. Porque si queremos tener la más mínima esperanza de que nuestra civilización dé el salto que las circunstancias nos exigen que demos durante esta fatídica década, tendremos que comenzar a creer de nuevo que los seres humanos no somos irremediablemente egoístas y codiciosos (que es la imagen de nosotros mismos que se nos ha vendido desde toda clase de foros e instancias que van desde los programas de telerrealidad hasta las teorías de la economía neoclásica).

Paradójicamente, esto también podría permitirnos tener una mejor comprensión de nuestra inacción climática personal, lo que posibilitaría que muchos de nosotros viéramos los fallos del pasado (y del presente) con compasión y no desde el enfado o la indignación. ¿Y si parte del motivo por el que muchos de nosotros no hemos actuado hasta el momento no radica tanto en que seamos demasiado egoístas para preocuparnos por un problema abstracto o aparentemente distante, sino en que nos hemos visto completamente sobrepasados por lo mucho que nos preocupa? ¿Y si hemos estado callados no por conformidad, sino, en parte, porque carecemos de los espacios colectivos desde los que hacer frente al terror descarnado que nos produce la idea del ecocidio? Después de todo, nadie debería enfrentarse en solitario al fin del mundo tal como lo conocemos. Como bien explica la socióloga Kari Norgaard en *Living in Denial*, un fascinante análisis de cómo casi todos nosotros reprimimos la conciencia plena de la realidad de la crisis climática, «la negación puede —y creo que debe— entenderse como un testimonio de nuestra capacidad humana para la empatía, la compasión y una sensación subyacente de imperativo moral de reacción, aun cuando no la pongamos en práctica».[15]

La tarea consiste fundamentalmente en articular, no solo un conjunto alternativo de propuestas políticas, sino una visión alternativa del mundo que rivalice con la que late en el corazón mismo de la crisis ecológica: una cosmovisión fundada en la interdependencia antes que en el hiperindividualismo, en la reciprocidad antes que en la dominación, y en la cooperación antes que en la jerarquización. Todo esto es necesario, no ya para crear un contexto político propicio a la reducción extraordinaria de los niveles de emisiones, sino también porque nos ayudará a afrontar aquellos desastres que ya no podremos evitar. Porque en el cálido y tormentoso futuro que hemos convertido en inevitable con nuestras emisiones pasadas, la fe inquebrantable en la igualdad de derechos de todas las personas y la capacidad para la compasión más profunda serán los únicos baluartes que se interpondrán entre la civilización y la barbarie.

He ahí otra lección más que aprender de los movimientos transformadores del pasado: todos ellos entendieron que el proceso de cambio de los valores culturales —pese a su carácter efímero y su difícil cuantificación— era un elemento central de su labor. Y por eso soñaron en público, mostraron a la humanidad una versión mejor de sí misma, sirvieron de modelo para unos valores diferentes con su propia conducta, y, siguiendo ese proceso, liberaron la imaginación política y alteraron rápidamente la conciencia de lo que era posible y lo que no. Tampoco rehuyeron el lenguaje de la moralidad; dieron descanso a los argumentos pragmáticos, de mero coste-beneficio, y hablaron del bien y del mal, del amor y de la indignación.

En *La riqueza de las naciones*, Adam Smith atacó la esclavitud con un argumento que nada tenía que ver con la moral y sí mucho con la rentabilidad puramente económica. El trabajo de la mano de obra asalariada, sostuvo él, «llega al final a ser más barato que el realizado por esclavos»: por una parte, los propietarios de esclavos tienen que responsabilizarse de los elevados «gastos de mantenimiento» de sus propiedades humanas, pero, por otra, además, los trabajadores remunerados están más incentivados para desempeñar mejor sus labores.[16] Eran muchos los abolicionistas de ambas orillas del Atlántico que suscribían tan pragmáticas tesis.

Sin embargo, a medida que el impulso de la campaña para abolir el comercio de esclavos (y, más tarde, la esclavitud en general) fue cobrando fuerza en Gran Bretaña a finales del siglo XVIII, gran parte de los miembros del movimiento abolicionista fueron dedicando un énfasis considerablemente mayor a denunciar las farsas morales de la esclavitud y la corrosiva cosmovisión que las hacía posibles. En 1808, el abolicionista británico Thomas Clarkson escribió que la batalla por la ilegalización del comercio de esclavos era «una contienda entre quienes se preocupan honda y sinceramente por la felicidad y el honor de sus congéneres, y aquellos otros que, por depravada costumbre y por el impulso de la avaricia, han pisoteado los derechos sagrados de su naturaleza y han tratado incluso de borrar toda traza de la imagen divina de sus cabezas».[17]

La retórica y los argumentos de los abolicionistas estadounidenses podían ser más crudos e intransigentes incluso. En un discurso de 1853, el afamado orador antiesclavista Wendell Phillips insistió en su derecho a denunciar a quienes defendían la esclavitud con mayor vehemencia:

> Que alguien me demuestre ahora que la represión severa, la denuncia indignada, el sarcasmo hiriente y la ridiculización despiadada son siempre y completamente injustificables; porque si no, no osaremos, en circunstancias tan desesperadas como las actuales, renunciar a ninguna arma que pueda quebrar la costra tras la que se escuda un prejuicio ignorante, o despertar una conciencia dormida, o avergonzar a un pecador que se enorgullece de su pecado, o cambiar en modo alguno la conducta de un ser humano. Nuestra meta es cambiar la opinión pública.

Indispensables para tal objetivo fueron las voces de los propios esclavos libertados, personas como Frederick Douglass, quien, en sus escritos y su oratoria, puso en cuestión los cimientos mismos del patriotismo americano con preguntas como «¿qué es vuestro 4 de Julio para el esclavo estadounidense?».[18]

Esta retórica exaltada y fuertemente tendente a la polarización fue habitual en una batalla como aquella, en la que había muchísimo en juego. Como ha escrito el historiador David Brion Davis, los abolicionistas comprendieron que lo que se proponían no era simplemente prohibir una práctica aborrecible, sino también intentar un cambio en los valores profundamente afianzados que habían hecho que la esclavitud resultara aceptable de entrada. «La abolición de la esclavitud en el Nuevo Mundo dependió en buena medida de una gran transformación de la percepción moral, es decir, del surgimiento de escritores, oradores y reformadores, a partir de mediados del siglo XVIII, que estaban dispuestos a condenar una institución sancionada por la costumbre durante miles de años y que también aspiraban a convertir la sociedad humana en algo más que una pugna interminable de codicia y poder.»[19]

Esta misma comprensión de la necesidad de afirmar el valor intrínseco de la vida es un elemento central de todas las grandes victorias del progresismo, desde el sufragio universal hasta la sanidad universal. Aunque todos esos movimientos sin excepción incluyeron argumentos económicos dentro de su defensa general de la justicia, no vencieron porque pusieran un valor monetario al reconocimiento de la igualdad de derechos y libertades. Vencieron porque afirmaron que esos derechos y libertades eran inconmensurablemente valiosos e inherentes a todos y cada uno de nosotros. También hoy tenemos sobrados y sólidos argumentos económicos para dejar atrás los combustibles fósiles y cada vez son más los inversores que se están dando cuenta de ello. Y eso es relevante, sin duda. Pero no ganaremos la batalla por la estabilización del clima tratando de vencerlos en su terreno y con sus argumentos; es decir, arguyendo, por ejemplo, que resulta más eficiente desde el punto de vista de los costes invertir en la reducción de emisiones ahora que en la respuesta contra los desastres más adelante. Sí venceremos, sin embargo, afirmando que semejantes cálculos son una monstruosidad moral, ya que implican la existencia de un presunto precio a partir del cual resultaría aceptable permitir que países enteros desaparecieran, o dejar que millones de personas murieran de sed e inanición sobre un terreno reseco, o privar a los niños de hoy de su derecho a vivir en un mundo rebosante de las maravillas y las bellezas de la creación.

El movimiento climático tiene todavía que encontrar la fuerza para entonar su melodía moral a pleno pulmón en la escena mundial, pero, desde luego, ya está aclarando la voz; concretamente, está empezando a poner a la altura de los crímenes más censurables de la historia todos esos robos y suplicios muy reales que ocurren como consecuencia ineluctable cuando los Gobiernos y las empresas se burlan de los compromisos internacionales sobre el clima. Algunas de esas voces que cantan hoy muy claramente todas esas verdades morales son las de activistas muy jóvenes, que reivindican justicia intergeneracional desde las calles, pero también (cada vez más) desde los tribunales. Algunas son de protagonistas de grandes movimientos de justicia social del pasado, como es el caso del Nobel de la Paz Desmond Tutu, antiguo arzobispo de Ciudad del Cabo, que se ha sumado con entusiasmo al movimiento por la desinversión en combustibles fósiles proclamando que «el de custodios de la creación no es un título vacío; nos obliga a actuar y a hacerlo con toda la urgencia que la funesta situación actual requiere».[20] Pero, por encima de todo, esas voces que llaman a la acción son las que nos llegan desde los diversos frentes de Blockadia, las de esas personas cuyas vidas se ven más directamente afectadas tanto por la extracción de alto riesgo de combustibles fósiles como por la desestabilización climática temprana que ya padecemos.

Y, DE REPENTE, TODO EL MUNDO

En los últimos años, ha habido muchos momentos en los que diferentes sociedades han decidido de pronto que ya estaban hartas y han querido expresarlo abiertamente, desafiando todas las previsiones de expertos y analistas. Entre ellos se incluyen desde la Primavera Árabe (con su particular reguero de tragedias, traiciones, etcétera) hasta el llamado «movimiento de las plazas» en Europa (donde los manifestantes ocuparon el centro de diversas ciudades durante meses), pasando por Occupy Wall Street y los movimientos estudiantiles en Chile y Quebec. El periodista mexicano Luis Hernández Navarro se ha referido a esos raros momentos políticos en los que el cinismo parece derretirse con solo tocarlo como la «efervescencia de la rebelión».[21]

Lo más llamativo de estos vuelcos, durante los que las sociedades se ven engullidas por la demanda de un cambio transformador, es que muy a menudo cogen a todos los observadores por sorpresa, pero especialmente a los propios organizadores de esos movimientos. Es una historia que ya he oído contar muchas veces: «El día antes, estábamos solo mis amigos y yo, soñando con planes imposibles, y al día siguiente, todo el país parecía estar allí, en la plaza, junto a nosotros». Y la sorpresa de verdad, para todos los implicados, es que nos damos cuenta de que somos muchos más de los que nos habían dicho que éramos; que anhelamos más y que, en ese anhelo, estamos más acompañados de lo que jamás habíamos imaginado.

Nadie sabe cuándo surgirá el próximo momento de efervescencia de ese tipo, ni si vendrá precipitado por una crisis económica, por otro desastre natural, o por algún escándalo político. Lo que sí sabemos es que, desgraciadamente, en un mundo que se calienta año tras año, no faltarán los desencadenantes potenciales. Sivan Kartha, científico titular del Instituto de Medio Ambiente de Estocolmo, lo plantea así: «Lo que hoy nos parece políticamente realista puede tener muy poco que ver con lo que nos parezca políticamente realista después de que unos cuantos huracanes Katrina, "supertormentas" Sandy y tifones Bopha más nos hayan azotado».[22] Es verdad. El mundo tiende a parecernos diferente cuando los objetos y pertenencias que nos ha costado toda una vida acumular son arrastrados de pronto por la corriente de una riada, calle abajo, o convertidos en pedazos y reducidos a escombros y basura.

Tampoco el mundo actual se parece mucho al de finales de la década de 1980. El cambio climático, como hemos visto, saltó a la agenda pública en un ambiente de apoteosis del liberalismo económico y de triunfalismo de quienes anunciaban el «fin de la historia»: un momento ciertamente inoportuno. Pero se ha convertido en un asunto de vida o muerte en una coyuntura histórica muy distinta. Muchas de las barreras que paralizaron entonces una respuesta seria a la crisis están hoy sensiblemente desgastadas. La ideología del libre mercado ha quedado desacreditada tras décadas de desigualdad y corrupción crecientes, que le han restado buena parte de su anterior poder persuasivo (aunque no de su poder político y económico). Y las diversas formas de pensamiento mágico en las que tantas (y muy preciosas) energías se habían malgastado —desde la fe ciega en los milagros tecnológicos hasta el culto a los multimillonarios benevolentes— también están perdiendo su anterior influjo con bastante rapidez. Poco a poco, somos muchos los que vamos cayendo en la cuenta de que nadie va a venir a salvarnos de esta crisis, y de que, para que se produzca algún cambio, el liderazgo tendrá que brotar desde abajo, desde las propias bases de la sociedad.

Por otro lado, también estamos significativamente menos aislados los unos de los otros de lo que estábamos incluso hace tan solo una década. Las nuevas estructuras edificadas sobre los escombros del neoliberalismo —los medios sociales, las cooperativas de trabajadores, los mercados de frutas y hortalizas directas del productor, los bancos locales de bienes compartidos, etcétera— nos han ayudado a encontrar comunidades donde hasta hace poco no existía nada más que la fragmentación característica de la vida posmoderna. De hecho, gracias en particular a los medios sociales, muchísimos de nosotros participamos continuamente en una conversación global cacofónica que, por exasperante que pueda resultar en ocasiones, carece de precedentes comparables en cuanto a su alcance y su poder.

En vista de todos estos factores, no cabe duda de que la próxima crisis nos llevará de nuevo a las calles y a las plazas, lo que volverá a cogernos a todos por sorpresa. La verdadera pregunta que cabe formularse es qué harán las fuerzas progresistas con ese momento, y con qué poder y confianza lo aprovecharán. Porque esos momentos en los que lo imposible de pronto parece posible son muy raros y preciosos. Eso significa que debemos sacarles el mayor partido posible. La próxima vez que surja uno de ellos, debe utilizarse no solo para denunciar lo mal que está el mundo y para acotar unos fugaces espacios liberados en el centro de las grandes ciudades, sino que debe ser el catalizador que facilite la reacción que nos conduzca a construir realmente el mundo en el que todos podamos estar seguros. Hay demasiado en juego —y es muy poco el tiempo que nos queda— como para que nos conformemos con menos.

Hace un año, mientras cenaba con unos amigos que acababa de conocer en Atenas, les pedí ideas sobre posibles preguntas para una entrevista que iba a hacerle a Alexis Tsipras, el joven líder del principal partido de la oposición oficial griega y una de las pocas fuentes de esperanza en una Europa asolada por la austeridad.

Alguien sugirió: «Pregúntale: "La historia ha llamado a tu puerta; ¿has atendido a la llamada?"».

Esa es una buena pregunta. Para todos nosotros.

NOTAS

N.B.: En aras de que este apartado de notas no sea más largo que el texto principal, no todos los datos y hechos incluidos en el libro tienen aquí su referencia correspondiente. Sí se detallan las fuentes de la totalidad de las citas textuales, así como de las estadísticas, datos y hechos relacionados con la ciencia del clima y la mitigación del carbono, aunque, en la mayoría de los casos, solo cuando el dato en cuestión aparece por primera vez en el texto (no en las alusiones posteriores). También se recogen aquí las fuentes de hechos y datos que no corresponden a esas categorías, pero que resultan controvertidos por algún motivo.

No se citan, sin embargo, las referencias de alusiones a hechos que no resultan controvertidos (por lo general, porque han sido noticia ampliamente difundida) y pueden ser fácilmente confirmados mediante una simple búsqueda por palabra clave. Y, por lo general, tampoco se citan las fuentes de aquellos hechos que proceden claramente de la propia labor periodística e investigadora personal de la autora y no son citas literales de aportaciones de otra persona.

En el caso de los párrafos que incluyen múltiples datos y citas, se ha optado por añadir un único número de nota (superíndice) al final del párrafo en cuestión en vez de un número tras cada dato por separado. En la presente sección de notas, las fuentes se citan según el orden en el que los datos o citas a los que aluden figuran en un párrafo, salvo que se indique lo contrario. Con todo ello se ha pretendido evitar que ciertas partes del texto principal quedasen demasiado recargadas y que este apartado de notas al final se alargase de manera innecesaria.

Las citas literales de palabras tomadas de las entrevistas realizadas por la autora o sus investigadores (normalmente, Rajiv Sicora o Allie Tempus), o extraídas del documental que acompaña a este libro (dirigido por Avi Lewis), figuran en estas notas de final de libro referidas como «entrevista personal».

Si alguna de las notas a pie de página que hay repartidas por el libro procede de una fuente externa, esta se cita en la nota de la presente sección que esté indicada justo a continuación de aquella en el texto principal. Dichas referencias están introducidas por la indicación «NOTA AL PIE».

No se han incluido aquí las direcciones web completas de las informaciones y noticias disponibles en línea, dado el carácter efímero de la arquitectura de esos sitios y páginas. En aquellos casos en los que un documento está disponible exclusivamente en línea, se cita la página principal del sitio web en el que está alojado, pero no el archivo local URL del texto concreto (insistimos: porque estos enlaces cambian con mucha frecuencia).

Todas las cantidades en dólares que aparecen en el libro lo son en dólares estadounidenses.

Epígrafes iniciales

1. «Rebecca Tarbotton», Rainforest Action Network, <http://ran.org/becky>.
2. Kim Stanley Robinson, «Earth: Under Repair Forever», *OnEarth*, 3 de diciembre de 2012.

Introducción

1. Mario Malina y otros, «What We Know: The Reality, Risks and Response to Climate Change», Panel sobre Ciencia del Clima de la AAAS, la Asociación Estadounidense para el Avance de la Ciencia, 2014, págs. 15-16.
2. «Sarah Palin Rolls Out at Rolling Thunder Motorcycle Ride», Fox News, 29 de mayo de 2011.
3. Martin Weil, «US Airways Plane Gets Stuck in "Soft Spot" on Pavement at Reagan National», *Washington Post*, 7 de julio de 2012; «Why Is My Flight Cancelled?», Imgur, <http://imgur.com>.
4. Weil, «US Airways Plane Gets Stuck in "Soft Spot" on Pavement at Reagan National».
5. Pueden encontrarse importantes perspectivas sociológicas y psicológicas sobre la negación cotidiana del cambio climático en: Kari Marie Norgaard, *Living in Denial: Climate Change, Emotions, and Everyday Life*, Cambridge (Massachusetts), MIT Press, 2011; Rosemary Randall, «Loss and Climate Change: The Cost of Parallel Narratives», *Ecopsychology*, 1, 3, 2009, págs. 118-129; y los capítulos recogidos en Sally Weintrobe (comp.), *Engaging with Climate Change*, East Sussex, Routledge, 2013.
6. Angélica Navarro Llanos, «Climate Debt: The Basis of a Fair and Effective Solution to Climate Change», exposición durante una sesión informativa sobre «Responsabilidad histórica» del Grupo de Trabajo Especial sobre Cooperación a Largo Plazo, Convención Marco de las Naciones Unidas sobre el Cambio Climático, Bonn, Alemania, 4 de junio de 2009. Versión en español obtenida de VV.AA. (Elizabeth Peredo Beltrán, Naomi Klein, Leonardo Boff), «Reflexiones para la justicia climática y los derechos de la Madre Tierra: Los desafíos para cambiar el sistema ante la crisis global», La Paz (Bolivia), Fundación Solón, 2009, págs. 20-21, en <http://cambioclimatico.democracyctr.org/wordpress/wp-content/uploads/2012/04/REFLEXIONES-SOBRE-LA-JUSTICIA-CLIMATICA-opt.pdf>.
7. «British PM Warns of Worsening Floods Crisis», Agencia France-Presse, 11 de febrero de 2014.
8. «Exponential Growth in Weather Risk Management Contracts», WRMA (Asociación para la Gestión de los Riesgos Meteorológicos), nota de prensa, junio de 2006; Eric Reguly, «No Climate-Change Deniers to Be Found in the Reinsurance Business», *Globe and Mail*, 28 de noviembre de 2013.
9. «Investor CDP 2012 Information Request: Raytheon Company», Carbon Disclosure Project, 2012, <https://www.cdp.net>.
10. «Who Will Control the Green Economy?», ETC Group, 2011, pág. 23; Chris Glorioso, «Sandy Funds Went to NJ Town with Little Storm Damage», NBC News, 2 de febrero de 2014.
11. «"Get It Done": Urging Climate Justice, Youth Delegate Anjali Appadurai Mic-Checks UN Summit», Democracy Now!, 9 de diciembre de 2011.

12. Corinne Le Quéré y otros, «Global Carbon Budget 2013», *Earth System Science Data*, 6, 2014, pág. 253; «Greenhouse Gases Rise by Record Amount», Associated Press, 3 de noviembre de 2011.

13. Sally Weintrobe, «The Difficult Problem of Anxiety in Thinking About Climate Change», en Sally Weintrobe (comp.), *Engaging with Climate Change*, East Sussex, Routledge, 2013, pág. 43.

14. En cuanto a los estudios académicos existentes sobre la historia y la política en torno al famoso objetivo de los 2 °C, véanse: Joni Seager, «Death by Degrees: Taking a Feminist Hard Look at the 2 Degrees Climate Policy», *Kvinder, Køn og Foraksning* (Dinamarca), 18, 2009, págs. 11-22; Christopher Shaw, «Choosing a Dangerous Limit for Climate Change: An Investigation into How the Decision Making Process Is Constructed in Public Discourses», tesis doctoral, Universidad de Sussex, 2011, disponible en <http://www.notargets.org.uk>; Christopher Shaw, «Choosing a Dangerous Limit for Climate Change: Public Representations of the Decision Making Process», *Global Environmental Change*, 23, 2013, págs. 563-571. COPENHAGUE: Acuerdo de Copenhague, Convención Marco sobre el Cambio Climático, Naciones Unidas, 18 de diciembre de 2009, pág. 1; «SENTENCIA DE MUERTE»: «CJN CMP Agenda Item 5 Intervention», discurso pronunciado por la activista Sylvia Wachira en la conferencia sobre el clima de Copenhague, Climate Justice Now!, 10 de diciembre de 2009, <http://www.climate-justice-now.org>; GROENLANDIA: J. E. Box y otros, «Greenland Ice Sheet», Arctic Report Card 2012, Administración Nacional Oceánica y Atmosférica, NOAA (EE.UU.), 14 de enero de 2013; ACIDIFICACIÓN: Bärbel Hönisch y otros, «The Geological Record of Ocean Acidification», *Science*, 335, 2012, págs. 1058-1063; Adrienne J. Sutton y otros, «Natural Variability and Anthropogenic Change in Equatorial Pacific Surface Ocean pCO$_2$ and pH», *Global Biogeochemical Cycles*, 28, 2014, págs. 131-145; PELIGROSAS CONSECUENCIAS: James Hansen y otros, «Assessing "Dangerous Climate Change": Required Reduction of Carbon Emissions to Protect Young People, Future Generations and Nature», *PLOS ONE*, 8, 2013, e81648.

15. «Climate Change Report Warns of Drastically Warmer World This Century», Banco Mundial, nota de prensa, 18 de noviembre de 2012 (trad. cast.: «Informe sobre cambio climático advierte sobre dramático calentamiento del mundo durante este siglo», en <http://go.worldbank.org/GMSUSASM50>).

16. Ibídem; Hans Joachim Schellnhuber y otros, «Turn Down the Heat: Why a 4 °C Warmer World Must Be Avoided», informe del Instituto Potsdam de Investigación del Impacto Climático y de Análisis del Clima para el Banco Mundial, noviembre de 2012, pág. xviii; Kevin Anderson, «Climate Change Going Beyond Dangerous— Brutal Numbers and Tenuous Hope», *Development Dialogue*, 61, septiembre de 2012, pág. 29.

17. Véase un resumen general de los hallazgos y conclusiones de las investigaciones científicas sobre los efectos probables de un mundo 4 °C más caliente en Schellnhuber y otros, «Turn Down the Heat», y en el número monotemático especial titulado «Four Degrees and Beyond: The Potential for a Global Temperature Increase of Four Degrees and Its Implications», compilado y editado por Mark G. New y otros, de la revista *Philosophical Transactions of the Royal Society A*, 369, 2011, págs. 1-241. En 2013, el Banco Mundial publicó un informe de seguimiento en el que se examinaban las repercusiones regionales de un aumento térmico de 4 °C, centradas especialmente en África y Asia: Hans Joachim Schellnhuber y otros, «Turn Down the Heat: Cli-

mate Extremes, Regional Impacts, and the Case for Resilience», un informe del Instituto Potsdam de Investigación del Impacto Climático y de Análisis del Clima para el Banco Mundial, junio de 2013. Las proyecciones de aumento del nivel global del mar publicadas en su momento por el IPCC son inferiores a las citadas aquí, incluso para los escenarios de mayor intensidad de emisiones (aquellos que se prevé que podrían conducir a un calentamiento global de 4 °C), pero muchos expertos las consideran demasiado conservadoras. Como ejemplos de investigaciones y estudios que sirven de base a la información proporcionada en este pasaje, véanse: Schellnhuber y otros, «Turn Down the Heat», pág. 29; Anders Levermann y otros, «The Multimillennial Sea-Level Commitment of Global Warming», *Proceedings of the National Academy of Sciences*, 110, 2013, pág. 13748; Benjamin P. Horton y otros, «Expert Assessment of Sea-Level Rise by AD 2100 and AD 2300», *Quaternary Science Reviews*, 84, 2014, págs. 1-6. Respecto a la vulnerabilidad de las pequeñas naciones isleñas y las regiones costeras de América Latina y el sur y el sureste de Asia a los aumentos del nivel del mar, tanto si prosigue la «tónica habitual actual» como si se produjeran otros escenarios de emisiones (más pesimistas o más optimistas), consúltense las aportaciones del Grupo de Trabajo II a los «Informes de evaluación» cuarto y quinto del IPCC, disponibles ambos en <http://www.ipcc.ch>. Véanse los capítulos 10, 13 y 16 de M. L. Perry y otros (comps.), *Climate Change 2007: Impacts, Adaptation and Vulnerability, Contribution of Working Group II to the Fourth Assessment Report of the Intergovernmental Panel on Climate Change*, Cambridge, Cambridge University Press, 2007; y capítulos 24, 27 y 29 de V. R. Barros y otros (comps.), *Climate Change 2014: Impacts, Adaptation, and Vulnerability, Part B: Regional Aspects, Contribution of Working Group II to the Fifth Assessment Report of the Intergovernmental Panel on Climate Change*, Cambridge, Cambridge University Press, 2014. Sobre las previsiones de futuro en California y el noreste de Estados Unidos, véanse Matthew Heberger y otros, «Potential Impacts of Increased Coastal Flooding in California Due to Sea-Level Rise», *Climatic Change*, 109, 1 (suplemento), 2011, págs. 229-249; y Asbury H. Sallenger Jr., Kara S. Doran y Peter A. Howd, «Hotspot of Accelerated Sea-Level Rise on the Atlantic Coast of North America», *Nature Climate Change*, 2, 2012, págs. 884-888. Como análisis reciente sobre las grandes ciudades que pueden verse especialmente amenazadas por el aumento del nivel del mar, cabe destacar Stephane Hallegatte y otros, «Future Flood Losses in Major Coastal Cities», *Nature Climate Change*, 3, 2013, págs. 802-806.

18. Como panorama general de los aumentos de temperatura regionales relacionados con un incremento mundial de 4 °C o más, véanse M. G. Sanderson, D. L. Hemming y R. A. Betts, «Regional Temperature and Precipitation Changes Under High-End (≥4 °C) Global Warming», *Philosophical Transactions of the Royal Society A*, 369, 2011, págs. 85-98. Véase también «Climate Stabilization Targets: Emissions, Concentrations, and Impacts over Decades to Millennia», Comité sobre Objetivos de Estabilización para las Concentraciones Atmosféricas de Gases de Efecto Invernadero, Consejo Nacional de la Investigación, Academia Nacional de las Ciencias (EE.UU.), 2011, pág. 31; Schellnhuber y otros, «Turn Down the Heat», págs. 37-41. DECENAS DE MILES: Jean-Marie Robine, «Death Toll Exceeded 70,000 in Europe During the Summer of 2003», *Comptes Rendus Biologies*, 331, 2008, págs. 171-178; PÉRDIDAS EN LAS COSECHAS: «Climate Stabilization Targets», Academia Nacional de las Ciencias (EE.UU.), págs. 160-163.

19. ÁRTICO DESHELADO: Ibídem, págs. 132-136. VEGETACIÓN: Andrew

D. Friend y otros, «Carbon Residence Time Dominates Uncertainty in Terrestrial Vegetation Responses to Future Climate and Atmospheric CO_2», *Proceedings of the National Academy of Sciences*, 111, 2014, pág. 3280; «4 Degree Temperature Rise Will End Vegetation "Carbon Sink"», Universidad de Cambridge, nota de prensa, 17 de diciembre de 2013; ESTUDIO SOBRE LA ANTÁRTIDA OCCIDENTAL: E. Rignot y otros, «Widespread, Rapid Grounding Line Retreat of Pine Island, Thwaites, Smith, and Kohler Glaciers, West Antarctica, from 1992 to 2011», *Geophysical Research Letters*, 41, 2014, págs. 3502-3509; «PARECE YA IMPARABLE»: «West Antarctic Glacier Loss Appears Unstoppable», Laboratorio de Propulsión a Chorro, NASA, nota de prensa, 12 de mayo de 2014; «DESPLAZAMIENTO DE MILLONES DE PERSONAS» y ESTAMOS AÚN A TIEMPO: Eric Rignot, «Global Warming: It's a Point of No Return in West Antarctica. What Happens Next?», *Observer*, 17 de mayo de 2014.

20. «World Energy Outlook 2011», Agencia Internacional de la Energía (AIE), 2011, pág. 40; «World Energy Outlook 2011» (vídeo), Fondo Carnegie para la Paz Internacional, 28 de noviembre de 2011; Timothy M. Lenton y otros, «Tipping Elements in the Earth's Climate System», *Proceedings of the National Academy of Sciences*, 105, 2008, pág. 1788; «Too Late for Two Degrees?», Low Carbon Economy Index 2012, PricewaterhouseCoopers, noviembre de 2012, pág. 1.

21. Lonnie G. Thompson, «Climate Change: The Evidence and Our Options», *The Behavior Analyst*, 33, 2010, pág. 153.

22. En Estados Unidos, Gran Bretaña y Canadá, la terminología empleada para referirse a los «huertos de la victoria» y los «bonos de la victoria» difirió entre países y entre guerras mundiales; otros términos empleados para referirse a lo mismo fueron «huertos de guerra» y «bonos de la defensa», por ejemplo. Ina Zweiniger-Bargielowska, *Austerity in Britain: Rationing, Controls, and Consumption, 1939-1955*, Oxford, Oxford University Press, 2000, págs. 54-55; Amy Bentley, *Eating for Victory: Food Rationing and the Politics of Domesticity*, Chicago, University of Illinois Press, 1998, págs. 138-139; Franklin D. Roosevelt, «Statement Encouraging Victory Gardens», 1 de abril de 1944, The American Presidency Project, <http://www.presidency.ucsb.edu>.

23. Pablo Solón, «Climate Change: We Need to Guarantee the Right to Not Migrate», Focus on the Global South, <http://focusweb.org>.

24. Glen P. Peters y otros, «Rapid Growth in CO_2 Emissions After the 2008-2009 Global Financial Crisis», *Nature Climate Change*, 2, 2012, pág. 2.

25. Spencer Weart, *The Discovery of Global Warming*, Cambridge (Massachusetts), Harvard University Press, 2008, pág. 149 (trad. cast. de la ed. de 2004: *El calentamiento global: Historia de un descubrimiento científico*, Pamplona; Laetoli, 2006).

26. Corrine Le Quéré y otros, «Trends in the Sources and Sinks of Carbon Dioxide», *Nature Geoscience*, 2, 2009, pág. 831, según se cita en Andreas Malm, «China as Chimney of the World: The Fossil Capital Hypothesis», *Organization & Environment*, 25, 2012, pág. 146; Glen P. Peters y otros, «Rapid Growth in CO_2 Emissions After the 2008-2009 Global Financial Crisis», *Nature Climate Change*, 2, 2012, pág. 2.

27. Kevin Anderson y Alice Bows, «Beyond "Dangerous" Climate Change: Emission Scenarios for a New World», *Philosophical Transactions of the Royal Society A*, 369, 2011, pág. 35; Kevin Anderson, «EU 2030 Decarbonisation Targets and UK Carbon Budgets: Why So Little Science?», Kevin Anderson.info, 14 de junio de 2013, <http://kevinanderson.info>.

28. Gro Harlem Brudtland y otros, «Environment and Development Challenges: The Imperative to Act», documento conjunto de los laureados con el Premio Blue Planet de la Fundación Asahi Glass, 20 de febrero de 2012, pág. 7.

29. «World Energy Outlook 2011», AIE, pág. 40; James Herron, «Energy Agency Warns Governments to Take Action Against Global Warming», *Wall Street Journal*, 10 de noviembre de 2011.

30. Entrevista personal a Henry Red Cloud («Nube Roja»), 22 de junio de 2011.

31. Gary Stix, «Effective World Government Will Be Needed to Stave Off Climate Catastrophe», *Scientific American*, 17 de marzo de 2012.

32. Daniel Cusick, «Rapid Climate Changes Turn North Woods into Moose Graveyard», *Scientific American*, 18 de mayo de 2012; Jim Robbins, «Moose Die-Off Alarms Scientists», *New York Times*, 14 de octubre de 2013.

33. Josh Bavas, «About 100,000 Bats Dead After Heatwave in Southern Queensland», ABC News (Australia), 8 de enero de 2014.

34. Darryl Fears, «Sea Stars Are Wasting Away in Larger Numbers on a Wider Scale in Two Oceans», *Washington Post*, 22 de noviembre de 2013; Amanda Stupi, «What We Know—and Don't Know—About the Sea Star Die-Off», KQED, 7 de marzo de 2014.

PRIMERA PARTE. EN MAL MOMENTO

1. William Stanley Jevons, *The Coal Question: An Inquiry Concerning the Progress of the Nation, and the Probable Exhaustion of Our Coal-Mines*, Londres, Cambridge, 1865, pág. viii.

2. Estas fueron las palabras originales de Hugo: «C'est un triste chose de songer que la nature parle et que le genre humain n'écoute pas». Victor Hugo, *Œuvres complètes de Victor Hugo*, vol. 35, París, Éditions Recontre, 1968, pág. 145.

CAPÍTULO 1. LA DERECHA TIENE RAZÓN

1. Mario Malina y otros, «What We Know: The Reality, Risks and Response to Climate Change», Panel sobre Ciencia del Clima de la AAAS, Asociación Estadounidense para el Avance de la Ciencia (AAAS), 2014, pág. 3.

2. Thomas J. Donohue, «Managing a Changing Climate: Challenges and Opportunities for the Buckeye State, Remarks», discurso, Columbus (Ohio), 1 de mayo de 2008.

3. «Session 4: Public Policy Realities» (vídeo), Sexta Conferencia Internacional sobre el Cambio Climático, Instituto Heartland, 30 de junio de 2011.

4. Ibídem.

5. «Va. Taxpayers Request Records from University of Virginia on Climate Scientist Michael Mann», American Tradition Institute, 6 de enero de 2011; Christopher Horner, «ATI Environmental Law Center Appeals NASA Denial of Request for Dr. James Hansen's Ethics Disclosures», American Tradition Institute, nota de prensa, 16 de marzo de 2011; «Session 4: Public Policy Realities» (vídeo), Instituto Heartland.

6. Obama for America, «Barack Obama's Plan to Make America a Global Energy

Leader», octubre de 2007; entrevista personal a Patrick Michaels, 1 de julio de 2011; «Session 5: Sharpening the Scientific Debate» (vídeo), Instituto Heartland; entrevista personal a Marc Morano, 1 de julio de 2011.

7. Larry Bell, *Climate of Corruption: Politics and Power Behind the Global Warming Hoax*, Austin (Texas), Greenleaf, 2011, pág. xi.

8. Peter Doran y Maggie Kendall Zimmerman, «Examining the Scientific Consensus on Climate Change», *Eos*, 90, 2009, págs. 22-23; William R. L. Anderegg y otros, «Expert Credibility in Climate Change», *Proceedings of the National Academy of Sciences*, 107, 2010, págs. 12107-12109.

9. «Keynote Address» (vídeo), Instituto Heartland, 1 de julio de 2011; Bob Carter, «There IS a Problem with Global Warming... It Stopped in 1998», *Daily Telegraph*, 9 de abril de 2006; Willie Soon y David R. Legates, «Avoiding Carbon Myopia: Three Considerations for Policy Makers Concerning Manmade Carbon Dioxide», *Ecology Law Currents*, 37, 2010, pág. 3; Willie Soon, «It's the Sun, Stupid!», Instituto Heartland, 1 de marzo de 2009, <http://heartland.org>; «Keynote Address» (vídeo), Instituto Heartland, 30 de junio de 2011.

10. Entrevista personal a Joseph Bast, 30 de junio de 2011.

11. En los años siguientes a la conferencia, la cobertura informativa repuntó hasta alcanzar las 29 noticias en 2012 y las 30 en 2013. Douglas Fischer, «Climate Coverage Down Again in 2011», *The Daily Climate*, 3 de enero de 2012; Douglas Fischer, «Climate Coverage Soars in 2013, Spurred by Energy, Weather», *The Daily Climate*, 2 de enero de 2014.

12. Joseph Bast, «Why Won't Al Gore Debate?», Instituto Heartland, nota de prensa, 27 de junio de 2007; Will Lester, «Vietnam Veterans to Air Anti-Kerry Ads in W. Va.», Associated Press, 4 de agosto de 2004; Leslie Kaufman, «Dissenter on Warming Expands His Campaign», *New York Times*, 9 de abril de 2009; John H. Richardson, «This Man Wants to Convince You Global Warming Is a Hoax», *Esquire*, 30 de marzo de 2010; «Session 4: Public Policy Realities» (vídeo), Instituto Heartland.

13. «Big Drop in Those Who Believe That Global Warming Is Coming», Harris Interactive, nota de prensa, 2 de diciembre de 2009; «Most Americans Think Devastating Natural Disasters Are Increasing», Harris Interactive, nota de prensa, 7 de julio de 2011; entrevista personal a Scott Keeter, 12 de septiembre de 2011.

14. Lydia Saad, «A Steady 57 % in U.S. Blame Humans for Glotal Warming», Gallup Politics, 18 de marzo de 2014; «October 2013 Political Survey», Pew Research Center for the People & the Press, 9-13 de octubre de 2013, pág. 1; comunicación personal por correo electrónico con Riley Dunlap, 29 de marzo de 2014.

15. DEMÓCRATAS Y LIBERALES DE IZQUIERDAS: Aaron M. McCright y Riley Dunlap, «The Politicization of Climate Change and Polarization in the American Public's Views of Global Warming 2001-2010», *The Sociological Quarterly*, 52, 2011), págs. 188 y 193; Saad, «A Steady 57 % in U.S. Blame Humans for Global Warming»; REPUBLICANOS: Anthony Leiserowitz y otros, «Politics and Global Warming: Democrats, Republicans, Independents, and the Tea Party», Proyecto sobre Comunicación del Cambio Climático (Universidad de Yale) y Centro para la Comunicación sobre el Cambio Climático (Universidad George Mason), 2011, págs. 3-4; UN 20 %: Lawrence C. Hamilton, «Climate Change: Partisanship, Understanding, and Public Opinion», Instituto Carsey, primavera de 2011, pág. 4; SONDEO DE OCTUBRE DE 2013: «Focus Canada 2013: Canadian Public Opinion About Climate Change», Instituto Environics, 18 de noviembre de 2013, <http://www.environicsinstitute.

org>; AUSTRALIA, REINO UNIDO Y EUROPA OCCIDENTAL: Bruce Tranter, «Political Divisions over Climate Change and Environmental Issues in Australia», *Environmental Politics*, 20, 2011, págs. 78-96; Ben Clements, «Exploring Public Opinion on the Issue of Climate Change in Britain», *British Politics*, 7, 2012, págs. 183-202; Aaron M. McCright, Riley E. Dunlap y Sandra T. Marquart-Pyatt, «Climate Change and Political Ideology in the European Union», documento de trabajo (Working Paper) de la Universidad Estatal de Michigan, 2014.

16. Véase un resumen general amplio y accesible del estudio de la negación derechista del consenso científico en Chris Mooney, *The Republican Brain: The Science of Why They Deny Science—and Reality*, Hoboken (Nueva Jersey), John Wiley & Sons, 2012; COSMOVISIÓN CULTURAL: Dan M. Kahan y otros, «The Second National Risk and Culture Study: Making Sense of—and Making Progress in—the American Culture War of Fact», Proyecto sobre Cognición Cultural de la Facultad de Derecho de Yale, 27 de septiembre de 2007, pág. 4, disponible en <http://www.culturalcognition.net>.

17. Dan Kahan, «Cultural Cognition as a Conception of the Cultural Theory of Risk», en Sabine Roeser y otros (comps.), *Handbook of Risk Theory: Epistemology, Decision Theory, Ethics, and Social Implications of Risk*, Londres, Springer, 2012, pág. 731.

18. Kahan y otros, «The Second National Risk and Culture Study», pág. 4.

19. Dan Kahan, «Fixing the Communications Failure», *Nature*, 463, 2010, pág. 296; Dan Kahan y otros, «Book Review—Fear of Democracy: A Cultural Evaluation of Sunstein on Risk», *Harvard Law Review*, 119, 2006, pág. 1083.

20. Kahan, «Fixing the Communications Failure», pág. 296.

21. Rebecca Rifkin, «Climate Change Not a Top Worry in U.S.», Gallup, 12 de marzo de 2014; «Deficit Reduction Declines as Policy Priority», Pew Research Center for the People & the Press, 27 de enero de 2014; «Thirteen Years of the Public's Top Priorities», Pew Research Center for the People & the Press, 27 de enero de 2014, <http://www.people-press.org>.

22. Heather Gass, «EBTP at the One Bay Area Agenda 21 Meeting», East Bay Tea Party, 7 de mayo de 2011, <http://www.theeastbayteaparty.com>.

23. Para más información sobre el papel del movimiento conservador en la negación del cambio climático, véanse: Riley E. Dunlap y Aaron M. McCright, «Organized Climate Change Denial», en John S. Dryzek, Richard B. Norgaard y David Schlosberg (comps.), *The Oxford Handbook of Climate Change and Society*, Oxford, Oxford University Press, 2011, págs. 144-160; y Aaron M. McCright y Riley E. Dunlap, «Anti-Reflexivity: The American Conservative Movement's Success in Undermining Climate Science and Policy», *Theory, Culture, and Society*, 27, 2010, págs. 100-133. ESTUDIO SOBRE LIBROS NEGACIONISTAS: Riley E. Dunlap y Peter J. Jacques, «Climate Change Denial Books and Conservative Think Tanks: Exploring the Connection», *American Behavioral Scientist*, 57, 2013, págs. 705-706.

24. Entrevista a Bast, 30 de junio de 2011.

25. Robert Manne, «How Can Climate Change Denialism Be Explained?», *The Monthly*, 8 de diciembre de 2011.

26. GORE: «Al Gore Increases His Carbon Footprint, Buys House in Ritzy Santa Barbara Neighborhood», Hate the Media!, 2 de mayo de 2010; HANSEN: William Lajeunesse, «NASA Scientist Accused of Using Celeb Status Among Environmental Groups to Enrich Himself», Fox News, 22 de junio de 2011; Christopher Horner, «A Brief Summary of James E. Hansen's NASA Ethics File», American Tradition Insti-

tute, 18 de noviembre de 2011; EXCULPADOS: David Adam, «"Climategate" Review Clears Scientists of Dishonesty over Data», *Guardian*, 7 de julio de 2010; POTENCIACIÓN DEL ESCÁNDALO: James Delingpole, «Climategate: The Final Nail in the Coffin of "Anthropogenic Global Warming"?», *Daily Telegraph*, 20 de noviembre de 2009; James Delingpole, «Climategate: FOIA—The Man Who Saved the World», *Daily Telegraph*, 13 de marzo de 2013; CAMPAÑA CON VALLAS PUBLICITARIAS: Wendy Koch, «Climate Wars Heat Up with Pulled Unabomber Billboards», *USA Today*, 7 de mayo de 2012.

27. Entrevista personal a James Delingpole, 1 de julio de 2011; entrevista a Bast, 30 de junio de 2011.

28. Entrevista a Bast, 1 de julio de 2011.

29. «The Rt. Hon. Lord Lawson of Blaby», Celebrity Speakers, <http://www.speakers.co.uk>; Nigel Lawson, *The View from No. 11: Britain's Longest-Serving Cabinet Member Recalls the Triumphs and Disappointments of the Thatcher Era*, Nueva York, Doubleday, 1993, págs. 152-162 y 237-240; Tim Rayment y David Smith, «Should High Earners Pay Less Tax», *The Times* (Londres), 11 de septiembre de 2011; Nigel Lawson, *An Appeal to Reason: A Cool Look at Global Warming*, Nueva York, Overlook Duckworth, 2008, pág. 101 (trad. cast.: *Una mirada fría al calentamiento global*, Madrid, Gota a Gota, 2009).

30. Naomi Oreskes y Erik M. Conway, *Merchants of Doubt*, Nueva York, Bloomsbury, 2010, págs. 5, 25-26, 82, 135 y 164; Václav Klaus, «The Climate Change Doctrine Is Part of Environmentalism, Not of Science», *Inaugural Annual GWPF Lecture*, 19 de octubre de 2010, <http://www.thegwpf.org>.

31. Robert J. Brulle, «Institutionalizing Delay: Foundation Funding and the Creation of U.S. Climate Change Counter-Movement Organizations», *Climatic Change*, 122, 2014, pág. 681.

32. Además de cuestionar si el concepto de «cosmovisión» es realmente diferenciable de la ideología política del individuo y, por lo tanto, posee un poder explicativo separado, los científicos sociales han criticado la teoría de la cognición cultural por entender que esta pasa por alto los factores estructurales que impulsan el movimiento de negación del cambio climático. Entre los ejemplos clave de trabajos académicos que se centran en las dinámicas sociales, políticas y económicas de ese movimiento, véanse Dunlap y McCright, «Organized Climate Change Denial», y McCright y Dunlap, «Anti-Reflexivity». En cuanto a la financiación del Instituto Heartland, según el proyecto ExxonSecrets de Greenpeace USA, el mencionado laboratorio de ideas «ha recibido 676.500 dólares de ExxonMobil desde 1998»; según el propio Heartland, percibió un total de 100.000 dólares de la Fundación Sarah Scaife en 1992 y 1993, y otros 50.000 de la Fundación Benéfica Charles G. Koch en 1994; y según la base de datos Conservative Transparency (Transparencia Conservadora) que mantiene la Fundación American Bridge 21st Century, Heartland recibió un total adicional de 42.578 dólares de la Fundación Benéfica Charles G. Koch entre 1986 y 1989 y en 2011, y 225.000 dólares más de la Fundación Sarah Scaife entre 1988 y 1991 y en 1995, así como un total de 40.000 dólares de la Fundación Benéfica Claude R. Lambe (vinculada a la familia Koch) entre 1992 y 1999, y otro total de 10.000 dólares de la Fundación Carthage (una fundación de la familia Scaife) en 1986. Véanse: «Factsheet: Heartland Institute», ExxonSecrets.org, Greenpeace USA, <http://www.exxonsecrets.org>; Joseph L. Bast, «A Heartland Letter to People for the American Way», Instituto Heartland, 20 de agosto de 1996, <http://heartland.org>; «Heart

land Institute», Conservative Transparency, Proyecto Bridge, Fundación American Bridge 21st Century, <http://conservativetransparency.org>. «VIRTUDES DE NUESTRAS POSTURAS»: «Reply to Our Critics», Instituto Heartland, <http://heartland.org/reply-to-critics>; DOCUMENTOS FILTRADOS: «2012 Fundraising Plan», Instituto Heartland, 15 de enero de 2012, págs. 20-21.

33. «Money Troubles: How to Kick-Start the Economy», *Fareed Zakaria GPS*, CNN, 15 de agosto de 2010; «Factsheet: Cato Institute», ExxonSecrets.org, Greenpeace USA, <http://www.exxonsecrets.org>; «Koch Industries Climate Denial Front Group: Cato Institute», Greenpeace USA, <http://www.greenpeace.org>; «Case Study: Dr. Willie Soon, a Career Fueled by Big Oil and Coal», Greenpeace USA, 28 de junio de 2011, <http://www.greenpeace.org>.

34. «Factsheet: Committee for a Constructive Tomorrow», ExxonSecrets.org, Greenpeace USA, <http://www.exxonsecrets.org>; Suzanne Goldenberg, «Secret Funding Helped Build Vast Network of Climate Denial Thinktanks», *Guardian*, 14 de febrero de 2013.

35. Lawrence C. Hamilton, «Climate Change: Partisanship, Understanding, and Public Opinion», Instituto Carsey, primavera de 2011, pág. 4; «Vast Majority Agree Climate Is Changing», Forum Research, 24 de julio de 2013, pág. 1, <http://www.forumresearch.com>.

36. Doran y Zimmerman, «Examining the Scientific Consensus on Climate Change», pág. 23; Upton Sinclair, *I, Candidate for Governor: And How I Got Licked*, Berkeley, University of California Press, 1994, pág. 109.

37. Comunicación personal por correo electrónico con Aaron McCright, 30 de septiembre de 2011; Aaron McCright y Riley Dunlap, «Cool Dudes: The Denial of Climate Change Among Conservative White Males in the United States», *Global Environmental Change*, 21, 2011, págs. 1167 y 1171.

38. «Session 5: Sharpening the Scientific Debate» (vídeo), Instituto Heartland; Chris Hooks, «State Climatologist: Drought Officially Worst on Record», *Texas Tribune*, 4 de octubre de 2011; «Keynote Address» (vídeo), Instituto Heartland, 1 de julio de 2011; «France Heat Wave Death Toll Set at 14,802», Associated Press, 25 de septiembre de 2003; «Keynote Address» (vídeo), Instituto Heartland, 30 de junio de 2011.

39. «World Bank Boosts Aid for Horn of Africa Famine», Agencia France-Presse, 24 de septiembre de 2011; «Mankind Always Adapt to Climate, Rep. Barton Says», Republicans on the House Energy and Commerce Committee (Republicanos de la Comisión de Energía y Comercio de la Cámara de Representantes), nota de prensa, 25 de marzo de 2009, <http://republicans.energycommerce.house.gov>.

40. «Turn Down the Heat: Why a 4ºC Warmer World Must Be Avoided», informe del Instituto Potsdam de Investigación del Impacto Climático y de Análisis del Clima para el Banco Mundial, noviembre de 2012, pág. ix; entrevista personal a Patrick Michaels, 1 de julio de 2011.

41. «Petition of the Chamber of Commerce of the United States of America for EPA to Conduct Its Endagerment Finding Proceeding on the Record Using Administrative Procedure Act §§ 556 and 557», adjunto 1, «Detailed Review of the Health and Welfare Science Evidence and IQA Petition for Correction», Cámara de Comercio de Estados Unidos, 2009, pág. 4.

42. Christian Parenti, *Tropic of Chaos: Climate Change and the New Geography of Violence*, Nueva York, Nation Books, 2011.

43. Bryan Walsh, «The Costs of Climate Change and Extreme Weather Are Pass-

ing the High-Water Mark», *Time*, 17 de julio de 2013; Suzanne Goldenberg, «Starbucks Concerned World Coffee Supply Is Threatened by Climate Change», *Guardian*, 13 de octubre de 2011; Emily Atkin, «Chipotle Warns It Might Stop Serving Guacamole if Climate Change Gets Worse», Climate Progress, 4 de marzo de 2014; Robert Kopp y otros, «American Climate Prospectus: Economic Risks in the United States», elaborado por el Grupo Rhodium para el Proyecto Risky Business, junio de 2014.

44. «Insurer Climate Risk Disclosure Survey», *Ceres*, marzo de 2013, pág. 53, <http://www.ceres.org>; Eduardo Porter, «For Insurers, No Doubts on Climate Change», *New York Times*, 14 de mayo de 2013; «2012 Fundraising Plan», Instituto Heartland, 15 de enero de 2012, págs. 24-25.

45. Joseph Bast, «Abount the Center on Finance, Insurance, and Real Estate at the Heartland Institute», documento sobre políticas, Instituto Heartland, 5 de junio de 2012; entrevista personal a Eli Lehrer, 20 de agosto de 2012.

46. Entrevista a Lehrer, 20 de agosto de 2012.

47. Ibídem.

48. John R. Porter y otros, «Food Security and Food Production Systems», en C. B. Field y otros (comps.), *Climate Change 2014: Impacts, Adaptation, and Vulnerability, Part A: Global and Sectoral Aspects, Contribution of Working Group II to the Fifth Assesment Report of the Intergovernmental Panel on Climate Change*, Cambridge, Cambridge University Press, 2014, págs. 20-21; Joan Nymand Larsen y otros, «Polar Regions», en V. R. Barros y otros (comps.), *Climate Change 2014: Impacts, Adaptation, and Vulnerability, Part B: Regional Aspects, Contribution of Working Group II to the Fifth Assesment Report of the Intergovernmental Panel on Climate Change*, Cambridge, Cambridge University Press, 2014, pág. 20; Julie Satow, «The Generator Is the Machine of the Moment», *New York Times*, 11 de enero de 2013.

49. William Alden, «Around Goldman's Headquarters, an Oasis of Electricity», *New York Times*, 2 de noviembre de 2012; «How FedEx Survived Hurricane Sandy», KLTV, 31 de octubre de 2012; Kimi Yoshino, «Another Way the Rich Are Different: "Concierge-Level" Fire Protection», *Los Angeles Times*, 26 de octubre de 2007; P. Solomon Banda, «Insurance Companies Send Crews to Protect Homes», Associated Press, 5 de julio de 2012.

50. Jim Geraghty, «Climate Change Offers Us an Opportunity», *Philadelphia Inquirer*, 28 de agosto de 2011; NOTA AL PIE: «House Bill No. 459», Legislativo de Montana de 2011, 15 de febrero de 2011; Brad Johnson, «Wonk Room Interviews Montana Legislator Who Introduced Bill to Declare Global Warming "Natural"», ThinkProgress Green, 17 de febrero de 2011.

51. NOTA AL PIE: «Mission Statement», American Freedom Alliance (Alianza por la Libertad Estadounidense), <http://www.americanfreedomalliance.org>; Chris Skates, *Going Green: For Some It Has Nothing to Do with the Environment*, Alachua (Florida), Bridge-Logos, 2011.

52. Kurt M. Campbell, Jay Gulledge, J. R. McNeill y otros, «The Age of Consequences: The Foreign Policy National Security Implications of Global Climate Change», Center for Strategic and International Studies (CSIS) y Center for a New American Security (CNAS), noviembre de 2007, pág. 85.

53. Lee Fang, «David Koch Now Taking Aim at Hurricane Sandy Victims», *The Nation*, 22 de diciembre de 2012.

54. «230,000 Join Mail Call to Use Some of the UK's £11 Billion Foreign Aid Budget to Tackle Floods Crisis», *Daily Mail*, 14 de febrero de 2014.

55. Joe Romm, «Krauthammer, Part 2: The Real Reason Conservatives Don't Believe in Climate Science», Climate Progress, 1 de junio de 2008.

56. Spencer Weart, *The Discovery of Global Warming*, Cambridge (Massachusetts), Harvard University Press, 2008, pág. 149 (trad. cast.: *El calentamiento global: Historia de un descubrimiento científico*, Pamplona, Laetoli, 2006).

57. Global Carbon Project (Proyecto Global del Carbono), datos sobre emisiones, 2013 Budget v2.4, consultado en julio de 2014 en <http://cdiac.ornl.gov/GCP>.

58. Ibídem; Michael Mann, entrevista en *The Big Picture with Thom Hartmann*, RT America, 25 de marzo de 2014; Kevin Anderson, «Why Carbon Prices Can't Deliver the 2°C Target», KevinAnderson.info, 13 de agosto de 2013, <http://kevinanderson.info>.

59. Kahan y otros, «The Second National Risk and Culture Study», págs. 5-6.

60. Robert Lifton y Richard Falk, *Indefensible Weapons: The Political and Psychological Case Against Nuclearism*, Nueva York, Basic Books, 1982.

61. Dan Kahan y otros, «The Tragedy of the Risk-Perception Commons: Culture Conflict, Rationality Conflict, and Climate Change», Proyecto sobre Cognición Cultural (Univ. de Yale), documento de trabajo nº 89, 2011, págs. 15-16, disponible en <http://culturalcognition.net>; Umair Irfan, «Report Finds "Motivated Avoidance" Plays a Role in Climate Change Politics», *ClimateWire*, 19 de diciembre de 2011; Irina Feygina, John T. Jost y Rachel E. Goldsmith, «System Justification, the Denial of Global Warming, and the Possibility of "System-Sanctioned Change"», *Personality and Social Psychology Bulletin*, 36, 2010, pág. 336.

62. Ted Nordhaus y Michael Shellenberger, «The Long Death of Environmentalism», Instituto Breakthrough, 25 de febrero de 2011; Shellenberger y Ted Nordhaus, «Evolve», *Orion*, septiembre-octubre de 2011.

63. Scott Condon, «Expert: Win Climate Change Debate by Easing Off Science», *Glenwood Springs Post Independent*, 29 de julio de 2010.

64. Como ejemplo de cómo los psicólogos interesados por las diferencias intergeneracionales han analizado datos procedentes del estudio «The American Freshman» («El estudiante universitario estadounidense de primer curso de carrera») realizado en la Universidad de California en Los Ángeles, véase: Jean M. Twenge, Elise C. Freeman y W. Keith Campbell, «Generational Differences in Young Adults' Life Goals, Concern for Others, and Civic Orientation, 1966-2009», *Journal of Personality and Social Psychology*, 102, 2012, págs. 1045-1062. Hay variables independientes alternativas, como el aumento progresivo de los costes educativos (un factor que es producto, a su vez, de la era neoliberal), que podrían explicar también el cambio en las actitudes materialistas. Sobre la comparación entre los datos de 1966 y 2013, véanse: Alexander W. Astin, Robert J. Panos y John A. Creager, «National Forms for Entering College Freshmen—Fall 1966», Ace Research Reports, 2, 7, 1967, pág. 21; Kevin Eagan y otros, «The American Freshman: National Norms Fall 2013», Programa de Investigación Institucional Cooperativa del Instituto de Investigación en Educación Superior, Universidad de California en Los Ángeles, 2013, pág. 40. CITA DE THATCHER: Ronald Butt, «Mrs. Thatcher: The First Two Years», *Sunday Times* (Londres), 3 de mayo de 1981.

65. John Immerwahr, «Waiting for a Signal: Public Attitudes Toward Global Warming, the Environment, and Geophysical Research», Public Agenda, Unión Geofísica Estadounidense, 15 de abril de 1999, págs. 4-5.

66. Yuko Heath y Robert Gifford, «Free-Market Ideology and Environmental

Degradation: The Case of Belief in Global Climate Change», *Environment and Behavior*, 38, 2006, págs. 48-71; Tim Kasser, «Values and Ecological Sustainability: Recent Research and Policy Possibilities», en Stephen R. Kellert y James Gustave Speth (comps.), *The Coming Transformation: Values to Sustain Human and Natural Communities*, Facultad de Estudios Forestales y Medioambientales, Universidad de Yale, 2009, págs. 180-204; Tim Crompton y Tim Kasser, *Meeting Environmental Challenges: The Role of Human Identity*, Surrey, WWF-UK, 2009, pág. 10.

67. Milton Friedman y Rose D. Friedman, *Two Lucky People: Memoirs*, Chicago, University of Chicago Press, 1998, pág. 594.

68. Rebecca Solnit, *A Paradise Built in Hell: The Extraordinary Communities That Arise in Disaster*, Nueva York, Penguin, 2010 [2009].

Capítulo 2. «Dinero caliente»

1. Ken Burns, *The Dust Bowl*, PBS, 2012.

2. Marlene Moses, «The Choice Is Ours», Planet B, Rio + 20 Special Edition, junio de 2012, pág. 80.

3. RECLAMACIÓN DE EE.UU. CONTRA CHINA: «China: Medidas relativas a los equipos de energía eólica», solicitud de celebración de consultas por parte de Estados Unidos, Organización Mundial del Comercio, 22 de diciembre de 2010, pág. 1; RECLAMACIÓN DE CHINA CONTRA LA UE.: «Unión Europea y determinados Estados miembros: Determinadas medidas que afectan al sector de generación de energía renovable», solicitud de celebración de consultas por parte de China, Organización Mundial del Comercio, 7 de noviembre de 2012, pág. 1; CHINA AMENAZA A EE.UU.: «Announcement No. 26 of 2012 of the Ministry of Commerce of the People's Republic of China on the Preliminary Investigation Conclusion of the U.S. Policy Support and Subsidies for Its Renewable Energy Sector», Ministerio de Comercio, República Popular China, 27 de mayo de 2012, <http://english.mofcom.gov>; RECLAMACIÓN DE EE.UU. CONTRA LA INDIA: «India: Determinadas medidas relativas a las células solares y los módulos solares», solicitud de celebración de consultas por parte de Estados Unidos, Organización Mundial del Comercio, 11 de febrero de 2013, págs. 1-2 (de la versión original inglesa del documento); PROBABLE CIERRE: Chandra Bhushan, «Who Is the One Not Playing by the Rules-India or the US?», Centro para la Ciencia y el Medio Ambiente (India), 8 de febrero de 2013; entrevista personal a Chandra Bhushan, subdirector general del Centro para la Ciencia y el Medio Ambiente (India), 10 de mayo de 2013; RESPUESTA DE LA INDIA: «Determinadas prescripciones en materia de contenido nacional en algunos programas del sector de energías renovables», preguntas de la India a los Estados Unidos, Organización Mundial del Comercio, 17 de abril de 2013, pág. 1; «Subvenciones», preguntas formuladas por la India a los Estados Unidos con arreglo al párrafo 8 del artículo 25 del Acuerdo sobre Subvenciones y Medidas Compensatorias: «Programas de subvenciones de nivel estatal para el sector de la energía renovable que incluyen prescripciones en materia de contenido nacional», Organización Mundial del Comercio, 18 de abril de 2013.

4. Entrevista personal a Paolo Maccario, 9 de enero de 2014.

5. Ley de la Energía Verde y la Economía Verde, 2009, S.O. 2009, c. 12, proyecto de ley 150, Gobierno de Ontario, 2009.

6. Jenny Yuen, «Gore Green with Envy», *Toronto Star*, 25 de noviembre de 2009; «International Support for Ontario's Green Energy Act», Gobierno de Ontario, Ministerio de Energía, 24 de junio de 2009.

7. «Feed-in Tariff Program: FIT Rules Version 1.1», Autoridad de la Energía de Ontario, 30 de septiembre de 2009, pág. 14.

8. Michael A. Levi, *The Canadian Oil Sands: Energy Security vs. Climate Change*, Nueva York, Council on Foreign Relations, 2009, pág. 12; Gary Rabbior, «Why the Canadian Dollar Has Been Bouncing Higher», *Globe and Mail*, 30 de octubre de 2009.

9. GAS: «Mississauga Power Plant Cancellation Costs», informe especial de la Auditoría General de Ontario, abril de 2013, págs. 7-8; «Oakville Power Plant Cancellation Costs», informe especial de la Auditoría General de Ontario, octubre de 2013, págs. 7-8; EÓLICA: Dave Seglins, «Ont. Couple Seeks Injunction to Stop Wind-Farm Expansion», CBC News, 11 de septiembre de 2012; SOLAR: «Ontario Brings More Clean Solar Power Online, Creates Jobs», Gobierno de Ontario, Ministerio de Energía, nota de prensa, 31 de julio de 2012; UNA SOLA CENTRAL TÉRMICA QUE FUNCIONA CON CARBÓN: «Ontario—First Place in North America to End Coal-Fired Power», Gobierno de Ontario, Oficina del Primer Ministro, 21 de noviembre de 2013; EMPLEOS: «Progress Report 2014: Jobs and Economy», Gobierno de Ontario, 1 de mayo de 2014, <http://www.contario.ca>.

10. «Wayne Wright, Silfab Solar» (vídeo), BlueGreen Canada, YouTube, 2 de junio de 2011.

11. «Canadá: Determinadas medidas que afectan al sector de generación de energía renovable», solicitud de celebración de consultas presentada por Japón, Organización Mundial del Comercio, 16 de septiembre de 2010, págs. 2-3 (de la versión original inglesa del documento).

12. «Canadá: Determinadas medidas que afectan al sector de generación de energía renovable. Canadá: Medidas relativas al programa de tarifas reguladas», informes del Órgano de Apelación, Organización Mundial del Comercio, 6 de mayo de 2013; «Ontario to Change Green Energy Law After WTO Ruling», Canadian Press, 29 de mayo de 2013; «Ontario Lowering Future Energy Costs», Gobierno de Ontario, Ministerio de Energía, nota de prensa, 11 de diciembre de 2013.

13. Elizabeth Bast y otros, «Low Hanging Fruit: Fossil Fuel Subsidies, Climate Finance, and Sustainable Development», Oil Change International para la Fundación Heinrich Böll Norteamérica, junio de 2012, pág. 16; Nicholas Stern, *The Economics of Climate Change: The Stern Review*, Cambridge, Cambridge University Press, 2007 [2006], pág. xviii.

14. «Facts About Wind Power: Facts and Numbers», Agencia Danesa de la Energía, <http://www.ens.dk>; «Renewables Now Cover More than 40 % of Electricity Consumption», Agencia Danesa de la Energía, nota de prensa, 24 de septiembre de 2012; Greg Pahl, *The Citizen-Powered Energy Handbook: Community Solutions to a Global Crisis*, White River Junction (Vermont), Chelsea Green, 2007, pág. 69; Shruti Shukla y Steve Sawyer (Consejo Mundial de la Energía Eólica, GWEC), *30 Years of Policies for Wind Energy: Lessons from 12 Wind Energy Markets*, Abu Dhabi (Emiratos Árabes Unidos), Agencia Internacional de las Energías Renovables, 2012, pág. 55.

15. Scott Sinclair, «Negotiating from Weakness», Canadian Centre for Policy Alternatives, abril de 2010, pág. 11.

16. Aaron Cosbey, «Renewable Energy Subsidies and the WTO: The Wrong Law and the Wrong Venue», *Subsidy Watch*, 44, 2011, pág. 1.

17. «Multi-Association Letter Regarding EU Fuel Quality Directive», Instituto para la Energía del siglo XXI (de la Cámara de Comercio de Estados Unidos), 20 de mayo de 2013, <http://www.energyxxi.org>; «Froman Pledges to Preserve Jones Act, Criticizes EU Clean Fuel Directive», *Inside US Trade*, 20 de septiembre de 2013; «Non-paper on a Chapter on Energy and Raw Materials in TTIP», Consejo de la Unión Europea, 27 de mayo de 2014, <http://www.scribd.com>; Lydia DePillis, «A Leaked Document Shows Just How Much the EU Wants a Piece of America's Fracking Boom», *Washington Post*, 8 de julio de 2014.

18. La cita se ha extraído de una entrevista realizada por Victor Menotti, director ejecutivo del Foro Internacional sobre la Globalización, en 2005. Victor Menotti, «G8 "Climate Deal" Ducks Looming Clash with WTO», Foro Internacional sobre la Globalización (IFG), julio de 2007, <http://www.ifg.org>.

19. «Notice of Arbitration Under the Arbitration Rules of the United Nations Commission on International Trade Law and Chapter Eleven of the North American Free Trade Agreement», Lone Pine Resources, 6 de septiembre de 2013.

20. «U.S. Solar Market Insight Report: 2013 Year-in-Review», resumen ejecutivo, GTM Research, Asociación de Industrias de la Energía Solar (EE.UU.), pág. 4; Bhushan, «Who Is the One Not Playing by the Rules—India or the US?»; entrevista a Bhushan, 10 de mayo de 2013; entrevista a Maccario, 9 de enero de 2014; «Climate Change, China and the WTO» (vídeo), 30 de marzo de 2011, debate de un grupo de expertos, Facultad de Derecho de la Universidad de Columbia.

21. Entrevista personal a Steven Shrybman, 4 de octubre de 2011.

22. El oceanógrafo Roger Revelle, que dirigía el equipo que escribió sobre el CO_2 atmosférico en el informe elaborado para el presidente Johnson, se había expresado con un lenguaje parecido cuando, ya en 1957, describió las emisiones de carbono como un «experimento geofísico» en un artículo capital para la ciencia del clima del que fue coautor junto al químico Hans Suess: Roger Revelle y Hans E. Suess, «Carbon Dioxide Exchange Between Atmosphere and Ocean and the Question of an Increase of Atmospheric CO_2 During the Past Decades», *Tellus*, 9, 1957, págs. 19-20. Entre los libros que profundizan en la historia del debate científico y político sobre el clima, véanse: Spencer Weart, *The Discovery of Global Warming*, Cambridge (Massachusetts), Harvard University Press, 2008 (trad. cast. de la ed. de 2004: *El calentamiento global: Historia de un descubrimiento científico*, Pamplona, Laetoli, 2006); Joshua P. Howe, *Behind the Curve: Science and the Politics of Global Warming*, Seattle, University of Washington Press, 2014. HISTORIA: Weart, *The Discovery of Global Warming*, págs. 1-37; INFORME JOHNSON: Revelle y otros, «Atmospheric Carbon Dioxide», en *Restoring the Quality of Our Environment*, informe del Grupo de Expertos sobre Contaminación Ambiental, Comité Asesor en Ciencia del Presidente de los Estados Unidos, La Casa Blanca, noviembre de 1965, Apéndice Y4, págs. 126-127.

23. «Statement of Dr. James Hansen, Director, NASA Goddard Institute for Space Studies», testimonio expuesto ante el Senado de los Estados Unidos, 23 de junio de 1988; Philip Shabecoff, «Global Warming Has Begun, Expert Tells Senate», *New York Times*, 24 de junio de 1988; Weart, *The Discovery of Global Warming*, págs. 150-151.

24. Thomas Sancton, «Planet of the Year: What on EARTH Are We Doing?», *Time*, 2 de enero de 1989.

25. Ibídem.

26. Presidente R. Venkataraman, «Towards a Greener World», discurso pro-

nunciado en WWF-India, Nueva Delhi, 3 de noviembre de 1989, en *Selected Speeches, Volume I: July 1987-December 1989*, Nueva Delhi, Gobierno de la India, 1991, pág. 612.

27. Daniel Indiviglio, «How Americans' Love Affair with Debt Has Grown», *The Atlantic*, 26 de septiembre de 2010.

28. Otra de esas propuestas audaces sería restringir el comercio de todos los bienes producidos con combustibles fósiles en un futuro no muy lejano, cuando la transición verde esté ya en marcha y las diversas industrias hayan empezado a «descarbonizarse», puesto que entonces será el momento propicio para introducir esas medidas e ir haciéndolas progresivamente más restrictivas: Tilman Santarius, «Climate and Trade: Why Climate Change Calls for Fundamental Reforms in World Trade Policies», Foro de ONG Alemanas sobre Medio Ambiente y Desarrollo, Fundación Heinrich Böll, págs. 21-23. ACUERDO DE LA ONU SOBRE EL CLIMA: Convención Marco de las Naciones Unidas sobre el Cambio Climático, ONU, 1992, artículo 3, principio 5°; «MOMENTO CLAVE»: Robyn Eckersley, «Understanding the Interplay Between the Climate and Trade Regimes», en *Climate and Trade Policies in a Post-2012 World*, Programa de las Naciones Unidas para el Medio Ambiente, pág. 17.

29. Martin Khor, «Disappointment and Hope as Rio Summit Ends», en *Earth Summit Briefings*, Penang, Third World Network, 1992, pág. 83.

30. Steven Shrybman, «Trade, Agriculture, and Climate Change: How Agricultural Trade Policies Fuel Climate Change», Institute for Agriculture and Trade Policy, noviembre de 2000, pág. 1.

31. Sonja J. Vermeulen, Bruce M. Campbell y John S. I. Ingram, «Climate Change and Food Systems», *Annual Review of Environment*, 37, 2012, pág. 195; comunicación personal por correo electrónico con Steven Shrybman, 23 de abril de 2014.

32. «Secret Trans-Pacific Partnership Agreement (TPP)—Environment Consolidated Text», WikiLeaks, 15 de enero de 2014, <https://wikileaks.org>; «Recientes propuestas de EE.UU. para el capítulo ambiental del TPP», publicado por RedGE, 17 de febrero de 2014, <http://www.redge.org.pe>.

33. Por tráfico se entiende el tráfico portuario en contenedores, medido en unidades equivalentes a veinte pies (TEU). De 1994 a 2013, el tráfico portuario en contenedores global se incrementó desde los 128.329.326 TEU hasta los 627.930.960 TEU según estimaciones recientes, lo que supone un aumento del 389,4 %: Conferencia de las Naciones Unidas sobre Comercio y Desarrollo, «El transporte marítimo», informes anuales, disponibles en <http://unctad.org>. Para los años 2012 y 2013, las proyecciones de tráfico portuario total se basaron en las estimaciones para el sector elaboradas por Drewry: «Container Market Annual Review and Forecast 2013/14», Drewry, octubre de 2013. EMISIONES NO ATRIBUIDAS A NINGÚN PAÍS: «Emissions from Fuel Used for International Aviation and Maritime Transport (International Bunker Fuels)», Convención Marco de las Naciones Unidas sobre el Cambio Climático, <http://unfccc.int>; EMISIONES POR TRANSPORTE DE MERCANCÍAS: Øyvind Buhaug y otros, «Second IMO GHG Study 2009», Organización Marítima Internacional, 2009, pág. 1.

34. «European Union CO_2 Emissions: Different Accounting Perspectives», Agencia Europea de Medio Ambiente, Informe Técnico n° 20/2013, 2013, págs. 7-8.

35. Glen P. Peters y otros, «Growth in Emission Transfers via International Trade from 1990 to 2008», *Proceedings of the National Academy of Sciences*, 108, 2011, págs. 8903-8904.

36. Corrine Le Quéré y otros, «Global Budget 2013», *Earth System Data*, 6, 2014, pág. 252; Corrine Le Quéré y otros, «Trends in the Sources and Sinks of Carbon Dioxide», *Nature Geoscience*, 2, 2009, pág. 831; Ross Garnaut y otros, «Emissions in the Platinum Age: The Implications of Rapid Development for Climate-Change Mitigation», *Oxford Review of Economic Policy*, 24, 2008, pág. 392; Glen P. Peters y otros, «Rapid Growth in CO_2 Emissions After the 2008-2009 Global Financial Crisis», *Nature Climate Change*, 2, 2012, pág. 2; «Technical Summary», en O. Edenhofer y otros (comps.), *Climate Change 2014: Mitigation of Climate Change, Contribution of Working Group III to the Fifth Assessment Report of the Interngovernmental Panel on Climate Change*, Cambridge, Cambridge University Press, pág. 15.

37. Andreas Malm, «China as Chimney of the World: The Fossil Capital Hypothesis», *Organization & Environment*, 25, 2012, págs. 146 y 165, Yan Yunfeng y Yang Laike, «China's Foreign Trade and Climate Change: A Case Study of CO_2 Emissions», *Energy Policy*, 38, 2010, pág. 351; Ming Xu y otros, «CO_2 Emissions Embodied in China's Exports from 2002 to 2008: A Structural Decomposition Analysis», *Energy Policy*, 39, 2011, pág. 7383.

38. Entrevista personal a Margrete Strand Rangnes, 18 de marzo de 2013.

39. Malm, «China as Chimney of the World», págs. 147 y 162.

40. Elisabeth Rosenthal, «Europe Turns Back to Coal, Raising Climate Fears», *New York Times*, 23 de abril de 2008; comunicación personal por correo electrónico con el Centro del Carbón Limpio de la AIE, 19 de marzo de 2014.

41. Jonathan Watts, «Foxconn Offers Pay Rises and Suicide Nets as Fears Grow over Wave of Deaths», *Guardian*, 28 de mayo de 2010; Shahnaz Parveen, «Rana Plaza Factory Collapse Survivors Struggle One Year On», BBC News, 23 de abril de 2014.

42. Mark Dowie, *Losing Ground: American Environmentalism at the Close of the Twentieth Century*, Cambridge (Massachusetts), MIT Press, 1996, págs. 185-186; Keith Schneider, «Environment Groups Are Split on Support for Free-Trade Pact», *New York Times*, 16 de septiembre de 1993.

43. Dowie, *Losing Ground*, págs. 186-187; Gilbert A. Lewthwaite, «Gephardt Declares Against NAFTA; Democrat Cities Threat to U.S. Jobs», *Baltimore Sun*, 22 de septiembre de 1993; John Dillin, «NAFTA Opponents Dig In Despite Lobbying Effort», *Christian Science Monitor*, 12 de octubre de 1993; Mark Dowie, «The Selling (Out) of the Greens; Friends of Earth—or Bill?», *The Nation*, 18 de abril de 1994.

44. Bill Clinton, «Remarks on the Signing of NAFTA (December 8, 1993)», Centro Miller, Universidad de Virginia.

45. Stan Cox, «Does It Really Matter Whether Your Food Was Produced Locally?», *Alternet*, 19 de febrero de 2010.

46. Entrevista a Solomon, 27 de agosto de 2013.

47. Kevin Anderson, «Climate Change Going Beyond Dangerous—Brutal Numbers and Tenuous Hope», *Development Dialogue*, 61, septiembre de 2012, págs. 16-40.

48. Ese intervalo de «entre un 8 y un 10 %» está extraído de entrevistas a Anderson y a Bows-Larkin, y de los trabajos que han publicado. En cuanto a los diversos escenarios subyacentes de emisiones, véanse las trayectorias C+1, C+3, C+5 y B63 en: Kevin Anderson y Alice Bows, «Beyond «Dangerous» Climate Change: Emission Scenarios for a New World», *Philosophical Transactions of the Royal Society A*, 369, 2011, pág. 35. Véase también: Kevin Anderson, «EU 2030 Decarbonisation Targets and UK Carbon Budgets: Why So Little Science?», KevinAnderson.info, 14 de junio

de 2013, <http://kevinanderson.info>. DE BOER: Alex Morales, «Kyoto Veterans Say Global Warming Goal Slipping Away», Bloomberg, 4 de noviembre de 2013.

49. Stern, *The Economics of Climate Change*, págs. 231-232.

50. Ibídem, pág. 231; Global Carbon Project (Proyecto Global del Carbono), datos sobre emisiones, 2013 Budget v2.4, consultado en julio de 2014 en <http://cdiac.ornl.gov/GCP>; CDIAC (Centro de Análisis de la Información sobre el Dióxido de Carbono, de EE.UU.), datos sobre emisiones, disponibles en <http://cdiac.ornl.gov>.

51. Kevin Anderson y Alice Bows, «A 2°C Target? Get Real, Because 4°C Is on Its Way», *Parliamentary Brief*, 13, 2010, pág. 19; NOTA AL PIE: Anderson y Bows, «Beyond "Dangerous" Climate Change», pág. 35; Kevin Anderson, «Avoiding Dangerous Climate Change Demands De-growth Strategies from Wealthier Nations», KevinAnderson.info, 25 de noviembre de 2013, <http://kevinanderson.info>.

52. Anderson y Bows-Larkin basan su análisis en el compromiso expresado por los Gobiernos nacionales en la Cumbre de la ONU sobre el Clima de 2009 en Copenhague de que la reducción de emisiones debería llevarse a cabo atendiendo a la «equidad» (lo que significa que los países ricos deberían ser los primeros en reducir emisiones para, de ese modo, dejar algo de margen a los países pobres para que se desarrollen). Hay quienes defienden que los países ricos no tienen por qué reducir tanto. Pero aun en el caso de que eso fuera cierto, el panorama global básico continúa indicándonos que las reducciones necesarias son incompatibles con el crecimiento económico tal como lo concebimos actualmente. En su libro *Prosperity Without Growth*, Tim Jackson ha demostrado que ni siquiera una rebaja anual de las emisiones de solo un 4,9 % puede ser alcanzada recurriendo a las tecnologías verdes y las mejoras de eficiencia sin más. En concreto, ha escrito que, para cumplir ese objetivo, si la población y la renta per cápita mundiales continúan aumentando según las tasas actuales, la intensidad carbónica de la actividad económica tendría que descender «casi diez veces más rápido de lo que está descendiendo ahora mismo». Y para el año 2050, tendríamos que ser 21 veces más eficientes en ese sentido de lo que somos hoy en día. Así que incluso aunque Anderson y Bows-Larkin se hubieran excedido bastante en sus proyecciones, seguirían teniendo razón en cuanto a su argumento fundamental, que es el de que necesitamos cambiar nuestro actual modelo de crecimiento. Véase Tim Jackson, *Prosperity Without Growth: Economics for a Finite Planet*, Londres, Earthscan, 2009, págs. 80 y 86.

53. Anderson y Bows, «A New Paradigm for Climate Change», pág. 640.

54. Kevin Anderson, «Romm Misunderstands Klein's and My View of Climate Change and Economic Growth», KevinAnderson.info, 24 de septiembre de 2013.

55. Clive Hamilton, «What History Can Teach Us About Climate Change Denial», en Sally Weintrobe (comp.), *Engaging with Climate Change: Psychoanalytic and Interdisciplinary Perspectives*, East Sussex, Routledge, 2013, pág. 18.

56. Sobre el trabajo con modelos de escenarios fundacionales para una «Gran Transición» hacia la sostenibilidad global, dirigido por los investigadores del Instituto Tellus y del Instituto de Medio Ambiente de Estocolmo, véase: Paul Raskin y otros, «Great Transition: The Promise and Lure of the Times Ahead», informe del Global Scenario Group, Instituto de Medio Ambiente de Estocolmo e Instituto Tellus, 2002. Este estudio ha continuado en marcha dentro de la Iniciativa Gran Transición del Tellus, disponible en: «Great Transition Initiative: Toward a Transformative Vision and Praxis», Instituto Tellus, <http://www.greattransition.org>. Véase el trabajo que

se ha venido realizando paralelamente en la fundación británica New Economics en: Stephen Spratt, Andrew Simms, Eva Neitzert y Josh Ryan-Collins, «The Great Transition», The New Economics Foundation, junio de 2010.

57. Entrevista a Bows, 14 de enero de 2013.

58. Rebecca Willis y Nick Eyre, «Demanding Less: Why We Need a New Politics of Energy», Green Alliance, octubre de 2011, págs. 9 y 26.

59. NOTA AL PIE: «El PE abre la vía a la opción de un cargador común para los teléfonos móviles», Comisión Europea, comunicado de prensa, 13 de marzo de 2014; Adam Minter, *Junkyard Planet*, Nueva York, Bloomsbury, 2013, págs. 6-7, 67 y 70.

60. Esta cita ha sido ligeramente puntualizada a petición de Anderson. Paul Moseley y Patrick Byrne, «Climate Expert Targets the Affluent», BBC, 13 de noviembre de 2009.

61. Phaedra Ellis-Lamkins, «How Climate Change Affects People of Color», *The Root*, 3 de marzo de 2013, <http://www.theroot.com>.

62. Tim Jackson, «Let's Be Less Productive», *New York Times*, 26 de mayo de 2012.

63. John Stutz, «Climate Change, Development and the Three-Day Week», Instituto Tellus, 2 de enero de 2008, págs. 4-5. Véanse también: Juliet B. Schor, *Plenitude: The New Economics of True Wealth*, Nueva York, Penguin Press, 2010; Kyle W. Knight, Eugene A. Rosa y Juliet B. Schor, «Could Working Less Reduce Pressures on the Environment? A Cross-National Panel Analysis of OECD Countries, 1970-2007», *Global Environmental Change*, 23, 2013, págs. 691-700.

64. Alyssa Battistoni, «Alive in the Sunshine», *Jacobin*, 13, 2014, pág. 25.

Capítulo 3. Público y sufragado

1. Sunita Narain, «Come Out and Claim the Road», *Business Standard*, 10 de noviembre de 2013.

2. George Orwell, *The Lion and the Unicorn: Socialism and the English Genius*, Londres, Secker & Warburg, 1962 [1941], pág. 64 (trad. cast.: *El león y el unicornio y otros ensayos*, México, Fondo de Cultura Económica, 2006).

3. Anna Leidreiter, «Hamburg Citizens Vote to Buy Back Energy Grid», blog de la Comisión sobre Clima y Energía del World Future Council, 25 de septiembre de 2013; comunicación personal por correo electrónico con Hans Thie, asesor en materia de política económica del grupo parlamentario de Die Linke (Partido de la Izquierda) en el Bundestag alemán, 14 de marzo de 2014.

4. Entrevista personal a Wiebke Hansen, 20 de marzo de 2014.

5. Los datos alemanes, para los que el suministro de electricidad renovable se mide en forma de porcentaje sobre el consumo bruto de electricidad, difieren ligeramente de los estadounidenses, que miden la proporción de electricidad de origen eólico y solar sobre la generación neta de electricidad total: «Renewable Energy Sources in Germany—Key Information 2013 at a Glance», Ministerio Federal Alemán de Asuntos Económicos y Energía, Grupo de Trabajo sobre Estadísticas de Energías Renovables (AGEE-Stat), <http://www.bmwi.de>; «Table 1.1.A. Net Generation from Renewable Sources: Total (All Sectors), 2004—April 2014», Electric Power Monthly, Administración Federal de Información Energética estadounidense (EIA), <http://eia.gov>; «Table 1.1. Net Generation by Energy Source: Total (All Sectors), 2004—April

2014», Electric Power Monthly, Administración Federal de Información Energética estadounidense. FRÁNCFORT Y MÚNICH: «City of Frankfurt 100 % by 2050», Go 100 % Renewable Energy, <http://www.go100percent.org>; «City of Munich», Go 100 % Renewable Energy.

6. «Factbox—German Coalition Agrees on Energy Reforms», Reuters, 27 de noviembre de 2013.

7. Leidreiter, «Hamburg Citizens Vote to Buy Back Energy Grid».

8. Nicholas Brautlecht, «Hamburg Backs EU2 Billion Buyback of Power Grids in Plebiscite», Bloomberg, 23 de septiembre de 2013; entrevista personal a Elisabeth Mader, portavoz de la Asociación Alemana de Compañías Locales de Servicios Públicos, 20 de marzo de 2014.

9. «Energy Referendum: Public Buy-Back of Berlin Grid Fails», *Spiegel Online*, 4 de noviembre de 2013; comunicación personal por correo electrónico con Arwen Colell, cofundadora de BürgerEnergie Berlin (Energía Ciudadana Berlín), 20 de marzo de 2014.

10. Entrevista personal a Steve Fenberg, 19 de marzo de 2014.

11. «Campaign for Local Power» (vídeo), New Era Colorado, 1 de septiembre de 2013; «Boulder and Broomfield Counties' Final 2011 Election Results», *Daily Camera*, 1 de noviembre de 2011.

12. «Campaign for Local Power» (vídeo), YouTube.

13. PAÍSES BAJOS: Agencia Internacional de la Energía, *Energy Policies of IEA Countries: The Netherlands; 2008 Review*, París, Agencia Internacional de la Energía y Organización para la Cooperación y el Desarrollo Económico, 2009, págs. 9-11 y 62-64; AUSTRIA: Agencia Internacional de la Energía, *Energy Policies of IEA Countries; Austria: 2007 Review*, París, Agencia Internacional de la Energía y Organización para la Cooperación y el Desarrollo Económico, 2008, págs. 11-16; NORUEGA: Agencia Internacional de la Energía, *Renewable Energy: Medium-Term Market Report 2012; Market Trends and Projections to 2017*, París, Agencia Internacional de la Energía y Organización para la Cooperación y el Desarrollo Económico, 2012, págs. 71-76; AUSTIN: «Climate Protection Resolution No. 20070215-023», Actualización de 2013, Oficina de Sostenibilidad, Ayuntamiento de Austin, pág. 3, <http://www.austintexas.gov>; SACRAMENTO: «Our Renewable Energy Portfolio», Sacramento Municipal Utility District (SMUD), <https://www.smud.org>; «Greenhouse Gas Reduction», Sacramento Municipal Utility District (SMUD), <https://www.smud.org>; «EJERCER TODA LA PRESIÓN POLÍTICA QUE PODAMOS»: Entrevista personal a John Farrell, 19 de marzo de 2014.

14. Traducción (al inglés) facilitada por Tadzio Mueller. «Unser Hamburg, Unser Netz», Hamburger Energienetze in die Öffentliche Hand! (¡Las redes energéticas de Hamburgo, en el sector público!), <http://unser-netz-hamburg-de>.

15. «Energy Technology Perspectives 2012: Pathways to a Clean Energy System», Agencia Internacional de la Energía, 2012, pág. 149.

16. David Hall y otros, «Renewable Energy Depends on the Public Not Private Sector», Unidad de Investigación Internacional sobre Servicios Públicos, Universidad de Greenwich, junio de 2013, pág. 2.

17. Ibídem, págs. 2 y 3-5.

18. Mark Z. Jacobson y Mark A. Delucchi, «A Plan to Power 100 Percent of the Planet with Renewables», *Scientific American*, noviembre de 2009, págs. 58-59; Mark Z. Jacobson y Mark A. Delucchi, «Providing All Global Energy with Wind, Water,

and Solar Power, Part I: Technologies, Energy Resources, Quantities and Ares of Infrastructure, and Materials», *Energy Policy*, 39, 2011, págs. 1154-1169 y 1170-1190.

19. Matthew Wright y Patrick Hearps, «Zero Carbon Australia 2020: Stationary Energy Sector Report—Executive Summary» (2ª ed.), Instituto de Investigación Energética de la Universidad de Melbourne y Beyond Zero Emissions, agosto de 2011, págs. 2 y 6.

20. A fecha de julio de 2014, los investigadores de la NOAA habían presentado ya los resultados de su estudio de cinco años y tenían previsto publicarlo en breve. Alexander MacDonald y Christopher Clack, «Low Cost and Low Carbon Emission Wind and Solar Energy Systems are Feasible for Large Geographic Domains», exposición de resultados en el seminario «Energía sostenible y ciencias atmosféricas» del Laboratorio de Investigación sobre Sistemas Terrestres (ESRL) de la Administración Nacional Oceánica y Atmosférica (NOAA), 27 de mayo de 2014; comunicación personal por correo electrónico con Alexander MacDonald, director del ESRL, y con Christopher Clack, científico investigador del ESRL, 28 de julio de 2014.

21. M. M. Hand y otros, «Renewable Electricity Futures Study—Volume 1: Exploration of High-Penetration Renewable Electricity Futures», Laboratorio Nacional de Energías Renovables (EE.UU.), 2012, págs. xvii-xviii.

22. Mark Z. Jacobson y otros, «Examining the Feasibility of Converting New York State's All-Purpose Energy Infrastructure to One Using Wind, Water, and Sunlight», *Energy Policy*, 57, 2013, pág. 585; Elisabeth Rosenthal, «Life After Oil and Gas», *New York Times*, 23 de marzo de 2013.

23. Louis Bergeron, «The World Can Be Powered by Alternative Energy, Using Today's Technology, in 20-40 Years, Says Stanford Researcher Mark Z. Jacobson», Stanford Report, 26 de enero de 2011; Elisabeth Rosenthal, «Life After Oil and Gas», *New York Times*, 23 de marzo de 2013.

24. Entrevista personal a Nastaran Mohit, 10 de noviembre de 2012.

25. Steve Kastenbaum, «Relief from Hurricane Sandy Slow for Some», CNN, 3 de noviembre de 2012.

26. Jonathan Mahler, «How the Coastline Became a Place to Put the Poor», *New York Times*, 3 de diciembre de 2012; entrevista personal a Aria Doe, directora ejecutiva del Action Center for Education and Community Development, 3 de febrero de 2013.

27. Sarah Maslin Nir, «Down to One Hospital, Rockaway Braces for Summer Crowds», *New York Times*, 20 de mayo de 2012; comunicación personal por correo electrónico con Nastaran Mohit, 28 de marzo de 2014; entrevista a Mohit, 10 de noviembre de 2012.

28. Ibídem; NOTA AL PIE: Greg B. Smith, «NYCHA Under Fire for Abandoning Tenants in Hurricane Sandy Aftermath», *Daily News* (Nueva York), 19 de noviembre de 2012.

29. Entrevista a Mohit, 10 de noviembre de 2012.

30. Ibídem.

31. Andrew P. Wilper y otros, «Health Insurance and Mortality in U.S. Adults», *American Journal of Public Health*, 99, 2009, págs. 2289-2295; Mohit, 10 de noviembre de 2012.

32. Entrevista a Doe, 3 de febrero de 2013.

33. John Aglionby, Mark Odell y James Pickford, «Tens of Thousands Without Power After Storm Hits Western Britain», *Financial Times*, 13 de febrero de 2014;

Tom Bawden, «St. Jude's Day Storm: Four Dead After 99mph Winds and Night of Destruction—But at Least We Saw It Coming», *The Independent*, Londres, 29 de octubre de 2013.

34. Alex Marshall, «Environment Agency Cuts: Surviving the Surgeon's Knife», *The ENDS Report*, 3 de enero de 2014; Damian Carrington, «Massive Cuts Risk England's Ability to Deal with Floods, MPs Say», *Guardian*, 7 de enero de 2014; Damian Carrington, «Hundreds of UK Flood Defence Schemes Unbuilt Due to Budget Cuts», *Guardian*, 13 de julio de 2012.

35. Dave Prentis, «Environment Agency Workers Are Unsung Heroes», UNISON, 6 de enero de 2014.

36. EM-DAT, Base de Datos Internacional sobre Desastres, Centro de Investigación de la Epidemiología de los Desastres (Universidad Católica de Lovaina), búsquedas avanzadas, <http://www.emdat.be/database>; comunicación personal por correo electrónico con Michael Mann, 27 de marzo de 2014.

37. «Billion-Dollar Weather/Climate Disasters», Centro Nacional de Datos Climáticos (EE.UU.), <http://www.ncdc.noaa.gov>; «Review of Natural Catastrophes in 2011: Earthquakes Result in Record Loss Year», Munich RE, nota de prensa, 4 de enero de 2012.

38. Entrevista personal a Amy Bach, 18 de septiembre de 2012.

39. «Climate Change: Impacts, Vulnerabilities and Adaptation in Developing Countries», CMNUCC, 2007, págs. 18-26 y 29-38; «Una agricultura "inteligente" con respecto al clima», Organización de las Naciones Unidas para la Alimentación y la Agricultura (FAO), 28 de octubre de 2010.

40. «World Economic and Social Survey 2011: The Great Green Technological Transformation», Departamento de Asuntos Económicos y Sociales, ONU, 2011, págs. xxiii y 174.

41. El sector petrolero y gasístico fue el más representado (o uno de los dos sectores más representados) entre las veinte empresas más grandes de la lista Global 500 de la revista *Fortune* para los años 2012 y 2013: «Fortune Global 500», CNN Money, 2013, <http://money.cnn.com>; «Fortune Global 500», CNN Money, 2012, <http://money.cnn.com>. HAN BLOQUEADO TODO PROGRESO: James Hoggan, con Richard Littlemore, *Climate Cover-Up: The Crusade to Deny Global Warming*, Vancouver, Greystone Books, 2009; 900.000 MILLONES DE DÓLARES: Daniel J. Weiss, «Big Oil's Lust for Tax Loopholes», Center for American Progress, 31 de enero de 2011; 2011 EARNINGS: «2011 Summary Annual Report», ExxonMobil, pág. 4; 2012 EARNINGS: «2012 Summary Annual Report», ExxonMobil, pág. 4; «Exxon's 2012 Profit of $44.9B Misses Record», Associated Press, 1 de febrero de 2013.

42. BP, por ejemplo, comprometió 8.000 millones de dólares en energías alternativas en 2005. Saaed Shah, «BP Looks "Beyond Petroleum" with $8bn Renewables Spend», *The Independent* (Londres), 29 de noviembre de 2005; MÁS ALLÁ DEL PETRÓLEO: Terry Macalister y Eleanor Cross, «BP Rebrands on a Global Scale», *Guardian*, 24 de julio de 2000; MARCA DE HELIOS: «BP Amoco Unveils New Global Brand to Drive Growth», nota de prensa, 24 de julio de 2000; BROWNE: Terry Macalister y Eleanor Cross, «BP Rebrands on a Global Scale», *Guardian*, 24 de julio de 2000; CHEVRON: «We Agree: Oil Companies Should Support Renewable Energy» (vídeo), Chevron, YouTube, 2010; ESTUDIO DE 2009: Daniel J. Weiss y Alexandra Kougentakis, «Big Oil Misers», Center for American Progress, 31 de marzo de 2009; REMUNERACIÓN DE LOS EJECUTIVOS: James Osborne, «Exxon

Mobil CEO Rex Tillerson Gets 15 Percent Raise to $40.3 Million», *Dallas Morning News*, 12 de abril de 2013.

43. Antonia Juhasz, «Big Oil's Lies About Alternative Energy», *Rolling Stone*, 25 de junio de 2013; Ben Elgin, «Chevron Dims the Light son Green Power», *Bloomberg Businessweek*, 29 de mayo de 2014; Ben Elgin, «Chevron Backpedals Again on Renewable Energy», *Bloomberg Businessweek*, 9 de junio de 2014.

44. Brett Martel, «Jury Finds Big Tobacco Must Pay $590 Million for Stop-Smoking Programs», Associated Press, 21 de mayo de 2004; Burce Alpert, «U.S. Supreme Court Keeps Louisiana's $240 Million Smoking Cessation Program Intact», *Times-Picayune*, 27 de junio de 2011; Sheila McNulty y Ed Crooks, «BP Oil Spill Pay-outs Hit $5bn Mark», *Financial Times*, 23 de agosto de 2011; Lee Howell, «Global Risks 2013», Foro Económico Mundial, 2013, pág. 19.

45. Marc Lee, «Building a Fair and Effective Carbon Tax to Meet BC's Greenhouse Gas Targets», Canadian Centre for Policy Alternatives, agosto de 2012.

46. Las emisiones correspondientes al Departamento de Defensa de Estados Unidos se calcularon usando el «Inventario» federal de gases de efecto invernadero para el ejercicio fiscal de 2011 (emisiones totales de «alcance 1», de las que se excluyen las biogénicas). «Fiscal Year 2011 Greenhouse Gas Inventory: Government Totals», Departamento de Energía de Estados Unidos, Oficina de Eficiencia Energética y Energías Renovables, 14 de junio de 2013, <http://energy.gov>; «Greenhouse Gas 100 Polluters Index», Instituto de Investigación en Economía Política (PERI), Universidad de Massachusetts en Amherst, junio de 2013, <http://www.peri.umass.edu>.

47. Borgar Aamaas, Jens Borken-Kleefeld y Glen P. Peters, «The Climate Impact of Travel Behavior: A German Case Study with Illustrative Mitigation Options», *Environmental Science & Policy*, 33, 2013, págs. 273 y 276.

48. Thomas Piketty, *Capital in the Twenty-First Century*, trad. inglesa de Arthur Goldhammer, Cambridge (Massachusetts), Harvard University Press, 2014 (trad. cast.: *El capital en el siglo XXI*, México, Fondo de Cultura Económica, 2014); Gar Lipow, *Solving the Climate Crisis Through Social Change: Public Investment in Social Prosperity to Cool a Fevered Planet*, Santa Bárbara (California), Praeger, 2012, pág. 56; Stephen W. Pacala, «Equitable Solutions to Greenhouse Warming: On the Distribution of Wealth, Emissions and Responsability Within and Between Nations», comunicación ante el IIASA (International Institute for Applied Systems Analysis), noviembre de 2007.

49. «Sobre una financiación innovadora a escala mundial y europea», resolución del Parlamento Europeo, 8 de marzo de 2011, <http://www.europarl.europa.eu>.

50. «Revealed: Global Super-Rich Has at Least $21 Trillion Hidden in Secret Tax Havens», Tax Justice Network, nota de prensa, 22 de julio de 2012.

51. «World Economic and Social Survey 2012: In Search of New Development Finance», Departamento de Asuntos Económicos y Sociales, ONU, 2012, pág. 44.

52. Sam Perlo-Freeman y otros, «Trends in World Military Expenditure, 2012», Instituto Internacional de Estudios para la Paz de Estocolmo (SIPRI), abril de 2013, <http://sipri.org>.

53. «Mobilizing Climate Finance: A Paper Prepared at the Request of G20 Finance Ministers», Grupo del Banco Mundial, 6 de octubre de 2011, pág. 15, <http://www.imf.org>.

54. «Governments Should Phase Out Fossil Fuels Subsidies or Risk Lower Economic Growth, Delayed Investment in Clean Energy and Unnecessary Climate Chan-

ge Pollution», Oil Change International y Natural Resources Defense Council, junio de 2012, pág. 2.

55. Véase un análisis más a fondo (y centrado en Estados Unidos) del aumento de fondos para la acción climática procedentes de ese tipo de fuentes en: Lipow, *Solving the Climate Crisis Through Social Change*, págs. 55-61.

56. Para informarse mucho más sobre racionamiento, cambio climático y justicia medioambiental y económica, véase Stan Cox, *Any Way You Slice It: The Past, Present, and Future of Rationing*, Nueva York, The New Press, 2013. UN 16 %: Ina Zweiniger-Bargielowska, *Austerity in Britain: Rationing, Controls, and Consumption, 1939-1955*, Oxford, Oxford University Press, 2000, págs. 55 y 58.

57. Nicholas Timmins, «When Britain Demanded Fair Shares for All», *The Independent* (Londres), 27 de julio de 1995; Martin J. Manning y Clarence R. Wyatt, *Encyclopedia of Media and Propaganda in Wartime America*, vol. 1, Santa Bárbara (California), ABC-CLIO, 2011, pág. 533; Terrence H. Witkowski, «The American Consumer Home Front During World War II», *Advances in Consumer Research*, 25, 1998.

58. «Rationing, How and Why?», panfleto, Oficina de Administración de Precios (EE.UU.), 1942, pág. 3.

59. Donald Thomas, *The Enemy Within: Hucksters, Racketeers, Deserters and Civilians During the Second World War*, Nueva York, New York University Press, 2003, pág. 29; Hugh Rockoff, *Drastic Measures: A History of Wage and Price Controls in the United States*, Cambridge, Cambridge University Press, 1984, págs. 166-167.

60. Jimmy Carter, «Crisis of Confidence», discurso (transcripción), *American Experience*, PBS.

61. «The Pursuit of Progress» (vídeo), *Richard Heffner's Open Mind*, PBS, 10 de febrero de 1991.

62. Eleanor Taylor, «British Social Attitudes 28», capítulo 6, Environment («Medio Ambiente»), NatCen Social Research, pág. 104.

63. Will Dahlgreen, «Broad Support for 50P Tax», YouGov, 28 de enero de 2014; «Nine in Ten Canadians Support Taxing the Rich "More" (88 %) and a Potential "Millionaire's Tax" (89 %)», Ipsos, 30 de mayo de 2013; Anthony Leiserowitz y otros, «Public Support for Climate and Energy Policies in November 2013», Proyecto sobre Comunicación del Cambio Climático (Universidad de Yale) y Centro para la Comunicación sobre el Cambio Climático (Universidad George Mason), noviembre de 2013; «Voter Attitudes Toward Pricing Carbon and a Clean Energy Refund» (memorando), Public Opinion Strategies, 21 de abril de 2010.

64. «Americans Support Limits on CO_2», Proyecto sobre Comunicación del Cambio Climático, Universidad de Yale, abril de 2014.

Capítulo 4. Planificar y prohibir

1. John Berger, *Keeping a Rendezvous*, Nueva York, Pantheon, 1991, pág. 156.
2. James Gustave Speth, *The Bridge at the End of the World: Capitalism, the Environment, and Crossing from Crisis to Sustainability*, New Haven, Yale University Press, 2008, pág. 178.
3. «The Second McCain-Obama Presidential Debate» (transcripción), Comisión de Debates Presidenciales (EE.UU.), 7 de octubre de 2008.

4. Sam Gindin, «The Auto Crisis: Placing Our Own Alternative on the Table», Bullet/Socialist Project, E-Bulletin, n° 200, 9 de abril de 2009.

5. Ricardo Fuentes-Nieva y Nick Galasso, «Working for the Few», Oxfam, 20 de enero de 2014, pág. 2; NOTA AL PIE: Jason Walsh, «European Workers Rebel as G-20 Looms», *Christian Science Monitor*, 1 de abril de 2009; Rupert Hall, «Swansea Factory Workers Start Production at Former Remploy Site», Wales Online, 14 de octubre de 2013; Alejandra Cancino, «Former Republic Windows and Doors Workers Learn to Be Owners», *Chicago Tribune*, 6 de noviembre de 2013.

6. Según datos de la Oficina de Estadística Laboral de Estados Unidos, la pérdida neta de empleos industriales entre enero de 2008 y enero de 2014 ascendió a 114.500 puestos de trabajo; «Employment, Hours, and Earnings from the Current Employment Statistics Survey (National)», Oficina de Estadística Laboral de Estados Unidos, <http://data.bls.gov>.

7. Michael Grunwald, *The New New Deal: The Hidden Story of Change in the Obama Era*, Nueva York, Simon & Schuster, 2012, págs. 10-11 y 163-168; «Expert Reaction to Two New Nature Papers on Climate», Science Media Centre, 4 de diciembre de 2011.

8. Roger Lowenstein, «The Nixon Shock», *Bloomberg Businessweek Magazine*, 4 de agosto de 2011; Bruce Bartlett, «Keynes and Keynesianism», *New York Times*, 14 de mayo de 2013.

9. La cifra estimada de 3,7 millones de empleos procede del Apollo Alliance Project, que se fusionó con la BlueGreen Alliance en 2011. «Make It in America: The Apollo Clean Transportation Manufacturing Action Plan», Apollo Alliance, octubre de 2010; Smart Growth America, «Recent Lessons from the Stimulus: Transportation Funding and Job Creation», febrero de 2011, pág. 2.

10. «Hacia el desarrollo sostenible: Oportunidades de trabajo decente e inclusión social en una economía verde», Organización Internacional del Trabajo, mayo de 2012.

11. «More Bang for Our Buck», BlueGreen Canada, noviembre de 2012; Jonathan Neale, «Our Jobs, Our Planet: Transport Workers and Climate Change», informe redactado originalmente para la Federación Europea de los Trabajadores del Transporte, octubre de 2011, pág. 49; «About», One Million Climate Jobs, <http://www.climatejobs.org>.

12. Will Dahlgreen, «Nationalise Energy and Rail Companies, Say Public», YouGov, 4 de noviembre de 2013.

13. «2011 Wind Technologies Market Report», Departamento de Energía de Estados Unidos, agosto de 2012, pág. iii; Matthew L. Wald, «New Energy Struggles on Its Way to Markets», *New York Times*, 27 de diciembre de 2013.

14. Entrevista personal a Ben Parfitt, 21 de septiembre de 2013.

15. Michelle Kinman y Antonia Juhasz (comps.), «The True Cost of Chevron: An Alternative Annual Report», True Cost of Chevron Network, mayo de 2011, págs. 12, 18, 22 y 43; Patrick Radden Keefe, «Reversal of Fortune», *The New Yorker*, 9 de enero de 2012; Pierre Thomas y otros, «B.P.'s Dismal Safety Record», ABC News, 27 de mayo de 2010; Alan Levin, «Oil Companies Fought Stricter Regulation», *USA Today*, 20 de mayo de 2010; Chip Cummins y otros, «Five Who Laid Groundwork for Historic Spike in Oil Market», *Wall Street Journal*, 20 de diciembre de 2005.

16. Seth Klein, «Moving Towards Climate Justice: Overcoming Barriers to Change», Canadian Centre for Policy Alternatives, abril de 2012.

17. Lucia Kassai, «Brazil to Boost Oil Exports as Output Triples, IEA Says», Bloomberg, 12 de noviembre de 2013; Jeffrey Jones, «Statoil, PTTEP Deal to Test Tighter Oil Sands Rules», *Globe and Mail*, 30 de enero de 2014; «PetroChina Buys Entire Alberta Oilsands Project», Canadian Press, 3 de enero de 2012.

18. David Bollier, *Think Like a Commoner: A Short Introduction to the Life of the Commons*, Gabriola Island (Columbia Británica), New Society Publishers, 2014.

19. Entrevista personal a Hans Thie, asesor en materia de política económica del grupo parlamentario de Die Linke (Partido de la Izquierda) en el Bundestag alemán, 20 de marzo de 2014; «Solarstrombranche (Photovoltaik)», Statische Zahlen der deutschen, BSW Solar, marzo de 2014, pág. 1; «Status Des Windenergieusbausus An Land In Deutschland», Deutsche Wind Guard, 2013, pág. 1; «Flyer: Renewably Employed!», Ministerio Federal de Medio Ambiente, Conservación Natural, Construcción y Seguridad Nuclear (Alemania), agosto de 2013.

20. Hans Thie, «The Controversial Energy Turnaround in Germany: Successes, Contradictions, Perspectives», Vienna Theses, julio de 2013.

21. «Danish Key Figures», Facts and Figures, Agencia Danesa de la Energía, 2010, <http://www.ens.dk/en>; comunicación personal por correo electrónico con Carsten Vittrup, consultor estratégico en energía, Energinet.dk, 20 de marzo de 2014.

22. Russ Christianson, «Danish Wind Co-ops Can Show Us the Way», WindWorks, 3 de agosto de 2005.

23. Entrevista personal a Dimitra Spatharidou, 20 de mayo de 2013.

24. Andrea Stone, «Family Farmers Hold Keys to Agriculture in a Warming World», *National Geographic*, 2 de mayo de 2014.

25. Calogero Carletto, Sara Savastano y Alberto Zezza, «Fact or Artifact: The Impact of Measurement Errors on the Farm Size-Productivity Relationship», *Journal of Development Economics*, 103, 2013, págs. 254-261; «Typhoon Haiyan Exposes the Reality of Climate Injustice», La Vía Campesina, nota de prensa, 4 de diciembre de 2013; Raj Patel, *Stuffed and Starved: The Hidden Battle for the World Food System*, Brooklyn, Melville House, 2012, págs. 6-7 (trad. cast.: *Obesos y famélicos: El impacto de la globalización en el sistema alimentario mundial*, Barcelona, Los Libros del Lince, 2008).

26. Del análisis de De Schutter se han hecho eco grandes organismos de la ayuda convencional al desarrollo, como la Conferencia de las Naciones Unidas sobre Comercio y Desarrollo (UNCTAD) y la Evaluación Internacional del Papel de los Conocimientos, la Ciencia y la Tecnología Agrícolas en el Desarrollo (IAASTD), que han publicado informes en años recientes que han destacado la agricultura agroecológica a pequeña escala (sobre todo cuando el terreno está controlado por mujeres) como solución clave para la crisis climática y para la pobreza persistente. Véanse: «Trade and Environment Review 2013: Wake Up Before It Is Too Late», UNCTAD, 2013; «Agriculture at a Crossroads: Synthesis Report», IAASTD, 2009; «UN AMPLIO SECTOR»: «Eco-Farming Can Double Food Production in 10 Years, Says New UN Report», Naciones Unidas, Oficina del Alto Comisionado para los Derechos Humanos, nota de prensa, 8 de marzo de 2011.

27. Verena Seufert, Navin Ramankutty y Jonathan A. Foley, «Comparing the Yields of Organic and Conventional Agriculture», *Nature*, 485, 2012, págs. 229-232; «Eco-Farming Can Double Food Production in 10 Years, Says New UN Report», Naciones Unidas.

28. Comunicación personal por correo electrónico con Raj Patel, 6 de junio de 2014.

29. Ibídem.

30. Entrevista a Thie, 20 de marzo de 2014; «Greenhouse Gas Emissions Rise Slightly Again in 2013, by 1.2 Percent», Agencia Federal Alemana del Medio Ambiente (UBA), nota de prensa, 10 de marzo de 2014.

31. Entrevista a Thie, 20 de marzo de 2014; Helen Pidd, «Germany to Shut All Nuclear Reactors», *Guardian*, 30 de mayo de 2011; Peter Friederici, «WW II-Era Law Keeps Germany Hooked on "Brown Coal" Despite Renewables Shift», InsideClimate News, 1 de octubre de 2013.

32. Mark Z. Jacobson y Mark A. Delucchi, «A Plan to Power 100 Percent of the Planet with Renewables», *Scientific American*, noviembre de 2009, págs. 58-59; Mark Z. Jacobson, «Nuclear Power Is Too Risky», CNN, 22 de febrero de 2010; *Real Time with Bill Maher*, HBO, episodio 188, 11 de junio de 2010.

33. La generación neta de electricidad procedente de la energía nuclear fue de un 11,9 % del total mundial en 2011, que es el año más reciente para el que se dispone de datos completos de la Administración Estadounidense de Información Energética, «International Energy Statistics», Administración Federal de Información Energética estadounidense, <http://www.eia.gov>.

34. Sven Teske, «Energy Revolution: A Sustainable EU 27 Energy Outlook», Greenpeace International y el Consejo Europeo de Energías Renovables (EREC), 2012, pág. 11.

35. Entrevista a Thie, 20 de marzo de 2014; Andreas Rinke, «Merkel Signals Support for Plan to Lift Carbon Prices», Reuters, 16 de octubre de 2013.

36. Comunicación personal por correo electrónico con Tadzio Mueller, 14 de marzo de 2014.

37. «Development of Baseline Data and Analysis of Life Cycle Greenhouse Gas Emissions of Petroleum-Based Fuels», Departamento de Energía de Estados Unidos, Laboratorio Nacional de Tecnologías Energéticas, DOE/NETL-2009/1346, 2008, pág. 13.

38. Bill McKibben, «Join Us in Civil Desobedience to Stop the Keystone XL TarSands Pipeline», Grist, 23 de junio de 2011.

39. James Hansen, «Game Over for the Climate», *New York Times*, 9 de mayo de 2012.

40. Barack Obama, «Barack Obama's Remarks in St. Paul», discurso, Saint Paul (Minnesota), *New York Times*, 3 de junio de 2008.

41. «Remarks by the President on Climate Change», discurso, Washington (D.C.), 25 de junio de 2013, Secretaría de Prensa de la Casa Blanca.

42. Jackie Calmes y Michael Shear, «Interview with President Obama», *New York Times*, 27 de julio de 2013.

43. «Presidential Memorandum—Power Sector Carbon Pollution Standards», Secretaría de Prensa de la Casa Blanca (EE.UU.), 25 de junio de 2013, <http://www.whitehouse.gov>; Mark Hertsgaard, «A Top Obama Aide Says History Won't Applaud the President's Climate Policy», *Harper's*, 2 de junio de 2014.

44. «Keynote Address» (vídeo), Sexta Conferencia Internacional sobre el Cambio Climático, Instituto Heartland, 30 de junio de 2011.

45. Robert W. Howarth, Renee Santoro y Anthony Ingraffea, «Methane and the Greenhouse-Gas Footprint of Natural Gas from Shale Formations», *Climatic Change*, 106, 2011, págs. 679-690.

46. Ibídem, págs. 681-685 y 687; Gunnar Myhre y otros, «Anthropogenic and Natural Radiative Forcing», en T. F. Stocker y otros (comps.), *Climate Change 2013:*

The Physical Science Basis. Contribution of Working Group I to the Fifth Assessment Report of the Intergovernmental Panel on Climate Change, Cambridge, Cambridge University Press, 2013, pág. 714.

47. Ibídem; entrevista personal a Robert Howarth, 10 de abril de 2014.

48. Howarth proporciona una perspectiva general muy útil de los estudios posteriores sobre las emisiones de metano procedentes del gas de esquisto (y sostiene que estos trabajos han reforzado la validez de las conclusiones principales del artículo de 2011) en Robert W. Howarth, «A Bridge to Nowhere: Methane Emissions and the Greenhouse Gas Footprint of Natural Gas», *Energy Science & Engineering*, 2, 2014, págs. 47-60. PRIMERA PUBLICADA EN UNA REVISTA ACADÉMICA DE REFERENCIA: Howarth, Santoro e Ingraffea, «Methane and the Greenhouse-Gas Footprint of Natural Gas from Shale Formation», pág. 687; ACLARÓ DE INMEDIATO: Bryan Schutt, «Methane Emissions "Achilles' Heel" of Shale Gas, Cornell Professor Contends», SNL Daily Gas Report, 23 de mayo de 2011; FALTA DE TRANSPARENCIA: Robert W. Howarth, Renee Santoro y Anthony Ingraffea, «Venting and Leaking of Methane from Shale Gas Development: Response to Cathles y otros», *Climatic Change*, 113, 2012, págs. 539-540; NOTA AL PIE: «U.S. Energy-Related Carbon Dioxide Emissions, 2012», Administración Federal de Información Energética estadounidense, octubre de 2013, pág. ii; Scot M. Miller y otros, «Anthropogenic Emissions of Methane in the United States», *Proceedings of the National Academy of Sciences*, 110, 2013, págs. 20018-20022; «Changing the Game? Emissions and Market Implications for New Natural Gas Supplies», Foro sobre Modelos Energéticos (EMF), Universidad de Stanford, EMF Report, 26, 1, septiembre de 2013, pág. vii; Shakeb Afsah y Kendyl Salcito, «US Coal Exports Erode All CO_2 Savings from Shale Gas», CO_2 Scorecard Group, 24 de marzo de 2014, <http://www.co2scorecard.org>.

49. Stefan Wangstyl, «German Coal Use at Highest Level Since 1990», *Financial Times*, 7 de enero de 2014; Stefan Nicola y Ladka Bauerova, «In Europe, Dirty Coal Makes a Comeback», *Bloomberg Businessweek*, 27 de febrero de 2014.

50. Chester Dawson y Carolyn King, «Exxon Unit Seeks Canada Approval for Oil-Sands Project», *Wall Street Journal*, 17 de diciembre de 2013; «Environmental Responsibility», Kearl, Operations, Imperial, <http://www.imperialoil.ca>; «Fuel for Thought: The Economic Benefits of Oil Sands Investment», Conference Board of Canada, octubre de 2012, págs. 3 y 9.

51. Leila Coimbra y Sabrina Lorenzi, «BG to Spend $30 Billion on Brazil Offshore Oil by 2025», Reuters, 24 de mayo de 2012; «Chevron Announces $39.8 Billion Capital and Exploratory Budget for 2014», Chevron, nota de prensa, 11 de diciembre de 2013; «Gorgon Project Overview», Chevron, mayo de 2014, págs. 1-2, <http://www.chevronaustralia.com>; Andrew Callus, «Record-Breaking Gas Ship Launched, Bigger One Planned», Reuters, 3 de diciembre de 2013; «A Revolution in Natural Gas Production», Shell Global, <http://www.shell.com>.

52. «Gorgon Project Overview», pág. 1; «Prelude FLNG in Numbers», Shell Global, <http://www.shell.com>; «Operations: Kearl Oil Sands Project», perspectiva general, Imperial Oil, <http://www.imperialoil.ca>; «Sunrise Energy Project», Husky Energy, <http://www.huskyenergy.com>; Kevin Anderson y Alice Bows, «Beyond "Dangerous" Climate Change: Emission Scenarios for a New World», *Philosophical Transactions of the Royal Society A*, 369, 2011, pág. 35.

53. «Reserve-Replacement Ratio», Investopedia Dictionary, <http://www.investopedia.com>.

54. Fred Pals, «Shell Lagged Behind BP in Replacing Reserves in 2008», *Bloomberg*, 17 de marzo de 2009; «Royal Dutch Shell Plc. Strategy Update 2009—Final», Fair Disclosure Wire, 17 de marzo de 2009; Robin Pagnamenta, «Anger as Shell Cuts Back on Its Investment in Renewables», *The Times* (Londres), 18 de marzo de 2009; «Royal Dutch Shell Plc. Updates on Strategy to Improve Performance and Grow», Royal Dutch Shell, nota de prensa, 16 de marzo de 2010; Robert Perkins, «Shell Eyes 2012 Output of 3.5 Million Boe/d», *Platts Oilgram Price Report*, 17 de marzo de 2010.

55. «World Energy Outlook 2013», Agencia Internacional de la Energía (AIE), 2013, págs. 471-472.

56. «Exxon Mobil Corporation Announces 2011 Reserves Replacement», ExxonMobil, nota de prensa, 23 de febrero de 2012.

57. Las cifras facilitadas en este párrafo pueden variar, pues existen diferentes cálculos estimados del presupuesto de carbono máximo para limitar el calentamiento a 2 °C. El informe original de Carbon Tracker se basaba en un artículo fundamental de la revista *Nature*, publicado en 2009: James Leaton, «Unburnable Carbon: Are the World's Financial Markets Carrying a Carbon Bubble?», Carbon Tracker Initiative, 2011, págs. 6-7; Malte Meinshausen y otros, «Greenhouse-Gas Emission Targets for Limiting Global Warming to 2 °C», *Nature*, 458, 2009, pág. 1161. Puede consultarse un análisis actualizado de la propia Carbon Tracker en James Leaton y otros, «Unburnable Carbon 2013: Wasted Capital and Stranded Assets», Carbon Tracker Initiative, 2013. Pueden consultarse los presupuestos de carbono estimados en el último «Informe de evaluación» del IPCC para un calentamiento global máximo de 2 °C en el capítulo «Summary for Policymakers» de T. F. Stocker y otros (comps.), *Climate Change 2013: The Physical Science Basis. Contribution of Working Group I to the Fifth Assessment Report of the Intergovernmental Panel on Climate Change*, Cambridge, Cambridge University Press, 2013, págs. 27-28. «LO VERDADERAMENTE DESTACABLE»: Bill McKibben, discurso, Nueva York (Nueva York), Do the Math Tour, 350.org, 16 de noviembre de 2012, <http://350.org>.

58. John Fullerton, «The Big Choice», Capital Institute, 19 de julio de 2011; Leaton, «Unburnable Carbon», pág. 6.

59. El gasto total de la industria del petróleo y del gas en *lobbies* en 2013 fue de 144.878.531 dólares, según el Center for Responsive Politics: «Oil & Gas», OpenSecrets.org, Center for Responsive Politics, <https://www.opensecrets.org>; GASTO EN CAMPAÑAS ELECTORALES: «Oil and Gas: Long-Term Contribution Trends», Center for Responsive Politics, 18 de febrero de 2014, <https://www.opensecrets.org>.

60. Daniel Cayley-Daoust y Richard Girard, «Big Oil's Oily Grasp: The Making of Canada as a Petro-State and How Oil Money Is Corrupting Canadian Politics», Polaris Institute, diciembre de 2012, pág. 3; Damian Carrington, «Energy Companies Have Lent More than 50 Staff to Government Departments», *Guardian*, 5 de diciembre de 2011.

61. Véase el historial de precios de las acciones de ExxonMobil, Chevron, Royal Dutch Shell, ConocoPhillips, BP, Anglo American y Arch Coal según se recoge en Google Finance para las fechas comprendidas entre el 1 de diciembre y el 31 de diciembre de 2009, sobre todo para el día 18 de diciembre.

62. Suzanne Goldenberg, «ExxonMobil Agrees to Report on Climate Change's Effect on Business Model», *Guardian*, 20 de marzo de 2014; «Energy and Carbon—Managing the Risks», ExxonMobil, 2014, págs. 1, 8 y 16.

63. Comunicación personal por correo electrónico con John Ashton, 20 de marzo de 2014.

64. Mark Dowie, *Losing Ground: American Environmentalism at the Close of the Twentieth Century*, Cambridge (Massachusetts), MIT Press, 1996, pág. 25.

65. Yotam Marom, «Confessions of a Climate Change Denier», Waging Nonviolence, 30 de julio de 2013.

66. «Paxman vs. Brand—Full Interview» (vídeo), *BBC Newsnight*, 23 de octubre de 2013.

67. «System Change—Not Climate Change», Declaración Popular del Klimaforum09, diciembre de 2009.

68. Miya Yoshitani, «Confessions of a Climate Denier in Tunisia», APEN (Red Medioambiental de Asia y el Pacífico), 8 de mayo de 2013.

69. Nick Cohen, «The Climate Change Deniers Have Won», *The Observer*, 22 de marzo de 2014.

70. Philip Radford, «The Environmental Case for a Path to Citizenship», Huffington Post, 14 de marzo de 2013; Anna Palmer y Darren Samuelsohn, «Sierra Club Backs Immigration Reform», *Politico*, 24 de abril de 2013; «Statement on Immigration Reform», BlueGreen Alliance, <http://www.bluegreenalliance.org>; May Boeve, «Solidarity with the Immigration Reform Movement», 350.org, 22 de marzo de 2013, <http://350.org>.

71. Pamela Gossin, *Encyclopedia of Literature and Science*, Westport (Connecticut), Greenwood, 2002, pág. 208; William Blake, «And Did Those Feet in Ancient Time», poema incluido en *The Complete Poetry and Prose of William Blake*, Berkeley, University of California Press, 2008, pág. 95.

72. Entrevista personal a Colin Miller, 14 de marzo de 2011; Simon Romero, «Bus-Fare Protests Hit Brazil's Two Biggest Cities», *New York Times*, 13 de junio de 2013; Larry Rohter, «Brazil's Workers Take to Streets in One-Day Strike», *New York Times*, 11 de julio de 2013.

Capítulo 5. Más allá del extractivismo

1. Steve Stockman, entrada en Twitter, 21 de marzo de 2013, 14:33 horas (horario del este de Norteamérica), <https://twitter.com>.

2. Ben Dangl, «Miners Just Took 43 Police Officers Hostage in Bolivia», *Vice*, 3 de abril de 2014.

3. Rodrigo Castro y otros, «Human-Nature Interaction in World Modeling with Modelica», ponencia preparada para las actas de la 10th International Modelica Conference, 10-12 de marzo de 2014, <http://www.ep.liu.se>.

4. Entrevista personal a Nerida-Ann Steshia Hubert, 30 de marzo de 2012.

5. Hermann Joseph Hiery, *The Neglected War: The German South Pacific and the Influence of World War I*, Honolulu, University of Hawai'i Press, 1995, págs. 116-125 y 241; «Nauru», Ministerio de Asuntos Exteriores y Comercio de Nueva Zelanda, actualizado a 9 de diciembre de 2013, <http://www.mfat.govt.nz>; «Nauru» (vídeo), Archivo Fílmico y Sonoro Nacional (NFSA) de Australia, NFSA Films.

6. Charles J. Hanley, «Tiny Pacific Isle's Citizens Rich, Fat and Happy—Thanks to the Birds», Associated Press, 31 de marzo de 1985; entrevista a Steshia Hubert, 30 de marzo de 2012.

7. «Country Profile and National Anthem», Misión Permanente de la República de Nauru ante las Naciones Unidas, Naciones Unidas, <http://www.un.int>; Jack Hitt, «The Billion-Dollar Shack», *New York Times Magazine*, 10 de diciembre de 2000.

8. Hiery, *The Neglected war*, págs. 116-125 y 241; «Nauru», Ministerio de Asuntos Exteriores y Comercio de Nueva Zelanda.

9. Hitt, «The Billion-Dollar Shack»; David Kendall, «Doomed Island», *Alternatives Journal*, enero de 2009.

10. «Nauru» (vídeo), NFSA Films.

11. Philip Shenon, «A Pacific Island Is Stripped of Everything», *New York Times*, 10 de diciembre de 1995.

12. Hitt, «The Billion-Dollar Shack»; Robert Matau, «Road Deaths Force Nauru to Review Traffic Laws», Islands Business, 10 de julio de 2013; «The Fattest Place on Earth» (vídeo), *Nightline*, ABC, 3 de enero de 2011; entrevista a Steshia Hubert, 30 de marzo de 2012.

13. Hitt, «The Billion-Dollar Shack»; «Nauru», Country Profile, U.N. Data, <http://data.un.org>.

14. «Nauru», Overview («Datos generales»), Rand McNally, <http://education.randmcnally.com>; Tony Thomas, «The Naught Nation of Nauru», *The Quadrant*, enero-febrero de 2013; Andrew Kaierua y otros, «Nauru», en *Climate Change in the Pacific*, Scientific Assessment and New Research, vol. 2: Country Reports, Oficina Australiana de Meteorología y CSIRO, 2011, págs. 134 y 140; «Fresh Water Supplies a Continual Challenge to the Region», División de Geociencia Aplicada y Tecnología, Secretaría General de la Comunidad del Pacífico, nota de prensa, 18 de enero de 2011.

15. Glenn Albrecht, «The Age of Solastalgia», *The Conversation*, 7 de agosto de 2012.

16. Kendall, «Doomed Island».

17. «Nauru: Phosphate Roller Coaster; Elections with Tough Love Theme», 13 de agosto de 2007, a través de WikiLeaks, <http://www.wikileaks.org>.

18. Nick Bryant, «Will New Nauru Asylum Centre Deliver Pacific Solution?», *BBC News*, 20 de junio de 2013; Rob Taylor, «Ruling Clouds Future of Australia Detention Center», *Wall Street Journal*, 30 de enero de 2014; «Nauru Camp a Human Rights Catastrophe with No End in Sight», Amnistía Internacional, nota de prensa, 23 de noviembre de 2012; «What We Found on Nauru», Amnistía Internacional, 17 de diciembre de 2012; «Hundreds Continue 11-Day Nauru Hunger Strike», ABC News (Australia), 12 de noviembre de 2012.

19. Bryant, «Will New Nauru Asylum Centre Deliver Pacific Solution?»; Oliver Laughland, «Nauru Immigration Detention Centre-Exclusive Pictures», *Guardian*, 6 de diciembre de 2013; «Hundreds Continue 11-Day Nauru Hunger Strike», ABC News (Australia); «Police Attend Full-Scale Riot at Asylum Seeker Detention Centre on Nauru», ABC News (Australia), 20 de julio de 2013.

20. «Nauru Camp a Human Rights Catastrophe with No End in Sight», Amnistía Internacional, nota de prensa, 23 de noviembre de 2012; «UNHCR Monitoring Visit to the Republic of Nauru, 7 to 9 October 2013», Alto Comisionado de las Naciones Unidas para los Refugiados, 26 de noviembre de 2013; Mark Isaacs, *The Undesirables*, Richmond (Victoria), Hardie Grant Books, 2014, pág. 99; Deborah Snow, «Asylum Seekers: Nothing to Lose, Desperation on Nauru», *Sydney Morning Herald*, 15 de marzo de 2014.

21. «The Middle of Nowhere», *This American Life*, 5 de diciembre de 2003,

<http://thisamericanlife.org>; Miltra Mobasherat y Ben Brumfield, «Riot on a Tiny Island Highlights Australia Shutting a Door on Asylum», CNN, 20 de julio de 2013; Rosamond Dobson Rhone, «Nauru, the Richest Island in the South Seas», *National Geographic*, 40, 1921, págs. 571 y 585.

22. Marcus Stephen, «On Nauru, a Sinking Feeling», *New York Times*, 18 de julio de 2011.

23. Francis Bacon, *De Dignitate et Augmentis Scientiarum*, en James Spedding, Robert Leslie Ellis y Douglas Devon Heath (comps.), vol. 4, Londres, Longmans Green, 1870, pág. 296 (trad. cast.: *Del adelanto y progreso de la ciencia divina y humana*, Buenos Aires, Lautaro, 1947).

24. William Derham, *Physico-Theology: or, A Demonstration of the Being and Attributes of God, from His Works of Creation*, Londres, Printed for Robinson and Roberts, 1768, pág. 110.

25. Barbara Freese, *Coal: A Human History*, Nueva York, Penguin, 2004, pág. 44.

26. El énfasis es del original. Muchas de las fuentes de lo que relato en estos párrafos fueron citadas originalmente en Andreas Malm, «The Origins of Fossil Capital: From Water to Steam in the British Cotton Industry», *Historical Materialism*, 21, 2013, pág. 31.

27. J. R. McCulloch [sin firma], «Babbage on Machinery and Manufactures», *Edinburgh Review*, 56, enero de 1833, págs. 313-332; François Arago, *Historical Eloge of James Watt*, trad. inglesa de James Patrick Muirhead, Londres, J. Murray, 1839, pág. 150.

28. C. H. Turner, *Proceedings of the Public Meeting Held at Freemasons' Hall, on the 18th June, 1824, for Erecting a Monument to the Late James Watt*, Londres, J. Murray, 1824, págs. 3-4, según se cita en Andreas Malm, «Steam: Nineteenth-Century Mechanization and the Power of Capital», en Alf Hornborg, Brett Clark y Kenneth Hermele (comps.), *Ecology and Power: Struggles over Land and Material Resources in the Past, Present, and Future*, Londres, Routlèdge, 2013, pág. 119.

29. M. A. Alderson, *An Essay on the Nature and Application of Steam: With an Historical Notice of the Rise and Progressive Improvement of the Steam-Engine*, Londres, Sherwood, Gilbert and Piper, 1834, pág. 44.

30. Asa Briggs, *The Power of Steam: An Illustrated History of the World's Steam Age*, Chicago, University of Chicago Press, 1982, pág. 72.

31. Jackson J. Spielvogel, *Western Civilization: A Brief History, Volume II: Since 1500*, 8ª ed., Boston, Wadsworth, 2014, pág. 445 (trad. cast.: *Historia universal: Civilización de Occidente*, tomo 2, 7ª ed., México, Cengage Learning, 2010).

32. Herman E. Daly y Joshua Farley, *Ecological Economics: Principles and Applications*, Washington (D.C.), Island Press, 2011, pág. 10.

33. Rebecca Newberger Goldstein, «What's in a Name? Rivalries and the Birth of Modern Science», en Bill Bryson (comp.), *Seeing Further: The Story of Science, Discovery, and the Genius of the Royal Society*, Londres, Royal Society, 2010, pág. 120.

34. Ralph Waldo Emerson, *The Conduct of Life*, Nueva York, Thomas Y. Crowell, 1904, pág. 70 (trad. cast.: *La conducta de la vida*, Valencia, Pre-Textos, 2004).

35. Clive Hamilton, «The Ethical Foundations of Climate Engineering», en Wil C. G. Burns y Andrew L. Strauss (comps.), *Climate Change Geoengineering: Philosophical Perspectives, Legal Issues, and Governance Frameworks*, Nueva York, Cambridge University Press, 2013, pág. 58.

36. Esperanza Martínez, «The Yasuni—ITT Initiative from a Political Economy

and Political Ecology Perspective», en Leah Temper y otros, «Towards a Post-Oil Civilization: Yasunization and Other Initiatives to Leave Fossil Fuels in the Soil», EJOLT Report nº 6, mayo de 2013, pág. 12.

37. Jean-Paul Sartre, *Critique of Dialectical Reason*, trad. inglesa de Alan Sheridan-Smith, Londres, Verso, 2004 (trad. cast.: *Crítica de la razón dialéctica*, Buenos Aires, Losada, 1963); Tim Flannery, *Here on Earth: A Natural History of the Planet*, Nueva York, Grove, pág. 185 (trad. cast.: *Aquí en la Tierra: Argumentos para la esperanza*, Madrid, Taurus, 2011).

38. Karl Marx, *El capital*, vol. 3, según se cita en John Bellamy Foster, *Marx's Ecology: Materialism and Nature*, Nueva York, Monthly Review Press, 2000, pág. 155 (trad. cast.: *La ecología de Marx: Materialismo y naturaleza*, Barcelona, Intervención Cultural, 2004, pág. 242).

39. «Yearly Emissions: 1987», base de datos CAIT, World Resources Institute, <http://cait.wri.org>; Nicholas Stern, *The Economics of Climate Change: The Stern Review*, Cambridge, Cambridge University Press, 2007 [2006], pág. 231; Judith Shapiro, *Mao's War Against Nature: Politics and the Environment in Revolutionary China*, Cambridge, Cambridge University Press, 2001; Mara Hvistendahl, «China's Three Gorges Dam: An Environmental Catastrophe?», *Scientific American*, 25 de marzo de 2008; Will Kennedy y Stephen Bierman, «Free Khodorkovsky to Find Oil Industry Back in State Control», Bloomberg, 20 de diciembre de 2013; Tom Metcalf, «Russian Richest Lost $13 Billion as Global Stocks Fell», *Bloomberg News*, 4 de marzo de 2014.

40. UN 74 %: «Stockholm Action Plan for Climate and Energy, 2012-2015: With an Outlook to 2030», Administración Local de Medio Ambiente y Salud (Estocolmo), pág. 12; EL ESTADO, ACCIONISTA MAYORITARIO: «Annual Report on Form 20-F», Statoil, 2013, pág. 117, <http://www.statoil.com>; ARENAS BITUMINOSAS: «Oil Sands», Statoil, <http://www.statoil.com>; ÁRTICO: «Large-Scale Oil and Gas Drilling Decades Away», Reuters, 29 de noviembre de 2013; «Statoil Stepping Up in the Arctic», Statoil, nota de prensa, 28 de agosto de 2012; IRAK: «Iraq», Our Operations, Annual Report 2011, Statoil, <http://www.statoil.com>; Stephen A. Carney, «Allied Participation in Operation Iraqi Freedom», Centro de Historia Militar, Ejército de Tierra de los Estados Unidos de América, 2011, <http://www.history.army.mil>.

41. Datos del Instituto de Investigación Económica Aplicada (IPEA) de Brasil, <http://www.ipeadata.gov.br>; Mark Weisbrot y Jake Johnston, «Venezuela's Economic Recovery: Is It Sustainable?», CEPR (Centro de Investigación en Economía y Política), septiembre de 2012, pág. 26; «Ecuador Overview», Ecuador, Banco Mundial, <http://www.worldbank.org>; «Population Below National Poverty Line, Urban, Percentage», Millennium Development Goals Database (Base de Datos de los Objetivos de Desarrollo del Milenio), U.N. Data, <http://data.un.org>.

42. «Bolivia: Staff Report for the 2013 Article IV Consultation», Fondo Monetario Internacional, febrero de 2014, pág. 6.

43. Luis Hernández Navarro, «Bolivia Has Transformed Itself by Ignoring the Washington Consensus», *Guardian*, 21 de marzo de 2012.

44. ECUADOR: Nick Miroff, «In Ecuador, Oil Boom Creates Tensions», *Washington Post*, 16 de febrero de 2014; BOLIVIA Y VENEZUELA: Dan Luhnow y José de Córdoba, «Bolivia Seizes Natural-Gas Fields in a Show of Energy Nationalism», *Wall Street Journal*, 2 de mayo de 2006; ARGENTINA: «Argentine Province Sus-

pends Open-Pit Gold Mining Project Following Protests», MercoPress, 31 de enero de 2012; «DESIERTOS VERDES»: «The Green Desert», *The Economist*, 6 de agosto de 2004; BRASIL: «The Rights and Wrongs of Belo Monte», *The Economist*, 4 de mayo de 2013; RECURSOS PRIMARIOS: Exportaciones de productos primarios según su participación en el total, «Anuario estadístico de América Latina y el Caribe», Comisión Económica para América Latina y el Caribe, Naciones Unidas, pág. 101; CHINA: Joshua Schneyer y Nicolás Medina Mora Pérez, «Special Report: How China Took Control of an OPEC Country's Oil», Reuters, 26 de noviembre de 2013.

45. Eduardo Gudynas, «Buen Vivir: Today's Tomorrow», *Development*, 54, 2011, págs. 442-443; Martínez, en Temper y otros, «Towards a Post-Oil Civilization», pág. 17; Eduardo Gudynas, «The New Extractivism of the 21st Century: Ten Urgent Theses About Extractivism in Relation to Current South American Progressivism», Americas Program Report, Washington (D.C.), Center for International Policy, 21 de enero de 2010.

46. Entrevista personal a Alexis Tsipras, 23 de mayo de 2013.

47. Patricia Molina, «The "Amazon Without Oil" Campaign: Oil Activity in Mosetén Territory», en Temper y otros, «Towards a Post-Oil Civilization», pág. 75.

48. William T. Hornaday, *Wild Life Conservation in Theory and Practice*, New Haven, Yale University Press, 1914, págs. v-vi.

49. «Who Was John Muir?», Sierra Club, <http://www.sierraclub.org>; John Muir, *The Yosemite*, Nueva York, Century, 1912, págs. 261-262.

50. Bradford Torrey (comp.), *The Writings of Henry David Thoreau: Journal, September 16, 1851-April 30, 1852*, Nueva York, Houghton Mifflin, 1906, pág. 165; Aldo Leopold, *A Sand County Almanac*, Oxford, Oxford University Press, 1949, pág. 171 (trad. cast.: «Un almanaque del condado arenoso», en *Una ética de la tierra*, Madrid, Los Libros de la Catarata, 2000, págs. 135-136); NOTA AL PIE: Henry David Thoreau, *Walden*, Nueva York, Thomas Y. Crowell, 1910, págs. 393-394 (trad. cast.: *Walden*, México, UNAM, 2ª ed., 1996, pág. 326).

51. Leopold, *A Sand County Almanac*, pág. 171 (pág. 136); Jay N. Darling, a Aldo Leopold, 20 de noviembre de 1935, Archivos Aldo Leopold, Colecciones Digitales de la Universidad de Wisconsin.

52. Rachel Carson, *Silent Spring*, Nueva York, Houghton Mifflin, 1962, págs. 57, 68 y 297 (trad. cast.: *Primavera silenciosa*, Barcelona, Grijalbo, 1980).

53. Ibídem, pág. 297.

54. Christian Parenti, «"The Limits to Growth": A Book That Launched a Movement», *The Nation*, 5 de diciembre de 2012.

SEGUNDA PARTE. Pensamiento mágico

1. William Barnes y Nils Gilman, «Green Social Democracy or Barbarism: Climate Change and the End of High Modernism», en Craig Calhoun y Georgi Derlugian (comps.), *The Deepening Crisis: Governance Challenges After Neoliberalism*, Nueva York, New York University Press, 2011, pág. 50.

2. Christine MacDonald, *Green, Inc.: An Environmental Insider Reveals How a Good Cause Has Gone Bad*, Guilford (Connecticut), Lyons Press, 2008, pág. 236.

Capítulo 6. Frutos, pero no raíces

1. Barry Commoner, «A Reporter at Large: The Environment», *New Yorker*, 15 de junio de 1987.
2. Eric Pooley, *The Climate War*, Nueva York, Hyperion, 2010, págs. 351-352.
3. Valgene W. Lehmann, «Attwater's Prairie Chicken—Its Life History and Management», *North American Fauna*, 57, Servicio Estadounidense de Fauna Acuática y Vida Salvaje, Departamento del Interior (EE.UU.), 1941, págs. 6-7; «Attwater's Prairie-Chicken Recovery Plan», segunda revisión, Servicio Estadounidense de Fauna Acuática y Vida Salvaje, 2010, pág. 5.
4. «Texas Milestones», The Nature Conservancy, <http://www.nature.org>.
5. Joe Stephens y David B. Ottaway, «How a Bid to Save a Species Came to Grief», *Washington Post*, 5 de mayo de 2003; «Texas City Prairie Preserve», Nature Conservancy, <http://www.nature.org>, versión guardada por la Internet Archive Wayback Machine el 8 de febrero de 2013, <http://web.archive.org>.
6. Richard C. Haut y otros, «Living in Harmony—Gas Production and the Attwater's Prairie Chicken», ponencia para el congreso y la exposición técnica anuales de la Sociedad de Ingenieros del Petróleo, Florencia (Italia), 19-20 de septiembre de 2010, págs. 5 y 10; contrato de arrendamiento de la explotación de petróleo y gas por los 1.057 acres (428 ha.) meridionales de terreno, entre la Nature Conservancy of Texas, Inc., y Galveston Bay Resources, Inc., 11 de marzo de 1999; Stephens y Ottaway, «How a Bid to Save a Species Came to Grief»; entrevista personal a Aaron Tjelmeland, 15 de abril de 2013.
7. Janet Wilson, «Wildlife Shares Nest with Profit», *Los Angeles Times*, 20 de agosto de 2002; Stephens y Ottaway, «How a Bid to Save a Species Came to Grief».
8. Wilson, «Wildlife Shares Nest with Profit».
9. Stephens y Ottaway, «How a Bid to Save a Species Came to Grief».
10. Ibídem.
11. «Nature Conservancy Changes», *Living on Earth*, Public Radio International, 20 de junio de 2003.
12. Comunicaciones personales por correo electrónico con Vanessa Martin, directora adjunta de *marketing* y comunicación de la delegación de la Nature Conservancy en Texas, 16 y 21 de mayo y 24 de junio de 2013.
13. Además del pozo original de 1999 y de su sustituto, perforado en la misma parcela en 2007, otros dos pozos se han perforado con arreglo a franquicias concedidas por la Nature Conservancy, ambos en 2001: un pozo de gas que se rellenó y se abandonó en 2004, y otro que resultó ser un pozo seco. Haut y otros, «Living in Harmony», pág. 5; comunicación personal por correo electrónico con Vanessa Martin, 24 de abril y 16 de mayo de 2013.
14. Contrato de arrendamiento de gas y petróleo entre The Nature Conservancy of Texas, Inc., y Galveston Bay Resources, Inc., págs. 3-5; comunicaciones por correo electrónico con Martin, 21 de mayo y 24 de junio de 2013; «Attwater's Prairie Chicken Background», The Nature Conservancy, facilitado el 24 de abril de 2013, pág. 3; entrevista personal a James Petterson, 31 de julio de 2014.
15. NOVIEMBRE DE 2012: Comunicación personal por correo electrónico con Mike Morrow, biólogo especialista en fauna silvestre, Refugio Natural Nacional de los Pollos de las Praderas de Attwater, 17 de abril de 2013; «NINGUNA QUE SEPAMOS»: Entrevista a Tjelmeland, 15 de abril de 2013; «LA MAYOR» Y EN 35 PAÍ-

SES: D. T. Max, «Green Is Good», *The New Yorker*, 12 de mayo de 2014; AFILIADOS: «About Us: Learn More About the Nature Conservancy», The Nature Conservancy, <http://www.nature.org>; ACTIVOS: «Consolidated Financial Statements», Nature Conservancy, 30 de junio de 2013, pág. 3; MILLONES DE DÓLARES: Stephens y Ottaway, «How a Bid to Save a Species Came to Grief»; SITIO WEB: «Texas City Prairie Preserve», The Nature Conservancy, <http://www.nature.org>.

16. DONACIONES DE SHELL Y BP A CF, CI Y TNC, Y DE AEP A CF: Christine MacDonald, *Green, Inc.: An Environmental Insider Reveals How a Good Cause Has Gone Bad*, Guilford (Connecticut), Lyons Press, 2008, pág. 25; APOYO DE AEP A TNC: Ibídem, pág. 139; WWF Y SHELL: Alexis Schwarzenbach, *Saving the World's Wildlife: WWF—The First 50 Years*, Londres, Profile, 2011, págs. 145-148 y 271; «The Gamba Complex—Our Solutions», World Wildlife Fund Global, <http://wwf.panda.org>; WRI Y LA FUNDACIÓN SHELL: «WRI's Strategic Relationships», World Resources Institute, <http://www.wri.org>; COLABORACIONES DE CI: «Corporate Partners», Conservación Internacional, <http://www.conservation.org>; 2 MILLONES DE DÓLARES: Joe Stephens, «Nature Conservancy Faces Potential Backlash from Ties with BP», *Washington Post*, 24 de mayo de 2010; NOTA AL PIE: «Undercover with Conservation International» (vídeo), *Don't Panic*, 8 de mayo de 2011; Tom Zeller Jr., «Conservation International Duped by Militant Greenwash Pitch», Huffington Post, 17 de mayo de 2011; Peter Seligmann, «Partnerships for the Planet: Why We Must Engage Corporations», Huffington Post, 19 de mayo de 2011.

17. Concretamente, John F. Smith Jr., antiguo consejero delegado y, posteriormente, presidente de General Motors, y E. Linn Draper Jr., antiguo consejero delegado y presidente de American Electric Power, estuvieron ambos en la junta directiva de la Nature Conservancy: «Past Directors of The Nature Conservancy», The Nature Conservancy, <http://www.nature.org>; David B. Ottaway y Joe Stephens, «Nonprofit Land Bank Amasses Billions», *Washington Post*, 4 de mayo de 2003. CONSEJO DE COLABORACIÓN EMPRESARIAL: «Working with Companies: Business Council», The Nature Conservancy, <http://www.nature.org>; JUNTA DIRECTIVA: «About Us: Board of Directors», The Nature Conservancy, <http://www.nature.org>.

18. «Consolidated Financial Statements», The Nature Conservancy, 30 de junio de 2012, págs. 20-21; «Consolidated Financial Statements», The Nature Conservancy, 30 de junio de 2012, pág. 21; Naomi Klein, «Time for Big Green to Go Fossil Free», *The Nation*, 1 de mayo de 2013; NOTA AL PIE: Mensaje de correo electrónico de Mark Tercek a la dirección, 19 de agosto de 2013.

19. Shell ha accedido a pagar 15,5 millones de dólares para zanjar una demanda judicial presentada contra la empresa por complicidad en abusos de los derechos humanos, pero sigue negando haber incurrido en mala conducta alguna, al igual que Chevron: Jad Mouawad, «Shell to Pay $15.5 Million to Settle Nigerian Case», *New York Times*, 8 de junio de 2009; Michelle Kinman y Antonia Juhasz (comps.), «The True Cost of Chevron: An Alternative Annual Report», red True Cost of Chevron, mayo de 2011, pág. 46; «Bowoto v. Chevron», EarthRights International, <http://www.earthrights.org>. SIERRA CLUB: Bryan Walsh, «How the Sierra Club Took Millions from the Natural Gas Industry-and Why They Stopped», *Time*, 2 de febrero de 2012; Michael Brune, «The Sierra Club and Natural Gas», Sierra Club, 2 de febrero de 2012; comunicación personal por correo electrónico con Bob Sipchen, director de comunicación del Sierra Club, 21 de abril de 2014.

20. «2012 Form 990», anexo 8, Fundación Ford, págs. 44, 48 y 53.

21. A medida que se aproximaba la batalla en el Congreso por la aprobación del comercio de emisiones de carbono en Estados Unidos, varios colectivos filantrópicos (entre ellos, la Fundación Climate Works) repartieron centenares de millones de dólares recaudados de fuentes como la Fundación Hewlett y la Fundación Packard entre una serie de organizaciones ecologistas. Al parecer, eso contribuyó a crear un ambiente de presión para que el debate no se apartase en ningún momento de la cuestión de los topes nacionales de emisiones y el comercio internacional de bonos de carbono: Petra Bartosiewicz y Marissa Miley, «The Too Polite Revolution: Why the Recent Campaign to Pass Comprehensive Climate Legislation in the United States Failed», ponencia presentada en un simposio sobre el «Debate político en torno a la lucha de Estados Unidos contra el calentamiento global», Universidad de Harvard, febrero de 2013, pág. 30; entrevista personal a Jigar Shah, 9 de septiembre de 2013. PLAN GANADOR: «Design to Win: Philanthropy's Role in the Fight Against Global Warming», California Environmental Associates, agosto de 2007, págs. 14-18, 24 y 42.

22. Robert Brulle, «Environmentalisms in the United States», en Timothy Doyle y Sherilyn MacGregor (comps.), *Environmental Movements Around the World*, vol. 1, Santa Bárbara, Praeger, 2013, pág. 174.

23. Global Carbon Project (Proyecto Global del Carbono), datos sobre emisiones, 2013 Budget v2.4, consultado en julio de 2014 en <http://cdiac.ornl.gov/GCP>; «Caring for Climate Hosts Inaugural Business Forum to Co-Create Climate Change Solutions», Pacto Mundial de las Naciones Unidas, nota de prensa, 19 de noviembre de 2013; Rachel Tansey, «The COP19 Guide to Corporate Lobbying: Climate Crooks and the Polish Government's Partners in Crime», Corporate Europe Observatory y Transnational Institute, octubre de 2013.

24. «Partners for COP19», Conferencia de las Naciones Unidas sobre el Cambio Climático, COP19/CMP9, Varsovia, 2013, Media Centre, nota de prensa, 17 de septiembre de 2013; «Who We Are», PGE Group, Investor Relations, <http://www.gkpge.pl/en>; «International Coal & Climate Summit 2013», Asociación Mundial del Carbón, <http://www.worldcoal.org>. Adam Vaughan y John Vidal, «UN Climate Chief Says Coal Can Be Part of Global Warming Solution», *Guardian*, 18 de noviembre de 2013; David Jolly, «Top U.N. Official Warns of Coal Risks», *New York Times*, 18 de noviembre de 2013.

25. Pooley, *The Climate War*, pág. 59; «25 Years After DDT Ban, Bald Eagles, Osprey Numbers Soar», EDF, nota de prensa, 13 de junio de 1997.

26. Ramachandra Guha y Joan Martínez Alier, *Varieties of Environmentalism*, Abingdon (Oxfordshire), Earthscan, 2006, págs. 3-21; Joan Martínez Alier, *The Environmentalism of the Poor: A Study of Ecological Conflicts and Valuation*, Cheltenham, Edward Elgar, 2002 (trad. cast.: *El ecologismo de los pobres: Conflictos ambientales y conflictos de valoración*, Barcelona, Icaria, 2005).

27. Mark Dowie, *Losing Ground: American Environmentalism at the Close of the Twentieth Century*, Cambridge (Massachusetts), MIT Press, 1996, págs. 33 y 39.

28. Lou Cannon, *Governor Reagan: His Rise to Power*, Cambridge (Massachusetts), PublicAffairs, págs. 177-178; «Watt Says Foes Want Centralization of Power», Associated Press, 21 de enero de 1983.

29. Riley E. Dunlap y otros, «Politics and Environment in America: Partisan and Ideological Cleavages in Public Support for Environmentalism», *Environmental Politics*, 10, 2001, pág. 31; «Endangered Earch, Planet of the Year», *Time*, 2 de enero de 1989; NOTA AL PIE: Dunlap y otros, «Politics and Environment in America», pág. 31.

30. «Principles of Environmental Justice», Primera Cumbre Nacional de Liderazgo Medioambiental de las Personas de Color (en EE.UU.), octubre de 1991, <http://www.ejnet.org>.

31. Gus Speth, «American Environmentalism at a Crossroads», discurso, serie sobre Ética y Equidad Climáticas, Centro Wayne Morse sobre Política, Universidad de Oregón, 5 de abril de 2011.

32. «Corporations», Conservation Fund, <http://www.conservationfund.org>; «History», Conservación Internacional, <http://www.conservation.org>, versión guardada por la Internet Archive Wayback Machine el 3 de diciembre de 2013, <http://web.archive.org>.

33. Ottaway y Stephens, «Nonprofit Land Bank Amasses Billions»; Joe Stephens y David B. Ottaway, «Nonprofit Sells Scenic Acreage to Allies at a Loss», *Washington Post*, 6 de mayo de 2003; Monte Burke, «Eco-Pragmatists; The Nature Conservancy Gets in Bed with Developers, Loggers and Oil Drillers», *Forbes*, 3 de septiembre de 2001.

34. «Environmentalists Disrupt Financial Districts in NYC, San Francisco», Associated Press, 23 de abril de 1990; Donatella Lorch, «Protesters on the Environment Tie Up Wall Street», *New York Times*, 24 de abril de 1990; Martin Mittelstaedt, «Protesters to Tackle Wall Street», *Globe and Mail*, 23 de abril de 1990.

35. Elliot Diringer, «Environmental Demonstrations Take Violent Turn», *San Francisco Chronicle*, 24 de abril de 1990; «Environmentalists Disrupt Financial Districts in NYC, San Francisco».

36. Pooley, *The Climate War*, pág. 69.

37. Fred Krupp, «New Environmentalism Factors in Economic Needs», *Wall Street Journal*, 20 de noviembre de 1986; «Partnerships: The Key to Lasting Solutions», How We Work («Cómo funcionamos»), EDF, <http://www.edf.org>.

38. Michael Kranish, «The Politics of Pollution», *Boston Globe Magazine*, 8 de febrero de 1998; Pooley, *The Climate War*, págs. 74-81; entrevista personal a Laurie Williams y Allan Zabel, abogados de la Agencia Federal de Protección Medioambiental (EE.UU.), entrevistados a título meramente personal, 4 de abril de 2014.

39. «Fred Krupp», Our People («Nuestra gente»), EDF, <http://www.edf.org>; «Our Finances», About Us («Sobre nosotros»), EDF, <http://www.edf.org>; Pooley, *The Climate War*, pág. 98; NOTA AL PIE: Ken Wells, «Tree-Hitter Tercek Channels Goldman at Nature Conservancy», Bloomberg, 31 de mayo de 2012.

40. 65 MILLONES DE DÓLARES: «2011 Grant Report», Fundación de la Familia Walton, <http://www.waltonfamilyfoundation.org>; «2011 Annual Report», EDF, pág. 31, <http://www.edf.org>. POLÍTICA DE DONACIONES: «Corporate Donation Policy», How We Work, EDF, <http://www.edf.org>; NOS «DEBILITARÍA»: Eric Pooley, «Viewpoint: Naomi Klein's Criticism of Environmental Groups Missed the Mark», Climate Progress, 11 de septiembre de 2013; Michelle Harvey, «Working Toward Sustainability with Walmart», EDF, 18 de septiembre de 2013; CONTROLADO POR MIEMBROS DE LA DINASTÍA: 2012 Form 990, anexo 14, Fundación de la Familia Walton, <https://www.guidestar.org>; NO HAY DONACIONES DIRECTAS: Stephanie Clifford, «Unexpected Ally Helps Wal-Mart Cut Waste», *New York Times*, 13 de abril de 2012; SAM RAWLINGS WALTON: «Our Board of Trustees», About Us, EDF, <http://www.edf.org>.

41. Stacy Mitchell, «Walmart Heirs Quietly Fund Walmart's Environmental Allies», *Grist*, 10 de mayo de 2012; Stacy Mitchell, «Walmart's Assault on the Climate», Institute for Local Self-Reliance, noviembre de 2013.

42. «2011 Grant Report», Fundación de la Familia Walton, <http://www.waltonfamilyfoundation.org>; «Walmart Announces Goal to Eliminate 20 Million Metric Tons of Greenhouse Gas Emissions from Global Supply Chain», EDF, nota de prensa, 25 de febrero de 2010; Daniel Zwerdling y Margot Lewis, «Is Sustainable-Labeled Seafood Really Sustainable?», NPR, 11 de febrero de 2013; «Walmart Adds a New Facet to Its Fine Jewelry Lines: Traceability», Walmart, 15 de julio de 2008, <http://news.walmart.com>; Mitchell, «Walmart Heirs Quietly Fund Walmart's Environmental Allies».

43. McIntosh, «Where Now "Hell and High Water"?».

44. NOTA AL PIE: «Universal Pictures, Illumination Entertainment and the Nature Conservancy Launch "The Lorax Speaks" Environmental Action Campaign on Facebook», Universal Pictures, nota de prensa, 17 de febrero de 2012; Raymund Flandez, «Nature Conservancy Faces Flap Over Fundraising Deal to Promote Swimsuit Issues», Chronicle of Philanthropy, 6 de marzo de 2012; «Sports Illustrated Swimsuit Inspired Swimwear, Surfboards and Prints on Gilt.com», Inside Sports Illustrated, 30 de enero de 2012.

45. George Marshall, «Can This Really Save the Planet?», *Guardian*, 12 de septiembre de 2007.

46. Edward Roby, sin título, UPI, 11 de enero de 1981; Joseph Romm, «Why Natural Gas Is a Bridge to Nowhere», Energy Collective, 24 de enero de 2012; Martha M. Hamilton, «Natural Gas, Nuclear Backers See Opportunity in "Greenhouse" Concern», *Washington Post*, 22 de julio de 1988.

47. «Nation's Environmental Community Offers "Sustainable Energy Blueprint," to New Administration», Blueprint Coalition, nota de prensa, 18 de noviembre de 1992; declaración de Patricio Silva, abogado, en representación del NRDC, compareciendo ante la Subcomisión de Energía y Calidad del Aire, Comisión de Energía y Comercio, Cámara de Representantes de los Estados Unidos, 107º Congreso, 28 de febrero de 2001.

48. «Golden Rules for a Gold Age of Gas», informe especial del World Energy Outlook, Agencia Internacional de la Energía, 29 de mayo de 2012, págs. 9 y 15, <http://www.worldenergyoutlook.org>; Nidaa Bakhsh y Brian Swint, «Fracking Spreads Worldwide», *Bloomberg Businessweek*, 14 de noviembre de 2013.

49. Anthony Ingraffea, «Gangplank to a Warm Future», *New York Times*, 28 de julio de 2013.

50. «Climate Experts Call for Moratorium on UK Shale Gas Extraction», Universidad de Manchester, nota de prensa, 20 de enero de 2011; Sandra Steingraber, «A New Environmentalism for an Unfractured Future», EcoWatch, 6 de junio de 2014.

51. Entrevista personal a Mark Z. Jacobson, 7 de abril de 2014.

52. «Companies We Work with: JPMorgan Chase & Co.», The Nature Conservancy, <http://www.nature.org>; Marc Gunther, «Interview: Matthew Arnold on Steering Sustainability at JP Morgan», *Guardian*, 18 de febrero de 2013; Ann Chambers Noble, «The Jonah Field and Pinedale Anticline: A Natural-Gas Success Story», WyoHistory.org (Sociedad Histórica del Estado de Wyoming), <http://www.wyohistory.org>; Bryan Schutt y otros, «For Veteran Producing States, Hydraulic Fracturing Concerns Limited», *SNL Energy Gas Utility Week*, 11 de julio de 2011; «Working with Companies: BP and Development by Design», About Us, The Nature Conservancy, <http://www.nature.org>.

53. «Strategic Partners», CSSD (Centro para el Aprovechamiento Sostenible de

los Esquistos), <www.sustainableshale.org>; J. Mijin Cha, «Voluntary Standards Don't Make Fracking Safe», Huffington Post, 22 de marzo de 2013.

54. «Big Green Fracking Machine», Public Accountability Initiative, junio de 2013, pág. 1; Joyce Gannon, «Heinz Endowments President's Departure Leaves Leadership Void», *Pittsburgh Post-Gazette*, 14 de enero de 2014; Kevin Begos, «Heinz Endowments Shift on Environmental Grants», Associated Press, 4 de agosto de 2013; comunicación personal por correo electrónico con Carmen Lee, responsable de comunicación de Heinz Endowments, 25 de junio de 2014.

55. «Environmental Defense Fund Announces Key Grant from Bloomberg Philanthropies», EDF, 24 de agosto de 2012; Peter Lattman, «What It Means to Manage the Mayor's Money», *New York Times*, 15 de octubre de 2010; «Company Overview of Willett Advisors LLC», Capital Markets, *Bloomberg Businessweek*, <http://investing.businessweek.com>; comunicación personal por correo electrónico con una persona representante de Bloomberg Philanthropies, 16 de abril de 2014.

56. «First Academic Study Released in EDF's Groundbreaking Methane Emissions Series», EDF, nota de prensa, 16 de septiembre de 2013; Michael Wines, «Gas Leaks in Fracking Disputed in Study», *New York Times*, 16 de septiembre de 2013; «University of Texas at Austin Study Measures Methane Emissions Released from Natural Gas Production», Escuela Cockrell de Ingeniería, nota de prensa, 10 de octubre de 2012; David T. Allen y otros, «Measurements of Methane Emissions at Natural Gas Production Sites in the United States», *Proceedings of the National Academy of Sciences*, 110, 2013, págs. 17 y 768-773; Robert Howarth, «Re: Allen y otros Paper in the *Proceedings of the National Academy of Sciences*», Universidad de Cornell, nota de prensa, 11 de septiembre de 2013.

57. Ibídem; Denver Nicks, «Study: Leaks at Natural Gas Wells Less Than Previously Thought», *Time*, 17 de septiembre de 2013; Seth Borenstein y Kevin Begos, «Study: Methane Leaks from Gas Drilling Not Huge», Associated Press, 16 de septiembre de 2013; «Fracking Methane Fears Overdone», *The Australian*, 19 de septiembre de 2013.

58. Lindsay Abrams, «Josh Fox: "Democracy Itself Has Become Contaminated"», Salon, 1 de agosto de 2013.

59. Pooley, *The Climate War*, págs. 88-89.

60. William Drozdiak, «Global Warming Talks Collapse», *Washington Post*, 26 de noviembre de 2000; «Special Report», *International Environment Reporter*, 4 de febrero de 1998.

61. «The EU Emissions Trading System», Política, Acción por el Clima, Comisión Europea, <http://ec.europa.eu>; «State and Trends of the Carbon Market 2011», Departamento del Medio Ambiente, Banco Mundial, junio de 2011, pág. 9; comunicación personal por correo electrónico con Jacob Ipsen Hansen, asesor sobre eficiencia energética, UNEP DTU Partnership, 15 de abril de 2014; comunicación por correo electrónico con Larry Lohmann, experto en comercio de derechos de emisiones de carbono, The Corner House.

62. Óscar Reyes, «Future Trends in the Africa Carbon Market», en Trusha Reddy (comp.), «Carbon Trading in Africa: A Critical Review», Institute for Security Studies, monográfico nº 184, noviembre de 2011, págs. 21-28; Fidelis Allen, «Niger Delta Oil Flares, Illegal Pollution and Oppression», en Patrick Bond, Khadija Sharife y Ruth Castel-Branco (coords.), «The CDM Cannot Deliver the Money to Africa: Why the Clean Development Mechanism Won't Save the Planet from Climate Chan-

ge, and How African Civil Socity Is Resisting», EJOLT Report n° 2, diciembre de 2012, págs. 57-61; «Green Projects», Carbon Limits (Nigeria), <http://carbonlimitsngr.com>.

63. Elisabeth Rosenthal y Andrew W. Lehren, «Profits on Carbon Credits Drive Output of a Harmful Gas», *New York Times*, 8 de agosto de 2012; John McGarrity, «India HFC-23 Emissions May Rise if CDM Boon Ends-Former Official», Reuters (Point Carbon), 31 de octubre de 2012; «Two Billion Tonne Climate Bomb: How to Defuse the HFC-23 Problem», Environmental Investigation Agency (EIA), junio de 2013, pág. 5.

64. «CDM Panel Calls for Investigation over Carbon Market Scandal», CDM Watch y EIA, nota de prensa, 2 de julio de 2010, <http://eia-global.org>.

65. «CDM Projects by Type», CDM/JI Pipeline Analysis and Database, UNEP DTU Partnership, actualizado a 1 de septiembre de 2013, <http://www.cdmpipeline.org>.

66. Rowan Callick, «The Rush Is on for Sky Money», *The Australian*, 5 de septiembre de 2009; «Voices from Madagascar's Forests: "The Strangers, They're Selling the Wind"», No REDD in Africa Network, <http://no-redd-africa.org>.

67. Ryan Jacobs, «The Forest Mafia: How Scammers Steal Millions Through Carbon Markets», *The Atlantic*, 11 de octubre de 2013; Luz Marina Herrera, «Piden que Defensoría del Pueblo investigue a presunto estafador de nacionalidad australiana», *La Región*, 4 de abril de 2011; Chris Lang, «AIDESEP and COICA Condemn and Reject "Carbon Cowboy" David Nilsson and Demand His Expulsion from Peru», REDD-Monitor, 3 de mayo de 2011; Chris Lang, «David Nilsson: Carbon Cowboy», ChrisLang.org, 22 de noviembre de 2011, <http://chrislang.org>; «Perú: Amazónicos exigen "REDD+ Indígena" y rechazan falsas soluciones al cambio global», Servendi, 2 de mayo de 2011; NOTA AL PIE: Patrick Bodenham y Ben Cubby, «Carbon Cowboys», *Sydney Morning Herald*, 23 de julio de 2011; «Record of Proceedings (Hansard)», 48° Parlamento de Queensland, 3 de diciembre de 1996, págs. 4781-4783, <http://www.parliament.qld.gov.au>.

68. Larry Lohmann, «Carbon Trading: A Critical Conversation on Climate Change, Privatisation and Power», Development Dialogue, 48, septiembre de 2006, pág. 219; Deb Niemeier y Dana Rowan, «From Kiosks to Megastores: The Evolving Carbon Market», *California Agriculture*, 63, 2009; Chris Lang, «How Forestry Offset Project in Guatemala Allowed Emissions in the USA to Increase», REDD-Monitor, 9 de octubre de 2009.

69. *The Carbon Rush*, documental dirigido por Amy Miller, Kinosmith, 2012; Anjali Nayar, «How to Save a Forest», *Nature*, 462, 2009, pág. 28.

70. Mark Schapiro, «GM's Money Trees», *Mother Jones*, noviembre-diciembre de 2009; «The Carbon Hunters» (transcripción), crónica de Mark Schapiro, *Frontline/World*, PBS, 11 de mayo de 2010; Chris Lang, «Uganda: Notes from a Visit to Mount Elgon», ChrisLang.org, 28 de febrero de 2007, <http://chrislang.org>.

71. Rosie Wong, «The Oxygen Trade: Leaving Hondurans Gasping for Air», *Foreign Policy in Focus*, 18 de junio de 2013; Rosie Wong, «Carbon Blood Money in Honduras», *Foreign Policy in Focus*, 9 de marzo de 2012.

72. Comunicación personal por correo electrónico con Chris Lang, 28 de septiembre de 2013.

73. Bram Büscher, «Nature on the Move: The Value and Circulation of Liquid Nature and the Emergence of Fictitious Conservation», *New Proposals: Journal of*

Marxism and Interdisciplinary Inquiry, 6, 2013, págs. 20-36; comunicación personal por correo electrónico con Bram Büscher, 16 de abril de 2014.

74. MERCADO EUROPEO DEL CARBONO: Stanley Reed y Mark Scott, «In Europe, Paid Permits for Pollution Are Fizzling», *New York Times*, 21 de abril de 2013; «MEP's Move to Fix EU Carbon Market Praised», BBC, 4 de julio de 2013; CARBÓN EN EL REINO UNIDO: «Digest of UK Energy Statistics 2012», Ministerio de Energía y Cambio Climático del Reino Unido, nota de prensa, 26 de julio de 2012, pág. 5; «Digest of UK Energy Statistics», Ministerio de Energía y Cambio Climático del Reino Unido, nota de prensa, 25 de julio de 2013, pág. 6; INFORME ENCARGADO POR NACIONES UNIDAS: «Climate Change, Carbon Markets and the CDM: A Call To Action», informe del Grupo de Alto Nivel acerca del Diálogo Político sobre el MDL (Mecanismo para un Desarrollo Limpio), 2012, pág. 67 (existe un resumen ejecutivo de las recomendaciones de ese informe en castellano con el título de «Cambio climático, mercados de carbono y el MDL: Una llamada a la acción»); «UN 99 %»: comunicación personal por correo electrónico con Óscar Reyes, 2 de mayo de 2014; Alessandro Vitelli, «UN Carbon Plan Won›t Reverse 99 % Price Decline, New Energy Says», Bloomberg, 12 de diciembre de 2013.

75. Gillian Mohney, «John Kerry Calls Climate Change a "Weapon of Mass Destruction"», ABC News, 16 de febrero de 2014.

76. «It Is Time the EU Scraps Its Carbon Emissions Trading System», Scrap the EU-ETS, nota de prensa, 18 de febrero de 2013; «Declaration Signatories», Scrap the EU-ETS, <http://scrap-the-euets.makenoise.org>; «Declaration Scrap ETS», Scrap the EU-ETS, <http://scrap-the-euets.makenoise.org>.

77. «EU ETS Phase II-The Potential and Scale of Windfall Profits in the Power Sector», Point Carbon Advisory Services para WWF, marzo de 2008; Suzanne Goldenberg, «Airlines "Made Billions in Windfall Profits" from EU Carbon Tax», *Guardian*, 24 de enero de 2013.

78. Michael H. Smith, Karlson Hargroves y Cheryl Desha, *Cents and Sustainability: Securing Our Common Future by Decoupling Economic Growth from Environmental Pressures*, Londres, EarthScan, 2010, pág. 211.

79. Pooley, *The Climate War*, págs. 371 y 377.

80. Bartosiewicz y Miley, «The Too Polite Revolution», pág. 26.

81. «Comparison Chart of Waxman-Markey and Kerry-Lieberman», Center for Climate and Energy Solutions, <http://www.c2es.org>; Bartosiewicz y Miley, «The Too Polite Revolution», pág. 20.

82. Johnson, «Duke Energy Quits Scandal-Ridden American Coalition for Clean Coal Electricity»; Jane Mayer, «Covert Operations», *The New Yorker*, 30 de agosto de 2010; Ian Urbina, «Beyond Beltway, Health Debate Turns Hostile», *New York Times*, 7 de agosto de 2009; Rachel Weiner, «Obama's NH Town Hall Brings Out Birthers, Deathers, and More», Huffington Post, 13 de septiembre de 2009.

83. MIEMBROS DE LA COALICIÓN LA ABANDONAN: Steven Mufson, «ConocoPhillips, BP and Caterpillar Quit USCAP», *Washington Post*, 17 de febrero de 2010; «IRRECUPERABLES»: Declaración de Red Cavaney, vicepresidente de relaciones gubernamentales de ConocoPhillips, USCAP: Comparecencias ante la Comisión de Energía y Comercio de la Cámara de Representantes de los Estados Unidos, 111º Congreso, 5, 2009; ConocoPhillips, Annual Report (Informe Anual) 2012, 19 de febrero de 2013, pág. 20; SITIO WEB DE CONOCOPHILLIPS: Kate Sheppard, «ConocoPhillips Works to Undermine Climate Bill Despite Pledge to

Support Climate Action», *Grist*, 18 de agosto de 2009; EMPLEADOS: «Conoco-Phillips Intensifies Climate Focus», ConocoPhillips, nota de prensa, 16 de febrero de 2010; «OPCIÓN MENOS COSTOSA»: Michael Burnham, «Conoco, BP, Caterpillar Leave Climate Coalition», Greenwire, *New York Times*, 16 de febrero de 2010.

84. «Representative Barton on Energy Legislation» (vídeo), C-SPAN, 19 de mayo de 2009; NOTA AL PIE: «Session 4: Public Policy Realities» (vídeo), Sexta Conferencia Internacional sobre el Cambio Climático, Instituto Heartland, 30 de junio de 2011; Chris Horner, «Al Gore's Inconvenient Enron», *National Review Online*, 28 de abril de 2009.

85. John M. Broder y Clifford Krauss, «Advocates of Climate Bill Scale Down Their Goals», *New York Times*, 26 de enero de 2010.

86. Theda Skocpol, «Naming the Problem: What It Will Take to Counter Extremism and Engage Americans in the Fight Against Global Warming», ponencia presentada en un simposio sobre «The Politics of America's Fight Against Global Warming» («La política de la lucha de Estados Unidos contra el calentamiento global»), Universidad de Harvard, febrero de 2013, pág. 11.

87. «Environmentalist Slams Exxon over EPA» (vídeo), *CNN Money*, 5 de abril de 2011; Collin Sullivan, «EDF Chief: "Shrillness" of Greens Contributed to Climate Bill's Failure in Washington», Greenwire, *New York Times*, 5 de abril de 2011.

88. «Fortune Brainstorm Green 2011», Fortune Conferences, <http://fortuneconferences.com>.

Capítulo 7. No hay mesías que valga

1. Esta cita aparecía en la primera edición del libro de Branson, publicado en 2007. Todas las citas extraídas de la obra corresponden a la versión revisada y actualizada de 2008. Richard Branson, *Screw It, Let's Do It: Expanded*, Nueva York, Virgin, 2008, pág. 114 (trad. cast. de la 1ª edición inglesa: *Hagámoslo: Las claves del éxito del fundador de Virgin*, Córdoba, ArcoPress, 2008).

2. Katherine Bagley y Maria Gallucci, «Bloomberg's Hidden Legacy: Climate Change and the Future of New York City, Part 5», *InsideClimate News*, 22 de noviembre de 2013.

3. Branson, *Screw It, Let's Do It*, pág. 118.

4. Ibídem, págs. 122-124.

5. Ibídem, págs. 119 y 127.

6. Andrew C. Revkin, «Branson Pledges Billions to Fight Global Warming», *New York Times*, 21 de septiembre de 2006; Marius Benson, «Richard Branson Pledges $3 Billion to Tackle Global Warming», *The World Today*, ABC (Australia), 22 de septiembre de 2006.

7. Bruce Falconer, «Virgin Airlines: Powered by Pond Scum?», *Mother Jones*, 22 de enero de 2008; Branson, *Screw It, Let's Do It*, pág. 131.

8. «Virgin Founder Richard Branson Pledges $3 Billion to Fight Global Warming», Reuters, 22 de septiembre de 2006; Michael Specter, «Branson's Luck», *The New Yorker*, 14 de mayo de 2007.

9. «The Virgin Earth Challenge: Sir Richard Branson and Al Gore Announce a $25 Million Global Science and Technology Prize», The Virgin Earth Challenge, Virgin Atlantic, <http://www.virgin-atlantic.com>; «Branson, Gore Announce $25 Mil-

lion "Virgin Earth Challenge"», *Environmental Leader*, 9 de febrero de 2007; Branson, *Screw It, Let's Do It*, pág. 138; «Virgin Offers $25 Million Prize to Defeat Global Warming», Virgin Earth Prize, nota de prensa, 9 de febrero de 2007.

10. Branson, *Screw It, Let's Do It*, pág. 140.

11. Joel Kirkland, «Branson's "Carbon War Room" Puts Industry on Front Line of U.S. Climate Debate», ClimateWire, *New York Times*, 22 de abril de 2010; Rowena Mason, «Sir Richard Branson: The Airline Owner on His New War», *Telegraph*, 28 de diciembre de 2009.

12. Bryan Walsh, «Global Warming: Why Branson Wants to Step In», *Time*, 31 de diciembre de 2009.

13. Carlo Rotella, «Can Jeremy Grantham Profit from Ecological Mayhem?», *New York Times*, 11 de agosto de 2011; Jeremy Grantham, «The Longest Quarterly Letter Ever», Quarterly Letter, GMO LLC, febrero de 2012, <http://www.capitalinstitute.org>; NOTA AL PIE: «Grantees», Fundación Grantham para la Protección del Medio Ambiente, <http://www.granthamfoundation.org>.

14. Whitney Tilson, «Whitney Tilson's 2007 Berkshire Hathaway Annual Meeting Notes», Value Investing, sitio web de Whitney Tilson, 5 de mayo de 2007, <http://www.tilsonfunds.com>.

15. «NV Energy to Join MidAmerican Energy Holdings Company», MidAmerican Energy Holdings Company, nota de prensa, 19 de mayo de 2013, <http://www.midamerican.com>; «Berkshire Hathaway Portfolio Tracker», CNBC, <http://www.cnbc.com>; Nick Zieminski, «Buffett Buying Burlington Rail in His Biggest Deal», Reuters, 3 de noviembre de 2009; Alex Crippen, «CNBC Transcript: Warren Buffett Explains His Railroad "All-In Bet" on America», CNBC, 3 de noviembre de 2009.

16. Keith McCue, «Reinsurance 101», exposición, RenaissanceRe, 2011; entrevista personal a Eli Lehrer, 20 de agosto de 2012; Eli Lehrer, «The Beach House Bailout», *Weekly Standard*, 10 de mayo de 2010.

17. Josh Wingrove, «Meet the U.S. Billionaire Who Wants to Kill the Keystone XL Pipeline», *Globe and Mail*, 6 de abril de 2013; NOTA AL PIE: Joe Hagan, «Tom Steyer: An Inconvenient Billionaire», *Men's Journal*, marzo de 2014; «Unprecedented Measurements Provide Better Understanding of Methane Emissions During Natural Gas Production», Universidad de Texas en Austin, nota de prensa, 16 de septiembre de 2013; Tom Steyer y John Podesta, «We Don't Need More Foreign Oil and Gas», *Wall Street Journal*, 24 de enero de 2012.

18. «Beyond Coal Campaign», Philanthropist: Moving Beyond Coal, Mike Bloomberg, <http://www.mikebloomberg.com>; «Bloomberg Philanthropies Grant Awarded to Environmental Defense Fund», Bloomberg Philanthropies, nota de prensa, 27 de agosto de 2012; Katherine Bagley y Maria Gallucci, «Bloomberg's Hidden Legacy: Climate Change and the Future of New York City, Part 1», InsideClimate News, 18 de noviembre de 2013; NOTA AL PIE: Tom Angotti, «Is New York's Sustainability Plan Sustainable?», ponencia presentada en la conferencia conjunta de las Asociaciones Estadounidense y Europea de Facultades Universitarias de Planificación Urbana y Regional, julio de 2008; Michael R. Bloomberg y George P. Mitchell, «Fracking Is Too Important to Foul Up», *Washington Post*, 23 de agosto de 2012.

19. «Introducing Our Carbon Risk Valuation Tool», Bloomberg, 5 de diciembre de 2013; Dawn Lim, «Willett Advisors Eyes Real Assets for Bloomberg's Philanthropic Portfolio», Foundation & Endowment Intelligence, mayo de 2013.

20. «Risky Business Co-Chair Michael Bloomberg» (vídeo), Next Generation,

YouTube, 23 de junio de 2014; Robert Kopp y otros, «American Climate Prospectus: Economic Risks in the United States», elaborado por el Grupo Rhodium para el Proyecto Risky Business, junio de 2014; «Secretary-General Appoints Michael Bloomberg of United States Special Envoy for Cities and Climate Change», Naciones Unidas, nota de prensa, 31 de enero de 2014.

21. Entre las participaciones accionariales en otras importantes compañías petroleras y gasísticas, están las de Shell, ConocoPhillips y Chevron. La Fundación tiene inversiones también en un buen número de empresas de exploración, producción, servicios e ingeniería y mecánica del petróleo y el gas, así como en compañías dedicadas al carbón, el gas y la minería: Fundación Bill y Melinda Gates, formulario 990-PF, declaración fiscal de fundación privada, 2012, anexo C, págs. 1-18, y anexo D, págs. 1-15, Comisión Estadounidense de Valores y Bolsas (SEC), 31 de diciembre de 2013, <http://www.sec.gov>.

22. «MILAGROS ENERGÉTICOS»: Bill Gates, «Innovating to Zero!» (vídeo), TED, febrero de 2010; TERRAPOWER: «Chairman of the Board», <http://terrapower.com>; Robert A. Guth, «A Window into the Nuclear Future», *Wall Street Journal*, 28 de febrero de 2011; INVERSIÓN EN SUCCIONADOR DE CARBONO: «Abount CE», Carbon Engineering, <http://carbonengineering.com>; MILLONES DE DÓLARES DE SU PROPIO DINERO: «Fund for Innovative Climate and Energy Research», <http://dge.stanford.edu>; PATENTES: U.S. Patent nº 8.702.982, «Water Alteration Structure and System», presentada el 3 de enero de 2008; U.S. Patent nº 8.685.254, «Water Alteration Structure Applications and Methods», presentada el 3 de enero de 2008; U.S. Patent nº 8.679.331, «Water Alteration Structure Movement Method and System», presentada el 3 de enero de 2008; U.S. Patent 8.348.550, «Water Alteration Structure and System Having Heat Transfer Conduit», presentada el 29 de mayo de 2009; «CENTRAMOS»: Entrevista con David Leonhardt (transcripción), Washington Ideas Forum, 14 de noviembre de 2012; «BONITAS»: Dave Mosher, «Gates: "Cute" Won't Solve Planet's Energy Woes», *Wired*, 3 de mayo de 2011; «POCO VIABLES DESDE EL PUNTO DE VISTA ECONÓMICO»: «Conversation with Bill Gates» (transcripción), *Charlie Rose Show*, 30 de enero de 2013; 25 %: «Production: Gross Electricity Production in Germany from 2011 to 2013», Oficina Estadística Federal de Alemania, <http://www.destatis.de>.

23. «Texas Oilman T. Boone Pickens Wants to Supplant Oil with Wind», *USA Today*, 11 de julio de 2008; «T. Boone Pickens TV Commercial» (vídeo), PickensPlan, YouTube, 7 de julio de 2008.

24. Dan Reed, «An Apology to Boone Pickens: Sorry, Your Plan Never Had a Chance», *Energy Viewpoints*, 9 de diciembre de 2013; Carl Pope, «T. Boone and Me», Huffington Post, 3 de julio de 2008.

25. Christopher Helman, «T. Boone Reborn», *Forbes*, 31 de marzo de 2014; Kirsten Korosec, «T. Boone Pickens Finally Drops the "Clean" from His "Clean Energy" Plan», *MoneyWatch*, CBS, 19 de mayo de 2011; Fen Montaigne, «A New Pickens Plan: Good for the U.S. or Just for T. Boone?», *Yale Environment 360*, 11 de abril de 2011; «T. Boone Pickens on Why He's for the Keystone XL Pipeline, Why the Tax Code Shold Be "Redone" and No One Person Is to Blame for Gas Prices», CNN, 25 de abril de 2012.

26. VIRGIN GREEN FUND: Nicholas Lockley, «Eco-pragmatists», *Private Equity International*, noviembre de 2007, págs. 76-77; INVERSIONES EN AGROCOMBUSTIBLES: «Khosla Ventures and Virgin Fuels Invest in Gevo, Inc.», Gevo,

Inc., nota de prensa, 19 de julio de 2007; Kabir Chibber, «How Green Is Richard Branson?», *Wired*, 5 de agosto de 2009; NO HA ENTRADO COMO INVERSOR EN PROYECTOS DE BIOCOMBUSTIBLES: comunicación personal por correo electrónico con Freya Burton, directora de relaciones europeas de LanzaTech, 18 de abril de 2014; Ross Kelly, «Virgin Australia Researching Eucalyptus Leaves as Jet Fuel», *Wall Street Journal*, 6 de julio de 2011; comunicación por correo electrónico con el director de comunicación del Future Farm Industries Cooperative Research Center, 29 de abril de 2014; «NO SE HA INVENTADO»: Branson, *Screw It, Let's Do It*, pág. 132; LOS BIOCOMBUSTIBLES SE HAN ESTANCADO: «What Happened to Biofuels?», *The Economist*, 7 de septiembre de 2013; «CADA VEZ ES MÁS EVIDENTE»: comunicación personal por correo electrónico con Richard Branson, 6 de mayo de 2014; NOTA AL PIE: National Research Council (Consejo Nacional Estadounidense de Investigaciones Científicas), *Renewable Fuel Standard: Potential Economic and Environmental Effects of U.S. Biofuel Policy*, Washington (D.C.), National Academies Press, 2011, págs. 130-134.

27. «Our Companies: Gevo», Virgin Green Fund, versión guardada por la Internet Archive Wayback Machine el 28 de septiembre de 2013, <http://www.archive.org>; «Our Companies: Seven Seas Water», Virgin Green Fund, versión guardada por la Internet Archive Wayback Machine el 4 de abril de 2014, <http://www.archive.org>; «Our Companies: Metrolight», Virgin Green Fund, versión guardada por la Internet Archive Wayback Machine el 30 de octubre de 2013, <http://www.archive.org>; «Our Companies: GreenRoad», Virgin Green Fund, versión guardada por la Internet Archive Wayback Machine el 29 de noviembre de 2013, <http://www.archive.org>; entrevista personal a Evan Lovell, 3 de septiembre de 2013.

28. Entrevista personal a Jigar Shah, 9 de septiembre de 2013.

29. Chibber, «How Green Is Richard Branson?».

30. Branson participó en la ronda de la Serie D de financiación de Solazyme, durante la cual la empresa recaudó en torno a 50 millones de dólares de, al menos, diez inversores diferentes. Esa ronda estuvo encabezada por Morgan Stanley y Braemar Energy Ventures, que asegura que normalmente invierte «entre 1 millón y 10 millones de dólares en una sola ronda de financiación», y hasta 25 millones en total. Aun en el caso de que la mayor parte de la financiación de la Serie D hubiera procedido de Branson (algo harto improbable), el valor total de sus inversiones conocidas seguiría estando varios millones de dólares por debajo de los trescientos: «Solazyme Announces Series D Financing Round of More Than $50 Million», Solazyme, Inc., nota de prensa, 9 de agosto de 2010; «Solazyme Adds Sir Richard Branson as Strategic Investor», Solazyme Inc., nota de prensa, 8 de septiembre de 2010; «About Braemar Energy Ventures», Braemar Energy Ventures, <http://www.braemarenergy.com>. «200 O 300 MILLONES DE DÓLARES»: «Richard Branson on Climate Change» (vídeo), *The Economist*, 23 de septiembre de 2010; «CENTENARES DE MILLONES»: John Vidal, «Richard Branson Pledges to Turn Caribbean Green», *Observer*, 8 de febrero de 2014; entrevista a Lovell, 3 de septiembre de 2013.

31. Comunicación por correo electrónico con Richard Branson, 6 de mayo de 2014; Irene Klotz, «Profile: Sir Richard Branson, Founder, Virgin Galactic», *SpaceNews*, 11 de noviembre de 2013; Vidal, «Richard Branson Pledges to Turn Caribbean Green».

32. Chibber, «How Green Is Richard Branson?»; comunicación por correo electrónico con Branson, 6 de mayo de 2014.

33. Branson, *Screw It, Let's Do It*, pág. xi; Dan Reed, «Virgin America Takes Off», *USA Today*, 8 de agosto de 2007; comunicación personal por correo electrónico con Madhu Unnikrishnan, gerente de relaciones con los medios, Virgin America, 6 de septiembre de 2013; Victoria Stilwell, «Virgin America Cuts Airbus Order, Delays Jets to Survive», Bloomberg, 16 de noviembre de 2012; Grant Robertson, «Virgin America Sets Course for Canada», *Globe and Mail*, 19 de marzo de 2010.

34. «Virgin America Orders 60 New Planes, Celebrates "Growing Planes" with Sweet 60 Fare Sale», Virgin America, nota de prensa, 17 de enero de 2010.

35. NÚMERO DE PERSONAS: «Annual Report 2012», Virgin Australia Holdings Ltd., <http://www.virginaustralia.com>; «LA COMPETENCIA ESTÁ DURA»: «Richard Branson Beats off Stiff Competition for Scottish Airport Links», *Courier*, 9 de abril de 2013; NO COBRABA NADA: Alastair Dalton, «Virgin's "Zero Fares" on Scots Routes in BA Battle», *Scotsman*, 18 de marzo de 2013; «Taxi Fares», Transport for London, <http://www.tfl.gov.uk>; NOTA AL PIE: Mark Pilling, «Size Does Matter for Virgin Boss Branson», *Flight Global News*, 23 de julio de 2002; Peter Pae, «New Airline Begins Service Between Los Angeles and Australia», *Los Angeles Times*, 28 de febrero de 2009; Lucy Woods, «5 Virgin Aviation Stunts by Sir Richard Branson», *Travel Magazine*, 7 de mayo de 2013.

36. Las ampliaciones de las flotas de Virgin Atlantic y Virgin America fueron confirmadas a los medios de comunicación por representantes de ambas aerolíneas. La expansión de la flota de Virgin Australia se calculó a partir de la información facilitada por la compañía en su informe anual de 2007, así como en su informe semestral de 2014, e incluye aparatos para vuelos chárteres y otros servicios. No se incluyeron en los cálculos otras líneas aéreas en las que Virgin ha tenido inversiones durante algún tiempo, como Brussels Airlines, Air Asia X y Virgin Nigeria (hoy Air Nigeria). «Annual Report 2007», Virgin Blue Holdings Ltd.; «2014 Half Year Results» (exposición), Virgin Australia Holdings Ltd., 28 de febrero de 2014, pág. 11. El crecimiento de las emisiones se estimó comparando las emisiones totales sumadas de Virgin Atlantic y Virgin Australia durante el año 2007 con las emisiones totales sumadas de las tres principales aerolíneas de Virgin en 2012 (Virgin America inició su andadura a mediados de 2007). De las emisiones de Virgin Australia se tienen datos para los ejercicios fiscales de 2006-2007 y 2011-2012: «Supply Chain 2013», Virgin Atlantic Airways Ltd., Carbon Disclosure Project, pág. 8, <https://www.cdp.net>; «Annual Report 2007», Virgin Blue Holdings Ltd., pág. 5; «Annual Report 2012», Virgin Australia Holdings Ltd., pág. 29; la información sobre las emisiones de 2008 y 2012 fue enviada al Climate Registry, donde figura bajo el epígrafe de Virgin America Inc., pág. 2, <https://www.crisreport.org>. LIGERA CAÍDA: «Sustainability Report: Winter 2011/12», Virgin Atlantic Airways Ltd., <http://www.virgin-atlantic.com>.

37. Mazyar Zeinali, «U.S. Domestic Airline Fuel Efficiency Ranking 2010», Consejo Internacional para el Transporte Limpio (ICCT), septiembre de 2013, <http://theicct.org>.

38. «Virgin and Brawn Agree Sponsorship to Confirm Branson's Entry to Formula One», *Guardian*, 28 de marzo de 2009; «What Does a $250,000 Ticket to Space with Virgin Galactic Actually Buy You?», CNN, 16 de agosto de 2013; Peter Elkind, «Space-Travel Startups Take Off», *Fortune*, 16 de enero de 2013; NOTA AL PIE: Salvatore Babones, «Virgin Galactic's Space Tourism Venture for the 1 % Will Warm the Globe for the Rest of Us», *Truthout*, 14 de agosto de 2012.

39. Chibber, «How Green Is Richard Branson?».

40. Richard Wachman, «Virgin Brands: What Does Richard Branson Really Own?», *Observer*, 7 de enero de 2012; David Runciman, «The Stuntman», *London Review of Books*, 20 de marzo de 2014; Heather Burke, «Bill Gates Tops Forbes List of Billionaires for the 12th Year», Bloomberg, 9 de marzo de 2006; «The World's Billionaires: #308 Richard Branson», *Forbes*, a fecha de julio de 2014; Vidal, «Richard Branson Pledges to Turn Caribbean Green».

41. Chibber, «How Green Is Richard Branson?».

42. James Kanter, «Cash Prize for Environmental Help Goes Unawarded», *New York Times*, 21 de noviembre de 2010; Paul Smalera, «Richard Branson Has Deep-Sea Ambitions, Launches Virgin Oceanic», *Fortune*, 5 de abril de 2011.

43. Kanter, «Cash Prize for Environmental Help Goes Unawarded».

44. Comunicación con Branson por correo electrónico, 6 de mayo de 2014; Helen Craig, «Virgin Earth Challenge Announces Leading Organisations», Virgin Unite, noviembre de 2011.

45. Ibídem; «$25 Million Prize Awarded to Green Technology» (vídeo), SWTV-Channel, YouTube, 3 de noviembre de 2011; «The Finalists», Virgin Earth Challenge, <http://www.virginearth.com>; «Biochar: A Critical Review of Science and Policy», *Biofuelwatch*, noviembre de 2011.

46. Craig, «Virgin Earth Challenge Announces Leading Organisations»; «Virgin Coming to Global Clean Energy Congress in Calgary», Calgary Economic Development, nota de prensa, 9 de septiembre de 2011.

47. El trabajo de Knight como «asesor [independiente] en desarrollo sostenible» del Virgin Group terminó en 2012, si bien permanece aún ligado al Earth Prize: «Management Team», The Virgin Earth Challenge, <http://www.virginearth.com>. OTROS CLIENTES: «My Corporate Expertise», Dr. Alan Knight, <http://www.dralanknight.com>; «ACCESO PRIVADO»: Alan Knight, «Oil Sands Revisited», Doctor Alan Knight, 10 de noviembre de 2011, <http://www.dralanknight.com>; OSLI: «Contact», Oil Sands Leadership Initiative, <http://www.osli.ca>.

48. Knight, «Oil Sands Revisited»; entrevista personal a Alan Knight, 12 de diciembre de 2011.

49. Rebecca Penty, «Calgary Firm a Finalist in Virgin's $25M Green Technology Challenge», *Calgary Herald*, 28 de septiembre de 2011; Alan Knight, «Alberta Oil Sands Producers "Distracted from Ambition and Creativity"», *Financial Post*, 1 de noviembre de 2011.

50. Según la Administración Federal de Información Energética estadounidense, las reservas probadas de petróleo en crudo eran de 26.500 millones de barriles en 2012. Las estimaciones de otras reservas adicionales y económicamente recuperables que podrían extraerse usando las tecnologías de CO_2-EOR actuales y de «próxima generación» se han añadido aquí tomando como referencia de base ese nivel de 2012: «Crude Oil Proved Reserves», Estadísticas Energéticas Internacionales, Administración Federal de Información Energética estadounidense; Vello A. Kuuskraa, Tyler Van Leeuwen y Matt Wallace, «Improving Domestic Energy Security and Lowering CO_2 Emissions with "Next Generation" CO_2-Enhanced Oil Recovery (CO_2-EOR)», Laboratorio Nacional de Tecnologías Energéticas, Departamento de Energía de Estados Unidos, DOE/NETL-2011/1504, 20 de junio de 2011, pág. 4. «EL FACTOR QUE MÁS NOS DISUADE»: Marc Gunther, «Rethinking Carbon Dioxide: From a Pollutant to an Asset», *Yale Environment 360*, 23 de febrero de 2012.

51. Marc Gunther, «Nations Stalled on Climate Action Could "Suck It Up"»,

Bloomberg, 18 de junio de 2012; Marc Gunther, «The Business of Cooling the Planet», *Fortune*, 7 de octubre de 2011.

52. Penty, «Calgary Firm a Finalist in Virgin's $25M Green Technology Challenge»; Robert M. Dilmore, «An Assessment of Gate-to-Gate Environmental Life Cycle Performance of Water-Alternating-Gas CO_2-Enhanced Oil Recoverty in the Permian Basin», resumen ejecutivo, Laboratorio Nacional de Tecnologías Energéticas, Departamento de Energía de Estados Unidos, DOE/NETL-2010/1433, 30 de septiembre de 2010, pág. 1; Paulina Jaramillo, W. Michael Griffin y Sean T. McCoy, «Life Cycle Inventory of CO_2 in an Enhanced Oil Recovery System», *Environmental Science & Technology*, 43, 2009, págs. 8027-8032.

53. Marc Gunther, «Direct Air Carbon Capture: Oil's Answer to Fracking?», GreenBiz.com, 12 de marzo de 2012.

54. «NRDC Calls on Major Airlines to Steer Clear of Highly Polluting New Fuel Types», Natural Resources Defense Council, nota de prensa, 10 de enero de 2008; Liz Barratt-Brown, «NRDC Asks Airlines to Oppose Dirty Fuels and Cut Global Warming Pollution», NRDC, 10 de enero de 2008; carta de Peter Lehner, director ejecutivo del NRDC, a Gerard J. Arpey, consejero delegado de American Airlines, 9 de enero de 2008, <http://docs.nrdc.org>.

55. Alan Knight, «Alberta Oil Sands Producers "Distracted from Ambition and Creativity"», *Financial Post*, 1 de noviembre de 2011; NOTA AL PIE: Brendan May, «Shell Refuses to Save the Arctic, but Its Customers Still Could», *Business Green*, 24 de julio de 2013.

56. Julie Doyle, «Climate Action and Environmental Activism: The Role of Environmental NGOs and Grassroots Movements in the Global Politics of Climate Change», en Tammy Boyce y Justin Lewis (comps.), *Climate Change and the Media*, Nueva York, Peter Lang, 2009, págs. 103-116; Mark Engler, «The Climate Justice Movement Breaks Through», *Yes!*, 1 de diciembre de 2009; «Heathrow North-West Third Runway Option Short-Listed by Airports Commission», Aeropuerto de Heathrow, nota de prensa, 17 de diciembre de 2013.

57. James Sturcke, «Climate Change Bill to Balance Environmental and Energy Concerns», *Guardian*, 15 de noviembre de 2006; George Monbiot, «Preparing for Take-off», *Guardian*, 19 de diciembre de 2006; Dan Milmo, «Brown Hikes Air Passenger Duty», *Guardian*, 6 de diciembre de 2006; «Euro MPs Push for Air Fuel Taxes», *BBC News*, 4 de julio de 2006.

58. Jean Chemnick, «Climate: Branson Calls Carbon Tax "Completely Fair" but Dodges Question on E.U. Airline Levy», *E&E News*, 26 de abril de 2012; Gwyn Topham, «Virgin Atlantic Planning Heathrow to Moscow Flights», *Guardian*, julio de 2012; Richard Branson, «Don't Run Heathrow into the Ground», *Times* (Londres), 30 de junio de 2008; NOTA AL PIE: Roland Gribben, «Sir Richard Branson's 5bn Heathrow Offer Rejected», *Telegraph*, 12 de marzo de 2012.

59. «Branson Criticises Carbon Tax, Backs Biofuels», *PM*, ABC (Australia), 6 de julio de 2011; Rowena Mason, «Sir Richard Branson Warns Green Taxes Threaten to Kill Aviation», *Telegraph*, 16 de diciembre de 2009; NOTA AL PIE: «Behind Branson», *The Economist*, 19 de febrero de 1998; Juliette Garside, «Richard Branson Denies Being a Tax Exile», *Guardian*, 13 de octubre de 2013; Branson, *Screw It, Let's Do It*, págs. 113-116.

60. Matthew Lynn, «Branson's Gesture May Not Save Aviation Industry», Bloomberg, 26 de septiembre de 2006.

61. «Virgin America Selling Carbon Offsets to Passengers», *Environmental Leader*, 5 de diciembre de 2008; John Arlidge, «I'm in a Dirty Old Business but I Try», *Sunday Times* (Londres), 9 de agosto de 2009.

62. Knight, «Alberta Oil Sands Producers "Distracted from Ambition and Creativity"».

63. Karl West, «Virgin Gravy Trains Rolls On», *Sunday Times* (Londres), 16 de enero de 2011; Phillip Inman, «Privatised Rail Will Remain Gravy Train», *Guardian*, 4 de julio de 2011; Richard Branson, «It's Nonsense to Suggest Virgin's Success Has Depended on State Help», *Guardian*, 23 de noviembre de 2011.

64. Gwyn Topham, «Privatised Rail Has Meant "Higher Fares, Older Trains and Bigger Taxpayers' Bill"», *Guardian*, 6 de junio de 2013; Adam Whitnall, «Virgin Trains Set for £3.5m Refurbishment-to Remove Smell from Corridors», *Independent* (Londres), 6 de octubre de 2013; Will Dahlgreen, «Nationalise Energy and Rail Companies, Say Public», YouGov, 4 de noviembre de 2013.

65. Penty, «Calgary Firm a Finalist in Virgin's $25M Green Tecnology Challenge»; Gunther, «The Business of Cooling the Planet».

Capítulo 8. Tapar el sol

1. Newt Gingrich, «Stop the Green Pig: Defeat the Boxer-Warner-Lieberman Green Pork Bill Capping American Jobs and Trading America's Future», *Human Events*, 3 de junio de 2008.

2. William James, *The Will to Believe: And Other Essays in Popular Philosophy*, Nueva York, Longmans Green, 1907, pág. 54 (trad. cast.: *La voluntad de creer y otros ensayos de filosofía popular*, Madrid, Daniel Jorro, 1922).

3. «Geoengineering the Climate: Science, Governance and Uncertainty», Royal Society de Londres, septiembre de 2009, pág. 62; «Solar Radiation Management: the Governance of Research», Iniciativa para el Buen Gobierno de la Gestión de la Radiación Solar (SRMGI), impulsada por el EDF, la Royal Society y la TWAS, 2011, pág. 11.

4. EDF (Fondo para la Defensa del Medio Ambiente), «Geoengineering: A "Cure" Worse Than the Disease?», *Solutions*, 41, primavera de 2010, págs. 10-11.

5. EXPERIMENTOS: Patrick Martin y otros, «Iron Fertilization Enhanced Net Community Production but not Downward Particle Flux During the Southern Ocean Iron Fertilization Experiment LOHAFEX», *Global Biogeochemical Cycles*, 2013, págs. 871-881; «The Haida Salmon Restoration Project: The Story So Far», Haida Salmon Restoration Corporation, septiembre de 2012; ARTÍCULOS EN REVISTAS ACADÉMICAS DE REFERENCIA: GeoLibrary, Oxford Geoengineering Programme (Programa de Geoingeniería de Oxford), <http://www.geoengineering.ox.ac.uk>; BARCOS Y AVIONES: John Latham y otros, «Marine Cloud Brightening», *Philosophical Transactions of the Royal Society A*, 370, 2012, págs. 4247-4255; MANGUERAS: David Rotman, «A Cheap and Easy Plan to Stop Global Warming», *MIT Technology Review*, 8 de febrero de 2013; Daneil Cressey, «Cancelled Project Spurs Debate over Geoengineering Patents», *Nature*, 485, 2012, pág. 429.

6. P. J. Crutzen, «Albedo Enhancement by Stratospheric Sulfur Injections: A Contribution to Resolve a Policy Dilemma?», *Climate Change*, 77, 2006, pág. 212; Oliver Morton, «Is This What It Takes to Save the World?», *Nature*, 447, 2007, pág. 132.

7. Ben Kravitz, Douglas G. MacMartin y Ken Caldeira, «Geoengineering: Whiter Skies?», *Geophysical Research Letters*, 39, 2012, págs. 1 y 3-5; «Geoengineering: A Whiter Sky», Instituto Carnegie para la Ciencia, nota de prensa, 30 de mayo de 2012.

8. «Solar Radiation Management», pág. 16.

9. Roger Revelle y otros, «Atmospheric Carbon Dioxide», en *Restoring the Quality of Our Environment*, Informe del Grupo de Expertos sobre Contaminación Ambiental, Comité Asesor en Ciencia del Presidente de los Estados Unidos, La Casa Blanca, noviembre de 1965, Apéndice Y4, pág. 127.

10. James Rodger Fleming, *Fixing the Sky: The Checkered History of Weather and Climate Control*, Nueva York, Columbia University Press, 2010, págs. 165-188.

11. Crutzen, «Albedo Enhancement by Stratospheric Sulfur Injections», pág. 216.

12. «When Patents Attack», *Planet Money*, NPR, 22 de julio de 2011.

13. «The Stratospheric Shield», *Intellectual Ventures*, 2009, págs. 3 y 15-16; «Solving Global Warming with Nathan Myhrvold» (transcripción), *Fareed Zakaria GPS*, CNN, 20 de diciembre de 2009.

14. Steven D. Levitt y Stephen J. Dubner, *SuperFreakonomics*, Nueva York, HarperCollins, 2009, pág. 194 (trad. cast.: *SuperFreakonomics: Enfriamiento global, prostitutas patrióticas y por qué los terroristas suicidas deberían contratar un seguro de vida*, Barcelona, Debate, 2010).

15. «A Future Tense Event: Geoengineering», Fundación New America, <http://www.newamerica.net>.

16. Eli Kintisch, *Hack the Planet: Science's Best Hope—or Worst Nightmare—for Averting Climate Catastrophe*, Hoboken (Nueva Jersey), John Wiley & Sons, 2010, pág. 8; entrevista personal a James Fleming, 5 de noviembre de 2010.

17. «Inventors», Intellectual Ventures, <http://www.intellectualventures.com>.

18. GATES Y SU FONDO: «Fund for Innovative Climate and Energy Research», Instituto Carnegie para la Ciencia, Universidad de Stanford, <http://dge.stanford.edu>; GATES Y LA INGENIERÍA PARA LA CAPTURA DEL CARBONO: «About CE», Carbon Engineering, <http://carbonengineering.com>; GATES E INTELLECTUAL VENTURES: Jason Pontin, «Q&A: Bill Gates», *MIT Technology Review*, septiembre-octubre de 2010; PATENTES: U.S. Patent nº 8.702.982, «Water Alteration Structure and System», presentada el 3 de enero de 2008; U.S. Patent nº 8.685.254, «Water Alteration Structure Applications and Methods», presentada el 3 de enero de 2008; U.S. Patent nº 8.679.331, «Water Alteration Structure Movement Method and System», presentada el 3 de enero de 2008; U.S. Patent nº 8.348.550, «Water Alteration Structure and System Having Heat Transfer Conduit», presentada el 29 de mayo de 2009; TERRAPOWER: «Nathan Myhrvold, Ph.D.», TerraPower, <http://terrapower.com>; BRANSON: «Stakeholder Partners», SRMGI, <http://www.srmgi.org>.

19. Jon Taylor, «Geo-engineering—Useful Tool for Tackling Climate Change, or Dangerous Distraction?», WWF-UK, 6 de septiembre de 2012, <http://blogs.wwf.org.uk>.

20. Alan Robock, «20 Reasons Why Geoengineering May Be a Bad Idea», *Bulletin of the Atomic Scientists*, 64, 2008, págs. 14-18; Clive Hamilton, «The Ethical Foundations of Climate Engineering», en Wil C. G. Burns y Andrew L. Strauss (comps.), *Climate Change Geoengineering: Philosophical Perspectives, Legal Issues, and Governance Frameworks*, Nueva York, Cambridge University Press, 2013, pág. 48.

21. Francis Bacon, *Bacon's New Atlantis*, en A. T. Flux (comp.), Londres, Macmillan,

1911 (trad. cast.: *La nueva Atlántida*, Buenos Aires, Losada, 1941); John Gascoigne, *Science in the Service of Empire: Joseph Banks, the British State and the Uses of Science in the Age of Revolution*, Cambridge, Cambridge University Press, 1998, pág. 175.

22. Comunicación personal por correo electrónico con Sallie Chisholm, 28 de octubre de 2012.

23. «LA IMPRENTA Y EL FUEGO»: Matthew Herper, «With Vaccines, Bill Gates Changes the World Again», *Forbes*, 2 de noviembre de 2011; RUSS GEORGE: «Background to the Haida Salmon Restoration Project», Haida Salmon Restoration Corporation, 19 de octubre de 2012, pág. 2; 100 TONELADAS: «Haida Gwaii Geoengineering, Pt. 2», *As It Happens with Carol Off & Jeff Douglas*, CBC Radio, 16 de octubre de 2012; «PALADÍN MUNDIAL»: Mark Hume e Ian Bailey, «Businessman Russ George Defends Experiment Seeding Pacific with Iron Sulphate», *Globe and Mail*, 19 de octubre de 2012; «CAJA DE PANDORA»: Jonathan Gatehouse, «Plan B for Global Warming», *Maclean's*, 22 de abril de 2009. «SISTEMAS DE REGADÍO»: entrevista personal a David Keith, 19 de octubre de 2010.

24. Wendell Berry, *The Way of Ignorance: And Other Essays*, Emeryville (California), Shoemaker & Hoard, 2005, pág. 54.

25. Petra Tschakert, «Whose Hands Are Allowed at the Thermostat? Voices from Africa», ponencia ante «The Ethics of Geoengineering: Investigating the Moral Challenges of Solar Radiation Management», Universidad de Montana, Missoula, 18 de octubre de 2010.

26. Alan Robock, Martin Bunzl, Ben Kravitz y Georgiy L. Stenchikov, «A Test for Geoengineering?», *Science*, 327, 2010, pág. 530; Alan Robock, Luke Oman y Georgiy L. Stenchikov, «Regional Climate Responses to Geoengineering with Tropical and Arctic SO2 Injections», *Journal of Geophysical Research*, 113, 2008, pág. D16101.

27. Robock, Bunzl, Kravitz y Stenchikov, «A Test for Geoengineering?», pág. 530.

28. Martin Bunzl, «Geoengineering Research Reservations», ponencia ante la Asociación Estadounidense para el Avance de la Ciencia (AAAS), 20 de febrero de 2010; Fleming, *Fixing the Sky*, pág. 2.

29. Robock, Oman y Stenchikov, «Regional Climate Responses to Geoengineering with Tropical and Arctic SO_2 Injections»; N. Niranjan Kumar y otros, «On the Observed Variability of Monsoon Droughts over India», *Weather and Climate Extremes*, 1, 2013, pág. 42.

30. Los resultados de Robock se han reproducido posteriormente en numerosos estudios recogidos en sus artículos correspondientes. En ellos también se ha descubierto que la GRS podría tener otras consecuencias potencialmente dañinas sobre el ciclo mundial del agua y sobre los patrones regionales de precipitaciones. Algunos ejemplos notables recientes son los siguientes: Simone Tilmes y otros, «The Hydrological Impact of Geoengineering in the Geoengineering Model Intercomparison Project (GeoMIP)», *Journal of Geophysical Research: Atmospheres*, 118, 2013, págs. 11036-11058; Angus J. Ferraro, Eleanor J. Highwood y Andrew J. Charlton-Perez, «Weakened Tropical Circulation and Reduced Precipitation in Response to Geoengineering», *Environmental Research Letters*, 9, 2014, 014001. El estudio de 2012 es: H. Schmidt y otros, «Solar Irradiance Reduction to Counteract Radiative Forcing from a Quadrupling of CO_2: Climate Responses Simulated by Four Earth System Models», *Earth System Dynamics*, 3, 2012, pág. 73. En un estudio previo del Centro

Hadley de la Oficina Meteorológica del Reino Unido, se había averiguado que abrillantar las nubes frente a las costas del África meridional provocaría una reducción de precipitaciones aún mayor —del 30 %— en el Amazonas, lo que, según la nota de prensa que acompañó a la presentación del mencionado estudio, «podría acelerar la muerte regresiva del bosque». Véanse: Andy Jones, Jim Haywood y Olivier Boucher, «Climate Impacts of Geoengineering Marine Stratocumulus Clouds», *Journal of Geophysical Research*, 114, 2009, pág. D10106; «Geoengineering Could Damage Earth's Eco-systems», UK Met Office, nota de prensa, 8 de septiembre de 2009. El estudio de 2013 es: Jim M. Haywood y otros, «Asymmetric Forcing from Stratospheric Aerosols Impacts Sahelian Rainfall», *Nature Climate Change*, 3, 2013, pág. 663.

31. Los modelos climáticos «parecen subestimar la magnitud de los cambios en las precipitaciones a lo largo del siglo xx», lo que, según algunos investigadores, tiene una especial relevancia para los riesgos de la GRS: Gabriele C. Hegerl y Susan Solomon, «Risks of Climate Engineering», *Science*, 325, 2009, págs. 955-956. PÉRDIDA DE HIELO EN EL ÁRTICO Y AUMENTO DEL NIVEL GLOBAL DEL MAR: Julienne Stroeve y otros, «Arctic Sea Ice Decline: Faster than Forecast», *Geophysical Research Letters*, 34, 2007, L09501; Julienne C. Stroeve y otros, «Trends in Arctic Sea Ice Extent from CMIP5, CMIP3 and Observations», *Geophysical Research Letters*, 39, 2012, L16502; Stefan Rahmstorf y otros, «Recent Climate Observations Compared to Projections», *Science*, 316, 2007, pág. 709; Ian Allison y otros, «The Copenhagen Diagnosis, 2009: Updating the World on the Latest Climate Science», Centro de Investigación del Cambio Climático de la Universidad de Nueva Gales del Sur (Australia), 2009, pág. 38.

32. Ken Caldeira, «Can Solar Radiation Management Be Tested?», mensaje de correo electrónico enviado a la lista de correo del Grupo de Googgle «Geoengineering», 27 de septiembre de 2010; Levitt y Dubner, *SuperFreakonomics*, pág. 197.

33. Ibídem, pág. 176.

34. Entrevista personal a Aiguo Dai, 6 de junio de 2012; Kevin E. Trenberth y Aiguo Dai, «Effects of Mount Pinatubo Volcanic Eruption on the Hydrological Cycle as an Analog of Geoengineering», *Geophysical Research Letters*, 34, 2007, L15702; «Climate Change and Variability in Southern Africa: Impacts and Adaptation Strategies in the Agricultural Sector», Programa de las Naciones Unidas para el Medio Ambiente, 2006, pág. 2; Donatella Lorch, «In Southern Africa, Rains' Return Averts Famine», *New York Times*, 23 de abril de 1993; Scott Kraft, «30 Million May Feel Impact of Southern Africa Drought», *Los Angeles Times*, 18 de mayo de 1992.

35. Entrevista a Dai, 6 de junio de 2012; Trenberth y Dai, «Effects of Mount Pinatubo Volcanic Eruption on the Hydrological Cycle as an Analog of Geoengineering».

36. El nombre completo de Volney era Constantin-François de Chassebaeuf, conde de Volney. «MÁS ESCASO DE LO NORMAL»: Entrevista personal a Alan Robock, 19 de octubre de 2010; «TODOS HABÍAN PERECIDO»: Constantin-François Volney, *Travels Through Syria and Egypt, in the Years 1783, 1784, and 1785*, vol. 1, Londres, G. and J. Robinson, 1805, págs. 180-181 (trad. cast.: *Viaje por Egipto y Siria, durante 1783-1785*, París, J. Didot, 1830).

37. John Grattan, Sabina Michnowicz y Roland Rabartin, «The Long Shadow: Understanding the Influence of the Laki Fissure Eruption on Human Mortality in Europe», John Grattan y Robin Torrence (comps.), *Living Under the Shadow: Cultural Impacts of Volcanic Eruptions*, Walnut Creek (California), Left Coast Press, 2010, pág. 156; Clive Oppenheimer, *Eruptions That Shook the World*, Cambridge, Cam-

bridge University Press, 2011, pág. 293; Rudolf Brazdil y otros, «European Floods During the Winter 1783/1784: Scenarios of an Extreme Event During the "Little Ice Age"», *Theoretical and Applied Climatology*, 100, 2010, págs. 179-185; Anja Schmidt y otros, «Climatic Impact of the Long-Lasting 1783 Laki Eruption: Inapplicability of Mass-Independent Sulfur Isotopic Composition Measurements», *Journal of Geophysical Research*, 117, 2012, D23116; Alexandra Witze y Jeff Kanipe, *Island on Fire: The Extraordinary Story of Laki, the Volcano That Turned Eighteenth-Century Europe Dark*, Londres, Profile Books, 2014, págs. 141-145.

38. Luke Oman y otros, «High-Latitude Eruptions Cast Shadow over the African Monsoon and the Flow of the Nile», *Geophysical Research Letters*, 33, 2006, L18711; Michael Watts, *Silent Violence: Food, Famine and Peasantry in Northern Nigeria*, Berkeley, University of California Press, 1983, págs. 286 y 289-290; Stephen Devereux, «Famine in the Twentieth Century», Institute of Development Studies, IDS Working Paper 105, 2000, págs. 6 y 30-31.

39. Oman y otros, «High-Latitude Eruptions Cast Shadow over the African Monsoon and the Flow of the Nile»; entrevista personal a Alan Robock, 29 de mayo de 2012.

40. David Keith, *A Case for Climate Engineering*, Cambridge (Massachusetts), MIT Press, 2013, págs. 10 y 54.

41. Trenberth y Dai, «Effects of Mount Pinatubo Volcanic Eruption on the Hydrological Cycle as an Analog of Geoengineering».

42. Ed King, «Scientists Warn Earth Cooling Proposals Are No Climate "Silver Bullet"», Responding to Climate Change, 14 de julio de 2013; Haywood y otros, «Asymmetric Forcing from Stratospheric Aerosols Impacts Sahelian Rainfall», págs. 663-664.

43. «Why We Oppose the Copenhagen Accord», Alianza Panafricana por la Justicia Climática, 3 de junio de 2010; «Filipina Climate Chief: "It Feels Like We Are Negotiating on Who Is to Live and Who Is to Die"», Democracy Now!, 20 de noviembre de 2013; Rob Nixon, *Slow Violence and the Environmentalism of the Poor*, Cambridge (Massachusetts), Harvard University Press, 2011.

44. «Bill Gates: Innovating to Zero!», TED (conferencia), 12 de febrero de 2010, <http://www.ted.com>; Levit y Dubner, *SuperFreakonomics*, pág. 199.

45. Bruno Latour, «Love Your Monsters: Why We Must Care for Our Technologies as We Do Our Children», en Michael Shellenberger y Ted Nordhaus (comps.), *Love Your Monsters: Postenvironmentalism and the Anthropocene*, Oakland, Breakthrough Institute, 2011; Mark Lynas, *The God Species: How the Planet Can Survive the Age of Humans*, Londres, Fourth Estate, 2011.

46. Keith, *A Case for Climate Engineering*, pág. 111.

47. En cursiva en el original. Ed Ayres, *God's Last Offer*, Nueva York, Four Walls Eight Windows, 1999, pág. 195.

48. Levitt y Dubner, *SuperFreakonomics*, pág. 195; «About CE», Carbon Engineering, <http://carbonengineering.com>; Nathan Vardi, «The Most Important Billionaire in Canada», Forbes, 10 de diciembre de 2012.

49. «Policy Implications of Greenhouse Warming: Mitigation, Adaptation, and the Science Base», Academia Nacional de las Ciencias (EE.UU.), Academia Nacional de Ingeniería (EE.UU.), Instituto de Medicina (EE.UU.), 1992, págs. 458 y 472.

50. Dan Fagin, «Tinkering with the Environment», *Newsday*, 13 de abril de 1992.

51. Jason J. Blackstock y otros, «Climate Engineering Responses to Climate Emergencies», Novim, 2009, págs. i-ii y 30.

52. «Factsheet: American Enterprise Institute», ExxonSecrets.org, <http://

www.exxonsecrets.org>; Robert J. Brulle, «Institutionalizing Delay: Foundation Funding and the Creation of U.S. Climate Change Counter-Movement Organizations», *Climatic Change*, 21 de diciembre de 2013, pág. 8; 2008 Annual Report (Informe Anual de 2008), American Enterprise Institute, págs. 2 y 10; Lee Lane, «Plan B: Climate Engineering to Cope with Global Warming», *The Milken Institute Review*, tercer trimestre de 2010, pág. 53.

53. Juliet Eilperin, «AEI Critiques of Warming Questioned», *Washington Post*, 5 de febrero de 2007; «Factsheet: American Enterprise Institute», ExxonSecrets.org; Kenneth Green, «Bright Idea? CFL Bulbs Have Issues of Their Own», *Journal Gazette* (Fort Wayne, Indiana), 28 de enero de 2011.

54. Rob Hopkins, «An Interview with Kevin Anderson: "Rapid and Deep Emissions Reductions May Not Be Easy, but 4 °C to 6 °C Will Be Much Worse"», Transition Culture, 2 de noviembre de 2012, <http://transitionculture.org>.

55. «A Debate on Geoengineering: Vandana Shiva vs. Gwynne Dyer», Democracy Now!, 8 de julio de 2010.

56. Jeremy Lovell, «Branson Offers $25 mln Global Warming Prize», Reuters, 9 de febrero de 2007.

57. Barbara Ward, *Spaceship Earth*, Nueva York, Columbia University Press, 1966, pág. 15; NOTA AL PIE: Robert Poole, *Earthrise: How Man First Saw the Earth*, New Haven, Yale University Press, 2008, págs. 92-93; Al Reinert, «The Blue Marble Shot: Our First Complete Photograph of Earth», *The Atlantic*, 12 de abril de 2011; Andrew Chaikin, «The Last Men on the Moon», *Popular Science*, septiembre de 1994; Eugene Cernan y Don Davis, *The Last Man on the Moon*, Nueva York, St. Martin's, 1999, pág. 324.

58. Kurt Vonnegut Jr., «Excelsior! We're Going to the Moon! Excelsior!», *New York Times Magazine*, 13 de julio de 1969, pág. SM10.

59. Robert Poole, *Earthrise*, págs. 144-145 y 162; Peder Anker, «The Ecological Colonization of Space», *Environmental History* 10, 2005, págs. 249-254; Andrew G. Kirk, *Counterculture Green: The Whole Earth Catalog and American Environmentalism*, Lawrence, University Press of Kansas, 2007, págs. 170-172; Stewart Brand, *Whole Earth Discipline: Why Dense Cities, Nuclear Power, Transgenic Crops, Restored Wildlands, and Geoengineering Are Necessary*, Nueva York, Penguin, 2009.

60. Leonard David, «People to Become Martians This Century?», NBC News, 25 de junio de 2007.

61. «Richard Branson on Space Travel: "I'm Determined to Start a Population on Mars"», *CBS This Morning*, 18 de septiembre de 2012; «Branson's Invasion of Mars», *New York Post*, 20 de septiembre de 2012; «Branson: Armstrong "Extraordinary Individual"» (vídeo), *Sky News*, 26 de agosto de 2012.

62. Las tres aerolíneas de la marca Virgin emitieron conjuntamente unos 8,8 millones de toneladas métricas de CO_2 en 2011, una cantidad superior a las cerca de 8 millones de toneladas emitidas ese año por Honduras: «Sustainability Report: Autumn 2012», Virgin Atlantic Airways Ltd., pág. 11; «Annual Report 2011», Virgin Blue Holdings Ltd., pág. 28; información sobre emisiones en 2011 remitida al Climate Registry bajo el epígrafe Virgin America, Inc., pág. 2, <https://www.crisreport.org>; «International Energy Statistics», Administración Federal de Información Energética estadounidense, <http://www.eia.gov>.

63. Kenneth Brower, «The Danger of Cosmic Genius», *The Atlantic*, 27 de octubre de 2010.

64. Christopher Borick y Barry Rabe, «Americans Cool on Geoengineering Approaches to Addressing Climate Change», Brookings Institution, Issues in Governance Studies nº 46, mayo de 2012, págs. 3-4; Malcolm J. Wright, Damon A. H. Teagle y Pamela M. Feetham, «A Quantitative Evaluation of the Public Response to Climate Engineering», *Nature Climate Change*, 4, 2014, págs. 106-110; «Climate Engineering—What Do the Public Think?», Universidad Massey, nota de prensa, 13 de enero de 2014.

TERCERA PARTE. Empezar de todos modos

1. Arundhati Roy, «The Trickledown Revolution», *Outlook*, 20 de septiembre de 2010.
2. Traducción al inglés (superpuesta en la banda sonora del vídeo sobre el original en español) de Mitchell Anderson, asesor sobre el terreno de Amazon Watch. Gerald Amos, Greg Brown y Twyla Roscovich, «Coastal First Nations from BC Travel to Witness the Gulf Oil Spill» (vídeo), 2010.

Capítulo 9. Blockadia

1. «United Nations Conference on Environment and Development: Rio Declaration on Environment and Development», *International Legal Materials*, 31, 1992, pág. 879, <http://www.un.org> (trad. cast.: *Declaración de Río sobre el Medio Ambiente y el Desarrollo*, <http://www.un.org/spanish/esa/sustdev/agenda21/riodeclaration.htm>).
2. Harold L. Ickes, *The Secret Diary of Harold L. Ickes: The First Thousand Days, 1933-1936*, Nueva York, Simon & Schuster, 1954, pág. 646.
3. Scott Parkin, «Harnessing Rebel Energy: Making Green a Threat Again», *CounterPunch*, 18-20 de enero de 2013.
4. «Greece Sees Gold Boom, but at a Price», *New York Times*, 13 de enero de 2013; Patrick Forward, David J. F. Smith y Antony Francis, *Skouries Cu/Au Project, Greece, NI 43-101 Technical Report*, European Goldfields, 14 de julio de 2011, pág. 96; «Skouries», Eldorado Gold Corp., <http://www.eldoradogold.com>; Costas Kantouris, «Greek Gold Mine Savior to Some, Curse to Others», Associated Press, 11 de enero de 2013.
5. Entrevista personal a Theodoros Karyotis, activista político y escritor griego, 16 de enero de 2014.
6. Deepa Babington, «Insight: Gold Mine Stirs Hope and Anger in Shattered Greece», Reuters, 13 de enero de 2014; Alkman Granitsas, «Greece to Approve Gold Project», *Wall Street Journal*, 21 de febrero de 2013; Jonathan Stearns, «Mountain of Gold Sparks Battles in Greek Recovery Test», Bloomberg, 9 de abril de 2013.
7. Entrevista a Karyotis, 16 de enero de 2014.
8. Nick Meynen, «A Canadian Company, the Police in Greece and Democracy in the Country That Invented It», EJOLT, 13 de junio de 2013; «A Law Unto Themselves: A Culture of Abuse and Impunity in the Greek Police», Amnistía Internacional, 2014, pág. 11; entrevista a Karyotis 16 de enero de 2014.
9. Luiza Ilie, «Romanian Farmers Choose Subsistence over Shale Gas», Reuters, 27 de octubre de 2013.

10. «Romania Riot Police Clear Shale Gas Protesters», Agencia France-Presse, 2 de diciembre de 2013; Alex Summerchild, «Pungesti, Romania: People Versus Chevron and Riot Police», *The Ecologist*, 12 de diciembre de 2013; Antoine Simon y David Heller, «From the Frontline of Anti-Shale Gas Struggles: Solidarity with Pungesti», Amigos de la Tierra-Europa, 7 de diciembre de 2013, <https://www.foeeurope.org>; Razvan Chiruta y Petrica Rachita, «Goal of Chevron Scandal in Vaslui County: Church Wants Land Leased to US Company Back», *Romania Libera*, 18 de octubre de 2013.

11. «First Nations Chief Issues Eviction Notice to SWN Resources», CBC News, 1 de octubre de 2013; «SWN Resources Wraps Up Shale Gas Testing in New Brunswick», CBC News, 6 de diciembre de 2013; Daniel Schwartz y Mark Gollom, «N.B. Fracking Protests and the Fight for Aboriginal Rights», CBC News, 21 de octubre de 2013.

12. «Shale Gas Clash: Explosives, Firearms, Seized in Rexton», CBC News, 18 de octubre de 2013; «First Nations Clash with Police at Anti-Fracking Protest», Al Jazeera, 17 de octubre de 2013; «RCMP Says Firearms, Improvised Explosives Seized at New Brunswick Protest», Canadian Press, 18 de octubre de 2013; Gloria Galloway y Jane Taber, «Native Shale-Gas Protest Erupts in Violence», *Globe and Mail*, 18 de octubre de 2013; «Police Cars Ablaze: Social Media Captures Scene of Violent New Brunswick Protest», *Globe and Mail*, 17 de octubre de 2013.

13. William Shakespeare, *King Henry IV: Part 1*, en *The Arden Shakespeare*, ed. en David Scott Kastan (comp.), Londres, Thompson Learning, 2002, pág. 246; James Ball, «EDF Drops Lawsuit Against Environmental Activists After Backlash», *Guardian*, 13 de marzo de 2013.

14. John Vidal, «Russian Military Storm Greenpeace Arctic Oil Protest Ship», *Guardian*, 19 de septiembre de 2013; «Greenpeace Activists Being Given Russian Exit Visas After Amnesty», UPI, 26 de diciembre de 2013.

15. David Pierson, «Coal Mining in China's Inner Mongolia Fuel Tensions», *Los Angeles Times*, 2 de junio de 2011; Jonathan Watts, «Herder's Death Deepens Tensions in Inner Mongolia», *Guardian*, 27 de mayo de 2011.

16. «About», Front Line Action on Coal, <http://frontlineaction.wordpress.com>; Oliver Laughland, «Maules Creek Coal Mine Divides Local Families and Communities», *Guardian*, 9 de abril de 2014; «Maules Creek Coal Project Environmental Assessment», Section 7: Impacts, Management and Mitigation, Whitehaven Coal Limited, Hansen Bailey, julio de 2011, págs. 90-91; Ian Lowe, «Maules Creek Proposed Coal Mine: Greenhouse Gas Emissions», documento remitido al Consejo Comunitario de Maules Creek, 2012, <http://www.maulescreek.org>; «Quarterly Update of Australia's National Greenhouse Gas Inventory: December 2013», Australia's National Greenhouse Accounts (Contabilidad Nacional de Gases de Efecto Invernadero de Australia), Departamento de Medio Ambiente, Gobierno de Australia, 2014, pág. 6.

17. «Dredging, Dumping and the Great Barrier Reef», Sociedad Australiana de Conservación Marina, mayo de 2014, pág. 3.

18. «Final Environmental Impact Statement for the Keystone XL Project», Departamento de Estado (EE.UU.), agosto de 2011, tabla 3.13.1-4: Reported Incidents for Existing Keystone Oil Pipeline, section 3.13, págs. 11-14; Nathan Vanderklippe, «Oil Spills Intensify Focus on New Pipeline Proposals», *Globe and Mail*, 9 de mayo de 2011; Carrie Tait, «Pump Station Spill Shuts Keystone Pipeline», *Globe and Mail*, 31 de mayo de 2011; Art Hovey, «TransCanada Cleaning Up Spill at N.D. Pump Station», *Lincoln Journal Star* (Nebraska), 10 de mayo de 2011.

19. Jamie Henn, «40,000+ Join "Forward on Climate" Rally in Washington, DC», Huffington Post, 17 de febrero de 2013; comunicaciones personales por correo electrónico con Ramsey Sprague, Tar Sands Blockade, 22-23 de enero de 2014.

20. «Oil Sands Export Ban: BC First Nations Unite to Declare Province-Wide Opposition to Crude Oil Pipeline», Alianza Yinka Dene, nota de prensa, 1 de diciembre de 2011.

21. Ian Ewing, «Pipe Piling Up», *CIM Magazine*, octubre de 2013; Shawn McCarthy, «Keystone PipelineApproval "Complete No-Brainer", Harper Says», *Globe and Mail*, 21 de septiembre de 2011.

22. Ossie Michelin, «Amanda Polchies, the Woman in Iconic Photo, Says Image Represents "Wisp of Hope"», APTN, 24 de octubre de 2013; «Greek Granny Goads Riot Police at Gold Mining Protest with Wartime Song» (vídeo), Keep Talking Greece, 8 de marzo de 2013; David Herron, «Government Still Ensuring Hydraulic Fracturing Happens in Pungesti, Romania, Despite Protests by Villagers», The Long Tail Pipe, 5 de enero de 2014.

23. NOTA AL PIE: Maxime Combes, «Let's Frackdown the Fracking Companies», en Leah Temper y otros, «Towards a Post-Oil Civilization: Yasunization and Other Initiatives to Leave Fossil Fuels in the Soil», EJOLT Report n° 6, mayo de 2013, pág. 92.

24. Esperanza Martínez, «The Yasuni—ITT Initiative from a Political Economy and Political Ecology Perspective», en Temper y otros, «Towards a Post-Oil Civilization», pág. 11; KC Golden, «The Keystone Principle», Getting a GRIP on Climate Solutions, 15 de febrero de 2013.

25. «Chop Fine: The Human Rights Impact of Local Government Corruption and Mismanagement in Rivers State, Nigeria», Human Rights Watch, enero de 2007, pág. 16; «Niger Delta Human Development Report», Programa de las Naciones Unidas para el Desarrollo, 2006, pág. 76; Adam Nossiter, «Far from Gulf, a Spill Scourge 5 Decades Old», *New York Times*, 16 de junio de 2010; Christian Purefoy, «Nigerians Angry at Oil Pollution Double Standards», CNN, 30 de junio de 2010.

26. Nigeria dejó arder en antorcha unos 515.000 millones de pies cúbicos (14.600 millones de metros cúbicos) de gas natural en 2011, según datos obtenidos por satélite por la Administración Nacional Oceánica y Atmosférica estadounidense; si, según los cálculos de la Administración Federal de Información Energética estadounidense (EIA), a 1.000 pies cúbicos de gas natural corresponde una producción eléctrica de 127 kilovatios hora, el volumen total de gas quemado en la extracción de crudo podría haber producido en teoría el triple de la electricidad que Nigeria consumió en 2011 (unos 23.100 millones de kilovatios hora). Aproximadamente la mitad de los nigerianos carecen actualmente de acceso a la red eléctrica. Según la EIA, las emisiones de CO_2 atribuibles al *flaring* en Nigeria ascendieron a un total de 31,1 millones de toneladas métricas en 2011, justo un poco por encima del 40 % de las emisiones totales de Nigeria por consumo de energía ese año. Consúltense las fuentes de estos datos en: «Estimated Flared Volumes from Satellite Data, 2007-2011», Banco Mundial, Global Gas Flaring Reduction, <http://web.worldbank.org>; «Frequently Asked Questions: How Much Coal, Natural Gas, or Petroleum Is Used to Generate a Kilowatthour of Electricity?», Administración Federal de Información Energética, Departamento de Energía de Estados Unidos, <http://www.eia.gov>; «International Energy Statistics», Administración Federal de Información Energética, Departamento de Energía de Estados Unidos, <http://www.eia.gov>. CARENCIAS DE LAS

COMUNIDADES LOCALES DEL DELTA: Paul Francis, Deirdre Lapin y Paula Rossiasco, «Niger Delta: A Social and Conflict Analysis for Change», Woodrow Wilson International Center for Scholars, 2011, pág. 10; Richard Essein, «Unemployment Highest in Niger Delta», *Daily Times Nigeria*, 30 de marzo de 2011; «Communities Not Criminals: Illegal Oil Refining in the Niger Delta», Stakeholder Democracy Network, octubre de 2013, pág. 4.

27. Jedrzej George Frynas, «Political Instability and Business: Focus on Shell in Nigeria», *Third World Quarterly*, 19, 1998, pág. 463; Alan Detheridge y Noble Pepple (Shell), «A Response to Frynas», *Third World Quarterly*, 3, 1998, págs. 481-482.

28. Cabe señalar que, después de que Shell se retirase de allí, han seguido activos los oleoductos que atraviesan el territorio ogoni con petróleo extraído de otros pozos. Godwin Uyi Ojo, «Nigeria, Three Complementary Viewpoints on the Niger Delta», en Temper y otros, «Towards a Post-Oil Civilization», págs. 39-40; «Nigeria Ogoniland Oil Clean-up "Could Take 30 Years"», *BBC News*, 4 de agosto de 2011; Carley Petesch, «Shell Niger Delta Oil Spill: Company to Negotiate Compensation and Cleanup with Nigerians», Associated Press, 9 de septiembre de 2013; Eghosa E. Osaghae, «The Ogoni Uprising: Oil Politics, Minority Agitation and the Future of the Nigerian State», *African Affairs*, 94, 1995, págs. 325-344.

29. Entrevista a Osuoka, 10 de enero de 2014; Ojo, en Temper y otros, «Towards a Post-Oil Civilization», pág. 40.

30. Elisha Bala-Gbogbo, «Nigeria Says Revenue Gap May Reach as Much as $12 Billion», Bloomberg, 1 de noviembre de 2013; Ed Pilkington, «14 Years After Ken Saro-Wiwa's Death, Family Points Finger at Shell in Court», *Guardian*, 26 de mayo de 2009; Frank Aigbogun, «It Took Five to Hang Saro-Wiwa», Associated Press, 13 de noviembre de 1995; Andrew Rowell y Stephen Kretzmann, «The Ogoni Struggle», informe, Project Underground, Berkeley, California, 1996.

31. Bronwen Manby, «The Price of Oil: Corporate Responsibility and Human Rights Violations in Nigeria's Oil Producing Communities», Human Rights Watch, HRW Index n° 1-56432-225-4, enero de 1999, págs. 123-126.

32. «The Kaiama Declaration», United Ijaw, 1998, <http://www.unitedijaw.com>.

33. Ibídem.

34. Entrevista personal a Isaac Osuoka, 10 de enero de 2014.

35. Isaac Osuoka, «Operation Climate Change», en L. Anders Sandberg y Tor Sandberg (comps.), *Climate Change: Who's Carrying the Burden? The Chilly Climates of the Global Environmental Dilemma*, Ottawa, The Canadian Center for Policy Alternatives, 2010, pág. 166.

36. Brownen Manby, «Nigeria: Crackdown in the Niger Delta», Human Rights Watch, 11, 2 (A), mayo de 1999, págs. 2, 11 y 13-17.

37. Ojo, en Temper y otros, «Towards a Post-Oil Civilization», pág. 44.

38. Paul M. Barrett, «Ecuadorian Court Cuts Chevron's Pollution Bill in Half», *Bloomberg Businessweek*, 13 de noviembre de 2013; «Supreme Court Will Hear Chevron Appeal in Ecuador Environmental Damages Case», The Canadian Press, 3 de abril de 2014.

39. Bob Deans, «Big Coal, Cold Cash, and the GOP», *OnEarth*, 22 de febrero de 2012.

40. Clifford Krauss, «Shale Boom in Texas Could Increase U.S. Oil Output», *New York Times*, 27 de mayo de 2011.

41. Brian Milner, ««Saudi America" Heads for Energy Independence», *Globe and Mail*, 18 de marzo de 2012; «Moving Crude Oil by Rail», Association of American Railroads (Asociación de Ferrocarriles Estadounidenses), diciembre de 2013; Clifford Krauss y Jad Mouawad, «Accidents Surge as Oil Industry Takes the Train», *New York Times*, 25 de enero de 2014; Kim Mackrael, «How Bakken Crude Moved from North Dakota to Lac-Megantic», *Globe and Mail*, 8 de julio de 2014; Jim Monk, «Former Gov. Sinner Proposes National Rail Safety Discussion», KFGO (Dakota del Norte), 7 de enero de 2014.

42. Nathan Vanderklippe y Shawn McCarthy, «Without Keystone XL, Oil Sands Face Choke Point», *Globe and Mail*, 8 de junio de 2011.

43. «Energy: The Pros and Cons of Shale Gas Drilling», *60 Minutes*, CBS, 14 de noviembre de 2011.

44. «Glenn Beck—Bernanke Confused, a Coming Caliphate and Rick Santorum», *Glenn Beck*, 23 de junio de 2011; Suzanne Goldenberg, «Fracking Hell: What It's Really Like to Live Next to a Shale Gas Well», *Guardian*, 13 de diciembre de 2013; Russell Gold y Tom McGinty, «Energy Boom Puts Wells in America's Backyards», *Wall Street Journal*, 25 de octubre de 2013.

45. Kim Cornelissen, «Shale Gas and Quebecers: The Broken Bridge Towards Renewable Sources of Energy», en Temper y otros, «Towards a Post-Oil Civilization», pág. 100; Emily Gosden, «Half of Britain to Be Offered for Shale Gas Drilling as Fracking Areas Face 50 Trucks Passing Each Day», *Telegraph*, 17 de diciembre de 2013; Damian Carrington, «Fracking Can Take Place in "Desolate" North-East England, Tory Peer Says», *Guardian*, 30 de julio de 2013.

46. David Mildenberg y Jim Efstathiou Jr., «Ranchers Tell Keystone: Not Under My Backyard», *Bloomberg Businessweek*, 8 de marzo de 2012; Goldenberg, «Fracking Hell».

47. Daniel Gilbert, «Exxon CEO Joins Suit Citing Fracking Concerns», *Wall Street Journal*, 20 de febrero de 2014; «Polis Welcomes ExxonMobil CEO into "Exclusive" Group of People Whose Neighborhood Has Been Fracked», congresista Jared Polis, nota de prensa, 21 de febrero de 2014.

48. Thomas Paine, *Rights of Man, Common Sense, and Other Political Writings*, en Mark Philp (comp.), Oxford, Oxford University Press, 1998, pág. 25 (trad. cast. de «El sentido común»: *El sentido común y otros escritos*, Madrid, Taurus, 1990).

49. Nick Engelfried, «The Extraction Backlash—How Fossil Fuel Companies Are Aiding Their Own Demise», *Waging Nonviolence*, 22 de noviembre de 2013.

50. Mark Dowie, *Losing Ground: American Environmentalism at the Close of the Twentieth Century*, Cambridge (Massachusetts), MIT Press, 1996, pág. 125.

51. «Americans, Gulf Residents and the Oil Spill», sondeo de opinión, CBS News/*New York Times*, 21 de junio de 2010; Bruce Alpert, «Obama Administration "Cannot Support" Bill Increasing Offshore Revenue Sharing», *Times-Picayune*, 23 de julio de 2013; Annie Snider y Nick Juliano, «Will Landrieu's Rise Give New Life to Revenue Sharing», E&E Daily, 25 de febrero de 2014; «The Damage for Gulf Coast Residents: Economic, Environmental, Emotional», sondeo de opinión, ABC News/*Washington Post*, 14 de julio de 2010.

52. «Current High Volume Horizontal Hydraulic Fracturing Drilling Bans and Moratoria in NY State», FracTracker.org, <http://www.fractracker.org>.

53. «Minisink Compressor Project: Environmental Assessment», Comisión Federal de Regulación de la Energía (EE.UU.), marzo de 2012; Mary Esch, «NY Town

of 9/11 Workers Wages Gas Pipeline Fight», Associated Press, 14 de febrero de 2013; «Blow-Down Events at Minisink Compressor Frighten Un-Notified Residents», Stop the Minisink Compressor Station y Minisink Residents for Environmental Preservation and Safety, 11 de marzo de 2013, <http://www.stopmcs.org>.

54. Maxime Combes, «Let's Frackdown the Fracking Companies», en Temper y otros, «Towards a Post-Oil Civilization», págs. 91 y 97.

55. Vince Devlin, «Proposed Big Rigs 9 Feet Longer than Howard Hughes' Spruce Goose», *Missoulian*, 13 de noviembre de 2010; «747-8: Airplane Characteristics for Airport Planning», Boeing, diciembre de 2012, pág. 7; «Vertical Clearance», Administración Federal de Carreteras y Autopistas Nacionales, Departamento de Transporte de Estados Unidos, <http://safety.fhwa.dot.gov>.

56. Entrevista personal a Marty Cobenais, 17 de octubre de 2010.

57. Betsy Z. Russell, «Judge Halts Megaloads on Highway 12 in Idaho», *Spokesman-Review* (Spokane), 13 de septiembre de 2013; entrevista personal a Alexis Bonogofsky, 21 de octubre de 2010.

58. Marc Dadigan, «Umatilla Tribe Battles Mega-Loads Headed for Alberta Oil Sands», *Indian Country Today Media Network*, 11 de diciembre de 2013.

59. Lesley Fleischman y otros, «Ripe for Retirement: An Economic Analysis of the U.S. Coal Fleet», *The Electricity Journal*, 26, 2013, págs. 51-63; Michael Klare, «Let Them Eat Carbon: Like Big Tobacco, Big Energy Targets the Developing World for Future Profits», *Tom Dispatch*, 27 de mayo de 2014.

60. KC Golden, «Live on Stage in the Great Northwest: King Coal's Tragic Puppet Show, Part 1», Getting a GRIP on Climate Solutions, 4 de marzo de 2013.

61. Michelle Kinman y Antonia Juhasz (comps.), «The True Cost of Chevron: An Alternative Annual Report», red True Cost of Chevron, mayo de 2011, págs. 13-14; «Contra Costa County Asthma Profile», California Breathing, <http://www.californiabreathing.org>; Jeremy Miller, «The Bay Area Chevron Explosion Shows Gaps in Refinery Safety», *High Country News*, 3 de septiembre de 2012; Robert Rogers, «Chevron Refinery Fire One Year Later: Fallout, Impact Show No Sign of Warning», *Contra Costa Times*, 10 de agosto de 2013.

62. David R. Baker, «Judge Deals Setback to Chevron Refinery Plan», *San Francisco Chronicle*, 9 de junio de 2009; Katherine Tam, «Court Rules Richmond Refinery Plan Is Inadequate», *Contra Costa Times*, 26 de abril de 2010; «Chevron Refinery Expansion at Richmond, CA Halted», EarthJustice, nota de prensa, 2 de julio de 2009.

63. Entrevista personal a Melina Laboucan-Massimo, 5 de julio de 2013.

64. Hannibal Rhoades, ««We Draw the Line": Coal-Impacted Lummi Nation and Northern Cheyenne Unite in Solidarity», *IC Magazine*, 9 de octubre de 2013.

65. Jonathan Chait, «The Keystone Fight Is a Huge Environmentalist Mistake», *New York Magazine*, 30 de octubre de 2013; Joe Nocera, «How Not to Fix Climate Change», *New York Times*, 18 de febrero de 2013; Joe Nocera, «A Scientist's Misguided Crusade», *New York Times*, 4 de marzo de 2013.

66. Jad Mouawad, «U.S. Orders Tests on Rail Shipments», *New York Times*, 25 de febrero de 2014; Jad Mouawad, «Trailing Canada, U.S. Starts a Push for Safer Oil Shipping», *New York Times*, 24 de abril de 2014; Curtis Tate, «Regulators Take Voluntary Route on Tank Car Rules», McClatchy Newspapers, 7 de mayo de 2014.

67. Existen indicios de que el *dilbit* puede ser más corrosivo que otros crudos según en qué condiciones, sobre todo, a temperaturas elevadas, pero ese es un dato que ha sido bastante discutido en los últimos años. También hay indicios de que el *dilbit*

podría ser más propenso a causar otros tipos de fallos en las conducciones (grietas, por ejemplo). Anthony Swift, Susan Casey-Lefkowitz y Elizabeth Shope, «Tar Sands Pipelines Safety Risks», Natural Resources Defense Council, 2011, pág. 3.

68. Vivian Luk, «Diluted Bitumen Sinks When Mixed with Sediments, Federal Report Says», *Globe and Mail*, 14 de enero de 2014; «Properties, Composition and Marine Spill Behaviour, Fate and Transport of Two Diluted Bitumen Products from the Canadian Oil Sands», informe técnico del Gobierno federal, Gobierno de Canadá, 30 de noviembre de 2013.

69. NOTA AL PIE: Bob Weber, «Syncrude Guilty in Death of 1,600 Ducks in Toxic Tailings Pond», The Canadian Press, 25 de junio de 2010; «Syncrude, Suncor Cleared After Duck Death Investigation», CBC News, 4 de octubre de 2012; Colleen Cassady St. Clair, Thomas Habib y Bryon Shore, «Spatial and Temporal Correlates of Mass Bird Mortality in Oil Sands Tailings Ponds», informe elaborado a partir de datos del Ministerio de Medio Ambiente del Gobierno provincial de Alberta, 10 de noviembre de 2011, págs. 17-18.

70. Aunque hay fluctuaciones interanuales ligadas al volumen total de reservas, el valor de las arenas petrolíferas se ha incrementado a la par que se ha expandido el sector desde los 19.000 millones de dólares canadienses en 1990 hasta los 460.000 millones en 2010: «Energy», *Canada Year Book 2012*, Statistics Canada (Instituto Nacional de Estadística de Canadá), <http://www.statcan.gc.ca>. Bill Donahue no era uno de los autores del estudio que comentó: «Oilsands Study Confirms Tailings Found in Groundwater, River», CBC News, 20 de febrero de 2014; Richard A. Frank y otros, «Profiling Oil Sands Mixtures from Industrial Developments and Natural Groundwaters for Source Identification», *Environmental Science & Technology*, 48, 2014, págs. 2660-2670. INVESTIGACIÓN INDEPENDIENTE: Mike De Souza, «Scientists Discouraged from Commenting on Oilsands Contaminant Study», Postmedia News, 4 de noviembre de 2012.

71. Florence Loyle, «Doctor Cleared over Suggested Link Between Cancer, Oilsands», *Edmonton Journal*, 7 de noviembre de 2009; Vincent McDermott, «Fort Chipewyan Cancer Study Set to Begin», *Fort McMurray Today*, 20 de febrero de 2013; Michael Toledano, «We Interviewed Dr. John O'Connor, One of the First Tar Sands Whistleblowers», *Vice*, 3 de marzo de 2014.

72. Peter Moskowitz, «Report Finds Doctors Reluctant to Link Oil Sands with Health Issues», Al Jazeera America, 20 de enero de 2014; Mike De Souza, «Scientist Speaks Out After Finding "Record" Ozone Hole over Canadian Arctic», Postmedia News, 21 de octubre de 2011.

73. Mike De Souza, «Federal Budget Cuts Undermine Environment Canada's Mandate to Enforce Clean Air Regulations: Emails», Postmedia News, 17 de marzo de 2013; «Silence of the Labs», *The Fifth Estate,* CBC News, 10 de enero de 2014.

74. NOTA AL PIE: Abha Parajulee y Frank Wania, «Evaluating Officially Reported Polycyclic Aromatic Hydrocarbon Emissions in the Athabasca Oil Sands Region with a Multimedia Fate Model», *Proceedings of the National Academy of Sciences*, 111, 2014, pág. 3348; «Oil Sands Pollution Two to Three Times Higher than Thought», Agencia France-Presse, 3 de febrero de 2014.

75. «Regulation of Hydraulic Fracturing Under the Safe Drinking Water Act», Agencia Federal de Protección Medioambiental estadounidense, <http://water.epa.gov>; Mary Tiemann y Adam Vann, «Hydraulic Fracturing and Safe Drinking Water Act Regulatory Issues», Servicio de Investigación del Congreso (EE.UU.), Informe

R41760, 10 de enero de 2013; Lisa Song, «Secrecy Loophole Could Still Weaken BLM's Tougher Fracking Regs», InsideClimate News, 15 de febrero de 2012.

76. Robert B. Jackson y otros, «Increased Stray Gas Abundance in a Subset of Drinking Water Wells Near Marcellus Shale Gas Extraction», *Proceedings of the National Academy of Sciences*, 110, 2013, págs. 11250-11255; Mark Drajem, «Duke Fracking Tests Reveal Dangers Driller's Data Missed», Bloomberg, 9 de enero de 2014.

77. Cliff Frohlich, «Two-Year Survey Comparing Earthquake Activity and Injection Well Locations in the Barnett Shale, Texas», *Proceedings of the National Academy of Sciences*, 109, 2012, págs. 13934-13938.

78. Ibídem; Won-Young Kim, «Induced Seismicity Associated with Fluid Injection into a Deep Well in Youngstown, Ohio», *Journal of Geophysical Research: Solid Earth*, 118, 2013, págs. 3506-3518; Charles Q. Choi, «Fracking Practice to Blame for Ohio Earthquakes», *LiveScience*, 4 de septiembre de 2013; Nicholas J. van der Elst y otros, «Enhanced Remote Earthquake Triggering at Fluid-Injection Sites in the Midwestern United States», *Science*, 341, 2013, págs. 164-167; Sharon Begley, «Distant Seismic Activity Can Trigger Quakes at "Fracking" Sites», Reuters, 11 de julio de 2013.

79. «Report Regarding the Causes of the April 20, 2010 Macondo Well Blowout», Departamento del Interior (EE.UU.), Oficina de Gestión, Regulación y Vigilancia del Cumplimiento de la Normativa sobre Energía Oceánica, 14 de septiembre de 2011, pág. 191; «Deep Water: The Gulf Oil Disaster and the Future of Offshore Drilling», Comisión Nacional sobre el Vertido de Petróleo de la Plataforma Deepwater Horizon de BP y sobre Perforaciones Petrolíferas en Aguas Marinas en General (EE.UU.), enero de 2011, pág. 125; Joel Achenbach, «BP's Cost Cuts Contributed to Oil Spill Disaster, Federal Probe Finds», *Washington Post*, 14 de septiembre de 2011.

80. Elizabeth McGowan y Lisa Song, «The Dilbit Disaster: Inside the Biggest Oil Spill You've Never Heard of, Part 1», InsideClimate News, 26 de junio de 2012.

81. Ibídem; Charles Rusnell, «Enbridge Staff Ignored Warnings in Kalamazoo River Spill», CBC News, 22 de junio de 2012; «Oil Cleanup Continues on Kalamazoo River», Agencia Federal de Protección Medioambiental (EE.UU.), junio de 2013.

82. A la hora de justificar sus negativas iniciales, parece que Daniel intentaba argumentar que, como el bitumen diluido transportado por el oleoducto de Enbridge había sido extraído mediante una tecnología de inyección de vapor in situ, más novedosa, y no por minería a cielo abierto, no podía considerarse petróleo de arenas bituminosas: Todd Heywood, «Enbridge CEO Downplays Long-Term Effects of Spill», *Michigan Messenger*, 12 de agosto de 2010. MÁS DE UNA SEMANA: McGowan y Song, «The Dilbit Disaster»; DANIEL: Kari Lyderson, «Michigan Oil Spill Increases Concern over Tar Sands Pipelines», *OnEarth*, 6 de agosto de 2010; Kari Lyderson, «Michigan Oil Spill: The Tar Sands Name Game (and Why It Matters)», *OnEarth*, 12 de agosto de 2010.

83. Entrevista a Cobenais, 17 de octubre de 2010.

84. Dan Joling, «Shell Oil-Drilling Ship Runs Aground on Alaska's Sitkalidak Island», Associated Press, 1 de enero de 2013; Rachel D'Oro, «Nobel Discoverer, Shell Oil Drilling Vessel, Shows No Signs of Damage, Coast Guard Claims», Associated Press, 15 de julio de 2012; John Ryan, «Sea Trial Leaves Shell's Arctic Oil-Spill Gear "Crushed Like a Beer Can"», KUOW.org, 30 de noviembre de 2012.

85. Mike Soraghan, «Oil Spills: U.S. Well Sites in 2012 Discharged More Than Valdez», *EnergyWire*, lunes, 8 de julio de 2013; Dan Frosch y Janet Roberts, «Pipeline Spills Put Safeguards Under Scrutiny», *New York Times*, 9 de septiembre de 2011.

86. Jim Paulin y Carey Restino, «Shell Rig Grounds off Kodiak», *Bristol Bay Times*, 4 de enero de 2013.

87. «UN ÚNICO MAQUINISTA»: Bruce Campbell, «Lac-Megantic: Time for an Independent Inquiry», *Toronto Star*, 27 de febrero 2014; HASTA LA DÉCADA DE 1980: entrevista personal a Ron Kaminkow, secretario general de Railroad Workers United (el Sindicato Unido de Trabajadores del Ferrocarril), 29 de enero de 2014; «RECORTAR»: Julian Sher, «Lac Megantic: Railway's History of Cost-Cutting», *Toronto Star*, 11 de julio de 2013; «NO SUELEN HACER PRUEBAS»: Grant Robertson, «Fiery North Dakota Train Derailment Fuels Oil-Shipping Fears», *Globe and Mail*, 30 de diciembre de 2013; DAKOTA DEL NORTE: Daniella Silva, «Mile-Long Train Carrying Crude Oil Derails, Explodes in North Dakota», NBC News, 30 de diciembre de 2013; NUEVO BRUNSWICK: Solarina Ho, «Train Carrying Oil Derails, Catches Fire in New Brunswick, Canada», *Reuters*, 8 de enero de 2014; VIRGINIA: Selam Gebrekidan, «CSX Train Carrying Oil Derails in Virginia in Fiery Blast», Reuters, 30 de abril de 2014.

88. Charlie Savage, «Sex, Drug Use and Graft Cited in Interior Department», *New York Times*, 10 de septiembre de 2008.

89. «Americans Less Likely to Say 18 of 19 Industries Are Honest and Trustworthy This Year», Harris Interactive, 12 de diciembre de 2013; Jeffrey Jones, «U.S. Images of Banking, Real Estate Making Comeback», Gallup, 23 de agosto de 2013; André Turcotte, Michal C. Moore y Jennifer Winter, «Energy Literacy in Canada», School of Public Policy, SPP Research Papers, 5, 31, octubre de 2012; «How Companies Influence Our Society: Citizens' View», TNS Political and Social, Comisión Europea, Flash Eurobarómetro 363, abril de 2013, pág. 25.

90. Sandra Steingraber, «It's Alive! In Defense of Underground Organisms», *Orion Magazine*, enero-febrero de 2012, pág. 15.

91. Wendell E. Berry, «It All Turns on Affection», Conferencia Jefferson sobre Humanidades, Fondo Nacional para las Humanidades (EE.UU.), 2012, <http://www.neh.gov>.

Capítulo 10. El amor salvará este lugar

1. Rachel Carson, «The Real World Around Us», discurso ante Theta Sigma Phi, Columbus (Ohio), 1954, en *Lost Woods: The Discovered Writing of Rachel Carson*, en Linda Lear (comp.), Boston, Beacon Press, 1998, pág. 163.

2. Paige Lavender y Corbin Hiar, «Blair Mountain: Protesters March to Save Historic Battlefield», Huffington Post, 10 de junio de 2011.

3. Los superpetroleros más grandes que el Northern Gateway tiene previsto abastecer en aguas de la Columbia Británica pueden almacenar aproximadamente unos 2,2 millones de barriles de petróleo, es decir, en torno a un 74 % más que los 1.264.155 barriles que transportaba el *Exxon Valdez*: «Section 3.9: Ship Specifications», TERMPOL Surveys and Studies, Northern Gateway Partnership Inc., Enbridge Northern Gateway Project, 20 de enero de 2010, págs. 2-7; «Oil Spill Facts: Questions and Answers», Exxon Valdez Oil Spill Trustee Council (Consejo Asesor sobre el Vertido de Petróleo del *Exxon Valdez*), <http://www.evostc.state.ak.us>.

4. Jess Housty, «Transformations», Coast, 1 de abril de 2013.

5. «Protesters Blamed for Cancelled Pipeline Hearing», CTV News Vancouver, 2 de abril de 2012.

6. Comunicación personal por correo electrónico con Tyler McCreary, estudiante de doctorado de la Universidad de York, 30 de enero de 2014.

7. Sheri Young, carta al Consejo Tribal Heiltsuk, los jefes hereditarios heiltsuk y la Corporación para el Desarrollo Económico Heiltsuk, en nombre de la Comisión Conjunta de Estudio del Proyecto Northern Gateway de Enbridge, 2 de abril de 2012; Housty, «Transformations»; Alexis Stoymenoff, «Enbridge Northern Gateway Protest in Bella Bella Was "Absolutely Peaceful"», *Vancouver Observer*, 2 de abril de 2012.

8. Housty, «Transformations»; Kai Nagata, «Enbridge Misses Heiltsuk Pipeline Hearings», *The Tyee*, 27 de julio de 2012; NOTA AL PIE: Ibídem.

9. Jess Housty, «At the JRP Final Hearings», Coast, 20 de junio de 2013.

10. Entrevista personal a Melachrini Laikou, 31 de mayo de 2013.

11. Entrevista personal a Alexis Bonogofsky, 27 de marzo de 2013.

12. Andrew Nikiforuk, *Tar Sands: Dirty Oil and the Future of a Continent*, Vancouver, Greystone, 2010.

13. Entrevista personal a Jeff King, 23 de junio de 2011.

14. Luiza Ilie, «Romanian Farmers Choose Subsistence over Shale Gas», Reuters, 27 de octubre de 2013.

15. «Oil Sands Export Ban: BC First Nations Unite to Declare Province-Wide Opposition to Crude Oil Pipeline and Tanker Expansion», Alianza Yinka Dene (de pueblos indígenas del norte de la Columbia Británica), nota de prensa, 1 de diciembre de 2011; «First Nations Gain Powerful New Allies in Fight Against Enbridge Northern Gateway Pipeline and Tankers», Alianza Yinka Dene, nota de prensa, 5 de diciembre de 2013; información periodística original de la autora, 1 de diciembre de 2011.

16. «Read the Declaration», Save the Fraser Declaration («Declaración «Salvemos el Fraser»»), Gathering of Nations, <savethefraser.ca>.

17. Sheila Leggett, Kenneth Bateman y Hans Matthews, «Report of the Joint Review Panel for the Enbridge Northern Gateway Project», vol. 2, Junta Nacional de la Energía (Canadá), 2013, págs. 222 y 271.

18. «White House Could Cast Decisive Vote to Permit 20,000 Fracking Wells in Delaware River Basin», Democracy Now!, 11 de noviembre 2011; «Natural Gas Development Regulations», Comisión de la Cuenca del Río Delaware (EE.UU.), 8 de noviembre de 2011, pág. 19.

19. «High Plains Aquifer Water Quality Currently Acceptable but Human Activities Could Limit Future Use», Servicio Geológico de Estados Unidos, Departamento del Interior (EE.UU.), nota de prensa, 16 de julio de 2009; «Ogallala Aquifer Initiative», Servicio de Conservación de los Recursos Naturales, Departamento de Agricultura de Estados Unidos, <http://www.nrcs.usda.gov>.

20. 2,3 BARRILES: «Oil Sands Water Use» (datos de 2013), Oil Sands Information Portal (Portal de Información sobre las Arenas Petrolíferas), Gobierno de Alberta, <http://osip.alberta.ca>; CRUDO CONVENCIONAL: «Growth in the Canadian Oil Sands: Finding the New Balance», IHS Cambridge Energy Research Associates, 2009, págs. III-7; REQUIERE DE MÁS AGUA: Trisha A. Smrecak, «Understanding Drilling Technology», *Marcellus Shale*, 6, Paleontological Research Institution, enero de 2012, pág. 3; «ENTRE 70 Y 300 VECES MÁS»: Seth B. Shonkoff, «Public Health Dimensions of Horizontal Hydraulic Fracturing: Knowledge, Obstacles, Tactics, and Opportunities», 11th Hour Project, Fundación Familia Schmidt, 18 de abril de 2012, <http://www.psr.org>; UN BILLÓN DE LITROS:

Elizabeth Ridlington y John Rumpler, «Fracking by the Numbers: Key Impacts of Dirty Drilling at the State and National Level», Environment America, octubre de 2013, pág. 4, <http://www.environmentamerica.org>; «SUFICIENTES PARA INUNDAR»: Suzanne Goldenberg, «Fracking Produces Annual Toxic Water Enough to Flood Washington DC», *Guardian*, 4 de octubre de 2013.

21. Monika Freyman, «Hydraulic Fracturing and Water Stress: Water Demand by the Numbers», *Ceres*, febrero de 2014, págs. 49-50 y 59-63; David Smith, «Proposed Fracking in South Africa Beauty Spot Blasted», *Guardian*, 23 de agosto de 2013; «Hydraulic Fracturing and the Karoo», Shell South Africa, julio de 2012, <http://www.shell.com/zaf.html>; «Tampering with the Earth's Breath» (vídeo), Green Renaissance, Vimeo, 11 de mayo de 2011.

22. Ilie, «Romanian Farmers Choose Subsistence over Shale Gas».

23. Entrevista personal a Anni Vassiliou, 1 de junio de 2013.

24. Marion W. Howard, Valeria Pizarro y June Marie Mow, «Ethnic and Biological Diversity Within the Seaflower Biosphere Reserve», *International Journal of Island Affairs*, 13, 2004, pág. 113; «Caribbean Archipelago Spared from Oil Drilling», Rainforest Rescue, 21 de junio de 2012, <http://www.rainforest-rescue.org>; NOTA AL PIE: «Nicaragua Issues Further Claims Against Colombia over San Andres», BBC, 16 de septiembre de 2013.

25. «Victories», Beyond Coal, Sierra Club, <http://content.sierraclub.org>; Mary Anne Hitt, «Protecting Americans from Power Plant Pollution», Sierra Club, 17 de septiembre de 2013; «Proposed Coal Plant Tracker», Beyond Coal, Sierra Club, <http://contentsierraclub.org>.

26. James E. Casto, «Spokesmen for Coal Blast EPA Regulatory Mandates», *State Journal* (Virginia Occidental), 15 de noviembre de 2013.

27. Jeremy van Loon, «Canada's Oil-Sand Fields Need U.S. Workers, Alberta Minister Says», *Bloomberg News*, 7 de septiembre de 2011; Shawn McCarthy y Richard Blackwell, «Oil Industry Rebuts "Trash-Talking" Celebrity Critics», *Globe and Mail*, 15 de enero de 2014.

28. T. S. Sudhir, «After Police Firing, Srikakulam Power Plants Under Review», NDTV.com, 16 de julio de 2010.

29. Barbara Demick, «Residents of Another South China Town Protest Development Plans», *Los Angeles Times*, 21 de diciembre de 2011; Gillian Wong, «Thousands Protest China Town's Planned Coal Plant», Associated Press, 20 de diciembre de 2011; Gillian Wong, «Tear Gas Fired at Protesters in China Seaside Town», Associated Press, 24 de diciembre de 2011.

30. Entrevista personal a Li Bo, 11 de enero de 2014.

31. «Beijing's Air Pollution at Dangerously High Levels», Associated Press, 16 de enero de 2014; Ma Yue, «Alarm System to Close Schools in Severe Smog», *Shanghai Daily*, 16 de enero de 2014; «Chinese Anger over Pollution Becomes Main Cause of Social Unrest», Bloomberg, 6 de marzo de 2013, consultado el 29 de enero de 2014.

32. Bruce Einhorn, «Why China Is Suddenly Content with 7.5 Percent Growth», *Bloomberg Businessweek*, 5 de marzo de 2012; «Crecimiento del PIB (% anual)», Indicadores del Desarrollo Mundial (IDM), Banco Mundial, <http://databank.bancomundial.org>; James T. Areddy y Brian Spegele, «China Chases Renewable Energy as Coast Chokes on Air», *Wall Street Journal*, 6 de diciembre de 2013; Justin Guay, «The Chinese Coal Bubble», Huffington Post, 29 de mayo de 2013; Katie Hunt,

«China Faces Steep Climb to Exploit Its Shale Riches», *New York Times*, 30 de septiembre de 2013.

33. Christian Lelong y otros, «The Window for Thermal Coal Investment Is Closing», Goldman Sachs, 24 de julio de 2013; Dave Steves, «Goldman Sachs Bails on Coal Export Terminal Investment», *Portland Tribune*, 8 de enero de 2014.

34. «El Parlamento Europeo exige precaución en la extracción de gas de esquisto», Parlamento Europeo, nota de prensa, 21 de noviembre de 2012.

35. Andrea Schmidt, «Heirs of Anti-Apartheid Movement Rise Up», Al Jazeera, 15 de diciembre de 2013.

36. Naomi Klein, «Time for Big Green to Go Fossil Free», *The Nation*, 1 de mayo de 2013; «Commitments», Fossil Free, 350.org, <http://gofossilfree.org>; «Stanford to Divest from Coal Companies», Universidad de Stanford, nota de prensa, 6 de mayo de 2014.

37. «Harvard University Endowment Earns 11.3 % Return for Fiscal Year», *Harvard Gazette*, 24 de septiembre de 2013; Andrea Schmidt, «Heirs of Anti-Apartheid Movement Rise Up», Al Jazeera, 15 de diciembre de 2013; Mark Brooks, «Banking on Divestment», *Alternatives Journal*, noviembre de 2013.

38. Mark Brownstein, «Why EDF Is Working on Natural Gas», EDF, 10 de septiembre de 2012.

39. NOTA AL PIE: Carta del Civil Society Institute (y otros) a Fred Krupp, 22 de mayo de 2013, <http://www.civilsocietyinstitute.org>.

40. Ben Casselman, «Sierra Club's Pro-Gas Dilemma», *Wall Street Journal*, 22 de diciembre de 2009; Bryan Walsh, «How the Sierra Club Took Millions from the Natural Gas Industry-and Why They Stopped», *Time*, 2 de febrero de 2012; Dave Michaels, «Natural Gas Industry Seeks Greater Role for Power Plants, Vehicles», *Dallas Morning News*, 18 de septiembre de 2009; Sandra Steingraber, «Breaking Up with the Sierra Club», *Orion*, 23 de marzo de 2012.

41. Felicity Barringer, «Answering for Taking a Driller's Cash», *New York Times*, 13 de febrero de 2012; «48 Arrested at Keystone Pipeline Protest as Sierra Club Lifts 120-Year Ban on Civil Disobedience», Democracy Now!, 14 de febrero de 2013; comunicación personal por correo electrónico con Bob Sipchen, director de comunicación del Sierra Club, 21 de abril de 2014.

42. Robert Friedman, «Tell Your Alma Mater, Fossil Fuel Divestment Just Went Mainstream», NRDC, 30 de abril de 2014; Klein, «Time for Big Green to Go Fossil Free».

43. Andrea Vittorio, «Foundations Launch Campaign to Divest from Fossil Fuels», Bloomberg, 31 de enero de 2014; «Philanthropy», Divest-Invest <http://divestinvest.org>.

44. «Global 500», *Fortune*, <http://fortune.com>; Stanley Reed, «Shell Profit Rises 15 % but Disappoints Investors», *New York Times*, 31 de enero de 2013; Stanley Reed, «Shell Says Quarterly Earnings Will Fall 48 %», *New York Times*, 17 de enero de 2014.

45. Ibídem.

46. «Notice of Arbitration Under the Arbitration Rules of the United Nations Commission on International Trade Law and Chapter Eleven of the North American Free Trade Agreement», Lone Pine Resources Inc., 6 de septiembre de 2013, págs. 4 y 15-18.

47. Acuerdo General sobre Aranceles Aduaneros y Comercio (GATT, 1947), Organización Mundial del Comercio, artículo XI.1, <http://www.wto.org>.

48. Entrevista personal a Ilana Solomon, 27 de agosto de 2013.

49. Sarah Anderson y Manuel Pérez Rocha, «Mining for Profits in International Tribunals: Lessons for the Trans-Pacific Partnership», Institute for Policy Studies, abril de 2013, pág. 1; Lori Wallach, «Brewing Storm over ISDR Clouds: Trans-Pacific Partnership Talks—Part I», Kluwer Arbitration Blog, 7 de enero de 2013.

50. Lindsay Abrams, «The Real Secret to Beating the Koch Brothers: How Our Broken Political System Can Still Be Won», *Salon*, 29 de abril de 2014; entrevista personal a Marily Papanikolaou, 29 de mayo de 2013; Mark Strassman, «Texas Rancher Won't Budge for Keystone Pipeline», *CBS Evening News*, 19 de febrero de 2013; Kim Murphy, «Texas Judge Deals Setback to Opponents of Keystone XL Pipeline», *Los Angeles Times*, 23 de agosto de 2012.

51. NOTA AL PIE: Suzanne Goldenberg, «Terror Charges Faced by Oklahoma Fossil Fuel Protesters "Outrageous"», *Guardian*, 10 de enero de 2014; Molly Redden, «A Glitter-Covered Banner Got These Protesters Arrested for Staging a Bioterror Hoax», *Mother Jones*, 17 de diciembre de 2013; comunicación personal por correo electrónico con Moriah Stephenson, Great Plains Tar Sands Resistance, 22 de enero de 2014; Will Potter, «Two Environmentalists Were Charged with "Terrorism Hoax" for Too Much Glitter on Their Banner», *Vice*, 18 de diciembre de 2013.

52. Adam Federman, «We're Being Watched: How Corporations and Law Enforcement Are Spying on Environmentalists», *Earth Island Journal*, verano de 2013; Richard Black, «EDF Fined for Spying on Greenpeace Nuclear Campaign», BBC, 10 de noviembre de 2011; Matthew Millar, «Canada's Top Spy Watchdog Lobbying for Enbridge Northern Gateway Pipeline», *Vancouver Observer*, 4 de enero de 2014; Jordan Press, «Chuck Strahl Quits Security Intelligence Review Committee», Postmedia News, 24 de enero de 2014.

53. Greg Weston, «Other Spy Watchdogs Have Ties to Oil Business», CBC News, 10 de enero de 2014; Press, «Chuck Strahl Quits Security Intelligence Review Committee».

54. Leggett, Bateman y Matthews, «Report of the Joint Review Panel for the Enbridge Northern Gateway Project», vol. 2, págs. 209 y 384.

55. Según los resultados de un sondeo de opinión más reciente, un 64 % de los habitantes de la Columbia Británica se oponen a cualquier incremento del tráfico de petroleros; el número de encuestados que dijeron oponerse «rotundamente» fue el cuádruple que el de los que dijeron estar «rotundamente» a favor: «Oil Tanker Traffic in B.C.: The B.C. Outlook Omnibus», Justason Market Intelligence, enero de 2014, pág. 5. AUDIENCIAS COMUNITARIAS LOCALES: Larry Pynn, «Environmentalists Pledge Renewed Fight to Stop Northern Gateway Pipeline», *Vancouver Sun*, 19 de diciembre de 2013; 80 %: Scott Simpson, «Massive Tankers, Crude Oil and Pristine Waters», *Vancouver Sun*, 5 de junio de 2010; «LA QUIEBRA DE NUESTRO SISTEMA»: Christopher Walsh, «Northern Gateway Pipeline Approved by National Energy Board», *Edmonton Beacon*, 19 de diciembre de 2013.

56. Edgardo Lander, «Extractivism and Protest Against It in Latin America», ponencia presentada en el congreso The Question of Power: Alternatives for the Energy Sector in Greece and Its European and Global Context, Atenas, Grecia, octubre de 2013; George Monbiot, «After Rio, We Know. Governments Have Given Up on the Planet», *Guardian*, 25 de junio de 2012.

57. «Initiative Figures», Transition Network, actualizado a septiembre de 2013, <https://www.transitionnetwork.org>; Transition Network, «What Is a Transition Initiative?», <http://www.transitionnetwork.org>.

58. David Roberts, «Climate-Proofing Cities: Not Something Conservatives Are Going to Be Good At», Grist, 9 de enero de 2013.

59. Jesse McKinley, «Fracking Fight Focuses on a New York Town's Ban», *New York Times*, 23 de octubre de 2013.

60. «Panel Fails to Listen to British Columbians», Sierra Club BC, nota de prensa, 19 de diciembre de 2013.

Capítulo 11. ¿Ustedes? ¿Y con qué ejército?

1. Melanie Jae Martin y Jesse Fruhwirth, «Welcome to Blockadia!», *YES!*, 11 de enero de 2013.

2. Mary Harris Jones, *Autobiography of Mother Jones*, Mineola (Nueva York), Dover, 2004 [1925], pág. 144.

3. Gurston Dacks, «British Columbia After the *Delgamuukw* Decision: Land Claims and Other Processes», *Canadian Public Policy*, 28, 2002, págs. 239-255.

4. «Statement of Claim Between Council of the Haida Nation and Guujaaw Suing on His Own Behalf and on Behalf of All Members of the Haida Nation (Plaintiffs) and Her Majesty the Queen in Right of the Province of British Columbia and the Attorney General of Canada (Defendants)», Action No. L020662, Vancouver Registry, 14 de noviembre de 2002, <http://www.haidanation.ca>; *Haida Nation v. British Columbia (Minister of Forests)*, 3 SCR 511 (SCC 2004); «Government Must Consult First Nations on Disputed Land, Top Court Rules», CBC News, 18 de noviembre de 2004; entrevista personal a Arthur Manuel, 25 de agosto de 2004.

5. Comunicación personal por correo electrónico con Tyler McCreary, estudiante de doctorado, Universidad de York, 30 de enero de 2014.

6. *Delgamuukw v. British Columbia*, 1997, 3 SCR 1010; Comisión de Tratados de la Columbia Británica, «A Lay Person's Guide to Delgamuukw v. British Columbia», noviembre de 1999, <http://www.bctreaty.net>; Chelsea Vowel, «The Often-Ignored Facts About Elsipogtog», *Toronto Star*, 14 de noviembre de 2013.

7. Melanie G. Wiber y Julia Kennedy, «Impossible Dreams: Reforming Fisheries Management in the Canadian Maritimes After the Marshall Decision», en Rene Kuppe y Richard Potz (comps.), *Law and Anthropology: International Yearbook for Legal Anthropology*, vol. 2, La Haya, Martinus Nijhoff, 2001, págs. 282-297; William Wicken, «Treaty of Peace and Friendship 1760», Ministerio de Asuntos Aborígenes y Desarrollo del Canadá Norte, <https://www.aadnc-aandc.gc.ca>; *R. v. Marshall*, 3 SCR 456 (1999); «Supreme Court Decisions: R. v. Marshall», Ministerio de Asuntos Aborígenes y Desarrollo del Canadá Norte.

8. «Map of Treaty-Making in Canada», Ministerio de Asuntos Aborígenes y Desarrollo del Canadá Norte, <https://www.aadnc-aandc.gc.ca>; «Alberta Oil Sands», Servicio Geológico de Alberta, última modificación del 12 de junio de 2013, <http://www.ags.gov.ab.ca>; «Treaty Texts—Treaty No. 6; Copy of Treaty No. 6 Between Her Majesty the Queen and the Plain and Wood Cree Indians and Other Tribes of Indians at Fort Carlton, Fort Pitt, and Battle River with Adhesions», Ministerio de Asuntos Aborígenes y Desarrollo del Canadá Norte, <https://www.aadnc-aandc.gc.ca>.

9. «Emergency Advisory: Mi'kmaq say, "We Are Still Here, and SWN Will Not Be Allowed to Frack"», nota de prensa, Halifax Media Co-op, 3 de noviembre de 2013.

10. Martha Stiegman y Miles Howe, «Summer of Solidarity-A View from the Sacred Fire Encampment in Elsipogtog» (vídeo), Halifax Media Co-op, 3 de julio de 2013.

11. ««Crown Land Belongs to the Government, Not to F*cking Natives"», APTN, 17 de octubre de 2013; Martin Lukacs, «New Brunswick Fracking Protests Are the Frontline of a Democratic Fight», *Guardian*, 21 de octubre de 2013; Renee Lewis, «Shale Gas Company Loses Bid to Halt Canada Protests», Al Jazeera America, 21 de octubre de 2013.

12. «FORUMe Research Results», exposición en PowerPoint, MQO Research, presentada en el congreso FORUMe, Nuevo Brunswick, junio de 2012, <http://www.amiando.com>; Kevin Bissett, «Alward Facing Opposition from N.B. Citizens over Fracking», The Canadian Press, 30 de agosto de 2011.

13. Stiegman y Howe, «Summer of Solidarity».

14. Richard Walker, «In Washington, Demolishing Two Dams So That the Salmon May Go Home», *Indian Country Today*, 22 de septiembre de 2011; «Press Release 02/26/2014», Shield the People, nota de prensa, 26 de febrero de 2014; «Keystone XL Pipeline Project Compliance Follow-up Review: The Department of State's Choice of Environmental Resources Management, Inc., To Assist in Preparing the Supplemental Environmental Impact Statement», Departamento de Estado (EE.UU.) y Broadcasting Board of Governors (EE.UU.), febrero de 2014; Jorge Barrera, «Keystone XL "Black Snake" Pipeline to Face "Epic" Opposition from Native American Alliance», APTN, 31 de enero de 2014.

15. Steve Quinn, «U.S. Appeals Court Throws Arctic Drilling into Further Doubt», Reuters, 23 de enero de 2014; *Native Village of Point Hope v. Jewell*, 44 ELR 20016, No. 12-35287 (9th Cir., 22 de enero de 2014); «Native and Conservation Groups Voice Opposition to Lease Sale 193 in the Chukchi Sea», WWF, nota de prensa, 6 de febrero de 2008; Faith Gemmill, «Shell Cancels 2014 Arctic Drilling-Arctic Ocean and Inupiat Rights Reality Check», Platform, 30 de enero de 2014.

16. *Native Village of Point Hope v. Jewell*.

17. Terry Macalister, «Shell's Arctic Drilling Set Back by US Court Ruling», *Guardian*, 23 de enero de 2014; «New Shell CEO Ben van Beurden Sets Agenda for Sharper Performance and Rigorous Capital Discipline», Shell, nota de prensa, 30 de enero de 2014.

18. Erin Parke, «Gas Hub Future Unclear After Native Title Dispute», ABC (Australia), 7 de febrero de 2013; «Environmentalists Welcome Scrapping of LNG Project», ABC (Australia), 12 de abril de 2013; Andrew Burrell, «Gas Fracking Wars to Open Up on a New Front», *Australian*, 30 de diciembre de 2013; «Native Title Challenge to Canning Gas Bill», Australian Associated Press, 20 de junio de 2013; Vicky Validakis, «Native Title Claimants Want to Ban Mining», *Australian Mining*, 14 de mayo de 2013.

19. «Ecuador: Inter-American Court Ruling Marks Key Victory for Indigenous People», Amnistía Internacional, nota de prensa, 27 de julio de 2012.

20. VOTACIÓN ORIGINAL: Centro de Noticias ONU, «Asamblea General aprueba Declaración de Derechos de Pueblos Indígenas», comunicado de prensa de las Naciones Unidas, 13 de septiembre de 2007; SUSCRIPCIONES POSTERIORES: «Indigenous Rights Declaration Endorsed by States», Oficina del Alto Comisionado de las Naciones Unidas para los Derechos Humanos, comunicado de prensa, 23 de diciembre de 2010; «DERECHO A LA REPARACIÓN»: Declaración de las

Naciones Unidas sobre los Derechos de los Pueblos Indígenas, Resolución 61/295 de la A.G., Doc. oficial de la A.G. A/Res/61/295, 13 de septiembre de 2007, págs. 10-11, <http://www.un.org>; CONSTITUCIÓN DE BOLIVIA: República de Bolivia, Constitución de 2009, capítulo IV: Derechos de las naciones indígenas y pueblos originarios campesinos, art. 30, apartado 2.

21. Alexandra Valencia, «Ecuador Congress Approves Yasuni Basin Oil Drilling in Amazon», Reuters, 3 de octubre de 2013, Amnistía Internacional, «Annual Report 2013: Bolivia», 23 de mayo de 2013, <http://www.amnesty.org>.

22. John Otis, «Chevron vs. Ecuadorean Activists», *Global Post*, 3 de mayo de 2009.

23. «Beaver Lake Cree Sue over Oil and Gas Dev't», *Edmonton Journal*, 14 de mayo de 2008; «Beaver Lake Cree Nation Draws a Line in the (Oil) Sand», Nación Cree del Lago Beaver (BLCN), nota de prensa, 14 de mayo de 2008.

24. Ibídem; Tribunal de la Reina (Tribunal Supremo provincial), Gobierno de Alberta, 2012 ABQB 195, memorando de la decisión de la Honorable Señora Jueza B. A. Browne, 28 de marzo de 2012.

25. Bob Weber, «Athabasca Chipewyan File Lawsuit Against Shell's Jackpine Oil Sands Expansion», The Canadian Press, 16 de enero de 2014; jefe Allan Adam, «Why I'm on Tour with Neil Young and Diana Krall», Huffington Post Canada, 14 de enero de 2014; «Administration and Finance», Primera Nación de los Chipewyan del Athabasca (ACFN), <http://www.acfn.com>; «Shell at a Glance», Shell Global, <http://www.shell.com/global>.

26. Emma Gilchrist, «Countdown Is On: British Columbians Anxiously Await Enbridge Recommendation», DesmogCanada, 17 de diciembre de 2013; entrevista personal a Mike Scott, 21 de octubre de 2010.

27. Benjamin Shingler, «Fracking Protest Leads to Bigger Debate over Indigenous Rights in Canada», Al Jazeera America, 10 de diciembre de 2013.

28. LEYES ÓMNIBUS: Proyecto de Ley C-38 para el Empleo, el Crecimiento y la Prosperidad a Largo Plazo, 41º Parlamento de Canadá, 2012, S.C. 2012, c. 19, <http://laws-lois.justice.gc.ca>; Proyecto de Ley C-45 de 2012 para el Empleo y el Crecimiento, 41º Parlamento de Canadá, 2012, S.C. 2012, c. 31, <http://laws-lois.justice.gc.ca>; INFORMES DE ESTUDIO: Tonda MacCharles, «Tories Have Cancelled Almost 600 Environmental Assessments in Ontario», *Toronto Star*, 29 de agosto de 2012; PARTICIPACIÓN CIUDADANA LOCAL: Andrea Janus, «Activists Sue Feds over Rules That "Block" Canadians from Taking Part in Hearings», *CTV News*, 15 de agosto de 2013; LEY: Ley de Protección de las Aguas Navegables, Revised Statutes of Canada 1985 («Legislación Revisada de Canadá, 1985»), c. N-22, <http://laws-lois.justice.gc.ca>; DESDE PRÁCTICAMENTE LA TOTALIDAD: «Omnibus Bill Changes Anger Water Keepers», CBC News, 19 de octubre de 2012; HASTA MENOS DEL 1 %: «Legal Backgrounder: Bill C-45 and the Navigable Waters Protection Act» (RSC 1985, C N-22), EcoJustice, octubre de 2012; «Hundreds of N.S. Waterways Taken off Protected List; Nova Scotia First Nation Joins Idle No More Protest», CBC News, 27 de diciembre de 2012; OLEODUCTOS: Véanse enmiendas 349(5) y 349(9) al Proyecto de Ley C-45 de 2012 para el Empleo y el Crecimiento a Largo Plazo, 41º Parlamento de Canadá, 2012, S.C. 2012, c. 31; DOCUMENTOS SALIDOS A LA LUZ: Heather Scoffield, «Documents Reveal Pipeline Industry Drove Changes to "Navigable Waters" Act», The Canadian Press, 20 de febrero de 2013.

29. «Electoral Results by Party: 41st General Election (2011.05.02)», Parlamento de Canadá, <http://www.parl.gc.ca>; Ian Austen, «Conservatives in Canada Expand Party's Hold», *New York Times*, 2 de mayo de 2011.

30. Julie Gordon y Allison Martell, «Canada Aboriginal Movement Poses New Threat to Miners», Reuters, 17 de marzo de 2013.

31. Martin Lukacs, «Indigenous Rights Are the Best Defence Against Canada's Resource Rush», *Guardian*, 26 de abril de 2013.

32. «Neil Young at National Farmers Union Press Conference» (vídeo), YouTube, Thrasher Wheat, 9 de septiembre de 2013; Jian Ghomeshi, «Q exclusive: Neil Young Says "Canada Trading Integrity for Money"» (vídeo), CBC News, 13 de enero de 2014.

33. Entrevista personal a Eriel Deranger, directora de comunicación de la primera nación de los chipewyan del Athabasca, 30 de enero de 2014; «Poll: How Do You Feel About Neil Young Attacking the Oilsands?», *Edmonton Journal*, 12 de enero de 2014.

34. Ghomeshi, «Q exclusive: Neil Young Says "Canada Trading Integrity for Money"»; Adam, «Why I'm on Tour with Neil Young and Diana Krall».

35. «National Assessment of First Nations Water and Wastewater Systems», documento elaborado por Neegan Burnside para el Ministerio de Asuntos Aborígenes y Desarrollo del Canadá Norte, 16 de abril de 2011, <http://www.aadnc-aandc.gc.ca>.

36. En 2012, Groenlandia fue subsidiada por Dinamarca con unos 3.600 millones de coronas danesas, equivalentes a un 31 % del PIB de la isla de ese año. El subsidio ascendió también a esa misma cantidad aproximada de coronas en 2013. «Greenland in Figures: 2014», Statistics Greenland, 2014, págs. 7-8; Jan. M. Olsen, «No Economic Independence for Greenland in Sight», Associated Press, 24 de enero de 2014; «ACCESO A LA INDEPENDENCIA»: McKenzie Funk, *Windfall: The Booming Business of Global Warming*, Nueva York, Penguin, 2014, pág. 78.

37. Angela Sterritt, «Industry and Aboriginal Leaders Examine Benefits of the Oilsands», CBC News, 24 de enero de 2014.

38. Entrevista personal a Phillip Whiteman Jr., 21 de octubre de 2010.

Capítulo 12. Compartir el cielo

1. Leah Temper, «Sarayaku Wins Case in the Inter-American Court of Human Rights but the Struggle for Prior Consent Continues», EJOLT, 21 de agosto de 2012.

2. Sivan Kartha, Tom Athanasiou y Paul Baer, «The North-South Divide, Equity and Development-The Need for Trust-Building for Emergency Mobilisation», *Development Dialogue*, 61, septiembre de 2012, pág. 62.

3. Según el Servicio Geológico de Estados Unidos, en la cuenca del río Powder hay unos 147.000 millones de toneladas métricas de carbón técnicamente recuperable. Si aplicamos la cifra de consumo total de carbón para 2012 que maneja la Administración Federal de Información Energética estadounidense, que es de unos 806 millones de toneladas métricas, este recurso podría durar aproximadamente 182 años: David C. Scott y James A. Luppens, «Assessment of Coal Geology, Resources, and Reserve Base in the Powder River Basin, Wyoming and Montana», Servicio Geológico de Estados Unidos, 26 de febrero de 2013; «International Energy Statistics», Administración Federal de Información Energética estadounidense, Departamento de Energía de Estados Unidos, <http://www.eia.gov>.

4. «Many Stars CTL», Beyond Coal, Sierra Club, <http://content.sierraclub.org>; página web del proyecto Many Stars («Multitud de Estrellas»), <http://www.manystarsctl.com/index.html>.

5. Entrevista personal a Mike Scott, 21 de octubre de 2010; entrevista personal a Alexis Bonogofsky, 21 de octubre de 2010.

6. «2013 American Indian Population and Labor Force Report», Subsecretaría de Asuntos Indios, Departamento del Interior (EE.UU.), enero de 2014, pág. 47; «Cheyenne Warriors», *Day One*, ABC News, 6 de julio de 1995.

7. Entrevista personal a Charlene Alden, 22 de octubre de 2010.

8. Entrevista personal a Henry Red Cloud («Nube Roja»), 22 de junio de 2011.

9. Andreas Malm, «The Origins of Fossil Capital: From Water to Steam in the British Cotton Industry», *Historical Materialism*, 21, 2013, pág. 45.

10. Entrevista personal a Larry Bell, 1 de julio de 2011.

11. Carolyn Merchant, «Environmentalism: From the Control of Nature to Partnership», Conferencia Bernard Moses, Universidad de California en Berkeley, mayo de 2010.

12. Entrevista personal a Landon Means, 24 de junio de 2011; entrevista personal a Jeff King, 23 de junio de 2011.

13. Entrevista personal a Henry Red Cloud («Nube Roja»), 22 de junio de 2011; entrevista personal a Alexis Bonogofsky, 22 de junio de 2011.

14. Matthew Brown, «Wildfires Ravage Remote Montana Indian Reservation», Associated Press, 31 de agosto de 2012; entrevista personal a Vanessa Braided Hair («Pelo Trenzado»), 27 de marzo de 2013.

15. Entrevista personal a Henry Red Cloud («Nube Roja»), 24 de junio de 2011.

16. Crónica periodística de la propia autora, 21 de marzo de 2013; grabación de audio, cortesía de Alexis Bonogofsky, 17 de enero de 2013.

17. «Our Work», Coalición por el Agua de Black Mesa, <http://www.blackmesawatercoalition.org>; «Black Mesa Water Coalition» (vídeo), Black Mesa Peeps, YouTube, 19 de diciembre de 2011.

18. Marc Lee, *Enbridge Pipe Dreams and Nightmares: The Economic Costs and Benefits of the Proposed Northern Gateway Pipeline*, Vancouver (Columbia Británica), Canadian Centre for Policy Alternatives, marzo de 2012, págs. 4-7.

19. Ibídem, pág. 6.

20. Dan Apfel, «Why Investors Must Do More Than Divest from Fossil Fuels», *The Nation*, 17 de junio de 2013.

21. Diane Cardwell, «Foundations Band Together to Get Rid of Fossil-Fuel Investments», *New York Times*, 29 de enero de 2014; Brendan Smith, Jeremy Brecher y Kristen Sheeran, «Where Should the Divestors Invest?», Common Dreams, 17 de mayo de 2014.

22. Ibídem.

23. Melanie Wilkinson, «Pipeline Fighters Dedicate Structure on Route», *York News-Times* (Nebraska), 24 de septiembre de 2013.

24. «Our Mission», REPOWERBalcombe, <http://www.repowerbalcombe.com>.

25. Entrevista personal a Bill McKibben, 5 de noviembre de 2011.

26. Comunicación personal por correo electrónico con John Jordan, 13 de enero de 2011.

27. Patrick Quinn, «After Devastating Tornado, Town is Reborn "Green"», *USA Today*, 23 de abril de 2013.

28. Ibídem.

29. Scott Wallace, «Rain Forest for Sale», *National Geographic*, enero de 2013; Kevin Gallagher, «Pay to Keep Oil in the Ground», *The Guardian*, 7 de agosto de 2009.

30. Esperanza Martínez, «The Yasuni-ITT Initiative from a Political Economy and Political Ecology Perspective», en Leah Temper y otros, «Towards a Post-Oil Civilization: Yasunization and Other Initiatives to Leave Fossil Fuels in the Soil», EJOLT Report nº 6, mayo de 2013, págs. 11 y 27.

31. Angélica Navarro Llanos, «Climate Debt: The Basis of a Fair and Effective Solution to Climate Change», exposición durante una sesión informativa sobre «Responsabilidad histórica» del Grupo de Trabajo Especial sobre Cooperación a Largo Plazo, Convención Marco de las Naciones Unidas sobre el Cambio Climático, Bonn, Alemania, 4 de junio de 2009.

32. Susan Solomon y otros, «Persistence of Climate Changes Due to a Range of Greenhouse Gases», *Proceedings of the National Academy of Sciences*, 107, 43, 2010, pág. 18355.

33. Protocolo de Kioto de la Convención de las Naciones Unidas sobre el Cambio Climático, <http://unfccc.int>.

34. Matthew Stilwell, «Climate Debt—A Primer», *Development Dialogue*, 61, septiembre de 2012, pág. 42; Global Carbon Project (Proyecto Global del Carbono), datos sobre emisiones, 2013 Budget v2.4, consultado en julio de 2014 en <http://cdiac.ornl.gov/GCP>.

35. Ibídem; «Global Status of Modern Energy Access», subapartado del «World Energy Outlook 2012», Agencia Internacional de la Energía; Barbara Freese, *Coal: A Human History*, Nueva York, Penguin, 2004, pág. 64.

36. «Estado de ratificación» de la CMNUCC, <http://unfccc.int>; «Artículo 3: Principios», Convención de las Naciones Unidas sobre el Cambio Climático, <http://unfccc.int>; Protocolo de Kioto de la Convención Marco de las Naciones Unidas sobre el Cambio Climático, <http://unfccc.int>.

37. Martínez, en Temper y otros, «Towards a Post-Oil Civilization», pág. 32; Jonathan Watts, «Ecuador Approves Yasuni National Park Oil Drilling in Amazon Rainforest», *Guardian*, 16 de agosto de 2013.

38. Mercedes Álvaro, «Coalition to Halt Ecuador Oil-Block Development to Appeal Invalidation of Signatures», *Wall Street Journal*, 9 de mayo de 2014; Kevin M. Koenig, «Ecuador Breaks Its Amazon Deal», *New York Times*, 11 de junio de 2014.

39. James M. Taylor, «Cancun Climate Talks Fizzle, but U.S. Agrees to Expensive New Program», *Heartlander Magazine*, Instituto Heartland, 3 de enero de 2011.

40. Entrevista personal a Alice Bows-Larkin, 14 de enero de 2013; David Remnick, «Going the Distance: On and off the Road with Barack Obama», *The New Yorker*, 27 de enero de 2014.

41. Iniciativa para Edificios Sostenibles y Clima (UNEP-SBCI), *Buildings and Climate Change: Summary for Decision Makers*, Programa de las Naciones Unidas para el Medio Ambiente (PNUMA), 2009, <http://www.unep.org>; «Global Building Stock Will Expand 25 Percent by 2012, Driven by Growth in Asia Pacific, Forecasts Pike Research», *BusinessWire*, 28 de diciembre de 2012; «Retail and Multi-Unit Residential Segments to Drive Global Building Space Growth through 2020», Navigant Research, nota de prensa, 19 de septiembre de 2011, <http://www.navigantresearch.com>.

42. «Climate Change Leadership—Politics and Culture», CSD Uppsala, <http://www.csduppsala.uu.se>; Tariq Banuri y Niclas Hällström, «A Global Programme to Tackle Energy Access and Climate Change», *Development Dialogue*, 61, septiembre de 2012, pág. 275.

43. «"The Most Obdurate Bully in the Room": U.S. Widely Criticized for Role at Climate Talks», Democracy Now!, 7 de diciembre de 2012.

44. Entrevista personal a Sunita Narain, directora general del Centre for Science and Environment, 6 de mayo de 2013.

45. Nicole Itano, «No Unity at Racism Conference», *Christian Science Monitor*, 7 de septiembre de 2001; conferencia Mundial contra el Racismo, la Discriminación Racial, la Xenofobia y las Formas Conexas de Intolerancia, <http://www.un.org/es/events/pastevents/cmcr/durban_sp.pdf>; Ben Fox, «Caribbean Nations Seeking Compensation for Slavery», Associated Press, 25 de julio de 2013; «Statement by the Honorable Baldwin Spencer, Prime Minister of Antigua and Barbuda to 34th Regular Meeting of the Conference of Heads of Government of the Caribbean Community, July 2013—On the Issue of Reparations for Native Genocide and Slavery», Secretaría de la Comunidad del Caribe, nota de prensa, 6 de julio de 2013.

46. Ta-Nehisi Coates, «The Case for Reparations», *The Atlantic*, 21 de mayo de 2014.

47. Eric Williams, *Capitalism and Slavery*, Chapel Hill, University of North Carolina Press, 1994 [1944] (trad. cast.: *Capitalismó y esclavitud*, La Habana, Editorial de Ciencias Sociales, 1964); «Legacies of British Slave-ownership», University College de Londres, <http://www.ucl.ac.uk>.

48. Sanchez Manning, «Britain's Colonial Shame: Slave-owners Given Huge Payouts After Abolition», *The Independent*, 24 de febrero de 2013; «Legacies of British Slave-ownership», University College de Londres.

49. Paul Baer, Tom Athanasiou, Sivan Kartha y Eric Kemp-Benedict, «The Greenhouse Development Rights Framework: The Right to Development in a Climate Constrained World», 2ª edición (revisada), Fundación Heinrich Böll, Christian Aid, EcoEquity y el Instituto de Medio Ambiente de Estocolmo, 2008; Kartha, Athanasiou y Paul Baer, «The North-South Divide, Equity and Development», pág. 54.

50. Para más información sobre los «Derechos de Desarrollo Invernadero» y para conocer más detalles sobre cómo podría ser ese marco en la práctica, les remito a las calculadoras interactivas de reparto equitativo de cargas y otras fuentes de información disponibles en el sitio web del proyecto: <http://gdrights.org>. EN TORNO AL 30 % Y COMERCIO DE DERECHOS DE EMISIONES: Kartha, Athanasiou y Baer, «The North-South Divide, Equity and Development», págs. 59-60 y 64; entrevista personal a Sivan Kartha, 11 de enero de 2013.

CAPÍTULO 13. EL DERECHO A REGENERAR

1. Entrevista personal a Tracie Washington, 26 de mayo de 2010.

2. Katsi Cook, «Woman Is the First Environment», discurso, Live Earth, Museo Nacional del Indio Americano, Washington (D.C.), 7 de julio de 2007, <http://nimia.si.edu>.

3. «Global In Vitro Fertilization Market to Reach $21.6 Billion by 2020», Allied Market Research, nota de prensa, 29 de enero de 2014; F. E. van Leeuwen y otros, «Risk of Borderline and Invasive Ovarian Tumours After Ovarian Stimulation for in Vitro Fertilization in a Large Dutch Cohort», *Human Reproduction*, 26, 2011,

págs. 3456-3465; L. Lerner-Geva y otros, «Infertility, Ovulation Induction Treatments and the Incidence of Breast Cancer-A Historical Prospective Cohort of Israeli Women», *Breast Cancer Research Treatment*, 100, 2006, págs. 201-212; Peter Henriksson y otros, «Incidence of Pulmonary and Venous Thromboembolism in Pregnancies After In Vitro Fertilisation: Cross Sectional Study», *BMJ*, 346, 2013, pág. e8632.

4. Entrevista personal a Jonathan Henderson, 25 de mayo de 2010.

5. Cain Burdeau y Seth Borenstein, «6 Months After Oil Spill, Scientists Say Gulf Is Sick but Not Dying», Associated Press, 18 de octubre de 2010.

6. Doug O'Harra, «Cordova on the Brink», *Anchorage Daily News*, 1 de mayo de 1994.

7. Sandra Steingraber, *Raising Elijah: Protecting Our Children in an Age of Environmental Crisis*, Filadelfia, Da Capo, 2011, pág. 28; Sandra Steingraber, *Having Faith: An Ecologist's Journey to Motherhood*, Cambridge (Massachusetts), Perseus, 2001, pág. 88.

8. Lisa M. McKenzie y otros, «Birth Outcomes and Maternal Residential Proximity to Natural Gas Development in Rural Colorado», *Environmental Health Perspectives*, 122, 2014, págs. 412-417.

9. Mark Whitehouse, «Study Shows Fracking Is Bad for Babies», *Bloomberg View*, 4 de enero de 2014.

10. Constanze A. Mackenzie, Ada Lockridge y Margaret Keith, «Declining Sex Ratio in a First Nation Community», *Environmental Health Perspectives*, 113, 2005, págs. 1295-1298; Melody Petersen, «The Lost Boys of Aamjiwnaang», *Men's Health*, 5 de noviembre de 2009; Nil Basu y otros, «Biomarkers of Chemical Exposure at Aamjiwnaang», informe ocasional («Occasional Report») del Laboratorio de Ciencias de la Salud Ambiental de la Universidad McGill, 2013.

11. Comunicación personal por correo electrónico con Monique Harden, codirectora de Advocates for Environmental and Human Rights, 13 de febrero de 2012; entrevista personal a Wilma Subra, química y asesora medioambiental, 26 de enero de 2012; David S. Martin, «Toxic Towns: People of Mossville "Are Like an Experiment"», CNN, 26 de febrero de 2010.

12. Living on Earth, «Human Rights in Cancer Alley», 23 de abril de 2010, <http://www.loe.org>; comunicaciones personales por correo electrónico con Monique Harden, 13 y 15 de febrero de 2012.

13. Entrevista personal a Debra Ramirez, 27 de mayo de 2010; Martin, «Toxic Towns»; entrevista a Subra, 26 de enero de 2012.

14. «Initial Exploration Plan, Mississippi Canyon Block 252», BP Exploration & Production Inc., págs. 14-3.

15. Entrevista personal a Donny Waters, 3 de febrero de 2012.

16. Monica Hernandez, «Fishermen Angry as BP Pushes to End Payments for Future Losses», WWLTV, 8 de julio de 2011; entrevistas personales a Fred Everhardt, mariscador de cangrejos y antiguo concejal de la parroquia de St. Bernard, 22 de febrero de 2012 y 7 de marzo de 2014; entrevistas personales a George Barisich, presidente de la Asociación de Pescadores Comerciales Unidos (de Luisiana), 22 de febrero de 2012 y 10 de marzo de 2014.

17. «Scientists Find Higher Concentrations of Heavy Metals in Post–Oil Spill Oysters from Gulf of Mexico», Academia de las Ciencias de California, nota de prensa, 18 de abril de 2012; «Gulf of Mexico Clean-Up Makes 2010 Spill 52-Times More Toxic», Instituto Tecnológico de Georgia, nota de prensa, 30 de noviembre de 2012;

Roberto Rico-Martínez, Terry W. Snell y Tonya L. Shearer, «Synergistic Toxicity of Macondo Crude Oil and Dispersant Corexit 9500A(R) to the Brachionus Plicatilis Species Complex (Rotifera)», *Environmental Pollution*, 173, 2013, págs. 5-10.

18. Entrevista personal a Andrew Whitehead, 1 de febrero de 2012; Andrew Whitehead y otros, «Genomic and Physiological Footprint of the *Deepwater Horizon* Oil Spill on Resident Marsh Fishes», *Proceedings of the National Academy of Sciences*, 109, 2012, págs. 20298-20302; Benjamin Dubansky y otros, «Multitissue Molecular, Genomic, and Developmental Effects of the Deepwater Horizon Oil Spill on Resident Gulf Killifish (*Fundulus grandis*)», *Environmental Science & Technology*, 47, 2013, págs. 5074-5082.

19. «2010-2014 Cetacean Unusual Mortality Event in Northern Gulf of Mexico», Oficina de Recursos Protegidos, Servicio Nacional de Pesca Marina de la NOAA, Administración Nacional Oceánica y Atmosférica de Estados Unidos, <http://www.nmfs.noaa.gov>; Rob Williams y otros, «Underestimating the Damage: Interpreting Cetacean Carcass Recoveries in the Context of the *Deepwater Horizon*/BP Incident», *Conservation Letters*, 4, 2011, pág. 228.

20. Harlan Kirgan, «Dead Dolphin Calves Found in Mississippi, Alabama», *Mobile Press-Register*, 24 de febrero de 2011; NOTA AL PIE: «2010-2014 Cetacean Unusual Mortality Event in Northern Gulf of Mexico», Oficina de Recursos Protegidos, Servicio Nacional de Pesca Marina de la NOAA, Administración Nacional Oceánica y Atmosférica de Estados Unidos, <http://www.nmfs.noaa.gov>.

21. Lori H. Schwacke y otros, «Health of Common Bottlenose Dolphins (*Tursiops truncatus*) in Barataria Bay, Louisiana, Following the *Deepwater Horizon* Oil Spill», *Environmental Science & Technology*, 48, 2014, págs. 93-103; «Scientists Report Some Gulf Dolphins Are Gravely Ill», Oficina de Recursos Protegidos, Servicio Nacional de Pesca Marina de la NOAA, Administración Nacional Oceánica y Atmosférica de Estados Unidos, nota de prensa, 18 de diciembre de 2013.

22. «Dolphin Deaths Related to Cold Water in Gulf of Mexico, Study Says», Associated Press, 19 de julio de 2012.

23. Moises Velasquez-Manoff, «Climate Turns Up Heat on Sea Turtles», *Christian Science Monitor*, 21 de junio de 2007; A. P. Negri, P. A. Marshall y A. J. Heyward, «Differing Effects of Thermal Stress on Coral Fertilization and Early Embryogenesis in Four Indo Pacific Species», *Coral Reefs*, 26, 2007, pág. 761; Andrew C. Baker, Peter W. Glynn Bernhard Riegl, «Climate Change and Coral Reef Bleaching: An Ecological Assessment of Long-Term Impacts, Recovery Trends and Future Outlook», *Estuarine, Coastal and Shelf Science*, 80, 2008, págs. 435-471.

24. La aceleración de la acidificación se debe probablemente a la combinación de dos factores: la absorción de más carbono originado por las emisiones humanas, y el afloramiento natural hacia aguas más superficiales de otras más corrosivas procedentes de capas más profundas. «MUCHO MÁS SENSIBLES»: Entrevista personal a Richard Feely, 20 de noviembre de 2012; DESAPARICIÓN DE VIEIRAS: Mark Hume, «Mystery Surrounds Massive Die-Off of Oysters and Scallops off B.C. Coast», *Globe and Mail*, 27 de febrero de 2014.

25. CRÍAS DE CARIBÚ: Eric Post y Mads C. Forchhammer, «Climate Change Reduces Reproductive Success of an Arctic Herbivore Through Trophic Mismatch», *Philosophical Transactions of the Royal Society B*, 363, 2008, págs. 2369-2372; PAPAMOSCAS CERROJILLO: Christiaan Both, «Food Availability, Mistiming, and Climatic Change», en Anders Pape Moller y otros (comps.), *Effects of Climate Change on*

Birds, Oxford, Oxford University Press, 2010, págs. 129-131; Christiaan Both y otros, «ClimateChange and Population Declines in a Long-Distance Migratory Birds», *Nature*, 441, 2006, págs. 81-82; CHARRÁN ÁRTICO: Darryl Fears, «Biologists Worried by Migratory Birds' Starvation, Seen as Tied to Climate Change», *Washington Post*, 19 de junio de 2013; LAS GUARIDAS SE DESHACEN, CRÍAS PELIGROSAMENTE EXPUESTAS: Ed Struzik, «Trouble in the Lair», Postmedia News, 25 de junio de 2012; entrevista personal a Steven Amstrup, científico jefe de Polar Bears Interrnational, 7 de enero de 2013.

26. «Arctic Rain Threatens Baby Peregrine Falcons», CBC News, 4 de diciembre de 2013; Dan Joling, «Low-Profile Ring Seals Are Warming Victims», Associated Press, 5 de marzo de 2007; Jon Aars, «Variation in Detection Probability of Polar Bear Maternity Dens», *Polar Biology*, 36, 2013, págs. 1089-1096.

27. Schwake y otros, «Health of Common Bottlenose Dolphins (*Tursiops truncatus*) in Barataria Bay, Louisiana, Following the *Deepwater Horizon* Oil Spill»; L. Lauria, «Reproductive Disorders and Pregnancy Outcomes Among Female Flight Attendants», *Aviation, Space and Environmental Medicine*, 77, 2006, págs. 533-539.

28. NOTA AL PIE: C. D. Lynch *et. al.*, «Preconception Stress Increases the Risk of Infertility: Results from a Couple-based Prospective Cohort Study—The LIFE Study», *Human Reproduction*, 29, mayo de 2014, págs. 1067-1075.

29. Wes Jackson, «We Can Now Solve the 10,000-Year-Old Problem of Agriculture», en Allan Eaglesham, Ken Korth y Ralph W. F. Hardy (comps.), *NABC Report 24: Water Sustainability in Agriculture*, Consejo Nacional de Biotecnología Agrícola (EE.UU.), 2012, pág. 41.

30. Wendell Berry, «It All Turns on Affection», Conferencia Jefferson sobre Humanidades, Washington (D.C.), 23 de abril de 2012, <http://www.neh.gov>.

31. Tyrone B. Hayes y otros, «Demasculinization and Feminization of Male Gonads by Atrazine: Consistent Effects Across Vertebrate Classes», *Journal of Steroid Biochemistry and Molecular Biology*, 127, 2011, págs. 65 y 67; Karla Gale, «Weed Killer Atrazine May Be Linked to Birth Defect», Reuters, 8 de febrero de 2010; Kelly D. Mattix, Paul D. Winchester y L. R. «Tres» Scherer, «Incidence of Abdominal Wall Defects Is Related to Surface Water Atrazine and Nitrate Levels», *Journal of Pediatric Surgery*, 42, 2007, págs. 947-949; Tye E. Arbuckle y otros, «An Exploratory Analysis of the Effect of Pesticide Exposure on the Risk of Spontaneous Abortion in an Ontario Farm Population», *Environmental Health Perspectives*, 109, 2001, págs. 851-857; Rachel Aviv, «A Valuable Reputation», *The New Yorker*, 10 de febrero de 2014.

32. Charles C. Mann, *1491: New Revelations of the Americas Before Columbus*, Nueva York, Vintage, 2006, pág. 226 (trad. cast.: *1491: Una nueva historia de las Américas antes de Colón*, Madrid, Taurus, 2006).

33. «Transforming Agriculture with Perennial Polycultures», The Land Institute, <http://landinstitute.org>.

34. Blair Fannin, «Updated 2011 Texas Agricultural Drought Losses Total $7.62 Billion», *Agrilife Today*, 21 de marzo de 2012.

35. James A. Lichatowich, *Salmon Without Rivers: A History of the Pacific Salmon Crisis*, Washington (D.C.), Island Press, 2001, pág. 54.

36. «Leanne Simpson Speaking at Beit Zatoun Jan 23rd 2012» (vídeo), YouTube, Dreadedstar's Channel, 25 de enero de 2012.

37. Entrevista personal a Leanne Simpson, 22 de febrero de 2013.

38. John Vidal, «Bolivia Enshrines Natural World's Rights with Equal Status for

Mother Earth», *Guardian*, 10 de abril de 2011; Clare Kendall, «A New Law of Nature», *Guardian*, 23 de septiembre de 2008; NOTA AL PIE: Edgardo Lander, «Extractivism and Protest Against It in Latin America», ponencia presentada en el congreso The Question of Power: Alternatives for the Energy Sector in Greece and Its European and Global Context, Atenas, Grecia, octubre de 2013; República del Ecuador, Constitución de la República del Ecuador de 2008, capítulo séptimo: Derechos de la Naturaleza, art. 71; «Acuerdo de los Pueblos» de la Conferencia Mundial de los Pueblos sobre el Cambio Climático y los Derechos de la Madre Tierra, 24 de abril de 2010, <http://cmpcc.wordpress.com>.

39. Fiona Harvey, «Vivienne Westwood Backs Ecocide Law», *Guardian*, 16 de enero de 2014; «FAQ Ecocide», End Ecocide in Europe, 16 de abril de 2013, <https://www.endecocide.eu>.

40. Entrevista personal a Mike Scott, 23 de marzo de 2013.

41. Wes Jackson, *Consulting the Genius of the Place: An Ecological Approach to a New Agriculture*, Berkeley (California), Counterpoint, 2010.

42. Comunicación personal por correo electrónico con Gopal Dayanemi, 6 de marzo de 2014.

Conclusión. Los años del gran salto

1. Martin Luther King Jr., «Beyond Vietnam», discurso, Nueva York, 4 de abril de 1967, Martin Luther King Jr. Research and Education Institute, Universidad de Stanford, <http://mlk-kpp01.stanford.edu>.

2. Marlene Moses, Statement on Behalf of Pacific Small Island Developing States («Comunicado en nombre de los pequeños Estados insulares del Pacífico en vías de desarrollo»), presentado en el acto Youth Delegates Demand Climate Justice («Los delegados jóvenes reclaman justicia climática»), paralelo al foro de Delegados de la Juventud de la ONU, Nueva York, 13 de octubre de 2009.

3. Comunicación personal por correo electrónico con Brad Werner, 22 de diciembre de 2012.

4. «The Future of Human-Landscape Systems II» (vídeo), Unión Geofísica Estadounidense (AGU), YouTube, 5 de diciembre de 2012; entrevista personal a Brad Werner, 2 de octubre de 2013; Dave Levitan, «After Extensive Mathematical Modeling, Scientist Declares "Earth Is F**ked"», io9, 7 de diciembre de 2012.

5. «The Future of Human-Landscape Systems II» (vídeo), YouTube; comunicación personal por correo electrónico con Brad Werner, 22 de diciembre de 2012; entrevistas personales a Brad Werner, 15 de febrero y 2 de octubre de 2013.

6. «The Future of Human-Landscape Systems II» (vídeo), YouTube.

7. John Fullerton, «The Big Choice», Capital Institute, 19 de julio de 2011.

8. Martin Luther King Jr., *Where Do We Go from Here: Chaos or Community?*, Boston, Beacon, 2010 [1967], págs. 5-6 (trad. cast.: *¿Adónde vamos: caos o comunidad?*, Barcelona, Aymá, 1968).

9. Johannes G. Hoogeveen y Berk Ozler, «Not Separate, Not Equal: Poverty and Inequality in Post-Apartheid South Africa», Working Paper n° 739, Instituto William Davidson, Facultad de Administración de Empresas de la Universidad de Michigan, enero de 2005.

10. Para consultar obras y trabajos en los que se estudian más a fondo las múltiples facetas de los paralelismos entre el cambio climático, la esclavitud y el abolicio-

nismo en general, véanse: Jean-François Mouhot, «Past Connections and Present Similarities in Slave Ownership and Fossil Fuel Usage», *Climatic Change*, 105, 2011, págs. 329-355; Jean-François Mouhot, *Des Esclaves Énergétiques: Réflexions sur le Changement Climatique*, Seyssel, Champ Vallon, 2011; Andrew Nikiforuk, *The Energy of Slaves*, Vancouver, Greystone Books, 2012; HAYES: Christopher Hayes, «The New Abolitionism», *The Nation*, 22 de abril de 2014.

11. Greg Grandin, «The Bleached Bones of the Dead: What the Modern World Owes Slavery (It's More Than Back Wages)», TomDispatch, 23 de febrero de 2014; Adam Hochschild, *Bury the Chains: Prophets and Rebels in the Fight to Free an Empire's Slaves*, Nueva York, Houghton Mifflin, 2006, págs. 13-14 y 54-55 (trad. cast.: *Enterrad las cadenas: Profetas y rebeldes en la lucha por la liberación de los esclavos de un imperio*, Barcelona, Península, 2006).

12. Christopher Hayes, «The New Abolitionism», *The Nation*, 22 de abril de 2014; NOTA AL PIE: Seth Rockman y Sven Beckert (comps.), *Slavery's Capitalism: A New History of American Economic Development*, Filadelfia, University of Pennsylvania Press, en preparación; Sven Beckert y Seth Rockman, «Partners in Iniquity», *New York Times*, 2 de abril de 2011; Julia Ott, «Slaves: The Capital That Made Capitalism», Public Seminar, 9 de abril de 2014; Edward E. Baptist y Louis Hyman, «American Finance Grew on the Back of Slaves», *Chicago Sun-Times*, 7 de marzo de 2014; Katie Johnston, «The Messy Link Between Slave Owners and Modern Management», *Forbes*, 16 de enero de 2013.

13. Lauren Dubois, *Haiti: The Aftershocks of History*, Nueva York, Metropolitan Books, 2012, págs. 97-100.

14. Frantz Fanon, *The Wretched of the Earth*, Nueva York, Grove, 2004, pág. 55 (trad. cast.: *Los condenados de la tierra*, Buenos Aires, Fondo de Cultura Económica-Argentina, 2007, pág. 90).

15. Kari Marie Norgaard, *Living in Denial: Climate Change, Emotions, and Everyday Life*, Cambridge (Massachusetts), MIT Press, 2011, pág. 61.

16. Adam Smith, *The Wealth of Nations*, libros I-III, en Andrew Skinner (comp.), Londres, Penguin, 1999, págs. 183-184 y 488-489 (trad. cast.: *La riqueza de las naciones*, Madrid, Alianza, 2001, págs. 128 y 129).

17. Seymour Drescher, *The Mighty Experiment: Free Labor Versus Slavery in British Emancipation*, Oxford, Oxford University Press, 2002, págs. 34-35 y 233; Thomas Clarkson, *The History of the Rise, Progress, and Accomplishment of the Abolition of the African Slave-Trade, by the British Parliament*, vol. 2, Londres, Longman, Hurst, Rees, y Orme, 1808, págs. 580-581.

18. Wendell Phillips, «Philosophy of the Abolition Movement: Speech Before the Massachusetts Antislavery Society (1853)», en *Speeches, Lectures, and Letters*, Boston, James Redpath, 1863, págs. 109-110; Frederick Douglass, «The Meaning of July Fourth for the Negro», discurso en Rochester, Nueva York, 5 de julio de 1852, en *Frederick Douglass: Selected Speeches and Writings*, en Philip S. Foner y Yuval Taylor (comp.), Chicago, Chicago Review Press, 2000, pág. 196.

19. David Brion Davis, *Inhuman Bondage: The Rise and Fall of Slavery in the New World*, Nueva York, Oxford University Press, 2006, pág. 1.

20. Desmond Tutu, «We Need an Apartheid-Style Boycott to Save the Planet», *Guardian*, 10 de abril de 2014.

21. Luis Hernández Navarro, «Repression and Resistance in Oaxaca», *CounterPunch*, 21 de noviembre de 2006.

22. Entrevista personal a Sivan Kartha, 11 de enero de 2013.

SIGLAS

AAAS	Asociación Estadounidense para el Avance de la Ciencia
ABC	Cadena televisiva de Estados Unidos
ACFN	«primera nación» de los chipewyan del Athabasca
AEI	American Enterprise Institute
AFP	Americans for Prosperity
AGU	Unión Geofísica Estadounidense
AIE	Agencia Internacional de la Energía
APEN	Red Medioambiental de Asia y el Pacífico
BBC	Servicio público de radio, televisión e internet del Reino Unido
BNSF	Burlington Northern Santa Fe, compañía ferroviaria
CBC	Radio y televisión canadiense
CBS	Cadena televisiva de Estados Unidos
CI	Conservación Internacional
CIADI	tribunal del Banco Mundial para arreglo de diferencias sobre inversiones
CMNUCC	Convención Marco de las Naciones Unidas sobre el Cambio Climático
CNN	Cadena de televisión estadounidense
CSA	«agricultura sostenida por la comunidad»
CSIS	Centro de Estudios Estratégicos e Internacionales
CSIS	Servicio Canadiense de Inteligencia para la Seguridad
CSSD	Centro para el Aprovechamiento Sostenible de los Esquistos
DLR	Centro Nacional Alemán de Investigación Aeroespacial, Energética y del Transporte
EA	Agencia Británica del Medio Ambiente
EDF	Fondo para la Defensa del Medio Ambiente
EIA	Administración Federal de Información Energética estadounidense
ENMOD	Convenio de Modificación Ambiental de las Naciones Unidas
EOR	«recuperación mejorada del petróleo»

EPA	Agencia Federal de Protección Medioambiental estadounidense
EU ETS	Régimen de Comercio de Derechos de Emisión de la Unión Europea
FIV	fecundaciones in vitro
FMI	Fondo Monetario Internacional
GNL	gas natural licuado
GRS	Gestión de la Radiación Solar (SRM según sus siglas en inglés)
HAP	hidrocarburos aromáticos policíclicos
ICCC	Conferencia Internacional sobre el Cambio Climático
ICCT	Consejo Internacional para el Transporte Limpio
IMMS	Instituto para el Estudio de los Mamíferos Marinos
IPCC	Grupo Intergubernamental de Expertos sobre el Cambio Climático
LEED	programa «Liderazgo en Energía y Diseño Ecológico»
MDL	Mecanismo para un Desarrollo Limpio
MIT	Instituto Tecnológico de Massachusetts
MOSOP	Movimiento para la Supervivencia del Pueblo Ogoni
NAFTA	North American Free Trade Agreement (Tratado de Libre Comercio de América del Norte)
NBC	Cadena televisiva de Estados Unidos
NCAR	Centro Nacional de Investigación Atmosférica
NOAA	Administración Nacional Oceánica y Atmosférica (Estados Unidos)
NRDC	Natural Resources Defense Council
OCDE	Organización para la Cooperación y el Desarrollo Económico
OMC	Organización Mundial del Comercio
OSLI	Oil Sands Leadership Initiative
PCB	bifenilos policlorados
PIB	Producto Interior Bruto
PNUMA	Programa de las Naciones Unidas para el Medio Ambiente
RedGE	La Red Peruana por una Globalización con Equidad
REDOIL	Resisting Environmental Destruction on Indigenous Lands
SCREWED	Colectivo de Ciudadanos que Estamos Hartos de que nos Acosen con las Perforaciones
SEC	Comisión Estadounidense de Valores y Bolsa
SIPRI	Instituto Internacional de Estudios para la Paz de Estocolmo
SPE	Sociedad de Ingenieros del Petróleo

SRMGI	Iniciativa para el Buen Gobierno de la Gestión de la Radiación Solar
TED	Tecnología, Entretenimiento, Diseño
TLCAN o NAFTA	Tratado de Libre Comercio de América del Norte
TWAS	Academia Mundial de las Ciencias
USCAP	Sociedad Estadounidense de Acción Climática
WWF	(antiguo World Wildlife Fund) Fondo Mundial para la Naturaleza

AGRADECIMIENTOS

Una de las mejores decisiones de mi vida profesional fue contratar a Rajiv Sicora como investigador principal para este proyecto a comienzos de 2010. Mucho más que un investigador de primera clase, Rajiv ha sido un compañero intelectual en el largo viaje que desembocó en este libro. Ha sintetizado cantidades ingentes de material de campos sensacionalmente diversos y no ha dejado de hacerme partícipe ni por un momento de su propia y brillante capacidad de análisis político.

Rajiv intervino en todos los aspectos de la investigación necesaria para este libro, pero, si en algún lugar se deja sentir especialmente su excepcional impronta, es en las secciones dedicadas al comercio internacional, a la psicología del negacionismo climático, a la historia de la abolición de la esclavitud, a la deuda climática y a todo lo relacionado con la ciencia del clima, incluido también el tema de la geoingeniería. La amplitud de los conocimientos de Rajiv y su dominio de este material son deslumbrantes, como también lo es la profundidad de su compromiso con este proyecto y con la temática que lo inspira. Para mí ha sido una bendición contar con él como colaborador y como amigo durante todo el proceso.

Hace dos años, Alexandra Tempus, otra periodista e investigadora tan excepcional como diligente, se sumó al equipo que ya formábamos Rajiv y yo. Alexandra no tardó en dominar su propia lista de temas: desde el capitalismo del desastre que siguió al paso del huracán Sandy, hasta la «financiarización» de la naturaleza, pasando por el impenetrable mundo de las organizaciones ecologistas y los fondos que reciben de las fundaciones, y por los efectos del clima sobre la fertilidad. Consiguió nuevos contactos muy importantes, descubrió nuevos y sorprendentes hechos, y nunca tuvo ningún reparo en compartir sus reflexivos análisis.

Tanto Rajiv como Alexandra mantuvieron comunicación o se entrevistaron personalmente con docenas de expertos. Y a medida que el libro se acercaba a sus etapas finales, cuando llegó el momento de corroborar y confirmar miles de datos e informaciones y sus correspondientes fuentes, y de recabar asesoramiento legal en cuestiones diversas, ellos, con su disposición a ponerse manos a la obra con lo que hiciera falta para que el trabajo llegara a buen puerto (incluidas muchas noches —demasiadas— sin dormir), fueron para mí un inagotable manantial de motivación. Contar con el apoyo de dos colegas tan serios y comprometidos es un verdadero regalo.

Las siguientes personas con las que estoy en deuda son las que forman el equipo de editores que, con tan alto grado de exigencia como de talento, me impulsaron a mejorar constantemente el borrador del libro. Una década y media después de que publicáramos juntos *No logo*, sigo estando encantada de tener el honor de trabajar con Louise Dennys, legendaria e intrépida editora de Random House de Canadá. Como siempre, mi querida amiga Louise es quien mejor me conoce y mejor sabe exigirme a nivel editorial y de la forma más alentadora posible. Helen Conford, de Penguin del Reino Unido, una colaboradora clave en la publicación de *La doctrina del shock*, ha vuelto a aportar solidez a un manuscrito mío con sus inteligentes preguntas y reflexiones, y continúa siendo una colaboradora editorial sumamente inspiradora para mí.

Esta es la primera vez que publico con Simon & Schuster en Estados Unidos y no habría dado este paso de no haber sido por el liderazgo visionario ejercido por Jonathan Karp y por la sagacidad de Bob Bender en el terreno de la edición. Me alegro mucho de haberlo hecho. Ellos asumieron lo que yo entiendo que fue un riesgo muy feminista al firmar un contrato con una autora que estaba embarazada de siete meses, convencidos de que el libro se escribiría igualmente. Y está claro que se escribió, aunque no sin unos cuantos retrasos de por medio, y siempre les estaré muy agradecida por su paciencia y su inquebrantable fe en este proyecto. Bob, tú has sabido dirigir el equipo editorial con gran armonía y no has dejado de introducir mejora tras mejora en el manuscrito. Gracias.

Tengo la inmensa fortuna de contar con Amanda Urban como agente, ayudada por sus maravillosas colegas Karolina Sutton y Helen Manders. Ellas continúan encontrando los colaboradores editoriales perfectos en todo el mundo y son las amigas (y las luchadoras) más leales cuando las cosas se ponen difíciles. Os adoro, chicas.

Y luego está Jackie Joiner, la mujer que dirige mi vida y, al mismo tiempo, Klein Lewis Productions, nuestro pequeño negocio de producción editorial y cinematográfica. Solo Jackie podría haber gestionado tantas piezas de este rompecabezas para que me quedara el tiempo y el espacio suficientes para escribir este libro y disfrutar de mi recién estrenada maternidad. Ahora que se aproxima el lanzamiento, es Jackie la que impide que nada altere este equilibrio. Jackie, eres de la familia y Avi y yo estaríamos perdidos sin ti.

Lamentablemente, Debra Levy, mi investigadora ayudante durante tantos años, tuvo que abandonar este proyecto en 2012. Pero antes, tuvo tiempo para hacer importantísimas aportaciones, sobre todo, a las secciones dedicadas a la geoingeniería, los multimillonarios mesiánicos y la deuda climática. También ayudó en la formación de Rajiv y Alexandra. Ella es una de las grandes colaboradoras de mi carrera profesional y continúo echándola en falta.

En los meses inmediatamente previos a la fecha de entrega final del libro, Alleen Brown y Lauren Sutherland hicieron el resto con la verificación de datos, a pesar de contar con plazos increíblemente ajustados. Lauren también realizó sus particulares (y realmente sensacionales) pesquisas para el capítulo sobre los multimillonarios. David Oswald Mitchell colaboró con una investigación muy bien realizada y exhaustiva sobre el imperativo del crecimiento, y Mara Kardas-Nelson hizo lo propio con los movimientos por la recuperación para la titularidad pública de las redes eléctricas locales en Alemania y Boulder.

Tanto Rajiv como yo estamos agradecidos de todo corazón al equipo de climatólogos que, pese a ser personas muy ocupadas en su trabajo, accedieron a leer secciones del libro relacionadas con las repercusiones y las proyecciones del cambio climático. Me refiero a todo un reparto estelar de expertos científicos de primera fila, como, por ejemplo, Kevin Anderson (del Centro Tyndall para la Investigación del Cambio Climático), Alice Bows-Larkin (del Centro Tyndall), James Hansen (de la Universidad de Columbia), Peter Gleick (del Pacific Institute) y Sivan Kartha (del Instituto de Medio Ambiente de Estocolmo), que revisaron amplios apartados del libro para comprobar que los datos y afirmaciones contenidos en ellos fueran correctos. Michael E. Mann (de la Universidad Estatal de Pensilvania) y Olivia Serdeczny (de Climate Analyitics) también examinaron las proyecciones para un mundo cuatro grados más caliente que el actual y nos proporcionaron comentarios muy útiles al respecto. Al no ser yo científica, era crucial el poder contar con un equipo de expertos como este para que revisara la precisión del material aquí expuesto; todas las conclusiones políticas extraídas a partir de esos datos científicos son de mi exclusiva cosecha y responsabilidad particular y no son achacables en modo alguno a tan generosos lectores.

Cuando Bill McKibben me pidió que me incorporara a la junta directiva de 350.org en 2011, no tenía ni idea de lo ardua y apasionante que sería la experiencia. Durante todo este tiempo, que ha coincidido con la campaña de protesta contra el Keystone XL y con el comienzo del movimiento por la desinversión en combustibles fósiles, trabajar con el brillante equipo de organizadores de 350.org —y, en particular, con su imaginativa directora ejecutiva May Boeve— ha sido como ser espectadora de primera fila de los rápidos cambios experimentados en el movimiento por la justicia climática, de los que se da parcialmente fe en estas páginas. Bill, eres una de las grandes personas que hay en este mundo, un amigo sólido como una roca, y fuiste tú quien escribiste la mayor parte de todo esto hace ya años. Me encanta estar junto a ti en esta lucha. En cualquier caso, todas las opiniones aquí expresadas son únicamente mías y están totalmente desvinculadas de las de 350.org como organización.

Otros expertos en sus respectivos campos que accedieron a revisar secciones de este libro para examinar la corrección de los datos y hechos en ellas expuestos son Riley Dunlap, Aaron M. McCright, Robert Brulle, Steven Shrybman, Óscar Reyes, Larry Lohmann, Patrick Bond, Tadzio Mueller y Tom Kruse. Siento la mayor de las gratitudes hacia todos ellos.

Mis queridas amigas (y amigo) Kyo Maclear, Eve Ensler, Betsy Reed y Johann Hari leyeron partes del libro y me hicieron partícipe de sus grandes habilidades para escribir y editar. De hecho, Johann me proporcionó algunos de los consejos editoriales que más han transformado mi estilo y por los que estaré eternamente en deuda con él. Este equipo editorial oficioso (de trastienda, por así decirlo) me apoyó de innumerables maneras, por ejemplo, ayudándome a encontrar el título del libro y manteniendo conmigo interminables conversaciones acerca de los temas en él abordados.

Mis padres, Bonnie y Michael Klein, también me proporcionaron comentarios muy útiles. Mi padre, en concreto, que durante toda su vida ha investigado los riesgos de las intervenciones obstétricas y ha abogado por la salud de las mujeres, hizo las veces de (exageradamente) sobrecualificado investigador ayudante en mis estudios y averiguaciones sobre los riesgos médicos de los tratamientos de fertilidad. Estoy especialmente agradecida a mi hermano Seth Klein por su cuidadosa y detallada labor de corrección de partes del libro, y a todos sus colegas del Canadian Centre for Policy Alternatives, en la Columbia Británica, por su trabajo pionero en la cuestión de la justicia climática.

Mi marido, Avi Lewis, siempre es mi primer lector y colaborador principal, pero, en este proyecto, lo hemos hecho ya oficial: mientras yo escribía el libro, Ari ha dirigido un documental sobre el mismo tema, un proceso paralelo que nos ha permitido investigar y viajar juntos en bastantes ocasiones. El libro también se benefició de buena parte del trabajo dedicado al documental y, si bien es en los propios créditos de este donde se incluirán las menciones y reconocimientos correspondientes a las personas que han participado en su elaboración, este apartado de agradecimientos no estaría completo sin citar expresamente a algunos de los colaboradores de nuestra cinta, como, por ejemplo, Joslyn Barnes, Katie McKenna, Anadil Hossain, Mary Lampson, Shane Hofeldt, Mark Ellam, Daniel Hewett, Chris Miller, Nicolas Jolliet, Martin Lukacs, Michael Premo, Alex Kelly, Daphne Wysham y Jacqueline Soohen, así como Ellen Dorsey, Tom Kruse, Cara Mertes y Amy Rao por la fantástica ayuda que nos han prestado desde el inicio del proyecto.

Muchas personas a quienes hemos conocido y con quienes hemos trabajado sobre el terreno han dado forma de muchas maneras distintas a este trabajo. Baste citar a Theodoros Karyotis, Apostolis Fotiadis, Laura Gottesdiener, Crystal Lameman, Alexis Bonogofsky, Mike Scott, Nastaran Mohit y Sofía Gallisá Muriente, Wes Jackson, Phillip Whiteman Jr. y Lynette Two Bulls («Dos Toros»), David Hollander, y Charles Kovach, entre otras muchas.

También se han desvivido por compartir su experiencia y su conocimiento sobre los diversos temas personas como Soren Ambrose, Dan Apfel, Tom Athanasiou, Amy Bach, Diana Bronson, John Cavanagh, Stan Cox, Brendan DeMelle, Almuth Ernsting, Joss Garman, Justin Guay, Jamie Henn, Jess Housty, Steve Horn, Martin Khor, Kevin Koenig, F. Gerald Maples, Lidy Nacpil, Michael Oppenheimer, Sam Randalls, Mark Randazzo, Janet Redman, Alan Robock, Mark Schapiro, Scott Sinclair, Rachel Smolker, Ilana Solomon, Matthew Stilwell, Jesse Swanhuyser, Sean Sweeney, Jim Thomas, Kevin Trenberth, Aaron Viles, Ben West, Ivonne Yanez y Adam Zuckerman.

Muchas instituciones dedicadas a la investigación, ONG y medios de comunicación han aportado su valiosa ayuda, y estoy particularmente agradecida al Climate Science Rapid Response Team, a DeSmogBlog, a EJOLT (Environmental Justice Organisations, Liabilities and Trade), al Instituto Pembina, a Greenpeace de Canadá, al Centro de Análisis de la Información sobre el Dióxido de Carbono (CDIAC, de EE.UU.) y a Oil Change International. He recurrido a menudo a Grist y a Climate Progress como fuentes de información para noticias sobre temática climática, y a los maravillosos colaboradores de *Orion* en busca de análisis en profundidad sobre la cuestión. Y todos andaríamos perdidos sin el compromiso infatigable de Democracy Now! para prestar cobertura informativa de la actualidad sobre el clima, incluso cuando nadie más la da; en Democracy Now! tuvieron además la amabilidad de facilitarnos transcripciones gratuitas de todas las entrevistas solicitadas.

Son muchos los libros y reportajes citados en el texto y en las notas, pero estoy especialmente agradecida a Mark Dowie por *Losing Ground*,

Christine MacDonald por *Green Inc.*, Petra Bartosiewicz y Marissa Miley por *The Too Polite Revolution*, y Herbert Docena por lo que ha escrito sobre la historia del comercio de derechos de emisiones de carbono. El trabajo de Andreas Malm sobre la historia del carbón me influyó enormemente, al igual que el conjunto de la obra de Clive Hamilton. Leanne Betasamosake Simpson me ayudó a comprender la lógica de fondo del extractivismo, y Renee Lertzman, Kari Marie Norgaard, Sally Weintrobe y Rosemary Randall me hicieron ver el fenómeno de la negación del cambio climático desde una óptica completamente novedosa.

El campo de la economía política de la crisis climática es increíblemente denso y no hay manera humana de citar a todos los pensadores críticos que pusieron los cimientos sobre los que el presente libro se asienta. Sin pretensión alguna de ser exhaustiva, permítanme que mencione a algunos cuya obra ha sido particularmente importante para mi propia toma de conciencia sobre el tema y a quienes no había citado aún en este apartado de agradecimientos: Joan Martínez Alier, Nnimmo Bassey, Robert D. Bullard, Erik M. Conway, Herman Daly, Joshua Farley, John Bellamy Foster, David Harvey, Richard Heinberg, Tim Jackson, Derrick Jensen, Van Jones, Michael T. Klare, Winona LaDuke, Edgardo Lander, Carolyn Merchant, George Monbiot, Naomi Oreskes, Christian Parenti, Ely Peredo, Andrew Ross, Juliet B. Schor, Joni Seager, Andrew Simms, Pablo Solón, James Gustave Speth, Sandra Steingraber y Peter Victor.

Publicar un libro es un ejercicio meticuloso que exige prestar mucha más atención a los detalles de lo que actualmente es habitual. Por eso siento tanta gratitud hacia todas las personas que repasaron trabajosamente esos detalles importantes, en especial, hacia el equipo estelar que Simon & Schuster ha sabido reunir con colaboradores de la talla de Johanna Li, Ruth Fecych, Fred Chase y Phil Metcalf. En Knopf/Random House de Canadá, Amanda Lewis fue una lectora diligente de los borradores de la obra, a la que aportó útiles comentarios de edición. Scott Richardson, de Random House de Canadá, es el responsable del atrevido diseño de cubierta del libro. Nadie salvo Scott podría haber quitado mi nombre de la portada de mi propio libro y dejarme totalmente convencida con el resultado. Gracias por adelantado para las tres publicistas de talento responsables de lanzar esta obra al mundo: Julia Prosser (de Simon & Schuster), Shona Cook (de Random House de Canadá) y Annabel Huxley (de Penguin del Reino Unido). Y gracias, también, a los abogados que hicieron la revisión jurídico-legal de este texto: Brian MacLeod Rogers, Elisa Rivlin y David Hirst.

Otros investigadores y becarios de la revista *Nation* fueron participando por temporadas en el proyecto a lo largo de los cinco años que este duró: Jake Johnston, Dawn Paley, Michelle Chen, Kyla Neilan, Natasja Sheriff, Sarah Woolf, Eric Wuestewald, Lisa Boscov-Ellen, Saif Rahman, Diana Ruiz, Simon Davis-Cohen, Owen Davis y Ryan Devereaux. Todos ellos hicieron un trabajo excelente. Alonzo Ríos Mira prestó una inestimable ayuda con las transcripciones de las entrevistas, y no fue ni mucho menos el único.

Mi actividad como autora de libros continúa contando con el apoyo del Instituto The Nation, donde soy una escritora becada por la Fundación Puffin. El Instituto facilitó generosamente también espacio de oficina para Rajiv durante todo el proyecto, y lo mismo hizo la revista *The Nation* con Alexandra. Estoy agradecida a mis colegas de la «constelación Nation», sobre todo a mi directora, Betsy Reed, así como a Katrina vanden Heuvel, Peter Rothberg, Richard Kim, Taya Kitman, Ruth Baldwin y Esther Kaplan. Agradezco también el apoyo a lo largo de los años de las fundaciones Wallace Global, Lannan y NoVo.

Rajiv hace extensivo su propio agradecimiento especial a Hannah Shaw y a sus propios padres, Durga Mallampalli y Joseph Sicora. Alexandra hace lo mismo con los suyos, con Robyn y Kenneth Shingler, con Kent Tempus y con Denise Sheedy-Tempus, así como con su abuela Sandra Niswonger. Estamos todos agradecidos por la comprensión y el apoyo mostrado por todas estas personas a lo largo de este prolongado y absorbente proyecto.

Entre los amigos y amigas con quienes vengo manteniendo una permanente y enriquecedora conversación sobre estos temas, se incluyen muchos de los ya nombrados más arriba, pero también Justin Podur, Clayton Thomas-Muller, Katharine Viner, Arthur Manuel, Harsha Walia, Andrea Schmidt, Seumas Milne, Melina Laboucan-Massimo, Robert Jensen, Michael Hardt, John Jordan, Raj Patel, Brendan Martin, Emma Ruby-Sachs, Jane Saks, Tantoo Cardinal y Jeremy Scahill. Gopal Dayaneni y todo el grupo de personas de Movement Generation son para mí fuente de continua concienciación, formación e inspiración sin límite. Tengo más agradecimientos personales, también, para Misha Klein, Michele Landsberg, Stephen Lewis, Frances Coady, Nancy Friedland, David Wall, Sarah Polley, Kelly O'Brien, Cecilie Surasky y Carolyn Hunt, Sara Angel, Anthony Arnove, Brenda Coughlin, John Greyson, Stephen Andrews, Anne Biringer, Michael Sommers, Belinda Reyes y Ofelia Whiteley.

Por último, mi más profundo y sentido agradecimiento es para el pequeño Toma, por las cotas verdaderamente heroicas de paciencia de bebé que ha sabido alcanzar. Está a punto de aprender que el mundo es un lugar mucho más grande que nuestro vecindario.

ÍNDICE ANALÍTICO Y DE NOMBRES

aamjiwnaang, «primera nación», 525-526
Abacha, Sani, 377
Abbey, Edward, 353
ABC, 53
abejas de miel, 538
abolicionista, movimiento, 552, 558-560, 567
abortos espontáneos, toxinas ambientales vinculadas a, 521, 526, 538
abrillantado de nubes, 319
Academia Mundial de las Ciencias (TWAS), 318
Academia Nacional de las Ciencias (Estados Unidos), 195, 297 n., 347
acción colectiva, 55
Acción Ecológica, 380, 501
accionistas, 145, 146, 167, 189, 193, 313
Action Center for Education and Community Development, 139
«actitudes sociales británicas», encuesta anual sobre, 153
activos inmovilizados, 188
Acuerdo Transpacífico, 106
acuerdos no vinculantes en Copenhague, 26, 28, 193
acuíferos, 190, 404, 425, 426
Adam, Allan, 471
Adams, John, 113
Administración Nacional Oceánica y Atmosférica de Estados Unidos (NOAA), 134, 523, 530-531, 533, 535
administración responsable (*stewardship*), 214, 470, 544
¿Adónde vamos: caos o comunidad? (M. L. King Jr.), 556
África, 26, 34, 222, 226, 509
    efectos de la Opción Pinatubo en, 322, 332, 334, 354
    erupciones volcánicas y, 336, 338
    neocolonialismo en, 68, 70
    Sahel, 334, 338, 340
África, norte de, 338
África subsahariana, 26, 222, 560
afroamericanos, 76, 509, 556-557
    vertidos tóxicos junto a comunidades locales de mayoría afroamericana, 256, 526-527
Agencia Británica del Medio Ambiente (EA), 139-140
Agencia Federal de Protección Medioambiental estadounidense (EPA), 69, 154, 283, 403
Agencia Internacional de la Energía (AIE), 82, 132, 190, 195
    informe anual World Energy Outlook de la, 190
    informe sobre el calentamiento global publicado por la, 29, 39
agricultura
    a pequeña escala y sostenible, 166, 537
    baja en energía, 121
    descentralización de la, 173-174
    explotaciones agrícolas familiares frente a agricultura industrial, 491
    frente a fertilidad natural de los ecosistemas, 537-538
    industrial, 23, 105-106, 173-176, 262, 491, 537-538
    local y orgánica, 174-175, 277, 496-497
    técnicas agroecológicas, 173-176, 350, 536, 537
    turbinas eólicas y, 170
«agricultura sostenida por la comunidad» (CSA), 497
agricultores, *véase* agricultura
agrocombustibles, negocios de, 297-298
agua

afectación a la calidad para consumo humano, 28, 209
como servicio público (red de abastecimiento), 21
«primeras naciones» y el, 471
privatización del, 172
agua, contaminación del
industria extractiva y, 112, 125, 363, 365, 408, 423-427
por el *fracking*, 404, 408, 423-424, 425-426
agua, energía del, 31, 133, 268
máquina de vapor frente a la, 217-218
para las fábricas, 216-217
Agung, erupción del, 338
aire acondicionado, 68
aislamiento social, 138
Alaska, 190, 337, 338
Alberta
desaparición del alce en, 43
pueblos indígenas en, 387, 457
Albrecht, Glenn, 209-210
alce, desaparición del, 43
Alcoa, 281
Alden, Charlene, 480, 481-482
Alemania, 102, 171, 173, 206, 272, 281
abandono gradual de la energía nuclear en, 128
aumento del uso de carbón sucio en, 176-179, 186, 280
desprivatizaciones energéticas en, 127-129, 166
energías renovables en, 128-129, 169-170, 176-179, 279, 295, 487, 554
hábitos de viaje y riqueza en, 148
tarifas de introducción de renovables en, 171, 173
Alemania nazi, 51, 255
Alemania Oriental, 102
«alianza de indios y vaqueros», 371, 392, 397, 425
alimentos/comida, 24
disminución de las existencias de, 27
precios de los, 23, 297 n.
soberanía alimentaria, 175-176
véanse también agricultura; hambrunas
Alinsky, Saul, 50
Allende, Salvador, 557

almanaque del condado arenoso, Un (Leopold), 232
alteradores endocrinos, 538
Alto Comisionado de Naciones Unidas para los Refugiados, 212
Alward, David, 459
Amazon Watch, 504
Amazonía/cuenca amazónica
movimiento antipetróleo en la, 247
muerte gradual a gran escala de los bosques en la, 27
América Central, talleres de trabajo semiesclavo en, 110
América del Norte, 230
emisiones de, 59
racionamiento durante la Segunda Guerra Mundial en, 150-151
recortes de políticas y programas en, 144
riqueza en, 148
American Electric Power, 244-245, 276
American Enterprise Institute (AEI), 348
American Freedom Alliance, 75 n.
American International Group (AIG), 74
América Latina, 175
aquejada de una dependencia excesiva de la extracción de recursos, 226-230
confiscación colonial de tierras en, 509
Americans for Prosperity (AFP), 76
Amigos de la Naturaleza (China), 431
Amigos de la Tierra, 113, 246-247, 251, 266, 437 n., 438
Amigos de la Tierra, rama británica de, 311
amnesia ecológica, 16
Amnistía Internacional, 212, 241
amor por los lugares concretos, en los movimientos de Blockadia, 415-450
anarquistas, 225
Anderson, Germaine, 465
Anderson, Kevin, 27, 37, 79, 116-117, 118-119, 122, 267, 349
Andhra Pradesh (India), 430
Ángeles, Los (California), 28, 546
Angeles Times, Los, 336, 370
Angotti, Tom, 293 n.
anishinaabe, tribu, 542
Antártida, 27, 29

Antártida occidental, capa de hielo de la, 27, 28, 29
antifracturación hidráulica, movimientos, véase *antifracking*, movimientos
antiapartheid, movimiento, 558
anticarbón, movimientos, 246, 370, 392-393, 396-397, 425, 428-429, 430-433, 449, 455, 460, 462, 478, 488, 489-490, 501, 545
antifracking, movimientos, 368-369, 373-374, 389-390, 412, 426-427, 428, 444, 445, 449, 455, 458-459, 467, 496
Antigua y Barbuda, 509
antinuclear, movimiento, 176, 178, 488
antipobreza, activistas, 201
Antoine, Paula, 460
Apalaches, región de los, 66, 380, 434
APEN (Red Medioambiental de Asia y el Pacífico), 199, 200, 395
Apfel, Dan, 493
Appadurai, Anjali, 24-25
árboles, plantaciones de, 277
Arch Coal, 421, 481, 488
Arctic Sunrise, 369
arenas bituminosas, petróleo de las (bitumen o betún), 14, 125, 180, 186, 292, 296, 314, 316, 381, 429, 433, 440, 546
 diluido (*dilbit*), 399, 407
 elevado riesgo del, 398-399
 extracción a cielo abierto del, 405
 llamamiento a una moratoria global sobre el, 434
 oposición al, 292
 oposición de movimientos de base al, 395
 oposición indígena al, 396, 460-461
 uso de agua en la minería del, 425-426
 véanse también arenas bituminosas de Alberta; oleoductos
arenas bituminosas de Alberta, 14, 39, 43, 97, 179-182, 186, 187, 190, 226, 305-309, 347, 371, 383, 387, 399, 407, 429, 457, 553
 boom económico de las, 93
 como factor perjudicial para el resto de sectores económicos, 474
 demandas judiciales de la comunidad indígena por las, 464-465, 471
 impacto ecológico y en la salud humana de las, 399-402, 424
 maquinaria de transporte para la explotación de las, 391-392
 posibles moratorias y prohibiciones contra combustibles extraídos de las, 306, 309
 proyecto de mina en la zona del río Pierre, 466
arenques, 417, 522
Argentina, 160-161, 227
Arizona, 489-490
armas biológicas, prohibición del desarrollo de, 342-343
Arnold, Matthew, 268
artes, financiación pública de las, 24
Ártico, 28, 29, 334
asfalto derretido, 14
Ashton, John, 193
Asia
 efectos de la Opción Pinatubo en, 321, 334, 353-351
 emisiones de gases de efecto invernadero en, 505-506
 energías renovables y, 429-430
 importaciones de carbón desde, 393, 432-433, 507
 zonas de libre comercio en, 34
Asia, sur de, 28
 erupción del Pinatubo y el, 335-336
Asia, sureste de, 28
asma, 125
Asociación Canadiense de Productores de Petróleo, 192
Asociación Económica Estadounidense, 525
Asociación Estadounidense del Gas, 266
Asociación Estadounidense para el Avance de la Ciencia (AAAS), 13, 49, 195
Asociación Mundial de la Energía Eólica, 172
Asociación Nacional de Fabricantes (Estados Unidos), 283
AT&T, 259
Atenas, 201, 365
Athabasca, río, 401, 471
Athanasiou, Tom, 477
Atlantic, The, revista, 509

atrazina, 538
Attwater, pollos de las praderas de, 239, 241, 243-244
Audi, 346
austeridad, 22-23, 31-32, 85, 99, 105, 144, 172, 198, 202
   desastres naturales y, 139-143
   energía controlada por las comunidades locales como respuesta alternativa a la, 172
   personal, 151-153
Austin (Texas), 131
Australia, 225, 301, 311
   cambio climático y, 44, 54, 55, 357
   derechos indígenas sobre la tierra en, 230, 462
   energías renovables y, 134
   exportaciones extractivas desde, 185, 370
   Gran Barrera de Coral de, 188-190, 370
   Nauru y, 206, 207, 211-212
   proyecto Gorgon en, 187-188
Austria, 131
Autoridad de la Vivienda (Ayuntamiento de Nueva York), 137 y n.
Autoridad Nacional de Apelación sobre Medio Ambiente (India), 430
autovías y autopistas, red interestatal de (Estados Unidos), 162
automovilística, industria, 147
   rescate de la, 159, 162
Ayres, Ed, 345

Babones, Salvatore, 303 n.
Bach, Amy, 143
Bacon, Francis, 216, 219, 220, 221, 232, 328
Baer, Paul, 477
bajo consumo, actividades de, 125
Bakken, yacimiento petrolífero de, 98, 399
Balcombe (Inglaterra), 369, 495-496
Banco Mundial, 27, 69, 82, 109, 195, 227, 273
   a propósito de la posibilidad de un impuesto sobre el carbono, 149
   a propósito del límite de los 2 °C de calentamiento global, 27
   austeridad promovida por el, 105
   ideología del libre mercado y el, 86
   opuesto a nuevos proyectos de extracción de carbón, 428
bancos/banca, 58
   nacionalización de, 160
   rescates de, 18-19, 144, 158-163, 202
Bangladesh, 111, 143, 198, 560
Banks, Joseph, 329
Banuri, Tariq, 508
Baptiste, Marilyn, 424-425, 449
Bárcena Ibarra, Alicia, 227
Barnes, William, 237
Barnett, región rica en esquistos de, 404
barreras (o diques) antitormentas, 142
Barrow, isla de, 187
Barry, Wendell, 413
Barton, Joe, 69, 285
Bast, Joseph, 52, 60, 62
Battistoni, Alyssa, 125
Bay Localize, 201
Bazemore, Wally, 137 n.
Beaver, nación cree del lago, 43, 464
Beckley (Virginia Occidental), 381
Bell, Larry, 51, 68
Bella Bella (Canadá), 415-416, 418-419, 423, 446
Bellingham (Washington), 429, 433, 460, 495
Berger, John, 157
Berkshire Hathaway, 291, 292
Berlín, 128
Berlín, caída del muro de, 102, 225
Berry, Wendell, 331, 537
betsimisaraka, pueblo, 275
«Beyond Coal», campaña, 429, 488
«Beyond Vietnam» (discurso de M. L. King Jr.), 551
Beyond Zero Emissions, 134
BG Group, 187
Bhopal Action Resource Group, 258
BHP Billiton, 245
bienes duraderos (frente a bienes perecederos o desechables), 115, 121
bifenilos policlorados (PCB), 253
biocombustibles, 50, 128, 289, 297-300, 312-313, 314, 353-354
biodiversidad, 27, 174
biosfera, la (como sistema autoorganizado, complejo y adaptativo), 330
Birol, Fatih, 40

bitumen/betún, *véase* arenas bituminosas
Blake, William, 201
Blazevic, Sara, 436
Blockadia, 361-413, 553
    amor por los lugares concretos en, 415-450, 455
    Big Green y, 437-440, 495
    carácter intergeneracional de, 545
    como movimiento constructivo, 497-498
    como movimiento global de base, 362-364, 373-374, 395-397
    como movimiento proagua, 423-427
    como movimiento prodemocrático, 444, 467
    comparada con los movimientos abolicionista y de defensa de los derechos civiles, 552, 556, 558-561
    cosmovisión regenerativa en, 543-546
    en el Sur Global, 505
    imperativo moral en, 413, 474-475, 569
    impulsora de la unión entre pueblos indígenas y no nativos, 458-459, 466-471, 543-544
    las mujeres como líderes en, 373
    medios sociales y, 373, 571
    pueblos indígenas en, 180, 224; *véase también* derechos de los pueblos indígenas sobre sus tierras
    reprimida por los Gobiernos, 366-368, 444, 504
    resurgimiento del principio de la precaución en, 412-413
    victorias iniciales de, 427-433, 442, 454
    véanse también organizaciones y protestas concretas
Bloomberg Businessweek, 145, 270
Bloomberg Philanthropies, 270
Bloomberg View, 525
Bloomberg, Michael, 71, 270, 287, 293, 294, 313, 439
Blue Planet, Premio, 38
BlueGreen Alliance, 164, 200
Bolivia, 17-18, 20, 60, 227, 228, 463, 543
Bollier, David, 169
bomba atómica, 342
Bombay, 28
Bonogofsky, Alexis, 392, 421, 479, 482, 486

Bopha, tifón, 570
bosques
    como captadores del carbono, 374
    privatización de, 22
    tala masiva de, 364-365, 374, 381
Bostic, Jason, 415
Boston (Massachusetts), 28
Boucher, Jim, 474
Boucher, Rick, 282
Boulder (Colorado), 129, 130
Boulton, Matthew, 329
Bows-Larkin, Alice, 117, 118-119, 120, 506
BP, 145, 146, 168, 268, 281, 283-284, 294, 348
    grandes organizaciones del ecologismo convencional financiadas por, 244-245, 247
    laxitud de la regulación gubernamental de, 405-407
    proyecto para Groenlandia de, 473
    y cultura de anteposición del lucro a la seguridad, , 405-407, 409, 410, 461
BP America, 245
BP Capital, 295, 296
Brainstorm Green, 286
Brand, Russell, 198
Brand, Stewart, 354
Branson, Richard, 287-289, 296-298, 302-304, 308, 314-315, 355, 559
    Carbon War Room de, 290, 298-299, 312, 326
    premio Virgin Earth Challenge de, 304-308, 351
    véase también Virgin Group/grupo Virgin
Brasil, 18, 34, 111, 187, 202, 227, 229, 505, 507
Braun, Clait E., 241
Brecher, Jeremy, 493
Briner, Brad, 293
Bronx, zoo del, 231
Brookings Institution, 357
Brower, Kenneth, 356
Brown, Gordon, 310
Brown, Universidad de, 525
Browne, sir John, 145, 168
Brownstein, Mark, 437
Brulle, Robert, 65, 249

Brundtland, Gro Harlem, 38
Brune, Michael, 439
Buenos Aires, 160
Buffett, Warren, 291-292, 313
Build Our Energy, granero del proyecto, 495
Bulgaria, 428
Bunzl, Martin, 333
burbuja del carbono, 440
Burkina Faso, 334
Burlington Northern Santa Fe (BNSF), compañía ferroviaria, 291-292
Burnt Church (Canadá), 457-458
Büscher, Bram, 278-279
Bush, George H. W., 259
Bush, George W., 264, 403

cadenas tróficas acuáticas, 321
cadmio, 222
Calcídica (Grecia), 362, 421, 545
Caldeira, Ken, 326, 335
calefacción, precios de la, 147
calentamiento global, *véase* cambio climático
Calgary (Canadá), 15, 305, 306-307
California, 28, 74, 94
California, Universidad de
 en Irvine, 28
 Instituto de Estudios del Transporte de la U. C. en Davis, 133
calor, olas de, 28
Cámara de Representantes (Estados Unidos), 54
 Subcomisión de Energía y Calidad del Aire de la, 69
cambio climático, 100, 144, 209, 223, 224, 287, 309
 ahorro a nivel individual frente a ahorro en las grandes empresas, 151-154
 como emergencia planetaria, 19, 20, 29, 32, 33, 551-552, 563-564
 como fuerza transformadora, 20, 21, 196-204
 como resultado de emisiones acumuladas, 37, 59, 79, 221, 502, 503, 511
 creación de riqueza y, 67-74
 definición de, 262
 democracia y, 447
 derechos indígenas y, 466-471, 472
 desastres y, 15, 32, 134-135, 198, 499, 570
 fracking y, 249
 generaciones pasadas y futuras en relación con el, 203
 infertilidad marina y, 531-533
 límite «seguro» del, 26-27
 límite de 2 °C de calentamiento para el, 117, 119, 193, 435, 560
 mitigación del, 174
 modelos por ordenador del, 334
 negociaciones sobre el, 25
 organizaciones centristas y, 248-251
 pautas meteorológicas y, 333
 puntos de inflexión peligrosos para el, 28, 506
 raíces del, 203-204
 riesgo aceptable y, 411
 visto a ojo de astronauta, 351-357, 364
 y capitalismo desregulado, 36
 y comunidades locales, 448
 y el éxodo planetario como solución, 355
 y el mundo en vías de desarrollo, 102-103
 y la relación de poder entre los seres humanos y la Tierra, 221
 y zonas de sacrificio, 381-382, 387
cambio climático, negación del, 14-18, 43-63, 122, 155, 348, 484, 500, 553
 de derecha, 49-88, 197-198, 225
 enfoque partidista de la, 54-55
 financiada por las industrias extractivas, 65, 192, 247
 incremento de la, 54
 milagros tecnológicos y, 16
 motivación económica de la, 15-16, 66, 83-84
 privilegio socioeconómico y, 67-74
Cameron, David, 20, 139-140, 144, 192, 312, 384
Cameron, James, 551
Canadá, 31, 34, 98, 112, 185
 arenas bituminosas en, *véase* arenas bituminosas de Alberta
 ataques del Gobierno a los derechos indígenas sobre la tierra, 468-469
 calificación crediticia de S&P para, 452

combustibles fósiles en, 95, 107, 225
debate político sobre el cambio climático en, 54, 66-67
debilitamiento de las protecciones medioambientales en, 468
fracking en, 368, 374, 384
legislación medioambiental en, 252
movimiento por la desinversión en combustibles fósiles en, 435
políticas prominería en, 468
represión gubernamental de las protestas medioambientales en, 368, 374
subvenciones a la industria extractiva en, 165
Canadian Centre for Policy Alternatives, 97, 167, 491
Canadian Natural Resources, 347, 441
cáncer, vinculación de las arenas bituminosas con el, 402
cánones por la extracción de petróleo, gas y carbón, 147
caos, teoría del, 331
capital en el siglo XXI, La (Thomas Piketty), 198
capitalismo, 38, 41, 58, 68, 85, 119, 163, 203, 204, 223, 225-226, 284 n., 291, 552
combustibles fósiles y, 222
conservación y, 233-234
del desastre, 73, 143, 197, 291
desregulado, 33, 36, 102, 198
el cambio climático como argumento contra el, 201-202
Gaia, 288
industrial, 219-220, 223-224
la regulación relacionada con el cambio climático, vista como una amenaza al, 49, 51
naturaleza frente a, 223-224, 234
transformar la imagen del, 313
y los intentos de mitigar el cambio climático, 287-316
véase también ideología del libre mercado
captura del carbono, 174, 272, 276-278, 289, 305, 308, 350, 538
Carbon Engineering, 347
Carbon Tracker Initiative, 190
Carbon War Room, 249, 290, 298, 312
carbón, 134, 167, 185, 204, 223, 267, 279-280
capitalismo y, 222
como «clima portátil», 220
desplome del mercado en Estados Unidos, 393
energía del agua frente a energía del, 216-217
exportación de, 186 n., 370, 393, 396, 429, 433, 445, 459, 462
lignito, 176
transporte ferroviario de, 291-292, 444, 478, 488
carbón, centrales térmicas de, *véase* centrales térmicas de carbón
carbonilla, proceso de obtención de, 305
carbono
atmosférico, 142
de alto riesgo, 169
nuevas fuentes de, 182
carbono, emisiones de (o carbónicas), 28, 39, 107
de EE. UU., 147, 503
del mundo en vías de desarrollo, 503
deuda climática y, 502
efecto de los «sacrificios» asumidos en tiempo de guerra sobre las, 31-32
niveles en aumento de las, 17, 25, 27, 29, 42
recorte de las, *véase* reducción de las emisiones de carbono
registro histórico de las, 509-510, 554
Revolución Industrial e incremento de las, 222, 503
riqueza y, 148
topes a las, 154, 182, 259-260, 272, 281-286, 353-354
véase también emisiones de gases de efecto invernadero
carbono cero, fuentes de energía de, 33, 166
carbono cero, servicios públicos de, 35
Caribe, 299, 509
caribú, 533
Carleton College, 493
Carmichael, Ruth, 532
carne, demanda de, 28
Carson, Rachel, 233, 252, 258, 353, 415

Carta Canadiense de Derechos y Libertades, 455
Carter, Bob, 52, 68
Carter, Jimmy, 151-152
Carter, Nick, 429
Case for Climate Engineering, A (Keith), 339, 345
Casselton (Dakota del Norte), 383, 410
Castro, Rodrigo, 205
Caterpillar, 283
CBC, 446
CBS This Morning, 355
CBS, 53
Cenovus, 429
Center for American Progress, 145
Center for Biological Diversity, 257
centrales (o plantas) «de ciclo combinado», 167
centrales térmicas de carbón, 15-16, 93, 110, 112, 128, 176-179, 182, 250, 260, 294, 308
    campaña global contra las, 393, 428, 430-432, 449
    compañías eléctricas públicas y las, 132, 245
Centre for Science and Environment, 508
Centrica, 192
centrismo, 38, 83, 113
Centro Nacional Alemán de Investigación Aeroespacial, Energética y del Transporte (DLR), 178
Centro Nacional de Investigación Atmosférica (NCAR), 336
Centro Pew (Pew Center) sobre el Cambio Climático Global, 281
Centro Tyndall para la Investigación del Cambio Climático, 27, 79, 116, 267
Cha, J. Mijin, 269
Chad, 334
Chait, Jonathan, 398
Chappell, Ronnie, 284
Chávez, Hugo, 226, 229
Checa, República, 63, 186, 428
Checoslovaquia, 225
Chen Jiping, 432
«Chernóbil de la Selva», 380, 464
Chesapeake Energy, 384, 438
Chevron, 145, 168, 276, 359
    demanda judicial de Ecuador contra, 380, 464
    organizaciones ecologistas financiadas por, 245, 270
    proyecto Gorgon de, 187-188
    y su proyecto de extracción de gas de esquisto en Pungesti, 367, 427, 496
    y su refinería en Richmond, 395, 494
    y sus operaciones en el delta del Níger, 379
cheyenes del norte, 396-397, 425, 455, 474, 479-483, 490
    desempleo entre los, 480
    valores tradicionales de los, 481
cheyenes del norte, reserva de los, 396, 478, 480, 487, 561
    calefactores solares para la, 483-487
    incendio en la, 487
Chicago, Universidad de, 109
Chichón, El, erupción de, 338
Chichón, erupción de El (1982), 338
Chilcotin, río, 424
Childs, Mike, 311
Chile, 23, 557, 570
Chilko, río, 424
China, 18, 40, 78, 81, 107, 110-111, 118 n., 554
    acuerdo no vinculante de Copenhague, firmado por, 26
    Comité Central del Partido Comunista de, 172
    como acreedora, 228
    como mercado emergente, 36
    contaminación atmosférica en, 33, 39, 430, 431
    contaminación medioambiental en, 39, 112, 198
    crecimiento económico en, 432
    denunciada ante la OMC, 90, 94, 97
    denunciante ante la OMC, 90
    desarrollo orientado a las exportaciones en, 110
    economía en rápido crecimiento en, 59, 197
    emisiones de carbono de, 503, 505, 506
    exportaciones de carbón a, 292
    fábricas de refrigerante en, 274
    ingreso en la OMC, 103
    la riqueza en, 148

movimiento anticarbón en, 370, 431-433
problemas con los derechos humanos en, 432
programas de energías renovables en, 433
revueltas campesinas en, 431
uso de carbón en, 109-110, 112
y la energía solar, 91, 93, 96, 98, 148
chipewyan del Athabasca, «primera nación» de los (ACFN), 401, 466
Chipotle, 71
Chisholm, Sallie, 330
Chrétien, Jean, 112
Chrysler, 93, 94
Chukotka, mar de, 461
CIA, Agencia Central de Inteligencia, 76
ciencia del clima/climatología, 67, 83, 165, 195, 202
Clarkson, Thomas, 567
Clatskanie (Oregón), 429
clima, ciencia del (o climatología), 66-67, 83, 165, 195, 202
«Climagate», 61
Climate Action Network, 192
Climate Depot, 50
Climate of Corruption (Bell), 51
climático, movimiento
ausencia de un, sostenido y popular, 201
capitalismo desregulado y, 35
imperativo moral en el, 413, 474-475, 569
justicia económica y, *véase* deuda climática
mayoría de edad del, 25-26
orígenes del, 100-101
poder e interconexión crecientes del, 554
precedentes históricos para el, 554-561, 563-565
protestas contra el Keystone XL y resurgimiento del, 180-181
y necesidad de unas alternativas económicas viables a las industrias extractivas, 429, 489, 490, 492, 495, 507-513
véase también Blockadia
Clinton, administración, sistema de comercio de emisiones propuesto por la, 272
Clinton, Bill, 112, 113-114, 266, 272, 289

Clodumar, Kinza, 210
Clorox, 438, 439
Club de Roma, 233
CNN, 66
Coalición por el Agua de Black Mesa, 489, 493
Coates, Ta-Nehisi, 509
Cobenais, Marty, 392, 408
cobre, 122 n., 365
Cochabamba (Bolivia), 543 n.
coches/automóviles, 31, 120-121, 152, 262
cognición cultural, 55, 65, 83, 87, 234
Cohen, Nick, 200
Colombia, 253, 462
colonialismo, 197-198, 455, 512
carbón y, 219, 222
extractivismo y, 214-215
Revolución Científica y, 216
Revolución Industrial y, 217, 221, 561
Colorado, 74, 439 n.
Columbia Británica, 331, 372, 383, 392, 516
desaparición de estrellas de mar en la, 44
desaparición de vieiras en la, 533
proyecto del oleoducto Northern Gateway en la, 372, 415-420, 424, 446, 449, 451, 467
Tribunal Supremo de la, 453
Combes, Maxime, 374 n., 390
combustibles, estándares de calidad de los, 98
combustibles, precios de los, 147
combustibles fósiles, 14, 31, 36, 120
abandono gradual de los, 20, 95, 177-178
agotamiento de los, 291
búsqueda de nuevas reservas de, 168, 183, 187
capitalismo y, 222
como parte de una transición hacia la energía renovable al cien por cien, 267-268
dependencia de la economía global de los, 59
en fertilizantes, 174
extractivismo y, 215
extraídos de reservas naturales, 240-245
regulación de los, 98

673

viabilidad de las energías renovables frente a los, 429, 489, 490, 492
y liberación de las presuntas ataduras de la naturaleza, 219-221
véase también industrias extractivas
combustibles fósiles, economía de los, 23, 66, 158, 220, 559
combustibles fósiles, emisiones de los, 328, *véase* emisiones de gases de efecto invernadero
combustibles fósiles, era de los, 328, 382
comercio, *véanse* acuerdos de libre comercio; comercio internacional
comercio de derechos de emisiones de carbono, 58, 117, 161, 163, 249-251, 260, 272, 282-285, 354, 513
comercio internacional, 42, 89-100, 104
exportación de la producción sucia en el, 107-108
protección climática y, 105
véase también acuerdos de libre comercio
Comisión Económica de Naciones Unidas para América Latina y el Caribe, 227
Comisión Nacional sobre el Vertido de Petróleo de la Plataforma Deepwater Horizon de BP y sobre Perforaciones Petrolíferas en Aguas Marinas en General (Estados Unidos), 406
Comité Asesor en Ciencia (del presidente de Estados Unidos), 100
Comité Asesor en Ciencia (del presidente de Estados Unidos), informe sobre cambio climático del, 100, 323
Committee for a Constructive Tomorrow, 66
compasión, 87, 566
compensaciones de carbono, 22, 59, 265, 312, 353
ineficacia de las, 278-279, 474
Competitive Enterprise Institute, 50, 66, 505
complejidad, 330, 357
compostaje, sistemas de, 141
Comunidad Económica Europea, legislación medioambiental en la, 252
«comunidades de transición», movimiento de las, 448
comunidades locales, 139
cambio climático y, 448
energías renovables en las, 171, 173
fortalecimiento de las, 122
véase también cosmovisión/visión del mundo, comunalista
comunismo, 35, 58, 62, 64, 223
Conant, Lionel, 467
condenados de la Tierra, Los (Fanon), 563
Conference Board of Canada, 187
Conferencia de las Naciones Unidas sobre el Medio Humano (1972) en Estocolmo, 253
Conferencia Internacional sobre el Cambio Climático (ICCC), 51
Conferencia Mundial contra el Racismo (2001), 509
Conferencia Mundial de los Pueblos sobre el Cambio Climático y los Derechos de la Madre Tierra, 543 n.
Conferencia Mundial sobre la Atmósfera Cambiante (1988), 78, 101
Congo, 275
Congreso Nacional Africano, 558
ConocoPhillips, 281, 283, 284, 306
Consejo de la Juventud Ijaw, 378
Consejo Estadounidense de Energías Renovables, 92
Consejo Internacional para el Transporte Limpio (ICCT), 302
Conservación Internacional (CI), 113, 244, 245 y n., 261
Conservation Fund, 244, 245, 257
Constitución canadiense, 455
construcción verde, 120
consumistas, estilos de vida, 14, 102-103, 151-152
consumo, 151
descenso del, 120
excesivo, 114-115, 122, 124, 262, 506, 507
verde, 264-265, 313
Convención Marco de las Naciones Unidas sobre el Cambio Climático (CMNUCC), 89, 103, 106, 251, 503
Convención sobre el Comercio Internacional de Especies Amenazadas de Fauna y Flora Silvestre (1973), 253
Convenio de Modificación Ambiental (ENMOD) de Naciones Unidas, 343

Convenio sobre la Contaminación Atmosférica Transforentiza a Gran Distancia (1979), 253
Convenio sobre la Prevención de la Contaminación del Mar por Vertimiento de Desechos y otras Materias (1972), 253
Conway, Erik, 63
Cook, James, 329
Cook, Katsi, 515
«Cool Dudes» (McCright y Dunlap), 67
Coon, David, 459
cooperativas
   energéticas, 169, 170-171
   gestionadas por los trabajadores, 160, 173
Coos Bay (Oregón), 429
coral, arrecifes de, 370, 428, 532
Corea del Sur, 111
Corexit, 530
Cornelissen, Kim, 384
Cornell, Universidad de, 184-185, 267, 271, 389
Correa, Rafael, 227, 228, 503, 504
corrupción de los reguladores gubernamentales, 410
Corte Interamericana de Derechos Humanos, 462
Cosbey, Aaron, 97
cosmovisión/visión del mundo
   basada en la idea de dominio, 55-56, 61, 65, 79-80, 83, 102, 223-224, 232, 234, 521, 566-567
   comunalista, 55, 83, 230, 565, 566, 567
   extractivista, *véase* extractivismo
   regenerativa, 39, 42, 84-85, 229-230, 486, 487, 521, 542-549
Costa Rica, 428
Coste, Torrance, 447
cowboys del carbono, 275
crac bursátil de 1929, 23, 118
Crawford, Julia Trigg, 444
crecimiento económico, 37, 168, 234
   capitalismo desregulado y, 33
   como ortodoxia, 109, 126, 225
   en el capitalismo, 120
   límites al, 233-234
   límites atmosféricos frente a, 116-119
   modelo sucio de, 111

   negación del cambio climático y, 15-16, 66, 83-84
créditos de carbono, 376
crisis financiera de 2008, 18, 22, 58, 64, 109, 118, 144, 157-164, 194, 202, 278, 482
Crompton, Tom, 84
crow, reserva, 479, 488
crowdfunding, 248
Crutzen, Paul, 323
Cruz Roja, 137
CSIS (Centro de Estudios Estratégicos e Internacionales), 76
CSSD (Centro para el Aprovechamiento Sostenible de los Esquistos), 269, 437-438 n.
Cuadrilla, 168
Cuerno de África, 68
Cuerpo de Ingenieros del Ejército (Estados Unidos), 15
cultivos, 23, 53, 80
cultura del narcisismo, La (Lasch), 152
Cumbre de Naciones Unidas sobre el Clima de 2009 en Copenhague, 25-26, 27, 53, 193, 553
«Cumbre del carbón y el clima», 251

Dai, Aiguo, 336, 339
Daily Mail, 76
Dakota del Norte, formación rocosa de Bakken en, 98, 371
Dallas (Texas), 404
Daly, Herman, 219
Daniel, Patrick, 407-408
Darling, Jay Norwood «Ding», 232
Darwin, Charles, 317
Dauphin Island, Laboratorio Marino de, 532
David, Ned, 307
Davis, David Brion, 568
Davos, Foro Económico Mundial en, 146, 263, 561
Day One, 480
Dayaneni, Gopal, 548
DDT, 233, 252, 253, 259, 353
De Boer, Yvo, 117
De Schutter, Olivier, 174-175
década cero, 40, 185
Declaración de las Naciones Unidas sobre

los Derechos de los Pueblos Indígenas, 463
Declaración de Río de las Naciones Unidas sobre el Medio Ambiente y el Desarrollo (1992), 78, 361
decrecimiento, estrategias de
  para las naciones ricas, 118-119
  selectivo, 124-126
Dediu, Doina, 423
Deepwater Horizon de BP, desastre de la plataforma, 146, 186, 356, 399, 405-406, 408, 461, 473, 516
  abortos espontáneos vinculados con el, 521-522
  falta de preparación previa al, 405-406
  impacto sobre la vida marina del, 521-522, 528-532, 553
  informe de evaluación de riesgos previo a la explosión que produjo el, 527-529
defectos congénitos, toxinas ambientales y, 525, 526-527, 538
deforestación, 252
Delaware, cuenca del río, 425
delfines, muerte en masa de, 530-532, 535
«Delgamuukw contra la Columbia Británica» (caso judicial), 456
Delingpole, James, 62
delta del río Misisipí, daño ecológico en el, 522-523
Delucchi, Mark A., 133
demanda de armamento, el cambio climático y la, 22
democracia
  acuerdos de libre comercio, una amenaza para la, 440-443
  Blockadia y la, 443-444, 466-467
  cambio climático como crisis de la, 447
  grandes empresas frente a, 20
Demos, 269
«demostración de la inocuidad», 335, 336
Denbury Resources, 307
densa, población, 121
Departamento de Defensa (Estados Unidos), 147
Departamento de Energía (Estados Unidos), 134, 267, 308, 348
Departamento de Estado (Estados Unidos), el Keystone XL y el, 180-181, 460

Departamento del Interior (Estados Unidos), 410, 461
derecha
  como barrera para el progreso, 49-88, 102
  que entiende el cambio climático como una conspiración de la izquierda, 49, 50, 200, 505
derechos aborígenes y reconocidos por tratado, 452-457
  véase también derechos de los pueblos indígenas sobre sus tierras
derechos civiles, movimiento de defensa de los, 255-256, 552, 556
derechos de los pueblos indígenas sobre sus tierras, 21, 42, 229-230, 449, 451-475, 513
  cambio climático y, 466-471, 473
  como factor unificador entre pueblos indígenas y no nativos, 458-459, 466-471
  confirmados por el Tribunal Supremo de Canadá, 368, 452, 455-457
  conflictos con los no nativos por los, 456-459
  demandas judiciales por los, 452-453, 456, 464-466, 471, 474, 553
  disposiciones normativas para el uso compartido de la tierra contempladas en los, 457
  movimiento anti arenas bituminosas y los, 395-396
  oposición de los Gobiernos y las empresas a los, 454, 468
  relegados por el poder socioeconómico de las industrias extractivas, 472-475
  sistemáticamente ignorados, 463-464
  Standard & Poor's y los, 451-454, 470
derechos humanos, 223, 247, 556
  en el derecho internacional, 212
derechos humanos, abusos «verdes» de los, 277-278
derechos indígenas sobre la tierra, *véase* derechos de los pueblos indígenas sobre sus tierras
Derham, William, 216
derivados (financieros) climáticos, mercado de, 22
desastres

ánimo de lucro y, 22, 142-143
austeridad y, 139-143
cambio climático y, 15, 32, 135, 197, 498-499, 570
entendidos como oportunidades para el cambio, 499-500, 570
gasto público y, 139-143
infraestructuras para la prevención de, 73
respuesta a los, 135-139
desempleo, 227
desempleo, seguro por, 557
«desiertos verdes», 227
desinversión en combustibles fósiles, movimiento por la, 257, 433-440, 449, 492, 494-495, 553
desobediencia civil, 180
desregulación, 21-22, 34, 35, 99-100, 183, 198, 262
Detroit (Michigan), 198
deuda climática, 18, 20, 561
con el mundo en vías de desarrollo, 18, 20, 60, 475, 501-513
con los pueblos indígenas, 475, 477-490, 501
considerada tóxica desde el punto de vista político, 508
Día de la Tierra, 196, 258
diabetes, 193, 205, 208
Dinamarca, energías renovables en, 97, 171, 178, 226, 473
«dinero oscuro», 65
dióxido de azufre, emisiones de, 259-260, 320, 338
dióxido de carbono, 185
reconvertido en producto, 307
diques de contención (del agua del mar), 70
dispersantes, 400
Divest Harvard, 435
Dixson, Bob, 500
doctrina del shock, La (Klein), 21, 23
Doe, Aria, 139
Donahue, Bill, 401
Donohue, Thomas J., 49
2 °C, límite de los, 117-119
Douglass, Frederick, 568
Dow Chemical, 281
Dowie, Mark, 113, 253, 254

Downie, Ewan, 470
Dubner, Stephen J., 324-325, 335
Duke Energy, 245, 281-282
Duke, Universidad de, 404, 493
Dunlap, Riley, 54, 57, 67-68
DuPont, 281, 283
Durban (Sudáfrica), conferencia sobre el clima (2011) en, 24-25, 509
Dust Bowl, 89

Earth First!, 257, 381
Eckersley, Robyn, 105
Eckhart, Michael T., 92
EcoEquity, 512
Ecological Economics (Daly y Farley), 219
ecologismo
de base, 375-381; *véanse también* grandes organizaciones del ecologismo convencional (Big Green); Blockadia
de la vista a ojo de astronauta, 351-357, 364
del control central, 254
fracasos «desde arriba», 364
reactivado (y reinventado) por el activismo contra el oleoducto Keystone, 373
riesgo aceptable y, 411-412
«ecologismo de los pobres», 253
ecologismo profundo, 102
ecologista, movimiento, 201, 246
apoyo al TLCAN, 112-114
cismas en el, 258
desde la era Reagan, 254-263
edad de oro de la legislación medioambiental en el, 251-255
ideología proempresa en el, 258-263, 266
orígenes acomodados de los líderes, 230-231, 251, 264
preocupación por un único tema en el, 196
radicalismo en el, 230-234, 251-254, 258
timidez política en el, 232, 234-235
y consumismo verde, 263-266
y los sistemas de topes y de comercio de derechos de emisión, 285
y su estrategia como *insider* del poder, 254

véase también grandes organizaciones del ecologismo convencional (Big Green)
economía
 acción climática y, 36-37, 120, 161-163, 198-199, 313, 556
 control de la élite sobre la, 33
 controles salariales y de precios en la, 162-163
 de los combustibles fósiles, 39, 66-67, 158, 219, 559-560
 del poscrecimiento, 225
 descentralizada, 203
 fracking y, 125-126
 intensiva en recursos, 37
 local, 20, 944-97, 98, 104, 115
 planificada, 126
economía baja en carbono, 31, 37, 122, 124
 infraesructuras en una, 99, 162
 para el mundo en vías de desarrollo, 104
economía ecológica, 233
economía por goteo (*trickle-down economics*), 34
economías impulsadas con la energía del carbón, 118
ecosistemas
 ciclo de la fertilidad de los, 537-538, 546-549
 pérdida de, 27
 restauración de los, 124, 166, 543
Ecuador, 28, 227, 228, 275, 380, 463-464, 501, 503, 543
EDF (Fondo para la Defensa del Medio Ambiente), 247, 251-252, 258, 259-262, 285-286, 290, 291 n., 318
 apoyo al *fracking*, 268, 269, 271, 272
EDF Energy, 192
edificios
 emisiones de gases de efecto invernadero de los, 506
 readaptación de los, 141, 159, 162
Edmonton (Canadá), 372
Edwards, Murray, 347
efecto invernadero, 101, 266
«efervescencia de la rebelión», 570
eficiencia energética, 165
Egipto, 202
ejecutivos, salarios de los, 145, 146

Ejército de Salvación, 212
Eldorado Gold, proyecto en el bosque de Skouries, 364-365, 386, 421, 427
elecciones en Estados Unidos
 de 1992, 112
 de 2008, 192
 de 2012, 192
Elgon, parque nacional del monte, 277
Ellis-Lamkins, Phaedra, 123
Elsipogtog, «primera nación» de, 368, 455, 458, 460
Elwha, los klallam del bajo, 460
Elwha, río, 460
Elysium, 83
embalses, 227, 231, 252
embarazo ectópico, 521-522
Emerson, Ralph Waldo, 220
emigrantes/inmigrantes, 198, 211-212
 refugiados climáticos, 21
emisiones, créditos de, 273
emisiones de carbono, reducción de las, 31, 34, 49, 77-78, 101, 107-108, 115, 118, 121, 142, 165, 185 n.-186 n., 188, 197, 202, 266, 272, 349, 436
 fracaso en el objetivo de conseguir la, 317, 341
 responsabilidad histórica frente a capacidad para contribuir, criterios para repartir la carga correspondiente a cada país, 512-513
 voluntaria, 290
 véase también negociaciones de los tratados climáticos
empatía, 67-77, 87
empleos, creación de, 97, 125, 153, 158, 164-167, 182, 198, 296
emprendedores capitalistas, 313
emprendedores de las energías verdes, liberalización comercial y, 95-97
empresa privada, donaciones desde la, 112, 262 n.
empresas, grandes, 41
 centralización bajo las, 225-226
 cooperación entre organizaciones ecologistas y, 245, 258-263
 democracia frente a, 20
 desregulación del capitalismo de las, 35, 99-100, 183, 198, 262
 ideología de las, 102

impacto del cambio climático en las, 71
impuestos evitados por las, 149-150
la USCAP y las, 281-284
libertad de expresión para las, 194
mundo natural frente a, 84-85
objetivos de las privadas, 168
poder político de las, 162-164, 182-196
prevención de desastres en las, 73
pueblos indígenas frente a, 276-278
think tanks de derechas financiados por las, 65, 71
y su aprovechamiento de la crisis, 21-22
empresas de suministro energético, modelos alternativos de, 169-173
Enbridge, 415, 492
cultura de anteposición del lucro a la seguridad en, 407, 409
reventón de un oleoducto de a su paso por Michigan, 407-408, 416
Servicio Canadiense de Inteligencia para la Seguridad, *lobista* de, 445
véase también oleoducto Northern Gateway
Enbridge Gas NB, 446
energía, ahorro de, 152
energía, nacionalización de la, 169, 557
energía, propiedad pública de las empresas de, 20, 350
energía de carbono cero, fuentes de, 33
energía sucia, *véase* industrias extractivas
Energy Policy, 133, 134
EnergyWire, 409
enfermedades, 28, 223
Engelfried, Nick, 386
Enron, 284 n.
Enterrad las cadenas (Hochschild), 559
Environics, 54
Environmental Action, 266
Environmental Coalition for NAFTA (Coalición Ecologista pro TLCAN), 113
Environmental Rights Action (Nigeria), 380
eólica, energía, 31, 93, 96-97, 128, 134, 153, 159, 162, 165, 170-171, 189, 268, 296
en centrales (o plantas) de ciclo combinado, 168
fabricantes en el sector de la, 94
grandes parques marinos de, 170

impacto negativo del *fracking* en la expansión de la, 167, 186 n.
sector privado y, 132-133
eólicos, parques, 144, 278, 354
equidad
austeridad y, 153-154
de los individuos/de las empresas, 151-153
véase también deuda climática
Escapatoria Halliburton, 403
esclavitud/esclavos, 197, 223
argumento económico en contra de la, 567
compensaciones pagadas a los dueños de, 510, 560
impacto económico de la, 510, 558-561
reparaciones por la, 509
véase también movimiento abolicionista
Escuela de Salud Pública de Colorado, 525
España, 171, 281
movimiento de oposición en, 23
recortes a las subvenciones a las renovables en, 144
espejos espaciales, 319
espirales de retroalimentación, 28-29
esquisto, gas de, 367-368, 426, 439 n.
esquisto, petróleo de, 382, 426, 439 n.
contaminación del agua para consumo humano por culpa del, 404
esquistos, fracturación hidráulica de los, 184, 185, 189, 267
Estados árabes, 81
Estados isleños, cuya orografía apenas se alza sobre el nivel del mar, 26
Estados Unidos, 34, 92, 94, 185
acuerdo no vinculante de Copenhague firmado por, 26, 193
denunciado ante la OMC, 90
denunciante ante la OMC, 90, 94
desprivatizaciones energéticas en, 129-130
emisiones de carbono de, 503
exportaciones de carbón desde, 393, 396, 425, 429, 460, 462
legislación medioambiental en, 251-252
mercado para la energía solar en, 99
movimiento de oposición en, 23
no aprobación de proyectos de

679

legislación climática en, 282-283
restricciones a la exportación de petróleo y gas en, 97-98
y el Protocolo de Kioto, 272-273, 281
Estados Unidos, Cámara de Comercio de, 283
Estambul, 201
estilos de vida, cambios en los, 16, 32-33, 122
estímulo, programa de, 159, 161-162
iniciativas verdes en el, 162
Estocolmo, 226, 253
Estocolmo, Instituto de Medio Ambiente de, 512, 570
Estocolmo, Instituto Internacional de Estudios para la Paz de (SIPRI), 149
estratosfera, dióxido de azufre en la por erupciones volcánicas, 320, 338
véase también Opción Pinatubo
estrellas de mar, 44
estrellas de mar, síndrome de consunción de las, 44
estroncio, 90
etano, 404
etanol de maíz, 297, 299
eucaliptos, 297
eugenesia, como tabú, 342
Europa
emisiones de, 59, 505
«movimiento de las plazas» en, 570
recortes en los programas relacionados con el clima, 144
riqueza en, 148
Evans, Tracy, 307
éxodo planetario, 355
expansión urbana descontrolada (uso extensivo del suelo), 120, 121
extinción de incendios, servicios de, 99, 141, 142
extinciones, 28
extractivismo, 205-235, 542, 563, 565
colonialismo y, 214-215
definición de, 214
poscolonial, 226-230
progresista, 229
sostenibilidad y, 547-548
Exxon, 145, 187, 190, 297, 436, 559
Exxon Valdez, vertido de petróleo del, 376, 415, 417, 523

ExxonMobil, 65, 66, 144, 147, 193, 240, 245, 291, 294, 348, 349, 391
Eyre, Nick, 121

fábricas
créditos verdes (de emisiones de carbono) por, 273-274
readaptación de, 159-160
Fanon, Fantz, 563
Farallon Capital Management, 292, 293 n.
Farley, Joshua, 219
Farrell, John, 131
fascismo verde, 77
fecundación in vitro (FIV), 517
Federación Europea de los Trabajadores del Transporte, 165
FedEx, 74, 259, 262
Feely, Richard, 533
feminista, movimiento, 224, 556-557
Fenberg, Steve, 130
fenómenos meteorológicos extremos, 54, 134-143
Fenton, Cameron, 436
Ferguson, Brian, 429
Ferris, Deeohn, 386
ferrocarriles, 121, 142, 159, 173
de alta velocidad, 165
transporte de carbón en, 291, 444, 478-479
transporte de petróleo en, 383, 399, 409
fertilidad, industria de la, 517-519
fertilidad de los ecosistemas, ciclo de la, 537-538, 546-549
Feygina, Irina, 81
Figueres, Christiana, 251
Filipinas, 140, 143, 341
Finkenthal, Daniel, 258
Flannery, Tim, 222
Fleming, James, 326, 333
flexibilización cuantitativa, 144
Florida, 406
Flounder Pounder, 522, 524
Foley, Jonathan, 81
Fondo Monetario Internacional (FMI), 86, 109
a propósito de un impuesto sobre el carbono, 149
políticas de austeridad promovidas por el, 105

680

Fondo para la Defensa del Medio Ambiente (EDF), 113, 437
fondos fiduciarios de protección del patrimonio colectivo (*heritage trust funds*), 147
Foner, Eric, 559
Food & Water Watch, 247, 438
food miles, 106
Forest Ethics, 309
Foro Económico Mundial en Davos, 146
Forster, E. M., 413
Fort Chipewyan (Canadá), 402
Fort McKay, «primera nación» de, 474
Fort McMurray (Canadá), 422
Fort St. James (Canadá), 467
Fort Worth (Texas), 404
Fortune, 307
fosfato de calcio, 207-210
fotovoltaica, industria, 91
Fox News, 54, 283
Fox, Josh, 271
Fox, Nick, 304-305
fracking (fracturación hidráulica), 14, 81, 98, 125, 167, 184-185, 186, 189, 266-271, 293 n., 296, 297, 310, 353, 381, 384, 438 n., 546, 554
 agua requerida por el, 426
 contaminación de agua para consumo humano por culpa del, 404, 408, 423
 emisiones de metano provocadas por el, 185-186, 267, 270, 374
 en el estado de Nueva York, 389, 444
 exento de ciertas regulaciones de la EPA estadounidense, 403
 falta de crítica desde diversas organizaciones del Big Green, 248-251
 oposición ciudadana al, *véase* movimientos *antifracking*
 ordenanzas locales contra el, 444, 449
 política del EDF con respecto al, 437
 prohibiciones y moratorias al, 428
 propuesta de una prohibición para toda Europa, 434
 regulaciones que permiten el, 187
 riesgo elevado del, 398
 salud infantil y, 525-526
 terremotos y, 404

fracturación hidráulica, *véase fracking* (fracturación hidráulica)
Francia, 272, 561
 condena a EDF (Électricité de France) por espionaje en, 445
 movimiento *antifracking* en, 373-374, 390-391, 412, 428
 ola de calor de 2003 en, 68
 prohibición del *fracking* en, 374, 428
 transporte público en, 142
Fráncfort (Alemania), 128
Frankenstein (Shelley), 343
Fraser, río, 424
Freese, Barbara, 217
Friedman, David, 296
Friedman, Milton, 64, 86
fronteras hipermilitarizadas, 197
Frosch, Robert A., 347
fuerzas armadas estadounidenses, petróleo consumido por las, 147
Fukushima, desastre nuclear de, 176, 332
Fundación de la Familia Walton, 260, 440
Fundación Ford, 247, 440
Fundación Gates, 294
Fundación Grantham para la Protección del Medio Ambiente, 291 n.
Fundación Heritage, 57, 59
fundaciones benéficas, 256-257, 262 n.
 industrias extractivas y, 247
futuros (financieros) climáticos, 22

G-20, cumbres del, 150
gas, empresas del, *véase* industrias extractivas
gas natural, 93, 134, 273
 apoyo de Willett al, 293-294
 beneficios climáticos del, 186 n.
 como combustible puente, 167-169, 263, 266-267, 313, 353
 convencional, 269
 defensa desde varias organizaciones del Big Green, 249-251, 293 n., 294
 fracking y, *véase fracking* (fracturación hidráulica)
 las renovables, desplazadas por el, 167-169, 267-269, 313
 para vehículos, 295
 quema en antorcha de, 376
gas natural, industria del

errores de cálculo estratégicos de la, 389
Sierra Club y la, 247
gases de efecto invernadero, emisiones de, 19, 90, 121, 247, 273, 320
  agricultura globalizada y, 105-106
  boom global del gas y, 185
  coste de las, 146
  desregulación y, 262
  distorsión del mapa internacional de las, 108, 505-506
  efecto acumulativo de las, 36-37, 59, 79, 221, 502-503, 510
  fracking y, 167, 184-185, 267, 271, 374
  incremento de las, 36, 555
  libre comercio y, 108-112
  modelos informáticos de las, 333
  por el transporte marítimo, 104, 107
  reducción de la semana laboral para enjugar el crecimiento previsto de las, 125
  reducción de las, *véase* reducción de las emisiones de carbono
  regulaciones de la OMC y, 98
  responsabilidad de los países por sus emisiones internas, 107-108
  salarios bajos y altas, 110
  véase también emisiones de carbono (o carbónicas)
Gasland, 271, 374
Gass, Heather, 57
gasto social, recortes en el, 21-22
Gates, Bill, 175, 293, 294-295, 313, 315-316, 325, 326, 331, 341, 345, 347, 356
Gauger, Ralf, 132
Gearon, Jihan, 489
Gemmill, Faith, 461
General Electric, 281
General Motors, 93, 245, 262, 276, 347
gentrificación, 200
Geocamarilla, 326, 331
geoingeniería, 80-81, 198, 294, 316, 317-357, 547
  como herramienta puente, 318, 347
  como una forma de doctrina del *shock*, 341-343
  conferencia de la Royal Society sobre, *véase* Royal Society
  ética de la, 342
  ignorancia de la complejidad de la biosfera de la que hace gala la, 330-331, 357, 518-519
  industrias extractivas y, 346-350
  peligros de la, 329-330, 344-345
  percepción pública negativa sobre la, 357
  riesgo moral y, 323
  véanse también Pinatubo, Opción; Gestión de la Radiación Solar
«Geoingeniería: ¿Esa idea aterradora cuya hora ya ha llegado?» (foro), 325
geólogos económicos, 67
Geophysical Research Letters, 404
George, Russ, 331
Georgia, estrecho de, 459
geotérmica, energía, 165
Geraghty, Jim, 75
Gerze (Turquía), 428
Gestión de la Radiación Solar (GRS), 319-322, 328, 331, 341, 348
  «demostración de la inocuidad» como argumento a propósito de la, 335, 336
  imposibilidad de un ensayo preliminar real de la, 333
  Iniciativa para el Buen Gobierno de la (SRMGI), 325
  modelos informáticos de la, 334
  precedentes históricos, buena herramienta predictiva a propósito de la, 335-339
  riesgos geopolíticos desiguales de la, 332, 340
  véase también Opción Pinatubo
Gillette (Wyoming), 422, 423, 486
Gilman, Nils, 237
Gindin, Sam, 160
Gingrich, Newt, 54, 317
glaciares, derretimiento de los, 28, 29, 222
Global Frackdown, iniciativa, 374
globalización, 38, 89
  albor de la, 34
  de los mercados, 59, 115, 217, 506
  del capital, 34
  éxitos de la, 34
Globe and Mail, 292-293, 400, 410
Gobiernos, colusión entre industrias extractivas y, 366-368, 373, 377, 442, 443-450, 464-466

God Species, The (Lynas), 344
God's Last Offer (Ayres), 345
Golden, KC, 375, 394
Goldenberg, Suzanne, 384
Goldman Sachs, 73, 260 n., 433
Gore, Al, 61, 92, 114, 192, 199, 263, 265, 272, 287, 290, 300, 302, 351
Gran Barrera de Coral, 190, 370
Gran Bretaña, *véase* Reino Unido
gran capital, poder del, 41
Gran Depresión, 557, 563
Gran Transición, 119-120, 150
Grandin, Greg, 559
Grantham, Jeremy, 290
Grantham, Mayo, Van Otterloo & Co., 291
Grecia, 572
    denunciada ante la OMC, 90
    políticas de austeridad en, 23, 141, 171, 198
    problemas económicos de, 365-366
    prospecciones de petróleo y gas en, 39, 229
    proyecto de minería en el bosque de Skouries, 361-362, 364-365, 373, 386, 421, 427, 545
    represión gubernamental del movimiento antiminería en, 366, 373
Green Alliance del Reino Unido, 121
Green for All, 123
Greenpeace para el Reino Unido, 461
Greenpeace USA, 249
Greenpeace, 66, 113, 200, 247, 251, 256, 327, 437 n., 438
Greensburg (Kansas), 499-500
Greenwich, Universidad de, 133
Groenlandia, 533
    derretimiento de la capa de hielo continental en, 26, 190, 473
Grunwald, Michael, 162
Grupo Intergubernamental de Expertos sobre el Cambio Climático (IPCC), 51, 59, 89, 101, 107, 108, 112, 185, 192-193, 195
guaraníes, 276
Guaraqueçaba (Brasil), 276
Guardia Nacional, 135
Guardian, The, 66, 140, 192, 268, 384, 426, 447, 470

Guay, Justin, 432
Guerra de las Galaxias, sistema de defensa antimisiles, 331 n.
Guerra Fría, 29, 63, 102, 323
Guerra Mundial, Primera, sacrificio colectivo durante la, 31
Guerra Mundial, Segunda
    programas y políticas sociales a partir de la, 23
    sacrificio colectivo durante la, 31-32, 150
Gulf Restoration Network, 522
Gupta, Sanjay, 527
Guujaaw, 452-454, 470

Haida Gwaii, islas, 453
Haimen (China), 431
Hair, Jay, 113, 239
Haití, 561
Haiyan, tifón, 140, 221, 498
Halliburton, 406
Hällström, Niclas, 508
Halstead Property, 73
Hamas, 362
hambre, 132, 175
hambrunas, 334, 336, 337, 338
Hamburgo (Alemania), 127-129
Hamilton, Clive, 119, 221, 327
Hansen, James, 38, 61, 100-101, 180, 398
Hansen, Wiebke, 128
Harper, Stephen, Gobierno (Canadá), 373, 401, 446, 468
Harter, John, 385
Harvard, Universidad de, 109
Harvard, Universidad de, Facultad de Medicina de la, 138
Hauper, Debbi, 459
Hawking, Stephen, 317, 355
Hawkins, David, 308
Hayes, Chris, 558, 560
Heartland, Instituto, 87, 99, 155, 262 n., 263, 292, 553
    campaña con vallas publicitarias del Centro sobre Finanzas, Seguros y Propiedad Inmobiliaria, del, 72
    conferencias sobre el clima organizadas por el, 52, 53, 57, 62, 63, 65, 74, 83, 85, 86, 122
    financiado por grandes empresas privadas, 65

Sexta Conferencia Internacional sobre el Cambio Climático (ICCC), de 2011, 50, 51, 58, 184
Heathrow, protestas contra la construcción de una nueva pista en, 310
heiltsuk, «primera nación», 416-420, 446
Heinz Endowments, fundación, 269-270
Henderson, Jonathan, 522-524
Hernández Navarro, Luis, 570
Hertsgaard, Mark, 183
HFC-23, gas de efecto invernadero, 274
híbridos, automóviles, 54
hidrocarburos, 296
    metabolización de los, 531
    reservas de, 193
hidroeléctrica, energía, 128, 131, 230
hielo a la deriva, plataformas de, 222
Hillman, Tim, 130
Hiroshima, bombardeo atómico de, 342
Hochschild, Adam, 559
homeostasis, búsqueda de la, 547
Honduras, 355
Hong Kong, 28
hopis, 489
Hoquiam (Washington), 429
hormonas, 517, 521
    alteradores químicos de las, 526, 531, 535, 538
Hornaday, William Temple, 231
Horner, Chris, 50, 52, 66, 284 n., 505
horticultura y jardinería, 125
Houston (Texas), 68
Housty, Jess, 416-417, 420
Howarth, Robert, 185, 271
Howell, lord, 384
Hudson, bahía de, 533
huella de carbono, 105, 185-186, 225, 293, 308, 355
Hugo, Victor, 47
Human Rights Watch, 379
humanos, seres
    como la «Especie de Dios», 343, 356, 485
    y su dominio sobre la naturaleza, 61, 102, 223, 234
Hungría, 102
huracanes, 17, 23, 28, 69 n., 138, 140-141, 496, 500

Ickes, Harold, 361
Idaho Rivers United, 392
Idaho, 391, 455
Idle No More («Nunca Más Inactivos»), movimiento, 468-470, 488
ignorancia arrogante, 330-331
ijaw, nación, 378, 380, 455
Ilustración, 204, 225
impacto ambiental, evaluaciones de, 253-254
imperativo moral
    en el movimiento abolicionista, 567-568
    en el movimiento climático, 413, 474-475, 569
    en el movimiento por la desinversión en combustibles fósiles, 436
    en los movimientos sociales, 566-567, 568-569
Imperial Oil, 187
impuestos, 35, 59, 62, 152, 154
    a las aerolíneas, 311-312
    a las empresas, 35, 150
    a los ricos, 148, 153, 196
    en función de la contaminación, 350
    para financiar la transición, 513
    sobre el carbono, 147, 149, 163, 201, 272, 311, 492, 565
    sobre el lujo, 124
    sobre las transacciones financieras, 149
impuestos sobre el carbono, 146, 149, 163, 201, 272, 311, 492, 565
incendios forestales, 28, 74, 141, 546
incentivos, 33, 176-179
independencia poscolonial, movimientos de, 557, 558
India, 18, 40, 78, 102-103, 111, 118 n., 222, 253
    denunciada ante la OMC, 90, 94, 97, 164
    denunciante ante la OMC, 90
    economía en rápido crecimiento en la, 59, 195
    emisiones de carbono de la, 503, 505
    fábricas de líquido refrigerante en la, 274
    hambre en la, 175
    movimiento anticarbón en la, 430
    riqueza en la, 148
indígenas, pueblos, 93, 228, 250

como presas codiciadas por los *cowboys* del carbono, 275
deuda climática de los países desarrollados con los, 475, 477-490, 501
expulsados de sus propias tierras convertidas en reserva natural, 231, 276
modos de vida de los, 455-456; *véase también* cosmovisión/visión del mundo, regenerativa
oleoductos y, 387-388, 392, 423-424
privados de derechos socioeconómicos, 472-475, 481
trato a los niños en internados dirigidos por la Iglesia (en Canadá), 417, 465
véanse también «primeras naciones»; *pueblos concretos*
Indigenous Environmental Network, 392, 408
individualismo, 55, 69, 79-80, 566-567
industria del carbón, 246, 370
oposición a la, *véase* movimientos anticarbón
poder político y económico de la, 388-389, 395
véase también industrias extractivas
industrias extractivas, 107, 158, 172, 182, 228, 266
accionistas de las, 145, 146, 166, 168, 188-189, 190
acuerdos de libre comercio e, 440-443
agotamiento de las reservas convencionales en las, 381
antiguos amigos convertidos en enemigos de las, 384-385
bloqueo de todo progreso desde las, 144-145, 191-192
colusión de los Gobiernos con las, 366-368, 373, 377, 442, 443-450, 464-466
como factores de perjuicio económico para los demás sectores, 388, 473
comparación entre las tabacaleras y las, 436
crecimiento como medida de las, 168
cultura de la fugacidad de las, 422-423
de propiedad pública, 169
demandas judiciales contra las, 146, 380, 452-453, 456, 464-466, 474

derechos indígenas sobre la tierra e, *véase* derechos de los pueblos indígenas sobre sus tierras
desconfianza de la ciudadanía en las, 405-406, 409, 411
donaciones a organizaciones ecologistas de las, 245-246, 268-269
ecológica y socialmente responsables, 547
geoingeniería e, 346-350
haciendo caso omiso de la ecología local, 363-364
infraestructuras de las, 387-398
instinto de conservación de las, 192, 314
inversiones de multimillonarios en las, 293-296
laxitud de la regulación de las, 168, 406-407, 409-410
movimiento por la desinversión en combustibles fósiles e, 257, 433-440, 448, 493, 494
nacionalización de, 169, 557
necesidades hídricas de las, 425
negocio y la rentabilidad económica como imperativos en las, 144-145, 164, 168, 191, 314, 406
nuevas tecnologías desarrolladas por las, 187-188, 314, 381
oposición desde movimientos de base a las, 375*-381; *véanse también* Blockadia; movimiento climático
poder económico y político de las, 192, 194, 463-466, 472-475, 491-492, 495, 566
presión política de las, 192-193
proyectos de formas extremas de obtención de energía a cargo de las, 363, 373, 374, 387-411, 546
regulaciones de las emisiones, bloqueadas por las, 250
riesgo elevado en las, 3989, 407
Steyer desinvirtiendo en, 292
subvenciones para las, 96, 149, 153, 165, 513
tasa de sustitución de reservas de las, 189
vertidos y accidentes en las, 405-411
victorias iniciales contra las, 427-433
y el principio de que «quien contamina paga», 143-154, 253

y financiación de los negacionistas del cambio climático, 65-66, 192
y las organizaciones del Big Green, 239-251
zonas de sacrificio para las, 218-219, 381-387
véanse también combustibles fósiles
infertilidad humana
daños al medio ambiente e, 521-522, 525-528
estrés e, 535-536
infertilidad de la vida marina
cambio climático e, 531-532
vertido de BP e, 528-531
Informe Stern (sobre «la economía del cambio climático»), 96
infraestructuras
de transporte, 115, 162, 165, 392, 421, 455; *véase también* ferrocarriles
energéticas, 39
inversión en, 142, 557
urbanas, 73, 159
infraestructuras públicas, 35, 36
Ingraffea, Anthony, 267
Iniciativa Global Clinton, reunión anual de 2006, 288
inmigración, 70, 200
Institute for Policy Studies, 280
Instituto Ayn Rand, 57
Instituto Breakthrough, 81
Instituto Cato, 51, 52
Instituto Estadounidense del Petróleo, 283
Instituto para el Estudio de los Mamíferos Marinos (IMMS), 531
Instituto Tecnológico de Georgia, 530
Instituto Tecnológico de Massachusetts (MIT), 25, 233
Instituto Tellus, 125
Intellectual Ventures, 324, 326, 356
Intervale, 497
intervencionismo estatal, 62, 63, 224, 252-254
necesidad de, 77-78
inuit, 460
inundaciones, 28, 99
austeridad presupuestaria e, 139-140
oportunidades de negocio con las, 22-23
inupiat, 461

inversión
en industrias extractivas, 293-295, 433
en infraestructuras, 142, 557
socialmente responsable, 494
véase también movimiento por la desinversión en combustibles fósiles; tecnología verde, inversión en
Irán, 557
Irene, huracán, 141, 497
Isaacs, Mark, 212
Ishpingo, yacimiento petrolífero de, 504
Islandia, 302
Italia, 281
Ithaca (Nueva York), 389
Ithaca College, 389
izquierda
cambio climático y la, 88
extractivismo e, 225-230
instituciones tradicionales de la, 203
potencial político del cambio climático, ignorado por la, 201

Jackson, Tim, 124
Jackson, Wes, 536-537, 538-539, 547
Jacobin, 125
Jacobson, Mark Z., 133, 134, 177, 268
Jacques, Peter, 57
James, William, 317
Japón, 94, 95
Jawaharlal Nehru, Misión Solar Nacional, 90
Jenkinson, Robert, 218
Jevons, William Stanley, 47
Johnson, Lyndon B., 100, 323
Jonah, yacimiento, en Wyoming, 268-269
Jones, Van, 200
Jordan, John, 495
Jost, John T., 81
Journal of Geophysical Research, 334, 404
JP Morgan, 268
Juhasz, Antonia, 145
Junta Energética Nacional (Canadá), 445
justicia climática *véase* deuda climática
justicia económica, 23, 83, 122, 125
véase también deuda climática
justicia medioambiental, 123, 199
véase también deuda climática
justicia social, 55, 82-83, 85-86, 152

Kaczynski, Ted, 61
Kahan, Dan, 55-56, 79-80
Kaiama (Nigeria), 378, 379
Kaiama, Declaración de, 378
Kakarapalli (India), 430
Kalamazoo, río, 407, 408, 416
Karoo (Sudáfrica), 426
Kartha, Sivan, 477, 570
Kasser, Tim, 84
Katmai, erupción del (1912), 337, 338
Katrina, huracán, 23, 69 n., 137, 500, 570
KC Golden, 394
Kearl, mina a cielo abierto de, 187, 190
Keeter, Scott, 54
Keith, David, 308, 316, 325, 326, 331, 335, 339, 345, 347
Kenia, 143, 253
Kennedy, Robert, Jr., 437 n.
Kentucky, 388
Kernza, 539
Kerry, John, 53, 280
Keynes, John Maynard, 225
keynesianismo, 58, 102, 163
 crecimiento y, 225
Keystone XL, oleoducto, 180-182, 192, 247, 256, 296, 306, 372, 383
 acuífero de Ogallala, atravesado por el recorrido del, 425
 campaña contra el, 370-372, 375, 392, 398, 441, 495
 demandas judiciales de los propietarios de tierras contra el, 385
 derechos indígenas sobre la tierra vulnerados por el, 460
 ley de expropiación por «dominio eminente» y, 444
Khor, Martin, 105
Kibale, parque nacional de, 277
Kilimanjaro Energy, 307
killi, el vertido de petróleo de BP y los peces, 530
Kinder Morgan, 269-270
King, Jeff, 486-487
King, Lucas, 488
King, Martin Luther, Jr., 551, 556-557, 562
Kintisch, Eli, 325
Kitimat (Canadá), 372
Kivalina (Alaska), 146

Klare, Michael T., 393
Klaus, Václav, 63
Klein, Naomi (autora)
 crisis de fertilidad de, 516-522, 524, 534-536, 541
 desesperanza ecológica de, 515-516
 embarazo y nacimiento de su hijo, 515, 539, 549
Kliegerman, Stephen G., 73
Knight, Alan, 306, 309, 314, 316
Koch, Charles y David, 65, 66, 283
Koch Industries, 65
Koenig, Kevin, 504
Koonin, Steven, 348
Krupp, Fred, 239, 258, 259-260, 281, 283, 284, 285-286, 437 n.
Kuwait, 382

laboratorios de ideas (*think tanks*)
 conservadores, 57
Laboucan-Massimo, Melina, 396
Labrador, 428
Lac-Mégantic (Canadá), desastre de, 383, 408, 409-410
LaDuke, Winona, 542
Laki, erupción del, 337
lakota, nación, 460-461
Lame Deer (Montana), 480, 486
Lameman, Al, 464-465
Lameman, Crystal, 465
Lamkin, John, 523
Lancaster, 218
Land Institute, 536, 538, 539
Lander, Edgardo, 447
Lane, Lee, 348
Lang, Chris, 278
langostinos, el vertido de BP y los, 529
largo plazo, planificación a, 126, 162-164
 empleos y, 164-167
 energética, 167-176
Lasch, Christopher, 152
Latour, Bruno, 343
Laval (Canadá), 384
Lawson, Nigel, 62
Lawyers' Committee for Civil Rights Under Law (Comité de Abogados para la Defensa Jurídico-Legal de los Derechos Civiles), 386
Leard, Bosque Estatal de (Australia), 370

Lee, Marc, 147
Leeds, Universidad de, 162
legislación medioambiental, 182, 193-194
Lehrer, Eli, 72, 292
Leidreiter, Anna, 129
Leopold, Aldo, 232
Levitt, Steven D., 324-325, 335
Lewis, Wayne, 89
Ley de Calidad del Agua, 252
Ley de Calidad del Aire, 252
Ley de Conservación y Recuperación de Recursos, 252
Ley de Control de Sustancias Tóxicas, 252
Ley de Especies en Vías de Extinción, 252
Ley de la Energía Verde y la Economía Verde (Ontario, Canadá), 92-95
Ley de Limpieza del Aire de Canadá, 252, 479
Ley de Parques Naturales, 252
Ley de Pesca de Canadá, 252
Ley de Política Medioambiental Nacional, 252
Ley de Protección de las Aguas Navegables, 468
Ley de Protección de las Aguas Navegables (Canadá), vaciado masivo de las garantías incluidas en la, 468
Ley de Protección de los Mamíferos Marinos, 252
Ley de Ríos Salvajes y Paisajísticos, 252
Ley del Agua, de Canadá, 252
Ley del Agua Segura para Beber (Estados Unidos), 252, 403
Ley del Superfondo, 252
Ley del Superfondo, de 1980, 252
Li Bo, 431, 432
liberales (de centro-izquierda), el cambio climático y los, 86, 200
liberalismo económico, *véase* ideología del libre mercado
Libertad de elegir (Friedman), 64
libre comercio, acuerdos de, 20, 58, 110
    como amenaza a la democracia, 440-443
    envío de mercancías a largas distancias y, 60, 262
    movimiento climático frente a, 89-126, 564
    responsabilidad frente a, 69
    y multiplicación de las emisiones, 108-112
libre comercio en Asia, zonas de, 34
libre mercado, ideología del, 40, 84, 88, 89-126, 158, 219, 350, 359, 570
    amenazada por el cambio climático, 60-64
    capacidad de respuesta e, 99-100
    desastres e, 140
    e imaginación de las élites, 198, 234
    impacto de la desigualdad y la corrupción en la, 571
    incremento del cambio climático por culpa de la, 78-79, 506
    Instituto Heartland e, 53
    reducción de las emisiones de carbono e, 37
    «remunicipalización» e, 130
    subvenciones a las empresas energéticas e, 97
    y la incapacidad de decir no a las grandes empresas, 155, 162-163, 182-195
«Liderazgo en Energía y Diseño Ecológico» (programa LEED), 499
Liepert, Ron, 383, 429
Lifton, Robert Jay, 80
líneas de suministro, alargamiento de las, 104
Lipow, Gar, 148
Little Red, 301
Liverpool, 218
Living in Denial (Norgaard), 566
lluvia ácida, 254, 259, 272
«Lobo que Reza» (James Jewell Praying Wolf), 397
Londres, 28, 40, 218, 510
Lone Pie Resources, 441
Longueuil (Canadá), 384
Los límites del crecimiento (Club de Roma), 233-234, 259
Losing Ground (Dowie), 113, 253
Love Canal Homeowners Association, 258
Lovell, Evan, 298, 299
Lovelock, James, 288
Lubicon, «primera nación» del lago, 396
lugares concretos, amor por los, en los movimientos de Blockadia, 415-450
Luisiana, 239, 388, 406, 521, 529

Lukacs, Martin, 470
Lula da Silva, Luiz Inácio, 226
lummi, nación, 396-397, 455, 460, 478
luz solar, reflexión de la, *véase* Gestión de la Radiación Solar
Lynas, Mark, 343
Lynchburg (Virginia), 410

Maccario, Paolo, 91, 92, 94, 95
MacDonald, Christine, 237
Madagascar, 275, 276
Madre Tierra [*véase* concepto de la Tierra Madre y las «madres Tierra»]
Madrid, 201
Maegaard, Preben, 172
Magna, 94
Maher, Bill, 177
Maine, 533
malaria, 143
Malawi, agroecología en, 175
Maldivas, 28
Mali, 334
maliseet, «primera nación», 456
Malm, Andreas, 109, 110, 217, 484
«Mamá» Jones, Mary Harris, 451
Manchester (Inglaterra), 218, 369, 510
Manhattan, Proyecto, 342
manipulación del clima *véase* geoingeniería
Mann, Michael, 78, 140-141
Manne, Robert, 61
mano de obra/trabajadores
  barata, 109-112
  en el sector público, 201
  en la Revolución Industrial, 217
  organizada en cooperativas, 160-161
Manuel, Arthur, 451-453, 470
Mao Zedong, 51, 225
máquinas succionadoras de carbono, 295, 304, 305, 315-316, 319, 325, 344, 355
mar, niveles del, 27, 334
Marcellus, formación de esquistos de, 384, 404
mareomotriz, energía, 165
Marine Stewardship Council, 261
marismas, daño de la industria extractiva a las, 522
Marom, Yotam, 196-197
Marshall, Donald, Jr., 456

Marshall, George, 265-266
Marshall, sentencia, 456, 459
Marte, «terraformación» de, 354, 355
Martínez Alier, Joan, 253
Martínez, Esperanza, 222, 228, 374, 501-502
Marx, Karl, 223-224
materialismo, 41, 84
matsé, pueblo, 275
Maules Creek (mina en construcción), 370
Maxmin, Chloe, 435
May, Brendan, 309 n.
McCartney, Paul, 369
McClendon, Aubrey, 384, 438
McCright, Aaron, 67-68
McDonald's, 245, 259
McIntosh, Alastair, 262-263
McKibben, Bill, 180, 181, 191, 435, 497
Means, Landon, 485
medios de comunicación
  control de las élites sobre los, 33, 454
  negación del cambio climático y, 52-53
medios sociales, en los movimientos de Blockadia, 373, 571
Meeting Environmental Challenges (Kasser y Crompton), 84
Melbourne (Australia), 546
Melbourne, Universidad de, Instituto de Investigación Energética de la, 134
Men's Health, 526
mercado inmobiliario
  infraestructura contra desastres y, 73
  tras el paso del huracán Sandy, 23, 293 n.
mercados
  expansión de los, 217
  límites de los, 176-179, 183
  naturaleza cíclica de los, 280
  véase también ideología del libre mercado
mercados de carbono, 263, 272-281, 290
  fracaso de los, 279-280, 313
mercados financieros, inestabilidad de los, 35
mercados mundiales, liberalización de los, 36
Merchant, Carolyn, 485
Merchants of Doubt (Oreskes y Conway), 63

mercurio, 222, 253
Merkel, Angela, 176, 179, 182, 272-273
Mesoamérica, 538
metano, 29, 185, 267, 270-271, 277, 374
    en el agua de grifo, 403-404, 408
meteorológicas, modificación intencional
    de las pautas como arma, 323, 342-343
    véanse también Opción Pinatubo;
        Gestión de la Radiación Solar
meteorológicas, pautas
    calentamiento global y, 332
    erupción del Pinatubo y, *véase*
        Pinatubo
    registro histórico de las, 335-341
    variaciones en las, 333
métis (grupo étnico canadiense), 456
México, 110, 253
    levantamiento zapatista en, 230
México, golfo de, 399, 405, 407, 521-522,
    528, 530, 535
    véase también desastre de la plataforma
        Deepwater Horizon de BP
Meyer, Alden, 251
Miami, Universidad de, 493
Michaels, Patrick, 51, 52, 65, 68, 69
Michigan, reventón de un oleoducto de
    Enbridge en, 407-408, 416
micmac, pueblo, 368, 373, 456-459, 468
Microsoft, 295, 324
Mill, John Stuart, 225
Millennium Pipeline, 390
Miller, Colin, 201
Millón de Empleos Climáticos, Un (One
    Million Climate Jobs), en Sudáfrica,
    166
Mills, Christina, 385
minería, 122 n., 218, 222
    a cielo abierto, 228, 365, 399, 404, 428,
        545
    de remoción de cimas, 373, 380, 381,
        405, 434-435
minería del carbón, 187, 489
    como contaminante del agua para
        consumo humano, 408-409
    en la región de los Apalaches, 380, 434
    en Montana, 393, 421, 425, 455, 477-
        483, 486, 488, 545
    por la técnica de la remoción de cimas,
        14, 373, 380, 381, 404-405, 434

Minisink (Nueva York), 390
Minneapolis, 131
Minnesota, 43
Minnesota, Universidad de, Instituto del
    Medio Ambiente de la, 81
Misisipí, 529
Misisipí, río
    inundaciones de 2011 en el, 15
    sequía de 2012 en el, 15
Mitchell, Stacy, 261
Mobil, 240, 242
modelos informáticos (o por ordenador)
    del cambio climático, 334
Mohit, Nastaran, 135, 136-137, 138
Mojave, Estación Generadora, 489
Molina, Patricia, 229
Monbiot, George, 447
Mongolia Interior, Región Autónoma de,
    369-370
Monsanto, 23, 175, 245
Montana, 391, 455
    Departamento de Calidad
        Medioambiental de, 488
    Junta Estatal de Tierras de, 478
Monterey, formación esquistosa de,
    426
Montreal (Canadá), 384
Montreal, Maine & Atlantic (MM&A),
    compañía ferroviaria, 409
monzones, 331, 333, 338, 354
Morales, Evo, 227, 228
Morano, Marc, 50, 51, 52, 53, 66
Morton, Oliver, 320
Mosadeq, Mohamed, 557
Moses, Marlene, 89, 551
Mossville (Luisiana), 526-528
Movement Generation, 548
Movimiento para la Supervivencia del
    Pueblo Ogoni (MOSOP), 376
movimiento sindical, *véase* sindicatos
Movimiento Unificado Campesino del
    Aguán, 277
movimientos sociales, 112, 158, 161, 223-
    224, 255-256, 552, 556-561, 563-565,
    568-569
Mozambique, 561
Mueller, Tadzio, 179
Muir, John, 231, 264
Mukherji, Joydeep, 452-453

multinacionales, grandes empresas
  desarrollo orientado a las exportaciones y las, 111, 506
  y la búsqueda de la mano de obra más barata, 110
mundo desarrollado
  deuda climática del, 475, 477-478, 501-513, 561
  emisiones de carbono del, 60, 102, 108, 504-505
  topes de emisiones en el, 272
  transferencia de culpas hacia los países en vías de desarrollo desde el, 111
mundo en vías de desarrollo, 102-103, 144, 227, 318
  acceso comercial al, 114-115
  deuda climática contraída con el, 18, 20, 59-60, 475, 501-513
  deuda climática, excusa para contaminar argüida desde el, 506
  emisiones de gases de efecto invernadero del, 108, 110-111, 503, 504, 505
  pobreza en el, 60, 78, 118 n., 226-229, 502, 511, 513
  tecnologías verdes para el, 104, 115
  y la transición hacia una economía baja en emisiones, 512
Múnich (Alemania), 128
murciélagos, desaparición de, 44
Murdoch, Rupert, 54
Myhrvold, Nathan, 324, 326, 332, 341, 345, 347

naciones industrializadas, *véase* mundo desarrollado
naciones posindustrializadas, 107-108, 171, 223-224
«naciones, primeras»
  en campañas antioleoductos, 418, 424, 449
  quejas por la contaminación presentadas por las, desestimadas por el Gobierno, 401
  sistemas hídricos de las, 472
  véanse también pueblos indígenas; *pueblos concretos*
Naciones Unidas (ONU), 149
  Bloomberg, nombrado enviado especial sobre las Ciudades y el Cambio Climático de las, 294
  cumbres del clima de, 254
  Departamento de Asuntos Económicos y Sociales de, 143-144
  Grupo Intergubernamental de Expertos sobre el Cambio Climático (IPCC), 51, 59, 89, 101, 107, 108, 112, 185, 192-193, 195
  Mecanismo para un Desarrollo Limpio (MDL) de, 273, 280
  relator especial sobre el Derecho a la Alimentación de, 174
Nagasaki, bombardeo atómico de, 342
Narain, Sunita, 127
NASA, 195
  fotografías de la Tierra desde el espacio, 28
  Instituto Goddard de Estudios Espaciales de la, 38, 100
NatCen Social Research, 153
Nation, The, 246 n., 516
National Audubon Society, 113
National Geographic, 174, 213
National Toxics Campaign, 258
National Wildlife Federation, 113, 232, 239, 281, 479, 483
nativo-americanas, cosmologías, 232
Natural Resource Partners, 429
naturaleza
  ciclo de fertilidad de la, 537, 546-549
  derechos legales de la, 542-545
  energía del vapor como modo de liberarse de la, 218-220
  respuesta diferida de la, 221-222
naturaleza líquida, 278-279
Nature, 56, 320
Nature Climate Change, 357
Nature Conservancy, 239-245, 257, 260, 262, 264 n., 281, 291 n.
  actividades de extracción de petróleo y gas a cargo de la, 240-241, 257, 268
  apoyo al *fracking* desde, 268, 269
  compensación de emisiones de Paraná y la, 276
  Consejo de Colaboración Empresarial de la, 245
Nauru, 205-207, 222, 235, 275 n., 382
  centro de detención extraterritorial de

refugiados establecido por Australia en, 211-212
fosfato de calcio en, 207-210
independencia de, 208
navajos, 489
Navarro Llanos, Angélica, 17-18, 20, 60, 502
Nave Espacial Tierra, 352
NBC, 53
Nebraska, 495
negacionismo del desastre, 73
Negro, mar, 428
Nelson, Dexter, 445 n.
Nelson, Gaylord, 196
neoliberalismo, 58, 63, 99-100, 170, 171, 198, 202, 571
neuropatía, 535, 536
New America, Fundación, 325
New Deal, 23, 556, 557, 565
New Era Colorado, 130
New Era Windows Cooperative, 161 n.
New New Deal, The (Grunwald), 162
New York Times Magazine, The, 209
New York Times, The, 134, 214, 267, 409
New Yorker, The, 244, 289
New Yorkers Against Fracking, 267
Newton, Isaac, 317
Nexen, 306
nez percé, tribu de los, 392, 455
Nicaragua, 428 n.
Níger, 334
Níger, delta del, 375
  extracción de petróleo en el, 273, 375-380, 440
  represión del Gobierno contra los movimientos antipetróleo en el, 247, 379
Nigeria, 338, 375, 376
  agitación política en, 378-379, 440
  emisiones de carbono de, 273, 376-377
  herencia colonial de, 455
Nilo, río, relación entre las erupciones volcánicas y el, 337
Nilsson, David, 275
Niño, El, 320
niños, impacto de las toxinas ambientales en, 524-526
Nixon, Richard, 162
Nixon, Rob, 341

Nocera, Joe, 398
Nompraseurt, Torm, 395
Norgaard, Kari, 566
Noroeste-Pacífico (región de América del Norte)
  terminales portuarias para la exportación de carbón proyectadas en, 393, 396, 425, 429, 455, 459
  valores ecológicos del, 393
Norse Energy Corporation USA, 449
Norte Global, 70, 386
  véanse también mundo desarrollado; naciones posindustrializadas
North Vancouver (Canadá), 397
Northern Gateway, oleoducto, 445, 468
  campaña contra el, 372, 415-421, 423-424, 449, 451, 467
  Comisión Conjunta de Estudio del, 415-421, 446, 449
  coste del, 491
Norton, Oliver, 320
Noruega, 131, 226
npower, 192
NRDC (Natural Resources Defense Council), 113, 150, 247, 256, 266, 268, 281, 308-309, 399, 439
  campaña Move America Beyond Oil, del, 288, 288
Nube Roja, Centro de Energías Renovables, 486-487
«Nube Roja» (Henry Red Cloud), 40, 483-485
nuclear, energía, 80, 81, 128, 153, 170, 249, 252, 256
  abandono gradual en Alemania de la, 128, 176-178
  tecnologías de «nueva generación» para la, 177 n., 294
  tras Fukushima, 176
nuclear, holocausto, 29-30
Nuestro Hamburgo-Nuestra Red, coalición, 127
nueva Atlántida, La (Bacon), 329
Nueva Escocia, 456
Nueva Gales del Sur, movimiento anticarbón en, 370, 462
Nueva Inglaterra, 540
Nueva Jersey, el huracán Sandy en, 76, 498
Nueva Orleans (Luisiana), 137, 521

Nueva Revolución Verde, 175
Nueva York, 28, 87, 135-139, 201
   Bloomberg como alcalde de, 293
   infraestructuras contra desastres en, 73
Nueva York, estado de
   fracking en el, 389
   huracán Sandy en el, 76, 497
   moratoria sobre el *fracking* en el, 428
   ordenanzas municipales *antifracking* en el, 444, 449
   plan de energías renovables para el, 134
Nueva York, Universidad de, 81
Nueva Zelanda, 207, 329, 357
Nuevo Brunswick
   campaña *antifracking* en, 367-368, 455, 458-459, 467
   conflicto con los derechos indígenas en, 456-459
   explosión de un tren de transporte de petróleo en, 410
Nuevo Partido Democrático (Canadá), 55

Obama, Barack, 26, 283, 482, 506
   agenda en política medioambiental, 66, 153-154, 157-158, 182-183
   apoyo a los biocombustibles por parte de, 51
   ley de sanidad de, 138, 163, 194, 283
   respuestas a la crisis financiera por parte de, 157-164
   «todas las opciones», política energética de, 38, 372, 375
   y el Keystone XL, 181, 495
   y la industria de los combustibles fósiles, 182
océanos/mares, 221
   acidificación de los, 209, 321, 532
   fertilización con hierro en los, 318, 319, 331, 344
   zonas muertas en los, 537
   véase también vida marina
obsolescencia programada, 121-122
Occupy Sandy, 136, 137, 499
Occupy Wall Street, 197, 258, 570
Oceana, 406
O'Connor, John, 401-402
Oficina de Administración de Precios (Estados Unidos, Segunda Guerra Mundial), 151

Oficina Federal de Seguridad y Vigilancia del Cumplimiento de la Normativa Medioambiental (Estados Unidos), 409
Ogallala, acuífero de, 425
ogoni/Ogoniland, 376, 377, 379, 455
Oil Change International, 150
Oil Sands Leadership Initiative (OSLI), 306
Oilwatch, 380
Ojo, Godwin Uyi, 377, 379
okanogan, reclamación de la titularidad de sus tierras, 452
oleoductos, 182, 201, 429, 433, 445, 507, 546
   como amenaza común, 388
   pueblos indígenas y, 388, 392, 423-424
   valor público de los proyectos de energías renovables frente al de los, 491-492
   véanse también proyectos de oleoductos concretos
11-S, ataques del, 19, 87
O'Neill, Gerard, 354
Ontario, 79, 92-97, 131, 164
   aranceles de introducción de renovables en, 92-93, 173
   sector de las energías renovables en, 91-95
Oomittuk, Steve, 461
Operación Cambio Climático, 378
oposición, movimientos de, 23
   véanse también Blockadia; movimiento climático
Oregón, 393, 532
Oreskes, Naomi, 63
Organización de las Naciones Unidas, 107
Organización Internacional del Trabajo, 165
Organización Mundial de la Salud, 432
Organización Mundial del Comercio (OMC), 17, 31, 34, 58, 90, 95, 96, 97, 103, 104, 108, 114, 164
   impugnadora de programas y políticas de energías verdes, 90, 95-100, 164
Organización para la Cooperación y el Desarrollo Económico (OCDE), 149
Organización peruana de defensa de los derechos humanos (RedGe), 106
organizaciones del ecologismo

convencional, grandes (Big Green), 36, 114, 117-118, 262
  Blockadia y las, 437-440, 495
  creadoras de la USCAP, 282
  críticas con la idea de deuda climática por considerarla tóxica desde el punto de vista político, 508
  defensoras de una estrategia proempresa, 245-246, 258-263, 266, 269
  defensoras del gas natural, 248-251, 266-271
  defensoras del patriotismo como mensaje central, 81
  inversoras en el negocio energético, 245-246
  minimizadoras de la importancia de las energías renovables, 249
  y el comercio de derechos de emisiones de carbono, 272-281
  y el debate sobre el cambio climático, 247-251
  y los derechos indígenas sobre la tierra, 475
  y sus estrategias como *insiders* del poder, 254, 256-257
organizaciones ecologistas, la geoingeniería y las, 327, 345
organizaciones no gubernamentales (ONG), 445
  geoingeniería y, 326-327, 346
oro, minería del, 365
Orwell, George, 127
osos polares, 533
ostras, 529-530, 532
Osuoka, Isaac, 378-379
Otter, arroyo (Montana), 396-397, 478, 488
ozono, disminución de la capa de, 31

Pacala, Stephen, 148
Pacífico Sur, 206
Pacífico, acidificación del océano, 532-533
Paine, Tom, 386
Países Bajos, 28, 131
  movimiento *antifracking* en los, 428
  movimiento por la desinversión en combustibles fósiles en los, 435
Palin, Sarah, 13

palmas aceiteras, plantaciones de, 277
Papanikolaou, Marilyn, 444
Papúa Nueva Guinea, 250, 275
Paradise Built in Hell, A (Solnit), 87
paraísos fiscales, cierre de, 149
Paraná (Brasil), 276
Parenti, Christian, 70, 233
Parfitt, Ben, 167
París, transporte público en, 142
Park, fundación, 440
Parkin, Scott, 364
parques naturales, sistema federal de, 253-254
Parr, Michael, 283
partículas, contaminación de, 223
Partido Comunista de China, 172
Partido Conservador (Canadá), 54
Partido Demócrata (Estados Unidos), 54, 113, 182, 196, 292
  cambio climático, aceptado como realidad por una mayoría del, 54
  negacionistas del cambio climático en el, 67
Partido Liberal (Canadá), 55
Partido Republicano de Estados Unidos, 54, 162, 182, 254
  y negación del cambio climático, 53, 54, 67, 500
Partido Verde (Nuevo Brunswick), 367-368
passamaquoddy, «primera nación», 456
Patel, Raj, 175-176
Patles, Suzanne, 467
Paulson, Henry, 71
Peabody Energy, 481
Pekín, 33, 39, 112, 432
«Pelo Trenzado» (Vanessa Braided Hair), 487
Pelosi, Nancy, 54
Pendleton (Oregón), 392
Peninsula Hospital Center, 136
Pensacola (Florida), 529
Pensilvania
  contaminación del agua en, 404
  fracking en, 439 n.
  Oficina de Seguridad Interior de, 445
Pensilvania, Universidad Estatal de, Centro para la Ciencia de los Sistemas Terrestres de la, 78

perforación en aguas profundas, *véase* plataformas petrolíferas, de perforación en aguas profundas
perforaciones en el Ártico, 182
    accidentes relacionados con, 408, 409
    elevado riesgo de las, 399
    oposición indígena a las, 461
    propuesta de prohibiciones/moratorias a las, 434
    protestas de Greenpeace contra las, 369
perjuicio económico: industrias extractivas como factor de, para los demás sectores, 388-389, 473-474
Perlas, delta del río de las, 111
permafrost, 222
Perú, 106, 275
pesquerías diezmadas, 28
Petrobras, 169
PetroChina, 169
petróleo, 134, 167, 268
petróleo, industria del, 246-247
    poder político y económico de la, 388-389
    propiedad pública de la, 169
    y caída en la producción convencional, 189-190
    véase también industrias extractivas
Petterson, James, 243
Pew Research Center for the People & the Press (Centro de Investigaciones Pew para la Ciudadanía y la Prensa), 54
Phillips, Wendell, 568
Pickens, T. Boone, 295, 296, 313
Pierre, mina del río, 466
Piketty, Thomas, 148, 198
Pinatubo, erupción del (1991), 320, 324, 335, 336, 339, 345
Pinatubo, Opción, 320, 321-324, 339
    consecuencias en forma de hambrunas y sequías de la, 334, 344
    problema de interrupción de la, 321
    y su afectación a la generación de energía solar, 321
    y su afectación a los patrones meteorológicos, 322-323, 331, 334
Pine Ridge, reserva de, 483, 487
Pittsburgh (Pensilvania), ordenanza sobre los derechos de la naturaleza en, 544
plagas, brotes de, 28

«Plan ganador: papel de la filantropía en la lucha contra el calentamiento global», 249
Plan Pickens, 295, 296
planificación de largo alcance, *véase* largo alcance, planificación de
plataformas petrolíferas, 37, 108-109, 186
    de perforación en aguas profundas, 14, 183, 369-370, 381, 399
    levantamiento de límites a las, 187
    véanse también perforaciones en el Ártico; desastre de la plataforma Deepwater Horizon de BP
plomo, partículas de, 253
población, 28, 148 n.
pobreza, 20, 35, 85, 114, 144, 150, 154, 174-176, 201, 223, 422, 558-559, 562
    consumo y, 121
    en el mundo en vías de desarrollo, 60, 78, 118 n., 226-229, 502, 511, 513
    energías renovables y, 481, 490
    industrias extractivas y, 229, 510-511
poder local, 127
Point Carbon, 281
Point Hope (Alaska), 461
Policía Montada del Canadá, Real, 368
Policy Implications of Greenhouse Warming, informe, 347
Polis, Jared, 385
políticos, evasión de responsabilidades por parte de los, 26, 154
Polonia, 102, 186, 250, 281
Pooley, Eric, 259, 260
Pope, Alexander, 547
Pope, Carl, 295, 438 y n.
populismo, 152
portacontenedores, buques, 104, 107
Powder, minas de carbón en la cuenca del río, 393, 397, 423, 486
Power Past Coal, 429
precaución, principio de la, 412-413
precios, controles de, 162-163
preferencia local en la contratación de trabajadores, 123
Premier Gold Mines, 470
presupuesto colectivo de carbono, 197
presupuestos militares, 149
PricewaterhouseCoopers, 29
Primavera Árabe, 23, 570

Primavera silenciosa (Carson), 233, 251
Primera Cumbre Nacional de Liderazgo Medioambiental de las Personas de Color (Estados Unidos), 256
Princeton, Instituto Medioambiental de, 148
Princeton, Universidad de, Iniciativa de Mitigación del Carbono de la, 148
Príncipe Guillermo, estrecho del, impacto del vertido de petróleo del *Exxon Valdez* en la zona del, 415-417, 523
privatización, 22, 58-59, 99
 como licencia para robar, 198
 de la respuesta a los desastres, 73-74
 de las economías del antiguo bloque soviético, 34
 del sector público, 35
 desprivatizaciones, 58-59, 126, 127-135
 disminución de servicios por culpa de la, 166
 e inversiones en infraestructuras, 142
Prize/Historia del petróleo, The (Yergin), 382
Proceedings of the National Academy of Sciences, 108, 270, 403 n.
producción local, 20, 93-96, 98, 104, 115-116
 de alimentos, 121, 174, 277, 496-497
Programa de las Naciones Unidas para el Medio Ambiente (PNUMA), 336
«Programa para la sostenibilidad energética», 266
programas y políticas de energías verdes, ataques desde del derecho mercantil internacional contra los, 90, 94-95
programas y políticas sociales, 24, 154-155
 recortes en los, 21-22
propano, 404
Prosperity Without Growth (Jackson), 124
protección contra las condiciones meteorológicas adversas, 124
proteccionismo, 90, 113
Protocolo de Kioto (1997), 95, 103, 105, 108, 192, 210, 272, 273
Protocolo de Montreal contra la disminución de la capa de ozono, 274
Public Accountability Initiative, 269
Public Citizen, 109, 266
 Global Trade Watch, división de, 442

Pungesti (Rumanía), movimiento *antifracking* en, 367-368, 427, 496

Quebec, 384
 movimiento *antifracking* en, 374, 384, 428, 441
 moratoria sobre el *fracking* en, 98, 374, 428
 movimientos de oposición en, 23, 570
Queensland, 44, 370
quema en antorcha de gas natural, 273, 376
«quien contamina paga», principio de que, 33, 34

racionamiento en tiempo de guerra, 150-151
racismo
 medioambiental, 256, 526
 zonas de sacrificio y, 381-382, 386
Rainforest Action Network, 247, 364, 438
Rakotomanga, Cressant, 276
Ramirez, Debra, 527
Rand, Ayn, 64
Rangnes, Margrete Strand, 109
Rasch, Phil, 326
Raytheon, 22
Read, Joe, 75 n.
Reagan, Ronald, 58, 152, 254-256, 286, 331 n.
reaseguros/reaseguradoras, 23, 292
rebelión de Atlas, La (Rand), 64
recomunalización, 127-135
recortes fiscales, 58, 99
recuperación mejorada de petróleo (EOR), 307-308
recursos, consunción de los, 552
Red Hook (Brooklyn), 137 n., 497-498
Red Indígena sobre Economías y Comercio, 451
REDD-Monitor, web, 278
redes eléctricas inteligentes, 142
redes eléctricas, 121, 159, 173
RedGE, 106
reembolsos fiscales, 153
refrigerante, 274
regulación estatal
 corrupción en la, 410
 laxitud de la, 406-407, 409

Regulador Energético de Alberta, 402
Reilly, John, 25
Reino Unido, 192, 216, 279, 281
   apoyos al recorte en energías renovables en el, 144
   aspectos negativos de las privatizaciones en el, 166
   carrera por el gas en el, 369
   compensaciones a los dueños de esclavos, 510, 561
   debate político sobre el cambio climático en el, 55, 193
   fracking en el, 369, 384
   Gobierno Thatcher del, 58
   inundaciones en el, 20, 76, 139-140
   movimiento por la desinversión en combustibles fósiles en el, 435
   racionamiento durante la Segunda Guerra Mundial en el, 150-151
   Revolución Industrial en el, 217-218, 503
religión, y dominio sobre la naturaleza, 61, 101, 224
remunicipalización, 127-135
renta básica garantizada, 42, 566
renovables, energías, 31, 33, 92, 120, 124, 166, 170, 272, 314, 349
   Asia y las, 430
   cautelas engañosas en torno a las, 249, 485
   como alternativa viable a los combustibles fósiles, 429, 489, 490, 492, 495, 507-513
   como fuente de toda la energía (al cien por cien), 133, 134, 177, 268
   desdén de Gates por las, 295
   en Alemania, 128-129, 169-170, 176-179, 279, 295, 487, 554
   en España, 144
   gas natural barato como desincentivo para las, 167
   grandes empresas petroleras y las, 145
   incentivos para las, 179
   inversión en, *véase* tecnología verde, inversión en
   madurez de la tecnología de las, 266-267
   pequeños actores no empresariales, suministradores de, 170
   programas de compra y contratación local, 105
   propiedad comunitaria local de las, 489-490
   propiedad pública y, 128-135
   ralentizadas por la OMC, 98
   sector privado y, 132-133
   sector público y, 128-135, 499
   transición hacia las, 120, 128-135, 150, 268, 448
   valor público frente al de los proyectos extractivos, 491
   y variabilidad de los sistemas naturales, 485
reparaciones, 509
   véase también deuda climática
REPOWERBalcombe, 496
reproducción humana, 515-528
Republic Windows and Doors, 161 n.
residuo cero, diseño de mecanismos de, 31
residuos electrónicos, 122
resiliencia (resistencia + flexibilidad), 515, 541
resistencia a los hechos, 56
Resisting Environmental Destruction on Indigenous Lands (REDOIL), 461
Responsible Endowments Coalition, 493
Revolución Científica, 216, 224, 328
Revolución francesa, 223
Revolución Industrial, 33, 110, 201, 222-223, 224, 503
   colonialismo y, 217, 221, 561
   esclavitud y, 510
   máquina de vapor en la, 217-219
Reyes, Óscar, 280
Richmond (California), 200, 395, 494
riesgo moral, geoingeniería y, 323
«Riesgos globales», informe del Foro Económico Mundial, 146
Rignot, Eric, 29
Río, Cumbre de la Tierra en (1992), 78-79, 103, 104, 105, 114, 192, 250
riqueza
   concentración de la, 198
   descentralización de la, 170
   desigualdad de la, 161, 557-558
   redistribución de la, 60, 62, 556
   transferencias de, 18

y emisiones de gases de efecto invernadero, 198
riqueza de las naciones, La (Smith), 219, 567
Risky Business, Proyecto, 71
Roberts, David, 448
Robertsbridge Group, 309 n.
Robertson, Julian, 260
Robock, Alan, 327, 333, 334, 337, 338
roca densa, formaciones de, 382
  véase también fracturación hidráulica de los esquistos
Rockaways, 135-136, 137 n., 139
Rockefeller, familia, 247
Rodríguez, Heriberto, 277
Rogers, Jim, 245, 282
Rojas Huanca, Nilda, 205
Romm, Joe, 77
Roosevelt, Franklin Delano, 158
Roosevelt, Theodore, 264
Rosebud, tribu de los lakota de, 460
Rothschild, Richard, 49, 52
rotíferos, vertido de petróleo de BP y, 530
Rousseff, Dilma, 226
Rowe, Stan, 544
Roy, Arundhati, 359
Royal Society de Londres, 195, 317-318, 322, 346
  conferencia sobre geoingeniería en Chicheley Hall, 317-322, 325-328, 330, 346, 351,
Ruffalo, Mark, 390
Rumanía
  fracking en, 367-368, 373, 423
  represión del Gobierno contra las protestas ecologistas en, 367-368, 373
Rusia
  activistas de Greenpeace arrestados por, 369
  compañías petroleras y gasísticas en, 225
  véase también Unión Soviética

Sacramento (California), 131
sacrificio colectivo, 31
sacrificio, zonas de, 218, 381-387
Sahel, 334, 338, 340
Sainsbury, 151
salariales, controles, 162
Salina (Kansas), 536
salmón, 417, 424, 460, 539-540, 549
salmón atlántico, 540
«Salvemos el Fraser», Declaración, 424, 449
Samaras, Antonis, 366
sami, tribu, 460
San Andrés, Providencia y Santa Catalina, provincia de (Colombia), 428
San Francisco (California), 435
San Lorenzo, río, 441
Sancton, Thomas, 101-102
Sandy, huracán (o «supertormenta»), 23, 73, 76, 135, 140, 141, 221, 293 n., 498, 546, 570
  intento de Koch de bloquear ayuda federal a las zonas afectadas por el, 76
Sanford C. Bernstein & Co., 440
sanidad pública, sistemas de, 24, 142-143
Santa Bárbara, vertido de petróleo de (1969), 251
Santorum, Rick, 384
Sarnia (Canadá), 526
Saro-Wiwa, Ken, 376, 377, 380
Sartre, Jean-Paul, 222
Sauven, John, 461
Savitz, Jackie, 406
Sawyer, Diane, 480
Scaife, Richard Mellon, 65
Schapiro, Mark, 276
Schmitt, Harrison, 51, 352 n.
Schwacke, Lori, 531
Science, 404-405
Scott, Mike, 467, 479, 488, 545
Seattle (Washington), 435
SEC (Comisión Estadounidense de Valores y Bolsas), 191
sector público, 126
  e inversiones en infraestructuras, 142
  energía verde y, 128-135, 499-500
  instituciones que se desmoronan del, 202-203
  recortes de gastos en el, 35, 99, 144
seguridad nacional, 70-71
Seguridad Social, 557
seguros/aseguradoras, 292
  contra desastres, 143
  y ánimo de lucro, 71-73, 138
semana laboral, más corta, 125

Senado (Estados Unidos), 283
Senegal, 334
sentido común, El (Paine), 386
sequías, 22, 28, 154, 209, 539
    previstas con la Opción Pinatubo, 345
    tras erupciones volcánicas, 336-337
Sering, Mary Ann Lucille, 341
Servicio Canadiense de Inteligencia para la Seguridad, 445
Servicio de Gestión de Minerales (Dpto. del Interior, Estados Unidos), 410
servicios públicos de carbono cero, 35
sesenta, los «automarginados» de los años, 495, 496
Shah, Jigar, 249, 282, 298
Shanghái (China), 28, 112, 432
Sheeran, Kristen, 493, 494
Shell, 145, 281, 297, 306
    disminución de los beneficios de, 440
    plataformas petrolíferas de, 187-188
    proyecto de mina en la zona del río Pierre, 466, 470
    tasa de sustitución de reservas de, 189
    y la financiación de las organizaciones ecologistas, 244-245, 247, 271, 286
    y las operaciones de *fracking*, 426
    y las operaciones petroleras en el delta del Níger, 376-377, 440
    y las perforaciones en el Ártico, 408, 409, 440, 461
Shelley, Mary, 343
Shiva, Vandana, 350
shock, doctrina del, 21-24
    geoingeniería como, 341-343
Shrybman, Steven, 99, 105-106
siembra de nubes, 344
Sierra Club, 113, 115, 200, 247, 293, 294, 296
    campaña «Beyond Coal» del, 429, 488
    Programa Internacional sobre el Clima, impulsado por el, 432
    y el movimiento por la desinversión en combustibles fósiles, 439
Sierra Club de la Columbia Británica, 449
Silfab Ontario, 91, 94, 159
Silfab SpA, 91, 94-95
Silfab Toronto, 164
Simon, Gary, 460
Simpson, Leanne, 542

Sinclair, Scott, 97
Sinclair, Upton, 67
Sindicato de Trabajadores del Automóvil de Canadá, 159-160
Sindicato Nacional Británico de Trabajadores del Transporte Ferroviario, Marítimo y Terrestre, 314
sindicatos, 110, 112, 224, 255, 557
    protección de los empleos por parte de los, 164, 225
    y la creación de empleos, 164-165
    y su oposición al TLCAN, 113-114
Singer, S. Fred, 62
Sinner, George, 383
Sitkalidak, isla de, 408
Skates, Chris, 75 n.
Skocpol, Theda, 285
Skouries (Grecia), proyecto de mina en el bosque de, 364-366
Slate, revista, 325
Slett, Marilyn, 419
Slottje, Helen, 444
Smart Growth America, 165
Smith, Adam, 219, 567
Smith, Brendan, 493
smog, 223
socialdemocracia, 171, 226
socialismo, 58, 60, 102, 204, 223, 232, 262 n.
    autoritario, 64, 225-226
    centralización del, 225-226
    «del siglo XXI» (Hugo Chávez), 229
    extractivismo y, 225
    planes quinquenales del, 173
Sociedad Australiana de Conservación Marina, 370
Sociedad de Ingenieros del Petróleo (SPE), 242
Sociedad Estadounidense de Acción Climática (USCAP), 281-282, 283, 284-285
Sociedad Guerrera Micmac, 458
Solangi, Moby, 530-531
solar, energía, 40, 41, 99, 128, 134, 144, 162, 165, 170, 189, 200, 268, 486
Solar Pathfinder, 483
    en Ontario, 93
    en plantas/centrales de ciclo combinado, 168
    impacto negativo del *fracking* en la

expansión de la, 167, 186
sector privado y, 132-133
solares, calefactores, 483-487
solares, paneles/hileras de paneles/
parques, 96, 159, 170, 171, 183, 278, 295, 354, 493
de techo, 132
exceso de oferta mundial, 91 n.
restricciones comerciales a los fabricantes de, 91-95
solastalgia, 210
Solazyme, 299
solidaridad, 87
Solnit, Rebecca, 87
Solomon, Ilana, 115, 441-442
Solón, Pablo, 33
Somalia, 334
Sompeta (India), 430
Soon, Willie, 52, 66
sostenibilidad, 78, 104, 547
Spatharidou, Dimitra, 172
Spencer, Baldwin, 509
Speth, Gus, 157, 256
Stalin, Josef, 225 planes quinquenales de, 163
Standard & Poor's, 451, 452, 454, 470
Stanford, Universidad de, 133, 134, 177, 268, 436
Starbucks, 71
Statoil, 169, 226, 306
Steinberger, Julia, 162
Steingraber, Sandra, 267, 389, 524
Stephen, Marcus, 214
Stern, Nicholas, 118
Steshia Hubert, Nerida-Ann, 205, 208
Steyer, Tom, 71, 292, 293 n.
Stiglitz, Joseph, 99
Stix, Gary, 40
Stockman, Steve, 205
Stone, Ed, 551
Stone, I. F., 196, 251
Strahl, Chuck, 445-446
StratoShield, 324, 331 n., 335
Streingraber, Sandra, 412
Stutz, John, 125
Suckling, Kierán, 257
Sudáfrica, 24, 165-166, 505
apartheid en, 558
fracking en, 426, 428

Sudán, 334
Suecia, 226
suelo, gestión del, 121
Suncor Energy, 306
SuperFreakonomics (Levitt y Dubner), 324, 335
superrricos, 35
Sur Global, 386, 506, 507, 511
véase también mundo en vías de desarrollo
Swarthmore College, 436
Swearengin, Paula, 381
Swift Boat Veterans for Truth, 53
Swiss Re Americas, 71
SWN Resources, 368
Sydney (Australia), 546
Syngenta, 23
SYRIZA (partido griego), 229, 365

Take, The («La toma»), 160
Tambococha, yacimiento petrolífero de, 504
Támesis, río, 546
Tar Sands Blockade, 371-372
tarifa global de introducción de renovables, 507-508
tarifas de introducción de renovables, 92-93, 170, 172
Tax Justice Network, 149
Tea Party, 15, 57, 283
tecnología, 30-31, 40, 104, 183, 234, 295
extracción extrema y, 381
y dominio sobre la naturaleza, 80
véase también geoingeniería
tecnología verde, 115, 117, 120
inversión en, 120, 200, 490-500, 553-554
para el mundo en vías de desarrollo, 104, 115
TED, Conferencias, 263, 294
teléfonos móviles, 122 n.
temperaturas extremas, 14
Tercek, Mark, 260 n.
Terranova, movimiento *antifracking* en, 428
TerraPower, 295, 326
terremotos, *fracking* y, 404
Tesalónica, 365
Texaco, 380

Texas, 239
  contaminación del agua en, 404
  fracking en, 426
  Keystone XL y, 444
  sequía de 2011 en, 68, 539
Texas City, Reserva de la Pradera de, extracción de petróleo y gas en la, 240, 241, 244
Texas, Universidad, 404
Texas, Universidad del Norte de, 384
Thatcher, Margaret, 58, 62, 83
Thie, Hans, 170
Third World Network, 105
Thomas-Flurer, Geraldine, 451
Thompson, Lonnie G., 30
Thoreau, Henry David, 231, 353
«¿Tierra está j**ida, La?» (Werner), 551-552
Tierra Madre y las «madres Tierra», concepto de la, 520
Tierra, ética de la, 232
tifones, 140, 221, 498, 570
Tiger Management, 260
Tillerson, Rex, 145, 385
Time, revista, «Planeta Tierra» en la portada de la, 255
Tiputini, yacimiento petrolífero de, 504
Tjelmeland, Aaron, 240, 244
Tongue, río, 478
topes y comercio de derechos de emisión, sistema de, 260, 272, 282-285, 354
«topes y dividendos», 154
Toronto, 546
tortugas marinas, 532
Total, 306
Totnes (Inglaterra), 448
Toyota, 245
trabajadores
  del sector público, 201
  en la Revolución Industrial, 217
  véase también mano de obra/trabajadores; sindicatos
transacciones financieras, impuesto sobre las, 149
transacciones, impuesto sobre las, 513
TransCanada, 192, 371, 372, 385, 425, 441, 446 *véase también* oleoducto Keystone XL
Transocean, 406

transporte marítimo, sector del, 147
  emisiones del, 104, 107
transporte público, 21, 60, 123, 124, 141, 158, 162, 165, 166
  barato, 121
  en Brasil, 202
  en Francia, 142
  en tiempo de guerra, 31
transportes, infraestructura de, *véase* infraestructura de transportes
Tratado 6, 457
Tratado de Libre Comercio de América del Norte (TLCAN), 34, 98, 103, 106, 112, 113-114, 441
tratados climáticos, negociaciones de los, 25, 105-108, 505
  véase también reducción de las emisiones de carbono
350.org, 200, 247, 291 n., 438
Trenberth, Kevin, 336, 339
Trent, río, 369
Tribunal Comercial Internacional, 104
Tribunal Supremo (Canadá)
  demanda interpuesta por la nación haida, estudiada en el, 453, 456
  derechos indígenas sobre sus tierras, confirmados por el, 368, 452, 456-457, 469 n.
Tribus Confederadas de la Reserva India Umatilla, 392
Trinity, ensayo nuclear, 342
triunfalismo, 256, 570
Tropic of Chaos (Parenti), 70
trópicos, riesgos de los remedios tecnológicos para los, 70
Trump, Donald, 15
Tschakert, Petra, 332
tsilhqot'in, «primera nación», 424
Tsipras, Alexis, 229, 572
tsleil-waututh, «primera nación», 397
tunebos (o *u'wa*), tribu de los, 462
Tutu, Desmond, 569
Tuvalu, 28

Uganda, 277
ultraprofundas, extracción «subsalina» en aguas, 187
Undesirables, The (Isaacs), 212
Union of Concerned Scientists, 251

Programa de Vehículos Limpios de la, 296
Unión Europea, 118, 272
  denunciada ante la OMC, 90, 97
  denunciante ante la OMC, 94-95
  energías renovables en la, 178
  estándares de calidad de los combustibles en la, 97, 309
  propuesta de gravámenes sobre las líneas aéreas en la, 310
  Régimen de Comercio de Derechos de Emisión (EU ETS) de la, 273, 280
  y la restricción de Estados Unidos a la exportación de petróleo y gas, 97
Unión Geofísica Estadounidense (AGU), 84, 87, 551
Unión Soviética, 102, 225, 255
  caída de la, 118
  véase también Rusia
United Policyholders, 143
universidades
  e inversión en energías renovables, 493
  y movimiento por la desinversión en combustibles fósiles, 436, 493
University College de Londres, 510
uranio, 222
urbanismo verde, 31

Vagt, Robert F., 269
Van Beurden, Ben, 440, 462
Vancouver (Canadá), 28, 424
vapor, buques de, 222
vapor, energía del, 217-220, 329, 503
Var (Francia), 390
Varsovia, cumbre anual de las Naciones Unidas sobre el clima celebrada en (2013), 250-251
Vassiliou, Anni, 427
vegetación, el carbono y la, 28
Venezuela, 226, 227, 382
Venkataraman, R., 102
ventana de oportunidades para la inversión en carbón térmico se está cerrando, La» (estudio de Goldman Sachs)
verdad incómoda, Una (película de Al Gore), 192, 263, 265, 287
verdes, localidades, 499
Vermont
  agricultura local, 496-497
  movimiento *antifracking* en, 428
Vernon, Caitlyn, 449
Vía Campesina, La, 174
viajes aéreos, 13-15, 30, 104, 121, 147, 288, 297, 300-303
viajes, riqueza y, 147-148
victoria, huertos de la, 31
vida marina
  acidificación del océano y, 321, 532
  cadena trófica en la, 321
  cambio climático y, 531-533
  impacto del vertido de Deepwater Horizon en la, 322-323, 528-532, 553
  impacto del vertido de petróleo del *Exxon Valdez* en la, 415-417
Vidal, John, 304
vieiras, 533
Vietnam, guerra de, 323
Virgin America, 300-302
Virgin Atlantic, 302, 311 n.
Virgin Australia, 302
Virgin Earth Challenge, 289, 289, 304-308
Virgin Green Fund, 297, 298, 299
Virgin Group, 287-288, 295, 297, 298, 299-300, 303
  Virgin Airlines, 287
  Virgin Fuels, 297
  Virgin Galactic, 303
  Virgin Racing, 302-303
  Virgin Trains, 314
Viteri, Franco, 477
vivienda, 123
  asequible, 21, 60, 121, 200, 201
  eficiencia energética de la, 122
  readaptación de la, 159
  subvenciones a la, 24
  tamaño de la, 121
volcánicas, erupciones
  impacto global de las, 338-339
  pautas meteorológicas y, 320-321, 334, 335-339
  sequías y, 336-337
Volney, Constantin-François, 337
Vonnegut, Kurt, 352, 353
Vowel, Chelsea, 456
Voynet, Dominique, 272

Wall Street, 260
  en la crisis financiera de 2008, 64, 118
Wall Street Journal, The, 259, 293 n., 384
Wallace Global, fundación, 440
Wallach, Lori, 442
Walmart, 60, 68, 112, 245, 259, 260-262
Walton, Sam, 261
Walton, Sam Rawlings, 261
Wania, Frank, 403 n.
Ward, Barbara, 352
Warner, Stefan, 445 n.
Washington D.C.
  protesta contra el Keystone XL en, 180, 371
  temperaturas récord en, 100
Washigton, Consenso de, 109
Washington, estado de, 392
  derechos indígenas sobre la tierra en el, 397, 460, 467
  proyecto de construcción o ampliación de terminales portuarias para la exportación en el, 393-394, 396, 425, 429, 460, 467
Washington, Tracie, 515
Waters, Donny, 529, 530
Watt, James, 217, 218-219, 221-222, 255, 329, 484
Waxman-Markey, proyecto de ley, 283
Weintrobe, Sally, 26
Wenlin Wang, 370
Werner, Brad, 551-552, 555, 564
West Burton (Inglaterra), 369
West, Thomas, 449
Weyerhaeuser, 453
Whitehead, Andrew, 530
Whitehorn, Will, 287
Whitehouse, Mark, 525

Whiteman, Phillip, Jr., 474
Whole Earth Catalog, 354
WikiLeaks, 106, 210
Wildlife Conservation Society, 241, 276
Wildlife Society, The, 241
Willemse, Oom Johannes, 426
Willett Advisors, 270, 293
Williams, Eric, 510
Willis, Rebecca, 121
Wood, Lowell, 331, 335, 345, 354
Woolsey, R. James, 76
Woolworth, 151
World Future Council, 129
World Resources Institute, 245, 281
World Wrestling Entertainment, 264 n.
Wright, Malcolm, 357
Wright, Wayne, 94
WWF (antiguo World Wildlife Fund), 113, 245, 327
Wyoming, 268, 393

Xcel Energy, 129, 130
xeni gwet'in, comunidad de la «primera nación» tsilhqot'in, 424

Yale, Universidad de, 55
Yanza, Luis, 359
Yara, 175
Yasuní, selva de, 502, 504
Yasuní-ITT, iniciativa, 503-504
Yergin, Daniel, 382
Yosemite, 264
Yoshitani, Miya, 199-200
Young, Neil, 471
Youngstown (Ohio), 404

Zimbabue, hambruna en, 336